Das finden Sie auf Ihrer C

Die Nachbarrechtsgesetze der Bundesländer
Nachbarrecht ist Ländersache. Die Gerichte benutzen in jedem Bundesland andere Gesetze für die Verhandlung von Nachbarstreitigkeiten. Auf Ihrer CD-ROM finden Sie die Gesetze und die einschlägigen BGB-Passagen im Wortlaut. Zusätzlich können Sie im Internet unter folgender Adresse die aktualisierten Gesetzestexte nachschlagen: www.nachbarrechtsgesetze.de

Lexikon des Nachbarrechts
Alles Wissenswerte rund um das Nachbarrecht von A wie Abbruch des Nachbarhauses bis Z wie Zirkuslärm. Schlagen Sie auf über 200 zusätzlichen Seiten nach, wie die Rechtslage in Ihrem Spezialfall ist. Hier finden Sie zu allen Stichworten, die im Nachbarrecht wichtig sein können, praktische Tipps und rechtssicheren Rat.

Musterschreiben
Abmahnung wegen Hundehaltung
Antrag auf einstweilige Verfügung
Beseitigungsklage
Fristsetzung wegen Zweigüberwuchses
Leistungsklage
Mietminderung wegen Baulärms
Nichtbeachtung des Pflanzabstands
Unterlassungsklage

Sie finden die Texte vollständig im DIN-A4-Format auf der CD-ROM - direkt zum Übernehmen in Ihre Textverarbeitung. Der Vorteil hier ist die komfortable Möglichkeit, die Muster den eigenen Bedürfnissen anpassen und über das Textverarbeitungsprogramm ausdrucken zu können.

Selbstverständlich gibt es diese Dokumente auch per Faxabruf unter 0190-9110 1730 (2,42 DM/1,24 EUR pro Minute).

Systemvoraussetzung/Installation der CD-ROM
Hinweise zu Systemanforderungen und Installation finden Sie auf dem Label der CD ROM.

Der Autor
Hans-Albert Wegner ist Verwaltungsjurist und als Leitender Ministerialrat im Bayerischen Staatsministerium für Landesentwicklung und Umweltfragen in München tätig. Er ist Verfasser zahlreicher Veröffentlichungen zu den Themen Nachbarrecht, Denkmal- und Umweltschutz, die bei der Haufe Mediengruppe erschienen sind.

Vermieter-Lexikon

Der Ratgeber für die tägliche Praxis

von
Rechtsanwalt Rudolf Stürzer, München
(Buchstaben A-L, „Schönheitsreparaturen"
und „Übergangsvorschriften")

und
Rechtsanwalt Michael Koch, München
(Buchstaben M-Z und „Übergangsvorschriften")

6., völlig überarbeitete Auflage

Haufe Mediengruppe
Freiburg · Berlin · München

Hinweis:

Dieses Lexikon wurde entnommen der Gruppe 10 des Loseblattwerkes

Schönhofer/Reinisch
Haus- und Grundbesitz in Recht und Praxis (**HuG**),

das mit ca. 5.000 Seiten in 4 Ordnern 8-mal jährlich aktuell gehalten wird und unter Bestell-Nr. 06200-0001 mit 4-wöchiger Ansichtsfrist bestellt werden kann.

Die Deutsche Bibliothek – CIP-Einheitsaufnahme

Vermieter-Lexikon: der Ratgeber für die tägliche Praxis; [das gesamte Wohn- und Geschäftsraummietrecht von A - Z] / von Rudolf Stürzer und Michael Koch. – 6., völlig überarb. Aufl. – Freiburg i. Br.; Berlin; München: Haufe-Verl.- Gruppe, 2001
 (Praxis-Ratgeber: Immobilien)
 ISBN 3-448-04527-6

ISBN 3-448-04527-6   Bestell-Nr. 06236-0003

1. Auflage 1992 (ISBN 3-448-02629-8)
2. Auflage 1994 (ISBN 3-448-02878-9)
3. Auflage 1996 (ISBN 3-448-03389-8)
4. Auflage 1997 (ISBN 3-448-03659-5)
5. Auflage 2000 (ISBN 3-448-04218-8)

© Rudolf Haufe Verlag, Freiburg i. Br. 2001

Internet: www.haufe.de, E-Mail: online@haufe.de

Lektorat: Andrea Hirt, Miron Schneckenberger; Assistenz: Petra Krauß

Alle Rechte, auch die des auszugsweisen Nachdrucks, der fotomechanischen Wiedergabe (einschließlich Mikrokopie) sowie der Auswertung durch Datenbanken oder ähnliche Einrichtungen, vorbehalten.

Umschlag-Entwurf: Buttgereit & Heidenreich, Kommunikationsdesign, Haltern a. See

Druck: F. X. Stückle, Druck und Verlag, Ettenheim

Zur Herstellung der Bücher wird nur alterungsbeständiges Papier verwendet.

Vorwort

Die Mietrechtsreform 2001 hat das gesamte Mietrecht nicht nur neu strukturiert, sondern auch inhaltlich wesentlich verändert, sodass eine vollständige Überarbeitung und Neuauflage des Lexikons erforderlich wurde. Die Reform wirft aber auch zahlreiche neue Rechtsprobleme auf, die von den Mietgerichten in den nächsten Jahren geklärt werden müssen. Zur Erläuterung der neuen Bestimmungen konnten vorerst nur die amtlichen Begründungen zum Mietrechtsreformgesetz vom 19.6.2001 (BGBl. I S. 1149 ff.) herangezogen werden (Bundesrats-Drucksache 439/00; Bundestags-Drucksache 14/4553; NZM 2000, 427 ff., 811 ff. und Beschlussempfehlung des Rechtsausschusses, Bundestags-Drucksache 14/5663).

Für Mietverhältnisse, die am 1.9.2001 bereits bestanden haben, gilt in bestimmten Bereichen das alte Recht weiter. Die zugehörigen Übergangsvorschriften wurden im Anhang (beim Stichwort „Übergangsvorschriften") dargestellt und, soweit erforderlich, bei den entsprechenden Stichwörtern näher erläutert.

Im Übrigen wurde das bewährte Konzept der Vorauflagen beibehalten und die einzelnen Stichwörter unter Berücksichtigung ihrer praktischen Bedeutung kürzer oder ausführlicher dargestellt. Breiten Raum nehmen danach die Ausführungen zur Mieterhöhung, zur Kündigung und zu den Betriebskosten („Nebenkosten") ein, denen durch ihr starkes Ansteigen immer größere Bedeutung zukommt. Neben der aktuellen Rechtsprechung des Bundesgerichtshofs zur Renovierungspflicht des Mieters, die von der Mietrechtsreform nicht betroffen ist, und den neuesten Entscheidungen des Bundesverfassungsgerichts zum Kündigungsschutz und zu den Kündigungsrechten des Vermieters werden in dem Stichwort „Insolvenz" die praktischen Auswirkungen der neuen Insolvenzordnung im Fall eines Insolvenzverfahrens über das Vermögen des Mieters bzw. des Vermieters erläutert.

Die Möglichkeit der Gestaltung von Indexklauseln für Mieterhöhungen durch die Mietrechtsreform sowie das Euro-Einführungsgesetz sind beim Stichwort „Mieterhöhung bei Wohnraum" berücksichtigt.

Wir hoffen, dass das vorliegende Werk allen, die mit dem Mietrecht privat oder beruflich befasst sind, die notwendige Hilfestellung bei der Vermeidung wie auch bei der Lösung anstehender Probleme gibt.

München, im Juli 2001   Die Autoren

Abkürzungs- und Literaturverzeichnis

a. A.	anderer Ansicht
a. a. O.	am angegebenen Ort
abl.	ablehnend
Abs.	Absatz
Abschn.	Abschnitt
AcP	Archiv für die zivilistische Praxis
a. E.	am Ende
a. F.	alte Fassung
AfA	Absetzung für Abnutzung
AG	Amtsgericht
AGB	Allgemeine Geschäftsbedingungen
AGB-Gesetz	Gesetz zur Regelung der Rechts der Allgemeinen Geschäftsbedingungen
AktG	Aktiengesetz
allg.	allgemein(e)
Anm.	Anmerkung
AO	Abgabenordnung
Art.	Artikel
Aufl.	Auflage
AVB	Allgemeine Versicherungsbedingungen
Az.	Aktenzeichen
BAnz	Bundesanzeiger
BauNVO	Baunutzungsverordnung
BauR	Baurecht (Zeitschrift)
BAV	Bundesaufsichtsamt für das Versicherungswesen
BayBO	Bayerische Bauordnung
BayObLG	Bayerisches Oberstes Landesgericht
BayVBl	Bayerische Verwaltungsblätter
BB	Der Betriebsberater (Zeitschrift)
BBauBl	Bundesbaublatt
Bd.	Band
BeurkG	Beurkundungsgesetz
BewÄndG	Bewertungsänderungsgesetz
BewDV	Durchführungsverordnung zum Bewertungsgesetz
BewG	Bewertungsgesetz
BewRGr	Richtlinien für die Bewertung des Grundvermögens
BFH	Bundesfinanzhof

Abkürzungs- und Literaturverzeichnis

BGB	Bürgerliches Gesetzbuch
BGBl.	Bundesgesetzblatt
BGH	Bundesgerichtshof
BGHZ	Entscheidungen des BGH in Zivilsachen
BMF	Bundesfinanzminister(ium)
BStBl	Bundessteuerblatt
Buchst.	Buchstabe
BV	wohnungswirtschaftliche Berechnungsverordnung
BVerfG	Bundesverfassungsgericht
BVerfGE	Bundesverfassungsgericht (Entscheidungen)
BVerwG	Bundesverwaltungsgericht
BvR	Registerzeichen des BVerfG für Verfassungsbeschwerden
BWNotZ	Zeitschrift für das Notariat in Baden-Württemberg
ca.	circa
cbm	Kubikmeter
DB	Der Betrieb (Zeitschrift)
dergl.	dergleichen
ders.	derselbe
D.Hausbes.Ztg.	Deutsche Hausbesitzer-Zeitung
DIN	Deutsche Industrie-Norm
Diss.	Dissertation
DNotZ	Deutsche Notar-Zeitschrift
DStZ	Deutsche Steuerzeitung
dt.	deutsch
DVBl	Deutsches Verwaltungsblatt
DWW	Deutsche Wohnungswirtschaft (Zeitschrift, herausgegeben vom Zentralverband der Deutschen Haus-, Wohnungs- und Grundeigentümer)
EDV	Elektronische Datenverarbeitung
EFG	Entscheidungen der Finanzgerichte
EGAO	Einführungsgesetz zur Abgabenordnung
EGBGB	Einführungsgesetz zum Bürgerlichen Gesetzbuch
EinfamHVO	Verordnung über die Bemessung des Nutzungswerts im eigenen Einfamilienhaus
ErbbauVO/ ErbbRVO	Verordnung über das Erbbaurecht
ESt	Einkommensteuer
EStG	Einkommensteuergesetz
EStR	Einkommensteuer-Richtlinien
EURO-EG	EURO-Einführungsgesetz

Abkürzungs- und Literaturverzeichnis

evtl.	eventuell
EW	Einheitswert
f., ff.	folgende, fortfolgende
FG	Finanzgericht
FlurbG	Flurbereinigungsgesetz
Fußn., Fn.	Fußnote
G.	Gesetz
GBO	Grundbuchordnung
GE	Das Grundeigentum (Zeitschrift für die gesamte Grundstücks-, Haus- und Wohnungswirtschaft)
gem.	gemäß
GewStDV	Gewerbesteuer-Durchführungsverordnung
GG	Grundgesetz
ggf.	gegebenenfalls
GmbH	Gesellschaft mit beschränkter Haftung
GrdstVG	Grundstücksverkehrsgesetz für land- und forstwirtschaftliche Grundstücke
GrStG	Grundsteuergesetz
GrStR	Grundsteuer-Richtlinien
GVBl	Gesetz- und Verordnungsblatt
ha	Hektar
HeizkostenV	Heizkostenverordnung
HFR	Höchstrichterliche Finanzrechtsprechung
HGB	Handelsgesetzbuch
h. M.	herrschende Meinung
Hrsg.	Herausgeber
HuG	Haus- und Grundbesitz in Recht und Praxis (Loseblattwerk)
insbes.	insbesondere
InsO	Insolvenzordnung
i. S.	im Sinne
i. S. v.	im Sinne von
i. Ü.	im Übrigen
i. V. m.	in Verbindung mit
JGG	Jugendgerichtsgesetz
JR	Juristische Rundschau (Zeitschrift)
JurBüro	Das juristische Büro (Zeitschrift)
JuS	Juristische Schulung (Zeitschrift)

Abkürzungs- und Literaturverzeichnis

Justiz	Die Justiz (Amtsblatt des Justizministeriums Baden-Württemberg)
KG	Kommanditgesellschaft, Kammergericht Berlin
KGJ	Jahrbuch für Entscheidungen des Kammergerichts Berlin
KO	Konkursordnung
Komm.	Kommentar
KostO	Kostenordnung
KWG	Gesetz über das Kreditwesen
LAG	Lastenausgleichsgesetz
LG	Landgericht
LSG	Landessozialgericht
lt.	laut
ltd.	leitend
MaBV	Makler- und Bauträgerverordnung
MBO	Musterbauordnung
MDR	Monatsschrift für Deutsches Recht
ME	Miteigentum (Miteigentumsanteil)
MHG	Gesetz zur Regelung der Miethöhe
Mio.	Million
MinBl	Ministerialblatt
MittBayNot	Mitteilungen des Bayerischen Notarvereins
MittRhNotK	Mitteilungen der Rheinischen Notarkammer
ModEnG	Modernisierungs- und Energieeinsparungsgesetz
Mrd.	Milliarde
Mü	München
m. w. N.	mit weiteren Nachweisen
MwSt	Mehrwertsteuer
m^2	Quadratmeter
nachf.	nachfolgend
NJW	Neue Juristische Wochenschrift
NJWE	NJW-Entscheidungsdienst, Miet- und Wohnungsrecht
NJW-RR	Neue Juristische Wochenschrift, Rechtsprechungsreport
NMV	Neubaumietenverordnung
Nr.	Nummer
n. v.	nicht veröffentlicht
NZM	Neue Zeitschrift für Miet- und Wohnungsrecht
o. Ä.	oder Ähnlich(es)

OFD	Oberfinanzdirektion
OHG	Offene Handelsgesellschaft
OLG	Oberlandesgericht
OLGZ	Entscheidungen des Oberlandesgerichts in Zivilsachen
PaPKG	Preisangaben- und Preisklauselgesetz
PrKV	Preisklauselverordnung
qm	Quadratmeter
Rn.	Randnummer
RE	Rechtsentscheid
ReichsHstG	Reichsheimstättengesetz
RFH	Reichsfinanzhof
RGBl	Reichsgesetzblatt
RGZ	Entscheidungen des Reichsgerichts in Zivilsachen
ROG	Raumordnungsgesetz
RPfleger	Der Rechtspfleger (Zeitschrift)
RStBl	Reichssteuergesetzblatt
Rz.	Randziffer
s.	siehe
SachenRBerG	Sachenrechtsbereinigungsgesetz
SE	Sondereigentum
SHG	Sozialhilfegesetz
StÄndG	Steueränderungsgesetz
StAnz	Staatsanzeiger
Stat.	Statistik (statistisch)
StBauFG	Städtebauförderungsgesetz
str.	streitig
StuW	Steuer- und Wirtschaftsberater (Zeitschrift)
Tz.	Textziffer
u.	und
u. a.	und anderem
u. Ä.	und Ähnliches
Überbl.	Überblick
UG	Untergeschoss
UmwG	Umwandlungsgesetz
Urt.	Urteil
usw.	und so weiter

Abkürzungs- und Literaturverzeichnis

u. U.	unter Umständen
v.	von, vom
VA	Verwaltungsanordnung
VAG	Versicherungsaufsichtsgesetz
VerglO	Vergleichsordnung
VG	Verwaltungsgericht
VGH	Verwaltungsgerichtshof
vgl.	vergleiche
v. H.	vom Hundert
VO	Verordnung
Vorbem.	Vorbemerkung
VStG	Vermögensteuergesetz
VVG	Versicherungsvertragsgesetz
VwVfG	Verwaltungsverfahrensgesetz
WährG	Währungsgesetz
WEG	Wohnungseigentumsgesetz
WEM	Wohnungseigentumsmitteilungen (Zeitschrift)
WGBV	Verfügung über die grundbuchmäßige Behandlung der Wohnungseigentumssachen
WM	Wertpapiermitteilungen (Zeitschrift)
WoBauErlG	Wohnungsbau-Erleichterungsgesetz
WoBauG	Wohnungsbaugesetz
WoBindG	Wohnungsbindungsgesetz
WohnGebBefrG	Gesetz über Gebührenbefreiung beim Wohnungsbau
WoPG	Wohnungsbau-Prämiengesetz
WuM	Wohnungswirtschaft und Mietrecht (Zeitschrift)
z. B.	zum Beispiel
Ziff.	Ziffer
ZMR	Zeitschrift für Miet- und Raumrecht
ZPO	Zivilprozessordnung
z. T.	zum Teil
ZVG	Zwangsversteigerungsgesetz
II. BV	Zweite Berechnungsverordnung

Stichwort-Übersicht

(mit Verweis-Stichwörtern in *Kursiv*-Schrift)

	Seite	
Abbuchung → „Miete"	A	1
Abmahnung	A	1
Abnahmeprotokoll → „Wohnungsabnahmeprotokoll"	A	3
Abrechnung der Betriebskosten	A	3
Abstandszahlungen	A	22
Abstellen von Fahrzeugen	A	25
Allgemeine Geschäftsbedingungen (AGB)	A	26
Änderung des Mietvertrages	A	46
Anfechtung des Mietvertrages	A	47
Angehörige → „Eigenbedarf"	A	49
Angemessener Ersatzwohnraum → „Kündigungsschutz"	A	49
Anpassungsklausel → „Wertsicherungsklauseln",		
„Leistungsvorbehalt"	A	49
Antenne	A	49
Anzeigepflicht	A	56
Aufrechnung gegen die Miete	A	57
Aufwendungen → „Verwendungen"	A	59
Aufzug	A	59
Außenwerbung	A	61
Automaten → „Außenwerbung"	A	61
Bagatellschäden → „Kleinreparaturen"	B	1
Balkon → „Wohnfläche"	B	1
Barrierefreiheit → „Bauliche Veränderungen durch den Mieter" ...	B	1
Bauherrenmodell → „Geschäftsräume", „Herausgabeanspruch		
gegen Dritte"	B	1
Baukostenzuschuss	B	1
Bauliche Veränderungen durch den Mieter	B	2
Bauliche Veränderungen durch den Vermieter → „Modernisierung",		
„Instandhaltung und Instandsetzung der Miträume"	B	10
Beendigung des Mietverhältnisses	B	10
Befristeter Mietvertrag → „Zeitmietvertrag"	B	10
Belästigungen → „Störungen des Hausfriedens"	B	10
Belegungsbindung → „Sozialwohnung"	B	10

XIII

Stichwort-Übersicht

Berechtigtes Interesse → „*Kündigungsschutz*", Abschnitt 2	B	10
Berufsausübung → „*Gewerbliche Nutzung von Wohnräumen*"	B	10
Beschädigung → „*Verschlechterung der Mietsache*"	B	10
Besuchsempfang	B	11
Betreten und Besichtigen der Mieträume	B	11
Betreutes Wohnen → „*Heimverträge*"	B	14
Betrieblicher Wohnraumbedarf → „*Kündigungsschutz*", Abschnitt 2.5.1	B	14
Betriebskosten	B	15
Betriebskostenabrechnung → „*Abrechnung der Betriebskosten*"	B	39
Beweislast → „*Verschlechterung der Mietsache*"	B	39
Beweissicherung	B	39
Blumen	B	42
Boiler → „*Betriebskosten*", Abschnitt 2.5.3	B	42
Bote	B	43
Brand → „*Verschlechterung der Mietsache*"	B	44
Breitbandkabel → „*Kabelfernsehen*"	B	44
Briefkästen	B	44
Bruttomiete → „*Miete*"	B	44
Bürgschaft	B	45
Darlehen des Mieters → „*Mieterdarlehen*"	D	1
Denkmalschutz	D	1
Dienstwohnung → „*Werkswohnungen, Herausgabeanspruch gegen Dritte*"	D	1
Dingliches Wohnrecht	D	2
Doppelvermietung	D	5
Duldungspflicht des Mieters → „*Modernisierung*"	D	7
Durchlauferhitzer → „*Betriebskosten*", Abschnitt 2.5.3	D	7
Eheähnliche Gemeinschaft	E	1
Ehegatten als Mieter	E	5
Ehescheidung	E	9
Eigenbedarf	E	11
Eigentümerwechsel	E	47
Einbauten → „*Einrichtungen*"	E	60
Einbruch → „*Instandhaltung und Instandsetzung der Mieträume*"	E	60
Einliegerwohnung → „*Kündigungsschutz*", Abschnitt 2.5, „*Mieterhöhung*"	E	60
Einrichtungen	E	60
Einstellplätze → „*Garage*"	E	62

Stichwort-Übersicht

Einzugsermächtigung → „Miete"	E	62
Energieeinsparung → „Modernisierung"	E	62
Erbengemeinschaft → „Personenmehrheit", „Rechtsnachfolge"	E	62
Erhaltungsmaßnahmen → „Instandhaltung und Instandsetzung der Mieträume"	E	62
Erhöhungsklauseln → „Wertsicherungsklauseln", „Leistungsvorbehalt"	E	62
Ersatz von Aufwendungen → „Einrichtungen"	E	62
Ersatzmieter	E	63
Fälligkeit der Miete	F	1
Fahrräder	F	3
Fahrstuhl → „Aufzug"	F	4
Fehlbelegung → „Sozialwohnung"	F	4
Fehler der Mietsache → „Mängel der Mietsache"	F	4
Ferienwohnung	F	4
Fernsprechanschluss	F	6
Fernwärme	F	6
Feuchtigkeit in der Wohnung	F	7
Formularverträge → „Allgemeine Geschäftsbedingungen (AGB)"	F	11
Fortsetzung des Mietverhältnisses → „Zeitmietvertrag"	F	11
Fragebogen → „Anfechtung des Mietvertrages"	F	11
Fristlose Kündigung → „Kündigung", Abschnitte 2.2.1 und 3.2.1	F	11
Garage	G	1
Gartenbenutzung	G	4
Gebrauchsgewährung	G	7
Gegensprechanlage → „Modernisierung"	G	8
Gerichtliches Verfahren in Mietsachen	G	8
Geschäftsräume	G	13
Gesellschafterwechsel → „Eigentümerwechsel"	G	19
Gesundheitsgefährdende Räume	G	19
Gewerbliche Nutzung von Wohnräumen	G	21
Gewerblicher Zwischenmieter → „Geschäftsräume", „Herausgabeanspruch gegen Dritte"	G	23
Gleitklauseln → „Wertsicherungsklauseln"	G	23
Grundbuch	G	23
Grundsteuer → „Betriebskosten", Abschnitt 2.1	G	25
Härteklausel → „Kündigungsschutz", Abschnitt 3	H	1

Stichwort-Übersicht

Haftung des Vermieters → *„Schadensersatzpflicht"*, *„Instandhaltung und Instandsetzung der Mieträume"*	H	1
Hausbesitzerverein...	H	1
Hausmeister...	H	2
Hausordnung...	H	3
Hausrecht...	H	5
Haustiere → *„Tierhaltung"*	H	6
Haustürwiderrufsgesetz → *„Mietvertrag"*, Abschnitt 2.10......	H	6
Hausverwalter..	H	6
Hauswart → *„Hausmeister"*	H	10
Heimverträge...	H	10
Heizkosten → *„Betriebskosten"*, Abschnitt 2.4......................	H	17
Heizkostenabrechnung → *„HuG Gruppe 13, Abschnitt 4.8"*..	H	17
Heizkosten-Verordnung...	H	18
Heizperiode → *„Zentralheizung"*	H	24
Heizung → *„Zentralheizung"*	H	24
Heizungsanlagen-Verordnung..	H	13
Heizungsumstellung → *„Modernisierung"*	H	24
Herausgabeanspruch gegen Dritte..	H	25
Index → *„Wertsicherungsklauseln"*, *„Leistungsvorbehalt"*....	I	1
Insolvenz des Mieters – Insolvenz des Vermieters.................	I	1
Instandhaltung und Instandsetzung der Mieträume................	I	3
Instandhaltungskostenpauschale..	I	10
Kabelfernsehen..	K	1
Kabelgebühren → *„Betriebskosten"*, Abschnitt 2.15.2, *„Kabelfernsehen"*...	K	8
Kaltmiete → *„Miete"*...	K	8
Kappungsgrenze → *„Mieterhöhung"*	K	8
Kaution...	K	9
Kenntnis von Mängeln	K	19
Kleinreparaturen..	K	24
Konkurrenzschutz → *„Wettbewerbsschutz"*........................	K	28
Konkurs des Vermieters – Konkurs des Mieters → *„Insolvenz des Mieters – Insolvenz des Vermieters"*................................	K	28
Kosten des Mietprozesses → *„Prozesskosten"*	K	28
Kostenmiete...	K	28
Kündigung...	K	40
Kündigungsfristen..	K	99
Kündigungsschutz..	K	105

XVI

Stichwort-Übersicht

Kündigungssperrfrist → „*Eigenbedarf*", „*Kündigungsschutz*", Abschnitt 2.3	K	150
Lärm	L	1
Lasten des Grundstücks	L	12
Lebenspartnerschaft → „*Eheähnliche Gemeinschaft; Tod des Mieters*"	L	12
Leistungsvorbehalt	L	13
Lift → „*Aufzug*"	L	16
Mängel	M	1
Mehrheit → „*Personenmehrheit*"	M	16
Mehrwertsteuer → „*Miete*", Abschnitt 4	M	16
Mietaufhebungsvertrag	M	16
Miete	M	18
Mieterdarlehen	M	21
Mieterhöhung bei Geschäftsräumen	M	21
Mieterhöhung bei Wohnraum	M	23
Mietpreisbindung → „*Kostenmiete*", „*Sozialer Wohnungsbau*"	M	81
Mietpreisüberhöhung	M	81
Mietprozess → „*Gerichtliches Verfahren in Mietsachen*"	M	90
Mietrückstände → „*Zahlungsverzug*", „*Kündigung*"	M	90
Mietspiegel → „*Mieterhöhung*", Abschnitte 2.5.1 und 2.6	M	90
Mietvertrag	M	90
Mietvorauszahlung	M	99
Mietvorvertrag	M	100
Mietwucher	M	101
Mietzins → „*Miete*"	M	103
Minderung der Miete	M	104
Mischräume	M	109
Möblierter Wohnraum	M	112
Modernisierung	M	114
Musikausübung	M	124
Nachmieter → „*Ersatzmieter*"	N	1
Nachrüstpflicht, Nachbesserung → „*Instandhaltung und Instandsetzung der Miet räume*"	N	1
Nebenkosten → „*Betriebskosten*"	N	1
Nichteheliche Lebensgemeinschaft → „*Eheähnliche Gemeinschaft*"	N	1
Nießbrauch → „*Eigentümerwechsel*"	N	1
Nutzungsentschädigung	N	1

XVII

Stichwort-Übersicht

Nutzungsverträge → *„Kündigungsschutz", Abschnitt 2.8*	N	2
Obdachlosenunterbringung	O	1
Obhutspflicht des Mieters	O	2
Öffentlicher Wohnraumbedarf → *„Kündigungsschutz", Abschnitt 2.5.2*	O	3
Optionsrecht	O	3
Ortsübliche Vergleichsmiete	O	6
Pachtvertrag	P	1
Personenmehrheit auf Mieterseite	P	2
Personenmehrheit auf Vermieterseite	P	5
Personenwechsel auf Mieterseite	P	6
Personenwechsel auf Vermieterseite	P	7
Pfandrecht des Vermieters	P	8
Plakatieren → *„Kündigung" (vertragswidriger Gebrauch)*	P	10
Preisgebundener Wohnraum → *„Sozialwohnung"*	P	10
Prozesskosten	P	11
Räumungsfrist	R	1
Räumungsklage	R	3
Räumungsschutz → *„Vollstreckungsschutz"*	R	5
Rechtsentscheid	R	5
Rechtsmangel → *„Mängel"*	R	6
Rechtsnachfolger des Mieters → *„Ersatzmieter", „Personenwechsel auf Mieterseite"*	R	6
Rechtsnachfolger des Vermieters → *„Personenwechsel auf Vermieterseite"*	R	6
Reinigungspflicht des Mieters	R	7
Reklameschilder → *„Außenwerbung"*	R	8
Renovierung → *„Schönheitsreparaturen"*	R	8
Reparaturen → *„Instandhaltung und Instandsetzung der Mieträume", „Kleinreparaturen"*	R	8
Rückgabe der Mietsache	R	8
Rücktritt vom Mietvertrag	R	16
Ruhestörung → *„Störung des Hausfriedens"*	R	17
Sammelheizung → *„Zentralheizung"*	S	1
Schadensersatz	S	1
Schimmel → *„Feuchtigkeit"*	S	2
Schlüssel	S	2
Schönheitsreparaturen	S	4

Stichwort-Übersicht

Schriftform	S	29
Selbstauskunft des Mieters	S	36
Selbstständiges Beweisverfahren → „Beweissicherung"	S	38
Selbsthilferecht des Mieters	S	39
Sozialklausel	S	40
Sozialwohnung	S	43
Spannungsklauseln	S	51
Staffelmiete	S	51
Stillschweigende Verlängerung des Mietverhältnisses	S	53
Störung des Hausfriedens	S	55
Straßenreinigung → „Verkehrssicherungspflicht"	S	57
Streitwert → „Gerichtliches Verfahren in Mietsachen"	S	57
Studentenwohnheim → „Heimverträge", „Kündigungsschutz", Abschnitt 2.5.6	S	57
Tagesmutter → „Gewerbliche Nutzung von Wohnräumen"	T	1
Tankreinigung → „Betriebskosten", Abschnitt 2.4	T	1
Teilkündigung	T	1
Teppichboden	T	3
Textform → „Mieterhöhung bei Wohnraum", Abschnitt 9	T	4
Thermostatventile → „Modernisierung", „Mieterhöhung", „HeizungsanlagenV"	T	4
Tierhaltung	T	4
Tod des Mieters	T	7
Tod des Vermieters	T	12
Trittschall → „Instandhaltung und Instandsetzung der Mieträume"	T	12
Überbelegung	U	1
Umlage von Betriebskosten → „Betriebskosten"	U	2
Umwandlung	U	2
Unbefugte Gebrauchsüberlassung → „Vertragswidriger Gebrauch"	U	6
Unpünktliche Mietzahlung → „Kündigung", Abschnitt 3.2.1	U	6
Untermiete	U	6
Veräußerung des Mietgrundstücks	V	1
Verjährung	V	6
Verkehrssicherungspflicht	V	13
Verschlechterung der Mietsache	V	16
Verstopfung	V	20
Vertragsstrafe	V	20
Vertragswidriger Gebrauch	V	21

XIX

Stichwort-Übersicht

Verwaltungskosten	V	22
Verwendungen	V	22
Verwirkung	V	25
Verzug	V	28
Vollmacht	V	31
Vollstreckungsschutz	V	33
Vorkaufsrecht des Mieters	V	35
Vormietrecht	V	37
Wartungskosten	W	1
Wäschewaschen in der Mietwohnung	W	1
Weitervermietung → „Herausgabeanspruch gegen Dritte"	W	2
Werkswohnungen	W	2
Wertsicherungsklauseln	W	6
Wettbewerbsschutz	W	10
Widerspruch des Mieters gegen die Kündigung	W	13
Wirtschaftlichkeitsberechnung → „Kostenmiete"	W	15
Wohnfläche	W	15
Wohngemeinschaft	W	17
Wohnrecht → „Dingliches Wohnrecht"	W	18
Wohnungsabnahmeprotokoll	W	19
Wohnungsbeschlagnahme → „Obdachlosenunterbringung"	W	19
Wohnungsbrand → „Verschlechterung der Mietsache"	W	19
Wuchermiete → „Mietwucher"	W	19
Zahlungsverzug des Mieters	Z	1
Zeitmietvertrag	Z	4
Zentralheizung	Z	13
Zerstörung des Gebäudes → „Instandhaltung und Instandsetzung der Miete räume"	Z	14
Zuschuss → „Baukostenzuschuss"	Z	14
Zuständigkeit → „Gerichtliches Verfahren in Mietsachen"	Z	14
Zwangsräumung	Z	15
Zwangsversteigerung	Z	16
Zwangsverwaltung	Z	17
Zweckentfremdung	Z	17
Zwischenablesung → „Heizkosten-Verordnung"	Z	24
Zwischenmieter → „Herausgabeanspruch gegen Dritte"	Z	24
Zwischenumzug → „Kündigungsschutz", Abschnitt 3	Z	24
Anhang: Übergangsvorschriften	Anhang	1

Abbuchung → „Miete"

Abmahnung

Abmahnung ist die anlässlich eines vertragswidrigen Verhaltens des Mieters erfolgte Aufforderung des Vermieters an den Mieter, das vertragswidrige Verhalten in Zukunft zu unterlassen. Im Gesetz ist die Abmahnung in den §§ 541 und 543 Abs. 3 BGB als Voraussetzung der Unterlassungsklage bzw. der Kündigung des Mietverhältnisses grundsätzlich vorgeschrieben, wenn der Mieter seine Pflichten aus dem Mietvertrag verletzt (z.b. durch unbefugte Gebrauchsüberlassung an Dritte, Überbelegung einer Wohnung, unerlaubte Haustierhaltung, ruhestörender Lärm, erhebliche Gefährdung der Mietsache). Bei anderen Vertragsverstößen, z.b. ständig unpünktliche Mietzahlung, ist die Abmahnung zwar nicht förmliche Voraussetzung für die Kündigung, jedoch kann im Einzelfall die für die Kündigung notwendige Erheblichkeit leichter angenommen werden, wenn der Mieter das vertragswidrige Verhalten trotz Abmahnung fortsetzt (OLG Oldenburg, RE v. 18.7.1991, WuM 1991, 467; s. im Einzelnen bei „Kündigung").

Die Einhaltung einer bestimmten Form ist für die Abmahnung zwar nicht vorgeschrieben, jedoch ist aus Beweisgründen unbedingt Schriftform zu empfehlen und die Zustellung mit **Zustellungsnachweis** (z.B. durch Einschreiben mit Rückschein; Boten, s. auch „Bote"; Gerichtsvollzieher) vorzunehmen.

Erklärt ein Bevollmächtigter (z.B. Rechtsanwalt, Hausverwalter, Haus- und Grundbesitzerverein) die Abmahnung, ist eine schriftliche Vollmacht im Original beizufügen, da die Abmahnung eine rechtsgeschäftsähnliche Erklärung darstellt, auf die § 174 BGB entsprechend anwendbar ist. Andernfalls kann die Abmahnung unter Hinweis auf die fehlende Vollmacht zurückgewiesen werden. Besteht die Vermieterseite aus **mehreren** Personen (s. „Personenmehrheit auf Vermieterseite") bedürfen Abmahnungen und Kündigungen entsprechender Erklärungen **sämtlicher** Vermieter (LG Heidelberg, NZM 2001, 91). Sind mehrere Personen Mieter, ist die Abmahnung auch an alle Mieter zu richten.

Die Abmahnung muss das beanstandete Verhalten **konkret bezeichnen**; allgemeine Formulierungen (z.B. „Sie haben wiederholt die Nachtruhe im Hause gestört") genügen nicht. Vielmehr ist die Vertragswidrigkeit, d.h. der Tatbestand, der die Abmahnung ausgelöst hat, so genau wie möglich darzustellen (z.B. wann, wo und auf welche Art und Weise die Nachtruhe gestört wurde). Bei Maßnahmen, die der Mieter vertragswidrig unterlassen hat (z.B. bei Schönheitsreparaturen), sind die auszuführenden Arbeiten konkret zu benennen. In einer Abmahnung wegen laufend unpünktlicher Zahlung muss dargelegt werden, welche Miete nicht pünktlich eingegangen ist und wie lange der Zeitraum der Verzögerung war, damit der Mieter die Möglichkeit hat, die Verspätungen abzustellen. Eine lediglich formelhafte Beanstandung, z.B. dass die Miete entgegen den Bestimmungen des Mietvertrages nicht am 3. Werktag eingegangen ist, reicht daher nicht aus (so LG Frankfurt/M., WuM 1992, 370).

Soll aufgrund eines erneuten Vertragsverstoßes nach Abmahnung eine Kündigung ausgesprochen werden, muss ein zeitlicher Zusammenhang zwischen der Abmahnung und der erneuten Vertragsverletzung bestehen. Liegt daher z.B. nach der Abmahnung wegen laufender unpünktlicher Zahlung ein größerer Zeitraum, in dem der Mieter pünktlich gezahlt hat, muss bei wiederum unpünktlicher Zahlung eine erneute Abmahnung ausgesprochen werden.

Umstritten ist, ob in der Abmahnung zusätzlich eine bestimmte **Rechtsfolge** (Unterlassungsklage, Kündigung) für den Fall weiterer Verstöße angedroht werden muss (so z.B. LG Hamburg, WuM 1986, 338). Nach richtiger Auffassung (Sternel, Mietrecht, 3. A., IV 394; vgl. auch OLG Hamburg, WuM 1986, 12) ist diese Androhung nicht notwendig, da der Vermieter häufig erst nach Abmahnung entscheiden kann, ob er auf die Erhebung einer Unterlassungsklage beschränkt ist oder ob er das Mietverhältnis kündigen kann, weil seine Rechte in erheblichem Maße verletzt sind (so auch LG Kleve, WuM 1995, 537). Jedoch sollte in der Abmahnung klar zum Ausdruck kommen, dass weitere Verstöße bzw. das Unterlassen der Beseitigung des vertragswidrigen Zustandes die entsprechenden rechtlichen Konsequenzen nach sich ziehen werden.

Zur Beseitigung eines vertragswidrigen Zustandes (z.B. bei unerlaubter Gebrauchsüberlassung) ist eine angemessene **Abhilfefrist** zu setzen, deren Länge sich nach den Umständen des Einzelfalles bestimmt.

Entbehrlich ist eine Abmahnung nur ausnahmsweise, wenn der Vertragsverstoß so gravierend ist, dass eine sofortige Kündigung aus besonderen Umständen unter Abwägung der beiderseitigen Interessen gerechtfertigt ist (§ 543 Abs. 3 Nr. 2 BGB; z.B. Straftat zum Nachteil des Vermieters, Brandstiftung) oder die Abmahnung offensichtlich keinen Erfolg verspricht (§ 543 Abs. 3 Nr. 1 BGB), weil sie mit Sicherheit nicht zu einer Beseitigung des vertragswidrigen Zustandes führen kann, z.B. weil der Mieter die Beseitigung ernsthaft und endgültig verweigert oder vollendete Tatsachen geschaffen hat, sodass die Abmahnung nur eine „leere Förmelei" wäre (vgl. BGH, MDR 1975, 572; LG München I, ZMR 1985, 384).

Abnahmeprotokoll → „Wohnungsabnahmeprotokoll"

Abrechnung der Betriebskosten

Inhaltsübersicht

		Seite
1	Vereinbarung von Abschlagszahlungen	A 4
2	Änderung der Mietstruktur	A 5
2.1	Bei frei finanzierten Wohnungen	A 5
2.2	Bei preisgebundenen Wohnungen	A 6
2.3	Schlüssige Änderungen	A 6
3	Anpassung von Vorauszahlungen	A 8
4	Der Abrechnungszeitraum	A 8
5	Form der Abrechnung	A 8
6	Inhalt der Abrechnung	A 8
7	Umfang der Rechnungslegungspflicht	A 10
7.1	Einsichtsrecht des Mieters	A 11
8	Die Umlageschlüssel	A 12
8.1	Im frei finanzierten Wohnungsbau	A 12
8.2	Bei gemischt genutzten Gebäuden	A 14
8.3	Bei preisgebundenem Wohnraum	A 14
8.4	Leer stehende Wohnungen	A 15
9	Abrechnungsfristen	A 15
10	Rechte des Mieters bei nicht fristgerechter Abrechnung	A 16
11	Der Nachforderungsanspruch des Vermieters	A 17
12	Der Rückforderungsanspruch des Mieters	A 20
13	Die Anfechtung der Abrechnung	A 21

Abrechnung der Betriebskosten

1 Vereinbarung von Abschlagszahlungen

Eine Abrechnung in mietrechtlichem Sinne kann nur erfolgen, wenn und soweit der Mieter **Vorauszahlungen** in Form von Abschlagszahlungen geleistet hat. Soweit dagegen eine sogenannte „Bruttomiete" vereinbart wurde, in der die Betriebskosten enthalten sind, ist der Vermieter weder berechtigt noch verpflichtet, über die in der Miete enthaltenen Betriebskosten abzurechnen bzw. Auskunft oder Rechenschaft zu erteilen. Gleiches gilt bei Vereinbarung einer **Betriebskostenpauschale**, mit der die Betriebskosten ungeachtet ihrer Höhe abgegolten sein sollen. Wer behauptet, keine Pauschale, sondern eine abzurechnende Vorauszahlung sei vereinbart, trägt dafür die Beweislast (LG Mannheim, MDR 1976, 757).

Trotz Bezeichnung als „Vorauszahlung" kann nach Ansicht des LG München I (Urt. v. 10. 5. 1989, Az. 14 S 290/88) eine Betriebskostenpauschale stillschweigend vereinbart worden sein, wenn der Vermieter 8 Jahre lang keine Betriebskostenabrechnungen vorgelegt, der Mieter auch keine verlangt hat, da die Parteien damit zum Ausdruck gebracht haben, dass es mit der Zahlung der Pauschale sein Bewenden haben soll und der Mietvertrag in diesem Punkt stillschweigend abgeändert wurde.

Im frei finanzierten Wohnungsbau dürfen lediglich die Kosten der **Sammelheizung** und **Warmwasserversorgung** (vgl. „Betriebskosten", Abschnitt 2.4; 2.5) nicht in der Miete enthalten oder als Pauschale vereinbart sein (Unzulässigkeit einer „Warmmiete"), da diese nach den Bestimmungen der Heizkosten-Verordnung (vgl. „Heizkosten-Verordnung") getrennt zu erfassen und zu verteilen sind. Bezüglich der **übrigen** Betriebskosten steht es den Parteien frei, eine Bruttomiete, in der diese enthalten sind, oder eine Nettomiete zuzüglich einer Vorauszahlung auf die Betriebskosten oder eine Betriebskostenpauschale zu vereinbaren (§ 556 Abs. 2 BGB). Nur im **öffentlich geförderten** sozialen Wohnungsbau und im steuerbegünstigten oder frei finanzierten Wohnungsbau, der mit Wohnungsfürsorgemitteln gefördert worden ist, ist die Vereinbarung einer Nettomiete zuzüglich einer Betriebskosten**vorauszahlung** vorgeschrieben (§ 27 Abs. 3 II. BV).

Die Verpflichtung des Mieters zur Leistung von Vorauszahlungen setzt eine **eindeutige Vereinbarung** voraus (§ 556 Abs. 2 S. 2 BGB), wonach für Betriebskosten im Sinne des § 27 II. BV angemessene Vorauszahlungen verlangt werden dürfen, gibt selbst keinen Anspruch auf Leistung von Vorauszahlungen. Er geht vielmehr vom Bestehen einer entsprechenden vertraglichen Vereinbarung aus. Fehlt eine solche oder ist sie unwirksam (vgl. „Betriebskosten", Abschnitt 1), ist der Vermieter zur Abrechnung weder berechtigt noch verpflichtet.

Bei **gewerblicher** Vermietung kann i.S.v. § 9 UStG vereinbart werden, dass „Miete und Betriebskostenvorauszahlungen zzgl. Umsatzsteuer in gesetzlicher Höhe zu zahlen sind, soweit der

Abrechnung der Betriebskosten

Vermieter die Mieteinkünfte der Umsatzsteuer unterworfen hat". Im Falle einer derartigen Vereinbarung umfasst die Umsatzsteuerpflicht die gesamten Betriebskosten unabhängig davon, ob die einzelne Betriebskostenart bereits mit Vorsteuern belastet ist oder ob keine Vorsteuern anfallen (so z.b. bei öffentlichen Lasten; LG Hamburg, DWW 1998, 119; vgl. auch Sternel, Mietrecht, 3. A., Rn. 781).

Hat der Vermieter vor Abschluss eines **gewerblichen** Mietvertrages für die **Mehrwertsteuer** optiert und schuldet der Mieter vertraglich die auf die Miete entfallende Mehrwertsteuer, so gilt dies im Wege ergänzender Vertragsauslegung auch für die Verpflichtung des Mieters zur Zahlung der Mehrwertsteuer auf das sich aus der Schlussabrechnung ergebende Nebenkosten**saldo**, da es dem Zweck der Umlegung der Nebenkosten widersprechen würde, wenn der Vermieter den hierauf entfallenden Steueranteil zu tragen hätte (OLG Düsseldorf, WuM 1996, 211; Sternel, Mietrecht, 3. A., III 27 m.w.N.).

Ansprüche des Vermieters gegen den Mieter auf Zahlung von Betriebskosten sind – unabhängig davon, ob sie separat gezahlt werden oder in einer Bruttomiete enthalten sind – **unpfändbar**. Dies gilt sowohl für Vorauszahlungen als auch für Nachforderungen aus einer Betriebskostenabrechnung (OLG Celle, Az. 4 W 48/99, ZMR 1999, 698).

2 Änderung der Mietstruktur

Grundsätzlich besteht kein Rechtsanspruch des Vermieters auf Änderung des Mietvertrages, sodass die Umstellung einer vereinbarten Bruttomiete auf eine Nettomiete zuzüglich einer Vorauszahlung auf die Betriebskosten (Änderung der Mietstruktur) nur im Einvernehmen mit den Mietern möglich ist.

2.1 Bei frei finanzierten Wohnungen

Eine **Ausnahme** besteht im frei finanzierten Wohnungsbau gemäß § 556a Abs. 2 BGB für Betriebskosten, deren Umfang bzw. Verursachung **erfasst** werden, z.b. durch entsprechende Zähler.

> Insofern hat der Vermieter die Möglichkeit, durch einseitige Erklärung in Textform (s. „Schriftform") eine verbrauchsabhängige Abrechnung solcher Betriebskosten einzuführen.

Die Erklärung ist jedoch nur vor Beginn eines Abrechnungszeitraumes zulässig.

Sind die Kosten bislang in der Miete enthalten, so muss diese entsprechend herabgesetzt werden.

Die Möglichkeit der einseitigen Umstellung durch den Vermieter auf eine **Direktabrechnung** zwischen Mieter und Leistungserbringer besteht **nicht mehr**. Die Vertragspartner sind aber nicht gehindert, diese Möglichkeit vertraglich zu vereinbaren (vgl. Begründung des Gesetzentwurfes, abgedr. in NZM 2000, 438).

Wird das Wasser verbrauchsabhängig abgerechnet und zeigt der Hauptwasserzähler des Hauses einen größeren Verbrauch an als die Wohnungswasserzähler zusammen, erfolgt eine Abrechnung entsprechend dem Hauptwasserzähler, wobei die Wasserkosten anteilig nach dem Verhältnis der Anzeigewerte der Wohnungszähler auf die Mieter verteilt werden (AG Dortmund, DWW 1992, 180).

Eine **Messdifferenz** von mehr als 20 % schließt jedoch die Umlage der Unterschiedsmenge aus (LG Braunschweig, WuM 1999, 294).

2.2 Bei preisgebundenen Wohnungen

Eine weitere Ausnahme von dem Grundsatz, dass die Änderung der Mietstruktur nur im Einvernehmen mit den Mietern möglich ist, besteht bei **preisgebundenem** Wohnraum, da hier aufgrund der Verordnung v. 5. 4. 1984 (BGBl. I S. 546) eine Bruttomiete spätestens bis 31. 12. 1986 auf eine Nettokaltmiete umgestellt werden musste. Dies ist jedoch keine Ausschlussfrist, sodass die einseitige Umstellung auch noch nach diesem Zeitpunkt, längstens jedoch bis zum Ablauf der Preisbindung der konkreten Wohnung vorgenommen werden kann (LG Koblenz, WuM 1996, 560).

Ferner kann der Vermieter durch einseitige Erklärung (§ 10 Abs. 1 WoBindG) den Katalog der vom Mieter zu tragenden Betriebskosten für zukünftige Abrechnungszeiträume auch auf solche Kostenarten ausdehnen, deren Umlagefähigkeit im Mietvertrag noch nicht vereinbart war (LG Köln, WuM 1991, 259). Dies gilt auch, wenn der Mietvertrag erst nach dem 30. 4. 1984 abgeschlossen worden ist (LG Mönchengladbach, WuM 1997, 272). Ausgeschlossen ist dies nur, wenn die Umlage der betr. Kosten im Mietvertrag ausdrücklich ausgeschlossen ist oder sich aus den Umständen ergibt (vgl. § 10 Abs. 4 WoBindG). Die einseitige Gestaltungserklärung (§ 10 Abs. 1 S. 2 WoBindG) ist jedoch nur wirksam, wenn in ihr die Umstellung **berechnet und erläutert** ist. Dies erfordert für die Umstellung von Altverträgen eine neue Wirtschaftlichkeitsberechnung und eine Berechnung und Erläuterung der für die Umlage vorgesehenen Betriebskosten. Hierzu ist erforderlich, dass die in die Umlage einzubeziehenden Betriebskosten einzeln und namentlich aufgeführt werden; der bloße Hinweis auf Betriebs- oder Nebenkosten reicht nicht aus (LG Aachen, WuM 1995, 545). Die Umstellung kann jedoch **nicht rückwirkend**, sondern nur für die Zukunft erfolgen. Dies gilt auch dann, wenn der Mietvertrag eine **Gleitklausel** (s. „Kostenmiete", Abschnitt 2) enthält (LG Bonn, WuM 1997, 229).

Nach Beendigung der Preisbindung kann die Umstellung der Mietstruktur nur noch einvernehmlich erfolgen. Kommt eine Einigung nicht zustande, verbleibt es bei der vereinbarten Bruttomiete.

2.3 Schlüssige Änderungen

Eine vertragliche Vereinbarung, wonach der Mieter zur Zahlung bestimmter Betriebskosten verpflichtet ist, kann nicht nur ausdrücklich, sondern auch **schlüssig**, d.h. durch ein bestimmtes Verhalten der Vertragsparteien, geändert bzw. erweitert werden. Dies ist z.B. der Fall, wenn der Vermieter dem Mieter Betriebskosten in Rechnung stellt, deren

Umlage vertraglich nicht vereinbart ist und der Mieter diese dennoch über einen Zeitraum von mehreren Jahren (hier: 6 Jahre) **vorbehaltlos bezahlt.** Solche schlüssig abgegebenen Willenserklärungen sind aus der **Sicht des Erklärungsempfängers** – des Vermieters – auszulegen und können von diesem dahin verstanden werden, dass der Mieter mit der Abwälzung der erhöhten Nebenkostenabrechnungen einverstanden ist (BGH, Beschl. v. 29.5.2000, Az. XII ZR 35/00, NZM 2000, 961).

Werden vom Vermieter in einer detaillierten Betriebskostenabrechnung – abweichend vom Mietvertrag – weitere Betriebskostenpositionen in Rechnung gestellt, kann darin auch ein **ergänzendes Vertragsangebot** zur Übernahme weiterer Betriebskosten gesehen werden, das der Mieter durch vorbehaltlose Zahlung des Saldos **schlüssig annimmt** (so AG Schöneberg, GE 1999, 1499).

Gleiches gilt, wenn eine „Kaltmiete" vereinbart ist und der Mieter trotzdem in vier aufeinanderfolgenden Jahren aufgrund der vom Vermieter erteilten Nebenkostenabrechnungen Zahlungen leistet (LG Saarbrücken, NZM 1999, 408). Eine andere Auffassung vertritt das LG Mannheim (NZM 1999, 365). Danach kann in der vorbehaltlosen Zahlung nur dann der für eine Vertragsänderung notwendige **Rechtsbindungswille** gesehen werden, wenn die Parteien die Frage der Erweiterung der Nebenkostenumlage erörtert haben und der Vermieter aufgrund der Erörterung den Eindruck gewinnen konnte, dass der Mieter mit der Erweiterung einverstanden ist.

Mangels eines entsprechenden Rechtsbindungswillens bedeutet es jedenfalls **keinen** schlüssigen **Verzicht** des Vermieters auf bestimmte Betriebskostenpositionen, wenn er jahrelang nur einen Teil der umlegbaren Betriebskosten in die Abrechnung aufgenommen hat (AG Neuss, DWW 1996, 284).

Teilt der Vermieter dem Mieter schriftlich mit, dass er künftig auch andere als die im Mietvertrag vereinbarten Betriebskosten umlegen wird und zahlt der Mieter daraufhin über mehrere Jahre **vorbehaltlos** auch diese weiteren Betriebskostenpositionen, kommt ein rechtsgeschäftlicher Bindungswille des Mieters hinreichend deutlich zum Ausdruck, sodass von einer entsprechenden Änderung des Mietvertrages auszugehen ist (LG Kassel, DWW 1996, 312).

Ferner liegt eine schlüssige Änderung der Mietstruktur vor, wenn der Mieter trotz einer vertraglichen Bruttomiete einem **Mieterhöhungsverlangen** des Vermieters auf Basis einer Nettomiete ausdrücklich **zugestimmt** und über einen Zeitraum von 2 Jahren die Betriebskosten und den sich aus der Betriebskostenabrechnung ergebenden Saldo bezahlt hat (LG Berlin, ZMR 1998, 165; AG Koblenz, NZM 2000, 238).

Hat der Mieter über mehrere Jahre bestimmte Betriebskosten (z.B. die Kosten des Wassers und der Entwässerung) aufgrund eines **Versorgungsvertrages** unmittelbar an die kommunalen Stadtwerke bezahlt, ist eine Unklarheit im Mietvertrag bezüglich der Umlage dieser Betriebskostenpositionen dahin zu verstehen, dass diese Betriebskosten

Abrechnung der Betriebskosten

nicht in der Miete enthalten und vom Mieter somit weiterhin separat zu zahlen sind (LG Stuttgart, WuM 1996, 626).

3 Anpassung von Vorauszahlungen

Jede Partei kann durch einseitige Erklärung (Textform – s. „Schriftform") eine **Anpassung** der vereinbarten Vorauszahlungen auf eine angemessene Höhe vornehmen, wenn sich aus der Betriebskostenabrechnung über die vorausgegangene Periode ergibt, dass die geleistete Vorauszahlung infolge stark gestiegener oder gesunkener Betriebskosten nicht mehr den tatsächlich anfallenden Betriebskosten entspricht (§ 560 Abs. 4 BGB). Bei Veränderungen der Betriebskosten ist ebenfalls der **Grundsatz der Wirtschaftlichkeit** zu beachten (§ 560 Abs. 5 BGB), wobei die Vorauszahlungen die zu erwartenden Betriebskosten jedoch leicht übersteigen dürfen, um die in der Regel zu erwartenden Kostensteigerungen aufzufangen. Für Mietverhältnisse über **preisgebundenen** Wohnraum ist die Erhöhungsmöglichkeit in § 20 Abs. 4 NMV geregelt.

4 Der Abrechnungszeitraum

Über die Vorauszahlungen ist **jährlich** abzurechnen (§ 556 Abs. 3 BGB). Darunter ist nicht notwendig das Kalenderjahr oder das Jahr gerechnet vom Beginn des Mietverhältnisses, sondern ein einmal festgelegtes und dann einzuhaltendes Geschäftsjahr zu verstehen. Jedoch ist der Vermieter bei Vorliegen vernünftiger Gründe zur Änderung des Abrechnungszeitraumes berechtigt (AG Köln, WuM 1997, 232). Die Abrechnungsperiode darf einen Zeitraum von maximal einem Jahr umfassen; andernfalls liegt ein Verstoß gegen § 556 Abs. 3 S. 1 BGB und daher keine ordnungsgemäße Abrechnung vor (LG Düsseldorf, ZMR 1998, 167).

5 Form der Abrechnung

Die Abrechnung hat **schriftlich** und getrennt für jedes Mietverhältnis zu erfolgen und muss jedem Mieter zugehen, sodass z.b. eine Bekanntmachung im Treppenhaus nicht genügt.

6 Inhalt der Abrechnung

Die inhaltlichen Anforderungen an eine ordnungsgemäße Abrechnung ergeben sich aus § 259 BGB (Rechenschaftspflicht) und der Entscheidung des BGH vom 23. 11. 1981 (ZMR 1982, 108) sowie dem Rechtsentscheid des OLG Schleswig vom 4. 10. 1990 (DWW 1990, 355; Weber/Marx X/S. 84). Danach muss sie bei Gebäuden mit mehreren Einheiten mangels besonderer vertraglicher Vereinbarungen folgende Mindestangaben enthalten:

- eine geordnete Zusammenstellung der **Gesamt**kosten
- die Angabe und Erläuterung des **Verteilerschlüssels**
- die Berechnung des **Anteils** des Mieters
- den Abzug der **Vorauszahlungen** des Mieters.

Die geordnete **Zusammenstellung der Gesamtkosten** erfordert eine übersichtlich aufgegliederte Einnahmen- und Ausgabenaufstellung, aus der auch der betriebswirtschaftlich und juristisch nicht geschulte Mieter die umgelegten Kosten klar ersehen und überprüfen kann. Die Betriebskostenabrechnung muss jedoch nach der – wohl richtigen – Auffassung des KG Berlin (Beschl. v. 28. 5. 1998, 8 RE-Miet 4877/97, WuM 1998, 474) **nicht** die Angabe der jeweiligen **Rechnungsdaten** enthalten. Ferner dürfen auch Einzelkosten, die demselben Entstehungsgrund (Kostenart) zugehörig sind, zusammengefasst werden (KG Berlin, a.a.O.); so auch Schmid in ZMR 1996, 415; a.A.: LG Berlin, WuM 1996, 154 und WuM 1995, 717, wonach es nicht ausreichend sein soll, wenn lediglich Gesamtbeträge für einzelne Positionen angeführt werden; vielmehr sind diese nach einzelnen Rechnungsdaten aufzuschlüsseln, sodass der Mieter die einzelnen Positionen der Abrechnung anhand der Belege „abhaken" kann und nicht erst Gesamtbeträge auseinander rechnen muss; das LG Berlin (ZMR 1998, 166) verlangt ferner die Angabe der Rechnungsdaten bei den jeweiligen Einzelpositionen. Diese Auffassung dürfte nach dem o.g. Beschluss des KG Berlin jedoch nicht mehr vertretbar sein.

> In Anbetracht der uneinheitlichen Rechtsprechung sollten in der Betriebskostenabrechnung die Ausgaben jedenfalls entsprechend den Positionen der Anlage 3 zu § 27 II. BV dargestellt und gegebenenfalls auch die zugehörigen Rechnungsdaten angegeben werden.

Die Angabe und Erläuterung des zugrunde gelegten **Verteilerschlüssels** erfordert, dass die Betriebskosten des gesamten Anwesens angegeben werden und erläutert wird, wie sich daraus der **Anteil** des Mieters für die von ihm gemietete Wohnung errechnet. Bei einer Verteilung nach Flächen ist sowohl die Gesamtfläche des Anwesens als auch die Fläche der betreffenden Wohnung und bei einer Umlage nach Kopfteilen die Gesamtzahl der Personen zu benennen.

Bestreitet der Mieter die Richtigkeit der m^2-Angaben (z.B. der Gesamtfläche der Wohnanlage), trifft den Vermieter nicht die Darlegungs- und Beweislast für die Richtigkeit dieser Daten. Insofern ist der Vermieter – sofern er einheitlich verfährt – nicht verpflichtet, den Mieter darüber aufzuklären, nach welchen Gesichtspunkten und wie er die m^2-Flächen ermittelt, nach deren Verhältnis zueinander die Betriebskosten verteilt werden (LG Köln, DWW 1996, 51).

Zum Wesen einer ordnungsgemäßen **Heizkostenabrechnung** gehört es grundsätzlich, dass sich **Abrechnungs- und Ablesezeitraum** nach den – technischen und wirtschaftlichen – Möglichkeiten des Einzelfalles weitgehend **decken**. Jedoch ist die Grenze grundsätzlich erst dann überschritten, wenn – ohne entsprechende vertragliche Bestimmungen – Abrechnungs- und Ablesezeitraum derart auseinander klaffen, dass der ausgewiesene Abrechnungszeitraum und der tatsächlich abgerechnete Ablesezeitraum erheblich voneinander abweichen. Das ist noch nicht der Fall, wenn der Vermieter den Abrechnungszeitraum nach der Jahresmitte bemisst,

Abrechnung der Betriebskosten

die Ablesung hingegen jeweils praktisch am Ende der Heizperiode vornehmen lässt: damit ist nämlich die volle Heizperiode (z.B. 1.10. bis 30.4.) in den zugehörigen Abrechnungszeitraum eingegangen. Hingegen ergibt sich daraus grundsätzlich keine erhebliche Divergenz, sodass dann die Monate Mai und Juni, für die ein Betrieb der Heizung nur in relativ geringem Umfang in Betracht kommt, jeweils in den nachfolgenden Abrechnungszeitraum einbezogen werden. Eine Heizkostenabrechnung ist daher nicht stets schon dann nicht prüffähig und in ihrem Saldo deshalb nicht fällig, wenn der ihr zugrunde gelegte Abrechnungszeitraum und der tatsächliche Ablesezeitraum um Wochen (hier: 10 Wochen) auseinander fallen (OLG Schleswig, a.a.O.).

Eine nicht nachvollziehbare Abrechnung kann **nicht** durch nachträgliche Erläuterung **geheilt** werden. Vielmehr ist eine neue Abrechnung zu erstellen (LG Berlin, DWW 1997, 152).

Hat der Vermieter dagegen ordnungsgemäß abgerechnet, ist der Abrechnungsanspruch des Mieters erfüllt, sodass er keine neue Abrechnung mehr verlangen kann. Ob die Abrechnung auch inhaltlich richtig und vertragsgemäß ist, betrifft nicht die Abrechnungspflicht, sondern die materielle Berechtigung einzelner Positionen, über die ggf. im Wege der Klage auf Nachzahlung bzw. Rückerstattung von Betriebskosten zu entscheiden ist (LG Hamburg, WuM 1998, 727).

7 Umfang der Rechnungslegungspflicht

Der Umfang der Rechnungslegungspflicht bestimmt sich im Einzelfall nach dem Grundsatz der Zumutbarkeit, d.h. nach einer sinnvollen Relation zwischen dem Arbeits- und Zeitaufwand des Vermieters einerseits und den schutzwürdigen Interessen des Mieters andererseits. Dabei rechtfertigt es die Größe des Mietobjekts allein nicht, den Vermieter teilweise von Abrechnungspflichten freizustellen (OLG Schleswig, a.a.O.). Jedoch verstößt es in verfassungswidriger Weise gegen die Eigentumsgarantie des Art. 14 GG, wenn an die Nebenkostenabrechnung überspannte Anforderungen gestellt und dem Vermieter damit die Verfolgung seiner Ansprüche unzumutbar erschwert wird (BVerfG, Beschl. v. 3.12.1993, DWW 1994, 246).

Die Hinnahme fehlerhafter Abrechnungen in der Vergangenheit bindet den Mieter nicht und führt daher insbesondere nicht zu einem Verzicht des Mieters auf eine nachvollziehbare Abrechnung (LG Essen, Urt. v. 7.9.1990, WuM 1991, 121).

Bei Abrechnung von Betriebskosten einer **vermieteten Eigentumswohnung** ist der Vermieter berechtigt, den Mieter auf die Abrechnung des Verwalters zu verweisen, wenn diese den Anforderungen des § 259 BGB genügt (LG Düsseldorf, WuM 1990, 201).

7.1 Einsichtsrecht des Mieters

Der Vermieter ist nicht verpflichtet, mit der Abrechnung die **Belege** oder eine Kopie auszuhändigen (BGH, Urt. v. 2. 10. 1991, Az. XII ZR 92/90, WM 1991, 2069; OLG Düsseldorf, Urt. v. 22. 4. 1993, WuM 1993, 411; LG Frankfurt/M., Az. 2/11 S 135/99, NZM 2000, 27; AG Frankfurt/M., DWW 1999, 158; a.a.: LG Essen, DWW 1996, 371, wonach eine Betriebskostenabrechnung erst fällig wird, nachdem der Vermieter dem Wunsch des Mieters nach Übersendung von Kopien gegen Kostenerstattung nachgekommen ist). Der Mieter kann lediglich die **Einsichtnahme** in die Unterlagen (Rechnungen, Gebührenbescheide) verlangen. Bei einer vermieteten Eigentumswohnung gehört dazu die Jahresabrechnung des Verwalters für die vermietete Wohnung einschließlich der zugehörigen Anlagen; nicht aber die beim Verwalter befindlichen Rechnungen (LG Mannheim, WuM 1996, 630). Das Recht auf Einsichtnahme besteht auch dann, wenn die Jahresabrechnung gegenüber der Wohnungseigentümergemeinschaft bestandskräftig ist (LG Frankfurt/M., WuM 1997, 52).

Der Mieter kann grundsätzlich Einsicht in die **Original**belege verlangen. Hat der Vermieter jedoch den Inhalt der Belege auf Datenträger festgehalten und die Originalbelege vernichtet, muss sich der Mieter (einer frei finanzierten Wohnung) mit der Vorlage der gescannten und neu ausgedruckten Unterlagen begnügen (AG Mainz, ZMR 1999, 114).

Die Einsichtnahme hat grundsätzlich **beim Vermieter** bzw. dessen Beauftragten (Hausverwalter, Rechtsanwalt) zu erfolgen. Nur aus wichtigem Grund kann der Mieter **ausnahmsweise** die Vorlage an einem anderen Ort verlangen (vgl. § 811 Abs. 1 S. 2 BGB). Ein wichtiger Grund liegt vor, wenn die Einsichtnahme beim Vermieter dem Mieter nicht zumutbar ist, was im Einzelfall zu prüfen ist, und z.b. bei Krankheit des Mieters, persönlicher Feindschaft der Parteien oder bei großer Entfernung (vgl. LG Hamburg, WuM 2000, 197; AG Osnabrück, WuM 1976, 94; AG Frankfurt, Urt. v. 4. 8. 1988, Az. 33 C 1584/88–26) gegeben sein kann. Das Verlangen des Mieters zur Vorlage an einem – ausnahmsweise von ihm zu bestimmenden – Ort kann der Vermieter in entsprechender Anwendung des § 29 Abs. 2 NMV jedoch dadurch erfüllen, dass er dem Mieter **Kopien** übersendet, wobei er dies von der **vorherigen** Erstattung der Kosten für die Anfertigung der Kopien und deren Übersendung abhängig machen kann (§ 811 Abs. 2 S. 2 BGB entsprechend; vgl. AG Oldenburg, WuM 1993, 412). Angemessen ist ein Betrag von EUR 0,25 (bisher DM 0,50; vgl. LG Duisburg, WuM 1999, 562) bis EUR 0,50 (bisher DM 1,00/Kopie; vgl. LG Berlin, GE 1991, 151).

Das Ersuchen auf Einsichtnahme und Fertigen von Fotokopien muss sich auf vorhandene und hinreichend genau bezeichnete Unterlagen beziehen, die ohne nennenswerten Verwaltungsaufwand bereitgehalten und ohne Störungen des Betriebsablaufs der Verwaltung eingesehen und fotokopiert werden können. Die Einsichtnahme darf auch

Abrechnung der Betriebskosten

nicht mit einem für alle Beteiligten unverhältnismäßigen Zeit- und Kostenaufwand verbunden sein (OLG Hamm, NZM 1998, 724).

Die **Verweigerung** der Belegeinsicht stellt eine Verletzung einer vertraglichen Nebenpflicht dar und führt dazu, dass ein Saldo aus der Nebenkostenabrechnung nicht gerichtlich durchsetzbar ist (OLG Düsseldorf, Urt. v. 23.3.2000, Az. 10 U 160/97, NZM 2001, 48).

Ferner kann der Mieter Klage auf Einsichtnahme erheben.

Der **Streitwert** einer Klage auf Einsichtnahme in die Nebenkostenbelege bemisst sich auf 1/5 bis 1/10 des geltend gemachten Rückforderungsanspruches des Mieters (LG Köln, DWW 1998, 380).

Einen **Nachweis** über die tatsächliche **Zahlung** der Betriebskosten durch den Vermieter kann der Mieter nicht verlangen (LG Düsseldorf, Az. 21 S 191/98, DWW 1999, 354).

Bei **preisgebundenem** Wohnraum kann der Mieter grundsätzlich anstelle der Einsicht in die Rechnungsunterlagen Ablichtungen gegen Erstattung der Auslagen verlangen (§ 29 Abs. 2 S. 1 NMV).

8 Die Umlageschlüssel

8.1 Im frei finanzierten Wohnungsbau

Mit Ausnahme der Kosten für Heizung und Warmwasser, die nach den Bestimmungen der Heizkosten-Verordnung zu verteilen sind (vgl. „Heizkosten-Verordnung"), können die Parteien den Umlageschlüssel für die Betriebskosten **frei vereinbaren**, z.B. Abrechnung nach dem Anteil der Wohnflächen oder nach Kopfzahlen.

Fehlt eine solche Vereinbarung, sind die Betriebskosten nach dem Flächenmaßstab, d.h. nach dem Anteil der **Wohnfläche** umzulegen (§ 556 a Abs. 1 S. 1 BGB).

Betriebskosten, die von einem **erfassten** Verbrauch (z.B. durch Wasserzähler) oder einer **erfassten** Verursachung durch die Mieter abhängen (z.B. durch separate Müllgefäße) sind nach einem Maßstab umzulegen, der dem unterschiedlichen Verbrauch oder der unterschiedlichen Verursachung Rechnung trägt (§ 556 a Abs. 1 S. 2 BGB).

> Der Vermieter ist somit verpflichtet, **verbrauchsabhängig** abzurechnen, falls der Verbrauch **erfasst** wird und nichts anderes vereinbart ist.
>
> Der Mieter hat aber **keinen** zivilrechtlichen Anspruch auf Einbau von Geräten zur Verbrauchserfassung (z.B. Kaltwasseruhren).

Soweit es durch die Abrechnung nach dem Flächenmaßstab zu einer **krassen Unbilligkeit** kommt, hat der Mieter auch nach der Neuregelung einen Anspruch auf Umstellung des Umlagemaßstabes z.B. auf Kopfzahlen (vgl. Begründung des Gesetzentwurfes, abgedr. in NZM 2000, 438).

Hat der Mieter zwei Abrechnungsperioden lang einen bestimmten Umlegungsmaßstab unbeanstandet **hingenommen**, kann der Vermieter jedoch von einem Einverständnis des Mieters ausgehen (so LG Düsseldorf, DWW 1990, 240).

Eine **Formularklausel**, die den Vermieter zur **einseitigen Änderung** des Verteilungsschlüssels berechtigt, ist wegen Verstoßes gegen § 9 AGB-Gesetz (unangemessene Benachteiligung des Mieters) unwirksam, wenn die Änderungsbefugnis nicht an das Vorliegen sachlicher Gründe für die Änderung gebunden ist (LG Hamburg, ZMR 1998, 98).

Ist der Verteilerschlüssel grob unbillig oder infolge geänderter Umstände grob unbillig geworden, kann der Mieter eine Änderung weder für die Vergangenheit noch für den laufenden Abrechnungszeitraum, sondern nur für die **Zukunft** verlangen; es sei denn, dem Vermieter lagen bereits vor Beginn der Abrechnungsperiode verlässliche Anhaltspunkte für eine sich ergebende grobe Unbilligkeit vor (LG Düsseldorf, WuM 1996, 777).

Die Abrechnung nach dem Flächenmaßstab kann – trotz **unterschiedlicher Belegungszahlen** in einzelnen Wohnungen – grundsätzlich **nicht** als unbillig angesehen werden (vgl. z.B. LG Bonn, NZM 1998, 910); zumal es sich dabei nach dem neuen § 556 a Abs. 1 S. 1 BGB um einen gesetzlichen Umlagemaßstab handelt.

Gleiches gilt, wenn sich in einem Gebäude Wohnungen mit sehr unterschiedlichen Größen befinden (z.b. zwischen 50 und 145 m^2). Auch in diesem Fall haben die Mieter der Großwohnungen keinen Anspruch auf Änderung des Umlagemaßstabes (LG Mannheim, NZM 1999, 365).

Eine Unbilligkeit wird nur in **Ausnahmefällen** zu bejahen sein, z.b. wenn der allein stehende Mieter in einer relativ großen Wohnung für die verbrauchsabhängigen Betriebskosten (z.B. Wasser, Abwasser) mehr als das Doppelte als bei Umlage nach Kopfteilen zu zahlen hätte (LG Düsseldorf, WuM 1994, 30; vgl. auch LG Aachen, WuM 1991, 503, wonach eine Unbilligkeit erst beim Dreifachen gegeben ist). Dagegen kann sich der Mieter auf eine Unbilligkeit nicht berufen, wenn er für die Betriebskosten Wasser, Abwasser, Müllabfuhr und Aufzug nicht mehr als das Doppelte im Vergleich zur Abrechnung nach Kopfteilen zahlen muss und der Vermieter eine solche Abrechnung nur unter Verwaltungsmehraufwand erstellen könnte (LG Aachen, WuM 1993, 410).

Bei den verbrauchs**un**abhängigen Betriebskosten (z.B. Grundsteuer, Sach- und Haftpflichtversicherung) wird der Mieter eine Unbilligkeit nur in besonders gelagerten Ausnahmefällen begründen können (vgl. LG Wuppertal, WuM 1993, 685, wonach die Abrechnung der verbrauchs**un**abhängigen Betriebskosten nach dem Verhältnis der Wohnflächen grundsätzlich der Billigkeit entspricht, während die Abrechnung dieser Kosten nach Kopfteilen unangemessen sein kann).

Ist aber eine Umlage nach Kopfteilen

vereinbart, muss auch eine nicht ständig anwesende Mietpartei ihren vollen Anteil zahlen (AG Karlsruhe, DWW 1993, 21).

8.2 Bei gemischt genutzten Gebäuden

Grundsätzlich ist es auch nicht unbillig, **Gewerbe- und Wohnräume gemeinsam abzurechnen**, da die gewerbliche Mitbenutzung eines Hauses nicht zwangsläufig zur Entstehung höherer Betriebskosten führt; maßgeblich sind Art und Umfang der Benutzung, sodass ein Vorwegabzug für Betriebskosten der Gewerberäume nur dann veranlasst ist, wenn in den Gewerberäumen ein weit überhöhter Verbrauch entsteht. Dies kann z.b. in einem Friseur- oder Waschsalon der Fall sein, wohl kaum aber in einem Büro (vgl. dazu LG Frankfurt/M., NJWE 1997, 26, wonach ein Vorwegabzug generell vorzunehmen ist, wenn die Gewerbefläche ca. 3/4 der Gesamtfläche beträgt). Hat der Vermieter in Ausübung seines Leistungsbestimmungsrechtes Wohn- und Geschäftsräume einheitlich abgerechnet, muss der Mieter, der die Billigkeit bestreitet, plausibel darlegen, dass die Gewerberäume erhöhte Kosten verursachen und er hierdurch benachteiligt wird (LG Düsseldorf, DWW 1990, 240; a.A.: AG Wiesbaden, WuM 1996, 96, wonach eine getrennte Vorwegerfassung der verbrauchs**abhängigen** Betriebskosten (z.B. Müll, Wasser) der Geschäftsräume nur dann unterbleiben kann, wenn dies objektiv nicht möglich ist; vgl. auch Sternel, Mietrecht, III 358 sowie LG Frankfurt/M., WuM 1997, 630, wonach bei Verteilung der Grundsteuer der auf die gewerblichen Flächen entfallende Betrag vorab in Abzug gebracht werden muss, wenn dieser rechnerisch ermittelt werden kann (z.b. aufgrund der Angaben im Einheitswertbescheid).

Zur Vorwegerfassung bei **öffentlich geförderten** Wohnungen gemäß §§ 20, 21 NMV vgl. LG Berlin, ZMR 2001, 111.

8.3 Bei preisgebundenem Wohnraum

Bei preisgebundenem Wohnraum sind für bestimmte Betriebskostenarten die Abrechnungsmaßstäbe gesetzlich vorgeschrieben:

Die Kosten des Betriebs der **zentralen Brennstoffversorgungsanlage** dürfen nur nach dem Brennstoffverbrauch umgelegt werden (§ 23 Abs. 2 NMV). Die laufenden monatlichen Grundgebühren für **Breitbandanschlüsse** dürfen nur zu gleichen Teilen auf die Wohnungen umgelegt werden, die mit Zustimmung des Nutzungsberechtigten angeschlossen wurden (§ 24a Abs. 2 NMV).

Die Kosten **maschineller Wascheinrichtungen** dürfen nur auf die Benutzer der Einrichtungen umgelegt werden (§ 25 Abs. 2 NMV). Durch die seit 1. 8. 1992 gültige Neufassung der Neubaumietenverordnung wurde der bisherige Zwang, die **Kosten der Müllabfuhr** nach der Wohnfläche abzurechnen, beseitigt. Nach dem neu eingefügten § 22a NMV sind diese Kosten nach einem **Maßstab**, der der unterschiedlichen Müllverursachung durch die Wohnparteien Rechnung trägt oder nach dem Verhältnis der Wohnflächen umzulegen.

Die **Kosten der Wasserversorgung** (§ 21 NMV) sind künftig **zwingend** nach dem individuellen Verbrauch abzurechnen, wenn **alle** Wohnungen des Gebäudes mit Wasserzählern ausgerüstet sind. Bislang hatte der Vermieter auch in diesen Fällen noch die Wahlmöglichkeit und konnte die Kosten auch nach den Wohnflächen abrechnen. Dies ist jetzt nur noch möglich, wenn nicht alle Wohnungen mit Wasserzählern ausgerüstet sind. Die Neuregelung ist insbesondere für die Bundesländer wichtig, in denen die Landesbauordnungen den Einbau von Wasserzählern für jede Wohnung vorschreiben (z.b. Hamburg). Eine solche Verpflichtung kann jedoch nicht bundesgesetzlich, sondern nur durch die Länder geregelt werden.

Die **Kosten der Entwässerung** sind mit dem für die Kosten der Wasserversorgung anzuwendenden Maßstab umzulegen (§ 21 Abs. 3 S. 2 NMV).

Im Übrigen besteht bei preisgebundenem Wohnraum eine Verpflichtung zur Umlage der Betriebskosten nach dem Verhältnis der Wohnflächen (§ 20 Abs. 2 NMV).

Die Kosten des Betriebs maschineller **Aufzüge** (§ 24 NMV) und des **Breitbandkabelnetzes**, ausgenommen der Grundgebühren (§ 24a NMV), dürfen auch nach anderem, einvernehmlich mit allen Mietern einheitlich festlegten Umlagemaßstab verteilt werden.

Bei den Kosten des maschinellen **Aufzuges** kann Wohnraum im Erdgeschoss von der Umlage ausgenommen werden (§ 24 Abs. 2 NMV).

Für die Umlegung der **Heizungs- und Warmwasserkosten** findet die Heizkosten-Verordnung Anwendung (§ 22 Abs. 1 NMV, vgl. „Heizkosten-Verordnung"). Liegt eine Ausnahme nach § 11 der Heizkosten-Verordnung vor, ist § 22 Abs. 2 NMV zu beachten.

8.4 Leer stehende Wohnungen

Den auf leer stehende Wohnungen entfallenden Betriebskostenanteil muss der **Vermieter grundsätzlich selbst tragen**. Dies gilt nach Auffassung des AG Köln (WuM 1998, 290) selbst dann, wenn die Betriebskosten nach der Personenzahl verteilt werden. In diesem Fall sind leer stehende Wohnungen grundsätzlich als nur mit einer Person belegt zu rechnen.

9 Abrechnungsfristen

Die Frage, **wann** der Vermieter nach Ablauf des Abrechnungszeitraumes spätestens abrechnen muss, ist nunmehr auch für den frei finanzierten Wohnungsbau durch § 556 Abs. 3 S. 2 BGB gesetzlich geregelt.

> Danach ist dem Mieter die Abrechnung spätestens bis zum **Ablauf des 12. Monats** nach Ende des Abrechnungszeitraumes mitzuteilen; d.h. sie muss dem Mieter innerhalb dieser Frist zugehen (**Abrechnungsfrist**).

Nach Ablauf dieser Frist ist die Geltendmachung einer Nachforderung durch den Vermieter ausgeschlossen, es sei denn, der Vermieter hat die verspätete Geltendmachung nicht zu vertreten, z.B. weil ihm noch keine Belege vorliegen (sog. **Ausschlussfrist**, § 556 Abs. 3 S. 3 BGB).

Bei vermietetem **Tei**l**eigentum** (bzw. Sondereigentum, z.B. Eigentumswohnung) wird der Vermieter erst dann über die Betriebskosten abrechnen können, wenn der Beschluss der Wohnungseigentümer-Gemeinschaft über die Gesamt- und Einzelabrechnung **bestandskräftig** ist (§ 28 Abs. 5 WEG), da erst dann die konkrete Betriebskostenbelastung des Eigentümers endgültig feststeht (OLG Düsseldorf, Urt. v. 23. 3. 2000, ZMR 2000, 453).

Zu **Teil**abrechnungen ist der Vermieter **nicht** verpflichtet, auch wenn ihm einzelne Belege bereits vorliegen (§ 556 Abs. 3 S. 4 BGB).

> **Einwendungen** gegen die Abrechnung muss der **Mieter** dem Vermieter spätestens bis zum Ablauf des 12. Monats nach Zugang der Abrechnung mitteilen. Nach Ablauf dieser Frist kann der Mieter Einwendungen nicht mehr geltend machen, es sei denn, der Mieter hat die verspätete Geltendmachung nicht zu vertreten (§ 556 Abs. 3 S. 5 BGB).

Vereinbarungen, die zum Nachteil des Mieters von den gesetzlichen Abrechnungs- oder Ausschlussfristen abweichen, sind unwirksam (§ 556 Abs. 4 BGB).

Bei **preisgebundenem** Wohnraum ist dem Mieter die jährliche Abrechnung bis zum Ablauf des zwölften Monats nach Ende des Abrechnungszeitraumes zuzuleiten (§ 20 Abs. 3 S. 4 NMV),

wobei es sich hier ebenfalls um eine Ausschlussfrist handelt.

Mit dem Mietrechtsreformgesetz 2001 wurde auch der von der Rechtsprechung entwickelte **Grundsatz der Wirtschaftlichkeit** in das Gesetz aufgenommen (§ 556 Abs. 3 S. 1, 2. Halbsatz BGB). Der Vermieter soll angehalten werden, im Rahmen eines gewissen Ermessensspielraumes möglichst wirtschaftlich, d.h. mit Blick auf ein **angemessenes Kosten-Nutzen-Verhältnis** vorzugehen.

Zur Frage, ob die Abrechnungs- und Ausschlussfristen auch für Mietverhältnisse über **Geschäfts**räume gelten, s. OLG Düsseldorf (ZMR 1998, 219) und AG Potsdam (WuM 1998, 420).

Bei Beendigung des Mietverhältnisses vor Ablauf des Abrechnungszeitraumes hat der Mieter nur einen Anspruch auf Ermittlung der Verbrauchsstände, nicht auf vorzeitige Abrechnung (MüKo, Rn. 192 vor § 535 BGB).

10 Rechte des Mieters bei nicht fristgerechter Abrechnung

Bei nicht fristgerechter Abrechnung kann der Mieter die Zahlung weiterer Vorschüsse auf die Betriebskosten solange verweigern, bis ihm Abrechnung erteilt ist (**Zurückbehaltungsrecht**, § 273 BGB; s. BGH, Urt. v. 29. 2. 1984, DWW 1984, 166). Der Mieter ist jedoch nicht zur Zurückbehaltung der Grundmiete berechtigt, da zwischen der Grundmiete und dem Anspruch auf Betriebskostenabrechnung weder ein Gegenseitigkeitsverhältnis i.S.v. § 320 BGB noch eine hinreichende Abhängigkeit (Konnexität) i.S.v. § 273 BGB besteht (OLG Koblenz, Urt. v. 20.1.1994, DWW 1995, 81; WuM 1995, 154). Der Mieter darf auch nur die **weiterlaufenden** Nebenkostenvorauszahlungen einbehalten; nicht aber bereits fällige, in der Vergangenheit nicht entrichtete Nebenkostenvorauszahlungen (OLG Düsseldorf, Urt. v. 28.9.2000, WuM 2000, 678; BGH, WuM 1984, 185).

Der Mieter ist auch **nicht** berechtigt, die **Rückerstattung** von Betriebskostenvorauszahlungen zu verlangen (OLG Hamm, Beschl. v. 26.6.1998, 30 RE-Miet 1/98, WuM 1998, 476; vgl. auch BVerfG, Beschl. v. 9.6.1993, WuM 1995, 98).

Ein Rückerstattungsanspruch des Mieters kommt nur dann in Betracht, wenn das Mietverhältnis **beendet** ist. In diesem Fall fehlt dem Mieter das Druckmittel des Zurückbehaltungsrechts, sodass ihm das Recht zugestanden werden muss, jedenfalls den **Teil** der Vorauszahlungen zurückzuverlangen, der nicht durch unstreitig entstandene Nebenkosten verbraucht ist (OLG Braunschweig, RE v. 8.7.1999, Az. 1 RE-Miet 1/99, NZM 1999, 751). Insofern ist der Mieter aber gehalten, seinen Mindestverbrauch zu ermitteln bzw. zu schätzen (z.B. anhand von Nebenkostenabrechnungen anderer Abrechnungsperioden oder Abrechnungen anderer Mieter mit vergleichbaren Wohnverhältnissen) und nur die Rückzahlung eines evtl. Überschusses der geleisteten Vorauszahlungen zu beanspruchen. Nur wenn dem Mieter mangels jeglicher Anhaltspunkte keine Schätzung möglich ist (z.b. weil Abrechnungen über andere Abrechnungsperioden nicht vorliegen und es keine vergleichbaren Wohnungen im Gesamtobjekt gibt), kann er **ausnahmsweise** die geleisteten Vorauszahlungen **insgesamt** zurückfordern (OLG Braunschweig, a.a.O.).

Unabhängig davon kann der Mieter seinen Anspruch auf Abrechnung der Betriebskosten im Wege einer **Klage** durchsetzen. Zur Problematik einer sog. „Stufenklage" (Klage auf Abrechnung und Auszahlung des Guthabens, § 254 ZPO) vgl. BGH, Urt. v. 5. 5. 1994, NJW 1994, 2895.

Die Festsetzung eines **Zwangsgeldes** gegen den Vermieter zur Durchsetzung einer entsprechenden gerichtlich festgestellten Verpflichtung ist **un**zulässig, da eine Betriebskostenabrechnung eine sog. vertretbare Handlung darstellt (§ 887 ZPO), welche der Mieter auf Kosten des Vermieters selbst vornehmen oder durch einen Dritten vornehmen lassen kann (LG Münster, Beschl. v. 25. 11. 1999, Az. 5 T 795/99, ZMR 2000, 227).

Nach Ablauf der Abrechnungsfrist kann der Vermieter rückständige Nebenkosten**voraus**zahlungen für vergangene Zeiträume nicht mehr verlangen (OLG Düsseldorf, Az. 10 U 32/97, NZM 2000, 188).

11 Der Nachforderungsanspruch des Vermieters

Nach Ablauf der Abrechnungsfrist (s. Abschnitt 9) ist die Geltendmachung einer Nachforderung durch den Vermieter **ausgeschlossen**; es sei denn, der

Vermieter hat die verspätete Geltendmachung nicht zu vertreten (§ 556 Abs. 3 S. 3 BGB).

Der Geltendmachung einer Nachforderung steht aber **nicht** entgegen, dass die sich aus der Abrechnung ergebende Nachforderung den Vorauszahlungsbetrag wesentlich übersteigt (OLG Stuttgart, RE v. 10.8.1982, MDR 1982, 1021; es sei denn, dem Vermieter war bei Vertragsabschluss bereits bekannt (z.b. aus den Abrechnungen der Vorjahre), dass die Betriebskosten wesentlich (hier: 50 %) über dem vereinbarten Vorauszahlungsbetrag liegen (vgl. LG Celle, DWW 1996, 192 sowie LG Karlsruhe, WuM 1998, 479 bei Überschreitung um das Siebenfache). Einwendungen kann der Mieter daher nur erheben, wenn er beweisen kann, dass der Vermieter die Angemessenheit der Vorauszahlungen ausdrücklich **zugesichert** oder die Betriebskosten **bewusst** zu niedrig angesetzt hat, um den Mieter über den Umfang der Mietbelastung zu täuschen (LG Berlin, Urt. v. 23.3.1999, Az. 64 S 331/98, ZMR 1999, 637). Davon kann nicht ausgegangen werden, wenn die Höhe der Betriebskostenbelastung maßgeblich von den Verbrauchsgewohnheiten des Mieters bestimmt wird (OLG Düsseldorf, Urt. v. 9.3.2000, ZMR 2000, 605).

Bei **öffentlich geförderten** Wohnungen kann der Vermieter mit Nachforderungen ausgeschlossen sein, wenn er dem Mieter bei Überlassung der Wohnung die Betriebskosten nicht (gemäß § 20 Abs. 1 S. 3 NMV) detailliert nach Art und Höhe bekannt gegeben hat (LG Mannheim, WuM 1994, 693; vgl. auch OLG Oldenburg, Beschl. v. 14.3.1997, ZMR 1997, 416).

Nachforderungen aus der jährlichen Nebenkostenabrechnung sind **nicht** Miete i.S.d. § 543 Abs. 2 Nr. 3 BGB. Kommt der Mieter mit der Begleichung dieser Forderungen in Verzug, kann der Vermieter nicht nach § 543 Abs. 2 Nr. 3 BGB fristlos kündigen (OLG Koblenz, RE v. 26.7.1984, Weber/Marx, IV/S. 58). Zur Begleichung der Nachforderung ist dem Mieter eine angemessene Frist einzuräumen, die ihm auch eine Überprüfung der Abrechnung ermöglicht (vgl. LG Berlin, Urt. v. 1.9.2000, Az. 64 S 477/99, ZMR 2001, 33: zwei Wochen; AG Gelsenkirchen, WuM 1994, 549: ein Monat).

Dennoch kann der Vermieter seine Forderung einschließlich des Verzugsschadens (z.B. Zinsen, Kosten der Rechtsverfolgung) durch **Mahnbescheid** bzw. **Klage** geltend machen. Erhebt er jedoch Klage trotz einer nicht ordnungsgemäßen Abrechnung, wird diese erst schlüssig, wenn die einzelnen Fehler nachgebessert sind bzw. bei einer insgesamt nicht nachvollziehbaren Abrechnung eine neue Abrechnung erteilt worden ist. Erkennt der Mieter im Prozess die Klageforderung nach Vorlage einer ordnungsgemäßen Abrechnung unverzüglich an, trägt der Vermieter die Verfahrenskosten (§ 93 ZPO; LG Essen, WuM 1983, 118).

> Ein pauschales Bestreiten der Richtigkeit der Abrechnung durch den Mieter genügt nicht. Vielmehr muss er Einwände gegen die Angaben in der Betriebskostenabrechnung **in substantiierter** Art und Weise vortragen, z.b. dass die entsprechende Position gemäß den mietvertraglichen Vereinbarungen nicht in die Abrechnung einbezogen werden darf oder nach Einsicht in die Unterlagen festgestellt wurde, dass der angesetzte Betrag unrichtig ist (LG Düsseldorf, DWW 1992, 26).

Weiterhin darf der Mieter die Zahlung der Nachforderungen nur insoweit verweigern, als er in substantiierter Art und Weise Fehler vortragen kann. Zu einer vollständigen Verweigerung der Zahlung ist der Mieter nur berechtigt, wenn die Abrechnung insgesamt fehlerhaft oder unschlüssig und nicht nachvollziehbar ist. Ist die Betriebskostenabrechnung dagegen gedanklich und rechnerisch nachvollziehbar, sodass der Mieter in die Lage versetzt ist, den Anspruch des Vermieters nachzuprüfen, ändern auch einzelne Abrechnungsposten, die strittig und möglicherweise ungerechtfertigt sind, jedenfalls dann nichts an der Fälligkeit der Gesamtabrechnung im Übrigen, wenn die strittigen Positionen aus der Abrechnung unschwer herausgerechnet werden können (vgl. BGH, ZMR 1990, 97; OLG Düsseldorf, DWW 2000, 193).

Ferner ist ein Bestreiten von Abrechnungsposten nur dann zu berücksichtigen, wenn der Mieter die Berechnungsunterlagen vorher **eingesehen** hat (s. Abschnitt 7.1 „Einsichtsrecht des Mieters"); andernfalls ist sein Bestreiten unbeachtlich (OLG Düsseldorf, DWW 2000, 194).

Jedoch ist der Mieter in einem nachfolgenden Rechtsstreit über die Nachzahlung von Betriebskosten nicht auf die in der vorprozessualen Korrespondenz erhobenen Einwände beschränkt (LG Kiel v. 16.1.1992, WuM 1992, 696).

Fehler oder Unzulänglichkeiten in der Abrechnung, die eine Überprüfung weder unmöglich noch unzumutbar schwierig machen, können auch keinen Anspruch des Mieters auf Rückzahlung von Betriebskostenvorauszahlungen begründen (LG Hamburg, WuM 1997, 180).

Bei substantiiertem Bestreiten trifft im Prozess den Vermieter die **Darlegungs- und Beweislast** für die Richtigkeit der Angaben in der Abrechnung.

Der Vermieter ist berechtigt, mit Nachforderungen aus einer **Betriebs**kostenabrechnung gegen ein Mieterguthaben aus einer **Heiz**kostenabrechnung **aufzurechnen** (LG Berlin, NZM 1999, 414; AG Berlin, GE 1997, 191; a.A.: LG Berlin, 62. Zivilkammer, GE 1995, 1085).

Die **Verjährung** des Anspruchs des Vermieters auf Nachzahlung von Betriebskosten tritt nach **vier Jahren** ein (§ 197 BGB). Sie beginnt mit dem Schluss des Jahres zu laufen, in welchem der Anspruch fällig ist (§ 201 BGB). Fällig ist der Anspruch nach Zugang einer nachvollziehbaren Abrechnung und Ablauf einer angemessenen Zeit zur Nachprüfung (BGH, RE v. 19. 12. 1990, DWW 1991, 44). Die Verjährung ist nur dann zu berücksichtigen, wenn sich der Mieter darauf beruft (vgl. § 222 Abs. 1 BGB).

Vor der Verjährung kann eine **Verwirkung** des Nachzahlungsanspruches eintreten; jedoch nicht allein dadurch, dass der Vermieter es längere Zeit unterlassen hat, den Anspruch geltend zu machen. Ohne Hinzutreten besonderer Umstände kann der Mieter nur aufgrund der länger dauernden Untätigkeit des Vermieters grundsätzlich nicht annehmen, der Vermieter verzichte auf die Geltendmachung der Nachforderung, da die Verwirkung auf **Ausnahmefälle** beschränkt ist (BGH, Urt. v. 29. 2. 1984, DWW 1984, 166). Die Verwirkung setzt vielmehr voraus, dass zu dem **Zeit**moment noch ein **Umstands**moment hinzutritt, das die Feststellung rechtfertigt, der Mieter habe darauf vertrauen können, dass der Vermieter die Forderung nicht mehr geltend macht. Ein solches Umstandsmoment kann z.B. in der vorbehaltlosen Rückzahlung der Kaution bei Beendigung des Mietverhältnisses liegen, da die Beendigung des Mietverhältnisses regelmäßig Anlass ist, bestehende Ansprüche geltend zu machen oder sich diese zumindest vorzubehalten; andernfalls kann der Mieter darauf vertrauen, dass keine Ansprüche mehr erhoben werden (vgl. LG Essen, WuM 1989, 399; LG Mannheim, ZMR 1990, 378; BGH, RE v. 11. 4. 1984, DWW 1984, 165).

12 Der Rückforderungsanspruch des Mieters

Rückforderungsansprüche des Mieters wegen **überzahlter** Betriebskosten **verjähren** bei fortbestehendem Mietverhältnis nach **vier Jahren** (OLG Hamburg, RE v. 19. 1. 1988, WuM 1988, 83; Weber/Marx, VIII/S. 25). Gleiches gilt auch für den Anspruch des Mieters auf Rückzahlung von periodisch, d.h. zu festgesetzten Zahlungsterminen geleisteten Betriebskosten-**Vorauszahlungen**, wenn für diese Vorauszahlungen von vornherein der Rechtsgrund fehlt, z.B. weil keine wirksame Vereinbarung bestanden hat (OLG Hamm, Urt. v. 1. 3. 1995, DWW 1995, 189).

Allerdings muss der Mieter **Einwendungen** gegen eine Betriebskostenabrechnung dem Vermieter spätestens bis zum **Ablauf des zwölften Monats** nach Zugang der Abrechnung mitteilen. **Nach Ablauf dieser Frist kann der Mieter Einwendungen nicht mehr** geltend machen; es sei denn, der Mieter hat die verspätete Geltendmachung nicht zu vertreten (§ 556 Abs. 3 S. 5 BGB).

Im Falle einer **Zwangsverwaltung** ist der Zwangsverwalter verpflichtet, dem Mieter Guthaben aus einer Betriebskostenabrechnung auszuzahlen, auch wenn dieser die Vorauszahlungen in zulässiger Weise noch an den Zwangsverwaltungsschuldner (Vermieter) geleistet hat (OLG Hamburg, RE v. 8. 11. 1989, Weber/Marx, IX/S. 51).

13 Die Anfechtung der Abrechnung

Eine **unrichtige** Abrechnung kann der Vermieter wegen Irrtums anfechten und anschließend eine neue korrekte Abrechnung erstellen, wenn z.b. aus Versehen zu geringe Beträge angesetzt oder Positionen übersehen wurden.

Wenn jedoch der sich aus der Betriebskostenabrechnung ergebende Saldo zwischen den Parteien bereits **ausgeglichen** wurde, ist jede Partei mit nachträglichen Einwendungen ausgeschlossen, die bereits bei Rechnungserteilung hätten geltend gemacht werden können (LG Aachen, WuM 1987, 50; AG Hamburg, WuM 1996, 777). Der Vermieter, der die Abrechnung erstellt hat oder hat erstellen lassen, kann ihre Richtigkeit anhand der ihm zur Verfügung stehenden bzw. von der Abrechnungsfirma zur Verfügung gestellten Unterlagen überprüfen.

Der Mieter seinerseits hat ebenfalls ausreichende Kontrollmöglichkeiten. Zum einen muss die Abrechnung nachvollziehbar sein und zum anderen kann er Einsicht in die Rechnungsunterlagen verlangen. Wird nach einer von beiden Seiten möglichen Prüfung die sich nach der Abrechnung für eine der Vertragsparteien ergebende Forderung **vorbehaltlos** ausgeglichen, haben die Parteien damit auf der Grundlage der Abrechnung einen Schuldbestätigungsvertrag geschlossen, durch den das Schuldverhältnis zwischen ihnen hinsichtlich der Nebenkosten festgelegt wurde. Weiterhin ist auch ein Anspruch aus ungerechtfertigter Bereicherung ausgeschlossen, da der Bestätigungsvertrag als deklaratorisches Schuldanerkenntnis nicht der Rückforderung wegen ungerechtfertigter Bereicherung unterliegt (LG Aachen, a.a.O.; vgl. auch LG Lüneburg, MDR 1979, 759; LG Marburg, ZMR 1980, 153; Klas in WuM 1994, 595; LG Düsseldorf, Az. 21 S 191/98, DWW 1999, 354).

Hat der Mieter bei Ablesung der Erfassungsgeräte für Heizung und Warmwasser (siehe „Heizkosten-Verordnung") das **Ableseprotokoll** durch seine Unterschrift anerkannt, kann er sich auf einen Ablesefehler nicht mehr berufen, da ihm alle Einwendungen abgeschnitten sind, die am Tag der Ablesung bekannt waren oder die er infolge Fahrlässigkeit nicht kannte (LG Berlin, Urt. v. 4.6.1996, Az. 64 S 97/96).

Eine nachträgliche **Korrektur** der Abrechnung durch den Vermieter kann nur ausnahmsweise (nach den Grundsätzen über den Wegfall der Geschäftsgrundlage) erfolgen, wenn sich infolge Bekanntwerden neuer Abrechnungstatsachen ein Saldo einer völlig anderen Größenordnung ergibt (LG Koblenz, WuM 1997, 685).

Nach Auffassung des LG Frankfurt/M. (WuM 2000, 423) kann der Vermieter eine rückwirkend von der Gemeinde festgesetzte Grundsteuer nur im Rahmen des § 560 Abs. 2 S. 2 BGB geltend machen. Dies bedeutet, dass nur die Grundsteuer ab Beginn des der Erklärung des Vermieters vorausgehenden Kalenderjahres, nicht aber die Grundsteuer für weiter zurückliegende Jahre verlangt werden kann.

Formularklauseln mit einer sog. **Anerkenntnisfiktion**, z.B. „Die Abrechnung gilt als anerkannt, wenn der Mieter nicht innerhalb einer Frist von 4 Wochen schriftlich begründete Einwendungen erhebt", sind auch bei **gewerblichen** Mietverhältnissen nur dann wirksam, wenn sie dem Mieter eine angemessene Prüfungs- und Rügefrist einräumen und der Mieter mit der Übersendung der Abrechnung nochmals auf die Bedeutung seines Schweigens hingewiesen wird (OLG Düsseldorf, Urt. v. 23. 3. 2000, Az. 10 U 160/97, DWW 2000, 122).

Abstandszahlungen

1 Allgemeines

Abstandszahlungen sind Geldleistungen, um einen anderen zum Abschluss einer bestimmten Vereinbarung zu bewegen.

Häufig werden Abstandszahlungen geleistet, um den Vertragspartner zur Aufhebung eines langfristigen Mietvertrages zu veranlassen, z.B. den Mieter zum Abschluss eines Mietaufhebungsvertrages (vgl. „Mietaufhebungsvertrag") über die unter Kündigungsschutz stehende Wohnung. Umgekehrt können entsprechende Zahlungen auch vom Mieter angeboten werden, um die vorzeitige Entlassung aus einem langfristigen Mietverhältnis zu erreichen.

2 Freie Vereinbarung

Grundsätzlich können Abstandszahlungen frei vereinbart werden. Lediglich bei Sozialwohnungen sind einmalige Leistungen mit Rücksicht auf die Überlassung der Wohnung unzulässig (§ 9 Abs. 1 WoBindG; s. Abschnitt 4). Eine Vereinbarung, durch die sich der Mieter verpflichtet, für den erhöhten Verwaltungs- und Vermietungsaufwand infolge der vorzeitigen Vertragsauflösung eine **Pauschal**abgeltung in Höhe von einer Monatsmiete (netto/kalt) ohne besonderen Nachweis des Vermieters zu zahlen, ist auch formularvertraglich wirksam (OLG Hamburg, RE v. 17.4.1990, DWW 1990, 174; Weber/Marx, X/S. 89 = Sammelband Nr. 244).

Nach Auffassung des LG Frankfurt/Main (Urt. v. 23.8.1994, WuM 1994, 605) gilt dies jedoch nur für eine **gesondert** getroffene Vereinbarung anlässlich der Aufhebung des Mietvertrages, nicht aber für Klauseln in einem Formularmietvertrag. Auch eine Formularklausel, wonach der Mieter als „Kosten des Vertrages" die Gebühren des vom Vermieter für den Vertragsschluss beauftragten Rechtsanwalts bezahlen soll, ist unzulässig und kann einen Zahlungsanspruch des Vermieters nicht stützen (AG München, WuM 1994, 604; a.A.: AG Bochum, WuM 1998, 595).

Unwirksam ist ferner folgende bereits im Mietvertrag enthaltene Formularklausel: „Sollte das Mietverhältnis auf Wunsch des Mieters vor Ablauf der

Vertragszeit bzw. der gesetzlichen Fristen einverständlich beendet werden, zahlt der Mieter als **pauschale Abgeltung** der Kosten der vorzeitigen Beendigung des Mietverhältnisses an den Vermieter den Betrag der zuletzt vereinbarten Kaltmiete für einen Monat" (OLG Karlsruhe, Beschl. v. 15.2.2000, Az. RE-Miet 1/99, DWW 2000, 128).

Bei **Eigentumswohnungen** werden gelegentlich durch Beschluss sog. **Umzugskostenpauschalen** vereinbart. Sie sollen etwaige Schäden, die beim Auszug eines Mieters entstehen können (z. B. Treppenhausbeschädigung), abdecken. Der Umlagefähigkeit dieser Kosten auf Mieter stehen im Einzelfall gesetzliche Vorschriften nicht entgegen, während eine entsprechende formularvertragliche Vereinbarung (auch durch mehrfache inhaltsgleiche Verwendung, vgl. „Allgemeine Geschäftsbedingungen") wegen Verstoßes gegen § 11 Nr. 5 bzw. § 9 AGB-Gesetz als pauschalierter Schadensersatzanspruch unwirksam ist.

Auch sog. „**Ablösezahlungen**" werden häufig als Abstandszahlungen bezeichnet, die vom Nachmieter oder dem Vermieter an den Vormieter als Ausgleich für das Zurücklassen von Einbauten oder Einrichtungsgegenständen geleistet werden und nichts anderes als die Zahlung des Kaufpreises für diese Gegenstände darstellen.

3 Bei frei finanziertem Wohnraum

Im frei finanzierten Wohnungsbau sind solche Vereinbarungen über die Zahlung eines Entgelts für zurückgelassene Gegenstände bzw. Einbauten grundsätzlich zulässig. Ein solcher Vertrag, durch den der Wohnungssuchende sich im Zusammenhang mit dem Abschluss eines Mietvertrages über Wohnräume verpflichtet, von dem Vermieter oder dem bisherigen Mieter eine Einrichtung oder ein Inventarstück zu erwerben, ist jedoch im Zweifel unter der aufschiebenden Bedingung geschlossen, dass der Mietvertrag zustande kommt (§ 4a WoVermG). Durch diese Regelung soll der neue Mieter vor dem nicht seltenen Fall geschützt werden, dass er vom Vormieter z.B. bei der Besichtigung der Wohnung Gegenstände oder Einrichtungen erwirbt, anschließend aber der Mietvertrag mit dem Vermieter aus irgendwelchen Gründen nicht zustande kommt. In diesem Fall ist auch der Kaufvertrag hinfällig (§§ 4a Abs. 2 S. 1 WoVermG, 158 Abs. 1 BGB).

Die Vereinbarung über die **Höhe** des Kaufpreises ist unwirksam, soweit dieser in auffälligem Missverhältnis zum Wert der Einrichtung oder des Inventarstücks steht (§ 4a Abs. 2 S. 2 WoVermG). Ein auffälliges Missverhältnis ist gegeben, wenn der vereinbarte Kaufpreis den objektiven Wert (Zeitwert) des Inventarstücks oder der Einrichtung (s. „Einrichtungen") um mehr als 50 % überschreitet (BGH, Urt. v. 23.4.1997, NJWE 1997, 169). Dies gilt auch für Ablösevereinbarungen, die nicht Inventarstücke oder Einrichtungen, sondern **andere Leistungen** des bisherigen Mieters betreffen, insbesondere Renovierungsleistungen oder Einbauten, die wesentliche Bestandteile des Gebäudes geworden sind (z. B. Heizungsanlage). § 4a Abs. 2 WoVermG ist insofern **entsprechend** anwendbar.

Für die Wertermittlung ist nicht auf den Verkehrswert, d.h. den Preis, der nach dem Ausbau erzielt werden kann, abzustellen, sondern auf den **Gebrauchswert**, d.h. den Wert, den die Einrichtung für die Wohnung hat (OLG Düsseldorf, NZM 1998, 805).

Da eine Ablösevereinbarung nur unwirksam ist, „soweit" Leistung und Gegenleistung in einem auffälligen Missverhältnis stehen, bleibt sie mit dem rechtlich unbedenklichen Teil wirksam (BGH, a.a.O.).

> Dies bedeutet, dass der Wohnungssuchende nicht den gesamten, sondern nur den Teil des Kaufpreises zurückverlangen kann, der den Zeitwert zuzüglich 50 % überschreitet.

Unbeschadet dessen ist die Kaufpreisvereinbarung unwirksam, wenn sie ein **verstecktes Entgelt** für das Überlassen der Wohnung darstellt (vgl. LG Trier, Urt. v. 11.4.1991, WuM 1991, 532; AG München, WuM 1990, 13; LG Frankfurt, WuM 1989, 166; Sternel, Mietrecht, 3. Aufl., III 217). In diesem Fall kann die Unwirksamkeit der Ablösevereinbarung nach Ansicht des LG Hamburg (Urt. v. 6.6.1991, DWW 1991, 340) auch auf einen Verstoß gegen § 2 Abs. 2 Ziff. 2 WoVermG gestützt werden, wenn der neue Mieter die Wohnung erst von dem weichenden Mieter nachgewiesen bekommen hat. Gemäß dieser Bestimmung steht dem Wohnungsvermittler ein Provisionsanspruch nicht zu, wenn er Eigentümer, Verwalter, Vermieter oder **Mieter** der Wohnung ist, da hier keine echte Maklertätigkeit vorliegt (§ 2 Abs. 2 S. 2 WoVermG seit 1.9.1993).

Unwirksam ist auch eine Vereinbarung, die den Wohnungssuchenden oder für ihn einen Dritten verpflichtet, ein Entgelt dafür zu leisten, dass der bisherige Mieter die gemieteten Wohnräume räumt (§ 4a Abs. 1 WoVermG). Wirksam ist jedoch eine Vereinbarung über die Erstattung von Kosten, die dem bisherigen Mieter nachweislich für den **Umzug** entstehen (§ 4a Abs. 1 S. 2 WoVermG).

4 Bei öffentlich gefördertem Wohnraum

Bei **Sozialwohnungen** sind Leistungen des neuen an den alten Mieter als verbotene Abstandszahlung unzulässig (§ 9 Abs. 1 WoBindG), soweit der Kaufpreis den Wert der Gegenstände zum Zeitpunkt der Übergabe übersteigt (BGH, MDR 1977, 393).

> Der Mieter hat grundsätzlich bei Beendigung des Mietverhältnisses bei Abstands- und bei Ablösezahlungen weder gegen den Vermieter noch gegen den Nachmieter einen Anspruch auf Erstattung dieser Geldleistungen, wenn nicht ausdrücklich etwas anderes vereinbart ist.

Belässt z.B. der Mieter eine von ihm eingebaute Küche in der Wohnung, ohne mit dem Vermieter eine Entschädigung zu vereinbaren, steht ihm keine Forderung auf den Zeitwert zu (LG Berlin, Urt. v. 24.5.1994, ZMR 1994, XIII).

Abstellen von Fahrzeugen

Das Abstellen von Kraftfahrzeugen und Fahrrädern richtet sich grundsätzlich nach den in der **Hausordnung** festgelegten Bestimmungen (s. auch „Hausordnung") oder nach individuellen Vereinbarungen. **Fehlt** eine entsprechende Regelung, gilt Folgendes:

> **Kraftfahrzeuge** dürfen innerhalb des Mietgrundstücks nur in Garagen oder auf angemieteten Stellplätzen abgestellt werden, nicht jedoch im Hof oder auf den Zugängen bzw. Zufahrten. **Fahrräder** hat der Mieter in seinem Kellerabteil oder einem speziellen Abstellraum unterzubringen.

Das Abstellen im Hausflur, Kellerabgang, Kellervorraum, in den Gemeinschaftsräumen oder auf anderen nicht mitvermieteten Flächen hat der Vermieter ausnahmsweise nur dann zu dulden, wenn anderweitige Abstellmöglichkeiten nicht vorhanden sind und eine Gefährdung anderer Hausbewohner sowie eine Beeinträchtigung deren Mietgebrauches ausgeschlossen ist.

Der Vermieter kann das **Waschen** und **Reparieren** von Fahrzeugen im Hofraum und auf anderen nicht mitvermieteten Flächen untersagen.

Im Falle des Verstoßes gegen vorbezeichnete Grundsätze kann der Vermieter nach fruchtloser Abmahnung **Unterlassungsklage** erheben (§ 541 BGB). Eine Kündigung kann grundsätzlich erst dann ausgesprochen werden, wenn die Unterlassungsklage nicht zum Ziel führt.

Allgemeine Geschäftsbedingungen (AGB)

Inhaltsübersicht   Seite

1   Definition... A 26

2   Voraussetzung einer Individualvereinbarung......................... A 27
2.1 Anforderungen an das „Aushandeln"................................... A 28
2.2 Rechtsfolge.. A 28
2.2.1 Individualvereinbarung.. A 28
2.2.2 Geschäftsbedingung.. A 28

3   Beispiele unwirksamer Klauseln nach § 9 AGB-Gesetz........... A 29

4   Beispiele unwirksamer Klauseln nach § 10 AGB-Gesetz......... A 36

5   Beispiele unwirksamer Klauseln nach § 11 AGB-Gesetz......... A 37

6   Überraschende oder ungewöhnliche Klauseln......................... A 42

7   Vorrang individueller Vereinbarungen.................................... A 42

8   Auslegungszweifel... A 43

9   Umgehung des AGB-Gesetzes... A 43

10 Rechtsfolgen unwirksamer Formularklauseln......................... A 43

11 Verbot einer geltungserhaltenden Reduktion........................... A 44

12 Persönlicher Anwendungsbereich des AGB-Gesetzes.............. A 45

13 Zeitlicher Anwendungsbereich des AGB-Gesetzes.................. A 45

1 Definition

Nach § 1 Abs. 1 S. 1 des Gesetzes zur Regelung des Rechts der Allgemeinen Geschäftsbedingungen (AGB-Gesetz), das am 1.4.1977 in Kraft getreten ist (§ 30 AGB-Gesetz), sind Allgemeine Geschäftsbedingungen alle für eine Vielzahl von Verträgen vorformulierten Vertragsbedingungen, die eine Vertragspartei der anderen Vertragspartei bei Abschluss eines Vertrages stellt (zum Erfordernis des „Stellens" von Geschäftsbedingungen vgl. BGH, Urt. v. 24.5.1995, NJW 1995, 2034).

So stellen z.B. vorgedruckte Klauseln eines **Formularmietvertrages** regelmäßig Geschäftsbedingungen im Sinne dieser Vorschrift dar. Gleiches gilt,

Allgemeine Geschäftsbedingungen (AGB)

wenn in einem Vordruck von zwei Alternativen lediglich eine anzukreuzen bzw. durchzustreichen ist, unselbständige Ergänzungen in ergänzungsbedürftige Formulare eingetragen werden (BGH, Urt. v. 2.3.1994, DWW 1994, 248), Leerräume durch vorgegebene Alternativen auszufüllen sind (BGH, NJW 1992, 503) oder ein vorformulierter Vorschlag hinzugefügt ist, der durch die Gestaltung des Formulars im Vordergrund steht und die anderen Wahlmöglichkeiten überlagert (BGH, Urt. v. 7.2.1996, NJW 1996, 1208). Dagegen handelt es sich **nicht** um Allgemeine Geschäftsbedingungen, wenn das Formular lediglich offene Stellen enthält, die vom Vertragspartner nach seiner freien Entscheidung als selbstständige Ergänzung auszufüllen sind und vom Verwender keine vorformulierten Entscheidungsvorschläge hinzugefügt wurden (BGH v. 7.2.1996, a.a.O.). Ferner liegen bei hand- oder maschinenschriftlichen Zusätzen grundsätzlich keine Geschäftsbedingungen, sondern **Individualvereinbarungen** vor (BGH, Urt. v. 2.3.1994, DWW 1994, 248; BGH, NJW 1972, 46). Solche Zusätze werden jedoch dann wieder als Geschäftsbedingungen qualifiziert, wenn sie für eine „Vielzahl von Verwendungen" im Sinne von § 1 Abs. 1 AGB-Gesetz bestimmt sind, wobei die Rechtsprechung für eine „Vielzahl" bereits **drei bis fünf** Verwendungen ausreichen lässt (BGH, NJW 1981, 2344) und das AGB-Gesetz auch schon bei der ersten Verwendung anwendet, wenn der Zusatz für weitere Verwendungen vorgesehen ist (Ulmer-Brandner-Hensen, AGB-Gesetz, § 1 Rn. 23 ff.).

2 Voraussetzung einer Individualvereinbarung

Voraussetzung einer Individualvereinbarung ist daher, dass die Ergänzung nicht schon vorher (z.B. in einem anderen Vertrag) verwendet wurde und bei Vertragsschluss auch nicht beabsichtigt war, sie häufiger zu verwenden (BGH, Urt. v. 2.3.1994, DWW 1994, 248). Jedoch wird eine für einen bestimmten Vertrag individuell vereinbarte Klausel nicht deshalb nachträglich zu einer Allgemeinen Geschäftsbedingung, weil sie später noch einmal benutzt worden ist (BGH, a.a.O.). Benutzt ein Vermieter z.B. mehrfach den selbst entworfenen hand- oder maschinenschriftlichen Mietvertrag oder fügt er dem Formularvertrag einen solchen als Zusatzvertrag hinzu, gelten seine Vertragsbedingungen als Allgemeine Geschäftsbedingungen und er selbst als Verwender dieser Geschäftsbedingungen, wobei es nicht auf die Wort-, sondern lediglich auf die Inhaltsgleichheit der Verwendungen ankommt (BGH, NJW 1992, 2283).

Die **Beweislast**, dass es sich bei den zusätzlichen Vereinbarungen um für eine Vielzahl von Verträgen vorformulierte Vertragsbedingungen handelt, trägt der Mieter.

Konnte der Mieter den Beweis führen, dass die strittige Vereinbarung für eine mehrfache Verwendung vorgesehen war (z.B. durch Vorlage weiterer Verträge mit inhaltsgleicher Zusatzvereinbarung), obliegt es dem Vermieter, darzulegen und zu beweisen, dass die Vereinbarung im Einzelnen ausgehandelt wurde und daher nach § 1 Abs. 2 AGB-Gesetz keine Geschäftsbedingung darstellt.

2.1 Anforderungen an das „Aushandeln"

Die Anforderungen an dieses **„Aushandeln"** werden von der Rechtsprechung jedoch sehr hoch angesetzt, sodass der Nachweis in der Praxis äußerst schwierig ist.
Nach dem Rechtsentscheid des OLG Hamm (RE v. 27.2.1981, DWW 81, 149; Weber/Marx, I/S. 110) wird ein vom Vermieter verwendeter Formularvertrag über Wohnraum nicht dadurch zur Individualabrede, dass der Mieter wenige Tage nach Unterzeichnung des Formularmietvertrages ein ebenfalls formularmäßig erstelltes, ihm vom Vermieter gestelltes Schriftstück unterschreibt, worin er bestätigt, dass er vor Abschluss des Mietvertrages ausreichend Zeit gehabt habe, denselben durchzulesen, die einzelnen Bestimmungen zu prüfen, zur Kenntnis zu nehmen und dass er sich vorbehaltlos mit allen Bestimmungen des Vertrages einverstanden erklärt.
Ein „Aushandeln" setzt nach der Rechtsprechung vielmehr voraus, dass der Inhalt der Klausel vor Unterzeichnung des Vertrages zur Disposition gestellt und dem Mieter damit Gelegenheit gegeben wurde, den Inhalt der Klausel zu beeinflussen (vgl. BGH, WuM 1986, 52; NJW 1988, 410; NJW 1991, 1678).

2.2 Rechtsfolge

2.2.1 Individualvereinbarung

Die Unterscheidung, ob es sich bei einer bestimmten Vertragsklausel um eine „Geschäftsbedingung" oder um eine Individualvereinbarung handelt, ist praktisch von entscheidender Bedeutung, wenn eine Partei ihre Ansprüche auf diese Klausel stützt und die andere Partei einwendet, die Klausel sei unwirksam. Verlangt z.B. der Vermieter von seinem Mieter die Durchführung von Schönheitsreparaturen gem. einer mietvertraglichen Vereinbarung und wendet der Mieter ein, diese Klausel sei unwirksam und er sei daher zur Durchführung der Schönheitsreparaturen nicht verpflichtet, ist vorab die Wirksamkeit der entsprechenden Vereinbarung zu prüfen.

Handelt es sich bei dieser Vereinbarung um eine **Individualvereinbarung**, ist diese nur dann unwirksam, wenn sie gegen zwingendes Recht verstößt, was im Gesetz z.B. durch die Formulierung „abweichende Vereinbarungen sind unwirksam" zum Ausdruck gebracht wird oder wenn ein Verstoß gegen die guten Sitten oder gegen Treu und Glauben (§§ 138, 242 BGB) vorliegt. Dies wird jedoch nur im Ausnahmefall gegeben sein.

2.2.2 Geschäftsbedingung

Anders verhält es sich, wenn die Vereinbarung als **Geschäftsbedingung** zu qualifizieren ist, da in diesem Fall die Wirksamkeit anhand des Gesetzes zur Regelung des Rechtes der Allgemeinen Geschäftsbedingungen (AGB-Gesetz) zu prüfen ist. Danach ist eine Klausel nicht nur nach den erwähnten allgemeinen Regeln, sondern bereits dann unwirksam, wenn sie den Vertragspartner im Sinne von § 9 AGB-Gesetz „unangemessen benachteiligt". Eine **unange-**

messene Benachteiligung wird in der Regel dann angenommen, wenn sich die Klausel zu weit zulasten des Klauselgegners (hier: des Mieters) von der gesetzlichen Regelung entfernt. So bestimmt z. B. der § 535 Abs. 1 S. 2 BGB, dass der Vermieter die Mietsache in gebrauchsfähigem Zustand zu erhalten hat mit der Folge, dass nach dieser gesetzlichen Regelung die Durchführung von **Schönheitsreparaturen** Sache des Vermieters und nicht des Mieters ist. Bei Prüfung der Wirksamkeit einer Klausel, die dem Mieter die Schönheitsreparaturen überbürdet, stellt sich somit die Frage, ob von dieser gesetzlichen Regelung zu weit zulasten des Mieters abgewichen und dieser somit unangemessen benachteiligt wurde im Sinne von § 9 AGB-Gesetz. Dies kann der Fall sein, wenn z.B. die Fristen für die Durchführung der Arbeiten zu kurz bemessen wurden oder die Klausel den Mieter zur uneingeschränkten Renovierung beim Auszug verpflichtet (zur Wirksamkeit einer Formularklausel, die den Mieter zur Durchführung von Schönheitsreparaturen verpflichtet, vgl. im einzelnen „Schönheitsreparaturen").

Eine zunehmend am Gedanken des Mieterschutzes orientierte Auslegung des Gesetzes zur Regelung des Rechtes der Allgemeinen Geschäftsbedingungen hat in jüngster Zeit dazu geführt, dass zum Teil jahrzehntelang verwendete Formularklauseln für unwirksam erklärt wurden.

3 Beispiele unwirksamer Klauseln nach § 9 AGB-Gesetz

Die Unwirksamkeit der überwiegenden Zahl der mietvertraglichen Formularklauseln wurde von der neueren Rechtsprechung (vgl. insbesondere OLG München, Urt. v. 12.1.1989, WuM 1989, 128; OLG Celle, Urt. v. 29.12.1989, WuM 1990, 103; BGH, Urt. v. 7.6.1989, NJW 1989, 2247; BGH, Urt. v. 15.5.1991, Az. VIII ZR 38/90) auf einen Verstoß gegen die **Generalklausel des § 9 AGB-Gesetz** gestützt, sodass dieser Bestimmung die größte praktische Bedeutung zukommt. Dies auch deshalb, weil eine Bestimmung nach § 9 AGB-Gesetz selbst dann unwirksam sein kann, wenn sie keinen Verstoß gegen die Verbotskataloge der §§ 10 und 11 AGB-Gesetz beinhaltet.

Folgende Klausel zeichnet den Vermieter zwar in einer nach § 11 Nr. 7 und 8 AGB-Gesetz zulässigen Weise von der Haftung für einfache und konkrete **Fahrlässigkeit** frei, führt jedoch nach dem OLG Celle (a.a.O.) zu einer unangemessenen Benachteiligung des Mieters nach § 9 AGB-Gesetz:

„Die Benutzung des **Fahrstuhles** geschieht auf eigene Gefahr. Für etwaige, durch die Benutzung des Fahrstuhles entstehende Schäden haftet der Vermieter nur, soweit ihn vorsätzliches oder grob fahrlässiges Verschulden trifft."

Das OLG Celle führt in den Gründen aus, dass es nicht sachgerecht ist und die Interessen des Mieters in erheblichen Maßen verletzt, wenn der Vermieter, der eine Anlage (hier Fahrstuhl) im Miethaus eröffnet und dem Mieter mit zur Verfügung stellt, für sein eigenes Verschulden oder das seiner Erfüllungsgehilfen nur eingeschränkt haften soll.

Allgemeine Geschäftsbedingungen (AGB)

Weiterhin wurden von der Rechtsprechung u.a. **folgende Klauseln** wegen Verstoßes gegen **§ 9 AGB-Gesetz** für **unwirksam** erklärt:

- „Die Kosten für auch ohne Verschulden des Mieters notwendige **Reparaturen** an den ihm überlassenen Zentralheizungs- und Warmwasserversorgungsanlagen, an Öfen, Herden, Spültischen, Türen, Schlössern, Fenstern, Fensterläden, Rollläden, Jalousien, Markisen, WC- und Badeeinrichtungen, Gas- und Wasserleitungen, Handwaschbecken, Bodenbelägen, elektrischen Einrichtungen, Gemeinschaftsantennen hat der Mieter bis einschließlich EUR 50 (bisher DM 100) im Einzelfall auf sich zu nehmen und sich bei größerem Aufwand mit dem genannten Betrag zu beteiligen. Dasselbe gilt im Fall einer Neuanschaffung eines der genannten Gegenstände. Den darüber hinausgehenden Betrag trägt der Mieter ebenfalls, wenn er den Schaden nicht rechtzeitig vorher angezeigt hat" (BGH, Urt. v. 7.6.1989, NJW 89, 2247).

- „Der Mieter hat auf seine Kosten die mitvermieteten Anlagen und Einrichtungen in den Mieträumen wie Rollläden, Licht- und Klingelanlagen, Schlösser, Wasserhähne, Heizkörperventile, Klosettspüler, Wasch- und Abflussbecken, Öfen, Badeöfen, Thermen, Herde u.ä. Einrichtungen in gebrauchsfähigem Zustand zu halten und alle an diesen Anlagen notwendig werdenden Reparaturen auf seine Kosten durchführen zu lassen" (BGH v. 15.5.1991).

- „Thermen sind auf Kosten des Mieters wenigstens einmal im Jahr von einem Fachmann zu warten" (BGH v. 15.5.1991).

Zur Wirksamkeit von sog. **Kleinreparaturklauseln** vgl. „Kleinreparaturen". Zur vertraglichen Abwälzung von Reparaturen auf den Mieter bei der Gewerberaummiete vgl. „Instandhaltung und Instandsetzung der Miträume".

- „Der Mieter **tritt** dem Vermieter schon jetzt, für den Fall der Untervermietung, die ihm gegenüber dem Untermieter zustehenden Forderungen nebst Pfandrecht in Höhe der Mietforderung des Vermieters zur Sicherheit **ab**" (BGH v. 15.5.1991; OLG Hamburg, WuM 1999, 278).

- „Der Mieter ist verpflichtet, auch nach Abschluss des Mietvertrages die Installation einer **Gemeinschaftsantenne** oder eines **Kabelanschlusses** zu dulden" (BGH v. 15.5.1991). **Wirksam** ist folgende Klausel: „Soweit ein Breitbandkabelanschluss in der Wohnung vorhanden ist, der von einem Dritten, der das Haus verkabelt hat, betrieben wird, ist der Vermieter nicht verpflichtet, einen Kabelanschluss herzustellen" (BGH, Urt. v. 20.1.1993, DWW 1993, 74). Dabei darf dem Mieter allerdings nicht untersagt werden, eine eigene Antenne anzubringen.

- „Die Mieter **bevollmächtigen** sich untereinander in der Weise, dass jeder von ihnen allein berechtigt ist, Willenserklärungen mit Wirkung für alle entgegenzunehmen oder abzugeben" (BGH v. 15.5.1991).

Allgemeine Geschäftsbedingungen (AGB)

Wirksam ist dagegen eine Klausel folgenden Inhalts: „Erklärungen, deren Wirkung die Mieter berührt, müssen von oder gegenüber allen Mietern abgegeben werden". Die Mieter bevollmächtigen sich jedoch gegenseitig zur Entgegennahme oder Abgabe solcher Erklärungen. Diese Vollmacht gilt auch für die Entgegennahme von Kündigungen, jedoch nicht für den Ausspruch von Kündigungen und für Mietaufhebungsverträge (BGH, Beschl. v. 10.9.1997, WuM 1997, 599 in Abweichung von OLG Celle, WuM 1990, 103).

- „Eine **Temperatur** von mindestens 20 °C für die Zeit von 7.00 Uhr bis 22.00 Uhr in den vom Mieter hauptsächlich benutzten Räumen gilt als vertragsgemäß ..." (BGH v. 15.5.1991).

- „Für eine **gleichmäßige Temperatur** wird eine Gewähr nicht übernommen, insbesondere nicht bei etwaiger Überbelegung des Hauses" (BGH v. 15.5.1991).

- „Soweit zulässig, ist der Vermieter bei Erhöhung bzw. Neueinführung von Betriebskosten berechtigt, den entsprechenden Mehrbetrag vom Zeitpunkt der Entstehung umzulegen".

Diese Klausel ist **unwirksam**, weil sie keine Beschränkung auf den Katalog der Anlage 3 zu § 27 der II. BV enthält und außerdem hinsichtlich des Zeitpunktes der Erhöhung gegen § 560 Abs. 2 BGB (vgl. „Mieterhöhung bei Wohnraum, Abschnitt 4") verstößt (BGH, a.a.O.).

Unwirksam ist auch eine Formularklausel, wonach der Vermieter (bei fehlender Vereinbarung) einen „geeigneten, auch unterschiedlichen" Betriebskosten-Umlagemaßstab bestimmen kann.

Unwirksam ist ferner eine Formularklausel, die dem Vermieter auch während der Mietzeit das Recht einräumt, „soweit zulässig, den Verteilungsschlüssel (für die Betriebskosten) angemessen neu zu bilden", weil auch das unterschiedslose Abänderungsrecht einen Verstoß gegen die Heizkostenverordnung darstellt und sich der Vermieter eine Abänderung des Umlageschlüssels auch nur dann vorbehalten darf, wenn sachliche Gründe dafür vorliegen (BGH, a.a.O.).

- „Das **Halten** von **Haustieren** ist unzulässig".

Dieses generelle Verbot ist **unwirksam**, weil es auch Tiere erfasst, deren Anwesenheit naturgemäß auf das Vertragsverhältnis keinen Einfluss haben können, z.B. Zierfische im Aquarium (BGH, a.a.O.). Werden solche Kleintiere ausdrücklich ausgenommen, ist ein formularvertragliches Tierhaltungsverbot auch ohne Erlaubnisvorbehalt wirksam (LG Hamburg, WuM 1993, 120; Sternel, Mietrecht, 3. Aufl., II 168; vgl. auch bei „Tierhaltung").

- „Bei Beendigung des Mietverhältnisses ist der Mieter verpflichtet, **Dübeleinsätze** zu entfernen, Löcher ordnungsgemäß und unkenntlich zu verschließen, etwa durchbohrte Kacheln durch gleichartige zu ersetzen".

Diese Klausel ist **unwirksam**, weil sie sich auch auf Fälle erstreckt, in denen das Anbringen von Dübeln und Löchern zum vertragsgemäßen Gebrauch unerlässlich war (BGH, a.a.O.).

Allgemeine Geschäftsbedingungen (AGB)

- „Befindet sich der Mieter mit der Zahlung des Mietzinses im Rückstand, so sind eingehende **Zahlungen** zunächst auf die Kosten einschließlich etwaiger Prozesskosten, dann auf die Zinsen und zuletzt auf die Hauptschuld, und zwar zunächst auf die ältere Schuld, **anzurechnen**" (BGH v. 15.5.1991).

- „Der Mieter ist ohne ausdrückliche schriftliche Erlaubnis des Vermieters (weder zu einer **Untervermietung** der Mieträume) noch zu einer sonstigen Gebrauchsüberlassung an Dritte, ausgenommen besuchsweise sich aufhaltender Personen, berechtigt" (BGH v. 15.5.1991).

- „**Schäden** in den Mieträumen, am Gebäude, an den zum Gebäude oder Grundstück gehörenden Einrichtungen und Anlagen, hat der Mieter auf seine Kosten beseitigen zu lassen, wenn und insoweit ihn, die zu seinem Haushalt gehörenden Personen, seine Untermieter und Besucher, die von ihm beauftragten Handwerker oder sonstige, zu ihm in Beziehung stehenden Personen durch Vernachlässigung der Obhutspflicht oder in sonstiger Weise ein Verschulden trifft".

An dieser Klausel wurde beanstandet, dass der Mieter auch für „sonstige, zu ihm in Beziehung stehende Personen" haftet, sowie auch dann haftet, wenn die genannten Personen „in sonstiger Weise ein Verschulden trifft".

Dagegen bleibt die Haftung des Mieters für die zu seinem Haushalt gehörenden Personen (Untermieter, Besucher und von ihm beauftragte Handwerker) wegen Vernachlässigung der Obhutspflicht, unbeanstandet.

- „**Kosten** und Abgaben, die mit dem Abschluss dieses Vertrages verbunden sind, gehen zulasten des Mieters" (BGH v. 15.5.1991).

- „Für **Beschädigungen** der Mieträume und des Gebäudes sowie der zu den Mieträumen oder zu dem Gebäude gehörenden Anlagen ist der Mieter ersatzpflichtig, soweit sie von ihm oder den zu seinem Haushalt gehörigen Personen oder von Untermietern, Besuchern, Lieferanten, Handwerkern usw. schuldhaft verursacht werden" (OLG München, WuM 1989, 128).

- „Zum Zwecke der Ausübung eines **Pfandrechtes** ist der Vermieter oder ein Beauftragter desselben berechtigt, die Mieträume allein oder in Begleitung eines Zeugen zu **betreten**" (OLG München, a.a.O.).

- „Falls der Mieter vor Ablauf des Vertrages die Räume verlässt, ist er verpflichtet, die **Schlüssel** an den Vermieter oder an dessen Beauftragten zu übergeben und zwar auch dann, wenn er noch Gegenstände in den Räumen belassen hat, jedoch aus Anzahl oder Beschaffenheit der zurückgelassenen Gegenstände die Absicht des dauernden Verlassens der Räume zu erkennen ist. In diesen Fällen ist der Vermieter im Interesse des Mietnachfolgers berechtigt, die Mieträume schon vor der beendigten Räumung **instandsetzen** zu lassen, ohne dass der Mieter das Recht hat, deshalb die Zahlung der Miete ganz oder teilweise zu verweigern oder die gezahlte Miete

ganz oder teilweise zurückzuverlangen" (OLG München, a.a.O.).
- „**Nachträgliche Änderungen** und Ergänzungen derselben sind nur wirksam, wenn sie **schriftlich** niedergelegt sind" (OLG München, a.a.O.; s. dazu auch „Änderung des Mietvertrages").
- Unwirksam ist eine Formularklausel, die den Mieter (Pächter) im Falle einer von ihm verschuldeten Kündigung zur Zahlung einer Vertragsstrafe (z.B. in Höhe einer Monatsmiete) verpflichtet (OLG Düsseldorf, Urt. v. 23.11.1995, MDR 1996, 465).

Unwirksam ist ferner eine Formularklausel in einem Mietvertrag über Wohnraum, nach der der Vermieter bei **Verlust eines Schlüssels** berechtigt ist, auf Kosten des Mieters ein Austauschschloss anzubringen und die erforderliche Anzahl von Schlüsseln anzufertigen, da die Klausel eine verschuldensunabhängige Haftung des Mieters eröffnet und daher gegen § 9 Abs. 2 AGB-Gesetz verstößt (LG Hamburg, NZM 1999, 410).

Unwirksam ist bei **Wohn**raummietverträgen auch der **formularmäßige** Ausschluss des Kündigungsrechts des Mieters bei Versagung der Untervermieterlaubnis nach § 540 Abs. 1 S. 2 BGB (vgl. die Zusammenstellung der gegensätzlichen Standpunkte in BGH, NJW 1990, 3016 sowie LG Hamburg, WuM 1992, 689). Strittig ist, ob dies auch für Mietverhältnisse über **Geschäfts**räume gilt. Bei **Geschäfts**raummietverhältnissen ist der **formularmäßige** Ausschluss des Sonderkündigungsrechtes des Mie-

ters im Fall der Verweigerung der Untervermieterlaubnis jedenfalls dann nach § 9 AGB-Gesetz unwirksam, wenn eine Untervermietung vertraglich zwar nicht ausgeschlossen ist, der Vermieter die erforderliche Erlaubnis nach dem Inhalt des Vertrages aber nicht nur bei Vorliegen konkreter Versagungsgründe (z.B. übermäßiger Abnutzung der Mietsache, Schmälerung vorhandener Sicherheiten aus dem Vermieterpfandrecht), sondern nach Belieben verweigern kann (BGH, Urt. v. 24.5.1995, NJW 1995, 2034; Urt. v. 4.7.1990, BB 1990, 1796).

Formularvertraglich **un**wirksam sind auch Vereinbarungen, wonach die Erteilung der Erlaubnis nur **schriftlich** gültig ist (BGH, NJW 1991, 1750) oder vom Vermieter **frei widerrufen** werden kann (uneingeschränkter Widerrufsvorbehalt; BGH, NJW 1987, 1692). Solche Vereinbarungen sind nur wirksam, wenn sie von den Parteien im Einzelfall individuell ausgehandelt wurden.

Unwirksam sind auch Klauseln in **Wohn**raummietverträgen, die eine **Mietminderung** durch den Mieter (s. „Minderung der Miete") **ausschließen oder beschränken** (z.B. von einer vorherigen Anzeige abhängig machen). Solche Klauseln sind nicht nur formularvertraglich wegen Verstoßes gegen § 9 AGB-Gesetz, sondern **auch bei individueller Vereinbarung** wegen Verstoßes gegen § 536 Abs. 4 BGB unwirksam.

Dagegen kann in Mietverträgen über **Geschäfts**räume das **Minderungsrecht** auch formularvertraglich wirksam ausgeschlossen werden (BGH, NJW 1984,

Allgemeine Geschäftsbedingungen (AGB)

2404; OLG Düsseldorf, ZMR 1999, 23; DWW 1990, 85; OLG München, Urt. v. 24.9.1986, Az. 7 U 6077/85; Wolf/Eckert, Handbuch des gewerblichen Miet-, Pacht- und Leasingrechts, 6. Aufl., Rn. 133). Nach Ansicht des OLG Düsseldorf, a.a.O., besagt diese Klausel nämlich nur, dass der Mieter vorläufig die volle Miete zu zahlen hat, nimmt ihm aber nicht das Recht, das zuviel Geleistete nach Bereicherungsrecht (§ 812 BGB) zurückzufordern. Soweit dem Mieter Schadensersatzansprüche und das Kündigungsrecht verbleiben, ist er nicht unangemessen benachteiligt im Sinne von § 9 AGB-Gesetz (OLG Düsseldorf, a.a.O.).

Nach Auffassung des OLG Naumburg (Urt. v. 12.8.1999, Az. 2 U 34/98, WuM 2000, 241) verstößt eine Formularklausel, wonach dem Mieter **Schadensersatz- und Minderungsansprüche** wegen Mängel bei grober Fahrlässigkeit bzw. Vorsatz des Vermieters zustehen, gegen § 9 Abs. 2 AGB-Gesetz, wenn sich dieser **Haftungsausschluss** auch auf Mängel erstreckt, deren Vermeidung nach dem Vertragszweck unbedingt geboten ist (sog. Kardinalpflichten, z.B. Dichtigkeit des Daches, Beheizbarkeit der Räume).

Der Ausschluss des Minderungsrechtes gilt nicht nur für die Miete, sondern auch für eine **Nutzungsentschädigung**, die der Mieter infolge Weiterbenutzung der Mietsache nach Beendigung des Mietverhältnisses zu zahlen hat (OLG Hamm, NZM 1998, 438).

In einem **Geschäftsraum**-Mietvertrag mit einem Kaufmann, der die Räume zum Betrieb seines Handelsgewerbes angemietet hat, kann die Ausübung des **Zurückbehaltungsrechtes** des Mieters nach § 273 BGB von einer fristgerechten Ankündigung (z.B. ein Monat vorher) abhängig gemacht werden (OLG Hamburg, NZM 1998, 264).

Fraglich ist, ob eine solche Klausel auch das Leistungsverweigerungsrecht des Mieters (§ 320 BGB) einschränkt. Ein Leistungsverweigerungsrecht (§ 320 BGB) hat der Mieter, wenn der Vermieter eine **Haupt**pflicht nicht erfüllt, z.B. wenn die Mietsache mangelhaft ist. Diese Einwendung ist von Amts wegen zu beachten und schließt einen Verzug des Mieters aus. Dagegen hat der Mieter lediglich ein **Zurückbehaltungsrecht** (§ 273 BGB), wenn der Vermieter mit der Erfüllung einer **Neben**pflicht (z.B. Abrechnung der Betriebskosten) in Verzug ist. Diese Einrede ist vom Gericht nur zu beachten, wenn sie vom Mieter geltend gemacht wird. Sie muss ferner vor Fälligkeit des Mietzinses erhoben werden.

Nach Auffassung des OLG Düsseldorf (NZM 1998, 267) lässt eine Klausel, die nur das Zurückbehaltungsrecht des Mieters erwähnt und einschränkt, das Leistungsverweigerungsrecht des Mieters in vollem Umfang bestehen.

Wirksam ist der Ausschluss der **Fortsetzungsfiktion** des § 545 BGB durch folgende Formulierung:

- „Setzt der Mieter den Gebrauch der Mietsache nach Ablauf der Mietzeit fort, so gilt das Mietverhältnis nicht als verlängert. § 545 BGB findet keine Anwendung" (BGH v. 15. 5. 1991, NJW 1991, 1750).

Dagegen ist der **Ausschluss** der **Fortsetzungsfiktion** durch folgende Klausel unwirksam: „Wird nach Ablauf der Mietzeit der Gebrauch der Sache vom Mieter fortgesetzt, so findet § 545 BGB keine Anwendung". Da diese Klausel nur die Nichtanwendbarkeit einer gesetzlichen Bestimmung erklärt, jedoch nicht auf die Rechtsfolge hinweist, wonach dadurch das Mietverhältnis nicht verlängert wird, ist die Klausel für einen rechtlich nicht vorgebildeten Durchschnittsbürger unverständlich und wird daher nach § 2 Abs. 1 Nr. 2 AGB-Gesetz nicht wirksam in den Mietvertrag einbezogen (OLG Schleswig, Beschl. v. 27.3.1995 – 4 RE-Miet 1/93; NJW 1995, 2858; WuM 1996, 85).

Im kaufmännischen Rechtsverkehr kann auch das Recht zur **Aufrechnung** und Zurückbehaltung formularvertraglich ausgeschlossen werden, soweit es nicht rechtskräftig festgestellte oder unstreitige Forderungen betrifft (BGH, Urt. v. 27.1.1993, DWW 1993, 170).

Wirksam ist auch der formularmäßige **Ausschluss** des **Konkurrenzschutzes** in Geschäftsraummietverträgen (OLG Hamburg, ZMR 1987, 94). Der Ausschluss ist nur dann mit einem wesentlichen Grundgedanken des § 535 Abs. 1 BGB nicht vereinbar, wenn der Wettbewerber ein völlig gleiches Warensortiment oder gleiche Dienstleistungen anbietet (OLG Düsseldorf, DWW 1992, 368; vgl. auch BGH, NJW-RR 1988, 717ff.). Auch Konkurrenzschutz**regelungen**, die den Mieter verpflichten, „keine Waren zu führen, die bereits in einem anderen Geschäftslokal des Hauses (Einkaufszentrum) geführt werden", sind formularvertraglich wirksam und verstoßen nicht gegen § 9 AGB-Gesetz; s. auch „Wettbewerbsschutz".

Wirksam ist auch die formularmäßige Vereinbarung einer **Betriebspflicht** des Mieters in einem Geschäftsraummietvertrag, da die Rentabilität eines in den gemieteten Räumen betriebenen Unternehmens grundsätzlich allein in die wirtschaftliche Risikosphäre des Mieters fällt (BGH, Urt. v. 29.4.1992, DWW 1993, 69).

Wird dem Mieter eines Ladenlokals in einem Einkaufszentrum jedoch unter Versagung jeglichen Konkurrenzschutzes für die gesamte Mietzeit eine **Betriebungspflicht** und gleichzeitig eine **Sortimentsbindung** auferlegt, liegt eine unangemessene Benachteiligung des Mieters vor mit der Folge, dass eine entsprechende Formularklausel unwirksam ist (OLG Schleswig, Beschl. v. 2.8.1999, Az. 4 W 24/99, NZM 2000, 1008).

Das uneingeschränkte Risiko für die Erteilung einer **behördlichen Erlaubnis** kann dem Mieter formularvertraglich nicht übertragen werden (BGH, Urt. v. 27.1.1993, DWW 1993, 170). Jedoch bestehen keine rechtlichen Bedenken gegen eine Vereinbarung, wonach die Beschaffung einer notwendigen Konzession (z.B. zum Betrieb einer Gaststätte) Sache des Mieters sein und der Mietvertrag erst mit Erteilung der Konzession wirksam werden soll (BGH, Urt. v. 2.3.1994, ZMR 1994, 253). Eine Vertragsklausel, die den Mieter verpflichtet, sämtliche **Genehmigungen** für seinen **Betrieb** auf eigene Kosten und Gefahr selbst einzuholen, ist dahingehend auszulegen, dass der Mieter lediglich das Risiko für solche Genehmigungen trägt, die in seinem Verantwortungsbereich liegen; nicht aber ein Risiko, das mit der Beschaffenheit und Lage der Mietsache in Zusammenhang steht (z.b. das Risiko der Verweigerung einer Gaststättenkonzession wegen fehlender Stellplätze – vgl. OLG München, Urt. v. 19.5.1995, ZMR 1995, 401).

Gleiches gilt für die Vereinbarung, dass der gewerbliche Mietvertrag unter der aufschiebenden Bedingung der Erteilung der erforderlichen **Zweckentfremdungsgenehmigung** geschlossen wird (vgl. „Zweckentfremdung"). Wirksam ist auch eine Formularklausel, die eine Umlage der für die Zweckentfremdung zu entrichtenden **Ausgleichsabgabe** auf den Mieter bestimmt (KG Berlin, Urt. v. 15.1.1996, GE 1996, 413).

Das unter gewissen Voraussetzungen bestehende Recht des Mieters zur Stellung von **Ersatzmietern** (s. „Ersatzmieter") kann durch eine Formularklausel nicht generell ausgeschlossen werden (BGH, Urt. v. 29.4.1992, a.a.O.).

Eine Vertragsbestimmung, wonach sämtliche Zahlungen des Mieters zunächst auf Zinsen und Kosten zu verrechnen sind und eine anderweitige **Leistungsbestimmung** durch den Mieter **ausgeschlossen** ist, verstößt gegen § 9 AGB-Gesetz und ferner auch gegen § 569 Abs. 5 S. 2 BGB (LG Berlin, Urt. v. 20.10.2000, Az. 65 S 237/99, ZMR 2001, 109).

Weiterhin beinhaltet das AGB-Gesetz in den §§ 10 und 11 **Verbotskataloge**. Für die Verbote in § 10 AGB-Gesetz ist kennzeichnend, dass sie unbestimmte Rechtsbegriffe enthalten (z.B. unangemessen, anerkennenswert) und somit zur Feststellung der Unwirksamkeit eine richterliche Wertung im Einzelfall erfordern (Klausel-Verbote mit Wertungsmöglichkeit). Dagegen führt ein Verstoß gegen ein Klausel-Verbot des § 11 AGB-Gesetz zwingend zur Unwirksamkeit (Klausel-Verbote **ohne** Wertungsmöglichkeit).

4 Beispiele unwirksamer Klauseln nach § 10 AGB-Gesetz

Nach § 10 AGB-Gesetz ist u.a. **unwirksam**:

- Die Vereinbarung eines Rechts des Vermieters, die versprochene **Leistung zu ändern** oder von ihr abzuweichen, wenn nicht die Vereinbarung der Änderung oder Abweichung unter Berücksichtigung der Interessen des Vermieters für den Mieter zumutbar ist (§ 10 Nr. 4 AGB-Gesetz). Z.B. „Der Vermieter behält sich vor, dem Mieter eine andere als die im Mietvertrag bezeichnete Wohnung zu überlassen". Formularmäßige **einseitige Leistungsänderungen** sind grundsätzlich nur wirksam, wenn die Klausel schwerwiegende Änderungsgründe nennt und die Interessen des Vertragspartners angemessen berücksichtigt (BGH, NJW 1994, 1060). Daher ist eine Klausel in einem Formularmietvertrag für Geschäftsräume, die den Vermieter berechtigt, nach Vertragsschluss die Zahlung der **Mehrwertsteuer** auf die vereinbarte Miete zu verlangen, jedenfalls dann unwirksam, wenn der Mieter nicht zum Vorsteuerabzug berechtigt ist (LG Magdeburg, WuM 1996, 700).

- Eine Bestimmung, die vorsieht, dass eine Erklärung des Vermieters von besonderer Bedeutung dem Mieter **als zugegangen gilt** (§ 10 Nr. 6 AGB-Gesetz; z.B. Kündigung, Mahnung, Frist- und Nachfristsetzungen).

- Eine Bestimmung, nach der der Vermieter für den Fall, dass der Mieter vom Vertrag zurücktritt oder den Vertrag kündigt, eine unangemessen hohe **Vergütung** für die Nutzung der Räume oder einen unangemessen hohen Ersatz von Aufwendungen (z.B. für die Weitervermietung) verlangen kann (§ 10 Nr. 7 AGB-Gesetz).

5 Beispiele unwirksamer Klauseln nach § 11 AGB-Gesetz

Nach § 11 AGB-Gesetz ist u.a. unwirksam:

- Eine Bestimmung, durch die das **Leistungsverweigerungsrecht** des Mieters nach § 320 BGB ausgeschlossen oder eingeschränkt wird oder das **Zurückbehaltungsrecht** des Mieters, soweit es auf demselben Vertragsverhältnis beruht, ausgeschlossen oder eingeschränkt, insbesondere von der Anerkennung von Mängeln durch den Vermieter abhängig gemacht wird (§ 11 Nr. 2 AGB-Gesetz), z.B. „Falls der Mieter vor Ablauf des Vertrages die Räume verlässt, ist der Vermieter im Interesse des Mietnachfolgers berechtigt, die Mieträume schon vor der beendigten Räumung **instandsetzen** zu lassen, ohne dass der Mieter das Recht hat, deshalb die Zahlung der Miete ganz oder teilweise zu verweigern oder die gezahlte Miete ganz oder teilweise zurückzuverlangen" (OLG München, a.a.O.).

Diese Klausel verstößt gegen § 11 Nr. 2 AGB-Gesetz, da sie das Leistungsverweigerungsrecht nach § 320 BGB bei (teilweiser) Nichterfüllung des Vertrages aufhebt bzw. einschränkt (OLG München, a.a.O.).

- Eine Bestimmung, durch die dem Mieter die Befugnis genommen wird, mit einer unbestrittenen oder rechtskräftig festgestellten Forderung **aufzurechnen** (§ 11 Nr. 3 AGB-Gesetz), z.B. „Der Mieter kann gegenüber der Mietforderung mit einer Gegenforderung nur aufrechnen oder ein Zurückbehaltungsrecht ausüben, wenn die Gegenforderung auf dem Mietverhältnis beruht, unbestritten ist oder ein rechtskräftiger Titel vorliegt und er die Ausübung seines Zurückbehaltungsrechtes mindestens einen Monat vor Fälligkeit der Miete dem Vermieter schriftlich angekündigt hat".

Diese Klausel verstößt gegen § 11 Nr. 3 AGB-Gesetz, da sie die Aufrechnung auf Gegenforderungen aus dem Mietverhältnis beschränkt und entscheidungsreife Forderungen, die den unbestrittenen und rechtskräftig festgestellten

Allgemeine Geschäftsbedingungen (AGB)

Forderungen bei der Inhaltskontrolle gleichstehen, nicht ausnimmt (OLG Celle, a.a.O.).

- Eine Bestimmung, durch die der Vermieter von der gesetzlichen Obliegenheit freigestellt wird, den Mieter zu **mahnen** oder ihm eine **Nachfrist** zu setzen (§ 11 Nr. 4 AGB-Gesetz), z.B. „Führt der Mieter die Schönheitsreparaturen nicht vertragsgemäß durch, kann der Vermieter sofort Schadensersatz wegen Nichterfüllung verlangen".

Diese Bestimmung verstößt gegen § 11 Nr. 4 AGB-Gesetz, da sie den Vermieter von der Pflicht zur Nachfristsetzung mit Ablehnungsandrohung nach § 326 BGB befreit (vgl. auch „Schönheitsreparaturen").

- Die Vereinbarung eines **pauschalierten** Anspruches des Vermieters auf **Schadensersatz** oder Ersatz einer Wertminderung, wenn die Pauschale den in den geregelten Fällen nach dem gewöhnlichen Lauf der Dinge zu erwartenden Schaden (z. B. den Mietausfall) oder die gewöhnlich eintretende Wertminderung übersteigt oder dem Mieter der Nachweis abgeschnitten wird, ein Schaden oder eine Wertminderung sei überhaupt nicht entstanden oder wesentlich niedriger als die Pauschale (§ 11 Nr. 5 AGB-Gesetz), z.B. „Bei verspäteter Zahlung ist der Vermieter berechtigt, mindestens DM 10 für jede schriftliche Mahnung als **Auslagenersatz** zu erheben" oder „Die Höhe des **Zinssatzes** wird mit 2 % über dem jeweiligen Diskontsatz der Deutschen Bundesbank vereinbart".

Diese Klauseln sind unwirksam, da dem Mieter nach der Art der Formulierung der Nachweis eines geringeren Schadens nicht gestattet ist (OLG Celle, a.a.O.).

Unwirksam ist ferner folgende bereits **im Mietvertrag enthaltene** Formularklausel: „Sollte das Mietverhältnis auf Wunsch des Mieters vor Ablauf der Vertragszeit bzw. der gesetzlichen Fristen einverständlich beendet werden, zahlt der Mieter als **pauschale Abgeltung** der Kosten der vorzeitigen Beendigung des Mietverhältnisses an den Vermieter den Betrag der zuletzt vereinbarten Kaltmiete für einen Monat" (OLG Karlsruhe, Beschl. v. 15.2.2000, Az. RE-Miet 1/99, DWW 2000, 128).

Wirksam ist dagegen folgende **Formular**klausel in einem auf Wunsch des Mieters abgeschlossenen **Mietaufhebungsvertrag**: „Für den erhöhten Verwaltungs- und Vermietungsaufwand Ihrer vorzeitigen Vertragsauflösung bezahlen Sie eine **Pauschal**abgeltung in Höhe von einer Monatsmiete – netto/kalt – ohne besonderen Nachweis des Vermieters" (OLG Hamburg, RE v. 17.4.1990, DWW 1990, 174).

- Eine Bestimmung, durch die dem Vermieter für den Fall der Nichtabnahme oder verspäteten Abnahme der Leistung, des Zahlungsverzuges oder für den Fall, dass sich der Mieter vom Vertrag löst, Zahlung einer **Vertragsstrafe** versprochen wird (§ 11 Nr. 6 AGB-Gesetz; vgl. auch § 555 BGB).

Allgemeine Geschäftsbedingungen (AGB)

- Ein **Ausschluss oder eine Begrenzung der Haftung** für einen Schaden, der auf einer grob fahrlässigen Vertragsverletzung des Vermieters oder auf einer vorsätzlichen oder grob fahrlässigen Vertragsverletzung eines gesetzlichen Vertreters oder Erfüllungsgehilfen des Vermieters beruht; dies gilt auch für Schäden aus der Verletzung von Pflichten bei den Vertragsverhandlungen (§ 11 Nr. 7 AGB-Gesetz), z.B. „Die Ansprüche des Mieters gemäß § 536 a BGB sind ausgeschlossen".

Diese Klausel verstößt gegen § 11 Nr. 7 AGB-Gesetz, da der Ausschluss von Schadensersatzansprüchen wegen Mängel der Mietsache auch grobe Fahrlässigkeit und Vorsatz des Vermieters und seiner Erfüllungsgehilfen umfasst (BayObLG, RE v. 17.12.1984, NJW 1985, 1716; Weber/Marx, IV/S. 93).

Wirksam ist danach eine Klausel, welche die gesetzliche Haftung des Vermieters bei Vorsatz und grober Fahrlässigkeit bestehen lässt und den Vermieter lediglich bei **leichter Fahrlässigkeit** von der Haftung befreit, z.B. „Der Vermieter haftet nicht für Schäden, die dem Mieter an den ihm gehörenden Einrichtungsgegenständen durch Feuchtigkeitseinwirkungen entstehen, gleichgültig welcher Art, Herkunft, Dauer und welchen Umfanges die Feuchtigkeitseinwirkung ist, es sei denn, dass der Vermieter den Schaden vorsätzlich oder grob fahrlässig herbeigeführt hat" (OLG Stuttgart, RE v. 11.4.1984, ZMR 1984, 309; Weber/Marx, IV/S. 89).

Konsequent ist daher auch die Rechtsprechung des BGH, wonach formularmäßig auch die verschuldens**un**abhängige Garantiehaftung des Vermieters nach § 536 a Abs. 1 1. Alt. BGB (s. auch „Mängel") für anfängliche Sachmängel ausgeschlossen werden kann. Der BGH begründet dies damit, dass es sich bei der verschuldensunabhängigen Garantiehaftung des Vermieters um eine für das gesetzliche Haftungssystem („Verschuldensprinzip") untypische Regelung handelt (BGH, Beschl. v. 4.10.1990, WuM 1992, 316).

Praktische Bedeutung kann ein solcher Haftungsausschluss erlangen, wenn die Mietsache mit einem Mangel behaftet ist, den sowohl der Mieter als auch der Vermieter bei Vertragsabschluss weder erkannt hat noch hätte erkennen können (z.B. gesundheitsgefährdende Asbest- und Formaldehydkonzentrationen in den Mieträumen; vgl. München I, Urt. v. 26.9.1990, Az. 31 S 20071/89). In diesem Fall haftet der Vermieter unter den Voraussetzungen des § 536 a BGB auf Schadensersatz, wenn er nicht seine Haftung in wirksamer Weise beschränkt hat.

Wirksam sind folgende Klauseln:

- „Der Vermieter haftet nicht für durch Feuer, Rauch, Sott, Schnee, Wasser, Schwamm und allmähliche Einwirkungen von Feuchtigkeit entstandene Schäden an den Sachen des Mieters, es sei denn, dass die Schäden durch Vernachlässigung des Grundstücks entstanden sind und der Vermieter trotz rechtzeitiger Anzeige und Aufforderung durch den Mieter es unterlassen hat, Mängel zu beseitigen"

Allgemeine Geschäftsbedingungen (AGB)

(OLG Hamburg, RE v. 26. 4. 1991, Az. 4 U 25/91, WuM 1991, 328).

• „Der Vermieter übernimmt keinerlei Haftung für Schäden, die an der Einrichtung und dem eingelagerten Gut entstehen können; es sei denn, der Schaden ist durch den Vermieter oder seine Erfüllungsgehilfen vorsätzlich oder grob fahrlässig verursacht worden" (OLG Düsseldorf, WuM 1999, 279).

Dieser Haftungsausschluss kann sich auch auf die verschuldensunabhängige Haftung des Vermieters für bei Vertragsschluss vorhandene Mängel erstrecken (OLG Düsseldorf, a.a.O.).

Unwirksam ist:

• Eine Bestimmung, durch die für den Fall des Leistungsverzuges des Vermieters oder der von ihm zu vertretenden Unmöglichkeit der Leistung das Recht des Mieters, sich vom Vertrag zu **lösen,** ausgeschlossen oder eingeschränkt oder das Recht des Mieters, **Schadensersatz** zu verlangen, ausgeschlossen oder entgegen § 11 Nr. 7 AGB-Gesetz eingeschränkt wird (§ 11 Nr. 8 AGB-Gesetz), z.B. „Der Vermieter haftet nicht für rechtzeitige Freistellung der vermieteten Räume durch den bisherigen Mieter (oder die rechtzeitige Fertigstellung der Räume), es sei denn, der dadurch dem Mieter entstehende Schaden beruht auf einer vorsätzlichen oder grob fahrlässigen Vertragsverletzung des Vermieters oder auf einer vorsätzlichen oder grob fahrlässigen Vertragsverletzung eines gesetzlichen Vertreters oder Erfüllungsgehilfen des Vermieters".

Nach Ansicht des OLG München (WuM 1989, 128) könnte der juristisch nicht vorgebildete Mieter unter der Formulierung „haftet nicht" nicht nur eine Einschränkung seiner Schadensersatzansprüche, sondern auch eine Einschränkung seines Rücktrittsrechts verstehen („kundenfeindlichste Auslegung"), dessen Einschränkung aber gegen § 11 Nr. 8a AGB-Gesetz verstößt.

Darüber hinaus handelt es sich bei der Gebrauchsüberlassungspflicht des Vermieters um eine Kardinalpflicht, sodass die Schadensersatzpflicht grundsätzlich auch nicht für den Fall der leichten Fahrlässigkeit abbedungen werden kann (vgl. OLG Düsseldorf, DWW 1993, 197). Der Haftungsausschluss für leichte Fahrlässigkeit würde nicht nur eine – nach § 11 Nr. 8b AGB-Gesetz zulässige – Einschränkung der Schadensersatzpflicht, z.B. der Höhe nach oder für bestimmte Schadensarten bedeuten, sondern einen unzulässigen Teilausschluss der Schadensersatzpflicht darstellen (vgl. BGH, NJW-RR 1989, 625). Eine solche Klausel ist daher sogar im kaufmännischen Verkehr bei der Vermietung von Gewerberäumen unwirksam (OLG Düsseldorf, a.a.O.).

Unzulässig ist auch eine formularmäßige **Freizeichnungsklausel** in einem Gewerbe-Mietvertrag, wonach der Vermieter keine Gewähr dafür leistet, dass die Räume einschlägigen behördlichen und technischen Anforderungen entsprechen und der Mieter entsprechende Auflagen und ähnliches auf eigene Kosten erfüllen muss (OLG Düsseldorf, DWW 1992, 366).

Allgemeine Geschäftsbedingungen (AGB)

- Eine Bestimmung, die für den Fall des teilweisen **Leistungsverzuges** des Vermieters oder bei von ihm zu vertretender teilweiser Unmöglichkeit zur Leistung das Recht des Mieters ausschließt, **Schadensersatz** wegen Nichterfüllung der **ganzen** Verbindlichkeit zu verlangen oder von dem **ganzen** Vertrag zurückzutreten, wenn die teilweise Erfüllung des Vertrages für ihn kein Interesse hat (§ 11 Nr. 9 AGB-Gesetz), z.B. eine Klausel, wonach der Mieter nur bzgl. der Räume vom Vertrag zurücktreten darf, die ihm nicht überlassen wurden.

- Eine Bestimmung, durch die der Vermieter die **Beweislast** zum Nachteil des Mieters ändert, insbesondere indem er dem Mieter die Beweislast für Umstände auferlegt, die in seinem Verantwortungsbereich liegen (§ 11 Nr. 15a AGB-Gesetz), z.B. „Dem Mieter obliegt der Beweis dafür, dass schuldhaftes Verhalten (bei Beschädigung der Mieträume etc.) nicht vorgelegen hat".

Die Klausel verstößt nach Ansicht des OLG München (WuM 1989, 128) gegen § 11 Nr. 15a AGB-Gesetz, da der Mieter die Klausel so verstehen könnte, als sei immer er beweispflichtig, obwohl nach der geltenden Beweislastverteilung vorab der Vermieter beweisen muss, dass die Schadensursache im Gefahrenbereich des Mieters, d.h. in einem Bereich, welcher der unmittelbaren Einflussnahme, Herrschaft und Obhut des Mieters unterliegt, gesetzt worden ist.

Erst wenn der Vermieter diesen Beweis geführt hat, hat sich der Mieter umfassend hinsichtlich Verursachung und Verschulden zu entlasten (OLG München, a.a.O.).

- Eine Bestimmung, durch die der Vermieter die **Beweislast** zum Nachteil des Mieters ändert, insbesondere indem er den Mieter bestimmte Tatsachen bestätigen lässt (§ 11 Nr. 15b AGB-Gesetz), z.B. „Die **anliegende Hausordnung** ist Bestandteil des Vertrages" oder „Vorstehender Vertrag sowie die beigefügte Hausordnung wird nach genauer Durchsicht hiermit vorbehaltlos anerkannt."

Solche Klauseln verstoßen gegen § 11 Nr. 15b AGB-Gesetz, da sie dem Mieter die Tatsache bestätigen lassen, dass die Hausordnung dem Mietvertrag beigefügt ist. Diese Bestätigung führt zu einer Veränderung der Beweislast zum Nachteil des Mieters, da es bei der Bezugnahme auf die „anliegende Hausordnung" als Vertragsbestandteil um eine Wissenserklärung geht, die die Einbeziehung der Hausordnung im Sinne von § 2 Abs. 1 AGB-Gesetz herbeiführen soll (OLG Celle, WuM 1990, 103).

Eine andere Rechtslage besteht in den Fällen, in denen die Hausordnung rückseitig abgedruckt ist und dem Mieter daher bei Vertragsschluss tatsächlich zur Verfügung steht (BGH, NJW 1982, 1388).

Wirksam ist eine Klausel, wonach „**mündliche Nebenabreden nicht bestehen**". Diese Klausel enthält zwar eine Tatsachenbestätigung i.S.v. § 11 Nr. 15b AGB-Gesetz. Diese gibt aber lediglich die kraft Gesetz bestehende

Beweislastverteilung wieder, da bei einem schriftlichen Vertrag die Vermutung besteht, dass er die Vereinbarungen der Parteien vollständig und richtig wiedergibt. Die Klausel ändert daher nichts an der Rechtslage, dass derjenige, der sich auf mündliche Vereinbarungen beruft, diese beweisen muss (BGH, Urt. v. 14.10.1999, Az. III ZR 203/98, MDR 2000, 19).

- Eine Bestimmung, durch die Anzeigen oder Erklärungen, die dem Vermieter oder einem Dritten gegenüber abzugeben sind, an eine strengere **Form** als die Schriftform oder an besondere **Zugangserfordernisse** gebunden werden (§ 11 Nr. 16 AGB-Gesetz), z.B. „Die Kündigung durch den Mieter bedarf der Zustellung durch Einschreiben mit Rückschein an den Vermieter".

- Diese Klausel verstößt gegen § 11 Nr. 16 AGB-Gesetz, da die Erklärung des Mieters an ein besonderes Zugangserfordernis gebunden wird.

6 Überraschende oder ungewöhnliche Klauseln

Eine Unvereinbarkeit mit dem AGB-Gesetz liegt weiterhin vor bei **überraschenden** oder **ungewöhnlichen** Klauseln (§ 3 AGB-Gesetz). Dies ist der Fall, wenn der Mieter nach den Gesamtumständen des Mietvertrages wegen der Ungewöhnlichkeit der Klausel mit einer solchen Regelung nicht zu rechnen brauchte (z. B. der Mietvertrag beinhaltet eine Verpflichtung zum Kauf von Einrichtungsgegenständen oder die **Abtretung von Lohn- oder Gehaltsansprüchen** an den Vermieter).

Eine ihrem Inhalt nach grundsätzlich wirksame Klausel kann nach § 3 AGB-Gesetz unwirksam sein, wenn sie sich an einer Stelle im Vertrag befindet, an der üblicherweise mit einer solchen Regelung nicht zu rechnen ist. Werden z.B. in die **Hausordnung**, die vorrangig das Zusammenleben der Hausbewohner untereinander regeln und vertragliche Verpflichtungen konkretisieren soll, vertragliche Hauptpflichten des Mieters (z.B. Durchführung von Schönheitsreparaturen) aufgenommen, ist eine solche Regelung trotz ihrer grundsätzlichen Zulässigkeit nach § 3 AGB-Gesetz unwirksam (vgl. „Hausordnung").

7 Vorrang individueller Vereinbarungen

Nach § 4 AGB-Gesetz haben **individuelle** Vertragsabreden Vorrang vor Allgemeinen Geschäftsbedingungen, sodass die Allgemeinen Geschäftsbedingungen insoweit nicht gelten, als die Individualvereinbarung den gleichen Sachverhalt regelt (zur Schriftformklausel s. „Änderung des Mietvertrages"). Die Klausel „bisherige schriftliche oder mündliche Mietvereinbarungen treten mit dem Wirksamwerden des vorliegenden Vertrages außer Kraft" widerspricht dem aus § 4 AGB-Gesetz herzuleitenden Grundsatz des Vorranges der Individualabrede. Wegen dieses Widerspruches liegt eine unangemessene Benachteiligung i.S.v. § 9 AGB-Gesetz vor (OLG Celle, WuM 1990, 103).

8 Auslegungszweifel

Nach **§ 5 AGB-Gesetz** gehen **Zweifel bei der Auslegung** von Allgemeinen Geschäftsbedingungen zulasten des Verwenders. Führt die Auslegung nach objektiven Kriterien dazu, dass sich mindestens zwei rechtlich vertretbare Auslegungsmöglichkeiten ergeben, gilt die für den Mieter günstigere Alternative. Darüber hinaus kann eine Klausel nach § 5 AGB-Gesetz insgesamt unwirksam sein, wenn sie so unklar formuliert ist, dass zahlreiche Auslegungen möglich sind und eine exakte Bestimmung des Inhaltes daher nicht mehr durchführbar ist. Eine Klausel unterfällt jedoch nicht dieser Unklarheitenregelung, wenn sie auch bei oberflächlicher Lektüre für jeden durchschnittlich gebildeten Mieter eindeutig ist und unmissverständlich ausgelegt werden kann (vgl. AG Bad Hersfeld, WuM 1996, 706 unter Bezugnahme auf LG Wiesbaden, Urt. v. 20.3.1995, wonach die in einem Zeitmietvertrag enthaltenen Kündigungsfristen selbstverständlich erst nach Ablauf der Festmietzeit gelten).

9 Umgehung des AGB-Gesetzes

Nach **§ 7 AGB-Gesetz** findet das Gesetz auch dann Anwendung, wenn seine Vorschriften durch anderweitige Gestaltungsmöglichkeiten **umgangen** werden sollen.

10 Rechtsfolgen unwirksamer Formularklauseln

Die **Rechtsfolgen** der Unwirksamkeit von Formularklauseln regelt **§ 6 AGB-Gesetz**:

§ 6 Abs. 1 AGB-Gesetz bestimmt, dass der Vertrag trotz Unwirksamkeit **einzelner** Klauseln grundsätzlich wirksam bleibt, das **Vertragsverhältnis** zwischen den Parteien also **weiterbesteht**. Der ganze Vertrag wäre ausnahmsweise nach § 6 Abs. 3 AGB-Gesetz nur dann unwirksam, wenn das Festhalten an ihm eine unzumutbare Härte für einen Vertragspartner darstellen würde. Dies wird jedoch im Mietrecht von der Rechtsprechung im Hinblick auf die Konsequenzen (Räumung der Wohnung) regelmäßig abgelehnt.

Nach § 6 Abs. 2 AGB-Gesetz tritt anstelle der unwirksamen Formularvereinbarung die **gesetzliche Regelung**. Dies erfolgt ohne Zutun der Parteien, sodass ein Durchstreichen der entsprechenden Bestimmungen nicht erforderlich ist.

Wirksam ist daher folgende Klausel:
- „Wenn und insoweit eine der Bestimmungen dieses Vertrages gegen zwingende gesetzliche Vorschriften verstößt, tritt an ihre Stelle die entsprechende gesetzliche Regelung" (BGH v. 15.5.1991).

Wird z.B. eine Formularklausel, die den Mieter abweichend von § 535 Abs. 1 BGB zur Durchführung von **Schönheitsreparaturen** verpflichtet, für unwirksam erklärt (z.B. weil die darin bestimmten Fristen zu kurz sind), tritt an deren Stelle die für den Vermieter ungünstige gesetzliche Regelung des § 535 Abs. 1 BGB, wonach der Vermieter zur Erhaltung der Mietsache in gebrauchsfähigem Zustand verpflichtet ist und der Mieter daher keinerlei Schönheitsreparaturen durchführen muss.

11 Verbot einer geltungserhaltenden Reduktion

Eine Reduzierung des Inhaltes einer unwirksamen Klausel auf einen noch zulässigen Inhalt durch so genannte „geltungserhaltende Reduktion" (z.B. Verlängerung der zu kurzen Renovierungsfristen auf einen zulässigen Zeitraum) ist von der Rechtsprechung bisher abgelehnt worden (BGH, NJW 84, 48; NJW 85, 319; NJW 89, 2247).

Das Gericht ist weder berechtigt noch verpflichtet, einer unwirksamen Klausel durch Einschränkungen oder Erweiterungen (z.B. Festlegung eines dem Mieter zumutbaren Gesamtaufwandes bei Kleinreparaturen; vgl. „Kleinreparaturen") zu einem zulässigen Inhalt zu verhelfen.

Eine Klausel ist daher entweder in ihrem vollen Umfang wirksam oder aber insgesamt unwirksam mit der bereits erwähnten Rechtsfolge.

Eine **Ausnahme** besteht nur dann, wenn nur ein Teil der Klausel unwirksam ist und sich dieser unwirksame Teil inhaltlich und sprachlich von dem wirksamen Teil so trennen lässt, dass nach Wegfall des unzulässigen Klauselteils die restliche Bestimmung eine sprachlich und inhaltlich selbständige und sinnvolle Fassung behält. In diesem Fall ist die Feststellung der Unwirksamkeit auf den unwirksamen Teil zu beschränken (BGH, Urt. v. 15.5.1991, NJW 1991, 1752; OLG Hamburg, RE v. 13.9.91, WuM 1991, 523).

Der BGH hatte folgende Klausel zu prüfen: „Schäden in den Mieträumen, am Gebäude, an den zum Gebäude oder Grundstück gehörenden Einrichtungen und Anlagen hat der Mieter auf seine Kosten beseitigen zu lassen, wenn und soweit ihn, die zu seinem Haushalt gehörenden Personen, seine Untermieter und Besucher, die von ihm beauftragten Handwerker oder sonstige, zu ihm in Beziehung stehenden Personen durch Vernachlässigung der Obhutspflicht oder in sonstiger Weise ein Verschulden trifft".

Als unangemessene Benachteiligung hat der BGH nur die Ausdehnung der Klausel auf **„sonstige zu ihm in Beziehung stehende Personen"** und auf ein Verschulden **„in sonstiger Weise"** gesehen. Nachdem die Klausel auch nach Wegfall dieser Satzteile eine sprachlich und inhaltlich selbständige und sinnvolle Fassung behält, ist die Klausel insoweit weiterhin wirksam. Gleiches gilt für eine Formularklausel, die in einem Satz sowohl eine – wirksame – Verpflichtung des Mieters zur Durchführung von **Schönheitsreparaturen** als auch eine – unwirksame – Verpflichtung des Mieters zur Durchführung von **Kleinreparaturen** enthält. Trotz Unwirksamkeit der Kleinreparaturregelung bleibt die Verpflichtung zur Durchführung von Schönheitsreparaturen wirksam (BayObLG, RE v. 12.5.1997, RE-Miet 1/96, WuM 1997, 362).

Darüber hinaus hat der BGH die Zulässigkeit der geltungserhaltenden Reduktion durch einschränkende Auslegung einer Klausel insbesondere bei allgemein üblichen Klauseln bejaht, die im Geschäftsverkehr in zulässiger Weise gehandhabt werden (BGHZ 92, 396).

Darin kommt der Gedanke zum Ausdruck, dass eine allgemein akzeptierte und in ihrem wesentlichen Anwendungsbereich nicht zu beanstandende Klausel nicht schon deshalb insgesamt für unwirksam erachtet werden soll, weil ihre zu weite Fassung in für die praktische Anwendung nicht relevanten Einzelfällen zu einem Verstoß gegen die Grundsätze der §§ 9 ff. AGB-Gesetz führen kann (vgl. BayObLG, RE v. 6.5.1993, WuM 1993, 335 sowie OLG Stuttgart, RE v. 19.8.1993, DWW 1993, 328).

Wegen des grundsätzlichen Verbotes der geltungserhaltenden Reduktion ist auch eine Bestimmung im Mietvertrag, wonach im Falle der Unwirksamkeit nicht die gesetzliche Regelung, sondern eine Regelung maßgebend sein soll, deren wirtschaftlicher Erfolg dem der unwirksamen Klausel soweit wie möglich entspricht (sog. **salvatorische Klausel**), wegen Verstoßes gegen § 6 Abs. 2 AGB-Gesetz unwirksam (LG Dortmund, AGBE I Nr. XI).

12 Persönlicher Anwendungsbereich des AGB-Gesetzes

§ 24 AGB-Gesetz beschränkt den **persönlichen Anwendungsbereich** des AGB-Gesetzes:

Werden Allgemeine Geschäftsbedingungen gegenüber einem **Kaufmann** (Voll- oder Minderkaufmann) verwendet und gehört der Vertrag zum Betrieb seines Handelsgewerbes, finden die §§ 2, 10, 11 und 12 AGB-Gesetz keine Anwendung (§ 24 S. 1 Ziff. 1 AGB-Gesetz). Bei Verwendung eines Formularvertrages gegenüber einem Kaufmann kann sich die Unwirksamkeit einer Klausel daher nicht aus den Verbotskatalogen der §§ 10 und 11 AGB-Gesetz ergeben. Jedoch kann eine Klausel durchaus nach § 9 AGB-Gesetz für unwirksam angesehen werden, wenn sie zu weit zu Lasten des Vertragspartners von der gesetzlichen Regelung abweicht, wobei bei der Beurteilung dieses Umstandes auf die im Handelsverkehr geltenden Gewohnheiten und Gebräuche angemessen Rücksicht zu nehmen ist (§ 24 S. 2 AGB-Gesetz).

13 Zeitlicher Anwendungsbereich des AGB-Gesetzes

§ 28 AGB-Gesetz beschränkt den zeitlichen Anwendungsbereich des AGB-Gesetzes:

§ 9 AGB-Gesetz ist die einzige Vorschrift, die auch für **vor In-Kraft-Treten** des Gesetzes (**1. 4. 1977**) abgeschlossene Mietverträge gilt (§ 28 Abs. 2 AGB-Gesetz). Alle übrigen Bestimmungen des AGB-Gesetzes gelten nicht für Verträge, die vor diesem Zeitpunkt abgeschlossen wurden (§ 28 Abs. 1 AGB-Gesetz).

Das AGB-Gesetz findet **keine** Anwendung zugunsten des Mieters, wenn der Mietvertrag mit einem Formular abgeschlossen wurde, das vom **Mieter** entwickelt worden ist und von diesem regelmäßig verwendet wird (OLG Frankfurt, Urt. v. 25.1.1995, GE 96, 47).

Änderung des Mietvertrages

1 Einvernehmliche Änderung

Nach dem Grundsatz „pacta sunt servanda" (Verträge müssen eingehalten werden) sind die Parteien eines Vertrages grundsätzlich für die gesamte Laufzeit an dessen Inhalt gebunden und können den Vertrag nur im gegenseitigen Einvernehmen ändern (§§ 145 ff., 535 BGB). Will der Mieter z.B. in den zu Wohnzwecken angemieteten Räumen ein Gewerbe ausüben oder umgekehrt die Geschäftsräume zu Wohnzwecken benutzen, bedarf es hierfür einer **einvernehmlichen** Änderung des Mietvertrages, z.B. in Form eines von beiden Parteien unterzeichneten Nachtrages.

2 Einseitige Änderung

Einseitig kann der Vertrag von einer Vertragspartei nur abgeändert werden, wenn dies bei Vertragsschluss ausdrücklich vereinbart wurde (z.B. Erhöhungsklausel bei langfristigen Geschäftsraummietverträgen) oder das Gesetz eine einseitige Abänderungsmöglichkeit bestimmt (z.B. für Mieterhöhungen wegen Modernisierung oder wegen Betriebskostenerhöhungen). Auch das Recht des Vermieters von Wohnraum, vom Mieter die Zustimmung zu einer Erhöhung des Mietzinses bis zur ortsüblichen Vergleichsmiete zu verlangen, stellt eine Ausnahme vom Bindungsgrundsatz dar, da der Mieter bei Zulässigkeit und Begründetheit des Erhöhungsverlangens zur Erteilung der Zustimmung verpflichtet ist.

3 Schlüssige Änderung

Der Mietvertrag kann jedoch auch durch **schlüssige Handlung**, also dadurch abgeändert worden sein, dass sich eine Partei mit Wissen der anderen über einen längeren Zeitraum entgegen den Bestimmungen des Mietvertrages verhält. Weiß der Vermieter zum Beispiel, dass der Mieter in den zu Wohnzwecken angemieteten Räumen eine gewerbliche Tätigkeit ausübt und duldet er dies widerspruchslos über einen längeren Zeitraum, kann der Mieter einer entsprechenden Abmahnung bzw. Unterlassungsklage des Vermieters entgegenhalten, der Mietvertrag sei durch schlüssiges Handeln einvernehmlich dahingehend abgeändert worden, dass die Räume nunmehr nicht nur zu Wohnzwecken, sondern auch zu gewerblichen Zwecken benutzt werden dürfen. Entsprechendes kann auch gelten, wenn sich der Mieter entgegen den Bestimmungen des Mietvertrages ohne Zustimmung des Vermieters ein Haustier anschafft und der Vermieter dies über einen längeren Zeitraum widerspruchslos duldet.

Eine schlüssige – **stillschweigende** – **Zustimmung zur Untervermietung** hat das LG Frankfurt/M. (DWW 1992, 84) auch in einer rügelosen Duldung der Untervermietung über einen Zeitraum von $1^{1}/_{2}$ Jahren gesehen.

Werden nach dem Tod eines Mieters die von diesem bislang benutzten Bodenverschläge von anderen Mietern des Hauses in Benutzung genommen und duldet der regelmäßig anwesende Vermieter dies in Kenntnis der Umstände über 6 Monate lang, werden diese Verschläge Gemeinschaftseinrichtungen, deren Nutzung der Vermieter ermöglichen muss (KrsG Gotha, DWW 1992, 317). Eine **Kenntnis des Hausmeisters** reicht jedoch nicht aus, da dieser nicht Vertreter des Vermieters i.S.v. § 166 BGB ist (AG Westerburg, WuM 1992, 600).

Der Einwand einer schlüssigen Vertragsänderung kann daher vermieden werden, wenn das vertragswidrige Verhalten **unverzüglich** nach dessen Erkennung beanstandet wird, wobei dies aus Beweisgründen möglichst **schriftlich** und mit Zustellungsnachweis erfolgen sollte.

Sog. **„Schriftformklauseln"**, die bestimmen, dass Änderungen des Vertrages nur dann wirksam sind, wenn sie schriftlich vereinbart wurden, verstoßen **nicht** generell gegen § 9 AGB-Gesetz; vielmehr kommt es auf die Ausgestaltung der Klausel im konkreten Fall an. Dies wurde vom BGH in der Entscheidung vom 9.7.1991 (NJW, 1991, 2559) ausgeführt.

Dementsprechend hat das KG Berlin entschieden, dass eine Klausel, wonach **Änderungen** des Mietvertrages sowie dessen Bestandteile (z.B. der Anlagen) der **schriftlichen** Vereinbarung bedürfen, **wirksam** ist. Andernfalls – so das KG Berlin – würde der Mietvertrag insgesamt nicht mehr der Schriftform genügen und wäre gem. § 550 BGB mit den gesetzlichen Fristen kündbar, was nicht dem Interesse der Vertragsparteien entsprechen kann (KG Berlin, Urt. v. 4.5.2000, MDR 2000, 1241).

Anfechtung des Mietvertrages

Nach den Vorschriften des Bürgerlichen Gesetzbuches kann ein Vertrag wegen **Irrtums** (§ 119 BGB) oder **arglistiger Täuschung** bzw. widerrechtlicher Drohung (§ 123 BGB) angefochten werden. Der Vertrag ist dann als **von Anfang an nichtig** anzusehen (§ 142 Abs. 1 BGB).

Dies ist nur bei Anfechtung des Mietvertrages **vor Überlassung** der Mietsache möglich. **Nach Überlassung** der Mietsache kann der Vertrag nur noch mit Wirkung **für die Zukunft** angefochten werden. Der Vertrag entfällt daher erst mit Zugang der Anfechtungserklärung beim Anfechtungsgegner (AG Hamburg, NJW-RR 1998, 809; LG Mannheim, ZMR 1965, 239; LG Nürnberg-Fürth, MDR 1966, 1004; a.A.: LG Wuppertal, WuM 1999, 39, wonach bei einem Wohnraummietverhältnis nach Bezug der Wohnung durch den Mieter nur noch eine fristlose Kündigung s. „Kündigung", Abschnitt 3.2.1, nicht aber eine Anfechtung des Mietvertrages in Betracht kommen soll).

Ein **Anfechtungsgrund**, der Voraussetzung für eine wirksame Anfechtung ist, liegt praktisch jedoch nur in Ausnahmefällen vor, da grundsätzlich die Kündigungs- und Gewährleistungsvorschriften des Mietrechts als Sondervorschriften den allgemeinen Vorschriften über die Anfechtung vorgehen (LG Mannheim, ZMR 1965, 239). Eine Anfechtungsmöglichkeit bleibt daher auf Fälle beschränkt, die von den Kündigungsvoraussetzungen nicht hinreichend erfasst werden, z.B. die Eigenschaften einer Person betreffen. Dabei ist von der Rechtsprechung bisher nicht abschließend geklärt worden, in welchen Fällen die unrichtige Beantwortung einer vom Vermieter gestellten Frage, z.B. im Wege einer sog. „**Selbstauskunft**" (s. „Selbstauskunft"), den Vermieter zur Anfechtung des Mietvertrages wegen arglistiger Täuschung berechtigt.

> Grundsätzlich stellt die unrichtige Beantwortung nur dann einen Anfechtungsgrund dar, wenn die Frage **zulässig** war und die falsche Beantwortung von wesentlicher Bedeutung für das Mietverhältnis ist.

Als **zulässig** wurden von der Rechtsprechung Fragen nach dem **Arbeitgeber** und den **Einkommensverhältnissen** (LG Köln, DWW 1984, 75; AG Bonn, WuM 1992, 597) sowie nach dem **Familienstand** (LG Landau, WuM 1986, 133) angesehen. Die Einkommensverhältnisse muss der Mieter zwar nicht ungefragt offen legen, entsprechende Fragen hat er jedoch wahrheitsgemäß zu beantworten (LG München II, WuM 1987, 379); andernfalls liegt eine arglistige Täuschung vor, die den Vermieter zur Anfechtung bzw. zur fristlosen Kündigung des Mietvertrages berechtigt. Gleiches gilt für die **eidesstattliche Versicherung** (OLG München, ZMR 1997, 458).

Erklärt der Mieter z.B. beim Abschluss des Mietvertrages auf ausdrückliche Frage des Vermieters, Designer zu sein und gut zu verdienen, obwohl das tatsächlich nicht zutrifft, kann der Vermieter den Mietvertrag erfolgreich anfechten (AG Saarlouis, NZM 2000, 459).

Zur Anfechtung von Mietverträgen siehe auch Emmerich, NZM 1998, 692 sowie AG Hamburg, NZM 1998, 233.

Überwiegend als **unzulässig** werden Fragen nach einer Mitgliedschaft in einem Mieterverein, dem Bestehen einer Schwangerschaft, oder der Anhängigkeit von staatsanwaltschaftlichen Ermittlungsverfahren (AG Hamburg, WuM 1992, 598) gewertet.

Weiterhin **umstritten** ist in der Rechtsprechung, ob ein Irrtum über die Zahlungsfähigkeit des Mieters einen Irrtum über eine verkehrswesentliche Eigenschaft im Sinne des § 119 Abs. 2 BGB darstellt und zur Anfechtung des Mietvertrages berechtigt. Während das LG Ravensburg (WuM 1984, 297) keine Verpflichtung des Mieters sah, von sich aus vor Abschluss des Mietvertrages seine Einkommensverhältnisse offen zu legen, vertrat das AG Hagen (WuM 1984, 296) die Meinung, dass ein Anfechtungsgrund nach § 119 Abs. 2 BGB vorliegt, wenn der Mieter bei Vertragsschluss nicht offenbart, dass er bereits eine eidesstattliche Versicherung abgegeben hat. Auch ein wegen Geistesschwäche Entmündigter muss dem Vermieter nicht seine Beschränkung in der Geschäftsfähigkeit offenbaren (BVerfG, Beschl. v. 11.6.1991, DWW 1991, 280). Zu den Voraussetzungen, unter denen ein Vermieter die von ihm erteilte Zustimmung zu einer zwischen dem bisherigen und einem neuen Mieter vereinbarten **Vertragsübernahme** wegen arglistiger Täuschung anfechten kann, vgl. BGH, Urt. v. 3.12.1997, WuM 1998, 93.

Angehörige → *„Eigenbedarf"*

Angemessener Ersatzwohnraum → *„Kündigungsschutz"*

Anpassungsklausel → *„Wertsicherungsklauseln", „Leistungsvorbehalt"*

Antenne

Eine **gesetzliche** Verpflichtung des Vermieters, dem Mieter den Empfang einer bestimmten Anzahl von Fernseh- und Rundfunkprogrammen zu ermöglichen, besteht **nicht**. Der Vermieter ist lediglich verpflichtet, eine bei Abschluss des Mietvertrages vorhandene Antenne auf seine Kosten in vertragsgemäßem Zustand zu erhalten (§ 535 Abs. 1 S. 2 BGB), wobei dieser vom Umfang und Zustand der Antennenanlage bei Vertragsschluss abhängt und dadurch festgeschrieben wird. Der Mieter hat daher weder Anspruch auf Erweiterung einer Antennenanlage noch Anspruch auf Bereitstellung einer solchen durch den Vermieter, wenn bei Vertragsabschluss keine Antenne vorhanden war.

Der Mieter ist jedoch berechtigt, auf seine Kosten eine Einzelantenne (Hochantenne) auch außerhalb der Mieträume anzubringen, solange keine Gemeinschaftsantenne zum Empfang der **ortsüblichen** Programme vorhanden ist und eine Zimmerantenne keinen ausreichenden Empfang ermöglicht (BayObLG, RE v. 19.1.1981, NJW 1981, 1275).

Insoweit handelt es sich um eine Maßnahme des Mieters im Rahmen des **vertragsgemäßen** Gebrauchs, die nicht der Zustimmung des Vermieters bedarf.

1 Wann ist die Zustimmung des Vermieters erforderlich?

Das Anbringen von Antennen, die einen darüber hinausgehenden Empfang ermöglichen sollen, ist **nicht mehr** vom vertragsgemäßen Gebrauch gedeckt und daher nur mit Zustimmung des Vermieters zulässig. Dies gilt insbesondere für **CB-Dachfunkantennen** sowie für **Parabolantennen** (Parabolspiegel) zum Direktempfang des Satellitenfernsehens. Solche technischen Neuerungen führen erst dann zur Ausweitung des vertragsgemäßen Gebrauchs, wenn sie für weite

Antenne

Schichten der Bevölkerung selbstverständlich geworden sind und zum allgemeinen Lebensstandard gehören (vgl. BayObLG, a.a.O.). Dies trifft weder für CB-Funkantennen noch für Parabolantennen zu (vgl. LG Mannheim, DWW 1991, 310; LG Stuttgart, DWW 1991, 309; LG Bochum, DWW 1991, 308, 309; LG Arnsberg, DWW 1991, 243; LG Koblenz, DWW 1990, 119; AG Andernach, WuM 1990, 492; Pfeifer, DWW 1990, 353).

2 Wann muss der Vermieter zustimmen?

Jedoch unterfallen auch Empfangsanlagen für **nicht ortsübliche** Rundfunk- und Fernsehprogramme dem Grundrecht auf **Informationsfreiheit** (Art. 5 GG), sodass der Vermieter die Zustimmung zur Einrichtung einer Empfangsanlage, die über den vertragsgemäßen Gebrauch der Mietsache hinausgeht, nach den Grundsätzen von Treu und Glauben (§ 242 BGB) nur dann versagen kann, wenn dem Vermieter **sachbezogene Gründe** zur Seite stehen (BVerfG, Beschl. v. 15.10.1991, WuM 1991, 573; BayObLG, a.a.O.).

Dementsprechend hat das OLG Frankfurt mit Rechtsentscheid vom 22.7.1992 (Az. 20 RE-Miet 1/91, NJW 1992, 2490) entschieden, dass der Vermieter, der nicht in demselben Haus wohnt, die Montage einer Parabolantenne gestatten muss, wenn folgende Voraussetzungen vorliegen:

- Das Haus hat weder eine Gemeinschaftsparabolantenne noch einen Breitbandkabelanschluss und es ist ungewiss, ob ein solcher Anschluss verlegt werden wird.

- Der Mieter stellt den Vermieter von allen im Zusammenhang mit der Installation der Antenne entstehenden Kosten und Gebühren frei, auch soweit sie aus der Pflicht des Mieters sich ergeben, nach Beendigung des Mietverhältnisses die Antenne zu entfernen, für sämtliche durch die Antenne verursachten Schäden zu haften oder der im Einzelfall möglichen Pflicht, bei späterer Errichtung einer Gemeinschaftssatellitenantenne bzw. dem Anschluss des Hauses an das Kabelfernsehen durch den Vermieter die Einzelantenne zu entfernen.

- Die Antenne wird von einem Fachmann unter Beachtung bestehender Vorschriften angebracht.

- Der Vermieter kann einen **geeigneten** Montageort bestimmen.

- Sofern es sich bei dem vermieteten Wohnraum um eine **Eigentumswohnung** handelt, muss der Vermieter einen Anspruch gegen die übrigen Eigentümer auf Zustimmung zum Anbringen einer Parabolantenne haben (§ 22 WEG).

Als **Ausnahmefälle**, in denen eine solche Verpflichtung des Vermieters trotz Vorliegen dieser Voraussetzungen **ausgeschlossen** sein kann, hat das OLG Frankfurt die Montage einer sehr großen oder auffälligen Parabolantenne an einem freistehenden Bungalow oder einer Jugendstilvilla genannt und dies mit einer nicht zumutbaren Verunzierung begründet.

> Dem Rechtsentscheid des OLG Frankfurt ist zu entnehmen, dass der Vermieter grundsätzlich bereits dann die Montage einer Parabolantenne untersagen kann, wenn das Anwesen mit einer Gemeinschaftsparabolantenne oder einem Breitbandkabelanschluss ausgestattet oder ein solcher Anschluss zeitlich absehbar ist.

Dies gilt auch dann, wenn der Mieter aus beruflichen Gründen einen gesteigerten Informationsbedarf geltend macht (LG Chemnitz, NZM 2000, 960).

Dementsprechend kann der Vermieter nach Anschluss des Anwesens an das Breitbandkabel i.d.R. die Entfernung einer vom Mieter montierten Parabolantenne verlangen. Dies gilt grundsätzlich auch dann, wenn der Mieter die Parabolantenne vor der Verkabelung montiert und eine Genehmigung des Vermieters nicht eingeholt hatte (LG Gera, Urt. v. 14.7.1994, WuM 1994, 523).

Diese Rechtsauffassung kann zwar zu einer Beschränkung der Informationsfreiheit des Mieters (Art. 5 Abs. 1 S. 1 GG) führen, wenn über die Parabolantenne Satellitenprogramme empfangen werden können, die nicht in das Kabelnetz eingespeist sind. Nachdem aber der Mieter auch über einen Kabelanschluss sein Informationsinteresse weitgehend realisieren kann und sein Recht auf Informationsfreiheit daher nicht wesentlich beeinträchtigt ist, überwiegt im Regelfall das ebenfalls grundgesetzlich geschützte Eigentumsinteresse des Vermieters (Art. 14 Abs. 1 GG), über die äußere Gestaltung seines Anwesens zu bestimmen (BVerfG, Beschl. v. 10.3.1993, DWW 1993, 96 und v. 16.4.1993, WuM 1993, 231).

3 Besonderheiten bei ausländischen Staatsangehörigen

Anders kann die Interessenabwägung jedoch ausfallen, wenn der Mieter über den Durchschnittsfall hinausgehende berechtigte Interessen vortragen kann, z.B. eine fremdsprachliche Muttersprache spricht oder **ausländischer** Staatsangehöriger ist.

Nach dem Rechtsentscheid des OLG Karlsruhe vom 24.8.1993 (WuM 1993, 525) muss der Vermieter hier trotz des Kabelanschlusses die Montage einer Parabolantenne dulden, wenn folgende Voraussetzungen erfüllt sind:

- Der Breitbandkabelanschluss befriedigt das Bedürfnis des Mieters auf Empfang von Fernsehprogrammen aus dessen Heimatland derzeit und in absehbarer Zukunft nicht, während eine Parabolantenne diesem Mangel abhelfen kann.
- Der Antennenanlage stehen Vorschriften des Baurechts und des Denkmalschutzes ebenso wenig entgegen wie Rechte Dritter.
- Der Mieter folgt bei der Wahl des Aufstellungsortes der Bestimmung des Vermieters, dieser unter Beachtung der empfangstechnischen Eignung danach trifft, wo ihm die

Antenne

Anlage am wenigsten störend erscheint. Eine auch nach allgemeiner Verkehrsanschauung erhebliche Verunzierung durch die Antennenanlage tritt nicht ein.

- Die Antenne wird zur weitgehenden Sicherung vor denkbaren Schäden fachmännisch angebracht.
- Erhebliche nachteilige Eingriffe in die Bausubstanz sind ausgeschlossen.
- Der Mieter stellt den Vermieter von allen im Zusammenhang mit der Installation entstehenden Kosten und Gebühren frei. Gleiches gilt hinsichtlich der Haftung für durch die Antenne verursachte Schäden und den Aufwand für die Beseitigung der gesamten Antennenanlage nach Mietende.
- Auf Verlangen des Vermieters hat der Mieter das Haftungsrisiko durch Abschluss einer Versicherung und den Beseitigungsaufwand in sonstiger Weise (z. B. Kaution) abzusichern.
- Im Falle mehrerer berechtigter Einzelbegehren auf Duldung von Parabolantennen folgt die Maßnahme der Bestimmung des Vermieters, der mehrere Mieter im Rahmen der technischen Möglichkeiten auf die Nutzung einer gemeinsam anzubringenden und zu finanzierenden Parabolantennenanlage verweisen darf (so auch LG Nürnberg-Fürth, WuM 1997, 486).

Diesem Rechtsentscheid ist zu entnehmen, dass einem ausländischen Staatsangehörigen nicht generell unter Hinweis auf den vorhandenen oder zeitlich absehbaren Kabelanschluss die Montage einer Parabolantenne untersagt werden kann (so auch das OLG Hamm, Beschl. v. 3.9.1993, DWW 1993, 331). Darin liegt nach der Entscheidung des BVerfG (Beschl. v. 9.2.1994, Az. 1 BvR 1687/921, NJW 1994, 1147) keine verfassungswidrige Bevorzugung von Ausländern. In diesem Fall ist bei der Abwägung der Interessen des Vermieters und des Mieters insbesondere zu berücksichtigen, in welchem Umfang der Mieter Programme seines Heimatlandes über das Kabelnetz empfangen kann. Bezüglich der Streitfrage, ob der Mieter bereits dann auf den Kabelanschluss verwiesen werden darf, wenn er damit nur einen Heimatsender empfangen kann, hat das BayObLG mit Beschl. v. 25.3.1994 (RE-Miet 6/93, WuM 1994, 317) den Erlass eines Rechtsentscheids abgelehnt mit der Begründung, dass dies nur im **Einzelfall** anhand einer konkreten **Interessenabwägung** entschieden werden kann (so auch das BVerfG, Beschl. v. 30.6.1994, GE 1994, 1248). Der ausländische Mieter muss sich daher zwar nicht generell mit nur einem über das Kabel zu empfangenden Heimatprogramm begnügen, jedoch hat das Informationsinteresse des Mieters auch keinen absoluten Vorrang gegenüber den Belangen des Vermieters. Es ist daher eine Interessenabwägung zwischen dem Informationsinteresse des Mieters und dem Interesse des Vermieters an der Vermeidung einer optischen Beeinträchtigung durch Montage mehrerer Parabolantennen vorzunehmen, in die trotz eines bestehenden Kabelanschlusses auch die Möglichkeit und Zumutbarkeit der Montage einer Gemeinschaftsparabolantenne einbezogen werden muss, da ein greifbares Interesse des ausländischen Mieters an der Auswahl zwischen mehreren Heimatprogrammen auch ohne nähere Begründung gegeben ist (BVerfG, Beschl. v. 14.9.1995, Az. 1 BvR 1471/94, DWW 1995, 371). Ein Anspruch des Mieters auf Duldung einer Parabolantenne besteht aber dann nicht, wenn er mit Hilfe einer Zusatzeinrichtung für digitales Fernsehen zwei weitere Heimatprogramme empfangen kann (LG Lübeck, Urt. v. 29.12.1998, Az. 6 S 206/97, NJW-RR 1999, 1532). Im Einzelfall kann die Interessenabwägung aber auch ergeben, dass sich der ausländische Mieter mit nur einem über das Kabel zu empfangenden Heimatprogramm begnügen muss. Dies kann z.B. der Fall sein, wenn der Vermieter das historische Bild einer denkmalgeschützten Siedlung erhalten will und Vorschriften des Denkmalschutzes oder des Baurechts der Montage einer Parabolantenne entgegen stehen (BVerfG, Beschl. v. 21.6.1994, GE 1994, 1248; vgl. auch LG Tübingen, DWW 1994, 358).

Der Mieter darf auch nicht grundsätzlich auf anderweitige Informationsmöglichkeiten, wie Rundfunk, Zeitungen oder Videoaufzeichnungen verwiesen werden (BVerfG, a.a.O.).

Ermöglicht der Kabelanschluss nicht den Empfang von Heimatsendern, die dem Informationsinteresse des Mieters genügen, **und** erklärt sich der Mieter zur Erfüllung der vom OLG Karlsruhe genannten Voraussetzungen bereit (Montage durch einen Fachmann, Freistellung des Vermieters von allen Kosten etc.), wird die Entscheidung daher letztlich von der optischen Beeinträchtigung des Anwesens im Einzelfall abhängen. Ist diese nur geringfügig, muss der Vermieter die Montage der Antenne dulden (vgl. LG Freiburg, WuM 1993, 669 sowie LG Hagen, DWW 1996, 52, wonach es nicht gerechtfertigt ist, den türkischen Mieter auf 4 über das Kabel zu empfangende Programme zu beschränken, wenn er mit der Parabolantenne 8 Heimatprogramme empfangen kann und Störungen des Erscheinungsbildes des Anwesens nicht vorliegen bzw. nicht dargelegt worden sind).

Dagegen wird der Vermieter zur **Verweigerung** der Erlaubnis berechtigt sein, wenn die Antenne aus technischen oder sonstigen Gründen das Anwesen erheblich **verunzieren** würde, wobei sich der Vermieter auch nicht auf das Risiko eines Prozesses mit der Denkmalschutzbehörde einlassen muss, wenn diese die Entfernung verlangt (vgl. AG Gelsenkirchen, DWW 1993, 369). Insofern kann das Begehren eines ausländischen Mieters auf Errichtung einer Parabolantenne zwar nicht mit der Begründung abgewiesen werden, dass dann auch sämtlichen anderen Mietern dasselbe Recht eingeräumt werden müsste, jedoch kann der Umstand, dass zahlreiche Mieter eines Wohnkomplexes aufgrund ihrer jeweils besonderen Umstände ein berechtigtes Interesse an einer Parabolantenne haben, durchaus bei der Abwägung mit dem Eigentümerinteresse des Vermieters berücksichtigt werden (BVerfG, a.a.O.). Dabei ist jedoch zu prüfen, ob zur Vermeidung oder Abmilderung einer optischen Beeinträchtigung die Errichtung einer Gemeinschaftsparabolantenne in Betracht kommt (BVerfG, Beschl. v.

14.9.1995, a.a.O.). Bei dieser Interessenabwägung kann das Interesse eines Mieters, der zwar im Ausland geboren wurde, jedoch die deutsche Staatsangehörigkeit angenommen hat, geringer gewichtet werden als das Interesse eines auf Dauer in Deutschland lebenden ausländischen Mieters, der seine ausländische Staatsangehörigkeit beibehält (BayObLG, Beschl. v. 28.10.1994, NJW 1995, 337; vgl. dazu auch LG Berlin, DWW 1995, 115).

Ohne nähere Prüfung einer evtl. Verunstaltung des Anwesens ist der Vermieter zur **Verweigerung** der Erlaubnis berechtigt, wenn der Mieter nicht **sämtliche** vom OLG Karlsruhe (a.a.O.) geforderten Bedingungen erfüllt. Leistet der Mieter z.B. auf Verlangen des Vermieters keine **Sicherheit** für die voraussichtlichen Kosten der Wiederentfernung der Antenne, steht dem Mieter kein Anspruch auf Erlaubnis der Montage zu (LG Dortmund, Urt. v. 11.1.2000, Az. 1 S 25/99, NJW-RR 2000, 889).

Eine **Klausel** in einem Formularmietvertrag, wonach der Mieter von vornherein auf die Errichtung von Satelliten- und Funkempfangsanlagen verzichtet, ist **unwirksam** (LG Essen, WuM 1998, 344; Sternel, Mietrecht aktuell, 3. A., Rn. 191).

Der **Streitwert** eines gerichtlichen Verfahrens über die Zustimmung des Vermieters zur Montage der Antenne wurde vom LG Bremen (WuM 2000, 364) mit DM 1.000 bewertet.

4 Bestimmung des Montageorts

Hat der Mieter nach den vorbezeichneten Grundsätzen einen Anspruch auf Gestattung einer Parabolantenne, bleibt dem **Vermieter** die Auswahl eines geeigneten Montageortes vorbehalten. Dementsprechend kann der Vermieter z.B. verlangen, dass eine unerlaubt an der Fassade angebrachte Antenne fachmännisch auf das Dach umgesetzt wird, wobei dieses Verlangen selbst dann nicht von vornherein unbillig ist, wenn dem Mieter dadurch erhebliche Kosten (hier: DM 3000) entstehen (LG Wiesbaden, DWW 1995, 53). Weigert sich der Vermieter jedoch, dem Mieter einen geeigneten Montageort zu benennen, darf der Mieter die Antenne an ihrem ursprünglichen Platz belassen (BVerfG, Beschl. v. 10.11.1995, NJWE 1996, 26).

5 Beseitigungsanspruch des Vermieters

Besteht kein Anspruch des Mieters auf Gestattung der Montage, kann der Vermieter seine Zustimmung verweigern bzw. die Entfernung einer eigenmächtig angebrachten Antenne verlangen und den Mieter auf Beseitigung bzw. Unterlassung (§ 541 BGB) verklagen, falls er dem Verlangen auf Entfernung in angemessener Frist nicht nachkommt (vgl. LG Kaiserslautern, DWW 1993, 201). Dies gilt auch dann, wenn der Mieter zwar einen Anspruch auf Gestattung einer Parabolantenne hat, diese aber eigenmächtig ohne vorherige Rücksprache mit dem Vermieter an einem dem Vermieter nicht genehmigten Ort angebracht und sich damit über das Bestimmungsrecht des Vermieters hinweggesetzt hat (BVerfG, Beschl. v. 10.11.1995, Az. 1 BvR 2119/95, WuM 1996, 82; LG Stuttgart, NZM 1998, 1004).

Bei einer vermieteten **Eigentumswohnung** kann die Eigentümergemeinschaft – unabhängig von einem evtl. Anspruch des Mieters gegen seinen Vermieter auf Zustimmung zur Montage der Antenne – die Beseitigung einer nicht genehmigten Antenne verlangen und den Mieter darauf verweisen, einen evtl. bestehenden Anspruch auf Zustimmung gegen seinen Vermieter durchzusetzen (BVerfG, Beschl. v. 11.7.1996, Az. 1 BvR 1912/95; WuM 1996, 608).

Der Vermieter kann auch die Beseitigung der Antenne verlangen, wenn diese **unfachmännisch** montiert wurde (z.b. Durchbohren des Türrahmens zwecks Kabelverlegung) und der Mieter die Schadensbeseitigung und die Übernahme des Haftungsrisikos für die Installation ablehnt (LG Bremen, WuM 1995, 43).

In der Aufforderung zur Entfernung der Antenne sollte auch ausführlich dargelegt werden, welche Eigenschaften des Mietobjektes durch die Parabolantenne beeinträchtigt werden und die Abwägung zugunsten des Eigentümerinteresses rechtfertigen (vgl. BVerfG, Beschl. v. 15.6.1994, WuM 1994, 365).

Der **Streitwert** und die Berufungssumme richten sich dabei nach den voraussichtlichen Kosten der Beseitigung der Antenne (LG München I, Beschl. v. 12.10.1993, WuM 1993, 745).

Der Mieter kann auch nicht einwenden, beim Kabelanschluss keine Gebührenfreiheit zu genießen, da Kauf und Montage einer Parabolantenne mit erheblichen Kosten verbunden sind.

Duldet der Vermieter jedoch die Anbringung einer Parabolantenne bei einem Mieter, muss er dies nach den Grundsätzen der Gleichbehandlung (Art. 3 GG) auch anderen Mietern gestatten (LG Kaiserslautern, a.a.O.).

Nachdem bei wenigen Kabelfernsehanschlüssen die Kabelservicegesellschaft zur Tariferhöhung und evtl. zur Kündigung des Vertrages genötigt sein könnte, ist ein Großvermieter auch im Interesse der anderen Mieter gehalten, die Beseitigung der Parabolantenne zu verlangen, weil nur so über eine hohe Anschlusszahl das günstige Preis-Leistungsverhältnis des Kabelservicevertrages gewahrt werden kann (LG Kaiserslautern, a.a.O.).

> Bei **Beendigung** des Mietverhältnisses ist der Mieter berechtigt (§ 539 Abs. 2 BGB), aber auf Verlangen des Vermieters auch verpflichtet, eine von ihm angebrachte Antenne abzubauen und den ursprünglichen Zustand wieder herzustellen.

6 Ersatz von Aufwendungen

Errichtet der Vermieter auf seinem Anwesen eine Gemeinschafts(parabol)antenne oder lässt er das Anwesen an das Breitbandkabel anschließen, über das ausländische Mieter mehrere Heimatprogramme empfangen können, kann der Vermieter grundsätzlich eine frühere Erlaubnis aus wichtigem Grund widerrufen (vgl. AG Oberhausen, DWW 1996, 56) und die Demontage der von den Mietern angebrachten Antennen verlangen, wobei die Mieter wegen der

Aufwendungen für die Einzelantennen keinen Anspruch gegen den Vermieter haben (vgl. AG Arnsberg, DWW 1995, 317). Etwas anderes gilt, wenn dem Mieter die eigene Antenne einen erheblich umfassenderen oder besseren Empfang ermöglicht.

> Die **Kosten** für die erstmalige Errichtung einer Gemeinschaftsantenne sowie die Kosten für die Erweiterung einer vorhandenen Gemeinschaftsantenne können eine Mieterhöhung wegen Modernisierung nach § 559 BGB begründen.

Dagegen zählen **Reparaturkosten**, unabhängig von der Ursache (z. B. Verschleiß, Defekt), zu den nicht umlagefähigen Instandhaltungskosten.

Anzeigepflicht

Die Obhutspflicht über die Mietsache verpflichtet den Mieter nach § 536 c Abs. 1 BGB, dem Vermieter unverzüglich anzuzeigen, wenn sich im Laufe der Mietzeit ein **Mangel** der Mietsache zeigt, wenn eine Maßnahme zum Schutz der Mietsache gegen eine **nicht vorhergesehene Gefahr** erforderlich wird oder sich ein Dritter ein Recht an der Sache anmaßt.

> Ein **Mangel** im Sinne dieser Vorschrift ist **jeder Fehler** an der Mietsache, unabhängig davon, ob er die Brauchbarkeit und Nutzbarkeit der Mietsache beeinträchtigt.

Ebenso ist bei Drohung durch eine unvorhergesehene Gefahr (z.B. Schaden am Dach, Wasserschäden) nicht Voraussetzung der Anzeigepflicht, dass der Mieter dadurch in seinem Mietgebrauch unmittelbar gestört wird. Bemerkt er einen Fehler oder eine drohende Gefahr für die Mietsache, hat er dies dem Vermieter **unverzüglich**, d.h. ohne schuldhaftes Zögern (§ 121 BGB), schriftlich oder mündlich anzuzeigen. Die Beurteilung, ob die Anzeige unverzüglich erfolgt ist, ist anhand der konkreten Umstände des Einzelfalles zu treffen.

Haben die vom Vermieter veranlassten Mängelbeseitigungsarbeiten nicht zu einem dauerhaften Erfolg geführt, trifft den Mieter regelmäßig eine **erneute Anzeigepflicht**; dies gilt nur dann nicht, wenn die fortbestehende Mangelhaftigkeit der Mietsache dem Vermieter von einem Dritten, dessen Wissen sich der Vermieter zurechnen lassen muss, ohnehin bekannt ist (OLG Düsseldorf, Urt. v. 25.10.1990, DWW 1991, 17). Eine erneute Anzeigepflicht besteht auch dann, wenn sich die nach Anzeige des Schadens versuchte Reparatur (z.B. des Boilers) als undurchführbar erweist (LG Gießen, WuM 1996, 557).

Unterlässt der Mieter die Anzeige, obwohl ihm der Mangel bzw. die drohende Gefahr bekannt oder nur aufgrund grober Fahrlässigkeit unbekannt war (BGH, WuM 76, 152), ist er dem Vermieter zum **Ersatz des** daraus entstehenden **Schadens** verpflichtet (§ 536 c Abs. 2 S. 1 BGB). Tritt z.b. ein Wassermehrverbrauch auf, weil es der Mieter unterlassen hat, dem Vermieter die Undichtigkeit des Spülkastens der Toilette anzuzeigen, hat der Mieter dem Vermieter die Kosten dieses Mehrverbrauchs zu erstatten, der anhand der Rechnungen für die Vergleichsmonate ermittelt werden kann (LG Frankfurt, WuM 1990, 425).

Für die **Verursachung** spricht der **Beweis des ersten Anscheins**, wenn der Defekt des Spülkastens und der erhöhte Wasserverbrauch zeitlich zusammentreffen (LG Lübeck, WuM 1991, 482). Will der Mieter diesen erschüttern, muss er darlegen und beweisen, dass in der fraglichen Zeit eine andere Schadensquelle als mögliche Ursache des Mehrverbrauchs entstanden ist (LG Lübeck, a.a.O.).

Eine Formularklausel, wonach der Mieter „für einen durch nicht rechtzeitige Anzeige verursachten weiteren Schaden ersatzpflichtig ist", ist wirksam (BGH, Urt. v. 20.1.1993, DWW 1993, 74).

Soweit der Vermieter infolge der Unterlassung der Anzeige nicht Abhilfe schaffen konnte, ist der Mieter nicht berechtigt, wegen des Mangels die Miete zu mindern, Schadensersatz wegen Nichterfüllung zu verlangen oder ohne Bestimmung einer angemessenen Abhilfefrist aus wichtigem Grund nach § 543 Abs. 3 S. 1 BGB zu kündigen (§ 536 c Abs. 2 S. 2 BGB).

Aufrechnung gegen die Miete

Aufrechnung ist die wechselseitige Tilgung zweier sich gegenüberstehender Forderungen durch einseitiges Rechtsgeschäft. Der Mieter kann grundsätzlich gegen die Mietforderung des Vermieters mit einer fälligen Forderung auch dann aufrechnen, wenn diese nicht aus dem Mietverhältnis, sondern aus einem anderen Rechtsverhältnis herrührt. Führt zum Beispiel der Mieter für den Vermieter in dessen Auftrag handwerkliche Arbeiten an dem Anwesen aus und steht die Begleichung der Rechnung durch den Vermieter noch aus, kann der Mieter unter Erklärung der Aufrechnung seine fällige Werklohnforderung von der Miete abziehen und lediglich den verbleibenden Rest überweisen. Dieses Recht zur Aufrechnung kann vertraglich nur in engen Grenzen **ausgeschlossen bzw. eingeschränkt** werden.

Formularvertraglich ist ein Aufrechnungs**ausschluss** generell unzulässig, wenn er auch unbestrittene, rechtskräftig festgestellte oder entscheidungsreife

Forderungen des Mieters erfasst (§ 11 Ziff. 3 AGB-Gesetz; OLG Celle, Urt. v. 29.12.1989, WuM 1990, 103). Zulässig ist bei **gewerblichen** Mietverträgen eine Aufrechnungs**beschränkung**, wonach der Mieter gegen Mietforderungen nur dann mit Gegenansprüchen aufrechnen kann, wenn er dies dem Vermieter mindestens einen Monat vor Fälligkeit angezeigt hat (OLG Rostock, Beschl. v. 5.3.1999, Az. 3 U 80/98, NZM 1999, 1006).

Praktische Bedeutung hat eine solche Aufrechnungsbeschränkung insbesondere bei der fristlosen Kündigung wegen **Zahlungsverzuges**, die der Mieter unwirksam machen kann, wenn er unverzüglich nach der Kündigung, d.h. spätestens nach etwa zwei Wochen, die Aufrechnung erklärt. Eine Klausel, wonach die Aufrechnung einen Monat vor Fälligkeit der Miete angezeigt werden muss, führt dazu, dass der Mieter die Aufrechnung nicht mehr „unverzüglich" erklären kann.

Schließt eine Klausel ausdrücklich nur rechtskräftig festgestellte, nicht aber unstreitige Forderungen vom Verbot der Aufrechnung aus, werden diese trotzdem von dem Sinngehalt der Klausel mit umfasst, sodass die Klausel nicht schon deswegen unwirksam ist (BGH, Urt. v. 27.1.1993, DWW 1993, 170; vgl. auch BGHZ 107, 185, 189). Darüber hinaus besteht bei Mietverhältnissen über **Wohn**raum eine Besonderheit für die Aufrechnungsbefugnis des Mieters mit bestimmten Ansprüchen: Trotz eines vertraglichen Aufrechnungsausschlusses kann der Mieter von Wohnraum nach **§ 556 b Abs. 2 BGB** mit **Schadensersatzforderungen** (§ 536 a BGB), **Aufwendungsersatzansprüchen** (§ 539 BGB) oder Ansprüchen aus **ungerechtfertigter Bereicherung** wegen zuviel gezahlter Miete immer aufrechnen – unabhängig davon, ob diese unbestritten, rechtskräftig festgestellt oder entscheidungsreif sind – wenn er seine Absicht zur Aufrechnung dem Vermieter mindestens einen Monat vor Fälligkeit der Miete in Textform (s. „Schriftform") angezeigt hat.

Schadensersatzforderungen des Mieters nach § 536 a BGB können entstehen, wenn ein Mangel der Mietsache bei Vertragsschluss vorhanden war (§ 536 a Abs. 1, 1. Alternative BGB). Es handelt sich hierbei um eine **Garantiehaftung** des Vermieters, die auch dann eingreift, wenn die Auswirkungen des Mangels erst später eintreten. Weiterhin, wenn ein Mangel später infolge eines Umstandes eintritt, den der Vermieter **zu vertreten** hat (§ 536 a Abs. 1, 2. Alternative BGB, z.B. Vermieter lässt das undichte Dach trotz Kenntnis des Zustandes nicht reparieren, sodass dem Mieter dadurch ein Schaden an seinen Einrichtungsgegenständen entsteht).

Ferner hat der Mieter nach § 536 a Abs. 2 BGB einen Anspruch auf Ersatz der zur Beseitigung eines Mangels aufgewendeten Kosten, wenn sich der Vermieter mit der Beseitigung des Mangels **in Verzug** befunden hat, z.B. den angezeigten Mangel trotz einer auf Mängelbeseitigung des Mieters gerichteten Mahnung (§ 284 Abs. 1 BGB) nicht behoben hat.

A 58

Zu **Aufwendungsersatzansprüchen** (§ 539 Abs. 1 BGB) s. „Verwendungen".

Ansprüche aus **ungerechtfertigter Bereicherung** wegen zuviel gezahlter Miete können entstehen, wenn der Mieter die Monatsmiete im Voraus (spätestens am dritten Werktag eines Monats, s. „Fälligkeit der Miete") gezahlt hat und dann ein Mangel in der Wohnung auftritt, der zur Minderung der Miete nach § 536 BGB führt.

Mit den genannten Forderungen kann der Mieter trotz eines vertraglichen Aufrechnungsausschlusses aufrechnen, wenn er diese Absicht dem Vermieter mindestens einen Monat vor Fälligkeit der Miete in **Textform** (s. „Schriftform") **angezeigt** hat.

Fehlt dagegen ein Aufrechnungsausschluss, kann der Mieter mit diesen Forderungen (bei Fälligkeit) ohne vorherige Anzeige aufrechnen.

Ein nach Maßgabe des AGB-Gesetzes zulässiges Verbot, gegen Mietforderungen aufzurechnen, wirkt auch **nach Mietende** weiter, solange das Mietobjekt nicht zurückgegeben ist und der Vermieter Ansprüche auf Nutzungsentschädigung hat, da andernfalls der in Zahlungsverzug befindliche Mieter gegenüber dem vertragstreuen Mieter privilegiert würde (OLG Düsseldorf, WuM 1995, 392). Ferner wirkt eine **individuell** vereinbarte **Aufrechnungsbeschränkung** in einem **gewerblichen** Mietvertrag auch nach Beendigung des Mietverhältnisses und Räumung des Mietobjektes weiter. Dies gilt unabhängig davon, dass eine zusätzliche Bestimmung über eine vorherige Ankündigung der Aufrechnung mit Beendigung des Mietverhältnisses und Rückgabe des Mietobjektes ihren Sinn verliert (BGH, Beschl. v. 12.1.2000, Az. XII ZA 21/99, WuM 2000, 240).

Aufwendungen → „Verwendungen"

Aufzug

Soweit keine besonderen Vereinbarungen getroffen wurden (z.B. in der Hausordnung), kann der Mieter den Aufzug zu jeder Tages- und auch zur Nachtzeit benutzen. Der Vermieter ist verpflichtet, den Aufzug auf seine Kosten in betriebsbereitem und betriebssicherem Zustand zu erhalten.

Nach einer Entscheidung des OLG Karlsruhe (ZMR 1960, 300) muss der Aufzug mit einer **Alarmanlage** ausgerüstet sein, damit der Benutzer im Bedarfsfall einen zur Hilfeleistung bereiten Dritten verständigen kann. Einzelheiten für die Errichtung und den Betrieb von Aufzugsanlagen sind in entsprechenden **Verordnungen** des Bundes geregelt.

Die **Betriebskosten** des Aufzuges – nicht aber die Instandhaltungskosten – können gemäß einer vertraglichen Vereinbarung vom Mieter neben der Miete verlangt werden (vgl. „Betriebskosten", Abschnitt 2.7).

Streitig ist, ob eine **Umlage** der Betriebskosten auch auf die **Erdgeschossmieter** erfolgen darf. Im Bereich der **Kostenmiete** gilt die Vorschrift des § 24 Abs. 2 NMV. Danach **kann** Wohnraum im Erdgeschoss von der Umlage ausgenommen werden, sodass es im Ermessen des Vermieters liegt, ob er auch die Erdgeschossmieter mit Betriebskosten für den Aufzug belastet oder nicht. Entsprechendes gilt auch für die Umlage im **frei finanzierten** Wohnungsbau (vgl. LG Hannover, WuM 1990, 228; AG Frankfurt, NJW-RR 1989, 1359).

Hat der Aufzug für den Mieter jedoch **überhaupt keinen** Nutzen, weil das Haus nicht über Dachbodenräume zur individuellen oder gemeinschaftlichen Nutzung verfügt und der Aufzug nicht im Keller-, sondern im Erdgeschoss endet, muss der Mieter von der Umlage **ausgenommen** werden (LG Kiel, Urt. v. 3.8.2000, Az. 8 S 310/99, NZM 2001, 92).

Daher ist eine Umlage auf die Erdgeschossmieter jedenfalls dann **nicht unangemessen**, wenn der Erdgeschossmieter die Möglichkeit hat, mit dem Aufzug **andere Räumlichkeiten** zu erreichen, die ihm zur Benutzung zur Verfügung stehen, z. B. Speicher, Keller, Garage (AG Hamburg, WuM 1988, 170; AG Wiesbaden, WuM 1988, 66; OLG Düsseldorf, DWW 2000, 54).

Eine Verpflichtung des Mieters zur Zahlung der Umlage kann sich auch daraus ergeben, dass er die Umlage über einen längeren Zeitraum **vorbehaltlos** bezahlt hat (LG Kiel, a.a.O.; s. auch BGH, NZM 2000, 961).

Besteht eine **mietvertragliche Vereinbarung**, wonach die Betriebskosten nach einem festen Maßstab (z.B. dem Verhältnis der Wohn- oder Nutzflächen; s. „Abrechnung der Betriebskosten") umgelegt werden, ist auch der Mieter einer EG-Wohnung zur anteiligen Tragung der Aufzugskosten verpflichtet (LG Duisburg, Urt. v. 28.5.1991, WuM 1991, 597). Diese Vereinbarung verstößt auch nicht gegen Treu und Glauben oder die guten Sitten, vielmehr lässt das Gesetz eine solche Vereinbarung ausdrücklich zu (LG Duisburg, a.a.O.; AG Freiburg, WuM 1993, 745). Zulässig ist auch die **formularvertraglich** vereinbarte Umlage der anteiligen Aufzugskosten auf den Erdgeschossmieter (AG Köln, WuM 1998, 233; Sternel, Mietrecht aktuell, 3. Aufl. Rn. 772 m.w.N.).

Dementsprechend hat das OLG Düsseldorf (NJW-RR 1986, 95) für den Bereich des **Wohnungseigentumsrechtes** entschieden, dass sich an den Betriebskosten des Aufzugs auch diejenigen Raumeigentümer beteiligen müssen, die ihn nicht benötigen.

Außenwerbung

Vorwiegend im Bereich der **Geschäftsraummiete** tritt die Frage auf, ob und in welchem Umfang der Mieter **Schilder** oder sonstige Werbemaßnahmen am oder im Haus anbringen darf.

Fehlt eine entsprechende vertragliche Regelung, dürfen sowohl Gewerbetreibende als auch Angehörige freier Berufe (z. B. Ärzte, Rechtsanwälte, Steuerberater, Architekten) Namens- oder Firmenschilder an der Außenwand des Hauses, in dem sich ihre Miträume befinden, anbringen, wobei neben der Namensangabe auch zusätzliche Angaben, z. B. über Sprechzeiten, Geschäftszeiten, zulässig sind.

Die Werbung muss dem Charakter des Hauses angepasst sein. Verunstaltungen braucht der Vermieter nicht zu dulden. Die Werbung darf üblicherweise im Bereich von der oberen Kante der Fenster der Miträume bis zur unteren Kante der Fenster des darüber liegenden Stockwerkes angebracht werden.

Auch die Anbringung von **Warenautomaten** an der Außenfront von Geschäftsräumen wird heute vielfach als verkehrsüblich und vom vertragsgemäßen Gebrauch umfasst angesehen. Danach ist der Vermieter grundsätzlich zur Duldung der Anbringung von Warenautomaten durch den Mieter verpflichtet, wobei dieser jedoch bei Beendigung des Mietverhältnisses zur Entfernung und Herstellung des ursprünglichen Zustands verpflichtet ist.

> Im Hinblick auf die durch die Rechtsprechung erfolgte erhebliche Ausweitung des zulässigen Mietgebrauchs bei gewerblicher Vermietung empfiehlt es sich, in Mietverträgen über Geschäftsräume **konkrete Vereinbarungen**, insbesondere über Art, Ort und Umfang der Außenreklame des Mieters zu treffen.

Unabhängig von der mietvertraglichen Zulässigkeit ist im Einzelfall die Erforderlichkeit einer **öffentlich-rechtlichen Genehmigung** (z. B. Baugenehmigung) zu prüfen, wobei die mietrechtliche Zulässigkeit nichts über die öffentlich-rechtliche Zulässigkeit besagt und letztere nicht automatisch die Zulässigkeit der Anbringung gegenüber dem Vermieter rechtfertigt.

Haben die Parteien eines Mietvertrages über ein **Ladenlokal** vereinbart, dass der Mieter nur eine bauordnungsbehördlich genehmigte Reklametafel anbringen darf, so kann der Vermieter, ist diese Genehmigung vor Montage nicht erteilt, die Beseitigung verlangen (OLG Düsseldorf, Urt. v. 19.12.1991, DWW 1992, 116).

Automaten → „Außenwerbung"

Bagatellschäden → *„Kleinreparaturen"*

Balkon → *„Wohnfläche"*

Barrierefreiheit → *„Bauliche Veränderungen durch den Mieter"*

Bauherrenmodell → *„Geschäftsräume", „Herausgabeanspruch gegen Dritte"*

Baukostenzuschuss

Der Baukostenzuschuss ist eine Geld- oder Sachleistung, die der Mieter oder für ihn ein Dritter an den Vermieter zum Neubau, Wiederaufbau, Ausbau, zur Erweiterung, Wiederherstellung oder Instandsetzung von Räumen erbringt, ohne dass der Vermieter zur vollen oder teilweisen Rückerstattung dieser Leistung vertraglich verpflichtet ist. Ob eine solche Vereinbarung vorliegt, ist durch Auslegung zu ermitteln (vgl. BGH, NJW 1964, 37).

Sinn und Zweck dieser Leistung durch den Mieter ist regelmäßig die Erlangung von noch zu errichtenden Räumen zu vergünstigten Bedingungen.

Für Mietverhältnisse über **Wohn**raum gilt unabdingbar die Sonderregelung des Artikel 6 des Gesetzes zur Änderung des Zweiten Wohnungsbaugesetzes (II. WoBauG), anderer wohnungsbaurechtlicher Vorschriften und über die Rückerstattung von Baukostenzuschüssen vom 21.7.1961 (BGBl. I S. 1041) in der Fassung vom 24. 8. 1965 (BGBl. I S. 969). Danach besteht grundsätzlich ein gesetzlicher Anspruch auf **Rückzahlung** bei Beendigung des Mietverhältnisses. Beruht die Beendigung des Mietverhältnisses auf einem vom Vermieter **zu vertretenden** Umstand, haftet der Vermieter nach den Vorschriften über den Rücktritt (§ 347 BGB), sodass der Baukostenzuschuss voll anzusetzen und vom Empfang an zu verzinsen ist.

Im Übrigen haftet der Vermieter nur nach Bereicherungsgrundsätzen, wobei es darauf ankommt, ob und inwieweit sich der empfangene Zuschuss noch in seinem Vermögen befindet.

> Zurückzuerstatten ist der Teil des Baukostenzuschusses, der nicht durch die Dauer des Mietverhältnisses als getilgt anzusehen ist.

Bei Vereinbarungen nach dem 21.7.1961 gilt ein Zuschuss in Höhe der Miete für ein Jahr durch eine Mietdauer von vier Jahren von der Leistung an als getilgt. Der Anspruch auf Rückerstattung steht dem **Mieter** bzw. dem **Dritten** zu, der den Baukostenzuschuss **geleistet** hat, und **verjährt** nach Ablauf eines Jahres ab Beendigung des Mietverhältnisses (Art. 6 des Gesetzes zur Änderung des II. Wohnungsbaugesetzes, anderer wohnungsbaurechtlicher Vorschriften und über die Rückerstattung von Baukostenzuschüssen vom 21.7.1961). Im Gegensatz zum verlorenen Baukostenzuschuss kann auch ein **abwohnba-**

rer Baukostenzuschuss in Form einer Mietvorauszahlung oder eines Mieterdarlehens vereinbart werden (vgl. „Mietvorauszahlung", „Mieterdarlehen"), wobei nicht die von den Parteien gewählte Bezeichnung, sondern ausschließlich deren Wille entscheidend und durch Auslegung zu ermitteln ist (BGHZ 6, 204).

Unzulässig ist die Leistung eines verlorenen Baukostenzuschusses für eine öffentlich geförderte Wohnung, für die öffentliche Mittel nach dem 31. 12. 1956 bewilligt wurden (§ 9 WoBindG, § 50 Abs. 1 II. WoBauG).

Dagegen ist die Leistung eines **abwohnbaren** Baukostenzuschusses in Ausnahmefällen nach § 9 WoBindG zulässig.

Bauliche Veränderungen durch den Mieter

1 Zustimmungspflichtigkeit

Bauliche Veränderungen der Mietsache (z. B. Einziehen oder Entfernen von Zwischenwänden, Erstellen von Mauerdurchbrüchen, Einbau einer Etagenheizung) darf der Mieter grundsätzlich nur mit Einwilligung des Vermieters durchführen. Ausgenommen sind Veränderungen geringfügiger Art im Rahmen des vertragsgemäßen Gebrauchs. Ein solcher liegt insbesondere vor, wenn die Veränderung rückgängig gemacht werden kann, kein Eingriff in die bauliche Substanz erfolgt, die Einheitlichkeit der Wohnanlage nicht beeinträchtigt wird, Mitbewohner nicht gestört werden und keine nachteiligen Folgewirkungen zu befürchten sind, z. B. das Anbringen von zusätzlichen Steckdosen, das Erstellen eines Telefonanschlusses, das Anbringen von Dübeln in angemessenem Umfang (vgl. LG Aurich, DWW 1989, 223; LG Göttingen, WuM 1990, 199); das Anbringen einer Holzverkleidung (strittig; vgl. LG Osnabrück, WuM 1986, 231); Aushängen der Zimmertüren, Entfernen von Türzargen und Einbauschränken (LG Berlin, WuM 1996, 138); **nicht**: das Anbringen von Styroporplatten (vgl. LG Bad Kreuznach, WuM 1990, 292), Montage einer Balkonverkleidung (LG Hamburg, HambGE 1990, 185), Austausch der Einbauküche (LG Berlin, NJW-RR 1997, 1097).

Davon zu unterscheiden sind **Einrichtungen** durch den Mieter. Diese sind mit der Mietsache lediglich in wieder trennbarer Weise und nur zu einem vorübergehenden Zweck verbunden und bedürfen keiner Einwilligung des Vermieters (vgl. „Einrichtungen"), z. B. Aufstellen einer transportablen Duschkabine (LG Berlin, WuM 1990, 421), einer Einbauküche (LG Konstanz, WuM 1989, 67), Installierung von Rollläden, Anbringen

Bauliche Veränderungen durch den Mieter

eines Fußbodenbelages; bei Verkleben nur, wenn keine Substanzbeeinträchtigung erfolgt (LG Essen, WuM 1987, 257), Erneuerung eines Wasserhahnes oder eines Wasch- bzw. WC-Beckens (LG Lüneburg, WuM 1995, 701).

> Der Mieter hat grundsätzlich keinen Anspruch gegen den Vermieter auf Erteilung der Einwilligung zu einer den vertragsgemäßen Gebrauch überschreitenden baulichen Veränderung.

Eine **Ausnahme** von diesem Grundsatz besteht nach dem neuen § 554 a BGB, der durch das Mietrechtsreformgesetz mit Wirkung ab 1. 9. 2001 in das BGB eingefügt worden ist. Danach kann ein **behinderter Mieter** die Zustimmung zu bestimmten Maßnahmen verlangen, die für eine **behindertengerechte Nutzung** der Wohnung erforderlich sind, z. B. Verbreiterung von Türen, behindertengerechte Nasszelle, Montage besonderer Griffe an der Badewanne (vgl. auch „Treppenlift-Entscheidung" des BVerfG v. 28.3.2000, Az. 1 BvR 1460/99, WuM 2000, 298). Gleiches gilt, wenn Personen, die der Mieter berechtigterweise in seine Wohnung aufgenommen hat (z. B. Lebensgefährte, Angehörige), behindert sind.

Eine Behinderung im Sinne dieser Vorschrift ist eine **erhebliche und dauerhafte Einschränkung der Bewegungsfähigkeit** unabhängig davon, ob sie bereits bei Mietbeginn vorhanden ist oder erst im Laufe des Mietverhältnisses, z. B. aufgrund eines Unfalls oder des Alterungsprozesses entsteht.

Der Vermieter kann seine Zustimmung **verweigern**, wenn sein Interesse an der unveränderten Erhaltung der Mietsache oder des Gebäudes das Interesse des Mieters an einer behindertengerechten Nutzung der Mietsache überwiegt. Dabei sind **auch** die berechtigten Interessen **anderer** Mieter in dem Gebäude angemessen zu berücksichtigen. In die Abwägung sind **alle relevanten Umstände** einzubeziehen, wie z. B. Art, Dauer, Schwere der Behinderung, Umfang und Erforderlichkeit der Maßnahme, Dauer der Bauzeit, Möglichkeit des Rückbaues, bauordnungsrechtliche Genehmigungsfähigkeit, Beeinträchtigungen der Mitmieter während der Bauzeit, Einschränkungen durch die Maßnahme selbst sowie mögliche Haftungsrisiken des Vermieters etwa aufgrund der ihm obliegenden Verkehrssicherungspflicht. Ferner kann in die Abwägung mit einbezogen werden, ob durch **Auflagen** an den Mieter, z. B. durch Abschluss einer Haftpflichtversicherung, mögliche Nachteile für den Vermieter gemildert werden können (vgl. LG Duisburg, Urt. v. 10.12.1996, Az. 23 S 452/96; Begründung der Beschlussempfehlung des Rechtsausschusses, BT-Drs. 14/5663).

> Bei **Auszug** ist der Mieter verpflichtet, den **ursprünglichen Zustand** wieder herzustellen und etwaige Schäden zu beseitigen. Der Vermieter kann seine Zustimmung daher von der Leistung einer zusätzlichen **Sicherheit** abhängig machen, die der Mieter **neben** der üblichen Mietkaution (3 Monatsnettomieten) **vollständig** vor Beginn der Maßnahme leisten muss. Die Höhe der Si-

cherheit orientiert sich an den voraussichtlichen **Kosten für den Rückbau**, die z. B. mit einem Kostenvoranschlag belegt werden können. Die Sicherheitsleistung muss der Vermieter **verzinslich** und **getrennt** von seinem Vermögen anlegen.

Vereinbarungen (z. B. im Mietvertrag), die zum **Nachteil** des Mieters von der Bestimmung des § 554 a BGB abweichen, sind unwirksam (§ 554 a Abs. 3 BGB).

2 Rechtsfolgen baulicher Änderungen

2.1 Ansprüche des Vermieters

Nimmt der Mieter **ohne Zustimmung** des Vermieters bauliche Veränderungen vor, verletzt er in der Regel schuldhaft seine Obhutspflicht und ist zur Leistung von Schadensersatz verpflichtet (OLG München, Urt. v. 28.6.1985, DWW 1986, 16). Der Vermieter kann entweder sofort die Herstellung des ursprünglichen Zustandes verlangen (BGH, NJW 74, 1463) oder sich ausdrücklich vorbehalten, dies spätestens bei Beendigung des Mietverhältnisses zu fordern.

Bei Beendigung des Mietverhältnisses hat der Mieter grundsätzlich sämtliche von ihm eingebrachten Einrichtungen und Einbauten zu entfernen. Hierzu gehört z. B. auch die Entfernung von Holzzwischendecken bzw. Übernahme der Kosten für den Abtransport durch den Vermieter (LG Berlin, Urt. v. 24.5.1994, ZMR 1994, XIII).

Auf eine Zumutbarkeit für den Mieter, insbesondere im Hinblick auf die Kosten für die Herstellung des ursprünglichen Zustandes, kommt es nicht an. Nach einem Urteil des BGH (NJW 66, 1409) hat der Mieter eines Wohnhauses, der auf dem Grundstück ohne Zustimmung des Vermieters eine **Garage** errichtet hat, diese auf Verlangen des Vermieters zu entfernen.

Stimmt der Vermieter der vom Mieter beabsichtigten baulichen Veränderung **zu**, ohne sich ausdrücklich vorzubehalten, bei Beendigung des Mietverhältnisses die Herstellung des ursprünglichen Zustandes zu verlangen, ist in Rechtsprechung und Literatur umstritten, ob die Zustimmung **auf die Mietdauer** begrenzt ist, mit der Folge, dass der Mieter bei Beendigung des Mietverhältnisses die Veränderungen rückgängig machen muss, oder ob diese vorbehaltlose Zustimmung diesen Anspruch des Vermieters völlig ausschließt und der Mieter daher zur Entfernung nicht verpflichtet ist.

Nach der herrschenden Meinung ist die Zustimmung grundsätzlich auf die Dauer der Mietzeit beschränkt.

Der Mieter ist daher bei Vertragsende zur **Herstellung des ursprünglichen Zustandes** (z. B. durch Beseitigung von Einrichtungen und baulichen Änderungen) auch dann verpflichtet, wenn die Veränderungen mit Zustimmung des Vermieters erfolgt sind (OLG Köln, DWW 1998, 377; BGH, NJW 1959, 2163; LG Berlin, MDR 1987, 234; LG Düsseldorf, NJW-RR 1987, 1043).

Bauliche Veränderungen durch den Mieter

Eine **Ausnahme** von diesem Grundsatz gilt dann, wenn die baulichen Veränderungen zur Mängelbeseitigung (vgl. § 536 a Abs. 2 BGB) notwendig waren oder vorgenommen wurden, um die Mieträume in einen vertragsgemäßen Zustand zu versetzen (LG Bochum, MDR 1967, 2015). Weiterhin ist der Mieter nicht zur Beseitigung der von ihm vorgenommenen baulichen Veränderungen auf seine Kosten verpflichtet, wenn der Vermieter den Baumaßnahmen **zugestimmt** hat **und** außerdem Grund zu der Annahme besteht, er habe auf die Entfernung nach Beendigung des Mietverhältnisses **verzichtet** (vgl. Emmerich-Sonnenschein, Mietrecht, 2. Aufl., § 556 a.F., Rn. 16).

Dies wird angenommen, wenn es sich um Maßnahmen handelt, die **auf Dauer** angelegt sind und nur mit erheblichem Kostenaufwand wieder beseitigt werden können oder das Mietobjekt in einen erheblich schlechteren Zustand zurückversetzen würden (vgl. OLG Frankfurt, WuM 1992, 56; OLG Düsseldorf, ZMR 1990, 218); ferner bei Maßnahmen, die **objektiv** eine Wertverbesserung bewirken (z. B. vollständiges Fliesen eines Bades, Ersatz von Öleinzelöfen durch eine Nachtspeicherheizung). In diesen Fällen kann der Mieter einem Verlangen des Vermieters auf Herstellung des ursprünglichen Zustandes entgegenhalten, dass die vorbehaltlose Zustimmung einen **schlüssigen Verzicht** beinhaltet hat (vgl. auch LG Mannheim, MDR 1969, 763; LG Hamburg, WuM 1988, 305).

Dagegen kann dies nicht angenommen werden, wenn die Maßnahme auf die subjektiven Wünsche und Vorstellungen des Mieters zugeschnitten oder stark geschmacksgeprägt ist und sich für die Wohnung nicht objektiv werterhöhend auswirkt (z. B. Wanddurchbruch zwischen zwei ausreichend großen Zimmern). Weiterhin kann ein schlüssiger Verzicht nicht aus der bloßen Tatsache hergeleitet werden, dass der Vermieter den ihm bekannten Veränderungen des Mietobjektes durch den Mieter nicht widersprochen hat (OLG Düsseldorf, Urt. v. 8.2.1990, DWW 1990, 119).

Soweit ein Mieter zur Herstellung des ursprünglichen Zustandes verpflichtet ist, geht diese Verpflichtung auch ohne ausdrückliche Regelung auf einen **Mietnachfolger** über, der im Einverständnis mit dem Vermieter Einbauten seines Rechtsvorgängers übernimmt (OLG Köln, DWW 1998, 377; OLG Hamburg, DWW 1990, 202).

Der Mieter, der bauliche Änderungen übernimmt, ist dem Mieter gleichzustellen, der entsprechende Maßnahmen selbst ausführt. Zwar wird der Vormieter durch Abschluss des Mietvertrages mit dem Nachfolger konkludent aus der Verpflichtung entlassen, den ursprünglichen Zustand wieder herzustellen, jedoch kann der Mieter daraus nicht schließen, dass der Vermieter auch von ihm die Wiederherstellung des ursprünglichen Zustandes nicht verlangen werde. Ein derartiger Verzicht bedarf einer ausdrücklichen Regelung (OLG Hamburg, a.a.O.).

Soweit der Mieter verpflichtet ist, Einrichtungen (z. B. Teppichböden) seines Mietvorgängers zu entfernen und den ursprünglichen Zustand wieder herzustellen, muss er auch etwaige damit zusammenhängende Schäden beheben z. B. Schäden am Unterboden, die durch Verkleben der Teppichböden entstanden sind (LG Mainz, WuM 1996, 759). Schadensersatz in Geld, d.h. die Kosten für die Herstellung des ursprünglichen Zustandes, kann der Vermieter jedoch erst verlangen, nachdem er den Mieter ergebnislos mit Fristsetzung und Ablehnungsandrohung zur Herstellung des ursprünglichen Zustandes aufgefordert hat (KG Berlin, NZM 1999, 612).

Ob der Mieter oder Pächter eines auf dem Gebiet der **ehemaligen DDR** gelegenen Hausgrundstücks bauliche Veränderungen, die er vor dem Beitritt vorgenommen hat, bei einer Beendigung des Miet- oder Pachtverhältnisses nach dem Beitritt beseitigen muss, richtet sich nach den Regelungen des DDR-ZGB und des DDR-EGZGB. Danach kommt ein Anspruch des Vermieters auf Beseitigung baulicher Veränderungen nur in Betracht, wenn diese ohne seine Zustimmung vorgenommen worden sind (§ 112 Abs. 2 DDR-ZGB). Auch wenn die **Zustimmung des Vermieters** nicht erteilt worden ist, entfällt die Pflicht des Mieters zur Wiederherstellung des ursprünglichen Zustands, wenn die baulichen Veränderungen zu einer Verbesserung geführt haben, „die im gesellschaftlichen Interesse liegt". In diesem Fall war der Vermieter verpflichtet, die Zustimmung zu erteilen, wobei seine Zustimmung auf Antrag des Mieters durch eine Entscheidung des Gerichts hätte ersetzt werden können (§ 111 DDR-ZGB). Dies gilt auch dann, wenn die Baumaßnahmen vor In-Kraft-Treten des ZGB im Jahr 1976 durchgeführt worden sind (BGH, Urt. v. 17.3.1999, NZM 1999, 478).

2.2 Ansprüche des Mieters

Entfällt ausnahmsweise die Pflicht des Mieters zur Herstellung des ursprünglichen Zustandes, kann er grundsätzlich keinen Ersatz für seine Aufwendungen nach § 539 Abs. 1 BGB verlangen; es sei denn, dass ausnahmsweise aus der Einwilligung oder aus dem ausdrücklichen oder schlüssigen Verzicht des Vermieters auf die Herstellung des ursprünglichen Zustandes gefolgert werden kann, dass die baulichen Veränderungen seinem Interesse oder seinem mutmaßlichen Willen entsprochen haben.

Der Mieter hat auch keinen bereicherungsrechtlichen Anspruch nach §§ 812 ff. BGB, wenn die Baumaßnahmen nicht Teil der Gegenleistung für die Raumüberlassung und damit abwohnbar waren, sondern nach Vertragsschluss ihm lediglich gestattet worden sind (KG Berlin, Urt. v. 13.1.1986, Az. 8 U 328/85; Bln GE 86, 497; s. auch „Abstandszahlungen").

Auch Aufwendungen, die der Mieter zur Herstellung eines vertragsgemäßen Zustandes der Mietsache tätigt, kann der Mieter nur nach § 536 a Abs. 2 BGB bei Verzug des Vermieters mit der Reparatur verlangen, da es sich insofern nicht um notwendige Aufwendungen i.S.d. § 536 a Abs. 2 Nr. 2 BGB handelt

(BGH, Urt. v. 30.3.1983, WuM 1983, 766).

Ersetzt ein Mieter die aus transportablen Ölöfen bestehende Wohnungsheizung durch eine Etagenheizung, besteht ebenfalls kein Ersatzanspruch des Mieters wegen notwendiger Aufwendungen. Gleiches gilt für Ansprüche aus Geschäftsführung ohne Auftrag, wenn die Absicht des Ersatzverlangens fehlte. Ein Bereicherungsanspruch kann ausscheiden, wenn der Vermieter an der Heizungsanlage kein Interesse hat (LG Mannheim, NJWE 1996, 266).

Dagegen können **notwendige und vom Vermieter zu ersetzende Aufwendungen** des Mieters vorliegen, wenn Gegenstand des Mietvertrages die Überlassung eines Wohnhauses in stark renovierungsbedürftigem Zustand ist, das sich der Mieter nach seinen Bedürfnissen herrichten soll und die Maßnahmen des Mieters **zur Erhaltung oder Wiederherstellung der Mietsache erforderlich** sind, sodass diese auch der Eigentümer selbst hätte tätigen müssen, um das Anwesen zu erhalten (BGH, Urt. v. 20.1.1993, WuM 1994, 201: Erneuerung des Dachstuhls einschließlich Dacheindeckung, Erneuerung der Elektro- und Sanitärinstallation, Beseitigung von Feuchtigkeitsschäden im Wand- und Fußbodenbereich).

Darüber hinausgehende, lediglich **nützliche** Aufwendungen (z. B. Modernisierungsmaßnahmen) kann der Mieter nach den Grundsätzen der Geschäftsführung ohne Auftrag verlangen, wenn die Maßnahmen dem wirklichen oder wenigstens dem mutmaßlichen Willen des Vermieters entsprachen (§ 539 Abs. 1 i.V.m. § 683 BGB). An das Vorliegen dieser Voraussetzungen sind strenge Anforderungen zu stellen. Die bloße **Duldung** von Maßnahmen durch den Vermieter genügt **nicht**. Insbesondere kann der Vermieter nicht unter dem Gesichtspunkt der Geschäftsführung ohne Auftrag zur Kostenbeteiligung herangezogen werden, wenn es an einem **Einverständnis** über den Umfang und die Finanzierung der Kosten der beabsichtigten Maßnahmen fehlt (BGH, Urt. v. 16.9.1998, NZM 1999, 19). Gegen einen mutmaßlichen Willen des Vermieters kann z. B. sprechen, wenn der Umfang der Arbeiten vom Mieter selbst bestimmt wurde und die erforderlichen Kosten nicht absehbar waren (BGH v. 20.1.1993, a.a.O.).

Liegen die Voraussetzungen der Geschäftsführung ohne Auftrag nicht vor, kommt nur ein Anspruch des Mieters aus ungerechtfertigter Bereicherung (§§ 812 ff. BGB) in Betracht, der jedoch voraussetzt, dass durch die Verwendungen ein Wertzuwachs, insbesondere eine Erhöhung des Verkehrswertes des Gebäudes eingetreten ist (BGH, a.a.O.). Dies bedeutet, dass sich die Höhe des Anspruchs des Mieters nicht an seinem finanziellen Aufwand, sondern nur an einer **evtl. Werterhöhung** des Anwesens bemisst. Gegen diesen Anspruch kann der Vermieter einwenden, es handele sich um eine sog. **aufgedrängte** Bereicherung, die allerdings nur dann zu einem vollständigen Ausschluss von Ansprüchen des Mieters führt, wenn der Mieter unbefugt gehandelt hat (vgl.

Palandt, § 951, Rn. 18, 21). Dies ist jedoch nicht gegeben, wenn der Vermieter den Änderungen trotz Kenntnis nicht widersprochen hat (vgl. LG Augsburg, WuM 1999, 38).

Ein **weiterer** Bereicherungsanspruch des Mieters kann entstehen, wenn das Vertragsverhältnis **vorzeitig** endet. In diesem Fall bemisst sich die Bereicherung nicht nach den Kosten der getätigten Verwendung oder der dadurch geschaffenen objektiven Wertsteigerung des Bauwerks, sondern nach den Vorteilen, die der Vermieter aus dem erhöhten objektiven Ertragswert der Mietsache tatsächlich erzielen kann oder hätte erzielen können. Anhaltspunkt dafür ist in erster Linie die Zahlung einer höheren Miete durch einen Nachmieter (BGH v. 16.9.1998, a.a.O.).

Verpflichtet sich ein Mieter von Geschäftsräumen vertraglich zur Durchführung bestimmter Maßnahmen, hat er nach Beendigung des Mietverhältnisses hinsichtlich der geschaffenen Einrichtungen weder ein Wegnahmerecht aus § 539 Abs. 2 BGB noch einen Anspruch auf Ersatz von Aufwendungen nach § 539 Abs. 1 BGB unabhängig davon, ob es sich um notwendige oder nützliche Aufwendungen handelt (BGH, Urt. v. 8.11.1995, NJWE 1996, 33, m.w.N.).

Wird ein Pachtvertrag aus Gründen, die in der Sphäre des Pächters liegen, vorzeitig beendet, hat der Pächter – mangels konkreter Vereinbarungen – keinen Anspruch auf Ersatz für Renovierungs- und Modernisierungsmaßnahmen, wenn diese Maßnahmen nach Zeitpunkt und Umfang in das Belieben des Pächters gestellt waren, damit er den Betrieb nach seinen Vorstellungen und somit im eigenen Interesse möglichst gewinnbringend führen kann (OLG München, NJWE 1996, 10).

Sofern in einem auf längere Zeit fest abgeschlossenen Mietvertrag vorgesehen ist, dass der Mieter **entschädigungslos Investitionen** zu erbringen hat, kann bei **vorzeitiger** Beendigung des Vertragsverhältnisses ein Bereicherungsanspruch des Mieters nur darauf beruhen, dass der Vermieter vorzeitig in den Genuss des erhöhten Ertragswertes des Mietobjekts kommt. Die Höhe dieses Anspruchs bemisst sich daher weder nach den vom Mieter aufgewendeten Kosten noch nach einer Wertsteigerung des Mietobjekts, sondern nach § 818 Abs. 2 BGB ausschließlich danach, inwieweit der Vermieter durch die Investitionen in die Lage versetzt wurde, eine höhere Miete zu erzielen oder die Leistungen des Mieters in sonstiger Weise gewinnbringend zu nutzen, z. B. durch Erlangung eines Baukostenzuschusses von dem Nachmieter (BGH, Urt. v. 25.10.2000, Az. XII ZR 136/98, NZM 2001, 425).

Unbeschadet dessen ist bei Mietverhältnissen über Geschäftsraum grundsätzlich auch die Vereinbarung eines **verlorenen Zuschusses** wirksam und zulässig (OLG München, NJWE 1996, 9 zu einem Zuschuss i.H.v. DM 200.000).

Zur Verpflichtung des Wohnungsmieters, bei Beendigung des Mietverhältnisses bauliche Veränderungen, die er als Bürger der ehemaligen DDR vorgenommen hat, rückgängig zu machen, sowie zum Verwendungsersatzanspruch dieses Mieters vgl. LG Potsdam, WuM 1997, 621.

3 Vereinbarungen über bauliche Änderungen

Ist der Vermieter mit den beabsichtigten Maßnahmen des Mieters einverstanden, ist dringend anzuraten, eine aus Beweisgründen möglichst schriftlich abzufassende und von den Parteien zu unterzeichnende **Vereinbarung** zu schließen.

> Sie sollte als **Mindestinhalt** Folgendes enthalten:
>
> - die Bezeichnung und genaue Beschreibung der beabsichtigten Maßnahmen,
> - eine Regelung über die Kostentragung sowie über das Risiko
> - und die Gefahren der Ausführung, die Verpflichtung zur Einholung anderweitiger Genehmigungen sowie für den Fall der Beendigung des Mietverhältnisses.
>
> Hier ist insbesondere zu regeln, ob der Mieter zur Herstellung des ursprünglichen Zustandes oder der Vermieter zur Zahlung einer Ablösesumme in Höhe des Zeitwertes verpflichtet sein soll, wobei auch dessen Ermittlung (durch Sachverständigengutachten oder Festlegung bestimmter Abschreibungssätze, z. B. 10 % pro Jahr) festgelegt werden sollte.

Die vom Bundesjustizministerium herausgegebene Mustervereinbarung über Mietermodernisierung kann insofern als Orientierungshilfe dienen, sollte aber entsprechend den Umständen des konkreten Falles ergänzt bzw. abgeändert werden. Dabei sind im Einzelfall, z. B. bei beabsichtigten Eigenleistungen des Mieters, auch Vereinbarungen über die Haftung des Mieters für Schäden und Schadensfolgen sowie über den Abschluss entsprechender Versicherungen durchaus ratsam.

Zur Vermeidung von Schäden ist der Mieter insbesondere verpflichtet, sich die entsprechenden technischen Kenntnisse anzueignen; andernfalls läuft der Mieter Gefahr, Schadensersatz leisten zu müssen bzw. von einer Versicherung (z. B. der Feuerversicherung) in Regress genommen zu werden (OLG Hamm, Urt. v. 10.3.1992, Az. 7 U 148/91).

Ist der Mieter vertraglich zur Herstellung des ursprünglichen Zustands verpflichtet, kann es sich um eine **Hauptleistungspflicht** handeln, wenn dafür erhebliche Kosten aufgewendet werden müssen (vgl. BGH, NJW 1988, 1778, bei Kosten in Höhe von DM 8000; vgl. auch BGH, WuM 1997, 217; OLG Hamburg, WuM 1992, 70). Dies bedeutet, dass der Vermieter **Schadensersatz** wegen Verletzung dieser Pflicht nur unter den Voraussetzungen des § 326 BGB fordern kann. Der Vermieter muss dem Mieter zur Bewirkung der Leistung eine angemessene Frist mit der Erklärung bestimmen, dass er die Annahme der Leistung nach Fristablauf danach ablehnen werde. Dabei muss der Vermieter die geforderten Arbeiten bereits bei Fristsetzung im Einzelnen **genau bezeichnen** (zu § 326 BGB vgl. „Schönheitsreparaturen").

Kommt der Mieter bei Vertragsende mit der Wiederherstellung des ursprünglichen Zustands in **Verzug** und können die Räume deshalb nicht anderweitig vermietet werden, hat der Mieter für den entstehenden Mietausfall **Schadensersatz** zu leisten (OLG Frankfurt/M., Urt. v. 11.5.1992, DWW 1992, 336). Wirksam ist eine vertragliche Regelung, wonach die Um- bzw. Einbauten entschädigungslos zurückzulassen sind, da nur bezüglich **Einrichtungen** des Mieters (vgl. § 552 Abs. 2 BGB) ein Ausgleich vorgeschrieben ist.

Bauliche Veränderungen durch den Vermieter → „Modernisierung", „Instandhaltung und Instandsetzung der Mieträume"

Beendigung des Mietverhältnisses

Die bedeutsamsten Fälle der Beendigung eines Mietverhältnisses sind **Zeitablauf** (§ 575 Abs. 1 BGB, vgl. „Zeitmietvertrag"), **Kündigung** (§§ 573 ff. BGB, vgl. „Kündigung") und **Mietaufhebungsvertrag** (§ 305 BGB, vgl. „Mietaufhebungsvertrag").

Weiterhin kann ein Mietverhältnis beendet werden durch Eintritt einer auflösenden Bedingung (§ 158 Abs. 2 BGB; nicht aber bei Wohnraum, vgl. § 572 Abs. 2 BGB), Rücktritt (§ 346 BGB; nicht aber bei Wohnraum, vgl. § 572 Abs. 1 BGB), nicht zu vertretende Unmöglichkeit der Gebrauchsgewährung (§§ 275 Abs. 1, 323 Abs. 1 BGB), Anfechtung (§ 142 BGB; vgl. „Anfechtung") und durch Verwaltungsakt (§§ 182, 61, 86 BauGB).

Zur Abwicklung des Mietverhältnisses vgl. „Rückgabe der Mietsache".

Befristeter Mietvertrag → „Zeitmietvertrag"

Belästigungen → „Störungen des Hausfriedens"

Belegungsbindung → „Sozialwohnung"

Berechtigtes Interesse → „Kündigungsschutz", Abschnitt 2

Berufsausübung → „Gewerbliche Nutzung von Wohnräumen"

Beschädigung → „Verschlechterung der Mietsache"

Besuchsempfang

Der Mieter ist berechtigt, Besuche zu jeder Zeit und in beliebiger Anzahl zu empfangen, soweit damit keine Störung des Hausfriedens oder die vertragswidrige Benutzung der Wohnung (z. B. Prostitution in der Wohnung) verbunden ist.

Die Frage, **bis zu welcher Dauer** noch von einem Besuch gesprochen werden kann und ab wann eine Gebrauchsüberlassung vorliegt, ist ausschließlich anhand der konkreten Umstände des **Einzelfalles** zu beantworten (vgl. dazu AG Frankfurt/Main, Urt. v. 12.1.1995, WuM 1995, 396, wonach jedenfalls ein Zeitraum von 3 Monaten die normale Besuchsdauer überschreitet; s. auch unter „Kündigungsschutz", Abschnitt 2.1). Behauptet der Mieter, bei der aufgenommenen Person handele es sich um einen Besucher, obliegt der in der Praxis schwer zu führende Beweis des Gegenteils dem Vermieter.

Ein genereller vertraglicher **Ausschluss** des Rechtes des Mieters, Besuch zu empfangen, ist sowohl fomularvertraglich nach § 9 AGB-Gesetz, als auch einzelvertraglich nach § 138 Abs. 1 BGB unwirksam, da die Wohnung grundgesetzlich geschützt ist (vgl. Art. 13 GG).

Das Betreten des Hauses kann der Vermieter bestimmten Besuchern nur untersagen, wenn schwerwiegende Gründe vorliegen, z. B. wenn diese laufend Streitigkeiten oder Ruhestörungen verursachen. Dementsprechend ist auch das mietvertragliche Verbot, bestimmte Personen aus der Verwandtschaft des Mieters als Besucher in der Mietwohnung zu empfangen, nur wirksam, wenn solche schwerwiegenden Gründe im Einzelfall vorliegen (LG Hagen, WuM 1992, 430).

Betreten und Besichtigen der Mieteräume

Der Vermieter kann vom Mieter nach § 809 BGB verlangen, dass dieser ihm das Betreten und Besichtigen der Mieträume gestattet, wenn der Vermieter einen Anspruch in Ansehung der Mietsache hat oder sich Gewissheit verschaffen will, ob ihm ein solcher Anspruch zusteht und die Besichtigung der Räume aus diesem Grunde von Interesse ist (z. B. Prüfung von Schadensersatzansprüchen bei Beschädigung der Mietsache durch den Mieter).

Im Übrigen bestehen **keine konkreten gesetzlichen Regelungen** über ein Betretungs- und Besichtigungsrecht des Vermieters. Soweit auch keine **vertraglichen** Vereinbarungen getroffen wurden, gesteht die Rechtsprechung dem Vermieter ein Besichtigungs- und Betretungsrecht unter Hinweis auf das dem Mieter in den gemieteten Räumen zustehende Hausrecht **nur in engen Grenzen** zu. Danach darf der Vermieter die Räume betreten, wenn dies notwendig ist, damit er seiner Verpflichtung zur Erhaltung eines vertragsgemäßen Gebrauches (§ 535 BGB) nachkommen kann (z. B. Prüfung, Reparatur, Wartung der Mietsache) oder wenn das Betreten der Wohnung für die Wahrung seiner Rechte erforderlich ist (z. B. Aufmaß zum Zwecke einer Mieterhöhung, Besichtigung durch Kauf- oder Mietinteressenten nach Kündigung, Ablesen von Messeinrichtungen).

Der Mieter ist auch verpflichtet, das Betreten der Wohnung durch den Vermieter und einen Mitarbeiter der zuständigen Stelle zu dulden, um eine Bauprüfung zur Erteilung der Abgeschlossenheit durchzuführen (LG Hamburg, WuM 1994, 425).

> Zur Prüfung der Erforderlichkeit oder der Durchführung einer anstehenden **Instandhaltungsmaßnahme** darf der Vermieter die Wohnung auch **mit Fachleuten** betreten, soweit und sooft dies erforderlich ist. Entsprechendes gilt im Falle des **Verkaufes** bzw. der **Weitervermietung** nach Kündigung.

Soll die Wohnung verkauft und vor dem Verkauf renoviert werden, ist der Mieter berechtigt, sich von den Personen, die deswegen die Wohnung betreten wollen, den Ausweis vorzeigen zu lassen und deren Namen zu notieren (AG München, WuM 1994, 425).

Nach Auffassung des AG Frankfurt/M. (WuM 1998, 343) ist der Vermieter ohne Erlaubnis des Mieters nicht berechtigt, in der Wohnung zu fotografieren, um deren Zustand festzuhalten (so auch AG Düsseldorf, NZM 1998, 912, wonach die Fotos einem Beweisverwertungsverbot unterliegen).

Ohne Vorliegen eines konkreten Anlasses gesteht die Rechtsprechung (vgl. BGH, Versicherungsrecht 1966, 82) dem Vermieter ein Betretungs- und Besichtigungsrecht nur in Abständen von **etwa zwei Jahren** zu.

Abweichend von diesen allgemeinen Grundsätzen kann ein Besichtigungs- und Betretungsrecht des Vermieters vertraglich, insbesondere hinsichtlich der Voraussetzungen und der Betretungszeiten, geregelt werden.

Formularvertragliche Regelungen können jedoch von den dargelegten Grundsätzen nur unwesentlich zulasten des Mieters abweichen, da sie ansonsten eine „unangemessene Benachteiligung" des Mieters im Sinne von § 9 AGB-Gesetz darstellen können und danach unwirksam sind (vgl. „Allgemeine Geschäftsbedingungen"). Unwirksam wäre z. B. die formularmäßige Vereinbarung eines laufenden Besichtigungsrechtes ohne konkreten Anlass in kurzen Zeitabständen oder zu unüblichen Zeiten sowie an Sonn- und Feiertagen und zwischen 18.00 Uhr und 10.00 Uhr. Die Vereinbarung eines jederzeitigen Betretungsrechtes des Vermieters wäre auch individualvertraglich wegen Verstoßes gegen Art. 13 Abs. 1 GG (Unverletzlichkeit der Wohnung) unwirksam (vgl. BVerfG, Beschl. v. 26.5.1993, WuM 1993, 377). Soweit wirksame vertragliche Vereinbarungen bestehen, richtet sich das Besichtigungs- und Betretungsrecht des Vermieters ausschließlich nach deren Inhalt.

Betreten und Besichtigen der Mieträume

Soweit nach diesen Ausführungen ein Besichtigungs- und Betretungsrecht des Vermieters besteht, bedarf es zur Durchführung trotzdem grundsätzlich der **Terminabsprache** mit dem Mieter, wobei auf wichtige Belange des Mieters Rücksicht zu nehmen ist (LG Göttingen, WuM 1982, 279). Jedoch ist der Mieter nicht berechtigt, den Zutritt des Vermieters zusammen mit anderen Personen (z. B. Kaufinteressenten, Handwerkern) davon abhängig zu machen, dass ihm Name und Anschrift dieser Personen mitgeteilt werden (LG Stuttgart, Urt. v. 24.4.1991, WuM 1991, 578; LG Trier, WuM 1993, 185).

Es ist daher ratsam, dem Mieter angemessene Zeit vor der beabsichtigten Besichtigung (mind. 24 Stunden; vgl. AG Köln, WuM 1986, 86; AG Aachen, WuM 1986, 87) einen Termin mitzuteilen, verbunden mit der Aufforderung, von sich aus einen anderen Termin zu benennen, wenn der vorgeschlagene Termin aus wichtigen Gründen nicht wahrgenommen werden kann.

Bietet der Mieter einen **Samstag** als Besichtigungstermin an, kann der Vermieter diesen nicht allein deshalb ablehnen, weil er den Hausverwalter zu diesem Termin hinzuziehen möchte, da auch der Samstag weiterhin zu den Werktagen zählt (AG Köln, Urt. v. 27.9.2000, NZM 2001, 41).

Nur im **Ausnahmefall** bedarf es keiner Terminabsprache, wenn zur Abwehr einer konkreten Gefahr die Mieträume zur Feststellung oder Durchführung unaufschiebbarer Maßnahmen betreten werden müssen (z. B. bei einem Wasserrohrbruch).

Der Vermieter hat auch im Falle eines Betretungsrechtes keinen Rechtsanspruch auf Aushändigung der **Wohnungsschlüssel** durch den Mieter, jedoch ist der Mieter bei persönlicher Verhinderung verpflichtet, trotzdem den Zugang zur Wohnung zu gewährleisten, indem er z. B. den Schlüssel einer Person seines Vertrauens aushändigt, die dem Vermieter zum vereinbarten Termin Zutritt zur Wohnung ermöglicht.

Verweigert der Mieter grundlos das Betreten der Wohnung, darf der Vermieter die Wohnung weder mit einem Nachschlüssel noch mit Gewalt öffnen, da er sich damit dem Vorwurf der verbotenen Eigenmacht (§ 858 BGB) und des Hausfriedensbruches (§ 123 StGB) aussetzen könnte. Vielmehr ist der Vermieter darauf angewiesen, **Klage auf Zutritt** vor dem zuständigen Amtsgericht zu erheben, wobei in eilbedürftigen Fällen das Betretungsrecht auf dem Wege einer **einstweiligen Verfügung** durchgesetzt werden kann. Ferner berechtigt die Verweigerung des Zutritts den Vermieter grundsätzlich **nicht** zur Kündigung des Mietverhältnisses (LG Berlin, Urt. v. 31.3.2000, Az. 64 S 534/99, NZM 2001, 40).

Die unberechtigte Verweigerung des Zutritts durch den Mieter verpflichtet diesen zum **Ersatz des** dadurch entstandenen **Schadens** (z. B. der Mehrkosten für die nochmalige An- und Abfahrt des Handwerkers; AG München, WuM 1994, 425). Der unberechtigten Verweigerung des Zutritts kommt es gleich, wenn der Mieter den Zutritt von unzumutbaren Bedingungen abhängig macht, z. B. verlangt, dass die Schuhe vor dem Betreten der Wohnung ausgezogen werden müssen (AG München, a.a.O.).

Ferner ist der Mieter zum Ersatz des **Mietausfalls** verpflichtet, wenn er nach Kündigung der Wohnung die Besichtigung durch Mietinteressenten verhindert z. B. auch dadurch, dass er vor Ende des Mietverhältnisses auszieht und für den Vermieter nicht mehr erreichbar ist (AG Wedding, GE 1997, 749).

Der Mieter ist auch nicht berechtigt, Kaufinteressenten der Wohnung ungefragt seine Vermutungen zum Zustand des Gebäudes und der Mietsache mitzuteilen und das Kaufobjekt in unsachlicher Weise schlecht zu machen. Dies stellt eine eklatante Vertragsverletzung dar und kann den Vermieter insbesondere beim Hinzutreten weiterer Umstände zur fristlosen Kündigung nach § 543 BGB berechtigen (LG Hannover, Urt. v. 2.6.1995, WuM 1995, 538).

Betrieblicher Wohnraumbedarf → „Kündigungsschutz", Abschnitt 2.5.1

Betreutes Wohnen → „Heimverträge"

Betriebskosten

Inhaltsübersicht Seite

1	Allgemeines..	B 15
2	Die Betriebskostenarten nach der Anlage 3 zu § 27 II. BV......	B 19
2.1	Die laufenden öffentlichen Lasten des Grundstücks (Nr. 1).........	B 19
2.2	Die Kosten der Wasserversorgung (Nr. 2)..................................	B 20
2.3	Die Kosten der Entwässerung (Nr. 3)...	B 21
2.4	Die Kosten der Heizung (Nr. 4)..	B 21
2.5	Die Kosten der Warmwasserversorgung (Nr. 5).........................	B 27
2.6	Die Kosten verbundener Heizungs- und Warmwasserversorgungsanlagen (Nr. 6)..	B 28
2.7	Die Kosten des maschinellen Personen- und Lastenaufzuges (Nr. 7)...	B 28
2.8	Die Kosten der Straßenreinigung und Müllabfuhr (Nr. 8)...........	B 29
2.9	Die Kosten der Hausreinigung und Ungezieferbekämpfung (Nr. 9)...	B 30
2.10	Die Kosten der Gartenpflege (Nr. 10)...	B 31
2.11	Die Kosten der Beleuchtung (Nr. 11)..	B 33
2.12	Die Kosten der Schornsteinreinigung (Nr. 12)............................	B 33
2.13	Die Kosten der Sach- und Haftpflichtversicherung (Nr. 13).......	B 34
2.14	Die Kosten für den Hauswart (Nr. 14)..	B 35
2.15	Die Kosten des Betriebs der Gemeinschaftsantennenanlage (Nr. 15a) und der mit einem Breitbandkabelnetz verbundenen privaten Verteileranlage (Nr. 15b)...	B 36
2.16	Die Kosten der maschinellen Wascheinrichtung (Nr. 16)...........	B 37
2.17	Sonstige Betriebskosten (Nr. 17)..	B 37
3	Sonderregelungen für das Gebiet der ehemaligen DDR..........	B 38

1 Allgemeines

Betriebskosten sind die Kosten, die **dem Eigentümer** (Erbbauberechtigten) durch das Eigentum am Grundstück (Erbbaurecht) oder durch den bestimmungsgemäßen Gebrauch des Gebäudes/der Wirtschaftseinheit, der Nebengebäude, Anlagen, Einrichtungen und des Grundstückes **laufend** entstehen (§ 27 Abs. 1 II. BV).

Nicht darunter fallen die Kosten, die **dem Mieter** durch die Benutzung der Wohnung laufend entstehen (z. B. die Kosten des Energieverbrauches innerhalb der Wohnung, wenn der Mieter selbst Vertragspartner des Energielieferanten ist).

Weiterhin sind vom Begriff der Betriebskosten diejenigen Kosten nicht umfasst, die vom Mieter üblicherweise außerhalb der Miete unmittelbar getragen werden. So besteht z. B. in verschiedenen Gebieten die gewohnheitsmäßige Übung, dass verschiedene Kosten, die grundsätzlich den Eigentümer treffen (z. B. Müllabfuhr, Entwässerung, Straßenreinigung), unmittelbar vom Mieter gezahlt werden. In diesen Fällen sind diese Kosten nicht als Betriebskosten anzusetzen.

Der Begriff der Betriebskosten setzt weiterhin voraus, dass die Kosten dem Eigentümer **laufend** entstehen, jedoch brauchen die Kosten weder in derselben Höhe, noch in denselben Zeitabständen, z. B. jährlich, anzufallen. Auch Kosten, die **turnusmäßig**, z. B. alle drei bis fünf Jahre (z. B. Reinigung des Öltanks, Überprüfung des Fahrstuhls durch den TÜV) entstehen, zählen zu den Betriebskosten. Dagegen fallen **einmalig** oder in nicht vorhersehbaren Zeitabständen entstehende Kosten nicht unter den Begriff der Betriebskosten (z. B. zählen die Kosten für eine einmalige Sperrmüllabfuhr nicht zu den Kosten der Müllabfuhr).

Die Bestimmungen der II. BV sind sowohl zur Ermittlung des **Umfanges** der Betriebskosten als auch zur Ermittlung des **Inhaltes** der einzelnen Betriebskostenarten heranzuziehen. So ergibt sich z. B. aus Nummer 2 der Anlage 3, dass die Kosten der **Wasserversorgung** unter den Begriff der Betriebskosten fallen und weiterhin, dass zu dem Inhalt dieser Betriebskostenart gehören: Die Kosten des Wasserverbrauches, die Grundgebühren und die Zählermiete, die Kosten der Verwendung von Zwischenzählern, die Kosten des Betriebes einer hauseigenen Wasserversorgungsanlage und einer Wiederaufbereitungsanlage einschließlich der Aufbereitungsstoffe.

> Der Mieter ist zur Zahlung von Betriebskosten bzw. zur Leistung einer Vorauszahlung auf die Betriebskosten nur verpflichtet, wenn und soweit dies **vertraglich ausdrücklich** vereinbart wurde (vgl. § 556 Abs. 1 BGB).

Ebenso sind Betriebskosten, die im Laufe eines Mietverhältnisses **neu entstanden** sind (z. B. Kosten einer Versicherung aufgrund eines erst nach Beginn des Mietverhältnisses abgeschlossenen Versicherungsvertrages), nur dann umlagefähig, wenn im Mietvertrag die Umlage dieser Betriebskostenart zumindest dem Grunde nach vereinbart ist (LG Frankfurt/M., WuM 1999, 46).

Fehlt eine entsprechende vertragliche Vereinbarung, sind die Betriebskosten in der Miete enthalten und können nicht zusätzlich verlangt werden. Ein Rechtsanspruch auf nachträgliche Änderung des Mietvertrages bzw. Abschluss entsprechender Vereinbarungen besteht grundsätzlich nicht. Nur im Ausnahmefall kann sich ein Umlagerecht im Wege der ergänzenden Vertragsauslegung ergeben, wenn z. B. dem Vermieter nach Vertragsabschluss Betriebskosten aufgrund von baulichen Änderungen durch den Mieter entstehen (vgl. OLG Köln, Urt. v. 13.7.1994, ZMR 1995, 69).

Hat sich der Mieter zur Zahlung von Betriebskosten verpflichtet, kann er sich nicht darauf berufen, er habe von den konkreten Kostenpositionen keinen Vorteil (LG Düsseldorf, Az. 21 S 191/98, DWW 1999, 354).

Rückwirkende Erhöhungen der Betriebskosten (z. B. der Grundsteuer) kann der Vermieter von **Geschäfts**räumen auf den Mieter umlegen, wenn der Mietvertrag eine sog. Mehrbelastungsklausel enthält, z. B. „Tritt durch Erhöhung oder Neueinführung von Betriebskosten eine Mehrbelastung des Vermieters ein, ist der Mieter verpflichtet, den entsprechenden Mehrbetrag vom Zeitpunkt der Entstehung an zu zahlen". Ein ausdrücklicher Nachforderungsvorbehalt bei den jeweiligen Betriebskostenabrechnungen ist nicht erforderlich (OLG Frankfurt, Urt. v. 10.2.1999, Az. 17 U 210/97, NZM 2000, 243).

Bei **Wohn**räumen können rückwirkende Erhöhungen nur nach Maßgabe des § 560 Abs. 2 S. 2 BGB umgelegt werden. Abweichende Vereinbarungen sind unwirksam (s. „Mieterhöhung bei Wohnraum", Abschnitt 4).

Nach dem Rechtsentscheid des OLG Hamm v. 22.8.1997 (WuM 1997, 542) genügt für die Umlegung aller in der Anlage 3 zu § 27 II. BV enthaltenen Betriebskosten die vertragliche Bestimmung, dass für die „Betriebskosten gem. § 27 II. BV" neben der Miete ein monatlicher Vorauszahlungsbetrag in Höhe von EUR . . . zu leisten ist (so bereits BayObLG, RE v. 26.2.1984, DWW 1984, 73). Dies gilt auch dann, wenn (entgegen einer im Mietvertrag enthaltenen Klausel) eine Betriebskostenaufstellung nicht beigefügt war und dem Mieter auch sonst der Inhalt der Anlage 3 zu § 27 II. BV nicht mitgeteilt oder erläutert wurde (OLG Frankfurt/M., RE v. 10.5.2000, Az. 20 RE-Miet 2/97).

> Eine zusätzliche Erläuterung oder **Beifügung** des Betriebskostenkataloges der Anlage 3 ist nach dieser Rechtsprechung für eine wirksame Umlage **nicht mehr erforderlich**.

Nach Ansicht des Gerichtes handelt es sich bei dem Begriff der Betriebskosten nicht um einen ausfüllungsbedürftigen, unbestimmten, sondern um einen in einer Rechtsvorschrift definierten, bestimmten und **eindeutigen** Rechtsbegriff, der weder eine richterliche Ausfüllung im Einzelfall noch Billigkeitserwägungen zulässt. Etwas anderes gilt nur bei der Umlage von „Sonstigen Betriebskosten" nach Ziff. 17 der Anlage 3 zu § 27 II. BV; diese müssen nach überwiegender Meinung genau bezeichnet werden (s. Abschnitt 2.17).

Strittig ist, ob auch eine Bestimmung, wonach der Mieter die „Nebenkosten" zu tragen habe, wirksam ist. Nach einem Urteil des OLG München vom 10. 1. 1997 (ZMR 1997, 233) ist jedenfalls bei einem Mietverhältnis über gewerbliche Räume der Begriff der „Nebenkosten" dahingehend auszulegen, dass der Mieter sämtliche in der Anlage 3 zu § 27 II. BV bezeichneten Betriebskosten schuldet.

Auch bei einem Mietverhältnis über Wohnraum, der mit separaten Erfassungsgeräten (Wasserzähler, Stromzähler) ausgestattet ist, muss der Mieter nach einem Urteil des LG Saarbrücken (WuM 1998, 722), jedenfalls die verbrauchsabhängigen Strom-, Wasser- und Abwasserkosten tragen, wenn nach dem Formularmietvertrag die Betriebskosten nicht in der Miete enthalten sind und eine Zusatzvereinbarung bestimmt, dass „alle Nebenkosten" vom Mieter getragen werden. Dagegen vertritt das OLG Frankfurt (Urt. v. 1.11.1984, WuM 1985, 91) die Auffassung, dass eine solche Formulierung mangels hinreichender Bestimmtheit unwirksam ist. Gleiches solle gelten für Formulierungen, wonach der Mieter „sämtliche Nebenkosten, insbesondere . . ." oder „. . . etc." oder „alle Nebenkosten" zu tragen hat (OLG Hamburg, HambGE 1990, 97; OLG Düsseldorf, DWW 1991, 283). Bei Auslegung einer die Nebenkosten betreffenden Bestimmung komme ein Rückgriff auf § 27 II. BV i.V.m. Anlage 3 nur in Betracht, wenn auf diese Vorschrift im Mietvertrag Bezug genommen ist (OLG Düsseldorf, a.a.O.). Enthält der Mietvertrag ohne nähere Bezeichnung der Nebenkosten lediglich die Klausel „Nebenkostenvorauszahlung EUR 50", gilt dies als Nebenkostenpauschale, zu deren Zahlung der Mieter zwar verpflichtet, über die jedoch keine Abrechnung möglich ist (AG München, NZM 1999, 415). Bestimmt ein Mietvertrag neben der Miete die Zahlung eines Nebenkostenbetrages, ohne festzulegen, welche Unkosten der Mieter zu zahlen hat, dann liegt eine Bruttoinklusivmiete vor (LG Saarbrücken, Urt. v. 26.3.1999, Az. 13 BS 233/98, NZM 1999, 757).

Strittig ist, ob die Bezeichnung „Grundbesitzabgaben" für eine wirksame Umlage der darunter zu verstehenden Betriebskosten (Grundsteuer, Straßenreinigung, Müllabfuhr, Grundstücksentwässerung) ausreichend ist (s. hierzu OLG Düsseldorf, DWW 2000, 196, wonach dieser Begriff jedenfalls die Grundsteuer erfasst; a.A.: AG Köln, WuM 1998; 419).

Im Mietvertrag sollte daher nur der Begriff der **„Betriebskosten"** (nicht „Nebenkosten") verwendet werden, wobei eine Verweisung auf den Betriebskostenkatalog der Anlage 3 zu § 27 II. BV auch **formularvertraglich zulässig** ist.

Eine Umlage **anderer** als in Anlage 3 zu § 27 II. BV aufgezählter Betriebskosten (z. B. Verwaltungskosten) ist **nicht** möglich, da die Vertragsparteien gem. § 556 Abs. 1 BGB nur die Umlage von Betriebskosten i.S.d. § 27 II. BV vereinbaren können und zum Nachteil des Mieters abweichende Vereinbarungen gem. § 556 Abs. 4 BGB unwirksam sind.

Die Umlage **anderer** Nebenkosten, wie Verwaltungs-, Instandhaltungs-, Kapitalkosten, Abschreibungen, Erbbauzinsen, kann daher bei der Vermietung von **Wohn**raum **nicht** wirksam vereinbart werden. Diese Kosten sollte man daher bereits bei der Kalkulation der Grundmiete berücksichtigen und im Mietvertrag nicht separat ausweisen.

Wurden solche Kosten (z. B. Verwaltungskosten) trotzdem separat ausgewiesen, besteht ein Anspruch auf Bezahlung nur dann, wenn es sich um einen **gleich bleibenden** Festbetrag handelt, der nicht erhöht werden kann und der aufgrund seiner Stellung im Mietvertrag eindeutig der Grundmiete und nicht etwa den Betriebskosten zuzurechnen ist, z. B. durch die Vereinbarung, dass neben der Miete und den Betriebskosten zusätzlich ein weiterer gleich bleibender Betrag für Verwaltungskosten zu zahlen ist (LG Düsseldorf, DWW 1996, 123; LG Berlin, GE 1998, 1396; LG Mannheim, NZM 2000, 490).

Zur Möglichkeit der Umlage von Hausverwaltungskosten im **Geschäfts**raummietvertrag vgl. OLG Nürnberg, WuM 1995, 308 sowie KG Berlin (GE 1995, 563), wonach Verwaltungskosten selbst dann umlagefähig sind, wenn das Verwaltungsunternehmen dem Vermieter gehört.

Werden durch Sach- oder Arbeitsleistungen des Eigentümers Betriebskosten im Sinne der Anlage 3 zu § 27 II. BV **erspart**, dürfen dafür nach § 27 Abs. 2 II. BV Beträge angesetzt werden, die für eine gleichwertige Leistung eines Dritten, insbesondere eines Unternehmens, angesetzt werden könnten, jedoch ausschließlich der Umsatzsteuer des Dritten. Dies gilt selbst dann, wenn der Mieter keine natürliche Person ist (z. B. eine GmbH) und mit der Durchführung der Arbeiten (z. B. Gartenpflege, Hausreinigung) rechtlich verselbständigte Regiebetriebe beauftragt (LG Hamburg, ZMR 1995, 32).

Zu den Sachleistungen können z. B. die Stellung des Brennmaterials für Heizung oder der Reinigungsmittel für Hausoder Straßenreinigung gehören; zu den Arbeitsleistungen die Bedienung und Pflege der Zentralheizung, des Gartens oder die Reinigungsarbeiten.

Der Vermieter ist bezüglich der vom Mieter geleisteten Betriebskostenvorauszahlungen nicht Treuhänder. Er ist zwar verpflichtet, den Grundsatz der Wirtschaftlichkeit zu beachten, muss aber nicht die preisgünstigste Bewirtschaftungsweise, z. B. durch Einstellung eigener Arbeitskräfte, wählen (LG Hamburg, a.a.O.).

2 Die Betriebskostenarten nach der Anlage 3 zu § 27 II. BV

2.1 Die laufenden öffentlichen Lasten des Grundstücks (Nr. 1)

Dazu gehören sämtliche laufend wiederkehrenden Verbindlichkeiten, deren Erhebung auf öffentlichem Recht beruht, namentlich die **Grundsteuer**. Diese kann in der vollen Höhe angesetzt werden. Im Falle einer Grundsteuervergünstigung darf nur die tatsächlich gezahlte Grundsteuer angesetzt werden.

Ferner zählen auch Grundsteuer**nachforderungen** durch die Stadt bzw. Gemeinde für zurückliegende Jahre zu den umlagefähigen Betriebskosten, obwohl es sich insofern nicht um eine laufende, sondern um eine einmalige Zahlung handelt (OLG Frankfurt/M., ZMR 1983, 374).

Ist neben grundsteuerbegünstigtem Wohnraum noch Geschäftsraum oder nichtbegünstigter Wohnraum vorhanden, darf den begünstigten Wohnungen nur der Teil der Grundsteuer zugerechnet werden, der auf sie entfällt. Dagegen zählen **nicht** zu den öffentlichen Lasten des Grundstückes die Personensteuern des Vermieters (Vermögen-, Einkommensteuer) sowie Realsteuern, z. B. die Gewerbesteuer, die auch dann nicht zu den öffentlichen Lasten zählt, wenn das Grundstück zum Betriebsvermögen gehört, da sich die Steuerpflicht auch dann nicht aus dem Eigentum am Grundstück, sondern aus dem Betrieb des Gewerbes ergibt (vgl. Rundschreiben des Bundesministers für Städte-, Bau- und Wohnungswesen vom 20. 7. 1970).

Die **Hypothekengewinnabgabe** zählt nach der ausdrücklichen Regelung der Nr. 1 nicht zu den Betriebskosten, da sie als besondere Form der Vermögensabgabe vom Vermieter selbst getragen werden soll.

2.2 Die Kosten der Wasserversorgung (Nr. 2)

Hierzu gehören die Kosten des Wasserverbrauches, die Grundgebühren, die Kosten der Anmietung oder anderer Arten der Gebrauchsüberlassung von Wasserzählern sowie die Kosten ihrer Verwendung einschließlich der Kosten der Berechnung und Aufteilung, die Kosten des Betriebes einer hauseigenen Wasserversorgungsanlage und einer Wasseraufbereitungsanlage einschließlich der Aufbereitungsstoffe.

2.2.1 Die Kosten des Wasserverbrauches („Wassergeld") zählen zu den Betriebskosten, unabhängig davon, ob sie als öffentlich-rechtliche Gebühr oder privatrechtliches Entgelt erhoben werden. Als Wasserverbrauch ist nur der reguläre (auch der verschwenderische durch einen oder mehrere Mieter) anzusehen, nicht aber ein irregulärer, z. B. durch eine defekte Toilettenspülung oder durch einen Wasserrohrbruch (AG Bergisch Gladbach vom 8. 3. 1983, WuM 1984, 230). Insofern darf das Gericht einen Vortrag des Mieters zu Alternativursachen eines im Vergleich zu Vorzeiträumen exorbitanten Wasserverbrauchs nicht übergehen; andernfalls liegt eine Verletzung des Anspruchs auf rechtliches Gehör vor (BVerfG, Beschl. v. 23.9.1996, NJWE 1996, 265).

2.2.2 Die Grundgebühren

2.2.3 Die Kosten der Anmietung oder anderer Arten der Gebrauchsüberlassung von Wasserzählern sowie die Kosten ihrer Verwendung einschließlich der Kosten der Berechnung und Aufteilung. Stehen diese im Eigentum des Vermieters, können **Wartungs- und Eichkosten** angesetzt werden. Nicht umlagefähig sind Reparaturkosten. Kosten des Austausches können dann angesetzt werden, wenn der Austausch als Ersatz für die Eichung erfolgt ist, nicht aber, wenn dies wegen eines Defektes erforderlich war (AG Neuss, DWW 1988, 284; AG Bremerhaven, DWW 1987, 19).

2.2.4 Kosten des Betriebes der hauseigenen Wasserversorgungsanlage: Hierzu gehören z. B. die Wartungskosten eines hauseigenen Brunnens, einer Pumpanlage oder eines Wasserwerkes sowie die

Kosten von vorgeschriebenen Wasseruntersuchungen (AG Altena, Urt. v. 5.6.1981, WuM 1983, 2); nicht aber Reparaturkosten der Wasserversorgungsanlage.

2.2.5 Die Kosten einer Aufbereitungsanlage einschließlich der Aufbereitungsstoffe: Aufbereitungsanlagen sind Anlagen zur Verbesserung der Wasserqualität, z. B. Filteranlagen und Entkalkungsgeräte. Ansatzfähig sind die Wartungskosten und die regelmäßig zu erneuernden Aufbereitungsstoffe. Dagegen sind die Kosten von Maßnahmen bzw. Dosiermitteln, die in erster Linie dem Korrosionsschutz der Wasserleitungen dienen, nicht ansatzfähig (AG Lörrach, WuM 1995, 593).

Wasserkosten, die bei anderen Positionen der Anlage 3 (z. B. bei der Gartenpflege, Betrieb von maschinellen Wascheinrichtungen) anfallen und dort auch erfassbar sind (z. B. durch Zähler), sind unter diesen Positionen und nicht unter Nr. 2 anzusetzen.

2.3 Die Kosten der Entwässerung (Nr. 3)

Hierzu gehören die Gebühren für die Haus- und Grundstücksentwässerung, die Kosten des Betriebes einer entsprechenden nichtöffentlichen Anlage und die Kosten des Betriebes einer Entwässerungspumpe.

2.3.1 Die Kosten für die Haus- und Grundstücksentwässerung: Zu diesen Kosten gehören sämtliche, für die Entwässerung in Rechnung gestellten Gebühren, unabhängig davon, ob sie für Schmutz- oder für Regenwasser erhoben werden (OLG Düsseldorf, WuM 2000, 591).

2.3.2 Die Kosten des Betriebes einer entsprechenden nichtöffentlichen Anlage, z. B. die Kosten der Reinigung einer eigenen Kläranlage oder Sickergrube, wenn das Gebäude nicht an das öffentliche Kanalnetz angeschlossen ist.

2.3.3 Die Kosten des Betriebes einer Entwässerungspumpe, insbesondere für Strom, Reinigung, Prüfen und Abschmieren.

Nicht ansatzfähig sind die Kosten, wenn sie vom **Hauswart** ohne zusätzliche Vergütung erledigt werden (vgl. Abschnitt 2.14). Nicht zu den Kosten der Entwässerung zählen Kosten der Beseitigung einer Rohrverstopfung im Hauptstrang der Abwasserleitung (OLG Hamm, RE v. 19. 5. 1982, WuM 1982, 201; Weber/Marx, II/S. 98). Diese Kosten sind als Instandhaltungskosten nicht umlagefähig (s. auch „Verstopfung").

2.4 Die Kosten der Heizung (Nr. 4)

Darunter fallen folgende Kosten:
- die Kosten des Betriebes der zentralen Heizungsanlage einschließlich der Abgasanlage (Nr. 4a); vgl. Abschnitt 2.4.1,
- die Kosten des Betriebes der zentralen Brennstoffversorgungsanlage (Nr. 4b); vgl. Abschnitt 2.4.2,
- die Kosten der eigenständig gewerblichen Lieferung von Wärme, auch aus Anlagen im Sinne des Buchstabens a, (Nr. 4c); vgl. Abschnitt 2.4.3,

- die Kosten der Reinigung und Wartung von Etagenheizungen (Nr. 4d); vgl. Abschnitt 2.4.4.

2.4.1 Zu den Kosten des Betriebes der zentralen Heizungsanlage einschließlich der Abgasanlage gehören die Kosten der verbrauchten Brennstoffe und ihrer Lieferung, die Kosten des Betriebsstroms, die Kosten der Bedienung, Überwachung und Pflege der Anlage, der regelmäßigen Prüfung ihrer Betriebsbereitschaft und Betriebssicherheit einschließlich der Einstellung durch einen Fachmann, der Reinigung der Anlage und des Betriebsraumes, die Kosten der Messungen nach dem Bundesimmissionsschutzgesetz, die Kosten der Anmietung oder anderer Arten der Gebrauchsüberlassung einer Ausstattung zur Verbrauchserfassung sowie die Kosten der Verwendung einer Ausstattung zur Verbrauchserfassung einschließlich der Kosten der Berechnung und Aufteilung.

> Der Begriff der zentralen Heizungsanlage ist gleichbedeutend mit dem Begriff der **Zentralheizung**.

Darunter ist eine Anlage zu verstehen, die alle wesentlichen Räume eines Gebäudes ausreichend mit Wärme versorgt, unabhängig von der Art des Energieträgers. Zentralheizungen müssen grundsätzlich den Anforderungen der Verordnung über energiesparende Anforderungen an heizungstechnische Anlagen und Warmwasseranlagen in der Neufassung vom 4.5.1998 (BGBl. I S. 851) entsprechen (Näheres bei „Heizungsanlagen-Verordnung").

Zur „Abgasanlage" gehört insbesondere der Schornstein einschließlich der Verbindungsstücke zur Heizanlage (z. B. Rauch- und Abgasrohre); weiterhin Drosselvorrichtungen (Drosselklappen oder Schieber), Zugbegrenzer, Nebenlufteinrichtungen, Absperrvorrichtungen, Abgasventilatoren sowie andere Bestandteile der Verbindung zwischen Heizungsanlage und Schornstein.

2.4.1.1 Die Kosten der **verbrauchten Brennstoffe** und ihrer Lieferung:

Diese Kosten umfassen auch Kosten für Brennstoffzusätze (z. B. Additive zur Reinigung) und Anfeuerungsmaterial. Anzusetzen sind nur die tatsächlich entstandenen Kosten, sodass Mengenrabatte oder Preisnachlässe zugunsten des Mieters zu berücksichtigen sind.

> Jedoch ist es Sache des Vermieters, zu entscheiden, zu welchem Zeitpunkt und von wem er die Brennstoffe einkauft.

Der Vermieter ist nicht verpflichtet, den jeweils **preisgünstigsten Lieferanten** herauszufinden und zu beauftragen (AG Frankfurt, Urt. v. 20.2.1981, ZMR 83, 199). Jedoch dürfen die üblichen Kosten nicht um mehr als 20 % überschritten werden (AG Berlin, GE 1998, 1465). Bei den Kosten der Anlieferung können neben den Kosten für das Einbringen in den Lagerraum auch **Trinkgelder** angesetzt werden, soweit diese angemessen und üblich sind.

Kosten für das **Trockenheizen eines Neubaues** können nicht als Betriebskosten angesetzt werden, da sie nicht laufend, sondern einmalig entstehen und damit nicht unter den Begriff der Betriebskosten fallen.

2.4.1.2 Die Kosten des **Betriebsstroms**: Hierzu gehören sämtliche Stromkosten, die für das Betreiben der Heizungsanlage anfallen, z. B. der Strom für Pumpen, Brenner, elektrisch arbeitende Wärmefühler, elektrische Wärmepumpen, weiterhin für die Beleuchtung des Heizraumes sowie für Strom, der im Rahmen der Überwachung, Pflege und Reinigung der Anlage verbraucht wird.

Können diese Kosten nicht mit einem separaten Zähler erfasst werden, sind sie zu schätzen (z. B. anhand der Werte über den Stromverbrauch der einzelnen Geräte und deren Betriebsdauer).

2.4.1.3 Die Kosten der **Bedienung**, Überwachung und Pflege der Anlage:

Hierzu gehören die Sach- und Personalkosten einschließlich der Sozialbeiträge, die dem Eigentümer laufend entstehen, insbesondere beim arbeitsintensiven Betrieb von Kokszentralheizungen (Anheizen und Unterhalten der Brennstelle, Beseitigen von Asche und Schlacke). Jedoch können auch bei automatisch arbeitenden Öl- und Gaszentralheizungen Kosten anfallen, insbesondere dann, wenn der Eigentümer nicht im Haus wohnt und daher einen Dritten mit diesen Arbeiten betrauen muss (AG Mannheim, Urt. v. 24.1.1979, DWW 79, 64). Trotz der Regelung in § 27 Abs. 2 II. BV, wonach für Sach- und Arbeitsleistungen, die der Eigentümer selbst ausführt, entsprechende Kosten angesetzt werden dürfen, wird von der Rechtsprechung ein Ansatz für **ersparte Bedienungskosten** einer Zentralheizung durch den Eigentümer häufig mit der Begründung abgelehnt, dass aufgrund der Geringfügigkeit der Leistungen ein Geldwert kaum bestimmbar ist.

2.4.1.4 Die Kosten der regelmäßigen **Prüfung** der Betriebsbereitschaft und Betriebssicherheit der Anlage einschließlich der Einstellung durch einen Fachmann: Diese Kosten werden zusammenfassend meist als „**Wartungskosten**" bezeichnet, deren Umfang u.a. von der Art der Ausführung und dem Alter der Anlage abhängig ist. Der Betreiber einer heiztechnischen Anlage mit einer Nennleistung von mehr als 11 kW ist nach § 9 Abs. 1 der Heizungsanlagen-Verordnung verpflichtet, die regelmäßige Wartung durchführen zu lassen. Diese darf grundsätzlich nur von Personen vorgenommen werden, welche die zur Wartung notwendigen Fachkenntnisse und Fertigkeiten besitzen (vgl. „Heizungsanlagen-Verordnung").

Zur Wartung können u. a. folgende Maßnahmen gehören: Überprüfen und Einstellen der Feuerungseinrichtungen, Reinigen und Einstellen des Brenners einschließlich der Kosten kleiner Instandhaltungsarbeiten wie Austausch von verschleißanfälligen Kleinteilen, z. B. Dichtungen, Filter, Düsen (OLG Düsseldorf, NZM 2000, 762; LG Hamburg, WuM 1978, 242), Überprüfen der zentralen regeltechnischen Einrichtungen, Probeläufe, Messungen der Abgaswerte und der Abgastemperaturen, Kontrolle und Nachfüllen des Wasserstandes. Von den umlagefähigen **War**-

tungskosten streng zu trennen sind die nicht umlagefähigen **Instandhaltungs- und Instandsetzungs**kosten (z. B. Einbau einer neuen Pumpe oder Reparatur des Brenners). Werden diese Reparaturen zusammen mit Wartungsarbeiten durchgeführt, sind die Kosten der Reparatur aus dem Gesamtbetrag der Kosten herauszurechnen. Um Streitigkeiten vorzubeugen, ist daher zu empfehlen, den Fachbetrieb anzuweisen, die Beträge für Reparatur und Wartung auf der Rechnung möglichst gesondert auszuweisen.

2.4.1.5 Die Kosten der **Reinigung** der Anlage und des Betriebsraumes:

Dazu gehört insbesondere das Reinigen des Heizkessels durch Entfernung von Verbrennungsrückständen und Wasserablagerungen sowie des Brenners (soweit dies nicht bereits im Rahmen der Wartung erfolgt ist, s. Abschnitt 2.4.1.4).

Weiterhin fällt darunter nach überwiegender Meinung auch das **Reinigen** des **Öltanks** und das Beseitigen des Ölschlamms (AG Regensburg, WuM 1995, 319). Die gegenteilige Auffassung, wonach die Reinigung des Öltanks zu den nicht umlagefähigen Instandhaltungskosten zählt (Wichardt, ZMR 1980, 2), ist abzulehnen, da durch die Reinigung keine Instandhaltung durch Beseitigung von Mängeln erfolgt, sondern lediglich Beschädigungen vorgebeugt und die Betriebssicherheit gewährleistet wird (vgl. OLG Celle, Urt. v. 24.11.1994, NJW 1995, 3197, wonach der Eigentümer verpflichtet ist, den Tank im Abstand von 5 bis 7 Jahren zu reinigen und zu überprüfen).

Die Reinigungskosten entstehen dem Eigentümer daher auch „laufend" i.S. von § 27 Abs. 1 II. BV, selbst wenn sie nicht jährlich, sondern in größeren Abständen anfallen.

Dagegen sind die Kosten einer **Beschichtung** oder des Anstrichs des Öltanks **keine** Betriebskosten, sondern (**nicht** umlagefähige) Instandhaltungskosten (LG Frankenthal, Urt. v. 10.4.1985, ZMR 1985, 302).

Umlagefähig sind dagegen die Kosten für die Reinigung des Betriebsraumes einschließlich der Aufwendungen für das Reinigungsmaterial (LG Hamburg, Urt. v. 18.4.1958, ZMR 1960, 75).

2.4.1.6 Die Kosten für **Messungen** nach Bundesimmissionsschutzgesetz:

Der Betreiber einer Feuerungsanlage (mit Ausnahme von Kleinanlagen) ist verpflichtet, die Erfüllung der in der Verordnung bestehenden Anforderungen vom zuständigen Bezirksschornsteinfegermeister durch wiederkehrende Messungen jährlich überwachen zu lassen (Verordnung zur Durchführung des Bundesimmissionsschutzgesetzes – Verordnung über Feuerungsanlagen). Der Betreiber hat innerhalb von sechs Wochen eine Wiederholungsmessung durchführen zu lassen, wenn sich ergibt, dass die Anlage den Anforderungen nicht genügt. Die Kosten der Wiederholungsmessung können nur dann nicht angesetzt werden, wenn der Eigentümer die Wiederholungsmessung zu vertreten hat, z. B. weil er die Anlage nicht durch einen Fachmann regelmäßig hat überprüfen lassen.

2.4.1.7 Die Kosten einer Ausstattung zur Verbrauchserfassung:

Unter Ausstattung zur Verbrauchserfassung sind Wärmezähler und Heizkostenverteiler i. S. v. § 5 HeizkostenV zu verstehen, wobei nur solche verwendet werden dürfen, hinsichtlich derer sachverständige Stellen bestätigt haben, dass sie den anerkannten Regeln der Technik entsprechen oder ihre Eignung auf andere Weise nachgewiesen wurde.

Nach dem jetzigen Stand der Technik gehören dazu: Mechanische oder elektrische **Wärmezähler** nach DIN 4713 Teil 4, **Heizkostenverteiler** nach dem Verdunstungsprinzip und Heizkostenverteiler mit elektronischer Messgrößenerfassung.

Bei **Anmietung** oder **Leasen** der Geräte durch den Vermieter darf dieser die Kosten auf die Mieter im Wege der Heizkostenabrechnung nur dann umlegen, wenn er den Mietern die dadurch entstehenden Kosten mitgeteilt und die Mehrheit der Mieter innerhalb eines Monats nach Zugang der Mitteilung nicht widersprochen haben (§ 4 Abs. 2 HeizkostenV). Widerspricht die Mehrheit der Mieter der Anmietung, kann der Vermieter seine Aufwendungen nur umlegen, indem er die Geräte kauft und den Kaufpreis über eine Mieterhöhung nach § 559 BGB – nicht über die Heizkostenabrechnung – an die Mieter weitergibt (vgl. „Modernisierung"). Entsprechendes gilt für den Austausch vorhandener Geräte gegen Geräte mit höherer Maßgenauigkeit (z. B. Austausch von Geräten nach dem Verdunstungsprinzip gegen elektronische Heizkostenverteiler).

Die Kosten des Austausches von Erfassungsgeräten infolge der gesetzlich vorgeschriebenen Eichung (z. B. bei Wärme- und Warmwasserzählern) können im Rahmen der Heizkostenabrechnung auf den Mieter umgelegt werden, wobei nach § 7 Abs. 2 HeizkostenV auch eine Aufteilung auf mehrere Jahre zulässig ist (AG Koblenz, DWW 1996, 252; AG Neuss, DWW 1988, 284; Bub-Treier, III A 94). Gleiches gilt für Wartungskosten von elektronischen Heizkostenverteilern einschließlich des erforderlichen Batterieaustausches (AG Koblenz, a.a.O.).

Eine Kostenumlage ist jedoch nicht möglich, wenn der Austausch infolge eines Defektes erforderlich wird, da es sich dann um eine nicht umlagefähige Instandhaltungsmaßnahme handelt.

2.4.1.8 Die Kosten der Berechnung und Aufteilutng:

Dazu gehören die Kosten der Ermittlung der Betriebskosten und deren Aufteilung auf den einzelnen Mieter sowie das Erstellen der Heizkostenabrechnung. Aufwendungen des Vermieters im Zusammenhang mit der Erstellung der Abrechnung (z. B. Zusammenstellung der Kosten für den Wärmemessdienst, Gespräche mit Unternehmen, Porti, Versandkosten der Rechnungen) zählen dagegen zu den nicht umlagefähigen Verwaltungskosten.

2.4.2 Zu den Kosten des Betriebes der zentralen Brennstoffversorgungsanlage gehören die Kosten der verbrauchten Brennstoffe und ihre Lieferung, die

Kosten des Betriebsstromes und die Kosten der Überwachung sowie die Kosten der Reinigung der Anlage und des Betriebsraumes.

Diese Kosten sind hier anzusetzen, wenn die einzelnen Räume zwar zentral versorgt werden, jedoch nicht direkt mit Wärme (dann Zentralheizung, Nr. 4a, s. Abschnitt 2.4.1), sondern primär durch eine Pumpe mit Brennstoff aus einem zentralen Vorratsbehälter, der dann zum Betrieb der angeschlossenen Einzelöfen verwendet wird. Für die einzelnen Positionen gelten die Ausführungen in Abschnitt 2.4.1 entsprechend.

2.4.3 Zu den Kosten der eigenständig gewerblichen Lieferung von Wärme (auch aus Anlagen im Sinne von Nr. 4a, s. Abschnitt 2.4.1) gehören das Entgelt für die Wärmelieferung und die Kosten des Betriebes der zugehörigen Hausanlagen entsprechend Nr. 4a, s. Abschnitt 2.4.1. Zur eigenständigen gewerblichen Lieferung von Wärme kann neben der aus Fernheizwerken auch diejenige aus zentralen Heizungsanlagen gehören, wenn der Gebäudeeigentümer sie einem Dritten zur eigenständigen gewerblichen Lieferung übertragen hat.

Eine **eigenständige** Lieferung ist gegeben, wenn der Lieferant die Anlage im eigenen Namen und für eigene Rechnung betreibt und die Wärme ebenso liefert. Eine **gewerbliche** Lieferung von Wärme ist gegeben, wenn der Lieferant einen auf Gewinnerzielung gerichteten, selbstständigen Gewerbebetrieb im Sinne der Gewerbeordnung betreibt.

Der Vermieter ist berechtigt, ohne Einwilligung des Mieters von der Eigenerzeugung von Wärme (z. B. durch die hauseigene Zentralheizung) auf Fremdlieferung (z. B. Fernwärme) **überzugehen** und die Wärmelieferungskosten auf die Mieter umzulegen.

Strittig ist, ob dies auch dann gilt, wenn in den Wärmelieferungskosten **weitere Kosten** (z. B. Kapital- und Instandhaltungskosten, Unternehmensgewinn) enthalten sind. Das LG München II (Urt. v. 28.12.1999, Az. 12 S 1168/99, WuM 2000, 81 und 19. 9. 2000, Az. 12 S 3192/00, MDR 2001, 210) hat dies bejaht mit der Begründung, dass die Heizkostenverordnung die Umlage solcher Kosten nicht ausschließt (so auch LG Chemnitz, WuM 2000, 16; LG Frankfurt/O., WuM 1999, 403). Nach weiteren Urteilen des LG Braunschweig (Urt. v. 21.7.2000, ZMR 2000, 832) und des LG Essen (Urt. v. 30.5.2000, ZMR 2000, 835) können Wärmelieferungskosten, die auch Instandhaltungs- und Erneuerungsrücklagen beinhalten, jedenfalls dann umgelegt werden, wenn der Mietvertrag dies vorsieht bzw. dem **Mietvertrag** dies durch Auslegung entnommen werden kann. Dies ist nach Auffassung von Schmid (ZMR 2000, 834) bereits dann der Fall, wenn der Mietvertrag auf die Anlage 3 zu § 27 II. BV verweist und keine Einschränkungen enthält.

Dagegen kann die Möglichkeit einer **vollen** Kostenumlegung **ausgeschlossen** sein, wenn die Parteien nur die Umlegung der Kosten der zentralen Heizungsanlage (Nr. 4 der Anlage 3 bzw. § 7 Abs. 4 HeizkostenV) vereinbart oder eine Änderung der Beheizungsweise von bestimmten, nicht vorliegenden

Voraussetzungen abhängig gemacht haben (vgl. LG Neuruppin, Urt. v. 20.4.2000, Az. 5 S 43/99, WuM 2000, 554; LG Essen, a.a.O.)

In Einzelfällen, insbesondere bei Verträgen, die vor In-Kraft-Treten der Verordnung zur Änderung energieeinsparrechtlicher Vorschriften vom 19. 1. 1989 (BGBl. I S. 109) geschlossen wurden, kann sich aber aus einer ergänzenden Vertragsauslegung die Möglichkeit der Umlegung der vollen Wärmelieferungskosten ergeben (AG Starnberg, Urt. v. 10.2.1999, Az. 4 C 588/98, ZMR 1999, 411; vgl. auch Schmid in MDR 2001, 210).

2.4.4 Die Kosten der Reinigung und Wartung von Etagenheizungen:

Hierzu gehören die Kosten der Beseitigung von Wasserablagerungen und Verbrennungsrückständen in der Anlage, die Kosten der regelmäßigen Prüfung der Betriebsbereitschaft und Betriebssicherheit und der damit zusammenhängenden Einstellung durch einen Fachmann sowie die Kosten der Messungen nach dem Bundesimmissionsschutzgesetz.

Die Beseitigung von Wasserablagerungen erfolgt in der Regel durch **Entkalken** bzw. Reinigen der wasserführenden Teile, insbesondere des Kessels, der Leitungen und der Heizkörper.

Zur Beseitigung von Verbrennungsrückständen gehört insbesondere die Reinigung des Brennerraumes, des Kessels, des Brenners und der Abgasanlage.

Bezüglich der Kosten der regelmäßigen Prüfung der Betriebsbereitschaft und Betriebssicherheit und der damit zusammenhängenden Einstellung durch einen Fachmann wird auf die Ausführungen in Abschnitt 2.4.1.4 und bezüglich der Kosten der Messungen nach dem Bundesimmissionsschutzgesetz auf die Ausführungen in Abschnitt 2.4.1.6 verwiesen.

2.5 Die Kosten der Warmwasserversorgung (Nr. 5)

Darunter fallen folgende Kosten:
- die Kosten des Betriebs der zentralen Warmwasserversorgungsanlage (Nr. 5a); vgl. Abschnitt 2.5.1,
- die Kosten der eigenständig gewerblichen Lieferung von Warmwasser, auch aus Anlagen im Sinne des Buchstabens a (Nr. 5b); vgl. Abschnitt 2.5.2,
- die Kosten der Reinigung und Wartung von Warmwassergeräten (Nr. 5c); vgl. Abschnitt 2.5.3.

2.5.1 Zu den Kosten des Betriebes der zentralen Warmwasserversorgungsanlage gehören die Kosten der Wasserversorgung entsprechend Nr. 2, soweit sie nicht dort berücksichtigt sind, und die Kosten der Wassererwärmung entsprechend Nr. 4a (s. Abschnitt 2.4.1).

Die Umlage der Kosten des Frischwassers kann entweder insgesamt über Nr. 2 (Kosten der Wasserversorgung; s. Abschnitt 2.2) oder separat bezüglich des zu erwärmenden Frischwassers über die Nr. 5a, erfolgen. Bezüglich des Umfanges der Kosten der Wassererwärmung wird auf die entsprechenden Ausführungen in Abschnitt 2.4.1 verwiesen.

2.5.2 Zu den Kosten der eigenständig gewerblichen Lieferung von Warmwasser, auch aus Anlagen im Sinne des Buchstabens a, gehören das Entgelt für die Lieferung des Warmwassers und die Kosten des Betriebes der zugehörigen Hausanlagen entsprechend Nr. 4a (s. Abschnitt 2.4.1). Bezüglich dieser Kosten wird auf die entsprechenden Ausführungen in Abschnitt 2.4.3 verwiesen.

2.5.3 Zu den Kosten der Reinigung und Wartung von Warmwassergeräten gehören die Kosten der Beseitigung von Wasserablagerungen und Verbrennungsrückständen im Inneren der Geräte sowie die Kosten der regelmäßigen Prüfung der Betriebsbereitschaft und Betriebssicherheit und der damit zusammenhängenden Einstellung durch einen Fachmann.

Diese Kosten fallen an, wenn die Warmwasserversorgung der Wohnung nicht durch eine zentrale Warmwasserversorgungsanlage im Sinne der Nr. 5a (s. Abschnitt 2.5.1), sondern **dezentral** durch **Einzel**geräte in der Wohnung (z. B. Boiler, Durchlauferhitzer) erfolgt.

Die Beseitigung von Wasserablagerungen erfolgt in der Regel durch Entkalken der Geräte. Im Einzelnen wird auf die Ausführungen in Abschnitt 2.4.4 verwiesen.

Bezüglich der für den Betrieb der Geräte aufzuwendenden Strom- bzw. Gaskosten sowie der anfallenden Reinigung und Pflege des Äußeren der Geräte geht die II. BV davon aus, dass es sich hierbei nicht um Kosten handelt, die primär den Eigentümer treffen und im Rahmen der Betriebskosten umgelegt werden können, sondern diese Kosten überwiegend vom Mieter außerhalb der Miete unmittelbar getragen werden.

2.6 Die Kosten verbundener Heizungs- und Warmwasserversorgungsanlagen (Nr. 6)

- bei zentralen Heizungsanlagen entsprechend Nr. 4a und entsprechend Nr. 2, soweit sie nicht dort bereits berücksichtigt sind,

oder

- bei der eigenständig gewerblichen Lieferung von Wärme entsprechend Nr. 4c und entsprechend Nr. 2, soweit sie nicht dort bereits berücksichtigt sind,

oder

- bei verbundenen Etagenheizungen und Warmwasserversorgungsanlagen entsprechend Nr. 4d und entsprechend Nr. 2, soweit sie nicht dort bereits berücksichtigt sind.

2.7 Die Kosten des maschinellen Personen- und Lastenaufzuges (Nr. 7)

Hierzu gehören die Kosten des Betriebsstromes, die Kosten der Beaufsichtigung, der Bedienung, Überwachung und Pflege der Anlage, der regelmäßigen Prüfung ihrer Betriebsbereitschaft und Betriebssicherheit einschließlich der Einstellung durch einen Fachmann sowie die Kosten der Reinigung der Anlage.

Nicht unter diese Bestimmung fallen Aufzüge, die nicht maschinell betätigt werden, z. B. von Hand betätigte Lastenaufzüge.

Zu den Kosten des Betriebsstromes zählt der gesamte zum Betrieb erforderliche Strom einschließlich der Beleuchtung des Fahrkorbes.

Zu den Kosten der Beaufsichtigung, Bedienung, Überwachung und Pflege gehören die Kosten für einen **Aufzugwärter**, der nach entsprechenden Verordnungen des Bundes unter gewissen Voraussetzungen vorgeschrieben ist, die Kosten der Notrufbereitschaft (AG Hamburg, WuM 1987, 127) sowie die Kosten für **wiederkehrende Wartungsarbeiten** (z. B. Abschmieren, Ölwechsel) an der Anlage.

> Dagegen können **Reparatur**maßnahmen, z. B. durch Ersatz schadhafter bzw. verschlissener Teile (z. B. Kontrolllampen, Kohlen, Kontakte), **nicht** angesetzt werden. Werden diese Arbeiten im Rahmen eines Wartungsdienstes durchgeführt, sollte der ausführende Betrieb angewiesen werden, die Positionen für Wartung einerseits und Reparatur andererseits auf der Rechnung nach Möglichkeit getrennt auszuweisen.

In gleicher Weise müssen von den Kosten eines abgeschlossenen Wartungsvertrages die in dessen Rahmen ausgeführten **Reparatur**kosten der Anlage bei der Betriebskostenabrechnung in Abzug gebracht werden. Ist eine Aufteilung nicht möglich, sind die anteiligen Reparaturkosten durch Schätzung zu ermitteln, wobei nach der Rechtsprechung ca. 20 bis 50 % der Gesamtkosten auf Reparaturmaßnahmen entfallen (LG Berlin, GE 87, 827; AG München, WuM 1978, 87; AG Bruchsal, WuM 1988, 62; LG Aachen, DWW 1993, 42: 40 %; vgl. auch LG Düsseldorf, Az. 21 S 191/98, DWW 1999, 354: Pauschalabzug von 20 % für Reparaturkosten).

Die Kosten der regelmäßigen Prüfung der Betriebsbereitschaft und Betriebssicherheit der Anlage einschließlich der Einstellung durch einen Fachmann umfassen die Kosten der Funktions- und Sicherheitsprüfung der Anlage sowie die Kosten für die Prüfung durch eine sachverständige Person (z. B. TÜV, freier Sachverständiger). Siehe auch „Aufzug".

2.8 Die Kosten der Straßenreinigung und Müllabfuhr (Nr. 8)

Hierzu gehören die für die öffentliche Straßenreinigung und Müllabfuhr zu entrichtenden Gebühren oder die Kosten entsprechender nichtöffentlicher Maßnahmen. **Gemeindliche Satzungen** bestimmen regelmäßig einen Benutzungszwang, soweit entsprechende gemeindliche Einrichtungen vorhanden sind. Die Gebühren werden nach gemeindlichen Gebührensatzungen erhoben und können als Betriebskosten umgelegt werden.

In verschiedenen Gemeinden werden die Gebühren der Müllabfuhr in Form des Kaufes so genannter **„Müllmarken"** durch den Benutzer erhoben. In diesem Fall liegen keine Betriebskosten vor, da die Kosten nicht dem Eigentümer entstehen, sondern vom Mieter üblicherweise außerhalb der Miete unmittelbar getragen werden.

Kosten für entsprechende nichtöffentliche Maßnahmen können anfallen, wenn

Betriebskosten

die Gemeinde von ihrer Befugnis Gebrauch gemacht hat, den Anliegern die Reinigungspflicht ganz oder teilweise aufzuerlegen und öffentliche Einrichtungen zur Durchführung nicht vorhanden sind bzw. das Gebiet nicht an die öffentliche Straßenreinigung angeschlossen ist.

Unter den Begriff der Straßenreinigung fallen nicht nur die Säuberung der an das Grundstück angrenzenden öffentlichen Fußgängerwege und Straßen, sondern auch die **Beseitigung von Schnee** und das **Streuen** bei Schnee- und Eisglätte (BGH, Urt. v. 27.11.1984, ZMR 85, 120; Gather, DWW 85, 270).

Überträgt der Vermieter diese Arbeiten gegen Entgelt an einen Dritten, wobei dies auch ein Mieter des Anwesens sein kann, können die entstehenden Kosten (einschließlich eines üblichen Trinkgeldes) auf alle Mieter des Anwesens umgelegt werden.

Weiterhin sind die Kosten für **Reinigungs-** und **Streumittel** ansatzfähig, nicht jedoch Anschaffungskosten oder die Abschreibung für eingesetzte Geräte. Führt der Eigentümer die Arbeiten selbst durch, kann er nach § 27 Abs. 2 II. BV den Betrag (ohne Umsatzsteuer) in Ansatz bringen, den er an einen Dritten für diese Leistungen hätte bezahlen müssen. Werden die Arbeiten vom **Hauswart** ohne zusätzliche Vergütung im Rahmen seiner Tätigkeit durchgeführt, können Kosten hierfür mit Ausnahme entstehender Materialkosten nicht angesetzt werden. Gleiches gilt, wenn die Mieter diese Arbeiten ohne Vergütung aufgrund einer vertraglichen Vereinbarung durchzuführen haben, da dann keine umlagefähigen Betriebskosten entstehen.

Zu den Kosten der **Müllabfuhr** zählen nur Kosten, die zur Beseitigung des Mülls **laufend** (§ 27 Abs. 1 II. BV) entstehen, wobei diese Kosten jedoch weder in derselben Höhe, noch in denselben Zeitabständen anzufallen brauchen. Daher zählen zu den Kosten der Müllabfuhr auch Kosten, die turnusmäßig in größeren Zeitabständen anfallen (z. B. für die Beseitigung von Gartenabfällen, Verbrennungsrückständen aus koksbetriebenen Zentralheizungen). **Nicht** zu den Kosten der Müllabfuhr zählen dagegen diejenigen Kosten, die nur einmalig oder in nicht vorhersehbaren Zeitabständen entstehen (z. B. die Beseitigung von Bauschutt, Sperrmüll).

Betriebskosten eines Müllschluckers, einer Müllpresse oder einer maschinellen Müllbeseitigungsanlage sind nicht unter den Kosten der Müllabfuhr, sondern unter den sonstigen Betriebskosten (vgl. Abschnitt 2.17) anzusetzen.

2.9 Die Kosten der Hausreinigung und Ungezieferbekämpfung (Nr. 9)

Zu den Kosten der Hausreinigung gehören die Kosten für die Säuberung der gemeinsam benutzten Gebäudeteile, wie Zugänge, Flure, Treppen, Keller, Bodenräume, Waschküchen, Fahrkorb des Aufzuges.

Die Kosten umfassen **Personal-** und **Sachkosten** (z. B. für Reinigungsmittel), jedoch nicht die Anschaffungskosten für Reinigungsgeräte. Bei Beauftragung eines Reinigungsinstitutes können die tatsächlich entstehenden Kosten angesetzt werden, soweit diese im Rahmen des Üblichen liegen.

Reinigungskosten können als Betriebskosten nur umgelegt werden, soweit sie „laufend" i. S. v. § 27 Abs. 1 II. BV entstehen. Daher können einmalig oder in nicht vorhersehbaren Zeitabständen anfallende Reinigungsarbeiten nicht angesetzt werden (z. B. aufgrund von Baumaßnahmen, Wasserschäden, Sachbeschädigungen durch Farbschmierereien etc.); auch dann nicht, wenn die Kosten zur Beseitigung der Folgen eines eindeutig vertragswidrigen Verhaltens einiger Mietparteien aufzuwenden waren (LG Siegen, WuM 1992, 630). Entsprechende Forderungen können nur an den bzw. die Verursacher gestellt werden, selbst wenn deren Ermittlung in der Praxis oft auf Schwierigkeiten stößt.

Entsprechendes gilt für die Kosten der **Ungezieferbekämpfung**, die nur umlagefähig sind, wenn sie z. B. aufgrund behördlicher Anordnung zur regelmäßigen Ungezieferbekämpfung **laufend** entstehen (LG Köln, WuM 1997, 230); nicht jedoch, wenn sie z. B. zur Entseuchung einer einzelnen Wohnung notwendig wurden (LG Siegen, a.a.O.).

2.10 Die Kosten der Gartenpflege (Nr. 10)

Hierzu gehören die Kosten der Pflege gärtnerisch angelegter Flächen einschließlich der Erneuerung von Pflanzen und Gehölzen, der Pflege von Spielplätzen einschließlich der Sanderneuerung, der Pflege von Plätzen, Zugängen und Zufahrten, die dem nichtöffentlichen Verkehr dienen.

Strittig ist, ob die Kosten der Gartenpflege nur dann umgelegt werden können, wenn der Mieter die gärtnerisch angelegten Flächen auch benutzen darf (so LG Karlsruhe, WuM 1996, 230; a.a.: AG Essen, WuM 1978, 157 sowie Schmid in DWW 1997, 143 unter Verweisung auf LG Hamburg, WuM 1995, 32, wonach es genügt, dass die Gartenflächen der Verschönerung des Anwesens oder der Verbesserung der Wohnumgebung dienen).

Zur Pflege gärtnerisch angelegter Flächen gehört auch das **Rasenmähen**, das **Beschneiden** der Bepflanzung (Hecken, Bäume, Büsche etc.), das Entasten eines Baumes (AG Köln, NZM 2001, 41), das Unkrautentfernen, das Säubern und Nachsäen der Rasenflächen, das Düngen und Bewässern der Flächen, das Abfahren von Gartenabfällen.

Die Kosten der **Bewässerung** können wahlweise unter Nr. 2 (s. Abschnitt 2.2) und die Kosten für das Abfahren des Abfalles auch unter Nr. 8 (s. Abschnitt 2.8) angesetzt werden.

Nicht zu den Betriebskosten gehören die **Anschaffungskosten** eines **Rasenmähers** (LG Hamburg, Urt. v. 30.5.1985, WuM 1985, 390). Dagegen sind die Betriebskosten des Rasenmähers, z. B. für Betriebsstoffe und Wartung, ansatzfähig (LG Hamburg, WuM 1989, 640). Ebenso Reparaturkosten, da es sich hierbei nicht um Reparaturen am Mietobjekt handelt, sondern die Reparatur zur Pflege der gärtnerischen Anlage notwendig ist (AG Bergheim, WuM 1985, 369).

Die Kosten der **Erneuerung von Pflanzen** und Gehölzen können angesetzt werden, soweit die Erneuerung aus gärtnerischen Gründen angebracht ist, z. B. um eine Lücke zu schließen, die durch eine eingegangene Pflanze entstanden ist. Die Kosten der **Beseitigung von Pflanzen**, z. B. für das Fällen von Bäumen sind grundsätzlich umlagefähig (LG Hamburg, WuM 1994, 695; AG Köln, NZM 2001, 41). Dies gilt nicht, wenn die Kosten infolge jahrelanger Vernachlässigung der Gartenpflege entstanden sind (zu den Ausnahmen vgl. AG Hamburg, WuM 1986, 123; 1989, 641) oder der Garten wesentlich umgestaltet wird, z. B. durch Fällen sämtlicher Bäume (AG Köln, a.a.O.). Auch die Beseitigung von Sturmschäden gehört zu den Kosten der Gartenpflege (LG Hamburg, WuM 1989, 640).

> Zu den Kosten der Pflege von **Spielplätzen** gehört auch das Sauberhalten des Platzes, die Überwachung und Instandhaltung der Spielgeräte, die Erneuerung der Plattenwege zu den Spielplätzen, der Sitzbänke auf den Spielplätzen (LG Hamburg, WuM 1989, 640) sowie das **Erneuern des Sandes** in den üblichen Abständen.

Wird ein Austausch des Sandes aufgrund außergewöhnlicher Verunreinigungen notwendig (z. B. durch Hunde, Unwetter), sind die Kosten hierfür nicht als Betriebskosten umlagefähig.

Pflegekosten für **Plätze, Zugänge** und **Zufahrten**, worunter auch Mülltonnen-, Teppichklopf- und Wäschetrockenplätze fallen, können umgelegt werden, wenn diese nicht dem öffentlichen Verkehr dienen. Entscheidend ist hierbei die öffentlich-rechtliche Widmung, sodass auch Privatwege, deren Benutzung durch andere Personen vom Eigentümer geduldet wird, zu den Flächen im Sinne der Nr. 10 gehören. Pflegekosten sind die Kosten für Reinigung einschließlich der Beseitigung von Unkraut sowie die Durchführung der Räum- und Streupflicht einschließlich der Streugutkosten.

> Führt der Eigentümer die Arbeiten selbst durch, kann er nach § 27 Abs. 2 II. BV den Betrag (ohne Umsatzsteuer) in Ansatz bringen, den er an einen Dritten für diese Leistungen hätte bezahlen müssen.

Wurden die Arbeiten vom **Hauswart** ohne zusätzliche Vergütung im Rahmen seiner Tätigkeit durchgeführt, können Kosten hierfür mit Ausnahme entstehender Materialkosten nicht angesetzt werden. Gleiches gilt, wenn die **Mieter** diese Arbeiten ohne Vergütung aufgrund einer vertraglichen Vereinbarung durchzuführen haben, da dann keine umlagefähigen Betriebskosten entstehen. Der zur Ausführung der Arbeiten vertraglich verpflichtete Mieter hat die erforderlichen Gerätschaften (z. B. Rasenmäher) grundsätzlich selbst zu beschaffen und zu unterhalten, soweit nicht ausdrücklich etwas anderes vereinbart ist. Wurde vom Eigentümer ein Rasenmäher gestellt, kann der Mieter nicht auch noch die Instandsetzung und Betriebskosten verlangen (AG Ebersberg, Urt. v. 7.12.1979, WuM 1985, 258).

Erfüllt der Mieter seine vertraglichen Verpflichtungen nicht, kann der Vermieter die Kosten eines beauftragten Gärtners ersetzt verlangen, wenn er dem Mieter vorher eine **Frist mit Ablehnungsandrohung** gesetzt hat (AG Solingen, WuM 1984, 196).

Bei Verzug mit den Arbeiten ist der Mieter daher (möglichst schriftlich) aufzufordern, die zu bezeichnenden Arbeiten unter Setzung einer angemessenen Frist bis zu einem bestimmten Termin durchzuführen und anzukündigen, dass nach Ablauf der Frist ein Dritter diese Arbeiten auf seine Kosten durchführen wird.

2.11 Die Kosten der Beleuchtung (Nr. 11)

Hierzu gehören die Kosten des Stromes für die Außenbeleuchtung und die Beleuchtung der von den Bewohnern gemeinsam benutzten Gebäudeteile, wie Zugänge, Flure, Treppen, Keller, Bodenräume, Waschküchen. Stromkosten für die Beleuchtung der Zuwege sind ansetzbar, sofern die Leuchten auf Privatgelände und nicht auf öffentlichem Straßengrund stehen (LG Aachen, DWW 1993, 42).

Kosten für die Beleuchtung der Wohnung werden dagegen üblicherweise vom Mieter außerhalb der Miete unmittelbar getragen und fallen daher nicht dem Eigentümer an. Zu den Kosten des Stromes zählen neben den Verbrauchskosten auch die Grundgebühr, die Zählermiete sowie die anfallende Umsatzsteuer.

Dagegen gehören die Kosten für den **Ersatz von Beleuchtungskörpern sowie deren Teile** (z. B. Glühbirnen, Leuchtstofflampen) nicht zu den Betriebskosten, sondern zu den nicht umlagefähigen Instandhaltungskosten (OLG Düsseldorf, NZM 2000, 762).

Gleiches gilt für eventuelle Kosten der Bedienung der Beleuchtung, da diese Position in Nr. 11 nicht genannt ist.

2.12 Die Kosten der Schornsteinreinigung (Nr. 12)

Hierzu gehören die **Kehrgebühren** nach der maßgebenden Gebührenordnung, soweit sie nicht bereits als Kosten nach Nr. 4a (s. Abschnitt 2.4.1) berücksichtigt sind. Durch Rechtsverordnung der Länder (Kehr- und Überprüfungsordnungen) ist geregelt, welche Schornsteine, Feuerstätten, Lüftungsanlagen, etc. in welchen Zeitabständen gereinigt und geprüft werden müssen. Weiterhin ist durch Kehr- und Überprüfungsgebührenordnungen geregelt, welche Gebühren und Auslagen der Bezirksschornsteinfeger zu erheben hat.

Die anteiligen Kosten des Kaminkehrers muss der Mieter auch dann zahlen, wenn seine Wohnung nicht an den Schornstein angeschlossen ist (LG Düsseldorf, Az. 21 S 191/98, DWW 1999, 354). Kehrgebühren dürfen nach Nr. 12 aber nur angesetzt werden, soweit sie nicht bereits bei den Kosten des Betriebes der

Zentralheizungsanlage (Nr. 4a) berücksichtigt wurden. Dazu zählen nach der Neufassung (vgl. Abschnitt 2.4.1) auch die Kehrgebühren als Kosten der Abgasanlagen. Ebenso bestimmt die Neufassung des § 7 Abs. 2 HeizkostenV, dass diese Kehrgebühren zu den Heizkosten zählen.

Die Kehrgebühren sind somit grundsätzlich bereits unter Nr. 4a anzusetzen, mit der Folge, dass eine Umlage zusammen mit den übrigen Heizkosten mindestens zu 50 % nach dem erfassten Wärmeverbrauch erfolgt und die Kehrgebühren daher nicht mehr in vollem Umfang nach den Wohnflächen umgelegt werden können (zu den Kehr- und Überprüfungs-Verordnungen der Länder vgl. Hertle, ZMR 87, 321).

2.13 Die Kosten der Sach- und Haftpflichtversicherung (Nr. 13)

Hierzu gehören namentlich die Kosten der Versicherung des Gebäudes gegen Feuer-, Sturm- und Wasserschäden, der Glasversicherung, der Haftpflichtversicherung für das Gebäude, den Öltank und den Aufzug.

Aus dem Begriff „namentlich" in Nr. 13 geht hervor, dass Nr. 13 keine abschließende Aufzählung enthält. Daher können noch andere als die genannten Versicherungen unter Nr. 13 fallen, soweit sie dem Bereich der Sach- oder Haftpflichtversicherungen zugerechnet werden können und sich auf das **Gebäude** beziehen.

Nicht ansatzfähig sind daher die Prämien einer **Rechtsschutzversicherung** (vgl. OLG Düsseldorf, WuM 1995, 434). Ebenso nicht die Kosten einer **privaten Hausratversicherung**.

Unter den Begriff der Sachversicherung fallen auch **spezielle Versicherungen** für eine elektrische und elektronische Anlage (z. B. eine Versicherung, die Schäden an der Wechselsprechanlage, Aufzugsanlage oder Gemeinschaftsantennenanlage abdeckt); ferner auch eine Hausbock- und Schwammversicherung (AG Hamburg, WuM 1998, 352).

Für den Ansatz der Versicherungskosten ist es unerheblich, ob es sich um eine Pflichtversicherung oder um eine freiwillige Versicherung handelt.

In der mietvertraglichen Verpflichtung des Mieters, die (anteiligen) Kosten der **Gebäude**feuerversicherung zu zahlen, liegt die stillschweigende Beschränkung seiner Haftung für die Verursachung von Brandschäden auf Vorsatz und grobe Fahrlässigkeit (BGH, Urt. v. 13.12.1995, WuM 1996, 212 für **Wohnraum**mietverhältnisse sowie BGH, Beschl. v. 26.1.2000, NJW-RR 2000, 1110 für **gewerbliche** Mietverhältnisse). Gleiches gilt für die Verursachung von Haftpflichtschäden durch den Mieter (z. B. Glatteisunfall vor dem Haus wegen Verletzung der Streupflicht), wenn der Mieter vertraglich verpflichtet ist, die (anteiligen) Kosten der **Haftpflicht**versicherung des Eigentümers zu zahlen (LG Stuttgart, WuM 1998, 32); ebenso für die Verursachung von Frostschäden durch den Mieter oder seinen Erfüllungsgehilfen (Handwerker) bei Bestehen einer Leitungswasserversicherung (OLG Celle, NZM 1998, 728). Siehe auch BGH (Urt. v. 8.11.2000, Az. IV ZR 298/99, ZMR 2001, 175), wonach in der **Gebäudefeuerversicherung** ein konkludenter **Regressverzicht** des Versicherers gegeben ist, wenn der Wohnungsmieter einen Brandschaden durch lediglich **einfache Fahrlässigkeit** verursacht hat.

Der Regressschutz erfasst neben dem Mieter auch diejenigen Personen, gegen die nach der Wertung des § 67 Abs. 2 VVG ein Rückgriff des Versicherers ausgeschlossen ist, weil deren Inanspruchnahme durch den Versicherer mittelbar auch den Mieter wirtschaftlich treffen würde; also insbesondere Mitbewohner und Familienangehörige, aber auch den Partner einer nicht ehelichen Lebensgemeinschaft. **Nicht** geschützt werden dagegen Besucher des Mieters, Lieferanten oder Handwerker (vgl. OLG Hamm, Urt. v. 14.9.2000, Az. 6 U 87/00, ZMR 2001, 183).

2.14 Die Kosten für den Hauswart (Nr. 14)

Hierzu gehören die Vergütung, die Sozialbeiträge und alle geldwerten Leistungen, die der Eigentümer (Erbbauberechtigte) dem Hauswart für seine Arbeit gewährt, soweit diese nicht die Instandhaltung, Instandsetzung, Erneuerung, Schönheitsreparaturen oder die Hausverwaltung betreffen.

Der Hauswart, auch **Hausmeister** genannt, ist streng vom **Hausverwalter** zu unterscheiden, dessen Kosten nicht umlagefähig sind.

Während der Hausverwalter aufgrund vertraglicher Verpflichtung die zur Bewirtschaftung des Anwesens notwendigen Verwaltungsleistungen ausführt (z. B. Einziehung des Mietzinses, Abrechnung der Betriebskosten, Geschäftsverkehr mit Mietern und Behörden), erstreckt sich die Tätigkeit des Hauswartes auf Maßnahmen praktisch-technischer Art. Dementsprechend zählen folgende Tätigkeiten zu den **Hausmeisterarbeiten** (vgl. LG München I, Urt. v. 23.2.2000, Az. 15 S 9348/99, WuM 2000, 258): Haus-, Treppen- und Straßenreinigung, Reinigung von Bürgersteigen, technischen Räumen, Lichtschächten, Außenanlagen; Überwachen und Bedienen der Zentralheizung, Überwachen von Aufzügen; Schließen der nicht zu den Wohnungen gehörenden Fenster; Auswechseln defekter Glühlampen/Leuchtstoffröhren; Leerung der Mülltonnen und Papierkörbe; Durchführung kleinerer Reparaturen (LG München I, a.a.O. unter Hinweis auf Schmid, Handbuch der Mietnebenkosten, 3. A. 1997, Rn. 4132); bei größeren Wohnanlagen auch Pförtner- und Notdiensttätigkeiten (LG Köln, WuM 1997, 230). Dagegen sind folgende Tätigkeiten verwaltungsbezogen und zählen daher **nicht** zu den Hausmeisterarbeiten: Instandhaltung der Außenanlagen, Pflege des Maschinenparks, Überwachen des Bauzustandes, der Wärmemesser, der Schornsteinfeger, der Treppenhäuser und der laufenden Wartungsverträge, Anschaffung einheitlicher Namensschilder (LG München I, a.a.O.). Führt der Hauswart auch Tätigkeiten der Hausverwaltung aus, darf bei den Betriebskosten nur der Teil der Entlohnung an-

Betriebskosten

gesetzt werden, der auf die Tätigkeit als Hauswart entfällt. Der Mieter kann jedoch nicht verlangen, dass der Hausmeister ein Stundenbuch führt, in dem die umlagefähigen und nicht umlagefähigen Leistungen erfasst werden (LG Karlsruhe, WuM 1996, 230). Ansatzfähig sind das Arbeitsentgelt, die Sozialbeiträge, die Beiträge zur Unfallversicherung, die Kosten einer Vertretung bei Krankheit oder Urlaub sowie Sachleistungen. Zu den Sachleistungen zählt insbesondere der **Mietwert** einer unentgeltlich überlassenen **Wohnung** bzw. bei einer verbilligten Miete die Differenz zwischen dem Mietwert und der tatsächlich gezahlten Miete. Soweit der Eigentümer Arbeitsleistungen eines Hauswarts – nicht eines Hausverwalters – selbst ausführt, kann er den Betrag als Betriebskosten ansetzen, der für die gleichwertige Leistung eines Dritten angesetzt werden könnte (§ 27 Abs. 2 II. BV), nicht jedoch die Umsatzsteuer des Dritten.

2.15 Die Kosten des Betriebs der Gemeinschaftsantennenanlage (Nr. 15a) und der mit einem Breitbandkabelnetz verbundenen privaten Verteileranlage (Nr. 15b)

2.15.1 Zu den Kosten des Betriebes der Gemeinschaftsantennenanlage gehören die Kosten des Betriebsstromes und die Kosten der regelmäßigen Prüfung ihrer Betriebsbereitschaft einschließlich der Einstellung durch einen Fachmann oder das Nutzungsentgelt für eine nicht zur Wirtschaftseinheit gehörende Antennenanlage.

Der Betriebsstrom ist der zum Betrieb des Antennenverstärkers notwendige Strom, der entweder über einen eigenen Zähler oder anhand der technischen Daten des Verstärkers zu ermitteln ist. Die Kosten eines **Antennenwartungsvertrages** können angesetzt werden, soweit in dessen Rahmen die regelmäßige Prüfung der Betriebsbereitschaft und die Einstellung der Anlage erfolgt. **Nicht** ansatzfähig sind **Reparaturen**, unabhängig von der Ursache (Verschleiß, Sturmschäden etc.). Werden im Rahmen der Wartung auch Reparaturen ausgeführt, kann nur der auf die Wartung entfallende Teil angesetzt werden.

Hat der Vermieter die Gemeinschaftsantennenanlage von einem Dritten lediglich **gemietet**, kann die Miete als Betriebskosten angesetzt werden, zuzüglich Strom-, Prüfungs- und Einstellungskosten, soweit der Vermieter diese neben der Miete zu bezahlen hat.

2.15.2 Zu den Kosten des Betriebes der mit einem Breitbandkabelnetz verbundenen privaten Verteileranlage gehören die Kosten entsprechend Abschnitt 2.15.1; ferner die laufenden monatlichen Grundgebühren für Breitbandanschlüsse. Stromkosten können auch hier durch den Betrieb eines für einen einwandfreien Empfang notwendigen Verstärkers anfallen. Nicht umlagefähig sind nach Ansicht des AG Freiburg (WuM 1996, 285) die laufenden Kosten für einen Sperrfilter, der verhindert, dass der Mieter, der dem Kabelanschluss nicht zugestimmt hat, unberechtigterweise Programme aus dem Kabelnetz empfangen kann.

Von den umlagefähigen **laufenden monatlichen Grundgebühren** sind die nicht als Betriebskosten ansatzfähigen **einmaligen** Anschlussgebühren des Anwesens bzw. der Wohnung an das Breitbandkabel zu unterscheiden. Diese können jedoch im Wege einer Mieterhöhung wegen Modernisierung nach § 559 BGB (vgl. „Modernisierung", „Kabelfernsehen") angesetzt werden.

2.16 Die Kosten der maschinellen Wascheinrichtung (Nr. 16)

Hierzu gehören die Kosten des Betriebsstromes, die Kosten der Überwachung, Pflege und Reinigung der maschinellen Einrichtung, der regelmäßigen Prüfung ihrer Betriebsbereitschaft und Betriebssicherheit sowie die Kosten der Wasserversorgung entsprechend Nr. 2, soweit sie nicht dort bereits berücksichtigt sind (s. Abschnitt 2.2). Zu den maschinellen Wascheinrichtungen zählen Wasch- und Trockenmaschinen, Schleudern, Bügelautomaten und Ähnliches.

Die Betriebskosten umfassen die Stromkosten einschließlich der Zählermiete, die Wartungs- und Prüfungskosten sowie die Wasserkosten entsprechend Nr. 2 der Anlage 3. Diese sind grundsätzlich über einen separaten Verbrauchszähler zu ermitteln oder in hinreichender Weise festzustellen. Erfolgte keine Trennung von den übrigen Wasserkosten und sind diese daher bereits in Nr. 2 der Anlage 3 enthalten, ist ein Ansatz unter Nr. 16 nicht möglich. Werden die Betriebskosten auf alle Mieter umgelegt, müssen Einnahmen aus dem Münzbetrieb bei der Abrechnung gutgebracht werden (AG Hamburg, WuM 1993, 619).

2.17 Sonstige Betriebskosten (Nr. 17)

Darunter fallen die in den Nr. 1 bis 16 nicht genannten Betriebskosten, insbesondere die Betriebskosten von Nebengebäuden, Anlagen und Einrichtungen. In Betracht kommen folgende:

- Kosten für **Müllschlucker** oder maschinelle Müllbeseitigungsanlagen, z. B. Kosten für das Erneuern der Behälter, für die Reinigung und Wartung der Anlage.

- Kosten für **Feuerlöschgeräte**, z. B. für das Prüfen oder Erneuern des Lösch- oder Druckmittels in regelmäßigen Abständen (vgl. AG Köln, ZMR 1996, XII).

- Kosten für die regelmäßige Überwachung und Prüfung von **Blitzableitern**.

- Kosten für das regelmäßige **Reinigen von Dachrinnen**, wenn durch Laub von Bäumen eine Verstopfung des Ablaufes zu erwarten wäre (vgl. AG Berlin, GE 1996, 1435). Nicht umlagefähig ist dagegen das Reinigen zum Zwecke der Anbringung eines neuen Anstriches, da es sich insoweit um eine Instandhaltungsmaßnahme handelt, sowie die außerturnusmäßige Reinigung infolge außergewöhnlicher Umstände (z. B. nach einem Sturm).

- Kosten für **Dachrinnenheizung**, z. B. Strom- u. Wartungskosten.

- Kosten für die (turnusmäßige) Wartung von Abflussrohren und Gullys sowie der Elektroanlage, da diese Arbeiten mit keinem Substanzeingriff verbunden und daher mit anderen Arbeiten im Sinne der Anlage 3 zu § 27 II. BV vergleichbar sind (AG Berlin, a.a.O.). **Nicht** umlagefähig sind dagegen die Kosten der Beseitigung eines konkreten Schadens, z. B. einer Verstopfung (vgl. „Verstopfung"); ferner nicht „Fensterwartungskosten", da solche Arbeiten zu den Instandhaltungskosten zu rechnen sind (AG Hamburg, HambGE 1996, 255).

- Kosten für die Wartung einer **Lüftungsanlage** einschließlich der Regelanlage (AG Köln, a.a.O.; LG Frankenthal, Urt. v. 19.5.1999, Az. 2 S 7/99, NZM 1999, 958).

- Betriebskosten für **Gemeinschaftseinrichtungen**, z. B. Schwimmbad, Sauna, Spielplatz, Hobbyraum, soweit diese allen Mietern zur Verfügung stehen.

Zur Umlagefähigkeit von **Bewachungskosten** bei Geschäftsräumen siehe OLG Celle, NZM 1999, 501 (a.A.: LG Hamburg, ZMR 1997, 358).

Die wirksame Umlage solcher „sonstigen Betriebskosten" erfordert die **genaue Bezeichnung** des Kostengegenstandes im Mietvertrag; nicht ausreichend ist die pauschale Anführung von „sonstigen Betriebskosten" (LG Osnabrück, WuM 1995, 434; LG Hannover, WuM 1991, 358; vgl. OLG Oldenburg, WuM 1995, 430; a.A.: LG Frankenthal, a.a.O., wonach die Kosten einer Lüftungsanlage auch dann umgelegt werden können, wenn sie nicht gesondert im Mietvertrag angeführt sind).

3 Sonderregelungen für das Gebiet der ehemaligen DDR

Beim Abschluss von Mietverträgen **nach** Inkrafttreten des Mietenüberleitungsgesetzes (MÜG – BGBl. I S. 748, abgedruckt in WuM 1995, 359 ff.) am **11.6.1995** gelten für die Umlage von Betriebskosten bzw. für Betriebskostenvorauszahlungen die **allgemeinen Vorschriften**, wonach hierfür eine ausdrückliche vertragliche Vereinbarung erforderlich ist.

Bei Mietverhältnissen, die **vor** dem 11.6.1995 abgeschlossen wurden, konnte der Vermieter Betriebskosten i.S. des § 27 II. BV auch nach diesem Zeitpunkt bis zum 31.12.1997 durch schriftliche Erklärung auf den Mieter umlegen und hierfür Vorauszahlungen in angemessener Höhe verlangen. Sind bis zu diesem Zeitpunkt Betriebskosten umgelegt oder angemessene Vorauszahlungen verlangt worden, gilt dies als vertraglich vereinbart. Dem Vermieter blieb damit **bis zum 31. 12. 1997** die von der Betriebskostenumlage-Verordnung (nunmehr außer Kraft) geschaffene Möglichkeit erhalten, Betriebskosten einseitig auf den Mieter umzulegen und entsprechende Vorauszahlungen zu verlangen.

Betriebskostenabrechnung → *„Abrechnung der Betriebskosten"*
Beweislast → *„Verschlechterung der Mietsache"*

Beweissicherung

Beweissicherung ist die vorsorgliche Beweisaufnahme vor Beginn eines möglichen Prozesses und dient der Feststellung tatsächlicher Umstände (z. B. Zustand der Mietsache bei Rückgabe für Ersatzansprüche des Vermieters, Mängel von Handwerkerleistungen). Dagegen bleibt die Klärung der Rechtslage (z. B. ob ein entsprechender Anspruch besteht) dem Hauptverfahren vorbehalten.

Das Verfahren zur Sicherung des Beweises wurde durch das Rechtspflege-Vereinfachungsgesetz vom 17.12.1990 (BGBl. I S. 2849, 2850) mit Wirkung ab 1.4.1991 in den §§ 485 ff. ZPO neu geregelt und als **„Selbstständiges Beweisverfahren"** bezeichnet.

> Danach kann während oder außerhalb eines Streitverfahrens auf Antrag einer Partei die Einnahme des Augenscheins, die Vernehmung von Zeugen oder die Begutachtung durch einen Sachverständigen angeordnet werden, wenn der Gegner zustimmt oder zu besorgen ist, dass das Beweismittel verloren geht oder seine Benutzung erschwert wird (§ 485 Abs. 1 ZPO).

Die Voraussetzungen für die Durchführung eines selbstständigen Beweisverfahrens sind daher **nicht** gegeben, wenn der Mieter nur wissen will, zu welchem Prozentsatz die bestehenden Mängel eine Mietminderung rechtfertigen. Der **Prozentsatz einer Mietminderung** kann nicht Gegenstand eines selbstständigen Beweisverfahrens sein, da das selbstständige Beweisverfahren nicht als Druckmittel zur Durchsetzung einer rechtlichen Schlussfolgerung, z. B. Anerkennung der Mietminderung durch den Vermieter, sondern der Erhaltung des Beweismittels dient (LG Berlin, WuM 1991, 163). Vgl. aber KG Berlin (NZM 2000, 780), wonach im Rahmen eines selbstständigen Beweisverfahrens über den **Sachschaden** an einem Gebäude auch der Antrag auf Einholung eines Sachverständigengutachtens zur Höhe einer Mietminderung als Teil des Sachschadens zulässig ist. Dagegen können **Mängel** durch ein selbstständiges Beweisverfahren festgestellt und bewertet werden, damit dann in einem anschließenden Rechtsstreit der Umfang der Minderung bestimmt werden kann (KG Berlin, Beschl. v. 15.2.1999, GE 1999, 643). Dies ist sinnvoll, wenn streitig ist, ob ein Mangel überhaupt vorliegt bzw. wer ihn zu vertreten hat (z. B. bei Feuchtigkeits- und Schimmelschäden). Unzulässig ist ein selbstständiges Beweisverfahren zur Prüfung der Frage, ob die für eine Wohnung vereinbarte Miete die ortsübliche Miete um mehr als 50 % übersteigt, da sich das

Verfahren nicht auf die Feststellung des Wertes einer Sache richtet (LG Köln, NJWE 1996, 268).

Ist ein Rechtsstreit **noch nicht** anhängig, kann eine Partei die schriftliche Begutachtung durch einen Sachverständigen beantragen, wenn sie ein **rechtliches Interesse** daran hat, dass festgestellt wird: der Zustand einer Person oder der Zustand oder Wert einer Sache (z. B. einer Wohnung); die Ursache eines Personenschadens, Sachschadens oder Sachmangels (z. B. von Feuchtigkeit in der Wohnung); der Aufwand für die Beseitigung eines Personen-, Sachschadens oder Sachmangels. Der Begriff des rechtlichen Interesses ist **weit** zu verstehen (LG Saarbrücken, WuM 1992, 144). Nach § 485 Abs. 2 ZPO ist ein rechtliches Interesse anzunehmen, wenn die Feststellung der Vermeidung eines Rechtsstreits dienen kann.

Ist ein Rechtsstreit **noch nicht anhängig**, so ist der Antrag bei dem Gericht zu stellen, das nach dem Vortrag des Antragstellers zur Entscheidung in der Hauptsache berufen wäre. In dem nachfolgenden Streitverfahren kann sich der Antragsteller auf die Unzuständigkeit des Gerichts **nicht berufen**.

Ist ein Rechtsstreit **anhängig**, ist der Antrag beim Prozessgericht zu stellen.

In Fällen dringender Gefahr kann der Antrag auch bei dem Amtsgericht gestellt werden, in dessen Bezirk die zu vernehmende oder zu begutachtende Person sich aufhält oder die in Augenschein zu nehmende oder zu begutachtende Sache sich befindet.

Der Antrag kann vor der Geschäftsstelle zu Protokoll erklärt werden.

Der **Antrag** muss gem. § 487 ZPO enthalten:

Die Bezeichnung des Gegners (z. B. des Mieters); die Bezeichnung der Tatsachen, über die Beweis erhoben werden soll (z. B. Schäden, Mängel der Mietsache); die Benennung der Zeugen oder die Bezeichnung der übrigen nach § 485 ZPO zulässigen Beweismittel; die Glaubhaftmachung der Tatsachen, die die Zulässigkeit des selbstständigen Beweisverfahrens und die Zuständigkeit des Gerichts begründen sollen.

Der Antrag auf Feststellung von Mängeln und deren Beseitigungsaufwand erfordert **nicht** die Angabe konkreter Sanierungsmaßnahmen und der für ihre Durchführung aufzuwendenden Kosten, da nach der neuen Fassung des § 485 Abs. 2 ZPO die Einholung eines Sachverständigengutachtens nicht davon abhängig ist, dass der Antragsteller schon vorbereitend eine detaillierte Feststellung z. B. über ein Privatgutachten oder einen Kostenvoranschlag veranlasst. Der Antrag muss lediglich soweit substantiiert sein, dass der Verfahrensgegenstand zweifelsfrei abgrenzbar ist und der Sachverständige Art und Umfang der übertragenen Tätigkeit einschätzen kann (KG Berlin, WuM 1992, 76).

Die Auswahl des Sachverständigen obliegt dem Gericht (§§ 492, 404 ZPO).

Die Kosten eines selbstständigen Beweisverfahrens gehören grundsätzlich, soweit sie einem bestimmten Rechtsstreit zuzuordnen sind, zu denen des Rechtsstreites (BGH, WuM 1985, 1361), sodass die unterliegende Partei die Kosten des selbstständigen Beweisverfahrens zu tragen, insbesondere der obsiegenden Partei die entstehenden Kosten zu erstatten hat (§ 91 ZPO).

Ist ein Rechtsstreit **nicht** anhängig, hat das Gericht nach Beendigung der Beweiserhebung auf Antrag ohne mündliche Verhandlung anzuordnen, dass der Antragsteller binnen einer zu bestimmenden Frist Klage zu erheben hat.

Kommt der Antragsteller dieser Anordnung nicht nach, hat das Gericht auf Antrag durch Beschluss auszusprechen, dass er die dem Gegner entstandenen Kosten zu tragen hat. Die Entscheidung kann ohne mündliche Verhandlung ergehen. Sie unterliegt der sofortigen Beschwerde (§ 494a ZPO).

Hat der Gegner im selbstständigen Beweisverfahren eine ihm mögliche Einwendung unterlassen, kann dies zu einer für ihn ungünstigen Verschiebung der Beweislast führen, da er dann im Hauptprozess beweisen muss, dass das Ergebnis des selbstständigen Beweisverfahrens unzutreffend ist, z. B. wenn er erst nachträglich die vom Sachverständigen im selbstständigen Beweisverfahren getroffene Feststellung der Verschmutzung von sanitären Anlagen bestreitet (OLG Düsseldorf, ZMR 1988, 174).

Nach der Neuregelung durch das Mietrechtsreformgesetz 2001 kann durch das selbstständige Beweisverfahren die **Verjährung** von Ansprüchen (z. B. auf Schadensersatz wegen Verschlechterung der Mietsache) **unterbrochen** werden (§ 548 Abs. 3 BGB; s. „Verjährung").

Im Rahmen des selbstständigen Beweisverfahrens ist auch eine **Streitverkündung** möglich. Diese ist insbesondere von Bedeutung, wenn z. B. für den Schaden an der Mietsache die Verantwortlichkeit eines Dritten (z. B. eines Untermieters) in Frage kommt. Die im Beweisverfahren unterlegene Partei kann dann dem Dritten das Beweisergebnis entgegenhalten, sodass eine weitere Beweisaufnahme über den gleichen Gegenstand ausscheidet (BGH, Urt. v. 5.12.1996, GE 1997, 366).

Blumen

Innerhalb der Mieträume darf der Mieter Blumen in beliebiger Art und Anzahl, auch ohne Einwilligung des Vermieters, halten, solange das Eigentum des Vermieters dadurch nicht beeinträchtigt wird (z. B. Schäden durch extreme Feuchtigkeitsentwicklung, die durch normales Lüften nicht mehr abgeführt werden kann).

> **Außerhalb** der angemieteten Räume (z. B. im Treppenhaus) dürfen Pflanzen nur mit Einwilligung des Vermieters aufgestellt werden, wobei ein Anspruch auf Erteilung der Einwilligung nicht gegeben ist. Entsprechendes gilt für das Anbringen von Blumenkästen an der Außenwand des Hauses und das Aufstellen solcher Kästen auf dem Fensterbrett vor den Fenstern.

Der gegenteiligen Auffassung, wonach der Mieter **Blumenkästen auf dem Fensterbrett** vor dem Fenster auch ohne Bewilligung des Vermieters aufstellen darf, kann nicht gefolgt werden, da Flächen außerhalb der Mieträume vom Mietgebrauch grundsätzlich nicht mehr umfasst werden und eine Beeinträchtigung des Eigentums des Vermieters oder anderer Personen naheliegend ist (z. B. Verschmutzung der Fassade durch herabtropfendes Gießwasser oder abgespülte Erde). Weiterhin kann dem Mieter auch zugemutet werden, Blumen lediglich innerhalb der Mieträume aufzustellen.

Stellt der Mieter ohne Einwilligung des Vermieters Pflanzen außerhalb der Mieträume auf, kann der Vermieter Beseitigung innerhalb angemessener Frist fordern.

Boiler → „Betriebskosten", Abschnitt 2.5.3

Bote

Im Mietrecht spielt der Bote, insbesondere bei der **Zustellung** von Schriftstücken, eine wichtige Rolle. Bote kann jede (möglichst volljährige) Person sein, die nicht Vertragspartner ist.

> Wird bestritten, dass ein Schriftstück zugegangen bzw. fristgerecht zugegangen ist, liegt die **Beweislast** für den Zugang bzw. den fristgerechten Zugang bei demjenigen, der sich darauf beruft.

Bestreitet der Mieter z. B., dass ihm die Kündigung des Vermieters noch spätestens am 3. Werktag eines Monats (§ 573 c Abs. 1 BGB) zugegangen ist und behauptet der Mieter einen Zugang zu einem späteren Zeitpunkt, sodass die Kündigungserklärung verfristet wäre, ist der Vermieter für den rechtzeitigen Zugang beweispflichtig.

Weder für **normale Postsendungen**, **noch für Einschreiben** besteht ein Beweis des ersten Anscheins, dass eine zur Post gegebene Sendung den Empfänger auch zu einem bestimmten Zeitpunkt erreicht hat (BGH, NJW 64, 1176). Auch ein **Einschreiben mit Rückschein** gilt nicht als zugegangen, wenn wegen Abwesenheit des Empfängers nicht ausgehändigt und nur ein Benachrichtigungszettel hinterlassen wird (BAG, NJW 63, 554; OLG Hamm, Versicherungsrecht 82, 1070).

Die Zustellung durch Boten ist auch ratsam, wenn der **fristgerechte** Zugang sichergestellt werden soll.

> Bei Zustellung durch einen Boten trägt das Original über der Anschrift des Empfängers den Vermerk „**Zugestellt durch Boten**". Auf der Durchschrift bestätigt der Bote durch seine Unterschrift, dass er das Original dieses Schriftstückes durchgelesen und am ... um ... in den Briefkasten der Wohnung ... eingeworfen hat.

Der Bote muss den Inhalt des zuzustellenden Schriftstückes kennen und dieses so in den Bereich des Empfängers bringen, dass dieser die Möglichkeit hat, vom Inhalt der Erklärung Kenntnis zu nehmen (BGHZ 67, 275; BAG, NJW 84, 1651). Zum Bereich des Empfängers gehören hierbei die von diesem zur Entgegennahme von Erklärungen bereitgehaltenen Einrichtungen, wie z. B. der Briefkasten. Wirft der Bote des Vermieters das Schriftstück (z. B. Kündigung, Mieterhöhungsverlangen), dessen Inhalt ihm bekannt ist, in den Briefkasten des Mieters ein, **gilt** dieses grundsätzlich auch dann als zugegangen (§ 130 Abs. 1 BGB), wenn der Empfänger wegen Abwesenheit nicht in der Lage war, vom Inhalt der Erklärung Kenntnis zu nehmen (vgl. BAG, AP Nr. 7 und 8; OLG Hamm, MDR 81, 965; s. auch „Kündigung", Abschnitt 1.8).

Die Zustellung durch einen Boten ist daher insbesondere dann zu empfehlen, wenn damit zu rechnen ist, dass der Empfänger die Annahme des Schriftstückes **verweigern** wird. Gleiches gilt, wenn der Empfänger die Annahme bereits verweigert hat und das Schriftstück daher von der Post zurückgesandt wurde.

> Im Streitfall ist der Bote **Zeuge** dafür, dass und wann ein Schriftstück zugestellt wurde.

Brand → *„Verschlechterung der Mietsache"*

Breitbandkabel → *„Kabelfernsehen"*

Briefkästen

Verfügt die Wohnung über keinen separaten Briefkasten, ist der Mieter zur Montage eines Briefkastens außerhalb der Wohnungstüre berechtigt, wobei dem Vermieter die Auswahl eines geeigneten Platzes obliegt.

Dies gilt nicht, wenn eine Hausbriefkastenanlage vorhanden ist. In diesem Fall hätte der Mieter auch keinen Anspruch gegenüber der Post auf Zustellung in den Wohnungsbriefkasten (OVG Berlin, ZMR 1972, 141). Nach einem Urteil des LG Mannheim (WuM 1976, 231) ist nicht nur der Mieter zur Montage eines eigenen Briefkastens berechtigt, sondern der Vermieter auch verpflichtet, dem Mieter einen separaten Briefkasten zur Verfügung zu stellen.

> Ausreichend ist, dass der Briefkasten zum vertragsgemäßen Gebrauch geeignet ist. Daher besteht **kein Anspruch auf eine bestimmte Ausführung**, z. B. nach der DIN-Norm, die u.a. Größe, Beschriftung und Verschließbarkeit regelt (AG Münster, WuM 87, 53).

Der Vermieter ist auch nicht verpflichtet, im Hauseingangsbereich eines Mehrfamilienhauses Hausbriefkästen zu installieren, wenn der Postbedienstete durch geeignete Vorrichtungen (z. B. Türeinwurf, Wohnungsbriefkasten) in der Lage ist, die Post für jede Wohnung direkt zuzustellen (AG Flensburg, WuM 1996, 215).

Bruttomiete → *„Miete"*

Bürgschaft

Die Bürgschaft ist neben der Kaution (vgl. „Kaution") die häufigste Form der Sicherheitsleistung des Mieters an den Vermieter. Sie dient der Absicherung der Ansprüche des Vermieters aus dem Mietverhältnis. Die Bürgschaft kann vom Vermieter nicht einseitig durch Verwertung in eine Barkaution verwandelt werden (OLG Düsseldorf, DWW 1992, 213). Ein grundsätzlicher Nachteil der Bürgschaft gegenüber einer Barkaution besteht darin, dass der Nennbetrag der Bürgschaft während der gesamten Dauer des Mietverhältnisses unverändert bleibt. Dagegen wachsen bei der Barkaution die Zinsen der Kaution zu, führen somit zu einer Erhöhung der Sicherheit (vgl. „Kaution") und gleichen zumindest einen Teil des Kaufkraftverlustes aus.

Durch den Bürgschaftsvertrag verpflichtet sich der Bürge gegenüber dem Vermieter, für die Erfüllung der Verbindlichkeiten des Mieters einzustehen. Dabei kann die Bürgschaft auch für eine künftige oder eine bedingte Verbindlichkeit übernommen werden (§ 765 BGB).

Eine Mitwirkung des Mieters als Hauptschuldner ist nicht notwendig. Der Bürgschaftsvertrag wird im Hinblick auf die Zahlungsfähigkeit in der Regel **mit einer Bank geschlossen;** jedoch kann die Bürgschaft auch von jedem **Dritten** geleistet werden, z. B. vom Vater für seinen studierenden Sohn.

Die Bürgschaft bedarf gem. § 766 BGB der **Schriftform**, wobei die neuere Rechtsprechung des BGH besonders strenge Anforderungen an die Einhaltung der Schriftform stellt (BGH, Urt. v. 29.2.1996, MDR 1996, 810). Danach ist die Schriftform nur gewahrt, wenn die Bürgschaftsurkunde außer dem Willen, für eine fremde Schuld einzustehen auch die Bezeichnung des Gläubigers (Vermieter), des Hauptschuldners (Mieter) sowie der verbürgten Forderung (Ansprüche aus dem Mietverhältnis) enthält. Die Übergabe eines Blankoformulars genügt nicht. Der Bürge kann das Bürgschaftsformular zwar blanko unterzeichnen und einen Dritten ermächtigen, die Urkunde in dem erforderlichen Umfang zu ergänzen, jedoch muss dann auch die Vollmacht zur Ergänzung der Urkunde (abweichend von § 167 Abs. 2 BGB) **schriftlich** erteilt werden. Gleiches gilt für die Bevollmächtigung eines Dritten zur Abgabe der Bürgschaftserklärung. Diese Grundsätze gelten auch für ältere Bürgschaften (BGH, a.a.O.).

Für die Verpflichtung des Bürgen ist der jeweilige Bestand der Hauptverbindlichkeit maßgebend (§ 767 Abs. 1 BGB). Durch ein Rechtsgeschäft, das der Hauptschuldner nach der Übernahme der Bürgschaft vornimmt, wird die Verpflichtung des Bürgen nicht erweitert (§ 767 Abs. 1 S. 3 BGB). Eine Mietbürgschaft umfasst daher nur die Miete für die Dauer der vereinbarten Mietzeit einschließlich einer bereits bei Bürgschaftsübernahme vorgesehenen Verlängerung und einschließlich einer evtl. Nutzungsentschädigung (§ 546 a

Abs. 1 BGB) nach Ablauf der Mietzeit, nicht aber die Miete für die Zeit einer stillschweigenden Verlängerung des Mietverhältnisses (§ 545 BGB) oder einer zwischen den Parteien vereinbarten Vertragsfortsetzung (LG Gießen, WuM 1994, 673).

Der Bürge kann die dem Mieter zustehenden Einreden geltend machen (§ 768 Abs. 1 BGB). Er kann dem Anspruch des Vermieters die Einrede der Verjährung der Hauptforderung entgegenhalten, da eine entsprechende Anwendung des § 390 S. 2 BGB auf Bürgschaften von der Rechtsprechung abgelehnt wird (BGH, Urt. v. 28.1.1998, WuM 1998, 224; OLG Hamm, ZMR 1995, 255). Anders ist die Rechtslage bei der Barkaution. Hier kann der Vermieter gegen den Kautionsrückzahlungsanspruch des Mieters nach § 390 S. 2 BGB auch mit verjährten Ansprüchen aufrechnen (s. „Verjährung" und „Kaution").

Der Bürge leistet bei mehreren gegen den Hauptschuldner bestehenden Forderungen **im Zweifel** auf die im Zeitpunkt der Zahlung fällige Schuld (OLG Düsseldorf, DWW 1992, 213).

Der Bürge kann auch die Befriedigung des Vermieters verweigern, solange nicht der Vermieter eine Zwangsvollstreckung gegen den Mieter ohne Erfolg versucht hat (§ 771 BGB; sog. „Einrede der Vorausklage").

Zu empfehlen ist daher der Abschluss einer „**selbstschuldnerischen Bürgschaft**". In diesem Fall verzichtet der Bürge auf die „Einrede der Vorausklage", sodass der Vermieter **sofort den Bürgen** in Anspruch nehmen kann und nicht erst gegen den Mieter als Hauptschuldner vorgehen muss (vgl. § 573 Abs. 1 Nr. 1 BGB).

Wird bei einem Mietvertrag über **Geschäfts**räume die selbstschuldnerische Bürgschaft „für alle Verpflichtungen aus diesem Vertrag" übernommen, gehören dazu auch die Kosten des Räumungsrechtsstreits einschließlich der Kosten der Räumung des Mieters (LG Hamburg, Urt. v. 22.6.2000, Az. 334 O 107/99, ZMR 2000, 764).

Weiter kann vereinbart werden, dass der Bürge auf sämtliche ihm zustehenden Einreden, insbesondere auch der Anfechtbarkeit und Aufrechenbarkeit (§§ 768, 770 BGB) verzichtet und auf erstes Anfordern durch den Vermieter zahlt. Ferner sollte vereinbart werden, dass die Bürgschaft auch verjährte Forderungen des Vermieters sichert (wie es bei der Barkaution der Fall ist) und die Bürgschaft vom Bürgen nicht vor vollständiger Rückgabe der Mietsache bzw. einer bestimmten Zeit danach beendet werden kann. Bei zeitlicher Befristung der Bürgschaft auf einen bestimmten Zeitraum nach Beendigung des Mietverhältnisses muss berücksichtigt werden, dass der Bürge zwar für alle Verbindlichkeiten haftet, die vor Ablauf der Befristung fällig geworden sind (z. B. für rückständige Mieten, für Schadensersatzansprüche wegen unterlassener Schönheitsreparaturen selbst dann, wenn die Nachfrist erst nach Ablauf der Bürgschaft endet – vgl. § 767 Abs. 1 S. 2 BGB); der Bürge jedoch nicht mehr haftet, wenn eine Forderung erst nach Ablauf der Befristung fällig wird, z. B. eine Nachforderung aus einer Betriebskostenabrechnung, die mangels Vorliegen der entsprechenden Daten erst nach Ablauf der Befristung erteilt werden konnte.

Bei Wohnraummietverhältnissen besteht eine **erhebliche Einschränkung**, da die Bürgschaft eine Sicherheit i.S.v. § 551 BGB darstellt mit der Folge, dass die Begrenzung der gesamten, durch den Mieter zu leistenden Sicherheit auf das **Dreifache** der Monatsmiete auch für die Bürgschaft gilt.

> Daher ist die Vereinbarung, **nebeneinander** eine Barkaution und eine Bürgschaft zu stellen, **unzulässig**, wenn und soweit beide Sicherheiten betragsmäßig zusammengenommen die Summe von **3 Monatsmieten** überschreiten.

Der gleichwohl geschlossene Bürgschaftsvertrag ist nach §§ 551, 134 BGB ebenfalls nichtig (OLG Köln, Urt. v. 30.8.1988, WuM 1989, 136). Dies ergibt sich aus dem Zweck des § 551 BGB, den Mieter vor zu hohen Belastungen durch Sicherheitsleistungen zugunsten des Vermieters zu schützen, der ohnehin durch sein Pfandrecht nach § 562 BGB eine – vielfach allerdings wohl unzureichende – Sicherheit besitzt. Abgesehen davon würde der Abschluss neuer Mietverträge wesentlich erschwert, wenn der Vermieter berechtigt wäre, neben einer Barkaution bis zur Höhe von 3 Monatsmieten eine der Höhe nach unbeschränkte Bürgschaft zu fordern.

Die Abrede über die Stellung einer Bürgschaft stellt auch eine **zum Nachteil des Mieters** abweichende Vereinbarung i.S.d. § 551 Abs. 4 BGB dar, weil dieser die Bürgschaft eines Dritten beibringen soll, die im Haftungsumfang die Begrenzung des § 551 Abs. 1 BGB übersteigt. Das gilt auch dann, wenn der Dritte die Bürgschaft für den Mieter unentgeltlich geleistet hat.

In den Fällen der schenkweise gewährten Bürgschaft hat der Mieter nicht lediglich den Wechsel des Gläubigers nach § 774 BGB zu gewärtigen, vielmehr stellt es bereits einen Nachteil dar, dass der Mieter genötigt ist, den Dritten als Bürgen zu stellen und deshalb dessen Bereitschaft, für ihn unentgeltliche Leistungen zu erbringen, nicht mehr für andere Zwecke nutzen kann (OLG Köln, a.a.O.).

Wenngleich § 551 Abs. 4 BGB unmittelbar nur die Abrede zwischen Vermieter und Mieter betrifft, so ist doch auch der von den Parteien geschlossene **Bürgschaftsvertrag nichtig**. Die genannte Vorschrift ist als Verbotsnorm im Sinne des § 134 BGB anzusehen, die zur Unwirksamkeit auch des Geschäfts führt, durch das die nichtige Sicherungsabrede erfüllt werden soll. Zwar ist ein Rechtsgeschäft, bei dem nur ein Partner gegen ein gesetzliches Verbot verstößt und der andere nicht durch dieses Verbot geschützt werden soll, in der Regel nicht unwirksam, jedoch kann nach Sinn und Zweck der jeweiligen Verbotsnorm auch ein solches nur einseitig verbotswidriges Geschäft der Nichtigkeit nach § 134 BGB anheimfallen. Das gilt auch für einen Bürgschaftsvertrag, durch den eine gegen § 551 BGB verstoßende Sicherheitsabrede erfüllt wird.

Ohne die Nichtigkeitsfolge bestünde die Gefahr, dass der Schutz des § 551 BGB bei Sicherungsleistungen durch Bürgen weitgehend unterlaufen würde. Wäre der Bürgschaftsvertrag nicht unwirksam, wäre der Vermieter nicht gehindert, sich aus dieser Sicherheit zu befriedigen. Das könnte allenfalls dadurch verhindert werden, dass der Mieter die Bürgschaft bei dem Vermieter kondiziert (d. h. im Wege der ungerechtfertigten Bereicherung zurückfordert).

Hierzu wäre er wegen der Unwirksamkeit der zugrunde liegenden Sicherungsabrede rechtlich in der Lage. Ein solches Verhalten ist jedoch bei den rechtlich meist unerfahrenen Mietern regelmäßig nicht zu erwarten. Da er sich deshalb in der Regel trotz der Nichtigkeit der zugrunde liegenden Sicherheitsabrede gem. § 551 BGB aus der Bürgschaft Befriedigung verschaffen könnte, bestünde für den Vermieter kaum Veranlassung, davon abzusehen, derartige unzulässige Sicherheiten zu verlangen, wenn der Bürgschaftsvertrag nicht unwirksam wäre (OLG Köln, a.a.O.).

> Zwar hat der BGH (Urt. v. 20.4.1989, DWW 1989, 255) die Frage der Unwirksamkeit auch des Bürgschaftsvertrages ausdrücklich offen gelassen, jedoch betont, dass der Mieter verlangen kann, den Bürgen über den Betrag von **drei Monatsmieten** hinaus nicht in Anspruch zu nehmen, wenn der Vermieter den Abschluss eines Mietvertrages über Wohnraum davon abhängig gemacht hat, dass der Mieter neben einer Barkaution zusätzlich eine Bürgschaft stellt.

Dieses Recht des Mieters kann auch der Bürge einredeweise (§ 768 Abs. 1 BGB) geltend machen (BGH, a.a.O.). Eine Ausnahme besteht nach dem Urteil des BGH vom 7. 6. 1990 (Az. IX ZR 16/90, NJW 1990, 2380) dann, wenn der Dritte – im vorliegenden Fall der Vater des eine Wohnung suchenden Studenten – **von sich aus** und unaufgefordert dem Vermieter eine Bürgschaft für den Fall des Vertragsschlusses zusagt, nachdem von diesem der Abschluss bereits einmal abgelehnt worden ist.

Hier hatte der Vermieter keine Bürgschaft verlangt, sie wurde ihm vielmehr vom Vater des Mietinteressenten **angeboten**, um Bedenken des Vermieters gegen die Bonität seines Sohnes auszuräumen.

Es widerspricht nicht dem Schutzzweck des § 551 BGB, wenn Eltern für ihre Kinder – anstelle einer Anmietung im eigenen Namen – von sich aus einem Vermieter eine Bürgschaft für den Fall eines Vertragsschlusses zusagen. Dies gilt zumindest dann, wenn mit einer solchen Bürgschaft erkennbar keine besonderen Belastungen für den Mieter verbunden sind (BGH, a.a.O.).

Der BGH hat seine Entscheidung in folgendem Leitsatz zusammengefasst:

„Gibt unaufgefordert ein Dritter dem Vermieter eine Bürgschaft unter der Bedingung, dass ein Wohnraummietvertrag zustande kommt, und wird dadurch der Mieter nicht erkennbar belastet, so ist die Bürgschaft nach Eintritt der Bedingung wirksam. Der Vermieter kann den Bürgen auf Zahlung in Anspruch nehmen, wenn der Mieter seinen vertraglichen Verpflichtungen nicht nachkommt."

Bei Beendigung des Mietverhältnisses ist der Mieter für eine Klage auf **Herausgabe der Bürgschaftsurkunde** nicht aktiv legitimiert. Dieser Anspruch steht nach Erlöschen der Bürgschaftsverpflichtung allein dem Bürgen zu (§ 371 BGB). Der Mieter kann aus eigenem Recht nur Klage auf Rückgabe der Urkunde an den Bürgen erheben (LG Düsseldorf, DWW 2000, 26).

Der besondere **Gerichtsstand** des § 29a Abs. 1 ZPO, wonach das Gericht, in dessen Bezirk sich die Räume befinden, ausschließlich zuständig ist, gilt nicht für die Haftung des **Bürgen**. Insofern verbleibt es bei dem **allgemeinen** Gerichtsstand des § 13 ZPO, wonach das Gericht am Wohnsitz des Beklagten (hier: des Bürgen) zuständig ist (BayObLG, Beschl. v. 13.9.1999, Az. 4 Z AR 27/99, WuM 2000, 137).

Nach **Beendigung** des Mietverhältnisses wird der Anspruch des Mieters auf Rückgabe der geleisteten Bürgschaft erst nach Ablauf bestimmter **Fristen** fällig. Insofern gelten die Ausführungen zu „Kaution", Abschnitt 7 – Fälligkeit des Kautionsrückzahlungsanspruches" entsprechend.

Auch bei einem Zugriff des Vermieters auf die Bürgschaft hat der Mieter erst **nach Ablauf** dieser Fristen Anspruch auf Erteilung einer endgültigen Abrechnung. Vorzeitige Verrechnungsversuche des Mieters sind daher grundsätzlich bedeutungslos (OLG Düsseldorf, ZMR 2000, 602).

Darlehen des Mieters → *„Mieterdarlehen"*

Denkmalschutz

Baudenkmäler sind Gebäude oder Teile davon aus vergangener Zeit einschließlich dafür bestimmter historischer Ausstattungsstücke, deren Erhaltung wegen ihrer geschichtlichen, künstlerischen, städtebaulichen, wissenschaftlichen oder volkskundlichen Bedeutung im Interesse der Allgemeinheit liegt (vgl. z. B. Art. 1 Bayerisches Denkmalschutzgesetz).

Wurde ein Anwesen unter Denkmalschutz gestellt, bedarf jede Beseitigung oder Veränderung von geschützten Teilen sowohl im Außen- als auch im Innenbereich der Erlaubnis der zuständigen Behörde.

Dabei kann sich die Erhaltungswürdigkeit eines Baudenkmals auch daraus ergeben, dass ein Haus nach dem Erscheinungsbild die historische städtebauliche Substanz veranschaulicht, wie sie auf Stichen aus früherer Zeit dargestellt ist (BayObLG, Beschl. v. 9.4.1992, NJW 1993, 341).

Die Erlaubnispflichtigkeit bzw. Genehmigungsfähigkeit einer beabsichtigten Maßnahme sollte daher vorab mit der Behörde abgeklärt werden (vgl. z. B. Bekanntmachung über den Vollzug des Art. 11 Bayerische Bauordnung und des Denkmalschutzgesetzes; Einbau von Einscheibenfenstern in historische Gebäude vom 23. 3. 1977, MABl S. 315, KMBl I S. 112). Näheres zum Denkmalschutz s. HuG, Gruppe 8/Untergruppe III.

Dienstwohnung → *„Werkswohnungen, Herausgabeanspruch gegen Dritte"*

Dingliches Wohnrecht

Inhaltsübersicht		Seite
1	Begründung	D 2
2	Inhalt und Umfang	D 2
3	Vermietung an Dritte	D 3
4	Mitbenutzung gemeinschaftlicher Anlagen und Einrichtungen	D 5
5	Übertragbarkeit	D 5

1 Begründung

Wenn dem Benutzer einer Wohnung eine stärkere Rechtsstellung verschafft werden soll, als es beim Abschluss eines Mietvertrages der Fall ist, kommt die Vereinbarung eines Wohnrechtes in Betracht. Soll dieses auch gegenüber einem eventuellen Käufer des Grundstückes wirken, bedarf es der Eintragung in das Grundbuch (**dingliche** Sicherung; § 1093 BGB).

In der Praxis werden Wohnrechte vor allem dann begründet, wenn ein Grundstück überlassen wird (z. B. an die **Kinder** im Rahmen einer **vorweggenommenen Erbfolge**) und sich der Überlassende ein lebenslanges Gebrauchsrecht an einer Wohnung des Gebäudes sichern will (Altenteil).

Hier bleibt das Wohnrecht auch bei einer **Zwangsversteigerung** bestehen (OLG Hamm, RP 86, 270).

2 Inhalt und Umfang

Nach § 1093 Abs. 1 BGB ist der Benutzer berechtigt, das Gebäude oder einen Teil des Gebäudes (z. B. einzelne Räume) unter Ausschluss des Eigentümers als Wohnung zu benutzen. Der Vorteil für den Benutzer liegt insbesondere darin, dass er vor Kündigung des Eigentümers oder eines Rechtsnachfolgers (z. B. wegen Eigenbedarfes) geschützt wird.

Das dingliche Wohnrecht kann auch auflösend **bedingt** bestellt werden, sodass es bei Eintritt einer festgelegten Bedingung erlischt, z. B. wenn der Wohnberechtigte infolge Umzuges in ein Altenheim das Anwesen nicht nur vorübergehend verlässt (BayObLG, Beschl. v. 7.8.1997, WuM 1998, 34).

Das Wohnrecht kann **entgeltlich oder unentgeltlich** vereinbart werden; dabei sollte auch eine klare Vereinbarung getroffen werden, ob und welche Betriebskosten der Wohnberechtigte tragen soll und inwieweit er zur Unterhaltung des Gebäudes und der Räume verpflichtet ist.

Soweit eine Vereinbarung fehlt, gilt die **gesetzliche Regelung:** Gesetzlich ist der Berechtigte zu schonender Ausübung (§§ 1090 Abs. 2, 1020 S. 1 BGB) und zur Unterhaltung der Wohnung im Rahmen der §§ 1093 Abs. 1 S. 2, 1041 BGB verpflichtet, d.h. Ausbesserungen und Erneuerungen an den Räumen hat er nur durchzuführen, soweit sie zur **gewöhnlichen** Unterhaltung der Sache gehören, z. B. laufende Anstricharbeiten, Ersetzen zerbrochener Fensterscheiben, Beseitigung geringer Schäden und sonstige gewöhnliche Reparaturen (Münchner Kommentar, § 1041 Rn. 2). Dagegen ist er zur Vornahme **außergewöhnlicher** Maßnahmen nicht verpflichtet, sodass diese dem Eigentümer verbleiben, z. B. umfangreiche Innen- und Außenputzarbeiten, Instandsetzung des gesamten Daches, Anbringung einer Wärmedämmung, Instandsetzung und Erneuerung der elektrischen Anlage (Münchner Kommentar, a.a.O.). Von den Wohnungs**nebenkosten** muss der Berechtigte die durch die Benutzung der Wohnung verursachten Betriebskosten tragen (Heizung, Müll, Wasser; vgl. Palandt, Rn. 10 zu § 1093 BGB). Die Parteien können jedoch vertraglich abweichende Regelungen treffen und auch vereinbaren, dass der Eigentümer die Kosten von Nebenleistungen (z. B. Schönheitsreparaturen, Heizungs-, Strom- und Wasserkosten) trägt. Eine solche vertragliche Verpflichtung des Eigentümers ist als Inhalt des Wohnrechtes im Grundbuch eintragungsfähig (OLG Schleswig, Beschl. v. 9.6.1994, WuM 1995, 44).

Im Übrigen können die Parteien **Inhalt und Umfang** des Wohnrechtes **frei** bestimmen. Daher ist auch eine Vereinbarung zulässig, wonach der Eigentümer die Einwilligung zur vorzeitigen Löschung des Wohnrechts verlangen kann, wenn der Wohnberechtigte mit der Zahlung des Nutzungsentgeltes oder der Nebenkosten in Verzug kommt. Eine solche Vereinbarung bedarf nicht der notariellen Beurkundung und verstößt auch nicht gegen den Charakter des grundsätzlich lebenslänglichen Wohnrechtes (OLG Köln, WuM 1998, 165).

Der Berechtigte ist befugt, seine Familie, die zur standesgemäßen Bedienung und zur Pflege erforderlichen Personen sowie seinen Verlobten oder Lebensgefährten in die Wohnung **aufzunehmen** (§ 1093 Abs. 2 BGB; BGH, WuM 1982, 310). Weiterhin bedarf auch die vorübergehende Aufnahme eines Besuches keiner Gestattung. Dagegen darf sonstigen Dritten die Allein- oder Mitbenutzung nur bei Gestattung des Eigentümers überlassen werden (§ 1092 Abs. 1 S. 2 BGB).

3 Vermietung an Dritte

Gleiches gilt für die **Vermietung**. Bei einer unerlaubten Vermietung kann der Eigentümer Unterlassung verlangen; die Miete steht aber auch in diesem Fall dem Inhaber des Wohnrechts zu (OLG Oldenburg, Urt. v. 11.1.1994, ZMR 1994,

507). Hat der Eigentümer die Räume nach Auszug des heimpflege- und sozialhilfebedürftig gewordenen Berechtigten mit dessen Zustimmung vermietet, steht dem **Sozialamt** rechtlich kein Anspruch aus übergeleitetem Recht auf die Mieteinnahmen des Eigentümers zu. Der Eigentümer ist auch nicht verpflichtet, eine Vermietung durch den Wohnberechtigten oder das Sozialamt zu gestatten (§ 1092 Abs. 1 S. 2 BGB; OLG Oldenburg, Urt. v. 3.5.1994, WuM 1995, 591).

Ausnahmsweise kann der Inhaber des Wohnrechts auch ohne Vorliegen einer Gestattung berechtigt sein, die Räume bei unvorhergesehener persönlicher Verhinderung (z. B. stationäre Pflegebedürftigkeit) einem Dritten zu überlassen. Das Bestehen eines solchen Rechts hängt davon ab, ob nach Lage und Art der Räume eine Nutzung durch andere Personen ohne Beeinträchtigung des Eigentümers möglich ist (vgl. auch OLG Köln, FamRZ 1991, 1433) und ob der Wohnberechtigte sich in einer existenzbedrohenden **Notlage** befindet, sodass er auf die durch Vermietung oder sonstige Nutzung zu erzielenden Erträge dringend angewiesen ist (OLG Köln, Beschl. v. 6.2.1995, DWW 1995, 112). Zwar besteht auch in diesem Fall keine Verpflichtung des Eigentümers, die Räume selbst zu benutzen und dafür eine Nutzungsentschädigung zu zahlen oder sich selbst um eine Vermietung zu kümmern. Bei berechtigten Interessen des Eigentümers an einer Selbstnutzung oder der Mieterauswahl ist dies aber vom Wohnberechtigten hinzunehmen (OLG Köln, a.a.O.).

Ein **Widerruf der Gestattung** kann nur bei Vorliegen wichtiger Gründe, z. B. erhebliche Vertragsverletzungen durch Nutzer, erfolgen.

Endet das Wohnrecht durch **Tod des Berechtigten** (§ 1092 BGB), endet auch ein vom Berechtigten abgeschlossenes Mietverhältnis. Dieses geht nicht auf den Eigentümer über, da § 1056 BGB i.V.m. § 566 BGB auf das dingliche Wohnrecht nicht anwendbar ist.

Ein bloß subjektives in der Person des Berechtigten liegendes Ausübungshindernis (z. B. stationäre Pflegebedürftigkeit) führt nicht zum **Erlöschen** des Wohnrechts (OLG Köln, Beschl. v. 6.2.1995, DWW 1995, 112). Dies gilt jedenfalls dann, wenn sich noch Möbel und persönliche Habe des Berechtigten in der Wohnung befinden. Während seiner Abwesenheit darf der Berechtigte die Wohnung einem Familienangehörigen überlassen, wenn die Möglichkeit besteht, dass der Berechtigte wieder in die Wohnung zurückkehrt, um sich dort pflegen zu lassen (OLG Oldenburg, a.a.O.).

Steht das dingliche Wohnrecht **mehreren Personen** (z. B. einem Ehepaar) zu und zieht ein Ehepartner endgültig aus der Wohnung aus, hat er gegen den in der Wohnung verbleibenden Ehepartner keinen Anspruch auf Zahlung einer Nutzungsentschädigung, da der für das Miteigentum geltende § 745 Abs. 2 BGB auf das dingliche Wohnrecht nicht anwendbar ist, wenn einer von mehreren Wohnberechtigten die Wohnung endgültig verlassen hat (BGH, Urt. v. 8.5.1996, NJW 1996, 2153).

4 Mitbenutzung gemeinschaftlicher Anlagen und Einrichtungen

Der Wohnberechtigte darf die zum gemeinschaftlichen Gebrauch der Bewohner bestimmten Anlagen und Einrichtungen mitbenutzen (§ 1093 Abs. 3 BGB). Für den Umfang sind bei Fehlen von besonderen Vereinbarungen die allgemeinen Lebensgewohnheiten maßgebend. Danach dürfen in der Regel Sammelheizung, Wasserleitungen, Keller, Treppenhaus, Hof, Waschküche, Trockenboden, Entsorgungsanlagen mitbenutzt werden; nicht aber der **Garten**, da dieser zum Wohnen nicht erforderlich ist (Palandt, Rn. 13 zu § 1093 BGB).

Der Eigentümer darf die vorhandenen Anlagen und Einrichtungen nicht ersatzlos beseitigen, jedoch ersetzen oder umgestalten, sofern dies dem Wohnberechtigten zumutbar ist (BayObLG, WuM 1997, 116).

Parkflächen und **Garagen** dürfen nur mitbenutzt werden, wenn sie die Kraftfahrzeuge aller Bewohner aufnehmen können; daher nicht einzelne Garagen (Palandt, a.a.O.).

5 Übertragbarkeit

Das dingliche Wohnrecht nach § 1093 BGB ist **nicht übertragbar** und **nicht vererblich**.

Dagegen ist das ebenfalls in das Grundbuch einzutragende **Dauerwohnrecht** nach § 31 WEG vererblich und veräußerlich und berechtigt zur Vermietung und Verpachtung.

Erfolgte lediglich die Vereinbarung eines **schuldrechtlichen** Wohnrechtes ohne dingliche Sicherung (also ohne Eintragung ins Grundbuch), wirkt die Vereinbarung nur zwischen den Vertragsparteien, nicht aber gegenüber einem Käufer des Anwesens.

Bei einem Rechtsstreit um den Bestand eines dinglichen Wohnrechtes bemisst sich der **Streitwert** (§ 16 Abs. 1 GKG) nach der Höhe der einjährigen Nutzungsentschädigung (OLG München, ZMR 1999, 173).

Doppelvermietung

Eine Doppelvermietung liegt vor, wenn eine Sache (z. B. eine Wohnung) zweimal vermietet wird.
Dies kann sich z. B. ergeben, wenn der Vermieter in der unrichtigen Annahme, nur ein schriftlicher Mietvertrag sei wirksam, mit einem Interessenten konkrete mündliche Vereinbarungen bezüglich der Vermietung der Wohnung trifft und die Wohnung anschließend an einen weiteren Interessenten mit schriftlichem Mietvertrag nochmals vermietet.

Doppelvermietung

Eine Doppelvermietung kann auch dadurch entstehen, dass der Vermieter die von ihm gekündigte Wohnung an einen neuen Mieter vermietet, sich die ausgesprochene Kündigung aber als rechtsunwirksam erweist und somit zwei Mietverhältnisse vorliegen.

Weiterhin führt auch folgender Sachverhalt zu einer Doppelvermietung: Nachdem der Mieter gekündigt hat, schließt der Vermieter mit einem neuen Mieter einen Mietvertrag ab, der einen Monat nach Beendigung des alten Mietverhältnisses beginnt. Der Mieter zieht trotz seiner Kündigung zum Ablauf der Kündigungsfrist nicht aus und der Vermieter versäumt es, binnen zwei Wochen seinen, einer Fortsetzung des bisherigen Mietverhältnisses entgegenstehenden Willen, zum Ausdruck zu bringen. Das Mietverhältnis hat sich daher, trotz der Kündigung des Mieters, nach § 545 BGB auf unbestimmte Zeit verlängert, sodass im Zeitpunkt des Beginns des Mietverhältnisses mit dem neuen Mieter zwei wirksame Mietverträge bestehen.

Diesen Beispielsfällen ist gemeinsam, dass jeweils zwei **voll wirksame** Mietverträge vorliegen (vgl. dazu z. B. BGH, MDR 1962, 398; LG Berlin, WuM 1975, 116) und jeder Mieter einen Anspruch auf Erfüllung, d. h. auf Überlassung der Wohnung hat (AG Freiburg, WuM 1993, 117), der Vermieter aber nur einen Mietvertrag durch Raumüberlassung erfüllen kann.

Dem Vermieter kann nicht im Wege einer **einstweiligen Verfügung** vorgeschrieben werden, welchem Mieter er die Wohnung überlassen muss (OLG Frankfurt/M., NJW- RR 1997, 77; OLG Brandenburg, MDR 1998, 98; OLG Schleswig, Urt. v. 12.7.2000, MDR 2000, 1428).

Geschützt ist vielmehr derjenige Mieter, der zuerst den rechtmäßigen Besitz an der Wohnung erlangt hat.

Der Vertragspartner des anderen Mietvertrages verliert grundsätzlich seinen Erfüllungsanspruch auf Überlassung der Räume und ist auf Schadensersatzansprüche gegen den Vermieter wegen Nichterfüllung des Mietvertrages beschränkt (LG Berlin, WuM 1975, 116; LG Mannheim, WuM 1974, 240; LG Berlin, ZMR 1988, 178; differenzierend: LG Köln, WuM 1990, 65). Dieser Schadensersatzanspruch richtet sich nicht nach den Regeln der Unmöglichkeit, sondern ausschließlich nach §§ 536 a Abs. 1, 536 Abs. 3 BGB (BGH, Urt. v. 5.7.1991, WuM 1991, 545) und umfasst z. B.

- Ansprüche des Mieters auf Ersatz von Maklerkosten,
- die höhere Miete für eine gleichwertige Ersatzwohnung oder
- Kosten für einen vorübergehenden Hotelaufenthalt.

Ein Erfüllungsanspruch des Mieters auf Einräumung des Besitzes steht dem Mieter gegen den Vermieter nur im Ausnahmefall bei Vorliegen eines besonders schutzwürdigen Interesses zu, z. B. wenn der Vermieter die Möglichkeit der Besitzeinräumung hat, weil er sich dies im Mietvertrag mit dem anderen Mieter vorbehalten hat (OLG Köln, WuM 1998, 602).

Duldungspflicht des Mieters → *„Modernisierung"*

Durchlauferhitzer → *„Betriebskosten", Abschnitt 2.5.3*

Eheähnliche Gemeinschaft

Inhaltsübersicht	Seite
1 Vertragspartner des Vermieters	E 1
2 Adressat bei Räumungsklagen	E 1
3 Auszug eines Mieters	E 2
4 Rechtsbeziehungen zwischen den Mietern	E 3
5 Tod eines Mieters	E 3

1 Vertragspartner des Vermieters

Bei Überlassung der Wohnung an ein unverheiratetes Paar kann der Mietvertrag sowohl mit beiden als auch mit einem Partner abgeschlossen werden.

In Anbetracht der Tatsache, dass auch dann, wenn der Mietvertrag nur mit einer Person abgeschlossen wurde, die Aufnahme einer weiteren Person nur in Ausnahmefällen untersagt werden kann (vgl. „Untermiete"), ist aus haftungsrechtlichen Gründen grundsätzlich zu empfehlen, den Vertrag mit **beiden** abzuschließen.

Dann **haftet jeder** als Gesamtschuldner für Verbindlichkeiten in **voller** Höhe, während andernfalls nur der **Vertragspartner** in Anspruch genommen werden kann und ein Zugriff auf den lediglich in die Wohnung aufgenommenen Lebenspartner nicht möglich ist, z.b. wenn nach Auszug Schäden hinterlassen werden, zu deren Behebung die Kaution nicht ausreicht.

Sollen **beide** Personen Vertragspartner werden, müssen im Mietvertrag beide als Mieter aufgeführt und der Mietvertrag von beiden unterzeichnet werden. Werden zwar beide Partner als Mieter aufgeführt, ist der Vertrag aber nur von einer Person unterschrieben oder ist nur einer als Mieter aufgeführt, der Vertrag aber von beiden unterschrieben, ist der Mietvertrag grundsätzlich nur mit der unterzeichnenden Person bzw. nur mit der im Mietvertrag aufgeführten Person zustande gekommen.

Stellvertretung kann bei einem schriftlichen Mietvertrag nur angenommen werden, wenn sich dies aus einem Zusatz zur Unterschrift ergibt, da eine Stellvertretung beim Abschluss von Mietverträgen nicht die Regel, sondern die Ausnahme ist (LG Mannheim, NJW-RR 1994, 274; WuM 1987, 414; vgl. auch AG Osnabrück, WuM 1996, 754).

2 Adressat bei Räumungsklagen

Wurde der Mietvertrag mit beiden abgeschlossen, sind alle **Willenserklärun-**

gen, z. B. Mieterhöhungsverlangen oder Kündigung, **an beide** zu richten. Entsprechendes gilt für die Erhebung einer **Räumungsklage**, wobei diese nach Beendigung eines mit beiden Lebenspartnern begründeten Mietverhältnisses auch gegen denjenigen Lebenspartner gerichtet werden kann, der den Besitz an der Wohnung (z. B. durch Auszug) bereits endgültig aufgegeben hat (BGH, Beschl. v. 22.11.1995, Az. VIII ARZ 4/95, WuM 1996, 83). Wurde der Mietvertrag dagegen nur mit einem Partner abgeschlossen, ist strittig, ob aus dem Räumungstitel gegen den Vertragspartner auch gegen den anderen vollstreckt werden kann (so Thomas-Putzo, ZPO, § 885, Anm. 1b; LG Freiburg, WuM 1989, 571) oder ein Räumungstitel auch gegen den Lebensgefährten erforderlich ist, d. h. gegen beide geklagt werden muss (so OLG Köln, WuM 1997, 280; OLG Düsseldorf, WuM 1998, 608; LG Kiel, WuM 1991, 507; OLG Hamburg, Beschl. v. 6.12.1990, Az. 6 W 73/90; Sternel, Mietrecht, 3. Aufl., V 91). Eines besonderen Vollstreckungstitels gegen den mitbesitzenden Lebenspartner (oder sonstige mitbesitzende Personen) bedarf es jedenfalls dann nicht, wenn dieser ohne oder gegen Wissen und Willen des Vermieters den Mitbesitz begründet und wider Treu und Glauben über einen erheblichen Zeitraum gegenüber dem Vermieter verheimlicht hat (OLG Hamburg, DWW 1992, 365).

In Anbetracht dieser uneinheitlichen Rechtsprechung hat der Vermieter ein berechtigtes Interesse an der Erlangung eines Räumungstitels gegen den mitbesitzenden Lebensgefährten; dieser kann nicht einwenden, der Klage gegen ihn fehle das Rechtsschutzinteresse (vgl. OLG Schleswig, RE v. 17.11.1992, WuM 1992, 674). Daher ist es grundsätzlich zu empfehlen, auch den mitbesitzenden Lebensgefährten auf Räumung zu verklagen.

3 Auszug eines Mieters

> Wurde der Mietvertrag mit **beiden** abgeschlossen, lässt der **Auszug** eines Lebenspartners das Mietverhältnis unberührt, d. h. er bleibt weiterhin Vertragspartei und haftet auch nach dem Auszug als Gesamtschuldner für alle Verpflichtungen aus dem Mietverhältnis. Dies gilt selbst dann, wenn das Verlassen der Wohnung erkennbar endgültigen Charakter hat und ein Wiedereinzug nicht beabsichtigt ist (LG Köln, WuM 1996, 266). Ein Ausscheiden aus dem Mietverhältnis ist nur einvernehmlich mit Zustimmung des anderen und des Vermieters möglich, wobei ein Anspruch gegenüber dem Vermieter auf Abgabe der Zustimmung nicht besteht.

Dementsprechend ist der Vermieter auch nicht verpflichtet, das Mietverhältnis mit demjenigen Mieter allein, der in der Wohnung bleiben will, fortzusetzen (LG Konstanz, Urt. v. 15.9.2000, Az. 1 S 95/00 N, WuM 2000, 675).

Eine Kündigung des Mietverhältnisses kann nur durch beide Mieter gemeinsam erfolgen. Die Kündigungserklärung nur eines Mieters ist gegenstandslos und entfaltet keine Rechtswirkungen. Nach Trennung und Auszug aus der Wohnung kann jedoch der Mieter von dem in der Wohnung verbliebenen Mitmieter die Zustimmung zur Kündigung des Mietverhältnisses verlangen und den Mitmieter ggf. auf Abgabe der Zustimmung verklagen (OLG Köln, Beschl. v. 21.6.1999; Az. 16 W 16/99, WuM 1999, 521; LG Karlsruhe, WuM 1996, 146; LG Hamburg, WuM 1993, 343; LG Köln, WuM 1993, 613; LG München II, WuM 1993, 611); jedoch nur auf Zustimmung zur Kündigung zum nächstmöglichen Zeitpunkt, selbst wenn der Vermieter einer früheren Beendigung zustimmen würde (LG Gießen, WuM 1996, 273). Diesem Anspruch können nicht die Mieterschutzvorschriften in analoger Anwendung entgegen gehalten werden (OLG Köln, a.a.O.). Dagegen besteht bei einem **befristeten** Mietverhältnis wegen des Ausschlusses der ordentlichen Kündigung während der Laufzeit auch kein Anspruch auf Zustimmung (LG Gießen, a.a.O.). In diesem Fall muss derjenige, der die Wohnung behalten will, im Innenverhältnis die Miete allein tragen und den ausgezogenen Partner gegenüber dem Vermieter von der Mietforderung freistellen (OLG Düsseldorf, NZM 1998, 72).

Der Anspruch auf Zustimmung zur Kündigung ergibt sich aus den Vorschriften über die Kündigung der Gesellschaft (§ 723 BGB) bzw. Aufhebung der Gemeinschaft (§ 749 BGB), da der Mitmieter andernfalls trotz seines Auszuges aus der Wohnung für alle Ansprüche aus dem Mietverhältnis weiterhaften und auch im Falle der Freistellung durch den anderen dessen Insolvenzrisiko tragen würde (LG Hamburg, a.a.O.). Prozessrechtlich handelt es sich insofern weder um eine familienrechtliche noch um eine mietrechtliche Streitigkeit, sodass ein besonderer Gerichtsstand nicht gegeben ist (LG München II, a.a.O.).

4 Rechtsbeziehungen zwischen den Mietern

Die Rechtsbeziehungen im **Innen**verhältnis zwischen den Partnern richten sich nach den Regeln der BGB-Gesellschaft. Danach muss sich jeder anteilig entsprechend den getroffenen Vereinbarungen solange an den Wohnkosten beteiligen, bis der Vertrag vollständig abgewickelt ist (OLG München, ZMR 1994, 216).

Besteht der Mietvertrag nur mit einem Lebenspartner, ist dieser grundsätzlich berechtigt, dem anderen den Zutritt zur Wohnung zu verwehren und die Räumung zu verlangen, wenn die Gemeinschaft aufgelöst ist (Palandt, BGB, 51. Aufl., Einf. v. § 1353 Rn. 36; AG Gelsenkirchen, WuM 1994, 194). Auf ein u.U. bestehendes Recht auf vorübergehende Gewährung einer Minimalunterkunft kann sich der Ausgewiesene nicht berufen, wenn er durch unzumutbares Verhalten den Vertrauenstatbestand zerstört hat (KrsG Magdeburg, WuM 1992, 310).

5 Tod eines Mieters

Beim **Tod** eines Partners ist zu unterscheiden, ob der Mietvertrag mit beiden oder nur mit einem Lebenspartner abgeschlossen war.

Sind **beide** Vertragspartner, wird das Mietverhältnis mit dem Überlebenden **fortgesetzt** (§ 563 a Abs. 1 BGB). Dieser kann das Mietverhältnis innerhalb eines Monats, nachdem er vom Tod des Partners Kenntnis erlangt hat, außerordentlich mit der gesetzlichen Frist kündigen (§ 563 a Abs. 2 BGB; s. „Kündigung").

Ein außerordentliches Kündigungsrecht des **Vermieters** besteht in diesem Fall **nicht**.

War **nur der Verstorbene** Vertragspartner des Vermieters, **tritt** der Überlebende mit dem Tod des Mieters in das Mietverhältnis **ein**, wenn er mit dem Verstorbenen einen **auf Dauer angelegten** gemeinsamen Haushalt geführt hat (§ 563 Abs. 2 BGB). Er kann innerhalb eines Monats, nachdem er vom Tod des Mieters Kenntnis erlangt hat, dem Vermieter mitteilen, dass er das Mietverhältnis nicht fortsetzen will. In diesem Fall gilt der Eintritt als nicht erfolgt (§ 563 Abs. 3 BGB).

Der **Vermieter** kann das Mietverhältnis innerhalb eines Monats, nachdem er von dem endgültigen Eintritt in das Mietverhältnis Kenntnis erlangt hat, **außerordentlich** mit der gesetzlichen Frist **kündigen**, wenn in der Person des Eingetretenen ein **wichtiger Grund** vorliegt (§ 563 Abs. 4 BGB; s. „Kündigung").

Der Lebensgefährte, der in das Mietverhältnis eingetreten ist bzw. mit dem das Mietverhältnis fortgesetzt wird, **haftet** neben den Erben des Verstorbenen für die bis zu dessen Tod entstandenen Verbindlichkeiten als Gesamtschuldner (§ 563 b Abs. 1 BGB). Ferner kann der Vermieter von diesem eine **Sicherheitsleistung** nach Maßgabe des § 551 BGB (Barkaution, Bürgschaft) verlangen, wenn der verstorbene Mieter keine Sicherheit geleistet hatte (§ 563 b Abs. 3 BGB).

Zur Rechtslage bei Vorliegen einer **eingetragenen** Lebenspartnerschaft zwischen zwei Personen **gleichen** Geschlechts siehe „Tod des Mieters".

Ehegatten als Mieter

Inhaltsübersicht	Seite
1 Vertragspartner des Vermieters	E 5
2 Kündigung durch den Vermieter	E 6
3 Räumungsklage gegen beide Ehepartner	E 6
4 Auszug/Einzug eines Ehegatten	E 7
5 Tod eines Ehegatten	E 8

1 Vertragspartner des Vermieters

Die Überlassung der Räume an ein Ehepaar führt nicht automatisch zu einem Mietverhältnis mit beiden Eheleuten. Wurde der Mietvertrag nur mit einem Ehepartner abgeschlossen, ist der andere nicht Mieter geworden. Eine Ausnahme gilt lediglich bei Mietverhältnissen im Gebiet der **neuen Bundesländer**, da Ehegatten nach § 100 Abs. 3 S. 1 ZGB (Zivilgesetzbuch der ehemaligen DDR) auch dann **beide** Mieter geworden sind, wenn der Mietvertrag nur von einem Ehegatten abgeschlossen worden ist.

Für die Frage, ob beide Eheleute oder nur einer von beiden Vertragspartner ist, kommt es daher grundsätzlich auf den Inhalt des Mietvertrages an.

Sollen **beide** Eheleute Vertragspartner des Vermieters werden, müssen im Vertrag beide als Mieter angeführt und der Vertrag von beiden unterzeichnet werden.

Schwierigkeiten bei der Beurteilung von bereits abgeschlossenen Mietverträgen ergeben sich, wenn zwar beide Ehegatten als Mieter aufgeführt sind, jedoch nur einer unterschrieben hat, oder wenn umgekehrt nur einer als Mieter bezeichnet ist, der Vertrag aber von beiden unterschrieben wurde.

Im erstgenannten Fall ist der Mietvertrag grundsätzlich nur mit dem Unterzeichner zustande gekommen, wenn sich nicht eindeutig (z. B. durch einen Vertretungsvermerk) oder zumindest aus den Umständen ergibt, dass die Unterschrift auch im Namen des anderen erfolgt ist (vgl. § 164 Abs. 1 S. 2 BGB). War z. B. der Ehepartner, der den Mietvertrag nicht unterzeichnet hat, an der Wohnungsbesichtigung und den Vertragsverhandlungen beteiligt, kann sich aus diesem Umstand ergeben, dass der Unterzeichnende auch in Vertretung des anderen gehandelt hat (vgl. auch OLG Düsseldorf, WuM 1989, 362, wonach im Zweifel anzunehmen ist, dass der andere Ehegatte von dem Unterzeichnenden vertreten worden ist; sowie OLG Oldenburg, MDR 1991, 968).

Im letztgenannten Fall ist der Mietvertrag trotz der von beiden geleisteten Unterschrift grundsätzlich nur mit dem zustande gekommen, der als Mieter bezeichnet ist, da das Angebot des Vermieters zum Abschluss des Vertrages nur der als Mieter bezeichneten Person gegenüber abgegeben wurde und somit auch nur von dieser angenommen werden konnte (vgl. LG Frankfurt, WuM 1981, 183).

Allerdings kann auch in diesem Fall eine schlüssige Einbeziehung des anderen in den Mietvertrag erfolgt sein, wenn der nicht im Vertrag angeführte Partner seine Unterschrift in Gegenwart des Vermieters geleistet hat.

(Grundsätzlich anders wird die Rechtslage bei Ehegatten auf der **Vermieterseite** beurteilt, wenn beide im Kopf des Mietvertrages angeführt sind, aber nur einer unterschrieben hat: hier sind nach Auffassung des LG Heidelberg (WuM 1997, 547) beide Ehegatten insbesondere dann als Vermieter anzusehen, wenn beide Eigentümer der Wohnung sind.)

> Die Abgabe von **Erklärungen**, z. B. Mieterhöhungsverlangen, Kündigungen, sollten daher **im Zweifel** stets gegenüber **beiden** Ehegatten erfolgen.

2 Kündigung durch den Vermieter

Nur bei Vorliegen besonderer Umstände kann es nach Treu und Glauben ausnahmsweise zulässig sein, dass die Auflösung eines mit beiden Ehepartnern geschlossenen Mietvertrages durch Kündigung des Vermieters schon dann wirksam ist, wenn die Kündigung nur dem in der Mietwohnung verbliebenen Ehegatten gegenüber erklärt wurde und diesem zugegangen ist (OLG Frankfurt, WuM 1991, 76).

Die Frage, ob und wann solche besonderen Umstände vorliegen, ist jeweils im Einzelfall zu prüfen. Der Umstand, dass ein Ehepartner die Wohnung seit Jahren endgültig verlassen und aufgegeben hat, ohne dem Vermieter dies anzuzeigen und seine neue Anschrift mitzuteilen, kann im Einzelfall einen solchen besonderen Umstand darstellen, da es überspitzt formalistisch erschiene, auch in diesem Fall an dem Erfordernis der Erklärung und des Zugangs der Kündigung gegenüber beiden Eheleuten festzuhalten (OLG Frankfurt, a.a.O.; vgl. auch BGH, MDR 1964, 308; LG Frankfurt/M., WuM 1992, 129).

Vgl. dazu im Einzelnen „Personenmehrheit auf Mieterseite".

3 Räumungsklage gegen beide Ehepartner

Der Vermieter kann bei Beendigung eines Wohnraummietvertrages, der nur mit einem Ehegatten abgeschlossen worden ist, auch den anderen Ehegatten, der nicht Mieter geworden ist, auf Rückgabe der Wohnung in Anspruch nehmen. Eine **Räumungsklage** sollte daher auch in diesem Fall gegen **beide** Ehegatten erhoben werden, da in Rechtsprechung und Literatur umstritten ist, ob andernfalls aus dem Räumungstitel gegen den Vertragspartner auch gegen den anderen Ehegatten vollstreckt werden kann. Wegen dieser Rechtsunsicherheit fehlt einer Klage gegen den Ehepartner, der nicht Vertragspartner ist, auch nicht das erforderliche Rechtsschutzinteresse (OLG Schleswig, RE v. 17.11.1992, WuM 1992, 674). Dementsprechend kann nach Beendigung eines mit beiden Ehepartnern begründeten Mietverhältnisses die Räumungsklage auch gegen den Ehepartner gerichtet werden, der den Besitz an der Wohnung (z. B. durch Auszug) bereits endgültig aufgegeben hat (BGH, Beschl. v. 22.11.1995, Az. VIII ARZ 4/95, WuM 1996, 83).

Das Rechtsschutzinteresse fehlt jedoch für eine Klage gegen die im Haushalt der Eltern lebenden minderjährigen **Kinder**, da aus dem Räumungstitel gegen die Eltern ohne weiteres auch gegen deren minderjährige Kinder vollstreckt werden kann (LG Lüneburg, NZM 1998, 232). Gleiches kann nach Auffassung des OLG Hamburg (ZMR 1991, 143) sogar für volljährige Kinder gelten, wenn diese z. B. noch im Rahmen ihrer Berufsausbildung in der elterlichen Wohnung wohnen und in den elterlichen Haushalt eingegliedert sind.

4 Auszug/Einzug eines Ehegatten

Der **Auszug** eines von beiden Vertragspartnern aus der Ehewohnung lässt das Vertragsverhältnis unberührt. Er haftet auch nach dem Auszug weiterhin als Gesamtschuldner für alle Verpflichtungen aus dem Mietverhältnis.

Der aus der Wohnung ausgezogene **unterhaltspflichtige** Ehepartner kann auch nach der Ehescheidung von dem in der Wohnung verbleibenden Partner grundsätzlich nicht die Zustimmung zur Kündigung der gemeinsam angemieteten Ehewohnung verlangen, da es sich bei dem Innenverhältnis eines Mieterehepaares nicht um eine Gesellschaft oder Gemeinschaft (§ 741 BGB), sondern um ein familienrechtliches Verhältnis handelt, das durch die Scheidung der Ehe nicht beendet worden ist, und es zu den wechselseitigen Unterhaltsobliegenheiten gehört, das bestehende Mietverhältnis nicht zu beenden (LG Düsseldorf, WuM 1996, 36).

Ein Ausscheiden aus dem Mietverhältnis ist nur einvernehmlich mit Zustimmung des anderen und des Vermieters möglich (BayObLG, RE v. 21.2.1983, DWW 1983, 71; Weber/Marx, III/S. 13). Ein Anspruch gegenüber dem Vermieter auf Abgabe der Zustimmung besteht nicht. Allein aus dem Auszug und der jahrelangen Trennung der Eheleute kann ein Einverständnis mit der Entlassung aus den Verpflichtungen des Mietvertrages nicht hergeleitet werden. Gleiches gilt grundsätzlich selbst dann, wenn die Ehe nach dem Auszug geschieden wird. Jedoch kann der Familienrichter die Ehewohnung im Rahmen des Scheidungsverfahrens einem Ehegatten zuweisen; vgl. dazu im Einzelnen „**Ehescheidung**".

Umgekehrt besteht auch kein Anspruch des Vermieters auf Eintritt des Ehegatten in das Mietverhältnis, wenn der Mieter nach Abschluss des Mietvertrages geheiratet und den Ehegatten in die

Mietwohnung aufgenommen hat (LG Aachen, NJW-RR 1987, 1373).

Beim Auszug eines Ehegatten aus der gemeinsamen Wohnung steht jedoch dem verbleibenden Partner nach Ablauf einer **Übergangsfrist** (hier: 2 1/2 Monate) regelmäßig kein Anspruch gegen den anderen Ehegatten auf (interne) Beteiligung an der Zahlung des Mietzinses (§ 426 Abs. 1 BGB) zu. Eine Ausnahme kann allenfalls gelten, wenn besondere Gründe für eine Beteiligung vorliegen (OLG München, NJWE 1997, 6). Dies bedeutet, dass der aus der Wohnung ausgezogene Ehegatte zwar gegenüber dem Vermieter in voller Höhe weiter haftet, gegenüber dem in der Wohnung verbleibenden Partner jedoch zu keinerlei Zahlungen verpflichtet ist.

5 Tod eines Ehegatten

Beim **Tod** eines Ehegatten ist zu unterscheiden, ob der Mietvertrag mit beiden oder nur mit einem Ehegatten geschlossen war.

Sind **beide** Vertragspartner, wird das Mietverhältnis mit dem überlebenden Ehepartner **fortgesetzt** (§ 563 a Abs. 1 BGB). Dieser kann das Mietverhältnis innerhalb eines Monats, nachdem er vom Tod des Ehepartners Kenntnis erlangt hat, außerordentlich mit der gesetzlichen Frist kündigen (§ 563 a Abs. 2 BGB; s. „Kündigung").

Ein außerordentliches Kündigungsrecht des **Vermieters** besteht in diesem Falle **nicht**.

War **nur der Verstorbene** Vertragspartner des Vermieters, tritt der überlebende Ehegatte mit dem Tod des Mieters in das Mietverhältnis ein, wenn er mit dem Verstorbenen einen **gemeinsamen Haushalt** geführt hat (§ 563 Abs. 1 BGB).

Andere Familienangehörige sowie Personen, die mit dem Verstorbenen einen auf Dauer angelegten gemeinsamen Haushalt geführt haben, treten nur dann in das Mietverhältnis ein, wenn der Ehegatte nicht eintritt (§ 563 Abs. 2 BGB).

Der Ehegatte kann innerhalb eines Monats, nachdem er vom Tod des Partners Kenntnis erlangt hat, dem Vermieter mitteilen, dass er das Mietverhältnis nicht fortsetzen will. In diesem Fall gilt der Eintritt als nicht erfolgt (§ 563 Abs. 3 BGB).

Der **Vermieter** kann das Mietverhältnis innerhalb eines Monats, nachdem er von dem endgültigen Eintritt in das Mietverhältnis Kenntnis erlangt hat, **außerordentlich** mit der gesetzlichen Frist kündigen, wenn in der Person des eingetretenen Ehepartners ein **wichtiger Grund** vorliegt (§ 563 Abs. 4 BGB; s. „Kündigung").

Der Ehepartner, der in das Mietverhältnis eingetreten ist bzw. mit dem das Mietverhältnis fortgesetzt wird, **haftet** neben den Erben des Verstorbenen für die bis zu dessen Tode entstandenen Verbindlichkeiten als Gesamtschuldner (§ 563 b Abs. 1 BGB). Ferner kann der Vermieter von ihm eine **Sicherheitsleistung** nach Maßgabe des § 551 BGB (Barkaution, Bürgschaft) verlangen, wenn der verstorbene Ehepartner keine Sicherheit geleistet hatte (§ 563 b Abs. 3 BGB).

Ehescheidung

Die Scheidung einer Ehe hat grundsätzlich auf das Mietverhältnis **keinen Einfluss**. Wurde der Mietvertrag mit beiden Eheleuten als Mieter geschlossen, sind und bleiben beide auch nach Scheidung der Ehe und Auszug eines Ehepartners aus der Wohnung als **Gesamtschuldner** verpflichtet (siehe auch „Ehegatten als Mieter").

kann der Richter zugunsten eines Ehegatten ein Mietverhältnis an der Wohnung **begründen**. Hierbei setzt der Richter auch die Miethöhe fest. Der andere Ehegatte wird dadurch für die Zukunft von den Verpflichtungen des Mietverhältnisses befreit. Für bereits entstandene Verbindlichkeiten haftet er dagegen in vollem Umfang weiter.

Der aus der Mietwohnung ausgezogene Ehepartner kann aus dem Mietverhältnis nur mit Zustimmung des Vermieters und des Ehepartners ausscheiden (BayObLG, RE v. 21.2.1983, DWW 1983, 71; Weber/Marx, III/S. 13). Ein Anspruch gegenüber dem Vermieter auf Abgabe dieser Zustimmung besteht nicht.

Ebenso besteht grundsätzlich kein Anspruch gegen den in der Wohnung verbleibenden Partner auf Zustimmung zur Kündigung der gemeinsam angemieteten Ehewohnung (vgl. dazu im Einzelnen „Ehegatten als Mieter").

Jedoch kann der Familienrichter im Rahmen des Scheidungsverfahrens bestimmen (§ 5 Abs. 1 der Verordnung über die Behandlung der Ehewohnung und des Hausrates – **Hausratsverordnung**), dass ein von beiden Ehegatten eingegangenes Mietverhältnis von einem Ehegatten allein fortgesetzt wird oder dass ein Ehegatte anstelle des anderen in ein von diesem eingegangenes Mietverhältnis **eintritt**. Besteht kein Mietverhältnis an der Ehewohnung,

In der Praxis erfolgt die Zuweisung der Wohnung in der Regel an denjenigen, dem die elterliche Sorge für die Kinder übertragen wurde, da vom Gericht zugunsten der Kinder die gewohnte Umgebung berücksichtigt wird und dem Alleinstehenden eher die Suche nach einer neuen Wohnung zuzumuten ist. Ansonsten wird häufig dem wirtschaftlich Schwächeren die Wohnung zugewiesen, da der wirtschaftlich Stärkere leichter eine Ersatzwohnung findet.

Jedoch darf der Vermieter durch die wirtschaftlich ungünstigere Lage des neuen Mieters nicht schlechter gestellt werden. Daher muss das Gericht nach § 5 Abs. 1 S. 2 Hausratsverordnung bestimmen, dass der ausziehende Ehegatte dem Vermieter für einen begrenzten Zeitraum zur Sicherung von Ansprüchen, die aus dem Mietverhältnis herrühren, weiter neben dem verbleibenden Ehegatten gesamtschuldnerisch haftet, wenn die Belange des Vermieters durch den Auszug des bisherigen, zahlungskräftigeren Ehegatten gefährdet sind. Trotz der Fassung des § 5 Abs. 1 S. 2

Ehescheidung

Hausratsverordnung als Kann-Vorschrift hat das Gericht insoweit kein Ermessen, da das Interesse des Vermieters an der Fortdauer der Haftung des Ausziehenden überwiegt (OLG Schleswig, Beschl. v. 26.11.1998, Az. 13 UF 90/98, WuM 1999, 522). Eine volle Mithaftung des aus dem Mietverhältnis ausscheidenden Ehegatten für unbegrenzte Zeit kommt jedoch grundsätzlich nicht in Betracht (OLG Karlsruhe, Beschl. v. 12.12.1997, NZM 1998, 431; OLG Hamm, WuM 1994, 273). Dem Interesse des ausziehenden Ehegatten kann durch eine Begrenzung seiner Haftung nach Dauer und Höhe angemessen Rechnung getragen werden (OLG Schleswig, a.a.O.). Durch die **Zuweisung der Ehewohnung** an einen Partner wird dieser als Alleinmieter gegenüber dem Vermieter auch dann zur Zahlung der Miete verpflichtet, wenn er nicht in der Wohnung wohnt und diese seinem geschiedenen Ehepartner überlässt (AG Potsdam, WuM 1994, 522).

Der Vermieter ist im gerichtlichen Verfahren **Beteiligter** (§ 7 Hausratsverordnung), da die Entscheidung mit ihrer Rechtskraft auch ihm gegenüber vertragsgestaltende Wirkung hat (§ 16 Hausratsverordnung). Bei fehlendem Einverständnis des Vermieters besteht trotz Einigkeit der Ehegatten ein Regelungsbedürfnis bezüglich der Fortsetzung des Mietverhältnisses über die Ehewohnung (OLG Hamm, a.a.O.). Eine Zustimmung des Vermieters ist für die Zuweisung der Wohnung im gerichtlichen Verfahren jedoch **nicht** erforderlich. Etwas anderes gilt nur dann, wenn der Antrag auf Auseinandersetzung über die Ehewohnung später als ein Jahr nach Rechtskraft des Scheidungsurteiles gestellt wurde. In diesem Fall darf der Richter in die Rechte des Vermieters nur eingreifen, wenn dieser einverstanden ist (§ 12 Hausratsverordnung).

Die Möglichkeit der richterlichen Zuweisung der Ehewohnung besteht auch bereits **vor** der rechtskräftigen Scheidung der Ehe, wenn sich die Ehegatten nicht einigen können, wer in der Wohnung bleibt (§ 1361b BGB). Jedoch ist im Verfahren keine endgültige Regelung, sondern nur eine Zuweisung der Ehewohnung zur **vorläufigen** Benutzung möglich (§ 1361b Abs. 1 BGB). Eine Umgestaltung oder Neubegründung des Mietverhältnisses findet in diesem Falle daher nicht statt.

Anstelle einer Zuweisung der Ehewohnung an einen Ehepartner kann der Richter auch anordnen, dass die Wohnung zwischen den Ehegatten geteilt wird, wenn eine **Teilung** der Wohnung möglich und zweckmäßig ist (§ 6 Abs. 1 Hausratsverordnung). Dabei kann der Richter auch bestimmen, wer die Kosten zu tragen hat, die durch die Teilung und ihre etwaige spätere Wiederbeseitigung entstehen (§ 6 Abs. 1 S. 2 Hausratsverordnung). Für die Teilwohnungen kann der Richter neue Mietverhältnisse begründen, die anstelle eines schon bestehenden Mietverhältnisses treten. Hierbei setzt der Richter auch die Miethöhe fest (§ 6 Abs. 2 i.V.m. § 5 Abs. 2 S. 2 und 3 Hausratsverordnung).

Eigenbedarf

	Inhaltsübersicht	Seite
1	Definition	E 12
2	Begünstigter Personenkreis	E 12
3	Berechtigte Interessen des Vermieters	E 13
3.1	Nutzung für begrenzte Zeit	E 16
3.2	Nutzung als Zweitwohnung	E 17
3.3	Nutzung eines Teiles der Wohnung	E 18
4	Interessenabwägung	E 18
5	Ernsthaftigkeit des Nutzungswunsches	E 20
6	Eigenbedarf trotz Alternativwohnung	E 21
7	Anbietpflicht des Vermieters	E 24
8	Überhöhter Wohnbedarf	E 26
8.1	Eignung der Wohnung zur Bedarfsdeckung	E 28
8.2	Öffentlich geförderter Wohnraum	E 28
8.3	Unzulässig genutzte Räume	E 28
9	Vorhersehbarkeit des Eigenbedarfs	E 29
10	Angekaufter Eigenbedarf	E 30
11	Künftiger Eigenbedarf	E 30
12	Auswahlrecht des Vermieters	E 31
13	Inhalt des Kündigungsschreibens	E 32
13.1	Schilderung der Gründe bei erneuter Kündigung	E 33
13.2	Angabe von Bedarfsperson und Sachverhalt	E 33
13.3	Schilderung der Vorteile des Wohnungswechsels	E 33
13.4	Wechsel der Bedarfsperson	E 34
14	Wegfall des Eigenbedarfs	E 35
15	Vorgetäuschter Eigenbedarf	E 36
15.1	Anspruch des Mieters auf Schadensersatz	E 37
15.2	Rechtslage bei Räumungsvergleich	E 38

Eigenbedarf

16	Kündigungssperrfristen	E 40
16.1	Erwerb durch Gesellschaft bürgerlichen Rechts	E 43
16.2	Erwerb im Wege der Zwangsversteigerung	E 44
17	**Sonderregelungen in den neuen Bundesländern**	**E 45**
17.1	Überlassungsverträge	E 45
17.2	Kündigungsausschlussfristen	E 45
17.3	Grundstücksveräußerung	E 46
17.4	Abtrennbare Grundstücksteile	E 46

1 Definition

Eigenbedarf gilt als berechtigtes Interesse des Vermieters an der Kündigung eines unter Kündigungsschutz stehenden Mietverhältnisses. Eigenbedarf liegt vor, wenn der Vermieter die Räume als Wohnung **für sich**, seine **Familienangehörigen** oder **Angehörige seines Haushalts** benötigt (§ 573 Abs. 2 Nr. 2 BGB).

Die vermieteten Räume müssen daher **zu Wohnzwecken** benötigt werden. Ein Benötigen zu anderen, z. B. gewerblichen oder beruflichen Zwecken, stellt keinen Eigenbedarf dar. Einem Eigenbedarf steht jedoch nicht entgegen, wenn der Vermieter in einem gekündigten Einfamilienhaus nur ein Zimmer beruflich nutzen will (LG Hamburg, WuM 1986, 87).

2 Begünstigter Personenkreis

Angehörige seines Haushalts sind Personen, die der Vermieter bereits vor Ausspruch der Kündigung auf Dauer in seiner Wohnung aufgenommen hatte. Dazu zählen z. B. der Lebenspartner bzw. -gefährte, dessen Kinder und Pflegekinder sowie Hilfspersonen.

Der Begriff der „**Familienangehörigen**" ist zwar in § 8 Abs. 2 II. WoBauG definiert, jedoch lehnt die Rechtsprechung eine entsprechende Anwendung dieser sehr weit gefassten Definition auf das Mietrecht mit der Begründung ab, dass dies den unterschiedlichen wohnungspolitischen und mieterschutzrechtlichen Zielsetzungen der beiden Rechtsvorschriften nicht gerecht werden würde (OLG Oldenburg, RE v. 16.12.1992, DWW 1993, 171; Weber/Marx, XII/S. 97). Andererseits wäre die Beschränkung des Begriffs nur auf Verwandte in gerader Linie eine unzulässige Einschränkung des Verfügungsrechts des Vermieters (OLG Braunschweig, RE v. 1.11.1993, WuM 1993, 731). Nach der Rechtsprechung zählen zu den Familienangehörigen jedenfalls die Kinder (OLG Karlsruhe, RE v. 14.1.1982, DWW 1982, 271; Weber/Marx, II/S. 42 = Sammelband Nr. 71), die Enkel, der Ehegatte (auch der getrennt lebende Ehegatte, solange der Scheidungsantrag noch nicht gestellt ist – vgl. LG Frankfurt/M., NJW-RR 1996, 396; nicht: der geschiedene Ehegatte – vgl. AG Hamburg, WuM 1996, 39), die Geschwister

(BayObLG, RE v. 24.11.1983, WuM 1984, 14; Weber/Marx, III/S. 65 = Sammelband Nr. 85), die Eltern und Großeltern, ebenso Schwiegerkinder, Schwiegereltern (LG Köln, WuM 1994, 541), Stiefkinder (LG Hamburg, WuM 1997, 177), Pflegekinder, Pflegeeltern (OLG Braunschweig, a.a.O.).

Entferntere Verschwägerte und Verwandte (z. B. Schwager, Neffen, Nichten) gehören nur dann zu den Familienangehörigen, wenn besondere Umstände vorliegen, die eine enge Bindung des Vermieters zu dieser Person ergeben oder ihnen der Vermieter rechtlich oder zumindest moralisch zur Gewährung von Unterhalt oder Fürsorge verpflichtet ist und sich daraus die Verantwortlichkeit des Vermieters für den Wohnbedarf des Angehörigen ergibt (OLG Oldenburg, a.a.O.; vgl. auch OLG Braunschweig, a.a.O. für Cousine; LG Stuttgart, WuM 1998, 598 für Großcousine; LG Münster, WuM 1991, 107 sowie LG Frankfurt, WuM 1996, 621, wonach Eigenbedarf für den Neffen infrage kommt, wenn ein enges und familiäres Verhältnis besteht; LG Wiesbaden, Urt. v. 26.2.1991, WuM 1991, 491 für Nichte; LG Mainz, Urt. v. 26.3.1991, WuM 1991, 554 für Schwager; LG München I, WuM 1990, 23 für Stiefkinder; AG Frankfurt, WuM 1991, 108 für Tante der Ehefrau des Vermieters). Gleiches gilt, wenn sie dem Vermieter persönlich nahe stehen, z. B. weil familiäre Beziehungen zu diesen Personen unterhalten werden und die Überlassung der Wohnung der Pflege dieser Beziehungen dienen soll (vgl. Bub-Treier, IV, Rn. 67; LG Ravensburg, WuM 1993, 51: Kündigung für Cousine bei enger verwandtschaftlicher Bindung). Wird Eigenbedarf für einen entfernteren Verwandten oder Verschwägerten geltend gemacht, sollten die genannten Umstände bereits im Kündigungsschreiben vorgetragen werden.

Handelt es sich bei dem Angehörigen um einen ausländischen Staatsbürger, setzt die Kündigung wegen Eigenbedarf zusätzlich voraus, dass diese Person ein Aufenthaltsrecht am Ort der Mietwohnung hat (LG Hamburg, WuM 1994, 210).

3 Berechtigte Interessen des Vermieters

Ein „Benötigen" der vermieteten Räume (§ 573 Abs. 2 Nr. 2 BGB) ist gegeben, wenn der Vermieter **vernünftige und nachvollziehbare Gründe** für die Inanspruchnahme der Wohnräume für sich oder eine begünstigte Person hat (BGH, RE v. 20.1.1988, DWW 1988, 78; Weber/Marx, VIII/ S. 45 = Sammelband Nr. 94).

Ein vernünftiger und nachvollziehbarer Grund ist gegeben, wenn ein volljähriges Kind des Vermieters, das noch bei seinen Eltern wohnt, zwecks **Gründung eines eigenen Hausstandes** in die vermietete Wohnung einziehen will (vgl. z. B. LG München I, WuM 1994, 538). Insofern steht einer Kündigung wegen Eigenbedarfs auch nicht entgegen, dass das Kind unverheiratet ist und mit einem Partner in lediglich eheähnlicher Lebensgemeinschaft zusammenlebt (vgl. OLG Karlsruhe, RE v. 14.1.1982, DWW 1982, 271; Weber/Marx, II/

S. 42). Ferner steht einem Eigenbedarf nicht entgegen, dass der Angehörige die Miete nicht aufbringen kann, da es dem Vermieter freisteht, die Wohnung (teilweise) unentgeltlich zu überlassen (LG Köln, WuM 1995, 110; LG Berlin, Az. 64 S 113/99, ZMR 1999, 825).

Der **bloße Wunsch** des Vermieters, seine Wohnung einem Familienangehörigen zur Verfügung zu stellen oder selbst zu nutzen, rechtfertigt die Eigenbedarfskündigung jedoch **nicht** (BGH, a.a.O., entgegen OLG Hamburg, RE v. 10.12.1985, NJW 1986, 852, Weber/Marx, V/S. 48 = Sammelband Nr. 90).

Für den Käufer einer vermieteten Eigentumswohnung, der noch zur Miete wohnt und die Wohnung zur Selbstnutzung erworben hat, ist jedoch bereits der Wunsch, „Herr der eigenen vier Wände" zu sein, ein vernünftiger und nachvollziehbarer Grund, der zur Kündigung wegen Eigenbedarfs berechtigt (BVerfG, Beschl. v. 11.11.1993, WuM 1993, 729).

Eine andere Beurteilung würde den Erwerber in die Rolle des reinen Kapitalanlegers drängen und ihm in verfassungsrechtlich unzulässiger Weise eine nicht gewünschte Lebensgestaltung aufzwingen. Weiter ist nicht erforderlich, dass der Vermieter bislang unzureichend oder zu teuer untergebracht ist (BVerfG, a.a.O.). Deshalb ist der Vermieter, der sich eine Wohnung gekauft hat, um dort seinen **Altersruhesitz** zu haben, mit der Kündigung des Mietverhältnisses über diese Wohnung nicht schon deswegen ausgeschlossen, weil seine eigenen Wohnräume nicht größer sind als die Wohnung, die er bei Erklärung der Kündigung nutzt (vgl. LG Kiel, Urt. v. 31.1.1991, WuM 1991, 490, für den Fall, dass ein Altbauer seine Altenteilswohnung nutzen will).

Den Eltern, die dem Mieter ihrer Wohnung kündigen, um diese ihrem Kind zur Nutzung zur Verfügung zu stellen, weil andernfalls die Gefahr bestünde, dass sich das Kind vom Elternhaus löst, kann nicht entgegengehalten werden, Eigenbedarf liege nicht vor, weil das Kind im Hause der Eltern ausreichend untergebracht ist.

Berechtigt ist das Interesse des Vermieters außerdem dann, wenn er im eigenen Hause wohnen will, um die Heizung zu warten und das Haus verwalten zu können (BGH, a.a.O.).

Ein berechtigtes Interesse liegt auch vor, wenn sich durch Bezug der Wohnung die Entfernung zum **Arbeitsplatz** bzw. der Betriebsstätte des Vermieters erheblich **verkürzt** (BVerfG, Beschl. v. 20.5.1999, Az. 1 BvR 29/99, NZM 1999, 659). Der Mieter kann nicht einwenden, dass der Vermieter über Jahre hinweg erhebliche Fahrzeiten in Kauf genommen hat. Der Vermieter darf seine Wohnverhältnisse schon im Hinblick auf sein fortschreitendes Alter einer neuen Beurteilung unterziehen. Dies gilt erst recht, wenn eine Veränderung im persönlichen Umfeld des Vermieters (z. B. Geburt eines Kindes) eingetreten ist (BVerfG, a.a.O.).

Ein berechtigtes Interesse liegt ferner vor, wenn der Vermieter nach einem

Eigenbedarf

Arbeitsplatzwechsel durch Inanspruchnahme der gekündigten Wohnung die Strecke zum Arbeitsplatz erheblich verkürzen kann (LG Stuttgart, WuM 1991, 106). Erfolgt die Kündigung wegen eines geplanten, zukünftigen Arbeitsplatzwechsels, muss im Kündigungsschreiben substantiiert und konkret der vorhandene Wunsch eines Arbeitsplatzwechsels vorgetragen werden (LG Bonn, WuM 1994, 209).

Auch der Wunsch nach einer größeren, günstiger geschnittenen oder gelegenen oder besser ausgestatteten Wohnung kann ein berechtigtes Interesse an der Kündigung darstellen (vgl. LG Landau, WuM 1993, 678).

Kündigt der Vermieter, der selbst zur Miete wohnt, mit der Begründung, er wolle in die eigene Wohnung einziehen, da seine Mietwohnung erhebliche Mängel aufweist, kann ihm nicht entgegengehalten werden, er könne vom Vermieter Mängelbeseitigung verlangen (BVerfG, ZMR 1993, 507).

Ein berechtigtes Interesse des Vermieters liegt auch vor, wenn nur in der vermieteten Wohnung die Möglichkeit zur Schaffung eines notwendigen **Arbeitszimmers** besteht (LG Heidelberg, WuM 1994, 682). Ebenso, wenn der Vermieter in der vermieteten Wohnung auch längerfristigen Besuch seiner Kinder und Enkelkinder besser und ohne größere Umstände beherbergen kann (LG Hamburg, WuM 1994, 683). Gleiches gilt, wenn der Vermieter nur in der herausverlangten Wohnung eine dringend benötigte **Pflegeperson** unterbringen kann (LG Karlsruhe, DWW 1995, 144).

Ein berechtigtes Interesse ist auch gegeben, wenn der Vermieter eine im Erdgeschoss liegende Wohnung kündigen will, weil er aufgrund seines Gesundheitszustandes seine im oberen Geschoss liegende Wohnung nur noch mit Mühe erreichen kann (LG Karlsruhe, a.a.O.).

Ferner kann ein berechtigtes Interesse vorliegen, wenn der Vermieter die **Scheidung** von seiner Ehefrau beabsichtigt und trennungsbedingt in die vermietete Wohnung einziehen will (AG Lüdenscheid, DWW 1996, 374; LG Köln, WuM 1997, 48). Die Einzugsabsicht muss sich aber aus dem Vortrag des Vermieters klar und eindeutig ergeben, wenn die Trennung erst bevorsteht (LG Köln, a.a.O.).

Der Eigentümer ist im Rahmen seiner Verfügungsbefugnis nicht nur zum Verkauf, zur Eigennutzung und zur Vermietung berechtigt, sondern auch zur **Umgestaltung** nach seinen Wünschen. Daher hindert auch die Herbeiführung eines Eigenbedarfsgrundes durch einen der Lebensplanung entsprechenden Umbau von Wohnraum die Kündigung auch dann nicht, wenn sich der Eigenbedarf als Folge einer unerwarteten Fehlplanung einstellt. Dem Vermieter kann daher nicht entgegengehalten werden, dass er den jetzigen Eigenbedarf durch seinen vorherigen Umbau selbst verursacht hat (BVerfG, Beschl. v. 17.7.1992, WuM 1993, 231).

Die Fachgerichte dürfen auch nicht verbindlich ihre Vorstellungen über angemessenes oder zweckmäßiges Wohnen an die Stelle der Lebensplanung des

Eigentümers setzen. Kündigt z. B. der Vermieter eine Wohnung, um jedem seiner beiden Kinder ein eigenes, abgeschlossenes Zimmer zur Verfügung zu stellen, ist es den Fachgerichten verwehrt, darüber zu befinden, ob dies pädagogisch und erzieherisch sinnvoll ist (LG Hamburg, Urt. v. 25.10.1990, WuM 1991, 38). Entsprechendes gilt, wenn der Vermieter einen Angehörigen, z. B. seinen Bruder, in die Wohnung aufnehmen will, dies aber nur in der größeren, vermieteten Wohnung möglich ist (LG Hamburg, a.a.O.).

Auch den Wunsch des Vermieters nach **Zusammenlegung** zweier Wohnungen – der selbst genutzten und der vermieteten Nachbarwohnung – hat das Gericht grundsätzlich zu akzeptieren, wenn hierfür vernünftige und nachvollziehbare Gründe vorliegen. Es darf den Vermieter nicht auf andere Alternativen verweisen, die nach Ansicht des Gerichts ebenfalls geeignet wären, den Wohnbedarf des Vermieters zu erfüllen (BVerfG, Beschl. v. 23.12.1993, Az. 1 BvR 853/93, DWW 1994, 75; zur Zusammenlegung von Wohnungen vgl. auch BVerfG, WuM 1989, 114). Dementsprechend kann auch der Wunsch des Vermieters, eine Wohnung mit der darüber liegenden zusammenzulegen, nicht deswegen als unzureichender Grund für eine Kündigung angesehen werden, weil der hinsichtlich dieser anderen Wohnung anhängige Räumungsrechtsstreit noch nicht zu seinen Gunsten entschieden worden ist und er deshalb seinen Nutzungswunsch „derzeit" nicht verwirklichen kann (BVerfG, Beschl. v. 26.11.1997, Az. 1 BvR 1698/95, WuM 1999, 381).

Hat das LG eine Eigenbedarfskündigung als durch vernünftige und nachvollziehbare Gründe gerechtfertigt erachtet, muss eine dagegen gerichtete Verfassungsbeschwerde erfolglos bleiben (BVerfG v. 20.7.1989, WuM 1989, 409; Weber/Marx, IX/ S. 80).

Auch bei Gefahr eines Selbstmordes des Mieters kann der Vermieter nicht auf Dauer von der Nutzung seiner Wohnung ausgeschlossen werden, wenn die Gefahr z. B. durch stationäre Unterbringung des Mieters beherrschbar ist (LG Bonn, NZM 2000, 331).

3.1 Nutzung für begrenzte Zeit

Nach einem Rechtsentscheid des Bayerischen Obersten Landesgerichts (WuM 1993, 252) kann ein berechtigtes Interesse des Vermieters an der Beendigung eines Wohnraummietverhältnisses auch dann gegeben sein, wenn der Vermieter die Räume **nur für begrenzte Zeit** nutzen will, z. B. in der Zeit zwischen dem Abbruch des von ihm bewohnten Anwesens und der Fertigstellung des Neubaus. Ob in einem solchen Fall die vom BGH geforderten „vernünftigen und nachvollziehbaren" Gründe vorliegen, kann nur aufgrund einer umfassenden Würdigung der Umstände des Einzelfalls beurteilt werden. Exakte zeitliche Grenzen können nicht gezogen werden, da die Dauer der beabsichtigten Nutzung nur ein Faktor – wenngleich ein bedeutsamer – von mehreren Faktoren ist, die für das Vorliegen vernünftiger und nachvollziehbarer Gründe maßgebend sind.

Eigenbedarf

Beabsichtigt der Vermieter eine **längerfristige** Nutzung, d. h. eine Nutzung über „mehrere Jahre" (BayObLG, a.a.O.), ist es unerheblich, ob das Ende des Eigenbedarfs bei der Kündigung bereits feststeht. In diesem Fall müssen daher lediglich die allgemein für den Eigenbedarf erforderlichen Voraussetzungen gegeben sein.

Will der Vermieter die Wohnung dagegen **nur für kurze Zeit** („wenige Monate") nutzen, müssen weitere Umstände vorliegen, z. B. ein besonders dringender Wohnbedarf des Vermieters, etwa weil seine bisherige Wohnung nicht mehr zur Verfügung steht, oder der Vermieter ein besonderes Interesse gerade an der Nutzung der vermieteten Wohnung hat, etwa weil sein Arbeitsplatz in unmittelbarer Nähe dieser Wohnung liegt und er auf dessen rasche Erreichbarkeit angewiesen ist oder der Vermieter für eine andere Wohnung deutlich größere Aufwendungen tätigen müsste.

Letztlich kann auch von Bedeutung sein, ob der genaue Zeitpunkt, zu dem der Vermieter die Wohnung wieder freigeben kann, noch nicht feststeht und daher die Möglichkeit gegeben ist, dass er über den vorgesehenen Termin hinaus in der Wohnung bleiben muss (BayObLG, a.a.O.).

Zusammenfassend lässt sich feststellen: Je länger die beabsichtigte Nutzung der Wohnung durch den Vermieter dauern soll, um so eher kann ein berechtigtes Interesse des Vermieters bejaht werden.

Anders ausgedrückt: Je kürzer der Zeitraum der beabsichtigten Nutzung ist, desto triftigere Gründe wird der Vermieter für den Nachweis eines berechtigten Interesses vorzubringen haben.

Nach einem Urteil des LG München I (WuM 1993, 677) im Anschluss an den o. g. Rechtsentscheid liegt eine Nutzung über „mehrere Jahre" erst bei einem Zeitraum von mindestens 3 Jahren vor. Bei einer kürzeren Nutzung kann ein vernünftiges und nachvollziehbares Erlangungsinteresse des Vermieters nur gesehen werden, wenn der Vermieter einen erheblichen Mehraufwand darlegen kann, der ihm gerade durch eine anderweitige Unterbringung entstehen wird.

3.2 Nutzung als Zweitwohnung

Die Frage, ob und unter welchen Voraussetzungen der Vermieter zur Kündigung wegen Eigenbedarfs berechtigt ist, wenn er die vermietete Wohnung lediglich als **Zweitwohnung** nutzen will, wurde bislang obergerichtlich nicht entschieden. Auch hier wird es in erster Linie auf die Umstände des Einzelfalles ankommen, wobei ein berechtigtes Interesse des Vermieters nicht bereits deshalb verneint werden kann, weil es sich lediglich um eine Zweitwohnung handelt. Jedoch werden von den Mietgerichten gerade in diesem Fall sehr hohe Anforderungen an das Vorliegen von „vernünftigen und nachvollziehbaren" Gründen im Sinne der BGH-Rechtsprechung gestellt und Eigenbedarf nur dann anerkannt, wenn dem Vermieter andernfalls **erhebliche Nachteile** drohen. So hat z. B. das LG Hamburg (Urt. v. 7.5.1992, WuM 1993, 351) den Eigenbedarf eines Vermieters nicht anerkannt, der an seinem Zweitwohnsitz während der Woche übernachten und seine Mittagspause verbringen wollte, um sich die tägliche Fahrt zu dem 37 km entfernten Hauptwohnsitz zu ersparen. Dagegen hat das LG Hamburg in einem neueren Urteil vom 1.3.1994 (WuM 1994, 431) unter Hinweis auf den Rechtsentscheid des BayObLG (a.a.O.) entschieden, dass der auswärts wohnende Vermieter Eigenbedarf geltend machen kann, wenn er aus beruflichen Gründen an wenigstens 8 bis 10 Arbeitstagen im Monat am Ort der Mietwohnung zeitweisen Aufenthalt nimmt und es ihm nicht zuzumuten ist, jeweils ein Hotel aufzusuchen. Nicht ausreichend ist nach Auffassung des LG Berlin (NJW-RR 1997, 74), wenn eine 4 1/2-Zimmer-Wohnung nur einmal pro Woche für eine Übernachtung genutzt werden soll.

3.3 Nutzung eines Teiles der Wohnung

Hat der Vermieter lediglich Bedarf an einem Teil der vermieteten Wohnung, kann er das Mietverhältnis nicht wegen Eigenbedarfs kündigen, da Eigenbedarf nur vorliegt, wenn der Vermieter die **gesamte** Wohnung benötigt (OLG Karlsruhe, RE v. 3.3.1997, Az. 3 RE-Miet 1/97, WuM 1997, 202). Benötigt er nur einen Teil der vermieteten Räume, kommt eine Kündigung dieses Teils der Wohnung nur nach der allgemeinen Vorschrift des § 573 Abs. 1 BGB (s. „Kündigungsschutz", Abschnitt 2) in Betracht. Voraussetzung ist jedoch, dass die Interessen des Mieters dadurch nicht unzumutbar beeinträchtigt werden. Dies kann u. a. der Fall sein, wenn sich der Wohnraumbedarf des Mieters z. B. durch Wegzug früher in der Wohnung lebender Kinder oder anderer Hausgenossen deutlich eingeschränkt hat und der vom Vermieter beanspruchte Teil der überlassenen Miträume so von dem, dem Mieter verbleibenden Teil abgetrennt ist oder abgetrennt werden kann, dass der Mieter dort ohne Einschränkungen weiterhin seinen Lebensmittelpunkt haben kann. Behauptet der Vermieter substantiiert einen solchen Sachverhalt, wird der Mieter deshalb gehalten sein, vernünftige und nachvollziehbare Gründe für den Fortbestand seines bisherigen Wohnraumbedarfs trotz geänderter Verhältnisse vorzutragen, und zwar in ähnlicher Weise, wie es dem Vermieter bei der Darlegung seines Eigenbedarfs obliegt (OLG Karlsruhe, a.a.O.; LG Duisburg, NJW-RR 1996, 718).

4 Interessenabwägung

Die berechtigten Interessen des Vermieters sind bei der Entscheidung darüber, ob Eigenbedarf anzunehmen ist, **nicht** gegen die Belange des Mieters **abzuwägen.**

§ 573 BGB stellt ausdrücklich allein auf das Interesse des Vermieters ab. Die besonderen Belange des Mieters im Einzelfall sind nur auf dessen Widerspruch (§ 574 BGB) zu beachten. Wären die im Einzelfall vorliegenden besonderen Belange des Mieters bereits bei der Prüfung zu beachten, ob ein berechtigtes Interesse des Vermieters an der Kündigung anzunehmen ist, liefe dies darauf

Eigenbedarf

hinaus, dass der Vermieter zur Schlüssigkeit einer Räumungsklage die besondere Interessenlage des Mieters schildern muss, die ihm häufig nicht bekannt ist. Darüber hinaus wäre es nicht im Sinne des sozialen Mietrechts, den Vermieter zu Ermittlungen über die sozialen Verhältnisse des Mieters zu veranlassen (BGH, a.a.O.; vgl. auch „Kündigungsschutz", Abschnitt 3).

Aufgrund zahlreicher Verfassungsbeschwerden gegen mietgerichtliche Entscheidungen hatte sich das Bundesverfassungsgericht in den letzten Jahren häufig mit den unterschiedlichen Interessen der Mietparteien gerade im Fall einer Kündigung zu befassen und eine Interessenabwägung unter Berücksichtigung grundrechtlicher Aspekte vorzunehmen.

Dabei hat das Bundesverfassungsgericht (Beschl. v. 26.5.1993, Az. 1 BvR 208/93, WuM 1993, 377) entschieden, dass das Besitzrecht, welches der Mieter aufgrund seines Mietvertrages an der Wohnung hat, ein vermögenswertes Recht entsprechend dem Eigentum des Vermieters (Art. 14 Abs. 1 S. 1 GG) ist. Gesetzgebung und Rechtsprechung sind deshalb verpflichtet, die beiden miteinander konkurrierenden Eigentumspositionen in ein ausgewogenes Verhältnis zu bringen.

Der Gesetzgeber hat die notwendige Interessenabwägung zwischen § 573 BGB (Kündigung nur bei Vorliegen eines berechtigten Interesses; s. „Kündigungsschutz", Abschnitt 2) und § 574 BGB (sog. „Sozialklausel"; vgl. „Kündigungsschutz", Abschnitt 3) vorgenommen. Dazu hat das Bundesverfassungsgericht bereits in einem früheren Urteil betont (Urt. v. 14.2.1989, DWW 1989, 46; Weber/Marx, VIII/S. 97), dass das Kündigungsrecht des Vermieters ohne Verfassungsverstoß von einem berechtigten Interesse an der Beendigung des Mietverhältnisses abhängig gemacht werden darf. Jedoch haben die Gerichte **unverhältnismäßige Eigentumsbeschränkungen** zu vermeiden. Daher ist auch eine Nachprüfung des Entschlusses des Vermieters, seine Wohnung selbst zu nutzen, nicht unbeschränkt zulässig.

Die Fachgerichte haben die Befugnis des Eigentümers, sein Leben und den Gebrauch seines Eigentums so einzurichten, wie er dies für richtig hält, zu achten und müssen seinen Entschluss, die vermietete Wohnung nunmehr selbst zu nutzen oder durch den – enggezogenen – Kreis privilegierter Dritter nutzen zu lassen, grundsätzlich akzeptieren und ihrer Rechtsfindung zugrunde legen (BVerfG, a.a.O.).

Andererseits ist es im Hinblick auf das ebenfalls grundgesetzlich geschützte Besitzrecht des Mieters zulässig, den Erlangungswunsch des Vermieters nur dann zu berücksichtigen, wenn dieser **ernsthaft, vernünftig und nachvollziehbar** ist. Dabei kann der Mieter beanspruchen, dass das Gericht seinen Einwänden nachgeht und insbesondere prüft, ob

- der **Selbstnutzungswunsch ernsthaft** verfolgt wird,
- eine **Alternativwohnung** vorhanden ist,

- der geltendgemachte **Wohnbedarf weit überhöht** ist.

5 Ernsthaftigkeit des Nutzungswunsches

Voraussetzung eines durchsetzungsfähigen Eigennutzungswunsches ist nicht nur, dass er den Anforderungen des Rechtsentscheids des BGH vom 20.1.1988 (a.a.O.) genügt, d.h., dass er vernünftig und nachvollziehbar ist. Voraussetzung ist auch, dass er überhaupt **ernsthaft verfolgt wird**. Zeitweise Verkaufsabsichten des Vermieters sprechen dabei nicht per se gegen die beabsichtigte Selbstnutzung, wenn der Vermieter berechtigte Zweifel haben durfte, ob er die vermietete Wohnung in absehbarer Zeit selbst nutzen kann (LG Lüneburg, Urt. v. 17.5.1990, WuM 1991, 490). Hat der Vermieter jedoch seinen Eigennutzungswillen nach dem Ausspruch der Eigenbedarfskündigung aufgegeben und das Mietobjekt zum Verkauf angeboten, kann er die Kündigung nicht weiterverfolgen, wenn er in der Folgezeit von der Verkaufsabsicht wieder Abstand nimmt und erneut beabsichtigt, das Mietobjekt selbst zu nutzen. In diesem Fall muss er eine erneute Kündigung aussprechen (LG Mannheim, Urt. v. 27.4.1994, ZMR 1994, XV).

Bei einer Kündigung nach dem misslungenen Versuch einer Mieterhöhung können von den Gerichten dann besonders strenge Anforderungen an den vom Vermieter zu führenden Beweis des Kündigungsgrundes gestellt werden, wenn die Gründe für den Eigenbedarf bereits vor der Mieterhöhung bestanden haben und Verdacht auf vorgeschobenen Eigenbedarf besteht (LG Köln, WuM 1995, 109; vgl. auch LG Limburg, WuM 1991, 111).

Ebenso können sich Zweifel an der Ernsthaftigkeit des Nutzungswunsches aus einem früher vorgetäuschten Eigenbedarf ergeben (LG Karlsruhe, ZMR 1989, 427). Die Einzugsabsicht ist einer Beweisaufnahme zugänglich. Es kann gegen Art. 103 Abs. 1 GG (Anspruch auf rechtliches Gehör) verstoßen, wenn das Fachgericht einen vom Mieter angebotenen Beweis für das Fehlen der Einzugsabsicht nicht erhebt (BVerfG, Beschl. v. 25.10.1990, NJW 1990, 3259).

Ferner muss das zur Entscheidung über die Räumungsklage berufene Gericht die vom Mieter dargelegten Umstände, die gegen die Ernsthaftigkeit des Nutzungswunsches des Angehörigen sprechen, in Erwägung ziehen (BVerfG, Beschl. v. 18.1.1991, WuM 1991, 146). Will der Vermieter seiner Tochter und deren Lebensgefährten eine größere Wohnung zur Realisierung des Kinderwunsches überlassen, spricht allein die Tatsache, dass die Tochter unverheiratet ist, nicht gegen die Ernsthaftigkeit dieser Nutzungsabsicht (BVerfG, Beschl. v. 20.2.1995, Az. 1 BvR 665/94, WuM 1995, 260). Setzt die beabsichtigte Eigennutzung Umbaumaßnahmen voraus, hat das Gericht im Einzelfall der Frage nach der baurechtlichen Realisierbarkeit des Eigennutzungswunsches nachzugehen. Für die Wirksamkeit der Kündigung ist jedoch grundsätzlich nicht erforderlich, dass die Baugenehmigung bei Ausspruch der Kündigung bereits vorliegt (OLG Frankfurt, RE v.

25.6.1992, NJW 1992, 2300; Weber/Marx, XII/S. 78). Der Vermieter muss aber bereits im Kündigungsschreiben konkrete Planungen anführen und darlegen, dass das Bauvorhaben zumindest genehmigungsfähig ist und erforderliche Zustimmungen, z. B. der Wohnungseigentümergemeinschaft, erteilt werden oder bereits vorliegen (LG Kiel, WuM 1992, 691).

In den Entscheidungsgründen muss zwar nicht jedes Vorbringen ausdrücklich beurteilt werden, insbesondere dann nicht, wenn es sich um letztinstanzliche, mit ordentlichen Rechtsmitteln nicht mehr angreifbare Entscheidungen handelt. Jedoch müssen in den Gründen die wesentlichen, der Rechtsverteidigung dienenden Tatsachen- und Rechtsausführungen der Verfahrensbeteiligten verarbeitet werden.

> Die Fachgerichte haben sämtlichen vom Mieter vorgetragenen Gesichtspunkten nachzugehen, die Zweifel an der Ernsthaftigkeit des Selbstnutzungswunsches begründen. Sie müssen daher ein substantiiertes Bestreiten des geltend gemachten Eigenbedarfs durch den Mieter im Räumungsprozess umfassend würdigen.

Dies gilt auch, wenn der Eigenbedarf auf mehrere Gründe gestützt wird (BVerfG, Beschl. v. 13.1.1995, Az. 1 BvR 1420/94, WuM 1995, 140).

Ebenso liegt ein Verfassungsverstoß vor, wenn das Gericht das gegen den behaupteten Eigenbedarf des Vermieters gerichtete Vorbringen des Mieters als verspätet zurückweist, ohne seine von der höchstrichterlichen Rechtsprechung zu den Präklusionsvorschriften insoweit abweichende Rechtsfindung einfachrechtlich ausreichend darzutun (BVerfG, Beschl. v. 29.11.1990, WuM 1991, 147).

6 Eigenbedarf trotz Alternativwohnung

Eine weitere Grenze des Erlangungswunsches bildet der **Missbrauch**. Dieser liegt nicht schon dann vor, wenn dem Eigentümer eine oder mehrere andere freigewordene Wohnungen zur Verfügung stehen. Auch in diesem Fall muss das Gericht bedenken, dass der Nutzungswunsch des Eigentümers grundsätzlich zu beachten ist. Trotz anderweitig freigewordener oder freiwerdender Wohnungen ist es daher nicht missbräuchlich, wenn der Vermieter vernünftige und nachvollziehbare Gründe für diesen Wunsch anführen kann. Dieser Darlegungslast kann sich der Vermieter jedoch nicht allein dadurch entledigen, dass er die freigewordene oder freiwerdende **Alternativwohnung** sofort an einen Dritten vermietet und sodann die Unmöglichkeit ihrer Ingebrauchnahme geltend macht. Dies folgt nicht nur aus dem Gesetzeszweck, sondern auch aus dem allgemeinen Rechtsgedanken, dass sich nicht auf Eintritt oder Fortfall einer Tatsache berufen kann, wer diese treuwidrig herbeigeführt hat (vgl. § 162 BGB).

Wendet der Mieter ein, dem wegen Eigenbedarfs kündigenden Vermieter habe eine geeignete andere Wohnung zur Verfügung gestanden, verstößt es gegen das verfassungsrechtliche Willkürverbot, wenn dieser Einwand allein mit der

Eigenbedarf

Begründung zurückgewiesen wird, die Alternativwohnung sei anderweitig vermietet worden (BVerfG, Beschl. v. 13.11.1990, NJW 1991, 157). Vielmehr bedarf die Beachtlichkeit des Räumungsbegehrens dann besonderer Prüfung, wenn der Bedarf zwar vorhanden ist, jedoch ernsthaft die Möglichkeit in Betracht kommt, ihn ohne Inanspruchnahme der gekündigten Wohnung zu befriedigen. Es kommt dann auf die Qualität derjenigen Argumente an, welche der Vermieter für das Festhalten an seinem ursprünglichen Nutzungswunsch hat.

> In diesem Sinne haben die Gerichte zu prüfen, ob das Festhalten am ursprünglichen Räumungsbegehren vernünftig und nachvollziehbar und nicht rechtsmissbräuchlich ist.

Das Gericht muss sich mit den Belangen des Mieters angemessen auseinandersetzen und das Freiwerden einer Alternativwohnung in einer Weise berücksichtigen, welche auch den Belangen des Mieters Rechnung trägt. Eine Rechtsfindung, die eine solche Auseinandersetzung vermissen lässt, ist nicht mehr angemessen und damit willkürlich (BVerfG, Beschl. v. 1.3.1991, DWW 1991, 185).

Auf die „generelle Eignung" der freigewordenen Wohnung darf jedoch nicht abgestellt werden, da dieser Maßstab verfassungsrechtlich unzulässig ist (BVerfG, Beschl. v. 7.11.1990, NJW 1991, 158).

> Vielmehr kommt es darauf an, ob die Räume im konkreten Einzelfall nach Größe, Lage und Zuschnitt geeignet sind, den Wohnbedarf ohne wesentliche Abstriche gegenüber der gekündigten Wohnung zu befriedigen.

Das Gericht darf seine eigene Planung nicht an die Stelle derjenigen des Eigentümers setzen.

> **Beispiel:**
>
> Ein jungverheiratetes Ehepaar, das in eine 74 m^2 große 3-Zimmer-Wohnung ziehen will, muss sich nicht auf eine deutlich kleinere 2-Zimmer-Wohnung verweisen lassen (BVerfG, Beschl. v. 7.11.1990, NJW 1991, 158); ebenso OLG Düsseldorf (Urt. v. 11.6.1992, WuM 1993, 49), wonach eine Wohnung mit 59 m^2 keine geeignete Alternativwohnung gegenüber einer 70 m^2 großen Wohnung darstellt.

Dementsprechend hat das Gericht auch zu akzeptieren, wenn der Vermieter im Hinblick auf die beabsichtigte Eheschließung und die Verwirklichung des Kinderwunsches eine 150 m^2 große 5-Zimmer-Wohnung beziehen will und die 100 m^2 große Alternativwohnung für zu klein hält (BVerfG, Beschl. v. 2.2.1994, Az. 1 BvR 1422/93, NJW 1994, 995).

Bei einer **Dachgeschosswohnung**, in der die vorhandene Wohnfläche durch Dachschrägen und Stützpfeiler beeinträchtigt und die Aufstellung der bisher eingelagerten Möbel des Vermieters nur eingeschränkt möglich ist, kommt es auf die vom Gericht zu prüfenden Umstände des Einzelfalles an, ob diese Wohnung als geeignete Alternativwohnung angesehen werden kann. Jedenfalls ist es

Eigenbedarf

dem Fachgericht verwehrt, die Eignung als Alternativwohnung ohne Erhebung der angebotenen Beweise, z. B. Inaugenscheinnahme, zu bejahen (BVerfG, Beschl. v. 30.6.1994, Az. 1 BvR 2048/93, NJW 1994, 2605).

Sind aber die gekündigte Wohnung und die Alternativwohnung baugleich und im gleichen Gebäude und weiterhin auch die Unterschiede im Stockwerk und der Zeitpunkt des möglichen Bezugs nicht gravierend, scheidet eine Inanspruchnahme der Alternativwohnung nicht von vornherein aus (BVerfG v. 13.11.1990, a.a.O.).

Dagegen kann vom Vermieter nicht die Inanspruchnahme der Alternativwohnung verlangt werden, wenn diese ungünstiger liegt (z. B. zum Arbeitsplatz; vgl. LG Duisburg, WuM 1990, 512 oder zur Vermieterwohnung bei Benötigung einer Pflegekraft; vgl. LG Frankfurt, WuM 1990, 79) oder wenn sich aus der Alternativwohnung wesentlich höhere Mieteinnahmen erzielen lassen (vgl. LG Mannheim, DWW 1993, 140 bei Mehreinnahmen von DM 2097 jährlich; LG Düsseldorf, WuM 1989, 248; LG Hannover, WuM 1989, 302; a.A.: LG Stuttgart, WuM 1991, 493). Der Vermieter ist jedenfalls nicht verpflichtet, eine wesentliche Vergrößerung ohnehin bestehender Verluste hinzunehmen oder Teile seiner Einkünfte aus seiner Berufstätigkeit zur Abwendung dieser Verluste zu verwenden, um dem Mieter die Wohnung zu erhalten (LG Mannheim, a.a.O.).

Trägt der Vermieter vor, die frei gewordene Wohnung wolle er nicht beziehen, weil sich diese nicht wie die gekündigte Wohnung mit weiteren Räumen des Anwesens **verbinden** lasse und somit seinen gestiegenen Wohnbedarf nicht erfüllen könne, muss sich das Instanzgericht mit diesem Vorbringen auseinandersetzen und prüfen, ob dieser Vortrag im konkreten Fall einen vernünftigen und nachvollziehbaren Grund darstellt. Gleiches gilt für das Vorbringen des Vermieters, der Eigenbedarf sei erst nach Weitervermietung der freien Wohnung entstanden (BVerfG, Beschl. v. 10.7.1992, Az. 1 BvR 1614/91, WuM 1992, 513).

Der Vermieter muss sich nicht auf die Alternativwohnung verweisen lassen, wenn diese bereits vor dem Auftreten des Eigenbedarfs dem allgemeinen Wohnungsmarkt nicht zur Verfügung gestanden hatte, z. B. weil sie zur Vermietung als Ferienwohnung bestimmt war (BVerfG, Beschl. v. 3.10.1989, DWW 1990, 16; Weber/Marx, IX/S. 94).

Insoweit ist die durch Art. 14 Abs. 1 S. 2 GG geschützte Dispositionsfreiheit des Eigentümers zu respektieren und seine Entscheidung hinzunehmen, wie er die Nutzung seiner sonstigen Eigentumsgegenstände festgelegt hat.

Hatte sich der Eigentümer daher entschlossen, weitere Immobilien nicht dem allgemeinen Wohnungsmarkt zur Verfügung zu stellen, sondern gewerblich zu nutzen und so die finanzielle Grundlage für seine eigenverantwortliche Lebensgestaltung zu schaffen, und hält er bei Auftreten des Eigenbedarfs an diesem Entschluss fest, muss der Richter das akzeptieren.

Er darf sich nicht in den Entscheidungsprozess, der zu dieser Festlegung geführt hat, hinein begeben (BVerfG v. 3.10.1989, a.a.O.).

7 Anbietpflicht des Vermieters

Strittig ist, ob der Vermieter verpflichtet ist (§ 242 BGB), dem Mieter die frei gewordene, aber für den Vermieter ungeeignete Alternativwohnung bzw. dessen frei werdende Alternativwohnung zur Anmietung **anzubieten** (so z B. LG Nürnberg-Fürth, Urt. v. 28.9.1990, WuM 1991, 110; LG Hamburg, WuM 1992, 192; vgl. auch LG Münster, Urt. v. 22.5.1991, WuM 1991, 691; a. A.: LG Frankenthal, WuM 1990, 79). Eine entsprechende Obliegenheit des Vermieters besteht dann, wenn **im selben Hausanwesen** nach Zugang der Kündigung eine andere Wohnung frei geworden ist und keine Umstände vorliegen, die eine Neubegründung eines Mietverhältnisses mit dem gekündigten Mieter als unzumutbar erscheinen lassen (OLG Karlsruhe, RE v. 27.1.1993, DWW 1993, 40). **Andere** Wohnungen aus seinem Bestand muss der Vermieter nur anbieten, wenn sich diese zumindest in **demselben Stadt- bzw. Ortsteil** befinden (LG Berlin, Urt. v. 21.9.1999, Az. 64 S 113/99, ZMR 1999, 825).

Diese Obliegenheit beruht nach den Gründen dieses Rechtsentscheids auf dem Umstand, dass der Mieter bei einer Kündigung wegen Eigenbedarfs die Wohnung aufgeben muss, obwohl er sich vertragstreu verhalten hat. Der Vermieter ist daher gehalten, seine Interessen so schonend wie möglich durchzusetzen, damit die unerwünschten Folgen der allein aus der Sphäre des Vermieters herrührenden Kündigung so gering wie möglich bleiben.

Dabei muss das Angebot zum Abschluss eines Mietvertrages über die frei werdende Wohnung zu angemessenen Bedingungen erfolgen, d.h. zu den bisher für die Vermietung der Alternativwohnung geltenden bzw. zu den ortsüblichen oder im betreffenden Anwesen üblichen Bedingungen.

Erfüllt der Vermieter diese Obliegenheit nicht, kann der Mieter die Räumung der Wohnung mit dem Einwand des Rechtsmissbrauchs verweigern.

Dies gilt jedoch nicht, wenn besondere Umstände die Neubegründung eines Mietverhältnisses mit dem gekündigten Mieter als unzumutbar erscheinen lassen, z.B. bei vertragswidrigem Verhalten des Mieters (OLG Karlsruhe, a.a.O.). Nach Auffassung des LG Mannheim (WuM 1996, 475) muss es sich insofern jedoch um Vertragsverletzungen handeln, die den Tatbestand der außerordentlichen oder ordentlichen Kündigung erfüllen, da „Spannungen" unterhalb der Kündigungsschwelle die Anbietpflicht nicht berühren. Nach einer neueren Entscheidung des BVerfG besteht eine Anbietpflicht auch dann nicht, wenn der Vermieter die **leer stehende Wohnung** dem allgemeinen Wohnungsmarkt nicht mehr zur Verfügung stellen wollte, da eine solche Anbietpflicht allenfalls für Wohnungen erwogen werden kann, die leer

Eigenbedarf

stehen **und** die der Vermieter ohnehin zu vermieten beabsichtigt (BVerfG, Beschl. v. 23.11.1993, Az. 1 BvR 904/93, NJW 1994, 435). Dabei entscheidet allein der Vermieter, welche Wohnungen aus seinem Bestand er für eine Vermietung vorsieht. In diese Disposition dürfen die Fachgerichte nicht eingreifen, indem sie eine Anbietpflicht auch für solche Wohnungen entwickeln, die der Vermieter gerade nicht anderweitig vermieten, sondern selbst, z. B. als Übergangswohnung während der Bauzeit, nutzen möchte. Vielmehr müssen sie den Entschluss des Eigentümers, weitere Immobilien nicht dem Wohnungsmarkt zur Verfügung zu stellen, akzeptieren und dürfen ihm nicht eine bestimmte Nutzung seiner Eigentumsgegenstände vorschreiben (so BVerfG, Beschl. v. 3.10.1989, DWW 1990, 16).

Nach anderen Entscheidungen **entfällt** die Anbietpflicht des Vermieters auch, wenn die frei werdende Wohnung bereits seit längerer Zeit einem Dritten versprochen ist (LG Regensburg, Urt. v. 6.11.1990, WuM 1991, 109), der Mieter das Vertrauensverhältnis durch sein Verhalten erschüttert hat (LG Karlsruhe, Urt. v. 9.11.1990, WuM 1991, 41) oder Mieter und Vermieter verfeindet sind und die Alternativwohnung im persönlichen Lebens- und Wohnbereich des Vermieters gelegen ist (LG Regensburg, a.a.O.).

Hat der Vermieter dem Mieter geeigneten Ersatzwohnraum angeboten, kann der Mieter gegenüber dem Eigenbedarf des Vermieters auch nicht den **Härtegrund** fehlenden Wohnraums geltend machen (LG Waldshut-Tiengen, WuM 1993, 349; vgl. „Kündigungsschutz", Abschnitt 3).

Die Entscheidung des Gerichts über die Streitfrage, ob der Vermieter verpflichtet ist, dem Mieter im Falle der Eigenbedarfskündigung eine vergleichbare freie Wohnung zum Bezug anzubieten, unterliegt nicht der Überprüfung durch das Bundesverfassungsgericht (BVerfG, Beschl. v. 28.1.1992, Az. 1 BvR 1054/91, WuM 1992, 180). Jedoch kann das Gericht eine solche Pflicht nicht allein mit der Begründung verneinen, die zur Verfügung stehende Wohnung sei für den gekündigten Mieter zu klein. Diese Auffassung verletzt das Recht des Mieters auf freie Entfaltung seiner Persönlichkeit, wozu auch gehört, dass der Mieter seinen Wohnbedarf nach seinen eigenen Vorstellungen bestimmen, also auch einschränken darf.

Allerdings sind die Gerichte nicht gehindert zu prüfen, ob eine dem Vermieter nicht mehr zumutbare **Überbelegung** vorliegt oder der Bezug der Wohnung gegen bau- oder polizeirechtliche Vorschriften verstoßen würde. Liegen solche Umstände vor, kann in der Ablehnung der Anbietpflicht kein Verstoß gegen Mietergrundrechte gesehen werden (BVerfG, a.a.O.).

Zur Frage, unter welchen Voraussetzungen der Vermieter im Falle einer Eigenbedarfskündigung verpflichtet ist, dem Mieter Auskunft über seinen Grundbesitz und über freie, frei gewordene bzw. gekündigte Wohnungen zu geben, vgl. LG München I, Urt. v. 29.3.1995, WuM 1996, 38; LG Berlin, WuM 1994, 75.

8 Überhöhter Wohnbedarf

Unter Missbrauchsgesichtspunkten kann das Gericht auch prüfen, ob mit dem Erlangungswunsch ein „weit überhöhter Wohnbedarf" geltend gemacht wird. Diese Prüfung unterliegt allerdings Grenzen (vgl. etwa Beschluss der 2. Kammer des 1. Senats vom 18.1.1988, ZMR 1988, 129).

> Grundsätzlich unterliegt es nämlich der alleinigen, sich aus dem Eigentumsrecht ergebenden Befugnis des Vermieters zu bestimmen, welchen Wohnbedarf er für sich und seine Angehörigen als angemessen ansieht (BVerfG, Beschl. v. 23.11.1993, DWW 1994, 44).

Die Gerichte sind daher insbesondere nicht berechtigt, ihre Vorstellungen von angemessenem Wohnen verbindlich an die Stelle der Vorstellungen und der Lebensplanung des Eigentümers zu setzen (BVerfG v. 23.11.1993, a.a.O.). Vielmehr müssen sie die Argumente des Vermieters für die Inanspruchnahme des Wohnraums ausreichend würdigen und können einen überhöhten Wohnbedarf nur aus objektiven Gründen aufgrund tatsächlicher Feststellungen im Einzelfall annehmen. So darf das Gericht z. B. den Eigenbedarf des Vermieters nicht mit dem formelhaften Hinweis verneinen, eine 65 m^2 große 3-Zimmer-Wohnung sei groß genug für einen 2-Personenhaushalt (BVerfG, Beschl. v. 19.3.1993, Az. 1 BvR 1714/92, WuM 1994, 130) oder eine 150 m^2 große 5-Zimmer-Wohnung stelle zwingend einen überhöhten Wohnbedarf für ein unverheiratetes Paar dar (BVerfG, Beschl. v. 2.2.1994, Az. 1 BvR 1422/93, NJW 1994, 995; vgl. auch BVerfG, Beschl. v. 30.6.1994, Az. 1 BvR 2048/93, NJW 1994, 2605, wonach die Gerichte grundsätzlich auch akzeptieren müssen, dass der Vermieter mit seiner Lebensgefährtin eine 156 m^2 große 5½-Zimmer-Wohnung beziehen will; so auch LG Gießen, Urt. v. 20.4.1994, ZMR 1994, 565: Eine 5-Zimmer-Wohnung kann nicht grundsätzlich als deutlich zu groß für zwei Personen angesehen werden, wobei es auch nicht Aufgabe der Gerichte sein kann, Wohnbedarfsplanung zu betreiben).

Dementsprechend müssen die Mietgerichte auch akzeptieren, dass der Vermieter seiner Tochter und deren Lebensgefährten eine 150 m^2 große 5-Zimmer-Wohnung zur Realisierung der beabsichtigten Familiengründung und des Kinderwunsches überlässt (BVerfG, Beschl. v. 20.2.1995, Az. 1 BvR 665/94, WuM 1995, 260).

Bei der Entscheidung der Frage, ob überhöhter Wohnbedarf vorliegt, müssen die Gerichte zur Vermeidung eines Wertungswiderspruchs auch den derzeitigen Wohnbedarf des gekündigten Mieters berücksichtigen. Will z. B. der Vermieter zusammen mit seiner Lebensgefährtin in eine 5½-Zimmer-Wohnung einziehen, wird der Einwand eines überhöhten Wohnbedarfs wohl unbegründet sein, wenn die gekündigte Wohnung derzeit auch nur von zwei Personen bewohnt ist (vgl. BVerfG, Beschl. v. 30.6.1994, a.a.O.).

Der Vermieter sollte daher bereits im Kündigungsschreiben sämtliche Umstände vortragen, die für die Inanspruchnahme des Wohnraums und gegen den Vorwurf eines überhöhten Wohnbedarfs sprechen.

Die Inanspruchnahme überdurchschnittlicher Wohnflächen wurde vom BVerfG als vernünftig und nachvollziehbar anerkannt, wenn der Vermieter wegen seiner selbstständigen Tätigkeit ein Arbeitszimmer benötigt, für die Betreuung seines Kindes ein Au-pair-Mädchen in seinen Haushalt aufnehmen will oder zusätzliche Flächen für die Unterbringung einer Sammlung benötigt (vgl. BVerfG, Beschl. v. 31.1.1994, Az. 1 BvR 1465/93, NJW 1994, 994, wonach die Fachgerichte dem Vermieter nicht vorschreiben dürfen, dass er seine bereits vorhandene Puppensammlung statt in der Wohnung aufzustellen außerhalb derselben in Kisten verpackt lagern muss).

Das Fachgericht darf in die Pläne des Vermieters auch dann nicht korrigierend eingreifen, wenn dieser seine künftige Lebens- und Wohngestaltung dahin ausrichten möchte, **Wohn- und Arbeitsstätte** im selben Haus zu haben und eine repräsentative Wohnung zu besitzen, um dort Geschäftspartner in wohnlicher Atmosphäre bewirten zu können. Dieser Umstand ist auch nicht geeignet, den Wohnzweckcharakter der beanspruchten Räume aufzuheben (BVerfG, Beschl. v. 30.6.1994, a.a.O.).

Wegen der notwendigen Einzelfallbewertung können zur Frage, ab wann ein überhöhter Wohnbedarf angenommen wird, lediglich beispielhaft einige Fälle genannt werden:

So hat das BVerfG bereits in einer früheren Entscheidung (WuM 1985, 75) erklärt, dass eine Kündigung unzulässig ist, wenn der Vermieter zusammen mit seinem kleinen Kind eine 250 m^2 große 7-Zimmer-Wohnung beansprucht.

Überhöhter Bedarf wurde auch angenommen, wenn eine 4-Zimmer-Wohnung einer 22-jährigen Studentin überlassen werden soll (LG Frankfurt, WuM 1990, 479; vgl. auch LG München I, WuM 1990, 346; LG Bremen, WuM 1992, 20: Überlassung einer 105 m^2 großen 3-Zimmer-Wohnung zur alleinigen Nutzung an eine 18-jährige Schülerin); LG Bremen, WuM 1994, 541: Überlassung einer 84 m^2 großen Dreizimmer-Penthouse-Wohnung zur alleinigen Nutzung an eine 19-jährige Auszubildende. Dagegen wurde überhöhter Bedarf **verneint**, wenn dem 36-jährigen berufstätigen Sohn ein 168 m^2 großes Einfamilienhaus zur Verfügung gestellt wird (LG Köln, WuM 1995, 110; a.A.: LG Kiel, WuM 1991, 492, für ein Haus mit 110 m^2 Wohnfläche an einen 25-jährigen Sohn). Kein überhöhter Wohnbedarf auch bei Überlassung einer 4-Zimmer-Wohnung an den Sohn und dessen Lebensgefährtin (LG Kassel, WuM 1989, 416; LG Hannover, WuM 1989, 418) oder einer 3-Zimmer-Wohnung mit 75 m^2 an eine Einzelperson (LG Hamburg, WuM 1994, 683).

Zusammenfassend kann festgestellt werden, dass die Rechtsprechung zur Annahme eines überhöhten Wohnbedarfs neigt, wenn größere Wohnflächen (ab ca. 100 m^2) an gerade volljährige und noch in der Ausbildung stehende Kinder überlassen werden sollen.

Eigenbedarf

Die Entscheidung, ob überhöhter Wohnbedarf geltend gemacht wird, richtet sich nach den **gegenwärtigen** Lebensumständen und nicht nach der langfristigen Lebensplanung für den gegenwärtig nicht gegebenen Fall (BVerfG v. 23.8.1990, NJW 1990, 3259; LG Kiel, a.a.O.).

Solche gegenwärtigen Lebensumstände sind jedoch bereits gegeben, wenn der Vermieter seiner Tochter und deren Lebensgefährten wegen einer beabsichtigten Familiengründung und der Realisierung des Kinderwunsches eine 150 m² große 5-Zimmer-Wohnung überlassen will. Eine Konkretisierung des Kinderwunsches durch eine zum Zeitpunkt der Kündigung vorliegende oder während des Räumungsprozesses eintretende Schwangerschaft kann nicht verlangt werden. Insofern spricht auch die Tatsache, dass die Tochter unverheiratet ist, nicht gegen die Ernsthaftigkeit des Kinderwunsches (BVerfG, Beschl. v. 20.2.1995, Az. 1 BvR 665/94, WuM 1995, 260).

8.1 Eignung der Wohnung zur Bedarfsdeckung

Die Gerichte haben des Weiteren zu prüfen, ob die Wohnung die Nutzungswünsche des Vermieters überhaupt erfüllen kann, d. h. geeignet ist, den geltend gemachten Bedarf zu decken (BVerfG, WuM 1989, 114; ZMR 1994, 59).

Daran kann es z. B. fehlen, wenn die Wohnung für den Vermieter und seine Familie erheblich zu klein ist. Auch dies darf allerdings nicht dazu führen, dass dem Eigentümer der Eigennutzungswunsch „ausgeredet wird", die Vorstellung des Gerichtes also verbindlich an die Stelle der Lebensplanung des Eigentümers tritt (BVerfG v. 14.2.1989, a.a.O.). Ein Eigenbedarf kann daher nicht schon deshalb verneint werden, weil sich der Raumbedarf eines jungen Ehepaares bei ungewissem Familienzuwachs weiter vergrößern könnte und die vermietete Wohnung dann ungeeignet wäre (LG Landau, WuM 1993, 678).

8.2 Öffentlich geförderter Wohnraum

Eine öffentlich geförderte Wohnung kann der Vermieter wegen Eigenbedarfs nur kündigen, wenn er oder die begünstigte Person **wohnberechtigt** ist (§ 5 WoBindG; LG Siegen, WuM 1987, 416). Daher ist die Eigenbedarfskündigung zugunsten eines Angehörigen unwirksam, wenn der Vermieter weder im Besitz eines Freistellungsbescheides ist noch die verbindliche Zusage der zuständigen Stelle nachweist, dass er die Wohnung nach der Räumung dem Angehörigen überlassen darf (LG Essen, WuM 1993, 676).

8.3 Unzulässig genutzte Räume

Räume, die bauordnungsrechtlich nicht als Aufenthaltsräume zugelassen, aber trotzdem zu Wohnzwecken vermietet sind (z. B. Kellerräume), können selbstständig nicht aufgrund einer Eigenbedarfskündigung herausverlangt werden, da es dann an einer Eignung zu Wohnzwecken fehlt (LG Hamburg, WuM 1994, 432).

Eigenbedarf

9 Vorhersehbarkeit des Eigenbedarfs

Nach den Ausführungen des Bundesverfassungsgerichtes kann eine Kündigung wegen Eigenbedarfs auch gegen den **Grundsatz von Treu und Glauben** (§ 242 BGB) verstoßen, wenn sie aus Gründen erfolgt, die schon bei Abschluss des Mietvertrages vorlagen.

Der Vermieter setzt sich zu seinem eigenen Verhalten in Widerspruch, wenn er die Wohnung auf unbestimmte Zeit vermietet, obwohl er entweder entschlossen ist oder zumindest erwägt, in absehbarer Zeit die Wohnung oder einen Teil davon selbst in Gebrauch zu nehmen.

Er soll dem Mieter, der mit einer längeren Mietdauer rechnet, die mit jedem Umzug verbundenen Belastungen dann nicht zumuten, wenn er ihn über die Absicht oder zumindest die Aussicht begrenzter Mietdauer nicht aufklärt (BVerfG v. 14.2.1989, a.a.O.).

Daher kann es dem Vermieter verwehrt sein, eine Wohnung bzw. ein Haus zu kündigen, wenn er für Eigenbedarf nur einen **Teil** davon benötigt und dies bei der Vermietung bereits vorhersehbar war (BVerfG, Beschl. v. 19.10.1993, NJW 1994, 308). In diesem Fall obliegt es dem Vermieter, die Räume getrennt durch Abschluss separater Mietverträge zu vermieten, um im Bedarfsfall einzelne Räume kündigen zu können, ohne gegen das Verbot der Teilkündigung zu verstoßen.

Unbeschadet dessen dürfen die Anforderungen an eine zureichende **Bedarfsvorschau** durch den Vermieter von den Gerichten nicht überspannt werden. So ist z. B. eine Eigenbedarfskündigung nicht wegen einer bei Begründung des Mietverhältnisses schon absehbaren Eigenbedarfslage unwirksam, wenn zur Familie des Vermieters **Kinder** oder Heranwachsende (z. B. die Enkeltochter) gehören, von denen der Vermieter nicht weiß, wann sie sich vom elterlichen Haushalt lösen und an welchem Ort sie selbstständig leben wollen. Schließt der Vermieter bei dieser Sachlage einen Mietvertrag auf unbestimmte Zeit, kann ihm bei einer Kündigung wegen Eigenbedarfs für eine dieser Personen nicht entgegengehalten werden, die nunmehr eingetretene Situation wäre für ihn absehbar gewesen und er hätte daher nur einen befristeten Mietvertrag schließen dürfen (LG Mannheim, Beschl. v. 31.5.1990, DWW 1990, 309; vgl. auch LG Stuttgart, WuM 1989, 249).

Die Anforderungen an eine Bedarfsvorschau sind auch überspannt, wenn von einem Vermieter, der selbst zur Miete wohnt, verlangt wird, er dürfe nur einen befristeten Mietvertrag abschließen, weil er mit einem Eigenbedarf seines Vermieters rechnen müsse (BVerfG, Beschl. v. 19.7.1993, Az. 1 BvR 501/93, ZMR 1993, 505; vgl. auch BVerfG, Beschl. v. 28.5.1993, Az. 1 BvR 1515/92, ZMR 1993, 363).

Ein Verstoß gegen Treu und Glauben liegt auch nicht vor, wenn der Eigentümer nach dem Wegfall eines gewerblichen Zwischenmieters mit dem Endmieter unter Hinweis auf eine Eigenbedarfslage einen Mietvertrag auf unbe-

Eigenbedarf

stimmte Zeit schließt und kurze Zeit später wegen Eigenbedarfs kündigt (LG Lübeck, WuM 1993, 613).

Kündigt der Vermieter dem Mieter, weil er am Ort seines neuen Arbeitsplatzes eine Wohnung benötigt, kann der Mieter dieser Kündigung nicht den Umstand entgegenhalten, dass der Vermieter in der Zeit, in der er noch auf Arbeitsplatzsuche war, eine vergleichbare Wohnung anderweitig vermietet bzw. ein bestehendes Mietverhältnis verlängert hat. Andernfalls würde nach Auffassung des Bundesverfassungsgerichts (Beschl. v. 28.5.1993, NJW 1993, 2166) unzulässig in die Lebensplanung des Vermieters eingegriffen werden, da der Vermieter während seiner Arbeitsplatzsuche nicht wissen konnte, ob ein Arbeitsverhältnis auch tatsächlich zustande kommt.

10 Angekaufter Eigenbedarf

> Die Geltendmachung von Eigenbedarf verstößt nicht gegen Treu und Glauben, wenn dieser durch den Kauf einer vermieteten Wohnung erst geschaffen worden ist (sog. „angekaufter Eigenbedarf"), es sei denn, treuwidrige Umstände kommen hinzu (BayObLG, RE v. 14.7.1981, DWW 1981, 234; Weber/Marx, I/S. 55 = Sammelband Nr. 58).

Kündigt der Vermieter wegen Eigenbedarfs, weil ihm selbst die von ihm bewohnte Wohnung gekündigt wurde, kommt es weder auf die Gründe dieser Kündigung an, noch ob der Vermieter durch sein Verhalten Anlass zu dieser Kündigung gegeben hat (Schmidt-Futterer/Blank, Rn. B 621). Dennoch soll sich der Vermieter nach Auffassung des LG München I (WuM 1996, 770) im Kündigungsschreiben nicht allgemein auf die ihm gegenüber erklärte Kündigung berufen dürfen, sondern muss die Gründe dieser Kündigung zumindest umrisshaft darlegen.

Dem Käufer einer Eigentumswohnung, der diese eigens zu dem Zwecke erworben hat, selbst darin zu wohnen, kann jedoch das Risiko eines Rechtsstreites mit dem Vermieter seiner bisherigen, ihm wirksam gekündigten Mietwohnung zur Vermeidung der Kündigung des Mieters der angekauften Eigentumswohnung in der Regel nicht zugemutet werden (BayObLG, a.a.O.). Unbeschadet dessen ist der Käufer einer vermieteten Eigentumswohnung nach der neueren Rechtsprechung des BVerfG (Beschl. v. 11.11.1993, a.a.O.) grundsätzlich bereits dann zur Kündigung berechtigt, wenn er selbst noch zur Miete wohnt, sodass es nicht darauf ankommt, ob ihm die von ihm bewohnte Mietwohnung gekündigt wurde.

11 Künftiger Eigenbedarf

Den Rechtsentscheiden des BayObLG vom 2.3.1982 (NJW 1982, 1159; Weber/Marx, II/S. 44 = Sammelband Nr. 72) und des OLG Hamm vom 24.7.1986 (DWW 1986, 242; Weber/Marx, VI/S. 32 = Sammelband Nr. 92) ist zu entnehmen, dass es ausreichend ist, wenn die Gründe für den Eigenbedarf spätestens bei Beendigung des Mietverhältnisses mit einiger Sicherheit vorliegen. Ein Vorliegen bereits im Zeitpunkt des Zuganges der Kündigung kann nicht gefordert werden. Daher kann eine Eigenbedarfskündigung auch schon vor der Geburt eines Kindes mit dem dadurch bedingten erhöhten Wohnbedarf begründet werden (AG Magdeburg, DWW 1999, 125).

Nach dem Rechtsentscheid des BayObLG (a.a.O.) hat ein 82-jähriger Vermieter regelmäßig bereits dann ein berechtigtes Interesse an der Beendigung des Mietverhältnisses, wenn aufgrund äußerer Umstände mit einiger Sicherheit damit gerechnet werden kann, dass er die Dienste einer in seinen Hausstand aufzunehmenden Hilfsperson in naher Zukunft für seine Lebensführung (Pflege und Wartung) benötigt. Zumindest bei längerer Kündigungsfrist ist dies auch dann anzuerkennen, wenn die Personen, deren Dienste in Anspruch genommen werden sollen, bei Vornahme der Kündigung noch nicht feststehen (OLG Hamm, a.a.O.), d. h., dass zumindest in diesem Fall eine konkrete Pflegeperson im Kündigungsschreiben nicht benannt werden muss. Insofern muss der Vermieter daher nicht abwarten, bis der Bedarfsfall eingetreten ist; er kann auch für den Zeitpunkt des voraussichtlichen Eintritts kündigen, wenn der Bedarfsgrund schon konkretisierbar und sein Eintritt absehbar ist.

Dagegen ist eine „**Vorratskündigung**", mit der nicht ein mit einiger Sicherheit eintretender, sondern nur ein wahrscheinlicher **künftiger** Eigenbedarf geltend gemacht wird, unzulässig (z. B. Kündigung, weil die Vergrößerung der Familie „geplant" ist).

Dies ist von Verfassungs wegen nicht zu beanstanden, da keine unverhältnismäßige, mit Art. 14 GG unvereinbare Zurückstellung der Eigentümerbefugnisse vorliegt, wenn dem Eigentümer der Zugriff auf das vermietete Objekt erst dann gestattet ist, wenn und soweit dieser durch **gegenwärtige** beachtliche Gründe motiviert ist (BVerfG v. 23.8.1990, NJW 1990, 3259). Solche sind gegeben, wenn der im Zeitpunkt der Kündigung noch nicht pflegebedürftige Vermieter die Wohnung einer Person überlassen will, die ihn bei Eintritt des Pflegefalles versorgt und objektive Anzeichen, wie hohes Alter, vorausgegangene Erkrankungen, Fehlen von im Hause oder in der Nähe wohnenden Angehörigen die Notwendigkeit rechtzeitiger Vorsorge rechtfertigen (LG Saarbrücken, WuM 1992, 690).

Gegenwärtige beachtliche Gründe liegen auch vor, wenn der Vermieter erwarten muss, dass sein berufliches Arbeitsverhältnis altersbedingt kurzfristig durch Entlassung beendet werden kann und er Vorsorge für seinen künftigen Wohnsitz dadurch treffen will, dass er eine geeignete, vermietete Wohnung mit der Eigenbedarfskündigung beansprucht (OLG Düsseldorf, Urt. v. 11.6.1992, WuM 1993, 49).

12 Auswahlrecht des Vermieters

Liegt Eigenbedarf vor, steht es dem Vermieter frei, welchem von mehreren Mietern seines Hauses er kündigt (BayObLG, RE v. 2.3.1982, NJW 1982, 1159; Weber/Marx, II/S. 44 = Sammelband Nr. 72; vgl. auch LG Stuttgart, WuM 1976, 56). Soziale Belange braucht der Vermieter hierbei nicht zu berücksichtigen (BGH v. 20.1.1988, a.a.O.). Demgegenüber kann sich der gekündigte Mieter nicht darauf berufen, dass einem anderen Mieter hätte gekündigt werden müssen. Seine Belange sind vielmehr auf seinen Widerspruch hin erst im Rahmen des § 574 BGB zu berücksichtigen (BGH, RE v. 6.7.1994, WuM 1994, 454).

> Jedoch wird der Vermieter im eigenen Interesse an einer raschen Durchsetzung der Kündigung demjenigen Mieter kündigen, der sich am wenigsten auf Härtegründe berufen kann.

13 Inhalt des Kündigungsschreibens

> Im **Kündigungsschreiben** sind sämtliche Gründe, die als berechtigtes Interesse des Vermieters für die ausgesprochene Kündigung von Wohnraum berücksichtigt werden sollen, grundsätzlich auch dann nochmals anzugeben, wenn sie dem Mieter bereits zuvor mündlich oder schriftlich mitgeteilt oder in einem Vorprozess geltend gemacht worden waren.

Die Bestimmung des § 573 Abs. 3 BGB, wonach die Wirksamkeit der Kündigung eines Wohnraummietverhältnisses die Darlegung der **Kündigungsgründe** bereits im Kündigungsschreiben erfordert, ist mit der Eigentumsgarantie des Grundgesetzes vereinbar (BVerfG, Beschl. v. 28.1.1992, Az. 1 BvR 1319/91, WuM 1992, 178). Dieser Begründungszwang führt zwar dazu, dass der Vermieter im Kündigungsschreiben bestimmte persönliche Verhältnisse offenbaren muss, jedoch ist dies durch das Interesse des Mieters gerechtfertigt, zum frühestmöglichen Zeitpunkt Klarheit über seine Rechtsposition zu bekommen und die Erfolgsaussichten eines Vorgehens gegen die Kündigung abschätzen zu können (BVerfG, Beschl. v. 8.4.1994, ZMR 1994, 252). Die **bloße Wiedergabe** des Gesetzestextes **genügt** diesen Anforderungen an die Begründungspflicht daher **nicht**.

Andererseits ist der Vermieter im Hinblick auf sein allgemeines Persönlichkeitsrecht nicht verpflichtet, solche Daten seines persönlichen Lebensbereiches im Kündigungsschreiben mitzuteilen, die für den Entschluss des Mieters, der Kündigung zu widersprechen oder diese hinzunehmen, nicht von Bedeutung sein können (BVerfG, a.a.O.).

Vom Vermieter kann jedoch die Mitteilung verlangt werden, in welcher Weise er bei Ausspruch der Kündigung seinen gewöhnlichen und regelmäßigen Wohnbedarf deckt. Dabei muss der Vermieter auch seine anderen **leerstehenden** Wohnungen erwähnen und vortragen, aus welchen Gründen er dort seinen Wohnbedarf nicht decken kann. Sind die Gründe hierfür nachvollziehbar, darf ihm die Kündigung wegen Eigenbedarfs nicht versagt werden. Kommt der Vermieter dieser Begründungspflicht nicht nach, ist die Kündigung trotz objektiven Vorliegens der Eigenbedarfsvoraussetzungen aus formalen Gründen unwirksam. In dem vom Bundesverfassungsgericht entschiedenen Fall wurde in den Gründen ausdrücklich darauf hingewiesen, dass es dem Vermieter nicht zumutbar ist, ein 75 km entferntes Anwesen zu beziehen.

Eigenbedarf

Jedoch wurde die Räumungsklage trotzdem abgewiesen, weil die Kündigung aus formalen Gründen mangels **Angaben über das leer stehende Anwesen** unwirksam war. Grundsätzlich bedarf es jedoch nicht der Darlegung des sonstigen (vermieteten) Grundbesitzes des Vermieters und der Gründe, weshalb der Eigenbedarf dort nicht realisiert werden kann (LG München I, Urt. v. 29.3.1995, WuM 1996, 38).

13.1 Schilderung der Gründe bei erneuter Kündigung

Bei einer **erneuten** Kündigung, die z.B. wegen Zweifel an der Wirksamkeit einer bereits erfolgten Kündigung ausgesprochen wird, ist es jedoch ausreichend, dass sich die erneute Kündigung **ausdrücklich** auf die in dem früheren Kündigungsschreiben genannten Gründe bezieht, wenn seitdem insoweit keine Änderungen eingetreten sind. Höhere Anforderungen an die Begründung der erneuten Kündigung wären unzumutbar streng und mit der Eigentumsgarantie nicht mehr vereinbar, da der Mieter durch eine wörtliche Wiederholung der in der ersten Kündigung angeführten Gründe keine weiteren für seinen Beschluss bedeutsamen Informationen erhielte und dies daher nur eine leere Förmelei darstellen würde (BVerfG, Beschl. v. 10.7.1992, Az. 1 BvR 658/92, NJW 1992, 2752).

13.2 Angabe von Bedarfsperson und Sachverhalt

Bei Begründung der Eigenbedarfskündigung muss sich der Vermieter im Kündigungsschreiben auch festlegen, für welche **Person** (Angabe von Name, Alter, Anschrift) er Eigenbedarf geltend macht (LG München I, Urt. v. 27.3.1991, WuM 1991, 490) und einen **konkreten Sachverhalt** (Lebensvorgang) vortragen, auf den das berechtigte Interesse dieser Person an der Erlangung der Wohnung gestützt wird (BayObLG, RE v. 14.7.1981, DWW 1981, 234; 17.12.1984, WuM 1985, 50; Weber/Marx, I/S. 55 = Sammelband Nr. 58 und IV/S. 65 = Sammelband Nr. 89). Die bloße Angabe des Wortes „Eigenbedarf" ist nicht ausreichend. Ebensowenig **Formulierungen** wie

- „Die Wohnung wird für die 24-jährige Tochter benötigt" (LG Göttingen, NJW-RR 1990, 592) oder

- „Die Tochter des Vermieters will mit ihrem Partner die Wohnung beziehen" (LG Gießen, WuM 1991, 39).

Vielmehr hat der Vermieter die **Gründe** für den Eigenbedarf **näher darzulegen** (z. B. durch Schilderung der derzeitigen Wohnverhältnisse des Berechtigten), damit der Mieter sich darüber im Klaren werden kann, ob **berechtigte** Interessen des Vermieters zu einer Beendigung des Mietverhältnisses führen (BVerfG v. 20.10.1988, WuM 1989, 483; BVerfG v. 18.7.1988, WuM 1989, 484; Weber/Marx, IX/S. 79).

13.3 Schilderung der Vorteile des Wohnungswechsels

Im **Kündigungsschreiben** sollte ferner möglichst ausführlich dargelegt werden, welche **Vorteile** der Bezug der zu kündigenden Wohnung gegenüber der vom Vermieter bzw. von dessen Angehörigen derzeit genutzten Wohnung hat (z. B. Größe, Ausstattung, Lage, Arbeitsplatznähe, wirtschaftliche Belastung, gesundheitliche Gründe u. Ä.).

Wird die Kündigung darauf gestützt, dass die vermietete Wohnung wesentlich größer als die derzeit vom Vermieter bewohnte Wohnung ist, muss das Kündigungsschreiben eine Darlegung der **Wohnungsgrößen** (Wohnfläche in m^2, Anzahl der Zimmer) enthalten (LG Mannheim, WuM 1996, 707).

Kündigt der Vermieter mit der Begründung, er wolle nicht länger zur Miete, sondern im eigenen Haus wohnen, muss er im Kündigungsschreiben nicht auch die derzeitigen Wohnverhältnisse der Familienangehörigen und der sonstigen Personen darlegen, die mit ihm in die gekündigten Räume einziehen werden, da es insoweit unerheblich ist, ob diese Personen im Eigentum oder zur Miete wohnen (BVerfG, Beschl. v. 23.11.1993, NJW 1994, 311; vgl. dazu auch BVerfG, Beschl. v. 11.11.1993, WuM 1993, 729). Auch wenn der Vermieter die Eigenbedarfskündigung auf den Wunsch stützt, seinem erwachsenen Sohn und dessen Freundin eine gemeinsame Wohnung zur Verfügung zu stellen, muss er den Namen und die Wohnverhältnisse der Freundin nicht schon im Kündigungsschreiben mitteilen, da an die Begründung der Kündigung keine unzumutbar strengen Anforderungen gestellt werden dürfen (LG Oldenburg, WuM 1996, 220 unter Hinweis auf BVerfG, NJW 1994, 311; LG Gießen, Urt. v. 20.4.1994, ZMR 1994, 565; a.a.: LG Hamburg, WuM 1993, 50).

Wird das berechtigte Interesse am Bezug der Wohnung nicht von der Zahl der **künftigen Wohnungsnutzer** abhängig gemacht, muss der Vermieter im Kündigungsschreiben auch nicht ausführen, ob er die Wohnung künftig mit einer Lebenspartnerin beziehen will (LG Mannheim, DWW 1995, 113).

Wird der Eigenbedarf mit einer Belastung des Grundstücks begründet, sind **Lasten und Einkünfte des Grundstücks** im Kündigungsschreiben nachvollziehbar darzulegen (BVerfG, Beschl. v. 17.7.1992, WuM 1993, 231).

Verfügt der Vermieter über **keine anderen vergleichbaren** freien, frei werdenden oder gekündigten Wohnungen, in denen der Eigenbedarf in gleicher Weise realisiert werden kann, sollte der Mieter im Kündigungsschreiben auch darüber informiert werden.

13.4 Wechsel der Bedarfsperson

Ein **Auswechseln von Kündigungsgründen** hinsichtlich der Person, derentwegen Eigenbedarf geltend gemacht wird, ist grds. unzulässig (LG Düsseldorf, WuM 1992, 130). Dies bedeutet, dass z.B. eine Kündigung wegen Eigenbedarfs für den Sohn nicht nachträglich auf einen Eigenbedarf für die Tochter gestützt werden kann, wenn der Eigenbedarf für den Sohn nicht mehr besteht. Vielmehr muss die Kündigung in die-

Eigenbedarf

sem Fall erneut unter Einhaltung der gesetzlichen Fristen und einer auf die Lebensumstände der Tochter zugeschnittenen Begründung ausgesprochen werden. Dagegen kann auch noch im Berufungsverfahren ein Austausch der Bedarfsperson erfolgen, wenn der Eigenbedarf hinsichtlich der Person, für die er zunächst geltend gemacht war, bestanden hatte und auch für die zweitbenannte Person besteht (LG Limburg, NZM 1998, 911). Etwas anderes gilt jedoch, wenn der Eigenbedarf für eine **Hilfs- oder Pflegeperson** geltend gemacht wurde, da der Eigenbedarf insofern lediglich an die Person des Vermieters, nicht aber an die Wohnverhältnisse der Pflegeperson gebunden ist und ein Austausch dieser Person daher die Interessenlage nicht verändert (LG Ellwangen, NJWE 1996, 124).

Aufgrund **nachträglicher Erkenntnisse** darf die Begründung einer Kündigung auch **modifiziert** werden. Wird z. B. die Kündigung der Wohnung für eine Pflegeperson darauf gestützt, dass der Pflegebedarf aufgrund einer ärztlichen Stellungnahme Tag und Nacht besteht, und stellt sich nachträglich heraus, dass die Pflege im Wesentlichen nur tagsüber erforderlich ist, kann der Vermieter seinen Eigenbedarfswunsch trotzdem aufrecht erhalten (BVerfG, Beschl. v. 9.2.2000, Az. 1 BvR 889/99, WuM 2000, 232).

14 Wegfall des Eigenbedarfs

Entfallen die eine Kündigung wegen Eigenbedarfs rechtfertigenden Gründe, bevor die Kündigungsfrist abgelaufen ist und der Mieter die Wohnung geräumt hat, ist der Vermieter verpflichtet, den Mieter davon zu unterrichten und auf dessen Verlangen das Mietverhältnis fortzusetzen (OLG Karlsruhe, RE v. 7.10.1981, NJW 1982, 54; Weber/Marx, I/S. 67 = Sammelband Nr. 68). Diese Verpflichtung entfällt, wenn der Mieter vor dem Wegfall des Kündigungsgrundes die Wohnung schon geräumt hatte.

Fällt der Eigenbedarf vor Räumung weg, trifft den Vermieter auch eine strafrechtlich relevante **Hinweispflicht** gegenüber dem Mieter, auf die veränderte Lage hinzuweisen.

> Bei Verstoß gegen diese Pflicht kann ein **Betrug** durch Unterlassen vorliegen (BayObLG, Urt. v. 5.2.1987, NJW 1987, 1654).

Die Hinweis(Garanten)pflicht besteht grundsätzlich bis zur Räumung der Wohnung, und zwar auch dann, wenn der Mieter im Vertrauen auf das Vorliegen des eigenen Bedarfes und noch vor dessen Wegfall mit dem Vermieter einen rechtswirksamen gerichtlichen Räumungsvergleich abgeschlossen hat. Dem Vermieter ist zur Aufklärung des Mieters eine angemessene Frist zuzubilligen, die sich nach den Umständen des Einzelfalls bemisst (BayObLG, a.a.O.). Liegt jedoch bereits ein **rechtskräftiger Räumungstitel** vor, ist der Vermieter nicht mehr verpflichtet, dem Mieter den nach Rechtskraft eingetretenen Wegfall des Eigenbedarfs mitzuteilen und die Vollstreckung zurückzustellen. Er darf vielmehr – ungeachtet des Wegfalls des angegebenen Kündigungsgrundes – weiter vollstrecken und über die Wohnung anderweitig verfügen, es sei denn, der Kündigungsgrund wäre (nachweislich) ursprünglich bereits nicht gegeben, d.h. vorgetäuscht gewesen (LG Köln, Urt. v. 9.12.1993, WuM 1994, 212; vgl. auch LG Köln, WuM 1984, 248). In diesem Fall würde die Zwangsvollstreckung aus dem erschlichenen Räumungsurteil als vorsätzliche sittenwidrige Schädigung (§ 826 BGB) zum Schadensersatz verpflichten, wobei dieser dadurch zu leisten sein kann, dass der Vermieter die Zwangsvollstreckung zu unterlassen hat (LG Mönchengladbach, WuM 1995, 186). Ein Räumungsurteil ist jedoch nicht erschlichen, wenn der Vermieter lediglich Umstände verschweigt, die nach der letzten mündlichen Verhandlung und vor der Verkündung des Räumungsurteils nach einer Eigenbedarfskündigung eintreten und den Eigenbedarf nicht ausschließen. Ein rechtskräftiges Räumungsurteil wird auch nicht sittenwidrig ausgenutzt, wenn der Vermieter Umstände verschweigt, die zu einem Wegfall des Eigenbedarfs vor Ablauf der gerichtlich bewilligten Räumungsfrist erst zu einem Zeitpunkt führen werden, nachdem der Mieter, ohne die Räumungsfrist ausgeschöpft zu haben, bereits geräumt haben wird (LG Düsseldorf, WuM 1995, 186).

Eine **verspätete Mitteilung** über den Wegfall des Eigenbedarfs kann den Vermieter grundsätzlich zum Schadensersatz verpflichten, es sei denn, der Auszug des Mieters entsprach ohnehin seinen Vorstellungen und die Verspätung für den Abschluss des Mietvertrages über die neue Wohnung war daher nicht ursächlich. Dann ist es dem Mieter auch zuzumuten, mit dem neuen Vermieter über eine Aufhebung des Mietvertrages zu verhandeln, wenn genügend Mitbewerber vorhanden waren (LG Arnsberg, Urt. v. 5.3.1990, DWW 1990, 308).

Wird im Räumungsprozess wegen Wegfalls des Eigenbedarfs die **Erledigung der Hauptsache** erklärt, kann der Mieter nicht einwenden, die Klage sei deshalb unbegründet gewesen, weil der Eigenbedarf zur Zeit der letzten mündlichen Verhandlung nicht mehr bestanden hat, da der Wegfall des Eigenbedarfs gerade Anlass für die Erledigungserklärung war. Die Kostenentscheidung richtet sich daher nach dem voraussichtlichen Verfahrensausgang, wenn der Eigenbedarf nicht weggefallen wäre (LG Lüneburg, Beschl. v. 21.9.1998, Az. 4 T 140/98, DWW 1999, 296).

15 Vorgetäuschter Eigenbedarf

Ein Betrug durch positives Tun kann vorliegen, wenn der Vermieter die Kündigung mit Eigenbedarf begründet, obwohl ihm bekannt ist, dass dieser nicht gegeben ist („**vorgetäuschter Eigenbedarf**").

Ferner kann ein vorgetäuschter Eigenbedarf bereits dann gegeben sein, wenn der Vermieter eine Eigenbedarfskündigung androht oder sich darauf beschränkt, Eigenbedarf anzumelden und der Mieter daraufhin freiwillig auszieht, weil er keinen Anlass hatte, den Angaben des Vermieters zu misstrauen. Dagegen besteht **kein** Schadensersatzan-

Eigenbedarf

spruch des Mieters wegen vorgetäuschten Eigenbedarfs, wenn der Vermieter, ohne eine Eigenbedarfskündigung in Aussicht zu stellen, nur unverbindlich darauf hinweist, eine Wohnung im Hause selbst nutzen zu wollen, und der Mieter daraufhin freiwillig auszieht, weil er sowieso im Rahmen seiner Lebensplanung die Wohnung aufgeben wollte, z. B. wegen Kaufs einer eigenen Immobilie (LG Saarbrücken, DWW 1998, 117).

15.1 Anspruch des Mieters auf Schadensersatz

Der Mieter kann **Schadensersatz** wegen positiver Vertragsverletzung sowie aus § 823 Abs. 2 BGB in Verbindung mit § 263 StGB und § 826 BGB verlangen, zum Beispiel:

- Ersatz aller mit dem Umzug in Zusammenhang stehenden Kosten (vgl. dazu im Einzelnen: LG Saarbrücken, WuM 1995, 173, AG Nürnberg, WuM 1995, 180, LG Braunschweig, WuM 1995, 185 sowie LG Karlsruhe, DWW 1992, 22: Kosten für neue Spüle und Gardinen),
- Ersatz von Makler- und Prozesskosten (zur Erstattung von Detektivkosten vgl. LG Berlin, WuM 2000, 313),
- Mehrkosten (Mietdifferenz) für die Anmietung einer vergleichbaren Wohnung (LG Hamburg, WuM 1995, 175; LG Darmstadt, WuM 1995, 165); jedoch nur gem. der Fälligkeit der jeweiligen Mehrbeträge (BGH, MDR 1972, 411); begrenzt auf einen Zeitraum von 3 Jahren (LG Saarbrücken, WuM 1995, 173; a.A.: LG Düsseldorf, DWW 1996, 280: 1 Jahr; LG Wuppertal, WuM 1997, 681: 5 Jahre);

nicht dagegen Kosten, die dem Mieter im Zusammenhang mit dem nach der Kündigung erfolgten Erwerb (Finanzierung und Herrichtung) einer Eigentumswohnung entstehen (LG Karlsruhe, DWW 1992, 22).

Weiterhin kann der Mieter Wiedereinräumung des Besitzes durch **Wiedereinzug** in die Wohnung verlangen, solange diese noch nicht an einen Dritten vermietet worden ist. Wurde die Wohnung jedoch bereits neu vermietet, kann die Überlassung der leerstehenden Wohnung an den neuen Mieter nicht durch eine einstweilige Verfügung blockiert werden, da § 938 Abs. 1 ZPO keinen Eingriff in die Rechte Dritter (hier: des neuen Mieters) gestattet (LG München I, Beschl. v. 16.5.1991, WuM 1991, 577).

Der durch einen Wohnungswechsel entstandene **Schaden eines Mieters** kann auch dann als durch eine unberechtigte Eigenbedarfskündigung des Vermieters **verursacht** angesehen werden, wenn der Mieter die Unwirksamkeit der (nicht formgerecht begründeten) Kündigung erkannt, aufgrund mündlich dargelegter schlüssiger Eigenbedarfsgründe das Mietverhältnis dann aber einvernehmlich, z. B. durch Abschluss eines **Mietaufhebungsvertrages**, mit dem Vermieter beendet hat (BayObLG, RE v. 25.5.1982, NJW 1982, 2003 im Anschluss an OLG Karlsruhe, RE v. 7.10.1981, WuM 1982, 11; Weber/Marx, II/S. 39 = Sammelband Nr. 74 und I/S. 67 = Sammelband Nr. 68).

15.2 Rechtslage bei Räumungsvergleich

Gleiches gilt grundsätzlich auch dann, wenn sich der Mieter durch Abschluss eines Vergleichs zur Räumung der Wohnung verpflichtet (LG Düsseldorf, DWW 1996, 55). Anders ist die Rechtslage zu beurteilen, wenn sich der Vermieter zu einer Gegenleistung, z. B. Zahlung eines Abstandsbetrages oder Verzicht auf Schönheitsreparaturen, verpflichtet hat:

> Kündigt der Vermieter den Mietvertrag wegen Eigenbedarfs, bestreitet sodann der Mieter den behaupteten Kündigungsgrund und schließen die Parteien schließlich unter Aufrechterhaltung ihrer wechselseitigen Standpunkte einen außergerichtlichen oder gerichtlichen **Vergleich,** in dem sich der Mieter zur vorzeitigen **Räumung,** der Vermieter zur Erbringung einer nicht unbedeutenden **Gegenleistung** verpflichtet, so steht dem Mieter nach Räumung auch dann kein Schadensersatzanspruch gegen den Vermieter zu, wenn sich nachträglich herausstellt, dass der Eigenbedarf des Vermieters bis zum Abschluss des Vergleiches nicht bestanden hat.

Voraussetzung ist aber, dass durch den Vergleich gerade der Streit darüber beigelegt worden ist, ob der behauptete Eigenbedarf gegeben oder nur vorgetäuscht war (OLG Frankfurt/Main, RE v. 6.9.1994, Az. 20 RE-Miet 1/93, WuM 1994, 600). Nur in diesem Fall kann in dem Abschluss des Vergleiches ein **Verzicht** des Mieters auf Schadensersatzansprüche gesehen werden. Sollte durch den Vergleich dagegen nur der Streit hinsichtlich der Schlüssigkeit und Beweisbarkeit des Eigenbedarfstatbestandes beigelegt werden, sind Schadensersatzansprüche des Mieters nicht ausgeschlossen. Diese Frage ist anhand der umfassend zu würdigenden Umstände des Einzelfalles zu entscheiden (OLG Frankfurt, a.a.O.; LG Köln, ZMR 1990, 382; LG Tübingen, WuM 1993, 553).

Einen Verzicht des Mieters auf Schadensersatzansprüche wird man jedenfalls dann annehmen können, wenn die Frage, ob der Eigenbedarf gegeben oder nur vorgetäuscht war, zwischen den Parteien streitig gewesen ist, sie aber trotzdem den Räumungsvergleich abgeschlossen haben (vgl. LG Gießen, WuM 1995, 183; OLG Celle, MDR 1995, 252). In diesem Fall sind Schadensersatzansprüche des Mieters auch dann ausgeschlossen, wenn sich der Vermieter in dem Vergleich nicht zu einer Gegenleistung verpfichtet hat. Dies ergibt sich aus den Gründen des RE des OLG Frankfurt (a.a.O.), wonach die Gegenleistung des Vermieters nicht eine Voraussetzung für den Ausschluss der Schadensersatzansprüche, sondern nur ein Abgrenzungskriterium gegenüber anderen Rechtsentscheiden darstellt (LG Gießen, WuM 1995, 589).

Wurde dagegen die Frage, ob der Eigenbedarf nur vorgetäuscht war, nicht erörtert und schließen die Parteien einen Vergleich, wonach „sämtliche wechselseitigen Ansprüche aus dem Mietverhältnis erledigt seien", bezieht sich diese Klausel nur auf die beim Vergleichsabschluss bestehenden Ansprüche. Scha-

Eigenbedarf

densersatzansprüche des Mieters wegen Nichtmitteilung des späteren Wegfalls des Eigenbedarfs vor dem Auszug sind hiervon nicht erfasst (LG Hamburg, WuM 1995, 168). Verzichtet der Mieter jedoch in einem Vergleich, der eine Abfindung beinhaltet, ohne Differenzierung auf „seine Rechte aus dem Mietverhältnis", ist auch ein Schadensersatzanspruch wegen vorgetäuschten Eigenbedarfs ausgeschlossen (LG Berlin, GE 1995, 1551; DWW 1996, 56).

Der Vermieter kann einen Räumungsvergleich nicht mit der Begründung **anfechten**, er sei arglistig getäuscht worden, weil der Mieter nicht offenbart habe, dass er eine Ersatzwohnung in Aussicht oder bereits zum Bezug angemietet hat (LG Braunschweig, WuM 1995, 184).

Zur Frage, ob der Anspruch des Mieters auf Zahlung des im Vergleich vereinbarten Abstandsbetrages bei nicht rechtzeitiger Räumung entfällt, vgl. LG Nürnberg-Fürth, WuM 1995, 181.

Ein Schadensersatzanspruch besteht infolge des fehlenden Ursachenzusammenhanges zwischen der Kündigung und dem Auszug des Mieters auch dann nicht, wenn sich aus den Umständen, z. B. dem vorangegangenen Schriftverkehr, ergibt, dass der Mieter **freiwillig** geräumt hat, z. B. weil er aus anderen Gründen das Interesse an der Wohnung verloren hat (LG Osnabrück, Urt. v. 14.3.1990, WuM 1990, 435). Gleiches gilt, wenn der Mieter aus anderen Gründen, z. B. aufgrund fristloser Kündigung wegen Zahlungsverzuges, ohnehin zur Räumung verpflichtet war (LG Gießen, WuM 1995, 163) oder wenn der Schaden des Mieters überwiegend auf eigenem Verschulden beruht, der Mieter z. B. trotz einer für ihn erkennbar unwirksamen Kündigung räumt (LG Kassel, WuM 1989, 392).

Ein Schadensersatzanspruch des Mieters kann grundsätzlich immer nur dann begründet sein, wenn der Vermieter in **unredlicher** Weise von dem in § 573 BGB normierten Kündigungsrecht Gebrauch gemacht hat, etwa durch wahrheitswidrige Angabe von nicht oder so nicht vorhandenen Kündigungsgründen; nicht aber, wenn die Kündigung nur deshalb unwirksam ist, weil die dem Mieter mitgeteilten Kündigungsgründe nach richterlicher Beurteilung kein berechtigtes Interesse an der Beendigung des Mietverhältnisses ergeben haben (OLG Hamm, RE v. 31.1.1984, DWW 1984, 133; Weber/Marx, IV/S. 59 = Sammelband Nr. 86; LG Mannheim, Urt. v. 8.11.1995, WuM 1995, 710).

Der Vermieter haftet auch nicht auf Schadensersatz, wenn der Mieter nach Abweisung der Räumungsklage selbst kündigt, ohne dass der Vermieter durch sein weiteres Verhalten hierzu Anlass gegeben hätte (LG Saarbrücken, NJWE 1997, 269).

Ein Schadensersatzanspruch des Mieters setzt auch ein **Verschulden** und somit zumindest Fahrlässigkeit des Vermieters voraus. Dies kann jedoch bereits dann gegeben sein, wenn der Vermieter seine Nutzungsabsicht vor Ausspruch der Kündigung bzw. vor der Erklärung, die Wohnung selbst nutzen zu wollen, nicht ausreichend geprüft und daher eine in

Eigenbedarf

Wirklichkeit nicht bestehende Nutzungsabsicht fahrlässig behauptet hat (vgl. LG Mannheim, WuM 1991, 693).

Ein Schadensersatzanspruch wegen vorgetäuschten Eigenbedarfs ist jedoch **nicht** gegeben, wenn nur ein Auswechseln der Bedarfsperson stattfindet und die andere Person ebenfalls Begünstigte einer Eigenbedarfskündigung gewesen wäre (LG Münster, WuM 1995, 171).

Verlangt der Mieter vom Vermieter Schadensersatz mit der Behauptung, der Eigenbedarf sei vorgetäuscht gewesen, ist strittig, wer die Darlegungs- und **Beweislast** für diese Behauptung trägt. Nach allgemeinen Grundsätzen muss der **Anspruchsteller** – somit der Mieter – beweisen, dass Eigenbedarf nicht bestanden hat oder noch vor Räumung der Wohnung entfallen ist (so LG Köln, Urt. v. 12.4.1994, WuM 1995, 172; LG Frankfurt/Main, WuM 1995, 165). Dagegen vertreten andere Gerichte die Auffassung, dass dem Mieter der sog. Beweis des ersten Anscheins (prima-facie-Beweis) zugute kommt, wenn die Wohnung nach seinem Auszug nicht entsprechend dem geltend gemachten Eigenbedarf genutzt, sondern z. B. anderweitig vermietet oder verkauft wird. Dieser Umstand würde nach der Lebenserfahrung auf einen vorgetäuschten Eigenbedarf hinweisen, sodass sich die Beweislast umkehrt (§ 282 BGB) und der Vermieter darlegen und beweisen muss, dass der Eigenbedarf bestanden hat und erst nach dem Auszug des Mieters entfallen ist (so u.a. LG Hamburg, WuM 1995, 175; LG Aachen, WuM 1995, 164; AG Nürnberg, WuM 1995, 180). Insofern hat auch das BVerfG (Beschl. v. 30.5.1997,

Az. 1 BvR 1797/95, WuM 1997, 361) entschieden, dass es von Verfassungs wegen nicht zu beanstanden ist, wenn an die Darlegungslast des Vermieters über den Wegfall des Eigenbedarfes hohe Anforderungen gestellt werden.

16 Kündigungssperrfristen

Die ordentliche Kündigungsfrist ist abhängig von der Dauer des Mietverhältnisses (§ 573 c Abs. 1 BGB) und beträgt maximal 9 Monate (vgl. im Einzelnen „Kündigungsfristen"). Wurde jedoch an den vermieteten Wohnräumen **nach** Überlassung an den Mieter Wohnungseigentum begründet („**Umwandlung**") und das Wohnungseigentum veräußert, kann sich der Erwerber auf Eigenbedarf erst nach Ablauf von **3 Jahren** seit der Veräußerung berufen (Kündigungssperrfrist, § 577 a Abs. 1 BGB).

> Diese Frist beträgt **bis zu 10 Jahre**, wenn die ausreichende **Versorgung** der Bevölkerung mit Mietwohnungen zu angemessenen Bedingungen in einer Gemeinde oder einem Teil einer Gemeinde **besonders gefährdet** ist und die Landesregierung von ihrer Ermächtigung Gebrauch gemacht hat, diese Gebiete sowie die Frist durch Rechtsverordnung für die Dauer von jeweils höchstens 10 Jahren zu bestimmen (§ 577 a Abs. 2 BGB).

Gemäß der **Übergangsregelung** zum Mietrechtsreformgesetz (Art. 229 § 3 Abs. 6 EGBGB) steht den Bundesländern nach Inkrafttreten der Mietrechtsreform am 1.9.2001 eine **Übergangsfrist** von 3 Jahren, d. h. **bis zum 31.8.2004**

Eigenbedarf

zur Verfügung, um für Gebiete mit gefährdeter Wohnungsversorgung auf der Grundlage des neuen Rechts **neue** Rechtsverordnungen zu erlassen. **Bis dahin** sind die vor dem 1.9.2001 geltenden Vorschriften weiter anzuwenden, sodass sich die Rechtslage wie folgt darstellt:

Ist die ausreichende Versorgung der Bevölkerung mit Mietwohnungen zu angemessenen Bedingungen in einer Gemeinde oder einem Teil einer Gemeinde besonders gefährdet, verlängert sich die Frist des § 564 b Abs. 2 Nr. 2 S. 2 BGB a.F. von 3 auf **5 Jahre**, wenn die Landesregierung von ihrer Ermächtigung Gebrauch gemacht hat, diese Gebiete durch Rechtsverordnung für die Dauer von jeweils höchstens 5 Jahren zu bestimmen (§ 564 b Abs. 2 Nr. 2 S. 3 und 4 BGB a.F.).

Unabhängig vom Bestehen einer Verordnung, die eine Kündigungssperrfrist von 5 Jahren bestimmt, durften die Landesregierungen nach **dem Gesetz über eine Sozialklausel in Gebieten mit gefährdeter Wohnungsversorgung** vom 22.4.1993 (BGBl. I S. 487) durch Rechtsverordnung auch Gebiete i.S. dieses Gesetzes bestimmen, in denen die ausreichende Versorgung der Bevölkerung mit Mietwohnungen zu angemessenen Bedingungen in einer Gemeinde oder in einem Teil einer Gemeinde besonders gefährdet ist. In diesen Gebieten gilt dann für den Fall, dass eine vermietete Wohnung in eine Eigentumswohnung umgewandelt und anschließend verkauft wurde, Folgendes:

> Bis zum Ablauf von **10 Jahren** nach dem Verkauf kann der Käufer das Mietverhältnis nicht wegen Eigenbedarfs (§ 564b Abs. 2 Nr. 2 BGB a.F.) oder wegen Hinderung der wirtschaftlichen Verwertbarkeit (§ 564b Abs. 2 Nr. 3 BGB a.F.) kündigen. Auch danach ist eine Kündigung aus diesen Gründen nicht möglich, wenn die vertragsmäßige Beendigung des Mietverhältnisses für den Mieter oder ein bei ihm lebendes Mitglied seiner Familie eine nicht zu rechtfertigende Härte bedeuten würde, es sei denn, der Vermieter weist dem Mieter angemessenen Ersatzwohnraum zu zumutbaren Bedingungen nach.

Dieses Gesetz ist am **1.5.1993** in Kraft getreten. Es enthält keine **Übergangsregelung** für die Fälle, in denen das Wohnungseigentum bereits **vor** dem 1.5.1993 veräußert worden ist. Daher war bislang strittig, ob das Gesetz auch auf diese Fälle Anwendung findet.

> Mit Rechtsentscheid (v. 15.11.2000, Az. VIII ARZ 2/00, NZM 2001, 188) hat der BGH nunmehr entschieden, dass das Gesetz jedenfalls dann anwendbar ist, wenn an der vermieteten Wohnung nach Überlassung an den Mieter Wohnungseigentum begründet und das Wohnungseigentum **erstmals nach dem 1.8.1990** veräußert worden ist.
>
> Der Rechtsentscheid des OLG Stuttgart (v. 22.2.1995, WuM 1995, 262), wonach eine 10-jährige Kündigungssperrfrist nach dem Sozialklausel-

Eigenbedarf

Gesetz nur dann infrage kommt, wenn der Verkauf nach dem 1.5.1993 stattgefunden hat, kann daher **keine** Anwendung mehr finden.

Der BGH begründet seine Auffassung im Wesentlichen damit, dass sich aus dem Wortlaut des Gesetzes **keine** Anhaltspunkte für eine **Beschränkung** des zeitlichen Anwendungsbereiches ergeben und keine verfassungsrechtlichen Bedenken gegen die Anwendung des Gesetzes auf Verkaufsfälle vor seinem Inkrafttreten bestehen. Es handele sich hierbei lediglich um eine sog. **unechte Rückwirkung**, da nicht nachträglich in schon abgewickelte, der Vergangenheit angehörende Sachverhalte eingegriffen wird, sondern das Gesetz nur bestimmte Kriterien festlegt, die den Käufer einer Wohnung daran hindern, ein noch laufendes Mietverhältnis zu beenden.

Eine verfassungskonforme Auslegung des Gesetzes erfordert jedoch, die Anwendung auf Fälle zu beschränken, in denen die Veräußerung des Wohnungseigentums **nach dem 1.8.1990** stattgefunden hat. Dies ist der Zeitpunkt, ab dem die Landesregierungen durch Rechtsverordnung die dreijährige Sperrfrist des § 564 b Abs. 2 Nr. 2 BGB a.F. auf fünf Jahre verlängern konnten und der Käufer einer Eigentumswohnung somit nicht mehr darauf vertrauen durfte, dass eine im Zeitpunkt des Kaufes bestehende Sperrfrist nicht verlängert wird.

Dagegen konnte bei einem Verkauf der Wohnung **vor** dem 1.8.1990 nur eine **drei- bzw. fünfjährige** Sperrfrist gelten.

Diese Sperrfrist ist inzwischen jedoch abgelaufen, da sie nach dem Rechtsentscheid des Bayerischen Obersten Landesgerichts (v. 24.11.1981, NJW 1982, 451) bereits mit der Grundbucheintragung des **ersten** Erwerbers der umgewandelten Wohnung zu laufen begonnen hat und auch bei einem **erneuten** Verkauf der Wohnung **nicht** neu zu laufen beginnt.

Entsprechende Rechtsverordnungen, die eine Kündigungssperrfrist von **10 Jahren** bestimmen, waren bei Redaktionsschluss in folgenden Ländern in Kraft: Baden-Württemberg, Bayern, Berlin, Brandenburg, Bremen, Hamburg, Hessen, Niedersachsen, Nordrhein-Westfalen. Betroffen sind i. d. R. sämtliche größeren Städte und Gemeinden, aber auch zahlreiche kleinere Gemeinden in den jeweiligen Bundesländern.

Vor Abfassung der Kündigung einer umgewandelten Wohnung sollte daher bei der zuständigen Gemeinde bzw. Stadtverwaltung angefragt werden, ob in dem betreffenden Gebiet eine verlängerte Kündigungssperrfrist gilt.

Ein bereits verstrichener Teil einer Sperrfrist nach den **alten** Bestimmungen wird auf die neue Sperrfrist nach § 577 a BGB **angerechnet** (Art. 229 § 3 Abs. 6 EGBGB).

Eigenbedarf

Eine **Sperrfrist gilt nicht,**

- Wenn das Wohnungseigentum bereits **vor** Überlassung an den Mieter begründet war;
- Wenn nur eine Teilung, aber keine Weiterveräußerung vorgenommen wurde (z. B. der Eigentümer eines Mietshauses wandelt die Wohnungen in Eigentumswohnungen um und kündigt dann einem Mieter wegen Eigenbedarfs für seinen Sohn);
- wenn ein Wohngrundstück von einem Alleineigentümer an mehrere Miteigentümer veräußert wird, eine Umwandlung in Eigentumswohnungen aber nicht erfolgt;
- wenn die Veräußerung **vor** der Teilung stattgefunden hat, z. B. wenn der Vermieter nach Überlassung der Wohnung an den Mieter das Hausgrundstück als Miteigentümer in einer Bruchteilsgemeinschaft mit Dritten erworben hat und dann die Erwerber das Eigentum am Grundstück nach § 3 und/oder § 8 WEG in der Weise unter sich in Wohnungseigentum aufgeteilt haben, dass sie mit jedem ihnen zustehenden Miteigentumsanteil (bzw. -teilanteil) das Sondereigentum an einer bestimmten Wohnung verbunden haben (BGH, RE v. 6.7.1994, WuM 1994, 452; so bereits KG Berlin, RE v. 26.3.1987, DWW 1987, 150).

Eine Sperrfrist greift in diesen Fällen nicht ein, da § 577 a Abs. 1 bzw. § 564 b Abs. 2 Nr. 2 S. 2 BGB a.f. nicht nur eine Umwandlung, sondern zusätzlich eine **nachfolgende** Veräußerung voraussetzt. Eine entsprechende Anwendung dieser Vorschrift ist nicht veranlasst, da sich das nach dem Schutzzweck der Norm vorausgesetzte erhöhte Risiko einer erst durch die Umwandlung und Veräußerung geschaffenen Eigenbedarfslage – ebenso wie bei Begründung von Wohnungseigentum durch einen Alleineigentümer – in diesem Fall gerade nicht verwirklicht. Jeder Miteigentümer konnte sich auch schon vor Umwandlung ohne Rücksicht auf seine quotielle Beteiligung auf Eigenbedarf berufen, sodass sich das Risiko des Mieters, wegen Eigenbedarfs gekündigt zu werden, durch die Umwandlung nicht erhöht. Vielmehr verringert sich dieses Risiko durch den Wegfall der übrigen Miteigentümer auf der Vermieterseite, da nach der Umwandlung nur noch ein Eigenbedarf des jeweiligen Wohnungseigentümers zur Kündigung berechtigt (BGH, a.a.O.).

16.1 Erwerb durch Gesellschaft bürgerlichen Rechts

Nicht anders ist es auch zu bewerten, wenn die Gesellschafter einer **Gesellschaft bürgerlichen Rechts** das Hausgrundstück nach Überlassung der Wohnungen an die Mieter erworben und durch Gesellschaftsvertrag vereinbart haben, dass jedem Gesellschafter an je einer Wohneinheit ein ausschließliches Nutzungsrecht zusteht (OLG Karlsruhe, RE v. 22.5.1990, NJW 1990, 3278,

Weber/Marx X/S. 68 = Sammelband Nr. 97). Zur Begründung führt das OLG Karlsruhe aus, dass sich die Erwerber bei der Ausgestaltung der Benutzungsregelung zwar am Recht des Wohnungseigentums orientiert haben mögen, diese Benutzungsregelung aber trotzdem **schuldrechtlicher** Natur bleibt. Das Gesetz erfasst aber nach seinem eindeutigen Wortlaut nur eine in der Bildung von Wohnungseigentum liegende **dingliche** Regelung. Weil es sich um eine schuldrechtliche Benutzungsregelung handelt, geht ein bestehendes Mietverhältnis auf die Miteigentümer insgesamt, nicht aber auf den Nutzungsberechtigten der einzelnen Wohnung als Vermieter über (§§ 566, 567 BGB; im Gegensatz etwa zur Begründung eines Dauerwohnrechtes, § 31 Abs. 1 WEG). Dem Mieter steht somit die **Gesamtheit** der Miteigentümer als Vermieter gegenüber. § 577 a Abs. 1 BGB setzt dagegen voraus, dass der Mietvertrag auf den Erwerber übergegangen ist (§ 566 BGB; Veräußerung an einen Dritten).

Nachdem es für eine Kündigung wegen Eigenbedarfs genügt, dass die Eigenbedarfsvoraussetzungen bei einem Miteigentümer vorliegen, kann ein Miteigentümer wegen Eigenbedarfs kündigen und braucht nur die allgemeine Kündigungsfrist (siehe „Kündigungsfristen"), nicht aber die Sperrfrist (§ 577 a Abs. 1 BGB) einzuhalten. Dagegen muss die Sperrfrist trotz der noch nicht vollzogenen Begründung von Wohnungseigentum eingehalten werden, wenn die Vertragsgestaltung ausschließlich der **Umgehung** der Sperrfrist dienen soll.

Das ist der Fall, wenn

- bei Abschluss des Kaufvertrags die Abgeschlossenheitsbescheinigung bereits vorgelegen hat und

- aufgrund des Kaufvertrags Wohnungseigentum (§ 3 WEG) gebildet werden soll (innerhalb einer bestimmten Frist oder bei Absicherung durch ein Druckmittel – vgl. LG Duisburg, WuM 1997, 266),

- dem Miteigentümer bei Erwerb des Bruchteilseigentums an dem Hausgrundstück eine bestimmte Wohnung zur ausschließlichen Nutzung zugewiesen worden ist und

- diese Nutzungsregelung ebenso wie der dauernde Ausschluss des Aufhebungsverlangens im Grundbuch eingetragen ist (§ 1010 BGB; OLG Karlsruhe, RE v. 10.7.1992, WuM 1992, 519; Weber/Marx, XII/S. 90).

16.2 Erwerb im Wege der Zwangsversteigerung

Der Zuschlag von Wohnungseigentum im Wege der **Zwangsversteigerung** (s. „Zwangsversteigerung") ist als Veräußerung (§ 577 a Abs. 1 BGB) anzusehen. Das bedeutet, dass nicht nur der Käufer, sondern auch der Ersteigerer einer **umgewandelten** Eigentumswohnung (vgl. „Umwandlung") die Kündigung wegen Eigenbedarfs erst nach Ablauf der Sperrfrist aussprechen kann.

Dies gilt auch dann, wenn das Mietverhältnis unter Einhaltung der gesetzlichen Frist von 3 Monaten gekündigt wird (§ 57a ZVG; s. „Kündigung", Abschnitt 3.2.2.2). Maßgebender Kündigungstermin ist dann der Termin, zu dem das

Mietverhältnis erstmals nach dem Ende der Sperrfrist unter Beachtung der gesetzlichen Frist gekündigt werden kann (BayObLG, RE v. 10.6.1992, WuM 1992, 424; Weber/Marx, XII/S. 72).

Ist in den Fällen des § 577 a Abs. 1 BGB die Sperrfrist einzuhalten, **beginnt** sie mit der Eintragung des 1. Erwerbers des (nach Überlassung des Wohnraumes an den Mieter begründeten und sodann veräußerten) Wohnungseigentums im Wohnungsgrundbuch. Weitere Erwerber treten in diese Frist ein (§ 566 BGB); für sie beginnt die Frist nicht neu zu laufen (BayObLG, RE v. 24.11.1981, NJW 1982, 451; Weber/Marx, I/S. 76 = Sammelband Nr. 121). Eine Kündigung des Erwerbers wegen Eigenbedarfs kann erst nach Ablauf der Sperrfrist und somit nicht zu deren Ablauf ausgesprochen werden (so bereits OLG Hamm, RE v. 3.12.1980, DWW 1981, 47; Weber/Marx, I/S. 61 = Sammelband Nr. 62). Für die nach Ablauf der Frist ausgesprochene Kündigung gelten die gesetzlichen Fristen (OLG Hamm, a.a.O., s. „Kündigungsfristen").

Unterliegt die umgewandelte Wohnung der Preisbindung, kann sich der Erwerber nicht auf Eigenbedarf berufen, solange die Wohnung als **öffentlich gefördert** gilt (§ 6 Abs. 7 WoBindG). Dies gilt auch, wenn der Mieter Fehlbeleger ist (LG Tübingen, WuM 1996, 545).

Die Sperrfrist (§ 577 a Abs. 1 BGB) läuft dabei neben der Dauer der Bindung, sodass eine Berufung auf Eigenbedarf nach Ablauf der längeren der beiden Fristen möglich ist.

17 Sonderregelungen in den neuen Bundesländern

17.1 Überlassungsverträge

Überlassungsverträge, d. h. Verträge, durch die dem Nutzer vor dem 3.10.1990 ein bisher staatlich verwaltetes Grundstück durch den staatlichen Verwalter gegen Leistung eines Geldbetrages und Übernahme der öffentlichen Lasten überlassen wurde (§ 1a EGBGB), werden als auf unbestimmte Zeit geschlossene Mietverträge fortgesetzt (§ 34 SchuldRAnpG).

17.2 Kündigungsausschlussfristen

Eine Kündigung durch den Grundstückseigentümer war bis zum Ablauf des 31.12.1995 ausgeschlossen (§ 38 Abs. 1 SchuldRAnpG). **Bis zum Ablauf des 31.12.2000** konnte der Grundstückseigentümer den Mietvertrag nur kündigen, wenn er das auf dem Grundstück stehende Gebäude zu Wohnzwecken für sich, die zu seinem Hausstand gehörenden Personen oder seine Familienangehörigen **benötigt und** der Ausschluss des Kündigungsrechts dem Grundstückseigentümer angesichts seines Wohnbedarfs und seiner sonstigen berechtigten Interessen auch unter Würdigung der Interessen des Nutzers nicht zugemutet werden kann.

Die genannte Frist verlängert sich bis zum **31.12.2010**, wenn der Nutzer auf dem Grundstück in nicht unerheblichem Umfang Um- und Ausbauten oder wesentliche bauliche Maßnahmen zur Substanzerhaltung des Gebäudes unternommen hat, die nicht den in § 12

Eigenbedarf

Abs. 2 des Sachenrechtsbereinigungsgesetzes bestimmten Umfang erreichen. Die Fristverlängerung tritt jedoch nicht ein, wenn mit den Arbeiten erst nach dem 20.7.1993 begonnen wurde (§§ 38 Abs. 2, 39 SchuldRAnpG).

17.3 Grundstücksveräußerung

Ist das Grundstück **veräußert** worden, kann sich der Erwerber nicht vor Ablauf von 3 Jahren seit der Eintragung der Rechtsänderung in das Grundbuch auf Eigenbedarf zu Wohnzwecken berufen. Dies gilt jedoch nicht, wenn der auf die Veräußerung des Grundstücks gerichtete Vertrag vor dem 13.1.1994 abgeschlossen worden ist (§ 38 Abs. 3 SchuldRAnpG).

17.4 Abtrennbare Grundstücksteile

Der Grundstückseigentümer ist auch berechtigt, eine Kündigung des Mietvertrages für eine **abtrennbare**, nicht überbaute **Teilfläche** des Grundstücks zu erklären (§ 40 SchuldRAnpG). Die Kündigung ist zulässig, wenn das Grundstück größer als 500 m^2 und die darüber hinausgehende Fläche abtrennbar und selbstständig **baulich** nutzbar ist. Das Recht zur Kündigung steht dem Grundstückseigentümer auch hinsichtlich einer über 1000 m^2 hinausgehenden Fläche zu, die abtrennbar und angemessen **wirtschaftlich** nutzbar ist.

Eigentümerwechsel

Inhaltsübersicht		Seite
1	Voraussetzungen...	E 47
2	Kündigung und Mieterhöhung durch den Käufer..................	E 48
3	Kündigung und Mieterhöhung durch den Verkäufer.............	E 49
3.1	Kündigung durch den Mieter...	E 50
4	Bindung des Käufers an bestehende Vereinbarungen.............	E 50
5	Übergang von Ansprüchen..	E 52
5.1	Kaution..	E 55
5.2	Betriebskosten...	E 56
5.3	Vorausverfügungen...	E 56
5.4	Nießbrauch..	E 58
5.5	Zwangsversteigerung..	E 59
6	Gesellschafterwechsel...	E 59

1 Voraussetzungen

Ein Eigentümerwechsel tritt ein bei Tod des Vermieters sowie bei Veräußerung oder Zwangsversteigerung. Beim Tod des Vermieters tritt an dessen Stelle der Erbe oder eine Erbengemeinschaft, der/die als Gesamtsrechtsnachfolger alle Rechte und Pflichten des Erblassers aus dem Mietverhältnis kraft Gesetzes (§ 1922 BGB) übernimmt.

> Die Erben sind an alle vom Erblasser mit den Mietern getroffenen Vereinbarungen gebunden und haben daher keinen Anspruch auf Abschluss eines neuen Mietvertrages oder auf ändernde oder zusätzliche Vereinbarungen.

Schließt der Mieter mit dem Erben jedoch freiwillig einen neuen Mietvertrag ab, ist dieser in vollem Umfang wirksam. Im Falle der Veräußerung des Grundstücks nach der Überlassung an den Mieter tritt der Erwerber anstelle des Vermieters in die sich aus dem Vertrag ergebenden Rechte und Pflichten ein (Grundsatz: **Kauf bricht nicht Miete**; § 566 BGB). Als Veräußerungsgeschäft i.S.d. Bestimmung kommen in Betracht: Kauf, Tausch, Schenkung, Vermächtnis, Einbringen in eine Gesellschaft. Der Grundstücksveräußerung steht die Veräußerung des Erbbaurechtes gleich.

Veräußert ist das Grundstück, wenn der Erwerber Eigentümer geworden ist.

Eigentumserwerb setzt dingliche **Einigung** über den Übergang des Eigentums (= Auflassung) und **Eintragung** des Erwerbers ins Grundbuch voraus. Nicht genügt für den Eigentumsübergang das obligatorische Verpflichtungsgeschäft, etwa der notarielle Kaufvertrag, durch den sich der Verkäufer verpflichtet, dem Käufer die Sache zu übergeben und das Eigentum daran zu verschaffen.

Weder die in einem Grundstückskaufvertrag aufgenommene Bestimmung, wonach Besitz, Nutzen und Lasten an einem bestimmten Tag auf den Käufer übergehen, noch die Eintragung einer Auflassungsvormerkung führt den Wechsel auf Vermieterseite herbei, sondern erst die Eintragung ins Grundbuch (BGH, WuM 1989, 141).

2 Kündigung und Mieterhöhung durch den Käufer

Vor Eintragung im Grundbuch kann der Mietvertrag auf Vermieterseite allein durch „**dreiseitigen** Vertrag" zwischen Verkäufer, Käufer und Mieter übergehen (LG Hamburg, WuM 1993, 48).

Solange der Eigentumsübergang nicht vollzogen ist, bleibt der Veräußerer Vermieter. Der Käufer kann in diesem Stadium weder ein bestehendes Mietverhältnis kündigen (LG Münster, WuM 1991, 105; LG Ellwangen, WuM 1991, 489; LG Osnabrück, WuM 1990, 81) noch die Zustimmung zu einer Mieterhöhung verlangen (LG Köln, WuM 1996, 623; LG Karlsruhe, WuM 1991, 48) oder eine Mieterhöhungserklärung abgeben (LG Köln, WuM 1996, 625), wobei es insofern auf die Verhältnisse zum Zeitpunkt der Abgabe (nicht des Zugangs) der Erklärung ankommt (LG Köln, WuM 1996, 623). Ferner kann der Käufer vor Grundbucheintragung keinen Mietaufhebungsvertrag und keinen Räumungsvergleich ohne Mitwirkung des Verkäufers schließen (LG Ellwangen, a.a.O.).

Strittig ist, ob der Verkäufer diese Rechte an den Käufer **abtreten** kann. Jedenfalls kann der Verkäufer eines Grundstücks den Käufer **ermächtigen** (§ 185 Abs. 1 BGB), einen bestehenden Mietvertrag im eigenen Namen zu **kündigen**, schon bevor der Käufer mit der Eintragung im Grundbuch in den Mietvertrag eintritt (BGH, Urt. v. 10.12.1997, WuM 1998, 99). Bei der Kündigung eines **Wohnraum**mietverhältnisses, die das Vorliegen eines Kündigungsgrundes voraussetzt, stellt sich allerdings das Problem, dass der Verkäufer den Käufer nur zur Geltendmachung eigener – des Verkäufers – Rechte ermächtigen kann, d. h. der Käufer nur Kündigungsgründe geltend machen kann, die auch der Verkäufer hätte geltend machen können (z. B. vertragswidriges Verhalten des Mieters; nicht dagegen Eigenbedarf, der bei einem Verkauf regelmäßig nur in der Person des Käufers, nicht aber beim Verkäufer vorliegen kann). Eine Vereinbarung zwischen Käufer und Verkäufer, wonach der Käufer mit allen Rechten und Pflichten in einen bestehenden Mietvertrag eintritt, ist insofern nicht ausreichend und kann nicht in eine solche Ermächtigung zum Ausspruch einer Kündigung umgedeutet werden

(OLG Celle, Az. 2 U 166/98, ZMR 1999, 618).

Die Zulässigkeit der **Abtretung** des Anspruches auf Abgabe eines **Mieterhöhungsverlangens** vor Eigentumseintragung wird überwiegend abgelehnt (Barthelmess, MHG, § 1 Rn. 19; Emmerich-Sonnenschein, MHG § 2 Rn. 49; Schmidt-Futterer/Blank C 81; LG Hamburg, WuM 1985, 310). Daher kann der noch nicht eingetragene Erwerber auch nicht die Zustimmungsklage im Wege der **Prozessstandschaft** für den Vermieter erheben (LG Augsburg, WuM 1990, 226).

Der Erwerber kann im Stadium zwischen Vertragsabschluss und Eintragung das Erhöhungsverlangen nur im Namen des Vermieters erklären. Hat er es aber im eigenen Namen erklärt, kann der Vermieter die Erklärung nicht genehmigen (§ 185 BGB; Sternel, III 637).

3 Kündigung und Mieterhöhung durch den Verkäufer

Ein Erhöhungsverlangen, das vom Verkäufer wirksam geltend gemacht worden ist, wirkt zu Gunsten des danach – während des Laufes der Zustimmungsfrist in das Mietverhältnis eintretenden Erwerbers fort (LG Kassel, WuM 1996, 417; LG Hildesheim, WuM 1985, 364 zur Klagebefugnis des Veräußerers).

Besteht eine **Zwangsverwaltung** des vermieteten Grundstücks, ist der neue Eigentümer auch nach Grundbucheintragung so lange nicht zur Verwaltung des Grundstücks befugt, bis die Zwangsverwaltung aufgehoben wurde (vgl. § 148 Abs. 2 ZVG). Ein trotzdem gestelltes Zustimmungsverlangen zur Mieterhöhung ist daher unwirksam (vgl. AG Dortmund, WuM 1993, 364). Die Aufhebung der Zwangsverwaltung heilt die fehlerhafte Mieterhöhungserklärung nicht (AG Dortmund, WuM 1994, 546).

Eine Kündigung des Vermieters vor Verkauf der Mietsache wird durch den Verkauf nicht unwirksam. Der Käufer tritt vielmehr in die durch die Kündigung begründeten Vermieterrechte ein (§ 566 BGB), wird also Inhaber auch des Rückgabeanspruchs nach § 546 Abs. 1 BGB. Ausnahmen von diesem Grundsatz macht die Rechtsprechung bei Kündigungen wegen Eigenbedarfs (vgl. „Eigenbedarf") und wegen Hinderung der wirtschaftlichen Verwertbarkeit (vgl. „Kündigungsschutz", Abschnitt 2.3) mit der Begründung, dass gerade durch den Verkauf der Wohnung das Erlangungsinteresse wegfällt. Daher verbleibt es bei dem Grundsatz, dass die Kündigung des Verkäufers zugunsten des Käufers fortwirkt, falls das Erlangungsinteresse des Verkäufers trotz der Kündigung fortbesteht.

Dies ist z. B. der Fall, wenn der Eigentümer/Verkäufer, der wegen Eigenbedarfs gekündigt hat und die Wohnung nun veräußern will oder muss, sichergestellt hat, dass der Käufer ihm die Nutzung gestattet. Ebenso, wenn der Verkäufer wegen Eigenbedarfs für einen Angehörigen kündigt und die Wohnung anschließend an diesen Angehörigen veräußert oder verschenkt, da der Angehörige dann nicht nur einen eigenen, sondern einen mit dem – fortbestehenden – Verkäuferbedarf praktisch deckungsgleichen Eigenbedarf hat (OLG Hamm, RE v. 21.7.1992, WuM 1992, 460; Weber/Marx, XII/S. 94).

Wie in den Gründen dieses Rechtsentscheids zutreffend ausgeführt wird, dürfen sich für den Mieter aus einem Vermieterwechsel zwar keine Nachteile ergeben (§ 566 BGB), jedoch soll der Vermieterwechsel dem Mieter auch keine Vorteile bringen. Daher wirkt die Kündigung des Vermieters hier auch dann zugunsten des Käufers – des Angehörigen –, wenn dieser bei einer eigenen Kündigung wegen Eigenbedarfs eine Sperrfrist wegen einer vorangegangenen Umwandlung einhalten müsste (OLG Hamm, a.a.O.; zur Sperrfrist vgl. „Eigenbedarf").

3.1 Kündigung durch den Mieter

Wird der Mieter von dem Verkauf des Mietgrundstücks nicht unterrichtet, ist seine an den Verkäufer gerichtete Kündigung des Mietverhältnisses wirksam. Dies gilt auch im Verhältnis zwischen Verkäufer und Käufer (LG Duisburg, NJWE 1997, 277).

4 Bindung des Käufers an bestehende Vereinbarungen

Die **Umwandlung** eines Mietshauses in Eigentumswohnungen (s. „Umwandlung") kann dazu führen, dass Teile der Mietsache im Sondereigentum (z. B. die Wohnräume), andere Teile im **Gemeinschafts**eigentum (z. B. Gartenanteil, Trockenraum) stehen. In diesem Fall ist der Erwerber der vermieteten Eigentumswohnung **alleiniger** Vermieter und kann die **Wohnung** einschließlich des Nebenraums auch **alleine kündigen**, wenn der Nebenraum nach der Teilungserklärung lediglich im **Gemeinschafts**eigentum aller Wohnungseigentümer steht (BGH, RE v. 28.4.1999, NZM 1999, 553).

Die gegenteilige Auffassung des KG Berlin (WuM 1993, 423) sowie des OLG Hamburg (WuM 1996, 637), wonach es der Mitwirkung aller Wohnungseigentümer bedarf, wenn eine Wohnung zusammen mit einem im **gemeinschaftlichen** Eigentum stehenden Nebenraum gekündigt werden soll, ist daher überholt.

Nach Auffassung des LG Hamburg (Urt. v. 15.7.1999, Az. 333 S 30/99, ZMR 1999, 765) soll der Erwerber einer vermieteten Eigentumswohnung aber nicht alleiniger Vermieter werden, wenn der Nebenraum nicht im Gemeinschaftseigentum, sondern im **Sonder**eigentum eines **anderen** Wohnungseigentümers steht (s. hierzu Greiner in ZMR 1999, 766, wonach diese Auffassung unzutreffend ist).

Im Zeitpunkt der Vollendung des Eigentumserwerbs (Eintragung im Grundbuch) tritt der Käufer anstelle des Verkäufers mit allen Rechten und Pflichten in das bestehende Mietverhältnis ein (§ 566 BGB). Der Abschluss eines neuen Mietvertrages zwischen dem Käufer und dem Mieter ist nicht erforderlich und kann auch nur im Einvernehmen, d. h. mit Zustimmung des Mieters, erfolgen, da ein Rechtsanspruch des Käufers auf Abschluss eines neuen Mietvertrags nicht besteht. So kann der Käufer z. B. nicht verlangen, dass der Mieter neben der Miete nunmehr auch die anfallenden Betriebskosten trägt, wenn im Vertrag eine Bruttomiete vereinbart ist, in der alle Betriebskosten enthalten sind.

Vor Erwerb einer vermieteten Wohnung sollte daher auch der bestehende Mietvertrag eingehend geprüft werden, da der Käufer grundsätzlich an alle das Mietverhältnis betreffende Vereinbarungen zwischen dem ehemaligen Eigentümer und dem Mieter gebunden bleibt.

So ist z. B. der Grundstückserwerber auch an die generell erteilte Erlaubnis zur **Untervermietung** eines Teils der Wohnung gebunden (LG Kiel, WuM 1994, 610); ebenso ist dem Grundstückserwerber das auf besonderen Umständen beruhende Vertrauen des Mieters, nicht vor Ablauf einer bestimmten Zeit gekündigt zu werden, zuzurechnen (LG Arnsberg, WuM 1994, 540).

Der Grundstückserwerber muss sich u.U. auch die **widerspruchslose Hinnahme einer Mietminderung** über längere Zeit durch den Voreigentümer zurechnen lassen und kann nachträglich die Berechtigung zur Minderung nicht mehr bestreiten (AG Dortmund, WuM 1994, 535). Dagegen wirkt die Zahlung der Miete unter **Vorbehalt** zwecks Aufrechterhaltung von Minderungsansprüchen **nicht** gegenüber dem Erwerber, da der Vorbehalt keine vertragsergänzende oder ändernde Wirkung hat und daher nicht nach § 566 BGB auf den Erwerber übergeht (LG Köln, WuM 1996, 615).

Gleiches gilt für bloße **Gestattungen** durch den Voreigentümer, z. B. zum Abstellen von Möbeln in nicht vermieteten Kellerräumen. Dies kann vom Käufer jederzeit widerrufen werden, da es sich insofern grundsätzlich nur um ein **Leih- oder Gefälligkeitsverhältnis** ohne vertragliche Bindung handelt. Eine stillschweigende Erstreckung des Mietgebrauchs infolge Duldung über einen längeren Zeitraum kann nur für Gemeinschaftsanlagen angenommen werden; im Übrigen beruht die Duldung im Zweifel auf einer jederzeit widerruflichen Gestattung (LG Saarbrücken, NJWE 1997, 3; Sternel, I 213; II 180).

Hat sich der Eigentümer einer Mietwohnung im Zusammenhang mit der Inanspruchnahme öffentlicher Förderungsmittel für Modernisierungs- und Energiesparmaßnahmen zur **Begrenzung von Mieterhöhungen** verpflichtet (§ 14 Abs. 1 ModEnG), so begründet dies lediglich eine vertragliche Bindung gegenüber der Förderstelle und keine gesetzliche Mietpreisbindung. Daher ist ein Erwerber der Wohnung an diese Begrenzung nicht gebunden, wenn der Verkäufer die gegenüber der Förderstelle eingegangene Verpflichtung nicht an ihn weitergegeben hat. § 566 BGB ist insofern nicht anwendbar (BGH, Urt. v. 8.10.1997, WuM 1998, 100).

Eine **Vorauszahlung der Miete** in einem Einmalbetrag ist dem Käufer gegenüber wirksam, wenn die Vorauszahlung im ursprünglichen Mietvertrag vereinbart war und die Höhe der Miete nicht nach wiederkehrenden Zeitabschnitten (z. B. Monaten) bemessen ist (BGH, Urt. v. 5.11.1997, WuM 1998, 104).

Eine **Schiedsvereinbarung** für Ansprüche aus dem Mietverhältnis bleibt auch im Verhältnis zwischen dem Erwerber und dem Mieter wirksam (BGH, Urt. v. 3.5.2000, Az. XII ZR 42/98, NZM 2000, 711).

Wird eine Wohnung bzw. ein Grundstück nicht vermietet, sondern an den Nutzer **verliehen**, z. B. dadurch, dass eine Erblasserin ihrem Lebensgefährten zu Lebzeiten ein lebenslanges unentgeltliches Wohn- und Nutzungsrecht einräumt, gilt die Schutzbestimmung des § 566 BGB **nicht** zugunsten des Entleihers. Bei einer Veräußerung endet daher das durch die Leihe begründete schuldrechtliche Nutzungsrecht (OLG Köln, Urt. v. 23.4.1999, Az. 19 U 13/96, ZMR 1999, 758).

5 Übergang von Ansprüchen

Auch **Aufwendungsersatzansprüche** des Mieters (vgl. „Verwendungen") gehen grundsätzlich nicht auf den neuen Eigentümer über. Der Anspruch kann daher nur gegenüber demjenigen geltend gemacht werden, der zum Zeitpunkt der Aufwendung Vermieter war. Gegenüber dem ausscheidenden Vermieter beginnt die **Verjährung** (§ 548 BGB; vgl. „Verjährung") zu laufen, sobald der Vermieterwechsel rechtswirksam erfolgt ist und der Mieter hiervon Kenntnis erlangt hat. Dies gilt auch für die Bereicherungshaftung des Vermieters (§§ 539 Abs. 1, 684, 812 BGB; Sternel, Mietrecht, 3. Aufl., II 607; AG Potsdam, WuM 1994, 667).

Ein Übergang auf den neuen Eigentümer findet auch nicht statt, soweit es sich um **höchstpersönliche** Rechte und Pflichten handelt, die nach dem Rechtsübergang auf der Vermieterseite ihren Inhalt und Sinn verlieren.

Haben der ehemalige Eigentümer und der Mieter eine **Beschränkung** der Kündigungsmöglichkeit des Vermieters (z. B. Ausschluss oder Erschwerung der Kündigung wegen Eigenbedarfs) vereinbart, handelt es sich **nicht** um eine höchstpersönliche, sondern um eine allgemeine Abrede, die nicht an die Person des Vermieters gebunden ist, sodass diese Beschränkung auch zulasten des Käufers wirkt (§ 566 BGB; OLG Karlsruhe, RE v. 21.1.1985, ZMR 1985, 122; Weber/Marx, V/S. 59 = Sammelband Nr. 122). Etwas anderes gilt nur dann, wenn aus der Vereinbarung der generelle Wille der Vertragschließenden zu entnehmen ist, dass sie die Kündigungsbeschränkung zeitlich bis zur Veräußerung der Wohnung begrenzen und damit den Übergang der vereinbarten Mieter-Schutzrechte zulasten eines Wohnungskäufers ausschließen wollten (OLG Karlsruhe, a.a.O.).

Der Käufer einer Wohnung tritt auch dann **vollständig** in einen von beiden Eheleuten unterzeichneten Mietvertrag ein, wenn Eigentümer nur ein Ehepartner war und der andere den Vertrag nur mitunterzeichnet hatte (§ 566 BGB analog; vgl. LG Waldshut-Tiengen, WuM 1993, 56). Dieser kann und muss daher eine Kündigung des Käufers nicht mitunterzeichnen (a. A. LG Berlin, NZM 1998, 662: keine analoge Anwendung des § 566 BGB).

Eigentümerwechsel

Der Eintritt des Käufers in ein bestehendes Mietverhältnis (§ 566 BGB) erfolgt auch, wenn die Hausverwaltung den Mietvertrag zwar in eigenem Namen, jedoch mit Zustimmung des ehemaligen Eigentümers geschlossen hatte (LG Berlin, WuM 1994, 79).

Der Käufer tritt jedoch nicht in ein bestehendes Mietverhältnis ein, wenn der Mieter die Wohnung von einem Dritten, der weder Eigentümer noch Hauptmieter des Verkäufers war, angemietet hat. Dies hat zur Folge, dass der Mieter gegenüber dem Räumungsverlangen des Käufers kein Recht zum Besitz geltend machen kann (LG Frankfurt/M., WuM 1999, 42; vgl. auch Eisenhardt, WuM 1999, 20).

Einen Anspruch auf Zahlung der **Miete** hat der Käufer gegenüber dem Mieter nur für Mieten, die nach dem Erwerb (Eintragung im Grundbuch) fällig geworden sind; jedoch unabhängig davon, ob die erst nach Veräußerung fällig werdende Miete zum Teil auf die Zeit vor der Veräußerung entfällt. Auch sonstige Rückstände aus der Zeit des Vorbesitzers kann der Käufer nur verlangen, wenn sie ihm abgetreten sind.

Gleiches gilt auch für **Schadensersatzansprüche** gegen den nach Beendigung des Mietverhältnisses ausgezogenen Mieter wegen unterbliebener Endrenovierung und Wiederherstellung des früheren Zustands der Mieträume. Diese stehen dem Vermieter (= Verkäufer) und nicht nach § 566 BGB dem Käufer zu, wenn sie bereits vor dem Eigentumswechsel entstanden und fällig geworden sind (BGH, WuM 1989, 141). Der Käufer sollte sich daher vom Verkäufer evtl. Ersatzansprüche gegen den Mieter **abtreten** lassen.

Der auf Zahlung des Geldbetrags zur Wiederherstellung der beschädigten Mietwohnung gerichtete Schadensersatzanspruch kann vom Vermieter klageweise nicht mehr geltend gemacht werden, wenn im Zeitpunkt der letzten mündlichen Verhandlung ein Dritter bereits Grundstückseigentümer ist. Der ehemalige Eigentümer und Vermieter kann in diesem Fall nur Geldersatz nach § 251 BGB verlangen, muss aber darlegen und beweisen, dass er wegen der Beschädigungen einen Mindererlös erlitten hat (LG Kiel, WuM 1994, 275; BGH, NJW 1993, 1793). Er kann seinen Schadensersatzanspruch aber gegen den Kautionsrückzahlungsanspruch des Mieters aufrechnen, wenn er im Zeitpunkt der Aufrechnungslage und Aufrechnungserklärung noch Eigentümer der Wohnung war (LG Kiel, a.a.O.).

Von § 566 BGB werden auch solche Ansprüche des Verkäufers erfasst, die erst **nach** dem Eigentumswechsel **fällig** werden. Der neue Eigentümer kann daher z. B. die Miete wegen durchgeführter **Modernisierungsmaßnahmen** erhöhen (§ 559 BGB; s. „Mieterhöhung bei Wohnraum", Abschnitt 3), wenn die Arbeiten zwar vom Verkäufer veranlasst worden sind und mit ihrer Ausführung noch vor Eigentumswechsel begonnen wurde; diese aber erst nach dem Eintritt des Käufers in das Mietverhältnis abgeschlossen worden sind (KG Berlin, RE v. 8.5.2000, Az. 8 RE-Miet, 2505/00, WuM 2000, 300).

Eigentümerwechsel

Eine am Ende des Mietverhältnisses erteilte **Generalquittung**, wonach der Vermieter gegenüber dem Mieter, gleich aus welchem Rechtsgrund, **keinerlei Ansprüche** mehr geltend machen werde, schließt ggf. nur Ansprüche wegen des Zustands der Mietsache (Schäden, Schönheitsreparaturen) aus, besagt aber nicht zwingend, dass der Käufer des Mietobjekts, an den der Vermieter den Rückgabeanspruch bereits abgetreten hat, nicht trotzdem wegen einer verspäteten Rückgabe die rückständige Miete, Nutzungsentschädigung sowie Schadensersatz wegen des Räumungsverzuges geltend machen kann (BGH, Urt. v. 13.1.1999, NJW-RR 1999, 593).

Von den Ansprüchen des Käufers gegen den **Mieter** zu unterscheiden sind die Ansprüche des Käufers gegen den **Verkäufer** (z. B. auf Erstattung der vom Mieter gezahlten Mieten). Diese bestimmen sich nicht zwingend nach dem Zeitpunkt des Eigentumsübergangs, sondern vorrangig nach den Vereinbarungen im Kaufvertrag, z. B. über den Übergang von Besitz, Nutzen (= Mieten) und Lasten. Diese Vereinbarung wirkt nur zwischen Verkäufer und Käufer und bedeutet grundsätzlich keine Abtretung der Mietzahlungsansprüche (vgl. OLG Düsseldorf, DWW 1993, 175 sowie Urt. v. 16.6.1994, MDR 1994, 1009), sodass der Mieter bis zur Umschreibung an den Verkäufer zahlen kann und der Käufer lediglich einen Anspruch gegen den Verkäufer auf Erstattung hat (vgl. auch OLG Düsseldorf, DWW 1993, 76 zur Abtretung von Pachtzahlungsansprüchen).

Der Eintritt des Erwerbers in den Mietvertrag nach § 566 BGB erfolgt jedoch nur dann, wenn die Überlassung an den Mieter **vor** Eigentumsübergang erfolgt ist. Der Tatbestand der Überlassung ist gegeben, wenn die Sache durch Verschaffung des unmittelbaren Besitzes an den Mieter übergeben ist, nach allgemeiner Meinung aber auch dann, wenn dem Mieter der Zugang zur vermieteten Sache in der Weise ermöglicht wird, dass er von ihr Gebrauch machen kann. Erfolgte die Überlassung an den Mieter **nach** Veräußerung, gilt § 567 a BGB.

Danach tritt der Erwerber mit allen Rechten und Pflichten nach § 566 BGB nur dann in den Mietvertrag ein, wenn er dem Vermieter gegenüber die Erfüllung der sich aus dem Mietverhältnis ergebenden Verpflichtungen übernommen hat (z. B. um den Vermieter vor Schadensersatzansprüchen des Mieters zu schützen).

Hat der Erwerber die Erfüllung der vertraglichen Pflichten nicht übernommen, ist er nicht verpflichtet, dem Mieter den Gebrauch der Mietsache zu überlassen. Zwischen Erwerber und Mieter kommen dann keine Rechtsbeziehungen zustande. Das Mietverhältnis bleibt bestehen, kann vom Vermieter aber nicht erfüllt werden, sodass dem Mieter dann Schadensersatzansprüche (§§ 325 Abs. 1 bzw. 536 a Abs. 1 BGB) zustehen.

Entsprechendes gilt bei **weiterer Veräußerung** des Grundstücks (§ 567 b BGB).

5.1 Kaution

Hat der Mieter des veräußerten Wohnraumes dem Vermieter für die Erfüllung seiner Pflichten (z B. Mietzahlung, Ausführung der Schönheitsreparaturen) Sicherheit geleistet, tritt der Erwerber in die dadurch begründeten Rechte und Pflichten ein (§ 566 a S. 1 BGB). Dies bedeutet, dass der Mieter bei Mietende die geleistete Sicherheit einschließlich der darauf entfallenden Zinsen in jedem Fall **vom Erwerber** zurückverlangen kann; unabhängig davon, ob der Erwerber die Sicherheit seinerzeit beim Eigentumswechsel tatsächlich erhalten bzw. eine Pflicht zur Rückgewähr übernommen hat.

Kann der Mieter die Sicherheit von dem Erwerber **nicht** zurückerlangen (z. B. weil dieser zwischenzeitlich in Vermögensverfall geraten ist), bestimmt der neue § 566 a S. 2 BGB, dass der **Veräußerer** gegenüber dem Mieter weiterhin zur Rückzahlung verpflichtet bleibt (so bereits BGH, NZM 1999, 496).

Jedoch ist der Mieter nach Treu und Glauben gehalten, zunächst den Erwerber als den gegenwärtigen Mietvertragspartner in Anspruch zu nehmen, solange dies nicht aussichtslos erscheint (BGH, a.a.O.).

Der Verkäufer sollte dieses mit seiner späteren Inanspruchnahme durch den Mieter verbundene Risiko bereits im Kaufvertrag durch entsprechende Abreden absichern, z. B. durch eine Bankbürgschaft des Käufers.

Hat der Mieter eine **Barkaution** geleistet, umfasst die Verpflichtung zur Rückgewähr auch die angefallenen Zinsen. Der Erwerber kann vom Veräußerer die Aushändigung der Sicherheit verlangen (vgl. OLG Düsseldorf, MDR 1983, 405). Wurde bei einem Mietverhältnis über Wohnraum die Kaution vom Vermieter pflichtgemäß auf einem **Sonderkonto** angelegt (s. „Kaution", Abschnitt 4), tritt beim Verkauf der Wohnung ein gesetzlicher Kontoinhaberwechsel ein, sodass ein Anspruch auf Übergabe der Kaution durch Übergabe des für das Kautionssonderkonto existierenden Sparbuchs zu erfüllen ist. Ein Anspruch des Käufers auf Zahlung einer bestimmten Geldsumme besteht nicht (OLG Düsseldorf, DWW 1997, 150). Der Verkäufer kann die Kaution zurückhalten, soweit er Ansprüche gegen den Mieter hat, für welche die Sicherheit haftet.

Beispiel:

Eigentumsübergang tritt am 15. 9. eines Jahres ein. Der Mieter schuldet noch die Miete für August des gleichen Jahres. Der Veräußerer kann daher eine an ihn vom Mieter geleistete Sicherheit in Anspruch nehmen.

Die Veräußerung des Grundstücks und der damit verbundene Wechsel in der Vermieterstellung gibt dem Mieter kein Recht, die Sicherheit zurückzufordern.

Eine beim Eigentumsübergang fällige, aber vom Mieter **noch nicht geleistete** Barkaution steht dem Verkäufer zu, wenn und soweit dieser noch offene Ansprüche gegen den Mieter hat. Der Erwerber kann vom Mieter Auffüllung der Sicherheit auf die vertraglich vereinbarte Höhe verlangen (OLG Hamburg, ZMR 1997, 415).

5.2 Betriebskosten

Geht das Eigentum an einer Wohnung **während des Abrechnungszeitraumes** (z. B. 1.1. bis 31.12.) auf den Käufer über (z. B. am 1.4.2000), ist der **Käufer** zur Abrechnung der Betriebskosten für den **gesamten** Abrechnungszeitraum verpflichtet – nicht nur für den Zeitraum ab Eigentumsübergang (hier: 1.4.2000). Dementsprechend stehen ihm auch evtl. Nachzahlungsansprüche gegen den Mieter zu. Allerdings muss er dem Mieter auch ein evtl. Guthaben auszahlen (BGH, Urt. v. 14.9.2000, Az. III ZR 211/99, WuM 2000, 609; OLG Düsseldorf, NJW-RR 1994, 110; LG Berlin, NZM 1999, 616).

Der Verkäufer ist gegenüber dem Mieter weder berechtigt noch verpflichtet, eine **Zwischenabrechnung** für den Zeitraum bis zum Eigentumsübergang (z. B. vom 1.1. bis 31.3.2000) zu erstellen.

Der **Verkäufer** muss an der Abrechnung gegenüber dem Mieter **mitwirken**, indem er dem Käufer eine Abrechnung für seine Eigentumszeit (1.1. bis 31.3.2000) übergibt, welche dieser in die dem Mieter zu erteilende Jahresabrechnung einarbeiten kann.

Dagegen ist der Käufer **nicht** zur Erstellung einer noch ausstehenden Betriebskostenabrechnung für einen **vorangegangenen** Abrechnungszeitraum (z. B. 1.1. bis 31.12.1999) verpflichtet, da dieser Abrechnungszeitraum zum Zeitpunkt des Eigentumsüberganges bereits **vollständig verstrichen** war. Über diesen Zeitraum muss der **Verkäufer** abrechnen und einen evtl. Saldo gegenüber dem Mieter ausgleichen. Eine Rückzahlungsverpflichtung des Verkäufers wegen überzahlter Betriebskosten geht **nicht** auf den Käufer über, da die Verpflichtung **vor** dem Eigentumswechsel entstanden und § 566 a BGB auf Guthaben des Mieters aus überzahlten Betriebskosten nicht entsprechend anwendbar ist (OLG Düsseldorf, DWW 1995, 83).

Diese Grundsätze über die Verpflichtung zur Abrechnung und ggf. Ausgleich eines Saldos gegenüber dem Mieter gelten unabhängig davon, wie der Ausgleich zwischen dem **Käufer und dem Verkäufer** zu erfolgen hat. Insofern sind die Regelungen des **notariellen Kaufvertrages** über den Zeitpunkt des Übergangs von **Besitz, Nutzen und Lasten** einschlägig. Bis zu diesem Zeitpunkt trägt der Verkäufer die Lasten; danach der Käufer.

Fehlt eine entsprechende Regelung, gelten die **gesetzlichen** Bestimmungen, wonach von der Übergabe an dem Käufer Nutzungen zustehen; er aber auch die Lasten zu tragen hat (§ 446 Abs. 1 S. 2 BGB).

5.3 Vorausverfügungen

Vorausverfügungen über die Miete durch den Vermieter spielen im Zusammenhang mit Grundstücksveräußerungen eine bedeutsame Rolle. Ohne Sondervorschriften wären sie dem Erwerber gegenüber voll wirksam. Jedoch gibt es **Ausnahmen:**

Hat der Vermieter vor dem Übergang des Eigentums über die Miete, die auf die Zeit der Berechtigung des

> Erwerbers entfällt, verfügt, ist die Verfügung insoweit wirksam, als sie sich auf die Miete für den zur Zeit des Übergangs laufenden Monat bezieht; geht das Eigentum nach dem 15. des Monats über, ist die Verfügung auch insoweit wirksam, als sie sich auf die Miete für den folgenden Monat bezieht.

Eine Verfügung über die Miete für eine spätere Zeit muss der Erwerber gegen sich gelten lassen, wenn er sie zur Zeit des Übergangs des Eigentums kennt (§ 566 b BGB). In Betracht kommen in diesem Zusammenhang vor allem die **Abtretung** oder die **Verpfändung** von Mietansprüchen.

Ein Rechtsgeschäft, das zwischen dem Mieter und dem Vermieter in Ansehung der Mietforderung vorgenommen wird, das insbesondere die Entrichtung der Miete betrifft, ist dem Erwerber gegenüber wirksam, soweit es sich nicht auf die Miete für eine spätere Zeit als den Kalendermonat bezieht, in welchem der Mieter von dem Übergang des Eigentums Kenntnis erlangt; bei Kenntniserlangung nach dem 15. eines Monats ist das Rechtsgeschäft auch insoweit wirksam, als es sich auf die Miete für den folgenden Monat bezieht.

Ein Rechtsgeschäft, das nach dem Übergang des Eigentums vorgenommen wird, ist unwirksam, wenn der Mieter bei der Vornahme des Rechtsgeschäfts von dem Übergang des Eigentums Kenntnis hat (§ 566 c BGB).

Die §§ 566 b, 566 c BGB haben in der Vergangenheit im Zuge des Wiederaufbaues kriegszerstörter Häuser und der Mitfinanzierung durch den Mieter eine bedeutsame Rolle gespielt, mit der Folge, dass sich zur Behandlung von Mieterleistungen zum Wiederaufbau bei Grundstücksveräußerungen eine umfangreiche Rechtsprechung entwickelt hat. Danach erstrecken sich die §§ 566 b, 566 c BGB **nicht** auf solche Vorausverfügungen und -leistungen, die in Übereinstimmung mit dem Mietvertrag stehen (**Mietvorauszahlungen**).

Dies gilt auch für Mietvorauszahlungen, die zum Aufbau des vermieteten Gebäudes oder zur Herstellung der Mieträume verwendet werden (**Baukostenzuschüsse**; BGHZ 6, 202; 15, 296; 16, 31; insbes. 37, 346). Hat der Mieter mit dem Vermieter jedoch vereinbart, dass ein geleisteter Baukostenzuschuss mit der Miete verrechnet wird, ist der Käufer nach Veräußerung des Grundstücks, unabhängig von der Regelung der §§ 566 b, 566 c BGB, an diese Vereinbarung gebunden (OLG Düsseldorf, WuM 1995, 486).

Mit der fortschreitenden Normalisierung des Grundstücks- und Wohnungswesens verliert die Rechtsprechung zu Mieterdarlehen, Mietvorauszahlungen und Baukostenzuschüssen zunehmend an Bedeutung.

Soweit die Entrichtung der Miete an den Vermieter nach § 566 e BGB dem Erwerber gegenüber wirksam ist, kann der Mieter gegen die Mietforderung des Erwerbers eine ihm gegen den Vermieter zustehende Forderung **aufrechnen**.

Das gilt nicht, wenn der Mieter die Gegenforderung erworben hat, nachdem er vom Übergang des Eigentumes Kenntnis erlangt hat oder wenn die Gegenforderung erst nach Kenntniserlangung und später als die Miete fällig geworden ist.

Zeigt der Vermieter dem Mieter an, dass er das Eigentum an dem vermieteten Grundstück auf einen Dritten übertragen habe, so muss er in Ansehung der Mietforderung die angezeigte Übertragung dem Mieter gegenüber gegen sich gelten lassen, auch wenn die Eigentumsübertragung aus irgendwelchen Gründen in Wirklichkeit nicht eingetreten ist. Die Anzeige kann nur mit Zustimmung desjenigen zurückgenommen werden, der als der neue Eigentümer bezeichnet worden ist (§ 566 e BGB). Diese Bestimmung bezieht sich nur auf die Anzeige des Eigentumsüberganges durch den bisherigen Vermieter, nicht etwa auf die Mitteilung des Erwerbers. Dessen Anzeige hat somit nicht zur Folge, dass der Mieter mit befreiender Wirkung an ihn zahlen kann.

Bei Grundstücks**belastungen** nach Überlassung an den Mieter gelten die Regelungen zur Grundstücks**veräußerung entsprechend,** wenn durch die Ausübung des Rechtes dem Mieter der vertragsgemäße Gebrauch entzogen wird. Hat die Ausübung des Rechtes nur eine Beschränkung des vertragsgemäßen Gebrauchs zur Folge, ist der an der Belastung Berechtigte dem Mieter gegenüber verpflichtet, die Ausübung des Rechtes zu unterlassen, soweit sie den vertragsgemäßen Gebrauch beeinträchtigen würde (§ 567 BGB).

Neben dem hierdurch dem Mieter unmittelbar gegen den Dritten gewährten Schutz kann der Mieter vom Vermieter Beseitigung der Störung verlangen.

Als Rechte (§ 567 BGB) kommen vor allem in Betracht: das Erbbaurecht, der Nießbrauch oder das dingliche Wohnungsrecht. So tritt z. B. der Erbbauberechtigte in die Rechte und Pflichten des Vermieters ein (Gebrauchsgewährungspflicht, Anspruch auf die Miete).

5.4 Nießbrauch

Hauptanwendungsfall des § 567 BGB ist die **Bestellung** eines Nießbrauchs durch den Eigentümer und Vermieter nach Überlassung des Mietgegenstands an den Mieter. Hier tritt im Augenblick der Nießbrauchsbestellung (bei Grundstücken durch Einigung und Eintragung im Grundbuch) der Nießbraucher anstelle des Eigentümers in den Mietvertrag ein. Von diesem Zeitpunkt an hat der Nießbraucher kraft Gesetzes Anspruch auf die Miete. Veräußert der Eigentümer und Vermieter das Grundstück und behält sich den Nießbrauch vor (z. B. der Eigentümer des vermieteten Grundstückes überträgt das Eigentum auf seine Tochter, behält sich aber den Nießbrauch auf Lebenszeit vor), greifen die §§ 566ff. BGB überhaupt nicht ein; denn an der Identität des Vermieters ändert sich nichts; bisher war er als Eigentümer Vermieter, nun ist er als

Nießbraucher Vermieter (LG Baden-Baden, WuM 1993, 357).

5.5 Zwangsversteigerung

Außer beim Tod des Vermieters und der rechtsgeschäftlichen Veräußerung des Grundstücks tritt ein Vermieterwechsel bei der Zwangsversteigerung des Grundstücks ein. Der Ersteher wird im Zeitpunkt des Zuschlags im Zwangsversteigerungsverfahren Eigentümer des Grundstücks (§ 90 Abs. 1 ZVG) und tritt mit allen Rechten und Pflichten in das bestehende Mietverhältnis ein (§ 57 ZVG). Ab dem Zeitpunkt der Zustellung des Beschlusses an den Mieter, durch den die Zwangsversteigerung angeordnet wird, kann dieser nicht mehr mit befreiender Wirkung an den Vermieter leisten (§ 57b ZVG).

Siehe auch „Vorkaufsrecht".

Nach Anordnung der Zwangsversteigerung führt eine **Vermietung mit Verlust** auch gegenüber dem Erwerber zur **Unwirksamkeit** des Mietvertrags; aus einem solchen Vertrag kann der Mieter kein Recht zum Besitz gegenüber dem Erwerber herleiten (LG Kiel, Az. 1 S 169/97, WuM 1999, 570).

6 Gesellschafterwechsel

Wurde der Mietvertrag von mehreren Personen als Vermieter in Form einer Gesellschaft bürgerlichen Rechts (GbR) **abgeschlossen** und scheidet ein Gesellschafter aus, verliert dieser die Rechte aus dem Mietverhältnis. Er haftet zwar trotzdem dem Mieter gegenüber weiter, hat aber einen Freihalteanspruch gegen die übrigen Mitgesellschafter. Tritt gleichzeitig ein neuer Gesellschafter ein, wachsen diesem nach § 738 BGB die Anteile des Ausscheidenden an mit der Folge, dass er ohne weiteres in die Vermieterstellung einrückt (Sternel, Mietrecht, 3. Aufl., I 2; III 73). Enthält das Grundbuch den Vermerk, dass mehrere Personen in Form einer GbR gemeinsam Eigentümer sind (§ 47 GBO), ist beim Ausscheiden oder Auswechseln eines Gesellschafters kein besonderer Übertragungsakt erforderlich. Die GbR tritt in ihrer neuen Zusammensetzung in entsprechender Anwendung des § 566 BGB in den bestehenden Mietvertrag ein, ohne dass es einer Grundbucheintragung bedarf (BGH, Urt. v. 18.2.1998, WuM 1998, 341). Der Wechsel der Beteiligungsverhältnisse an der GbR ist lediglich im Wege einer Berichtigung in das Grundbuch einzutragen. Diese Eintragung hat keine konstitutive Wirkung, da die Gesamthand in ihrer neuen Zusammensetzung ohne weiteres Eigentümerin des Grundstücks wird (BGH, a.a.O.).

Gleiches gilt, wenn eine Gesellschaft bürgerlichen Rechts nicht schon bei Abschluss des Mietvertrages als Vermieterin aufgetreten ist, sondern erst später anstelle einer Einzelperson in das Mietverhältnis **eingetreten** ist (KG Berlin, Beschl. v. 23.4.1998, WuM 1998, 407).

Einbauten → „*Einrichtungen*"

Einbruch → „*Instandhaltung und Instandsetzung der Mieträume*"

Einliegerwohnung → „*Kündigungsschutz*", Abschnitt 2.5, „*Mieterhöhung*"

Einrichtungen

Einrichtungen sind bewegliche Sachen, die der Mieter mit der Mietsache körperlich verbunden hat, die aber trotz ihrer Verbindung nach der Verkehrsauffassung als zusätzliche Einrichtungen gewertet werden (Pergande, § 547 BGB a.F. Anm. 2). Sie müssen dem wirtschaftlichen Zweck der Mietsache zu dienen bestimmt sein (BGH, WM 1969, 1114), z. B. um diese besser und bequemer nutzen zu können.

Als **Beispiele** seien genannt: Waschbecken, Badewannen, Badeeinrichtungen, Boiler, Wandschränke, Beleuchtungseinrichtungen, vom Mieter verlegter Teppichboden (AG Karlsruhe, NJW 1978, 2602), Rollläden, vom Mieter eingepflanzte Sträucher im Garten.

Dagegen nicht das **Heizöl** im Tank eines Einfamilienhauses (LG Mannheim, ZMR 1975, 304).

Im Gegensatz zu baulichen Änderungen (vgl. „Bauliche Veränderungen durch den Mieter") überschreitet der Mieter mit dem Anbringen einer Einrichtung grundsätzlich nicht den vertragsgemäßen Gebrauch der Mietsache, sodass eine vorherige Zustimmung des Vermieters nicht erforderlich ist. Dies gilt auch für die Erneuerung von Einrichtungen durch den Mieter (z. B. Waschhahn, Waschbecken). Der Mieter ist daher erst bei Beendigung des Mietverhältnisses zur Herstellung des ursprünglichen Zustandes verpflichtet und muss während der Dauer des Mietverhältnisses die ausgebaute, dem Vermieter gehörende Einrichtung auch nicht an diesen herausgeben (LG Lüneburg, WuM 1995, 701).

Das Anbringen der Einrichtung geschieht bei einem Mietverhältnis in der Regel nur zu einem **vorübergehenden Zweck** (OLG Frankfurt, Urt. v. 6.5.1986, Az. 8 164/85), sodass die Einrichtungen, unabhängig davon, ob eine feste Verbindung mit dem Gebäude besteht, **nicht** zu den wesentlichen **Bestandteilen** eines Gebäudes (vgl. §§ 93 bis 95 BGB) gehören und daher Eigentum des Mieters bleiben. Gleiches gilt für eine aus serienmäßig hergestellten Einzelteilen zusammengesetzte **Einbauküche**. Diese kann grundsätzlich auch nicht als „Zubehör" (vgl. §§ 97, 1120 BGB) angesehen werden (OLG Düsseldorf, WuM 1995, 146; BGH, NJW-RR 1990, 586).

Einrichtungen

Die Frage nach den Eigentumsverhältnissen an der Einrichtung kann bezüglich des **Wegnahmerechtes** des Mieters (§ 539 Abs. 2 BGB) regelmäßig dahingestellt bleiben, da sich das Wegnahmerecht des Mieters auch auf wesentliche Bestandteile erstreckt und ohne Rücksicht darauf besteht, ob die Sache in seinem Eigentum, im Eigentum des Vermieters oder eines Dritten steht.

Weiterhin besteht das Wegnahmerecht unabhängig davon, ob mit der Entfernung eine Beschädigung der Einrichtung oder der Mietsache zwangsläufig verbunden ist. Einen Schaden an der Mietsache hat der Mieter im Rahmen seiner Verpflichtung zur Herstellung des ursprünglichen Zustandes zu ersetzen. Wurde die Einrichtung wesentlicher Bestandteil, umfasst das Wegnahmerecht auch ein Aneignungsrecht des Mieters (Emmerich-Sonnenschein, Mietrecht, § 547a BGB a.F., Rz. 14).

Das Wegnahmerecht **verjährt** in 6 Monaten (§ 548 Abs. 2 BGB). Nach Eintritt der Verjährung kann der Vermieter das Recht zum Besitz als dauernde Einrede geltend machen und schuldet dem Mieter keine Nutzungsentschädigung (BGH, ZMR 1981, 367; ZMR 1987, 371).

Der Vermieter kann das Wegnahmerecht des Mieters durch Zahlung einer angemessenen Entschädigung abwenden, wenn nicht der Mieter ein berechtigtes Interesse an der Wegnahme hat (§ 552 Abs. 1 BGB; z. B. wenn die Einrichtung nicht mehr im Handel erhältlich ist).

Im Falle der Veräußerung des Grundstückes steht die Abwendungsbefugnis auch dem Erwerber zu. Sie erlischt mit der Abtrennung der Einrichtung. Mit der Erklärung, die Abwendungsbefugnis ausüben zu wollen, muss der Vermieter gleichzeitig die angemessene Entschädigung anbieten. Sie bemisst sich nach dem Zeitwert (Anschaffungs- und Einrichtungskosten abzüglich eines Abschlages für die bisherige Abnutzung entsprechend der voraussichtlichen Lebensdauer – vgl. LG Köln, WuM 1998, 345 sowie vermindert um den Wertverlust für den Ausbau und um die Aufwendungen für die Herstellung des ursprünglichen Zustandes; strittig, vgl. hierzu Scholl, WuM 1998, 327).

> Nachdem nicht nur ein Wegnahme**recht** (§ 539 Abs. 2 BGB), sondern auch eine Wegnahme**pflicht** des Mieters besteht (§ 546 BGB), kann der Vermieter darauf bestehen, dass der Mieter seiner Verpflichtung zur Wegnahme nachkommt und den ursprünglichen Zustand wieder herstellt (§ 258 BGB), falls keine Einigung über eine Ablösesumme zustande kommt.

Der Anspruch des Vermieters auf Herstellung des ursprünglichen Zustandes (z. B. Entfernung von Bodenbelägen) kann jedoch entfallen, wenn der Vermieter die Wohnung vorbehaltlos zurücknimmt und die Kaution auszahlt (LG Mosbach, WuM 1996, 618).

Eine Ausnahme von dem Grundsatz, dass der Mieter mangels einer ausdrücklichen Vereinbarung keine Ablöseansprüche gegen den Vermieter hat, wurde von der Rechtsprechung lediglich für das vom Mieter beschaffte **Heizöl** gemacht. Danach ist der Vermieter nach dem Auszug des Mieters grundsätzlich gehalten, die verbliebene Restölmenge zu übernehmen und die Anschaffungskosten nach dem Tagespreis zu vergüten (vgl. LG Mannheim, ZMR 75, 304; LG Freiburg, WuM 82, 206).

Die Vergütungspflicht besteht jedoch nicht, wenn der Vermieter für das Restöl keine Verwendung mehr hat, z. B. wegen der vorgesehenen Umstellung auf Gasheizung (LG Stuttgart, Urt. v. 30.10.1990, WuM 1991, 27). **Andererseits** kann der Vermieter hier grundsätzlich auch nicht verlangen, dass der Mieter das Restöl abpumpen lässt (LG Stuttgart, a.a.O.).

Der Vermieter kann die Wegnahme solange untersagen, bis ihm für einen damit verbundenen Schaden ausreichend Sicherheit geleistet ist (§ 258 S. 2 BGB). Eine vertragliche Vereinbarung, durch die das Wegnahmerecht des Mieters entschädigungslos ausgeschlossen wird, ist nur wirksam, wenn es sich nicht um **Wohn**raum handelt (z. B. bei Geschäftsräumen).

Bei Vermietung von **Wohn**raum ist der **Ausschluss** des Wegnahmerechtes nur wirksam, wenn ein **angemessener Ausgleich** vorgesehen ist (§ 552 Abs. 2 BGB). Dieser kann, muss jedoch nicht unbedingt in Geld bestehen. Denkbar sind auch andere Ausgleichsleistungen, z. B. eine langfristige Vertragsdauer oder eine Ermäßigung der Miete; allerdings muss sich aus der zugrunde liegenden Vereinbarung ergeben, dass damit die Gegenleistung für den Ausschluss des Wegnahmerechtes erbracht ist (s. auch „Verwendungen").

Einstellplätze → *„Garage"*

Einzugsermächtigung → *„Miete"*

Energieeinsparung → *„Modernisierung"*

Erbengemeinschaft → *„Personenmehrheit", „Rechtsnachfolge"*

Erhaltungsmaßnahmen → *„Instandhaltung und Instandsetzung der Mieträume"*

Erhöhungsklauseln → *„Wertsicherungsklauseln", „Leistungsvorbehalt"*

Ersatz von Aufwendungen → *„Einrichtungen"*

Ersatzmieter

Inhaltsübersicht		Seite
1	Mietvertrag mit Nachmieterklausel	E 63
2	Mietvertrag ohne Nachmieterklausel	E 64
2.1	Interessenabwägung	E 64
2.2	Zumutbarkeit des Nachmieters	E 67
2.3	Benennung des Nachmieters	E 69
2.4	Auswahl des Nachmieters	E 69
2.5	Verpflichtung zur Annahme des Nachmieters	E 70
3	Vorzeitiger Auszug des Mieters	E 70
4	Vereinbarung über den Eintritt des Nachmieters	E 73

1 Mietvertrag mit Nachmieterklausel

Ein Ersatzmieter, auch **Nachmieter** genannt, ist ein Mieter, der in ein bestehendes Mietverhältnis als Ersatz für einen ausscheidenden Mieter eintritt. Eine **gesetzliche** Definition dieses Begriffes existiert **nicht**. Ebenso wenig gibt es, entgegen einer weit verbreiteten Meinung, ein Recht des Mieters auf vorzeitige Entlassung aus dem Mietvertrag, wenn er dem Vermieter zumutbare Ersatzmieter anbietet. Ein entsprechendes Recht des Mieters besteht **nur dann**, wenn der Mietvertrag dies **ausdrücklich** vorsieht, z. B. durch eine **Nachmieterklausel**. Dabei ist zwischen einer echten und einer unechten Nachmieterklausel zu unterscheiden (OLG Frankfurt, Urt. v. 24.6.1991, WuM 1991, 475).

Eine **unechte** Nachmieterklausel ermöglicht es dem Mieter nur, bei Stellung von geeigneten Ersatzmietern vorzeitig aus dem Mietverhältnis auszuscheiden, gibt ihm jedoch **keinen Anspruch**, dass der Vermieter einen dieser Ersatzmieter in den Mietvertrag für die restliche Mietdauer eintreten lässt. Dieser Anspruch besteht nur bei Vereinbarung einer **echten** Nachmieterklausel.

Welche Klausel vereinbart ist, ist im konkreten Einzelfall anhand objektiv erkennbarer Umstände durch Auslegung des Vertrages zu bestimmen. Für eine **echte** Nachmieterklausel spricht z. B., wenn
- dem Mieter erlaubt wird, **erhebliche Investitionen** zu machen oder

- derartige Investitionen nach dem Vertrag vorausgesetzt sind oder
- der Mieter berechtigt sein soll, den nicht abgewohnten Teil eines Finanzierungsbeitrages sich vom Nachfolger erstatten zu lassen,

da der Mieter in einem derartigen Fall nicht nur ein wirtschaftliches, sondern auch ein rechtliches Interesse daran hat, dass das Mietverhältnis mit einem von ihm vorgeschlagenen Nachfolger fortgesetzt wird (OLG Frankfurt, a.a.O.).

2 Mietvertrag ohne Nachmieterklausel

Enthält der Mietvertrag dagegen keine entsprechende Regelung zugunsten des Mieters, besteht für den Vermieter grundsätzlich keine Verpflichtung, den Mieter vorzeitig aus dem Mietverhältnis zu entlassen. Die Stellung von zumutbaren Ersatzmietern durch den Mieter ändert daran nichts. Selbst die vom Vermieter geäußerte Bereitschaft, vorgeschlagene Mietinteressenten als Mietnachfolger in Betracht zu ziehen, hat i. d. R. nicht die Bindungswirkung einer vertraglichen Nachmieterklausel (OLG Hamburg, WuM 1997, 214).

Im Zivilrecht gilt der allgemeine **Grundsatz**, dass Verträge zu halten sind („pacta sunt servanda"). Dem trägt für das Mietrecht § 537 Abs. 1 BGB Rechnung. Danach wird der Mieter von der Entrichtung der Miete nicht dadurch befreit, dass er durch einen in seiner Person liegenden Grund an der Ausübung seines Gebrauchsrechts verhindert wird.

Dementsprechend kann ein Arbeitnehmer ein auf bestimmte Zeit abgeschlossenes Mietverhältnis über Wohnraum nicht mit der Begründung vorzeitig kündigen, er müsse an einen anderen Wohnort ziehen, um das Arbeitsverhältnis bei seinem bisherigen Arbeitgeber an einem anderen Dienstort fortzusetzen, nachdem am früheren Dienstort sein Arbeitsplatz weggefallen ist und ein gleichwertiges Arbeitsverhältnis in der Nähe der gemieteten Wohnung nicht zu finden ist (BayObLG, RE v. 12.3.1985, ZMR 1985, 199, Weber/Marx V/S. 53 = Sammelband Nr. 118, s. im Einzelnen „Kündigung", Abschnitt 2.2.2.3).

Bei Fehlen einer Mietnachfolgeklausel ist der Vermieter nur **ausnahmsweise** nach den von der Rechtsprechung zum Grundsatz von Treu und Glauben entwickelten Grundsätzen verpflichtet, an der vorzeitigen Aufhebung des Mietverhältnisses durch Abschluss eines **Aufhebungsvertrags** mitzuwirken. Danach braucht der Vermieter die vom Mieter gestellten Ersatzmieter, auch wenn diese geeignet und zumutbar sind, nur dann zu akzeptieren, wenn der Mieter für die vorzeitige Vertragsaufhebung derart erhebliche Gründe hat, dass ihm die ordnungsgemäße Beendigung des Mietverhältnisses nicht zugemutet werden kann.

2.1 Interessenabwägung

Nach dem Rechtsentscheid des OLG Karlsruhe (v. 25.3.1981, NJW 1981, 1741; Weber/Marx, I/S. 37 = Sammelband Nr. 30) ist der Vermieter nur dann verpflichtet, den Mieter, der ihm einen geeigneten Nachmieter stellt, vorzeitig aus dem auf bestimmte Zeit abgeschlos-

Ersatzmieter

senen Wohnungsmietvertrag zu entlassen, wenn das berechtigte Interesse des Mieters an der Aufhebung dasjenige des Vermieters am Bestand des Vertrages ganz **erheblich überragt**.

Diese Voraussetzungen sind in der Regel nicht gegeben, wenn der Mieter aufgrund einer, auf die Veränderung seiner Wohnungssituation abzielenden freien Entscheidung das Interesse an der bisherigen Wohnung verloren hat.

Ausdrücklich genannt werden in diesem Rechtsentscheid folgende **Gründe**: schwere Krankheit des Mieters, beruflich bedingter Ortswechsel, Aufnahme in ein Altersheim, wesentliche Vergrößerung oder Verkleinerung der Familie.

Eine wesentliche Vergrößerung der Familie im Sinne dieses Rechtsentscheids kann nach einem Urteil des LG Berlin (WuM 1992, 472) bei einer alleinstehenden Mieterin einer Einzimmerwohnung bereits durch die Geburt eines Kindes eintreten. Zur vorzeitigen Beendigung eines Zeitmietvertrages bei Familiennachwuchs vgl. auch LG Landshut, WuM 1996, 542; LG Oldenburg, 1995, 394; LG Bonn, WuM 1992, 16.

Dagegen reicht nach dieser Rechtsprechung allein der Wunsch des Mieters nach Bezug einer besseren, billigeren oder verkehrsgünstigeren Wohnung nicht aus, da der Mieter in diesem Fall das Interesse an der Wohnung aufgrund seiner freien Entscheidung und nicht aufgrund von nicht zu vertretenden Umständen verloren hat. So wurde vom OLG Hamburg (DWW 1987, 71) entschieden, dass ein erhebliches, rechtlich beachtenswertes Interesse des Mieters an einer vorzeitigen Auflösung des noch längere Zeit laufenden Mietvertrages nicht durch Umstände aus dem Verantwortungsbereich des Mieters hergeleitet werden kann, da er allein das Risiko trägt, die Mieträume wirtschaftlich sinnvoll nutzen zu können. Es muss sich daher immer um Gründe handeln, die außerhalb des Einflussbereiches des Mieters liegen.

Diese Rechtsprechung wurde vom OLG Hamm erneut bestätigt (Beschl. v. 22.8.1995, Az. 30 RE-Miet 1/95, WuM 1995, 577). Danach kann der Mieter einen Anspruch auf vorzeitige Entlassung aus dem Mietvertrag weder auf eine starke Wohnungsnachfrage noch auf die „Grundsätze des sozialen Mietrechts" stützen, da letzteres den Mieter nur gegen Kündigungen und Mieterhöhungen schützt, nicht jedoch die vorzeitige Lösung vom Mietvertrag erleichtern will.

Der Vermieter muss den Mieter daher nur dann vorzeitig aus dem Mietvertrag entlassen, wenn das Interesse des Mieters an der Vertragsauflösung dasjenige des Vermieters am Bestand des Vertrages erheblich überragt **und** der Mieter einen geeigneten **Nachmieter** stellt.

Die Pflicht zur Nachmieterstellung kann nur entfallen, wenn die Wohnung außerordentlich leicht vermietbar ist, z. B. bei Bestehen von Wartelisten für eine Sozialwohnung (LG Duisburg, Az. 23 S 361/98, WuM 1999, 691).

Bei **Abwägung** der beiderseitigen Interessen ist zu berücksichtigen, dass der

Mieter für die Dauer eines befristeten Vertrages das Risiko der Vermietbarkeit übernommen hat und der Grund für den Wunsch nach einer vorzeitigen Beendigung des Mietverhältnisses regelmäßig der **Risikosphäre** des Mieters entstammt (so LG Braunschweig, DWW 2000, 56).

Strittig ist, ob diese Grundsätze, die für Wohnraummietverhältnisse entwickelt wurden, auch für Mietverhältnisse über **Geschäftsräume** gelten, u. U. unter noch strengeren Voraussetzungen (vgl. dazu Heile in Bub/Treier, Kap. II, Rn. 820 ff.; OLG Düsseldorf, WuM 1994, 469). Jedenfalls fällt bei Geschäftsräumen die Rentabilität eines in den gemieteten Räumen betriebenen Unternehmens grundsätzlich in die wirtschaftliche Risikosphäre des Mieters (BGH, Urt. v. 29.4.1992, DWW 1993, 69). Der Mieter trägt das sog. „Verwendungsrisiko" (§ 537 Abs. 1 BGB), sodass enttäuschte Umsatzerwartungen grundsätzlich kein berechtigtes Interesse an der Vertragsaufhebung darstellen (BGH, Urt. v. 16.2.2000, MDR 2000, 821; vgl. OLG München, ZMR 1995, 156). Ein solches kann nur im Ausnahmefall gegeben sein, wenn z. B. durch nachträgliche staatliche Maßnahmen (z. B. U-Bahn-Bau) ein derartiger Umsatzrückgang eintritt, dass das Geschäft nicht mehr lebensfähig ist (Emmerich-Sonnenschein, Rn. 34a; Schmidt-Futterer/-Blank, B 107). Die Einrichtung einer Fußgängerzone vor dem Ladengeschäft berechtigt den Ladenmieter jedoch nicht zur Kündigung des Mietverhältnisses (OLG Düsseldorf, NJW-RR 1998, 1236).

Zur Wirksamkeit von Formularklauseln über die Betriebspflicht des Mieters sowie über den Ausschluss von Nachmietern vgl. „Allgemeine Geschäftsbedingungen".

In die Interessenabwägung zwischen den Interessen des Mieters an der Aufhebung des Mietvertrages und den Interessen des Vermieters am Bestand des Mietverhältnisses ist auch die **Restlaufzeit** des Mietvertrages mit einzubeziehen. Sofern die restliche Mietzeit nur noch verhältnismäßig kurz ist (z. B. 3 Monate), braucht der Vermieter in der Regel einen Ersatzmieter nicht zu akzeptieren (OLG Oldenburg, ZMR 1982, 285; Weber/Marx, I/S. 39 = Sammelband Nr. 31). Gleiches kann auch bei einer längeren Restlaufzeit (hier: 7 Monate) gelten, wenn anzunehmen ist, dass dem Nachmieter im Räumungsverfahren erhebliche Räumungsfristen gewährt werden (LG Gießen, WuM 1997, 327). Selbst bei einer Restlaufzeit von **16 Monaten** ist es nicht in jedem Fall unbillig, den Mieter bis zum Mietende am Vertrag festzuhalten (LG Braunschweig, DWW 2000, 56).

Dementsprechend muss ein Nachmieter nicht akzeptiert werden, wenn es bei einem **unbefristeten** Mietverhältnis lediglich um die Einhaltung der kurzen gesetzlichen Kündigungsfrist von 3 Monaten geht. Hier ist dem Mieter zumutbar, den ordentlichen Weg der Beendigung des Mietverhältnisses durch Kündigung seinerseits zu beschreiten, sodass er gegen den Vermieter keinen Anspruch auf Vertragsaufhebung zu einem früheren Zeitpunkt hat.

Hat der Mieter hiernach **erhebliche** Gründe **außerhalb** seines Einflussbereiches dargelegt, besteht ein Anspruch auf vorzeitige Entlassung aus dem Mietvertrag, wenn einer der vorgeschlagenen Nachmieter für den Vermieter **zumutbar und geeignet** ist.

2.2 Zumutbarkeit des Nachmieters

Der Nachmieter muss nach seinen persönlichen und wirtschaftlichen Verhältnissen Gewähr dafür bieten, dass der Vermieter nicht schlechter gestellt wird, als es bei ordnungsgemäßer Vertragserfüllung durch den bisherigen Mieter der Fall wäre.

Ferner muss der Ersatzmieter bereit sein, die bestehenden Vertragsbedingungen **unverändert** zu akzeptieren (OLG Frankfurt/M., MDR 2000, 825); andernfalls liegt es im Belieben des Vermieters, den Ersatzmieter abzulehnen oder eigene Interessenten in die Vertragsverhandlungen einzubringen, wobei dadurch eintretende Verzögerungen des Mieterwechsels zulasten des ausscheidenden Mieters gehen (OLG Düsseldorf, NJWE 1996, 176).

Der Vermieter ist grundsätzlich auch berechtigt, mit dem Ersatzmieter **neue Vertragsbedingungen** auszuhandeln. Es stellt daher keinen Verstoß gegen Treu und Glauben (§ 242 BGB) dar, wenn der Vermieter vom Ersatzmieter eine höhere Miete verlangt (LG Saarbrücken, Urt. v. 17.2.1995, WuM 1995, 313). Der Vermieter kann somit die vorzeitige Aufhebung des Mietverhältnisses und den Abschluss eines neuen Mietvertrages mit dem Ersatzmieter nicht nur dann von der Vereinbarung neuer Vertragsbedingungen und einer höheren Miete abhängig machen, wenn die bisherigen Bedingungen veraltet und für den Vermieter nicht mehr zumutbar sind (so aber Sternel, Mietrecht, 3. Aufl., IV 351), sondern auch dann, wenn die bisherige Miete unterhalb der ortsüblichen Vergleichsmiete liegt (OLG Hamburg, NJW-RR 1987, 657; WuM 1987, 145). Dementsprechend ist der Vermieter selbst dann nicht gehindert, vom Ersatzmieter eine höhere Miete zu fordern, wenn mit dem ausscheidenden Mieter eine Staffelmiete vereinbart war (LG Saarbrücken, a.a.O.).

Der Vermieter darf jedoch nicht die Aufnahme von Vertragsgesprächen mit dem Ersatzmieter durch unzumutbare Hindernisse erschweren (LG Bielefeld, Urt. v. 13.1.1993, WuM 1993, 118).

Entsprechendes gilt, wenn sich der Vermieter vorbehaltlos zu einer vorzeitigen Vertragsaufhebung bereit erklärt hat. Dem Vermieter ist es zwar auch dann nicht verwehrt, marktgerechte Bedingungen mit dem künftigen Mieter auszuhandeln, jedoch müssen sich diese im Vergleich zum Ausgangsmietvertrag in **angemessenem** Rahmen halten. Der Vermieter (bzw. seine Hausverwaltung, § 278 BGB) darf den Vertragsabschluss mit einem potenziellen Nachmieter nicht durch unangemessene Bedingungen vereiteln. Andernfalls muss sich der Vermieter so behandeln lassen, als wäre das Mietverhältnis einvernehmlich zum Zeitpunkt der möglichen Anmietung durch den Nachmieter beendet worden (§ 162 BGB; OLG München, Urt. v. 18.11.1994, ZMR 1995, 156; OLG

Düsseldorf, DWW 1992, 242, NJW-RR 1992, 657).

Für die Ablehnung eines vorgeschlagenen Ersatzmieters muss der Vermieter grundsätzlich **objektive Gründe** vortragen können. Allein der Umstand, dass es sich bei dem Ersatzmieter um einen **Ausländer** handelt, reicht nicht aus (BGH, MDR 1970, 320; LG Saarbrücken, WuM 1995, 313). Dagegen kann ein wichtiger Grund vorliegen, wenn es sich bei dem Ersatzmieter um einen Freund des Vermieters handelt (KG 1992, 8). Ferner ist ein Ablehnungsgrund gegeben, wenn der Ersatzmieter keine vergleichbare **wirtschaftliche Sicherheit** wie der bisherige Mieter bietet. Dies ist z. B. der Fall, wenn anstelle von zwei gesamtschuldnerisch haftenden Mietern ein Ersatzmieter alleine eintreten soll und einer der ausscheidenden Mieter nicht bereit ist, für die gesamte restliche Vertragslaufzeit eine Bürgschaft zu stellen (OLG Düsseldorf, Urt. v. 5.1.1995, WuM 1995, 391). Der Vermieter muss auch keinen Mietinteressenten akzeptieren, der die Wohnung zu wesentlichen Teilen gewerblich nutzen will. Auf die bau- und nachbarrechtliche Zulässigkeit der **gewerblichen Nutzung** kommt es dabei nicht an (LG Gießen, WuM 1996, 23). Gleiches gilt, wenn der Interessent die teilgewerblich vermietete Wohnung zu reinen Wohnzwecken nutzen will (OLG Frankfurt/M., MDR 2000, 825; LG Berlin, WuM 1996, 145). Ist bei einem gewerblichen Mietverhältnis die Bonität des Ersatzmieters zweifelhaft, kann der Vermieter diesen nicht generell ablehnen oder von vornherein einen Geldbetrag zur Risikoabgeltung fordern; vielmehr müssen die Parteien verschiedene Möglichkeiten zur Absicherung des Mietausfallrisikos in Erwägung ziehen, z. B. Mithaftung des ausscheidenden Mieters, Beibringung einer selbstschuldnerischen Bankbürgschaft oder Hinterlegung einer Kaution in Höhe einer oder mehrerer Jahresmieten (BGH, Urt. v. 12.7.1995, NJW 1995, 3052).

Der Vermieter kann einen vorgeschlagenen Ersatzmieter auch ablehnen, wenn sich der Mieter mit der Zahlung der Miete in **Verzug** befindet. Auf die Mietkaution muss sich der Vermieter nicht verweisen lassen (Einrede des nicht erfüllten Vertrages, § 320 Abs. 1 BGB; vgl. KG Berlin, WuM 1992, 8).

Ob der Vermieter ein vorgeschlagenes nicht verheiratetes Paar als Nachfolger akzeptieren muss, ist im Einzelfall nach den vorliegenden Umständen zu entscheiden (OLG Hamm, RE v. 6.4.1983, DWW 1983, 148; Weber/Marx, III/S. 49 = Sammelband Nr. 32).

Jedoch ist es dem Vermieter, auch wenn er nicht in demselben Haus und nicht einmal in demselben Ort wohnt, nicht von vornherein verwehrt, nur aus Gründen seiner religiösen Überzeugung ein vorgeschlagenes unverheiratetes Paar zum Nachteil des Mieters als Ersatzmieter abzulehnen. Die genannten und etwaige sonstige Ablehnungsgründe des Vermieters sind vielmehr gegen die Belange des Mieters nach den Gesichtspunkten von Treu und Glauben **abzuwägen** (OLG Hamm, a.a.O.). Die Moralvorstellungen des Vermieters werden danach wohl um so stärker zu berücksichtigen sein, je enger die persönliche Beziehung des Vermieters zu dem Mietverhältnis ist. So ist z. B. bei Vermietung einer Einliegerwohnung oder einer Wohnung in einem vom Vermieter selbst bewohnten Zweifamilienhaus den Vorstellungen des Vermieters erheblich größeres Gewicht beizumessen als bei Vermietung einer Wohnung in einer größeren Wohnanlage. Zumutbar ist ein Ersatzmieter für den Vermieter weiterhin nur dann, wenn ihm dieser auf Verlangen seine Solvenz nachgewiesen hat.

2.3 Benennung des Nachmieters

Ein Ersatzmieter, der die genannten Voraussetzungen erfüllt, muss dem Vermieter konkret **benannt und angeboten** werden. Dies gilt selbst dann, wenn der Vermieter von vornherein Verhandlungen über einen Nachmieter abgelehnt oder von unzumutbaren Bedingungen abhängig gemacht hat. Andernfalls fehlt es an einem wörtlichen Angebot des Mieters (§ 295 BGB) mit der Folge, dass kein Annahmeverzug des Vermieters vorliegt und der Mieter die Fortzahlung der Miete nicht unter Hinweis auf die ablehnende Haltung des Vermieters verweigern kann (LG Köln, WuM 1995, 105; a.A.: LG Landshut, WuM 1996, 542).

Unabhängig davon ist der Vermieter in keinem Fall verpflichtet, sich selbst um eine Weitervermietung zu bemühen, wenn der Mieter das Mietverhältnis vorzeitig beenden will (BGH, Urt. v. 24.9.1980, WuM 1981, 57). Das Verwendungsrisiko der Mietsache trägt allein der Mieter, sodass es ausschließlich ihm obliegt, sich zu bemühen, dem Vermieter einen Nachfolgemieter zu vermitteln.

Der Mieter kann daher nicht die Weiterzahlung der Miete unter Hinweis auf die unterlassenen Bemühungen des Vermieters um eine Weitervermietung verweigern. Auch § 254 BGB (Mitverschulden des Vermieters) ist insofern nicht anwendbar. Etwas anderes kann ausnahmsweise nur dann gelten, wenn der Vermieter die Weitervermietung arglistig unterlassen hat (BGH, a.a.O.). Dies kann der Fall sein, wenn es sich um nachgefragten Wohnraum handelt, für den der Vermieter zudem Wartelisten führt und potenzielle Nachmieter daher bereits „Schlange stehen" (LG Berlin, WuM 1995, 106). Die Darlegungslast für unterlassene Bemühungen durch den Vermieter trifft jedenfalls den Mieter (OLG Düsseldorf, ZMR 1996, 324).

2.4 Auswahl des Nachmieters

Der Vermieter hat unter mehreren Bewerbern die freie Auswahl.

Der Mieter kann nicht verlangen, dass der Vermieter eine bestimmte Person als Nachfolger annimmt, z.B. weil ihm diese die höchste Ablösesumme für von ihm zurückgelassene Ein- oder Umbauten bezahlt (BGH, NJW 1963, 1299; LG Düsseldorf, DWW 1999, 156). Dementsprechend ist der Vermieter mangels einer konkreten vertraglichen Vereinbarung (z. B. durch eine echte Nachmieterklausel) auch nicht verpflichtet, einen vom gewerblichen Mieter vorgeschlagenen Betriebsnachfolger als Nachmieter zu akzeptieren (OLG München, Urt. v. 8.9.1995, ZMR 1995, 580).

Dem Vermieter steht – auch ohne ausdrückliche Erklärung – eine angemessene **Nachforschungs- und Überlegungsfrist** zu, innerhalb der er durch Einziehung von Erkundigungen prüfen kann, ob der vorgeschlagene Ersatzmieter akzeptabel ist oder ob er die Mieträume anderweitig vermieten will. Die Länge dieser Frist bestimmt sich nach den Umständen des Einzelfalles und kann bis zu 3 Monate betragen. Vor Ablauf dieser Frist ist eine vorzeitige Beendigung des Mietverhältnisses ausgeschlossen und der Mieter in jedem Fall zur Fortzahlung der Miete verpflichtet (LG Saarbrücken, WuM 1995, 313; LG Gießen, WuM 1997, 264); es sei denn, der Vermieter lehnt vereinbarungswidrig geeignete Nachmieter ohne Prüfung ab (LG Oldenburg, WuM 1997, 491).

Ist der Vermieter an der Stellung von Ersatzmietern durch den Mieter nicht interessiert und beabsichtigt er, selbst einen neuen Mieter zu suchen, kann er von seinem Mieter zumindest die Einhaltung der gesetzlichen Kündigungsfrist (vgl. „Kündigungsfristen") verlangen, da der Mieter diese Frist auch bei Kündigung eines unbefristeten Vertrages einhalten müsste und bei vorzeitigem Ausscheiden aus einem befristeten Mietverhältnis nicht verlangen kann, besser gestellt zu werden.

2.5 Verpflichtung zur Annahme des Nachmieters

Diese Ausführungen zur Verpflichtung des Vermieters, einen zumutbaren und geeigneten Ersatzmieter zu akzeptieren, gelten nur dann, wenn der Mietvertrag eine entsprechende Klausel enthält oder der Mieter aus Gründen, die er nicht zu vertreten hat und die außerhalb seines Einflussbereiches liegen, aus dem Vertrag ausscheiden muss.

Will der Mieter aus **anderen** Gründen vorzeitig aus dem Mietverhältnis entlassen werden, besteht darauf selbst dann **kein** Anspruch, wenn die vorgeschlagenen Ersatzmieter für den Vermieter zumutbar und geeignet wären (OLG Düsseldorf, Urt. v. 14.7.1994, MDR 1994, 1008).

3 Vorzeitiger Auszug des Mieters

Zieht der Mieter ohne Rücksicht auf den weiterbestehenden Mietvertrag (z. B. infolge einer unwirksamen Kündigung) endgültig aus und zahlt keine Miete mehr, kann der Vermieter die Räume weitervermieten. Er ist nicht gezwungen, den ursprünglichen Mieter aus dem Mietvertrag zu entlassen; jedoch sollte der Vermieter dem Mieter in diesem Fall den Zweck der Weitervermietung (Schadensminderung) mitteilen und den Mieter auf den Fortbestand seiner Haftung hinweisen (vgl. OLG Düsseldorf, WuM 1998, 483).

Ersatzmieter

Scheitert der Anschlussmietvertrag, kann der Vermieter den Mieter erneut auf Zahlung der Miete in Anspruch nehmen. Bei Vermietung zu einer niedrigeren – jedoch dem erzielbaren Marktpreis entsprechenden – Miete ist der Mieter zur Zahlung der **Mietdifferenz** verpflichtet.

Wegen der groben Vertragsverletzung, die in dem eigenmächtigen Auszug zu sehen ist, handelt der Mieter grundsätzlich rechtsmissbräuchlich, wenn er die Zahlung mit der Begründung verweigern wollte, der Vermieter sei wegen der Weitervermietung zur Gebrauchsüberlassung an ihn nicht mehr in der Lage gewesen. Auf § 537 Abs. 2 BGB, wonach der Mietzahlungsanspruch des Vermieters aus diesem Grunde entfallen könnte, kann sich der Mieter nicht berufen (BGH, Urt. v. 31.3.1993, DWW 1993, 168). Voraussetzung ist jedoch, dass das Verhalten des Vermieters – die Weitervermietung – redlich war. Das ist z. B. nicht der Fall, wenn der Vermieter im Vertrauen darauf, dass der Mieter die Mietdifferenz zahlen müsse, die Mietsache ohne hinreichenden Grund unter dem erzielbaren Marktpreis weitervermietet hat oder aus ihm zurechenbaren Gründen überhaupt keine Miete mehr erhalten hat, z. B. weil er die Räume einem Dritten überlassen, infolge Uneinigkeit über die Höhe der Nutzungsentschädigung aber die Entgegennahme von Zahlungen zurückgewiesen hat und der Dritte nunmehr die Zahlung verweigert (vgl. OLG Frankfurt/Main, WuM 1995, 483).

Der Auszug des Mieters kann auch nicht als grobe Vertragsverletzung gewertet werden, wenn der Mieter aus nachvollziehbaren Gründen davon ausgegangen ist, das Mietverhältnis sei beendet; so z. B., wenn das Mietverhältnis gekündigt wurde (vgl. KG Berlin, Beschl. v. 16.9.1996, Az. 8 RE-Miet 2891/96; WuM 1996, 696) oder die Parteien Verhandlungen über eine einvernehmliche Beendigung des Mietverhältnisses geführt haben. Dies gilt auch dann, wenn sich später in einem Prozess herausstellen sollte, dass der Mieter irrtümlich von einer Beendigung des Mietverhältnisses ausgegangen war. Liegt danach keine grobe Vertragsverletzung durch den Mieter vor, ist der Mieter nicht zur Zahlung der Mietdifferenz verpflichtet (KG Berlin, a.a.O.; vgl. hierzu auch LG Mainz, NZM 2000, 714).

Je weniger der Mieter jedoch Anlass zu der Annahme hatte, das Mietverhältnis sei beendet, umso eher handelt er rechtsmissbräuchlich, wenn er sich wegen der Weitervermietung auf mangelnde Erfüllungsbereitschaft des Vermieters beruft (BGH, a.a.O.).

Obwohl der Vermieter grundsätzlich nicht verpflichtet ist, dem Mieter seine Absicht der Weitervermietung vorher mitzuteilen (a.A.: OLG Hamm, RE v. 13.3.1986, DWW 1986, 206, Weber/Marx VI/S. 25 = Sammelband Nr. 33), kann eine solche Mitteilung entscheidende Bedeutung gewinnen, wenn aus Sicht des Vermieters nicht eindeutig feststeht, ob der Mieter endgültig ausgezogen ist oder ob der Mieter mit nachvollziehbaren Gründen annehmen konnte, das Mietverhältnis sei beendet. Reagiert der Mieter nämlich auf eine solche

Mitteilung nicht, wird es ihm regelmäßig verwehrt sein, sich z. B. nachträglich darauf zu berufen, er habe die Mietsache nicht endgültig aufgeben wollen, sondern nur vorübergehend nicht genutzt (BGH, a.a.O.).

> Der Mieter kann auch nicht einwenden, infolge der Neuvermietung der Wohnung durch den Vermieter sei ein Mietaufhebungsvertrag zustande gekommen. Vielmehr stellt die Neuvermietung nach einer unwirksamen Kündigung (z. B. weil das Mietverhältnis befristet war) und Auszug des Mieters eine Maßnahme zur **Schadensminderung** und damit ein Handeln im Interesse des Mieters dar, sodass der Vermieter einen Anspruch auf Bezahlung einer eventuellen Mietdifferenz hat (§ 677 BGB analog; LG München I, Urt. v. 6.11.1996, WuM 1996, 766; a. A.: Sternel III 100).

Diese Grundsätze gelten auch dann, wenn sich der Ersatzmieter grundlos weigert, die Mieträume zu **übernehmen** (BGH, Urt. v. 22.12.1999, Az. XII ZR 339/97, MDR 2000, 323).

Da es sich bei diesem Anspruch auf Bezahlung der Mietdifferenz um einen Erfüllungsanspruch handelt, ist auch die Anwendung des § 254 BGB ausgeschlossen (vgl. Palandt/Heinrichs, 51. Auflage, Rn. 8 zu § 254). Dies bedeutet, dass der Mieter auch nicht einwenden kann, der Vermieter hätte bei ihm zumutbaren Anstrengungen die Mieträume bereits zu einem früheren Zeitpunkt und zu einer höheren Miete weiter vermieten können (OLG Düsseldorf, Urt. v. 26.11.1992, DWW 1993, 18).

Vermietet der Vermieter die Mieträume weiter und bezahlt der neue Mieter keine Miete, ist der alte Mieter nach den Grundsätzen der o.g. BGH-Urteile zur Weiterzahlung der Miete verpflichtet. Er kann vom Vermieter lediglich die Abtretung der Ansprüche gegen den neuen Mieter verlangen (OLG Naumburg, WuM 1998, 238).

Nimmt der Vermieter jedoch die Räume nach vorzeitigem freiwilligen Auszug des Mieters vorbehaltlos in Besitz und führt darin Umbau- oder Modernisierungsarbeiten aus, entfällt der Mietzahlungsanspruch (LG Köln, WuM 1987, 84). Eine andere Beurteilung ist möglich, wenn die Räume vom Vermieter nur vorübergehend in Besitz genommen wurden und dem Mieter jederzeit zurückgegeben werden können, wenn dieser den Besitz wieder ausüben will. In diesem Fall entfällt der Anspruch des Vermieters auf Fortzahlung der Miete nicht (OLG Düsseldorf, Urt. v. 14.7.1994, MDR 1994, 1008). Gleiches gilt, wenn einem Nachmieter die Schlüssel zu den Räumen nur vorübergehend zum Zwecke des Ausmessens – und nicht zum dauernden Gebrauch der Räume – überlassen werden (vgl. hierzu KG Berlin, Beschl. v. 11.6.1998, 8 RE-Miet 8688/96, WuM 1998, 472).

Dies gilt auch, wenn nach den Umständen des Einzelfalles die Verweigerung der Zahlung der Miete durch den Mieter treuwidrig wäre. Kommt z. B. der Vermieter dem Ersuchen des Mieters um vorzeitige Entlassung aus dem Mietvertrag nach und sucht einen neuen Mieter, der dann zwei Monate vor dem Mietneubeginn bereits mit Renovierungs- und Umbauarbeiten beginnt, kann der Vermieter vom bisherigen Mieter noch die Miete für diese beiden Monate verlangen, auch wenn er dem Mieter den Gebrauch der Mietsache in diesen beiden Monaten wegen Überlassung an den neuen Mieter nicht gewähren konnte (OLG Koblenz, Urt. v. 20.1.1994, DWW 1995, 81; s. auch „Nutzungsentschädigung").

Besteht das Mietverhältnis mangels Abschluss eines Aufhebungsvertrages unverändert fort, hat der Mieter auch dann die Obliegenheit, alles zu tun, um **Beschädigungen des Mietobjektes** zu vermeiden, wenn er den Gebrauch der Mietsache bereits seit längerem aufgegeben hat (OLG Düsseldorf, Urt. v. 9.5.1994, WuM 1994, 461).

Der **Streitwert** für eine Klage auf **Feststellung der Nichtbeendigung** eines Mietverhältnisses bestimmt sich nach dem Betrag der auf die gesamte restliche Mietzeit entfallenden Miete (§ 8 ZPO). Kündigt derjenige, der diese Klage erhoben hat, seinerseits zu einem Zeitpunkt vor Ablauf des Mietverhältnisses, dann reicht die für den Streitwert erhebliche Mietzeit nur bis zu dieser Kündigung (BGH, Beschl. v. 30.9.1998, NZM 1999, 21).

4 Vereinbarung über den Eintritt des Nachmieters

Will der Vermieter dem Mieter entgegenkommen und ihn trotz Fehlens eines entsprechenden Rechtsanspruchs vorzeitig aus dem Mietverhältnis entlassen, kann dies entweder durch eine **Eintrittsvereinbarung** zwischen allen Beteiligten (Vermieter, alter Mieter, neuer Mieter) oder durch Abschluss eines **Mietaufhebungsvertrages** (s. „Mietaufhebungsvertrag") zwischen dem Vermieter und alten Mieter erfolgen.

Jedoch kommt beim Auszug des Mieters vor Beendigung des Mietverhältnisses weder durch die Zusendung der Wohnungsschlüssel noch infolge deren Annahme durch den Vermieter ein Mietaufhebungsvertrag oder eine vorzeitige Entlassung des Mieters aus dem Mietverhältnis zustande (OLG Köln, ZMR 1998, 91; LG Düsseldorf, Urt. v. 28.3.1995, 16.5.1995; DWW 1996, 279, 281). Vielmehr setzt ein Mietaufhebungsvertrag voraus, dass sich die Parteien über den genauen Zeitpunkt der Beendigung des Mietverhältnisses geeinigt haben (LG Gießen, WuM 1997, 370).

Im Sinne der Rechtsklarheit (z. B. bezüglich der Fristen für die Kündigung und Durchführung von Schönheitsreparaturen) ist der Abschluss eines schriftlichen Mietaufhebungsvertrages mit dem alten Mieter und der Abschluss eines neuen Mietvertrages mit dem Nachfolger einer Eintrittsvereinbarung vorzuziehen. Will der Vermieter nicht das Risiko eines Leerstehens der Räume und des Mietausfalls tragen, ist zu empfehlen, einen Aufhebungsvertrag unter der aufschiebenden Bedingung zu schließen, dass ein neuer Mieter die Räume anmietet. Das Risiko eines erfolgreichen Verlaufs des Folgemietvertrages verbleibt jedoch beim Vermieter (LG Saarbrücken, WuM 1997, 37).

Durch eine Eintrittsvereinbarung, wonach der neue Mieter „mit allen Rechten und Pflichten" in den Vertrag eintritt, übernimmt dieser nicht ohne weiteres Mietschulden des alten Mieters, sofern dies nicht ausdrücklich vereinbart ist (OLG Frankfurt/M., WuM 1988, 12).

Soweit der Mieter keinen Anspruch auf vorzeitige Entlassung aus dem Mietverhältnis hat, sollte sich der Vermieter auch die freie Auswahl der Nachfolger ausdrücklich vorbehalten.

Wirksam ist eine Formularklausel in einem auf Wunsch des Mieters abgeschlossenen **Mietaufhebungsvertrag**, die den Mieter verpflichtet, für den erhöhten Verwaltungs- und Vermietungsaufwand infolge der vorzeitigen Vertragsauflösung eine **Pauschalabgeltung** in Höhe von einer Monatsmiete (netto/kalt) ohne besonderen Nachweis des Vermieters zu zahlen (OLG Hamburg, RE v. 17.4.1990, DWW 1990, 174; Weber/Marx, X/S. 89 = Sammelband Nr. 244).

Unwirksam ist dagegen folgende bereits **im Mietvertrag** enthaltene Formularklausel, da sie nach Auffassung des OLG Karlsruhe (Beschl. v. 15.2.2000, Az. RE-Miet 1/99, DWW 2000, 128) – im Gegensatz zur o.g. Klausel – dem Mieter konkludent den Nachweis abschneidet, dass dem Vermieter infolge der vorzeitigen Beendigung des Mietverhältnisses Kosten überhaupt nicht oder nur in geringerer Höhe entstanden sind: „Sollte das Mietverhältnis auf Wunsch des Mieters vor Ablauf der Vertragszeit bzw. der gesetzlichen Fristen einverständlich beendet werden, zahlt der Mieter als pauschale Abgeltung der Kosten der vorzeitigen Beendigung des Mietverhältnisses an den Vermieter den Betrag der zuletzt vereinbarten Kaltmiete für einen Monat".

Unbeschadet dessen ist eine solche Klausel – wenn nicht besondere Umstände vorliegen – für den Mieter i.S.d. § 3 AGB-Gesetz überraschend und damit nicht Vertragsbestandteil geworden (OLG Karlsruhe, a.a.O.).

Fälligkeit der Miete

Für Mietverhältnisse über **Wohn- und Geschäfts**räume, die **nach** Inkrafttreten der Mietrechtsreform am 1.9.2001 abgeschlossen worden sind, ist nunmehr **gesetzlich** geregelt, dass die Miete zu **Beginn**, spätestens bis zum dritten Werktag der einzelnen Zeitabschnitte zu entrichten ist, nach denen sie bemessen ist (§§ 556 b Abs. 1, 579 Abs. 2 BGB).

Bei der üblichen monatlichen Mietzahlung ist die Miete für Wohn- und Geschäftsräume daher **spätestens am dritten Werktag** des jeweiligen Kalendermonats zu entrichten. Mit Ablauf des dritten Werktages gerät der Mieter bei Nichtzahlung **automatisch**, d.h. ohne Mahnung in Verzug.

Für Mietverhältnisse die bei Inkrafttreten der Mietrechtsreform **am 1.9.2001 bereits bestanden** haben, gilt nach der Übergangsvorschrift des Art. 229 § 3 Abs. 1 Ziff. 7 EGBGB hinsichtlich der Fälligkeit der Miete die alte Fassung des § 551 BGB weiter. Danach ist eine monatlich zu entrichtende Miete erst **nach** Ablauf der einzelnen Monate zu bezahlen (z. B. ist die Miete für den Monat August erst am 1. September zur Zahlung fällig). Die Bedeutung dieser Vorschrift ist jedoch weiterhin gering, da es auch vor Inkrafttreten der Mietrechtsreform allgemein üblich war, den Mieter durch **vertragliche** Regelung zur Vorleistung, d. h. zur Vorauszahlung der Miete zu verpflichten (z. B. durch vertragliche Vereinbarung, dass die Miete spätestens am dritten Werktag eines jeden Monats im Voraus zu bezahlen ist). Allerdings hatte der BGH mit Beschluss vom 26.10.1994 (NJW 1995, 254) entschieden, dass eine solche Vorauszahlungsklausel bei **Wohnraum**mietverhältnissen unwirksam ist, wenn dem Mieter durch eine weitere Klausel die Aufrechnung mit evtl. Gegenforderungen wegen zuviel gezahlter Miete untersagt ist (**Aufrechnungsverbot**). Ein solches Aufrechnungsverbot kann somit bei alten Mietverträgen zur Unwirksamkeit der Vorauszahlungsklausel führen mit der Folge, dass der Mieter die Miete erst **nach** Ablauf des jeweiligen Monats zahlen muss.

Nach der neuen, auch für Altverträge geltenden gesetzlichen Regelung des § 556 b Abs. 2 BGB kann der Mieter jedoch (bei rechtzeitiger Anzeige) mit Ansprüchen wegen zuviel gezahlter Miete trotz eines Aufrechnungsverbotes **immer aufrechnen**, so dass fraglich ist, ob der o. g. Beschluss des BGH weiterhin anwendbar ist. Dies wird die Rechtsprechung klären müssen.

Eine **Beschränkung** der Aufrechnungsbefugnis des Mieters mit Gegenforderungen aus § 536 a BGB (§ 538 BGB a.F. – **Schadensersatzforderungen**) ist jedenfalls unschädlich für die Vorauszahlungsklausel, da der BGH in den Gründen dieses Beschlusses ausdrücklich darauf hingewiesen hat, dass es sich bei dem Rückforderungsanspruch des Mieters wegen überzahlter Miete um eine Forderung nach § 812 BGB und

Fälligkeit der Miete

nicht um eine solche nach § 536 a BGB (§ 538 BGB a.f.) handelt; die Vorauszahlungsklausel aber nur bei Beschränkung der Aufrechnungsbefugnis mit Gegenforderungen aus §§ 812 ff. BGB berührt wird (so auch AG München, Urt. v. 9.5.1995, Az. 412 C 1347/95).

Bei Mietverträgen über **Geschäftsraum** stellt sich die geschilderte Problematik nicht, da das Verbot der Beschränkung des Minderungsrechts nur für Wohnraum gilt und die Argumentation des BGH daher auf Geschäftsraummietverträge nicht übertragbar ist. Bei Mietverhältnissen über Geschäftsraum wird daher ein Aufrechnungsverbot nicht die Unwirksamkeit der Vorauszahlungsklausel herbeiführen können (OLG Köln, WuM 1998, 23).

Ist die Wirksamkeit einer Kündigung (z. B. wegen Zahlungsverzuges oder ständig unpünktlicher Zahlung) von der Wirksamkeit der Vorauszahlungsklausel abhängig und ist diese Frage somit für das Räumungsverfahren von zentraler Bedeutung, muss das Mietgericht bei einem entsprechenden Parteivortrag dazu in den Entscheidungsgründen Stellung nehmen; andernfalls liegt eine Verletzung des rechtlichen Gehörs i.S.v. Art. 103 Abs. 1 GG vor (BVerfG, Beschl. v. 16.6.1995, Az. 2 BvR 382/95, WuM 1995, 474).

Die Bestimmung, wonach die Miete „spätestens am 3. Werktag jeden Monats **im Voraus** zu entrichten" ist, besagt nicht, dass die Miete erst am 3. Werktag des Mietmonats fällig wird. Nach einer solchen Regelung ist die Miete vielmehr am ersten Werktag des Mietmonats fällig. Mit Ablauf des dritten Werktages gerät der Mieter bei Nichtzahlung automatisch, d.h. ohne Mahnung in Verzug (LG München I, Urt. v. 30.11.1994, WuM 1995, 103).

Fällt der dritte Werktag auf einen Samstag, Sonn- oder Feiertag, läuft die Karenzzeit erst am folgenden Werktag ab (§ 193 BGB; LG Kiel, WuM 1994, 543). Fällt dagegen der erste oder zweite Tag auf einen Samstag, wird dieser als Werktag mitgezählt, weil er dann nicht „der letzte Tag der Frist" i.S.v. § 193 BGB ist (LG München I, a.a.O.; LG Wuppertal, WuM 1993, 450; a.A.: Sternel, Mietrecht, 3. A., IV 51, III 113; LG Hamburg, WuM 1981, 181).

Bei der Miete von **Grundstücken** verbleibt es bei der bisherigen Regelung, wonach die Miete erst **nach** Ablauf der einzelnen Zeitabschnitte (z. B. des Monats) zu entrichten ist, nach denen sie bemessen ist (vgl. § 579 Abs. 1 BGB)

Im Zusammenhang mit der Fälligkeit der Miete stellt sich auch die Frage, ob die Miete bei Fälligkeit bereits beim Vermieter eingegangen sein muss oder ob es genügt, dass der Mieter bis zu diesem Zeitpunkt die ihm obliegende Leistungshandlung, z. B. die Überweisung bei der Bank oder Post, vorgenommen bzw. veranlasst hat.

Nach der neuen gesetzlichen Regelung des § 556 b Abs. 1 BGB, wonach die Miete spätestens bis zum dritten Werktag zu „entrichten" ist, genügt es, dass der Mieter im Zeitpunkt der Fälligkeit das seinerseits für die Übermittlung der Zahlung Erforderliche getan hat.

Abweichend von dieser **gesetzlichen** Regelung kann **vertraglich** vereinbart werden, dass es für die Rechtzeitigkeit der Leistung nicht auf deren Vornahme, sondern auf den Eintritt des Erfüllungserfolges ankommt (z. B. durch die Klausel, dass es für die Rechtzeitigkeit der Zahlung nicht auf die Absendung, sondern auf den Eingang des Geldes beim Vermieter ankommt).

Diese Regelung ist auch **formularmäßig** zulässig und verstößt nach herrschender Meinung in Rechtsprechung und Literatur nicht gegen das Gesetz zur Regelung des Rechtes der Allgemeinen Geschäftsbedingungen (LG Heilbronn, WuM 1992, 10; LG Berlin, WuM 1992, 606; LG Essen, DWW 1990, 24; Wolf-Horn-Lindacher, AGBG, § 9 Rn. M 53; BGH, Urt. v. 24.6.1998, NJW 1998, 2664 für den Fall, dass sich die Regelung auf die laufenden Mieten bezieht und die Parteien Kaufleute sind).

Bestimmt der Mietvertrag, dass es für die Rechtzeitigkeit der Zahlung auf den Eingang des Geldes ankommt, hat der Mieter die Einzahlung so rechtzeitig vorzunehmen, dass bei normalem Geschäftsgang der Betrag spätestens am Fälligkeitstag auf dem Konto des Vermieters gutgeschrieben werden kann. Verzögerungen gehen dagegen nicht zulasten des Mieters, wenn sie außerhalb des normalen Geschäftsablaufes liegen.

Leistet der Mieter nicht rechtzeitig, kommt er nach § 284 Abs. 2 BGB in **Verzug**, ohne dass es einer Mahnung durch den Vermieter bedarf.

Der Vermieter kann Verzugszinsen (zur Höhe s. „Verzug") sowie Schadensersatz fordern und bei erheblichen Mietrückständen das Mietverhältnis fristlos kündigen (§ 543 Abs. 2 Nr. 3 BGB; s. „Kündigung", Abschnitt 3.2.1.2).

Wirksam ist auch die formularvertragliche Verpflichtung des Mieters zur Erteilung einer **Einzugsermächtigung** hinsichtlich der monatlichen Mietzahlungen (AG Mainz, WuM 1997, 548; vgl. auch BGH, WuM 1996, 205).

Der Mieter kann jedoch der Belastung seines Kontos aufgrund der Einzugsermächtigung widersprechen. Die Möglichkeit des **Widerspruchs** ist nach einem Urteil des BGH (Urt. v. 6.6.2000, Az. XI ZR 258/99, ZMR 2001, 171) **nicht befristet** und endet erst durch Genehmigung gegenüber der Zahlstelle, wobei in dem Schweigen des Mieters auf einen Tageskontoauszug oder einen Rechnungsabschluss eine solche Genehmigung grundsätzlich nicht gesehen werden kann.

Fahrräder

Fahrräder darf der Mieter nur in die Wohnung mitnehmen, wenn ein zumutbarer und geeigneter Abstellplatz fehlt. Der Vermieter kann dem Mieter einen entsprechenden Abstellplatz für das Fahrrad zuweisen und sodann die Mitnahme in die Mietwohnung untersagen. Dies erscheint schon deswegen sachgerecht, weil mit dem Transport des Fahrrades in und aus der Wohnung eine nicht unerhebliche Gefahr der Verschmutzung oder Beschädigung des Treppenhauses oder der Eingangstüren verbunden ist.

| Im Hausflur, auf Zugängen, im Hof und auf anderen, nicht zur alleinigen Benutzung vermieteten Flächen dürfen Fahrräder nur mit Zustimmung des Vermieters abgestellt werden. |

Soweit das Abstellen von Fahrrädern in der **Hausordnung** geregelt ist, gehen deren Bestimmungen den geschilderten **allgemeinen** Regelungen vor (s. „Hausordnung").

Fahrstuhl → *„Aufzug"*

Fehlbelegung → *„Sozialwohnung"*

Fehler der Mietsache → *„Mängel der Mietsache"*

Ferienwohnung

Bei Anmietung einer Ferienwohnung von einem Ferienwohnungsvermittler bzw. einem Reiseveranstalter finden nicht die mietrechtlichen, sondern ausschließlich die Vorschriften des Reiserechts (§§ 651a ff. BGB) Anwendung.

Dagegen wird bei Anmietung der Ferienwohnung **vom Eigentümer** regelmäßig ein Mietverhältnis über Wohnraum i.S.d. mietrechtlichen Vorschriften begründet, unabhängig davon, ob die Anmietung nur für einen Urlaub oder längerfristig erfolgt (vgl. LG Düsseldorf, Urt. v. 20.10.1989, Az. 22 S 228/89).

| Jedoch liegt bei Anmietung lediglich für einen Urlaub eine Vermietung zu nur **vorübergehendem** Gebrauch vor, sodass gem. § 549 Abs. 2 BGB weder die Vorschriften über den Mieterschutz bei Beendigung des Mietverhältnisses noch über die Mieterhöhung Anwendung finden. |

Dagegen finden bei einer **längerfristigen** Vermietung, z. B. als Zweitwohnung, grundsätzlich sämtliche Schutzvorschriften zugunsten des Mieters Anwendung (OLG Hamburg, Urt. v. 30.9.1992, WuM 1992, 634). Eine nur gelegentliche oder jahreszeitlich begrenzte Nutzung durch den Mieter ist darauf ohne Einfluss.

Eine Vermietung zu nur **vorübergehendem** Gebrauch liegt nur dann vor, wenn der Zeitraum der Nutzung nicht nur relativ kurz, sondern auch zeitlich vorab bestimmbar ist (z. B. für die Zeit einer Messe oder der Ausführung eines bestimmten Auftrages). Dagegen handelt es sich bei der Anmietung z. B. für die Dauer eines Studiums oder für die

Ferienwohnung

Zeit, bis das eigene Haus bezugsfertig ist, um keine Anmietung zu nur vorübergehendem Gebrauch.

Durch das Gesetz zur Erleichterung des Wohnungsbaues im Planungs- und Baurecht sowie zur Änderung mietrechtlicher Vorschriften (**Wohnungsbau-Erleichterungsgesetz** – WoBauErlG, BGBl. I S. 926) wurde mit Wirkung zum 1.6.1990 § 564b Abs. 7 Nr. 4 BGB a.F. aufgenommen.

Diese Bestimmung ist durch die am 1.9.2001 in Kraft getretene Mietrechtsreform **ersatzlos weggefallen**. Entsprechende Mietverhältnisse, die am 1.9.2001 bereits bestanden haben, können jedoch nach der Übergangsvorschrift des Art. 229 § 3 Abs. 2 EGBGB noch **bis 31.8.2006** nach den bisherigen Vorschriften gekündigt werden. Danach entfallen die Kündigungsschutzvorschriften nicht nur bei Vermietung zum vorübergehenden Gebrauch, sondern gelten ganz allgemein nicht für Mietverhältnisse über Wohnraum in Ferienhäusern und Ferienwohnungen in Ferienhausgebieten. Voraussetzung ist, dass der Wohnraum **vor dem 1.6.1995** überlassen worden ist und der Vermieter den Mieter bei Vertragsschluss auf die Zweckbestimmung des Wohnraumes und die Ausnahme von den Absätzen 1 bis 6 des § 564b BGB a.F. hingewiesen hat.

Erforderlich ist weiter, dass sich das Ferienhaus oder die Ferienwohnung in einem „**Ferienhausgebiet**" befindet. Diese Festlegung kann sich aus einem Bebauungsplan ergeben oder – wenn ein Bebauungsplan fehlt – daraus, dass die Wohnung in einem im Zusammenhang bebauten Ortsteil liegt, dessen Eigenart einem Ferienhausgebiet entspricht (vgl. § 34 Abs. 2 BauGB).

Um eine **Ferienwohnung** handelt es sich dann, wenn die Wohnung aufgrund ihrer Lage, Größe, Ausstattung, Erschließung und Versorgung für den Erholungsaufenthalt geeignet und dazu bestimmt ist, überwiegend und auf Dauer einem wechselnden Personenkreis zur Erholung zu dienen (vgl. § 10 Abs. 4 BauNVO).

Der Ausschluss der Kündigungsschutzvorschriften für diese Art von Wohnraum bewirkt, dass eine Kündigung ohne Vorliegen eines berechtigten Interesses des Vermieters erfolgen kann. Weiterhin kann der Mieter der Kündigung nicht widersprechen und vom Vermieter auch dann keine Fortsetzung des Mietverhältnisses verlangen, wenn die vertragsgemäße Beendigung des Mietverhältnisses für ihn oder seine Familie eine Härte darstellt (§ 556a Abs. 8 BGB a.F.). Zu beachten ist, dass eine Anwendung der Kündigungsschutzvorschriften nur dann nicht erfolgt, wenn der Vermieter den Mieter bei Vertragsschluss auf die Zweckbestimmung des Wohnraumes und die Ausnahme von den Kündigungsschutzvorschriften hingewiesen hat.

Auskünfte und Beratungen zu **Auslandsimmobilien** können eingeholt werden bei der Deutschen und Schweizerischen Schutzgemeinschaft für Auslandsgrundbesitz e.V., Postfach 201350, 79753 Waldshut-Tiengen.

Zur Kündigung von **Erholungs- und Freizeitgrundstücken** auf dem Gebiet der **ehemaligen DDR** vgl. die Ausführungen bei „Kündigungsschutz", Abschnitt 2.6; zur Erhöhung des **Nutzungsentgelts** s. die Verordnung über eine angemessene Gestaltung von Nutzungsentgelten (Nutzungsentgeltverordnung) v. 22.7.1993 (BGBl. I S. 1339) i.V.m. der Verordnung zur Änderung der Nutzungsentgeltverordnung vom 24. 7. 1997 (BGBl. I S. 1920).

Fernsprechanschluss

Die Installierung eines Fernsprechanschlusses fällt unter den vertragsgemäßen Gebrauch der Mietwohnung, sodass der Mieter auch ohne Einwilligung des Vermieters einen Fernsprechanschluss einrichten und unterhalten darf (LG Hannover, DWW 84, 170). Gleiches gilt für Telefax, PC- und Internetanschlüsse. Der Vermieter ist verpflichtet, eine evtl. erforderliche Einwilligungserklärung abzugeben.

Ein mietvertraglicher Ausschluss dieses Rechtes wäre sowohl einzelvertraglich als auch formularmäßig unwirksam, da er sittenwidrig und schikanös ist (LG Hannover, a.a.O.).

Wenn der Mieter zur Untervermietung berechtigt ist, kann er auch verlangen, dass der Vermieter entsprechende Erklärungen für Anschlüsse des Untermieters abgibt (LG Hannover, a.a.O.).

Fernwärme

Eine Lieferung von Fernwärme liegt vor, wenn der Lieferant durch eine von ihm betriebene Heizzentrale Gebäude oder ganze Stadtteile über ein eigenes Versorgungsnetz mit Wärme versorgt. Dagegen kann von Fernwärme nicht gesprochen werden, wenn die Wärme in einer Heizungsanlage erzeugt wird, die integrierter Bestandteil des Gebäudes ist, zu dessen ausschließlicher Wärmeversorgung sie errichtet und nach wie vor bestimmt ist (BGH, WuM 1986, 214).

Seit der Neufassung der Heizkosten-Verordnung zum 1. 3. 1989 gilt die HeizkostenV auch für die Verteilung der Kosten der eigenständig gewerblichen Lieferung von Wärme und Warmwasser (§ 1 Abs. 1 Nr. 2 HeizkostenV). Daher sind auch Fernwärmelieferungen direkt an den Mieter nicht mehr nach der AVB-Fernwärmeverordnung, sondern nach der HeizkostenV abzurechnen, wenn der Abrechnungszeitraum nach dem 30. 9. 1989 beginnt (§ 12 Abs. 4 HeizkostenV). Dies hat zur Folge, dass die Abrechnung nicht ausschließlich nach dem Verbrauch erfolgen darf, sondern ein bestimmter verbrauchsunabhängiger Kostenanteil (z. B. nach m^2) zwischen 30 % und 50 % anzusetzen ist.

Bei Störungen in der Energieversorgung hat sich der Mieter hier grundsätzlich an seinen Vertragspartner, den Energielieferanten, zu halten.

Besteht der Wärmelieferungsvertrag zwischen dem Lieferanten und dem Vermieter, kann der Vermieter die Kosten der Wärmelieferung des Fernheizwerkes (Grund-, Arbeits- und Verrechnungspreis) zuzüglich der Kosten der Hausanlage in der Heizkostenabrechnung ansetzen, die nach den Bestimmungen der HeizkostenV zu erstellen ist (vgl. „Betriebskosten" Abschnitt 2.4.3).

Feuchtigkeit in der Wohnung

Feuchtigkeit in der Wohnung schlägt sich in der Regel an den Wänden, insbesondere in Ecken und hinter Möbelstücken nieder und führt zu **Schimmelbildung** sowie im weiteren Verlauf zu Schäden an Putz und Mauerwerk. Nach dem Rechtsentscheid des Oberlandesgerichtes Celle vom 19.7.1984 (ZMR 85, 10; Weber/Marx, IV/S. 32) begründet das Vorhandensein von **Spakflecken** (Stockflecken-Pilzbefall durch Luftfeuchtigkeit) einen **Mangel** der Mietsache im Sinne von § 536 BGB mit der Folge, dass der Mieter zur **Minderung** der Miete berechtigt ist. Der Umfang des Minderungsrechtes hängt von den konkreten Umständen des Einzelfalles ab (s. „Minderung der Miete", „Mängel").

Ein Mietminderungsrecht kommt jedoch nicht in Betracht, wenn entweder die Tauglichkeit der Wohnung **nur unerheblich** gemindert ist oder wenn die Bildung von Spakflecken auf einem **vertragswidrigen Verhalten** beruht und durch ein Heizen und Lüften vermieden werden kann, das der Art und Intensität der Nutzung der Wohnung entspricht (OLG Celle, a.a.O.).

Dann hat der Mieter auch sämtliche, durch das vertragswidrige Verhalten entstandene Schäden auf seine Kosten zu beseitigen (OLG Celle, a.a.O.).

Besteht zwischen den Parteien Uneinigkeit über die Schadensursache, muss diese durch einen Sachverständigen festgestellt werden (z. B. im Rahmen eines selbstständigen Beweisverfahrens, vgl. „Beweissicherung" oder im Rahmen der Zahlungsklage des Vermieters bei einer Mietminderung). Die Kosten des Sachverständigengutachtens hat die unterliegende Partei zu tragen. Stellt der Sachverständige fest, dass die Ursache im Verantwortungsbereich des Vermieters liegt, z. B. bei Vorliegen von Baumängeln, trägt dieser die Kosten des Sachverständigen. Dagegen fallen diese Kosten dem Mieter zur Last, wenn das Gutachten ergibt, dass die Feuchtigkeit lediglich die Folge eines unzureichenden Heizungs- und Lüftungsverhaltens war (LG Aachen, Urt. v. 13.1.1989, Az. 5 S 338/88).

Drei Fallgruppen sind von Bedeutung:

- Der Vermieter verlangt vom Mieter Zahlung des aufgrund einer Mietminderung entstandenen Mietrückstandes;
- der Mieter verlangt vom Vermieter Beseitigung d. Feuchtigkeitsschäden;

Feuchtigkeit in der Wohnung

- der Vermieter verlangt vom Mieter Schadensersatz, z. B. Beseitigung der Feuchtigkeitsschäden bzw. Ersatz der notwendigen Kosten.

Für die **Beweislastverteilung** gelten die Grundsätze des Rechtsentscheids des OLG Karlsruhe vom 9. 8. 1984 (ZMR 1984, 417; Weber/ Marx IV/S. 51) sowie das BGH-Urteil v. 18.5.1994 (DWW 1994, 250; vgl. auch BGH, Urt. v. 27.4.1994, Az. XII ZR 16/93). Danach muss zunächst der Vermieter beweisen, dass die Schadensursache in dem der unmittelbaren Einflussnahme, Herrschaft und Obhut des Mieters unterliegenden Bereich gesetzt worden ist. Dazu muss er die Möglichkeit einer aus seinem Verantwortungs- und Pflichtenkreis oder demjenigen eines anderen Mieters desselben Hauses herrührende Schadensursache ausräumen. Dies bedeutet, dass dem Vermieter insbesondere die Beweislast dafür obliegt, dass die Bausubstanz keine Ursachen für den Eintritt von Feuchtigkeit setzt. Dabei kann der Sachverständige statt (zeitraubender und kostenintensiver) Messungen über mehrere Monate auch anhand von Vergleichen mit nach Lage und Aufteilung vergleichbaren Wohnungen Feststellungen über die Ursache von Feuchtigkeitsschäden treffen. Soweit der Mieter diese Feststellungen angreifen will, hat er hierzu konkrete andere Vergleichswohnungen zu benennen.

Hat der Vermieter diesen Beweis geführt, obliegt es dem Mieter, sich hinsichtlich Verursachung und Verschulden zu entlasten. Dabei muss er beweisen, dass sein Wohnverhalten und das der weiteren Benutzer dem allgemein zumutbaren Normverhalten entsprach und noch entspricht (LG Bochum, Urt. v. 26.9.1990, DWW 1991, 189; Sternel, Mietrecht, 3. Aufl. Rn. IV 615b; vgl. auch LG Hamburg, WuM 1988, 353; LG Kassel, WuM 1988, 355; LG Braunschweig, WuM 1988, 356; LG Augsburg, WuM 1985, 25; LG Mannheim, ZMR 1989, 424; LG Freiburg, WuM 1989, 559).

Davon abweichend stellt das LG München (WuM 1988, 352) fest, dass das Auftreten von Schimmel die typische Folge von Kondenswasserbildung ist und daher aufgrund bauphysikalischer Gesetze der erste Anschein dafür spricht, dass ein fehlerhaftes Heizungs- und Lüftungsverhalten ursächlich ist. Daher muss der Mieter andere Gründe als ursächlich für die Schimmelbildung beweisen (so auch LG Konstanz, WuM 1988, 353).

Ein erster Anschein für die Verantwortlichkeit des Mieters ist ebenfalls gegeben, wenn in einer vormals mangelfreien Wohnung Feuchtigkeitsschäden erstmals auftreten, nachdem der betreffende Mieter die Wohnung bezogen hat (LG Lüneburg, ZMR 1985, 127). Weiterhin spricht für eine Verursachung durch den Mieter, wenn der Heizenergieverbrauch der Wohnung deutlich unter dem Niveau vergleichbarer Wohnungen liegt (AG München, Urt. v. 20.10.1989, Az. 211 C 3954/89). Dies kann anhand der Ableseprotokolle der Heizkostenverteiler festgestellt werden.

Ein ausreichendes Lüften der Wohnung setzt jedenfalls mindestens **3-maliges Stoßlüften** täglich voraus, d.h. der

Feuchtigkeit in der Wohnung

Mieter muss die Wohnung 2 x morgens und 1 x abends querlüften (OLG Frankfurt/M., Urt. v. 11.2.2000, Az. 19 U 7/99, NZM 2001, 39).

Zur Frage der vertragsgemäßen Beheizung und Belüftung der Mietwohnung wurde vom LG München I im Urteil vom 20.5.1987 (ZMR 1987, 468) ausgeführt, inwieweit der Mieter verpflichtet ist, sein Heizungs- und Lüftungsverhalten den baulichen Gegebenheiten **anzupassen** und damit Schäden, insbesondere Schimmelbildung, zu vermeiden. Dieser Entscheidung lag der häufige Sachverhalt des **Austausches alter Fenster** mit einfacher Verglasung durch besonders dichtschließende Fenster mit **Isolierverglasung** zugrunde. Der Einbau solcher Fenster in bestehende Gebäude hat nicht nur die unstreitigen Vorzüge einer verbesserten Wärme- und Geräuschisolierung zur Folge, sondern auch den Wegfall des Luftaustausches – durch die geringfügige Undichtigkeit der alten Fenster, sodass die im Raum entstehende Feuchtigkeit ohne aktives Tun des Bewohners – durch entsprechendes Heizen und Lüften – nicht abgeführt werden kann.

Feuchtigkeit in den Räumen entsteht nicht nur in Form von **Wasserdampf** beim Waschen, Baden oder Duschen, sondern auch durch **Pflanzen** in der Wohnung sowie durch die **Bewohner** selbst. Untersuchungen haben ergeben, dass jede Person pro Monat ca. 50 Liter Feuchtigkeit in die Raumluft abgibt. Diese Feuchtigkeit schlägt sich nach bauphysikalischen Erkenntnissen über die Bildung von Tauwasserpunkten immer an der kältesten Stelle des Raumes nieder. Nach Einbau von isolierverglasten Fenstern ist diese kälteste Stelle nicht mehr das Fenster, sondern eine Mauer, in der Regel eine Außenmauer, mit der Folge, dass sich die im Raum entstehende Feuchtigkeit an dieser Mauer niederschlägt und bei unzureichendem Heizen oder Lüften zu Schimmelbildung führt.

Die Frage nach der Pflicht des Mieters im Anschluss an vom Vermieter durchgeführte Maßnahmen (z. B. nach Einbau von dichtschließenden Fenstern), sein **Heizungs- und Lüftungsverhalten** zu **ändern** und den jetzt fehlenden natürlichen Luftaustausch durch verstärktes Heizen und Lüften auszugleichen, wird unterschiedlich beantwortet:

Ein Teil der Rechtsprechung (z. B. LG Nürnberg-Fürth, WuM 1985, 21; LG Itzehoe, WuM 1982, 187) und der Literatur (z. B. Sternel, Mietrecht, 3. Aufl. 1988, III 279) verneint dies mit dem Argument, dass es grundsätzlich Sache des Vermieters sei, dafür Sorge zu tragen, Folgeerscheinungen von Maßnahmen, die von ihm selbst durchgeführt wurden, notfalls durch weitere Maßnahmen (z. B. Wärmedämmung der Außenmauer) zu verhindern.

Dies erscheint unrichtig und wird von der w.h.M. auch abgelehnt (vgl. LG Lüneburg, WuM 1987, 214; LG Münster, WuM 1987, 271; LG Berlin, ZMR 1987, 378; LG München I, ZMR 1987, 468; LG Lübeck, WuM 1990, 202; LG Hamburg, WuM 1990, 290).

Nachdem das Entstehen von Schwitzwasser mit der Folge der Schimmel-

Feuchtigkeit in der Wohnung

bildung nach dem Einbau dichtschließender Fenster bauseits in der Regel nur durch Anbringung eines mit hohen Kosten verbundenen Vollwärmeschutzes zu unterbinden ist, der Mieter diese unerwünschte Folge aber bereits durch entsprechendes **Heizen und Lüften** und somit mit geringem Aufwand verhindern kann, ist ihm dies nach dem Einbau von neuen Fenstern durchaus zuzumuten.

Der nachträgliche Einbau von Isolierglasfenstern kann daher selbst dann nicht für Feuchtigkeitsschäden verantwortlich gemacht werden, wenn die Wärmedämmung des Anwesens nicht den geltenden Anforderungen der Wärmeschutzverordnung entspricht (LG Düsseldorf, Urt. v. 12.5.1992, DWW 1992, 368). Dementsprechend hat bereits das LG München I (a.a.O.) ausgeführt, dass der Mieter keinen Anspruch gegen den Vermieter auf Durchführung umfangreicher Wärmedämmmaßnahmen hat, wenn die Möglichkeit besteht, Schwitzwasserbildung durch verstärktes Heizen und Lüften zu verhindern (so auch LG München I, Beschl. v. 16.3.1988, WuM 1988, 352). Der Vermieter muss den Mieter jedoch sachgerecht und präzise auf die baulichen Schwachstellen der Wohnung und auf die Notwendigkeit entsprechender Gegenmaßnahmen **hinweisen**; andernfalls können dem Mieter Feuchtigkeitsschäden nicht angelastet werden (LG Gießen, Urt. v. 12.4.2000, Az. 1 S 63/00, MDR 2000, 761; vgl. auch LG Lübeck, WuM 1990, 202).

Die Verpflichtung des Mieters, sein Wohnverhalten baulichen Veränderungen anzupassen, findet allerdings dort seine Grenze, wo das Maß des Zumutbaren überschritten wird. Lassen sich daher Feuchtigkeitserscheinungen nur durch **übersteigertes** Heizen und Lüften vermeiden, liegt ein Mangel der Wohnung vor (LG Hamburg, NZM 1998, 571).

Sind Feuchtigkeitsschäden in den Mieträumen bereits eingetreten, muss der Mieter einer Verschlechterung des Zustandes ggf. durch Ummöblierung entgegenwirken (LG Stade, WuM 1985, 23); allerdings müssen die Mieträume in bauphysikalischer Hinsicht so beschaffen sein, dass bei einem Abstand der Möbel von der Zimmerwand von nur wenigen Zentimetern (Scheuerleistenabstand) eine Tauwasserbildung ausgeschlossen ist (LG Hamburg, a.a.O.).

Ferner ist der Mieter auch nicht für Feuchtigkeit verantwortlich, die infolge von **Bauschäden von außen**, z. B. durch schadhaftes Mauerwerk oder das Dach, in die Mieträume eindringt. In diesem Fall ist der Mieter bei erheblicher Beeinträchtigung des Wohnwertes zur Minderung der Miete berechtigt und kann vom Vermieter die Beseitigung der Mängel und Schäden verlangen. Bei Verzug des Vermieters mit der Mängelbeseitigung kann der Mieter vom Vermieter einen Vorschuss in Höhe der voraussichtlich zur Mängelbeseitigung erforderlichen Kosten verlangen (KG Berlin, RE v. 29.2.1988, WuM 1988, 142; Weber/Marx, VIII/S. 35).

Feuchtigkeit in der Wohnung

Ein miet**vertraglicher** Ausschluss des **Minderungs**rechtes des Mieters ist bei Wohnraum nicht nur formularmäßig, sondern auch einzelvertraglich unzulässig.

Ein Ausschluss von **Schadensersatz**ansprüchen des Mieters ist jedoch auch formularmäßig durch folgende Klausel möglich: „Der Vermieter haftet nicht für Schäden, die dem Mieter an den ihm gehörenden Einrichtungsgegenständen durch Feuchtigkeitseinwirkungen entstehen, gleichgültig welcher Art, Herkunft, Dauer und Umfanges die Feuchtigkeitseinwirkung ist, es sei denn, dass der Vermieter den Schaden vorsätzlich oder grob fahrlässig herbeigeführt hat" (OLG Stuttgart, RE v. 11.4.1984, ZMR 1984, 309; Weber/Marx, IV/S. 89).

Formularverträge → *„Allgemeine Geschäftsbedingungen (AGB)"*

Fortsetzung des Mietverhältnisses → *„Zeitmietvertrag"*

Fragebogen → *„Anfechtung des Mietvertrages"*

Fristlose Kündigung → *„Kündigung", Abschnitte 2.2.1 und 3.2.1*

Garage

Bei der Vermietung einer Garage bzw. eines Stellplatzes finden die Schutzvorschriften für Wohnraum (z.B. bezüglich Kündigung, Mieterhöhung) keine Anwendung.

Wurden keine abweichenden Vereinbarungen getroffen, kann das Mietverhältnis, wenn die Miete nach Monaten oder längeren Zeitabschnitten bemessen ist, spätestens am 3. Werktag eines Kalendermonates zum Ablauf des übernächsten Monats **gekündigt** werden (§ 580 Abs. 1 BGB; vgl. „Kündigungsfristen"). Die **verlängerte** Kündigungsfrist (§ 580 a Abs. 2 BGB, 6 Monate) gilt **nicht** für Garagen, da es sich bei Garagen nicht um Geschäftsräume i.S. dieser Vorschrift handelt (AG Wuppertal, WuM 1996, 548). Die Angabe eines Kündigungsgrundes ist **nicht** erforderlich.

Eine Mieterhöhung kann im Wege der **Änderungskündigung** durchgeführt werden. Dabei wird das Mietverhältnis fristgerecht gekündigt, verbunden mit dem Angebot auf Abschluss eines neuen Mietvertrages mit einer höheren Miete. Einer Begründung bedarf es nicht.

> Diese Ausführungen gelten uneingeschränkt jedoch nur dann, wenn mit der betreffenden Garage nicht auch Wohnraum vermietet ist.

1 Einheitliches Wohnraummietverhältnis

Besteht auch ein Mietverhältnis über Wohnraum, gilt Folgendes: Wurde die Garage **zusammen** mit dem **Wohnraum** vermietet, z.B. dadurch, dass sie im Wohnraummietvertrag unter den vermieteten Räumlichkeiten angeführt ist oder ohne Erwähnung im Mietvertrag überlassen wurde, liegt nach der Rechtsprechung ein **einheitliches** Mietverhältnis über Wohnraum und Garage vor, mit der Folge, dass eine Teilkündigung der Garage unzulässig ist und die Garage nur zusammen mit dem Wohnraum unter Einhaltung der Wohnraumkündigungsschutzvorschriften kündbar ist (vgl. z.B. LG Mannheim, WuM 1980, 134 sowie LG Köln, WuM 1992, 264), wonach Eigenbedarf allein für die Garage nicht geltend gemacht werden kann). Auch die gesonderte Ausweisung der Miete für die Garage im Wohnraummietvertrag ändert nichts an der Einheitlichkeit des Mietverhältnisses (LG Baden-Baden, Urt. v. 5.10.1990, WuM 1991, 34).

> In diesem Fall kann auch die Miete für die Garage nicht separat, sondern nur zusammen mit dem Wohnraummietverhältnis erhöht werden. Der Vermieter muss im Rahmen seines Zustimmungsverlangens nach § 558 BGB die Ortsüblichkeit für **beide** Entgeltanteile begründen (Sternel, Mietrecht III, Rn. 605c).

Ein **einheitliches** Mietverhältnis liegt grundsätzlich auch dann vor, wenn der Vermieter einer Wohnung seinem Mieter nach Jahren auch eine **auf dem Hausgrundstück** gelegene Garage vermietet und eine ausdrückliche Einbeziehung in den bisherigen Mietvertrag nicht erfolgt (OLG Karlsruhe, RE v. 30.3.1983, NJW 1983, 1499; Weber/Marx, III/S. 53).

2 Selbstständiger Garagenmietvertrag

Anders ist die Rechtslage zu beurteilen, wenn die **Garage** auf einem **anderen Grundstück** liegt. In diesem Fall ergibt sich bereits aus diesem Umstand, dass der Parteiwille auf den Abschluss eines selbstständigen Mietvertrages über die hinzugemietete Garage gerichtet war. Liegt die Garage auf demselben Grundstück, handelt es sich aber trotzdem um ein selbstständiges Mietverhältnis, wenn die Überlassung nicht der Erfüllung der öffentlich-rechtlichen Verpflichtung zur Versorgung der Hausbewohner mit Stellplätzen dient, sondern diese vielmehr durch die vom Mieter bereits benutzten Plätze schon erfüllt worden ist. Die Anmietung eines weiteren zusätzlichen Stellplatzes bzw. einer Garage ist insoweit nicht mehr notwendig, um die Nutzung der Wohnung im regelmäßigen Umfang auch hinsichtlich der Unterbringung von Kraftfahrzeugen zu sichern und steht daher nur im **zufälligen Zusammenhang** mit der Tatsache, dass die Vertragspartei auch am Ort des Stellplatzes bzw. der Garage wohnt (LG Frankfurt a.M., Urt. v. 18.9.1990, WuM 1991, 36).

Weiterhin kann eine selbstständige Vereinbarung zustande kommen, sofern ein entsprechender **Parteiwille** hinreichend deutlich erkennbar wird (OLG Karlsruhe, a.a.O.), z.B. durch die ausdrückliche Vereinbarung, dass die Vermietung der Garage unabhängig von dem Bestand des Wohnraummietverhältnisses erfolgt. Bei gleichzeitiger Überlassung von Wohnraum und Garage handelt es sich selbst bei räumlichem oder funktionellem Zusammenhang von Wohnraum und Garage um rechtlich selbstständige Verträge, wenn die Parteien getrennte Vertragsformulare mit jeweilig ausgewiesenem Mietzins, unterschiedlichen Laufzeiten und Kündigungsregelungen verwenden (LG München I, Urt. v. 17.7.1991, WuM 1992, 15; LG Berlin, MDR 1987, 142). Eine **Formularklausel**, wonach der Garagenmietvertrag rechtlich und wirtschaftlich selbstständig und unabhängig von dem Abschluss eines anderen Mietvertrages, z.B. über eine Wohnung, sein soll, verstößt weder gegen § 3 AGBG – „überraschende Klausel" – noch gegen § 9 AGBG – „unangemessene Benachteiligung" – (AG Frankfurt, WuM 1986, 254).

Ein erkennbarer, auf den Abschluss eines eigenständigen Garagenmietvertrages gerichteter Parteiwille liegt auch vor, wenn die Vertragsparteien des Wohnungs- und des Garagenmietvertrages nicht identisch sind (z.B. Wohnungsmietvertrag mit Herrn und Frau X, Garagenmietvertrag nur mit Herrn X als Mieter). Die Annahme eines einheitlichen Vertragsverhältnisses würde einen (unzulässigen) Vertrag zulasten Dritter (hier: Frau X) darstellen (LG Hamburg, Urt. v. 5.4.1991, WuM 1991, 672; vgl. auch Palandt-Heinrichs, BGB, 50. Aufl., Einf. vor § 328 Rn. 10 m.w.N.; LG Hamburg, WuM 1986, 338). Auch eine gemeinsame Betriebskostenabrechnung für Wohnung und Garage ändert hier nichts an der Eigenständigkeit des Garagenmietvertrages.

Die Eigenständigkeit des Garagenmietvertrages hat zur Folge, dass eine **separate Kündigung** der Garage, wie bei Geschäftsraum, ohne Angabe von Gründen möglich ist. Nur im Ausnahmefall bei Vorliegen ganz besonderer Umstände kann die Kündigung des Vermieters wegen Rechtsmissbräuchlichkeit unwirksam sein, z.B. wenn sie nur erfolgt, weil der Mieter die Beseitigung unstreitig vorhandener Mängel gefordert (LG Hamburg, Urt. v. 3.6.1985, Az. 16 S 217/84) oder der Mieter einer Mieterhöhung für die gemietete Wohnung nicht in vollem Umfang zugestimmt hat (LG Hamburg, Urt. v. 30.3.1982, Az. 16 S 4/82).

Bei Vorliegen rechtlich **selbstständiger** Verträge unterliegt die **Mieterhöhung** nicht den Vorschriften des § 558 BGB und kann im Wege der Änderungskündigung durchgesetzt werden. Entsprechend den Ausführungen zur Kündigung schränkt ein Teil der Rechtsprechung (LG Hamburg, Urt. v. 8.9.1981, Az. 16 S 95/81; LG Hamburg, Urt. v. 30.3.1982, Az. 16 S 4/82) auch das Recht zur Änderungskündigung für den Fall einer rechtsmissbräuchlichen Ausübung ein, die aber jedenfalls dann nicht vorliegen kann, wenn mit der Änderungskündigung lediglich eine Anhebung der Garagenmiete auf das ortsübliche Niveau erreicht werden soll.

3 Getrennte Veräußerung der Garage

Liegt ein einheitliches Mietverhältnis vor, wird dieses auch dann nicht in mehrere Mietverhältnisse aufgespalten, wenn der vermietende Eigentümer die Garage **veräußert**; vielmehr tritt der Erwerber als Mitvermieter in den einheitlichen Mietvertrag ein (§ 566 BGB; BayObLG, Beschl. v. 12.12.1990, WuM 1991, 78).

Eine nachträgliche Aufspaltung des ursprünglich einheitlichen Mietverhältnisses in zwei getrennte Mietverträge kann jedoch dadurch eintreten, dass der Mieter mit dem Erwerber der Garage ohne Beteiligung des ehemaligen Eigentümers gesonderte Vereinbarungen zur Miethöhe trifft (LG Baden-Baden, Urt. v. 9.2.1990, WuM 1991, 35). Entsprechendes kann auch gelten, wenn der Mieter die Garagenmiete unabhängig von der Wohnungsmiete an den Erwerber zahlt.

4 Sonderregelungen in den neuen Bundesländern

In den **neuen Bundesländern** galt für **Nutzungs**verträge über Garagengrundstücke der besondere Kündigungsschutz des § 23 SchuldRAnpG (vgl. „Kündigungsschutz", Abschnitt 2.6) nur bis 31.12.1999 (BVerfG, Beschl. v. 14.7.1999, Az. 1 BvR 995/95, ZMR 2000, 145). Seit 1.1.2000 kann der Eigentümer Grundstücke, die vom Nutzer mit einer **Garage** bebaut worden sind, nach den allgemeinen Vorschriften (dreimonatige Kündigungsfrist) kündigen, ohne dass es einer besonderen Begründung bedarf.

Zur Erhöhung des Nutzungsentgelts für Garagen siehe die **NutzungsentgeltVO** v. 22.7.1993 (BGBl. I S. 1339) i.V.m. der Verordnung zur Änderung der Nutzungsentgeltverordnung vom 24.7.1997 (BGBl. I S. 1920). Seit dieser Änderung darf eine Entgelterhöhung nur noch in einzelnen Schritten aufgrund jeweiliger Erklärungen vorgenommen werden, d.h. die Nachholung vorher versäumter Erhöhungen in einem Schritt ist nicht mehr zulässig (AG Görlitz, Urt. v. 29.8.2000, Az. 3 C 1604/97, WuM 2001, 26). Infolge der Neufassung des § 4 Nr. 12 S. 2 **UStG** durch das Steueränderungsgesetz 1992 (BGBl. I S. 297) ist die Vermietung von Garagen und Stellplätzen nicht mehr von der Umsatzsteuer befreit. Dies bedeutet, dass **Umsatzsteuerfreiheit** nur noch dann gegeben ist, wenn ein **einheitliches** Mietverhältnis über Wohnung und Garage abgeschlossen wird. Liegt dagegen ein **separates** Vertragsverhältnis über die Garage bzw. den Stellplatz vor, ist diese Vermietung grundsätzlich umsatzsteuerpflichtig. Die Umsatzsteuer wird jedoch nicht erhoben, wenn die Voraussetzungen des § 19 UStG (Kleinunternehmerregelung) vorliegen, d.h. der Umsatz zuzüglich der darauf entfallenden Steuer im vorangegangenen Kalenderjahr DM 32.500 nicht überstiegen hat und im laufenden Kalenderjahr DM 100.000 voraussichtlich nicht übersteigen wird (siehe dazu BMF-Schreiben v. 7.2.1994 – BStBl. I 1994 S. 189).

Gartenbenutzung

Ohne **ausdrückliche** vertragliche Regelung gilt der Garten nur bei einem Einfamilienhaus als mitvermietet (vgl. OLG Köln, DWW 1994, 50). Bei Mehrfamilienhäusern haben die Mieter ein Recht zur Gartenbenutzung nur, soweit der Mietvertrag dies ausdrücklich bestimmt. Mitvermietet ist der Garten daher nur bei Vorliegen einer ausdrücklichen Vertragsvereinbarung.

Erlaubt der Vermieter die Gartenbenutzung aus Gefälligkeit, ohne dass hinreichende Anhaltspunkte für eine entsprechende Ergänzung des Mietvertrages vorliegen, kann er die Erlaubnis frei widerrufen. Eine Grenze besteht nur im Schikane- und Willkürverbot, §§ 226, 242 BGB (LG Aachen, DWW 1991, 22). Als Indiz für das Vorliegen einer reinen Gefälligkeit ohne den Willen, sich rechtlich zu binden, kann es gewertet werden, wenn die Gestattung ohne Verhandlungen über eine Änderung der Miete erfolgt ist oder der Vermieter deutlich zu erkennen gegeben hat, dass er weiterhin Einfluss auf den Zustand des Gartens nehmen will (vgl. LG Aachen, a.a.O.).

> Dagegen kann ein langjähriges vorbehaltloses und widerspruchsloses Dulden der Gartenbenutzung durch den Mieter durchaus zu einer stillschweigenden Vertragsergänzung führen (vgl. LG Hamburg, WuM 1988, 67 für über 20-jährige widerspruchslose Nutzung).

Gartenbenutzung

Das Recht zur Gartenbenutzung kann dann weder durch Kündigung des Gartens beendet werden (unzulässige Teilkündigung), noch kann für die Benutzung eine zusätzliche Vergütung verlangt werden.
Letztlich entscheidend für die Beurteilung sind immer die konkreten Umstände des Einzelfalles.

Eine **Teilkündigung** des Gartens ist nur ausnahmsweise zulässig, wenn der Vermieter neuen Wohnraum zum Zweck der Vermietung schaffen oder den neu zu schaffenden und den vorhandenen Wohnraum mit einem Garten ausstatten will und die Kündigung auf den Garten beschränkt (§ 573 b BGB). Im Kündigungsschreiben muss nachvollziehbar dargelegt werden, dass eine konkrete Bauabsicht besteht und das beabsichtigte Bauvorhaben zulässig ist oder sein wird (LG Berlin, NJW-RR 1998, 1543).

Die **Pflege** des Gartens ist grundsätzlich Sache des Vermieters. Die entstehenden Kosten können als Betriebskosten auf die Mieter durch **vertragliche** Vereinbarung umgelegt werden (vgl. „Betriebskosten", Abschnitt 2.10). Steht jedoch einem Mieter das Recht auf ausschließliche Benutzung zu, kann sich aus den Umständen ergeben, dass er damit auch zur Pflege des Gartens verpflichtet ist.

> Zur Klarstellung sind unbedingt ausdrückliche Regelungen im Mietvertrag über Art und Umfang der Benutzung sowie detaillierte Vereinbarungen über die Pflege des Gartens zu empfehlen.

Die vertragliche Vereinbarung: „Garten und Wiese zu pflegen" umfasst nach Ansicht der Rechtsprechung nur einfache Pflegetätigkeiten wie das Rasenmähen und Umgraben von Beetflächen, nicht aber z.B. das Reinigen der Terrassenplatten (vgl. z.B. LG Siegen, WuM 1991, 85). Auch der Vereinbarung einer „gärtnerischen" Unterhaltung des Gartens kann nach Auffassung des LG Wuppertal (WuM 2000, 353) nicht entnommen werden, dass der Mieter eine Pflege schuldet, die nur von einem Fachmann bzw. mit fachmännischem Wissen durchgeführt werden kann. Daher sollte neben der Art und Weise der Gartenpflege auch der Umfang der Arbeiten möglichst genau vertraglich festgelegt werden.

Ist die Gartenpflege ohne nähere Bestimmung auf den Mieter übertragen, lässt die Rechtsprechung dem Mieter für die Gartengestaltung einen großzügigen Spielraum. So darf der Mieter den Garten zwar nicht verwildern und verkommen, aber wild wachsen lassen (LG Köln, NJWE 1996, 243), einen Naturgarten anlegen und die Pflanzen im Wesentlichen frei wachsen lassen (LG Darmstadt, WuM 1983, 151), je nach Größe des Gartens u.U. auch ein kleines Gartenhaus errichten (LG Hamburg, Urt. v. 21.2.1984, Az. 16 S 201/83), einen Teich anlegen (LG Hamburg, Urt. v. 29.9.1987, Az. 16 S 148/86; LG Lübeck, WuM 1993, 669: auch im Garten eines Reihenhauses, wenn folgenlose Beseitigung bei Vertragsende möglich ist), einen Holzstoß lagern (AG Nürnberg, WuM 1984, 109), einen Komposthaufen anlegen (LG Regensburg, WuM 1985, 242), den Garten geringfügig verändern, z.b. Verlegen von 10 m² Betonplatten auf einem 1100 m² großen Grundstück (AG Dortmund, Urt. v. 11.5.1989, DWW 1991, 219), sofern der Baumbestand nicht beeinträchtigt wird.

Dagegen ist für das Anpflanzen sowie für die Beseitigung von Bäumen und Sträuchern die Zustimmung des Vermieters erforderlich.

Bei Beendigung des Mietverhältnisses ist der Mieter auf Verlangen des Vermieters entsprechend den Grundsätzen bei baulichen Veränderungen durch den Mieter (vgl. „Bauliche Veränderungen durch den Mieter", „Einrichtungen") **zur Herstellung des ursprünglichen Zustandes verpflichtet**. Andererseits ist der Mieter auch **berechtigt**, Pflanzen **wegzunehmen**, die er während der Mietzeit gesetzt hat (§ 539 Abs. 2 BGB). Für Bäume und Büsche gilt dieses Wegnahmerecht nur, solange diese noch umsetzbar sind (OLG Köln, Urt. v. 8.7.1994, ZMR 1994, 509). Der Vermieter kann die Ausübung des Wegnahmerechts nicht durch Zahlung einer Entschädigung abwenden, weil dieses Recht (§ 552 Abs. 1 BGB) nur für solche Einrichtungen gilt, die sich innerhalb der Mieträume befinden (OLG Köln, a.a.O.).

Sollen die vom Mieter eingepflanzten Gehölze auf unbestimmte Zeit im Grundstück verbleiben, werden sie wesentliche Bestandteile des Grundstücks mit der Folge, dass der Mieter das Eigentum mit dem Einpflanzen verliert (§ 94 BGB). Die Annahme einer Verbindung zu einem nur vorübergehenden Zweck (§ 95 Abs. 2 BGB) ist insbesondere dann ausgeschlossen, wenn im Mietvertrag bestimmt ist, dass der Mieter Einrichtungen bei Auszug zurücklassen muss (OLG Düsseldorf, NJW-RR 1999, 160).

> Sind umfassende Gestaltungsbefugnisse durch den Mieter nicht im Sinne des Vermieters bzw. hat der Vermieter konkrete Vorstellungen über die Art und den Umfang der Nutzung sowie der Pflege des Gartens, empfiehlt es sich, die Modalitäten im Mietvertrag im Einzelnen **verbindlich** festzulegen.

Enthält der Mietvertrag keine festen Termine für die Durchführung der Gartenarbeiten, ist die Verpflichtung des Mieters zur Vornahme einzelner Gartenpflegearbeiten jeweils dann **fällig**, wenn bei weiterem Zuwarten mit der Vornahme dieser Arbeiten entweder die bisherige Gartengestaltung gefährdet wird (weil z.B. Büsche und Bäume zu verwildern oder Termine zum fachgerechten Schnitt von Bäumen und Büschen abzulaufen drohen) oder aus einem Zierrasen eine Wiese wird oder der Garten sonst vom Standpunkt eines neutralen Beobachters unter Berücksichtigung seines Typs (Ziergarten, Nutzgarten etc.) ungepflegt auszusehen beginnt (AG Köln, Urt. v. 18.2.1994, ZMR 1994, XIII).

Erfüllt der Mieter die Pflicht zur Gartenpflege nicht oder nicht ordnungsgemäß, kann der Vermieter wegen Verletzung des Mietvertrages als Schadensersatz die Kosten eines beauftragten Gärtners verlangen, wenn er den Mieter erfolglos unter Fristsetzung und Benennung der durchzuführenden Arbeiten zur Vertragserfüllung aufgefordert hat. Der Mieter eines Einfamilienhauses, dem das Recht zur Gartennutzung zusteht und die Pflicht zur Gartenpflege obliegt, ist mangels abweichender Vereinbarung berechtigt, das im Garten wachsende **Obst** zu ernten (AG Leverkusen, WuM 1994, 199).

Gebrauchsgewährung

Die Gewährung des vertragsgemäßen Gebrauchs ist Hauptpflicht des Vermieters (§ 535 BGB). Zunächst hat der Vermieter dem Mieter den Gebrauch der Mietsache zu verschaffen (BGH, MDR 1976, 218). Dies geschieht regelmäßig durch Einräumung der tatsächlichen Gewalt über die Sache (§ 854 BGB), z.B. durch Übergabe der Schlüssel. Ab Besitzübergabe treten grundsätzlich die Gewährleistungsregelungen des Mietrechts anstelle der allgemeinen Vorschriften über Leistungsstörungen. Die Gebrauchsgewährung erstreckt sich auf alle wesentlichen Bestandteile des Mietobjekts.

Gewähren des Gebrauchs bedeutet weiter, die Mietsache in einem zum vertragsgemäßen Gebrauch geeigneten Zustand zu überlassen, sie während der Mietzeit in diesem Zustand zu erhalten (vgl. „Instandhaltung und Instandsetzung der Mieträume", „Schönheitsreparaturen", „Kleinreparaturen") und Störungen des vertragsgemäßen Gebrauchs zu unterlassen. Dabei hat der Vermieter den Mieter aber auch gegen Störungen im vertragsgemäßen Gebrauch zu schützen, die von einem **Dritten**, z.B. einem anderen Mieter, ausgehen.

> Zwar hat ein durch Störungen beeinträchtigter Mieter ein selbstständiges Recht, gegen den Störer aufgrund seiner Besitzschutzansprüche vorzugehen – nach § 862 BGB kann er Beseitigung verlangen und auf Unterlassung klagen, wenn weitere Störungen zu besorgen sind – jedoch kann der Mieter auch vom Vermieter Abwendung der Störung verlangen.

Der Vermieter kann den Mieter nicht auf dessen Ansprüche gegen den Störer verweisen, sondern muss selbst tätig werden, um seiner Pflicht zur Gewährung eines vertragsgemäßen Gebrauchs zu genügen. Wird durch eine Störung – unabhängig davon, ob sie vom Vermieter oder einem Dritten verursacht wurde – der vertragsgemäße Gebrauch **erheblich** beeinträchtigt, ist der Mieter zur Minderung der Miete berechtigt.

> Bei Störungen, die von einem Dritten ausgehen, trifft den Vermieter zwar in der Regel kein Verschulden, jedoch kann eine Mietminderung nach § 536 BGB unabhängig von einem Verschulden des Vermieters eintreten, sodass die **erhebliche** Beeinträchtigung des Wohnwertes alleinige Voraussetzung für die Berechtigung des Mieters zur Mietminderung ist (Näheres siehe „Mietminderung").

Der Schaden, der dem Vermieter durch Abzüge seines Mieters entsteht, kann der Vermieter grundsätzlich von dem störenden Dritten ersetzt verlangen (vgl. auch „Lärm").

Gegensprechanlage → *„Modernisierung"*

Gerichtliches Verfahren in Mietsachen

Das gerichtliche Verfahren in Mietstreitigkeiten ist für Wohnraum- und Geschäftsraummiete unterschiedlich geregelt. Für Streitigkeiten über Ansprüche aus einem Mietverhältnis über **Wohnraum** oder über dessen Bestand (z.b. für Räumungsklagen) ist das **Amtsgericht**, in dessen Bezirk sich die Räume befinden, sowohl sachlich, d.h. auch bei Streitwerten über DM 10.000,– (vgl. § 23 Nr. 2a GVG n.F.), als auch örtlich (§ 29a Abs. 1 ZPO) ausschließlich zuständig. Eine abweichende Gerichtsstandsvereinbarung ist daher unzulässig (§ 40 Abs. 2 S. 1 ZPO).

Bei Mietverhältnissen über **Geschäftsräume** sind nach der zum 1.3.1993 in Kraft getretenen Neufassung des § 23 Nr. 1 GVG durch das Gesetz zur Entlastung der Rechtspflege vom 11.1.1993 (BGBl. I S. 50) für Streitigkeiten zwischen den Mietparteien, insbesondere auch über Räumung, Überlassung und Benutzung der Mieträume, die Amtsgerichte sachlich nur noch dann zuständig, wenn der Streitwert DM 10.000,– nicht übersteigt; andernfalls sind die Landgerichte zuständig. Örtlich – und zwar ausschließlich – zuständig ist nunmehr auch bei Mietverhältnissen über Geschäftsräume das Gericht, in dessen Bezirk sich die Räume befinden (§ 29a Abs. 1 ZPO n.F.).

Diese Sondervorschrift über den ausschließlichen Gerichtsstand ist nach § 29 a Abs. 2 ZPO i.V.m. § 549 Abs. 2 Nr. 1 bis 3 BGB bei den nachfolgend aufgezählten Mietverhältnissen **nicht anzuwenden** mit der Folge, dass sich der Gerichtsstand insofern nach den allgemeinen Vorschriften bestimmt:

• bei Wohnraum, der nur zum **vorübergehenden Gebrauch** vermietet ist (s. „Kündigungsschutz", Abschnitt 2.5.3),

• bei Wohnraum, der **Teil** der vom Vermieter selbst bewohnten Wohnung ist und den der Vermieter überwiegend mit **Einrichtungsgegenständen** auszustatten hat, sofern der Wohnraum dem Mieter nicht zum dauernden Gebrauch mit seiner Familie oder mit Personen überlassen ist, mit denen er einen auf Dauer angelegten gemeinsamen Haushalt führt (s. „Kündigungsschutz", Abschnitt 2.5.4),

• bei Wohnraum, den eine juristische Person des öffentlichen Rechts oder

Gerichtliches Verfahren in Mietsachen

ein anerkannter privater Träger der Wohlfahrtspflege angemietet hat, um ihn **Personen mit dringendem Wohnungsbedarf** zu überlassen, wenn sie den Mieter bei Vertragsschluss auf die Zweckbestimmung des Wohnraums und die Ausnahme von den genannten Vorschriften hingewiesen hat (s. „Kündigungsschutz", Abschnitt 2.5.5).

Unter die ausschließliche Zuständigkeit des Amtsgerichtes fallen bei **Wohnraummietverhältnissen** insbesondere folgende Verfahren:

Räumungsklagen, Klagen auf Fortsetzung des Mietverhältnisses, auf Erfüllung des Mietvertrages, auf Zustimmung zur Erhöhung der Miete, auf Zahlung von Mietrückständen und auf Schadensersatz ohne Rücksicht auf die Höhe der Forderung, auf Feststellung des Bestehens oder Nichtbestehens eines Mietverhältnisses oder Untermietverhältnisses, auf Rückzahlung mietpreisrechtlich nicht geschuldeter Leistungen (BGH, RE v. 11.1.1984, WuM 1984, 119; Weber/Marx, IV/S. 111).

Mit Änderung der Zivilprozessordnung (ZPO) durch das Gesetz zur Entlastung der Rechtspflege v. 11.1.1993 (BGBl. I S. 50) wurde mit Wirkung ab 1.3.1993 die Berufungssumme des § 511a ZPO auf DM 1.500,– angehoben. Unabhängig davon ist in Streitigkeiten über Ansprüche aus einem Mietverhältnis über Wohnraum oder über den Bestand eines solchen Mietverhältnisses die Berufung immer statthaft, wenn das Amtsgericht in einer Rechtsfrage von einer Entscheidung eines Oberlandesgerichts oder des Bundesgerichtshofes abgewichen ist und die Entscheidung auf der Abweichung beruht (§ 511a Abs. 2 ZPO n.F., vgl. auch „Rechtsentscheid").

Für das gerichtliche Verfahren in Mietsachen ist noch die Frage von Bedeutung, ob im Fall einer Kündigung des Mietverhältnisses schon vor Ablauf der Kündigungsfrist Räumungsklage erhoben werden kann. Grundsätzlich kann der Vermieter vor Ablauf der Kündigungsfrist auf Räumung klagen, wenn die Geltendmachung des Räumungsanspruches an den Eintritt eines Kalendertages geknüpft ist (§ 257 ZPO). Bei Klage auf Räumung von **Wohn**raum ist jedoch die Klageerhebung vor Ablauf der Kündigungsfrist oder Mietzeit nur zulässig, wenn den Umständen nach die Besorgnis gerechtfertigt ist, dass der Schuldner sich der rechtzeitigen Leistung entziehe, d.h. der Mieter nicht rechtzeitig räumen werde (§ 259 ZPO).

Die Besorgnis ist gerechtfertigt, wenn der Mieter unmissverständlich zum Ausdruck gebracht hat, dass er die Wohnung nicht räumen kann oder will, z.B. durch Erhebung des Kündigungswiderspruchs, weil er noch keine Ersatzwohnung gefunden hat oder weil er die Kündigung für unwirksam hält (OLG Karlsruhe, RE v. 10.6.1983; DWW 1983, 173; Weber/Marx, III/S. 59).

Vor Ablauf der Widerspruchsfrist (vgl. „Kündigungsschutz", Abschnitt 3) kann der Vermieter vom Mieter keine Stellungnahme zu der ausgesprochenen Kündigung und keine Erklärung darüber verlangen, ob der Mieter ausziehen werde oder nicht. Eine trotzdem erhobene Räumungsklage wäre kostenpflichtig abzuweisen. Dagegen berechtigt ein Schweigen bzw. eine unzureichende Antwort des Mieters auf eine entsprechende Anfrage des Vermieters **nach** Ablauf der Widerspruchsfrist zur Erhebung der Klage.

Dementsprechend kann auch bei **Gewerbe**räumen Veranlassung zur Erhebung einer Räumungsklage (§ 257 ZPO) bestehen, wenn der Vermieter den Mietvertrag gekündigt hat und der Mieter sich auf eine vor Ablauf der Kündigungsfrist erfolgte Anfrage des Vermieters nicht zu seinen Räumungsabsichten äußert (OLG Stuttgart, Beschl. v. 7.5.1999, Az. 5 W 16/99, WuM 1999, 414).

Im Fall der fristlosen Kündigung durch den Vermieter sollte dem Mieter eine **angemessene Frist** zur Räumung der Wohnung gesetzt werden, da sich der Mieter erst nach Ablauf dieser Frist in Verzug befindet und damit Anlass zur Erhebung der Räumungsklage gibt (vgl. LG Baden-Baden, WuM 1996, 473: 1 bis 2 Wochen ab Zugang des Kündigungsschreibens). Die sofortige Erhebung der Räumungsklage, welche die fristlose Kündigung enthält, kann nach dieser Rechtsprechung zu Kostennachteilen für den Vermieter führen (vgl. LG Bremen, WuM 1989, 430).

Auch wenn der Mieter durch sein Verhalten Anlass für eine Klageerhebung gegeben hat, kann das Gericht dem Vermieter die Kosten des Räumungsrechtsstreites ganz oder teilweise auferlegen (§ 93b Abs. 3 ZPO), wenn der Mieter den Anspruch auf Räumung zwar sofort anerkennt, er aber bereits vor Erhebung der Klage beim Vermieter unter Angabe von Gründen die Fortsetzung des Mietverhältnisses oder eine **angemessene** Räumungsfrist vergeblich begehrt hat und das Gericht eine Räumungsfrist bewilligt.

Dies gilt auch, wenn der Mieter zwar eine unangemessen lange Räumungsfrist begehrt, der Vermieter jedoch unter Ablehnung jeglicher Räumungsfrist und, ohne das Gespräch mit dem Mieter gesucht zu haben, sogleich die Räumungsklage erhebt (LG Wuppertal, WuM 1993, 548).

Das Begehren des Mieters um Einräumung einer angemessenen Räumungsfrist ist auch keine Verletzung des Mietvertrags, die eine anwaltliche Räumungsaufforderung vor Fälligkeit der Räumungsverpflichtung veranlasst und den Mieter zur Tragung der Anwaltskosten verpflichtet (LG Aachen, WuM 1993, 451).

Ist das sofortige **Anerkenntnis** jedoch nicht mit der Angabe eines bestimmten Räumungstermins verbunden, hat der Mieter Anlass zur Räumungsklage gegeben (LG Frankenthal, WuM 90, 527).

Tritt der Mieter vor Beendigung des Mietverhältnisses mit einem entsprechenden Gesuch an den Vermieter heran und sind die vorgetragenen Gründe für seine Räumungsschwierigkeiten stichhaltig und nachvollziehbar, ist zur Vermeidung von Kostennachteilen die Gewährung einer den Umständen nach angemessenen Räumungsfrist zu empfehlen.

Ein vorprozessuales Verlangen des Mieters, das Mietverhältnis aus Gründen der **Sozialklausel** fortzusetzen (§ 574 BGB; vgl. „Sozialklausel"), stellt jedoch kein solches Begehren um eine angemessene Räumungsfrist (§ 93b ZPO) dar (LG Stuttgart, WuM 1993, 550).

Eine rechtskräftige Verpflichtung des Mieters zur Räumung kann nur durch **Zwangsvollstreckung** (vgl. „Zwangsvollstreckung") mit Hilfe des Gerichtsvollziehers oder des zuständigen Amtsgerichts als Vollstreckungsgericht durchgesetzt werden. Die eigenmächtige Durchsetzung des Räumungsanspruches, z.B. durch Entfernen der Möbel des Mieters oder Auswechseln des Schlosses, ist unzulässig, sodass selbst dann ein Anspruch des Mieters auf Wiedereinräumung des Mietbesitzes wegen **verbotener Eigenmacht** des Vermieters bestehen kann, wenn der Vermieter gegen den Mieter bereits ein Urteil auf Räumung und Herausgabe erwirkt hat (OLG Celle, Beschl. v. 10.11.1993, DWW 1994, 117).

Sofern der Räumungsschuldner nach der Beauftragung des Gerichtsvollziehers durch den Räumungsgläubiger eine Ersatzwohnung findet und dies dem Gerichtsvollzieher mitteilt, hat er dennoch die durch die Tätigkeit des Gerichtsvollziehers entstehenden Kosten und etwaige Bereitstellungskosten des Spediteurs zu tragen, es sei denn, der Schuldner hätte vor der Beauftragung des Gerichtsvollziehers eine Ersatzwohnung angemietet und dies dem Gläubiger mitgeteilt (LG Mannheim, DWW 1994, 85).

Der **Streitwert** für die Berechnung der Gerichts- und Anwaltskosten bei einer Räumungsklage bemisst sich nach der Jahresmiete (§ 16 GKG; ggf. zzgl. Mehrwertsteuer bei Geschäftsräumen – KG Berlin, NZM 2000, 659). Vgl. aber LG Hamburg (NZM 2000, 759), wonach sich die für die Streitwertbemessung von Räumungsklagen maßgebliche „streitige Zeit" bei Mietverhältnissen, die mit einer Frist von weniger als 12 Monaten **frei** kündbar sind (z.B. Geschäftsräume), nach der Dauer der Kündigungszeit bemisst.

Strittig ist, ob dabei auch **Betriebskostenvorauszahlungen** zu berücksichtigen sind. Nach der noch aus dem Jahr 1955 stammenden Rechtsprechung des BGH (BGHZ 18, 168) dürfen nur die verbrauchs**un**abhängigen Betriebskosten (Grundsteuer, Versicherungen etc.), nicht aber die verbrauchsabhängigen Betriebskosten (Heizung, Wasser etc.) mit einberechnet werden. Dagegen sind nach der neueren Rechtsprechung **sämtliche** Betriebskostenvorauszahlungen streitwerterhöhend zu berücksichtigen (OLG Hamm, Beschl. v. 28.4.1995, ZMR 1995, 359; LG Düsseldorf, Beschl. v. 15.3.1996, WuM 1996, 351; OLG München, ZMR 1999, 172; LG Cottbus, Az. 7 T 446/98, ZMR 1999, 829: auch Heizkostenvorauszahlungen; a.A.: OLG Köln, WuM 1996, 288 sowie LG München II, NZM 2000, 759: Grundmiete **ohne** Nebenkosten). Nach einem neuen Urteil des BGH v. 2.6.1999 (Az. XII ZR 99/99, ZMR 1999, 615) können aber Vorauszahlungen auf die Betriebskosten zumindest solange nicht berücksichtigt werden, als nicht die Höhe der verbrauchsunabhängigen Betriebskosten erkennbar ist.

Der Streitwert für eine Klage auf **Feststellung der Nichtbeendigung** eines Mietverhältnisses bestimmt sich nach dem Betrag der auf die gesamte restliche Mietzeit entfallenden Miete (§ 8 ZPO). Kündigt derjenige, der diese Klage erhoben hat, seinerseits zu einem Zeitpunkt vor Ablauf des Mietverhältnisses, dann reicht die für den Streitwert erhebliche Mietzeit nur bis zu dieser Kündigung (BGH, Beschl. v. 30.9.1998, NZM 1999, 21).

Der Streitwert sowie der Wert der Beschwer nach **einseitiger Erledigungserklärung** bestimmt sich nach der Summe der bis zum Zeitpunkt der Erledigungserklärung entstandenen Kosten (BGH, a.a.O.).

Der Streitwert für eine Klage gegen den Mieter auf **Unterlassen des Lagerns und Abstellens** von Gegenständen im Treppenhaus und im Kellergeschoss richtet sich nach dem 3 1/2-fachen Jahresbetrag des Mietwertes der in Anspruch genommenen Fläche (LG Mannheim, WuM 1999, 224).

Bei einem Streit um die Berechtigung des Mieters zur (nichtgewerblichen) **Hundehaltung** beträgt der Streitwert DM 600,00 (LG Berlin, Beschl. v. 31.3.2000, Az. 63 S 17/00, NZM 2001, 41); bei Haltung von **2 Katzen** DM 800,00 (LG Berlin, Beschl. v. 13.7.2000, Az. 61 S 129/00, NZM 2001, 41).

Vgl. auch „Räumungsklage", „Prozesskosten", „Mieterhöhung", Abschnitt 2.6.

Geschäftsräume

Inhaltsübersicht

		Seite
1	Begriff	G 13
2	Zweckbestimmung	G 13
3	Nutzungsänderung	G 14
4	Wohnungen als Geschäftsräume	G 15
5	Rechtliche Behandlung von Geschäftsräumen	G 16
5.1	Kündigung von Geschäftsräumen	G 16
5.2	Miete bei Geschäftsräumen	G 18
6	Geschäftsräume auf dem Gebiet der ehemaligen DDR	G 18

1 Begriff

Der Begriff „Geschäftsraum" ist bisher weder im Gesetz noch durch die Rechtsprechung eindeutig definiert worden. Nach der Kommentierung von Staudinger-Sonnenschein (§ 565 a.f., Rn. 28) sind darunter alle Räume zu verstehen, die nicht Wohnräume sind (vgl. auch Bub/Treier, Rn. IV 50).

Dagegen vertritt Palandt/Putzo (54. Auflage, § 565, Rn. 15 sowie vor § 535, Rn. 69) die Auffassung, dass als Geschäftsräume nur solche Räume anzusehen sind, die zu **geschäftlichen**, insbesondere gewerblichen oder freiberuflichen Zwecken angemietet werden (so auch MüKo/Voelskow, § 565 a.f., Rn. 9 und wohl auch BGHZ 94, 11, 15, wonach die Geschäftsraummiete nur eine von mehreren Nutzungsarten ist, wenn ein Wohnraummietverhältnis nicht vorliegt). Danach stellen z.B. Garagen oder separat angemietete Keller- oder Lagerräume, die weder zu Wohn- noch zu gewerblichen Zwecken angemietet werden, keine „Geschäftsräume" dar. Praktische Bedeutung erlangt die Unterscheidung für die Bestimmung der Kündigungsfristen (vgl. „Kündigungsfristen").

2 Zweckbestimmung

Die Zweckbestimmung als Geschäftsraum ergibt sich häufig bereits aus der baulichen Anlage und deren Ausstattung. Können die Räume danach sowohl zu Wohnzwecken als auch zu beruflichen oder gewerblichen Zwecken genutzt werden, trifft der Vermieter die Zweckbestimmung. Zu beachten sind in diesem Zusammenhang insbesondere bestehende Verordnungen über die **Zweckentfremdung von Wohnraum**, wonach Wohnraum nur mit Genehmigung der Behörde anderen als Wohnzwecken zugeführt werden darf (vgl. „Zweckentfremdung").

> Zu empfehlen ist eine eindeutige Bestimmung des Vertragszwecks im Mietvertrag.

Eine entgegen dem vereinbarten Vertragszweck ausgeübte Nutzung durch den Mieter ändert hieran nichts, es sei denn, der Vermieter kennt und duldet diese über einen längeren Zeitraum, sodass eine stillschweigende Vertragsänderung zustande gekommen ist (vgl. „Änderung des Mietvertrages").

3 Nutzungsänderung

Die Änderung des Betriebes bzw. der Branche durch den Mieter ist vertragswidrig, wenn der Vermieter ein erhebliches Interesse an der Beibehaltung des Mietzweckes hat und dem Vermieter eine Änderung unter Berücksichtigung aller Umstände des Einzelfalles nach Treu und Glauben nicht zumutbar ist, z.B. bei Ladenflächen in einem Einkaufszentrum.

Eine Geschäfts**erweiterung** (z.B. durch Verkauf von branchenfremden Artikeln) oder Produktionsumstellung (z.B. auf industrielle Fertigung) ist nur dann vertragswidrig, wenn dies dem Vertragszweck widerspricht (BGH, NJW 1975, 1833; OLG Karlsruhe, ZMR 1987, 419). Die schutzwürdigen Belange des Vermieters sind im Einzelfall gegen die Belange des Mieters, die sich z.B. aus einer Umstrukturierung der Branche oder des Gebietes ergeben können, abzuwägen. Insofern ist zugunsten des Vermieters eine verstärkte Abnutzung der Räume, eine Beeinträchtigung der Mitmieter, Konkurrenzschutzansprüche anderer Mieter, Auswirkungen auf den Wert der Immobilie und verminderte Chancen bei der Neuvermietung zu berücksichtigen. Zugunsten des Mieters sind dessen wirtschaftliche Interessen an der Erweiterung zu berücksichtigen, insbesondere dann, wenn diese existenznotwendig ist (OLG Düsseldorf, Urt. v. 29.6.1995, MDR 1996, 467).

Dagegen stellt die **Umwidmung** des Vertragszweckes, z.B. Umnutzung eines Stalles zu gewerblichen Zwecken, regelmäßig einen vertragswidrigen Gebrauch dar (OLG Karlsruhe, ZMR 1987, 419). Weiterhin ist der Gebrauch regelmäßig dann vertragswidrig, wenn sich das neue oder erweiterte Geschäft grundlegend von dem bei Vertragsschluss bestehenden unterscheidet oder Störungen z.B. der Mitmieter oder Nachbarschaft eintreten.

Strittig ist, ob der Mieter zur Nutzung der Geschäftsräume verpflichtet ist oder ob er diese vorübergehend oder auf Dauer schließen darf. Insofern kommt es entscheidend auf den Inhalt des Mietvertrags an, wobei auch die formularmäßige Vereinbarung einer **Betriebspflicht** zulässig ist (BGH, Urt. v. 29.4.1992, DWW 1993, 69). Fehlt es an einer entsprechenden Regelung, stellt nach Auffassung des LG Hannover (Urt. v. 9.10.1992, Az. 8 S 146/92) jedenfalls die Schließung der Geschäftsräume auf Dauer eine Vertragsverletzung dar, die den Vermieter zur fristlosen Kündigung berechtigt. Dies gilt erst recht, wenn der Mieter in der Nachbarschaft ein neues Geschäft eröffnet, da sich die Kunden dann dem neuen Geschäft zuwenden und sich gänzlich von den Angeboten der Mitmieter entfernen werden (LG Hannover, a.a.O.).

4 Wohnungen als Geschäftsräume

Trotz Nutzung zu Wohnzwecken durch den Endmieter werden Mietverhältnisse als Geschäftsraummietverhältnisse qualifiziert und unterliegen somit nicht den Wohnraumschutzvorschriften, wenn der Vertragszweck nicht im Wohnen durch den Mieter selbst, sondern in der Weitervermietung – sei es auch zu Wohnzwecken – liegt (vgl. z.B. OLG Düsseldorf, WuM 1995, 434). Dies ist der Fall,

- wenn ein Unternehmen eine Wohnung vom Eigentümer anmietet, um sie bestimmungsgemäß an betriebsangehörige Personen weiterzuvermieten (BayObLG, RE v. 30.8.1995, Az. RE-Miet 6/94 WuM 1995, 645; OLG Karlsruhe, RE v. 4.7.1983, DWW 1983, 200; Weber/Marx, Sammelband Nr. 82; BGH, NJW 1981, 1377; BGH, WuM 1985, 288);

- wenn ein karitativ tätiger gemeinnütziger **Verein** eine Wohnung zur Unterbringung von Personen anmietet, die vom Verein betreut und unterstützt werden (BayObLG, RE v. 28.7.1995, RE-Miet 4/94 WuM 1995, 638) oder der Verein die Wohnung an einen seiner Mitarbeiter vermietet (BayObLG, RE v. 30.8.1995, RE-Miet 5/94 WuM 1995, 642);

- wenn ein gemeinnütziger **Verein** ein Haus zur Förderung der Rehabilitation psychisch Kranker anmietet und einzelne Zimmer zur Verfolgung eines sozialen satzungsgemäßen Zwecks an die Kranken weitervermietet werden sollen (OLG Karlsruhe, RE v. 24.10.1983, NJW 1984, 373; Weber/Marx, III/S. 101; OLG Braunschweig, RE v. 27.6.1984, WuM 1984, 237; OLG Stuttgart, RE v. 25.10.1984, WuM 1985, 80; vgl. auch BVerfG, WuM 1985, 335 sowie BayObLG, Beschl. v. 10.12.1984, WuM 1985, 51);

- wenn ein **Verein** ein Wohnhaus mietet, das von den Mitgliedern – dem ausschließlichen Vereinszweck entsprechend – zu Wohnzwecken benutzt wird (OLG Frankfurt, RE v. 14.7.1986, DWW 1986, 241; Weber/Marx, VI/S. 30);

- wenn ein **Studentenwerk** Wohnungen zum Betrieb eines Studentenwohnheimes anmietet (BGH, WuM 1982, 57);

- wenn eine Eigentumswohnung von einem Vermietungsunternehmen zum Zweck der Untervermietung zu Wohnzwecken angemietet wurde („**Bauherrenmodell**"). Siehe im Einzelnen „Herausgabeanspruch gegen Dritte";

- wenn eine Eigentümergemeinschaft eine Eigentumswohnung anmietet, um den **Hausmeister** unterzubringen (BayObLG, WuM 1985, 51).

Zur Abgrenzung Wohnraum-/Geschäftsraummietverhältnis vgl. auch die BGH-Entscheidungen v. 15.11.1978 (WuM 1979, 148), 21.4.1982 (WuM 1982, 178) und 20.10.1982 (WuM 1982, 57).

Zur Frage, ob und in welchen Fällen sich der Endmieter nach Kündigung eines solchen, nicht unter Kündigungsschutz stehenden Geschäftsraummietverhältnisses (Hauptmietverhältnis) gegenüber dem Herausgabeverlangen des Eigentümers auf Kündigungsschutzvorschriften (§§ 573, 574 BGB) berufen kann, vgl. „Herausgabeanspruch gegen Dritte".

Wird bei Anmietung eines Gebäudes, das aus mehreren Wohnungen besteht, eine Wohnung vom Mieter selbst bewohnt und werden die übrigen mit Genehmigung des Vermieters untervermietet, hängt die Bestimmung, ob ein Mietverhältnis über Wohnraum oder Geschäftsraum vorliegt, davon ab, ob nach dem übereinstimmenden Vertragswillen der Parteien der **vorherrschende Vertragszweck** im eigenen Wohnen des Mieters oder im Weitervermieten liegt (OLG Stuttgart, RE v. 7.11.1985, NJW 1986, 322; Weber/Marx, Sammelband Nr. 271). Dabei ist weder das Verhältnis bewohnter oder weitervermieteter Flächen noch deren Mietwert ausschlaggebend; das kann nur ein Indiz sein.

Auch die Bezeichnung des Vertrages als Wohnraum- oder Geschäftsraummietvertrag ist grundsätzlich nicht entscheidend. Dominierend ist allein der mit Abschluss des Vertrages von den Parteien verfolgte Zweck (OLG Stuttgart, a.a.O.).

Jedoch kann sich aus der von den Parteien gewählten Vertragsgestaltung (Verwendung eines Vertragsformulars über „Wohnraum", dessen Klauseln sich ausschließlich am Wohnraummietrecht orientieren) sowie aus dem späteren Verhalten bei Mieterhöhungen (Durchführung nach den Bestimmungen des Wohnraummietrechts) ergeben, dass ein Mietverhältnis über Wohnraum vereinbart war (OLG Naumburg, Beschl. v. 22.7.1993, Az. 2 RE-Miet 1/92).

Die Verwendung eines Formulars für Wohnraum kann aber auch dazu führen, dass die Formularklauseln – unbeschadet der grundsätzlichen Einordnung des Vertrages als Geschäftsraummiete – jedenfalls nach den Grundsätzen des Wohnraummietrechts ausgelegt werden (OLG Hamburg, DWW 1998, 50).

Vgl. auch „Herausgabeanspruch gegen Dritte".

Zur Abgrenzung, ob Wohn- oder Geschäftsraum vorliegt, vgl. die Ausführungen zu „Mischräume".

Zum Verbot der Zweckentfremdung von Wohnraum siehe „Zweckentfremdung".

5 Rechtliche Behandlung von Geschäftsräumen

Die Unterscheidung, ob Wohnraum oder Geschäftsraum vorliegt, ist für die rechtliche Behandlung von wesentlicher Bedeutung. Hervorzuheben ist insbesondere Folgendes:

5.1 Kündigung von Geschäftsräumen

Die **Kündigung** eines Geschäftsraummietverhältnisses bedarf nicht der Schriftform, kann also auch mündlich ausgesprochen werden, wenn nicht ausdrücklich Schriftform vereinbart wurde. Trotzdem sollte aus Beweisgründen eine Kündigung immer schriftlich und mit Zustellungsnachweis erfolgen.

Geschäftsräume

Geschäftsraummietverhältnisse unterliegen nicht dem Kündigungsschutz, sodass die ordentliche Kündigung eines **unbefristeten** Geschäftsraummietverhältnisses grundsätzlich auch ohne Vorliegen eines berechtigten Interesses und ohne Angabe von Kündigungsgründen möglich ist.

Bei **befristeten** Geschäftsraummietverhältnissen ist die ordentliche Kündigung während der Laufzeit des Vertrages nach allgemeinen Regeln ausgeschlossen.

Der Mieter kann auch bei Vorliegen besonderer **Härtegründe** weder die befristete noch die unbefristete Fortsetzung des Mietverhältnisses verlangen.

Zu den Sonderregelungen auf dem Gebiet der ehemaligen DDR vgl. die Ausführungen in Abschnitt 6.

> Eine Gewährung von **Räumungsfristen** durch das Gericht ist nicht möglich. Vollstreckungsschutz kann nur nach § 765a ZPO gewährt werden.

Bei Geschäftsraummietverhältnissen sind vom Gesetz abweichende Vereinbarungen über die Zulässigkeit einer fristlosen Kündigung möglich, da das Verbot des § 569 Abs. 5 S. 2 BGB nicht gilt (z.B. Erleichterung der fristlosen Kündigungsmöglichkeit des Vermieters durch Vereinbarung, dass der Vermieter bereits bei Verzug mit **einer** Monatsmiete zur fristlosen Kündigung berechtigt sein soll).

Die gesetzliche Kündigungsfrist für eine **ordentliche** Kündigung von Geschäftsraummietverhältnissen beträgt sechs Monate (§ 580 a Abs. 2 BGB). Diese Frist gilt auch für die **außerordentliche** befristete Kündigung (§ 580 a Abs. 4 BGB; s. „Kündigungsfristen").

Eine Verlängerung der Kündigungsfrist mit zunehmender Mietdauer ist bei Geschäftsraummietverhältnissen gesetzlich nicht vorgesehen. Weiterhin sind im Gegensatz zu den Vorschriften über die Wohnraumkündigung die für Geschäftsraummietverhältnisse geltenden gesetzlichen Kündigungsfristen in vollem Umfang abdingbar, d.h. es können sowohl kürzere als auch längere Kündigungsfristen oder auch Kündigungsmöglichkeiten nicht nur zum Ende eines Kalendervierteljahres vereinbart werden.

Strittig ist, ob bei abweichend vereinbarten Kündigungsfristen die **Nachfrist** von 3 Tagen (§ 580 a Abs. 2 BGB) als stillschweigend vereinbart gilt, ob also, wenn beispielsweise eine 3-monatige Kündigungsfrist vereinbart ist, die Kündigung noch am 3. Werktag der Vierteljahresfrist erklärt werden kann (wobei es auf den Zeitpunkt des Zugangs ankommt). In der älteren Rechtsprechung und Literatur wird dies mehrheitlich verneint. Nach der neueren Literatur (Palandt-Putzo Anm. 1f. zu § 565 BGB a.F.; Staudinger-Kiefersauer, BGB, 11. A., § 565 BGB a.F., Rn. 17) soll die Nachfrist (Kündigung spätestens am 3. Werktag eines Monats) bei vereinbarter längerer Kündigungsfrist entsprechend anzuwenden sein.

> Jedenfalls empfiehlt es sich, bei Abweichung von den gesetzlichen Kündigungsfristen im Mietvertrag ge-

Geschäftsräume

naue Bestimmungen darüber zu treffen, wann eine Kündigung zugegangen sein muss, um auf einen bestimmten Zeitpunkt zu wirken.

Bei einem Mietvertrag über **Geschäftsräume**, der auf bestimmte Zeit geschlossen werden sollte, jedoch mangels Einhaltung der Schriftform als für **unbestimmte Zeit** geschlossen gilt (§ 550 BGB; vgl. „Schriftform"), sind vertraglich vereinbarte Kündigungsfristen jedenfalls dann nicht maßgebend, wenn diese länger sind als die **gesetzlichen** Kündigungsfristen (BGH, Urt. v. 29.3.2000, Az. XII ZR 316/97, NZM 2000, 545).

5.2 Miete bei Geschäftsräumen

Die Miete kann bis zur Grenze der **Wuchermiete** (vgl. „Wuchermiete") frei vereinbart werden. Eine Mieterhöhung unterliegt nicht den Bestimmungen der §§ 557 ff. BGB. Das Verbot der **Änderungskündigung** gilt nicht.

Ein **unbefristetes** Mietverhältnis kann unter Einhaltung der vorbezeichneten Kündigungsfristen ohne Vorliegen eines berechtigten Interesses gekündigt werden, sodass es in diesem Fall unproblematisch ist, eine Mieterhöhung durch Änderungskündigung durchzusetzen (Kündigung verbunden mit dem Angebot auf Abschluss eines neuen Vertrages mit höherer Miete).

Unbefristete Geschäftsraummietverhältnisse bedürfen daher grundsätzlich keiner Wertsicherungsvereinbarung („Wertsicherungsklausel", „Leistungsvorbehalt").

Anders verhält es sich bei Abschluss eines **befristeten** Mietvertrages. Nach dem Grundsatz „pacta sunt servanda" („Verträge müssen eingehalten werden") gilt die vereinbarte Miete für die gesamte Dauer des Mietverhältnisses. Eine Mieterhöhung ist nur möglich, wenn und soweit der Mietvertrag dies ausdrücklich bestimmt, z.B. durch eine Wertsicherungsvereinbarung oder eine Staffelmiete (s. „Staffelmiete").

Soll die Miete nicht für die gesamte Vertragslaufzeit konstant bleiben, muss bei **befristeten** Mietverhältnissen unbedingt eine entsprechende Vereinbarung getroffen werden, da nach herrschender Meinung auch das Sinken der Kaufkraft des Geldes keinen Wegfall der Geschäftsgrundlage bewirkt, dem Vermieter also nicht das Recht gibt, eine Mieterhöhung zu fordern (Palandt-Heinrichs, BGB, Anm. 6C a, aa zu § 242 BGB; BGH, NJW 1976, 142). Entsprechendes gilt für Betriebskostenerhöhungen, die nur dann an den Mieter weitergegeben werden können, wenn der Mietvertrag dies ausdrücklich bestimmt.

6 Geschäftsräume auf dem Gebiet der ehemaligen DDR

Auf dem Gebiet der ehemaligen DDR werden **Überlassungs**verträge, d.h. Verträge, durch die dem Nutzer vor dem 3.10.1990 ein bisher staatlich verwaltetes Grundstück durch den staatlichen Verwalter gegen Leistung eines Geldbetrages und Übernahme der öffentlichen Lasten überlassen wurde (§ 1a

EGBGB), als unbefristete Miet- oder Pachtverträge fortgesetzt (§ 42 Abs. 1 SchuldRAnpG).

Eine **Kündigung** des Vertrages durch den Grundstückseigentümer war bis zum Ablauf des 31.12.1995 ausgeschlossen (§ 42 Abs. 2 SchuldRAnpG). Der Grundstückseigentümer kann die Zahlung eines ortsüblichen Entgelts verlangen. Der Anspruch entsteht mit Beginn des dritten auf den Zugang des Zahlungsverlangens folgenden Monats (§ 42 Abs. 3 SchuldRAnpG).

Nach dem Beschluss des BVerfG vom 30.5.1995 (Az. 1 BvR 1899/94, ZMR 1995, 396) ist es von Verfassungs wegen nicht zu beanstanden, dass dem Eigentümer eines Grundstücks, das Gegenstand eines Überlassungsvertrages ist, für die Zeit zwischen dem 3.10.1990 und dem In-Kraft-Treten des Schuldrechtsanpassungsgesetzes am 1.1.1995 keine Ansprüche auf Nutzungsentgelt gewährt werden.

Gesellschafterwechsel → „Eigentümerwechsel"

Gesundheitsgefährdende Räume

Ist eine Wohnung oder ein anderer zum Aufenthalt von Menschen bestimmter Raum so beschaffen, dass seine Benutzung mit einer **erheblichen Gefährdung der Gesundheit** verbunden ist, liegt für den Mieter ein **wichtiger Grund** vor, der ihn zur **außerordentlichen fristlosen** Kündigung berechtigt. Dies gilt auch, wenn der Mieter die Gefahr bringende Beschaffenheit bei Vertragsschluss gekannt oder darauf verzichtet hat, die ihm wegen dieser Beschaffenheit zustehenden Rechte geltend zu machen (§§ 569 Abs. 1, 578 Abs. 2 S. 2 BGB).

Ob die Benutzung mit einer erheblichen Gefährdung der Gesundheit verbunden sein kann, ist nach **objektiven Maßstäben** zu beurteilen, nicht nach den subjektiven Einschätzungen oder des Gesundheitszustandes des Einzelnen. Dies bedeutet, dass der Mieter nicht zur Kündigung nach § 569 Abs. 1 BGB berechtigt ist, wenn die Gesundheitsgefährdung lediglich auf einer besonderen Empfindlichkeit oder Anfälligkeit des Mieters z.B. bei einer Allergie gegen bestimmte Stoffe beruht (LG Berlin, ZMR 1999, 27; LG Saarbrücken, WuM 1982, 187; AG München, WuM 1986, 247).

Für die Beurteilung einer Gesundheitsgefährdung kommt es nicht auf die Verhältnisse und Anschauungen bei Vertragsschluss, sondern auf die jeweils aktuellsten Erkenntnisse (z.B. Grenzwerte des Bundesgesundheitsamtes) an

Gesundheitsgefährdende Räume

(BVerfG, Beschl. v. 4.8.1998, WuM 1998, 657; BayObLG, Beschl. v. 4.8.1999, RE-Miet 6/98, WuM 1999, 568).

Infrage kommen z.b. erhebliche Feuchtigkeitseinwirkungen, unzureichende Beheizung; aber auch Raumtemperaturen von mehr als 35° C über mehrere Monate in einem durchschnittlichen Sommer (OLG Düsseldorf, NJW-RR 1998, 1307; ZMR 1998, 622), andauernde üble Gerüche, Rauchgase aus einem Schornstein, andauernder starker Lärm, gefährliche Beschaffenheit von Fußböden, Treppen, Geländer, bauseits bedingter Schimmelpilzbefall der Wohnung (LG München I, Urt. v. 26.9.1990, WuM 1991, 584), bauseits bedingte erhöhte Konzentration der Raumluft mit Formaldehyd, Lindan oder PCP – Pentachlorphenol (LG Lübeck, NJW-RR 1998, 441).

Eine fristlose Kündigung nach § 569 Abs. 1 BGB infolge Schadstoffbelastung ist nicht erst bei Vorliegen einer Gesundheitsschädigung, sondern bereits dann gerechtfertigt, wenn eine erhebliche Gefährdung **konkret** droht. Dies ist zu bejahen, wenn der Mieter vernünftigerweise von dem Bestehen einer erheblichen Gefahr ausgehen kann, z.B. weil sich in Holzteilen der Wohnung solche Stoffe in nicht unerheblicher Konzentration befinden (LG Lübeck, a.a.O.). Dagegen reicht die bloße **Befürchtung** des Mieters, der stellenweise Befall der Wohnungsaußenwände mit **Schimmel** könne Allergien hervorrufen, **nicht** für eine fristlose Kündigung aus (LG Mainz, Beschl. v. 14.11.1997, Az. 3 T 102/97, DWW 1999, 295).

Die gesundheitsgefährdende Eigenschaft der Räume muss **dauernd** sein. Nicht genügend für eine fristlose Kündigung nach § 569 Abs. 1 BGB sind vorübergehende behebbare Mängel, insbesondere dann nicht, wenn der Vermieter zur Abhilfe bereit ist (LG Saarbrücken, Urt. v. 12.6.1989, WuM 1991, 91). Ein Befall von Ungeziefer in einem Vorratslager, das nur vorübergehend von Menschen aufgesucht wird, berechtigt nicht zur Kündigung (OLG Düsseldorf, ZMR 1987, 263). Ebenso nicht die Gefährdung des Personals durch Übergriffe von Personen aus der Nachbarschaft (OLG Koblenz, NJW-RR 1989, 1247).

Ist nur die Benutzung eines **Teils** der vermieteten Räume mit Gesundheitsgefahren verbunden, hängt die Frage, ob dies eine fristlose Kündigung ohne Fristsetzung rechtfertigt, von der Beeinträchtigung der Benutzbarkeit des gesamten Mietgegenstandes zu dem im Vertrag vorgesehenen Zweck ab. So kommt es z.B. auch darauf an, ob die betroffenen Räume ständig bewohnt werden und ob Ausweichmöglichkeiten bestehen.

Für die **Kündigungsbefugnis** des Mieters nach § 569 Abs. 1 BGB ist unerheblich, ob den Vermieter an dem Zustand ein **Verschulden** trifft. Auf ein Verschulden des Vermieters kommt es nur bezüglich **Schadensersatzansprüchen** des Mieters nach § 536 a BGB an, wenn der Mangel erst nach Vertragsschluss entstanden ist (vgl. „Schadensersatzpflicht").

Sind die Voraussetzungen für eine fristlose Kündigung gegeben, kann der Mieter diese selbst dann aussprechen, wenn er die Gefahr bringende Beschaffenheit bei Abschluss des Vertrages **gekannt** oder auf die Geltendmachung der ihm wegen dieser Beschaffenheit zustehenden Rechte verzichtet hat, da § 569 Abs. 1 BGB der Gesundheit der Bevölkerung dient und daher von dieser Vorschrift nicht abgewichen werden kann. Das **Kündigungsrecht** ist jedoch **ausgeschlossen**, wenn der Mieter die Gefahr bringende Beschaffenheit selbst verschuldet hat, z.b. die Schimmelschäden durch unzureichendes Heizen und Lüften entstanden sind (vgl. „Feuchtigkeitsschäden"; LG Mannheim, DWW 1978, 72). Das Gleiche gilt, wenn der Mieter die Abhilfe schuldhaft vereitelt hat (vgl. Emmerich-Sonnenschein, BGB, § 544 a.F. Rn. 22). Weiterhin kann die Verletzung der Anzeigepflicht (vgl. „Anzeigepflicht") das Kündigungsrecht ausschließen.

Ist der Mangel ohne weiteres **leicht behebbar**, kann der Mieter die fristlose Kündigung nur aussprechen, wenn eine unter **Fristsetzung** dem Vermieter gestellte Aufforderung, den Mangel zu beseitigen, fruchtlos geblieben ist (LG Mainz, Beschl. v. 14.11.1997, Az. 3 T 102/97, DWW 1999, 295).

Kündigt der Mieter das Mietverhältnis wegen gesundheitsgefährdender Beschaffenheit der Wohnung fristlos, nachdem der Vermieter pflichtwidrig vertragsgemäße Maßnahmen nicht in Angriff genommen hat, so ist der Vermieter für den aus der Vertragsverletzung erwachsenden Schaden **ersatzpflichtig** (LG Saarbrücken, Urt. v. 12.6.1989, WuM 1991, 91).

Der Schadensersatzanspruch des Mieters (nicht das Kündigungsrecht) kann aber **ausgeschlossen** sein, wenn der Mieter trotz Kenntnis des Mangels den Mietvertrag über einen längeren Zeitraum (siehe hierzu „Kenntnis von Mängeln") vorbehaltlos erfüllt, insbesondere die Miete vorbehaltlos weiterbezahlt.

Ein **gewerblicher Zwischenmieter**, der eine Wohnung im Rahmen eines Steuersparmodells ausschließlich zum Zweck der Weitervermietung anmietet, hat **kein** außerordentliches Kündigungsrecht nach § 569 Abs. 1 BGB, da die nachteilige Beschaffenheit der Wohnung (z.B. durch Feuchtigkeit) für ihn nicht zu Gesundheitsschäden, sondern allenfalls zu Vermögensschäden führen kann, die jedoch außerhalb des Schutzbereiches des § 569 Abs. 1 BGB liegen (OLG Köln, Urt. v. 25.9.2000, Az. 16 U 46/2000, WuM 2001, 24).

Gewerbliche Nutzung von Wohnräumen

Wohnräume dürfen vom Mieter nur zu Wohnzwecken genutzt werden. Die gewerbliche Nutzung bedarf der **Erlaubnis** des Vermieters.
Eine erlaubnispflichtige gewerbliche Nutzung liegt insbesondere vor, wenn die Wohnung oder ein Teil davon, z.B. ein Zimmer, **ausschließlich** zu anderen als Wohnzwecken genutzt wird, die Tätigkeit zu einer erhöhten Abnutzung oder einer erhöhten Gefahr der Beschädigung der Räume oder der Zugänge

führt, eine Störung der übrigen Hausbewohner zu befürchten ist oder die Wohnung dadurch ihren Charakter als Wohnung verliert.

Dagegen liegt keine erlaubnispflichtige gewerbliche Nutzung vor, wenn der Mieter lediglich einen **untergeordneten Teil** der Wohnung zu Buchhaltungs- und Bürotätigkeiten per Computer nutzt (LG Frankfurt/M., WuM 1996, 532), sich künstlerisch, schriftstellerisch oder in Heimarbeit betätigt (LG Berlin, WuM 1974, 258), ohne einen bestimmten Teil der Wohnung ausschließlich zu diesen Zwecken zu benutzen, d.h. sämtliche Räume weiterhin **auch** zu Wohnzwecken nutzt (LG Stuttgart, WuM 1992, 250; LG Hamburg, WuM 1992, 241). Ein vertragswidriger Gebrauch der Wohnung ist jedoch gegeben, wenn der Mieter in einem Zimmer der Wohnung ein **Schreibbüro** betreibt (LG Lüneburg, WuM 1995, 706) oder ein Zimmer hauptberuflich als Ingenieurbüro nutzt und durch ein Schild darauf hinweist (LG Schwerin, WuM 1996, 214).

Wenn die Tätigkeit mit Parteiverkehr verbunden ist (z.B. **Nachhilfeunterricht** durch einen Lehrer in der Wohnung, Aufnahme von Kindern durch eine sog. **Tagesmutter**), ist es von den konkreten Umständen des Einzelfalles abhängig, ob diese Tätigkeit noch unter den vertragsgemäßen Wohngebrauch fällt oder ob eine erlaubnispflichtige gewerbliche Nutzung vorliegt. Ein wichtiges Abgrenzungskriterium ist insofern die **Außenwirkung der Tätigkeit**, insbesondere der Umfang des Lieferanten- und Publikumverkehrs. Dabei kann bei einer Besucherzahl von max. 2 Personen täglich grundsätzlich weder eine Außenwirkung noch eine erhöhte Abnutzung des Mietobjekts angenommen werden (so das LG Hamburg, WuM 1993, 188). Entscheidungserheblich kann auch die Höhe des mit der Tätigkeit erzielten Gewinns sein (LG Berlin, Urt. v. 6.7.1992, WuM 1993, 40).

So hat z.B. das LG Hamburg (NJW 1982, 2387) entschieden, dass die Aufnahme von drei weiteren Kindern durch eine Mutter mit einem vierjährigen Kind („Tagesmutter") noch vertragsgemäß sein kann. Dagegen hat das LG Berlin (a.a.O.) einen vertragswidrigen Gebrauch der Mietsache angenommen, wenn im Rahmen einer sog. Großpflegestelle werktäglich fünf Kinder gegen Entgelt betreut werden. In diesem Fall konnte die Mieterin dem Anspruch des Vermieters auf Unterlassung (§ 541 BGB) auch nicht mit Erfolg entgegenhalten, der Betrieb der Großpflegestelle liege im öffentlichen Interesse und Mitmieter fühlten sich durch diesen Betrieb nicht beeinträchtigt (zu diesem Problem vgl. auch AG Hamburg, WuM 1989, 625 und AG Stuttgart, WuM 1988, 52).

Das Betreiben einer bewegungstherapeutischen Praxis in der Mietwohnung stellt auch dann eine teilgewerbliche Nutzung dar, wenn Patienten nur in geringem Umfang behandelt werden (LG Stuttgart, WuM 1997, 215).

Soweit sich die Tätigkeit des Mieters im Rahmen des vertragsgemäßen Gebrauches hält, kann der Vermieter keinen Zuschlag zur Miete fordern. Ist aufgrund der Tätigkeit jedoch die Erlaubnis des Vermieters erforderlich, kann der Vermieter die Erteilung der Erlaubnis von der Zahlung eines sog. **Gewerbezuschlages** abhängig machen, dessen Höhe er nach billigem Ermessen (§§ 315, 316 BGB) bestimmen kann.

In Gebieten, in denen eine Zweckentfremdungs-Verordnung besteht (vgl. „Zweckentfremdung"), kann und darf der Vermieter eine solche Erlaubnis jedoch nur erteilen, wenn die beabsichtigte Tätigkeit des Mieters keinen Verstoß gegen diese Verordnung darstellt. Dies ist anhand der konkreten Umstände des Einzelfalles zu prüfen, insbesondere der konkreten Verordnung sowie deren Ausführungsbestimmungen und Richtlinien.

Nutzt der Mieter die Wohnräume ohne Erlaubnis des Vermieters zu gewerblichen Zwecken, stellt dies einen vertragswidrigen Gebrauch dar, der den Vermieter zur Erhebung einer Unterlassungsklage bzw. fristlosen Kündigung berechtigt (§§ 541, 543 Abs. 2 Nr. 2 BGB; s. „Kündigung", Abschnitt 3.2.1.1), wenn der Mieter diesen nach Abmahnung durch den Vermieter fortsetzt.

Gewerblicher Zwischenmieter → *„Geschäftsräume", „Herausgabeanspruch gegen Dritte"*

Gleitklauseln → *„Wertsicherungsklauseln"*

Grundbuch

Die Grundbücher werden von den Amtsgerichten geführt (Grundbuchämter; § 1 Abs. 1 der Grundbuchordnung – GBO –), heute meist in Form eines computerbearbeiteten Loseblattsystems, in das alle Beurkundungen aufgenommen werden, die Rechtsverhältnisse an Grundstücken betreffen.

Jedes Grundstück erhält im Grundbuch eine besondere Stelle (**Grundbuchblatt**). Das Grundbuchblatt ist für das Grundstück als das Grundbuch i.S.d. Bürgerlichen Gesetzbuches anzusehen (§ 3 Abs. 1 GBO).

Über mehrere Grundstücke desselben Eigentümers, deren Grundbücher von demselben Grundbuchamt geführt werden, kann ein gemeinschaftliches Grundbuchblatt geführt werden.

Jedes Grundbuchblatt besteht aus einem **Bestandsverzeichnis**, das Angaben über das Grundstück enthält und aus **drei Abteilungen**:

Für Angaben über die Eigentumsverhältnisse, über andere dingliche Belastungen und über Grundpfandrechte.

Die **Einsicht** in das Grundbuch ist jedem gestattet, der ein berechtigtes Interesse darlegt (§ 12 Abs. 1 GBO); z.b. die Ermittlung des Eigentümers, um gegen diesen Schadensersatzansprüche geltend machen zu können.

Ein **berechtigtes Interesse** kann auch der Kauf- oder Mietinteressent haben, z.B. um zu prüfen, ob eine Wohnung noch mit öffentlichen Mitteln gefördert wird, ob die Zwangsversteigerung angeordnet ist oder ob die Wohnung in einem Sanierungsgebiet liegt.

Weiterhin kann auch der Mieter ein berechtigtes Interesse an der Grundbucheinsicht zur Überprüfung eines Mieterhöhungsverlangens haben (OLG Hamm, WuM 1986, 348; AG München, WuM 1982, 218).

Das Einsichtsrecht erstreckt sich jedoch grundsätzlich **nicht** auf die Eintragungen in **Abt. III** (Grundpfandrechte), es sei denn, der Mieter kann besondere Umstände darlegen, die auch insoweit ein Einsichtsrecht begründen können, z.B. die Absicht von größeren Schönheitsreparaturen oder Verbesserungen der Miträume durch den Mieter. Ebenso erstreckt sich das Einsichtsrecht nicht auf weitere Grundstücke, die nur aus Vereinfachungsgründen auf demselben Grundbuchblatt gebucht sind (BayObLG, Beschl. v. 9.12.1992, WuM 1993, 135).

Der Eigentümer hat keinen Anspruch auf Unterrichtung und **kein Beschwerderecht** gegen die Grundbucheinsicht (BGHZ 80, 126). Jedoch ist es nicht zu beanstanden und sogar sinnvoll, wenn das Grundbuchamt den Eigentümer von dem Einsichtsersuchen unterrichtet (BayObLG, a.a.O.).

Wird dem Mieter einer Wohnung wegen Eigenbedarfs gekündigt, hat er ein berechtigtes Interesse i.S.v. § 12 GBO an der **Grundbucheinsicht**, wenn er prüfen will, ob der Vermieter noch anderen Grundbesitz hat, in dem sich möglicherweise frei stehende oder frei werdende Wohnungen befinden. Das berechtigte Interesse bezieht sich in diesem Fall jedoch nur auf die Einsicht in die **erste Abteilung** des Grundbuchs und das dort in Bezug genommene Bestandsverzeichnis. Eines rechtlichen Gehörs des eingetragenen Grundstückseigentümers bedarf es insofern nicht (LG Mannheim, Beschl. v. 22.1.1992, WuM 1992, 130 mit Verweis auf BGHZ 80, 126).

Zur Übertragung des Eigentums an einem Grundstück, zur Belastung eines Grundstücks mit einem beschränkten dinglichen Recht sowie zur Übertragung und Belastung eines solchen Rechts ist neben der Einigung der Parteien über den Eintritt der Rechtsänderung die **Eintragung** in das Grundbuch erforderlich, soweit nicht das Gesetz ein anderes vorschreibt (§ 873 Abs. 1 BGB). Das Eigentum an einem Grundstück geht daher auf den Käufer weder mit Abschluss des notariellen Kaufvertrages noch im Zeitpunkt des vertraglich vereinbarten Überganges von Besitz, Nutzen und Lasten, sondern erst im Zeitpunkt der Grundbucheintragung über. Erst ab diesem Zeitpunkt hat der Käufer den Status als Eigentümer und Vermieter.

Zur Frage, ob der Käufer nach Abschluss des notariellen Kaufvertrages, aber vor Eintragung in das Grundbuch, das Mietverhältnis kündigen oder die Zustimmung zur Erhöhung der Miete verlangen kann, vgl. **„Eigentümerwechsel"**.

Grundsteuer → *„Betriebskosten", Abschnitt 2.1*

Härteklausel → *„Kündigungsschutz", Abschnitt 3*
Haftung des Vermieters → *„Schadensersatzpflicht", „Instandhaltung und Instandsetzung der Mieträume"*

Hausbesitzerverein

Haus- und Grundbesitzer- bzw. Grundeigentümervereine gibt es in nahezu allen deutschen Städten und Gemeinden. Über diese örtlichen Vereine sind bundesweit **über 800.000** Haus- und Wohnungseigentümer organisiert. Schwerpunkt der Tätigkeit der meisten Vereine ist die **Rechtsberatung** der Mitglieder durch Vertragsanwälte, die sich auf das Immobilienrecht, insbesondere auf das Miet- und Steuerrecht spezialisiert haben. Mitglieder können sich dort bei allen ihre Immobilie betreffenden Fragen und Problemen kostenfrei beraten und meist auch außergerichtlich vertreten lassen, z.B. gegenüber Mietern, Nachbarn oder Behörden (vgl. § 7 Rechtsberatungsgesetz). Die meisten Vereine bieten den Mitgliedern auch Mustermietverträge sowie Musterschreiben, z.B. für Mieterhöhungen, Betriebskostenabrechnungen und Kündigungen. Ferner verfügen viele Vereine über eine Sammlung von Vergleichsmieten, die sie den Mitgliedern zur Durchführung von Mieterhöhungen zur Verfügung stellen können.

Der **Mitgliedsbeitrag**, dessen Höhe in der Regel von der Mieteinnahme bzw. der Anzahl der Wohnungen bzw. Anwesen des Mitglieds abhängig ist, liegt durchschnittlich bei ca. 50 bis 100 EUR (bisher 100 bis 200 DM) **jährlich**.

Die örtlichen Vereine sind rechtlich und wirtschaftlich selbstständig und über die jeweiligen Landesverbände in der Dachorganisation **„Haus & Grund Deutschland"** zusammengeschlossen. Über diese Organisationsstruktur werden die Interessen der Mitglieder über die Stadtgrenzen hinaus auch landes- und bundesweit gegenüber den politischen Parteien und Gesetzgebungsorganen vertreten.

Auskünfte über Anschrift und Telefon-/Faxnummer des örtlich zuständigen Vereins sind erhältlich bei: Haus & Grund Deutschland, Cecilienallee 45, 40474 Düsseldorf, Telefon 0211/478170, Internet: www.haus-und-grund.net. Ab Oktober 2001 ist der Sitz von Haus & Grund Deutschland in 10117 Berlin, Mohrenstr. 33.

Hausmeister

Der Hausmeister, auch **Hauswart** genannt, ist als Arbeitnehmer des Verfügungsberechtigten – i.d.R. des Eigentümers – diesem für die Einhaltung der Hausordnung durch die Mieter verantwortlich, hat für Ordnung, Sauberkeit und Ruhe zu sorgen und dem Verfügungsberechtigten Verstöße gegen die Hausordnung, Störungen und Mängel des Anwesens unverzüglich mitzuteilen. Weiterhin obliegen dem Hausmeister üblicherweise körperliche Arbeiten im und am Haus, z.B. die Hausreinigung, das Reinigen, Räumen und Streuen der Gehwege vor und auf dem Grundstück sowie der Zugänge und Zufahrten, die Bedienung der Zentralheizung und die Erledigung kleinerer Reparaturen. Zur Vermeidung von Unklarheiten ist empfehlenswert, den Umfang der Arbeiten im möglichst schriftlich abzuschließenden Hausmeistervertrag zu bestimmen. Dieser Dienstvertrag legt auch die dem Hausmeister zustehende Vergütung fest.

> Wird diese durch Überlassung bzw. durch verbilligte Überlassung einer Wohnung abgegolten, sollte der Vertrag aus Gründen der Klarheit auch den Mietwert der Wohnung und die Höhe der Vergütung und nicht nur den sich durch Verrechnung ergebenden, vom Hausmeister noch zu entrichtenden Betrag ausweisen.

Die mit Rücksicht auf das bestehende Dienstverhältnis überlassene Wohnung ist als Werkdienstwohnung zu behandeln (vgl. „Werkswohnungen"). Das **Dienst**verhältnis kann, wenn nichts anderes vereinbart ist, zum Ende eines jeden Monats gekündigt werden. Die Kündigung muss spätestens am 15. des Monats zugegangen sein (§ 621 Nr. 3 BGB). Zur Kündigung des **Miet**verhältnisses vgl. „Werkswohnungen".

Wie jeder andere Arbeitnehmer hat auch der Hausmeister Anspruch auf bezahlten Erholungsurlaub. Er beträgt, wenn nicht ein längerer Urlaub vereinbart ist, 24 Werktage. Als Werktage gelten alle Kalendertage, die nicht Sonn- oder gesetzliche Feiertage sind. Der volle Urlaubsanspruch wird erstmals nach sechsmonatigem Bestehen des Arbeitsverhältnisses erworben. Arbeitet der Hausmeister in einem Kalenderjahr weniger als 6 Monate, so hat er Anspruch auf 1/12 des Jahresurlaubes für jeden vollen Monat des Arbeitsverhältnisses. Im Krankheitsfall kann der Hausmeister Entgeltfortzahlung nach den Bestimmungen des Entgeltfortzahlungsgesetzes in der Regel für die Dauer von 6 Wochen beanspruchen. Der Hausmeister ist grundsätzlich sozialversicherungspflichtig und bei der Verwaltungsberufsgenossenschaft zur gesetzlichen Unfallversicherung anzumelden.

> Die Kosten für den Hausmeister können durch **vertragliche** Vereinbarung als Betriebskosten auf den Mieter umgelegt werden (vgl. „Betriebskosten", Abschnitt 2.14).

Der Hausmeister ist vom **Hausverwalter** zu unterscheiden. Während dieser die zur Bewirtschaftung des Anwesens notwendigen Verwaltungsleistungen ausführt (z.B. Einziehung des Mietzinses, Abrechnung der Betriebskosten, Geschäftsverkehr mit Mietern und Behörden), beschränkt sich die Tätigkeit des Hauswarts auf die dargestellten Tätigkeiten von praktisch technischer Art.

Der Hausmeister ist insbesondere nicht Bevollmächtigter des Vermieters und daher ohne ausdrückliche Regelung nicht befugt, rechtsgeschäftliche Erklärungen für den Vermieter abzugeben oder entgegenzunehmen. Das gilt vor allem für Kündigungen, aber auch für die Entgegennahme von Zahlungen oder für Zahlungsvereinbarungen.

Hausordnung

Eine Hausordnung konkretisiert die allgemeine Obhutspflicht der Mieter über die Mietsache.

Um zusätzliche Pflichten zu begründen, muss die Hausordnung von den Parteien **zum Bestandteil** des Mietvertrages erklärt worden sein und es sich lediglich um **Neben**pflichten (z.B. Treppenreinigung) handeln. Andere vertragliche Pflichten (z.B. Durchführung von Schönheitsreparaturen) oder erhebliche Beschränkungen im Gebrauch können nicht aufgenommen werden, da der Mieter an dieser Stelle damit nicht zu rechnen braucht. Solche Bestimmungen werden als „überraschende Klausel" im Sinne von § 3 AGB-Gesetz nicht Vertragsbestandteil (vgl. „Allgemeine Geschäftsbedingungen").

Strittig ist, ob die Übertragung der Räum-, Streu- und Reinigungspflicht auf den Mieter durch **formularmäßige Regelung in der Hausordnung** erfolgen kann (bejahend: OLG Frankfurt, NJW-RR 1989, 41; ablehnend: Sternel, Mietrecht aktuell, Rn. 167 mit Hinweis auf den sog. „Überraschungseffekt" im Sinne von § 3 AGB-Gesetz; vgl. auch OLG Dresden, WuM 1996, 553). Jedenfalls wird der Mieter von einer entsprechenden Verpflichtung wegen Alters oder Gebrechlichkeit auch dann nicht befreit, wenn diese formularvertraglich übernommen wurde, da es sich nicht um eine höchstpersönliche Verpflichtung handelt (LG Kassel, WuM 1991, 580). Bei Verhinderung hat der Mieter anderweitig für die Ausführung zu sorgen (vgl. LG Flensburg, LG Wuppertal, WuM 1987, 52, 381; LG Düsseldorf, WuM 1988, 400; a.A. Sternel, Mietrecht, 3. Aufl., II 97).

Für die **deliktische** Verantwortlichkeit des Vermieters kommt es **nicht** darauf an, ob der Winterdienst wirksam durch Hausordnung auf die Mieter übertragen wurde. Entscheidend ist, ob die Mieter den Winterdienst tatsächlich übernommen haben (BGH, WuM 1989, 394). Auch für ein Verschulden des Mieters haftet der Vermieter **nicht** aus Deliktsrecht (§§ 823ff. BGB), sodass dem geschädigten Mieter gegen den Ver-

Hausordnung

mieter kein Anspruch auf Schmerzensgeld zusteht (OLG Dresden, a.a.O.).

Eine Hausordnung wird erst durch Vereinbarung der Parteien, nicht durch ihr bloßes Vorhandensein oder ihren Aushang (z.B. im Treppenhaus) Vertragsbestandteil.

Wurde eine Hausordnung **nicht Vertragsbestandteil** oder ist eine Hausordnung **nicht vorhanden,** ist der Vermieter nach h.M. berechtigt, eine solche einseitig zu erlassen. Der Inhalt ist auf Anordnungen beschränkt, die für die Erhaltung der Ordnung im Hause erforderlich sind oder die ordnungsgemäße Handhabung der Mietsache beschreiben. Dagegen ist die Auferlegung von Beschränkungen (z.b. des Musizierens) sowie die Begründung von Pflichten (z.B. Treppenreinigung) **einseitig nicht möglich.**

Zur einseitigen Abänderung einer bestehenden Hausordnung ist der Vermieter nur dann berechtigt, wenn dies zur ordnungsgemäßen Verwaltung und Bewirtschaftung notwendig ist und nicht willkürlich geschieht. Einer Zustimmung der Mehrheit der Mieter bedarf es nicht (AG Hamburg, WuM 1981, 183).

Die Hausordnung ist auch bei der Bestimmung dessen, was ortsüblich ist (z.B. bezüglich des Musizierens) von Bedeutung. Dementsprechend können auch Mieter von ihren Mitmietern die Einhaltung der Hausordnung verlangen (§§ 328, 862, 906 BGB; OLG München, DWW 1992, 339).

In eine Hausordnung, die **zum Vertragsbestandteil** erklärt werden soll, erscheint die Aufnahme folgender Regelungen als sinnvoll und zulässig:

- Regelungen über die Reinigung der Treppen und Zugänge zu den Wohnungen, wobei eine in der Hausordnung bestimmte Zeitspanne für die regelmäßige Reinigung für den Mieter ohne Rücksicht auf sein subjektives Sauberkeitsempfinden verbindlich ist (AG Münster, WuM 1994, 428; so auch AG München, Az. 412 C 13623/99, NZM 2000, 35; aber keine Reinigungspflicht für die Außenseite von Außenrollos).
- Regelungen über die Erhaltung der Ordnung im Hause, z.B. über die Benutzungsmodalitäten und -zeiten der gemeinschaftlichen Räume (z.B. Wasch- und Trockenräume), über das Abstellen von Gegenständen, Krafträdern, Kinderwägen auf dem Hof, den Zugängen und Zufahrten, im Speicher, Keller; über die Mitnahme dieser Gegenstände in die Mietwohnung; über die Beseitigung von Abfällen und das Teppichklopfen. Eine Bestimmung, wonach das Abstellen von Kinderwägen im Treppenhausflur unzulässig oder nur vorübergehend zulässig ist, gilt jedoch nur dann, wenn für den Mieter eine zumutbare anderweitige Abstellmöglichkeit besteht oder der Vermieter oder andere Hausbewohner erheblich beeinträchtigt werden. Das nach Ansicht des Vermieters beeinträchtigte Erscheinungsbild des Hausflurs reicht dazu nicht aus (LG Bielefeld, Urt. v. 16.9.1992, Az. 2 S 274/92).

- Regelungen zur Vermeidung von Ruhestörungen (z.b. durch Festlegung von Ruhezeiten, der Höchstdauer der Musikausübung, der Pflicht zur Einhaltung von Zimmerlautstärke bei Betrieb von Radio etc.); Hinweis auf gemeindliche Lärmschutzverordnungen (vgl. auch „Lärm");
- Regelungen zur pfleglichen Behandlung der Mietsache, z.B. Beschränkung des Betriebs von Wasch- und Trockengeräten in der Mietwohnung auf funktionssichere, fach- und standortgerecht angeschlossene Geräte, Beschränkung des Waschens und Trocknens in der Wohnung auf Kleinwäsche, wenn das Anwesen über entsprechende Gemeinschaftsräume verfügt, besondere Hinweise zur Vermeidung von Rohrverstopfungen; die Verpflichtung, Abflüsse bis zum Fallrohr durchgängig zu halten; zur sachgemäßen Pflege von Fußbodenbelägen; zu Maßnahmen bei Frost, Regen, Unwetter (z.B. Schließen von Fenstern, Rollläden);
- Regelungen über die Anbringung von Namensschildern, Markisen und anderen Gegenständen außerhalb der Miträume;
- Regelungen im Interesse der öffentlichen und häuslichen Sicherheit und Ordnung, z.b. über die Lagerung von Brennstoffen, Verpflichtung über das Schließen bzw. Absperren bestimmter Türen und Fenster (z.b. von Keller, Speicher, Waschraum, Garten, Vorgarten); Anzeigepflicht bei Verlust von Schlüsseln; Lagerung von Gegenständen in den Speicherräumen; Einhaltung von Schrittgeschwindigkeit beim Ein- und Ausfahren in die bzw. aus den Garagen und Abstellplätzen; Benutzung der Aufzugsanlage.

Sind in einem Mehrparteienhaus mit den einzelnen Mietern jeweils Hausordnungen unterschiedlichen Inhalts vereinbart (z.B. unterschiedliche Zeiten für das Musizieren), kann der Mieter einer Kündigung, die auf einen Verstoß gegen die Hausordnung gestützt wird, den Einwand widersprüchlichen Verhaltens entgegensetzen, wenn sich sein beanstandetes Verhalten noch im Rahmen der mit anderen Mietern vereinbarten Hausordnung gehalten hat (LG Freiburg, WuM 1993, 120).

Hausrecht

Das Hausrecht des Eigentümers ergibt sich aus § 903 BGB, wonach der Eigentümer einer Sache, z.B. eines Hauses, andere von jeder Einwirkung ausschließen kann, soweit nicht das Gesetz oder Rechte Dritter entgegenstehen. Der Eigentümer kann daher grundsätzlich jedem, der weder im Haus wohnt oder Besucher eines Bewohners ist, das Betreten des Anwesens auch ohne Angabe von Gründen verbieten und zum Verlassen des Hauses auffordern. Dem Mieter gegenüber, der aufgrund des Mietvertrages ein Recht zum Besitz an der Wohnung hat, steht dem Eigentümer dieses Recht nicht zu. Vielmehr hat der Mieter das Hausrecht an den gemieteten Räumlichkeiten und kann ein Betreten durch den Vermieter auf dessen Besichtigungsrecht beschränken (s. „Betreten und Besichtigen der Miträume"). Auch gegenüber Besuchern des Mieters steht dem Vermieter die Ausübung des Hausrechts nur in engen Grenzen zu (s. „Besuchsempfang").

Wer in die Wohnung, in die Geschäftsräume oder in das befriedete Besitztum eines anderen widerrechtlich eindringt oder wer, wenn er ohne Befugnis darin verweilt, auf Aufforderung des Berechtigten sich nicht entfernt, kann auf Antrag strafrechtlich wegen Hausfriedensbruchs nach § 123 StGB verfolgt werden. Die Tat kann daher auch vom Vermieter zum Nachteil eines Mieters begangen werden, wenn er sich z.b. gegen den Willen des Mieters eigenmächtig Zutritt zu der vermieteten Wohnung verschafft.

„Hausbesetzungen" leer stehender oder abbruchreifer Häuser erfüllen grundsätzlich den Tatbestand des § 123 StGB, da es nicht darauf ankommt, ob das Anwesen noch zum Wohnen bestimmt ist und das Merkmal der Widerrechtlichkeit auch bei einem Leerstand gegeben ist.

Haustiere → „Tierhaltung"

Haustürwiderrufsgesetz → „Mietvertrag", Abschnitt 2.10

Hausverwalter

Zu unterscheiden ist zwischen dem Verwalter, der im Auftrag eines Eigentümers **dessen** Anwesen (z.B. ein Mietshaus) oder **dessen** Eigentumswohnung verwaltet (Verwalter des **Sondereigentums** – vgl. dazu ausführlich HuG Gruppe 11) und dem Verwalter, der von den Eigentümern einer Eigentumswohnanlage zur Verwaltung des **gemeinschaftlichen** Eigentums bestellt wird (§ 26 Wohnungseigentumsgesetz – WEG; vgl. dazu ausführlich HuG Gruppe 13, S. 271ff.).

Während es dem Alleineigentümer eines Anwesens frei steht, ob und in welchem Umfang er eine Hausverwaltung mit der Verwaltung seines Anwesens beauftragt, ist bei einer Wohnungseigentumsanlage die Bestellung eines Verwalters zur Verwaltung des **gemeinschaftlichen** Eigentums zwingend vorgeschrieben (§ 20 Abs. 2 WEG).

Weiterhin bestehen für die Aufgaben und Befugnisse des Verwalters des **gemeinschaftlichen** Eigentums gesetzliche Vorschriften (vgl. § 27 WEG), während sich die Rechte und Pflichten des Verwalters des **Sonder**eigentums (z.B. eines Mietshauses, einer Eigentumswohnung) ausschließlich nach dem Inhalt des mit dem Eigentümer abgeschlossenen Hausverwaltervertrages bestimmt, der rechtlich als Dienstvertrag zu qualifizieren ist. In jedem Fall ist aber zu empfehlen, Inhalt und Umfang der Tätigkeit möglichst genau schriftlich festzulegen.

Soweit abweichende vertragliche Regelungen nicht bestehen, ist der Verwalter des **Sonder**eigentums **bevollmächtigt**, für und gegen den Eigentümer mit verbindlicher Wirkung Rechtsgeschäfte abzuschließen, die im Rahmen des üblichen Geschäftsablaufes liegen (z.B. Vermietung der Wohnung, Einzug der Miete, Abrechnung der Betriebskosten, Ausspruch von Kündigungen, Briefverkehr mit Mietern und Behörden, Veranlassung, Durchführung und Überwachung der Instandhaltung; Prüfung und Durchsetzung von Mieterhöhungsverlangen).

Dabei liegt kein Verstoß gegen das Rechtsberatungsgesetz i.V.m. § 1 des Gesetzes gegen den unlauteren Wettbewerb vor, wenn der Hausverwalter den Vermieter im Rahmen der übertragenen Hausverwaltung, insbesondere auch bei dem Verlangen auf Mieterhöhung, rechtlich berät und vertritt. Solche Tätigkeiten gehören zum anerkannten, herkömmlichen Berufsbild des Hausverwalters und sind erforderlich, um die Hausverwaltertätigkeit sachgemäß auszuüben (OLG Frankfurt/M., Beschl. v. 29.9.1992, WuM 1992, 700).

Der WEG-Hausverwalter ist auch zur Kündigung des Mietvertrags **im Namen des Vermieters** berechtigt und aufgrund einer erteilten Hausverwaltervollmacht prozessführungsbefugt (LG Bremen, WuM 1993, 605). Dagegen kann der Verwalter eines Miethauses (Verwalter von Sondereigentum) wegen Verstoßes gegen das Rechtsberatungsgesetz auch dann keine Räumungsklage vor Gericht vertreten, wenn er zu dieser Rechtsbesorgung durch die Vermieter vertraglich ermächtigt wurde (OLG Koblenz, Urt. v. 1.12.1999, Az. 4 U 1338/99, NJW-RR 2000, 534). Ferner kann der Hausverwalter Ansprüche des Vermieters im **eigenen** Namen auch dann **nicht** durchsetzen, wenn er hierzu ausdrücklich ermächtigt ist, da er kein eigenes schutzwürdiges rechtliches Interesse hat und somit nicht zur Prozessführung gegen den Mieter im eigenen Namen (gewillkürte Prozessstandschaft) befugt ist (LG Saarbrücken, WuM 1998, 421). Eine **generelle Ermächtigung** des Verwalters, Ansprüche im Wege der Prozessstandschaft geltend zu machen, verstößt daher gegen das Rechtsberatungsgesetz und ist nach § 134 BGB nichtig (LG Krefeld, NZM 1999, 172).

Ein einseitiges Rechtsgeschäft (z.B. eine Kündigung) oder eine rechtsgeschäftsähnliche Handlung (z.B. Mahnung, Abmahnung, Fristsetzung, Zustimmungsverlangen zur Mieterhöhung), die der Hausverwalter z.B. dem Mieter gegenüber vornimmt, ist grundsätzlich unwirksam, wenn der Hausverwalter eine Vollmachtsurkunde nicht vorlegt und der Mieter das Rechtsgeschäft aus diesem Grund unverzüglich zurückweist (§ 174 S. 1 BGB).

Die Vollmacht muss **im Original** vorgelegt werden, die Vorlage einer beglaubigten Abschrift oder einer Fotokopie genügt nicht. Nicht ausreichend ist auch das Angebot, die Urkunde bei dem Bevollmächtigten einzusehen. Eine Zurückweisung durch den Mieter ist nicht möglich, wenn der Vermieter den Mieter von der erteilten Bevollmächtigung in Kenntnis gesetzt hat (§ 174 S. 2 BGB; LG Mannheim, WuM 1974, 149) oder sich die Bevollmächtigung aus den Umständen ergibt (§ 164 Abs. 1 S. 2 BGB), z.b. aus früherem Verhalten oder der erkennbaren Interessenlage (LG Bremen, a.a.O., BGHZ 62, 220).

Über die Bestellung und Abberufung des Verwalters des **gemeinschaftlichen Eigentums** (z.B. einer Wohnanlage) beschließen die Wohnungseigentümer mit Stimmenmehrheit. Die Bestellung darf auf höchstens 5 Jahre vorgenommen werden. Die wiederholte Bestellung ist zulässig, sie bedarf eines erneuten Beschlusses der Wohnungseigentümer, der frühestens ein Jahr vor dem Ablauf der Bestellungszeit gefasst werden kann (§ 26 Abs. 1 u. 2 WEG).

Der Verwalter ist **berechtigt und verpflichtet**, Beschlüsse der Wohnungseigentümer durchzuführen und für die Durchführung der Hausordnung zu sorgen; die für die ordnungsgemäße Instandhaltung und Instandsetzung des gemeinschaftlichen Eigentums erforderlichen Maßnahmen zu treffen; in dringenden Fällen sonstige zur Erhaltung des gemeinschaftlichen Eigentums erforderlichen Maßnahmen zu treffen; gemeinschaftliche Gelder zu verwalten.

Der Verwalter ist **berechtigt**:

- im Namen aller Wohnungseigentümer und mit Wirkung für und gegen sie Lasten und Kosten, Beiträge, Tilgungsbeträge und Hypothekenzinsen anzufordern, in Empfang zu nehmen und abzuführen, soweit es sich um gemeinschaftliche Angelegenheiten der Wohnungseigentümer handelt;
- Zahlungen und Leistungen zu bewirken und entgegenzunehmen, die mit der laufenden Verwaltung des gemeinschaftlichen Eigentums zusammenhängen;
- Willenserklärungen und Zustellungen entgegenzunehmen, soweit sie an alle Wohnungseigentümer in dieser Eigenschaft gerichtet sind;
- Maßnahmen zu treffen, die zur Wahrung einer Frist oder zur Abwendung eines sonstigen Rechtsnachteiles erforderlich sind;
- Ansprüche gerichtlich und außergerichtlich geltend zu machen, sofern er hierzu durch Beschluss der Wohnungseigentümer ermächtigt ist;
- Erklärungen abzugeben, die zur Vornahme der in § 21 Abs. 5 Nr. 6 WEG bezeichneten Maßnahmen (z.B. Telefon- und Energieversorgungsanschluss) erforderlich sind (§ 27 Abs. 1 u. 2 WEG).

Die dem Verwalter nach § 27 Absätze 1 und 2 WEG zustehenden Aufgaben und Befugnisse können durch Vereinbarung der Wohnungseigentümer nicht eingeschränkt werden (§ 27 Abs. 3 WEG).

Der Verwalter ist **verpflichtet**, Gelder der Wohnungseigentümer von seinem Vermögen gesondert zu halten. Die Verfügung über solche Gelder kann von der Zustimmung eines Wohnungseigentümers oder eines Dritten abhängig gemacht werden (§ 27 Abs. 4 WEG).

Der Verwalter kann von den Wohnungseigentümern die Ausstellung einer Vollmachtsurkunde verlangen, aus der der Umfang seiner Vertretungsmacht ersichtlich ist (§ 27 Abs. 5 WEG). Der Verwalter hat jeweils für ein Kalenderjahr einen Wirtschaftsplan und nach Ablauf des Kalenderjahres eine Abrechnung aufzustellen (§ 28 Abs. 1 u. 3 WEG). Die Wohnungseigentümer können durch Mehrheitsbeschluss jederzeit von dem Verwalter Rechnungslegung verlangen (§ 28 Abs. 4 WEG). Weiterhin hat der Verwalter die Versammlung der Wohnungseigentümer mindestens einmal im Jahr einzuberufen (§ 24 Abs. 1 WEG).

Zur Frage, ob der Verwalter einer Wohnungseigentumsanlage, der kraft rechtsgeschäftlicher Vollmacht die Wohnungseigentümer bei Abschluss, der Mietverträge mit Dritten wirksam vertreten hat, zur späteren Vertragsänderung befugt ist, vgl. OLG Düsseldorf, WuM 1995, 390.

Für die **Vergütung** des Verwalters gibt es weder eine Gebührenordnung noch sonstige gesetzliche Vorschriften.

> Sie unterliegt der **freien Vereinbarung** und beträgt üblicherweise bei Verwaltung des **gemeinschaftlichen** Eigentums ca. EUR 15 (DM 30) bis EUR 25 (DM 50) pro Wohneinheit und Monat, ca. EUR 3 (DM 6) bis EUR 5 (DM 10) pro Garage/ Stellplatz und Monat; bei Verwaltung des **Sonder**eigentums ca. 5% der Miete.

Die Kosten der Verwaltung gehören nicht zu den Betriebskosten i.S.v. § 27 II. BV und können daher nicht auf den Mieter umgelegt werden.

Kommt infolge der Vermittlung oder infolge des Nachweises durch den Verwalter ein Mietvertrag zustande, hat der Verwalter des **Sondereigentums** keinen Anspruch gegen den Mieter auf Zahlung einer **Maklerprovision** (§ 2 Abs. 2 Nr. 2 WoVermG). Einem entsprechenden Anspruch des **WEG**-Verwalters, der ausschließlich das **gemeinschaftliche** Eigentum verwaltet, steht diese Vorschrift nicht entgegen (LG Köln, WuM 1997, 183; LG Hannover WuM 1997, 688; LG Stade, WuM 1997, 53; LG Hamburg, ZMR 1995, 89). Eine gegenteilige Auffassung, wonach dem WEG-Verwalter generell kein Provisionsanspruch gegen den Mieter zustehen soll, vertreten LG Lüneburg (WuM 1997, 182), LG Bonn (WuM 1996, 148), LG Kiel (WuM 2000, 312). Vgl. auch LG München I (WuM 1996, 548), wonach der Makler jedenfalls dann keinen Provisionsanspruch hat, wenn er zwar nicht selbst Verwalter, aber mit dem (WEG-) Verwalter wirtschaftlich eng verflochten ist, z.B. als Mehrheitsgesellschafter der Verwaltungs-GmbH sowie AG Siegburg (WuM 1996, 149), das einen Provisionsanspruch des Hausmeisters verneint, sofern dieser Verwaltungsaufgaben wahrnimmt.

Zur Verpflichtung des Verwalters zur Erteilung von **Auskunft und Rechnungslegung** nach Beendigung des Verwaltervertrags s. OLG Saarbrücken, Urt. v. 25.8.1999, Az. 1 U 1004/98 – 181 (NZM 1999, 1008).

Hauswart → „Hausmeister"

Heimverträge

Der Abschluss von Verträgen mit Heimträgern (z.B. eines Alters-, Pflege-, Studenten- oder Jugendwohnheimes) wirft die Frage auf, ob damit Wohnraummietverhältnisse begründet werden und die Schutzvorschriften für Wohnraum anwendbar sind.

Bei **Alters- und Pflegeheimen** ist zu unterscheiden, ob das **Schwergewicht** des Vertrages in der Wohnungsüberlassung oder im dienstvertraglichen Bereich der Pflege und Betreuung liegt.

> Bei Verträgen über Altenwohnungen (z.B. in einem Wohnheim, Stift), die regelmäßig nur Serviceleistungen (Reinigung, Verpflegung), jedoch keine umfassende Fürsorge und Pflege beinhalten, liegen grundsätzlich Mietverhältnisse über **Wohnraum** vor (BGH, NJW 1979, 1288), sodass die Wohnraumkündigungsschutzvorschriften und die Vorschriften über die Mieterhöhung (§§ 557 bis 561 BGB) anzuwenden sind.

Zur Frage, ob auf Altenheimverträge die Vorschriften über die Mieterhöhung anwendbar sind, vgl. auch BGH, Urt. v. 29.10.1980, WuM 1981, 42.

Ein berechtigtes Interesse an der Beendigung des Mietverhältnisses i.S.v. § 573 Abs. 1 BGB durch den Heimträger kann vorliegen, wenn die Unterbringungsvoraussetzungen nicht mehr vorliegen (z.b. die nach Satzung festgelegte Höchstdauer überschritten ist) und die Räume für einen anderen Berechtigten benötigt werden.

Ist das Verhältnis von Wohnungsüberlassung und Betreuung **gleich**wertig, sind ebenfalls die Vorschriften über den Bestandsschutz anzuwenden.

> Bei Pflegeheimen mit überwiegender Pflege, Fürsorge und Betreuung richten sich die Rechte und Pflichten der Vertragsparteien ausschließlich nach den Bestimmungen des **Heimgesetzes** (HeimG) v. 23.4.1990 sowie nach dem Inhalt der vertraglichen Vereinbarungen und der **Heimsatzung**.

Das Heimgesetz gilt für Altenheime, Altenwohnheime und gleichartige Einrichtungen, die alte Menschen sowie pflegebedürftige oder behinderte Volljährige nicht nur vorübergehend aufnehmen und betreuen, soweit es sich nicht um Krankenhäuser, Tageseinrichtungen oder Einrichtungen der beruflichen Rehabilitation handelt (§ 1 Abs. 1 S. 1 HeimG); ferner auch für **Wohnungen**, die zur eigenständigen Haushaltsführung vermietet sind, wenn die Mieter bei Abschluss des Mietvertrages sich verpflichten, **Betreuungsverträge** mit einem Dritten (z.B. mit dem Caritasverband) als Betreuungsinstitution abzuschließen, und dieser die wahlweise in Anspruch zu nehmenden Betreuungsleistungen nicht nur in dem Wohngebäude, sondern auch in einer eigenständigen Einrichtung erbringen kann (OVG Münster, Beschl. v. 28.1.1999, Az. 4 A 589/98, WuM 1999, 412). Das Heimgesetz regelt u.a., welche Voraussetzungen insbesondere räumlicher und personeller Art ein Heim zu erfüllen hat und welchen Kontrollen es unterliegt. Ferner enthält das HeimG Bestimmungen über die Kündigung des Heimvertrages (§ 4b) sowie über die Voraussetzungen einer Entgelterhöhung (§ 4c). Die Erhöhung des Entgeltes selbstzahlender Bewohner eines Altenheimes ist in ähnlicher Weise zu begründen wie Mieterhöhungen bei Wohnraum. Zu den Mindestanforderungen an die Begründung der Erhöhungserklärung vgl. OLG München, Urt. v. 25.5.1994, NJW 1995, 465.

Zur Frage, ob der Heimträger gegenüber den Bewohnern zur Auskunft und Rechenschaft über die Personal- und Sachkosten des Heimplatzes verpflichtet ist, vgl. BGH, Urt. v. 19.1.1995, NJW 1995, 1222 (vgl. auch LG Hamburg, NJW 1995, 468).

Darf der Heimträger nach dem Inhalt des Heimvertrages das Entgelt von Selbstzahlern entsprechend den mit dem Sozialhilfeträger vereinbarten Kosten erhöhen (§ 4c Abs. 3 S. 2), so wird die Angemessenheit einer solchen Erhöhung fingiert und bedarf keiner weiteren Begründung (OLG Karlsruhe, Urt. v. 18.3.1994, NJW 1995, 464).

Die Heimmindestbauverordnung in der Fassung vom 3.5.1983 (BGBl. I S. 550) bestimmt die baulichen Mindestanforderungen an Heime. Die Heimsicherungsverordnung vom 24.4.1978 (BGBl. I S. 553) bestimmt die Pflichten des Heimträgers bzgl. der Verwendung der von den Bewohnern erbrachten geldwerten Leistungen.

Verträge über die Aufnahme in **Wohnheime** begründen grundsätzlich Wohnraummietverhältnisse, es sei denn, die Überlassung dient nicht vorrangig dem Zweck des Wohnens, sondern erfolgt überwiegend aus anderen Gründen, z.B. der Krankenpflege, Rehabilitation, Fürsorge, Betreuung (Schmidt-Futterer/Blank, B IV a).

Umfasst der Vertragszweck sowohl mietrechtliche als auch dienstvertragsrechtliche Elemente, ist entscheidend, in welchem Bereich der Schwerpunkt des Vertrages liegt (BGH, NJW 1982, 221).

Mietverhältnisse in einem Wohnheim sind nur dann vom Kündigungsschutz und vom Anwendungsbereich der mietpreisbegrenzenden Vorschriften **ausgenommen**, wenn die Überlassung entweder nur **vorübergehend** erfolgt (vgl. § 549 Abs. 2 BGB) oder es sich begrifflich um ein **Jugend- oder Studentenwohnheim** handelt (vgl. § 549 Abs. 3 BGB).

Ein „**vorübergehender Gebrauch**" i.S.d. gesetzlichen Vorschriften liegt nicht schon bei einer vertraglichen Befristung der Gebrauchsüberlassung vor. Vielmehr muss nach dem Gebrauchszweck das Ende des Mietverhältnisses entweder zeitlich genau fixierbar oder von einer Bedingung abhängig sein, deren Eintritt in naher Zukunft gewiss ist.

> Typische Fälle vorübergehender Vermietung sind somit die Vermietung von Hotelzimmern, Ferienwohnungen, Unterkünfte für die Dauer einer Messe, Unterbringung eines auswärtigen Monteurs u.a. (Schmidt-Futterer/Blank, C 542).

Dagegen stellt bereits die Anmietung für die Dauer der Ausbildung schon keine vorübergehende Vermietung mehr dar, sodass dieser Tatbestand auch bei einer satzungsgemäßen Beschränkung der Überlassung auf in Ausbildung stehenden Personen nicht zu erfüllen wäre (OLG Bremen, RE vom 7.11.1980, ZMR 1982, 239; Weber/Marx I/S. 108; OLG Hamm, RE vom 31.10.1980, MDR 1981, 232).

Ein „**Studenten**wohnheim" liegt nur vor, wenn das Gebäude vom Eigentümer dem studentischen Wohnen gewidmet und nach baulicher Anlage und Ausstattung auch geeignet ist, Studenten mit preisgünstigem Wohnraum zu versorgen. Der Mietpreis muss – im Vergleich zur ortsüblichen Miete – günstig und die Vergabepraxis darauf ausgerichtet sein, eine Vielzahl von Studenten mit Wohnraum zu versorgen. Nicht erforderlich ist es, dass das Gebäude mit Gemeinschaftseinrichtungen ausgestattet ist, eine Heimverfassung und eine Heimleitung vorhanden sind und es ausschließlich von Studenten genutzt wird, sofern die widmungsgemäße Nutzung durch Studenten klar überwiegt (LG Konstanz, WuM 1995, 539; vgl. auch AG München, WuM 1992, 133).

Die Qualifizierung als „**Jugendwohnheim**" setzt voraus, dass es sich bei den Bewohnern um Jugendliche handelt, also um Personen zwischen dem 14. und 18. Lebensjahr (§ 1 Abs. 2 Jugendgerichtsgesetz – JGG). In Anbetracht des Ausnahmecharakters dieser Regelungen über Studenten- und Jugendwohnheime werden diese Begriffe von der Rechtsprechung sehr eng ausgelegt und auf alle anderen Arten von Wohnheimen (z.B. Männerwohnheimen) die allgemeinen mietrechtlichen Vorschriften angewendet.

Liegen die Voraussetzungen für ein Entfallen des Kündigungsschutzes vor, kann sich der Mieter trotzdem auf die Sozialklausel des § 574 BGB berufen (vgl. „Kündigungsschutz", Abschnitt 3), da § 549 Abs. 3 BGB Studenten- und Jugendwohnheime ausdrücklich nicht von der Sozialklausel ausnimmt.

Heizungsanlagen-Verordnung

Inhaltsübersicht Seite

1 Anwendungsbereich .... H 13
2 Begriffe .... H 14
3 CE-Zeichen und EG-Konformitätserklärung .... H 14
4 Inbetriebnahme von Heizkesseln .... H 15
5 Betriebsbereitschaftsverluste .... H 16
6 Wärmedämmung von Wärmeverteilungsanlagen ... H 16
7 Ausstattung und Nachrüstpflicht .... H 16
7.1 Ausstattung mit Einrichtungen zur Steuerung und Regelung .... H 16
7.2 Nachrüstpflicht .... H 16
8 Warmwasseranlagen .... H 17
9 Pflichten des Betreibers .... H 17
10 Zulassung von Ausnahmen .... H 17
11 Befreiung in Härtefällen .... H 17
12 Ordnungswidriges Handeln .... H 17

1 Anwendungsbereich

Am 1.5.1998 ist die Neufassung der Heizungsanlagen-Verordnung (Verordnung über energiesparende Anforderungen an heizungstechnische Anlagen und Warmwasseranlagen – HeizAnlV vom 4.5.1998, BGBl. I S. 851ff.) in Kraft getreten.

Die Verordnung gilt
- für heizungstechnische sowie der Versorgung mit Warmwasser dienende Anlagen und Einrichtungen mit einer Nennleistung von 4 kW oder mehr, wenn sie in Gebäuden in Betrieb genommen werden, und
- für **bestehende** Anlagen und Einrichtungen u.a. dann, wenn diese ersetzt, erweitert oder umgerüstet werden oder sie mit Einrichtungen zur Begrenzung von Betriebsbereitschaftsverlusten (§ 5 Abs. 2) nachzurüsten sind oder sie mit Einrichtungen zur Steuerung und Regelung (§ 7 Abs. 3, § 8 Abs. 6) nachzurüsten oder Anforderungen an ihren Betrieb (§ 9) gestellt sind (§ 1 Abs. 1).

Heizungsanlagen-Verordnung

Ausgenommen sind

- Anlagen und Einrichtungen in Heizkraftwerken einschließlich Spitzenheizwerken sowie in Müllheizwerken sowie

- Anlagen in Gebäuden mit einem Jahres-Heizwärmebedarf von weniger als 22 kWh je Quadratmeter beheizbarer Gebäudenutzfläche oder 7 kWh je Kubikmeter beheizbarem Gebäudevolumen (§ 1 Abs. 2).

Im Gegensatz zur Heizkosten-Verordnung, die u.a. die Pflicht und die technische Ausstattung zur **Verbrauchserfassung** regelt (z.B. Ablesegeräte, vgl. § 5 HeizkostenV), bestimmt die Heizungsanlagen-Verordnung insbesondere die Anforderungen an Heiz- und Warmwasseranlagen zur **Verbrauchsreduzierung bzw. -optimierung** (z.B. Thermostatventile, Außenfühler, vgl. § 7 HeizAnlV).

2 Begriffe

Heizungstechnische Anlagen im Sinne dieser Verordnung sind mit Wasser als Wärmeträger betriebene Zentralheizanlagen (Zentralheizungen) oder Einzelheizgeräte, soweit sie der Raumheizung dienen. Zu den heizungstechnischen Anlagen und Einrichtungen gehören neben den Heizkesseln auch Maschinen, Apparate, Wärmeverteilungsnetze, Rohrleitungszubehör, Abgas-, Wärmeverbrauchs-, Regelungs- und Messeinrichtungen sowie andere in funktionalem Zusammenhang stehende Bauteile.

Der Versorgung mit Warmwasser dienende Anlagen (**Warmwasseranlagen**) im Sinne dieser Verordnung sind Einzelgeräte oder Zentralsysteme. Zu den Warmwasseranlagen und -einrichtungen gehören neben den Heizkesseln auch Maschinen, Apparate, Verteilungsnetze, Rohrleistungszubehör, Abgas-, Entnahme-, Regelungs- und Messeinrichtungen sowie andere in funktionalem Zusammenhang stehende Bauteile.

Die Neufassung der Heizungsanlagen-Verordnung (§ 2) enthält unter Berücksichtigung der EG-Bestimmungen u.a. Definitionen der Begriffe:

- Standardheizkessel,
- Niedertemperaturheizkessel (NT-Kessel) und
- Brennwertkessel.

3 CE-Zeichen und EG-Konformitätserklärung

§ 3 HeizAnlV bestimmt u.a., dass in Serie hergestellte Heizkessel, die mit flüssigen oder gasförmigen Brennstoffen beschickt werden, nur dann in Betrieb genommen werden dürfen, wenn sie

- mit der **CE-Kennzeichnung** nach § 5 Abs. 1 und 2 der Verordnung über das Inverkehrbringen von Heizkesseln und Geräten nach dem Bauproduktengesetz vom 28. April 1998 (BGBl. I S. 812) versehen und

- in der **EG-Konformitätserklärung** als NT-Kessel oder Brennwertkessel ausgewiesen sind.

Bei Heizkesseln in Zentralheizungen, die auch der Warmwasserbereitung dienen, kann sich die Geltung des CE-

Zeichens und der EG-Konformitätserklärung auf den Betrieb zum Zweck der Raumheizung beschränken.

Insofern können jedoch die nach Landesrecht zuständigen Stellen auf Antrag eine **Befreiung** erteilen, als in Gebäuden, die vor In-Kraft-Treten dieser Verordnung errichtet worden sind, auch Standardheizkessel in Betrieb genommen werden dürfen, wenn

- ihre Nennleistung 30 kW nicht übersteigt,
- die bestehende Abgasanlage oder der bestehende Schornstein für den Betrieb dieser Kessel geeignet ist und
- die Eignung der bestehenden Abgasanlage oder des bestehenden Schornsteines für den Betrieb von Niedertemperaturheizkesseln und Brennwertkesseln nur mit unverhältnismäßig hohen Kosten herzustellen wäre.

Ausgenommen sind:

- Heizkessel, deren Nennleistung 400 kW übersteigt;
- Heizkessel, die für den Betrieb mit Brennstoffen ausgelegt sind, deren Eigenschaften von den marktüblichen flüssigen und gasförmigen Brennstoffen erheblich abweichen;
- Anlagen zur ausschließlichen Warmwasserbereitung;
- Küchenherde und Geräte, die hauptsächlich zur Beheizung des Raumes, in dem sie installiert sind, ausgelegt sind, daneben aber auch Warmwasser für Zentralheizung und für Gebrauchszwecke liefern;
- Geräte mit einer Nennleistung von weniger als 6 kW zur Versorgung eines Warmwasserspeichersystems mit Schwerkraftumlauf.

4 Inbetriebnahme von Heizkesseln

§ 4 HeizAnlV regelt die Inbetriebnahme von Heizkesseln für Zentralheizungen. Sie dürfen nur dann in Betrieb genommen werden, wenn die Nennleistung nicht größer ist als der nach den anerkannten Regeln der Technik für die Berechnung des Wärmebedarfs von Gebäuden zu ermittelnde Wärmebedarf, einschließlich angemessener Zuschläge für raumlufttechnische Anlagen sowie sonstiger Zuschläge (§ 4 Abs. 1). Dies gilt nicht für NT-Kessel, Brennwertkessel und Anlagen mit mehreren Heizkesseln.

Für **Wohngebäude** kann auf die Berechnung des Wärmebedarfs verzichtet werden, wenn Heizkessel von Zentralheizungen ersetzt werden und ihre Nennleistung 0,07 kW je Quadratmeter Gebäudenutzfläche nicht überschreitet. Für freistehende Gebäude mit nicht mehr als 2 Wohnungen gilt der Wert 0,10 kW je Quadratmeter (§ 4 Abs. 2).

Zentralheizungen mit einer Nennleistung von mehr als 70 kW sind mit Einrichtungen für eine mehrstufige oder stufenlos verstellbare Feuerungsleistung oder mit mehreren Heizkesseln auszustatten. Dies gilt nicht für Brennwertkessel sowie für Heizkessel, die überwiegend mit festen Brennstoffen betrieben werden (§ 4 Abs. 3).

5 Betriebsbereitschaftsverluste

§ 5 HeizAnlV schreibt Einrichtungen zur Begrenzung von Betriebsbereitschaftsverlusten vor.

6 Wärmedämmung von Wärmeverteilungsanlagen

§ 6 HeizAnlV bestimmt, wie Rohrleitungen und Armaturen in Zentralheizungen gegen Wärmeverlust zu dämmen sind.

7 Ausstattung und Nachrüstpflicht

7.1 Ausstattung mit Einrichtungen zur Steuerung und Regelung

Nach § 7 Abs. 1 sind Zentralheizungen mit zentralen selbsttätig wirkenden Einrichtungen zur Verringerung und Abschaltung der Wärmezufuhr sowie zur Ein- und Ausschaltung der elektrischen Antriebe in Abhängigkeit von der Außentemperatur (z.B. durch **Außenfühler**) oder einer anderen geeigneten Führungsgröße und der Zeit (**Nachtabsenkung**) auszustatten.

Nach § 7 Abs. 2 sind heizungstechnische Anlagen mit selbsttätig wirkenden Einrichtungen zur raumweisen **Temperaturregelung** (z.B. Thermostatventile) auszustatten. Dies gilt nicht für Einzelheizgeräte, die zum Betrieb mit festen oder flüssigen Brennstoffen eingerichtet sind. Für Raumgruppen gleicher Art und Nutzung in Nichtwohnbauten ist Gruppenregelung zulässig.

Umwälzpumpen in Zentralheizungsanlagen sind nach den technischen Regeln zu dimensionieren. Nach dem 1.1.1996 eingebaute **Umwälzpumpen** müssen bei Nennleistungen ab 50 kW so ausgestattet oder beschaffen sein, dass die elektrische Leistungsaufnahme dem betriebsbedingten Förderbedarf selbsttätig in mindestens drei Stufen angepasst wird, soweit sicherheitstechnische Belange des Heizkessels dem nicht entgegenstehen.

7.2 Nachrüstpflicht

Die Absätze 1 und 2 von § 7 bestimmen die Anforderungen an **neu einzubauende** Anlagen, während § 7 Abs. 3 die Nachrüstpflicht für **bestehende** Anlagen regelt. Es wird ferner differenziert zwischen Anlagen, die auf dem Gebiet der **ehemaligen DDR vor dem 1.1.1991** eingebaut oder aufgestellt wurden und Anlagen, die im **übrigen Bundesgebiet vor dem 1.10.1978** eingebaut oder aufgestellt wurden.

Weiter ist für den Zeitpunkt der Nachrüstpflicht entscheidend, ob ein **NT-Kessel** eingebaut ist. Bei Ausstattung mit einem NT-Kessel besteht für sämtliche beheizte Gebäude im gesamten Bundesgebiet eine Nachrüstpflicht bereits seit 31.12.1997.

Ist ein NT-Kessel nicht vorhanden, musste die Nachrüstung zu einem früheren Zeitpunkt erfolgt sein: Anlagen auf dem Gebiet der ehemaligen DDR waren insofern bis spätestens 31.12.1995 nachzurüsten. Dieser Termin gilt im übrigen Bundesgebiet insbesondere auch für die Nachrüstung in Ein- und Zweifamilienhäusern (ohne NT-Kessel). Die Nachrüstpflicht in Gebäuden (ohne NT-Kessel) mit mehr als 2 Wohnungen und in Nichtwohngebäuden hatte dagegen bereits nach den früheren Fassungen der Heizungsanlagen-Verordnung bestanden und war bis 30.9.1987 bzw. 31.12.1992 zu erfüllen.

Ein Verstoß gegen die Nachrüstpflicht kann mit Bußgeld **geahndet** werden (§ 13).

8 Warmwasseranlagen

§ 8 HeizAnlV bestimmt die Anforderungen an Warmwasseranlagen und schreibt u.a. vor, dass diese mit selbsttätig wirkenden Einrichtungen zur Ein- und Ausschaltung der **Zirkulationspumpen** zeitabhängig auszustatten und unter den Voraussetzungen des § 8 Abs. 6 nachzurüsten sind.

9 Pflichten des Betreibers

§ 9 HeizAnlV regelt die Pflichten des Betreibers von Zentralheizungen oder Warmwasseranlagen hinsichtlich Bedienung, Wartung und Instandhaltung.

Die **Bedienung** darf nur von fachkundigen oder eingewiesenen Personen vorgenommen werden. Für die Wartung und Instandhaltung ist Fachkunde erforderlich.

Die **Wartung** der Anlagen hat mindestens Folgendes zu umfassen:
- Einstellung der Brenner,
- Überprüfung der zentralen steuerungs- und regelungstechnischen Einrichtungen und
- Reinigung der Kesselheizflächen.

Die **Instandhaltung** der Anlagen hat mindestens die Aufrechterhaltung des technisch einwandfreien Betriebszustandes, der eine weitestgehende Nutzung der eingesetzten Energie gestattet, zu umfassen.

10 Zulassung von Ausnahmen

§ 11 HeizAnlV bestimmt, dass von den Anforderungen dieser Verordnung auf **Antrag** Ausnahmen zugelassen werden können, soweit Energieverluste durch andere technische Maßnahmen im gleichen Umfang begrenzt werden.

11 Befreiung in Härtefällen

Nach § 12 HeizAnlV kann von den Anforderungen der Verordnung auf **Antrag** befreit werden, soweit sie im Einzelfall wegen besonderer Umstände durch einen unangemessenen Aufwand oder in sonstiger Weise zu einer **unbilligen Härte** führen.

12 Ordnungswidriges Handeln

§ 13 HeizAnlV beinhaltet **Bußgeldvorschriften** bei Verstößen gegen die Anforderungen der Verordnung.

Heizkosten → „Betriebskosten", Abschnitt 2.4

Heizkostenabrechnung → „HuG Gruppe 13, Abschnitt 4.8 (Seite 189)"

Heizkosten-Verordnung

Die Verordnung über die verbrauchsabhängige Abrechnung der Heiz- und Warmwasserkosten (HeizkostenV) vom 20.1.1989 (BGBl. I S. 116) **gilt** für die Verteilung der Kosten des Betriebes zentraler Heizungs- und Warmwasserversorgungsanlagen sowie der eigenständig gewerblichen Lieferung von Wärme und Warmwasser auch aus zentralen Heizungs- und zentralen Warmwasserversorgungsanlagen durch den Gebäudeeigentümer auf die Nutzer der mit Wärme oder Warmwasser versorgten Räume (§ 1 Abs. 1 HeizkostenV).

Die Verordnung gilt also grundsätzlich überall dort, wo bei der Wärme- und Warmwasserversorgung ein echter Verteilvorgang stattfindet.

Sie ist daher **unanwendbar** bei Versorgung mit Einzelöfen, Etagenheizungen oder sonstigen dezentralen Heizungen sowie wenn die Anlage nur eine Wohneinheit versorgt (z.B. Zentralheizung eines Einfamilienhauses).

> Ist die Verordnung anwendbar, gehen ihre Bestimmungen grundsätzlich **rechtsgeschäftlichen** Vereinbarungen (z.B. im Mietvertrag oder der Teilungserklärung bei Wohnungseigentum) vor.

Dies bedeutet, dass die Vereinbarung einer sog. Warmmiete, in der auch die Heiz- und Warmwasserkosten enthalten sind, gegen die Bestimmungen der HeizkostenV verstößt. Aufgrund der Regelung in § 2 HeizkostenV kann der Vermieter jederzeit **einseitig** den Heiz- und Warmwasserkostenanteil aus der Warmmiete herausnehmen und die darauf entfallende Miete als Betriebskostenvorschuss auf die entsprechenden Kosten verrechnen (OLG Schleswig, WuM 1986, 330; OLG Hamm, WuM 1986, 267; BayObLG, WuM 1988, 257). Die vereinbarte Warmmiete ist allerdings so lange verbindlich bis eine entsprechende **Umstellung** erfolgt ist (LG Berlin, Urt. v. 20.4.99, Az. 64 S 451/98, ZMR 99, 556).

Nur in den nachfolgend bezeichneten Ausnahmefällen – aus Gründen der Wirtschaftlichkeit und Praktikabilität – können die Beteiligten wirksame abweichende Vereinbarungen treffen:

a) Bei Gebäuden mit nicht mehr als zwei Wohnungen, wobei eine der Vermieter selbst bewohnt (§ 2).

b) Bei Gemeinschaftsräumen, die einer Verbrauchserfassungspflicht unterliegen (§ 4 Abs. 3 S. 2, z.B. Schwimmbad, Sauna), richtet sich die Verteilung der Kostenanteile nach den Parteivereinbarungen (§ 6 Abs. 3 S. 2).

c) Bei der Kostenaufteilung gem. § 9b Absätze 1–3 auf Vor- und Nachmieter bei Nutzerwechsel.

d) Bei Vereinbarungen über einen höheren verbrauchsabhängigen Kostenanteil als 70 % (§§ 7 Abs. 1, 8 Abs. 1).

Die Heizkosten-Verordnung stellt umfassend auf die „eigenständig gewerbliche Lieferung von Wärme und Warmwasser" ab. Damit ist jede Lieferungsart einbezogen, ohne Rücksicht darauf, ob sie in Lieferverträgen als Direkt-, Nah- oder Fernwärmelieferung bezeichnet wurde. Durch Absatz 3 in § 1 HeizkostenV sind Fälle, bei denen der Lieferer die Kosten der Lieferung **unmittelbar** auf die einzelnen Nutzer verteilt, erstmals der Verordnung unterworfen. Diese Regelung gilt jedoch nur dann, wenn der Abrechnung die Anteile der Nutzer am Gesamtverbrauch zugrunde gelegt werden. Dies ist dann der Fall, wenn die gelieferten Mengen am Hausanschluss oder an einer verbrauchsnah gelegenen Stelle für das Gebäude bzw. für die Abrechnungseinheit gemessen und die Verbrauchsanteile der Nutzer am Gesamtverbrauch, z.B. mit Heizkostenverteilern, erfasst werden. Ausgenommen bleiben damit auch künftig diejenigen Fälle, in denen die Direktabrechnung nach dem für den einzelnen Nutzer „**gemessenen** Verbrauch" (also ausschließlich die Verbrauchsmessung beim einzelnen Nutzer mit eichpflichtigen Erfassungsgeräten) erfolgt.

Aus dem einschränkenden „Soweit"-Halbsatz in § 1 Abs. 3 HeizkostenV ergibt sich insbesondere, dass die Vorschrift nur auf diejenigen Kosten anzuwenden ist, die tatsächlich aufgrund des Liefervertrages mit den Nutzern abgerechnet werden. Der Lieferer ist also beispielsweise nicht gezwungen, Kosten der zugehörigen Hausanlagen, die bisher nicht im Entgelt der Lieferung enthalten waren, künftig in seine Abrechnung mit einzubeziehen. Soweit derartige Kosten vom Gebäudeeigentümer verteilt werden, kann es auch künftig dabei verbleiben.

Nach § 4 der Heizkosten-Verordnung hat der Gebäudeeigentümer den anteiligen Verbrauch der Nutzer an Wärme und Warmwasser zu **erfassen** und die Räume mit **Ausstattungen** zur Verbrauchserfassung zu versehen.

Bei Anmietung oder Leasen der Geräte durch den Vermieter darf dieser die Kosten auf die Miete nur dann umlegen, wenn er den Mietern die dadurch entstehenden Kosten mitgeteilt und die Mehrheit der Mieter innerhalb eines Monats nach Zugang der Mitteilung nicht widersprochen hat (§ 4 Abs. 2 HeizkostenV). Für eine solche Mitteilung reicht es jedoch nicht aus, dass lediglich ein entsprechendes Schreiben im Briefkastenbereich des Hauses ausgehängt wird (AG Neuss, DWW 1994, 318). Die Mitteilung muss vielmehr jedem einzelnen Mieter zugehen. Widerspricht die Mehrheit der Mieter der Anmietung, kann der Vermieter seine Aufwendungen nur umlegen, indem er die Geräte kauft und den Kaufpreis nach § 559 BGB auf die Miete umlegt (vgl. „Modernisierung").

Ausgenommen von der Verbrauchserfassungspflicht sind gemeinschaftlich genutzte Räume (z.B. Treppenhäuser, Flure, Abstellräume, soweit sie nicht einen nutzungsbedingt hohen Wärme- oder Warmwasserverbrauch haben (wie z.B. Schwimmbad, Sauna).

Heizkosten-Verordnung

> Die Verbräuche von Gemeinschaftsräumen mit „nutzungsbedingt hohem Wärme- oder Warmwasserverbrauch wie Schwimmbäder oder Saunen" sind zu erfassen, d.h. mit Ausstattungen zur Verbrauchserfassung zu versehen und die Verbrauchsanzeigen abzulesen.

Soweit der Verbrauch der Gemeinschaftsräume nicht erfasst wird, sind die insgesamt zu verteilenden Kosten im Verhältnis des erfassten Verbrauchs dieser Räume zum erfassten Gesamtverbrauch (des Gebäudes/der Abrechnungs-einheit) aufzuteilen. Der so ermittelte Kostenanteil der Gemeinschaftsräume wird sodann auf die einzelnen Nutzer nach „rechtsgeschäftlichen Bestimmungen" verteilt (z.B. Mietvertrag, Vereinbarungen der Wohnungseigentümer, BenutzungsO).

Zur Erfassung des anteiligen Wärmeverbrauchs sind Wärmezähler oder Heizkostenverteiler, zur Erfassung des anteiligen Warmwasserverbrauchs, Wärmezähler oder andere geeignete Ausstattungen zu verwenden. Soweit nicht eichrechtliche Bestimmungen zur Anwendung kommen, dürfen nur solche Ausstattungen zur Verbrauchserfassung verwendet werden, hinsichtlich derer sachverständige Stellen bestätigt haben, dass sie den anerkannten Regeln der Technik entsprechen oder dass ihre Eignung auf andere Weise nachgewiesen wurde. Als sachverständige Stellen gelten nur solche Stellen, deren Eignung die nach Landesrecht zuständige Behörde im Benehmen mit der Physikalisch-Technischen Bundesanstalt bestätigt hat.

Die Ausstattungen müssen für das jeweilige Heizsystem geeignet sein und so angebracht werden, dass ihre technisch einwandfreie Funktion gewährleistet ist (§ 5 Abs. 1 HeizkostenV).

Der Vermieter ist nicht verpflichtet, die technisch optimale Lösung zu wählen und statt Verdunsterröhrchen elektrische Heizkostenverteiler einzubauen. Bei Heizkostenverteilern nach dem Verdungstungsprinzip kann davon ausgegangen werden, dass sie den anerkannten Regeln der Technik entsprechen (LG Hamburg, WuM 1992, 245).

> Der Gebäudeeigentümer hat die Kosten der Versorgung mit Wärme und Warmwasser auf der Grundlage der Verbrauchserfassung nach Maßgabe der §§ 7 bis 9 auf die einzelnen Nutzer zu **verteilen** (§ 6 Abs. 1 HeizkostenV).

Nach § 7 HeizkostenV sind von den Kosten des Betriebes der zentralen **Heizungs**anlage mindestens 50 %, höchstens 70 %, nach dem **erfassten** Wärmeverbrauch der Nutzer zu verteilen. Die **übrigen** Kosten sind nach der Wohn- oder Nutzfläche oder nach dem umbauten Raum zu verteilen; es kann auch die Wohn- oder Nutzfläche oder der umbaute Raum der beheizten Räume zugrunde gelegt werden.

Nach § 8 HeizkostenV sind von den Kosten des Betriebs der zentralen **Warmwasser**versorgungsanlage mindestens 50 %, höchstens 70 %, nach dem **erfassten** Warmwasserverbrauch, die **übrigen** Kosten nach der Wohn- oder Nutzfläche zu verteilen.

Wirksam sind nach § 10 HeizkostenV rechtsgeschäftliche Vereinbarungen, die einen **höheren** verbrauchsabhängigen Kostenanteil als 70 % vorsehen.

Zum Umfang der Kosten des Betriebs der zentralen **Heizungs**anlage vgl. „Betriebskosten", Abschnitt 2.4.

Zum Umfang der Kosten des Betriebs der zentralen **Warmwasser**versorgungsanlage vgl. „Betriebskosten", Abschnitt 2.5.

Die Verteilung der Kosten der Versorgung mit Wärme und Warmwasser bei **verbundenen** Anlagen regelt § 9 HeizkostenV (vgl. „Betriebskosten").

Kann der anteilige Verbrauch von Nutzern für einen Abrechnungszeitraum wegen Geräteausfalls oder aus anderen zwingenden Gründen (z.B. Unzugänglichkeit der Wohnung nach wiederholtem Ableseversuch) nicht ordnungsgemäß erfasst werden, ist er vom Gebäudeeigentümer auf der Grundlage des Verbrauchs der betroffenen Räume in vergleichbaren früheren Abrechnungszeiträumen oder des Verbrauchs vergleichbarer anderer Räume im jeweiligen Abrechnungszeitraum zu ermitteln.

Im Einzelfall ist abzuwägen, nach welchen der beiden Kriterien der Verbrauch am zutreffendsten zu ermitteln ist. So sollte auf den früheren Verbrauch der Räume zurückgegriffen werden, wenn sich weder bei den Nutzern noch bei der Heizung Änderungen gegenüber früheren Zeiträumen ergeben haben. Dieser anteilige Verbrauch ist bei der Kostenverteilung anstelle des erfassten Verbrauchs zugrunde zu legen (§ 9a Abs. 1 HeizkostenV).

Überschreitet die von der Verbrauchsermittlung nach Absatz 1 betroffene Wohn- oder Nutzfläche oder der umbaute Raum 25 % der für die Kostenverteilung maßgeblichen gesamten Wohn- oder Nutzfläche oder des maßgeblichen gesamten umbauten Raumes, sind die Kosten ausschließlich nach festen Maßstäben (Fläche- oder Raumvolumen) zu verteilen.

Bei einem **Mieterwechsel** innerhalb eines Abrechnungszeitraumes regelt § 9b die Verteilung der Kosten auf den Vor- und Nachmieter. Danach bleiben **rechtsgeschäftliche** Bestimmungen unberührt, sodass für die Kostenverteilung in erster Linie diese Vereinbarungen (z.B. im Mietvertrag) gelten und die Regelungen des § 9b Absätze 1 bis 3 HeizkostenV nur eingreifen, soweit solche nicht bestehen.

Nach § 9b Abs. 1 HeizkostenV hat bei einem Nutzerwechsel innerhalb eines Abrechnungszeitraumes der **Gebäudeeigentümer** eine Ablesung der Ausstattung zur Verbrauchserfassung der vom Wechsel betroffenen Räume (**Zwischenablesung**) vorzunehmen. Bezüglich des verbrauchs**abhängigen** Anteils erfolgt die Verteilung sowohl bei den Heiz- als auch bei den Warmwasserkosten auf der Grundlage der Zwischenablesung. Bezüglich des verbrauchsunabhängigen Anteils („übrige Kosten") erfolgt die Verteilung bei den Heizkosten entweder nach Gradtagszahlen oder zeitanteilig und bei den Warmwasserkosten ausschließlich zeitanteilig (§ 9b Abs. 2 HeizkostenV), da der Warmwasserverbrauch nicht von der Jahreszeit abhängig ist.

Die Zwischenablesung ist zwar vom **Gebäudeeigentümer** vorzunehmen; dieser kann die ihm entstehenden Kosten jedoch als „Kosten der Verwendung einer Ausstattung zur Verbrauchserfassung" i.S.v. § 7 Abs. 2 HeizkostenV auf den Mieter umlegen (vgl. Sternel, Mietrecht, 3. Aufl., III416; AG Oberhausen, DWW 1994, 24; a.A. Bub/Treier, III A 93, wonach es auf die Verursachung dieser Kosten ankommt, sodass bei einer berechtigten, außerordentlichen Kündigung der andere Vertragsteil die Kosten zu übernehmen hat, während diese bei einer ordentlichen Kündigung den Kündigenden treffen (vgl. auch Harsch, WuM 1991, 521). In Anbetracht der nicht eindeutigen Rechtslage ist zu empfehlen, eine ausdrückliche vertragliche Regelung insbesondere über die **Kostentragung** zu treffen. Weiter kann die Verpflichtung zur Vornahme der Zwischenablesung abweichend von § 9b Abs. 1 HeizkostenV vereinbart werden (§ 9b Abs. 4).

Ist eine Zwischenablesung nicht möglich oder lässt sie wegen des Zeitpunktes des Nutzerwechsels aus technischen Gründen keine hinreichend genaue Ermittlung der Verbrauchsanteile zu, sind die **gesamten** Kosten nach den für die übrigen Kosten geltenden Maßstäben (nach Gradtagszahlen oder zeitanteilig) aufzuteilen. Eine „hinreichend genaue Ermittlung" durch die Zwischenablesung ist oft bei Verwendung von Verdunsterröhrchen nicht möglich, wenn die Ablesung unmittelbar vor oder nach deren Auswechseln erfolgen soll.

§ 11 HeizkostenV sieht **Ausnahmen und Befreiungsmöglichkeiten** vor, wenn die Anwendung der Verordnung aus technischen, wirtschaftlichen oder Praktikabilitätsgründen nicht vertretbar oder problematisch wäre:

1) **Für Räume,** bei denen das Anbringen der Ausstattung zur Verbrauchserfassung, die Erfassung des Wärmeverbrauchs oder die Verteilung der Kosten des Wärmeverbrauchs nicht oder nur mit unverhältnismäßig hohen Kosten möglich ist (z.B. bei Warmluftheizungen). Die Unverhältnismäßigkeit des Kostenaufwandes ist dabei aufgrund eines Vergleiches der Kosten für die Installierung der Messgeräte zuzüglich des Mess- und Abrechnungsaufwandes mit der möglichen Einsparung von Energiekosten festzustellen (BGH, ZMR 1991, 170). Sind die zu erwartenden Einsparungen beim Warmwasserverbrauch (vgl. LG Hamburg, WuM 1992, 490: ca. 10%) geringer als der Aufwand für Anbringung und laufenden Unterhalt der Zähler, liegt eine Unverhältnismäßigkeit vor (BayObLG, WuM 1989, 451).

Heizkörperverkleidungen stellen keinen technischen Hinderungsgrund dar, der einer Montage von Erfassungsgeräten entgegenstehen würde (LG Hamburg, WuM 1992, 259).

2) **Für Räume,** die vor dem 1.7.1981 bezugsfertig geworden sind und in denen der Nutzer den Wärmeverbrauch nicht beeinflussen kann, z.B. bei bestimmten Einrohrsystemen und ausschließlich zentral gesteuerten Fußbodenheizungen.

3) **Für Alters-, Pflege-, Studenten- und Lehrlingswohnheime** sowie vergleichbare Gebäude, bei denen wegen der besonderen Nutzung regelmäßig keine üblichen Mietverträge abgeschlossen werden.

4) **Für die Kosten des Betriebes der zugehörigen Hausanlagen,** soweit sie im Fall der Lieferer-Nutzer-Direktabrechnung (§ 1 Abs. 3 HeizkostenV) vom Gebäudeeigentümer gesondert abgerechnet werden.

5) **Für Räume** in Gebäuden, die überwiegend versorgt werden mit Wärme aus Anlagen zur Rückgewinnung von Wärme oder aus Wärmepumpen- oder Solaranlagen oder mit Wärme aus Anlagen der Kraft-Wärme-Kopplung oder aus Anlagen zur Verwertung von Abwärme, sofern der Wärmeverbrauch des Gebäudes nicht erfasst wird, wenn die nach Landesrecht zuständige Stelle im Interesse der Energieeinsparung und der Nutzer eine Ausnahme zugelassen hat.

6) **In sonstigen Fällen,** in denen die nach Landesrecht zuständige Stelle wegen besonderer Umstände von den Anforderungen dieser Verordnung befreit hat, um einen unangemessenen Aufwand oder sonstige unbillige Härten zu vermeiden.

In den Fällen 1-4 kann der Gebäudeeigentümer selbst feststellen, ob die Voraussetzungen einer Ausnahme vorliegen und dies seinem Mieter mitteilen, wobei im Streitfall eine gerichtliche Überprüfung stattfinden kann. In den Fällen 5 und 6 ist die Entscheidung der nach Landesrecht zuständigen Stelle und damit ein Antrag des Betroffenen erforderlich.

Die vorgenannten Ausnahmemöglichkeiten für die Versorgung mit **Wärme** gelten grundsätzlich auch für die Versorgung mit **Warmwasser** (§ 11 Abs. 2 HeizkostenV).

Soweit die Kosten der Versorgung mit Wärme und Warmwasser entgegen den Vorschriften dieser Verordnung nicht verbrauchsabhängig abgerechnet werden, erlaubt die Verordnung zwar keine staatlichen Zwangs- und Überwachungsmaßnahmen, gibt jedoch den einzelnen Nutzern eigenständige **zivilrechtliche** Durchsetzungsansprüche:

Gem. § 4 Abs. 4 HeizkostenV ist der Nutzer berechtigt, vom Gebäudeeigentümer die Erfüllung der Verpflichtung zur Ausstattung und Erfassung zu **verlangen.**

Bei nicht verbrauchsabhängiger Abrechnung entgegen den Vorschriften der Verordnung hat der Mieter das Recht, den auf ihn entfallenden Anteil um 15 % zu **kürzen** (§ 12 Abs. 1). Dies gilt jedoch nicht, wenn der Mieter vor Mietabschluss bei Besichtigung der Wohnung klar erkennen konnte, dass die Räume noch nicht mit Geräten zur Heizkostenerfassung ausgestattet waren (AG Stauffen, DWW 1998, 346).

Ferner kann der Mieter das Kürzungsrecht nicht mehr geltend machen, wenn er nach Abrechnung der Heizkosten das Saldo ungekürzt ausgeglichen hat (LG Hamburg, WuM 2000, 311).

Auf dem Gebiet der **ehemaligen DDR**

Heizkosten-Verordnung

ist die Heizkosten-Verordnung am **1.1.1991** in Kraft getreten.

Räume, die vor dem 1. Januar bezugsfertig geworden sind und in denen die nach der Verordnung erforderliche Ausstattung zur Verbrauchserfassung noch nicht vorhanden ist, waren bis spätestens zum **31.12.1995** nachzurüsten. Der Gebäudeeigentümer war aber berechtigt, die Ausstattung bereits vor dem 31.12.1995 anzubringen.

Soweit und solange die nach Landesrecht zuständigen Behörden noch nicht die Eignung gem. § 5 Abs. 1 S. 2 und 3 der Verordnung bestätigt haben, können Ausstattungen zur Verbrauchserfassung verwendet werden, für die eine sachverständige Stelle aus dem Gebiet, in dem die Verordnung schon vor dem Beitritt gegolten hat, die Bestätigung im Sinne von § 5 Abs. 1 S. 2 HeizkostenV erteilt hat.

Als Heizwerte der verbrauchten Brennstoffe nach § 9 Abs. 2 Ziff. 3 HeizkostenV können auch verwendet werden:

Braunkohlenbrikett 5,5 kWh/kg
Braunkohlen-
hochtemperaturkoks 8,0 kWh/kg

Die Vorschriften dieser Verordnung über die Kosten**verteilung** gelten erstmalig für den Abrechnungszeitraum, der nach Ausstattung beginnt.

Soweit sich die §§ 3–7 auf die Versorgung mit Wärme beziehen, sind sie nicht anzuwenden auf Räume, die vor dem 1.1.1991 bezugsfertig geworden sind und in denen der Nutzer den Wärmeverbrauch nicht beeinflussen kann, z.B. bei bestimmten Einrohrsystemen und ausschließlich zentral gesteuerten Fußbodenheizungen (§ 11 Abs. 1 Nr. 1b HeizkostenV). Gem. § 12 Abs. 2 Heizkos-tenV gelten die Anforderungen des § 5 Abs. 1 S. 2 HeizkostenV als erfüllt für die am 1.1.1991 zur Erfassung des anteiligen Warmwasserverbrauchs vorhandenen Warmwasserkostenverteiler sowie für die bereits vorhandenen sonstigen Ausstattungen zur Verbrauchserfassung.

Heizperiode → *„Zentralheizung"*

Heizung → *„Zentralheizung"*

Heinzungsumstellung → *„Modernisierung"*

Herausgabeanspruch gegen Dritte

Hat der Mieter den Gebrauch der Mietsache einem Dritten (z.b. einem Untermieter) überlassen, kann der Vermieter die Sache nach Beendigung des Mietverhältnisses unmittelbar von dem Dritten zurückfordern (§ 546 Abs. 2 BGB). Es handelt sich insoweit um ein gesetzliches Schuldverhältnis.

Der Untermieter (Endmieter) kann von seinem Vermieter (Zwischenmieter = Hauptmieter), der wegen des Kündigungsschutzes den Wohnungsmietvertrag nicht kündigen könnte, **Schadensersatz** wegen Nichterfüllung verlangen, wenn das Hauptmietverhältnis vor dem Untermietverhältnis endet und der Eigentümer von ihm Räumung und Herausgabe der Wohnung verlangt (LG Hamburg, WuM 1995, 160). Dem Untermieter (Endmieter) wird dadurch der vertragsgemäße Gebrauch entzogen, sodass Ansprüche aus § 536 Abs. 3 BGB entstehen. Dies ist auch der Fall, wenn der Untermieter nach Beendigung des Hauptmietverhältnisses, aber vor Beendigung des Untermietverhältnisses, vom Hauptvermieter (Eigentümer) zur Mietzahlung an sich selbst aufgefordert wird verbunden mit der Drohung, er werde andernfalls Räumung und Herausgabe der Wohnung verlangen (OLG Hamm, RE v. 26.8.1987, WuM 1987, 346; Weber/Marx, VII/S. 36).

Der zu ersetzende **Schaden** umfasst die Miete für die noch vor Räumung anzumietende Ersatzwohnung, die Kosten des (nicht aussichtslosen) Räumungsrechtsstreits mit dem Eigentümer einschließlich der Kosten eines Räumungsvergleichs, u.U. die Kosten der Beseitigung von Veränderungen/Verschlechterungen der zu räumende Mietsache, die Kosten des Rechtsstreits um die Höhe einer zu leistenden Nutzungsentschädigung wegen verspäteter Rückgabe der Mietsache an den Eigentümer sowie die vergleichsweise vereinbarte Abfindung eines weitergehenden Verspätungsschadens, die Umzugskosten einschließlich der Kosten der Montage zwischen Einrichtungsgegenständen in der Ersatzwohnung und die Mietdifferenz zwischen Ersatzwohnung und herauszugebender Wohnung.

Ein Mitverschulden des Endmieters an der Entstehung des Schadens besteht nicht darin, dass er sich auf ein Mietverhältnis als Endmieter des Zwischenmieters eingelassen hat (LG Hamburg, a.a.O.).

Hauptmieter (Zwischenmieter) und Untermieter (Endmieter) sind bezüglich der Rückgabepflicht Gesamtschuldner. Für diesen Anspruch gilt § 428 BGB, sodass der Dritte (Endmieter) durch die Leistung an einen von beiden befreit wird.

Weder der Hauptmieter noch der Dritte haben ein **Zurückbehaltungsrecht** an der Mietsache (§ 570 BGB, z.B. wegen Verwendungen). Der Vermieter kann den Herausgabeanspruch gegen den

Dritten klageweise geltend machen. Der Titel gegen den Hauptmieter wirkt jedoch nicht gegen den Dritten (Ausnahme: § 325 ZPO). Daher ist die Klage gegen beide zu richten.

Gibt der Hauptmieter die gemietete Sache nach Beendigung des Mietverhältnisses nicht zurück, hat der Vermieter für die Dauer der Vorenthaltung einen Anspruch auf Nutzungsentschädigung gem. § 546 a BGB in Höhe der ortsüblichen Miete. Darüber hinaus hat der Vermieter keinen Anspruch auf die durch den Untermieter weitergezahlten Mieten, da der Hauptmieter nicht verpflichtet ist, den durch die Untervermietung gezogenen Gewinn herauszugeben, sofern der Vermieter wegen der Gebrauchsüberlassung an den Untermieter keinen Schaden erlitten hat (OLG Düsseldorf, DWW 1994, 150; BGH, NJW 1964, 1853).

Räumt der Untermieter nach Beendigung des Hauptmietverhältnisses nicht fristgerecht, kann der Vermieter von ihm eine Nutzungsentschädigung i.H. des Mietausfalls nicht nur anteilig für die von ihm tatsächlich genutzten Räume, sondern für die **gesamte** Wohnung verlangen, da es dem Vermieter nicht zumutbar ist, die Wohnung entgegen § 266 BGB in Teilen zurückzunehmen (LG Kiel, WuM 1995, 540; vgl. auch LG Kempten, WuM 1996, 34; LG Köln, WuM 1997, 46).

Dem Hauptmieter steht nach Beendigung des Untermietverhältnisses kein Anspruch auf Nutzungsentschädigung gegen den Untermieter zu, wenn auch das Hauptmietverhältnis bereits beendet ist (BGH, Urt. v. 4.10.1995, ZMR 1996, 15).

Dem Räumungsanspruch kann der **Einwand des Rechtsmissbrauchs** nach § 242 BGB entgegengehalten werden, wenn der Hauptmietvertrag einvernehmlich aufgehoben wird, um den Kündigungsschutz des Untermieters zu umgehen. Ebenso dann, wenn der Eigentümer die Wohnung einem gewerblichen Zwischenmieter zum Zwecke der Weitervermietung überlassen hat, diesem dann kündigt und vom Endmieter (Wohnungsnutzer) die Herausgabe der Wohnung nach § 546 Abs. 2 BGB verlangt. Die frühere Rechtsprechung des BGH ließ den Einwand des Rechtsmissbrauchs nur dann zu, wenn der Endmieter nicht gewusst hat, dass sein Vermieter – der gewerbliche Zwischenmieter – nicht Eigentümer der Wohnung ist (BGH, RE v. 21.4.1982, DWW 1982, 211; Weber/Marx, II/S. 35).

Dagegen stellt die neuere Rechtsprechung nicht auf die Kenntnis der Eigentümerstellung, sondern auf die Kenntnis des fehlenden Mieterschutzes ab und lässt den Einwand des Rechtsmissbrauchs auch dann zu, wenn der Endmieter (Wohnungsnutzer) zwar gewusst hat, dass sein Vermieter – der **gewerbliche Zwischenmieter** – nicht Eigentümer ist, ihm jedoch unbekannt war, dass dies zu einem Wegfall des Kündigungsschutzes führt (BGH, Beschl. v. 20.3.1991, DWW 1991, 211).

Noch weiter geht das Bundesverfassungsgericht im Beschluss vom 11.6.1991 (DWW 1991, 279) und gesteht dem Mieter, der von einem gewerblichen Zwischenmieter anmietet, denselben Kündigungsschutz zu wie demjenigen, der direkt vom Eigentümer mietet.

Zur Begründung hat das Bundesverfassungsgericht ausgeführt, dass der Gesetzgeber bei Schaffung der Kündigungsschutzvorschriften und der Sozialklausel die Fälle der gewerblichen Zwischenvermietung nicht vorausgesehen und sich dadurch eine Lücke im Mieterschutz ergeben hat. Dies hat zur Folge, dass der Schutz des Endmieters bei einer gewerblichen Zwischenvermietung sogar hinter dem Schutz zurückbleibt, den der typische Untermieter genießt, der einen Teil der vom Hauptmieter genutzten Wohnung angemietet hat. Während der Untermieter in diesen Fällen mittelbar dadurch geschützt ist, dass der Eigentümer das Vertragsverhältnis zum Hauptmieter nur unter Einhaltung der Kündigungsvorschriften beenden und der Hauptmieter sich gegebenenfalls auf die Sozialklausel berufen kann, unterliegt das Vertragsverhältnis zwischen dem Eigentümer und dem gewerblichen Zwischenmieter nicht den Kündigungsschutzvorschriften für Wohnraum.

> Anders als bei diesem typischen Untermietverhältnis, bei dem die Untervermietung in der Regel im Interesse des Hauptmieters liegt, ist die gewerbliche Zwischenvermietung eine Vertragsgestaltung, die vom Eigentümer meist **im eigenen** Interesse gewählt wird.

Dieser hat in der Regel die Wohnung errichtet oder erworben, um sie auf dem Wohnungsmarkt zu nutzen. Er weiß, dass der Zwischenvermieter sie an einen Mieter zur Nutzung als Wohnung vermieten soll und diesem gegenüber an die gesetzlichen Vorschriften über den Mieterschutz gebunden ist. Diese Nutzung entspricht seinem Willen und regelmäßig auch seinem Interesse. Aus der Aufgabe des Gesetzgebers, im Mietrecht die schutzwürdigen Interessen aller Beteiligten in einen gerechten Ausgleich und ein ausgewogenes Verhältnis zu bringen, kann daher ein sachlicher Grund für eine Besserstellung des Eigentümers, der die Wohnung einem gewerblichen Zwischenmieter vermietet hat, nicht hergeleitet werden (BVerfG a.a.O.). Die Kenntnis des Mieters über den fehlenden Kündigungsschutz lässt das Bundesverfassungsgericht für ein Entfallen desselben nicht ausreichen mit dem Argument, dass der Gesetzgeber den Kündigungsschutz für Wohnraum nicht davon abhängig gemacht hat, ob der Mieter eine Beendigungsmöglichkeit absehen konnte oder nicht; vielmehr hat er sogar die einverständliche Abbedingung des Mieterschutzes ausgeschlossen.

In den wenigen Fällen, in denen das Gesetz auf die Kenntnis des Mieters abstellt (vgl. § 549 Abs. 2 Nr. 3 BGB), liegen **besondere sachliche Gründe** für eine Einschränkung des Mieterschutzes vor. Daher verstößt es gegen Art. 3 Abs. 1 Grundgesetz (Gleichheitsgrundsatz), einem Mieter, der – in Kenntnis der Eigentumsverhältnisse – Wohnraum von einem gewerblichen Zwischenmieter und nicht unmittelbar vom Eigentümer gemietet hat, den Kündigungsschutz des sozialen Mietrechts zu versagen (BVerfG a.a.O.).

Diese Grundsätze gelten auch dann, wenn die Wohnung dem Endmieter vom Zwischenmieter zu einer geringeren als der ortsüblichen Miete überlassen worden war (BVerfG, Beschl. v. 21.4.1992, Az. 1 BvR 541/92, WuM 1994, 125).

Hat der Zwischenmieter die Räume jedoch vertragswidrig als Wohnung anstatt zur gewerblichen Nutzung weitervermietet, genießt der Endmieter keinen Kündigungsschutz; es sei denn, die Räume unterliegen einem Zweckentfremdungsverbot (vgl. Stichwort „Zweckentfremdung") und hätten als gewerbliche Räume gar nicht vermietet werden dürfen (BVerfG, Beschl. v. 6.8.1993, Az. 1 BvR 596/93; WuM 1994, 123).

Nach **Beendigung des gewerblichen Zwischenmietvertrages** tritt der Vermieter in die Rechte und Pflichten aus dem Mietverhältnis zwischen dem gewerblichen Zwischenmieter und dem Endmieter ein (§ 565 Abs. 1 S. 1 BGB). Dies bedeutet, dass der Vermieter sowohl an die Vorschriften über die Mieterhöhung als auch an die Kündigungsschutzvorschriften gebunden ist. Die Kündigung des Mietverhältnisses erfordert daher das Vorliegen eines berechtigten Interesses (Kündigungsgrund); ebenso die Kündigung durch den Zwischenmieter, wobei allein die Beendigung des Hauptmietvertrages kein berechtigtes Interesse des Zwischenmieters darstellt (OLG Stuttgart, Beschl. v. 7.5.1993, Az. 8 REMiet 2/93, WuM 1993, 386). Macht jedoch der Eigentümer (= Hauptvermieter) berechtigten Eigenbedarf gegenüber dem Zwischenmieter geltend und wurde dies dem Endmieter in der Kündigungserklärung des Zwischenmieters ordnungsgemäß dargelegt, so kann sich der Endmieter dem Zwischenmieter gegenüber nicht auf den ihm formal zustehenden sozialen Mieterschutz berufen (OLG Stuttgart, a.a.O.). Begründet wird diese Auffassung damit, dass sich der Endmieter gegenüber dem Eigentümer wegen dessen Eigenbedarfs auch nicht auf den Kündigungsschutz berufen könnte und durch die Aufspaltung des Rechtsverhältnisses in Haupt- und Untermietverhältnis zwar keine Schlechterstellung, aber auch keine Besserstellung des Endmieters eintreten soll.

Bei Vorliegen eines berechtigten Interesses (z.B. Eigenbedarf) kann der Eigentümer gegenüber dem Endmieter das Räumungs- und Herausgabeverlangen für einen späteren Termin bereits vor der Beendigung des Hauptmietvertrages mit dem gewerblichen Zwischenmieter geltend machen und braucht nicht das Ende des Zwischenmietvertrages abzuwarten (LG Hamburg, WuM 1993, 44).

Schließt der Vermieter nach Beendigung des gewerblichen Zwischenmietverhältnisses erneut einen Mietvertrag zum Zweck der gewerblichen Weitervermietung ab, so tritt der neue gewerbliche Zwischenmieter anstelle des ausgeschiedenen in die Rechte und Pflichten aus dem Mietverhältnis mit dem Endmieter ein (§ 565 Abs. 1 S. 2 BGB).

Die Entscheidung des BVerfG vom 11.6.1991 gilt jedoch nur für den typischen Fall der **gewerblichen** Zwischenmiete, bei der der Zwischenmieter auch tatsächlich gewerblich, d.h. mit Gewinnerzielungsabsicht tätig wird, die Untervermietung auch alleiniger Zweck des Hauptmietverhältnisses zwischen Eigentümer und Zwischenmieter ist (wie z.b. beim Bauherrenmodell) und diese ausschließlich im **Interesse des Eigentümers** erfolgt (z.b. wegen Steuerersparnis, Entlastung von Verwaltungsaufgaben).

Anders ist die Rechtslage daher, wenn die Untervermietung nicht nur dem Interesse des Eigentümers, sondern auch oder sogar vorrangig dem **Interesse des Zwischenmieters** oder der in der Wohnung unterzubringenden Person dient. Dies ist z.B. der Fall, wenn der Eigentümer eine Wohnung an einen karitativ tätigen gemeinnützigen Verein zur Unterbringung von Personen vermietet, deren Auswahl dem Verein obliegt und der Verein die Wohnung dementsprechend untervermietet. In diesem Fall kann sich der Untermieter bei Kündigung des Hauptmietverhältnisses **nicht** auf den für Wohnraum geltenden Kündigungsschutz (§§ 573, 574 BGB) berufen und muss die Mietsache ungeachtet eigener Vertragstreue an den Eigentümer herausgeben (BGH, Urt. v. 3.7.1996, WuM 1996, 537; vgl. auch BGH, Urt. v. 13.12.1995, WuM 1996, 216; BayObLG, RE v. 28.7.1995, Az. Re-Miet 4/94, WuM 1995, 638; vgl. auch OLG Hamburg, RE v. 16.4.1993, WuM 1993, 249 sowie BVerfG, Beschl. v. 3.2.1994, WuM 1994, 182; NJW 1994, 848; NJW 1993, 2601). Die Entscheidung des BVerfG v. 11.6.1991 steht nicht entgegen, da sich diese Entscheidung nur auf den Fall der **gewerblichen** Zwischenvermietung bezieht und die grundsätzliche Anwendbarkeit des § 546 Abs. 2 BGB (Herausgabeanspruch des Eigentümers gegen den Endmieter) auf gestufte Wohnraummietverhältnisse vom BVerfG nicht infrage gestellt wurde (OLG Hamburg, a.a.O., BayObLG, a.a.O.).

Dagegen unterscheidet sich ein Zwischenmietverhältnis der vorgenannten Art wesentlich von den Fällen der gewerblichen Zwischenmiete und ist vielmehr einem Untermietverhältnis klassischer Art gleichzustellen, in dem der Untermieter ebenfalls keinen Kündigungsschutz genießt (vgl. BVerfG, Beschl. v. 3.2.1994, a.a.O.).

Bei solchen Zwischenmietverhältnissen tritt der Eigentümer nach Kündigung des Zwischenmietvertrages auch **nicht** in das Mietverhältnis mit dem Endmieter ein, da § **565** Abs. 1 S. 1 BGB in diesen Fällen **weder unmittelbar noch entsprechend** anwendbar ist (BGH a.a.O.; BayObLG, RE v. 28.7.1995, Re-Miet 4/94, a.a.O.; a.A.: AG Frankfurt, WuM 1994, 276; Blank, WuM 1993, 573).

Eine unmittelbare Anwendung des § 565 BGB scheidet aus, da diese Vorschrift verlangt, dass der Zwischenmieter bei Abschluss des Endmietvertrages **gewerblich**, d.h. mit Gewinnerzielungsabsicht handelt. Diese Voraussetzung ist bei den vorgenannten Zwischenmietverhältnissen regelmäßig nicht erfüllt. Auch eine entsprechende (analoge) Anwendung des § 565 BGB kommt nicht in Betracht, da es insofern an der für eine analoge Anwendung erforderlichen Rechtsähnlichkeit der zu regelnden Tatbestände fehlt. Bei der gewerblichen

Zwischenvermietung handelt der Zwischenmieter regelmäßig mit Gewinnerzielungsabsicht und wird daher den Mietvertrag mit dem Endmieter zu Konditionen abschließen, die für ihn meist günstiger, jedenfalls aber nicht schlechter sind als die mit dem Eigentümer im Hauptmietvertrag vereinbarten Konditionen. Dagegen wird der **nicht gewerblich** tätige Zwischenmieter, der mit der Zwischenvermietung besondere, über die bloße Vermietung hinausgehende Interessen verfolgt, mit dem Endmieter häufig andere Konditionen vereinbaren als sie auf dem freien Wohnungsmarkt üblich sind, z.B. weil der Endmieter eine marktgerechte Miete aus seinem Einkommen oder Vermögen nicht zahlen kann und ihm der Verein daher, gestützt auf Spendenaufkommen oder öffentliche Zuschüsse, nur eine niedrigere Miete berechnet.

Ein vergleichbarer Sachverhalt kann bei der Anmietung von Wohnungen durch Arbeitgeber vorliegen, die oftmals nur dann Arbeitnehmer finden, wenn sie diesen eine Wohnung zu besonders günstigen Konditionen anbieten können. Bei Vermietung einer Wohnung an einen **Arbeitgeber**, der diese bestimmungsgemäß an **betriebsangehörige** Personen weitervermietet, handelt es sich **nicht** um ein Mietverhältnis über **Wohn**raum i.S. der Kündigungsschutzvorschriften, da der Zweck, den der Mieter mit der Anmietung verfolgt, nicht im Bewohnen durch den Mieter, sondern in der Weitervermietung der Wohnung liegt. Ein Mietverhältnis über Wohnraum liegt selbst dann nicht vor, wenn sich der Eigentümer ein Mitspracherecht bei der Auswahl des Endmieters vorbehalten hat und der Arbeitgeber bei der Weitervermietung keinen Gewinn erzielen will (BayObLG, RE v. 30.8.1995, RE-Miet 6/94, WuM 1995, 645). Das Mietverhältnis zwischen Eigentümer und Arbeitgeber (Zwischenmieter) kann daher vom Eigentümer ohne Einhaltung der Kündigungsschutzvorschriften beendet werden. Auch der Arbeitnehmer (Endmieter) kann sich gegenüber dem Herausgabeverlangen des Eigentümers grundsätzlich **nicht** auf den für Wohnraum geltenden **Kündigungsschutz** berufen (BayObLG, RE v. 30.8.1995, RE-Miet 5/94, WuM 1995, 642; vgl. auch OLG Karlsruhe, RE v. 4.7.1983, DWW 1983, 200; BGH, NJW 1981, 1377). Gleiches gilt bei Anmietung durch eine juristische Person, z.B. eine GmbH. Dabei ist es auch unerheblich, wenn in der Vergangenheit Mieterhöhungsverlangen nach den Vorschriften für Wohnraum gestellt wurden (LG Hamburg, WuM 1992, 479). Anders ist die Rechtslage jedoch, wenn der Eigentümer nach den Vertragsbedingungen erheblichen Einfluss auf die Ausgestaltung des Mietverhältnisses sowie auf die Auswahl des Endmieters nehmen und der Arbeitgeber somit bei der Weitervermietung keine in wesentlichen Punkten von den Interessen seines Vermieters abweichenden Interessen verfolgen kann. Dieser Sonderfall ist mit der gewerblichen Zwischenvermietung vergleichbar mit der Folge, dass sich der Mieter gegenüber dem Herausgabeverlangen des Eigentümers auf die Kündigungsschutzvorschriften (§§ 573, 574 BGB) berufen kann (BayObLG, RE v. 30.8.1995, RE-Miet 6/94, a.a.O.).

Grundsätzlich ist jedoch eine Zwischenvermietung an einen Verein oder einen Arbeitgeber, die vorrangig im **Interesse des Zwischenmieters** bzw. der unterzubringenden Person erfolgt, **nicht** mit der gewerblichen, im Interesse des Eigentümers liegenden, Zwischenvermietung **vergleichbar**. Eine entsprechende Anwendung des § 565 BGB auf solche Zwischenmietverhältnisse ist somit nicht zulässig. Eine analoge Anwendung des § 565 BGB auf solche nicht gewerbliche Zwischenmietverhältnisse würde ferner dazu führen, dass auch in anderen Fällen der Beendigung des Hauptmietverhältnisses, etwa weil der Verein als Zwischenmieter kündigt, die bestehenden, zu besonderen Konditionen abgeschlossenen Endmietverträge auf den Hauptvermieter (Eigentümer) übergeleitet würden. Es dürften sich dann kaum mehr Vermieter finden, die bereit wären, Mietverträge mit karitativ tätigen Vereinigungen zur Weitervermietung an betreuungsbedürftige Personen abzuschließen. Eine analoge Anwendung des § 565 BGB würde daher letztlich auch den Interessen der Personen nicht entsprechen, denen der Verein durch Anmietung und Überlassung von Wohnraum Hilfe gewährt (BayObLG, RE v. 28.7.1995, a.a.O.).

Bei Beendigung des gewerblichen Zwischenmietverhältnisses ist der Vermieter zur **Rückzahlung** einer von dem Endmieter an den Zwischenmieter geleisteten **Kaution** aus Billigkeitsgründen selbst dann verpflichtet sein, wenn der Vermieter die Kaution vom gewerblichen Zwischenmieter nicht erhalten hat (§§ 565 Abs. 2, 566 a BGB; so bereits LG München I, NJW-RR 1998, 873).

Index → „Wertsicherungsklauseln", „Leistungsvorbehalt"

Insolvenz des Mieters – Insolvenz des Vermieters

Am 1.1.1999 ist die Insolvenzordnung (InsO) in Kraft getreten. Sie ersetzt die Konkursordnung (KO) sowie die Gesamtvollstreckungs- und Vergleichsordnung. Bezüglich der Auswirkungen eines Insolvenzverfahrens auf ein bestehendes Mietverhältnis unterscheidet die Insolvenzordnung einerseits zwischen dem Insolvenzverfahren über das Vermögen des Mieters bzw. des Vermieters und andererseits danach, ob dem Mieter die Mieträume bei Eröffnung des Insolvenzverfahrens bereits überlassen waren bzw. nur der Mietvertrag abgeschlossen war, aber noch keine Überlassung erfolgt ist.

1 Insolvenz des Mieters

1.1 Vor Überlassung der Mieträume

Waren zurzeit der Eröffnung des Insolvenzverfahrens zwar der Mietvertrag abgeschlossen, jedoch die Mieträume dem Mieter noch **nicht** überlassen, können sowohl der Vermieter als auch der Insolvenzverwalter vom Mietvertrag **zurücktreten**. Jeder Teil muss dem anderen auf dessen Verlangen binnen 2 Wochen erklären, ob er vom Vertrag zurücktreten will; unterlässt er dies, verliert er das Rücktrittsrecht (§ 109 Abs. 2 InsO). Entsteht dem Vermieter wegen der vorzeitigen Beendigung des Mietverhältnisses infolge des Rücktritts durch den Verwalter ein Schaden (z.B. Mietausfall), kann er als Insolvenzgläubiger Schadensersatz verlangen.

1.2 Nach Überlassung der Mieträume

Waren die Mieträume dem Mieter zurzeit der Eröffnung des Insolvenzverfahrens bereits **überlassen**, bestehen **keine** Rücktrittsrechte.

Der **Insolvenzverwalter** kann das Mietverhältnis außerordentlich, d.h. ohne Rücksicht auf die vereinbarte Vertragsdauer unter Einhaltung der gesetzlichen Frist kündigen (**Sonderkündigungsrecht**). Diese beträgt bei Wohnraum 3 Monate (§§ 573 d Abs. 2, 575 a Abs. 3 BGB); bei Geschäftsräumen 6 Monate zum Quartalsende (§ 580 a Abs. 2, 4 BGB; s. im Einzelnen „Kündigungsfristen"). Entsteht dem Vermieter dadurch ein Schaden (z.B. Mietausfall), kann er als Insolvenzgläubiger Schadensersatz verlangen (§ 109 Abs. 1 InsO).

Der **Vermieter** hat – im Gegensatz zur früheren Rechtslage nach der ehemaligen Konkursordnung (§ 19 Abs. 1 S. 1 KO) – **kein** außerordentliches Kündigungsrecht. Dies wird damit begründet, dass dringend benötigte Betriebsmittel zur Erhöhung der Sanierungschancen wenigstens vorläufig im Massebesitz verbleiben sollen (vgl. Begründung zu § 122 des Regierungsentwurfs, BTDrucks. 12/2443, S. 146ff.). Der Vermieter kann das Mietverhältnis daher nur nach den **allgemeinen mietrechtlichen Vorschriften**, z.B. bei Zahlungsverzug des Mieters mit der Miete kündigen. Allerdings kann der Vermieter nach Stellung des Antrags auf Eröffnung des Insolvenzverfahrens eine fristlose Kündigung nicht auf einen Zahlungsverzug stützen, der bereits in der Zeit vor dem Eröffnungsantrag eingetreten ist (sog. **Kündigungssperre**, § 112 Nr. 1 InsO). Gleiches gilt für eine Kündigung wegen einer Verschlechterung der Vermögensverhältnisse des Mieters.

Bei **gewerblichen** Mietverhältnissen können die Parteien grundsätzlich zwar auch andere als die im Gesetz genannten Kündigungsgründe **mietvertraglich** vereinbaren, jedoch bleibt abzuwarten, ob die Rechtsprechung solche Klauseln als wirksam ansieht, die dem Vermieter in Abweichung von den Vorschriften der Insolvenzordnung außerordentliche Kündigungsrechte einräumen (vgl. BTDrucks. 12/7302, S. 170, wonach solche vertraglichen Vereinbarungen über die Auflösung eines gegenseitigen Vertrages nicht in ihrer Wirksamkeit eingeschränkt werden sollen).

2 Insolvenz des Vermieters

Im Fall eines Insolvenzverfahrens über das Vermögen des Vermieters bleibt das Mietverhältnis mit Wirkung für die Insolvenzmasse bestehen, unabhängig davon, ob die Miteräume bereits überlassen worden sind (§ 108 Abs. 1 S. 2 InsO). Der Insolvenzverwalter muss die vertragsgemäße Leistung erbringen. Der Mieter hat die laufende Miete an den Verwalter zu zahlen. Hatte der Vermieter vor Eröffnung des Insolvenzverfahrens über Mietforderungen für die spätere Zeit verfügt, insbesondere durch Einziehung der Miete, ist diese Verfügung nur wirksam, soweit sie sich auf die Miete für den zurzeit der Eröffnung des Verfahrens laufenden Kalendermonat bezieht. Ist die Eröffnung nach dem 15. Tag des Monats erfolgt, ist die Verfügung auch für den folgenden Kalendermonat wirksam (§ 110 Abs. 1 InsO). **Veräußert** der Insolvenzverwalter eine vom Vermieter (Schuldner) vermietete Wohnung und tritt der Erwerber anstelle des Schuldners in das Mietverhältnis ein, kann der Erwerber das Mietverhältnis unter Einhaltung der gesetzlichen Frist (3 Monate) außerordentlich kündigen (**Sonderkündigungsrecht**). Die Kündigung kann jedoch nur für den ersten Termin erfolgen, für den sie zulässig ist. § 57c ZVG gilt entsprechend, § 111 InsO (s. „Kündigung", Abschnitt 3.2.2.2).

Instandhaltung und Instandsetzung der Mieträume

Nach der gesetzlichen Regelung des § 535 BGB hat der Vermieter die vermietete Sache dem Mieter in einem zum vertragsgemäßen Gebrauch geeigneten Zustand zu überlassen und sie während der Mietzeit in diesem Zustand zu erhalten. Der Vermieter muss dem Mieter daher die Mietsache nicht nur in einem vertragsgemäßen Zustand übergeben, sondern weiterhin auch dafür Sorge tragen, dass dieser Zustand während der Mietzeit erhalten bleibt. Dies gilt für den Vermieter einer Eigentumswohnung selbst dann, wenn die zur Mängelbeseitigung erforderlichen Maßnahmen Eingriffe in das gemeinschaftliche Eigentum der Wohnungseigentümergemeinschaft notwendig machen und – soweit erforderlich – ein zustimmender Beschluss der Wohnungseigentümerversammlung noch nicht vorliegt (KG Berlin, RE v. 25.6.1990, ZMR 1990, 336; Weber/Marx X/S. 58). Dementsprechend kann sich auch der **gewerbliche Zwischenmieter** einer Eigentumswohnung nicht darauf berufen, die Mängelbeseitigung mache Eingriffe in das Gemeinschaftseigentum notwendig und sei ihm daher unmöglich. Da der gewerbliche Zwischenmieter seinerseits einen Anspruch auf Mängelbeseitigung gegen seinen Vermieter, den Eigentümer der Wohnung hat, besteht kein dauerndes Unvermögen, sondern lediglich ein vorübergehendes Leistungshindernis. Der Zwischenmieter wird daher nicht von seiner Verpflichtung zur Instandsetzung frei, sondern muss nach Auftreten des Mangels unverzüglich alles ihm Zumutbare tun, um seinen Vermieter zur Beseitigung zu veranlassen (OLG Zweibrücken, RE v. 14.12.1994, WuM 1995, 144, Az. 3 W-RE-195/94 = Weber/Marx, XIV/S. 51).

Diese **Instandhaltungspflicht** erstreckt sich nicht nur auf die Mieträume unmittelbar, sie umfasst auch den Zugang zu den Mieträumen und das Zubehör. So hat der Vermieter z.B. für die gefahrlose Benutzbarkeit des Treppenhauses sowie für die ausreichende Beleuchtung und Instandhaltung der Stufen und Geländer zu sorgen, wie auch die vom Mieter benutzten Hausteile (z.B. Lift, Waschküche, Speicher, Hofraum) in ordnungsgemäßem und betriebssicherem Zustand zu erhalten. Rein optische Mängel z.B. durch schadhaften Putz oder verschmutzte Anstriche können jedoch nur dann zu einer Renovierungspflicht des Vermieters führen, wenn diese so erheblich sind, dass es dem Mieter nicht mehr zumutbar ist, die Wohnung durch solche Zugänge zu betreten (LG München I, WuM 1993, 736).

Die **Instandhaltungspflicht** des Vermieters ist grundsätzlich unabhängig von der **Höhe** der notwendigen Aufwendungen. Eine Berufung des Vermieters auf die sog. „**Opfergrenze**" ist nur in Ausnahmefällen möglich. Insofern müsste ein krasses Missverhältnis zwischen dem Reparaturaufwand und dem Nutzen der Reparatur für den Mieter bzw. dem Wert des Mietobjekts und den aus ihm zu erzielenden Einkünften vorliegen. An die Annahme eines krassen Missverhältnisses stellt die Rechtsprechung jedoch hohe Anforderungen und lässt z.B. Kosten i.H.v. 2 Jahresmieten für die Instandsetzung eines mitvermieteten Balkons nicht genügen (vgl. LG Hamburg, WuM 1997, 432 m.w.N.; LG Osnabrück, WuM 1992, 119; OLG Karlsruhe, ZMR 1995, 201; LG Berlin, GE 1995, 1013).

Der Vermieter muss die Mietsache jedoch lediglich in einem **vertragsgemäßen** Zustand erhalten, der vom Zustand bei Beginn des Mietverhältnisses abhängt und dadurch festgeschrieben wird. Dementsprechend können die Parteien auch einen vorliegenden, schlechten Bauzustand des Anwesens als vertragsgemäß vereinbaren (LG Düsseldorf, DWW 1991, 284; LG Mannheim, ZMR 1990, 220; vgl. auch LG Berlin, ZMR 1989, 259).

Ferner kann der Vermieter seiner Instandsetzungsverpflichtung auch durch Ersatz von Teilen der Mietsache genügen. Sind z.B. nach einem vom Mieter nicht zu vertretenden Wasserrohrbruch im Bad einzelne Fliesen zu ersetzen, die farblich identisch nicht mehr erhältlich sind, kann sich der Vermieter darauf beschränken, nur die betroffene Wand neu zu verfließen (AG Köln, WuM 1997, 41). Der Mieter kann jedoch verlangen, dass die defekte Sache durch eine im Wesentlichen gleichwertige und gleichartige Sache ersetzt wird (vgl. LG Berlin, WuM 1998, 481; Ersetzen der Gasheizung und des Gasherdes durch elektrische Geräte). Eine Änderung der Heizungsart (z.b. von Nachtspeicher- auf Gasheizung) muss der Mieter nur dulden, wenn die Voraussetzungen einer Modernisierung nach § 554 Abs. 2 BGB (s. „Modernisierung") vorliegen (LG Hamburg, WuM 1998, 279).

Bei **mitvermieteten** Anlagen und Einrichtungen, die nicht ausschließlich einem bestimmten Mieter zugeordnet sind (z.B. Kinderspielplatz, Trockenböden, Gemeinschaftswaschräume), ist der Vermieter bei Reparaturen und Erneuerungen nur zur Aufrechterhaltung eines Grundbestandes verpflichtet. Daher kann der Mieter z.B. bei einem Kinderspielplatz nicht die Wiederaufstellung bestimmter Spielgeräte verlangen, die bei Beginn des Mietverhältnisses vorhanden waren (LG Berlin, NZM 1998, 860).

Den Vermieter trifft grundsätzlich keine Nachrüstpflicht, um ein Anwesen mit veralteter Ausstattung dem gegenwärtigen Stand der Technik anzupassen. Daher besteht z.B. keine Verpflichtung des Vermieters zur Nachisolierung (LG München I, ZMR 1987, 468), zum Einbau anderer Fenster (LG Köln, WuM 1990, 424), zur Verstärkung der elektrischen Leitungen (AG Osnabrück, ZMR 1989, 339), zum Ersatz eines funktionsfähigen, jedoch überalteten Heizkessels (LG Darmstadt, NJW-RR 1987, 787; LG Hannover, WuM 1991, 540).

Etwas anderes gilt nur für Maßnahmen, deren Vornahme gesetzlich vorgeschrieben ist (z.B. Nachrüstpflicht für Thermostatventile, vgl. „Heizungsanlagen-Verordnung"). Darüber hinaus kann eine Nachrüstpflicht bestehen, wenn nachgewiesen wird, dass die Beschaffenheit der Wohnung zu Gesundheitsschäden führt, z.b. durch überhöhte Formaldehyd-, Asbest- oder Bleibelastung (vgl. LG Frankfurt, ZMR 1990, 17; LG Berlin, DWW 1987, 130; vgl. auch „Gesundheitsgefährdende Räume). Jedoch muss der Mieter beweisen, dass die für die Wohnung verwendeten Baumaterialien (z.b. Holzschutzmittel) eine **konkrete** Gesundheitsgefährdung bewirken. Allein das Überschreiten von Umweltschutznormen bzw. einschlägiger Richtwerte ist für einen Beseitigungs- und Instandsetzungsanspruch des Mieters nicht ausreichend (LG Tübingen, WuM 1997, 41). Ferner muss die Instandsetzung für den Vermieter zumutbar sein, d.h. es darf kein krasses Missverhältnis zwischen dem erforderlichen Aufwand und dem Wert des Mietobjekts sowie den daraus zu ziehenden Einnahmen entstehen (LG Tübingen, a.a.O.).

Der Mieter hat grundsätzlich **keinen** Anspruch auf **Nachbesserung**, z.B. der **Trittschalldämmung**, wenn diese zwar nicht den aktuellen DIN-Normen, jedoch den Normen zum Zeitpunkt der Errichtung des Anwesens (hier: 1964) entspricht. Dies gilt selbst dann, wenn sich die Schalldämmung durch Maßnahmen anderer Mieter, z.B. infolge Verlegung von Bodenfliesen gegenüber dem Zeitpunkt der Anmietung verschlechtert hat, da der Mieter eines Mehrfamilienhauses Beeinträchtigungen hinnehmen muss, die durch die vertragsgemäße Nutzung anderer Mieter entstehen (LG Berlin, Urt. v. 18.6.1999, Az. 64 S 63/99, ZMR 2000, 532; vgl. aber auch LG Berlin NJWE 1996, 197).

Zum Anspruch des Mieters, dass asbesthaltige **Nachtspeicheröfen**, die nachweisbar Asbest absondern, aus der Wohnung entfernt und gegen asbestfreie Öfen ausgetauscht werden, s. LG Berlin, WuM 1999, 35 sowie LG München I, WuM 1998, 18.

Zur Frage, wer für Gebrauchsbeeinträchtigungen der Mieträume durch **Tauben** verantwortlich und damit für entsprechende Abwehrmaßnahmen zuständig ist, s. den Beschluss des BayObLG v. 26.6.1998 (RE-Miet 2/98; WuM 1998, 552), wonach es u.a. auf die bauliche Gestaltung der Außenfassade ankommen kann.

Im Gebiet der ehemaligen DDR muss der Mieter Mängel aufgrund der dürftigen, aber zurzeit der Herstellung des Gebäudes in der ehemaligen DDR üblichen Bauqualität als vertragsgemäß hinnehmen und kann daraus keine Rechte gegen den Vermieter herleiten. Insbesondere kann der Mieter an die Instandhaltungspflicht des Vermieters nicht die Anforderungen stellen, die nach westlicher Verkehrsanschauung an die Qualität des Bauwerks und einzelner Bauteile (z.B. der Fenster und der Isolierung gegen Feuchtigkeit) gestellt werden können (KrsG Erfurt, Urt. v. 5.1.1993, WuM 1993, 112).

Zur Pflicht des Vermieters zur Überwachung und Überprüfung der Mietsache vgl. „Verkehrssicherungspflicht" sowie OLG Saarbrücken (NJW 1993, 3077) zur Überprüfungspflicht von elektrischen Anlagen. Zur Verpflichtung des Vermieters, eine vermietete Souterrainwohnung durch geeignete Schutzvorrichtungen gegen Schäden infolge Hochwassers zu schützen, s. LG Köln, WuM 1996, 334. Die Überprüfungspflichten des Vermieters hinsichtlich des Zustandes von mitvermieteten technischen Einrichtungen dürfen jedoch nicht überspannt werden (BGH, VersR 1966, 81). Daher ist der Vermieter grundsätzlich nicht verpflichtet, die sich in den Mieträumen befindlichen Geräte laufenden Kontrollen zu unterziehen, wenn sich an ihnen keine Unregelmäßigkeiten zeigen (BGH, a.a.O.; BGH, WPM 1969, 1011; LG Hamburg, DWW 1992, 83 zur Überprüfung eines Gasherdes). Zur Pflicht des Mieters zur Mängelanzeige vgl. „Anzeigepflicht".

Kommt der Vermieter mit der Behebung eines Mangels, zu dessen Beseitigung er verpflichtet ist, **in Verzug**, z.B. weil er den angezeigten Mangel trotz entsprechender Mahnung des Mieters nicht behoben hat, darf der Mieter die notwendigen Maßnahmen selbst ausführen bzw. ausführen lassen und kann vom Vermieter Ersatz der aufgewendeten Kosten für eine fachgerechte Instandsetzung verlangen (§ 536 a Abs. 2 BGB; LG Köln, WuM 1994, 73). Ferner darf der Mieter nach Auffassung des LG Saarbrücken (NZM 1999, 757) die Miete in Höhe des dreifachen Betrages der Mängelbeseitigungskosten zurückbehalten.

Der Streitwert einer Klage des Mieters auf Instandsetzung bzw. Mängelbeseitigung bemisst sich nicht nach den Kosten der Mängelbeseitigung, sondern nach dem 3 1/2-fachen Jahresbetrag einer Mietminderung, die wegen des zu behebenden Mangels möglich wäre (§§ 2, 3, 9 ZPO – BGH, Beschl. v. 17.5.2000, Az. XII ZR 314/99, NZM 2000, 713; OLG Hamburg, WuM 1995, 595).

Bei einer Personenmehrheit auf der Mieterseite (z.B. bei Ehegatten) kann jeder Mitmieter im eigenen Namen vom Vermieter die Instandsetzung der Mietwohnung verlangen und den Anspruch auch klageweise geltend machen, jedoch nur mit dem Antrag auf Leistung an alle (§ 432 Abs. 1 BGB; LG Kassel, WuM 1994, 534).

Die Instandsetzungsverpflichtung des Vermieters stellt nach ü.w.M. in der Rechtsprechung eine vertretbare Handlung i.S.d. § 887 ZPO dar, sodass das zuständige Gericht auf Antrag den Mieter zur Instandsetzung auf Kosten des Vermieters ermächtigen und den Vermieter zur Vorauszahlung der voraussichtlich entstehenden Kosten verurteilen kann (LG Berlin, WuM 1994, 552; a.A. OLG Düsseldorf, NJW-RR 1988, 63ff.). Jedoch führen unterlassene Instandsetzungen durch den Vermieter nicht zu einem Bereicherungsanspruch des Mieters im Hinblick auf die gezahlte Miete oder auf mögliche Ersparnisse des Vermieters (LG Köln, NJWE 1997, 26).

Das Recht des Mieters, vom Vermieter die Herstellung eines vertragsgemäßen Zustandes zu verlangen, entfällt, wenn der Mangel vom Mieter oder von Personen, für die der Mieter haftet, herbeigeführt wurde.

Instandhaltung und Instandsetzung der Mieträume

> Zu diesen Personen gehören grundsätzlich Haushaltsangehörige, Untermieter und Besucher sowie die vom Mieter beauftragten Lieferanten und Handwerker.

Zur Klärung der Frage, wer den Mangel herbeigeführt hat und daher für dessen Beseitigung zuständig ist, muss zunächst der Vermieter darlegen und beweisen, dass die **Ursache** des Mangels nicht aus seinem Pflichten- und Verantwortungsbereich stammt (z.B. aufgrund Mängel der Bausubstanz), sondern aus dem Herrschafts- und Obhutsbereich des Mieters (z.B. unsachgemäße Behandlung der Mietsache). Hat er diesen Beweis geführt, muss der Mieter nachweisen, dass er den Mangel nicht zu vertreten hat (sog. **Beweislastverteilung nach Verantwortungsbereichen**).

Behauptet der Mieter, die Mietsache sei nach **Reparaturversuchen** des Vermieters immer noch mangelhaft, trägt der Vermieter die Beweislast für den Erfolg seiner Mängelbeseitigungsmaßnahmen (BGH, Urt. v. 1.3.2000, Az. XII ZR 272/97, NZM 2000, 549).

Tritt in der Mietwohnung ein Schaden (z.B. durch Brand) auf und ist der Schadenshergang ungeklärt, trägt der Mieter die Beweislast dafür, dass er den Schaden weder verursacht noch verschuldet hat (LG Mannheim, DWW 1995, 286). Zur Haftung des Vermieters für einen Wohnungsbrand, wenn die Ursache aus dem Gefahrenbereich des Vermieters stammt (vgl. OLG Celle, NJW-RR 1996, 521). Zur Beweislastverteilung s. auch „Verschlechterung der Mietsache" und „Feuchtigkeitsschäden".

Der Mieter hat jedoch eingetretene Mängel der gemieteten Sache nicht zu vertreten, wenn diese lediglich auf normalem Verschleiß bzw. Alterung beruhen (§ 538 BGB). Liegt ein Verschulden des Mieters in diesem Sinne nicht vor, ist es für die Instandhaltungsverpflichtung des Vermieters ohne Bedeutung, welche Ursache der Mangel hat. So entfällt die Instandhaltungs- bzw. Instandsetzungsverpflichtung des Vermieters auch dann nicht, wenn der Mangel oder der Schaden an der Mietsache durch **höhere Gewalt** (z.B. durch Hochwasser) verursacht wurde. Gleiches gilt, wenn ein vom Mieter nicht verschuldeter technischer Defekt (z.B. die Implosion seines Fernsehgeräts) zu dem Schaden geführt hat (LG Stendal, WuM 1993, 597). Hier wäre der Mieter zur Beseitigung der Schäden an den Mieträumen nur dann verpflichtet, wenn sein Fernsehgerät durch unsachgemäße Bedienung defekt geworden ist, wobei dem Benutzer eines Fernsehgeräts jedoch nicht zugemutet werden kann, das Gerät, unabhängig davon, ob es eingeschaltet ist oder nicht, ständig zu beobachten (OLG Köln, WuM 1988, 278).

Die Beseitigung von Schäden trifft den Vermieter auch dann, wenn diese durch Personen verursacht werden, für die der Mieter nicht haftet.

> Wurde z.B. bei einem **Einbruch** die Wohnungseingangstüre beschädigt, hat der Vermieter lediglich gegen den – oftmals unbekannten – Täter

Instandhaltung und Instandsetzung der Miträume

einen Anspruch auf Schadensersatz, während er dem Mieter gegenüber verschuldensunabhängig zur Wiederherstellung eines vertragsgemäßen Zustandes verpflichtet ist.

Umgekehrt kann der Mieter vom Vermieter in diesen Fällen jedoch keinen **Schadensersatz** für seine abhandengekommenen oder beschädigten Gegenstände verlangen, da es hierfür regelmäßig an dem insoweit notwendigen **Verschulden** des Vermieters fehlt. Jede Partei muss somit den ihr entstandenen Schaden selbst tragen, wenn nicht eine Versicherung, z.B. eine Gebäudeversicherung für den Vermieter oder eine Hausratversicherung für den Mieter, den Schaden abdeckt.

Die Instandhaltungspflicht ist grds. unabhängig vom Ausmaß des Schadens. Bei **teilweiser** Zerstörung des Gebäudes entfällt die Instandhaltungspflicht nur dann, wenn der zerstörte Teil des Gebäudes den noch verbliebenen wirtschaftlich überwiegt und die Wiederherstellung nicht zumutbar ist (Überschreiten der Opfergrenze; BGH, NJW 1959, 2300). Eine Wiederaufbaupflicht des Verpächters entfällt aber dann, wenn der Pächter die Zerstörung eines Pachtgebäudes zu vertreten hat (BGH, WuM 1992, 133).

Die **vollständige** Zerstörung des Gebäudes führt grundsätzlich zum Erlöschen des Mietverhältnisses, sodass der Vermieter von seiner Gebrauchsgewähr- und Instandhaltungspflicht frei wird, wenn er den Untergang nicht zu vertreten hat (§§ 323, 324, 275 BGB). In diesem Fall ist der Vermieter auch nicht zur Wiederherstellung der Mietsache verpflichtet (BGH, NJW 1976, 1506).

Gleiches gilt, wenn der Vermieter ein durch Brand nur teilweise zerstörtes Gebäude gänzlich abgerissen hat (OLG Karlsruhe, WuM 1995, 307).

Maßnahmen zur Erhaltung der Mietsache hat der Mieter zu dulden (§ 554 Abs. 1 BGB). Die Duldungspflicht des Mieters ist hinsichtlich der notwendigen Maßnahmen uneingeschränkt (anders bei Modernisierungsarbeiten nach § 554 Abs. 2 BGB; vgl. „Modernisierung"), da auch der Vermieter zur Erhaltung der Mietsache uneingeschränkt verpflichtet ist. Der Mieter hat dem Vermieter zur Planung und Ausführung der Arbeiten Zugang zu den Miträumen zu gewähren, wenn der Vermieter dies angemessene Zeit vorher angekündigt hat. Die Einhaltung der 3-Monats-Frist des § 554 Abs. 3 BGB für Maßnahmen der Modernisierung ist für die Durchführung von reinen Erhaltungsmaßnahmen nicht erforderlich. Die Duldungspflicht des Mieters umfasst das Unterlassen jeder Behinderung. Die Mitwirkungspflicht des Mieters beschränkt sich darauf, dass er innerhalb der Miträume durch Wegräumen oder Entfernen seiner Sachen den notwendigen Platz schafft und die Miträume insoweit freimacht (Palandt, Anm. 2b zu § 541a BGB a.F.).

Nach Beendigung der Arbeiten ist der Vermieter verpflichtet, den vertragsmäßen Zustand wieder herzustellen (z.B. Beseitigung von Verschmutzungen und von Schäden an Tapeten, Anstri-

Instandhaltung und Instandsetzung der Mieträume

chen etc.). Bei **erheblicher** Beeinträchtigung der Mietsache durch die Erhaltungsmaßnahmen kann der Mieter für die Dauer der Beeinträchtigung die Miete mindern (vgl. „Mietminderung"). Dagegen hat der Mieter geringfügige Störungen (z.B. Geräusche von geringer Intensität und Dauer) und unerhebliche Beeinträchtigungen des Mietgebrauchs entschädigungslos hinzunehmen.

Die Pflicht des Vermieters zur Instandhaltung und Instandsetzung der Mietsache ist häufig durch vertragliche Vereinbarungen abbedungen, insbesondere hinsichtlich der so genannten „Schönheitsreparaturen" und „Kleinreparaturen". Jedoch sind solche von der gesetzlichen Vorschrift des § 535 BGB abweichenden Vereinbarungen nach den von der Rechtsprechung aufgestellten Kriterien nur in beschränktem Umfang möglich (vgl. „Allgemeine Geschäftsbedingungen", „Kleinreparaturen", „Schönheitsreparaturen").

Im Bereich der **Gewerberaummiete** lässt die Rechtsprechung grundsätzlich eine weitergehende Abwälzung von Reparaturen auf den Mieter zu als bei der Wohnraummiete.

Einem **gewerblichen** Mieter kann die Pflicht zur Erhaltung der Mietsache auch durch **Allgemeine Geschäftsbedingungen** überbürdet werden, solange damit nicht ein vollständiger Übergang der Sachgefahr verbunden ist und dies nicht zu einem unkalkulierbaren Kostenrisiko des Mieters führt (OLG Naumburg, Urt. v. 12.8.1999, Az. 2 U 34/98, WuM 2000, 241).

So ist etwa die Klausel, nach der „die laufende Instandhaltung und Instandsetzung im Inneren der Räume" dem Mieter auferlegt worden ist, bei Gewerberäumen für zulässig angesehen worden unter der Prämisse, dass die Klausel nur durch den Mietgebrauch veranlasste Instandsetzungen betrifft (BGH, ZMR 1987, 257). Der Mieter/Pächter darf daher nicht mit Schäden und Abnutzungen belastet werden, die schon bei Vertragsschluss vorhanden waren. Dementsprechend ist auch die Klausel „Die Instandhaltung und Instandsetzung des gesamten Pachtobjekts obliegt dem Pächter" einschränkend dahin auszulegen, dass der einwandfreie Zustand der Mietsache bei Vertragsbeginn vorausgesetzt wird und der Pächter nur die durch den Gebrauch verursachten Abnutzungen nach Bedarf und Erforderlichkeit beheben muss (vgl. OLG Köln, DWW 1994, 119). Beinhaltet eine Klausel nur den Begriff der „Instandhaltung" und nicht auch die „Instandsetzung", werden nur vorbeugende Maßnahmen erfasst, nicht aber die Behebung von Schäden an der Mietsache (OLG Köln, a.a.O.; vgl. auch OLG Saarbrücken, NJW-RR 1997, 248, wonach die Überbürdung der Erhaltungslast auf den Geschäftsraummieter zulässig ist).

Unwirksam ist auch im Bereich der **Gewerberaummiete** eine Formularklausel, wonach der Mieter ohne sachliche oder kostenmäßige Begrenzung die gesamte Pflicht unabhängig davon übernimmt, ob die Verschlechterung durch den Mietgebrauch, höhere Gewalt oder rechtswidriges Eingreifen Dritter entstanden ist (OLG Dresden, GE 1996, 1237).

Zum Begriff „Dach und Fach" s. OLG Hamm, ZMR 1988, 260ff.

Instandhaltungskostenpauschale

Bei Berechnung der Kostenmiete kann in der Wirtschaftlichkeitsberechnung eine Pauschale für die Instandhaltung des Anwesens ohne Berücksichtigung der tatsächlichen Aufwendungen angesetzt werden.

Nach § 28 Abs. 1 II. Berechnungsverordnung sind Instandhaltungskosten Kosten, die während der Nutzungsdauer zur Erhaltung des bestimmungsgemäßen Gebrauchs aufgewendet werden müssen, um die durch Abnutzung, Alterung und Witterungseinwirkung entstehenden baulichen oder sonstigen Mängel ordnungsgemäß zu beseitigen. Der Ansatz der Instandhaltungskosten dient auch zur Deckung der Kosten von Instandsetzungen, nicht jedoch der Kosten von Baumaßnahmen, soweit durch sie eine Modernisierung vorgenommen wird oder Wohnraum oder anderer auf die Dauer benutzbarer Raum neu geschaffen wird. Der Ansatz dient nicht zur Deckung der Kosten einer Erneuerung von Anlagen und Einrichtungen, für die eine besondere Abschreibung nach § 25 Abs. 3 II. BV zulässig ist. Seit 1.8.1996 (5. VO zur Änderung wohnungsrechtlicher Vorschriften – BGBl. I S. 1167) dürfen nach § 28 Abs. 2 II. BV als Instandhaltungskosten je m^2 Wohnfläche im Jahr angesetzt werden:

1) für Wohnungen, die bis zum 31.12.1969 bezugsfertig geworden sind, höchstens DM 21;

2) für Wohnungen, die in der Zeit vom 1.1.1970 bis zum 31.12.1979 bezugsfertig geworden sind, höchstens DM 16,50;

3) für Wohnungen, die nach dem 31.12.1979 bezugsfertig geworden sind oder bezugsfertig werden, höchstens DM 13.

Diese Sätze **verringern** sich, wenn in der Wohnung weder ein eingerichtetes Bad noch eine eingerichtete Dusche vorhanden ist, um DM 1,30 und bei eigenständig gewerblicher Lieferung von Wärme i.S.d. § 1 Abs. 1 Nr. 2 HeizkostenV (s. „Heizkosten-Verordnung") um DM 0,35.

Diese Sätze **erhöhen** sich für Wohnungen, für die ein maschinell betriebener Aufzug vorhanden ist, um DM 1,85.

Trägt der **Mieter** die Kosten für kleine Instandhaltungen in der Wohnung, so **verringern** sich die Sätze nach Absatz 2 um DM 1,90. Die kleinen Instandhaltungen umfassen nur das Beheben kleiner Schäden an den Installationsgegenständen für Elektrizität, Wasser und Gas, den Heiz- und Kocheinrichtungen, den Fenster- und Türverschlüssen sowie den Verschlussvorrichtungen von Fensterläden (§ 28 Abs. 3 II. BV). Dieser Abzugsbetrag von DM 1,90 entfällt jedoch häufig trotz einer entsprechenden Klausel im Mietvertrag, da aufgrund der neuesten Rechtsprechung des BGH solche Klauseln in den meisten alten Vordrucken unwirksam sind und der Mieter daher weder zur Durchführung von Kleinreparaturen noch zur Tragung der Kosten verpflichtet ist (Urt. v.

7.6.1989, NJW 1989, 2247 und 6.5.1992, DWW 1992, 207; vgl. „Kleinreparaturen"). Der Abzugsbetrag ist somit nur in den Fällen anzusetzen, in denen der Mietvertrag eine Klausel enthält, die den Anforderungen der Rechtsprechung genügt und den Mieter in wirksamer Weise zur Tragung der Kosten verpflichtet (vgl. LG Hamburg, WuM 1992, 593; LG Freiburg, WuM 1992, 594). Nicht nachvollziehbar ist insofern die Entscheidung des LG Braunschweig (WuM 1992, 593), wonach in einem Mietvertrag über eine **preisgebundene** Neubauwohnung eine Kleinreparaturklausel entgegen der BGH-Rechtsprechung auch dann wirksam sein soll, wenn sie keine betragsmäßigen Obergrenzen enthält.

Die Kosten der Schönheitsreparaturen in Wohnungen sind in den Sätzen nach § 28 Abs. 2 II. BV nicht enthalten. Trägt der **Vermieter** die Kosten der Schönheitsreparaturen, dürfen max. mit DM 15,50 je m^2 Wohnfläche im Jahr angesetzt werden. Dieser Satz **verringert** sich für Wohnungen, die überwiegend nicht tapeziert sind, um DM 1,35; für Wohnungen ohne Heizkörper um DM 1,05 und für Wohnungen, die überwiegend nicht mit Doppel- oder Verbundfenstern ausgestattet sind, um DM 1,10.

Schönheitsreparaturen umfassen nur das Tapezieren, Anstreichen oder Kalken der Wände und Decken, das Streichen der Fußböden, Heizkörper einschließlich Heizrohre, der Innentüren sowie der Fenster und Außentüren von innen (§ 28 Abs. 4 II. BV).

Für Garagen oder ähnliche Einstellplätze dürfen als Instandhaltungskosten einschließlich Kosten für Schönheitsreparaturen höchstens DM 125 jährlich je Garagen- oder Einstellplatz angesetzt werden (§ 28 Abs. 5 II. BV).

Hat der Vermieter die vom Mieter mit der Kostenmiete gezahlte Instandhaltungskostenpauschale während der Mietdauer nicht für Instandhaltungsmaßnahmen verwendet, hat der Mieter trotzdem keinen Rückzahlungsanspruch (LG Regensburg, WuM 1997, 115).

Kabelfernsehen

Der Anschluss an das Breitbandkabel der Deutschen Telekom AG ermöglicht dem Nutzer den Fernseh- und Rundfunkempfang der in die örtlichen Netze eingespeisten Programme. Die Bezeichnung als „Kabelfernsehen" ist insoweit missverständlich, da das Breitbandkabel auch den Empfang von UKW-Rundfunksendern ermöglicht.

Im Allgemeinen können die über eine normale TV/UKW-Dachantenne erreichbaren Sender sowie zusätzlich eine Vielzahl von Programmen gesehen und gehört werden, die nicht im Empfangsbereich der herkömmlichen Antennen ausgestrahlt werden. Daneben sind Störungen (z.B. durch Witterungseinflüsse, Abschattung, Hochspannungsanlagen) praktisch ausgeschlossen und ein Stereoempfang auch von weit entfernten Radiostationen möglich.

Das Medium „Kabelfernsehen" hat zunehmend an Bedeutung gewonnen. In weitem Umfang hat die Deutsche Telekom AG durch Kabelverlegung bis zu einem Übergabepunkt auf dem einzelnen Grundstück die Voraussetzung für einen Anschluss an das Breitbandkabelnetz geschaffen. Von dem Übergabepunkt aus, der meist an der Innenseite der Kelleraußenwand des Gebäudes installiert wird, kann der Anschluss zu den Wohnungen des Hauses hergestellt werden.

> Während der Übergabepunkt grundsätzlich kostenlos erstellt wird, fallen für den Anschluss der Wohnung sowohl **Anschlussgebühren** an die Deutsche Telekom AG als auch **Handwerkerkosten** für die Kabelverlegung im Anwesen an.

Im Zusammenhang mit dem Anschluss des Anwesens an das Breitbandkabel sind insbesondere folgende Fragen von praktischer Bedeutung:

1) Ist der Mieter verpflichtet, den Anschluss seiner Wohnung an das Breitbandkabelnetz zu **dulden** bzw. kann der Vermieter den Anschluss der Wohnung gegen den Willen des Mieters durchführen?

2) Hat der Mieter die **einmaligen** Kosten (Verkabelung innerhalb des Anwesens, einmalige Anschlussgebühren) sowie die **laufenden** monatlichen Gebühren zu zahlen?

3) Besteht ein Rechtsanspruch **des Mieters** auf Anschluss der Wohnung durch den Vermieter?

4) Muss der Vermieter einem Anschluss der Wohnung durch den Mieter **zustimmen?**

Zu 1. Duldungspflicht des Mieters

Die Frage der Duldungspflicht ist nach § 554 Abs. 2 BGB zu beurteilen. Danach hat der Mieter den Anschluss zu dulden, wenn er zu einer **Verbesserung** der gemieteten Räume führt, für den Mieter **keine Härte** darstellt (z.B. wegen der vorzunehmenden Arbeiten oder der zu erwartenden Erhöhung der Miete bzw. der erhöhten monatlichen Betriebskosten) und der Vermieter die Maßnahme sowie die Mieterhöhung form- und fristgerecht **angekündigt** hat.

Die Frage, ob der Anschluss an das Breitbandkabelnetz eine **Verbesserung** der gemieteten Räume darstellt, war in der Vergangenheit umstritten, wird jedoch inzwischen von der obergerichtlichen Rechtsprechung sowie der überwiegenden Literatur bejaht.

Nach dem Rechtsentscheid des KG Berlin vom 27.6.1985 (DWW 1985, 204, Weber/Marx, V/S. 38) stellt der Anschluss bei dem derzeitigen Stand der Informations- und Kommunikationstechnik auch dann eine Verbesserung der gemieteten Räume dar, wenn in der Mietwohnung bereits durch den Anschluss an die vertraglich zur Verfügung gestellte Gemeinschaftsantenne 5 Fernsehprogramme und sämtliche am Ort empfangbaren UKW-Hörfunkprogramme empfangen werden können. Im Anschluss an diesen Rechtsentscheid wurde vom LG Karlsruhe mit Urt. v. 9.7.1987 (DWW 88, 380) festgestellt, dass der Anschluss einer Mietwohnung nicht nur im Land Berlin, sondern auch **im übrigen Bundesgebiet** eine Modernisierung im Sinne von § 554 Abs. 2 BGB darstellt.

Eine Wohnwertverbesserung wurde weiterhin bejaht vom LG Oldenburg (DWW 1985, 233) und vom Landgericht München I (DWW 1987, 163), das weiterhin herausstellt, dass die Frage, ob eine Maßnahme zur Verbesserung der gemieteten Räume vorliegt, nach **objektiven Gesichtspunkten** zu bestimmen ist. Das bedeutet, dass es nicht auf die Wertung des jeweiligen Mieters, sondern allein auf die Verkehrsanschauung ankommt. Entscheidend sei, so führt das Landgericht weiter aus, ob allgemein in dem für das Mietobjekt in Betracht kommenden Mieterkreis der Maßnahme eine Wohnwertverbesserung zugemessen wird, sodass der Vermieter damit rechnen kann, dass die Wohnung nach Durchführung der Maßnahme von künftigen Mietinteressenten bei im Übrigen gleichen Konditionen eher angemietet würde als eine vergleichbare Wohnung, bei der diese Maßnahme nicht durchgeführt worden ist (so auch schon LG Berlin, DWW 1983, 251). Für preisgebundene Mietwohnungen hat der BayVGH (DWW 1992, 119) ausdrücklich bestätigt, dass der Anschluss an das Breitbandkabelnetz eine gebrauchswerterhöhende Modernisierungsmaßnahme (§ 11 Abs. 6 II. BV) darstellt.

Die Kabelverlegung innerhalb der Wohnung erfolgt regelmäßig ohne größere Beeinträchtigung des Mieters, sodass ein **Härteeinwand** wegen der vorzunehmenden Maßnahmen nicht infrage steht.

Die **Erhöhung der Miete** infolge des Anschlusses der Mietwohnung (vgl. unten zu 2.) bewegt sich erfahrungsgemäß meist im Rahmen der Bagatellklausel des § 554 Abs. 3 S. 3 BGB (ca. 5 %) und kann daher einen Härteeinwand nicht begründen (vgl. LG Oldenburg, DWW 1985, 233).

Ebenso stellt eine **Erhöhung der Betriebskosten** von DM 4 (ehemalige Antennengebühr) auf DM 12,60 (monatliche Kabelgebühr) für den Mieter keine Härte dar (LG München I, Urt. v. 10.4.1987, DWW 1987, 163).

An die Frage, ob der Mieter den Anschluss der Wohnung an das Breitbandkabel dulden muss, schließt sich die Frage an, ob der Mieter auch die Beseitigung der bisherigen Gemeinschaftsantenne zu dulden hat. Dies kann nur infrage stehen, soweit dem Mieter durch den Abbau der Gemeinschaftsantenne Nachteile im Empfang entstehen. Bezüglich des Fernsehempfanges stellt sich dieses Problem meist nicht, da regelmäßig alle über die Antenne empfangbaren Programme auch im Kabel eingespeist sind. Bei Hörfunkempfang ist jedoch nur der UKW-, nicht jedoch der LMK-Bereich über das Kabel zu empfangen, sodass gegen die Beseitigung der Antenne des öfteren vorgetragen wird, dies würde den Empfang in diesen Bereichen beeinträchtigen.

Dementsprechend hat auch das KG Berlin (a.a.O.) entschieden, dass der Mieter eine „Umrüstung" auf den Rundfunkempfang durch Kabel, d.h. die gleichzeitige Beseitigung des Anschlusses der Mietwohnung an die vertraglich zur Verfügung gestellte Gemeinschaftsantenne, nicht dulden muss, wenn und solange die Gemeinschaftsantenne ihm den Empfang von Rundfunkprogrammen ermöglicht, deren inhaltlich unveränderte, vollständige und zeitgleiche Einspeisung in das Breitbandkabelnetz nicht gesetzlich gewährleistet ist.

Jedoch kann der Mieter ohne substantiierte Darlegungen nicht damit gehört werden, ihm werde durch den Kabelanschluss der Hörfunkempfang auf den Lang-, Mittel- und Kurzwellen abgeschnitten, da Radiogeräte für die Lang- und Mittelwellen ohnehin über eingebaute Ferrit-Antennen verfügen und die herkömmlichen Gemeinschaftsantennen wegen der zu hohen Eingangsspannungen für normale Radiogeräte mit Kurzwellenteil keine Empfangsverbesserung bringen (vgl. auch AG Karlsruhe-Durlach, Urt. v. 19.2.1987, DWW 1987, 165).

Zutreffend hat daher auch das AG Gelsenkirchen mit Urt. v. 29.4.1987 (DWW 1987, 262) entschieden, dass die Hörfunkantenne für den durchschnittlichen Mieter nur untergeordnete Bedeutung hat und der Vermieter daher nicht verpflichtet ist, die bisherige Gemeinschaftsantenne bestehen zu lassen. Ebenso hat das LG Oldenburg (DWW 1985, 233) festgestellt, dass der Mieter kein schutzwertes Interesse am Weiterbetrieb der Gemeinschaftsantenne hat. Nach dem Urteil des LG Karlsruhe (DWW 1988, 380) schließt der Umstand, dass infolge des Kabelanschlusses einzelne vom Mieter bevorzugte Rundfunkstationen nicht mehr empfangbar sind, das Vorliegen einer „Modernisierung" im Sinne von § 554 Abs. 2 BGB nicht aus.

Kabelfernsehen

Nach § 554 Abs. 3 BGB hat der Vermieter dem Mieter 3 Monate vor Beginn der Maßnahme deren Art und Umfang, Beginn und voraussichtliche Dauer sowie die zu erwartende Erhöhung der Miete (gem. § 559 BGB) schriftlich mitzuteilen. Diese Ankündigungspflicht **entfällt**, wenn die Maßnahme nur mit einer unerheblichen Einwirkung auf die vermieteten Räume verbunden ist und nur zu einer unerheblichen Erhöhung der Miete (bis ca. 5 %) führt (§ 554 Abs. 3 S. 3 BGB).

Zwar liegen diese Voraussetzungen bei einem Anschluss der Wohnung an das Breitbandkabel grundsätzlich vor, jedoch ist dem Vermieter trotzdem zu empfehlen, die Ankündigung form- und fristgerecht durchzuführen, um im Streitfall nicht von einer nachträglichen Bewertung durch das Gericht abhängig zu sein, ob die Einwirkung auf die Räume bzw. die Mieterhöhung nun „unerheblich" war oder nicht.

Zu 2. Kostentragungspflicht des Mieters

Wie unter 1. ausgeführt, stellt der Anschluss der Wohnung an das Breitbandkabelnetz eine Maßnahme zur Verbesserung der gemieteten Räume dar. Diese Verbesserung der Räume führt regelmäßig zu einer **Erhöhung** des Gebrauchswertes der Mietsache, der in Anbetracht insbesondere der Programmvielfalt und der Empfangsqualität auch „**nachhaltig**" im Sinne von § 559 BGB ist.

Daher ist der Vermieter nach § 559 BGB berechtigt, die jährliche Miete (nicht die Betriebskosten!) um 11% der für die Wohnung aufgewendeten **einmaligen** Kosten (Installierungskosten innerhalb des Anwesens, einmalige Anschlussgebühren) zu erhöhen (vgl. AG Münster v. 7.2.1989, WuM 1989, 190; AG Karlsruhe-Durlach v. 19.2.1987, DWW 1987, 165; LG Berlin v. 19.9.1983, DWW 1983, 251; LG Oldenburg v. 12.2.1985, DWW 1985, 233).

Abzulehnen ist die Auffassung, für die Mieterhöhung nach § 559 BGB seien nur die Handwerkerkosten für die Herstellung des hausinternen Verteilungsnetzes, nicht aber die einmalige Anschlussgebühr anzusetzen.

Nach dem Sinn und Zweck des § 559 BGB, den Vermieter im Hinblick auf die zu erwartenden Kosten nicht von einer Verbesserung der Miträume abzuhalten, fehlt für eine unterschiedliche Behandlung der beiden Kostenpositionen jeglicher sachliche Unterscheidungsgrund. Zutreffend ist daher die überwiegende Meinung, dass bei der Mieterhöhung nach § 559 BGB alle dem Vermieter im Zusammenhang mit der Verkabelung entstehenden Kosten (mit Ausnahme eventueller Finanzierungskosten) anzusetzen sind (vgl. Fischer-Dieskau/Pergande/Schwender, Wohnungsbaurecht, 80. Ersatzlieferung, Anmerkung 5 zu § 541 b BGB a.F.; Bub/Treier, Handbuch der Geschäfts- und Wohnraummiete, 1989, Anmerkung III, Rdn. 568, 578, 1092). Für **preisge-**

K 4

bundene Wohnungen hat der BayVGH (DWW 1992, 119) diese Auffassung ausdrücklich bestätigt und weiter ausgeführt, dass sich auch solche Mieter an allen einmaligen Kosten zu beteiligen haben, die von dem Kabelanschluss **keinen Gebrauch** machen wollen.

Beim Anschluss **mehrerer** Wohnungen sind die Gesamtkosten angemessen zu **verteilen**, z.B. ist der Mehraufwand für zusätzliche Steckdosen nur der jeweiligen Wohnung zuzurechnen.

Zu den Einzelheiten einer Mieterhöhung nach § 559 BGB s. „Mieterhöhung bei Wohnraum", Abschnitt 3.

Die **laufenden** monatlichen Gebühren hat der Mieter als **Betriebskosten** (vgl. „Betriebskosten", Abschnitt 2.15.2) auch dann zu bezahlen, wenn er von dem Kabelanschluss **keinen Gebrauch** machen will (AG Karlsruhe-Durlach, a.a.O.; AG Münster, a.a.O.).

Ist im Mietvertrag die **Kostenumlage** für die **Gemeinschaftsantenne** vereinbart, treten an deren Stelle die laufenden Gebühren des Kabelanschlusses. Eine Steigerung auf die nunmehr zu entrichtende monatliche Kabelgebühr stellt eine **Betriebskostenerhöhung** im Sinne von § 560 BGB dar (AG Münster, a.a.O.), wobei eine Erhöhung z.B. von DM 4,- auf DM 12,60 pro Monat eine Härte nicht begründen kann (LG München I, a.a.O.).

Umlagefähig sind jedoch nur die tatsächlich gezahlten Gebühren, sodass Rabatte an Mieter weiterzugeben sind.

Zu 3. Rechtsanspruch des Mieters auf Anschluss

§ 554 Abs. 2 BGB berechtigt lediglich den Vermieter unter gewissen Voraussetzungen und in einem bestimmten Umfang, den Vertragsgegenstand einseitig zu ändern. Dagegen gibt es keine entsprechende gesetzliche Vorschrift, die dem Mieter einen Rechtsanspruch auf Änderung des Mietvertrages gibt, sodass der Vermieter zwar berechtigt, jedoch nicht verpflichtet ist, den Vertragsgegenstand zu ändern bzw. zu erweitern und die Mietwohnung an das Breitbandkabel anzuschließen (vgl. auch „Änderung des Mietvertrages").

Hat der Vermieter daher selbst kein Interesse, das Anwesen an das Breitbandkabel anzuschließen (z.B. weil die Antenne erst mit großem Kostenaufwand überholt wurde oder absehbar ist, dass bei mehreren Mietern die Duldung gerichtlich erzwungen werden müsste), besteht für den Vermieter keine Veranlassung, dem Verlangen der anschlusswilligen Mieter nachzukommen.

Hier schließt sich die Frage an, ob der Mieter dann in eigener Regie und auf eigene Kosten seine Mietwohnung an das Kabel anschließen darf bzw. ob der Vermieter die Herstellung eines Anschlusses durch den Mieter dulden und dem Mieter die erforderliche Erlaubnis erteilen muss.

Zu 4. Zustimmungspflicht des Vermieters

Soweit nicht ausdrückliche vertragliche Vereinbarungen bestehen, kann der Mieter ein entsprechendes Verlangen nur auf dem Grundsatz von Treu und Glauben (§ 242 BGB) stützen. § 242 BGB gebietet es dem Vermieter, dem Mieter nicht ohne triftigen Grund Einrichtungen zu versagen, die diesem das Leben in der Mietwohnung angenehmer gestalten können und durch die er als Vermieter nur unerheblich beeinträchtigt und die Mietsache nicht verschlechtert wird (LG Kassel, Urt. v. 29.9.1989, WuM 1989, 557).

Eine **erhebliche Beeinträchtigung der Rechte des Vermieters** mit der Folge, dass dieser seine Zustimmung verweigern darf, ist z.B. gegeben, wenn bei einem Einfamilienhaus für den Kabelanschluss ein Graben von der Grundstücksgrenze bis zum Haus erforderlich wäre (LG Kassel, a.a.O.). Gleiches gilt, wenn Eingriffe in die bauliche Substanz erforderlich sind, die das Mietobjekt in nur schwer behebbarer Weise verändern (AG Berlin-Schöneberg, Urt. v. 22.3.1988, WuM 1988, 251).

Sind keine oder nur unerhebliche Eingriffe in das Mietobjekt erforderlich (z.B. weil die Kabel durch Kabelschächte eingezogen werden können), kann eine erhebliche Beeinträchtigung der Rechte des Vermieters in der langen Laufzeit der Verträge mit der Kabelgesellschaft liegen.

Im **Ergebnis** kann unter Berücksichtigung der – sehr uneinheitlichen – Rechtsprechung zu dieser Problematik festgehalten werden, dass ein **Anspruch des Mieters auf Zustimmung** des Vermieters zu einem Kabelanschluss nur dann besteht, wenn

a) Eingriffe in die bauliche Substanz des Mietobjekts nicht oder nur in unerheblichem Umfang erforderlich sind (LG Kassel, a.a.O.; LG Berlin, DWW 1990, 206);

b) der Mieter alle **Kosten** übernimmt und den Vermieter von allen finanziellen Risiken **freistellt** (LG Siegen, Urt. v. 9.2.1989, NJW RR 1989, 251; LG Heidelberg, Urt. v. 3.10.1986, WuM 1987, 17; AG Göttingen, Urt. v. 17.5.1989, DWW 1989, 231) und

c) der Mieter sich zudem verpflichtet, bei Beendigung des Mietverhältnisses die Anlage auf Verlangen des Vermieters zu beseitigen und den ursprünglichen Zustand wiederherzustellen (LG Siegen, a.a.O.; AG Hamburg, Urt. v. 18.12.1984, DWW 1985, 131; AG Wuppertal, Urt. v. 15.11.1985, MDR 1986, 412).

Der Mieter hat die Erfüllung dieser Verpflichtungen durch entsprechende vertragliche Vereinbarungen mit dem Anschlussgeber (z.B. durch Vereinbarung eines außerordentlichen Kündigungsrechts bei Auszug) sicherzustellen, wobei sich auch der Vermieter eine Kündigungsmöglichkeit seines Vertrages mit dem Anschlussgeber (bezüglich der Duldung) vorbehalten sollte.

Probleme beim Anschluss des Mieters können sich weiterhin dadurch ergeben, dass pro Anwesen grundsätzlich **nur ein Übergabepunkt** (Durchschaltepunkt) vorhanden ist, der im Verantwortungsbereich des Hauseigentümers bzw. der Wohnungseigentümergemeinschaft oder

Kabelfernsehen

auch der einzelnen Mieter bzw. sonstigen Nutzer liegt. Daher müssen sich ab dem Übergabepunkt alle Anschlussnehmer einigen, wie die Verteilung der Kabelsignale technisch und kostenmäßig gesichert wird. Hauseigentümer bzw. Mieter müssen sich untereinander über die Installierung der Verstärker, Verteilereinrichtungen und insbesondere auch der Kosten für diese Ausrüstungen einigen.

Das **gebührenrechtliche** Problem, das früher darin bestanden hatte, dass sich sämtliche nachfolgenden Anschlussnehmer bei dem Erstteilnehmer anschließen mussten und dieser als Gebührenschuldner für sämtliche Teilnehmer gehaftet hat, ist durch die Umstellung der entsprechenden Regelungen der Telekommunikationsordnung auf AGB ab 1.7.1991 beseitigt. Jeder Kunde hat nunmehr die Möglichkeit, gebührenrechtlich einen **Einzelnutzervertrag** mit der Deutschen Telekom AG zu schließen. Diese Neuregelung entspricht weitgehend den Forderungen des VG Neustadt, das mit Urteil vom 22.2.1988 (DWW 1988, 259) entschieden hatte, dass es gegen § 14 Postverwaltungsgesetz und gegen Art. 5 Grundgesetz (Informationsfreiheit) verstößt, wenn der erste Teilnehmer zum einen verpflichtet wird, entweder nachfolgenden Teilnehmern im selben Haus die entgeltliche Nutzung dieses Anschlusses einzuräumen oder mit diesen eine Teilnehmergemeinschaft zu bilden und wenn er zum anderen dementsprechend gegenüber der Deutschen Telekom AG für die gesamten Gebühren der hinzugekommenen Wohnungsinhaber haftet.

Dies ist nach der **Neuregelung** nicht mehr der Fall.

Der Einzelanschlussnehmer haftet nicht mehr für mögliche Gebührenausfälle anderer Nutzer im Haus.

Der Hauseigentümer kann somit beispielsweise für die Nutzung in seiner eigenen Wohnung im Haus den Kabelanschluss beantragen; er braucht aber für die Mieter im Haus nicht mehr das Gebühreninkasso durchzuführen. Er ist zwar nach wie vor verpflichtet, andere Anschlussnehmer im Haus an der Nutzung des Übergabepunktes teilnehmen zu lassen, ist jedoch **von jeder Haftung** für zahlungsunfähige bzw. zahlungsunwillige Dritte **befreit**. Diese Regelung (Einzelnutzerverhältnis) kann auf Antrag auch hinsichtlich bereits bestehender Teilnehmerverhältnisse eingeführt werden.

Zu beachten ist aber, dass sich diese Neuregelung nur auf das Gebührenschuldverhältnis, nicht jedoch auf die technische Handhabung bezieht, sodass diese Probleme nach wie vor bestehen bleiben.

Unbeschadet dieser Neuregelung besteht weiterhin die Möglichkeit des **Einzelanschlusses durch eine Kabelservicegesellschaft**. Dabei erhält diese Gesellschaft in der Regel bedingungsgemäß das Monopol für alle weiteren Anschlüsse im Anwesen, sodass der Anschluss anderer Wohnungen durch die Deutsche Telekom AG nicht mehr möglich ist. Weiterhin sehen die Vertragsbedingungen der Gesellschaften meist eine **Laufzeit von 10 bis 15 Jahren** vor,

Kabelfernsehen

wodurch der Vermieter für lange Zeit an eine Gesellschaft gebunden ist und deren Anlage in seinem Anwesen dulden muss.

Während der Laufzeit des Vertrages darf der Hauseigentümer keinem anderen Unternehmen die Errichtung anderer zentraler Empfangsanlagen (z.B. einer Gemeinschaftsparabolantenne) gestatten, da der **Konkurrenzschutz** auch ohne ausdrückliche Vereinbarung immanenter Bestandteil des Vertrages über den Breitbandkabelanschluss ist (OLG Köln, Urt. v. 26.2.1996, WuM 1996, 465). Enthält der Vertrag keine oder eine (wegen Verstoßes gegen § 9 AGB-Gesetz) unwirksame Regelung über die Laufzeit, gilt die übliche Vertragsdauer von 12 Jahren (OLG Köln, a.a.O.).

Der **Käufer** eines Anwesens tritt **nicht** kraft Gesetz in einen Kabelanschlussvertrag ein, den der Verkäufer mit dem Betreiber einer Hausverteilanlage abgeschlossen hat. Ein solcher „Gestattungsvertrag über die Errichtung und den Betrieb von Hausverteilanlagen" ist **nicht** als Mietvertrag zu bewerten und geht somit **nicht gem. § 566 BGB** auf den Käufer über (OLG Brandenburg, Beschl. v. 15.9.2000, Az. 7 U 105/00, GE 2000, 1474; a.a. OLG Köln, NJW-RR 1997, 741). Der Käufer des Anwesens ist daher nur dann an den Gestattungsvertrag gebunden, wenn er mit dem Betreiber der Kommunikationsanlage eine entsprechende Vereinbarung trifft.

Die in den Allgemeinen Geschäftsbedingungen eines Betreibers von Breitbandkabel-Verteileranlagen enthaltene Klausel, die Kabelanschlusskunden müssten für den Einzug des monatlichen Nutzungsentgelts eine **Einzugsermächtigung** erteilen, ist wirksam, da sie den Kunden nicht unangemessen benachteiligt (i.S.v. § 9 AGB-Gesetz; BGH, Urt. v. 10.1.1996, WuM 1996, 205).

Zur Rechtslage beim Verkauf des Anwesens s. „Eigentümerwechsel".

Kabelgebühren → „Betriebskosten", Abschnitt 2.15.2, „Kabelfernsehen"

Kaltmiete → „Miete"

Kappungsgrenze → „Mieterhöhung"

Kaution

Inhaltsübersicht		Seite
1	Erforderlichkeit einer Vereinbarung	K 9
2	Inhalt der Kautionsvereinbarung	K 10
3	Folge der Nichtzahlung	K 11
4	Anlage der Kaution	K 12
5	Erträge der Kaution	K 13
5.1	Zinsabschlagsteuer	K 13
5.2	Ausnahmen von der Verzinsungspflicht	K 14
6	Abrechnung der Kaution	K 15
7	Fälligkeit des Kautionsrückzahlungsanspruches	K 16
8	Folgen der Kautionsrückzahlung	K 17
9	Kautionen bei Geschäftsräumen	K 18

Die Leistung einer **Barkaution** durch Bereitstellung einer bestimmten Geldsumme ist die praktisch häufigste Form der Sicherheitsleistung des Mieters an den Vermieter (vgl. § 232 BGB). Im frei finanzierten Wohnungsbau dient die Kaution der Sicherung aller künftigen Ansprüche des Vermieters aus dem Mietverhältnis (OLG Celle, Urt. v. 14.12.1984, NJW 1985, 1715; einschließlich evtl. Kosten der Rechtsverfolgung – LG Duisburg, NZM 1998, 808). Dagegen ist die Vereinbarung einer Sicherheitsleistung des Mieters bei **preisgebundenem** Wohnraum nur zulässig, soweit sie dazu bestimmt ist, Ansprüche des Vermieters aus Schäden oder unterlassenen Schönheitsreparaturen zu sichern (§ 9 Abs. 5 WoBindG; vgl. LG Hannover, WuM 1998, 347). Zur Abdeckung von Mietrückständen darf die Kaution bei preisgebundenem Wohnraum nicht verwendet werden, da der Vermieter hier bei Ermittlung der Kostenmiete ein Nutzungsausfallwagnis in der Berechnung ansetzen kann (vgl. „Kostenmiete").

1 Erforderlichkeit einer Vereinbarung

Eine Kaution kann vom Mieter nur aufgrund einer **vertraglichen Vereinbarung** verlangt werden, da gesetzliche Vorschriften über eine Verpflichtung des Mieters zur Leistung einer Kaution nicht existieren. Die Bestimmungen über die Kaution, z.B. § 551 BGB, setzen das Bestehen einer entsprechenden Vereinbarung voraus und stellen lediglich Beschränkungen der Vertragsfreiheit zum Schutz des Mieters dar.

Wurden keine vertraglichen Vereinbarungen über die Leistung einer Sicherheit durch den Mieter getroffen (z.b. im Mietvertrag), besteht daher kein Rechtsanspruch des Vermieters auf Abschluss einer ergänzenden Vereinbarung über die Zahlung einer Kaution durch den Mieter. Entsprechend besteht auch kein Rechtsanspruch auf Erhöhung einer vom Mieter vertragsgemäß geleisteten Kaution.

Wurde jedoch die Zahlung einer Kaution vereinbart, kann der Vermieter diese so lange verlangen, wie ihm noch Ansprüche aus dem Mietverhältnis zustehen. Daher kann er die Kaution auch noch nach Beendigung des Mietverhältnisses durch Zwangsvollstreckung beitreiben (BGH, NJW 1981, 976; OLG Düsseldorf, ZMR 1996, 493; a.A. LG Nürnberg-Fürth, WuM 1994, 708). Der Vermieter hat somit nach Beendigung des Mietverhältnisses grundsätzlich die Wahl, ob er die Kaution **oder** die Zahlungsansprüche einklagt; jedoch ist es ihm verwehrt, beide Forderungen geltend zu machen (LG Saarbrücken, WuM 1996, 616). Ergibt sich der Kautionszahlungsanspruch aus dem Mietvertrag, kann der Vermieter im **Urkundsprozess** klagen. Dies hat für den Vermieter den Vorteil, dass der Mieter nicht behaupten kann, die Ansprüche würden nicht bestehen.

Die Kaution unterliegt einer **treuhände**-

rischen Zweckbindung. Deshalb kann der Vermieter den Kautionszahlungsanspruch nicht an einen Dritten abtreten (OLG Düsseldorf, Urt. v. 20.1.2000, Az. 10 U 182/98, GE 2000, 342).

2 Inhalt der Kautionsvereinbarung

Bei Mietverhältnissen über **Wohnraum** regelt § 551 BGB zwingend bestimmte Einzelheiten:

Danach darf die Sicherheitsleistung des Mieters höchstens das **Dreifache** der auf einen Monat entfallenden Miete ohne die als Pauschale oder als Vorauszahlung ausgewiesenen Betriebskosten betragen. Darüber hinausgehende Beträge kann der Mieter trotz Bestehens einer entsprechenden Vereinbarung zurückfordern, da er sie „rechtsgrundlos" im Sinne der §§ 812ff. BGB geleistet hat.

Der Mieter ist berechtigt, die Geldsumme in drei gleichen monatlichen **Teilleistungen** zu erbringen, wobei die erste Teilleistung zu Beginn des Mietverhältnisses fällig ist (§ 551 Abs. 2 S. 1 und 2 BGB).

Gegen diese Bestimmung verstößt eine mietvertragliche Klausel, deren Inhalt geeignet ist, den Mieter über seine Berechtigung zur Erbringung von Teilleistungen zu täuschen, z.B. „Der Mieter leistet bei Abschluss des Mietvertrages eine Mietsicherheit in Höhe von DM ..., höchstens jedoch in Höhe der dreifachen Monatsmiete" (LG Hamburg, WuM 1990, 416). Nach Ansicht des LG Hamburg könnte der Mieter die Klausel dahin verstehen, dass er zur Zahlung der vollen Kaution bei Abschluss des Mietvertrages verpflichtet ist. Eine solche Klausel ist jedoch **nicht insgesamt**, sondern nur hinsichtlich der vorzeitigen Fälligkeit unwirksam. Der Mieter ist daher berechtigt, die Kaution in drei gleichen Monatsraten zu zahlen, kann jedoch eine geleistete Kaution nicht insgesamt zurückfordern (LG Lüneburg, Urt. v. 9.9.1999, Az. 1 S 116/99, NZM 2000, 376).

Wirksam ist dagegen eine entsprechende Klausel ohne die Worte „bei Abschluss des Mietvertrages", z.B. „Der Mieter zahlt an den Vermieter eine Kaution gem. § 551 BGB in Höhe von DM ... zur Sicherung aller Ansprüche des Vermieters aus dem Mietverhältnis", da durch eine solche Formulierung die gesetzliche Ratenzahlungsmöglichkeit des Mieters nicht ausgeschlossen wird (LG Gießen, WuM 1996, 144).

Um sicherzustellen, dass zumindest die erste Kautionsrate termingemäß gezahlt wird, kann der Vermieter die Überlassung der Wohnung bei Beginn des Mietverhältnisses davon abhängig machen, dass die erste Kautionsrate Zug um Zug gegen Überlassung (z.B. Aushändigung der Schlüssel) gezahlt wird. Die Auswirkungen dieses Rechts des Mieters auf Ratenzahlung der Kaution sind in der Praxis jedoch gering, da es dem Vermieter weiterhin unbenommen bleibt, den Abschluss des Mietvertrages von dem Nachweis der vollständigen Zahlung abhängig zu machen.

Eine Mietkaution kann auch durch Hinterlegung von **Wertpapieren** geleistet werden, sofern nichts anderes (z.B. eine Barkaution) vereinbart ist. Jedoch ist der Mieter darlegungspflichtig, dass es sich um sog. mündelsichere Wertpapiere (§§ 1807, 234 BGB) handelt (LG Berlin, NJW-RR 1998, 10).

3 Folge der Nichtzahlung

Erfüllt der Mieter die Leistung der Sicherheit nicht, kann der Vermieter auf Erfüllung klagen bzw. den Anspruch durch gerichtlichen Mahnbescheid geltend machen. Zur **fristlosen Kündigung** ist der Vermieter von Wohnraum grundsätzlich nicht berechtigt, da allein die Nichtzahlung der Kaution für den Vermieter nicht zu einer Unzumutbarkeit der Fortsetzung des Mietverhältnisses führt (i.S.v. § 543 Abs. 1 BGB; LG Köln, WuM 1993, 605; LG Bielefeld, WuM 1992, 124). Dagegen rechtfertigt bei **gewerblichen** Mietverhältnissen die Nichtzahlung der Kaution jedenfalls dann eine fristlose Kündigung, wenn die Zahlung mehrfach angemahnt wurde (OLG München, Beschl. v. 17.4.2000, WuM 2000, 304). Zu empfehlen ist jedoch eine vorherige förmliche Abmahnung mit Androhung der Kündigung (vgl. § 543 Abs. 3 BGB; OLG Celle, ZMR 1998, 272). Eine fristlose Kündigung ist ferner berechtigt, wenn durch die Nichtzahlung der Kaution das Sicherungsbedürfnis des Vermieters erheblich tangiert wird, z.B. bei Zahlungsunfähigkeit des Mieters oder wenn der Mieter auch sonst fällige Zahlungen nicht pünktlich leistet (OLG Düsseldorf, Urt. v. 12.1.1995, WuM 1995, 438; vgl. auch Sternel, III 234, IV 514).

Wegen Mängel der Mietsache steht dem Mieter kein **Zurückbehaltungsrecht** zu, da er durch die §§ 536, 536 a BGB ausreichend geschützt ist (OLG Düsseldorf, ZMR 1998, 159; LG Nürnberg-Fürth, NJW-RR 1992, 335; LG Köln, WuM 1993, 605); auch die **Aufrechnung** mit Schadensersatzansprüchen ist ausgeschlossen (LG Hamburg, WuM 1991, 586).

4 Anlage der Kaution

Eine Geldsumme ist vom Vermieter **getrennt** von seinem Vermögen bei einem Kreditinstitut zu dem für Spareinlagen mit dreimonatiger Kündigungsfrist üblichen Zinssatz anzulegen (§ 551 Abs. 3 S. 1 und 3 BGB).

Für Mietverhältnisse, die **vor** dem In-Kraft-Treten des § 550b BGB a.F. (1.1.1983) vereinbart wurden, gilt die Anlagepflicht nicht. Hier ist der Vermieter nicht verpflichtet, die geleistete Kaution nachträglich getrennt von seinem Vermögen anzulegen (LG Hamburg, WuM 1987, 316).

Die Anlage auf einem Sonderkonto bewirkt, dass dem Mieter bei Insolvenz des Vermieters ein **Aussonderungsrecht** zusteht und er im Fall der Zwangsvollstreckung gegen den Vermieter die **Drittwiderspruchsklage** erheben kann (§ 771 ZPO; vgl. BayObLG, RE v. 8.4.1988, WuM 1988, 205, Weber/Marx XIII/S. 38).

Hat der Vermieter eine solche Vermögenstrennung unterlassen, stellt der Rückzahlungsanspruch des Mieters nach Eröffnung des Insolvenzverfahrens über das Vermögen des Vermieters nur eine einfache Insolvenzforderung dar (OLG Hamburg, RE v. 29.11.1989, DWW 1990, 20; Weber/Marx IX/S. 29).

Der Vermieter muss nicht für jeden Mieter ein separates Kautionskonto führen. Die Anlage auf ein als Sonderkonto bezeichnetes Konto zusammen mit Kautionen aus anderen Mietverhältnissen genügt.

Der Vermieter muss dem Mieter auf dessen Verlangen über die Anlage der Kaution sowie über die Höhe der tatsächlich gezogenen Zinsen Rechnung legen (LG Düsseldorf, WuM 1993, 400).

Seit In-Kraft-Treten des Mietrechtsreformgesetzes (1.9.2001) können die Parteien auch eine **andere Anlageform** vereinbaren (§ 551 Abs. 3 S. 2 BGB), z.B. um höhere Erträge (Zinsen oder Dividenden) zu erwirtschaften. Das Risiko trägt dabei jede Partei selbst, sodass bei einer Minderung oder eines Verlustes des eingesetzten Kapitals weder der Vermieter vom Mieter eine Auffüllung der Sicherheit noch der Mieter vom Vermieter Schadensersatz oder eine Mindestverzinsung verlangen kann (s. Begründung des Gesetzentwurfes, abgedr. in NZM 2000, 436).

Ein Verstoß gegen die Anlagepflicht kann nicht nur zivilrechtliche Ansprüche des Mieters begründen, sondern auch den Straftatbestand der **Untreue** (§ 266 StGB) erfüllen, da der Vermieter bezüglich der vom Mieter geleisteten Kaution eine Vermögensbetreuungspflicht hat und dem Mieter ein Vermögensnachteil (i.S.d. § 266 StGB) entsteht, wenn durch Unterlassen der getrennten Anlage sein Rückzahlungsanspruch bei Zahlungsunfähigkeit des Vermieters nicht gesichert ist (BGH, Beschl. v. 23.8.1995, NJW 1996, 65; a.a. OLG Düsseldorf, DWW 1993, 333).

Ein Verstoß gegen die Anlagepflicht liegt daher auch vor, wenn der Vermieter die Kaution nach Beendigung des Mietverhältnisses und vor Rückzahlung an den Mieter auf sein Girokonto transferiert (LG Kiel, Az. 1 S 256/97, WuM 1999, 571).

In gleicher Weise kann sich aber auch der **Mieter** strafbar machen, wenn er nach außen hin allein über den auf einem Sparbuch angelegten Kautionsbetrag verfügen kann und die Überweisung auf sein Privatkonto veranlasst (BayObLG, Urt. v. 18.12.1997, NZM 1998, 228; WuM 1998, 226).

5 Erträge der Kaution

Die **gesamten** Erträge aus der Geldanlage, z.B. Zinsen oder Dividenden, stehen in vollem Umfang dem Mieter zu. Der **Mieter** hat diese Erträge als Einkünfte aus Kapitalvermögen zu **versteuern**. **Provisionen** oder sonstige Vorteile, die der Vermieter vom Kreditinstitut für die Anlage der Kaution erhält, muss er **nicht** an den Mieter weitergeben (Sternel, III 244).

5.1 Zinsabschlagsteuer

Ist der **Mieter** Kontoinhaber (Sparbuch auf den Namen des Mieters mit Verpfändungserklärung), kann er durch Erteilung eines Freistellungsauftrages verhindern, dass von den anfallenden Zinsen die Zinsabschlagsteuer abgezogen wird.

Ist der **Vermieter** Kontoinhaber, kann weder der Vermieter noch der Mieter einen solchen Freistellungsauftrag erteilen. Hier gilt nach dem Erlass des Bundesfinanzministers vom 26.10.1992 (IV B 4 – S 2000 – 252/92; BStBl 1992 I S. 693) sowie dem Schreiben vom 9.5.1994 (IV B 4 – S 2252 – 276/94; BStBl 1994 I S. 312) Folgendes:

- Hat der Vermieter ein für das Kreditinstitut als **Treuhandkonto** erkennbares Sparkonto eröffnet und weiß das Kreditinstitut, wer der Treugeber (= Mieter) ist, hat es die Steuerbescheinigung auf den Namen des Mieters auszustellen. Der Vermieter hat dem Mieter die Steuerbescheinigung zur Verfügung zu stellen (§ 34 Abs. 1 und 3 AO), damit er die Zinsen versteuern und den einbehaltenen Zinsabschlag auf seine Einkommensteuer anrechnen lassen kann.

- Hat das Kreditinstitut von dem Treuhandverhältnis Kenntnis, ohne zu wissen, ob der Kontoinhaber Anspruch auf die Zinsen hat, ist die Steuerbescheinigung auf den Namen des Kontoinhabers (= Vermieter) auszustellen und mit dem Vermerk „Treuhandkonto" zu versehen. Auch hier hat der Vermieter dem Mieter die Steuerbescheinigung zur Verfügung zu stellen.

- Werden die Mietkautionen mehrerer Mieter auf demselben Konto angelegt, ist der Vermieter als Vermögensverwalter (i.S.d. § 34 AO) verpflichtet, gegenüber dem für ihn zuständigen Finanzamt eine Erklärung zur einheitlichen und gesonderten Feststellung der Einkünfte aus Kapitalvermögen der Mieter (§ 180 AO) abzugeben. Sieht das Finanzamt von einer einheitlichen und gesonderten Feststellung der Einkünfte ab (§ 180 Abs. 3 S. 1 Nr. 2 AO), kann es dies gegenüber dem Vermieter durch negativen Feststellungsbescheid feststellen. In diesem Fall hat der Vermieter dem Mieter eine Ablichtung des Bescheids und der Steuerbescheinigung des Kreditinstituts zur Verfügung zu stellen sowie den anteiligen Kapitalertrag und den anteiligen Zinsabschlag mitzuteilen. Diese Unterlagen hat der Mieter seiner Einkommensteuererklärung beizufügen.

Die Erträge, z.B. die Kautionszinsen, dienen der Erhöhung der Sicherheit (§ 551 Abs. 3 S. 4 BGB), sodass der Mieter **keinen Anspruch auf Auszahlung** der Erträge hat. Dies gilt auch für die über den mietvertraglich vereinbarten Zinsfuß hinaus gezogenen Zinsen (LG Düsseldorf, WuM 1993, 400).

5.2 Ausnahmen von der Verzinsungspflicht

Bei Wohnraum in einem **Studenten- oder Jugendwohnheim** besteht für den Vermieter keine Verpflichtung, die Sicherheitsleistung zu verzinsen (§ 551 Abs. 3 S. 5 BGB; vgl. auch „Heimverträge"). Alle anderen Vorschriften über die Kaution gelten aber auch für diese Art von Wohnraum.

Für Mietverhältnisse, die **nach** dem 1.1.1983 abgeschlossen wurden, ist die Verzinsungspflicht **unabdingbar**, d.h. ein vereinbarter Verzinsungsausschluss wäre wegen Verstoßes gegen § 551 Abs. 4 BGB unwirksam.

Für Mietverhältnisse, die **vor** dem 1.1.1983 abgeschlossen wurden, besteht eine Verzinsungspflicht nur, wenn dies entweder ausdrücklich vereinbart oder eine Regelung über die Verzinsung nicht getroffen wurde (BayObLG, RE v. 9.2.1981, BayObLGZ 81, 15; Weber/Marx, I/S. 78; BGH, RE v. 8.7.1982, DWW 1982, 270).

Wurde die Verzinsung **vor dem 1.1.1983** durch **Vertrag** ausdrücklich ausgeschlossen, muss die Kaution nicht verzinst werden – auch nicht für die Zeit nach dem 1.1.1983 (Art. 229 § 3 Abs. 8 EGBGB).

Nach der Begründung der Beschlussempfehlung des Rechtsausschusses (BTDrucks. 14/5663) zu Art. 229 § 3 Abs. 10 EGBGB (siehe „Kündigungsfristen") setzt ein „Vertrag" eine echte Vereinbarung voraus, sodass weiterhin strittig bleibt, ob ein formularvertraglicher Ausschluss (z.B. in vorgedruckter Form) ausreichend ist, bzw. ob dieser wegen Verstoßes gegen das Gesetz zur Regelung des Rechts der Allgemeinen Geschäftsbedingungen unwirksam ist.

Während das LG Frankfurt (Urt. v. 22.12.1987, WuM 1988, 307) sowie das AG Ludwigshafen (Urt. v. 8.6.1983, WuM 1986, 335) keinen Verstoß gegen das AGB-Gesetz sehen, vertrat eine andere Kammer des LG Frankfurt (Urt. v. 20.8.1986, WuM 1986, 336) die Meinung, dass der formularmäßige Verzinsungsausschluss unwirksam sei. In gleicher Weise wurde auch vom LG Nürnberg-Fürth (Urt. v. 14.2.1986, WuM 1988, 158) und vom LG München I (Urt. v. 21.2.1989, WuM 1989, 236; 27.11.1991, WuM 1992, 617; Urt. v. 21.7.1999, Az. 31 S 844/99, WuM 1999, 515) entschieden, wobei das LG München den Verstoß gegen das AGB-Gesetz im erstgenannten Urteil damit begründete, dass der formularmäßige Verzinsungsausschluss dem Wesen und Leitbild der Kaution widerspricht, da er zu einer dem Wesen der Kaution nicht entsprechenden Bereicherung des Vermieters führt.

Eine Unwirksamkeit des Verzinsungsausschlusses wirkt nach Ansicht des Gerichts (WuM 1992, 617) auf den Zeitpunkt des Vertragsschlusses zurück mit der Folge, dass die Kaution grundsätzlich ab dem Zeitpunkt der Leistung zu verzinsen ist (§ 9 i.V.m. § 28 Abs. 2 AGB-Gesetz). Dabei ist aber zu beachten, dass der Mieter für den Fall, dass die Vereinbarung im Mietvertrag ausdrücklich – jedoch in unwirksamer Weise – ausgeschlossen wurde, nicht besser gestellt werden darf als ein Mieter, dessen Mietvertrag keine Regelung über die Verzinsung beinhaltet. Daher muss eine Verzinsung nicht für einen zurückliegenden Zeitraum erfolgen, in welchem der Mieter nicht mit einer Verzinsung rechnen durfte. Zumindest ab dem Jahr 1970 ist nach Ansicht des Gerichts eine solche Erwartung jedoch berechtigt.

> In Anbetracht dieser widersprüchlichen Rechtsprechung zur Wirksamkeit eines **formular**mäßigen Verzinsungsausschlusses bleibt festzustellen, dass ein Anspruch des Mieters auf Zahlung von Zinsen der von ihm geleisteten Kaution jedenfalls dann nicht besteht, wenn der Verzinsungsausschluss bei **vor** dem 1.1.1983 vereinbarten Mietverhältnissen in **einzelvertraglicher** Form (z.B. als hand- oder maschinenschriftlicher Zusatz) erfolgte (vgl. z.B. LG München I, Urt. v. 8.10.1996, Az. 20 S 13386/96; AG München, Urt. v. 19.6.1996, Az. 451 C 421/96).

Zur Unterscheidung zwischen einzelvertraglicher und formularmäßiger Vereinbarung vgl. „Allgemeine Geschäftsbedingungen".

6 Abrechnung der Kaution

Während eines noch laufenden Mietverhältnisses darf der Vermieter die Kaution nur **aufbrauchen**, wenn und soweit seine Forderung rechtskräftig festgestellt, unstreitig oder so offensichtlich begründet ist, dass ein Bestreiten mutwillig erscheint, da der Mieter im Fall der Insolvenz des Vermieters sein Aussonderungsrecht verliert, soweit die Kaution in das Vermögen des Vermieters übergeht (LG Mannheim, WuM 1996, 269). In diesem Fall kann der Vermieter zwar Auffüllung der Kaution verlangen (BGH, WPM 1972, 335), jedoch ist dem Vermieter grundsätzlich nicht zu empfehlen, die Kaution während eines noch laufenden Mietverhältnisses aufzubrauchen. Vielmehr sollte der Vermieter seine Forderungen sofort und ggf. gerichtlich geltend machen, damit der Kautionsbetrag erhalten bleibt und bei Beendigung des Mietverhältnisses zur Abdeckung von Ansprüchen, z.b. wegen Schäden oder unterlassener Schönheitsreparaturen, verwendet werden kann.

Der Vermieter ist auch nicht verpflichtet, sich aus der Kaution zu befriedigen.

> Der Mieter ist daher nicht berechtigt, die Bezahlung der Miete zu verweigern und den Vermieter auf eine Befriedigung aus der Kaution zu verweisen (LG München I, WuM 1996, 541). Der Vermieter kann trotz bestehender Kaution die vollständige Miete durch Klage bzw. Mahnbescheid geltend machen und unter gewissen Voraussetzungen das Mietverhältnis kündigen (s. „Kündigung", Abschnitt 3.2.1.2).

Zur **Abrechnung** der Kaution und Auszahlung des verbleibenden Teils ist der Vermieter erst nach Beendigung des Mietverhältnisses und Rückgabe der Mietsache verpflichtet. Neben sonstigen Gegenforderungen (z.B. Schadensersatzansprüche wegen Schäden an der Mietsache oder unterlassener Schönheitsreparaturen – vgl. „Schönheitsreparaturen") kann der Vermieter gegen den Kautionsrückzahlungsanspruch des Mieters auch mit Kosten aufrechnen, die ihm von der Bank für die Auflösung des Mietkautionskontos in Rechnung gestellt werden, da es sich insofern um Kosten handelt, die durch die Verwaltung des Treuhandvermögens verursacht werden und daher zu dessen Lasten gehen (§ 1210 Abs. 3 BGB entsprechend; AG Büdingen, WuM 1995, 483).

Rechnet der Vermieter nach dem vorzeitigen Auszug des Mieters mit laufenden Mietzahlungsansprüchen aus dem befristeten Mietverhältnis gegen den vom Mieter klageweise geltend gemachten Kautionsrückzahlungsanspruch auf, muss der **Mieter** darlegen und beweisen, dass er zur Entrichtung der Miete nicht mehr verpflichtet war, z.b. weil der Vermieter die Wohnung an einen Dritten **zum Gebrauch** überlassen hat und der Vermieter daher außerstande (gewesen) ist, dem Mieter den Gebrauch der Mietsache zu gewähren (KG Berlin, Beschl. v. 11.6.1998, Az. RE-Miet 8688/96, WuM 1998, 472).

Zur Verpflichtung des **Käufers** einer Wohnung zur Abrechnung und Rückzahlung einer an den **Verkäufer** geleisteten Kaution s. „**Eigentümerwechsel**".

7 Fälligkeit des Kautionsrückzahlungsanspruches

Fällig ist der Anspruch des Mieters auf Rückzahlung erst angemessene Zeit nach der Räumung, wenn für den Vermieter das Vorliegen und der Umfang seiner Gegenforderungen überschaubar ist.

> Wie viel Zeit dem Vermieter zuzubilligen ist, hängt von den Umständen des Einzelfalles ab. Üblicherweise ist eine Überlegungs- und Prüfungsfrist von **drei Monaten** nach Beendigung des Mietverhältnisses anzusetzen (LG Berlin, Urt. v. 21.6.1994, ZMR 1994, XIV; vgl. auch OLG Köln, WuM 1998, 154: 2½ Monate, wenn Ansprüche fest-

stehen). Im Einzelfall kann auch eine Frist von sechs Monaten noch angemessen sein (OlG Celle, Urt. v. 14.12.1984, NJW 1985, 1715).

Vor Ablauf dieser Frist ist der Rückzahlungsanspruch des Mieters grundsätzlich nicht fällig. Der Mieter ist somit nicht berechtigt, die Rückgabe der Schlüssel von der sofortigen Auszahlung der Kaution abhängig zu machen.

> Nach dem Urteil des OLG Hamburg vom 6.1.1988 (DWW 1988, 41) ist der Kautionsrückzahlungsanspruch jedenfalls solange nicht fällig, wie die Nebenkostenabrechnung ohne Verschulden des Vermieters nicht erstellt werden kann.

Insofern hat der Vermieter wegen einer kalkulierbaren Betriebskostennachforderung ein Zurückbehaltungsrecht an einem **Teil**betrag der Kaution (AG Langen, WuM 1996, 31; LG Kassel, WuM 1989, 511; a.A. LG Berlin, NZM 1999, 960) und kann dementsprechend auch berechtigt sein, die Kaution länger als 6 Monate zurückzubehalten. In diesem Sinne hat sich auch der BGH (Beschl. v. 1.7.1987, NJW 1987, 2372) geäußert. Danach erfordert es der Zweck der Kautionsgewährung nicht, die Versäumung der Abrechnungsfrist mit der Versagung weiterer Zurückhaltung der Kaution und der Annahme der Verwirkung der Aufrechnungsbefugnis mit Vermieteransprüchen zu sanktionieren. Für den Mieter sei es nicht unzumutbar, dass dem Vermieter die Möglichkeit zur Befriedigung seiner Ansprüche aus der Kaution nicht schon deswegen abgeschnitten werde, weil er die Aufrechnung der Kaution unangemessen lange hinausgezögert hatte. Bloße Säumnis mit rechtzeitiger Abrechnung reiche nicht aus, und zwar auch dann nicht, wenn eine Abrechnung innerhalb von 6 Monaten zu erwarten gewesen wäre und der Vermieter gleichwohl noch nicht abgerechnet habe. Der Vermieter von Wohnraum ist daher nicht schon deshalb gehindert, mit verjährten Schadensersatzforderungen wegen Veränderung oder Verschlechterung der vermieteten Sache (§ 548 BGB) gegen den Anspruch auf Rückzahlung der Kaution aufzurechnen, weil er die vom Mieter gestellte Kaution nicht innerhalb von 6 Monaten seit Beendigung des Mietverhältnisses abgerechnet hat (BGH, a.a.O.). Die Aufrechnungsbefugnis des Vermieters erlischt nicht schon deshalb, weil seine Ansprüche zurzeit der Aufrechnungserklärung verjährt waren (§ 390 S. 2 BGB; BGH, a.a.O.; vgl. auch BVerfG, Beschl. v. 12.12.1994, Az. 1 BvR 1287/94, NJW 1995, 581). Entsprechendes gilt für das Zurückbehaltungsrecht (BGHZ 48, 116).

8 Folgen der Kautionsrückzahlung

Hat der Vermieter das Mietobjekt besichtigt, vorbehaltlos abgenommen und die Auszahlung der Kaution zugesagt, kann er nach Ansicht des LG Mannheim (WuM 1975, 118) die Zusage nicht deshalb widerrufen, weil er sich über die Ordnungsmäßigkeit der Räume geirrt hat. Weiterhin kann nach Ansicht des LG Stuttgart (WuM 1977, 29) in der **vorbehaltlosen** Rückzahlung der Kaution die schlüssige Erklärung zu sehen sein, dass keine weiteren Forderungen aus dem Mietverhältnis bestehen. Dementsprechend verliert der Vermieter möglicherweise noch bestehende Ansprüche, wenn diese bereits vor Auszahlung **erkennbar** waren (OLG München, NJW-RR 1990, 20; AG Berlin, GE 1999, 987).

Ein gerichtlicher **Vergleich**, der eine Ausgleichsklausel hinsichtlich **aller** Ansprüche aus dem Mietverhältnis enthält, erfasst grundsätzlich auch den Anspruch des Mieters auf Rückzahlung der von ihm geleisteten Kaution. Geht der Mieter unzutreffend davon aus, sein Kautionsrückzahlungsanspruch würde trotzdem fortbestehen, handelt es sich um einen unbeachtlichen Motivirrtum, der den Mieter nicht zur Anfechtung des Vergleichs wegen Irrtums berechtigt (OLG Düsseldorf, DWW 1997, 25; vgl. auch BGH, NJW 1995, 2637).

Zur **Verjährung** des Kautionsrückzahlungsanspruches vgl. „Verjährung".

Zum Kautionsrückzahlungsanspruch des Mieters beim **Wechsel** des Vermieters vgl. „Eigentümerwechsel".

Zum Kautionsrückzahlungsanspruch des Endmieters bei der gewerblichen Zwischenvermietung vgl. „Herausgabeanspruch gegen Dritte".

Ist streitig, ob der Mieter die im Mietvertrag vereinbarte Kaution überhaupt an den Vermieter gezahlt hatte, trifft die **Beweislast** für die Zahlung den Mieter. Hat der Mieter dem Vermieter gegen Quittung einen Scheck über den Kautionsbetrag ausgehändigt, muss er (z.B. anhand von Bankbelegen) die Einlösung des Schecks nachweisen (LG Hamburg, WuM 1996, 766). Gelingt dem Mieter dieser Nachweis nicht, wird er einen Rückzahlungsanspruch nicht mit Aussicht auf Erfolg geltend machen können.

9 Kautionen bei Geschäftsräumen

Bei Mietverhältnissen über Geschäftsräume ist die Schutzvorschrift § 551 BGB nicht anwendbar, sodass die Parteien insbesondere die Höhe der Kaution **frei** vereinbaren können. Mangels anderweitiger Vereinbarungen hat der Mieter **kein** Recht auf **Ratenzahlung** der Kaution. Der Vermieter ist **nicht** verpflichtet, die Kaution **getrennt** von seinem Vermögen anzulegen, und darf diese sogar für eigene Zwecke einsetzen (LG Stuttgart, ZMR 1997, 472; a.A. KG Berlin, GE 1998, 1337, wonach der Vermieter mangels einer abweichenden Vereinbarung verpflichtet ist, die Kaution getrennt von seinem Vermögen anzulegen). Ferner kann auch die Pflicht zur **Verzinsung** vertraglich **ausgeschlossen** werden. Fehlt jedoch ein ausdrücklicher Verzinsungsausschluss, muss der Vermieter die Kaution vom Empfang an zu dem für Spareinlagen mit dreimonatiger Kündigungsfrist üblichen Zinssatz verzinsen. Der Vermieter ist nicht verpflichtet, die Kaution so anzulegen, dass ein möglichst hoher Zinsertrag erwirtschaftet wird (BGH, Urt. v. 21.9.1994, Az. XII ZR 77/93, NJW 1994, 3287).

Im Übrigen gelten die für Wohnraum dargelegten Grundsätze entsprechend.

Kenntnis von Mängeln

Mängel der Mietsache können den Mieter zur Minderung der Miete berechtigen (§ 536 BGB; vgl. auch „Minderung der Miete") und den Vermieter zur Zahlung von Schadensersatz verpflichten (§ 536 a BGB; vgl. auch „Schadensersatz").

Kennt der Mieter jedoch **bei Abschluss des Vertrages** den Mangel der gemieteten Sache (Rechts- oder Sachmangel), stehen ihm die in den §§ 536, 536 a BGB bestimmten Rechte auf Mietminderung bzw. Schadensersatz nicht zu (§ 536 b S. 1 BGB). Kenntnis bedeutet in diesem Fall positive Kenntnis, nicht nur fahrlässige Unkenntnis. **Positive Kenntnis** des Mieters bei Vertragsschluss von dem Mangel schließt seine Ansprüche aus den §§ 536, 536 a BGB auch dann aus, wenn der Vermieter den Mangel arglistig verschwiegen hat (BGH, NJW 1972, 249). Kenntnis des Mieters schadet aber dann nicht, wenn der Vermieter zugesagt hat, den Mangel zu beheben (BGH, WuM 1973, 20).

> Jedoch kann eine **Verwirkung** der vorbezeichneten Ansprüche des Mieters eintreten, wenn er sich über eine längere Zeit nicht auf sie beruft und der Vermieter davon ausgehen konnte, der Mieter habe sich mit der Gebrauchsbeeinträchtigung abgefunden (LG Lübeck, WuM 1979, 189).

Die positive Kenntnis muss sich auf einen **konkreten** Mangel beziehen, nicht nur auf allgemeine Umstände, die eine Beeinträchtigung verursachen können. Nicht ausreichend ist daher die bloße Kenntnis davon, dass sich im Haus ein Gewerbebetrieb befindet, die Wohnung in einem hochwassergefährdeten Gebiet liegt (LG Köln, WuM 1996, 334) oder in den Räumen früher Tätigkeiten durchgeführt wurden, die zu einer Schadstoffrestbelastung führen können (LG Mannheim, WuM 1996, 338). Musste der Mieter jedoch aufgrund von Umständen, die bereits bei Vertragsschluss vorgelegen haben, mit dem Eintritt einer konkreten Störung rechnen, kann er daraus keine Rechte herleiten. So kann z.B. ein Mieter, der Räume neben einem völlig verwahrlosten Anwesen anmietet, keine Mietminderung geltend machen, wenn im Laufe der Mietzeit Störungen durch den Abriss und den Neubau des Nachbargebäudes auftreten, da diese Störungen für den Mieter bereits bei Vertragsschluss vorhersehbar waren (OLG München, Urt. v. 26.3.1993, WuM 1993, 607). Rechte kann der Mieter nur aus Beeinträchtigungen herleiten, die im konkreten Fall nicht absehbar waren, z.B. dass auf der Baustelle auch nachts gearbeitet wird (vgl. LG Mannheim, Urt. v. 8.10.1999, WuM 2000, 185).

Der Mieter kann gegen den Ausschluss seiner Ansprüche auch nicht einwenden, er habe die Tragweite und den Grund des konkreten Mangels nicht richtig eingeschätzt bzw. die Möglichkeiten einer Abhilfe überschätzt (LG Düsseldorf, Urt. v. 16.7.1991, WuM 1992, 368;

Kenntnis von Mängeln

OLG Nürnberg, ZMR 1960, 300). Bei Vermietung von Räumen in einem in der Fertigstellung befindlichen Neubau, der noch offensichtliche tatsächliche oder rechtliche Unfertigkeiten aufweist, besteht jedoch mangels einer besonderen Vereinbarung eine stillschweigende Übereinstimmung, dass die Unfertigkeiten alsbald beseitigt werden. Ist daher bei Abschluss eines Mietvertrages ein Genehmigungsverfahren noch anhängig und wird später die behördliche Nutzungsgenehmigung versagt, sind Ansprüche des Mieters nicht schon dann ausgeschlossen, wenn er die fehlende Genehmigung gekannt hat oder hätte kennen müssen, sondern erst dann, wenn dies auch bezüglich der Genehmigungs**fähigkeit** der Fall war (OLG Hamburg, Urt. v. 26.4.1995, ZMR 1995, 533; WuM 1995, 653).

Ist dem Mieter bei Vertragsabschluss das Alter und die Ausstattung der Wohnung bekannt, können im Hinblick auf den im Zeitpunkt der Errichtung der Wohnung geltenden **Baustandard** bestimmte Mängel (z.B. leichte Undichtigkeit von Fenstern oder Türen) als vertragsgemäße Beschaffenheit angesehen werden (LG Düsseldorf, DWW 2000, 27).

Ist dem Mieter der Mangel infolge **grober Fahrlässigkeit** unbekannt geblieben, stehen ihm die Rechte auf Minderung und Schadensersatz nur zu, wenn der Vermieter den Mangel **arglistig verschwiegen** hat (§ 536 b S. 2 BGB).

Grundsätzlich besteht für den Mieter jedoch nur bei Vorliegen eines besonderen Anlasses, z.B. bei einem sehr alten Anwesen (BGH, ZMR 1962, 82), eine Nachforschungs- und Prüfungspflicht bezüglich der Mietsache.

Grobe Fahrlässigkeit ist daher erst gegeben, wenn der Mieter dasjenige unbeachtet lässt, was im gegebenen Fall „jedem hätte einleuchten müssen" (BGH, NJW 1980, 777). Der Mieter eines Grundstücks handelt grob fahrlässig, wenn er infolge Unkenntnis der gesetzlichen Vorschriften übersieht, dass das Grundstück nur bedingt für den beabsichtigten Gewerbebetrieb geeignet ist (BGH, WPM 1982, 335).

Nimmt der Mieter eine mangelhafte Mietsache an, obwohl er den Mangel **kennt**, kann er die Rechte auf Minderung und Schadensersatz nur geltend machen, wenn er sich diese bei der Annahme **vorbehält** (§ 536 b S. 3 BGB). Dies gilt selbst dann, wenn der Vermieter den Fehler arglistig verschwiegen hat (BGH, WPM 1972, 136). Mit der vorbehaltlosen Annahme gibt der Mieter zu erkennen, dass der durch den Mangel beeinträchtigte Gebrauch der vertragsgemäße ist. Für den Verlust der Rechte des Mieters ist hier jedoch wiederum positive Kenntnis notwendig; grob fahrlässige Unkenntnis genügt in diesem Fall nicht.

Kenntnis von Mängeln

> Der Mieter kann seine Rechte wahren, wenn er die mangelhafte Mietsache nur unter Vorbehalt annimmt. Der **Vorbehalt** muss den Mangel jedoch so eindeutig bezeichnen, dass der Vermieter aufgrund des Vorbehalts in die Lage versetzt wird, Abhilfe zu schaffen (Emmerich-Sonnenschein, § 539 BGB a.F., Rn. 21).

Daher reichen formelhafte Wendungen ohne Bezugnahme auf einen konkreten Mangel, z.B. „unter Vorbehalt der Gewährleistungsansprüche", nicht aus. Dies gilt erst recht, wenn der Mieter die Miete vorbehaltlos bezahlt (BGH, ZMR 1961, 359; WPM 1967, 850). Ein Vorbehalt ist nur in Höhe der zu erwartenden Gegenforderung des Mieters zulässig. Bei einem unberechtigten Vorbehalt kann der Vermieter auf Wegfall des Vorbehalts klagen (LG Hannover, MDR 1966, 511).

Kenntnis des Mieters vom Mangel der Mietsache führt gem. § 536 b (§ 539 a.F.) BGB nur dann zum Ausschluss seiner Rechte, wenn er den Mangel **beim Abschluss des Mietvertrages** kennt.

Erkennt der Mieter den Mangel erst **später** oder ist der Mangel erst **nachträglich entstanden**, hat der BGH (NJW 1997, 2674) in diesen Fällen § 539 BGB a.F. analog angewendet und entschieden, dass der Mieter seine Rechte auf Minderung und Schadensersatz **verliert**, wenn er über einen längeren Zeitraum (ca. 6 Monate) den Mangel nicht rügt und insbesondere die Miete **vorbehaltlos weiterzahlt**.

Dazu wird in der Begründung des Gesetzentwurfes zum Mietrechtsreformgesetz (NZM 2000, 812) ausgeführt, dass nach der Neufassung des Gesetzes eine **analoge** Anwendung auf nachträgliche Mängel **nicht** mehr infrage kommt. Es sei – so die Begründung – wenig interessengerecht, den vorsichtigen Mieter, der mit der Geltendmachung seiner Rechte abwartet, um das Mietverhältnis nicht unnötig zu belasten, über die Regelung in § 536 c BGB hinaus auch noch für die Zukunft mit einem Gewährleistungsausschluss „zu bestrafen". In diesem Fall kommt daher grundsätzlich nur eine Anwendung des neuen **§ 536 c BGB** in Betracht. Danach muss der Mieter dem Vermieter nachträglich auftretende Mängel unverzüglich **anzeigen** (s. „Anzeigepflicht") und kann Gewährleistungsrechte grundsätzlich nur so lange **nicht** geltend machen, **bis** die Mängelanzeige erfolgt ist. **Nach** der Mängelanzeige soll der Mieter seine Rechte (entgegen der BGH-Rechtsprechung) wieder geltend machen dürfen. Diese Rechtsfolge sieht der Gesetzgeber als sinnvoll und auch ausreichend an.

Nur in **Ausnahmefällen** könne sich aus § 814 BGB (Leistung in Kenntnis der Nichtschuld) oder aus dem Gesichtspunkt der Verwirkung (§ 242 BGB) ergeben, dass der Mieter auch nach der Mängelanzeige Gewährleistungsrechte nicht mehr geltend machen kann, so z.B. wenn der Mieter trotz Vorliegen eines Mangels vorbehaltlos über einen **sehr langen** Zeitraum hinweg die volle Miete gezahlt hat (BGH, NJW-RR 1992, 267).

Grundsätzlich wird es immer auf die **Umstände des Einzelfalles** ankommen, ob der Mieter infolge der rügelosen Fortzahlung der Miete seine Gewährleistungsrechte ganz oder teilweise verliert. Insofern wird die Rechtsprechung zu den neuen Bestimmungen abgewartet werden müssen.

Hat der Mieter seine Rechte aus o.g. Gründen verloren, ist strittig, ob eine **Mieterhöhung** zum **Wiederaufleben** des Minderungsrechts führt. Nach einem neuen Urt. des LG München I v. 20.1.1999 (Az. 31 S 10557/98, NJW-RR 2000, 675) lebt das Minderungsrecht nicht wieder auf, da eine Mieterhöhung bis zur ortsüblichen Vergleichsmiete nur den Zweck verfolgt, eine Angleichung der Miete an das veränderte Marktniveau herbeizuführen; nicht aber dazu dient, das Äquivalenzverhältnis zwischen der Leistung des Vermieters und der Leistung des Mieters (Zahlung der Miete) zu verschieben. Dagegen soll das Minderungsrecht nach anderen Urteilen (begrenzt auf den Umfang der Erhöhung) **wieder aufleben**, wenn der Vorbehalt unverzüglich nach dem Wirksamwerden der Erhöhung erklärt wird (LG Berlin, NJWE 1997, 243; OLG Düsseldorf, WuM 1994, 324). Dies gilt auch bei einer Mieterhöhung aufgrund einer Indexklausel; ferner dann, wenn sich der Mangel erheblich verstärkt (LG Düsseldorf, WuM 1998, 20).

Für die Annahme eines **Vorbehalts** kann es ausreichend sein, wenn der Mieter wegen des Mangels eine Mietminderung mehrmals und deutlich androht (OLG Hamburg, WuM 1999, 281). Dagegen stellen die Mängelanzeige allein oder wiederholt vorgetragene Beanstandungen grundsätzlich keinen wirksamen Vorbehalt dar (LG Berlin, a.a.O.; OLG Düsseldorf, ZMR 1987, 329).

Etwas anderes kann jedoch gelten, wenn der Mieter aufgrund von **Verhandlungen** mit dem Vermieter sowie dessen Erklärungen mit einer baldigen Beseitigung des Mangels rechnen durfte und die Zahlungen in dieser dem Vermieter bekannten Erwartung leistete (OLG Düsseldorf, Urt. v. 6.4.1995, WuM 1995, 435; vgl. auch BGH, WPM 1973, 146). Jedoch kann auch im Fall der Reparaturzusage durch den Vermieter die vorbehaltlose Weiterzahlung über einen längeren Zeitraum als Verzicht des Mieters gewertet werden.

Eine **vorbehaltlose** Mietzahlung liegt auch vor, wenn der Mieter von seinem Recht zum Widerruf der Einzugsermächtigung keinen Gebrauch macht und den Bankeinzug duldet (LG Frankfurt/M., Urt. v. 20.10.2000, Az. 2/17 S 290/99, NZM 2001, 130).

Zahlt der Mieter „unter Vorbehalt" bzw. leistet der Mieter wegen Mängel der Wohnung nur eine geminderte Miete, kann ein Gericht im Streitfall jedoch auch eine höhere Minderungsquote zusprechen (LG Hannover, WuM 1994, 463).

Der **Mängelbeseitigungsanspruch** des Mieters (§ 535 S. 2 BGB) kann – im Gegensatz zu den Rechten auf Minderung und Schadensersatz (§§ 536, 536 a BGB) – grundsätzlich **nicht** verwirkt werden (LG Berlin, WuM 1999, 35; OLG Köln, WuM 1995, 35).

Daher kann der Mieter gegen den Mietzahlungsanspruch des Vermieters selbst dann noch die **Einrede** des nicht erfüll-

Kenntnis von Mängeln

ten Vertrages (§ 320 BGB: Zurückbehalten der Miete bis zum Herstellen eines vertragsgemäßen Zustandes) erheben, wenn die durch den Mangel verursachte Mietminderung wegen Verwirkung nicht mehr geltend gemacht werden kann (BayObLG, Beschl. v. 10.5.1999, Az. RE-Miet 1/99, WuM 1999, 392). Nur in **Ausnahme**fällen kann der Mängelbeseitigungsanspruch und somit das **Zurückbehaltungsrecht** ween **Verwirkung ausgeschlossen** sein, z.b. bei verhältnismäßiger Geringfügigkeit des Mangels (BayObLG, a.a.O.) oder infolge **jahrelanger Hinnahme** des Mangels ohne Geltendmachung einer Minderung oder eines Zahlungsvorbehalts (LG München I, Urt. v. 20.10.1999, Az. 14 S 13503/98, WuM 1999, 688).

Bei Mängeln, die ihrer Art nach bereits jahrelang vorgelegen haben müssen, bringt der Mieter durch vorbehaltlose Nutzung in Kenntnis des Bauzustandes zum Ausdruck, dass er den mangelhaften Zustand als „vertragsgemäß" akzeptiert (OLG Hamm, Beschl. v. 23.11.1999, Az. 30 W 24/99, ZMR 2000, 93).

Ferner setzt das **Zurückbehaltungsrecht** eigene Vertragstreue des Mieters voraus (LG München I, NZM 2000, 87) und kann vom Mieter nur dann mit Aussicht auf Erfolg geltend gemacht werden, wenn er dessen Höhe (z.b. durch einen Kostenvoranschlag) **beziffert** hat (LG Saarbrücken, Urt. v. 26.3.1999, Az. 13 BS 233/98, NZM 1999, 757). Die Höhe ist mit dem Dreifachen des Betrages der Mängelbeseitigungskosten anzusetzen (LG Saarbrücken, a.a.O.; a.A. LG München I, a.a.O.: nach den objektiven Umständen des Einzelfalles).

Nach Beendigung des Mietverhältnisses ist der Mieter nicht mehr zur Zurückbehaltung der Miete berechtigt (LG Düsseldorf, DWW 2000, 26).

Die Mietminderung und die Einrede des nicht erfüllten Vertrages haben zwar gemeinsam, dass der Mieter nur eine reduzierte Miete bezahlt. Im Gegensatz zur Mietminderung muss der Mieter bei der Einrede des nicht erfüllten Vertrages jedoch den zurückbehaltenen Teil der Miete nach Beseitigung des Mangels in voller Höhe nachzahlen.

Behält der Mieter zunächst nur die Miete ein, ohne eine Zurückbehaltung deutlich zu machen und beruft er sich erst **später** auf ein Zurückbehaltungsrecht, muss er vortragen und ggf. beweisen, dass er die nicht gezahlte Miete tatsächlich **zurückgelegt** hat und nicht nur zahlungsunfähig bzw. -unwillig war (LG Braunschweig, Az. 6 S 427/99, ZMR 1999, 827).

Kleinreparaturen

1 Die gesetzliche Regelung

Der Begriff der Kleinreparaturen, auch Bagatellreparaturen genannt, ist im Gesetz allgemein verbindlich nicht definiert. Es gibt **keine gesetzliche Bestimmung**, die den Mieter zur Ausführung von Reparaturen bis zu einem bestimmten Umfang verpflichtet.

Vielmehr hat der Mieter nach den Vorschriften des Bürgerlichen Gesetzbuches Reparaturen an der Mietsache unabhängig von Art und Umfang nur dann im Wege des Schadensersatzes auf seine Kosten vorzunehmen, wenn der Defekt auf einem ihm zurechenbaren **Verschulden** beruht, er die Mietsache z.B. durch Gewalteinwirkung oder unsachgemäße Handhabung beschädigt hat. Wird eine Reparatur dagegen infolge altersgemäßen Verschleißes notwendig, trifft die Pflicht zur Instandsetzung und zur Tragung der entsprechenden Kosten nach § 535 BGB in vollem Umfang den Vermieter.

2 Vertragliche Regelungen

2.1 Formularmäßige Vereinbarungen

Die in den meisten Formularmietverträgen enthaltenen „Kleinreparaturklauseln" verpflichten den Mieter – **abweichend** von dieser gesetzlichen Regelung – zur Durchführung von kleineren Verschleißreparaturen. Sinn und Zweck einer solchen Regelung ist vorwiegend, den Mieter zu einem sorgsamen und damit auch verschleißmindernden Umgang mit der Mietsache anzuhalten und weiterhin Streitigkeiten der Parteien darüber zu vermeiden, ob der eingetretene Defekt auf außergewöhnlichem, vom Mieter verschuldeten Verschleiß oder auf normaler Abnutzung beruht. Umstritten war in der Rechtsprechung bisher, wieweit eine solche Klausel von der gesetzlichen Regelung des § 535 BGB zulasten des Mieters abweichen darf. Mit Urteil vom 7.6.1989 (NJW, 1989, 2247) hat der BGH im Rahmen der Überprüfung einer solchen Klausel ausführlich dazu Stellung genommen, in welchem Umfang dem Mieter durch **Formular**vertrag Reparaturkosten aufgebürdet werden dürfen bzw. welche Voraussetzungen an die Wirksamkeit einer sog. Kleinreparaturklausel zu stellen sind. Ausgangspunkt der Betrachtungen des Bundesgerichtshofes war der § 9 AGB-Gesetz, wonach jede formularvertragliche Vereinbarung dann unwirksam ist, wenn sie zu weit zulasten des Klauselgegners – hier des Mieters – von der gesetzlichen Regelung – hier des § 535 BGB – abweicht (vgl. auch „Allgemeine Geschäftsbedingungen").

> Eine nach dem AGB-Gesetz noch zulässige Abweichung liegt nach Auffassung des BGH nur dann vor, wenn die Klausel sowohl eine **gegenständliche** als auch eine **betragsmäßige** Begrenzung enthält.

Gegenständliche Begrenzung bedeutet, dass die Verpflichtung des Mieters zur Zahlung von Reparaturkosten auf Teile der Mietsache beschränkt ist, die seinem

Kleinreparaturen

häufigen und unmittelbaren Zugriff unterliegen, da der Mieter nur bezüglich dieser Gegenstände die Möglichkeit hat, Verschleiß- und Alterungserscheinungen durch schonenden Umgang mit der Mietsache herabzusetzen. Die Klausel darf sich daher z.b. auf Installationsgegenstände (Wasserhähne, Steckdosen, Lichtschalter etc.) beziehen, nicht aber auf die Installationen selbst, also nicht z.b. auf die im Mauerwerk verlegten Leitungen. Ebenso nicht auf die **Verglasung**. Die entsprechende Formularklausel, wonach der Mieter „zerbrochene Innen- und Außenscheiben in den Mieträumen zu erneuern hat", ist unwirksam (LG Hamburg, Urt. v. 15.2.1991, WuM 1991, 681). Für ausdrücklich zulässig hat der BGH die Aufnahme der in § 28 II. BV aufgezählten Gegenstände erklärt, worunter die Installationsgegenstände für Elektrizität, Wasser und Gas, Heiz- und Kocheinrichtungen, Fenster- und Türverschlüsse sowie Verschlussvorrichtungen von Fensterläden fallen.

Zu den **Installationsgegenständen für Elektrizität** gehören die Steckdosen, Schalter, Klingeln und Raumstrahler; zu den Installationsgegenständen **für Gas** die Gasabsperrhähne; zu den Installationsgegenständen **für Wasser** die Wasserhähne, Ventile, Mischbatterien, Brausen, Badeöfen und andere Warmwasserbereiter, die Druckspüler, Spülkästen und Spülrohre, soweit sie offen verlegt sind, die Wasch-, Spül- und Toilettenbecken, die Brausetassen und Badewannen. Dagegen sind die Strom-, Gas-, Heizungs- und Wasserleitungen sowie die den Verbrauch zählenden Uhren selbst keine Installationsgegenstände.

Zu den **Heiz- und Kocheinrichtungen** können gehören: Öfen, auch Kachelöfen, oder Heizkessel in der Wohnung für Kohle, Heizöl, Gas oder Elektrizität; Heizkörper für Warmwasser, Dampf oder Elektrizität; Kochplatten, Kochherde für Kohle, Gas oder Elektrizität, elektrische Grillgeräte.

Nicht dazu gehören: Dunstabzugshauben und Abzugsventilatoren.

Zu den **Fenster- und Türverschlüssen** können gehören: Fensterverschlussgriffe und -riegel, auch an Schiebe- und Schwingflügelfenstern, Umstellvorrichtungen zum Kippen oder Öffnen (Dreh-Kippbeschläge); Türgriffe und Türschlösser an Türen jeder Art, auch Sicherheitsschlösser an Außentüren, Hebetürvorrichtungen und -schlösser, Oberlichtverschlüsse und -öffner, elektrische Türöffner, hydraulische Türschließer.

Nicht dazu gehören: Fenster und Türangeln und Befestigungsbänder, Zugabdichtungen, das Ersetzen zerbrochener Fenster- oder Türscheiben.

Zu den **Verschlussvorrichtungen** für Fensterläden können gehören: Riegel und Sicherungsstangen für Klapplädien, Rollladengurte und Gurtwickler, Rolllädensicherungen gegen Einbruch, elektrische Rollladenöffner und -schließer. Reparaturen an Klapp- oder Rollläden sowie an Rollladenkästen gehören nicht dazu (Fischer-Dieskau-Pergande, Wohnungsbaurecht, § 28 II. BV, Anm. 6).
Neben dieser gegenständlichen Begrenzung auf bestimmte Teile der Mietsache fordert der BGH eine **betragsmäßige** Begrenzung, d.h. die Festsetzung einer Höchstgrenze sowohl für die **einzelne**

Kleinreparaturen

Reparatur als auch für die **Gesamtbelastung** des Mieters durch Kleinreparaturen in einem bestimmten Zeitraum. Die Begrenzung der einzelnen Reparatur auf einen bestimmten Höchstbetrag, der nach dieser Entscheidung bis zu DM 150 (EUR 75) betragen darf, lässt der BGH jedoch nicht genügen mit dem Argument, dass gerade auf den Mieter einer älteren Wohnung zahlreiche Reparaturen in relativ kurzen Zeitabständen zukommen können.

> Vielmehr muss für den Mieter bereits bei Vertragsschluss ersichtlich sein, bis zu welcher maximalen Summe er in einem bestimmten Zeitraum, z.B. einem Jahr, mit Kosten für Kleinreparaturen belastet werden kann.

Ausdrücklich offen gelassen wurde, in welcher Form eine Kleinreparaturklausel die Begrenzung des Gesamtaufwandes festlegen muss. Der BGH verweist insoweit auf die im Schrifttum genannten Beträge, die sich – jeweils für den Zeitraum eines Jahres – im Rahmen eines Festbetrages von DM 300 (EUR 150) bis 8 % der Jahresmiete bewegen, und betont dabei, dass durch die Verwendung eines bestimmten Prozentsatzes der Jahresmiete dem Schutzbedürfnis einkommensschwächerer Mieter besser Rechnung getragen wird, da diese in der Regel auch eine geringere Miete bezahlen.

Ausdrücklich **abgelehnt** wurde vom BGH in dem vorliegenden Urteil die Möglichkeit, den Mieter mit einem bestimmten Betrag an anfallenden Reparaturen oder Neuanschaffungen zu **beteiligen,** mit der Folge, dass eine Kleinreparaturklausel dem Mieter zwar unter den genannten Voraussetzungen die Übernahme von Kosten solcher Reparaturen aufbürden kann, jedoch Reparaturen, die den festgesetzten Betrag übersteigen, in **vollem** Umfang vom Vermieter zu tragen sind.

Trotz einer gegenständlichen sowie einer betragsmäßigen Begrenzung ist eine formularmäßige Kleinreparaturklausel nach einem neuen Urteil des BGH vom 6.5.1992 (DWW 1992, 207) auch dann unwirksam, wenn sie den Mieter zur **Vornahme** von Reparaturen und nicht nur zur Tragung der Kosten verpflichtet. Der Mieter könne – so der BGH – keine Minderung wegen eines Mangels mehr geltend machen, wenn er selbst vertraglich zu dessen Behebung verpflichtet ist. Dies führe zu einem unzulässigen Ausschluss des Minderungsrechts des Mieters. Darüber hinaus stelle eine solche Vornahmeverpflichtung eine unangemessene Benachteiligung des Mieters i.S.v. § 9 ABG-Gesetz dar, weil der Mieter dann Auftraggeber des Handwerkers ist und bei nicht ordnungsgemäß ausgeführter Reparatur Gewährleistungsansprüche gegenüber dem Handwerker selbst geltend machen müsste und auch für Schäden zu haften hätte, die der Handwerker an den Sachen des Vermieters oder eines Dritten anrichtet. Letztlich sei es dem Mieter nicht zumutbar, seinen Erstattungsanspruch gegenüber dem Vermieter durchzusetzen, wenn sich herausstellt, dass die Reparatur außerhalb des Bereiches der gegenständlichen oder betragsmäßigen Begrenzung gelegen hat.

Kleinreparaturen

> Formularvertraglich **zulässig** ist daher lediglich eine Kleinreparaturklausel, die den Mieter zur Tragung der **Kosten** in einem sowohl **gegenständlichen** als auch **betragsmäßig** klar abgegrenzten Rahmen verpflichtet.

In dem Urteil vom 7.6.1989 weist der BGH ausdrücklich darauf hin, dass eine fehlende Höchstgrenze nicht durch entsprechende Auslegung der Klausel ermittelt werden kann. Dies hat zur Folge, dass Kleinreparaturklauseln, welche die gestellten Anforderungen nicht erfüllen, unwirksam sind und gem. § 6 Abs. 2 AGB-Gesetz durch die gesetzliche Regelung ersetzt werden (vgl. auch „Allgemeine Geschäftsbedingungen").

Nach der gesetzlichen Regelung des § 535 BGB hat der Vermieter die Mietsache auf seine Kosten, unabhängig von der Art und dem Umfang der Reparaturen instand zu halten und instand zu setzen (vgl. auch „Instandhaltung und Instandsetzung der Miträume"), sodass der Mieter im Fall der Unwirksamkeit der Klausel zur Durchführung von Reparaturen nur verpflichtet ist, wenn der Defekt auf einem ihm zurechenbaren **Verschulden** beruht.

2.2 Individuelle Vereinbarungen

Unberührt von dieser Rechtsprechung bleiben **individuelle**, d.h. zwischen den Parteien ausgehandelte Vereinbarungen.

Diese unterliegen nicht der Kontrolle durch das Gesetz zur Regelung des Rechts der Allgemeinen Geschäftsbedingungen und können grundsätzlich frei ausgehandelt werden, soweit sie nicht einen Verstoß gegen zwingende, d.h. vertraglich nicht abänderbare Vorschriften enthalten, wie z.B. den Ausschluss des Minderungsrechts des Mieters von Wohnraum. In Anbetracht der Begründung des BGH-Urteils vom 6.5.1992 (a.a.O.), wonach eine **Vornahme**klausel gegen diese zwingende Rechtsvorschrift verstößt, wird man bei Mietverhältnissen über **Wohn**raum eine Verpflichtung des Mieters zur Vornahme von Reparaturen auch individuell **nicht** vereinbaren können.

Dagegen kann durch eine **Individualvereinbarung** die Verpflichtung des Mieters zur Tragung der **Kosten** bis zur Grenze der Sittenwidrigkeit (§ 138 BGB) bzw. des Verstoßes gegen Treu und Glauben (§ 242 BGB) frei ausgehandelt werden, ohne dass die Parteien an die vorbezeichneten gegenständlichen oder betragsmäßigen Beschränkungen gebunden sind.

> Zu beachten ist jedoch, dass die Rechtsprechung an das Vorliegen einer Individualvereinbarung hohe Anforderungen stellt (vgl. dazu im Einzelnen „Allgemeine Geschäftsbedingungen").

Eine Vereinbarung, wonach der Mieter die „Instandhaltungskosten" (z.B. der Heizungsanlage) trägt, verpflichtet den Mieter nur zur Zahlung der **Reparaturkosten** (z.B. des Heizkessels). Die Kosten der **Erneuerung** muss der Mieter nur dann tragen, wenn dies im Mietvertrag eindeutig geregelt ist (KG Berlin, Urt. v. 1.3.1999, Az. 8 U 1119/98, NZM 2000, 1228).

Konkurrenzschutz → „*Wettbewerbsschutz*"

Konkurs des Vermieters – Konkurs des Mieters → „*Insolvenz des Mieters – Insolvenz des Vermieters*"

Kosten des Mietprozesses → „*Prozesskosten*"

Kostenmiete

Inhaltsübersicht   Seite

1	**Begriff – Rechtsgrundlagen**	K 28
1.1	Kapitalkosten	K 29
1.2	Bewirtschaftungskosten	K 30
1.2.1	Abschreibung (§ 25 II. BV)	K 30
1.2.2	Verwaltungskosten (§ 26 II. BV)	K 30
1.2.3	Betriebskosten (§ 27 II. BV)	K 30
1.2.4	Instandhaltungskosten (§ 28 II. BV)	K 31
1.2.5	Mietausfallwagnis (§ 29 II. BV)	K 32
2	**Mieterhöhung**	K 33

1 Begriff – Rechtsgrundlagen

Bei **Sozialwohnungen** darf nur die Miete verlangt werden, die zur Deckung der **laufenden** Aufwendungen erforderlich ist (Kostenmiete).

Die Erträge aus dem Anwesen dürfen also die laufenden Aufwendungen nicht übersteigen.

Die Kostenmiete ist aufgrund einer Wirtschaftlichkeitsberechnung zu ermitteln. Zu beachten sind insbesondere die Vorschriften des Gesetzes zur Sicherung der Zweckbestimmung von Sozialwohnungen (Wohnungsbindungsgesetz – WoBindG) in der Fassung der Bekanntmachung vom 22.6.1982 (BGBl. I S. 972) zuletzt geändert durch Art. 2 Gesetz vom 11.7.1985, (BGBl. I S. 1277), die Verordnung über die Ermittlung der zulässigen Miete für preisgebundene Wohnungen (Neubaumietenverordnung 1970 – NMV 1970) in der seit 29.8.1990 geltenden Fassung (BGBl. I S. 2203) und die Verordnung über wohnungswirtschaftliche Berechnungen (2. Berechnungsverordnung – II. BV) in der seit 29.8.1990 geltenden Fassung (BGBl. I S. 2178).

Die laufenden Aufwendungen setzen sich zusammen aus den **Kapitalkosten** (§§ 19–23a II. BV) und den **Bewirtschaftungskosten** (§§ 24–30 II. BV).

1.1 Kapitalkosten

Kapitalkosten sind die Kosten, die sich aus der Inanspruchnahme von Finanzierungsmitteln ergeben, namentlich die Zinsen, nicht aber die Tilgungsleistungen. Diese dürfen nur unter den Voraussetzungen des § 22 II. BV als Zinsersatz angesetzt werden, wenn für ein Darlehen besondere Belastungen durch hohe Tilgungen zu tragen, aber nur geringe Zinsen zu zahlen sind. Im öffentlich geförderten sozialen Wohnungsbau sind Ansätze für Zinsersatz nur insoweit zulässig, als die Bewilligungsstelle zustimmt, wobei auf Mietvorauszahlungen und Mieterdarlehen die Vorschriften über den Zinsersatz nicht anzuwenden sind (§ 22 Abs. 3 und 4 II. BV).

Zu den Kapitalkosten gehören die **Eigenkapital**kosten und die **Fremdkapital**kosten (§ 19 Abs. 1 II. BV).

Für verlorene Baukostenzuschüsse (vgl. „Baukostenzuschuss") ist der Ansatz von Kapitalkosten unzulässig (§ 19 Abs. 3 II. BV), da diese nach § 14 II. BV u. U. zu einer Ersparnis von Kapitalkosten eingesetzt werden und eine Rückerstattung nicht erfolgt.

Eigenkapitalkosten sind die Zinsen für Eigenleistungen (§ 20 Abs. 1 II. BV).

Für Eigenleistungen des Bauherrn bis 15 % der Gesamtkosten darf nur eine Verzinsung von 4 % angesetzt werden; für den darüber hinausgehenden Teil ist zu unterscheiden, wann die öffentlichen Mittel bewilligt worden sind: Sofern die öffentlichen Mittel vor dem 1.1.1974 bewilligt worden sind, darf eine Verzinsung in Höhe des marktüblichen Zinssatzes für erste Hypotheken, in den übrigen Fällen eine Verzinsung in Höhe von 6,5 % angesetzt werden (§ 20 II. BV).

Fremdkapitalkosten sind die Kapitalkosten, die sich aus der Inanspruchnahme der Fremdmittel ergeben, namentlich Zinsen für Fremdmittel, laufende Kosten, die aus Bürgschaften für Fremdmittel entstehen und sonstige wiederkehrende Leistungen aus Fremdmitteln, namentlich aus Rentenschulden. Als Fremdkapitalkosten gelten auch die Erbbauzinsen. Laufende Nebenleistungen, namentlich Verwaltungskostenbeiträge, sind wie Zinsen zu behandeln (§ 21 Abs. 1 II. BV).

Sind Finanzierungsmittel durch andere Mittel **ersetzt** worden, sind die neuen Mittel anstelle der bisherigen Finanzierungsmittel auszuweisen. Sind die Kapitalkosten der neuen Mittel zusammen mit den Kapitalkosten der Mittel, die der Deckung der einmaligen Kosten der Ersetzung dienen, höher als die Kapitalkosten der bisherigen Finanzierungsmittel, sind die neuen Mittel nur auszuweisen, wenn die Ersetzung auf Umständen beruht, die der Bauherr nicht zu vertreten hat (§ 12 Abs. 4 S. 1 und 2 II. BV).

Entsprechendes gilt, wenn zwar die Fremdmittel gleich geblieben sind, die Kapitalkosten sich aber aufgrund von Umständen erhöht haben, die der Vermieter nicht zu vertreten hat (§ 23 Abs. 1 und 2 II. BV; OLG Hamburg, MDR 1975, 493).

Erhöht der Darlehensgeber den für ein Tilgungsdarlehen vereinbarten Zinssatz in der Weise, dass ohne Rücksicht auf teilweise Tilgung für den höheren Zins der ursprüngliche Betrag des Darlehens maßgebend ist, darf der Vermieter diese Annuitätserhöhung zum Nachteil des Mieters voll in die veränderte Wirtschaftlichkeitsberechnung nach der II. BV einsetzen (OLG Frankfurt, RE v. 28.12.1982, DWW 1983, 48, Weber/Marx, II/S. 105). Bei Senkung des Zinssatzes dürfen nur die gesunkenen Kapitalkosten ausgewiesen werden (§ 23 Abs. 1 II. BV).

1.2 Bewirtschaftungskosten

Bewirtschaftungskosten sind die Kosten, die zur Bewirtschaftung des Gebäudes oder der Wirtschaftseinheit laufend erforderlich sind. Bewirtschaftungskosten sind die **Abschreibung**, die **Verwaltungskosten**, die **Betriebskosten**, die **Instandhaltungskosten**, sowie das **Mietausfallwagnis**.

1.2.1 Abschreibung (§ 25 II. BV)

Abschreibung ist der auf jedes Jahr der Nutzung fallende Anteil der verbrauchsbedingten Wertminderung der Gebäude, Anlagen und Einrichtungen. Die Abschreibung ist nach der mutmaßlichen Nutzungsdauer zu errechnen. Sie beträgt bei Gebäuden und Erbbaurechten 1 % der Baukosten bzw. der Gesamtkosten. Ein höherer Ansatz ist nur ausnahmsweise gerechtfertigt, wenn besondere Umstände dies begründen können, z.B. die Lebensdauer kürzer anzusetzen ist.

Bei Anlagen und Einrichtungen kann entsprechend der mutmaßlichen Lebensdauer zusätzlich eine **besondere** Abschreibung angesetzt werden. Sie beträgt gem. § 25 Abs. 3 II. BV für Öfen, Herde, Einbaumöbel und für die Sammelheizung einschließlich einer damit verbundenen Anlage zur Versorgung mit Warmwasser 3 %; für Anlagen und Geräte zur Versorgung mit Warmwasser, sofern sie nicht miteiner Sammelheizung verbunden sind, 4 %; für die Hausanlage bei eigenständig gewerblicher Lieferung von Wärme 0,5 % und einer damit verbundenen Anlage zur Versorgung mit Warmwasser 4 %; für Aufzug 2 % und für die Gemeinschaftsantenne sowie maschinelle Wascheinrichtung 9 %.

1.2.2 Verwaltungskosten (§ 26 II. BV)

Verwaltungskosten sind die Kosten der zur Verwaltung des Gebäudes oder der Wirtschaftseinheit erforderlichen Arbeitskräfte und Einrichtungen, die Kosten der Aufsicht sowie der Wert der vom Vermieter persönlich geleisteten Verwaltungsarbeit. Zu den Verwaltungskosten gehören auch die Kosten für die gesetzlichen oder freiwilligen Prüfungen des Jahresabschlusses und der Geschäftsführung. Die Verwaltungskosten dürfen seit 1.8.1992 mit höchstens DM 420 jährlich je Wohnung, bei Eigenheimen, Kaufeigenheimen und Kleinsiedlungen je Wohngebäude angesetzt werden. Für Garagen- oder ähnliche Einstellplätze dürfen Verwaltungskosten höchstens mit DM 55 jährlich je Garagen- oder Einstellplatz angesetzt werden.

1.2.3 Betriebskosten (§ 27 II. BV)

Betriebskosten sind die Kosten, die dem Eigentümer (Erbbauberechtigten) durch das Eigentum am Grundstück (Erbbaurecht) oder durch den bestimmungsmäßigen Gebrauch des Gebäudes oder der Wirtschaftseinheit, der Nebengebäude, Anlagen, Einrichtungen und des Grundstücks **laufend** entstehen. Bei Ermittlung der Betriebskosten ist die der II. Berechnungsverordnung beigefügten Anlage 3 zugrunde zu legen (vgl. „Betriebskosten").

> Sach- und Arbeitsleistungen des Eigentümers (Erbbauberechtigten), durch die Betriebskosten erspart werden, dürfen mit dem Betrag angesetzt werden, der für eine gleichwertige Leistung eines Dritten insbesondere eines Unternehmers angesetzt werden könnte.

Die **Umsatzsteuer** des Dritten darf nicht angesetzt werden (§ 27 Abs. 2 II. BV). Im öffentlich geförderten sozialen Wohnungsbau und im steuerbegünstigten oder frei finanzierten Wohnungsbau, der mit Wohnungsfürsorgemitteln gefördert worden ist, dürfen die Betriebskosten nicht in der Wirtschaftlichkeitsberechnung angesetzt werden (§ 27 Abs. 3 II. BV). Danach sind die Betriebskosten zwar weiterhin als laufende Aufwendungen zu berücksichtigen, aber nicht mehr als Bestandteil der Miete, sondern müssen außerhalb der Miete angesetzt werden.

Nach der Übergangsregelung des § 25b NMV musste spätestens für Abrechnungszeiträume, die 1986 endeten, die Umstellung der Kostenmiete auf eine gesonderte Ausweisung erfolgen. Der Gesetzgeber wollte dadurch jedoch nicht dem Vermieter das Recht nehmen, im Fall des Versäumens der ges. Übergangsfrist auch später noch die Abrechnung nach den neuen Vorschriften umstellen zu können. Es ist daher nicht zu beanstanden, wenn der Vermieter die nach § 25b NMV vorzunehmende Umstellung der Kostenmiete auf eine gesonderte Ausweisung der Betriebskosten nach diesem Zeitpunkt vornimmt (LG Dortmund, Urt. v. 13.3.1991, DWW 1991, 242). Zusätzlich ansatzfähig ist nach Maßgabe des § 25a Neubaumieten-Verordnung ein sog. „Umlageausfallwagnis" in Höhe von max. 2 % zur Abdeckung des Risikos uneinbringlicher Rückstände von Betriebskosten oder nicht umlegbarer Betriebskosten infolge Leerstandes von Raum, der zur Vermietung bestimmt ist einschließlich der Uneinbringlichkeit der Kosten einer Rechtsverfolgung.

1.2.4 Instandhaltungskosten (§ 28 II. BV)

Instandhaltungskosten sind die Kosten, die während der Nutzungsdauer zur Erhaltung des bestimmungsmäßigen Gebrauchs aufgewendet werden müssen, um die durch Abnutzung, Alterung und Witterungseinwirkung entstehenden baulichen oder sonstigen Mängel ordnungsgemäß zu beseitigen. Der Ansatz der Instandhaltungskosten dient auch zur Deckung der Kosten von Instandsetzungen, nicht jedoch Kosten von Baumaßnahmen, soweit durch sie eine Modernisierung vorgenommen wird oder Wohnraum oder anderer auf die Dauer benutzbarer Raum neu geschaffen wird. Der Ansatz dient nicht zur Deckung der Kosten einer Erneuerung von Anlagen und Einrichtungen, für die eine **beson-**

dere Abschreibung nach § 25 Abs. 3 II. BV (s. Abschnitt 1.2.1) zulässig ist.

Zur Höhe der Pauschalen vgl. „Instandhaltungskostenpauschale".

1.2.5 Mietausfallwagnis (§ 29 II. BV)

Mietausfallwagnis ist das Wagnis einer Ertragsminderung, die durch uneinbringliche Rückstände von Mieten, Pachten, Vergütungen und Zuschlägen oder durch Leerstehen von Raum, der zur Vermietung bestimmt ist, entsteht. Es umfasst auch die uneinbringlichen Kosten einer Rechtsverfolgung auf Zahlung oder Räumung.

> Das **Mietausfallwagnis** darf höchstens mit 2 % der Erträge angesetzt werden (§ 31 Abs. 1 S. 1 II. BV).

Nachdem sich diese Erträge gemäß dem Wesen der Kostenmiete mit den laufenden Aufwendungen decken müssen, betragen die laufenden Aufwendungen ohne das Mietausfallwagnis 98 % des Gesamtaufwandes, der den Erträgen gegenüberzustellen ist. Rechnerisch ist daher zu den laufenden Aufwendungen ein Mietausfallwagnis von 2,04 % zu addieren.

Der Gesamtbetrag der laufenden Aufwendungen geteilt durch die Wohnfläche des Hauses ergibt die sog. **Durchschnittsmiete**. Daraus hat der Vermieter durch Zu- bzw. Abschläge die Einzelmiete für die konkrete Wohnung zu ermitteln (§ 8a Abs. 1, 2, 5 WoBindG). Abschläge sind z.B. möglich für Erdgeschoss- oder Dachgeschosswohnungen (Zuschläge für gleichwertig ausgestattete Kleinwohnungen wegen des erhöhten Bauaufwandes). Die Summe der Einzelmieten darf aber wiederum keinen höheren Betrag als die laufenden Aufwendungen ergeben.

Neben der Einzelmiete sind folgende **Zuschläge** zulässig (§ 26 NMV):

- Zuschlag für die Benutzung von Wohnraum zu anderen als Wohnzwecken, z.b. zu gewerblichen oder beruflichen Zwecken (vgl. im Einzelnen § 26 Abs. 2 NMV)

- Zuschlag für die Untervermietung von Wohnraum in Höhe von DM 5 monatlich, wenn der untervermietete Wohnungsteil von einer Person benutzt wird; in Höhe von DM 10 monatlich, wenn der untervermietete Wohnungsteil von zwei und mehr Personen benutzt wird (§ 26 Abs. 3 NMV)

- Zuschlag wegen Ausgleichszahlungen nach § 7 WoBindG (§ 26 Abs. 4 NMV)

- Zuschlag zur Deckung erhöhter laufender Aufwendungen, die nur für einen Teil der Wohnungen des Gebäudes oder der Wirtschaftseinheit entstehen (§ 26 Abs. 5 NMV)

- Zuschlag für Nebenleistungen des Vermieters, die nicht allgemein üblich sind und nur einzelnen Mietern zugute kommen (§ 26 Abs. 6 NMV)

- Zuschlag für Wohnungen, die durch Ausbau von Zubehörräumen neu geschaffen wurden (§ 26 Abs. 7 NMV).

Der Vermieter kann neben der Einzelmiete für die Überlassung einer **Garage,**

Kostenmiete

eines Stellplatzes oder eines Hausgartens eine angemessene Vergütung verlangen (§ 27 NMV). Das Gleiche gilt für die Mitvermietung von Einrichtungs- und Ausstattungsgegenständen und für laufende Leistungen zur persönlichen Betreuung und Versorgung, wenn die zuständige Stelle dies genehmigt hat.

Die Erhebung eines **Möblierungszuschlags** zur Kostenmiete setzt jedoch eine gesonderte mietvertragliche Vereinbarung **und** die öffentlich-rechtliche Genehmigung voraus (LG Hamburg, WuM 1992, 591). Der Erstattungsanspruch bei preisrechtswidrig gezahltem Möblierungszuschlag **verjährt** 4 Jahre nach der jeweiligen Leistung (LG Hamburg, a.a.O.).

2 Mieterhöhung

Im Gegensatz zum Mieterhöhungsverfahren bei nicht preisgebundenem Wohnraum ist die vom Vermieter abzugebende schriftliche Erklärung nicht auf Zustimmung des Mieters zur angestrebten Mietzinserhöhung gerichtet; vielmehr hat der Vermieter bei preisgebundenem Wohnraum ein Gestaltungsrecht dahin, dass seine Erklärung unmittelbar eine Vertragsänderung bewirkt.

Erhöht sich nach der erstmaligen Ermittlung der Kostenmiete der Gesamtbetrag der laufenden Aufwendungen aufgrund von Umständen, die der Vermieter nicht zu vertreten hat, oder wird durch Gesetz oder Rechtsverordnung ein höherer Ansatz für laufende Aufwendungen in der Wirtschaftlichkeitsberechnung zugelassen (z.B. durch Erhöhung der Verwaltungskosten- oder Instandhaltungskostenpauschalen), kann der Vermieter eine neue Wirtschaftlichkeitsberechnung aufstellen (§ 4 Abs. 1 NMV).

Die Durchführung einer zulässigen Mieterhöhung gegenüber dem Mieter sowie der Zeitpunkt, von dem an sie wirksam wird, bestimmt sich nach § 10 des Wohnungsbindungsgesetzes. Danach kann der Vermieter dem Mieter gegenüber schriftlich erklären, dass das Entgelt um einen bestimmten Betrag, bei Umlagen um einen bestimmbaren Betrag, bis zur Höhe des zulässigen Entgelts erhöht werden soll. Die Erklärung ist nur wirksam, wenn in ihr die Erhöhung berechnet und erläutert ist. Gegen diese Berechnungs- und Erläuterungspflicht bestehen keine verfassungsrechtlichen Bedenken (BVerfG, WuM 1998, 463). Der **Berechnung** der Kostenmiete ist eine Wirtschaftlichkeitsberechnung oder ein Auszug daraus, der die Höhe der laufenden Aufwendungen erkennen lässt, beizufügen. Die Beifügung von Unterlagen ersetzt jedoch nicht die vorgeschriebene Berechnung und Erläuterung. Diese ist nur dann ausreichend, wenn ein durchschnittlicher Mieter in der Lage ist, den Erhöhungsbetrag rechnerisch und gedanklich nachzuvollziehen (AG Winsen/Luhe, WuM 1994, 434).

Bei der **Erläuterung** der Mieterhöhung sind die Gründe anzugeben, aus denen sich die einzelnen laufenden Aufwendungen erhöht haben und die auf die einzelnen laufenden Aufwendungen fallenden Beträge (§ 4 Abs. 7 S. 2 NMV; LG Köln, WuM 1992, 254). Die Mieterhöhungserklärung ist jedoch nicht deswegen unwirksam, weil sie sehr umfangreich ist und auch schwierige Berechnungen zum Gegenstand hat, da der Mieter vertiefende Informationen mit seinem Auskunftsrecht erlangen kann (§ 8 Abs. 4 WoBindG; LG Dortmund, WuM 1994, 81). Auch Berechnungsfehler, die sich richtig stellen lassen, führen nicht zur Unwirksamkeit der Erklärung; anders aber bei nicht hinreichend klaren Erläuterungen und Berechnungen der Mietveränderung (LG Dortmund, a.a.O.). Die dem Schreiben der Mieterhöhungserklärung als Anlage beigefügte Berechnung der Mieterhöhung bedarf keiner weiteren Unterschrift des Vermieters (LG Essen, WuM 1992, 592).

Anstelle einer Wirtschaftlichkeitsberechnung kann auch eine **Zusatzberechnung** zu der letzten Wirtschaftlichkeitsberechnung oder, wenn das zulässige Entgelt von der Bewilligungsstelle aufgrund einer Wirtschaftlichkeitsberechnung genehmigt worden ist, eine **Abschrift** der Genehmigung beigefügt werden.

Es ist nicht erforderlich, einer Mieterhöhungserklärung (§ 10 Abs. 1 S. 1 WoBindG) **Unterlagen** in einem Umfang beizufügen, die dem Mieter – auch wenn es sich um einen Zweit- oder Folgemieter handelt – die Möglichkeit verschafft, die Entwicklung der Kostenmiete bis auf die von der Bewilligungsstelle genehmigte Durchschnittsmiete zurückzuverfolgen. Zur Wirksamkeit einer solchen Mieterhöhung genügt neben der Berechnung und Erläuterung derselben vielmehr die Beifügung einer Wirtschaftlichkeitsberechnung, eines Auszugs daraus oder – falls der Mieter bereits im Besitz der letzten Wirtschaftlichkeitsberechnung oder eines Auszuges daraus ist – eine Zusatzberechnung zu diesen oder, wenn das zulässige Entgelt von der Bewilligungsstelle aufgrund einer Wirtschaftlichkeitsberechnung genehmigt ist, eine Abschrift dieser Genehmigung (BGH, RE v. 11.1.1984, DWW 1984, 98; Weber/Marx, IV/ S. 100).

Die gegenteilige Auffassung des KG Berlin (RE v. 3.3.1982, NJW 1982, 1468; Weber/Marx II/S. 116) ist damit überholt.

Der der Mieterhöhungserklärung beizufügende oder in diese aufzunehmende Auszug aus der Wirtschaftlichkeitsberechnung kann so beschaffen sein, dass darin die einzelnen nach den §§ 39, 18, 24 der II. BV zu berücksichtigenden Positionen lediglich mit ihrem Endbetrag ausgewiesen und die Kosten aufgeschlüsselt sind, die sich erhöht haben (OLG Hamm, RE v. 4.4.1984, WuM 1984, 148; Weber/Marx, IV/S. 103).

Eine Mieterhöhung wegen Durchführung von **Modernisierungsmaßnahmen** setzt voraus, dass der Mieter den Maßnahmen **zugestimmt** hat, zu ihrer **Duldung verpflichtet** war oder sie **tatsächlich geduldet** hat. Soweit es für die Mieterhöhung auf die Duldungspflicht des Mieters ankommt, setzt auch die Erhöhung der Kostenmiete die Einhaltung der Vorschrift des § 554 Abs. 3 BGB (Verpflichtung des Vermieters zur ordnungsgemäßen Ankündigung der Modernisierungsmaßnahmen) voraus (BayObLG, RE v. 24.10.1996, RE-Miet 3/95, WuM 1996, 749). Darauf kommt es jedoch nicht an, wenn der Mieter die

Modernisierungsmaßnahmen tatsächlich geduldet hat, d.h. sich in Kenntnis der Maßnahmen passiv verhalten hat (vgl. KG Berlin, RE v. 16.7.1992, WuM 1992, 514 sowie „Modernisierung"). In diesem Fall ist die Mieterhöhung auch dann zulässig, wenn die Vorschrift des § 554 Abs. 3 BGB nicht eingehalten worden ist.

Der Vermieter ist berechtigt, die Kosten für den von ihm beauftragten Anschluss des vermieteten Anwesens an die öffentliche **Kanalisation** im Wege der Mieterhöhungserklärung gem. §§ 6 Abs. 1 NMV, 11 Abs. 4, 5 II. BV an die Wohnungsmieter weiterzugeben, da der Anschluss an die Kanalisation eine **nachträgliche bauliche Änderung** i.S.d. o.g. Vorschriften darstellt (LG Berlin, Urt. v. 15.06.1999, Az. 64 S 510/98, ZMR 2000, 532).

Wird vom Eigentümer und Vermieter an den durch Aufwendungszuschüsse oder Aufwendungsdarlehen geförderten Wohnungen (§ 88 II. WoBauG) seines im steuerbegünstigten Wohnungsbau errichteten Mietwohnhauses **durch Teilung** Wohnungseigentum begründet, bleibt für die vermieteten Eigentumswohnungen die im Zeitpunkt der Anlegung der Wohnungsgrundbücher vom Vermieter in preisrechtlich zulässiger Weise jeweils geforderte Kostenmiete (bisherige Kostenmiete) bis zur Genehmigung der neuen Kostenmiete weiterhin verbindlich. Nach der neueren Rechtsprechung des Bundesverwaltungsgerichts hat allerdings allein die nachträgliche Begründung von Wohnungseigentum nicht zur Folge, dass die sich aus den vorgelegten Wirtschaftlichkeitsberechnungen ergebende Durchschnittsmiete behördlich genehmigt werden muss, da die Bestimmung des § 5a Abs. 3 S. 1 (i.V.m. Abs. 1 S. 2) NMV, die eine solche Genehmigung vorschreibt, rechtsunwirksam ist (BVerwG, Urt. v. 17.6.1998, WuM 1998, 671).

Eine **vor** der Anlegung der Wohnungsgrundbücher eintretende Erhöhung der laufenden Aufwendungen führt zu einer Erhöhung der bisherigen Kostenmiete (entspr. § 4 NMV), die vom Hauseigentümer und Vermieter aufgrund einer **einheitlichen** (für das Gebäude oder die Wirtschaftseinheit aufzustellenden) Wirtschaftlichkeitsberechnung zu ermitteln ist.

Hingegen berechtigt eine Erhöhung der laufenden Aufwendungen, die **nach** Anlegung der Wohnungsgrundbücher eingetreten ist, nicht mehr zu einer Erhöhung der bisherigen Kostenmiete aufgrund einer einheitlichen Wirtschaftlichkeitsberechnung. Sie kann vielmehr nur zu einer Erhöhung der neuen Kostenmiete führen, und zwar regelmäßig erst, nachdem diese vom Wohnungseigentümer und Vermieter durch eine für jede einzelne Eigentumswohnung **gesondert** aufzustellende Wirtschaftlichkeitsberechnung ermittelt und von der Bewilligungsstelle genehmigt worden ist (§ 17 Abs. 5 i.V.m. § 5a Abs. 1 S. 2 NMV; KG Berlin, RE v. 20.9.1984, DWW 1985, 26; Weber/Marx, IV/ S. 109).

Die Ansätze der **nach Umwandlung** öffentlich geförderten Wohnraums in Wohnungseigentum aufgestellten Wirtschaftlichkeitsberechnung (§ 5a Abs. 1 S. 2 NMV) darf das Zivilgericht bei einem

Kostenmiete

Streit über die Höhe der Kostenmiete unabhängig von den Bewertungen der Bewilligungsstelle im Genehmigungsbescheid oder in früheren Genehmigungen auf ihre materielle Berechtigung überprüfen (§ 8a Abs. 3 WoBindG; OLG Hamburg, RE v. 18.1.1991, DWW 1991, 47). Hat eine Umwandlung in Wohnungseigentum **nicht** stattgefunden, ist das Zivilgericht grundsätzlich **nicht** befugt, die von der Bewilligungsstelle im Rahmen der **Bewilligung** der öffentlichen Mittel (§ 72 Abs. 2 II. WoBauG) behördlich für das Bauvorhaben genehmigte Durchschnittsmiete, auf deren Grundlage die verschiedenen Einzelmieten nach Maßgabe der §§ 8a, 8b WoBindG errechnet und vereinbart worden sind, auf die Richtigkeit ihrer Ermittlung nachzuprüfen.

Das gilt auch dann, wenn der behördliche Mietgenehmigungsbescheid von anderen als den am Zivilprozess beteiligten Mietern noch angefochten werden kann oder wenn er zwar bereits angefochten ist, die Anfechtung aber noch nicht zu einer rechtskräftigen Aufhebung oder Abänderung des Bescheids geführt hat (OLG Hamm, RE v. 10.9.1984, DWW 1984, 287; Weber/Marx, IV/S. 99).

Anders als bei dieser (erstmaligen) **Bewilligungs**genehmigung (§ 72 II. WoBauG) kann das ordentliche Gericht jedoch im Rechtsstreit über die Höhe der Kostenmiete von einer **Erhöhungs**genehmigung (§ 8a Abs. 4 WoBindG) zugunsten des Mieters abweichen, da diese keine Bindungswirkung entfaltet (OLG Hamm, RE v. 20.8.1993, WuM 1993, 591; Weber/Marx, XIII/S. 141).

Der Bewilligungsbescheid (§ 72 Abs. 1 II. WoBauG) kann auch für ein wesentlich geändertes Förderungsobjekt Gültigkeit behalten und Grundlage für spätere Erhöhungen der Kostenmiete sein, die auf einer der geänderten Herstellung des Förderobjekts entsprechenden Wirtschaftlichkeitsberechnung aufbaut (LG Dortmund, WuM 1994, 81).

Die Erklärung des Vermieters hat die **Wirkung**, dass von dem 1. des auf die Erklärung folgenden Monats an das erhöhte Entgelt an die Stelle des bisher zu entrichtenden Entgelts tritt; wird die Erklärung erst nach dem 15. eines Monats abgegeben, tritt diese Wirkung von dem 1. des übernächsten Monats an ein. Geht z.B. die Erklärung am 10. 2. dem Mieter zu, erhöht sich die Miete ab 1. 3., bei Zugang am 18. 2. erhöht sich die Miete erst ab 1. 4.

Wird die Erklärung bereits vor dem Zeitpunkt abgegeben, von dem an das erhöhte Entgelt nach den dafür maßgeblichen Vorschriften zulässig ist, wird sie frühestens von diesem Zeitpunkt an wirksam. Soweit die Erklärung darauf beruht, dass sich die Betriebskosten **rückwirkend** erhöht haben, wirkt sie ab dem Zeitpunkt der Erhöhung der Betriebskosten, höchstens jedoch auf den Beginn des der Erklärung vorangehenden Kalenderjahres zurück, sofern der Vermieter die Erklärung innerhalb von 3 Monaten nach Kenntnis von der Erhöhung abgibt.

Ist der Erklärung ein Auszug aus der Wirtschaftlichkeitsberechnung oder die Genehmigung der Bewilligungsstelle beigefügt, hat der Vermieter dem Mieter auf Verlangen **Einsicht** in die Wirtschaftlichkeitsberechnung zu gewähren (§ 10 Abs. 3 WoBindG).

Dem Vermieter steht das Recht zur einseitigen Mieterhöhung **nicht** zu, soweit und solange eine Mieterhöhung durch ausdrückliche Vereinbarung mit dem Mieter oder einem Dritten ausgeschlossen ist oder der Ausschluss sich aus den Umständen ergibt (§ 10 Abs. 4 WoBindG). Wann sich der Ausschluss einer Mieterhöhung aus den Umständen ergibt, kann nur im Einzelfall beurteilt werden. Die Gewährung eines Mieterdarlehens oder einer Mietvorauszahlung ist für sich allein kein die Mieterhöhung ausschließender Umstand (BGH, NJW 1958, 586).

Es kommt vielmehr auf die Würdigung des gesamten Sachverhaltes an, namentlich auf die Höhe der Mieterleistung, die Dauer der Tilgungszeit und die wirtschaftlichen Gesichtspunkte (BGH, MDR 1960, 45).

Vermietet der Vermieter die Wohnung bewusst unterhalb der zulässigen Kostenmiete (z.B. um die Vermietbarkeit zu erreichen), kann darin ein teilweiser **Mieterhöhungsausschluss** gesehen werden, sodass dem Mieter der Mietvorteil mangels abweichender Vereinbarungen auf Dauer erhalten bleibt (LG Hannover, WuM 1996, 556). Spätere Mieterhöhungen sind dann nur in dem Umfang des Erhöhungsbetrages der Kostenmiete einseitig durchsetzbar (AG Hannover, WuM 1994, 434).

Die Mieterhöhung kann auch durch Vereinbarung mit einem Dritten ausgeschlossen werden, z.B. mit dem Arbeitgeber des Mieters, der dem Vermieter ein Baudarlehen gewährt (BGH, ZMR 1964, 28).

Eine Mieterhöhungserklärung in der vorgeschriebenen Form ist auch dann erforderlich, wenn im Mietvertrag eine Gleitklausel vereinbart ist, wonach der Vermieter den jeweils preisrechtlich zulässigen Mietzins beanspruchen kann (§ 4 Abs. 8 NMV; Fischer-Dieskau/Pergande/Schwender, § 10 WoBindG, Anm. 1; LG Münster, WuM 1988, 214). Eine solche Gleitklausel kann auch **formularvertraglich** wirksam vereinbart werden (LG Köln, WuM 1992, 254). Eine darauf gestützte **rückwirkende** Mieterhöhung kann auch der Grundstückserwerber für den vor dem Eigentumserwerb liegenden Zeitraum geltend machen (LG Hamburg, WuM 1992, 593).

Auch eine **Staffelmietvereinbarung** steht jedenfalls dann in keinerlei Widerspruch zu den Vorschriften des Wohnungsbindungsgesetzes, wenn die höchste Staffel die bei Vertragsschluss maßgebliche Kostenmiete nicht übersteigt (OLG Hamm, Beschl. v. 29.1.1993, DWW 1993, 78, Weber/Marx, XIII/S. 11). Eine Staffelmietvereinbarung ist nach Auffassung des LG Hamburg (WuM 1997, 331) jedoch unwirksam, sofern die Staffelmieterhöhung den Zeitraum nach Ablauf der Preisbindung betrifft.

Der Mieter ist, falls ihm eine Mieterhöhungserklärung des Vermieters zugeht, berechtigt, das Mietverhältnis spätestens am 3. Werktag des Kalendermonats, von dem an der Mietzins erhöht werden soll, für den Ablauf des nächsten Kalendermonats zu **kündigen** (§ 11 WoBindG).

Das **Sonderkündigungsrecht** des Mieters besteht ohne Rücksicht darauf, ob der Mietvertrag auf bestimmte oder unbestimmte Zeit geschlossen ist. Kündigt der Mieter, tritt die Mieterhöhung nicht ein.

Soweit das vereinbarte Entgelt die Kostenmiete übersteigt, ist die Vereinbarung unwirksam (§ 8 Abs. 2 S. 1 WoBindG). Soweit die Vereinbarung unwirksam ist, ist die Leistung **zurückzuerstatten** und vom Empfang an zu verzinsen (§ 8 Abs. 2 S. 2 WoBindG). Dieser Rückzahlungsanspruch steht auch dem nicht nach den §§ 4, 5 WoBindG wohnberechtigten Mieter einer mit öffentlichen Mitteln geförderten Wohnung zu, da die Geltendmachung nicht generell, sondern nur bei **Hinzutreten** besonderer Umstände (z.B. Erschleichen der Wohnung durch den Mieter) gegen den Grundsatz von Treu und Glauben (§ 242 BGB) verstößt (OLG Hamm, RE v. 4.5.1988, NJW-RR 1988, 1037; Weber/Marx VIII/S. 81). Nicht ausreichend für ein Entfallen des Rückforderungsanspruchs ist jedenfalls der Umstand, dass Mieter und Vermieter die Nichtberechtigung des Mieters bei Abschluss des Mietvertrages kannten, da § 817 S. 2 BGB wegen der Sonderregelung des § 8 Abs. 2 S. 2 WoBindG keine Anwendung finden kann (OLG Hamm, a.a.O.).

Ferner wird eine preisrechtswidrig vereinbarte Miete auch nicht im Fall der Beendigung der Wohnungsbindung vollständig wirksam (LG Wuppertal, WuM 1998, 292). Der Vermieter kann insofern auch nicht einwenden, der Mieter sei nicht wohnberechtigt gewesen (LG Wuppertal, a.a.O.). Der Anspruch auf Rückerstattung **verjährt** nach Ablauf von 4 Jahren nach der jeweiligen Leistung, jedoch spätestens nach Ablauf eines Jahres von der Beendigung des Mietverhältnisses an (§ 8 Abs. 2 S. 3 WoBindG). Diese **Verjährungsfrist** gilt nicht für einen Anspruch auf Rückerstattung bezahlter Miete, die aufgrund einer einseitigen Mieterhöhung gem. § 10 WoBindG verlangt wurde (OLG Hamm, RE v. 28.8.1997, WuM 1997, 543; so bereits BayObLG, RE v. 23.5.1985, MDR 1985, 767; Weber/Marx, V/S. 85).

Hat der Vermieter in Unkenntnis der Tatsache, dass die Wohnungsbindung bereits weggefallen ist, eine Mieterhöhung nach § 10 WoBindG durchgeführt und verlangt der Mieter die daher rechtsgrundlos gezahlten Erhöhungsbeträge zurück, kann der Vermieter dem Wegfall der Bereicherung einwenden und die Rückzahlung verweigern mit der Begründung, dass er bei Kenntnis des wahren Sachverhalts zulässige Mieterhöhungen in diesem Umfang nach § 558 BGB durchgesetzt hätte (LG Essen, Urt. v. 14.9.1999, Az. 15 S 356/98, WuM 2000, 254).

Läuft die Preisbindung ab (z.B. zum 31.12.2001), kann der Vermieter schon vor Ablauf vom Mieter verlangen, dass er einer Mieterhöhung zustimmt, die unmittelbar nach dem Ablauf der Bindung (z.B. zum 1.1.2002) wirksam wird

Kostenmiete

(OLG Hamm, RE v. 9.10.1980, DWW 1980, 247; Weber/Marx, I/S. 107; LG Berlin, WuM 1996, 417). Zu beachten ist aber, dass auch in diesem Fall grundsätzlich die sog. „**Kappungsgrenze**" (§ 558 Abs. 3 BGB) gilt (BayObLG, RE v. 23.1.1984, DWW 1984, 47; Weber/Marx, IV/S. 68; BVerfG, Beschl. v. 4.12.1985, DWW 1986, 93). Zur Berechnung der Kappungsgrenze ist von der Miete auszugehen, die 3 Jahre vor dem Wirksamwerden des Mieterhöhungsverlangens geschuldet war (OLG Hamburg, RE v. 19.3.1996, WuM 1996, 322; OLG Stuttgart, Beschl. v. 7.9.1989, WuM 1989, 552).

Zwischenzeitliche Erhöhungen der Kostenmiete wegen baulicher Änderungen (entspr. § 559 BGB) bleiben außer Betracht (LG Wuppertal, WuM 1999, 44). Mieterhöhungen wegen Kapitalkostensteigerungen müssen nicht abgezogen werden (OLG Hamm, RE v. 27.6.1990, DWW 1990, 233; Weber/Marx, X/S. 75).

Keine Kappungsgrenze gilt, wenn und soweit der Mieter bis zum Wegfall der Preisbindung zur Zahlung einer Fehlbelegungsabgabe verpflichtet war (§ 558 Abs. 4 BGB). Der Vermieter ist dann berechtigt, die Miete nach dem Wegfall der Preisbindung ohne Berücksichtigung einer Kappungsgrenze bis zu der Höhe anzuheben, die der Mieter bisher einschließlich der Fehlbelegungsabgabe gezahlt hat. Der Mieter hat dem Vermieter auf dessen Verlangen, das frühestens 4 Monate vor dem Wegfall der öffentlichen Bindung gestellt werden kann, innerhalb eines Monats darüber Auskunft zu erteilen, ob und in welcher Höhe eine Fehlbelegungsabgabe gezahlt werden muss. Erteilt der Mieter diese Auskunft nicht, ist der Vermieter berechtigt, die **höchstzulässige** Fehlbelegungsabgabe anzusetzen, wenn er in dem Auskunftsbegehren darauf **hingewiesen** hat, dass er bei Nichterteilung der Auskunft unterstellen wird, dass der Mieter zur Zahlung der höchstzulässigen Fehlbelegungsabgabe verpflichtet ist (LG Köln, Beschl. v. 12.8.1998, Az. 10 S 169/98, WuM 2000, 255).

Die Zustimmung zur Mieterhöhung kann jedoch grundsätzlich erst dann verlangt werden, wenn die letzte Erhöhung der Kostenmiete mindestens ein Jahr zurückliegt, da die **Wartefrist** des § 558 Abs. 1 BGB auch beim Übergang von der Kostenmiete zur Vergleichsmiete gilt (OLG Hamm, RE v. 15.3.1995, Az. 30 RE-Miet 3/94, WuM 1995, 263; vgl. auch OLG Hamm, Beschl. v. 10.8.1994, Az. 30 RE-Miet 1/94, WuM 1994, 455; a.A.: LG München I, WuM 1989, 634). Außer Betracht bleiben aber vorangegangene Kostenmieterhöhungen, die auf den gleichen Gründen beruhen wie Mieterhöhungen nach den §§ 3 bis 5 MHG a.F. bzw. §§ 4, 6 NMV. Die Wartefrist gilt daher **nicht**, wenn die vorangegangene Kostenmieterhöhung wegen baulichen Änderungen, gestiegenen Betriebskosten oder gestiegenen Kapitalkosten erfolgt ist. Dagegen ist nach einer vorangegangenen Erhöhung, die andere als die in den §§ 3 bis 5 MHG a.F. beschriebenen Gründe hatte, z.B. Erhöhung der Verwaltungs- und Instandhaltungskostensätze, die einjährige Wartefrist einzuhalten (OLG Hamm, a.a.O.).

Kündigung

Inhaltsübersicht
Seite

1	**Form und Inhalt der Kündigung**	K 42
1.1	Schriftform der Kündigung	K 42
1.2	Kündigung durch einen Bevollmächtigten	K 42
1.3	Eindeutigkeit der Erklärung	K 44
1.4	Kündigung bei Personenmehrheit	K 45
1.5	Angabe des Beendigungstermines	K 47
1.6	Angabe der Kündigungsgründe	K 48
1.7	Hinweis des Mieters auf die Möglichkeit des Widerspruches	K 49
1.8	Zugang der Kündigung	K 50
1.9	Widerruf und Rücknahme der Kündigung	K 53
1.10	Unzulässigkeit von Teilkündigungen	K 54
2	**Kündigung durch den Mieter**	K 54
2.1	Ordentliche Kündigung durch den Mieter	K 55
2.2	Außerordentliche Kündigung durch den Mieter	K 55
2.2.1	Außerordentliche fristlose Kündigung aus wichtigem Grund	K 55
2.2.1.1	Fristlose Kündigung wegen Nichtgewähren oder Entziehen des vertragsgemäßen Gebrauchs (§ 543 Abs. 2 Nr. 1 BGB)	K 57
2.2.1.2	Fristlose Kündigung wegen Gesundheitsgefährdung	K 61
2.2.1.3	Fristlose Kündigung wegen Störung des Hausfriedens durch den Vermieter	K 61
2.2.2	Außerordentliche befristete Kündigung durch den Mieter	K 62
2.2.2.1	Vorzeitige Kündigung wegen Verweigerung der Untervermieterlaubnis (§ 540 BGB)	K 62
2.2.2.2	Vorzeitige Kündigung beim Tod des Mieters (§§ 563, 563 a, 564 BGB)	K 63
2.2.2.3	Vorzeitige Kündigung bei Versetzung des Mieters im öffentlichen Dienst	K 64
2.2.2.4	Vorzeitige Kündigung des Mieters nach einer Mieterhöhung (§ 561 BGB)	K 65
2.2.2.5	Vorzeitige Kündigung bei Staffelmiete (§ 557 a Abs. 3 BGB)	K 66
2.2.2.6	Vorzeitige Kündigung bei baulichen Maßnahmen des Vermieters (§ 554 Abs. 3 S. 2 BGB)	K 67
2.2.2.7	Vorzeitige Kündigung bei Eröffnung des Insolvenzverfahrens über das Vermögen des Mieters	K 67
2.2.2.8	Vorzeitige Kündigung eines Vertrages über mehr als 30 Jahre (§ 544 BGB)	K 67

Kündigung

3	Kündigung durch den Vermieter	K 68
3.1	Ordentliche Kündigung durch den Vermieter	K 68
3.2	Außerordentliche Kündigung durch den Vermieter	K 70
3.2.1	Außerordentliche fristlose Kündigung aus wichtigem Grund	K 71
3.2.1.1	Fristlose Kündigung wegen vertragswidrigen Gebrauchs (Verletzung der Rechte des Vermieters; § 543 Abs. 2 Nr. 2 BGB)	K 78
3.2.1.2	Fristlose Kündigung wegen Zahlungsverzuges (§ 543 Abs. 2 Nr. 3 BGB)	K 84
3.2.1.3	Fristlose Kündigung wegen Störung des Hausfriedens (§ 569 Abs. 2 BGB)	K 93
3.2.2	Außerordentliche befristete Kündigung durch den Vermieter	K 94
3.2.2.1	Vorzeitige Kündigung beim Tod des Mieters	K 94
3.2.2.2	Vorzeitige Kündigung durch den Ersteher bei der Zwangsversteigerung	K 95
3.2.2.3	Vorzeitige Kündigung bei Veräußerung durch den Insolvenzverwalter	K 97
3.2.2.4	Vorzeitige Kündigung bei Insolvenz des Mieters	K 97
3.2.2.5	Vorzeitige Kündigung des Erwerbers eines Dauerwohnrechtes in der Zwangsversteigerung	K 97
3.2.2.6	Vorzeitige Kündigung des Eigentümers bei Erlöschen des Nießbrauchs	K 97
3.2.2.7	Vorzeitige Kündigung durch den Nacherben (§ 2135 BGB)	K 98
3.2.2.8	Vorzeitige Kündigung durch den Eigentümer bei Erlöschen des Erbbaurechts	K 98
3.2.2.9	Vorzeitige Kündigung eines Vertrages über mehr als 30 Jahre	K 99

Die Kündigung ist der häufigste Umstand, der zur Beendigung eines Mietverhältnisses führt (vgl. auch „Beendigung des Mietverhältnisses").

Grundsätzlich zu unterscheiden ist zwischen der **ordentlichen** (s. Abschnitte 2.1, 3.1) und der **außerordentlichen** Kündigung (s. Abschnitte 2.2, 3.2).

Bei der **ordentlichen** Kündigung sind die jeweiligen gesetzlichen Fristen einzuhalten, soweit nicht vertraglich andere Fristen **wirksam** vereinbart wurden (s. „Kündigungsfristen").

Dagegen kann die **außerordentliche Kündigung fristlos** oder unter Einhaltung der kurzen gesetzlichen **Mindestfrist** von 3 Monaten (§ 575 a Abs. 3 BGB) erfolgen. Durch außerordentliche Kündigung kann auch ein Mietverhältnis auf bestimmte Zeit (z.B. Mietvertrag auf Dauer von 3 Jahren; vgl. „Zeitmietvertrag") vorzeitig beendet werden, während die ordentliche Kündigung in diesem Fall ausgeschlossen ist.

Kündigung

1 Form und Inhalt der Kündigung

1.1 Schriftform der Kündigung

Bei einem Mietverhältnis über **Wohnraum** bedarf sowohl die ordentliche als auch die außerordentliche Kündigung der **schriftlichen** Form (§ 568 Abs. 1 BGB), unabhängig davon, ob sie durch den Mieter oder den Vermieter erfolgt. Abweichende vertragliche Vereinbarungen über die gesetzliche Schriftform sind unwirksam.

Formularmäßig ist auch die Vereinbarung einer **strengeren Form** oder von besonderen **Zugangserfordernissen** (§ 11 Nr. 16 AGB-Gesetz) unwirksam, z.B. „Die Kündigung durch den Mieter bedarf der Zustellung durch Einschreiben mit Rückschein an den Vermieter" (OLG Celle, WuM 1990, 103). Auch eine individuelle Vereinbarung einer bestimmten Übermittlungsform (z.B. Einschreiben mit Rückschein) dient nach st. Rspr. nur Beweiszwecken, sodass allein die Nichteinhaltung der Form nicht zur Unwirksamkeit der Kündigung führen kann (OLG Hamm, ZMR 1995, 248).

Die Kündigung eines Mietverhältnisses über Räume, die **nicht** zu Wohnzwecken (z. B. Geschäftsräume) vermietet wurden, ist grundsätzlich **formlos**, z.B. auch mündlich, möglich, wenn nicht vertraglich eine andere Form, z.B. Schriftform, vereinbart wurde.

Wird die Kündigung eines Wohnraummietvertrages im Laufe eines zwischen Vermieter und Mieter anhängigen Rechtsstreites durch einen **prozessualen Schriftsatz** erklärt, ist der Schriftform Genüge getan, wenn dem Mieter eine vom Prozessbevollmächtigten des Vermieters selbst beglaubigte Abschrift des die Kündigung aussprechenden Schriftsatzes zugeht. Eine Unterschrift des Prozessbevollmächtigten unter der Abschrift ist neben oder statt der Unterschrift unter dem Beglaubigungsvermerk nicht erforderlich (OLG Hamm, RE v. 23.11.1981, DWW 1982, 23; vgl. auch OLG Zweibrücken, RE v. 17.2.1981, ZMR 1982, 112; BayObLG, RE v. 14.7.1981, DWW 1981, 235). An die Erkennbarkeit des Kündigungswillens (z.B. wenn im Schriftsatz der Begriff „Kündigung" nicht erwähnt wird) legt der BGH einen äußerst großzügigen Maßstab an (vgl. BGH, Urt. v. 6.11.1996, ZMR 1997, 280).

1.2 Kündigung durch einen Bevollmächtigten

Bei der Kündigung durch einen Bevollmächtigten (z.B. Hausverwalter, Rechtsanwalt, Haus- und Grundbesitzerverein) muss das Kündigungsschreiben einen klaren Hinweis auf das Vertretungsverhältnis enthalten, z.B. durch die Formulierung: „Namens und in Vollmacht des Vermieters Herrn X kündige ich das Mietverhältnis über die Räume ...". Der bloße Gebrauch des Plurals „wir" genügt nicht (LG Düsseldorf, DWW 1993, 20). Da die Kündigung eine einseitige empfangsbedürftige Willenserklärung darstellt, ist insbesondere auch **§ 174 BGB** zu beachten, der wie folgt lautet:

Ein einseitiges Rechtsgeschäft, das ein Bevollmächtigter einem anderen gegenüber vornimmt, ist unwirksam, wenn der Bevollmächtigte eine Vollmachtsurkun-

Kündigung

de nicht vorlegt und der andere das Rechtsgeschäft aus diesem Grunde unverzüglich zurückweist. Die Zurückweisung ist ausgeschlossen, wenn der Vollmachtgeber den anderen von der Bevollmächtigung in Kenntnis gesetzt hatte.

> Danach ist die Kündigung unwirksam, wenn der Bevollmächtigte eine Vollmachtsurkunde nicht vorgelegt hat und der andere die Kündigung **aus diesem Grund** unverzüglich zurückweist.

Strittig ist, ob eine **Prozess**vollmacht auch zur Kündigung bevollmächtigt, sodass zu empfehlen ist, bei einer Kündigung im Prozess auch eine Vollmacht zur Kündigung vorzulegen.

Die Vollmacht muss von der Partei selbst (nicht z.B. vom Verwalter) erteilt sein und **im Original** vorgelegt werden. Die Vorlage einer beglaubigten Abschrift genügt nicht (BGH, NJW 1981, 1210), ebensowenig die Vorlage einer Fotokopie (vgl. z.B. LG München II, WuM 1995, 478), das Übermitteln der Vollmacht durch Telefax (LG Berlin, NJWE 1996, 220) oder das Angebot, die Vollmachtsurkunde beim Bevollmächtigten einzusehen. Jedoch kann die Kündigung eines Hausverwalters, der den von ihm namens des Vermieters abgeschlossenen Mietvertrag kündigt, nicht wegen fehlenden Vollmachtsnachweises zurückgewiesen werden, wenn dem Kündigungsschreiben eine Kopie der Hausverwaltervollmacht beigefügt ist, aus der sich die Bevollmächtigung zur Kündigung ergibt (OLG Frankfurt/M., NJW-RR 1996, 10).

Strittig ist, ob es ausreicht, dass die Vollmachtsurkunde dem Dritten **einmal** vorgelegt wurde und sie daher nicht bei jedem Vertretergeschäft erneut vorgelegt werden muss, sofern sie auch die weiteren Geschäfte (z.B. den Ausspruch weiterer Kündigungen) abdeckt (bejahend: LG Freiburg, WuM 1991, 689; Soergel-Leptien, § 172 Rn. 4; Müko-Thiele, § 172 Rn. 8; a.A.: Sternel, Mietrecht, 3. Aufl., Rn. IV 15).

Die Zurückweisung durch den Kündigungsempfänger muss **unverzüglich**, d.h. ohne schuldhaftes Zögern (§ 121 BGB), erfolgen, wobei eine angemessene Frist zur Einholung rechtlicher Beratung zugestanden werden muss (LG München II, WuM 1995, 478).

Bei der Beurteilung der Frage, was noch als unverzüglich anzusehen ist, ist auf den Einzelfall abzustellen. Dabei fällt ein Zeitraum von 2 Wochen bereits in einen kritischen Bereich, in dem es besonders eingehender Prüfung bedarf, ob der Widersprechende seine Erklärung gegenüber dem Vertragspartner ohne schuldhaftes Zögern abgegeben hat. Der Hinweis auf die Notwendigkeit einer Terminabsprache mit dem eigenen Rechtsanwalt schließt eine Verspätung nicht aus (LG Hagen, WuM 1991, 79). Die Zurückweisung ist nicht unverzüglich, wenn sie über die Geschäftsstelle des Gerichts geleitet wird und deshalb dem anderen erst nach Ablauf eines Monats zugeht (LG Hagen). Andererseits kann die Zurückweisung noch unverzüglich sein, wenn sie wegen Urlaub des Kündigungsempfängers erst 26 Tage nach Zugang der Kündigung erfolgt ist (OLG München, ZMR 1997, 286).

Kündigung

Das Zurückweisungsrecht besteht auch dann, wenn die Kündigung durch Vermittlung des Gerichtsvollziehers zugestellt wird (BGH, a.a.O.).

Dagegen ist die Kündigung ohne Vollmachtsvorlage auch dann wirksam, wenn die Zurückweisung nicht, nicht unverzüglich oder nicht ausdrücklich wegen fehlender Vollmacht erfolgt.

Die Zurückweisung wegen Fehlens einer beizufügenden Vollmachtsurkunde kann auch nach Treu und Glauben ausgeschlossen sein, wenn der Mieter den Anwalt des Vermieters während des Mietverhältnisses bereits als Vertreter des Vermieters anerkannt hatte, z.B. durch Führung von Korrespondenz (vgl. LG Düsseldorf, WuM 1991, 588) oder der Rechtsanwalt den Kündigenden in mehreren Mietstreitigkeiten vertritt (OLG München, NJWE 1996, 226).

Die Zurückweisung ist auch ausgeschlossen, wenn der Vollmachtgeber den Kündigungsempfänger von der Bevollmächtigung in Kenntnis gesetzt hatte (§ 174 S. 2 BGB). Dies setzt eine entsprechende Mitteilung durch den Vollmachtgeber voraus; nicht ausreichend ist, dass der Empfänger von der Bevollmächtigung in anderer Weise Kenntnis erlangt hat.

1.3 Eindeutigkeit der Erklärung

Aus der Kündigungserklärung muss sich eindeutig und unzweifelhaft der Wille erkennen lassen, das Mietverhältnis beenden zu wollen. Das Wort „Kündigung" muss zwar nicht verwendet werden, ist zum Ausschluss von Zweifeln jedoch unbedingt zu empfehlen.

Die Kündigung kann grundsätzlich nicht unter einer **Bedingung** erklärt werden (z.B. für den Fall, dass die Schönheitsreparaturen nicht durchgeführt werden), da dies dem Bestimmtheitsgrundsatz widerspricht.

Eine Kündigung von **Geschäfts**räumen kann durch den Mieter jedoch **ausnahmsweise** unter einer **Bedingung** erfolgen, wenn der Vermieter (Erklärungsgegner) den Eintritt der Bedingung allein in der Hand hat. Tritt z.B. in den Mieträumen ein Schaden ein, der diese unbenutzbar macht (z.B. durch Brand), kann die Kündigung des Mieters unter der Bedingung erfolgen, dass die Räume nicht innerhalb einer angemessenen Frist wieder nutzbar sind (OLG Hamburg, Urt. v. 21.7.2000, ZMR 2001, 26; BGH, ZMR 1973, 378).

Die Kündigung kann auch in einem **Schriftsatz**, z.B. in der Klageschrift, erklärt werden, jedoch muss darin eindeutig zum Ausdruck kommen, dass neben der Klageschrift (Prozesshandlung) eine materiell-rechtliche Willenserklärung abgegeben wird (BayObLG, a.a.O.).

Grundsätzlich muss dem Kündigungsempfänger ein eigenhändig unterschriebenes Doppel des Schriftsatzes zugestellt werden, wobei jedoch eine selbstbeglaubigte Abschrift ausreichend ist (RE des BayObLG, OLG Hamm, OLG Zweibrücken, a.a.O.).

Die **Umdeutung** einer unwirksamen fristlosen Kündigung in eine ordentliche Kündigung ist grundsätzlich zulässig, wenn für den Empfänger zweifelsfrei

Kündigung

erkennbar ist, dass der Kündigende das Mietverhältnis auf jeden Fall beenden will (vgl. OLG Düsseldorf, DWW 1990, 304).

Strittig ist, ob eine unwirksame fristlose Kündigung des Vermieters in ein Angebot zum Abschluss eines Mietaufhebungsvertrages umgedeutet werden kann, das der Mieter durch Auszug schlüssig annimmt (vgl. LG Freiburg, WuM 1989, 7; BGH, ZMR 1984, 163; s. auch „Mietaufhebungsvertrag").

1.4 Kündigung bei Personenmehrheit

Soweit die Vertragspartner aus Personenmehrheiten bestehen (z.B. Erbengemeinschaft auf der Vermieterseite, Ehegatten auf der Mieterseite), ist die Kündigung grundsätzlich **von allen an alle** zu richten, d. h., die Kündigungserklärung hat sowohl den Adressat als auch als Absender sämtliche Vertragspartner zu enthalten und ist von allen Absendern zu unterzeichnen (vgl. LG Mannheim, DWW 1995, 317, wonach bei einer Erbengemeinschaft die Kündigung eines Geschäftsraummieters zum Zweck der Erzielung einer ortsüblichen Miete eine Maßnahme der ordnungsgemäßen Verwaltung ist und daher mit Stimmenmehrheit nach § 2038 Abs. 2 i.V.m. § 745 Abs. 1 BGB beschlossen und ausgesprochen werden kann; so auch LG Gießen, WuM 1997, 560).

Eine Kündigung ist auch bei getrennten Schreiben an die einzelnen Mitmieter wirksam, wenn ein enger zeitlicher Zusammenhang besteht. In diesem Fall ist für den Kündigungszeitpunkt der Zugang des letzten Kündigungsschreibens maßgeblich (LG München I, WuM 1999, 218).

Fraglich kann im Einzelfall, insbesondere bei unklarer Vertragsgestaltung, sein, wer überhaupt Vertragspartner geworden ist, z. B. wenn im Mietvertrag zwei Personen als Mieter angeführt sind, jedoch nur einer unterzeichnet hat, oder umgekehrt, wenn einer angeführt ist, aber zwei Personen unterzeichnet haben. Zu dieser Problematik vgl. Ausführungen bei „Personenmehrheit", „Ehegatten als Mieter" und „Eheähnliche Gemeinschaft".

Das Erfordernis, die Kündigung von allen an alle zu richten, gilt auch dann, wenn der Mietvertrag nur mündlich geschlossen wurde (LG Düsseldorf, Urt. v. 15.3.1990, DWW 1991, 24).

Eine Kündigung, die nur gegenüber einem von zwei Mietern erfolgt, kann nur **ausnahmsweise** nach Treu und Glauben wegen Vorliegens ganz besonderer Umstände wirksam sein, z.B. wenn der Aufenthalt des anderen bereits vor mehreren Jahren ausgezogenen Mitmieters unbekannt geblieben ist (LG Stuttgart, WuM 1996, 94; vgl. auch OLG Frankfurt/M., WuM 1991, 76).

Kündigt ein Berechtigter zugleich **im Namen** der anderen, muss dies unter Angabe des Vertretungsverhältnisses und Vorlage einer Originalvollmacht erfolgen (vgl. Abschnitt 1.2).

Kündigt dagegen z.B. nur ein Mitglied der Erbengemeinschaft oder nur einer der beiden Ehegatten und wurden die anderen nicht ordnungsgemäß vertreten, ist die Kündigung unwirksam und entfaltet keine Rechtswirkungen. Umgekehrt ist eine Kündigung aber nicht schon deshalb unwirksam, weil sie auch namens einer weiteren Person, die nicht Vertragspartner ist (z.B. des Ehegatten), ausgesprochen wurde. Dies nimmt der Kündigungserklärung des Vertragspartners, auf die es allein ankommt, nicht die Wirkung (LG Düsseldorf, DWW 1993, 103).

Wird durch **Umwandlung** eines Mietwohnhauses in eine Wohnungseigentumsanlage **Sonder**eigentum an einem **Nebenraum** (z.B. am mitvermieteten Speicherabteil, Kellerraum) begründet und der Nebenraum an einen anderen als den Eigentümer der vermieteten Wohnung verkauft, kann die **Teilkündigung des Nebenraumes** nur **gemeinschaftlich** durch dessen (neuen) Eigentümer und dem (neuen) Eigentümer der Wohnung erfolgen, da eine **Mehrheit von Vermietern** entsteht, wenn Teile der Mietsache, die ursprünglich Gegenstand eines einheitlichen Mietvertrages (z.B. über Wohnung und Speicherabteil) waren, an verschiedene Erwerber veräußert werden (OLG Celle, Urt. v. 11.10.1995, WuM 1996, 222; LG Hamburg, Urt. v. 15.7.1999, Az. 333 S 30/99, ZMR 1999, 765; vgl. auch BayObLG, WuM 1991, 78; a.A. Greiner in ZMR 1999, 766). Dagegen ist der Erwerber der vermieteten Eigentumswohnung **alleiniger** Vermieter und kann die **Wohnung** einschließlich des Nebenraumes auch **alleine** kündigen, wenn der Nebenraum nach der Teilungserklärung lediglich im **Gemeinschaft**seigentum

aller Wohnungseigentümer steht (BGH, RE v. 28.4.1999, NZM 1999, 553).

Die gegenteilige Auffassung des KG Berlin (WuM 1993, 423) sowie des OLG Hamburg (WuM 1996, 637), wonach es der Mitwirkung aller Wohnungseigentümer bedarf, wenn eine Wohnung zusammen mit einem im **gemeinschaftlichen** Eigentum stehenden Nebenraum gekündigt werden soll, ist daher überholt.

Formularvertragliche Klauseln über eine gegenseitige Bevollmächtigung können die Wirksamkeit einer Kündigung nicht herbeiführen, da eine formularvertragliche Klausel, wonach sich die Mieter gegenseitig zur **Abgabe** von Kündigungserklärungen bevollmächtigen, wegen Verstoßes gegen § 9 AGB-Gesetz (vgl. auch „Allgemeine Geschäftsbedingungen") unwirksam ist.

Nach Auffassung der obergerichtlichen Rechtsprechung (vgl. z.B. OLG Celle v. 29.12.1989, WuM 1990, 113) ermöglicht eine derart weitgehende Vollmacht einem Mitmieter, das Mietverhältnis ohne Wissen und Wollen des anderen zu beenden und eröffnet damit Missbrauchsmöglichkeiten, die den Belangen des Mieters widersprechen und diesen daher unangemessen benachteiligen im Sinne von § 9 AGB-Gesetz.

Weiterhin sind auch sog. **Erklärungsfiktionen**, wonach z.B. die nur an einen Mieter gerichtete Kündigung auch dem anderen gegenüber als erklärt gelten soll, unwirksam. Gleiches gilt für sog. **Zugangsfiktionen**, die bestimmen, dass Erklärungen des Vermieters als zugegangen gelten (§ 10 Nr. 6 AGB-Gesetz).

K 46

Kündigung

Wirksam dagegen sind sog. „**Empfangsvollmachten**". Damit bevollmächtigten sich die Mieter zur Entgegennahme von Kündigungen. Diese Klausel erspart dem Vermieter zwar die Zustellung der Kündigung an jeden einzelnen Mieter, nicht jedoch, diese an alle Mieter zu adressieren.

Die **formular**mäßige Wirksamkeit einer solchen Regelung setzt jedoch den ausdrücklichen Hinweis auf die Möglichkeit des Widerrufes der Vollmacht (§ 168 BGB) voraus, da andernfalls bei einem rechtsunkundigen Mieter der unzutreffende Eindruck entstehen könnte, er sei an die Vollmachterteilung unwiderruflich gebunden (OLG Celle, a.a.O.).

Nachdem eine an alle Mieter gerichtete Kündigungserklärung bereits dann als zugegangen gilt, wenn sie in den Empfangsbereich der Mieter gelangt ist, ohne dass es auf die tatsächliche Kenntnisnahme ankommt (vgl. Abschnitt 1.8), entfaltet eine Klausel über die Empfangsvollmacht ihre praktische Bedeutung erst dann, wenn einer der Mieter ausgezogen ist, wobei es dem Mieter jedoch freisteht, von dem ihm nicht zu versagenden Recht des Widerrufes Gebrauch zu machen.

1.5 Angabe des Beendigungstermines

Die unrichtige oder fehlende Angabe des Beendigungstermines stellt zwar für sich keinen Unwirksamkeitsgrund dar, jedoch sollte aus Gründen der Klarheit in jedem Fall der Beendigungstermin unter Einhaltung der jeweiligen Kündigungsfristen (s. „Kündigungsfrist") im Kündigungsschreiben genannt sein. Verzögert sich z.B. der Zugang der Kündigung unvorhergesehen über den 3. Werktag eines Monats hinaus, berührt dies die Wirksamkeit der Kündigung nicht; vielmehr wirkt diese dann zum nächst zulässigen Termin.

Unzutreffend und in Widerspruch zur herrschenden Meinung steht das LG Göttingen (Urt. v. 23.1.1991, WuM 1991, 266), wonach eine Kündigung unwirksam sein soll, wenn der Beendigungstermin fehlerhaft angegeben wurde. Vielmehr ist eine solche Kündigung in eine Kündigung zum nächst zulässigen Beendigungstermin umzudeuten, wenn keine Gründe dagegen sprechen, dass der Kündigende den Vertrag jedenfalls zu diesem Zeitpunkt beenden wollte (OLG Hamm, Urt. v. 28.9.1993, MDR 1994, 56; Emmerich/Sonnen-schein, Miete, 5. A., § 564 Rn. 12; Schmidt-Futterer/Blank, Wohnraumschutzgesetze, 6. A., B 32; Köhler, Wohnraummiete, 3. A., § 94 Rn. 8a; LG Mannheim, NJW 1970, 328). Die Auffassung des LG Göttingen würde in der Praxis wohl dazu führen, dass der kündigende Vermieter keinen Beendigungstermin mehr benennen wird, um nicht Gefahr zu laufen, den Termin unrichtig anzugeben. Dies wäre sogar nach Auffassung des Landgerichts Göttingen zulässig, würde jedoch sicherlich nicht der Rechtssicherheit und Rechtsklarheit dienlich sein. Ein Mieter, der unter Berufung auf diese – falsche – Mindermeinung die Räumung verweigert, gibt dem Vermieter Anlass zur Räumungsklage und ist zur Tragung der anfallenden Kosten verpflichtet (LG Köln, WuM 1993, 541).

Kündigung

1.6 Angabe der Kündigungsgründe

Bei der ordentlichen Kündigung von Wohnraum muss der Vermieter nach § 573 Abs. 3 BGB **im Kündigungsschreiben** die Kündigungsgründe (berechtigtes Interesse) angeben. Andere Gründe werden nur berücksichtigt, soweit sie nachträglich entstanden sind. Sind daher im Kündigungsschreiben keine Gründe angegeben und sind solche auch nicht nachträglich entstanden, stehen für die Prüfung der berechtigten Interessen des Vermieters an der Beendigung des Mietverhältnisses auch keine Gründe zur Verfügung, die das Gericht berücksichtigen kann, sodass die Kündigung nicht die Beendigung des Mietverhältnisses bewirken kann und daher im Ergebnis unwirksam ist (BayObLG, RE v. 14.7.1981, DWW 1981, 234; Weber/Marx, I/S. 55; RE v. 17.12.1984, WuM 1985, 50; Weber/Marx IV/S. 55).

Eine Kündigung, die wegen unzureichender Begründung **unwirksam** ist, kann nicht durch Nachschieben von Gründen geheilt werden, sondern muss – unter erneuter Einhaltung der Kündigungsfrist – nochmals durchgeführt werden (ständige Rechtsprechung, vgl. z.B. LG Düsseldorf, WuM 1990, 505; LG Köln, WuM 1990, 155). Dagegen ist ein Nachschieben von Gründen für „nachträglich entstandene Gründe" möglich (§ 573 Abs. 3 BGB), sodass eine ausreichend begründete und damit **wirksame** Kündigung auch dann wirksam bleibt, wenn die angegebenen Gründe zwar nach Ausspruch der Kündigung entfallen sind, jedoch neue Gründe die Kündigung stützen können.

In dem Kündigungsschreiben sind **sämtliche Gründe**, die als berechtigtes Interesse des Vermieters für die ausgesprochene Kündigung von Wohnraum berücksichtigt werden sollen, grundsätzlich auch dann noch mal anzugeben, wenn sie dem Mieter bereits zuvor mündlich oder schriftlich mitgeteilt oder in einem Vorprozess geltend gemacht worden waren (BayObLG, a.a.O.).

Ein nach § 573 Abs. 3 BGB zu berücksichtigender Kündigungsgrund braucht nach den Ausführungen dieses Rechtsentscheides im Kündigungsschreiben zwar nur so ausführlich bezeichnet zu sein, dass er identifiziert und von anderen Gründen (Sachverhalte, Lebensvorgänge) unterschieden werden kann, jedoch ist zur Darlegung und Erläuterung des berechtigten Interesses an der Beendigung des Mietverhältnisses dringend zu empfehlen, sämtliche für eine Beendigung des Mietverhältnisses sprechenden Umstände möglichst ausführlich, verständlich und substantiiert bereits im Kündigungsschreiben darzustellen.

Aufgrund **nachträglicher Erkenntnisse** darf die Begründung einer Kündigung jedoch **modifiziert** werden. Wird z.B. die Kündigung der Wohnung für eine Pflegeperson darauf gestützt, dass der Pflegebedarf aufgrund einer ärztlichen Stellungnahme Tag und Nacht besteht und stellt sich nachträglich heraus, dass die Pflege im Wesentlichen nur tagsüber erforderlich ist, kann der Vermieter seinen Eigenbedarfswunsch trotzdem

Kündigung

aufrecht erhalten (BVerfG, Beschl. v. 9.2.2000, Az. 1 BvR 889/99, WuM 2000, 232).

Wiederholt jedoch der Vermieter lediglich eine bereits ausgesprochene Kündigung, z.b. weil er sich nicht sicher ist, ob diese wirksam war, genügt die eindeutige Bezugnahme auf den im vorangegangenen Schreiben – ausreichend – dargelegten Kündigungsgrund. Strengere Anforderungen an den Begründungszwang, die aber zu keiner weiteren bedeutsamen Information des Mieters führen würden, sondern eine bloße Erschwernis der Kündigung durch Formerfordernisse bewirken, würden auf eine „leere Förmelei" hinauslaufen und sind mit dem Eigentumsgrundrecht nicht zu vereinbaren (BVerfG, Beschl. v. 31.3.1992, WuM 1993, 233 und 10.7.1992, WuM 1993, 234).

Die vorstehenden Ausführungen gelten auch für die **außerordentliche, befristete** Kündigung von Wohnraum durch den Vermieter, da auch für diese Art der Kündigung – mit Ausnahme der Kündigung gegenüber Erben des Mieters (§ 564 BGB) – die **§§ 573 und 573 a BGB entsprechend** gelten (§ 573 d Abs. 1 BGB). Die Kündigungsgründe sind daher wie bei der ordentlichen Kündigung bereits **im Kündigungsschreiben** anzuführen.

> Ferner ist gem. § 569 Abs. 4 BGB **auch bei der fristlosen** Kündigung der zur Kündigung führende wichtige Grund i.S.d. § 543 Abs. 1 BGB anzugeben.

An diese Begründung dürfen jedoch keine zu hohen und übertrieben formalistischen Anforderungen gestellt werden. Es soll dadurch lediglich sichergestellt sein, dass der Mieter erkennen kann, welcher Umstand zur fristlosen Kündigung geführt hat (vgl. Begründung der Beschlussempfehlung des Rechtsausschusses, BTDrucks. 14/5663).

Die vorstehenden Ausführungen gelten **nicht** für Mietverhältnisse über **Geschäfts**räume. Im Kündigungsschreiben brauchen daher Gründe selbst dann nicht genannt zu werden, wenn solche tatsächlich vorliegen müssen (z.B. bei der außerordentlichen Kündigung).

1.7 Hinweis des Mieters auf die Möglichkeit des Widerspruches

Der Vermieter von **Wohnraum** soll den Mieter auf die Möglichkeit, die Form und die Frist des **Widerspruchs** nach den §§ 574 bis 574 b BGB rechtzeitig hinweisen (§ 568 Abs. 2 BGB).

Der Hinweis ist formfrei und kann bereits im Kündigungsschreiben erteilt werden. Rechtzeitig erteilt ist der Hinweis, wenn er noch vor Ablauf der 2-Monats-Frist des § 574 b Abs. 2 S. 1 BGB und solange vorher erteilt wird, dass der Mieter noch angemessene Zeit überlegen, einen Widerspruch abfassen und fristgerecht zuleiten kann (§ 130 Abs. 1 BGB; Palandt Anm. 5d zu § 556a BGB a.F.).

> Wird nicht, falsch oder verspätet hingewiesen, berührt dies zwar nicht die

Kündigung

Wirksamkeit der Kündigung, jedoch kann der Widerspruch bis zum Schluss des ersten Termins (§ 220 ZPO) im Räumungsrechtsstreit erklärt werden (§ 574 b Abs. 2 S. 2 BGB).

Diese Vorschrift gilt nur für Mietverhältnisse über **Wohn**raum mit Ausnahme von Wohnraum der in § 549 Abs. 2 BGB genannten Art, d.h. nicht für

- Wohnraum, der nur zum **vorübergehenden Gebrauch** vermietet ist,

- Wohnraum, der **Teil** der vom Vermieter selbst bewohnten Wohnung ist und den der Vermieter überwiegend mit **Einrichtungsgegenständen** auszustatten hat, sofern der Wohnraum dem Mieter nicht zum dauernden Gebrauch mit seiner Familie oder mit Personen überlassen ist, mit denen er einen auf Dauer angelegten gemeinsamen Haushalt führt,

- Wohnraum, den eine juristische Person des öffentlichen Rechts oder ein anerkannter privater Träger der Wohlfahrtspflege angemietet hat, um ihn **Personen mit dringendem Wohnungsbedarf** zu überlassen, wenn sie den Mieter bei Vertragsschluss auf die Zweckbestimmung des Wohnraums und die Ausnahme von den genannten Vorschriften hingewiesen hat.

1.8 Zugang der Kündigung

Die Kündigung stellt eine einseitige, empfangsbedürftige Willenserklärung dar und wird daher erst in dem Zeitpunkt wirksam, in welchem sie dem Kündigungsempfänger zugeht (§ 130 Abs. 1 BGB).

Einer Annahme der Kündigung durch den Kündigungsempfänger bedarf es nicht. Daher ist auch ein Schweigen auf eine Kündigung bedeutungslos und bewirkt insbesondere kein Einverständnis des Empfängers mit der Kündigung. Durch Erhebung des schriftlichen Kündigungswiderspruches, spätestens 2 Monate vor Beendigung des Mietverhältnisses, kann der Mieter vom Vermieter die Fortsetzung des **wirksam** gekündigten Mietverhältnisses verlangen, während eine unwirksame Kündigung das Mietverhältnis nicht beendet, unabhängig davon, ob Widerspruch erhoben wurde oder nicht (vgl. „Kündigungsschutz").

Zugegangen ist die Kündigung, wenn sie so in den Bereich des Empfängers gelangt ist, dass dieser unter **normalen** Verhältnissen die **Möglichkeit** hat, vom Inhalt der Erklärung Kenntnis zu nehmen (BGH, NJW 1980, 990; 1983, 930).

Zum Bereich des Empfängers gehören auch die von ihm zur Entgegennahme von Erklärungen bereitgehaltenen Einrichtungen, z.B. der Briefkasten.

Ist ein Briefkasten nicht vorhanden, kann die Zustellung auch durch Anheften des Schreibens an die Eingangstüre oder mittels Durchschieben unter der Türe bewerkstelligt werden. Insofern kann der Zugangsbeweis sogar mit der Zeugenaussage eines 7-jährigen Kindes erbracht werden (AG Bergisch-Gladbach, WuM 1994, 193; vgl. auch AG Friedberg, WuM 1992, 596).

Kündigung

Die **Kenntnisnahme muss möglich** und nach der Verkehrsanschauung **zu erwarten** sein. Daher geht z.b. die nachts – wenn auch noch vor 24 Uhr – in den Briefkasten geworfene Kündigung erst am nächsten Morgen zu, da erst in diesem Zeitpunkt mit einer Leerung des Briefkastens durch den Empfänger zu rechnen ist (BAG, NJW 1984, 1651). Etwas anderes kann nur ausnahmsweise gelten, wenn der Empfänger aufgrund einer besonderen Situation auch noch am Abend mit dem Zugang einer rechtsgeschäftlichen Erklärung rechnen muss (vgl. LG München II, BayVerfGH, WuM 1993, 331 für den Einwurf in den Briefkasten um 18.05 Uhr).

Unerheblich ist, ob und wann der Empfänger **tatsächlich** Kenntnis genommen hat, da es ausschließlich auf die Möglichkeit der Kenntnisnahme ankommt.

Grundsätzlich steht einem Zugang der Erklärung nicht entgegen, dass der Empfänger wegen Urlaub, Krankheit oder sonstiger Ortsabwesenheit nicht in der Lage ist, vom Inhalt der Erklärung Kenntnis zu nehmen, da er Zugangshindernissen aus seinem Bereich durch geeignete Vorkehrungen begegnen muss, z.B. bei längerer Abwesenheit einen Bevollmächtigten bestellen oder die Nachsendung der Post veranlassen muss; vgl. auch BGHZ 67, 278; LG Göttingen, WuM 1989, 183, wonach ein Großvermieter geeignete Empfangsvorkehrungen zu treffen hat; andernfalls gilt die Erklärung als rechtzeitig zugegangen.

Als zugegangen gilt die Erklärung auch, wenn der Empfänger die Annahme **unberechtigt** verweigert (BGH, NJW 1983, 930; OLG Düsseldorf, WuM 1995, 585). Berechtigt wäre die Annahmeverweigerung z.b. bei unzureichender oder fehlender Frankierung oder Adressierung.

Kann ein **Einschreibebrief** wegen Abwesenheit des Empfängers nicht zugestellt werden und hinterlässt der Postbote einen Benachrichtigungszettel mit der Aufforderung, das Einschreiben bei der Post abzuholen, bewirkt dies nach ständiger Rechtsprechung **nicht** den Zugang des Einschreibens (BGH, NJW 1998, 976; VersR 1971, 262).

Das Einschreiben geht erst dann zu, wenn es bei der Post abgeholt wird. Holt der Empfänger das Einschreiben nicht ab, gilt das Einschreiben nach dem Grundsatz von Treu und Glauben (§ 242 BGB) nur dann als fristgerecht zugegangen, wenn der Empfänger mit dem Zugang von rechtserheblichen Erklärungen rechnen musste **und** auch der Erklärende alles Erforderliche und ihm Zumutbare getan hat, damit seine Erklärung den Adressaten erreichen kann. Dazu gehört in der Regel, dass er nach Kenntnis von dem nicht erfolgten Zugang unverzüglich einen **erneuten** Versuch unternimmt, seine Erklärung in den Machtbereich des Empfängers zu bringen. Dies ist nur dann entbehrlich, wenn der Empfänger die Annahme grundlos verweigert oder arglistig vereitelt (BGH a.a.O.; Palandt-Heinrichs, BGB, 50. Aufl., § 130 Rn. 18, BGHZ 67, 277; MDR 1977, 388; LG Aachen WuM, 1989, 250).

Kündigung

Das Bestehen eines Mietverhältnisses bedingt zwar allein noch nicht, dass mit rechtsgeschäftlichen Erklärungen zu rechnen ist, jedoch kann sich aus einer bestimmten Sachlage, z.B. einer vorangegangenen Kündigung oder Mieterhöhung ergeben, dass eine Reaktion bzw. eine rechtsgeschäftliche Erklärung des Vertragspartners, z.B. Zustimmung, Ablehnung, Widerspruch o.Ä. zu erwarten ist (vgl. LG Saarbrücken, WuM 1993, 339). In diesem Fall obliegt es dem Empfänger, durch geeignete Vorkehrungen sicherzustellen, dass die zu erwartenden Erklärungen ihn auch erreichen. Dabei muss er bei vorübergehender Abwesenheit für eine Zugangsmöglichkeit an seinem gewöhnlichen Wohn- und Geschäftssitz sorgen; auf die durch Nachsendung verursachte Zugangsverspätung kann er sich nicht berufen (vgl. Münchener Kommentar – Förschler, BGB, 2. A., § 130 Rn. 13).

Wird der Zugang oder der Zeitpunkt des Zuganges **bestritten**, trifft die Beweislast für den Zugang bzw. den rechtzeitigen Zugang den Erklärenden, wobei weder für normale Postsendungen noch für Einschreiben ein Beweis des ersten Anscheins besteht, dass eine zur Post gegebene Sendung den Empfänger auch erreicht hat.

Nachgewiesen werden kann der Zugang durch Sendung per **Einschreiben mit Rückschein**, da auf dem Rückschein, den der Absender wieder erhält, das Datum des Zugangs und die Unterschrift des Empfängers (Empfangsbestätigung) vermerkt sind.

Jedoch kann diese Form der Zustellung zu erheblichen Zeitverzögerungen bei der Zustellung führen (z.B. bei Abwesenheit des Empfängers), sodass insbesondere dann eine Zustellung durch Boten (s. „Bote") oder Gerichtsvollzieher (§ 132 Abs. 1 BGB; vgl. dazu BGH, MDR 1977, 388; WuM 1987, 209) ratsam ist, wenn sich die Wirksamkeit der Kündigung bei einem verzögerten Zugang wesentlich, z.B. nicht nur um einen Monat, sondern infolge einer Verlängerungsklausel um einen größeren Zeitraum, verschieben würde (z.B. durch die Klausel „Das Mietverhältnis verlängert sich jeweils um ein Jahr, wenn es nicht fristgerecht gekündigt wird.").

Seit 1.9.1997 kann eine Briefsendung auch durch das so genannte **„Einwurfeinschreiben"** zugestellt werden. Im Gegensatz zum Einschreiben mit Rückschein erhält der Absender keine Empfangsbestätigung des Empfängers, sondern kann beim so genannten Call-Center der Post abfragen, wann der Brief durch den Postboten eingeworfen wurde und erhält gegen Gebühr einen schriftlichen Datenauszug, auf dem das Einwurfdatum angegeben ist. Umstritten ist derzeit noch, ob der Absender damit im Streitfall den Zugang des Schriftstücks (z.B. einer Kündigung oder einer Mieterhöhung) nachweisen kann, wenn der Empfänger dies bestreitet (vgl. hierzu LG Potsdam (NJW 2000, 3722) und AG Paderborn (NJW 2000, 3722) sowie Bauer/Diller in NJW 1998, 2795; Düppers, NJW 1997, 2503).

Diese neue Art der Zustellung kann daher nicht empfohlen werden, solange

Kündigung

die Rechtsprechung nicht eindeutig bestätigt hat, dass auch mit einem Einwurfeinschreiben der Zugang eines bestimmten Schriftstücks nachgewiesen werden kann. Empfehlenswert sind und bleiben bis dahin die bisherigen Zustellungsmöglichkeiten durch Boten bzw. Gerichtsvollzieher oder durch das herkömmliche Einschreiben/Rückschein.

Eine **Formularklausel**, die für die Kündigung bestimmte **Zugangserfordernisse** vorschreibt (z.B. durch eingeschriebenen Brief), ist wegen Verstoßes gegen § 11 Nr. 16 AGB-Gesetz unwirksam. Ist diese Bestimmung nicht anwendbar, z.B. weil die Klausel gegenüber einem Kaufmann verwendet wurde und der Vertrag zum Betrieb seines Handelsgewerbes gehört (vgl. § 24 AGB-Gesetz), kann sich die Unwirksamkeit aus § 9 AGB-Gesetz ergeben, wenn sie innerhalb der Allgemeinen Geschäftsbedingungen an einer unvermuteten Stelle enthalten ist (OLG Naumburg, Urt. v. 15.4.1999, Az. 7 U 94/98, WuM 2000, 117).

Jedenfalls genügt bei **Gewerberäumen** eine Kündigung durch **Fax-Schreiben**, da hier gesetzlich keine Schriftform vorgeschrieben ist (BGH, NJW-RR 1996, 866). Das Attribut „eingeschrieben" hat mangels gegenteiliger Anhaltspunkte lediglich Beweisfunktion und stellt somit kein Wirksamkeitserfordernis dar (OLG Frankfurt, NZM 1999, 419).

Im Fall der **Geschäftsunfähigkeit** des Kündigungsgegners muss die Kündigung gegenüber dem gesetzlichen Vertreter erklärt werden (§ 131 BGB). Insofern kann der Vermieter die Bestellung eines Betreuers anregen und ist gegen die ablehnende Entscheidung des Vormundschaftsgerichts beschwerdeberechtigt (BayObLG, Beschl. v. 27.2.1996, WuM 1996, 275). Ist für den Mieter ein **Betreuer** (§ 1896 BGB) bestellt, muss die Kündigung an den Betreuer gerichtet werden; dessen bloße Kenntnisnahme vom Inhalt eines Kündigungsschreibens reicht für eine wirksame Kündigung nicht aus (LG Dresden, WuM 1994, 377). Ausreichend ist aber die Erklärung gegenüber einem bestellten Prozesspfleger (§ 57 ZPO; LG Hamburg, WuM 1996, 271).

Eine Prozessvollmacht, die einem Rechtsanwalt zur Abwehr einer Räumungsklage erteilt worden ist, schließt regelmäßig die Befugnis zum **Empfang** einer im Zusammenhang mit dem Rechtsstreit erklärten Kündigung ein. Eine im Innenverhältnis beschränkte Vollmacht wirkt im Außenverhältnis mangels Offenlegung unbeschränkt (BGH, Beschl. v. 23.2.2000, Az. XII ZR 77/98, NZM 2000, 382).

1.9 Widerruf und Rücknahme der Kündigung

Die Kündigung als einseitige, empfangsbedürftige Willenserklärung wird im Zeitpunkt des Zugangs wirksam (§ 130 Abs. 1 S. 1 BGB), es sei denn, dem Empfänger geht vorher oder gleichzeitig ein Widerruf zu (§ 130 Abs. 1 S. 2 BGB).

Ein Widerruf oder eine Rücknahme **nach Zugang** ist nicht möglich. Eine solche Erklärung kann daher unter Berücksichtigung aller Umstände des Einzelfalles lediglich als Angebot zur Fortsetzung des Mietvertrages oder zur Neubegründung

Kündigung

eines Mietverhältnisses zu den ursprünglichen Bedingungen gewertet werden, das jedoch einer zumindest schlüssigen Annahme durch den anderen bedarf.

1.10 Unzulässigkeit von Teilkündigungen

Die Kündigung sowohl durch den Vermieter als auch durch den Mieter muss sich immer auf das **gesamte** Mietverhältnis erstrecken. Grundsätzlich unzulässig ist die Teilkündigung eines einheitlichen Mietverhältnisses.

> **Beispiele:**
>
> Die Kündigung von 2 Zimmern einer 4-Zimmer-Wohnung; die Kündigung einer **Garage**, wenn ein einheitliches Mietverhältnis über Wohnraum und Garage vorliegt (s. „Garage"); die Kündigung des **Gartens** bei einem Einfamilienhaus (s. „Garten"); die Kündigung von Neben- oder Zubehörräumen (Speicher-, Kellerabteil, Waschküche u.Ä.).

Unzulässig ist unter bestimmten Voraussetzungen auch die Kündigung des gesamten Mietverhältnisses, wenn nur ein Teil der Wohnung z.b. für die Eigennutzung benötigt wird (BVerfG, Beschl. v. 19.10.1993, NJW 1994, 308; vgl. „Eigenbedarf").

Eine teilweise Beendigung des Mietverhältnisses kann nur einvernehmlich durch Abschluss eines **Mietaufhebungsvertrages** (s. „Mietaufhebungsvertrag") erfolgen.

Eine **Ausnahme** von dem Grundsatz der Unzulässigkeit der Teilkündigung beinhaltet § 573 b BGB.

> Danach kann der Vermieter nicht zum Wohnen bestimmte **Nebenräume** (z.b. Speicher-, Kellerräume) oder Teile eines Grundstücks (z.b. den Garten) **ohne** ein berechtigtes Interesse i.S.d. § 573 BGB kündigen, wenn er die Kündigung auf diese Räume oder Grundstücksteile beschränkt und sie dazu verwenden will, Wohnraum zum Zweck der Vermietung zu schaffen oder den neu zu schaffenden und den vorhandenen Wohnraum mit Nebenräumen oder Grundstücksteilen auszustatten (s. auch „Kündigungsschutz", Abschnitt 2.5.2).

Einer Kündigung bedarf es jedoch nicht, wenn der Nebenraum (z.b. Kellerraum) dem Mieter mangels Erwähnung im schriftlichen Mietvertrag nicht mitvermietet, sondern dessen **Nutzung** dem Mieter lediglich gestattet wurde. Eine solche Gestattung ist grundsätzlich **widerruflich**, sodass der Vermieter die Herausgabe solcher nicht vermieteter Räume verlangen kann; es sei denn, das Herausgabeverlangen würde aufgrund besonderer Umstände gegen Treu und Glauben verstoßen. Gleiches gilt für den Fall einer leihweisen Überlassung der Räume (LG Saarbrücken, WuM 1996, 468; vgl. auch Sternel, I 213, II 180).

2 Kündigung durch den Mieter

Der Vermieter von Wohnraum bedarf zur ordentlichen Kündigung eines berechtigten Interesses an der Beendigung des Mietverhältnisses i.S.v. § 573 Abs. 1 BGB (s. „Kündigungsschutz", Abschnitt 2), während der Mieter für die ordentliche Kündigung keinen Grund zu haben braucht.

Kündigung

Die Zulässigkeit dieser unterschiedlichen Behandlung von Mieter und Vermieter hat das Bundesverfassungsgericht (Beschl. v. 8.1.1985, DWW 1985, 97; Weber/Marx; VIII/S. 87) bestätigt und entschieden, dass es mit der Eigentumsgarantie des Art. 14 Abs. 1 S. 1 GG vereinbar ist, wenn der Gesetzgeber das Kündigungsrecht des Vermieters von Wohnraum von einem berechtigten Interesse an der Beendigung des Mietverhältnisses abhängig gemacht hat. Neben der eingangs erwähnten grundsätzlichen Unterscheidung zwischen der ordentlichen und der außerordentlichen Kündigung werden in Anbetracht der unterschiedlichen Rechtslage die Kündigungsmöglichkeiten von Mieter und Vermieter getrennt dargestellt.

2.1 Ordentliche Kündigung durch den Mieter

Die ordentliche Kündigung durch den Mieter kann unter Einhaltung der Formalien (s. Abschnitt 1) und der Kündigungsfristen (s. „Kündigungsfrist") erfolgen, ohne dass ein Grund für die Kündigung vorliegen oder angegeben werden muss.

Dieses Kündigungsrecht besteht jedoch **nicht**, wenn der Mietvertrag auf **bestimmte** Zeit abgeschlossen ist (§ 542 Abs. 2 BGB; vgl. „Zeitmietvertrag"; vgl. auch „Ersatzmieter") oder wenn bei einem Mietvertrag für längere Zeit als ein Jahr das Schriftformerfordernis der §§ 550, 578 BGB nicht beachtet wurde und der Mietvertrag daher nach den §§ 550, 578 BGB zwar für unbestimmte Zeit geschlossen gilt, jedoch frühestens zum Ablauf eines Jahres nach Überlassung der Mietsache gekündigt werden kann.

2.2 Außerordentliche Kündigung durch den Mieter

Außerordentlich bedeutet, dass durch die Kündigung auch ein Mietverhältnis von **bestimmter** Dauer **vorzeitig** beendet werden kann.

Zu unterscheiden ist zwischen der außerordentlichen **fristlosen** Kündigung, die ohne Einhaltung einer Kündigungsfrist erfolgen kann und mit Zugang beim Vermieter wirksam wird, und der außerordentlichen **befristeten** Kündigung unter Einhaltung der gesetzlichen Kündigungsfrist. Diese beträgt bei Wohnraum 3 Monate (§§ 573 d Abs. 2, 575 a Abs. 3 BGB); bei Geschäftsräumen 6 Monate zum Quartalsende (§ 580 a Abs. 2, 4 BGB; s. „Kündigungsfristen").

2.2.1 Außerordentliche fristlose Kündigung aus wichtigem Grund

Der Mieter kann das Mietverhältnis gem. § 543 Abs. 1 BGB aus **wichtigem Grund** fristlos kündigen. Ein wichtiger Grund liegt vor, wenn dem Mieter unter Berücksichtigung aller Umstände des Einzelfalles insbesondere eines Verschuldens des Vermieters und unter Abwägung der beiderseitigen Interessen die Fortsetzung des Mietverhältnisses bis zum Ablauf der Kündigungsfrist oder bis zur sonstigen Beendigung des Mietverhältnisses **nicht zugemutet** werden kann.

Kündigung

Ein wichtiger Grund liegt auch dann vor, wenn der Vermieter den **Hausfrieden** nachhaltig stört (§ 569 Abs. 2 BGB).

Mit dieser Neuregelung, die durch das Mietrechtsreformgesetz 2001 eingefügt worden ist, soll klargestellt werden, dass ein Mietverhältnis nicht nur bei schuldhaften Vertragsverletzungen des Vertragspartners (entsprechend § 554 a BGB a.F.), sondern auch bei **nicht schuldhaftem** Verhalten gekündigt werden kann (entsprechend der bisherigen Rechtsprechung zu den §§ 242, 626 BGB).

Voraussetzung für die Kündigung ist somit nicht in erster Linie ein schuldhaftes Verhalten, sondern die **Unzumutbarkeit** für den Vertragspartner, sodass eine fristlose Kündigung im Einzelfall auch bei nicht schuldhaftem Verhalten des Vertragspartners erfolgen kann.

Das Verschulden ist nur insoweit von Relevanz, als die Anforderungen an die Unzumutbarkeit bei nicht schuldhaftem Verhalten des Vertragspartners höher sein werden als bei schuldhaftem Verhalten, d. h., das Maß des Verschuldens muss bei der **Interessenabwägung** berücksichtigt werden (vgl. Begründung der Beschlussempfehlung des Rechtsausschusses, BTDrucks. 14/5663).

Da die neue Regelung im Wesentlichen der **bisherigen Rechtslage** entsprechen soll (vgl. Begründung des Gesetzentwurfes, abgedr. in NZM 2000, 433), kann zur Bestimmung des Anwendungsbereiches die Rechtsprechung herangezogen werden, die zur fristlosen Kündigung bei fehlendem Verschulden ergangen ist und bisher auf die §§ 242, 626 Abs. 1 BGB gestützt war. Danach kann für den Mieter ein **wichtiger Grund** (Kündigungsgrund) vorliegen, wenn das gegenseitige Vertrauensverhältnis so **nachhaltig zerrüttet** ist, dass ein gedeihliches Zusammenwirken der Vertragspartner nicht mehr zu erwarten ist (vgl. BGH, ZMR 1978, 207; OLG Düsseldorf, ZMR 1990, 57).

Umstände aus der **Sphäre des Mieters**, z.B. weil die Wohnung zu klein oder zu teuer geworden ist, stellen dabei **keinen** wichtigen Grund dar. Gleiches gilt für Umstände, die der Mieter selbst herbeigeführt hat.

Auch eine **schwere Erkrankung** des Mieters fällt in dessen Risikobereich und rechtfertigt daher **keine** außerordentliche Kündigung (OLG Düsseldorf, Urt. v. 6.6.2000, Az. 24 U 186/99, ZMR 2001, 106).

Etwas anderes kann nur in besonders gelagerten **Ausnahmefällen** gelten, z.B. wenn die Wohnung aufgrund der Geburt von mehreren Kindern erheblich zu klein geworden ist und für mehrere Kinder zusammen nur ein kleines Zimmer zur Verfügung steht (vgl. LG Osnabrück, WuM 1995, 394).

Der Mieter eines **Geschäftslokals** ist zur außerordentlichen Kündigung **nicht** berechtigt, wenn sich die Ertragslage verschlechtert hat (OLG Düsseldorf, DWW 1991, 50). Gleiches gilt sogar im Fall der Existenzgefährdung des Mieters (OLG Düsseldorf, ZMR 1998, 218). Dagegen kann der Mieter von Geschäftsräumen zur außerordentlichen

Kündigung

Kündigung aus wichtigem Grund berechtigt sein, wenn das **Vertrauensverhältnis** der Vertragsparteien durch ungerechtfertigte und kategorisch verlangte Mieterhöhungen so belastet ist, dass dem Mieter eine Fortsetzung des Mietverhältnisses **unzumutbar** ist (OLG Düsseldorf, DWW 1969, 205). Gleiches kann gelten, wenn der Vermieter jahrelang seiner Verpflichtung zur Abrechnung der Nebenkosten und trotz einer entsprechenden Verurteilung nicht nachkommt (OLG Düsseldorf, DWW 1991, 78). Dagegen können allein 12 Gerichtsverfahren, die zwischen den Parteien eines gewerblichen Mietverhältnisses innerhalb von vier Jahren geführt wurden, eine Unzumutbarkeit noch nicht begründen (OLG Hamm, NJW-RR, 1993, 16).

> An der Unzumutbarkeit **fehlt** es, wenn das Mietverhältnis ordentlich gekündigt werden kann und ein Abwarten bis zum Ablauf der Kündigungsfrist bzw. bis zum Ende des Mietverhältnisses (beim befristeten Mietvertrag) zumutbar erscheint.

2.2.1.1 Fristlose Kündigung wegen Nichtgewähren oder Entziehen des vertragsgemäßen Gebrauchs (§ 543 Abs. 2 Nr. 1 BGB)

Ein **wichtiger Grund** i.S.d. § 543 Abs. 1 BGB, der den Mieter zur fristlosen Kündigung berechtigt, liegt vor, wenn ihm der **vertragsgemäße Gebrauch** der vermieteten Sache ganz oder zum Teil **nicht rechtzeitig gewährt** oder wieder entzogen wird. Die Kündigung ist aber grundsätzlich erst nach erfolglosem Ablauf einer angemessenen Frist zur Abhilfe oder nach erfolgloser Abmahnung zulässig (zu den Ausnahmen s. unten).

Auf ein **Verschulden** des Vermieters kommt es nicht an (BGH, NJW 1974, 2233).

Das Kündigungsrecht steht dem Mieter unabhängig von dem Zeitpunkt der Überlassung ab dem vertragsgemäßen Beginn des Mietverhältnisses zu. In dem Zeitraum vom Vertragsschluss (in der Regel Unterzeichnung des Mietvertrages) bis zum Beginn des Mietverhältnisses besteht dieses Kündigungsrecht nur ausnahmsweise, wenn bereits feststeht, dass der Kündigungsgrund bei Beginn des Mietverhältnisses gegeben sein wird (LG Freiburg, WuM 1986, 246). Dagegen reicht eine bloße Befürchtung des Mieters, der Vermieter könne den vertragsgemäßen Gebrauch bei Beginn des Mietverhältnisses nicht gewähren, nicht aus (LG Hamburg, MDR 1974, 583).

Das Nichtgewähren oder das Entziehen des vertragsgemäßen Gebrauchs kann sich u.a. ergeben aus dem Vorliegen eines erheblichen Sach- oder Rechtsmangels, der Erfüllungsverweigerung durch den Vermieter, z. B. vereinbarte Umbauarbeiten vorzunehmen (OLG Köln, ZMR 1997, 230), oder die vertraglich vereinbarte Untervermietung zu gestatten (OLG Düsseldorf, WuM 1995, 585), einer behördlichen Anordnung, z. B. baurechtlich unzulässige Benutzung der Mietsache – vgl. LG Mannheim, NZM 1999, 406, wonach ein **erheblicher** Mangel vorliegt, wenn ein im Souterrain gelegener und zu Wohnzwecken vermieteter Raum nicht die Anforderungen der Landesbauordnung an einen Aufenthaltsraum erfüllt und seine Fläche ca. 16 % der Gesamtfläche der Wohnung beträgt; s. hierzu auch LG Frankfurt, NJW 1977, 1885; jedoch berechtigt allein die formelle Baurechtswidrigkeit (ohne Einschreiten der Behörde) den Mieter nicht zur fristlosen Kündigung (LG Frankfurt/M., Urt. v. 29.12.1999, Az. 2/17 S 99/99, NZM 2000, 1053); fehlende Genehmigung zur Zweckentfremdung (vgl. „Zweckentfremdung"), wenn teilgewerbliche Nutzung der Wohnung vereinbart war (KG Berlin, Urt. v. 7.12.1998, Az. 8 U 2746/97, NZM 1999, 708); dauernde Behinderung der Ein- und Ausfahrt bei einem Kfz-Einstellplatz (LG Köln, Az. 1 S 211/74, WuM 1976, 29); unangenehme Gerüche; Fluglärm bei Ferienwohnung; Aufnahme von Prostituierten. Auch ein behördliches Verbot, das den Mieter an der Ausübung seiner vertraglichen Rechte hindert (z.B. Betreiben einer Gaststätte), stellt einen Mangel dar und berechtigt den Mieter zur fristlosen Kündigung (OLG Düsseldorf, DWW 1993, 99; NJW-RR 1988, 1424). Grundsätzlich ist der Vermieter verpflichtet, eine unzulässige Nutzung durch Einreichung eines Antrages auf Genehmigung der Nutzungsänderung zu legalisieren (OLG Köln, WuM 1998, 152). Hat sich der Mieter jedoch vertraglich zur Beibringung der Genehmigung verpflichtet, kann er sich nicht auf eine Mangelhaftigkeit der Mietsache wegen fehlender Erlaubnis berufen, wenn er nicht einmal den Versuch unternommen hat, diese zu erlangen (OLG Düsseldorf, DWW 1993,

99). Ferner kann sich der Mieter nicht auf eine Nichtgewährung oder Entziehung des vertragsgemäßen Gebrauchs berufen, solange die zuständige Behörde eine unzulässige Nutzung der Mietsache duldet (OLG München, ZMR 1996, 496; OLG Nürnberg, NZM 1999, 419).

Zur Kündigung ist der Mieter erst dann berechtigt, wenn ihm von der zuständigen Behörde die vertragsgemäße Nutzung unter Androhung von Zwangsmitteln untersagt wird und für den Mieter zumindest Ungewissheit über die Zulässigkeit der Nutzung besteht (OLG Köln, a.a.O.).

Wegen einer **unerheblichen** Behinderung oder Vorenthaltung des Gebrauchs war die Kündigung nach § 542 BGB a.F. nur bei einem besonderen Interesse des Mieters gerechtfertigt. Diese Einschränkung findet sich in § 543 Abs. 2 Nr. 1 BGB nicht mehr, obwohl nach der Begründung der Bundesregierung (BTDrucks. 14/4553) keine Änderung der Rechtslage eintreten sollte. Offenbar meint der Gesetzgeber, dass insoweit die Generalklausel des § 543 Abs. 1 BGB ergänzend heranzuziehen ist, wonach eine fristlose Kündigung in **Bagatellfällen** jedenfalls dem Grundsatz dieser Generalklausel widersprechen würde (so Kraemer, WuM 2001, 168).

Eine Kündigung des Mieters ist auch **ausgeschlossen**, wenn der Mieter den Mangel überwiegend **selbst zu vertreten** hat (vgl. BGHZ 66, 349); z.B. infolge eines Brandes. In diesem Fall trifft den Vermieter auch keine Wiederherstellungspflicht (BGH, Urt. v. 26.11.1997, WuM 1998, 96; zur Beweislastverteilung s. „Verschlechterung der Mietsache").

Gleiches gilt, wenn der Mieter durch sein Verhalten maßgeblich die Fertigstellung des Mietobjekts verzögert hat (OLG Düsseldorf, WuM 1993, 667).

Der Mieter eines Geschäftslokals kann nicht wegen Beeinträchtigungen durch **Straßenbaumaßnahmen** kündigen. Darin liegt kein Mangel i.S.d. §§ 536, 543 BGB, da allein der Mieter das Risiko trägt, dass die Straße, von der er Nutzen ziehen kann, aufgrund öffentlicher Bedürfnisse erneuert und umgestaltet wird und dadurch eine eingeschränkte Zugänglichkeit der Mieträume eintritt.

Gleiches gilt im Fall der Einrichtung einer Fußgängerzone vor dem Ladengeschäft (OLG Düsseldorf, NJW-RR 1998, 1236; DWW 1998, 20). **Ausgeschlossen** ist das Kündigungsrecht auch bei Kenntnis oder grob fahrlässiger Unkenntnis der konkreten Umstände durch den Mieter (§§ 543 Abs. 4, 536 b BGB). Fraglich ist nach der Neufassung dieser Bestimmung, ob der Mieter sein Kündigungsrecht auch **verwirken** kann, wenn **im Laufe der Mietzeit** ein Mangel auftritt, der Mieter das Mietverhältnis aber trotzdem in Kenntnis des Mangels längere Zeit **rügelos fortsetzt** (so BGH, Urt. v. 31.5.2000, WuM 2000, 416) oder nach Ablauf der Abhilfefrist mit der Kündigung zu lange zuwartet (vgl. OLG Saarbrücken, MDR 1999, 86: länger als einen Monat). Eine Änderung gegenüber der bisherigen Rechtsprechung kann sich aus § 536 c BGB ergeben, der jedoch lediglich § 545 a.F. (Anzeigepflicht) übernimmt und jedenfalls eine Verwirkung des Kündigungsrechts gem. § 242 BGB nach längerem Zuwarten trotz Mangelkenntnis nicht ausschließt (so Kraemer in WuM 2001, 168; vgl. auch „Kenntnis von Mängeln").

Weiterhin ist das Kündigungsrecht ausgeschlossen, wenn der Mieter zur Duldung von Maßnahmen verpflichtet ist (§ 554 BGB); die Gebrauchsunmöglichkeit auf Verschulden des Mieters beruht; der Mieter Abhilfemaßnahmen vereitelt oder eine ihm zumutbare Mitwirkung versagt hat.

Eine Kündigung wegen Nichtgewähren oder Entziehen des vertragsgemäßen Gebrauchs ist erst zulässig, wenn der Vermieter eine ihm von dem Mieter bestimmte **angemessene Frist** hat verstreichen lassen, ohne Abhilfe zu schaffen (§ 543 Abs. 3 BGB). In dem Abhilfeverlangen müssen die einzelnen Mängel **konkret** bezeichnet sein, sodass der Vermieter erkennen kann, welche Arbeiten er ausführen muss (OLG Naumburg, WuM 2000, 246). Allein die Mängelanzeige (§ 536 c BGB) stellt kein Abhilfeverlangen dar.

Die **Länge** der Frist bestimmt sich nach den Umständen des Einzelfalles, wobei dem Vermieter ausreichend Zeit zur Prüfung der Mängel sowie zur Behebung im üblichen Zeitraum zustehen muss (vgl. hierzu aber OLG Düsseldorf, ZMR 1999, 26, wonach die Frist im Fall einer akuten Gefährdung des Eigentums des Mieters auch relativ kurz – z.B. zur Notreparatur des undichten Daches – bemessen sein darf). Eine zu kurze Frist bewirkt nicht die Unwirksamkeit des Abhilfeverlangens, sondern wandelt sich automatisch in eine angemessene Frist um (LG Frankfurt, WuM 1987, 55).

Der Bestimmung einer Frist bedarf es **nicht**, wenn die sofortige Kündigung aus **besonderen Gründen** unter Abwägung der beiderseitigen Interessen gerechtfertigt ist (§ 543 Abs. 3 S. 2 Nr. 2 BGB), z.B. mehrfache, fehlgeschlagene Reparaturversuche an der Heizung während der kalten Jahreszeit oder mehrfacher Heizungsausfall in der Wohnungseigentumsanlage aufgrund einer Stromabschaltung durch das Elektrizitätswerk nach offenen Rechnungen, wenn Wiederholungen zu befürchten sind (LG Saarbrücken, WuM 1995, 159).

Weiterhin dann, wenn eine Frist offensichtlich **keinen Erfolg** verspricht (§ 543 Abs. 3 S. 2 Nr. 1 BGB), z.B. weil der Vermieter die Abhilfe **ernsthaft und endgültig verweigert** (BGH, NJW 1976, 796), wobei an diesen Umstand strenge Anforderungen zu stellen sind. Allein das Bestreiten der Mängel durch den Vermieter reicht dafür keinesfalls aus, da nicht auszuschließen ist, dass sich der Vermieter von dem Vorliegen der Mängel noch überzeugen lässt und ein bloßes Bestreiten daher regelmäßig keine endgültige Verweigerung darstellt.

Eine Fristsetzung ist auch entbehrlich, wenn die **Abhilfe** (z.B. die Herstellung des vertragsgemäßen Zustands durch Aufhebung eines behördlichen Verbots) **nicht** oder nicht in angemessener Frist **möglich** (vgl. OLG Düsseldorf, DWW 1993, 99; BGH, WPM 1967, 516) oder mit unzumutbaren Belastungen für den Mieter verbunden ist.

Der Mieter ist zur Kündigung auch dann berechtigt, wenn der Vermieter **nach** Ablauf der angemessenen Frist, aber noch vor Ausspruch der Kündigung Abhilfe geschaffen hat (OLG Düsseldorf, MDR 1988, 866; vgl. auch LG Saarbrücken, WuM 1995, 159). Gleiches gilt, wenn der Vermieter die vom Mieter gesetzten Fristen wiederholt ungenutzt verstreichen lässt und erst am Tag des Ablaufes einer ihm neuerlich gesetzten Frist mit den Instandsetzungsarbeiten beginnt (OLG Düsseldorf, WuM 1995, 393).

Ebenso berührt eine Abhilfe des Vermieters **nach** Ablauf der Frist und **nach** Kündigung durch den Mieter die Wirksamkeit der Kündigung nicht mehr, jedoch kann im Einzelfall ein Rechtsmissbrauch vorliegen, wenn der Mieter die Fortsetzung des Mietverhältnisses ablehnt, obwohl z.B. die Frist nur geringfügig überschritten war und die Beanstandungen vollständig behoben wurden (vgl. Erman-Schopp, BGB, § 542 a.F. Rn. 8).

Im Gegensatz zu § 542 BGB a.F. lässt § 543 Abs. 3 BGB neben dem fruchtlosen Fristablauf auch eine „erfolglose Abmahnung" genügen, was Unklarheit schafft und wohl dahin zu verstehen ist, dass die Erfolglosigkeit der Abmahnung ebenfalls erst nach einer „angemessenen", den beiderseitigen Belangen Rechnung tragenden Frist feststeht (so Kraemer in WuM 2001, 168).

Bestreitet der Vermieter die Zulässigkeit der erfolgten Kündigung, weil er den Gebrauch der Sache rechtzeitig gewährt oder vor dem Ablauf der Frist die Abhilfe bewirkt habe, trifft ihn die Beweislast (§ 543 Abs. 4 S. 2 BGB). Ferner muss der Vermieter ggf. die Kenntnis bzw. grob fahrlässige Unkenntnis des Mieters, z.B. vom Mangel, beweisen.

Dagegen hat der Mieter das Vorliegen der Mängel, das Setzen einer angemessenen Abhilfefrist bzw. eine erfolglose Abmahnung sowie im Fall der Kündigung ohne Fristsetzung die entsprechenden Voraussetzungen zu beweisen.

Bei Vorliegen der Voraussetzungen des § 543 Abs. 2 Nr. 1 BGB ist der Mieter jedoch nicht zur Kündigung verpflichtet, da das Recht zur fristlosen Kündigung und der Schadensersatzanspruch wegen Nichterfüllung (§ 536 a Abs. 1 BGB) nicht alternativ, sondern nebeneinander bestehen. Daher kann der Mieter statt der fristlosen Kündigung auch Schadensersatz grundsätzlich für die gesamte fest vereinbarte Mietdauer, ggf. bis zu dem Zeitpunkt verlangen, zu dem der Vermieter den Mietvertrag kündigen kann (BGH, Urt. v. 18.1.1995, DWW 1995, 279).

> Bei **Wohn**raummiete ist eine Vereinbarung, durch die das Kündigungsrecht ausgeschlossen oder eingeschränkt wird, unwirksam (§ 569 Abs. 5 BGB).

2.2.1.2 Fristlose Kündigung wegen Gesundheitsgefährdung

Ist eine Wohnung oder ein anderer zum Aufenthalt von Menschen bestimmter Raum so beschaffen, dass seine Benutzung mit einer erheblichen Gesundheitsgefährdung verbunden ist, liegt für den Mieter ein **wichtiger Grund** vor, der ihn zur **außerordentlichen fristlosen Kündigung** berechtigt. Dies gilt auch, wenn der Mieter die Gefahr bringende Beschaffenheit bei Vertragsschluss gekannt oder darauf verzichtet hat, die ihm wegen dieser Beschaffenheit zustehenden Rechte geltend zu machen (§ 569 Abs. 1 BGB, s. „Gesundheitsgefährdende Räume").

2.2.1.3 Fristlose Kündigung wegen Störung des Hausfriedens durch den Vermieter

Kann dem Mieter infolge einer **nachhaltigen** Störung des Hausfriedens durch den Vermieter die Fortsetzung des Mietverhältnisses **nicht zugemutet** werden, liegt ein wichtiger Grund i.S.v. § 543 Abs. 1 BGB vor, der den Mieter zur fristlosen Kündigung des Mietverhältnisses berechtigt (§§ 569 Abs. 2, 543 Abs. 1 BGB). Insofern kommen Sachverhalte infrage, die von der Rechtsprechung zum § 554 a BGB a.F. entschieden wurden, z.B. standhafte Weigerung des Vermieters, gegen in erheblichem Maße störende Mitbewohner vorzugehen, vgl. LG Frankfurt, ZMR 1970, 201; beharrliche Weigerung, Mängel zu beseitigen, LG Heidelberg, WuM 1977, 200; unerlaubtes Eindringen des Vermieters in die Mieträume, AG Heidelberg, WuM 1978, 69; LG Berlin, WuM 1999, 332; Unredlichkeiten des Vermieters bei der Abrechnung von Nebenkosten, z.B. durch den Versuch, nicht entstandene Kosten abzurechnen, LG Gießen, WuM 1996, 767). **Nicht:** berechtigte Abmahnungen durch den Vermieter – LG Darmstadt, WuM 1993, 610.

2.2.2 Außerordentliche befristete Kündigung durch den Mieter

In den nachfolgend angeführten Fällen kann der Mieter ein Mietverhältnis unter Einhaltung der gesetzlichen Frist **vorzeitig**, d. h. vor Ablauf der Vertragszeit, kündigen. Diese beträgt bei Wohnraum 3 Monate (§§ 573 d Abs. 2, 575 a Abs. 3 BGB); bei Geschäftsräumen 6 Monate zum Quartalsende (§ 580 a Abs. 2, 4 BGB).

2.2.2.1 Vorzeitige Kündigung wegen Verweigerung der Untervermieterlaubnis (§ 540 BGB)

Der Mieter kann das Mietverhältnis unter Einhaltung der gesetzlichen Frist kündigen, wenn der Vermieter die Erlaubnis zur Untervermietung oder zur sonstigen Gebrauchsüberlassung, z.B. zur Weitervermietung an einen Dritten, verweigert, sofern nicht in der Person des Untermieters oder des Dritten ein wichtiger Grund vorliegt (§ 540 Abs. 1 S. 2 BGB). Dies gilt sowohl für Wohnraum- als auch für Geschäftsraummietverhältnisse.

Unabhängig davon kann der Mieter von **Wohn**raum einen Rechtsanspruch auf Erteilung der Erlaubnis haben (s. § 553 BGB sowie „Untermiete").

Einer Verweigerung der Erlaubnis steht die Erteilung unter Bedingungen, Auflagen oder sonstigen Einschränkungen gleich, soweit der Vermieter hierzu nicht berechtigt ist. Auch das Unterlassen einer Antwort auf die vom Mieter unter Fristsetzung erbetene Erlaubnis zur Untervermietung kann eine Verweigerung der Erlaubnis darstellen (OLG Köln, Urt. v. 1.9.2000, WuM 2000, 597; LG Nürnberg-Fürth, WuM 1995, 587). Dies gilt nicht, wenn die gesetzte Frist zu kurz ist (z.B. eine Woche – vgl. LG Berlin, ZMR 1998, 558) oder der Vermieter zusagt, er werde die Angelegenheit prüfen (LG Mannheim, ZMR 1998, 565).

Der Mieter hat auch keinen Anspruch auf Erteilung einer generellen, nicht personenbezogenen Untervermieterlaubnis (KG Berlin, RE v. 11.6.1992, DWW 1992, 240; WuM 1992, 350).

Um dem Vermieter die Prüfung zu ermöglichen, ob in der Person des Dritten ein wichtiger Grund für die Verweigerung der Erlaubnis vorliegt, hat der Mieter den Dritten **namentlich** zu benennen und dem Vermieter vorzustellen (LG Mönchengladbach, NJW-RR 2000, 8). Ferner muss der Mieter die für eventuell erforderliche Nachforschungen notwendigen Angaben machen (vgl. z.B. LG Berlin, WuM 1996, 763, WuM 1991, 483). **Unterlässt** der Mieter die Benennung oder Vorstellung eines **konkreten** Untermieters oder verlangt er die Erlaubnis zur **generellen** Untervermietung, stellt die Tatsache, dass sich der Vermieter nicht innerhalb einer ihm vom Mieter gesetzten angemessenen Frist äußert, **keine Verweigerung** der Erlaubnis und damit **keinen Kündigungsgrund** für den Mieter dar (OLG Koblenz, RE v. 30.4.2001, Az. 4 W-RE 525/00, WuM 2001, 272; LG Gießen, ZMR 1999, 559).

Kündigung

Verweigert der Vermieter allerdings generell und von vornherein die Erlaubnis zur Untervermietung, besteht **ausnahmsweise** ein Recht des Mieters zur außerordentlichen Kündigung ohne Benennung eines konkreten Untermieters (LG Köln, WuM 1994, 468; vgl. auch KG Berlin, Beschl. v. 16.9.1996, 8 RE-Miet 2891/96; WuM 1996, 696).

Diese Entscheidung, ob ein wichtiger Grund vorliegt, bemisst sich nach **objektiven** Kriterien. Er liegt z.B. vor, wenn die Räume einer Mehrzahl von Untermietern überlassen werden sollen (Erman-Schopp, BGB, § 549 a.F. Rn. 15), eine übermäßige Abnutzung der Räume oder eine erhebliche Schmälerung vorhandener Sicherheiten aus dem Vermieterpfandrecht zu erwarten ist (BGH, Urt. v. 24.5.1995, NJW 1995, 2034), eine Änderung des Gebrauchszwecks eintreten soll (z.B. Tierarztpraxis statt Zahnarztpraxis – vgl. OLG Köln, DWW 1997, 121), oder Störungen des Hausfriedens konkret zu besorgen sind, weil es sich bei dem Dritten um einen Alkoholiker oder einschlägigen Straftäter handelt.

Dagegen ist die bloße Ausländereigenschaft oder die Tatsache, dass eine nichteheliche Lebensgemeinschaft gebildet werden soll, grundsätzlich kein wichtiger Grund.

Die mangelnde Solvenz des Dritten kann nur ausnahmsweise (z.B. bei Geschäftsräumen) einen wichtigen Grund darstellen, da der Mieter als Vertragspartner in vollem Umfang für alle Verpflichtungen aus dem Mietverhältnis weiter haftet und ein Verschulden des Dritten vertreten muss (§ 540 Abs. 2 BGB).

Der Mieter kann das Sonderkündigungsrecht (§ 540 Abs. 1 S. 2 BGB) **verwirken**, wenn er es nicht nach angemessener Überlegungsfrist nach Verweigerung der Erlaubnis durch den Vermieter ausübt (vgl. BGH, MDR 1972, 862).

Zur Frage, ob das Sonderkündigungsrecht im Fall der Verweigerung der Untervermieterlaubnis **vertraglich ausgeschlossen** werden kann, vgl. „Untermiete" und „Allgemeine Geschäftsbedingungen".

2.2.2.2 Vorzeitige Kündigung beim Tod des Mieters (§§ 563, 563 a, 564 BGB)

Beim Tod des Mieters ist zu **unterscheiden**, ob der Mietvertrag nur mit dem Verstorbenen oder mit mehreren Personen abgeschlossen war.

War ein **Wohnungs**mietvertrag **nur mit dem Verstorbenen** abgeschlossen, tritt der **Ehegatte**, der mit dem Mieter einen gemeinsamen Haushalt führt, in das Mietverhältnis ein.

Ist dies nicht der Fall bzw. ist ein Ehegatte nicht vorhanden, treten **andere Familienangehörige**, die mit dem Mieter einen gemeinsamen Haushalt führen (z.B. Kinder) bzw. Personen, die mit dem Mieter einen auf Dauer angelegten gemeinsamen Haushalt führen (z.B. Lebensgefährte) in das Mietverhältnis ein (§ 563 Abs. 1, 2 BGB).

Diese Personen können **innerhalb eines Monats**, nachdem sie vom Tod des

Kündigung

Mieters Kenntnis erlangt haben, dem Vermieter **erklären**, dass sie das Mietverhältnis nicht fortsetzen wollen. In diesem Fall gilt der Eintritt als nicht erfolgt. Sind mehrere Personen in das Mietverhältnis eingetreten, kann jeder die Erklärung für sich abgeben (§ 563 Abs. 3 BGB).

Zur Rechtslage bei Vorliegen einer **eingetragenen** Lebenspartnerschaft zwischen zwei Personen **gleichen** Geschlechts s. „Tod des Mieters".

War der **Wohnungs**mietvertrag mit **mehreren Personen** abgeschlossen (z.B. wenn der Mietvertrag vom Ehe- bzw. Lebenspartner oder Lebensgefährten mitunterzeichnet ist), wird das Mietverhältnis mit den Überlebenden **fortgesetzt**. Diese können das Mietverhältnis **innerhalb eines Monats**, nachdem sie vom Tod des Mieters Kenntnis erlangt haben, außerordentlich mit der gesetzlichen Frist (**3 Monate**, § 575 a Abs. 3 BGB) **kündigen** (§ 563 a Abs. 2 BGB).

Treten beim Tod des Mieters **keine** der o.g. Personen in das Mietverhältnis ein und wird es auch nicht mit den überlebenden Mietern fortgesetzt, so wird das Mietverhältnis kraft Gesetz (§ 564 S. 1 BGB) mit dem bzw. den **Erben** fortgesetzt.

Dieser kann das Mietverhältnis **innerhalb eines Monats** außerordentlich mit der gesetzlichen Frist (s. oben) **kündigen**, nachdem er vom Tod des Mieters und davon Kenntnis erlangt hat, dass ein Eintritt in das Mietverhältnis oder dessen Fortsetzung nicht erfolgt sind (§ 564 S. 2 BGB).

Bei einer Erbengemeinschaft kann eine wirksame Kündigung nur durch alle Miterben gemeinsam erfolgen.

2.2.2.3 Vorzeitige Kündigung bei Versetzung des Mieters im öffentlichen Dienst

Militärpersonen, Beamte, Geistliche und Lehrer an öffentlichen Unterrichtsanstalten können im Fall der **Versetzung** nach einem anderen Ort das Mietverhältnis in Ansehung der Räume, welche sie für sich oder ihre Familie an dem bisherigen Garnisons- oder Wohnort gemietet haben, unter Einhaltung der gesetzlichen Frist (3 Monate) außerordentlich kündigen (§ 570 S. 1 BGB a.F.).

§ 570 BGB a.F. ist durch die am 1.9.2001 in Kraft getretene Mietrechtsreform **ersatzlos weggefallen**. Für Zeitmietverträge, die **vor** der Mietrechtsreform abgeschlossen worden sind, gilt § 570 BGB jedoch aus Gründen des Vertrauensschutzes weiter (Art. 229 § 3 Abs. 3 EGBGB).

Eine „Versetzung" im Sinne von § 570 BGB a.F., d.h. eine Anordnung der Änderung des Dienstortes durch den Dienstherrn, liegt nicht vor, wenn es der freien Entscheidung des Mieters unterliegt, einen neuen Arbeitsvertrag an einem anderen Ort abzuschließen (vgl. LG Kiel, WuM 1993, 357 für den Fall des befristet angestellten Lehrers).

Dem hauptberuflichen **Notar** steht dieses außerordentliche Kündigungsrecht nicht zu, da er nicht zu dem genannten Personenkreis gehört (BGH, Urt. v. 27.11.1991, WuM 1992, 73).

Kündigung

Diese Bestimmung gilt auch für Geschäftsräume, nicht aber für die Pacht (§ 596 Abs. 3 BGB a.F.).

Militärpersonen sind alle Soldaten im Sinne der Soldatengesetze, **Beamte** alle Beamte im Sinne der Beamtengesetze sowie Richter und Angehörige des Bundesgrenzschutzes.

Strittig ist, ob das Sonderkündigungsrecht auch **öffentlichen Angestellten** und Arbeitern zusteht (so z.B. Palandt, Anm. 2 zu § 570 BGB a.F., Emmerich-Sonnenschein, BGB, Rn. VII b; a.A. Münchner Kommentar, Rn. VI).

Dagegen kann ein Arbeitnehmer, der **nicht** in einem öffentlich-rechtlichen Dienstverhältnis steht, ein auf **bestimmte** Zeit abgeschlossenes Mietverhältnis über Wohnraum nicht deshalb vorzeitig kündigen, weil er an einen anderen Wohnort zieht, um das Arbeitsverhältnis bei seinem bisherigen Arbeitgeber an einem anderen Dienstort fortzusetzen, nachdem am früheren Dienstort sein Arbeitsplatz weggefallen ist und er ein gleichwertiges Arbeitsverhältnis in der Nähe der gemieteten Wohnung nicht finden kann (BayObLG, RE v. 12.3.1985, WuM 1985, 140; Weber/Marx, V/S. 53).

Ebenfalls ausgeschlossen ist eine vorzeitige Kündigung nach § 570 BGB a.F., wenn der Mieter in ein **erstmalig** zu begründendes Beamtenverhältnis außerhalb seines Wohnortes berufen wird. § 570 BGB a.F. findet auf den Fall, dass der längerfristig gebundene Mieter **erstmalig** in ein Beamtenverhältnis berufen wird und wegen eines dadurch angezeigten Wohnsitzwechsels eine vorzeitige Entlassung aus dem Mietvertrag durch Kündigung anstrebt, keine Anwendung (OLG Hamm, RE v. 22.4.1985, WuM 1985, 213; Weber/Marx; V/S. 56).

Geistliche sind Personen, die hauptberuflich in den Diensten einer Religionsgemeinschaft stehen. Unter **Lehrer** an öffentlichen Schulen sind auch Hochschullehrer und Privatdozenten zu verstehen, nicht jedoch Lehrer an Privatschulen.

Versetzung bedeutet Änderung des Dienstortes, nicht jedoch Übertritt in den Ruhestand, vorübergehende Abordnung oder Übertritt in den Dienst eines ausländischen Staates (Palandt Anm. 3 zu § 570 BGB a.F.). Die Versetzung muss im Zeitpunkt der Kündigung bereits angeordnet und dem Mieter mitgeteilt sein.

Die Kündigung kann nur für den ersten Termin erfolgen, für den sie zulässig ist (§ 570 S. 2 BGB a.F.), und muss daher zum erstmöglichen Termin nach Eröffnung des Versetzungsbeschlusses ausgeübt werden.

2.2.2.4 Vorzeitige Kündigung des Mieters nach einer Mieterhöhung (§ 561 BGB)

Macht der Vermieter eine Mieterhöhung nach **§ 558 BGB** bis zur ortsüblichen Vergleichsmiete oder nach **§ 559 BGB** wegen einer Modernisierung geltend, so kann der Mieter bis zum Ablauf des zweiten Monats nach dem Zugang der Erklärung des Vermieters das Mietverhältnis **außerordentlich** zum Ablauf des übernächsten Monats kündigen (§ 561 S. 1 BGB). Damit ist der Ablauf des zweiten Monats ab Ende der Frist, bis zu der die Kündigung spätestens erklärt werden kann, gemeint; also nicht ab Kündigungserklärung (s. Begründung des Gesetzentwurfes, abgedr. in NZM 2000, 443). Das außerordentliche Kündigungsrecht besteht daher immer erst für den Ablauf des 4. Monats, der dem Mieterhöhungsverlangen folgt (so bereits LG Bonn, NJWE 1997, 221).

Unerheblich ist, ob das Erhöhungsverlangen rechtswirksam war (s. Begründung des Gesetzentwurfes, abgedr. in NZM 2000, 443; so bereits LG Braunschweig, WuM 1986, 323). Der Vermieter kann sich daher nicht auf die Unwirksamkeit seiner Mieterhöhung berufen, wenn der Mieter im Vertrauen auf dessen Wirksamkeit das Sonderkündigungsrecht ausgeübt hat.

Beispiel:
Bei Zugang des Mieterhöhungsverlangens am 17.3. kann der Mieter bis 30.5. zum 31.7. kündigen.

Kündigt der Mieter, so tritt die Mieterhöhung nicht ein (§ 561 S. 2 BGB).

Erfolgt die Erhöhung wegen gestiegener Betriebskosten **nach § 560 BGB**, besteht **kein** Recht des Mieters zur außerordentlichen Kündigung.

Bei Mietverhältnissen über **preisgebundenen** Wohnraum besteht ein außerordentliches Kündigungsrecht nach § 11 WoBindG. Danach kann der Mieter das Mietverhältnis spätestens am 3. Werktag des Kalendermonats, von dem an die Miete erhöht werden soll, für den Ablauf des nächsten Kalendermonats kündigen.

Beispiel:
Wenn sich die Kostenmiete ab 1.10. erhöhen würde, kann der Mieter spätestens am 3. Werktag des Oktober zum 30.11. kündigen.

Kündigt der Mieter, tritt die Mieterhöhung nicht ein (§ 11 Abs. 2 WoBindG).

Das Sonderkündigungsrecht nach § 11 WoBindG gilt auch für **steuerbegünstigten** und **frei finanzierten** Wohnraum, der mit Wohnungsfürsorgemitteln (§ 87a Abs. 1 II. WoBauG) und für steuerbegünstigten Wohnraum, der mit Aufwendungszuschüssen oder Aufwendungsdarlehen gefördert worden ist (§§ 88, 88b Abs. 3 II. WoBauG; vgl. im Einzelnen „Kostenmiete", Abschnitt 2).

Anders als § 561 BGB schließt § 11 WoBindG das Kündigungsrecht nicht aus, wenn die Mieterhöhung infolge gestiegener Betriebskosten erfolgt ist. Das außerordentliche Kündigungsrecht besteht auch dann, wenn bei **Vorauszahlungen** des Mieters auf die Betriebskosten die Vorauszahlungsbeträge erhöht werden (LG Bonn, WuM 1981, 282).

2.2.2.5 Vorzeitige Kündigung bei Staffelmiete (§ 557 a Abs. 3 BGB)

Bei Vorliegen einer Staffelmietvereinbarung kann der Mieter auch ein auf bestimmte Zeit abgeschlossenes Mietverhältnis vorzeitig kündigen, frühestens jedoch **zum** Ablauf von **4 Jahren** seit

Abschluss der Staffelmietvereinbarung (§ 557 a Abs. 3 S. 2 BGB; so bereits OLG Hamm, RE v. 11.8.1989, WuM 1989, 485; Weber/Marx, IX/S. 55). Das Kündigungsrecht des Mieters ist jedoch nicht auf diesen Zeitpunkt beschränkt. Der Mieter kann auch nach Ablauf der 4-Jahres-Frist selbst dann noch kündigen, wenn er weitere Mieterhöhungen aufgrund der Staffelmietvereinbarung akzeptiert hat. Da es sich insofern zwar um ein vorzeitiges, nicht aber um ein außerordentliches Kündigungsrecht des Mieters handelt, muss der Mieter aber die nach der Dauer des Mietverhältnisses gestaffelten Kündigungsfristen (§ 573 c Abs. 1 BGB; s. „Kündigungsfristen") einhalten (Sternel, III 437).

Dieses Sonderkündigungsrecht steht dem Mieter nach Auffassung des LG Gießen (WuM 2000, 423) grundsätzlich auch dann zu, wenn der Vermieter eine Mieterhöhung in Form eines neuen Mietvertrages mit höherer Miete verlangt.

2.2.2.6 Vorzeitige Kündigung bei baulichen Maßnahmen des Vermieters (§ 554 Abs. 3 S. 2 BGB)

Hat der Vermieter den Mieter zur Duldung von Modernisierungsmaßnahmen (s. „Modernisierung") aufgefordert, ist der Mieter berechtigt, bis zum Ablauf des Monats, der auf den Zugang der Mitteilung folgt, zum Ablauf des nächsten Monats zu kündigen. Geht die Mitteilung z.B. am 13. 5. dem Mieter zu, kann er bis spätestens 30. 6. zum 31. 7. kündigen.

Das Kündigungsrecht besteht **nicht** bei sog. Bagatellmaßnahmen, die nur mit einer unerheblichen Einwirkung auf die vermieteten Räume verbunden sind und nur zu einer unerheblichen Mieterhöhung führen.

2.2.2.7 Vorzeitige Kündigung bei Eröffnung des Insolvenzverfahrens über das Vermögen des Mieters

Der Insolvenzverwalter kann das Mietverhältnis ohne Rücksicht auf die vereinbarte Vertragsdauer unter Einhaltung der gesetzlichen Frist **kündigen.** In diesem Fall kann der Vermieter wegen der vorzeitigen Beendigung des Mietverhältnisses als Insolvenzgläubiger Schadensersatz verlangen (§ 109 Abs. 1 InsO).

Waren dem Mieter die Räume zurzeit der Eröffnung des Verfahrens **noch nicht überlassen,** kann der Verwalter vom Vertrag **zurücktreten.** In diesem Fall kann der Vermieter ebenfalls wegen der vorzeitigen Beendigung des Mietverhältnisses als Insolvenzgläubiger Schadensersatz verlangen. Der Verwalter muss dem Vermieter auf dessen Verlangen binnen zwei Wochen erklären, ob er vom Vertrag zurücktreten will; unterlässt er dies, verliert er das Rücktrittsrecht (§ 109 Abs. 2 InsO).

2.2.2.8 Vorzeitige Kündigung eines Vertrages über mehr als 30 Jahre (§ 544 BGB)

Wird ein Mietvertrag für eine längere Zeit als 30 Jahre geschlossen, kann nach Ablauf von 30 Jahren nach Überlassung der Mietsache jede Partei das Mietver-

Kündigung

hältnis unter Einhaltung der gesetzlichen Frist kündigen.

Das Kündigungsrecht gilt nur bei Verträgen von **bestimmter** Dauer über 30 Jahre, nicht aber für Mietverhältnisse von unbestimmter Dauer, die bereits über 30 Jahre laufen.

Von § 544 BGB kann vertraglich nicht abgewichen werden, weil Erbmiete und Erbpacht ausgeschlossen werden sollen. § 544 BGB gilt daher auch für Mietverhältnisse, die nur bei Eintritt eines bestimmten Ereignisses enden sollen und das Ereignis (z.B. auch der Verkauf des Grundstücks) später als 30 Jahre nach Vertragsschluss eintreten kann (Palandt, Rn. 4 zu § 567 BGB a.F.; OLG Hamburg, GE 1997, 550).

Die Kündigung ist **unzulässig**, wenn der Vertrag für die **Lebenszeit** des Vermieters oder des Mieters geschlossen ist (§ 544 S. 2 BGB). Dies gilt nur für natürliche, nicht für juristische Personen (Palandt Rn. 3 zu § 567 BGB a.F.) und bedarf der Schriftform (§ 550 BGB). Die Bestimmung im Testament des Vermieters, dem Mieter solle das Wohnrecht bis zum Lebensende erhalten bleiben, genügt nicht der erforderlichen Schriftform und schließt damit auch nicht das Kündigungsrecht auf Dauer aus (LG Berlin, Urt. v. 8.3.1991, WuM 1991, 498).

3 Kündigung durch den Vermieter

3.1 Ordentliche Kündigung durch den Vermieter

Die ordentliche Kündigung von Wohnraum durch den Vermieter setzt – abgesehen von wenigen Ausnahmen – ein **berechtigtes Interesse** des Vermieters an der Beendigung des Mietverhältnisses voraus (§ 573 Abs. 1 BGB, vgl. im Einzelnen „Kündigungsschutz", Abschnitt 2). Abweichende vertragliche Vereinbarungen zum Nachteil des Mieters sind unwirksam (§ 573 Abs. 4 BGB).

Das **freie Kündigungsrecht** des Vermieters, wie es z.B. bei Geschäftsräumen besteht, ist damit bei Mietverhältnissen über **Wohn**raum weitgehend ausgeschlossen und gilt nur noch in folgenden Fällen (vgl. auch „Kündigungsschutz", Abschnitt 2.5):

- Bei einem Mietverhältnis über eine Wohnung in einem vom Vermieter selbst bewohnten **Zweifamilienhaus** sowie bei Wohnraum **innerhalb** der vom Vermieter selbst bewohnten Wohnung (§ 573 a BGB).

- Bei **Nebenräumen** oder **Teilen eines Grundstücks** (z. B. Garten), wenn der Vermieter die Kündigung auf diese Räume bzw. Grundstücksteile beschränkt und sie dazu verwenden will, Wohnraum zum Zweck der Vermietung zu schaffen oder den neu zu schaffenden und den vorhandenen Wohnraum mit Nebenräumen oder Grundstücksteilen auszustatten (§ 573 b BGB; s. „Kündigungsschutz", Abschnitt 2.5.2 sowie „Garten").

- Bei Mietverhältnissen über Wohnraum, der nur zum **vorübergehenden** Gebrauch vermietet ist (§ 549 Abs. 2 Nr. 1 BGB).

- Bei Mietverhältnissen über Wohnraum, der **Teil** der vom Vermieter selbst bewohnten Wohnung ist und den dieser überwiegend mit **Einrichtungsgegenständen** auszustatten hat, sofern der Wohnraum dem Mieter nicht zum dauernden Gebrauch mit seiner Familie oder mit Personen überlassen ist, mit denen er einen auf Dauer angelegten Haushalt führt (§ 549 Abs. 2 Nr. 2 BGB).
- Bei Mietverhältnissen über Wohnraum in einem Studenten- oder Jugendwohnheim (§ 549 Abs. 3 BGB).
- Bei Mietverhältnissen über Wohnraum, den eine juristische Person des öffentlichen Rechts oder ein anerkannter privater Träger der Wohlfahrtspflege angemietet hat, um ihn mit Personen mit **dringendem Wohnungsbedarf** zu überlassen, wenn sie den Mieter bei Vertragsschluss auf die Zweckbestimmung des Wohnraums und die Ausnahme von den genannten Vorschriften hingewiesen hat (§ 549 Abs. 2 Nr. 3 BGB).

Zur Kündigung eines Mietverhältnisses über Wohnraum, das nicht unter eine dieser Ausnahmevorschriften fällt, ist ein **berechtigtes Interesse** des Vermieters an der Beendigung des Mietverhältnisses erforderlich. § 573 Abs. 2 BGB beinhaltet eine beispielhafte und nicht abschließende Aufzählung (vgl. „Kündigungsschutz", Abschnitt 2) von Umständen, die als berechtigtes Interesse anzusehen sind.

Danach liegt ein **berechtigtes Interesse** des Vermieters insbesondere vor, wenn

- der Mieter seine vertraglichen Verpflichtungen schuldhaft nicht unerheblich verletzt hat (s. „Kündigungsschutz", Abschnitt 2.1);
- der Vermieter die Räume als Wohnung für sich, seine Familienangehörigen oder Angehörige seines Haushalts benötigt (s. „Eigenbedarf");
- der Vermieter durch die Fortsetzung des Mietverhältnisses an einer angemessenen wirtschaftlichen Verwertung des Grundstücks gehindert ist und dadurch erhebliche Nachteile erleiden würde (s. „Kündigungsschutz", Abschnitt 2.3);

Die Kündigungsschutzvorschrift des § 573 BGB gilt **nicht** für Mietverhältnisse über Räume, die zu **anderen** als Wohnzwecken vermietet sind. Diese können ohne Vorliegen eines berechtigten Interesses gekündigt werden.

Gleiches gilt, wenn durch **einheitlichen** Vertrag sowohl Wohnraum als auch gewerblich genutzte Räume vermietet sind (**Mischmietverhältnis**) und die gewerbliche Nutzungsart überwiegt (OLG Schleswig, RE v. 8.6.1982, DWW 1982, 302; Weber/Marx, II/S. 48).

Der gewerbliche Teil in einem Mischmietverhältnis überwiegt jedenfalls dann, wenn die Fläche der vermieteten Gewerberäume und die auf sie entfallende Miete ein Vielfaches der entsprechenden Größen der Wohnräume darstellen und sich eine hiervon abweichende rechtliche Einordnung des Vertrages aus vertraglichen Erklärungen der

Parteien nicht ergibt. Der Umstand allein, dass die Wohnung den Lebensmittelpunkt des Mieters bildet, führt nicht dazu, dass auf den Wohnraumteil die Bestimmung des § 573 Abs. 1 BGB anzuwenden ist. Die nur wirtschaftliche Teilbarkeit des Mietobjekts in Gewerberäume und Wohnräume erlaubt es jedenfalls dann nicht, auf den Wohnraumteil die Bestimmung des § 573 Abs. 1 BGB anzuwenden, wenn aufgrund des Parteiwillens von einer rechtlichen Einheit des Mietverhältnisses auszugehen ist (OLG Schleswig, a.a.O.).

Einzelheiten s. unter „Mischräume".

3.2 Außerordentliche Kündigung durch den Vermieter

Durch außerordentliche Kündigung kann auch ein Mietverhältnis von bestimmter Dauer (vgl. „Zeitmietvertrag") **vorzeitig** beendet werden.

Die außerordentliche Kündigung ist nur bei Vorliegen der im Gesetz genannten Voraussetzungen zulässig.

Ferner ist bei der außerordentlichen **befristeten** Kündigung durch den Vermieter ein **berechtigtes Interesse** im Sinne von § 573 Abs. 1 BGB – wie auch bei der ordentlichen Kündigung – notwendig (§ 573 d Abs. 1 BGB). Lediglich bei der Kündigung gegenüber den **Erben** des Mieters ist seit In-Kraft-Treten der Mietrechtsreform ein berechtigtes Interesse (Kündigungsgrund) **nicht** erforderlich (s. „Kündigungsschutz", Abschnitt 2 sowie 3.2.2.1).

Bei der außerordentlichen **fristlosen** Kündigung ist ein berechtigtes Interesse i.S.v. § 573 BGB **nicht** erforderlich (OLG Celle, Beschl. v. 4.2.1985, DWW 1985, 231). Insofern genügt die Erfüllung der gesetzlich normierten Tatbestandsvoraussetzungen durch den Mieter (wichtiger Grund i.S.v. § 543 Abs. 1 BGB). Dieser ist im Kündigungsschreiben anzugeben (§ 569 Abs. 4 BGB).

Eine Vereinbarung, nach welcher der Vermieter von **Wohnraum** zur Kündigung ohne Einhaltung einer Kündigungsfrist aus anderen als den im Gesetz genannten Gründen berechtigt sein soll, ist unwirksam (§ 569 Abs. 5 BGB).

Dagegen können bei einem Mietverhältnis über **andere** Räume weitere Kündigungsgründe vereinbart werden. Kündigungsgründe in einem **Formular**mietvertrag stellen jedoch nur dann keine unangemessene Benachteiligung des Mieters im Sinne von § 9 AGB-Gesetz dar, wenn sie sich in ihrem Gewicht an den gesetzlichen Kündigungsgründen orientieren (Emmerich-Sonnenschein, BGB, § 564 a.F. Rn. 34; Wolf-Horn-Lindacher, AGB-Gesetz, § 9 M 47).

Der Vermieter kann gleichzeitig mit der fristlosen Kündigung eines Wohnraummietverhältnisses durch eine zusätzliche Willenskundgebung seinen der Fortsetzung des Gebrauchs der Mietsache entgegenstehenden Willen nach § 545 BGB erklären. Gewährt der Vermieter gleichzeitig mit der fristlosen Kündigung eine Räumungsfrist, bringt er damit objektiv einen der Fortsetzung des Gebrauchs der Mietsache entgegenstehenden Willen nach § 545 BGB zum Ausdruck (OLG Schleswig, RE v.

23.11.1981, NJW 1982, 449; Weber/Marx, I/S. 74 im Anschluss an OLG Hamburg, RE v. 27.7.1981, NJW 1981, 2258).

In Anbetracht der unterschiedlichen Voraussetzungen und Rechtswirkungen wird nachfolgend unterschieden zwischen der außerordentlichen **fristlosen** Kündigung, die ohne Einhaltung einer Kündigungsfrist erfolgen kann und mit Zugang beim Mieter wirksam wird, und der außerordentlichen **befristeten** Kündigung unter Einhaltung der gesetzlichen Frist (s. Abschnitt 3.2.2).

3.2.1 Außerordentliche fristlose Kündigung aus wichtigem Grund

Der Vermieter kann das Mietverhältnis gem. **§ 543 Abs. 1 BGB** aus **wichtigem Grund** fristlos kündigen. Ein wichtiger Grund liegt vor, wenn dem Vermieter unter Berücksichtigung aller Umstände des Einzelfalles insbesondere eines Verschuldens des Mieters und unter Abwägung der beiderseitigen Interessen die Fortsetzung des Mietverhältnisses bis zum Ablauf der Kündigungsfrist oder bis zur sonstigen Beendigung des Mietverhältnisses **nicht zugemutet** werden kann.

Ein wichtiger Grund liegt auch dann vor, wenn der Mieter den **Hausfrieden** nachhaltig stört (§ 569 Abs. 2 BGB, s. Abschnitt 3.2.1.3).

Mit dieser Neuregelung, die durch das Mietrechtsreformgesetz von 2001 eingefügt worden ist, soll klargestellt werden, dass ein Mietverhältnis nicht nur bei schuldhaften Vertragsverletzungen des Vertragspartners (entsprechend § 554 a BGB a.F.), sondern auch bei **nicht schuldhaftem** Verhalten gekündigt werden kann (entsprechend der bisherigen Rechtsprechung zu den §§ 242, 626 BGB).

Voraussetzung für die Kündigung ist somit nicht in erster Linie ein schuldhaftes Verhalten des Mieters, sondern die **Unzumutbarkeit** für den Vermieter, sodass eine fristlose Kündigung im Einzelfall auch bei nicht schuldhaftem Verhalten des Mieters erfolgen kann.

Das Verschulden ist aber insoweit von Relevanz, als die Anforderungen an die Unzumutbarkeit bei nicht schuldhaftem Verhalten des Mieters höher sein werden als bei schuldhaftem Verhalten, d.h. das Maß des Verschuldens muss bei der Interessenabwägung berücksichtigt werden.

Die neue Regelung soll im Wesentlichen der bisherigen Rechtslage entsprechen (s. Begründung der Beschlussempfehlung des Rechtsausschusses, BT-Drucks. 14/5663 sowie Begründung des Gesetzentwurfes in NZM 2000, 433). Zur Bestimmung des Anwendungsbereiches der neuen Regelung kann daher die zu den §§ 242, 626 BGB sowie zu § 554 a BGB a.F. ergangene Rechtsprechung herangezogen werden (vgl. Kraemer, WuM 2001, 171).

Danach gilt Folgendes:

Die Vertragsverletzung durch den Mieter muss **so gravierend** sein, dass dem Vermieter die Fortsetzung des Mietverhältnisses bis zum Ablauf der Kündigungsfrist oder bis zur sonstigen Beendigung des Mietverhältnisses **nicht mehr** zugemutet werden kann. Diese

Beurteilung ist nach objektiven Kriterien anhand der konkreten Umstände des Einzelfalles zu treffen und unterliegt im Prozess der tatrichterlichen Würdigung, sodass eine pauschale Aussage darüber, wann eine Unzumutbarkeit vorliegt, nicht erfolgen kann. Dementsprechend wurde vom BayObLG (Beschl. v. 25.2.1983, WuM 1983, 129; Weber/Marx, III/S. 15) der Erlass eines Rechtsentscheides über die Frage, ob das Anbringen eines Transparentes mit gesellschaftspolitischer Aufschrift durch den Mieter eine Kündigung durch den Vermieter rechtfertigt, abgelehnt (vgl. auch BayObLG, RE v. 4.11 1983, WuM 1984, 12; Weber/Marx, III/S. 32).

Unbeschadet des Umstandes, dass es wohl kaum identische Sachverhalte gibt, muss im Streitfall immer damit gerechnet werden, dass von den Instanzgerichten auch vergleichbare Sachverhalte infolge des sehr „flexiblen" Begriffs der Unzumutbarkeit in § 543 Abs. 1 BGB durchaus unterschiedlich bewertet werden. Im Folgenden können daher nur bestimmte Fallgruppen anhand einzelner Beispielsfälle dargestellt werden, wobei aber die Würdigung der **konkreten Umstände des Einzelfalles** das entscheidende Kriterium ist und bleibt.

Hauptanwendungsfall des neuen § 543 Abs. 1 BGB wird (wie bei § 554 a BGB a.F.) die **laufende unpünktliche Mietzahlung** durch den Mieter sein. Da es sich insofern um die Verletzung einer Pflicht aus dem Mietvertrag handelt, ist die Kündigung grundsätzlich erst nach einer erfolglosen **Abmahnung** zulässig (§ 543 Abs. 3 BGB).

Die **Unzumutbarkeit der Fortsetzung** des Mietverhältnisses für den Vermieter ergibt sich aus der Unzuverlässigkeit des Mieters und insbesondere aus der Verletzung des schutzwürdigen Dispositionsinteresses des Vermieters (vgl. BGH, ZMR 1988, 16; LG Duisburg, ZMR 1988, 99; LG Stuttgart, WuM 1988, 18).

Jedoch gibt es keine verbindliche Regelung darüber, wie oft der Mieter zur Erfüllung des Tatbestandes des § 543 Abs. 1 BGB unpünktlich gezahlt haben muss. Im konkreten Fall wurde vom BGH eine Berechtigung zur fristlosen Kündigung bei siebenmaliger Verspätung anerkannt (BGH, ZMR 1988, 16), während das OLG Hamm (Urt. v. 3.12.1991, Az. 7 U 145/91) die Kündigung bereits bei viermaliger unpünktlicher Zahlung als zulässig angesehen und darauf hingewiesen hat, dass der Vermieter in diesem Fall die Räumung auch dann verlangen kann, wenn der Mieter im Räumungszeitpunkt mit seinen Zahlungen auf dem Laufenden war. Nach der Rechtsprechung des LG München I (z.B. WuM 1990, 550; 1991, 346) sind für eine fristlose Kündigung grundsätzlich 6 Fälle erheblich (d.h. mehr als 1 Woche) verspäteter Mietzahlungen erforderlich, wobei aber auch bereits 5 Fälle ausreichend sein können, wenn die Miete auch für die anderen Monate unpünktlich gezahlt worden ist (LG München I, Urt. v. 29.11.1995, Az. 14 S 9158/95).

Eine „Unzumutbarkeit" i.S.d. § 543 Abs. 1 BGB ergibt sich nach dieser Rechtsprechung nicht allein aus einer bestimmten Anzahl von Verspätungen; vielmehr sind die gesamten Umstände des konkreten Mietverhältnisses zu würdigen, sodass es u.a. auch darauf ankommen kann, ob und wie lange das Mietverhältnis schon störungsfrei besteht.

Der Rechtsentscheid des KG Berlin (RE v. 11.12.1997, WuM 1998, 85), wonach der Mieter für unpünktliche Zahlungen nur bei eigenem Verschulden, nicht aber für das **Verschulden eines Dritten** (z.B. des Sozialamtes) haftet, dürfte überholt sein (so Kraemer in WuM 2001, 170). Entscheidend bei der Abwägung im Rahmen des § 543 Abs. 1 BGB ist nicht allein dieses Drittverschulden, sondern die Frage der **Zumutbarkeit** der Vertragsfortsetzung unter solchen Umständen. Sie wird jedenfalls dann zu **verneinen** sein, wenn der Vermieter wegen **eigener laufender Verpflichtungen** auf pünktliche Zahlungen angewiesen ist und/oder fortwährend einen Zinsschaden erleidet, den ihm niemand ersetzt. Beruhen unpünktliche Zahlungen schlicht auf mangelnder Zahlungsmoral des Mieters oder unternimmt ein zahlungsschwacher Mieter trotz Abmahnung schuldhaft nichts gegen unpünktliche Zahlungen des Sozialamtes, kann dies bei der Abwägung entscheidungserheblich sein (vgl. Kraemer, a.a.O.). Dagegen kann es an einer Unzumutbarkeit für den Vermieter fehlen, wenn ein Mietverhältnis über lange Zeit störungsfrei bestanden hat und die Zahlungsschwierigkeiten wegen Krankheit oder Arbeitslosigkeit nur vorübergehend sind (vgl. LG Braunschweig, WuM 1987, 201).

Bei unpünktlichen Zahlungen einer **schuldunfähigen** Partei wird gem. § 278 BGB auf das **Verschulden ihres Betreuers**, demgegenüber auch die Abmahnung und ggf. die Kündigung zu erfolgen hat, als Abwägungsfaktor abzustellen sein.

Ein **nachträgliches vertragsgemäßes** Verhalten des Mieters, z.B. pünktliche Zahlung nach Ausspruch der Kündigung, kann an der Gestaltungswirkung der Kündigung (Beendigung des Mietverhältnisses mit Zugang) nichts mehr ändern, sodass der Vermieter auf Räumung bestehen kann (vgl. BGH, ZMR 1988, 16).

Der Vermieter kann von seinem Kündigungsrecht wegen laufender unpünktlicher Zahlung auch dann noch Gebrauch machen, wenn er über längere Zeit unpünktliche Zahlungen seines Mieters stillschweigend hingenommen hat. Jedoch muss er den Mieter vorher im Wege einer Abmahnung deutlich darauf hinweisen, dass er in Zukunft pünktliche Zahlungen erwarte (OLG Hamm, Urt. v. 9.9.1994, ZMR 1994, 560).

Ferner kann ein Kündigungsgrund nach § 543 Abs. 1 BGB in folgenden Fällen gegeben sein:

Bei nachhaltigen **Störungen des Hausfriedens** (vgl. § 569 Abs. 2 BGB), z.B. durch laufende Verletzung der Hausordnung (vgl. „Hausordnung") oder erhebliche Ruhestörungen (vgl. „Lärm"); bei Straftaten (schwere Beleidigung des Vermieters oder des Hausverwalters, vgl. LG Köln, Urt. v. 21.1.1993, Az. 1 S 365/92: „Götz-Zitat" zweimal hintereinander; LG Berlin, WuM 1987, 56; LG Hamburg, HmbGE 1982, 383; 1990, 305; LG Köln, DWW 1988, 325; LG

Kündigung

Köln, WuM 1993, 349); tätlichen Angriffen auf den Vermieter oder die Mitbewohner; Verleumdung; übler Nachrede zum Nachteil des Vermieters; unsachliche Äußerungen über den Zustand der Wohnung gegenüber Kaufinteressenten (LG Hannover, WuM 1995, 538; s. auch „Betreten und Besichtigen der Mieträume"); Brandstiftung (vgl. DWW 1976, 33); vorsätzlicher Sachbeschädigung durch Eintreten der Wohnungstüre des Mitmieters (LG Berlin GE 1984, 83); Diebstahl, auch sog. Stromdiebstahl, d.h. Entnahme von Strom aus der Leitung eines Mietshauses für die eigene Wohnung rechtfertigt die fristlose Kündigung des Mietverhältnisses (LG Köln, Urt. v. 17.3.1994, NJW-RR 1994, 909; AG Potsdam, WuM 1995, 40); auch bei Handlungen unterhalb der Strafbarkeitsschwelle, z.B. „Anprangern" des Vermieters durch Aushängen eines Transparentes (vgl. LG München I, WuM 1983, 263; LG Mannheim, WuM 1985, 264); Veranlassung von mehreren Polizeieinsätzen innerhalb kurzer Zeit durch den Mieter oder durch eine in die Wohnung aufgenommene Person (vgl. LG Mann-heim, DWW 1994, 50: 2 Einsätze in 2 Monaten); massiven Vorwürfen eines Mieters gegenüber anderen Hausbe-wohnern, wenn diese objektiv falsch und einen vorsätzlichen rechtswidrigen Angriff gegen die Ehre der Mitbewohner darstellen (LG Kaiserslautern, WuM 1983, 263); unzumutbaren Beeinträchtigungen der Mitbewohner durch üble Gerüche aus der Wohnung, auch wenn dies eine Folge des Alters und der krankheitsbedingten Hilfsbedürftigkeit des Mieters ist (LG Hamburg, WuM 1988, 18; AG Münster WuM 1988, 19; vgl. auch AG Hamburg, WuM 1988, 20); wiederholte Verursachung einer Brandgefahr, z.b. durch Anbrennenlassen von Essen (LG Duisburg, Urt. v. 18.6.1991, DWW 1991, 342; wiederholte Verursachung erheblicher Wasserschäden (AG Görlitz, WuM 1994, 668); **eigenmächtiger Ausbau** eines Dachbodens zu Wohnzwecken durch den Mieter unabhängig davon, ob der Ausbau baugenehmigungsfähig ist (LG Hamburg, Urt. v. 26.4.1991, WuM 1992, 190); unrichtige Selbstauskunft (vgl. AG München, WuM 1986, 245; vgl. „Anfechtung des Mietvertrages"); bei Geschäftsraum der nachhaltige Verstoß gegen die Betriebspflicht, z.B. durch erhebliche Reduzierung der vertraglich vereinbarten **Öffnungszeiten** (OLG Düsseldorf, WuM 1997, 266) oder durch Ausverkauf und Einstellung des Geschäftsbetriebes (LG Hamburg vom 31.1.1983, Az. 16 T 3/83).

Eine fristlose Kündigung des Mietverhältnisses **ohne vorherige Abmahnung** kann gerechtfertigt sein (vgl. § 543 Abs. 3 Nr. 2 BGB), wenn der Mieter den Vermieter ohne sachlichen Grund einer Straftat oder einer Ordnungswidrigkeit, z.B. der Zweckentfremdung von Wohnraum beschuldigt, um ein amtliches Verfahren gegen den Vermieter zu veranlassen (LG Frankfurt/M., WuM 1994, 15; BVerfG, Beschl. v. 20.10.1993; Az. 1 BvR 1671/93, WuM 1994, 16; vgl. auch AG Friedberg, WuM 1986, 338; AG Sinzing, DWW 1990, 120). Gleiches gilt für vorsätzliche oder leichtfertige inhaltlich unrichtige Strafanzeigen gegen den Vermieter (LG Wiesbaden, WuM 1995, 707). Anders, wenn der

Kündigung

Mieter mit der Anzeige objektiv ein eigenes Interesse, z.b. die Aufklärung eines ihn belastenden Sachverhaltes, verfolgt (LG Mannheim, NJW-RR 2000, 675).

Zur fristlosen Kündigung berechtigt auch das **Nichtbefolgen eines rechtskräftigen Urteils** durch den Mieter, z.b. zur Unterlassung oder Beseitigung (vgl. BVerfG, Beschl. v. 18.1.1996, WuM 1996, 263).

Unbegründet wurde die Kündigung angesehen, z.b. bei einmaliger Beleidigung des Vermieters (LG Köln, WuM 1977, 56; LG Offenburg, WuM 1986, 250; LG Münster, WuM 1991, 688 bei vorangegangenem Wortwechsel); Beleidigung von anderen Hausbewohnern, die sich auch unkorrekt verhalten haben (LG Mannheim, WuM 1981, 17); Beschimpfungen eines Bewohners des Nachbarhauses (LG Lüneburg, WuM 1995, 706); Aushängen von Plakaten zur politischen Meinungsäußerung (LG Darmstadt, ZMR 1983, 13); Information der Öffentlichkeit über ein unlauteres Verhalten des Vermieters unter Angabe des Namens (OLG Frankfurt, WuM 1983, 84); unerlaubte Hundehaltung durch den Mieter (LG Gießen, ZMR 1976, 147); Weigerung des Mieters, die zum Verkauf stehende Wohnung besichtigen zu lassen (AG Erkelenz, WuM 1986, 251; vgl. auch „Betreten und Besichtigen der Mieträume"); Hinweis durch den Mieter an den potenziellen Käufer, er werde nicht freiwillig räumen (AG Gummersbach, WuM 1982, 209); wahrheitswidrige Behauptung des Mieters, er habe die rückständige Miete für einen bestimmten Monat bereits überwiesen (OLG Hamburg, WuM 1997, 216); Vermögensverfall des Mieters (nur bei gewerblichen Mietverhältnissen mit entsprechender vertraglicher Vereinbarung – OLG München, ZMR 1997, 458).

Bei erheblichen Streitigkeiten unter den Mietern kann der Vermieter demjenigen Mieter kündigen, nach dessen Auszug er sich am ehesten wieder Ruhe im Hause versprechen kann (LG Duisburg, WuM 1975, 209).

Bei **Personenmehrheiten** auf der Mieterseite ist die Vertragsverletzung durch einen Mieter für die Kündigung des Mietverhältnisses ausreichend (OLG Düsseldorf, ZMR 1987, 423). Die Kündigung nur des störenden Mieters ist nicht möglich. Dem Vermieter steht es frei, mit den vertragstreuen Mietern einen neuen Mietvertrag abzuschließen; ein Rechtsanspruch der Mieter besteht jedoch nicht.

Die Kündigung nach § 543 Abs. 1 BGB setzt weiter voraus, dass die Vertragsverletzung zu einer **Unzumutbarkeit** der Fortsetzung des Mietverhältnisses geführt hat.

Diese liegt bei der laufenden unpünktlichen Zahlung in der Verletzung des schutzwürdigen Dispositionsinteresses des Vermieters und kann sich bei Störungen des Hausfriedens auch aus besonderer Rücksichtslosigkeit und Gleichgültigkeit gegenüber den Belangen der Mitbewohner, aus der Beharrlichkeit des vertragswidrigen Verhaltens sowie aus einer Wiederholungsgefahr ergeben.

Kündigung

Die Kündigung nach § 543 BGB muss in **engem zeitlichen Zusammenhang** mit dem Vertragsverstoß erfolgen. Gegen die Unzumutbarkeit der Fortsetzung des Mietverhältnisses spricht, wenn die Kündigung erst längere Zeit nach der Vertragsverletzung ausgesprochen wird, da dies als Indiz dafür gewertet werden kann, dass das Verhalten nicht als besonders schwerwiegend empfunden wurde und die Fortsetzung des Mietverhältnisses daher nicht unzumutbar ist (vgl. BGH, NJW 1985, 1894ff.; 1982, 2432ff.; OLG Düsseldorf, DWW 1991, 78).

Das Kündigungsrecht kann daher auch **verwirkt** werden, wenn es nicht angemessene Zeit nach der Vertragsverletzung ausgeübt wird. Insofern hat der Gesetzgeber aber auch bei der Neuregelung von der Festsetzung einer einheitlichen Ausschlussfrist abgesehen, da dies bei der Vielgestaltigkeit der Mietverhältnisse nicht möglich sei (vgl. Begründung des Gesetzentwurfes, abgedr. in NZM 2000, 433). Anhaltspunkte für die Rechtzeitigkeit der fristlosen Kündigung kann z.B. die (arbeitsrechtliche) Frist des § 626 Abs. 2 BGB (14 Tage) geben (vgl. OLG Frankfurt/M., WuM 1991, 475). Eine Kündigung vier Monate nach dem Vorfall ist jedenfalls verspätet (LG Berlin, ZMR 2000, 529).

Weist das Gericht eine auf eine außerordentliche Kündigung gestützte Räumungsklage ab (z.B. weil der Vertragsverstoß noch nicht nachhaltig genug war), ist der Vermieter nicht gehindert, eine **erneute Kündigung** und Räumungsklage darauf zu stützen, dass der Mieter das beanstandete Verhalten nach der letzten mündlichen Verhandlung des Vorprozesses fortgesetzt hat. Die Rechtskraft des Urteils steht einer erneuten auf dieselben Gründe gestützten Kündigung nicht entgegen (BGH, Urt. v. 10.9.1997, WuM 1998, 97). Dies bedeutet, dass die erneute Kündigung des Vermieters Erfolg hat, wenn durch die Fortsetzung des beanstandeten Verhaltens die für eine Kündigung erforderliche Nachhaltigkeit des Vertragsverstoßes bzw. die Unzumutbarkeit der Fortsetzung des Mietverhältnisses erst erreicht wird. Ferner kann der Vermieter die erneute Kündigung auch auf solche Gründe stützen, die im Zeitpunkt der letzten mündlichen Verhandlung zwar schon objektiv vorlagen, ihm aber erst nach diesem Zeitpunkt bekannt geworden sind (BGH, a.a.O.).

Eine fristlose Kündigung, die vom Gericht mangels Schwere des Vertragsverstoßes als unbegründet angesehen wurde, kann in eine ordentliche Kündigung nach § 573 Abs. 2 Nr. 1 BGB (s. „Kündigungsschutz", Abschnitt 2.1) **umgedeutet** werden. Dabei können auch zurückliegende Vorfälle, die für sich genommen eine Kündigung nach § 543 BGB nicht rechtfertigen, berücksichtigt werden (LG Berlin, Urt. v. 7.5.1999, ZMR 2000, 529).

Die Neuregelung des **§ 543 Abs. 1 BGB**, der durch das Mietrechtsreformgesetz eingefügt worden ist, ersetzt auch das bislang aus allgemeinen Rechtssätzen hergeleitete **fristlose Kündigungsrecht aus wichtigem Grund**, das Bedeutung hatte, wenn Störungen **nicht schuldhaft** erfolgt sind. Da die neue Regelung im Wesentlichen der bisherigen Rechtslage entsprechen soll (vgl. Begründung des Gesetzentwurfes, abgedr. in NZM 2000, 433), kann zur Bestimmung des Anwendungsbereiches die Rechtsprechung herangezogen werden, die zur fristlosen Kündigung bei fehlendem Verschulden ergangen ist und bisher auf die §§ 242, 626 Abs. 1 BGB gestützt war (vgl. z.b. OLG Hamburg, Urt. v. 4.11.1991, WuM 1991, 683 „Hafenstraße-Urteil").

Danach kann ein **wichtiger Grund** (Kündigungsgrund) vorliegen, wenn das gegenseitige Vertrauensverhältnis so **nachhaltig zerrüttet** ist, dass ein gedeihliches Zusammenwirken der Vertragspartner nicht mehr zu erwarten ist (BGH, ZMR 1978, 207; OLG Düsseldorf, ZMR 1990, 57). Umstände, die in der **Risikosphäre des Vermieters** liegen, stellen dabei keinen wichtigen Grund dar, z.B. wenn dem Vermieter von der Behörde aufgetragen wurde, das Gebäude abzureißen (LG München, DWW 1977, 73).

Der Vermieter kann auch keinen Kündigungsgrund aus einem Umstand herleiten, den er selbst verursacht hat (BGH, Urt. v. 4.12.1985, WuM 1986, 69).

Daher ist der Vermieter auch nicht zur Kündigung aus wichtigem Grund berechtigt, wenn er in einer Wohnungseigentumsanlage Räume zu Zwecken (z.B. zum Betrieb eines Cafés) vermietet, die nach der Gemeinschaftsordnung bzw. Teilungserklärung nicht erlaubt sind und er daraufhin von einem anderen Eigentümer auf Unterlassung in Anspruch genommen wird (BGH, Urt. v. 29.11.1995, NJW 1996, 714).

Ein **geschäftsunfähiger** Mieter kann wegen Nichtzahlung der Miete gekündigt werden, obwohl wegen seiner Geschäftsunfähigkeit kein Verschulden und damit kein Verzug vorliegt (LG Hamburg, WuM 1996, 271).

Ferner können erhebliche und unzumutbare Belästigungen durch **schuldunfähige Personen** die Kündigung begründen (LG Kaiserslautern, WuM 1983, 263; vgl. auch AG Köln, WuM 1991, 549, wonach ein psychisch kranker, schuldunfähiger Mieter ohne Abmahnung fristlos analog § 553 BGB a.F. gekündigt werden kann, wenn die Prognose zukünftigen Verhaltens nicht erwarten lässt, dass die bisherigen Vertragsverstöße vereinzelt bleiben werden).

Bei solchen Störungen kommt es nicht in erster Linie auf das Verschulden des Mieters an, sondern allein darauf, ob die Fortsetzung des Mietverhältnisses für den Vermieter noch **zumutbar** ist. Das Verschulden ist hier aber insoweit von Relevanz, als die Anforderungen an die Unzumutbarkeit bei nicht schuldhaftem Verhalten des Mieters höher sein werden als bei einer schuldhaften Störung des Hausfriedens. Somit ist das **Verschulden** des Mieters zwar nicht Voraussetzung für die fristlose Kündigung, muss aber bei **Beurteilung der Unzumutbarkeit** in die Abwägung mit einbezogen werden.

3.2.1.1 Fristlose Kündigung wegen vertragswidrigen Gebrauchs (Verletzung der Rechte des Vermieters; § 543 Abs. 2 Nr. 2 BGB)

Ein **wichtiger Grund**, der den Vermieter zur fristlosen Kündigung des Mietverhältnisses berechtigt, liegt vor, wenn der Mieter die **Rechte** des Vermieters dadurch in erheblichem Maße **verletzt**, dass er die Mietsache durch **Vernachlässigung** der ihm obliegenden Sorgfalt **erheblich gefährdet** oder sie unbefugt einem Dritten **überlässt** (§ 543 Abs. 2 Nr. 2 BGB).

Diese neue Bestimmung zeigt deutlich eine der Widersprüchlichkeiten des Mietrechtsreformgesetzes auf. Nach der amtlichen Begründung des Gesetzentwurfs (abgedr. in NZM 2000, 433) sollte die neue Bestimmung die Regelung des § 553 BGB a.F. über die Kündigung wegen vertragswidrigen Gebrauchs lediglich „**sprachlich gekürzt**" übernehmen, d.h. die **Rechtslage** sollte **unverändert** bleiben. Dagegen spricht aber, dass durch die Änderung des Wortlautes der Vorschrift wohl doch sachliche Änderungen eingetreten sind (vgl. Blank, NZM 2001, 9).

Während § 553 BGB a.F. **jeden** vertragswidrigen, die Rechte des Vermieters in erheblichem Maße verletzenden Gebrauch der Mietsache erfasste und dafür die unbefugte Gebrauchsüberlassung an einen Dritten sowie die Gefährdung der Mietsache durch Vernachlässigung der dem Mieter obliegenden Sorgfalt **nur beispielhaft** aufführte, beschränkt sich die Neufassung auf die beiden beispielhaft aufgeführten Tatbestände und setzt nach seinem Wortlaut zusätzlich voraus, dass „dadurch" **die Rechte des Vermieters in erheblichem Maße verletzt** werden. Die sich daraus ergebende Frage, ob ein **vertragswidriger Gebrauch**, der **nicht** zu einer erheblichen Gefährdung der Mietsache führt, den Vermieter nicht mehr zur Kündigung nach § 543 Abs. 2 Nr. 2 BGB berechtigen soll, werden die Mietgerichte in nächster Zeit zu klären haben. Bis dahin wird man unter Berücksichtigung der amtlichen Begründung des Gesetzentwurfs (a.a.O.), wonach eine Änderung der Rechtslage **nicht** eintreten soll, davon ausgehen müssen, dass ein vertragswidriger Gebrauch, der den Vermieter zur Kündigung nach § 553 BGB a.F. berechtigt hat, einen Kündigungsgrund auch nach § 543 Abs. 2 Nr. 2 BGB darstellt oder die Kündigung wegen solcher Sachverhalte jedenfalls auf die **Generalklausel des § 543 Abs. 1 BGB** (s.o. Abschnitt 3.2.1) gestützt werden kann, sofern die **Unzumutbarkeitsvoraussetzungen** vorliegen (so Kraemer in WuM 2001, 169).

> Ein **vertragswidriger Gebrauch** liegt vor, wenn die Räume entgegen den vertraglichen Vereinbarungen genutzt werden.

Nutzt der Mieter die ausschließlich zu Wohnzwecken angemieteten Räume ohne Zustimmung des Vermieters zu anderen Zwecken, stellt dies zwar einen vertragswidrigen Gebrauch der Mietsache dar. Zur fristlosen Kündigung nach Abmahnung (§ 543 Abs. 2 Nr. 2, Abs. 3 BGB) ist der Vermieter aber nur berechtigt, wenn seine Rechte dadurch in

Kündigung

erheblichem Maße verletzt werden, z.B. bei stärkerer Abnutzung der Räume, erheblichem Parteiverkehr infolge der vertragswidrigen Nutzung (Pergande, BGB, § 553 a.F. Anm. III; vgl. auch LG Mannheim, WuM 1978, 91), Rufschädigung durch Ausübung der Prostitution (vgl. „Gewerbliche Nutzung von Wohnräumen"). Andernfalls ist der Vermieter auf eine Unterlassungsklage beschränkt (§ 541 BGB).

Umgekehrt kann auch die Benutzung von **gewerblichen Räumen** zum ständigen Wohnen einen fristlosen Kündigungsgrund darstellen (OLG Düsseldorf, ZMR 1987, 423). Insofern bedarf es jedoch eingehender Darlegungen durch den Vermieter, weshalb seine Interessen dadurch verletzt werden, dass die Räume (auch) zu Wohnzwecken genutzt werden (OLG Köln, WuM 1996, 270; z.B. weil sich die Nutzung zu Wohnzwecken bei einem reinen Bürogebäude nicht in den Charakter des Hauses einfügt). Werden Räume in einem Mehrfamilienhaus als Büro an eine GmbH vermietet, ist eine erhebliche Verletzung der Interessen des Vermieters regelmäßig nicht anzunehmen, wenn die Räume von dem Geschäftsführer (auch) zu Wohnzwecken genutzt werden (OLG Köln, a.a.O.).

Durch die Änderung der Branche kann eine Verletzung der Rechte des Vermieters eintreten, wenn der Vermieter ein erhebliches Interesse an der vertraglich vereinbarten Nutzung hat.

Ein vertragswidriger Gebrauch kann auch in der **Überbelegung** der Wohnung liegen, was selbst dann gilt, wenn die Überbelegung durch die Geburt von Kindern oder die Aufnahme von Familienangehörigen oder des Ehegatten eingetreten ist (BGH, Beschl. v. 14.7.1993, Az. VIII ARZ 1/93, NJW 1993, 2529, Weber/Marx, XIII/S. 61; BayObLG, RE v. 14.9.1983, WuM 1983, 309; Weber/Marx, III/S. 57).

Wann eine Überbelegung der Wohnung vorliegt, richtet sich nach den jeweiligen **Umständen des Einzelfalles** (vgl. OLG Hamm, RE v. 6.10.1982, DWW 1982, 335). Verbindliche Vorschriften zur Bestimmung der Überbelegung (z.B. ab wie viel Personen eine 60 m^2 große Wohnung überbelegt ist) gibt es nicht. Dementsprechend uneinheitlich ist auch die Rechtsprechung. So hat z.B. das LG Oldenburg (Urt. v. 2.7.1993, Az. 13 S 285/93) eine Überbelegung angenommen, wenn eine 70 m^2 große 4-Zimmer-Wohnung während des Nachmittags und abends von 4 Erwachsenen und 3 Kindern genutzt wird (bestätigt vom BVerfG, Beschl. v. 18.10.1993, WuM 1994, 119). Überbelegung auch bei fünfköpfiger Familie in einer 23 m^2 Wohnung (LG Düsseldorf, WuM 1983, 141). Dagegen keine Überbelegung, wenn eine 20 m^2 Wohnung von einem Ehepaar mit einem Kind bewohnt wird (LG Köln, WuM 1983, 237).

Einen Anhaltspunkt zur Feststellung der Überbelegung im Einzelfall können die **Landesgesetze** zur Beseitigung von Wohnungsmissständen geben (vgl. z.B. Bayerisches Wohnungsaufsichtsgesetz vom 24.7.1974, wonach Wohnungen nur überlassen und benutzt werden dürfen, wenn für jede mindestens 6 Jahre alte

Kündigung

Person eine Wohnfläche von mindestens 10 m² und für jede noch nicht 6 Jahre alte Person mindestens 6 m² vorhanden ist). Dementsprechend soll keine Überbelegung gegeben sein, wenn eine 78 m² große Wohnung von 7 Personen bewohnt wird (LG Kempten, WuM 1997, 371). Nach dem LG München I (WuM 1983, 22) bedingt jedoch selbst eine Überbelegung nach dem Wohnungsaufsichtsgesetz nicht automatisch ein Kündigungsinteresse. Dieser Ansicht kann nicht gefolgt werden. Eine Überbelegung, die nach dem Gesetz als Wohnungsmissstand anzusehen ist (vgl. Art. 1 Bay. Wohnungsaufsichtsgesetz) und die Gemeinde zum Einschreiten (vgl. Art. 6 Abs. 3) und zur Verhängung von Geldbußen bis zu DM 50.000 berechtigt (vgl. Art. 13), muss zwangsläufig auch vertragswidrig i.S.d. § 543 Abs. 2 Nr. 2 BGB sein, da mangels gegenteiliger Anhaltspunkte nicht unterstellt werden kann, dass die Parteien einen Verstoß gegen öffentliche Vorschriften als vertragsgemäßen Gebrauch angesehen haben.

> Eine fristlose Kündigung nach § 543 Abs. 2 Nr. 2 BGB wegen **Überbelegung** der Wohnung setzt neben der Abmahnung (§ 543 Abs. 3 BGB) eine **erhebliche**, durch die Überbelegung verursachte **Verletzung der Vermieterrechte** voraus.

Diese ergibt sich jedoch **nicht** zwingend allein aus der Überbelegung (BGH, Beschl. v. 14.7.1993, Az. VIII ARZ 1/93, a.a.O.). Obwohl die Gefahr einer übermäßigen Abnutzung oder Beschädigung der Wohnung mit dem Ausmaß der Überbelegung zunehmen wird, ist es nach Auffassung des Bundesgerichtshofs nicht möglich, einen bestimmten Grad der Überbelegung zu definieren, von dem ab die Annahme zwingend ist, die Abnutzung führe ohne weiteres zu einer erheblichen Beeinträchtigung der Vermieterinteressen und erfordere die sofortige Auflösung des Mietverhältnisses. Insoweit können Ausstattung und Zuschnitt der Räume, vertragliche Regelungen über die Durchführung von Schönheitsreparaturen, Alter und Lebensgewohnheiten der Bewohner ebenso von Bedeutung sein wie die Zusammensetzung der übrigen Hausbewohnerschaft. Daher ist grundsätzlich anhand der konkreten Umstände des Einzelfalles durch eine **Interessenabwägung** zu prüfen, ob die Rechte des Vermieters durch die Überbelegung **erheblich verletzt** sind (BGH, a.a.O.). Insofern ist aber auch zu berücksichtigen, ob anderen Hausbewohnern infolge der Überbelegung Nachteile entstehen, z.B. in Form von Lärmbelästigungen oder Störungen des Hausfriedens (BVerfG, Beschl. v. 18.10.1993, a.a.O.).

> In einer Kündigung wegen Überbelegung sollten daher nicht nur die Umstände vorgetragen werden, aus denen sich die Überbelegung ergibt, sondern auch die Auswirkungen der Überbelegung auf die Vermieterrechte.

Auch bei **unerlaubten baulichen Veränderungen** durch den Mieter kann ein vertragswidriger Gebrauch vorliegen, wobei eine erhebliche Verletzung der Vermieterrechte insbesondere dann gegeben ist, wenn der Mieter einer entsprechenden Abmahnung nicht nachkommt und der Vermieter nunmehr von dritter Seite, z.B. von einer Behörde, auf Beseitigung in Anspruch genommen wird (LG Gießen, WuM 1994, 681).

Eine **unbefugte Gebrauchsüberlassung** liegt vor, wenn der Mieter die Sachherrschaft über die Räume aufgibt und nicht mehr in der Lage ist, unmittelbar die **Obhut** über die Wohnung auszuüben, z.B. wenn der Mieter unter Mitnahme seines Hausrats in eine andere Wohnung zieht und die angemietete Wohnung einer dritten Person überlässt, sich auf Dauer ins Ausland begibt (LG Frankfurt, WuM 1989, 237) oder seinen Lebensmittelpunkt in eine andere Wohnung verlegt (LG Hannover, Urt. v. 29.4.1993, Az. 16 S 270/92).

Gleiches gilt, wenn der Mieter Angehörige, z.B. seinen Sohn und dessen Familie, in die Wohnung aufnimmt, selbst aber auszieht und nur noch ein Arbeitszimmer in der Wohnung behält (LG Cottbus, ZMR 1995, 30; WuM 1995, 38). Eine unerlaubte Gebrauchsüberlassung liegt auch vor, wenn der Mieter die Wohnung dem nichtehelichen Lebenspartner, der nicht Mietvertragspartner ist, nach Beendigung der Lebensgemeinschaft überlässt. Insofern hebt bereits ein überwiegend auswärtiger Aufenthalt des Mieters die Lebensgemeinschaft auf, unabhängig davon, ob der Mieter noch eigene Möbel in der Wohnung hat (LG Berlin, WuM 1995, 38). Anders ist die Rechtslage bei Überlassung an den Ehegatten. Da **Ehegatten** aufgrund ihrer Verpflichtung zur ehelichen Lebensgemeinschaft (§ 1353 Abs. 1 BGB) zur Gebrauchsüberlassung der Wohnung nicht nur berechtigt, sondern sogar verpflichtet sind, kommt auch bei überwiegender Abwesenheit des Mieters ein vertragswidriger Gebrauch nicht in Betracht (LG Berlin, a.a.O.).

> Nicht ausreichend ist, wenn der Mieter einer dritten Person lediglich den **Mitbesitz** an der Wohnung einräumt, diese z.B. in die Wohnung aufnimmt, ohne selbst die Wohnung zu verlassen. Ebenso, wenn der Mieter zwar eine andere Wohnung anmietet und die Mietwohnung seinen volljährigen Kindern überlässt, jedoch einen gemeinsamen Haushalt in der Mietwohnung aufrecht erhält (AG Köln, MDR 1973, 764; vgl. auch LG Berlin, HmbGE 1990, 99) oder nur vorübergehend ins Altersheim geht (LG Kiel, WuM 1988, 125).

Dagegen liegt bei Aufgabe des gemeinsamen Haushaltes ein vertragswidriger Gebrauch vor, da der Mieter die Sachherrschaft und die unmittelbare Obhut über die Wohnung aufgegeben hat. Ebenso, wenn die Mieter ihren volljährigen Kindern ein **selbstständiges** Gebrauchsrecht an der Wohnung einräumen, sodass diese die Wohnung frei von Weisungen nutzen und die Eltern vom Gebrauch ausschließen könnten (LG Lüneburg, WuM 1995, 704). Gleiches gilt, wenn die Wohnung von den Eltern nur noch zweimal wöchentlich zu einem begrenzten Aufenthalt aufgesucht wird (AG Neuss, NZM 1999, 309).

Kündigung

Ohne Erlaubnis des Vermieters darf der Mieter (neben Haushaltsangestellten und Pflegepersonen) auch nur die nächsten Familienangehörigen in die Wohnung **aufnehmen**. Dazu zählen der Ehegatte, die gemeinschaftlichen Kinder und Stiefkinder, der eingetragene (gleichgeschlechtliche) Lebenspartner (gem. § 11 LebenspartnerschaftsG v. 16.2.2001), u.U. die Enkel (LG Wuppertal, MDR 1971, 49); nicht aber die Geschwister des Mieters (BayObLG, RE v. 29.11.1983, WuM 1984, 13). Bei den Eltern des Mieters kommt es auf die Umstände des Einzelfalles an, insbesondere auf die Art und Größe der Wohnung, deren Belegung und Eignung für die Aufnahme weiterer Personen sowie auf die Gründe und Motive für die Aufnahme der Eltern (vgl. BayObLG, Beschl. v. 6.10.1997, WuM 1997, 603).

Zu beachten ist aber, dass der Mieter unter bestimmten Voraussetzungen einen Anspruch auf Erteilung der Erlaubnis haben kann (s. „Untermiete").

Hat der Mieter von Wohnraum vor der Gebrauchsüberlassung an einen Dritten die Erlaubnis des Vermieters nicht eingeholt, kann die vom Vermieter wegen der unerlaubten Gebrauchsüberlassung erklärte Kündigung unwirksam sein, wenn der Mieter im Zeitpunkt der Kündigung einen Anspruch auf Erteilung der Erlaubnis des Vermieters hatte (§ 553 Abs. 1 BGB; BayObLG, RE v. 26.10.1990, WuM 1991, 18 im Anschluss an OLG Hamburg, WuM 1982, 41).

Nach Auffassung des BayObLG ersetzt der Anspruch auf Erteilung der Erlaubnis zwar nicht die Erlaubnis selbst, sodass trotzdem eine unbefugte Gebrauchsüberlassung vorliegt, jedoch kann der Mieter bei Bestehen eines solchen Anspruchs gegen die **fristlose** Kündigung das sich aus Treu und Glauben ergebende Verbot der unzulässigen Rechtsausübung einwenden. Nach der Neufassung der Vorschrift, wonach ein Kündigungsgrund nur dann besteht, wenn durch die unbefugte Gebrauchsüberlassung die Rechte des Vermieters in erheblichem Maße verletzt werden, wird es in solchen Fällen häufig schon an einem Kündigungsgrund gem. § 543 Abs. 2 Nr. 2 BGB fehlen, wenn der Erlaubnis keine sachlichen Gründe i.S.v. § 553 Abs. 1 S. 2 BGB entgegenstehen (so Kraemer in WuM 2001, 169). Dagegen schließt der Anspruch auf Erteilung der Erlaubnis eine **ordentliche** Kündigung nach § 573 Abs. 1, Abs. 2 Nr. 1 BGB wegen unerlaubter Gebrauchsüberlassung **nicht** aus (BayObLG, Beschl. v. 26.4.1995, RE-Miet 3/94, BayObLGZ 1995 Nr. 30, WuM 1995, 378; s. im Einzelnen unter „Kündigungsschutz", Abschnitt 2.1 sowie „Untermiete").

Hat der Vermieter die Erlaubnis zur Gebrauchsüberlassung berechtigterweise nur **befristet** erteilt (z.B. weil sich der Mieter 6 Monate im Ausland aufhielt), wird die Gebrauchsüberlassung nach Fristablauf nicht automatisch unbefugt und somit vertragswidrig i.S.d. § 543 Abs. 2 Nr. 2 BGB; jedoch kann die Fortdauer der Gebrauchsüberlassung eine schuldhafte Vertragsverletzung

Kündigung

darstellen und zur Kündigung nach § 573 Abs. 2 Nr. 1 BGB (vgl. „Kündigungsschutz", Abschnitt 2.1) berechtigen (LG Stuttgart, WuM 1992, 122).

Bei **gewerblichen** Räumen stellt es eine unzulässige Gebrauchsüberlassung dar, wenn der Mieter einen Geschäftspartner in den Betrieb aufnimmt und mit ihm eine Gesellschaft gründet, der die Räume überlassen werden, oder er den Dritten in das von ihm betriebene Unternehmen aufnimmt und ihm den Mitgebrauch überlässt (BGH, ZMR 1959, 8). **Ausnahmsweise** soll keine vertragswidrige Gebrauchsüberlassung vorliegen, wenn die an eine BGB-Gesellschaft oder eine OHG vermieteten Räume von der Gesellschaft an eine ausschließlich von den Gesellschaftern gegründete und unter ihrer alleinigen Geschäftsführung stehende GmbH überlassen werden. Dann kann der Vermieter auf die gleiche Vermögensmasse zurückgreifen. Sein wirtschaftliches Interesse wird daher nicht beeinträchtigt (BGH, NJW 1955, 1066).

Anders ist die Rechtslage jedoch zu beurteilen, wenn die Räume an eine juristische Person, z.B. GmbH, überlassen werden, deren Inhaber der Geschäftsführer als gesetzlicher Vertreter nicht mit dem Mieter identisch ist. Hier ist die Ausnahme der wirtschaftlichen Identität nicht mehr gegeben, sodass eine unzulässige Gebrauchsüberlassung vorliegt (RGRK – Gelhar, BGB, § 549 Rn. 3 a.F.).

Im Mietvertrag mit einer OHG oder KG stellt eine Änderung des Gesellschafterbestandes keine unzulässige Gebrauchsüberlassung dar, da dies die Identität der Mietpartei nicht berührt.

Die Kündigung ist grundsätzlich erst dann zulässig, wenn der Mieter trotz Abmahnung (s. § 543 Abs. 3 BGB sowie „Abmahnung") und Setzung einer angemessenen Frist zur Beseitigung des vertragswidrigen Zustandes nicht den vertragsgemäßen Zustand wiederherstellt. Die Länge dieser Frist bestimmt sich nach den Umständen des Einzelfalles. Jedenfalls muss dem Mieter ausreichend Zeit bleiben, der Abmahnung Rechnung zu tragen. Daher kann es bei der unbefugten Gebrauchsüberlassung an einen Dritten erforderlich sein, die Abmahnfrist so zu bemessen, dass auch der Mieter die gesetzlich vorgeschriebenen Kündigungsfristen gegenüber seinem Untermieter einhalten kann (LG Mannheim, WuM 1985, 262; LG Hamburg, WuM 1994, 536).

Auf die Abmahnung kann nur in Ausnahmefällen verzichtet werden (vgl. § 543 Abs. 3 S. 2 BGB; LG München I, ZMR 1985, 384).

Die **Vernachlässigung** der dem Mieter obliegenden Sorgfalt, die zu einer erheblichen Gefährdung der Mietsache führt, bedingt regelmäßig auch eine **erhebliche Verletzung der Vermieterrechte** und berechtigt den Vermieter daher zur fristlosen Kündigung (vgl. Kraemer in WuM 2001, 169).

Die Mietsache kann **erheblich gefährdet** werden, z.B. durch Verletzung der Anzeigepflicht (vgl. „Anzeigepflicht"), durch wiederholte Wasserschäden größeren Umfangs (vgl. AG Aachen, DWW

Kündigung

1974, 237), durch unzureichende Vorbeugemaßnahmen gegen Schädigungen durch Frost oder Schimmel (vgl. „Feuchtigkeit in der Wohnung").

Voraussetzung einer fristlosen Kündigung nach § 543 Abs. 2 Nr. 2 BGB ist grundsätzlich eine **Abmahnung**, durch die der Mieter aufgefordert wird, das vertragswidrige Verhalten in Zukunft zu unterlassen bzw. den vertragswidrigen Zustand zu beseitigen (s. „Abmahnung"). Eine Abmahnung ist **nicht** erforderlich, wenn diese offensichtlich keinen Erfolg verspricht oder die sofortige Kündigung aus besonderen Gründen unter Abwägung der beiderseitigen Interessen gerechtfertigt ist (§ 543 Abs. 3 S. 2 BGB).

Sowohl die Abmahnung als auch die fristlose Kündigung ist möglichst **umgehend** auszusprechen, nachdem der Vermieter von der Vertragsverletzung bzw. der Nichtabhilfe nach Abmahnung Kenntnis erlangt hat, da das Kündigungsrecht auch **verwirkt** werden kann, wenn es nicht angemessene Zeit nach der Vertragsverletzung ausgeübt wird. Insofern hat der Gesetzgeber aber auch bei der Neuregelung von der Festsetzung einer einheitlichen Ausschlussfrist abgesehen mit der Begründung, dass dies bei der Vielgestaltigkeit der Mietverhältnisse nicht möglich sei (vgl. Begründung des Gesetzentwurfes, abgedr. in NZM 2000, 433). Anhaltspunkte für die **Rechtzeitigkeit** der fristlosen Kündigung kann z.B. die (arbeitsrechtliche) Frist des § 626 Abs. 2 BGB (14 Tage) geben (vgl. OLG Frankfurt/M., WuM 1991, 475; s. auch BGH, NJW 1985, 1894 ff.; NJW 1982, 2432 ff.; OLG Düsseldorf, DWW 1991, 78).

3.2.1.2 Fristlose Kündigung wegen Zahlungsverzuges (§ 543 Abs. 2 Nr. 3 BGB)

Der Vermieter kann das Mietverhältnis ohne Einhaltung einer Kündigungsfrist kündigen, wenn der Mieter für **zwei aufeinander folgende Termine** mit der Entrichtung der Miete oder eines nicht unerheblichen Teiles in Verzug ist (§ 543 Abs. 2 Nr. 3 a BGB) oder in einem Zeitraum, der sich **über mehr als zwei Termine** erstreckt, mit der Entrichtung der Miete in Höhe eines Betrages in Verzug gekommen ist, der die Miete für zwei Monate erreicht (§ 543 Abs. 2 Nr. 3 b BGB).

Grundsätzlich zu **unterscheiden** ist, ob sich der Verzug auf zwei aufeinander folgende Termine (Nr. 3 a) oder auf einen Zeitraum von mehr als zwei Terminen (Nr. 3 b) bezieht. Im Fall der Nr. 3 a ist die Kündigung zulässig, wenn sich der Mieter mit der Entrichtung der **gesamten** Miete für die beiden Termine oder eines **nicht unerheblichen Teiles** in Verzug befindet. Die Beurteilung, ob der Mieter mit einem nicht unerheblichen Teil der Miete in Verzug ist, richtet sich nicht nach der für den einzelnen Termin rückständigen Miete, sondern nach dem **gesamten** Mietrückstand.

> Dieser ist jedenfalls nicht unerheblich, wenn er die Miete für einen Monat übersteigt (BGH, Urt. v. 15.4.1987, DWW 1987, 216).

K 84

Der BGH begründet dies damit, dass die Erheblichkeitsgrenze nur für die **Wohn**raummiete definiert ist (§ 569 Abs. 3 Nr. 1 BGB) und daher wegen der geringeren Schutzbedürftigkeit des **gewerblichen** Mieters bei einem Rückstand von mehr als einer Monatsmiete die Erheblichkeitsgrenze auf jeden Fall überschritten sei.

Bei **Wohnraum**mietverhältnissen, ausgenommen wenn dieser nur zu vorübergehendem Gebrauch vermietet ist, ist der rückständige Teil der Miete nur dann nicht als unerheblich anzusehen, wenn er mindestens 50 % der monatlichen Miete beträgt und der **Gesamt**rückstand die Miete für einen Monat übersteigt (§ 569 Abs. 3 Nr. 1 BGB).

Im Fall der Nr. 3 b besteht das Recht zur fristlosen Kündigung, wenn der Mietrückstand eine Höhe von **zwei Monatsmieten** erreicht hat, was z.B. eintreten kann, wenn der Mieter die Miete eine längere Zeit um kleinere Beträge kürzt.

> In jedem Fall sollte aus dem Kündigungsschreiben eindeutig hervorgehen, mit welchen Rückständen für welche Monate der Mieter in Verzug ist (LG Hamburg, ZMR 1996, 327).

Unter Miete sind die **periodisch wiederkehrenden** Zahlungen des Mieters und somit auch die monatlichen Betriebskostenpauschalen und –vorauszahlungen zu verstehen; **nicht** jedoch Nachforderungen aus der Betriebskostenabrechnung (OLG Koblenz, RE v. 26.7.1984, WuM 1984, 269; Weber/Marx, IV/S. 58).

Ein Verzug mit der Begleichung einer Betriebskostennachforderung kann daher unabhängig von der Höhe der Forderung eine fristlose Kündigung nicht begründen. Ebenso nicht ein Verzug mit anderen **einmaligen** Leistungen des Mieters, z.B. Schadenersatz oder Kaution (vgl. aber hierzu „Kaution").

Der Eintritt des Verzuges bestimmt sich nach § 284 BGB. Für die Zahlungspflicht des Mieters ist in der Regel ein fester Termin bestimmt (vgl. § 556 b Abs. 1 BGB), sodass der Mieter **ohne Mahnung** in Verzug kommt (§ 284 Abs. 2 BGB). Mangels abweichender Vereinbarungen tritt der Verzug ein, wenn die Leistungs**handlung** nicht rechtzeitig vorgenommen wurde. Jedoch kann auch vereinbart werden, dass es für die Rechtzeitigkeit der Zahlung nicht auf die Leistungshandlung, sondern auf den Zeitpunkt des **Eingangs** des Geldes beim Vermieter ankommt (vgl. „Fälligkeit der Miete").

> Bestimmt der Mietvertrag, dass die Miete spätestens am 3. Werktag eines Kalendermonats beim Vermieter **eingegangen** sein muss, ist ein Mieter, der z.B. die Septembermiete nicht bezahlt hat, bereits mit Ablauf des 3. Werktages im Oktober mit der Mietzahlung für zwei aufeinander folgende Termine in Verzug und kann gem. § 543 Abs. 2 Nr. 3 BGB fristlos gekündigt werden, ohne dass es einer Mahnung oder Abmahnung bedarf (§ 543 Abs. 3 S. 2 Ziff. 3 BGB).

Eine **vorherige Mahnung** kann ausnahmsweise erforderlich sein, wenn der

Kündigung

Vermieter über einen längeren Zeitraum unpünktliche Mietzahlungen des Mieters rügelos hingenommen hat (LG Hamburg, ZMR 1996, 327) oder die Nichtzahlung erkennbar auf einem Versehen beruht (OLG Hamm, WuM 1998, 485).

Für die Wirksamkeit einer auf Zahlungsverzug gestützten fristlosen Kündigung ist maßgeblich, ob im Zeitpunkt des **Zugangs** der Kündigung diese Voraussetzungen (noch) vorgelegen haben (LG Lüneburg, WuM 1995, 705). Auf einen Verzug bei der Abfassung oder Absendung des Kündigungsschreibens kommt es nicht an. Daher ist es auch unschädlich, wenn das Kündigungsschreiben bereits vor Eintritt des Verzuges (z.B. am 2. Werktag im Oktober) abgefasst und abgesandt wurde, der Verzug mit zwei Monatsmieten jedoch erst im Zeitpunkt des Zugangs (z.B. am 4. Werktag im Oktober) vorgelegen hat (LG Köln, 1. Zivilkammer, Urt. v. 18.10.1990, WuM 1991, 263; vgl. auch Emmerich-Sonnenschein, § 564 a a.F., Rn. 9; a.A.: Sternel, Mietrecht, 3.A., IV 23; LG Köln, 10. Zivilkammer, Urt. v. 16.10.1991, WuM 1992, 123). Hat dagegen der Verzug zwar bei Absendung des Kündigungsschreibens, aber infolge zwischenzeitlicher Zahlung nicht mehr bei Zugang der Kündigung bestanden, ist die Kündigung unbegründet (LG Lüneburg, a.a.O.).

Macht der Vermieter von einer ihm eingeräumten **Einzugsermächtigung** keinen Gebrauch, ist ein Zahlungsverzug des Mieters nicht gegeben (AG Bonn, WuM 1995, 484).

Das für den Eintritt des Verzuges notwendige **Verschulden** wird vermutet (§ 285 BGB).

Die **Beweislast** für das Nichtvertretenmüssen trifft damit den Mieter.

Ein Verschulden liegt z.B. nicht vor, wenn der Mieter plötzlich so schwer erkrankt ist, dass er keinen Dritten mit der Zahlung beauftragen konnte (vgl. Schmidt-Futterer/Blank, § 554 BGB a.F., Rn. 13).

Dagegen ist der Mieter für eine Verzögerung auch dann verantwortlich, wenn sie in mangelnder Leistungsfähigkeit oder in Fehlern bei den geschäftlichen Dispositionen ihren Grund hat (§ 279 BGB). Ebenso ist dem Mieter das **Verschulden eines Dritten**, der die Zahlungspflicht übernommen hat (z.B. des Sozialamtes), über § 278 BGB **zuzurechnen** (vgl. Sternel, IV 511); soweit dieser nicht nur – wie z.B. eine Bank bei einem Überweisungsauftrag – bloßer Zahlungsmittler, sondern Zahlungsveranlasser ist (vgl. BGH, NJW 1998, 1302). Dementsprechend wird kein Verschulden des Mieters vorliegen, wenn er beweisen kann, dass die Nichtbezahlung der Mieten ausschließlich auf einem Versehen und damit auf dem alleinigen Verschulden der Bank beruht, die der Mieter durch Dauerauftrag mit der Überweisung beauftragt hat und er dieses Versehen auch nicht erkennen konnte, z.B. weil die Miete von seinem Konto zwar abgebucht, aber auf ein falsches Konto überwiesen wurde (LG München I, Urt. v. 21.9.1994, WuM 1994, 608).

Zur Problematik, wenn die Bank des Mieters die Überweisung der Miete nach Gutschrift auf dem Konto des Vermieters mangels Deckung des Mieterkontos widerruft vgl. LG Köln, Urt. v. 9.12.1993, WuM 1994, 606.

Aus dem Mietvertrag ergibt sich auch keine vertragliche Nebenpflicht des Vermieters, die finanzielle Leistungsfähigkeit des Mieters zu unterstützen. Der Mieter kann daher nicht einwenden, ein Verzugsverschulden sei ausgeschlossen, weil der Vermieter seine Mitwirkung bei der Gewährung von Sozialhilfeleistungen an den Mieter (z.B. durch Ausfüllen einer sog. „Mietübernahmeerklärung") unterlassen hat (LG Köln, WuM 1995, 104; 1997, 491).

An einem Verschulden kann es fehlen, wenn sich der Mieter in einem **entschuldbaren Irrtum** über seine Berechtigung zur (teilweisen) Zahlungsverweigerung befunden, z.B. sich **entschuldbar** über die richtige Bemessung der Minderungsquote geirrt hat (vgl. LG Mannheim, WuM 1987, 317; LG Hannover, WuM 1994, 463).

Der Mieter ist jedoch nicht grundsätzlich entschuldigt, wenn er die **Auskunft eines Rechtsanwalts** eingeholt hat und von diesem unzutreffend beraten wurde (OLG München, Urt. v. 15.3.1996, ZMR 1996, 371; a.A. LG Wiesbaden, WuM 1989, 512). Vielmehr muss sich der Mieter das Verschulden seines Rechtsberaters zurechnen lassen und befindet sich daher in verschuldetem Zahlungsverzug (OLG Köln, WuM 1998, 23; LG München I, Urt. v. 10.7.1996, Az. 14 S 2176/96 für Mieterverein; LG Berlin, NZM 1998, 573 für städtische Rechtsberatungsstelle). Das Verschulden des Mieters kann erst recht nicht entfallen, wenn er den Anwalt unzutreffend über den Sachverhalt informiert hat (vgl. LG Aachen, WuM 1989, 371). Jedenfalls darf der Mieter bei einer Mietminderung nur dann auf den Rat eines Rechtsanwalts oder Sachverständigen vertrauen, wenn dieser sich die behaupteten Mängel auch selbst angesehen hat (LG Braunschweig, ZMR 2000, 222).

Auseinandersetzungen über die Berechtigung des Mieters zur Mietminderung muss der Vermieter nicht in einem dem Räumungsprozess vorgehenden Forderungsprozess austragen. § 543 Abs. 2 Nr. 3 BGB knüpft die außerordentliche Kündigungsbefugnis des Vermieters allein daran, dass der Mieter mit der Zahlung der Miete **in Verzug** geraten ist. Des Weiteren hängt die Wirksamkeit der Kündigung davon ab, ob der Zahlungsverzug bis zu bestimmten Zeitpunkten (§§ 543 Abs. 2 Nr. 3 S. 2, 569 Abs. 3 Nr. 2 BGB) noch andauert. Dass darüber hinaus ein rechtskräftiger **Titel** über die rückständige Miete vorliegen muss, wird nirgends angeordnet. Es verstößt daher gegen das verfassungsrechtliche Willkürverbot, dem kündigenden Vermieter den Räumungsanspruch mit der Begründung zu versagen, er müsse die rückständige Miete zuvor in einem gesonderten gerichtlichen Verfahren gegen den Mieter geltend machen (BVerfG, Urt. v. 15.3.1989, WuM 1989, 278; Weber/Marx, IX/S. 86).

Soweit tatsächlich eine Berechtigung zur **Mietminderung** oder ein Zurückbehaltungsrecht bestand, liegt ein Verzug bereits tatbestandlich nicht vor. Ein Verzug besteht ebenfalls nicht, wenn der Mieter zur Wahrung seiner Ansprüche wegen Mängel der Mietsache die Zahlung nur unter **Vorbehalt** leistet (LG Hannover, MDR 1966, 511). Die Zahlung unter Vorbehalt schließt nur die Wirkung des § 814 BGB aus (LG München I, WuM 1987, 223).

Ist der Mieter rechtskräftig zur (Zustimmung zur) Zahlung einer **erhöhten** Miete nach den §§ 558 bis 560 BGB verurteilt worden, kann der Vermieter das Mietverhältnis wegen Zahlungsverzuges des Mieters nicht vor Ablauf von zwei Monaten nach rechtskräftiger Verurteilung kündigen, wenn nicht die Voraussetzungen der außerordentlichen fristlosen Kündigung schon wegen der bisher geschuldeten Miete erfüllt sind (§ 569 Abs. 3 Nr. 3 BGB). Der Mieter soll damit ausreichend Zeit haben, die aufgelaufenen Erhöhungsbeträge zu zahlen, um eine außerordentliche Kündigung vermeiden zu können.

§ 569 Abs. 3 Nr. 3 BGB ist **nicht** entsprechend anwendbar, wenn sich der Mieter durch Prozess**vergleich** zur Zahlung verpflichtet hat (OLG Hamm, RE v. 27.12.1991, DWW 1992, 51). Diese Bestimmung soll aber nach Auffassung des LG Köln (WuM 1995, 593) auf **Sozial**wohnungen entsprechend anwendbar sein, sodass das Recht zur Kündigung wegen Zahlungsverzuges nach einer Mieterhöhungserklärung bis zur rechtskräftigen Entscheidung über die Berechtigung der Mieterhöhung ausgeschlossen ist.

Die Kündigung ist ausgeschlossen, wenn der Vermieter **vor Zugang** der Kündigung (§ 130 BGB) **vollständig** befriedigt wird (§ 543 Abs. 2 S. 2 BGB). Insofern soll es nach Auffassung des LG Oldenburg (WuM 1996, 471) grundsätzlich auf den Zeitpunkt der Erfüllungshandlung (z.b. Erteilung des Überweisungsauftrages) und nicht auf den Zeitpunkt des Eingangs der Zahlung auf dem Konto des Vermieters ankommen; es sei denn, der Mietvertrag enthält eine Klausel, wonach für die Rechtzeitigkeit nicht die Zahlung, sondern der Eingang des Geldes maßgeblich ist (vgl. „Fälligkeit der Miete"). Eine Teilleistung hindert das Wirksamwerden der Kündigung nicht (BGH, WM 1970, 1141; LG Berlin, WuM 1992, 607; LG Bonn, WuM 1992, 607). Ein zu vernachlässigender offen bleibender Restbetrag ist nicht mehr gegeben, wenn dieser Betrag ca. 5 % der Monatsnettomiete entspricht (LG Bonn, a.a.O.). Nicht erforderlich ist daher, dass bei Ausspruch der Kündigung der Verzug noch in vollem Umfang vorgelegen hat (BGH BB 1987, 2123). Dem Mieter obliegt im Streitfall die Beweislast dafür, dass er vollständig bezahlt hat (vgl. BGH, MDR 1960, 1006). Die Befriedigung des Vermieters kann auch durch Aufrechnung erfolgen, soweit dies nicht vertraglich wirksam ausgeschlossen wurde (vgl. „Aufrechnung").

Nach Zugang der Kündigung wird diese unwirksam, wenn sich der Mieter von seiner Schuld durch **Aufrechnung** befreien konnte und unverzüglich, d.h. ohne schuldhaftes Zögern (§ 121 BGB), nach der Kündigung die Aufrechnung erklärt (§ 543 Abs. 2 S. 3 BGB). Dies gilt nur dann, wenn die Aufrechnung vertraglich zulässig war (vgl. „Aufrechnung") und den **gesamten** Rückstand abdeckt (LG Frankfurt, WuM 1974, 28).

Darüber hinaus hat der Mieter von **Wohn**raum noch eine weitere Möglichkeit, die mit ihrem Zugang bereits wirksam gewordene Kündigung **nachträglich** unwirksam zu machen: Die Kündigung wird auch dann unwirksam, wenn der Vermieter spätestens bis zum Ablauf von **zwei** Monaten nach Eintritt der Rechtshängigkeit des Räumungsanspruches hinsichtlich der fälligen Miete und der fälligen Entschädigung nach § 546 a Abs. 1 BGB befriedigt wird oder eine öffentliche Stelle sich zur Befriedigung verpflichtet (§ 569 Abs. 3 Nr. 2 S. 1 BGB). Danach muss die Befriedigung des Vermieters spätestens bis zum Ablauf von zwei Monaten nach Zustellung der Räumungsklage (§ 261 ZPO) **vollständig** erfolgt sein, d.h. der Mieter muss bis zu diesem Zeitpunkt (Ablauf der „Schonfrist") nicht nur sämtliche Mietrückstände gezahlt haben – unabhängig davon, ob sie im Kündigungsschreiben erwähnt wurden (LG München I, WuM 1987, 153; Scholz, WuM 1987, 135) –, sondern auch die laufende Nutzungsentschädigung, die ab dem Zugang der Kündigung anstelle der Miete zu entrichten ist (vgl. „Nutzungsentschädigung").

Nur eine **vollständige** Begleichung der Rückstände kann zur Unwirksamkeit der Kündigung führen. Unschädlich ist lediglich das Fehlen von wenigen Pfennigen/Cents, nicht aber ein offen bleibender Restbetrag von 5 %, wobei der Mieter auch das Risiko einer fehlerhaften Kalkulation trägt (LG Hamburg, Urt. v. 16.11.2000, Az. 334 S 53/00, WuM 2001, 80).

Strittig ist, ob diese Heilungswirkung bereits mit Vornahme der Leistungshandlung (z.B. Überweisung der rückständigen Miete) oder erst mit Erfüllungseintritt (z.B. Gutschrift auf dem Konto des Vermieters) eintritt. Nach dem Wortlaut des § 569 Abs. 3 Nr. 2 BGB, wonach die Kündigung nur dann unwirksam wird, wenn der Vermieter hinsichtlich der fälligen Miete innerhalb von zwei Monaten nach Rechtshängigkeit „befriedigt" wird, erschiene es naheliegend, auf den Zeitpunkt der Erfüllungswirkung abzustellen (s. auch Münchner Kommentar/Voelskow, 2. A., 1988, § 554 BGB a.F., Rn. 16 ff.). Unter Verweisung auf die allgemeinen Grundsätze über die Heilung von Verzugsfolgen stellt jedoch die wohl überwiegende Meinung auf den **Zeitpunkt der Leistungshandlung** ab (Palandt-Putzo, Rn. 9 zu § 554 BGB a.F.; Sternel, Mietrecht, 3. A., IV 419; Erman-Schopp, 8. A. § 554 BGB a.F. Rn. 1; LG Arnsberg, DWW 1991, 113; LG Heidelberg, WuM 1995, 485). Bei einer Zahlung durch Überweisung soll deshalb nicht der Zeitpunkt der Gutschrift auf dem Konto des Vermieters, sondern der Zeitpunkt der Erteilung des Überweisungsauftrages entscheidend sein. Eine anderslautende Formularklausel, wonach es für die Rechtzeitigkeit der Leistung auf den Eingang der Zahlung ankommt, bezieht sich nach Auffassung des LG Hamburg (WuM 1992, 124) lediglich auf die laufenden Mietzahlungen, nicht aber auf die Möglichkeit der Nachzahlung.

Der Befriedigung des Vermieters steht gleich, wenn sich eine öffentliche Stelle, z. B. Wohnungsamt, Sozialamt, durch verbindliche Erklärung zur Befriedigung des Vermieters verpflichtet. Die **Verpflichtungserklärung** muss jedoch ebenfalls bis zum Ablauf von zwei Monaten nach Eintritt der Rechtshängigkeit (Zustellung der Räumungsklage) dem Vermieter oder dessen Prozessvertreter (LG Hamburg, ZMR 1996, 331) **zugegangen** sein. Es genügt nicht, dass die Erklärung innerhalb der Frist abgegeben wird oder dass sie dem Mieter oder dem mit dem Räumungsrechtsstreit befassten Gericht zugeht (BayObLG, RE v. 7.9.1994, ZMR 1994, 557). Dem Vermieter muss dadurch ein eigener, von keiner Bedingung abhängiger Anspruch auf vollständige Tilgung des Rückstandes an Miete und Nutzungsentschädigung erwachsen. Die Erklärung führt daher nicht zur Unwirksamkeit der fristlosen Kündigung, wenn die Befriedigung des Vermieters von **Bedingungen** abhängig ist und eine Zahlung auf das unmittelbare Zahlungsverlangen des Vermieters nicht erfolgen soll (LG Bielefeld, WuM 1994, 208). Die Formulierung „unter der Voraussetzung, dass der Mieter in der Wohnung verbleiben kann", stellt jedoch keine solche Bedingung dar (AG Hamburg, WuM 1994, 206). Die Veranlassung der zuständigen Behörde zur Abgabe der Verpflichtungserklärung ist ausschließlich Obliegenheit des Mieters. Zur zivilrechtlichen Natur der Verpflichtungserklärung eines Sozialhilfeträgers vgl. Bundesverwaltungsgericht, NJW 1994, 1169.

Da es sich bei der Schonfrist des § 569 Abs. 3 Nr. 2 S. 1 BGB um eine materiell-rechtliche Frist handelt, ist gegen ihre Versäumung eine **Wiedereinsetzung** unstatthaft (d. h. sie kann nicht rückwirkend verlängert werden) (LG München I, WuM 1983, 141).

Vor Ablauf der Schonfrist darf ein Versäumnisurteil auf Räumung nicht ergehen (OLG Hamburg, ZMR 1988, 225).

Eine fristlose Kündigung des Vermieters wegen Zahlungsverzuges kann **nicht mehr unwirksam gemacht** werden, wenn der Kündigung vor nicht länger als zwei Jahren bereits eine Kündigung vorausgegangen war, die der Mieter durch **vollständige Nachzahlung** der Miete unwirksam gemacht hat (§ 569 Abs. 3 Nr. 2 S. 2 BGB). Dabei ist auf den Zeitpunkt des Zugangs der früheren Kündigung zurückzurechnen. Dies bedeutet, dass der Mieter nur alle 2 Jahre einmal diese Heilungsmöglichkeit hat.

War oder wurde die frühere Kündigung jedoch nicht infolge Nachzahlung der Miete, sondern aus **anderen** Gründen unwirksam, z.B. wegen Aufrechnung durch den Mieter (§ 543 Abs. 2 S. 3 BGB) oder infolge freiwilligen Ver-

Kündigung

zichtes des Vermieters auf die Erhebung einer Räumungsklage (z.b. weil mit dem Mieter die ratenweise Tilgung der Rückstände vereinbart wurde), kann der Mieter eine erneute Kündigung auch innerhalb der 2-Jahres-Frist durch Nachzahlung unwirksam machen (LG Bremen, WuM 1997, 265). Gleiches gilt, wenn nach der ersten fristlosen Kündigung das Mietverhältnis einvernehmlich fortgesetzt bzw. neu begründet wurde, wobei dies auch durch schlüssiges Verhalten erfolgt sein kann (LG Berlin, WuM 1992, 607; LG Frankfurt, WuM 1991, 34).

Eine wegen Zahlungsverzuges ausgesprochene Kündigung von **Wohn**raum wird auch dann unwirksam (§ 569 Abs. 3 Nr. 2 S. 1 BGB), wenn die nachträgliche Befriedigung des Vermieters (oder die Verpflichtung einer öffentlichen Stelle zur Befriedigung) hinsichtlich der fälligen Miete und der Nutzungsentschädigung zu einem Zeitpunkt erfolgt, in dem der **Räumungsanspruch (noch) nicht rechtshängig** gemacht worden ist. Eine derart unwirksam gewordene Kündigung muss sich der Mieter auch im Rahmen der Ausnahmeregelung (§ 569 Abs. 3 Nr. 2 S. 2 BGB) entgegenhalten lassen, sodass eine auf **erneuten** Zahlungsverzug des Mieters gestützte Kündigung, die während zwei Jahren nach der früheren unwirksam gewordenen Kündigung ausgesprochen wird, nicht wieder unter den Voraussetzungen des § 569 Abs. 3 Nr. 2 S. 1 BGB unwirksam werden kann (KG Berlin, RE v. 5.3.1984, DWW 1984, 91; Weber/Marx, IV/S. 57).

Bei Mietverhältnissen über **Wohn**raum sind **alle zum Nachteil des Mieters** abweichenden Vereinbarungen unwirksam (§ 569 Abs. 5 BGB). Dagegen können bei allen **anderen** Mietverhältnissen, z.b. über Geschäftsraum, abweichende Vereinbarungen getroffen werden, z.b. dass der Vermieter bereits bei Zahlungsverzug mit **einer** Monatsmiete zur fristlosen Kündigung berechtigt sein soll. Eine entsprechende **formularmäßige** Bestimmung soll jedoch wegen Verstoßes gegen § 9 AGB-Gesetz unwirksam sein (BGH, ZMR 1987, 292; OLG Düsseldorf, WuM 1996, 411).

Die **Kosten** des Verfahrens trägt grundsätzlich der Mieter, wenn die ursprünglich aufgrund der wirksamen Kündigung begründete Räumungsklage durch nachträgliche Zahlung bzw. Schuldübernahme unbegründet wird und der Vermieter daraufhin die Erledigung des Rechtsstreits erklärt (LG Hamburg, WuM 1998, 422; vgl. auch LG Kassel, NJW-RR 1987, 788). Erfolgt die Erledigungserklärung nach Schluss der mündlichen Verhandlung, ist die mündliche Verhandlung wieder zu eröffnen, um dem geänderten Antrag Rechnung zu tragen (LG Hamburg, a.a.O.).

Ferner hat der Mieter dem Vermieter alle Nachteile zu ersetzen, die dem Vermieter aufgrund der vom Mieter veranlassten fristlosen Kündigung entstehen. Dieser Schadensersatzanspruch des Vermieters umfasst insbesondere den **Mietausfall**, d.h. die ihm entgehende Miete für die vereinbarte feste Vertragsdauer oder (z.B. bei einem unbefristeten Mietverhältnis) bis zu dem Zeitpunkt, zu dem der Mieter erstmals hätte ordentlich kündigen können (OLG Schleswig, WuM 2000, 355) – maximal jedoch bis zu einer vorzeitigen Neuvermietung, wobei der Mieter im Fall einer Neuvermietung zu einer reduzierten Miete auch die **Mietdifferenz** zu ersetzen hat (OLG Frankfurt/M., WuM 1998, 24; BGH, NJW 1984, 2687 ff., NJW 1991, 221 ff.; WuM 1992, 429).

Dagegen muss es sich der Vermieter **nicht** als Vorteil anrechnen lassen, wenn er die Räume zu einer **höheren** Miete wieder vermietet hat (OLG Düsseldorf, NZM 1998, 916).

Die Mietausfallentschädigung für Leerstandszeiten nach Rückgabe der Miet-räume aufgrund fristloser Kündigung des Vermieters unterliegt als Schadensersatzleistung **nicht** der **Umsatzsteuer** (OLG Köln, WuM 1999, 288).

Die Ansprüche des Vermieters enden nicht durch den Verkauf des Hauses und dessen Übergabe an den Erwerber (LG Kassel, Az. 1 S 11/98, NZM 1999, 1094).

Die Klage auf Räumung der Wohnung aufgrund der fristlosen Kündigung kann grundsätzlich mit der Klage auf künftige **Nutzungsentschädigung** verbunden werden (entsprechend § 259 ZPO; OLG Dresden, WuM 2000, 138).

Zu ersetzen sind auch Betriebskostenvorauszahlungen nicht nur auf die verbrauchsunabhängigen, sondern auch auf die verbrauchsabhängigen Kosten (AG Braunschweig, DWW 1996, 373). Ferner hat der Mieter dem Vermieter auch **Anwaltskosten** als Kosten der Rechtsverfolgung, z.B. für die Abfassung des Kündigungsschreibens, zu ersetzen (OLG Frankfurt/M., a.a.O.; BGH, NJW 1986, 2243ff.; OLG Köln, NJW-RR 1987, 593; Palandt, § 286 Rn. 7); es sei denn, dass der Vermieter wegen des rechtlich einfach gelagerten Falles ohne weiteres in der Lage gewesen wäre, das Kündigungsschreiben selbst abzufassen (LG Darmstadt, NZM 1998, 812). In diesem Fall kann der Rechtsanwalt auch nur eine 2/10-Gebühr nach § 120 BRAGO, nicht aber eine 7,5/10-Gebühr nach § 118 BRAGO verlangen (LG Darmstadt, a.a.O.).

Aufgrund seiner Verpflichtung zur Schadensminderung (§ 254 Abs. 2 BGB) muss sich der Vermieter jedoch in zumutbarer Weise um die anderweitige Vermietung des Mietobjekts bemühen (vgl. Wolf-Eckert, 6. A., Rn. 319) und im Streitfall konkret vortragen, welche Schritte er zur Gewinnung eines Mietinteressenten unternommen hat. Die pauschale Behauptung, er habe sich um eine Vermietung bemüht, genügt nicht (OLG Düsseldorf, MDR 1996, 1006). Wendet der Mieter ein, die vom Vermieter vorgetragenen Bemühungen seien nicht ausreichend gewesen, trägt der Mieter hierfür die Beweislast (LG Kassel, Az. 1 S 11/98, NZM 1999, 1094).

Bei fristloser Kündigung eines mehrjährigen Mietvertrages muss der Vermieter auch einen neuen Mieter akzeptieren, der zwar einen Mietvertrag zu den Bedingungen des Vormietvertrages, jedoch nicht über dessen restliche Laufzeit, sondern zunächst nur für eine kürzere Zeit mit in Aussicht gestellter Verlängerung abschließen will; andernfalls läuft der

Kündigung

Vermieter Gefahr, für diesen Zeitraum seinen Schadensersatzanspruch zu verlieren (OLG Düsseldorf, WuM 1995, 585).

Der Vermieter ist jedoch nicht verpflichtet, die Mietsache sofort zu einer reduzierten Miete anzubieten, um möglichst schnell einen neuen Mieter zu finden. Er kann zunächst den Versuch unternehmen, die mit dem gekündigten Mieter vereinbarte Miete zu erzielen (OLG Frankfurt, a.a.O.). Bei gewerblichen Räumen steht es dem Vermieter u.U. sogar frei, auch eine erhöhte Miete zu verlangen, da es für gewerbliche Räume keine gesetzlichen Beschränkungen gibt (OLG Frankfurt, WuM 1992, 436; OLG Düsseldorf; NJW-RR 1991, 1353).

Wird ein auf längere Zeit als ein Jahr geschlossener Mietvertrag über ein Grundstück vorzeitig fristlos gekündigt (z.B. wegen Zahlungsverzuges des Mieters) und einigen sich die Vertragsparteien aber später auf eine Fortsetzung des Mietverhältnisses, dann liegt darin der Abschluss eines **neuen** Mietvertrages.

Soll dieser für längere Zeit als ein Jahr gelten, unterliegt er dem Schriftformerfordernis des § 550 BGB (BGH, Urt. v. 24.6.1998, DWW 1998, 276).

Nach dem Antrag auf Eröffnung eines **Insolvenzverfahrens** über das Vermögen des Mieters (s. „Insolvenz") kann eine fristlose Kündigung nicht auf einen Zahlungsverzug gestützt werden, der in der Zeit **vor** dem Eröffnungsantrag eingetreten ist (Kündigungssperre, § 112 Nr. 1 InsO).

3.2.1.3 Fristlose Kündigung wegen Störung des Hausfriedens (§ 569 Abs. 2 BGB)

Der Vermieter ist zur fristlosen Kündigung berechtigt, wenn der Mieter den Hausfrieden so **nachhaltig** stört, dass dem Vermieter unter Berücksichtigung aller Umstände des Einzelfalles, insbesondere eines Verschuldens des Mieters und unter **Abwägung der beiderseitigen Interessen** die Fortsetzung des Mietverhältnisses bis zum Ablauf der ordentlichen Kündigungsfrist oder bis zur sonstigen Beendigung des Mietverhältnisses **nicht zugemutet** werden kann; z.B. häufiger **ruhestörender Lärm** zur Nachtzeit (vgl. LG Gießen, WuM 1981, 232; LG Köln, ZMR 1977, 332). Bei solchen Störungen kommt es **nicht** in erster Linie auf das **Verschulden** des Störers an, sondern allein darauf, ob die Fortsetzung des Mietverhältnisses für den Vermieter, auch unter Berücksichtigung der Interessen der Mitmieter im Hause, noch zumutbar ist. Ein Verschulden ist nur insoweit von Relevanz, als die Anforderungen an die Unzumutbarkeit bei nicht schuldhaftem Verhalten des Störers höher sein werden als bei einer schuldhaften Störung des Hausfriedens. Somit ist das Verschulden des Störers zwar nicht Voraussetzung für die fristlose Kündigung, muss aber bei der **Beurteilung der Unzumutbarkeit** in die Abwägung mit einbezogen werden.

Die Vorschrift gilt auch für **Geschäftsräume** (§ 578 Abs. 2 S. 1 BGB).

Kündigung

3.2.2 Außerordentliche befristete Kündigung durch den Vermieter

In den nachfolgend angeführten Fällen kann der Vermieter auch ein Mietverhältnis von bestimmter Dauer unter Einhaltung der sog. gesetzlichen Frist **vorzeitig** kündigen. Diese beträgt bei **Wohn**raum 3 Monate (§§ 573 d Abs. 2, 575 a Abs. 3 BGB); bei **Geschäftsräumen** 6 Monate zum Quartalsende (§ 580 a Abs. 2, 4 BGB; s. „Kündigungsfristen").

Die Kündigung von **Wohn**raum setzt jedoch auch in diesen Fällen (mit Ausnahme der Kündigung des Erben beim Tod des Mieters – s. Abschnitt 3.2.2.1) das Vorliegen eines berechtigten Interesses des Vermieters an der Beendigung des Mietverhältnisses voraus (**Kündigungsgrund** i.S.v. § 573 Abs. 1 BGB; s. §§ 573 d Abs. 1, 575 a Abs. 1 BGB).

3.2.2.1 Vorzeitige Kündigung beim Tod des Mieters

Beim Tod des Mieters ist zu **unterscheiden**, ob der Mietvertrag nur mit dem Verstorbenen oder mit mehreren Personen abgeschlossen war.

War ein **Wohnungs**mietvertrag mit **mehreren** Personen abgeschlossen (z.B. wenn der Mietvertrag vom Ehegatten, Lebenspartner oder Lebensgefährten mitunterzeichnet war), wird das Mietverhältnis mit dem Überlebenden **fortgesetzt** (§ 563 a Abs. 1 BGB).

Ein außerordentliches Kündigungsrecht des Vermieters besteht in diesem Fall **nicht**.

War der Mietvertrag dagegen **nur mit dem Verstorbenen** abgeschlossen, treten entweder der Ehegatte, der Lebenspartner, andere Familien- oder Haushaltsangehörige oder die Erben in das Mietverhältnis **ein** (s. „Ehegatten als Mieter", „Eheähnliche Gemeinschaft", „Tod des Mieters").

Beim Eintritt des **Ehegatten, Lebenspartners** oder von **Familien- oder Haushaltsangehörigen** kann der Vermieter das Mietverhältnis innerhalb eines Monats, nachdem er von dem endgültigen Eintritt in das Mietverhältnis Kenntnis erlangt hat, außerordentlich mit der **gesetzlichen Frist** (3 Monate, § 575 a Abs. 3 BGB) kündigen, wenn in der Person des Eingetretenen ein **wichtiger Grund** vorliegt (§ 563 Abs. 4 BGB).

Der **wichtige Grund** muss in den persönlichen Verhältnissen des Eintretenden begründet sein und eine Fortsetzung des Mietverhältnisses für den Vermieter **unzumutbar** machen. Die Zahlungsunfähigkeit ist zumindest dann nicht ausreichend, wenn eine öffentliche Stelle, z.B. das Wohnungs- oder Sozialamt die Zahlung der Miete garantiert.

Beim Eintritt mehrerer Mieter genügt es, wenn der wichtige Grund in der Person eines Mieters vorliegt (Palandt, Anm. 5 a zu § 569 BGB a.F.).

Neben einem wichtigen Grund bedarf es zur Kündigung ferner eines **berechtigten Interesses** des Vermieters an der Beendigung des Mietverhältnisses (**Kündigungsgrund**, §§ 573 d Abs. 1, 575 a Abs. 1, 573 BGB, z.B. Eigenbedarf).

Kündigung

Fehlt es an einem berechtigten Interesse, kann das Mietverhältnis **nicht** gekündigt werden.

Liegt ein berechtigtes Interesse vor, fehlt es aber an dem wichtigen Grund, kann das Mietverhältnis nur ordentlich unter Einhaltung der **gesetzlichen** (u.U. verlängerten) Fristen (s. „Kündigungsfristen"), nicht aber außerordentlich (mit 3-monatiger Frist) gekündigt werden.

Treten beim Tod des Mieters weder der Ehegatte bzw. Lebenspartner noch Familien- oder Haushaltsangehörige in das Mietverhältnis ein bzw. wird es nicht mit ihnen fortgesetzt, wird das Mietverhältnis kraft Gesetz mit den **Erben** fortgesetzt (§ 564 S. 1 BGB). In diesem Fall ist der Vermieter berechtigt, das Mietverhältnis innerhalb eines Monats **außerordentlich** mit der **gesetzlichen Frist (3 Monate,** § 575 a Abs. 3 BGB) zu kündigen, nachdem er vom Tod des Mieters und davon Kenntnis erlangt hat, dass ein Eintritt bzw. eine Fortsetzung des Mietverhältnisses durch andere Personen (Ehegatte, Familien- oder Haushaltsangehörige) nicht erfolgt ist (§ 564 S. 2 BGB).

> Seit In-Kraft-Treten der Mietrechtsreform ist für die außerordentliche **Kündigung des bzw. der Erben** durch den Vermieter weder ein wichtiger Grund noch ein berechtigtes Interesse erforderlich (§§ 573 d Abs. 1, 575 a Abs. 1 BGB).

Bei **Geschäfts**räumen ist der Vermieter im Fall des Todes des Mieters ohne weiteres berechtigt, das Mietverhältnis innerhalb eines Monats, nachdem er vom Tod des Mieters Kenntnis erlangt hat, außerordentlich mit der gesetzlichen Frist zu kündigen (§ 580 BGB).

3.2.2.2 Vorzeitige Kündigung durch den Ersteher bei der Zwangsversteigerung

Der Ersteher des Grundstücks tritt in das bestehende Mietverhältnis ein (§ 57 ZVG) und ist berechtigt, dieses unter Einhaltung der gesetzlichen Frist zu kündigen (§ 57a ZVG). Diese Möglichkeit der vorzeitigen Beendigung besteht **nicht**,

- wenn die Zwangsversteigerung zwecks der **Aufhebung einer Gemeinschaft**, z.B. einer Erbengemeinschaft, erfolgt ist (§§ 180, 183 ZVG);
- wenn und solange die Miete zur Schaffung oder **Instandsetzung des Mietraumes** ganz oder teilweise vorausentrichtet oder mit einem Finanzierungsbeitrag zu verrechnen ist, den der Mieter zur Schaffung und Instandsetzung geleistet hat (§ 57c Abs. 1 Nr. 1 ZVG);
- wenn der Mieter einen **verlorenen Baukostenzuschuss** (s. „Baukostenzuschuss") zur Schaffung oder Instandsetzung des Raumes geleistet hat, der höher als eine Jahresmiete war und nach § 57c ZVG durch die Dauer des Vertrages nicht als getilgt anzusehen ist (s. auch § 57c Abs. 1 Nr. 2, Abs. 2 ZVG); jedoch muss bei Vorausentrichtung des Geldbetrages auf die künftig fällige Miete feststehen, dass die Leistung der Schaffung oder Instandsetzung des Wohnraumes

dient und in der Eigenschaft als künftiger Mieter erbracht wird. Eine spätere Vereinbarung zwischen Vermieter und Mieter, dass der früher geleistete Betrag mietfrei abgewohnt werden darf, reicht nicht (vgl. LG Gießen, DWW 1991, 53);

• wenn das Kündigungsrecht durch die allgemeinen **Versteigerungsbedingungen** ausgeschlossen ist (vgl. OLG Düsseldorf, WuM 1995, 492).

Zu beachten ist, dass zur Kündigung eines Mietverhältnisses über **Wohnraum auch in diesem Fall ein berechtigtes Interesse** an der Beendigung des Mietverhältnisses (§ 573 Abs. 1 BGB) vorliegen muss, z.B. Eigenbedarf des Ersteigerers oder Hinderung einer angemessenen wirtschaftlichen Verwertung (i.S.v. § 573 Abs. 2 Nr. 3 BGB), wobei gerade dieser Kündigungsgrund speziell bei Kreditinstituten, die als Grundpfandrechtsgläubiger Grundstücke ersteigern, infrage kommen dürfte (vgl. OLG Hamm, WuM 1994, 520 m.w.N.; s. auch „Kündigungsschutz", Abschnitt 2). Beruft sich daher der Nutzer der ersteigerten Wohnung auf ein Mietrecht, ist die Vollstreckungsklausel für den Zuschlagsbeschluss zu versagen, da die Klärung der Frage, ob ein Mietverhältnis besteht, dem Erkenntnisverfahren vorbehalten bleibt (OLG Hamburg, WuM 1996, 41).

Darüber hinaus kann sich der Mieter auf die Sozialklausel des § 574 BGB (s. „Kündigungsschutz", Abschnitt 3) berufen (LG Nürnberg, WuM 1973, 212; LG Hamburg, NJW 1975, 1873; BVerfG, ZMR 1989, 410).

Hat ein Wohnungseigentümer seine Eigentumswohnung an ein Vermietungsunternehmen zur Untervermietung zu Wohnzwecken vermietet (**„Bauherrenmodell"**), kann dem Ersteher des Wohnungseigentums, der den Vertrag mit der Vermietungsgesellschaft kündigt (§ 57a ZVG) und vom Endmieter (Wohnungsnutzer) die Räumung verlangt, vom Endmieter der Einwand des Rechtsmissbrauchs entgegengesetzt werden, soweit diesem Schutzrechte aus den §§ 573, 574 BGB zustehen (vgl. „Herausgabeanspruch gegen Dritte").

Die außerordentliche Kündigung (§ 57a Abs. 1 ZVG) kann nur für den ersten Termin erfolgen, für den sie zulässig ist (§ 57a Abs. 1 S. 2 ZVG). Wird der Zuschlag z.B. am 20. 7. erteilt, ist der erste Termin, für den die Kündigung zulässig ist, bei Wohnraum der 31. 10., bei Geschäftsraum der 31. 3. (s. „Kündigungsfristen").

Dem Ersteher ist eine angemessene Zeit zur Prüfung der Sach- und Rechtslage einzuräumen, wobei ihn jedoch eine Erkundigungspflicht, u.U. schon vor der Versteigerung, trifft (Zeller-Stöber, ZVG, § 57a Rn. 5). Später ist die Kündigung nur ausnahmsweise rechtzeitig, wenn der Ersteher darlegen und beweisen kann, dass sie trotz Beobachtung der erforderlichen Sorgfalt nicht früher erfolgen konnte (vgl. OLG Düsseldorf, DWW 1987, 330).

Zur Frage, wann ein Mieter Beteiligter des Zwangsversteigerungsverfahrens ist sowie zur Anwendbarkeit des § 57d Abs. 3 ZVG s. OLG Düsseldorf, WuM 1995, 492.

Kündigung

3.2.2.3 Vorzeitige Kündigung bei Veräußerung durch den Insolvenzverwalter

Veräußert der Insolvenzverwalter eine vom Schuldner vermietete Wohnung und tritt der Erwerber anstelle des Schuldners in das Mietverhältnis ein, kann der **Erwerber** das Mietverhältnis unter Einhaltung der gesetzlichen Frist (s. Abschnitt 3.2.2) **kündigen**. Die Kündigung kann nur für den ersten Termin erfolgen, für den sie zulässig ist. § 57c ZVG gilt entsprechend (§ 111 InsO; s. auch Abschnitt 3.2.2.2 sowie „Insolvenz").

3.2.2.4 Vorzeitige Kündigung bei Insolvenz des Mieters

Siehe hierzu „Insolvenz".

3.2.2.5 Vorzeitige Kündigung des Erwerbers eines Dauerwohnrechtes in der Zwangsversteigerung

Wird das Dauerwohnrecht **im Wege der Zwangsvollstreckung** veräußert, so steht dem Erwerber ein Kündigungsrecht in entsprechender Anwendung des § 57a ZVG zu (§ 37 Abs. 3 S. 2 WEG; vgl. Abschnitt 3.2.2.2).

Hat der Dauerwohnberechtigte die dem Dauerwohnrecht unterliegenden Gebäude- oder Grundstücksteile vermietet oder verpachtet, erlischt das Mietverhältnis, wenn das Dauerwohnrecht erlischt (§ 37 Abs. 1 WEG).

Macht der Eigentümer von seinem Heimfallanspruch (§ 36 WEG) Gebrauch, tritt er oder derjenige, auf den das Dauerwohnrecht zu übertragen ist, in das Miet- oder Pachtverhältnis ein; die Vorschriften der §§ 566 bis 566 e BGB gelten entsprechend (§ 37 Abs. 2 WEG).

Das Gleiche gilt für die Veräußerung des Dauerwohnrechts (§ 37 Abs. 3 S. 1 WEG).

3.2.2.6 Vorzeitige Kündigung des Eigentümers bei Erlöschen des Nießbrauchs

Nach dem Grundsatz, dass schuldrechtliche Verpflichtungen nur zwischen den Vertragsparteien wirken, würde der vom Nießbraucher mit dem Mieter geschlossene Mietvertrag nach Beendigung des Nießbrauchs nicht gegenüber dem Eigentümer wirken und den Mieter nicht mehr zum Besitz berechtigen.

§ 1056 Abs. 1 BGB bestimmt daher, dass das Mietverhältnis nach Beendigung des Nießbrauchs nach Maßgabe des § 566 BGB auf den Eigentümer übergeht. Der Eigentümer ist jedoch berechtigt, das Mietverhältnis unter Einhaltung der gesetzlichen Frist vorzeitig zu kündigen (§ 1056 Abs. 2 S. 1 BGB). Verzichtet der Nießbraucher auf den Nießbrauch, ist die Kündigung erst von der Zeit an zulässig, zu welcher der Nießbrauch ohne den Verzicht erlöschen würde (§ 1056 Abs. 2 S. 2 BGB).

Die Kündigung muss **nicht** zum erstzulässigen Termin erfolgen (wie z.B. bei § 57a ZVG).

Der Mieter ist berechtigt, den Eigentümer unter Bestimmung einer angemessenen Frist zur Erklärung

Kündigung

darüber aufzufordern, ob er von dem Kündigungsrecht Gebrauch macht.

Die Kündigung kann dann nur bis zum Ablauf der Frist erfolgen (§ 1056 Abs. 3 BGB). § 1056 BGB wird **entsprechend** angewendet, wenn der Nießbrauch in der Zwangsversteigerung erlischt und der Ersteher kündigen will.

Wie in allen anderen Fällen des außerordentlichen befristeten Kündigungsrechts des Vermieters sind auch bei der Kündigung nach § 1056 Abs. 2 BGB die Wohnraumkündigungsschutzgesetze anwendbar, sodass bei Mietverhältnissen über **Wohn**raum grundsätzlich ein berechtigtes Interesse des Vermieters an der Beendigung des Mietverhältnisses im Sinne von § 573 Abs. 1 BGB vorliegen muss (vgl. „Kündigungsschutz", Abschnitt 2). Wurde der Mietvertrag noch vor Bestellung des Nießbrauchs vom Vermieter selbst abgeschlossen, ist der Nießbraucher in diesen Mietvertrag eingetreten (§ 567 BGB), sodass der Vermieter bei Erlöschen des Nießbrauchs nur das frühere Mietverhältnis fortsetzt und ihm daher das Sonderkündigungsrecht des § 1056 Abs. 2 BGB nicht zusteht.

3.2.2.7 Vorzeitige Kündigung durch den Nacherben (§ 2135 BGB)

§ 1056 BGB findet entsprechende Anwendung, wenn der Vorerbe ein zur Erbschaft gehörendes Grundstück vermietet hat und das Mietverhältnis bei Eintritt der Nacherbfolge noch besteht (§ 2135 BGB; s. Abschnitt 3.2.2.6).

3.2.2.8 Vorzeitige Kündigung durch den Eigentümer bei Erlöschen des Erbbaurechts

Beim Erlöschen des Erbbaurechts geht das Mietverhältnis entsprechend § 566 BGB auf den Eigentümer über (§ 30 Abs. 1 ErbbRVO). Erlischt das Erbbaurecht durch Zeitablauf (§§ 27 bis 29 ErbbRVO), ist der Grundstückseigentümer berechtigt, das Mietverhältnis unter Einhaltung der gesetzlichen Frist zu kündigen (§ 30 Abs. 2 S. 1 ErbbRVO). Die Kündigung kann nur für einen der beiden ersten Termine erfolgen, für den sie zulässig ist (§ 30 Abs. 2 S. 2 ErbbRVO). Der erste Termin richtet sich nach dem Erlöschen des Erbbaurechts. Erlischt dieses z.B. zum 31. 1. ist bei Geschäftsraum der erstzulässige Termin der 30. 9. und der zweite zulässige Termin der 30. 12.; bei Wohnraum der 30. 4. bzw. 31. 5.

Unabhängig davon kann der Mieter den Grundstückseigentümer unter Bestimmung einer angemessenen Frist zur Erklärung darüber auffordern, ob er dem Kündigungsrecht Gebrauch mache. Die Kündigung kann dann nur bis zum Ablauf der angemessenen Frist erfolgen (§ 30 Abs. 3 ErbbRVO). Erlischt das Erbbaurecht vorzeitig, kann der Grundstückseigentümer das Kündigungsrecht erst ausüben, wenn das Erbbaurecht auch durch Zeitablauf erlöschen würde (§ 30 Abs. 2 S. 3 ErbbRVO).

Die Kündigung eines Mietverhältnisses über **Wohn**raum ist nur wirksam, wenn ein berechtigtes Interesse an der Beendigung des Mietverhältnisses vorliegt (s. „Kündigungsschutz", Abschnitt 2).

3.2.2.9 Vorzeitige Kündigung eines Vertrages über mehr als 30 Jahre

Wird ein Mietvertrag für längere Zeit als 30 Jahre geschlossen, kann nach Ablauf von 30 Jahren nach Überlassung der Mietsache sowohl der Mieter (vgl. Abschnitt 2.2.2.8) als auch der Vermieter das Mietverhältnis unter Einhaltung der gesetzlichen Frist kündigen. Die Kündigung ist **unzulässig**, wenn der Vertrag für die **Lebenszeit** des Vermieters oder des Mieters geschlossen ist (§ 544 BGB).

Zu beachten ist, dass auch bei der außerordentlichen Kündigung nach § 544 BGB ein **berechtigtes Interesse** des Vermieters an der Beendigung des Mietverhältnisses im Sinne von § 573 Abs. 1 BGB vorliegen muss (s. „Kündigungsschutz", Abschnitt 2).

Im Übrigen gelten die Ausführungen in Abschnitt 2.2.2.8 entsprechend.

Kündigungsfristen

Inhaltsübersicht Seite

1 Allgemeines... K 99
1.1 Kündigungsfrist bei Wohnraum .... K 101
1.2 Kündigungsfrist bei Geschäftsräumen.. K 103
1.3 Kündigungsfrist bei sonstigen Räumen.. K 104

1 Allgemeines

Kündigungsfrist ist die Frist zwischen dem Zugang der Kündigung und dem Ende des Mietverhältnisses. **Kündigungstermin ist** der Tag, an dem das Mietverhältnis enden soll. Die Kündigungsfrist bezweckt, dem Mieter einen bestimmten Zeitraum für die Suche nach Ersatzwohnraum und dem Vermieter für die Neuvermietung zu gewährleisten. Kündigungsfristen sind grundsätzlich nur bei **unbefristeten**, d.h. auf unbestimmte Zeit abgeschlossenen Mietverhältnissen relevant. Dagegen können Mietverhältnisse, die auf bestimmte Zeit abgeschlossen worden sind (s. „Zeitmietvertrag") während der Vertragslaufzeit nur **außer**ordentlich (unter bestimmten Voraussetzungen – s. „Kündigung", Abschnitte 2.2 und 3.2), nicht aber ordentlich, d.h. auch nicht unter Einhaltung der gesetzlichen Kündigungsfristen, gekündigt werden. Sind in einem Zeitmietvertrag trotzdem bestimmte Kündigungsfristen enthalten, kann zweifelhaft sein, ob diese erst nach Ablauf der Festmietzeit gelten sollen oder ob der Mietvertrag auch während der Laufzeit gekündigt werden kann.

Kündigungsfristen

Unklarheiten gehen gem. § 5 AGB-Gesetz jedoch zulasten des Verwenders, sodass der Mieter den Mietvertrag auch während der Laufzeit unter Einhaltung der genannten Fristen kündigen kann (LG Frankfurt/M., WuM 1999, 114; LG Gießen, WuM 1999, 115; LG Kassel, NZM 2000, 378; LG Hanau, WuM 2000, 250, wonach in diesem Fall nach § 550 BGB von einem unbefristeten Mietverhältnis ausgegangen werden muss; a.A. LG Wiesbaden, WuM 1999, 117; LG Düsseldorf, Az. 24 S 91/99, ZMR 1999, 829; LG Kassel, Az. 1 S 267/99, WuM 1999, 692; AG Hersfeld, WuM 1996, 706, wonach sich im Wege der Vertragsauslegung ergibt, dass die Kündigungsfristen erst nach Ablauf der Festmietzeit gelten sollen).

Ferner können solche Unklarheiten dazu führen, dass die Schriftform des § 550 BGB (s. „Schriftform") nicht mehr gewahrt ist (OLG Rostock, Urt. v. 21.8.2000, Az. 3 U 135/99, NZM 2001, 426).

> Werden in einem Formularmietvertrag, der sowohl den Abschluss von befristeten als auch von unbefristeten Mietverhältnissen vorsieht, Kündigungsfristen aufgenommen, sollte durch eine unmissverständliche Formulierung klargestellt werden, dass die genannten Fristen nur für **unbefristet** abgeschlossene Mietverhältnisse gelten.

Die Kündigungsfrist beginnt mit dem **Zugang** der Kündigung zu laufen (§§ 130 bis 132 BGB; vgl. „Kündigung", Abschnitt 1.8).

Die Kündigungsfrist kann (bei zeitlichem Auseinanderfallen von Vertragsabschluss und Mietbeginn) schon vor Mietbeginn durch Kündigung in Gang gesetzt werden, wenn sich durch Vertragsauslegung nichts anderes ergibt (BGH, NJW 1979, 1288).

Die **Berechnung** der Fristen richtet sich nach den §§ 186 bis 193 BGB:

Ist an einem bestimmten Tag oder innerhalb einer Frist eine Willenserklärung (z.B. Kündigung) abzugeben oder eine Leistung zu bewirken (z.B. Räumung) und fällt der bestimmte Tag oder der letzte Tag der Frist auf einen Sonntag, einen am Erklärungs- oder Leistungsort staatlich anerkannten allgemeinen Feiertag oder einen Samstag, so tritt an die Stelle eines solchen Tages der nächste Werktag (§ 193 BGB).

§ 193 BGB gilt **nicht** für **gesetzliche Kündigungsfristen**, da für sie kein bestimmter Tag vorgesehen ist und sie dem Gekündigten zu seinem Schutz unverkürzt zur Verfügung stehen müssen (vgl. Palandt Anm. 2b zu § 193 BGB). Soll z.B. mit einer Frist von 6 Monaten zum 30. 9. gekündigt werden, muss die Kündigung dem Empfänger spätestens am 31. 3. zugehen, auch wenn dieser Tag ein Samstag, Sonn- oder Feiertag ist. Eine **Verlängerung** über den 31. 3. hinaus bis zum nächsten Werktag findet entgegen § 193 BGB nicht statt. Entsprechendes gilt, wenn das **Ende** des Mietverhältnisses auf einen Sonn- oder Feiertag fällt. Das Mietverhältnis verlängert sich in diesem Fall nicht bis zum nächsten Werktag; jedoch wird die Räumungsverpflichtung erst am nächsten Werktag fällig, mit der

Kündigungsfristen

Folge, dass der Mieter für diese Zeit keine Nutzungsentschädigung zu zahlen hat (vgl. „Nutzungsentschädigung").

Dagegen ist § 193 BGB anwendbar, wenn sich ein Vertrag verlängern soll, falls die Verlängerung nicht bis zu einem bestimmten Zeitpunkt abgelehnt wird, da die „Kündigung" in diesem Fall keine wirkliche Kündigung, sondern eine Willenserklärung ist, durch die das Angebot zur Vertragsverlängerung abgelehnt wird (BGH, NJW 1975, 40).

Ebenfalls anwendbar ist § 193 BGB, wenn eine Karenzzeit kraft Gesetz (§ 580 a Abs. 1 Nr. 3 und § 573 c Abs. 1 BGB – „spätestens am 3. Werktag eines Kalendermonats") oder Vereinbarung gilt und der 3. Tag auf einen Samstag, Sonn- oder Feiertag fällt. Nach § 193 BGB läuft die Karenzzeit dann erst am folgenden Werktag ab (LG Kiel, WuM 1994, 543). Dagegen ist § 193 BGB nicht anwendbar, wenn der 1. oder 2. Werktag auf einen Samstag fällt, weil der Samstag dann nicht „der letzte Tag der Frist" i.S.d. Bestimmung ist. Dies bedeutet, dass hier auch der Samstag als Werktag mitgezählt wird (LG München I, WuM 1995, 103; LG Wuppertal, WuM 1993, 450; a.A. Sternel, Mietrecht, 3. A., IV 51, III 113; LG Hamburg, WuM 1981, 181).

1.1 Kündigungsfrist bei Wohnraum

Bei einem Mietverhältnis über **Wohnraum** gelten folgende **Kündigungsfristen**:

Sind seit Überlassung des Wohnraumes noch keine **5 Jahre** vergangen, ist die ordentliche Kündigung spätestens am 3. Werktag eines Kalendermonats zum Ablauf des übernächsten Monats zulässig (z.B. spätestens am 3. Werktag im Februar zum 30. April), d.h. die Kündigungsfrist beträgt für **beide** Parteien **3 Monate** (§ 573 c Abs. 1 S. 1 BGB).

Mit dem Mietrechtsreformgesetz wurden **sog. asymmetrische, d.h. ungleiche** Kündigungsfristen für Vermieter und Mieter eingeführt. Danach verlängert sich die Frist **nur für den Vermieter** nach 5 und 8 Jahren seit der Überlassung des Wohnraumes um jeweils 3 Monate (§ 573 c Abs. 1 S. 2 BGB).

Dies bedeutet, dass die Kündigungsfrist für den **Vermieter** ab einer Mietdauer von 5 Jahren **6 Monate** und ab 8 Jahren **9 Monate** beträgt, während es für den Mieter auch in diesen Fällen bei einer Kündigungsfrist von 3 Monaten verbleibt.

Diese Fristen **verlängern** sich für den **Vermieter** um weitere 3 Monate, wenn er von seinem **Sonderkündigungsrecht** im Zweifamilienhaus Gebrauch macht (vgl. § 573 a Abs. 1 S. 2 BGB; s. „Kündigungsschutz", Abschnitt 2.5.1).

Die Verlängerung der Kündigungsfristen gilt **nicht**, wenn das Mietverhältnis unter Einhaltung der gesetzlichen Frist vorzeitig (**außerordentlich**) gekündigt werden kann (§§ 573 d Abs. 2, 575 a Abs. 3 BGB; Abschnitte 2.2.2 und 3.2.2).

Eine **vorzeitige Beendigung** des Mietverhältnisses kann grundsätzlich **nur im Einvernehmen** der Parteien erfolgen. Insbesondere ist der Vermieter nicht

Kündigungsfristen

verpflichtet, mit einem vom Mieter angebotenen **Nachmieter** den Eintritt in das Mietverhältnis zu vereinbaren bzw. mit diesem einen neuen Mietvertrag abzuschließen, wenn es sich nicht um die vorzeitige Beendigung eines langfristigen Mietverhältnisses, sondern lediglich um die Verkürzung der Kündigungsfrist des Mieters handelt (vgl. im Einzelnen „Ersatzmieter").

Für Wohnraum, der **Teil** der vom Vermieter selbst bewohnten Wohnung ist und den der Vermieter überwiegend mit **Einrichtungsgegenständen** auszustatten hat, gilt die **Sonderregelung** des § 573 c Abs. 3 BGB, wenn der Wohnraum dem Mieter nicht zum dauernden Gebrauch mit seiner Familie oder mit Personen überlassen ist, mit denen er einen auf Dauer angelegten gemeinsamen Haushalt führt. Danach ist die Kündigung spätestens am 15. eines Monats zum Ablauf dieses Monats zulässig **(14-tägige Kündigungsfrist)**.

> Bei einem Mietverhältnis über **Wohn**raum sind alle zum Nachteil des Mieters abweichenden Vereinbarungen **un**wirksam (§ 573 c Abs. 4 BGB), z.B. die Vereinbarung von kürzeren Fristen für den Vermieter oder von längeren Fristen für den Mieter.

Eine **kürzere** Kündigungsfrist kann nur dann vereinbart werden, wenn der Wohnraum nur zu **vorübergehendem** Gebrauch vermietet worden ist (§ 573 c Abs. 2 BGB; s. „Kündigungsschutz", Abschnitt 2.5.3).

K 102

> Abweichende Kündigungsfristen, die in **vor dem 1.9.2001** geschlossenen Mietverträgen enthalten sind, gelten nach der Übergangsvorschrift des Art. 229 § 3 Abs. 10 EGBGB aus **Vertrauensschutzgründen** weiter, sofern die Vereinbarung nach altem Recht zulässig war und es sich um eine Vereinbarung „**durch Vertrag**", d. h. um eine **echte Vereinbarung** handelt.

Haben die Parteien z.B. für beide Seiten **längere** als die gesetzlichen Kündigungsfristen vereinbart, was bislang zulässig war, gelten diese Fristen unverändert weiter, da die Parteien, indem sie von den bisherigen gesetzlichen Fristen abgewichen sind, zum Ausdruck gebracht haben, dass sie gerade diese besondere Vertragsgestaltung wünschen (vgl. Begründung der Beschlussempfehlung des Rechtsausschusses, BT-Drucks. 14/5663 unter Hinweis auf BayObLG, E 1972, 150, 156).

Danach liegt eine **echte** Vereinbarung jedoch **nicht** vor, wenn die Parteien lediglich im Vertragstext auf die (alte) gesetzliche Regelung verwiesen hatten oder (wie z.B. in vielen Mustervertragsformularen) im Rahmen einer Formularklausel den Wortlaut der alten gesetzlichen Regelung nur wiederholt haben. In diesen Fällen soll die Regelung **keinen** Vereinbarungscharakter und keine eigenständige (konstitutive) Bedeutung haben, da bei einer bloßen Verweisung oder Wiederholung des Gesetzestextes davon auszugehen ist, dass in diesen Fällen die Parteien den Gesetzeswortlaut lediglich der Vollständigkeit halber zur **bloßen Information** über die bestehende Rechtslage im Vertragstext wiedergegeben haben und es ihnen auf den Inhalt der konkreten Regelung selbst nicht angekommen ist. Nur wenn sich aus dem Vertragskontext oder sonstigen Umständen bei Vertragsschluss ergibt, dass die Parteien ein **besonderes Interesse** an der Geltung der (alten) gesetzlichen Fristen hatten und gerade vor diesem Hintergrund diese Regelung ganz bewusst getroffen haben, kann eine **echte Vereinbarung** vorliegen. Nach Auffassung des Gesetzgebers wird dies jedoch in der Mehrzahl der **Formular**verträge **nicht** der Fall sein (vgl. Begründung der Beschlussempfehlung des Rechtsausschusses BT-Drs. 14/5663).

Bei Unwirksamkeit der alten Klausel gelten ausschließlich die neuen gesetzlichen Kündigungsfristen.

Für die Berechnung der Dauer des Mietverhältnisses ist der Zeitpunkt des Zugangs der Kündigung und nicht der Kündigungstermin entscheidend. Dabei ist auch diejenige Zeit, in der der jetzige Mieter aufgrund eines Mietvertrages seines früheren Ehegatten die Wohnung berechtigt bewohnt hat, mit zu berücksichtigen (OLG Stuttgart, RE v. 30.12.1983, DWW 1984, 106).

Ein Vermieterwechsel, z.B. infolge eines Verkaufs, hat keinen Einfluss auf die Berechnung der Kündigungsfristen, da der neue Vermieter mit allen Rechten und Pflichten in das bestehende Mietverhältnis eintritt. Auch beim Abschluss eines neuen Mietvertrages über **dieselbe** Wohnung bemisst sich die Kündigungsfrist nicht nach der Laufzeit des Mietvertrages, sondern nach der gesamten Überlassungsdauer (LG Zwickau, WuM 1998, 158 m.w.N.). Bei einem **Wohnungswechsel** des Mieters innerhalb des Anwesens wird regelmäßig ein neues Mietverhältnis über ein neues Mietobjekt begründet, sodass die Berücksichtigung der bisherigen Mietzeit bei der Berechnung der Kündigungsfrist nur ausnahmsweise berechtigt erscheint, wenn der Wechsel einvernehmlich und auf Wunsch des Vermieters erfolgt ist (vgl. AG Offenbach, WuM 1987, 322) oder vom Vermieter zumindest mitveranlasst wurde (AG Kerpen, WuM 1994, 77; Sternel, Mietrecht, 3. A., IV 55). Davon abweichend wird auch die Meinung vertreten, dass die bisherige Mietzeit unabhängig davon zu berücksichtigen ist, auf wessen Wunsch der Wechsel erfolgt ist (AG Bochum, WuM 1987, 56).

Ein dem Hauptmietverhältnis vorausgegangenes Untermietverhältnis wird nicht berücksichtigt (vgl. LG Düsseldorf, MDR 1969, 763).

> Wird die Kündigungsfrist nicht eingehalten, ist die Kündigung zu diesem Termin zwar unwirksam, kann jedoch in eine Kündigung zum nächsten zulässigen Termin umgedeutet werden (§ 140 BGB; vgl. Palandt Anm. 1e zu § 565 BGB a.F.).

1.2 Kündigungsfrist bei Geschäftsräumen

Bei einem Mietverhältnis über **Ge**schäfts**räume** (vgl. „Geschäftsräume") ist die **ordentliche** Kündigung spätestens am 3. Werktag eines Kalendervierteljahres zum Ablauf des nächsten Kalendervierteljahres zulässig, z.b. spätestens am 3. Werktag im Juli zum 31. 12., d.h. die Kündigungsfrist beträgt für **beide** Parteien **6 Monate** zum Quartalsende (§ 580 a Abs. 2 BGB).

Diese Kündigungsfrist gilt auch bei der **außerordentlichen befristeten** Kündigung von Geschäftsräumen (§ 580 a Abs. 4 BGB; s. „Kündigung", Abschnitte 2.2 und 3.2).

Die Kündigungsfrist des § 580 a BGB ist **abdingbar**, d.h. es kann eine kürzere, längere oder auch für die Parteien unterschiedliche Frist vereinbart werden. Die Karenzzeit des § 580 a BGB („spätestens am 3. Werktag") ist für eine vereinbarte längere Frist entsprechend anwendbar (Palandt, Rn. 6 zu § 565 BGB a.F.).

Bei einem Mietvertrag über Geschäftsräume, der auf bestimmte Zeit abgeschlossen werden sollte, jedoch mangels Einhaltung der Schriftform als für unbestimmte Zeit geschlossen gilt (§ 550 BGB; vgl. „Schriftform"), sind vertraglich vereinbarte Kündigungsfristen jedenfalls dann nicht maßgebend, wenn diese länger sind als die gesetzlichen Kündigungsfristen (BGH, Urt. v. 29.3.2000, Az. XII ZR 316/97, NZM 2000, 545).

1.3 Kündigungsfrist bei sonstigen Räumen

Bei einem Mietverhältnis über **Grundstücke und Räume**, die **keine Geschäfts**räume sind (z.B. Garage), ist die Kündigung gem. § 580 a Abs. 1 BGB zulässig,

- wenn die Miete nach **Tagen** bemessen ist, an jedem Tag zum Ablauf des folgenden Tages;

- wenn die Miete nach **Wochen** bemessen ist, spätestens am 1. Werktag einer Woche zum Ablauf des folgenden Sonnabends;

- wenn die Miete nach **Monaten** oder längeren Zeitabschnitten bemessen ist, spätestens am 3. Werktag eines Kalendermonats zum Ablauf des übernächsten Monats (z.B. am 3. Werktag im Februar zum 30. April), bei einem Mietverhältnis über **gewerblich genutzte** unbebaute Grundstücke jedoch nur zum Ablauf eines Kalendervierteljahres, d.h. nur für den Ablauf des 31.3., 30.6., 30.9. oder 31.12. jeweils durch Kündigungszugang spätestens am 3. Werktag des Januar zum 31.3., des April zum 30.6., des Juli zum 30.9., des Oktober zum 31.12.

Kündigungsschutz

Inhaltsübersicht		Seite
1	Allgemeines	K 105
2	**Kündigungsgründe (§ 573 BGB)**	K 106
2.1	Schuldhafte Vertragsverletzungen durch den Mieter (§ 573 Abs. 2 Nr. 1 BGB)	K 107
2.2	Eigenbedarf (§ 573 Abs. 2 Nr. 2 BGB)	K 112
2.3	Hinderung der wirtschaftlichen Verwertung (§ 573 Abs. 2 Nr. 3 BGB)	K 112
2.4	Sonstige berechtigte Interessen	K 125
2.4.1	Betriebsbedarf	K 125
2.4.2	Öffentlicher Bedarf	K 126
2.4.3	Überbelegung	K 128
2.4.4	Unzumutbarkeit	K 128
2.4.5	Wirtschaftliche Interessen	K 129
2.4.6	Zweckbindung	K 129
2.4.7	Modernisierung	K 129
2.4.8	Fehlende Nutzungsgenehmigung	K 129
2.5	Ausnahmen vom Kündigungsschutz	K 129
2.5.1	Kündigung im Zweifamilienhaus (§ 573 a BGB)	K 130
2.5.2	Teilkündigung von Nebenräumen (§ 573 b BGB)	K 135
2.5.3	Kündigung von Wohnraum, der nur zum vorübergehenden Gebrauch vermietet ist (§ 549 Abs. 2 Nr. 1 BGB)	K 137
2.5.4	Kündigung von Wohnraum innerhalb der Vermieterwohnung (§ 549 Abs. 2 Nr. 2 BGB)	K 137
2.5.5	Kündigung von Wohnraum zur Überlassung an Personen mit dringendem Wohnungsbedarf (§ 549 Abs. 2 Nr. 3 BGB)	K 138
2.5.6	Kündigung von Wohnraum in einem Studenten- oder Jugendwohnheim (§ 549 Abs. 3 BGB)	K 139
2.6	Sonderregelungen auf dem Gebiet der ehemaligen DDR	K 139
3	**Die Sozialklausel (§ 556a BGB)**	K 141

1 Allgemeines

Mietverträge können grundsätzlich von jeder Vertragspartei unter Einhaltung bestimmter Fristen frei gekündigt werden. Eine bedeutsame Ausnahme von diesem allgemeinen Grundsatz besteht für die Kündigungsbefugnis des Vermieters von **Wohn**raum:

Kündigungsschutz

Der Vermieter von Wohnraum kann – von wenigen Ausnahmen abgesehen – das Mietverhältnis nur dann kündigen, wenn er ein **berechtigtes Interesse** an der Beendigung des Mietverhältnisses hat (§ 573 BGB). Zur Verhinderung einer Umgehung dieses Bestandsschutzes durch Abschluss von zeitlich begrenzten Mietverträgen können Zeitmietverträge nur unter bestimmten Voraussetzungen abgeschlossen werden (§ 575 BGB; s. „Zeitmietvertrag").

Diese Bestimmungen sind vertraglich nicht abänderbar und gelten daher selbst dann, wenn der Mietvertrag ausdrücklich erleichterte Kündigungsvoraussetzungen für den Vermieter vorsieht.

> Die Klausel: „Das Mietverhältnis kann unter Einhaltung einer Frist von ... Monaten gekündigt werden" bestimmt lediglich die einzuhaltende Frist und kann keine Befreiung vom Kündigungsschutz darstellen, sodass das Mietverhältnis – soweit die Vereinbarung der Frist überhaupt wirksam war (s. „Kündigungsfristen") – mit dieser Frist nur bei Vorliegen eines berechtigten Interesses gekündigt werden kann.

Zur Verhinderung der Umgehung der Kündigungsschutzvorschriften kann sich der Vermieter auch auf eine Vereinbarung, nach der er berechtigt sein soll, nach Überlassung der Wohnung an den Mieter vom Vertrag **zurückzutreten**, nicht berufen. Ferner kann der Vermieter sich nicht auf eine Vereinbarung berufen, nach der das Mietverhältnis zum Nachteil des Mieters **auflösend bedingt** ist (§ 572 BGB).

Trotz Vorliegens eines berechtigten Interesses und einer darauf gestützten wirksamen Kündigung kann der Vermieter nicht sichergehen, dass ihm die Räume nach Ablauf der Kündigungsfrist auch zur Verfügung stehen, da der Mieter berechtigt ist, der Kündigung zu widersprechen und die Fortsetzung des Mietverhältnisses zu verlangen, wenn die vertragsgemäße Beendigung des Mietverhältnisses für ihn, seine Familie oder einen anderen Angehörigen seines Haushalts eine **Härte** bedeuten würde, die auch unter Würdigung der berechtigten Interessen des Vermieters nicht zu rechtfertigen ist (§ 574 Abs. 1 BGB; s. Abschnitt 3).

Der Umstand, dass die Beendigung eines Mietverhältnisses über Wohnraum zum einen ein berechtigtes Interesse des Vermieters voraussetzt und zum anderen der Mieter aber trotzdem bei Vorliegen einer Härte widersprechen und die Fortsetzung verlangen kann, wird zutreffend als „doppelter Kündigungsschutz" bezeichnet.

> Die Schutzvorschriften zugunsten des Mieters gelten **nicht** bei Vermietung von **anderen** Räumen (z.B. **Geschäftsräumen**). Insoweit verbleibt es bei dem allgemeinen Grundsatz der freien Kündbarkeit (s. „Geschäftsräume").

2 Kündigungsgründe (§ 573 BGB)

Nach § 573 Abs. 1 BGB kann der Vermieter von **Wohnraum** ein Mietverhältnis nur kündigen, wenn er ein **berechtigtes Interesse** an der Beendigung des Mietverhältnisses hat. Eine Ausnahme besteht nach den §§ 549 Abs. 2, 573 a,

573 b BGB nur für bestimmte Arten von Mietverhältnissen (s. Abschnitt 2.5). Die Formulierung „insbesondere" in Absatz 2 bedeutet aber, dass die in den Nrn. 1 bis 3 genannten Gründe nicht abschließend sind und auch andere – gleichwertige – Gründe ein berechtigtes Interesse darstellen können (s. Abschnitt 2.4).

2.1 Schuldhafte Vertragsverletzungen durch den Mieter (§ 573 Abs. 2 Nr. 1 BGB)

Ein berechtigtes Interesse des Vermieters an der Beendigung des Mietverhältnisses liegt vor, wenn der Mieter seine vertraglichen Verpflichtungen **schuldhaft** nicht unerheblich verletzt hat. Eine Verletzung von vertraglichen Verpflichtungen kann insbesondere erfolgen durch Zahlungsrückstände bzw. –verzögerungen, Belästigungen und Störungen des Hausfriedens, vertragswidrigen Gebrauch der Mietsache, z.B. durch Vernachlässigung oder unbefugte Gebrauchsüberlassung; insofern kann auch die Fortdauer der Gebrauchsüberlassung nach Ablauf der vom Vermieter eingeräumten Überlassungsdauer eine schuldhafte Vertragsverletzung darstellen (LG Stuttgart, WuM 1992, 122). Soweit durch den Zahlungsrückstand die Voraussetzungen des § 543 Abs. 2 Nr. 3 BGB erfüllt sind (vgl. „Kündigung", Abschnitt 3.2.1.2), kann der Vermieter unstreitig statt fristlos auch ordentlich nach § 573 Abs. 1 BGB kündigen. Gleiches gilt, wenn durch laufende unpünktliche Zahlung der Tatbestand des § 543 Abs. 1 BGB gegeben ist (vgl. Abschnitt 3.2.1.3), wobei an das Erheblichkeitskriterium des § 573 Abs. 2 Nr. 1 BGB geringere Anforderungen zu stellen sind als an die Unzumutbarkeitsvoraussetzungen in § 543 Abs. 1 BGB.

Strittig ist, ob eine ordentliche Kündigung nach § 573 Abs. 1 BGB möglich ist, wenn die Voraussetzungen des § 543 Abs. 2 Nr. 3 BGB noch nicht erfüllt sind, weil der Zahlungsrückstand dieses Ausmaß noch nicht erreicht hat.

Bejaht wird dies z.B. von Palandt (Anm. 6 b aa zu § 564 b a.F.) mit der Maßgabe, dass der Rückstand jedoch nicht geringer als 1/2 Monatsmiete und nicht kürzer als 1/2 Monat sein darf; Soergel-Kummer (§ 564 b BGB a.F., Rn. 29), wonach ein Rückstand von einer Monatsmiete ausreicht; Barthelmess (§ 564 b BGB a.F., Rn. 61), der auf die Umstände des Einzelfalles abstellt.

Unbeschadet dieser unterschiedlichen Auffassungen über die Voraussetzungen der Kündigung sind bei Berechnung der Zahlungsrückstände auch z.B. **Nachforderungen** aus Betriebskostenabrechnungen mit einzubeziehen, da § 573 BGB im Gegensatz zu § 543 Abs. 2 Nr. 3 BGB keine Beschränkung auf periodisch wiederkehrende Leistungen enthält (vgl. „Kündigung", Abschnitt 3.2.1.2).

Die ordentliche Kündigung wegen Zahlungsverzugs nach § 573 Abs. 2 Nr. 1 BGB kann nicht durch nachträgliche Zahlung unwirksam gemacht werden, da die für die fristlose Kündigung geltende Vorschrift des § 569 Abs. 3 Nr. 2 BGB („Schonfrist", vgl. „Kündigung", Abschnitt 3.2.1.2) nicht analog auf die ordentliche Kündigung anwendbar ist (OLG Stuttgart, RE v. 28.8.1991, WuM

1991, 526; OLG Karlsruhe, RE v. 19.8.1992, WuM 1992, 517). Diese setzt bereits eine schuldhafte Vertragsverletzung des Mieters von erheblichem Gewicht voraus, sodass hier kein Bedürfnis besteht, dem Mieter auch noch eine Schonfrist einzuräumen. Insofern verbleibt es bei dem allgemeinen Grundsatz, dass ein nachträgliches Wohlverhalten des Mieters (hier: Zahlung der rückständigen Miete) nichts mehr an der Gestaltungswirkung der Kündigung (Beendigung des Mietverhältnisses) ändern kann (OLG Stuttgart, a.a.O.; vgl. auch BGH, ZMR 1988, 16).

Die Kündigung nach § 573 Abs. 2 Nr. 1 BGB wegen laufender, unpünktlicher Mietzahlungen setzt **nicht zwingend** eine vorherige, erfolglose **Abmahnung** dieser Zahlungsweise mit Hinweis auf die bevorstehende Kündigung voraus (OLG Oldenburg, RE v. 18.7.1991 WuM 1991, 467). Vielmehr ist es eine Frage der Einzelfallbeurteilung und damit der richterlichen Überzeugungsbildung, ob das Zahlungsverhalten des Mieters schuldhaft das Mietverhältnis so erheblich stört, dass eine ordentliche Kündigung gerechtfertigt erscheint. Belegen die Gesamtumstände des Einzelfalles eine schwere schuldhafte Pflichtverletzung – wie etwa in Fällen der bewusst unpünktlichen Mietzahlungen bei einem festgelegten Zahlungstermin in einem für den Vermieter besonders ungünstigen Zeitpunkt –, muss diese zur ordentlichen Kündigung berechtigen, auch wenn eine Abmahnung vorher nicht erfolgt ist oder auch gar nicht erfolgen konnte (OLG Oldenburg, a.a.O.). Dagegen wird bei leichteren Verstößen (geringe Verspätung, geringer Rückstand) eine Erheblichkeit erst nach Fortsetzung des vertragswidrigen Verhaltens nach Abmahnung angenommen werden können.

Der Zahlungsrückstand mit **kleineren** – für sich betrachtet nicht erheblichen – Beträgen kann daher gleichfalls eine erhebliche Vertragsverletzung darstellen, wenn er **wiederholt** vorliegt und der Mieter trotz einer entsprechenden Abmahnung (s. „Abmahnung") weiterhin ständig unpünktlich zahlt (vgl. BGH, ZMR 1988, 16; LG Berlin, MDR 1985, 586; LG Stuttgart, WuM 1988, 18).

Da es keine verbindliche Regelung darüber gibt, wie lange bzw. wie oft der Mieter zur Erfüllung des Tatbestandes des § 573 BGB unpünktlich vor und nach der Abmahnung gezahlt haben muss, kommt es in erster Linie auf die konkreten **Umstände des Einzelfalles** an, u.a. auch darauf, ob und wie lange das Mietverhältnis schon störungsfrei besteht, wie hoch die jeweiligen Rückstände sind und waren und ob Entschuldigungsgründe für die verspätete Zahlung vorliegen (vgl. z.B. LG Braunschweig, WuM 1987, 201). An einem Verschulden kann es fehlen, wenn sich der Mieter in einem **entschuldbaren Irrtum** über seine Berechtigung zur (teilweisen) Zahlungsverweigerung befunden hat (vgl. z.B. LG Mannheim, WuM 1987, 317; LG Osnabrück, WuM 1986, 93). Soweit tatsächlich eine Berechtigung zur Minderung oder ein Zurückbehaltungsrecht bestand, liegt schon eine Vertragsverletzung nicht vor.

Ein **vertragswidriger Gebrauch**, z.B. durch unbefugte Gebrauchsüberlassung oder Vernachlässigung der Mietsache, stellt unstreitig einen Kündigungsgrund nach § 573 BGB dar, wenn die Voraussetzungen des § 543 Abs. 2 Nr. 2 BGB für eine fristlose Kündigung erfüllt sind (vgl. „Kündigung", Abschnitt 3.2.1.1).

Jedoch können auch Vertragsverletzungen geringeren Ausmaßes – sofern sie nicht unerheblich sind – einen Kündigungsgrund nach § 573 BGB darstellen; selbst dann, wenn eine Beeinträchtigung der Rechte des Vermieters (z.B. Beschädigung der Mietsache) nicht eingetreten ist, da § 573 BGB im Gegensatz zu § 543 Abs. 2 Nr. 2 BGB nicht auf die Auswirkungen der Vertragsverletzung (erhebliche Verletzung der Rechte des Vermieters), sondern lediglich auf die Vertragswidrigkeit der Handlung bzw. Unterlassung selbst (nicht unerhebliche Pflichtverletzung) abstellt.

> Dagegen kann gegen Vertragsverletzungen geringeren Umfanges nur mit der Unterlassungsklage (vgl. „Unterlassungsklage") vorgegangen werden.

Bei der **unerlaubten Gebrauchsüberlassung** der Wohnung bzw. eines Teiles an einen Dritten schließt ein bestehender Rechtsanspruch des Mieters auf Erteilung der Erlaubnis (vgl. „Untermiete") zwar die fristlose Kündigung nach § 543 Abs. 2 Nr. 2 BGB (vgl. „Kündigung", Abschnitt 3.2.1.1), nicht aber die ordentliche Kündigung nach § 573 Abs. 2 Nr. 1 BGB aus (BayObLG, Beschl. v. 26.4.1995, RE-Miet 3/94, BayObLGZ 1995 Nr. 30, WuM 1995, 378). Diese ist begründet, wenn die unerlaubte Gebrauchsüberlassung eine **schuldhafte** und **nicht unerhebliche** Pflichtverletzung darstellt. Ein Mieter, der es unterlässt, vor der Überlassung der Mietsache an einen Dritten die Erlaubnis des Vermieters einzuholen, nimmt dem Vermieter die Möglichkeit, seine eigenen Belange in dem von § 553 Abs. 1 S. 2 BGB gesteckten Rahmen zur Geltung zu bringen und seine Rechte zu wahren (vgl. BGHZ 92, 213, 220; LG München I, ZMR 1988, 266). Dadurch verstößt der Mieter gegen seine vertraglichen Pflichten. Ob es sich dabei um eine schuldhafte und nicht unerhebliche Pflichtverletzung gehandelt hat, ist anhand der konkreten Umstände des Einzelfalles zu entscheiden. Jedenfalls reicht allein der Anspruch auf Erteilung der Erlaubnis nicht aus, um die Pflichtverletzung als unerheblich zu bewerten und ein Verschulden des Mieters zu verneinen.

Eine erhebliche Pflichtverletzung wird gegeben sein, wenn sich der Mieter bewusst über die Verfahrensregelungen des § 553 Abs. 1 BGB hinwegsetzt, die der Gesetzgeber für den Ausgleich der widerstreitenden Interessen der Vertragsparteien getroffen hat (BayObLG, a.a.O.).

Eine Kündigung wegen unerlaubter Gebrauchsüberlassung ist auch begründet, wenn der Mieter die Wohnung zwar nur für einen begrenzten, jedoch die normale Besuchsdauer überschreitenden Zeitraum Dritten überlässt. Insofern überschreitet jedenfalls ein Zeitraum von drei Monaten bereits die normale Besuchsdauer, wobei es unerheblich ist,

Kündigungsschutz

ob die Wohnung an Verwandte oder Fremde überlassen wurde (AG Frankfurt/M., Urt. v. 12.1.1995, WuM 1995, 396). Ferner kommt es auch nicht darauf an, ob eine Untervermietung oder nur eine Gebrauchsüberlassung vorliegt, da der Vermieter ein berechtigtes Interesse daran hat, dass die Wohnung nicht von ihm unbekannten Personen benutzt wird (AG Frankfurt/M., a.a.O.).

Belästigungen des Vermieters und Störungen des Hausfriedens, z.B. laufende Ruhestörungen durch Lärm (vgl. „Lärm"), Gerüche, Verletzungen der Hausordnung (vgl. „Hausordnung"), stellen ebenfalls Vertragsverletzungen im Sinne des § 573 Abs. 2 Nr. 1 BGB dar. Insoweit kann auf die Ausführungen in Abschnitt 3.2.1.3 (fristlose Kündigung des Vermieters nach § 569 Abs. 2 BGB) verwiesen werden.

Im Gegensatz zur Kündigung nach § 543 Abs. 1 BGB ist für eine Kündigung nach § 573 Abs. 1 BGB jedoch nicht erforderlich, dass das Ausmaß der Vertragsverletzung eine Unzumutbarkeit der Fortsetzung des Mietverhältnisses für den Vermieter zur Folge hat. Andererseits ist die Kündigung nach § 573 Abs. 1 BGB nur begründet, wenn die Vertragsverletzung mehr als unerheblich war. Eine **erhebliche** Vertragsverletzung liegt jedenfalls dann vor, wenn der Mieter die ihm bezüglich der Wohnung obliegenden Obhutspflichten in grob fahrlässiger Weise verletzt hat, z.B. die Mieträume bei längerer Abwesenheit nicht gegen vorhersehbare Schäden (z.B. Frostschäden) ausreichend gesichert hat (vgl. LG Görlitz, WuM 1994, 669). Dagegen kann eine Erheblichkeit

grundsätzlich nicht angenommen werden, wenn es sich um eine einmalige, lediglich auf leichter Fahrlässigkeit beruhende Pflichtverletzung ohne Wiederholungsgefahr handelt und weiter auch nicht vorgetragen und bewiesen werden kann, dass der Mieter im Allgemeinen recht sorglos und nachlässig mit der Mietsache umgeht (vgl. LG Aachen, Urt. v. 1.3.1991, DWW 1991, 116 sowie LG Wuppertal, Urt. v. 29.10.1991, WuM 1992, 370 zur Verursachung eines Wohnungsbrandes durch den Mieter). Eine Wiederholungsgefahr ist regelmäßig nicht gegeben, wenn es sich um einen einzelnen „Ausrutscher" eines ansonsten vertragstreuen Mieters handelt; insbesondere dann nicht, wenn der Vorfall aufgrund besonderer Umstände, z.B. einer Provokation, eingetreten ist (vgl. LG Münster, Urt. v. 2.5.1991, WuM 1991, 688: kein Kündigungsgrund bei einmaliger Beleidigung des Vermieters nach einem vorangegangenen Wortwechsel).

Die Bewertung der Erheblichkeit hat nach objektiven Kriterien unter Würdigung des **gesamten** Vertragsverhältnisses zu erfolgen, sodass auch **laufende kleinere** Vertragsverletzungen, von denen jede für sich betrachtet unerheblich ist, in ihrer Gesamtheit eine erhebliche Vertragsverletzung darstellen können (vgl. LG Mannheim, WuM 1987, 320).

Die Erheblichkeit ergibt sich bei **geringfügigen** Verstößen jedoch regelmäßig erst aus der Fortsetzung des vertragswidrigen Verhaltens nach einer entsprechenden **Abmahnung** (s. „Abmahnung"), sodass in diesem Fall eine Ab-

Kündigungsschutz

mahnung erforderlich ist, obwohl sie von § 573 BGB tatbestandlich nicht vorausgesetzt wird. Setzt der Mieter trotz Abmahnung ein vertragswidriges Verhalten z.b. die nach dem Mietvertrag unerlaubte Tierhaltung fort, so rechtfertigt dies eine Kündigung nach § 573 Abs. 2 Nr. 1 BGB. Der Vermieter ist nicht gehalten, vor einer Kündigung des Mietvertrages eine Unterlassungsklage zu erheben (LG Berlin, ZMR 1999, 28).

Eine **erhebliche** Vertragsverletzung kann jedoch bereits dann vorliegen, wenn der Mieter **Schäden** in einem Umfang verursacht (z.B. durch Haustiere oder infolge unterlassener Pflege der Mietsache), zu deren Behebung die Kaution nicht ausreichen wird (LG Oldenburg, NJWE 1996, 31). Gleiches gilt, wenn der Mieter ohne Zustimmung des Vermieters gefährliche Haustiere, z.B. Kampfhunde, hält und dadurch eine **Beeinträchtigung der Nachbarschaft** durch bedrohliches Verhalten der Tiere oder infolge nachlässiger Beaufsichtigung eintritt (LG Offenburg, WuM 1998, 285). Eine **erhebliche** Vertragsverletzung liegt ebenfalls vor, wenn der Mieter **trotz Verurteilung** (z.B. zur Unterlassung bestimmter Handlungen, Einhaltungen der Hausordnung) dem Urteilsspruch nicht nachkommt (vgl. AG Hamburg, WuM 1998, 286).

Die Unerheblichkeit einer Vertragsverletzung wird von den Instanzgerichten häufig angenommen, wenn die Kündigung erst längere Zeit danach erfolgt, wobei jedoch dann bei einem erneuten Vertragsverstoß **auch weiter zurückliegende Vorgänge** in die Gesamtbewertung mit einbezogen werden können (LG Berlin, ZMR 2000, 529).

Die nicht unerhebliche Verletzung der vertraglichen Pflichten durch den Mieter muss **schuldhaft**, d.h. vorsätzlich oder fahrlässig (§ 276 Abs. 1 S. 1 BGB), erfolgt sein.

§ 573 Abs. 2 Nr. 1 BGB erfordert grundsätzlich ein **eigenes** Verschulden des Mieters. Das Verschulden von Erfüllungsgehilfen, z.B. Familienangehörigen, Hausangestellten, Handwerkern, kann dem Mieter daher nicht zugerechnet werden (KG Berlin, RE v. 15.6.2000, Az. 16 RE Miet 10611/99, NZM 2000, 905). Allerdings kann ein **eigenes** Verschulden des Mieters vorliegen, wenn er **wiederholtes** und damit für ihn erkennbares künftiges Fehlverhalten seiner Erfüllungsgehilfen nicht unterbindet. Ferner kommt bei einem besonders **gravierenden** Fehlverhalten eines Erfüllungsgehilfen des Mieters ein Kündigungsgrund für den Vermieter nach der allgemeinen Vorschrift des § 573 Abs. 1 BGB (s.u. Abschnitt 2.4) in Betracht (KG Berlin, a.a.O.).

Das Verschulden eines Dritten, dem der Mieter den Gebrauch der Mietsache überlassen hat, z.B. des Untermieters, hat der Mieter selbst dann zu vertreten, wenn der Vermieter die Erlaubnis zur Überlassung erteilt hat (§ 540 Abs. 2 BGB).

Der Auszug des störenden Mieters bzw. Familienangehörigen nach Ausspruch der Kündigung kann nichts mehr an der Gestaltungswirkung der Kündigung (Beendigung des Mietverhältnisses) ändern (vgl. BGH, ZMR 1988, 16). Das Auf-

Kündigungsschutz

rechterhalten des Räumungsverlangens ist in diesem Fall grundsätzlich auch nicht rechtsmissbräuchlich (LG Düsseldorf, DWW 1989, 393; a.A. LG Frankfurt, WuM 1987, 21).

Bei einer Kündigung wegen Vertragsverletzungen (§ 573 Abs. 2 Nr. 1 BGB) muss bereits **im Kündigungsschreiben** das beanstandete Verhalten des Mieters zeitlich, örtlich und sachlich konkret angegeben werden. Ist der Kündigung eine Abmahnung (s. „Abmahnung") vorausgegangen, muss sich aus dem Kündigungsschreiben ergeben, welche Vertragsverletzungen der Mieter nach dem Zugang der Abmahnung begangen hat.

Eine Kündigung, die lediglich auf das Abmahnschreiben Bezug nimmt, ist unwirksam, weil Kündigungsgrund eben die erst **nach** der Abmahnung liegende Vertragsverletzung ist (LG Bonn, WuM 1992, 18).

Nachdem Räumungsklagen, die auf eine Kündigung wegen laufender Vertragsverletzungen gestützt werden, häufig wegen eines unsubstantiierten Vorbringens des Vermieters abgewiesen werden, ist zu empfehlen, bei Vertragsverletzungen des Mieters Ort, Datum, Uhrzeit, Art und Umfang der Vertragsverletzung sowie die Beweismittel (z.B. Zeugen) schriftlich zu fixieren und im Kündigungsschreiben vollständig anzuführen.

2.2 Eigenbedarf (§ 573 Abs. 2 Nr. 2 BGB)

Ein **berechtigtes Interesse** des Vermieters an der Beendigung des Mietverhältnisses liegt vor, wenn der Vermieter die Räume als Wohnung für sich, seine Familienangehörigen oder Angehörige seines Haushalts benötigt. Vgl. im Einzelnen Ausführungen zu „Eigenbedarf".

2.3 Hinderung der wirtschaftlichen Verwertung (§ 573 Abs. 2 Nr. 3 BGB)

Ein **berechtigtes Interesse** des Vermieters an der Beendigung des Mietverhältnisses liegt vor, wenn der Vermieter durch die Fortsetzung des Mietverhältnisses an einer angemessenen wirtschaftlichen Verwertung des Grundstücks gehindert **und** dadurch erhebliche Nachteile erleiden würde.

Die Möglichkeit, durch eine anderweitige Vermietung als Wohnraum eine **höhere Miete** zu erzielen, wird vom Gesetz (§ 573 Abs. 2 Nr. 3 2. Halbsatz BGB) ausdrücklich nicht als angemessene wirtschaftliche Verwertung angesehen; ebenso **nicht** die **Veräußerung** im Zusammenhang mit einer bereits erfolgten oder beabsichtigten Begründung von Wohnungseigentum (§ 573 Abs. 2 Nr. 3 3. Halbsatz BGB). Als **wirtschaftliche** Verwertung ist die **Änderung der Nutzung** des Wohnraumes (z.B. als Geschäftsraum) anzusehen, sofern diese Änderung zulässig ist (vgl. „Zweckentfremdung"); weiterhin die umfassende und grundlegende **Renovierung**, um eine bessere Vermietung sicherzustellen; ebenso der **Abbruch und Wiederaufbau** des Gebäudes und insbesondere der **Verkauf** (BVerfG, Urt. v. 14.2.1989, WuM 1989, 118; Weber/Marx, VIII/S. 101).

Kündigungsschutz

Die wirtschaftliche Verwertung kann eine Kündigung jedoch nur rechtfertigen, wenn sie **„angemessen"** ist.

> Eine Angemessenheit ist jedenfalls dann zu bejahen, wenn die Verwertung nach wirtschaftlichen Gesichtspunkten **vernünftig und sinnvoll** und nicht lediglich spekulativ ist, z.B. die Geldmittel aus dem Verkauf für die Unterhaltung, Altersversorgung, Herstellung von neuem Wohnraum oder Investitionen verwendet oder das Grundstück nach Beseitigung abbruchreifer Gebäude neu bebaut werden soll (Palandt, Anm. 8a zu § 564b a.F.).

Ebenso, wenn die umfassende **Sanierung** eines Altbaus beabsichtigt ist und das Mietverhältnis nicht mehr weiterbestehen kann, weil die betreffende Wohnung durch den **Umbau** (z.B. Einbau eines Bades) wegfällt (BayObLG, RE v. 17.11.1983, NJW 1984, 372; Weber/Marx, III/S. 66) oder eine Großwohnung in Kleinwohnungen umgebaut werden soll (LG Hamburg, WuM 1989, 393).

Jedoch stellt allein die **Modernisierung** oder Sanierung grundsätzlich keinen Kündigungsgrund dar (LG Frankfurt/M., WuM 1995, 441; LG Frankenthal, WuM 1991, 171; LG Köln, WuM 1989, 255); vielmehr hat der Mieter entsprechende Maßnahmen unter den Voraussetzungen des § 554 BGB lediglich zu dulden (vgl. „Modernisierung").

Eine Kündigung wurde von der Rechtsprechung nur unter **strengen Voraussetzungen** zugelassen. Diese können z.B. vorliegen, wenn die Sanierung zur Erhaltung oder Wiederherstellung der Gebäudesubstanz unumgänglich ist und eine längere Räumung durch die Mieter erfordert, wobei das AG München (WuM 1986, 334) einen Zeitraum von 4 Wochen noch nicht als ausreichend erachtet hat. Machen umfangreiche Baumaßnahmen im Haus jedoch ein **Weiterwohnen** für Monate **unmöglich** und ist auch eine mehrmonatige Hotelunterbringung der Mieter nicht wirtschaftlich, kann ein berechtigtes Interesse des Vermieters an der Beendigung des Mietverhältnisses gegeben sein (LG Stuttgart, Beschl. v. 28.9.1989, WuM 1991, 178).

Ein Kündigungsgrund kann auch gegeben sein, wenn die für die wünschenswerte Erhaltung eines heruntergekommenen Altbaus erforderliche Sanierung Investitionen in einer Höhe erfordert, deren Umlegung im Rahmen der bestehenden Mietverhältnisse dem Vermieter nicht zugemutet werden kann, z.B. weil die Umlage im Hinblick auf die wirtschaftliche Belastung des Vermieters unzureichend oder die bestehende Mieterschicht weder willens noch in der Lage ist, Zuschläge in der sich ergebenden Höhe zu bezahlen (vgl. LG Freiburg, Urt. v. 21.12.1978, WuM 1979, 148). Bei Kündigung wegen einer geplanten **Sanierung** werden von der Rechtsprechung grundsätzlich **strenge Anforderungen** an das Vorliegen von „erheblichen Nachteilen" des Vermieters gestellt. Dabei ist ein solcher erheblicher Nachteil jedoch nicht erst dann zu bejahen, wenn keine rentierliche Bewirtschaftung der Wohnung erzielt werden kann, da es infolge des erheblichen Kostenaufwandes bei einer Altbausanierung

Kündigungsschutz

regelmäßig gar nicht möglich ist, durch Mieteinnahmen kurzfristig zu einer angemessenen Verzinsung des eingesetzten Eigenkapitals (i.S.d. Vorschriften der 2. Berechnungsverordnung) zu gelangen. Vielmehr muss dem Vermieter grundsätzlich die Möglichkeit gegeben werden, Altbauten so zu sanieren, dass ihm – auch ohne sofortige Erzielung einer Rendite – sein Eigentum auch in Zukunft erhalten bleibt, da andernfalls die Gefahr einer mittelfristigen Unbewohnbarkeit und damit Unvermietbarkeit der Räume besteht (LG Düsseldorf, Urt. v. 30.4.1991, DWW 1991, 338).

Im **Kündigungsschreiben** sind Art und Umfang der beabsichtigten Umbaumaßnahme sowie die Gründe anzugeben, warum nach Ansicht des Vermieters nur durch den Umbau eine angemessene wirtschaftliche Verwertung zu erreichen ist (LG Düsseldorf, a.a.O.).

Einer näheren **Beschreibung des Gebäudezustandes** bedarf es dann, wenn dieser dem Mieter nicht bekannt ist, denn der Mieter muss anhand der Angaben im Kündigungsschreiben seine Rechtsposition überschlägig beurteilen können. Daher ist es überspannt, wenn man vom Vermieter bereits im Kündigungsschreiben eine **detaillierte Kalkulation** hinsichtlich der Ertragslage vor und nach der Sanierung verlangt (LG Düsseldorf, a.a.O.; so aber LG Karlsruhe, WuM 1991, 168) sowie LG Wiesbaden, WuM 1997, 496, wonach das Kündigungsschreiben zumindest eine überschlägige Kalkulation enthalten muss).

Weiter ist darzulegen, dass die Räumung des gesamten Anwesens erforderlich ist. Dies gilt auch, wenn eine Auflage zur Sanierung baupolizeilich erlassen worden ist (LG Freiburg, Urt. v. 16.11.1989, WuM 1991, 175).

Kann die Unrentabilität auf andere Weise als durch Kündigung, Sanierung und Neuvermietung, z.B. durch Modernisierung während der laufenden Mietverhältnisse und Umlage der Kosten (s. „Modernisierung") beseitigt werden, besteht kein Kündigungsgrund nach § 573 Abs. 2 Nr. 3 BGB (vgl. LG Freiburg, a.a.O.; AG Aachen, WuM 1986, 335). Daher begründet allein die Verzögerung und Verteuerung von privaten Sanierungsmaßnahmen im Wohnhaus bei fortbestehendem Mietverhältnis kein berechtigtes Interesse des Vermieters an der Beendigung des Mietverhältnisses (LG Nürnberg-Fürth, Urt. v. 28.9.1990, WuM 1991, 176).

Bei Prüfung der **Angemessenheit** muss dem Eigentümer im Hinblick auf die Eigentumsgarantie des Art. 14 GG ein weiter Entscheidungsspielraum zugestanden werden, insbesondere dann, wenn die Verwertung in Form des **Verkaufs** erfolgen soll, da die Ausübung der Verfügungsbefugnis durch Verkauf als Kern des Eigentumsrechts auch von den Gerichten zu beachten ist und deshalb eine Auslegung der Kündigungsvorschrift, welche dieses elementare Recht des Eigentümers ausschließt, verfassungswidrig ist (BVerfG, Urt. v. 14.2.1989, a.a.O.). Weiterhin dürfen die Fachgerichte bei ihrer Handhabung die Eigentumsbe-

K 114

schränkungen nicht in einer Weise verstärken, die auch dem Gesetzgeber bei der inhaltlichen Ausgestaltung des Eigentums im Rahmen von Art. 14 Abs. 1 S. 2 GG („Inhalt und Schranken werden durch die Gesetze bestimmt") untersagt wäre (BVerfG, a.a.O.). Der Verkauf eines Grundstücks bzw. einer Wohnung stellt daher nur dann keine angemessene wirtschaftliche Verwertung mehr dar, wenn er aus rein **spekulativen** Gründen erfolgt (LG Karlsruhe, Urt. v. 9.7.1987, ZMR 1987, 469). Dies kann jedoch nicht allein daraus gefolgert werden, dass die Wohnung im vermieteten Zustand erworben wurde. Bei der Auslegung und Anwendung des § 573 Abs. 2 Nr. 3 S. 1 BGB macht es von Verfassungs wegen keinen Unterschied, ob der Eigentümer das zu veräußernde Grundstück – wie in dem der Entscheidung des Bundesverfassungsgerichts zugrunde liegenden Ausgangsverfahrens des LG München II, Az. 2 S 484/87 – zuvor selbst bebaut und dann vermietet oder es erst später in bereits vermietetem Zustand erworben hatte. Es wäre ein unverhältnismäßiger Eingriff in die Eigentumsgarantie, wenn das Kündigungsrecht des Eigentümers – unabhängig von drohenden erheblichen Nachteilen im Fall des Verkaufs – allein davon abhinge, ob das Grundstück bei dem früheren Eigentumserwerb vermietet oder unvermietet war. Ebenso ist für die aus Art. 14 Abs. 1 S. 1 GG folgende Gewährleistung ohne Belang, ob der Eigentümer das schon vorher vermietete Grundstück entgeltlich oder unentgeltlich (z.B. Erbfolge, Vermächtnis, Schenkung) erlangt hat.

Eine Auslegung, die ein Kündigungsrecht des Eigentümers nach § 573 Abs. 2 Nr. 3 S. 1 BGB allein schon deshalb ausschließen wollte, weil er das Mietobjekt zu einem früheren Zeitpunkt in **vermietetem** Zustand erworben hat, wäre daher mit Art. 14 Abs. 1 S. 1 GG nicht vereinbar (OLG Koblenz, RE v. 1.3.1989, WuM 1989, 164; Weber/Marx, IX/S. 33). Andererseits kann jedoch ein **reiner Spekulationszweck** und damit keine „angemessene" Verwertung mehr vorliegen, wenn ein Objekt in vermietetem Zustand (entsprechend preiswerter) allein deshalb gekauft wird, um es später in unvermietetem Zustand (entsprechend teurer) zu verkaufen (vgl. LG Hamburg, Urt. v. 8.2.1990, WuM 1991, 185). Soll ein in vermietetem Zustand erworbenes Objekt wegen eines bevorstehenden Verkaufs gekündigt werden, bedarf es daher einer besonders ausführlichen **Darlegung der Verkaufsgründe** im Kündigungsschreiben, um dem Vorwurf der Spekulationsabsicht vorzubeugen.

Das bestehende Mietverhältnis **hindert die wirtschaftliche Verwertung,** wenn diese wegen des Mietverhältnisses nicht erfolgen, z.B. die Wohnung bzw. das Grundstück in vermietetem Zustand nicht oder nur zu einem erheblich geringeren Kaufpreis verkauft werden kann.

Die Beweislast für die **Ursächlichkeit** der Fortsetzung des Mietverhältnisses für eine Hinderung der angestrebten Verwertung, die unabdingbare Voraussetzung für die Annahme eines „berechtigten Interesses" ist, trägt der kündigende Vermieter (LG Darmstadt, Urt. v.

23.5.1986, WuM 1987, 320; LG München II, ZMR 1987, 309).

Dieser Beweis kann allein durch die Behauptung, die Wohnung wäre wegen des Mietverhältnisses unverkäuflich, nicht geführt werden, da auch andere Gründe dafür verantwortlich sein könnten, dass die Wohnung zu dem angebotenen Preis nicht verkauft wurde.

Zum **Beweis der Ursächlichkeit** ist daher grundsätzlich notwendig, dass der Vermieter namentlich bestimmte Kaufinteressenten benennt, die als Zeugen im Streitfall bestätigen können, dass sie vom Kauf der Wohnung lediglich deshalb Abstand genommen haben, weil diese vermietet war.

Im Hinblick auf § 573 Abs. 3 BGB, wonach grundsätzlich nur solche Gründe berücksichtigt werden, die in dem Kündigungsschreiben angegeben sind, ist dieser Vortrag bereits im Kündigungsschreiben (s. „Kündigung", Abschnitt 1.6) auszuführen, sodass eine Kündigung grundsätzlich erst erfolgen kann, nachdem Verkaufsversuche gescheitert sind. Ein einmaliger Misserfolg der Verkaufsbemühungen in Form eines Zeitungsinserates lässt jedenfalls nicht den Schluss auf eine Unverkäuflichkeit des vermieteten Anwesens zu (LG Frankfurt, Urt. v. 27.2.1990, WuM 1991, 182).

Entsprechendes gilt für die Behauptung, das Grundstück könne nur zu einem erheblich geringeren Preis verkauft werden. Insoweit ist im Kündigungsschreiben anhand konkreter Zahlen anzuführen und im Streitfall darzulegen und zu beweisen, welche Kaufpreiseinbuße infolge der Vermietung eintreten würde. Erforderlich sind daher Angaben über die Höhe des erzielbaren Kaufpreises für das Objekt im vermieteten und im nicht vermieteten Zustand (LG Stuttgart, DWW 1995, 143). Ferner muss der Vermieter ernsthafte Verkaufsbemühungen in vermietetem Zustand (vgl. LG München I, WuM 1992, 374) und insbesondere Kaufangebote von Interessenten nachweisen, die über das Grundstück in weiterhin vermietetem und unvermietetem Zustand abgegeben worden sind (LG Hannover, WuM 1991, 189), sodass der Mindererlös infolge der Vermietung deutlich wird (LG Bielefeld, WuM 1997, 267). Weiterhin ist zu beweisen (z.B. durch die beauftragten Makler oder Kaufinteressenten als Zeugen), dass der behauptete Mindererlös ausschließlich auf den vermieteten Zustand zurückzuführen ist. Dies gilt auch dann, wenn sich bei einer durch Ehescheidung des Vermieters notwendig gewordenen Veräußerung bereits ein Käufer gefunden hat, der auf Übergabe des Hauses in geräumtem Zustand besteht (LG Kiel, WuM 1991, 190).

Abweichend davon hat das LG Karlsruhe (Urt. v. 9.7.1987, ZMR 1987, 469) entschieden, dass ein Kündigungsgrund auch dann vorliegt, wenn das Grundstück bereits verkauft ist, sich aus dem Kaufvertrag aber ergibt, dass der Kaufpreis erst mit Auszug der Mieter zur Zahlung fällig wird. Der Umstand, dass der Vermieter diese Nachteile aufgrund der Vertragsgestaltung mit dem Käufer selbst herbeigeführt hat, führt nicht dazu, dass der Kündigungsgrund in

Kündigungsschutz

Wegfall kommt (LG Karlsruhe, a.a.O.).

Trägt der Vermieter im Kündigungsschreiben verschiedene Gründe zum Nachweis der Unmöglichkeit eines Verkaufes der vermieteten Wohnung vor, muss sich das Mietgericht im Räumungsrechtsstreit damit auseinander setzen und prüfen, ob darin insgesamt eine hinreichende Substantiierung der Kündigungsvoraussetzungen liegt. Ferner muss das Mietgericht auch die Behauptung des Vermieters, weitere Verkaufsversuche hätten sich preisschädigend ausgewirkt, prüfen und berücksichtigen. Misst das Mietgericht entsprechenden Darlegungen des Vermieters von vornherein keine Bedeutung bei, z.B., weil es der unzutreffenden Auffassung ist, dass Verkaufsbemühungen des Vermieters **vor** Ausspruch der Kündigung unbeachtlich sind, verstößt das Urteil gegen das Eigentumsgrundrecht des Art. 14 Abs. 1 GG (BVerfG, Beschl. v. 4.6.1998, Az. 1 BvR 74/98, DWW 1998, 242). Vom Vermieter darf auch nicht verlangt werden, bereits im Kündigungsschreiben darzulegen, dass die angegebenen Gründe für den Verkauf der Wohnung, (z.B. Überschuldung) erst nach Abschluss des Mietvertrages eingetreten sind. Daher muss das Kündigungsschreiben auch keine Aufstellung enthalten, aus der sich ergibt, wie sich die finanzielle Lage des Vermieters seit Abschluss des Mietvertrages entwickelt hat.

Verfassungsrechtlich zu beanstanden ist auch die verbreitete Auffassung der Mietgerichte, der Vermieter könne **nur** durch (vergebliche) Bemühungen zum Verkauf der Wohnung zu einem angemessenen Preis darlegen, dass dies wegen der Vermietung nicht möglich sei (BVerfG, Beschl. v. 4.6.1998, Az. 1 BvR 1575/94, NJW 1998, 2662).

In dieser Entscheidung hat das Bundesverfassungsgericht nochmals ausdrücklich betont, dass die **Anforderungen** an den Inhalt des Kündigungsschreibens **nicht überspannt** werden dürfen und der Inhalt eines Kündigungsschreibens nur dann als unzureichend angesehen werden darf, wenn er nicht dem **berechtigten Informationsbedürfnis** des Mieters genügt, d.h. dem Mieter keine ausreichende Grundlage für seine Entscheidung bietet, der Kündigung zu widersprechen oder diese zu akzeptieren.

Das Kündigungsschreiben muss daher keinesfalls bereits die – weitergehenden – Anforderungen an eine substantiierte Darlegung der Kündigungsvoraussetzungen im Prozess erfüllen. Daher ist die Feststellung des Mietgerichts, ob die Kündigung gerechtfertigt ist, nicht auf der Grundlage des Kündigungsschreibens, sondern einer umfassenden gerichtlichen Prüfung der Begründetheit der Räumungsklage zu treffen (BVerfG, a.a.O.).

Nachdem die Kündigung wegen Hinderung der wirtschaftlichen Verwertung nur dann begründet ist, wenn die dem Vermieter daraus entstehenden Nachteile, z. B. infolge des Mindererlöses, **erheblich** sind, stellt sich regelmäßig die Frage, wann der Nachteil als erheblich zu qualifizieren ist.

Den zitierten Entscheidungen des Bundesverfassungsgerichts und des OLG Koblenz lagen insoweit gravierende Differenzen zugrunde (DM 500.000/ DM 250.000 bzw. DM 325.000/DM 140.000), sodass diesen Entscheidungen für die Frage der Erheblichkeit des Nachteils eine verbindliche Aussage nicht entnommen werden kann. Vielmehr hat das Bundesverfassungsgericht diese Frage ausdrücklich offen gelassen und in den Gründen ausgeführt, dass „der vorliegende Fall nicht dazu nötigt, im Vorgriff auf die ausstehende fachgerichtliche Klärung abstrakt die Grenze zu bestimmen, bis zu welcher der Eigentümer dabei wirtschaftliche Nachteile zu tragen hat".

Jedoch wurde ausdrücklich betont, dass ein erheblicher Nachteil nicht erst dann vorliegt, wenn der Eigentümer in Existenznot gerät. Der Anwendungsbereich der Vorschrift des § 573 Abs. 2 Nr. 3 BGB darf nicht auf Fälle drohenden Existenzverlustes beschränkt werden. Da private, insbesondere unternehmerische Investition stets die Gefahr in sich birgt, dass sie sich als unrentabel erweist, muss dem Eigentümer der Zugriff auf sein gesamtes Vermögen auch zu dem Zweck garantiert sein, derartige Verluste durch Rückgriff auf andere Vermögensteile ausgleichen zu können. Dem Eigentümer kann nicht angesonnen werden, das Mietverhältnis bis an die Grenze des wirtschaftlichen Zusammenbruchs fortzusetzen. Auch Vermögenseinbußen, welche die wirtschaftliche Existenz des Eigentümers noch nicht ernsthaft infrage stellen, sind bei der Anwendung des Kündigungstatbestandes von Verfassungs wegen zu beachten (BVerfG, a.a.O.). Eine angemessene wirtschaftliche Verwertung des Objekts durch Verkauf kann daher auch schon dann gegeben sein, wenn der Verkauf noch nicht „zwingend erforderlich" ist (LG Stuttgart, DWW 1995, 143).

Das Instanzgericht darf daher für die Annahme von erheblichen Nachteilen **nicht** den Vortrag von Umständen fordern, die den Verkauf als zwingend erscheinen lassen (BVerfG, Beschl. v. 20.9.1991, Az. 1 BvR 539/91; WuM 1992, 46). Das Gericht ist verpflichtet, sich mit einem substantiierten Vortrag des Eigentümers über den konkreten Mindererlös auseinander zu setzen und muss prüfen, ob der Verkauf unter diesen Umständen für den Eigentümer möglicherweise wirtschaftlich sinnlos ist (z.B. weil der in vermietetem Zustand erzielbare Erlös wesentlich unter den vom Vermieter für die Wohnung erbrachten Aufwendungen liegt) und sich der Kündigungsschutz damit als faktisches Verkaufshindernis darstellt. Andernfalls verkennt das Gericht Bedeutung und Tragweite der Eigentumsgarantie des Art. 14 Grundgesetz (BVerfG v. 20.9.1991, a.a.O.; v. 14.2.1989, a.a.O.).

In Anbetracht der sehr **uneinheitlichen Rechtsprechung** können für die Frage der Erheblichkeit des Nachteils bestimmte Beträge bzw. **Prozentsätze lediglich beispielhaft** genannt werden:

So hat das LG Mainz (ZMR 1986, 14) bereits eine Minderung des Kaufpreises von knapp **6%** – die allerdings einem Betrag von DM 50.000 entsprochen hatte – als ausreichend erachtet (vgl.

Kündigungsschutz

auch LG Traunstein, WuM 1989, 421, für einen Mindererlös in Höhe von DM 50.000). Das LG Hamburg hat dagegen entschieden, dass eine Erheblichkeit allenfalls erst ab einer Einbuße von ca. **15 bis 20%** in Betracht kommt (Urt. v. 8.2.1990, WuM 1991, 185). Ein Mindererlös von **20%** muss nach einem Urteil des LG Stuttgart vom Vermieter insbesondere dann nicht hingenommen werden, wenn der Verkaufserlös der Abdeckung von Verbindlichkeiten dient, die der Vermieter nach Berufsaufgabe aus Krankheitsgründen durch Erwerbstätigkeit nicht mehr abdecken kann (Urt. v. 21.2.1990, WuM 1991, 201) oder der Vermieter den Erlös zur Finanzierung eines Hausbaus verwenden will (LG Düsseldorf, Urt. v. 20.11.1990, WuM 1991, 593).

Jedoch kann im Einzelfall trotz einer hohen Kaufpreiseinbuße infolge der Vermietung das Vorliegen eines „erheblichen Nachteils" verneint werden, wenn bei Verkauf in vermietetem Zustand immer noch ein höherer Preis erzielbar ist als beim Erwerb der Wohnung bezahlt wurde bzw. die Wohnung im Zeitpunkt des Erwerbs wert war (bei Schenkung; BVerfG, Beschl. v. 9.10.1991, WuM 1991, 663). Wurde die Wohnung in vermietetem Zustand erworben, ist bei Bestimmung des „Nachteils" (i.S.v. § 573 Abs. 2 Nr. 3 BGB) auf die Differenz zwischen Einkaufspreis und demjenigen Preis abzustellen, der beim Verkauf in vermietetem Zustand zu erzielen ist, wobei aber auch der Kaufkraftverlust des Geldes sowie eine übliche Rendite zu berücksichtigen sind (vgl. LG Mannheim, ZMR 1994, 568; LG Gießen, WuM 1994, 688; vgl. auch LG Berlin WuM 1995, 111).

Im Fall des Erwerbs durch Erbfall sind zur Bestimmung des wirtschaftlichen Nachteils auch Kosten von Investitionen in die Wohnung (LG Köln, WuM 1996, 39) sowie etwaige Aufwendungen für die Auszahlung von Miterben oder Ablösung von Wohnrechten zu berücksichtigen (LG Kiel, WuM 1994, 283) und somit dem Wert der Wohnung im Zeitpunkt des Erbfalles hinzuzurechnen. Bei Ermittlung des erheblichen Nachteils muss das Gericht jedoch auch den Vortrag des Vermieters über **weitere** finanzielle Nachteile (z.B. höhere Zinszahlungen) berücksichtigen, die ihm entstehen, wenn er den Mehrerlös, den er im Fall des Verkaufs der Wohnung ohne Bestehen des Mietverhältnisses erzielen könnte, nicht erhalte (BVerfG, Beschl. v. 15.4.1992, Az. 1 BvR 1549/91, NJW 1992, 2752).

Nachdem somit für die Bestimmung der Erheblichkeit des Nachteils nicht auf einen starren Prozentsatz abgestellt werden kann, sondern die Erheblichkeit vielmehr von den konkreten Umständen des Einzelfalls abhängt, müssen bereits im Kündigungsschreiben ausführlich und detailliert sämtliche Umstände vorgetragen werden, die eine Erheblichkeit des entstehenden Nachteils begründen können. Die Nachteile müssen so dargelegt werden, dass der Mieter diese gegenüber seinem Interesse am Fortbestand des Mietverhältnisses abwägen kann (LG Braunschweig, Urt. v. 1.3.1991, WuM 1991, 694). Neben der Darlegung eines bestimmten bezifferten Mindererlöses im konkreten Fall ist daher im Kündigungsschreiben weiter auszuführen, wie und in welcher Weise sich dieser Mindererlös nachteilig für den Vermieter auswirkt, sodass insoweit auch die persönlichen wirtschaftlichen Verhältnisse des Vermieters darzustellen sind (vgl. LG München I, Urt. v. 24.1.1990, WuM 1991, 193; LG Mosbach, Urt. v. 30.10.1990, WuM 1991, 191).

Dies kann z.b. durch den Vortrag geschehen, dass die laufenden Belastungen durch die Wohnung die laufenden Einnahmen deutlich überschreiten und durch den Verkauf wegfallen würden (vgl. LG Freiburg, Urt. v. 17.5.1990, WuM 1991, 183), der Erlös aus dem Verkauf zur Finanzierung einer anderen Wohnung erforderlich ist (vgl. LG München I, a.a.O.; LG Frankfurt, DWW 1988, 324) oder zur Abdeckung von Verbindlichkeiten dient, die der Vermieter mit seinem Einkommen (z.B. Berufsaufgabe wegen Krankheit) nicht mehr tilgen kann (LG Stuttgart, a.a.O.). In jedem Fall sollte der Vermieter im Kündigungsschreiben auch stichhaltig darlegen, wie er den Mehrerlös bei Verkauf in unvermietetem Zustand zur Vermeidung erheblicher Nachteile verwenden will (LG Kiel, WuM 1993, 52).

Erfahrungsgemäß wird die weit überwiegende Zahl der Räumungsklagen aufgrund Kündigung wegen Hinderung der wirtschaftlichen Verwertbarkeit nicht wegen Fehlens der tatsächlichen Voraussetzungen, sondern ausschließlich wegen Nichterfüllung der von der Rechtsprechung aufgestellten formalen Anforderungen an eine wirksame Kündigung bzw. an einen substantiierten Prozessvortrag abgewiesen.

Zusammenfassend kann zur Verdeutlichung dieser extrem hohen Anforderungen ein Urteil des LG Hamburg vom 22.2.1991 (DWW 1991, 241) angeführt werden. Danach bedarf es für die in jedem Einzelfall zu ermittelnde Grenze, bis zu welcher der Eigentümer wirtschaftliche Nachteile zu tragen hat, **u.a. folgender Darlegungen:**

Darlegung der Erlöse bei Verkauf im vermieteten bzw. unvermieteten Zustand; Berechnung der bei bestehendem Mietverhältnis erwirtschafteten Rendite; der Darlegung, ob eine ungünstige Rendite durch niedrige Mieteinnahmen bedingt ist und ob der Mietzins gegebenenfalls nach Mängelbeseitigung angehoben werden kann; der Würdigung, inwieweit der Kaufpreis für das Gebäude vollständig fremdfinanziert wurde und inwieweit der (mögliche) Verkaufserlös zur Tilgung verwendet werden muss; der Einbeziehung der Frage, ob das Mietobjekt seinerzeit vermietet erworben wurde und ob sich dies seinerzeit als Vorteil bezüglich des Kaufpreises niedergeschlagen hat; der Angabe von Hinweisen auf die Verkaufsbemühungen des Vermieters einschließlich der Kaufinteressenten und der Kaufpreisvorstellungen (bei vermietetem und auch unvermietetem Zustand); Angabe der Gründe für das Scheitern des Verkaufs, wobei diese bei Prüfung der

Kündigungsschutz

Begründetheit nur berücksichtigt werden, wenn das Scheitern **ausschließlich** auf die Vermietung und nicht auch auf andere Gründe (z.b. hoher Kaufpreis) zurückzuführen ist (vgl. auch LG Darmstadt, WuM 1987, 320).

Der Formulierung, dass es „u.a." der vorgenannten Darlegungen bedarf, ist zu entnehmen, dass im Einzelfall durchaus **weitere Darlegungen** und Ausführungen für die Wirksamkeit der Kündigung erforderlich sein können.

Jedoch erscheint es in Anbetracht der Rechtsprechung des Bundesverfassungsgerichts (Beschl. v. 8.10.1991, DWW 1991, 363; NJW 1992, 105; vgl. auch Beschl. v. 20.9.1991, NJW, 1991, 3270) äußerst fraglich, ob es noch mit der Verfassung, insbesondere mit den Grundrechten des Art. 2 Abs. 1 Grundgesetz und Art. 14 Grundgesetz (Eigentumsgarantie) vereinbar ist, derart hohe formale Anforderungen an die Wirksamkeit einer Kündigung zu stellen.

Zwar ist es nach der Rechtsprechung des Bundesverfassungsgerichts nicht zu beanstanden, die Durchsetzbarkeit des materiellen Anspruchs von formellen Voraussetzungen abhängig zu machen, damit dem Mieter zum frühestmöglichen Zeitpunkt Klarheit über seine Rechtsposition verschafft wird. Jedoch ist es dem Richter verwehrt, durch übermäßig strenge Handhabung verfahrensrechtlicher Schranken den Anspruch auf gerichtliche Durchsetzung des materiellen Rechts unzumutbar zu verkürzen (BVerfG v. 8.10.1991, a.a.O.). Dies ist auch der Fall, wenn das Gericht inhaltsgleiche Angaben über die Einschätzung des wirtschaftlichen Nachteils, der dem Vermieter durch die Fortsetzung des Mietverhältnisses entstehen soll, in den Gründen des Kündigungsschreibens und der Begründung des Räumungsanspruchs verlangt (BVerfG, Beschl. v. 15.6.1992, Az. 1 BvR 1725/91, WuM 1992, 417). In der entschiedenen Sache hatte das Landgericht den Vortrag des Vermieters über die Kaufpreisminderung wegen der Vermietung unberücksichtigt gelassen und die Kündigung aus formellen Gründen für unwirksam erklärt, weil die Kaufpreisminderung im Kündigungsschreiben mit 40 % und in der Begründung der Räumungsklage nur noch mit 30 % beziffert war.

Dieser Rechtsauffassung wurde vom Bundesverfassungsgericht mit der Begründung widersprochen, dass es sich hierbei nicht um ein anderes Vorbringen des Vermieters im Sinne eines aliuds, sondern lediglich um ein teilweises Abrücken von seinem ursprünglichen Vortrag in der Kündigung handelt. Aufgrund der Angaben im Kündigungsschreiben konnte sich der Mieter Klarheit über seine Rechtsposition verschaffen. Er konnte erkennen, dass die Kündigung mit einer wesentlichen Einbuße beim erzielbaren Kaufpreis begründet wird. Daran hat sich auch durch das Vorbringen in der Räumungsklage nichts geändert. Eine andere Beurteilung durch das Instanzgericht überspitzt die Anforderungen an den Inhalt des Kündigungsschreibens in verfassungswidriger Weise und verletzt den Vermieter in seinem Eigentumsgrundrecht.

Weiterhin dürfen sich nach dieser Rechtsprechung die Gerichte nicht

Kündigungsschutz

darauf beschränken, das Vorbringen des Eigentümers nur unter dem Gesichtspunkt der Hinderung einer angemessenen wirtschaftlichen Verwertbarkeit zu prüfen; vielmehr ist dieses Vorbringen unter **jedem** einschlägigen rechtlichen Aspekt zu würdigen. Kann das Vorbringen z.B. die Kündigung wegen Hinderung einer angemessenen wirtschaftlichen Verwertbarkeit (§ 573 Abs. 2 Nr. 3 BGB) nicht stützen, darf das Gericht nicht allein deshalb die Klage abweisen, sondern muss weiter prüfen, ob das Vorbringen ein **allgemeines** berechtigtes Interesse an der Beendigung des Mietverhältnisses im Sinne der Generalklausel des § 573 **Abs.** 1 BGB darstellt. Gleiches gilt, wenn die Kündigung sowohl unter dem Gesichtspunkt des Eigenbedarfs als auch der angemessenen wirtschaftlichen Verwertbarkeit zu sehen ist. Auch in diesem Fall hat sich die Subsumtion nicht lediglich auf § 573 Abs. 2 Nr. 2 und 3 BGB zu beschränken, sondern muss sich auch auf den Kündigungstatbestand des § 573 Abs. 1 BGB erstrecken (BVerfG v. 8.10.1991, a.a.O.).

Das Landgericht München II (Urt. v. 12.5.1987, DWW 1988, 45) hat bereits entschieden, dass die Anforderungen an die prozessuale Darlegungspflicht insbesondere dann nicht überspannt werden dürfen, wenn mit dem Verkauf der Wohnung ein vom Gesetz ausdrücklich gebilligter Zweck (z.B. Eigenbedarf) verfolgt wird. Wäre eine Kündigung wegen Eigenbedarfs begründet, will der Vermieter aber eine größere Wohnung zum Zweck des Selbstbezugs anschaffen und die kleinere vermietete Wohnung zur Finanzierung der größeren verkaufen („indirekter Eigenbedarf"), stellt dies in gleicher Weise ein berechtigtes Interesse an der Beendigung des Mietverhältnisses dar, wie wenn der Vermieter die kleinere Wohnung selbst beziehen würde (LG München II, a.a.O.). Zu beachten ist jedoch, dass es sich in diesem Fall um eine Wohnung der gehobenen Klasse gehandelt hat, die sich als Altersruhesitz oder Zweitwohnung anbietet und über den Vortrag, dass der Verkauf im geräumten Zustand zu einem höheren Kaufpreis führt, kein Beweis erhoben werden musste, da dies nach den Gründen dieses Urteils gerichtsbekannt war.

Geringere Anforderungen an den Inhalt der Kündigung stellen auch das LG Karlsruhe (ZMR 1987, 469), LG Berlin (MDR 1990, 1121), LG Köln (WuM 1989, 255) sowie das LG Osnabrück (WuM 1994, 214), wonach die Darstellung der maßgeblichen Tatsachen im Überblick ausreichend ist und das Kündigungsschreiben nicht die Darstellung eines betriebswirtschaftlichen und steuerrechtlichen Anforderungen genügenden Vermögensstatus des Vermieters enthalten muss.

Nachdem jedoch die Beurteilung, ob der Inhalt der Kündigung bzw. des Prozessvortrages ausreichend ist, allein bei dem zur Entscheidung zuständigen Gericht liegt, sollten die Ausführungen zu sämtlichen Tatbestandsmerkmalen des § 573 Abs. 2 Nr. 3 BGB **so ausführlich und detailliert wie möglich** sein. Weiterhin sollte in Anbetracht der hohen formalen Anforderungen an eine Kündigung wegen Hinderung der wirtschaftlichen Verwertbarkeit diese grundsätzlich erst nach eingehender juristischer Beratung erfolgen.

Nicht nur bei der Verwertung des Grundstücks durch Verkauf, sondern auch bei jeder **anderen Art der Verwertung, z.b.** durch Abbruch des Gebäudes und anschließenden Wiederaufbau, sind dem Mieter bereits **im Kündigungsschreiben** in substantiierter und nachvollziehbarer Art und Weise sowohl die Art der Verwertung als auch die Nachteile darzulegen, welche aufgrund der Fortsetzung des Mietverhältnisses entstehen, z.B. in Form einer vergleichenden Wirtschaftlichkeitsberechnung, aus der sich die unterschiedliche Rendite und damit der Nachteil konkret ergibt (vgl. LG München I, WuM 1981, 234). Dabei sind auch die im Fall des Fortbestandes des gekündigten Mietverhältnisses erzielbaren Mieten einschließlich etwaiger Mieterhöhungen nach § 559 BGB (wegen Modernisierungsmaßnahmen) den bei Vermietung des Neubaus erzielbaren Mieten gegenüberzustellen (LG Berlin, WuM 1996, 770; vgl. auch LG Göttingen, WuM 1984, 133; a.A. LG Kempten, WuM 1994, 687, das unter Änderung der bisherigen Rechtsprechung nicht mehr verlangt, dass der erhebliche Nachteil durch eine vergleichende Berechnung oder eine Kalkulation im Kündigungsschreiben nachgewiesen werden muss: Der erhebliche Nachteil muss lediglich derart benannt sein, dass eine Unterscheidung von anderen Nachteilen möglich und ein Auswechseln eines dahingehenden Sachverhalts ausgeschlossen ist). Nicht ausreichend ist z.b. allein die Mitteilung, dass das Gebäude abgerissen werden soll, weil das Grundstück für betriebliche Zwecke benötigt wird (LG Mannheim, Urt. v. 4.9.1991, WuM 1991, 695; a.A. LG Osnabrück [WuM 1994, 214], wonach die Mitteilung im Kündigungsschreiben ausreichend ist, dass das Wohnhaus abgerissen und an gleicher Stelle ein Neubau für gewerbliche Zwecke errichtet werden soll, da der Mieter bereits dadurch abschätzen kann, ob die Errichtung des Neubaus für den Vermieter erhebliche Vorteile bietet).

§ 573 BGB stellt allein auf das berechtigte Interesse des Vermieters an der Beendigung des Mietverhältnisses ab. Daher dürfen die Interessen des Mieters an dem Fortbestand des Mietverhältnisses bei Überprüfung der Wirksamkeit der Kündigung nicht herangezogen werden. Die besonderen **Belange des Mieters** sind **nur** auf dessen **Widerspruch** nach § 574 BGB zu beachten; erst dann hat eine umfassende Abwägung der im Einzelfall gegebenen beiderseitigen Interessen stattzufinden, da andernfalls der Vermieter zur Wirksamkeit seiner Kündigungserklärung Umstände aus der Sphäre des Mieters berücksichtigen müsste, die ihm oftmals gar nicht bekannt sind (OLG Koblenz, a.a.O.)

Die Kündigung wegen Hinderung der wirtschaftlichen Verwertbarkeit wirkt grundsätzlich nicht über den Zeitpunkt der Grundbuchumschreibung auf einen **Erwerber** fort (LG Münster, Urt. v. 20.2.1991, WuM 1991, 194). Nach Eigentumsübergang an den Grund-

Kündigungsschutz

stückserwerber ist die Kündigung des früheren Vermieters unwirksam. Der neue Eigentümer kann sich nur auf die in seiner Person bestehenden Erlangungsinteressen berufen (LG Siegen, Beschl. v. 30.4.1990, WuM 1991, 197; vgl. auch LG Duisburg, Beschl. v. 11.6.1991, WuM 1991, 497).

Liegt die Wohnung im Gebiet einer Gemeinde, in der die **Zweckentfremdung** von Wohnraum (z.B. durch Abbruch oder Umnutzung in Geschäftsraum) der behördlichen Genehmigung bedarf (s. „Zweckentfremdung"), setzt die Wirksamkeit der Kündigung nach § 573 Abs. 2 Nr. 3 BGB voraus, dass die Genehmigung zur Zweckentfremdung im Zeitpunkt der Kündigung **bereits vorliegt** und das Vorliegen der Genehmigung im Kündigungsschreiben **erwähnt** wird, wenn die vom Vermieter angestrebte, zur Grundlage der Kündigungserklärung gemachte Verwertung des Mietobjekts genehmigungspflichtig ist (OLG Hamburg, RE v. 25.3.1981, NJW 1981, 2308; Weber/Marx, I/S. 64; LG München II, WuM 1997, 115).

Dagegen setzt die Wirksamkeit der Kündigung grundsätzlich **nicht** voraus, dass im Zeitpunkt des Zugangs der Kündigung die baurechtliche **Abbruch**genehmigung bereits vorliegt. Deshalb kann eine Kündigung auch nicht unwirksam sein, weil im Kündigungsschreiben eine bereits vorliegende Abbruchgenehmigung nicht erwähnt wurde (BayObLG, RE v. 31.8.1993, Az. RE-Miet 2/93, WuM 1993, 660).

Weiter ist zur Kündigung **nicht** erforderlich, dass die baurechtliche Genehmigung zur **Errichtung** des Neubaus vorliegt. Vielmehr genügt es, wenn im Zeitpunkt des Zugangs der Kündigung mit einiger Sicherheit festgestellt werden kann, dass die für die Durchführung des Vorhabens erforderlichen baurechtlichen Genehmigungen zu dem Zeitpunkt vorliegen werden, zu dem sie bei planmäßiger Durchführung benötigt werden und der Vermieter die beabsichtigte Verwertung im Zeitpunkt der Beendigung des Mietverhältnisses alsbald verwirklichen kann und auch verwirklichen will. Ob eine solche Erwartung gerechtfertigt ist, ist Tatfrage und kann nur anhand der konkreten Umstände des Einzelfalles entschieden werden (BayObLG, a.a.O.).

Ist für den Abbruch eine **Zweckentfremdungsgenehmigung** erforderlich, reicht eine Abbruchgenehmigung nicht aus (vgl. LG Itzehoe, WuM 1983, 145; AG Regensburg, WuM 1991, 177).

Eine Zweckentfremdung von Wohnraum liegt jedoch nicht vor, wenn innerhalb eines Hauses lediglich zwei Wohnungen zusammengelegt werden (BVerfG v. 7.4.1992, WuM 1992, 416).

Zur Kündigung nach § 573 Abs. 2 Nr. 3 BGB vgl. auch LG Darmstadt, WuM 1986, 339; LG München I, WuM 1984, 247; AG Münster, WuM 1982, 27; AG Düren, WuM 1982, 279; LG Berlin, WuM 1981, 105 u.a.

Ist an den vermieteten Wohnräumen nach Überlassung an den Mieter **Wohnungseigentum begründet** und das Wohnungseigentum veräußert worden, ist das Bestehen einer Kündigungs**sperrfrist** zu prüfen. Insofern gelten die einschlägigen Ausführungen unter „Eigenbedarf" entsprechend mit der Maßgabe, dass die neue Sperrfrist des § 577 a BGB **nicht** anzuwenden ist, wenn die Veräußerung **vor dem 1.9.2001** erfolgt ist und sich die veräußerte Wohnung nicht in einem durch Rechtsverordnung bestimmten Gebiet befindet (Art. 229 § 3 Abs. 6 EGBGB).

Eine Kündigung wegen Hinderung der wirtschaftlichen Verwertung des Grundstücks nach § 573 Abs. 2 Nr. 3 BGB ist **nicht** zulässig bei Mietverhältnissen über Wohnraum auf dem Gebiet der **ehemaligen DDR**, die **vor** dem 3.10.1990 abgeschlossen wurden (Art. 232 § 2 Abs. 2 EGBGB; vgl. auch Einigungsvertrag – BGBl. 1990 S. 943).

2.4 Sonstige berechtigte Interessen

Der Formulierung „insbesondere" in § 573 Abs. 2 BGB ist zu entnehmen, dass der Katalog der Nummern 1 bis 3 des § 573 Abs. 2 keine abschließende, sondern **nur eine beispielhafte** Aufzählung von berechtigten Interessen des Vermieters darstellt und auch andere Lebenssachverhalte ein berechtigtes Interesse begründen können. Die aufgezählten Gründe bilden jedoch den Maßstab dafür, welches Gewicht andere Gründe haben müssen, um als berechtigtes Interesses anerkannt zu werden.

Von praktischer Bedeutung sind insbesondere folgende Fallgruppen:

2.4.1 Betriebsbedarf

Betriebsbedarf liegt insbesondere vor bei Verwendung als **Werkmiet- oder Werkdienstwohnung** für einen Arbeitnehmer anstelle eines anderen, dessen Arbeitsverhältnis beendet ist (vgl. Palandt, Anm. 5e bb zu § 564b BGB a.F. sowie „Werkwohnung").

Ein Betriebsbedarf kann auch dann vorliegen, wenn eine an einen Betriebs**fremden** vermietete Wohnung erst durch Kündigung in eine Werkswohnung **umgewidmet** werden soll. Jedoch ist insoweit allein der konkrete Wohnbedarf eines bestimmten Arbeitnehmers für die Kündigung nicht ausreichend. Hinzukommen müssen noch weitere Gründe, die gerade den Bezug dieser speziellen Wohnung durch den Arbeitnehmer für die Führung des Betriebes des Vermieters als notwendig erscheinen lassen (OLG Stuttgart, RE v. 24.4.1991, WuM 1991, 330). Dies kann der Fall sein, wenn es sich bei dem neuen Mitarbeiter um eine sog. „Schlüsselkraft" (z.B. Direktor eines Instituts) handelt (vgl. LG Berlin, WuM 1996, 145). Dieser **qualifizierte** Betriebsbedarf muss im Kündigungsschreiben substantiiert dargelegt werden (LG Hamburg, WuM 1994, 208). Dies gilt unabhängig davon, ob der Mieter bei Vertragsabschluss darauf hingewiesen wurde, dass die Wohnung zu einem späteren Zeitpunkt u.U. wieder als Werkwohnung genutzt werden soll (OLG Stuttgart, Beschl. v. 21.4.1993, WuM 1993, 338).

Ein Kündigungsgrund liegt nicht vor, wenn der Vermieter die Wohnung neu anzuwerbenden Fachkräften zur Verfügung stellen und damit seine Chancen auf dem Arbeitsmarkt verbessern will, da das allgemeine Interesse des Mieters an der Beibehaltung der Wohnung dem Wunsch des Vermieters vorgeht, mit der Zurverfügungstellung einer Wohnung schneller oder leichter einen für seinen Betrieb benötigten Arbeitnehmer zu finden (OLG Stuttgart, a.a.O.). Ebenso kann eine Kündigung nicht auf Betriebsbedarf gestützt werden, wenn der Bezug der Wohnung durch den Arbeitnehmer lediglich den Betriebsablauf erleichtert, für die ordnungsgemäße Führung des Betriebs jedoch nicht erforderlich ist (LG Stuttgart, WuM 1994, 470).

Entsprechendes gilt, wenn eine Wohnung wegen der Einstellung eines **Hausmeisters** gekündigt werden soll. Erforderlich ist daher, dass die Einstellung eines Hausmeisters nach **objektiven** Maßstäben vernünftig und zur ordnungsgemäßen Pflege und Erhaltung des Anwesens **notwendig** ist, z.B. wegen des Umfanges der auszuführenden Arbeiten, oder weil der Vermieter infolge seines Alters das Anwesen nicht mehr instand halten kann (AG Osnabrück, WuM 1975, 55) und der Arbeitsbereich die ständige Anwesenheit des Hausmeisters im Anwesen erfordert (LG Freiburg, WuM 1992, 437; LG Heidelberg, WuM 1993, 678, LG Regensburg, WuM 1998, 160), damit der Vermieter seinen Verpflichtungen, z.B. zur Behebung von Funktionsstörungen im Gebäude oder zum Räumen und Streuen bei Glatteis umgehend – und nicht erst nach einer Anfahrtszeit – nachkommen kann (LG Regensburg, a.a.O.). Gleiches gilt, wenn der Vermieter beabsichtigt, die bisher von einem Drittunternehmen durchgeführte Betreuung des Anwesens zukünftig einem im Hause wohnenden Hauswart zu übertragen (LG Berlin, NJWE 1996, 53). Liegen diese Voraussetzungen vor, ist der Vermieter bei der Auswahl des Hausmeisters berechtigt, sich ausschließlich von betrieblichen Gesichtspunkten leiten zu lassen. Er ist keineswegs verpflichtet, sich im Hinblick auf eine andere, kleinere Wohnung im Hause für eine Einzelperson statt eines Hausmeisterehepaares zu entscheiden (LG Aachen, DWW 1990, 305).

Nach dem RE des OLG Stuttgart vom 23.11.1985 (WuM 1986, 132), wonach der bloße Hinweis im Kündigungsschreiben, dass die Wohnung dringend für die Unterbringung eines aktiven Bediensteten benötigt wird, nicht genügt, muss der Betriebsbedarf für eine **bestimmte** identifizierbare Person vorhanden sein und im Kündigungsschreiben in nachvollziehbarer Weise dargelegt werden (vgl. auch LG Köln, WuM 2000, 358).

2.4.2 Öffentlicher Bedarf

Ist eine **Sozialwohnung** an einen Nichtberechtigten i.S. des WoBindG vermietet worden, ohne dass ein konkreter Anhalt für die Annahme besteht, der Vermieter habe bei Vertragsschluss die fehlende Berechtigung des Mieters gekannt, besteht ein berechtigtes Interesse des Vermieters an der Kündigung dieses Mietverhältnisses, wenn später die zuständige Behörde die Kündigung verlangt und dem Vermieter andernfalls erhebliche (wirtschaftliche) Nachteile wegen Verstoßes gegen das Wohnungsbindungsgesetz androht, z.B. Widerruf der Mittel, besondere Geldleistungen nach

§ 25 WoBindG (OLG Hamm, RE v. 14.7.1982, DWW 1982, 243; LG Köln, WuM 1992, 487).

Dieses Kündigungsrecht steht dem Vermieter auch dann zu, wenn die Behörde die Kündigung wegen Bedarfs der Wohnung verlangt, **ohne** hierbei dem Vermieter anzudrohen, ihm wirtschaftliche Nachteile zuzufügen, falls er die Kündigung unterlässt (BayObLG, RE v. 23.7.1985, WuM 1985, 283).

Dagegen besteht **kein** berechtigtes Interesse des Vermieters, wenn die Voraussetzungen für die Nutzung der Sozialwohnung **nachträglich** wegfallen, z.B. durch Überschreiten der Einkommensgrenze (vgl. auch „Sozialwohnung").

Für eine **gemeinnützige Baugenossenschaft** stellt es kein berechtigtes Interesse an der Beendigung des Mietverhältnisses gegenüber einem nach dem Tod des Mieters in das Mietverhältnis eingetretenen Familienangehörigen dar, wenn sie das Haus zur Vermietung an wohnungssuchende kinderreiche Familien benötigt (OLG Karlsruhe, RE v. 23.12.1983, NJW 1984, 2584; Weber/Marx, III/S. 69).

> Ein berechtigtes Interesse im Sinne von § 573 Abs. 1 BGB an der Beendigung des Mietverhältnisses kann eine **gemeinnützige Wohnungsbaugenossenschaft** jedoch haben, wenn sie eine **erheblich unterbelegte** Genossenschaftswohnung in der Absicht kündigt, sie an eine größere Familie mit entsprechendem Wohnbedarf zu vermieten (OLG Stuttgart, RE v. 11.6.1991, WuM 1991, 379).

Das OLG Stuttgart sah sich an den Rechtsentscheid des OLG Karlsruhe nicht gebunden, da sich dieser auf die Rechtslage bei einem nach § 563 BGB einrückenden Mieter beschränkt. Auch der Rechtsentscheid des OLG Frankfurt vom 6.3.1981 (MDR 1981, 673, Weber/Marx I/S. 63) steht nicht entgegen, da die Baugenossenschaft mit der Kündigung nicht nur ein Drittinteresse oder ein allgemeines öffentliches Interesse der Bevölkerung, sondern ein Eigeninteresse in Erfüllung ihrer satzungsgemäßen Aufgabe verfolgt (OLG Stuttgart, a.a.O.).

Der Rechtsentscheid des OLG Stuttgart ist jedoch auf den Fall beschränkt, dass Vermieter eine gemeinnützige Wohnungsbaugenossenschaft ist. Er hat daher keine allgemeine Gültigkeit für andere Mietverhältnisse. Insofern verbleibt es bei der bisherigen Rechtslage, wonach zwar die **Überbelegung** einer Wohnung einen Kündigungsgrund darstellen kann (vgl. „Kündigung", Abschnitt 3.2.1.1), nicht aber deren **Unterbelegung**.

Entsprechendes gilt, wenn der Mieter einer gemeinnützigen Wohnungsbaugesellschaft die Wohnung nur als Zweitwohnung (Stadtwohnung) nutzt (LG München I, Urt. v. 3.7.1991, WuM 1992, 16). Da eine gemeinnützige Wohnungsbaugesellschaft, die im Eigentum der öffentlichen Hand steht, verpflichtet ist, möglichst viel preiswerten, familiengerechten Wohnraum dem Wohnungsmarkt zur Linderung der Wohnungsnot und zur Preisdämmung des Mietniveaus zur Verfügung zu stellen, hat sie ein berechtigtes Interesse an der

Beendigung des Mietverhältnisses nach § 573 Abs. 1 BGB, wenn der Mieter diese Wohnung nur als Zweitwohnung nutzt (LG München I, a.a.O.).

Eine **Gemeinde,** die ein Mietverhältnis über Wohnraum kündigt, kann sich zur Begründung ihres berechtigten Interesses im Sinne von § 573 Abs. 1 und 2 BGB darauf berufen, dass sie den Wohnraum zur **Erfüllung öffentlich-rechtlicher Aufgaben** benötigt. Zu den öffentlich-rechtlichen Aufgaben, die ein berechtigtes Interesse an der Beendigung eines Mietverhältnisses begründen können, zählt in Bayern auch die Bereitstellung von Räumen für den theoretischen Unterricht der Feuerwehr sowie für kulturelle oder soziale Zwecke, z.B. Turnraum, Versammlungs- und Übungsraum für einen örtlichen Gesangsverein und Raum für eine Webeschule (BayObLG, Beschl. v. 21.11.1980, NJW 1981, 580; Weber/Marx, I/S. 59).

Dagegen begründet das **allgemeine öffentliche Interesse** an der Durchführung eines Bauvorhabens, das die Errichtung eines Mehrzweckgebäudes mit Parkplätzen, Geschäftsräumen und Wohnungen zum Gegenstand hat, kein berechtigtes Interesse des Vermieters an der Beendigung des Mietverhältnisses (OLG Frankfurt, RE v. 6.3.1981, MDR 1981, 673; Weber/Marx, I/S. 63).

Anders kann dies zu beurteilen sein, wenn für die Errichtung ein **dringendes öffentliches** Bedürfnis besteht (vgl. auch LG Köln, WuM 1976, 163).

2.4.3 Überbelegung

Der Vermieter kann nach § 573 Abs. 1 BGB berechtigt sein, das Mietverhältnis über eine 56,94 m^2 große Wohnung zu kündigen, wenn die Familie der Mieter bei Beginn des Mietverhältnisses aus 2 Erwachsenen und 3 Kindern bestand und die Mieter inzwischen 3 weitere Kinder bekommen haben. Im Einzelnen richtet sich das Recht des Vermieters zur Kündigung jedoch nach den jeweils umfassend zu würdigenden Umständen des Einzelfalles (OLG Hamm, RE v. 6.10.1982, DWW 1982, 335; Weber/Marx, II/S. 51).

Das **Verschulden** des Mieters liegt dabei in dem Umstand, dass er nicht rechtzeitig auf eine größere Wohnung ausgewichen ist.

Zur Überbelegung vgl. im Einzelnen „Kündigung", Abschnitt 3.2.1.1.

2.4.4 Unzumutbarkeit

Vertragsverstöße des Mieters können eine Kündigung nach § 573 **Abs. 2** Nr. 1 BGB (vgl. Abschnitt 2.1) nur begründen, wenn diese **schuldhaft** erfolgt sind. Liegt ein Verschulden **nicht** vor, z.B. bei Handlungen durch schuldunfähige Personen, kann eine Kündigung nach § 573 **Abs. 1** BGB erfolgen, da diese Vorschrift ein Verschulden (im Gegensatz zu § 573 Abs. 2 Nr. 1 BGB) nicht voraussetzt. Zum Ausgleich ist jedoch ein **verstärktes** Maß an Unzumutbarkeit notwendig, sodass die Kündigung nur erfolgen kann, wenn z.B. das Vertragsverhältnis oder die Hausgemeinschaft infolge der Vertragsverstöße ganz erheblich beeinträchtigt wird. Störungen des Hausfriedens durch den schuldunfähigen Mieter, die zu einer außerordentlichen Kündigung nach § 543

Abs. 1 BGB berechtigen, begründen jedoch stets die ordentliche Kündigung nach § 573 Abs. 1 BGB (LG Dresden, WuM 1994, 377).

Kann bei massiven Streitigkeiten der Mieter untereinander mit der Folge erheblicher Störungen des Hausfriedens der Verursacher nicht ermittelt werden, hat das LG Duisburg (WuM 1975, 209) in diesem Fall die Kündigung desjenigen Mieters als berechtigt angesehen, nach dessen Auszug am ehesten die Wiederherstellung des Hausfriedens zu erwarten ist.

2.4.5 Wirtschaftliche Interessen

Wirtschaftliche Interessen des Vermieters können eine Kündigung grundsätzlich nur im Rahmen des § 573 Abs. 2 Nr. 3 BGB (s. Abschnitt 2.3) begründen. Nach dem RE des BayObLG vom 17.10.1983 (DWW 1984, 22) stellt der drohende nachträgliche **Wegfall einer Grunderwerbsteuerbefreiung** durch eine unterlassene Eigennutzung einer vom Vermieter erworbenen Eigentumswohnung ein die ordentliche Kündigung nach § 573 Abs. 1 BGB rechtfertigendes berechtigtes Interesse an der Beendigung des Mietverhältnisses dar, sofern die dem Vermieter dadurch erwachsenden wirtschaftlichen Nachteile unter Würdigung aller Umstände des Einzelfalles erheblich sind.

2.4.6 Zweckbindung

Bei sog. „Heimverträgen" (vgl. „Heimverträge") kann ein berechtigtes Interesse des Heimträgers an der Beendigung des Mietverhältnisses vorliegen, wenn die Voraussetzungen der Unterbringung nicht mehr gegeben sind (z.B. die nach der Satzung festgelegte Höchstdauer überschritten ist) oder der Zweck der Aufnahme erreicht ist bzw. nicht mehr erreicht werden kann und der Wohnraum für andere Berechtigte benötigt wird.

2.4.7 Modernisierung

Die beabsichtigte Modernisierung bzw. Sanierung (vgl. „Modernisierung") stellt grundsätzlich keinen Kündigungsgrund dar; selbst dann nicht, wenn die Wohnung kurzfristig unbewohnbar wird (AG München, WuM 1986, 334). Ein Kündigungsgrund kann sich insofern nur bei Vorliegen der Voraussetzungen des § 573 Abs. 2 Nr. 3 BGB (s. Abschnitt 2.3) ergeben.

2.4.8 Fehlende Nutzungsgenehmigung

Überlässt der Vermieter dem Mieter baurechtlich nicht für Wohnzwecke genehmigte Räume, kann er ein berechtigtes Interesse an der Beendigung des Mietverhältnisses nach § 573 Abs. 1 BGB grundsätzlich nicht auf die fehlende Genehmigung stützen (LG Stuttgart, WuM 1992, 487). Eine Kündigung kann in diesem Fall nach § 573 Abs. 2 Nr. 3 BGB (vgl. Abschnitt 2.3) begründet sein, wenn die zur Erreichung der Genehmigungsfähigkeit erforderlichen Maßnahmen das Maß des Zumutbaren überschreiten.

2.5 Ausnahmen vom Kündigungsschutz

In den nachfolgend angeführten Fällen besteht **kein** Kündigungsschutz des Mieters:

2.5.1 Kündigung im Zweifamilienhaus (§ 573 a BGB)

Ein Mietverhältnis über eine Wohnung in einem vom Vermieter selbst bewohnten Wohngebäude mit nicht mehr als zwei Wohnungen kann der Vermieter auch ohne Vorliegen eines berechtigten Interesses kündigen (§ 573 a Abs. 1 BGB).

Gegen diese erleichterte Kündigungsmöglichkeit bestehen keine verfassungsrechtlichen Bedenken, da sich aus der Verfassung keine generelle Verpflichtung des Gesetzgebers entnehmen lässt, die ordentliche Kündigung einer Wohnung nur bei Vorliegen eines berechtigten Interesses zuzulassen (BVerfG, Beschl. v. 13.1.1994, WuM 1994, 520). Sinn und Zweck dieser Sonderregelung ist es, im Hinblick auf das enge Zusammenwohnen und das zwangsläufig häufige Zusammentreffen der Parteien eine Lösung des Vertragsverhältnisses auch ohne Vorliegen der strengen Voraussetzungen des § 573 BGB zu ermöglichen, insbesondere weil in diesem Fall auch persönliche Spannungen zwischen den Parteien, die kein berechtigtes Interesse an der Beendigung des Mietverhältnisses begründen, zu einer Unzumutbarkeit der Fortsetzung des Mietverhältnisses führen können.

> Voraussetzung ist, dass der Vermieter **selbst** im Anwesen wohnt. Besteht die Vermieterseite aus einer Personenmehrheit (z.B. einer Erbengemeinschaft), ist ausreichend, dass eine Person darin wohnt.

§ 573 a BGB stellt ausschließlich auf den **Vermieter** ab, sodass Vermieter und Eigentümer nicht identisch sein müssen. Hat z.B. der Nießbraucher als Vermieter den Mietvertrag abgeschlossen, ist es unerheblich, ob auch der Eigentümer in dem Anwesen wohnt.

Ein „**Bewohnen**" im Sinne des § 573 a BGB setzt zwar nicht voraus, dass sich der Vermieter überwiegend in dem Anwesen aufhält (vgl. LG Hamburg, WuM 1983, 23), jedoch muss er dort das Zentrum seiner privaten Lebensführung haben (LG Wuppertal, WuM 1990, 156). Ein nur gelegentliches Benutzen der Wohnung oder eine Nutzung als „Möbellager" reicht mit Rücksicht auf den vorerwähnten Sinn und Zweck der Regelung nicht aus (vgl. LG Berlin, WuM 1980, 134 sowie OLG Hamburg WuM 1992, 634 zur Definition des „Lebensmittelpunktes").

> Der Vermieter muss nicht bereits bei Abschluss des Mietvertrages in dem Anwesen gewohnt haben; ausreichend ist, wenn dies im Zeitpunkt des **Zugangs der Kündigung** der Fall ist (OLG Koblenz, RE v. 25.5.1981, ZMR 1981, 371; BayObLG, Beschl. v. 31.1.1991, WuM 1991, 249).

Allerdings muss der Vermieter nach Auffassung des OLG Karlsruhe (Urt. v. 22.4.1993, WuM 1993, 405) auch noch bis zum Abschluss eines eventuellen Räumungsrechtsstreits im Anwesen wohnen. Dies bedeutet, dass beim Wegfall dieser die Kündigung stützenden Voraussetzung, z.B. beim Tod des im Anwesen wohnenden Vermieters zwischen Zugang der Kündigung und Ab-

Kündigungsschutz

schluss des Rechtsstreits, die Erben als Rechtsnachfolger des Vermieters verpflichtet sind, den Mieter auf die Veränderung der Sachlage hinzuweisen und ihm eine Fortsetzung des Mietverhältnisses anzubieten.

Die Voraussetzungen des § 573 a Abs. 1 BGB sind nur erfüllt, wenn das Gebäude **nicht mehr als zwei** Wohnungen hat. Existieren neben den zwei Wohnungen zusätzliche Räume, ist entscheidend, ob darin die zur Führung eines selbstständigen Haushaltes erforderlichen Versorgungseinrichtungen wie Wasser- und Energieanschluss sowie ein Abfluss (vgl. LG Lübeck, WuM 1992, 616) vorhanden sind. Daneben ist zur Qualifizierung als „Wohnung" erforderlich, dass ein Herd als Kochgelegenheit und eine Spüle vorhanden sind (LG Kempten, WuM 1994, 254). Allein die Möglichkeit, eine Kochplatte anzuschließen, ist nicht ausreichend; ebenso nicht die Verwendung eines anderen Ausgusses zur Küchenarbeit (LG Hamburg, WuM 1994, 215). Vgl. dazu LG Bonn (WuM 1992, 24) sowie LG Lübeck (WuM 1992, 616). Besteht nur eine Mitbenutzungsmöglichkeit in einer anderen Wohnung, ist der Begriff „Wohnung" nicht erfüllt. Dagegen kann von einer selbstständigen Wohneinheit ausgegangen werden, wenn sich die Toilette im Treppenhausflur befindet (LG Köln, Urt. v. 1.12.1998, Az. 12 S 188/98, ZMR 1999, 560).

Einzelne Wohnräume (z.B. im Dach- oder Kellergeschoss) außerhalb der zwei getrennten Wohnungen stehen dem erleichterten Kündigungsrecht nicht entgegen (Palandt, Anm. 3a zu § 564 b BGB a.F.). Siehe auch § 75 Abs. 6 S. 2 i.V.m. Abs. 5 S. 1 BewG und KG Berlin (v. 12.11.1984, ZMR 1986, 162), wonach bei der Qualifikation als „2-Familien-Haus" Wohnungen des **Hauspersonals** (Pförtner, Heizer, Gärtner, Wächter usw.) **nicht** mitzurechnen sind.

Das erleichterte Kündigungsrecht wird auch nicht dadurch ausgeschlossen, dass der Mieter in einem Haus mit drei Wohnungen im Laufe des Mietverhältnisses die dritte Wohnung zum Zweck der einheitlichen Nutzung mit der zunächst angemieteten Wohnung hinzugemietet und die beiden Wohnungen nach außen miteinander verbunden hat, auch wenn diese Umbauarbeiten mit vertretbarem Aufwand jederzeit wieder rückgängig gemacht werden können (OLG Karlsruhe, RE v. 10.6.1983, DWW 1983, 173).

Die Anwendung von § 573 a BGB erfordert auch **nicht**, dass der Vermieter und der Mieter im Zusammenhang mit der Benutzung ihrer Wohnungen in dem Wohngebäude eine **Gelegenheit zum Zusammentreffen** haben; insbesondere ist nicht erforderlich, dass ein gemeinsames Treppenhaus, ein gemeinsamer Hauseingang oder sonstige gemeinschaftlich zu nutzende Räume oder Flächen vorhanden sind (OLG Saarbrücken, RE v. 2.7.1992, DWW 1992, 310).

Fraglich kann im Einzelfall aufgrund der baulichen Gegebenheiten jedoch sein, ob überhaupt lediglich **ein** Wohngebäude (i.S.d. § 573 a BGB) vorliegt oder ob es sich um **zwei** Wohngebäude handelt mit der Folge, dass eine Anwendung dieser Vorschrift ausscheidet. Dabei ist als ein Wohngebäude auch ein Haus anzusehen, dessen Wohnungen **getrennte Eingänge** haben. Eine andere Bewertung würde eine weitergehende bauliche – wenn auch äußerlich nicht erkennbare – Trennung voraussetzen und somit eine bauliche Situation, wie sie bei zwei voneinander getrennten Wohngebäuden vorliegt. Dies kann der Fall sein, bei je einer Wohnung in einer Reihenhaushälfte, bei Wohnungen in nebeneinander liegenden, aber miteinander verbundenen Bungalows und bei völlig voneinander getrennten Terrassenwohnungen (OLG Saarbrücken, a.a.O.).

Das erleichterte Kündigungsrecht besteht auch dann, wenn sich in einem Wohngebäude außer den zwei Wohnungen, die vom Mieter und Vermieter bewohnt werden, **Gewerberäume** befinden und diese **vom Vermieter** für eigene betriebliche Belange selbst genutzt werden (OLG Karlsruhe, RE v. 25.11.1991, DWW 1992, 49) oder leer stehen (LG Stuttgart, WuM 1993, 404).

Dagegen entfällt das erleichterte Kündigungsrecht, wenn die Gewerberäume an einen Dritten vermietet sind (OLG Frankfurt, RE v. 2.11.1981, DWW 1981, 322; Weber/Marx, I/S. 70).

Kein erleichtertes Kündigungsrecht besteht, wenn eine von drei **Wohnungen** eines Wohngebäudes **leer steht** (LG Köln, WuM 1985, 63) oder **entgegen den baurechtlichen Vorschriften** errichtet wurde, da es insofern nur auf die Möglichkeit der tatsächlichen Nutzung zur selbstständigen Haushaltsführung und nicht auf die Verbotsnormen des öffentlichen Rechts ankommt (LG Aachen, WuM 1993, 616; LG Bochum, WuM 1984, 133).

Entscheidender **Zeitpunkt** für das Vorliegen der Voraussetzung, dass sich in dem Gebäude nicht mehr als zwei Wohnungen befinden, ist nach dem RE des OLG Hamburg vom 7.4.1982 (NJW 1983, 182) i.d.R. derjenige der **Begründung des Mietverhältnisses** und nicht der des Ausspruchs der Kündigung, da andernfalls der Bestandsschutz durch nachträgliche Umbauten ausgehöhlt werden könnte (Schmid in DWW 1984, 203).

Diese Auffassung widerspricht dem Grundsatz, dass es für die Wirksamkeit einer Kündigung auf die Verhältnisse im Zeitpunkt ihres Zugangs ankommt, und auch den Rechtsentscheiden des OLG Koblenz und des BayObLG, wonach es bei dem weiteren Merkmal des § 573 a BGB (Bewohnen durch den Vermieter) gerade nicht auf den Zeitpunkt des Vertragsschlusses ankommt.

Will der Vermieter eine dritte Wohnung im Haus der selbstgenutzten Wohnung zurechnen, sodass der Charakter des Zweifamilienhauses und damit das erleichterte Kündigungsrecht auf Dauer besteht, muss er den Mieter bei Anmietung davon in Kenntnis setzen (LG Aachen, a.a.O.; LG Memmingen, NJW-RR 1992, 523).

Das erleichterte Kündigungsrecht gilt nach dem Wohnungsbau-Erleichterungsgesetz (BGBl. I S. 926) auch für Mietverhältnisse in einem vom Vermieter selbst bewohnten Wohngebäude mit **drei** Wohnungen, wenn mindestens eine der Wohnungen durch Ausbau oder Erweiterung nach dem 31.5.1990 und **vor dem**

1.6.1999 fertig gestellt worden ist und der Vermieter den Mieter bei Vertragsabschluss auf diese Kündigungsmöglichkeit hingewiesen hat (§ 564 b Abs. 4 S. 1 Nr. 2 BGB a.F.).

Damit sollte verhindert werden, dass der Vermieter bei Schaffung einer dritten Wohnung sein Sonderkündigungsrecht einbüßt und damit von der **Errichtung von zusätzlichem Wohnraum** abgehalten wird.

Diese Kündigungsmöglichkeit ist durch die am **1.9.2001** in Kraft getretene Mietrechtsreform **ersatzlos weggefallen**. Entsprechende Mietverhältnisse in Wohngebäuden mit drei Wohnungen, die am 1.9.2001 bereits bestanden haben, können jedoch nach der **Übergangsvorschrift** des Art. 229 § 3 Abs. 2 EGBGB noch **bis 31.8.2006** nach den bisherigen Vorschriften gekündigt werden.

Ein erleichtertes Kündigungsrecht besteht auch für Mietverhältnisse über Wohnraum **innerhalb** der vom Vermieter selbst bewohnten Wohnung (§ 573 a Abs. 2 BGB).

Mietverhältnisse über Wohnraum **innerhalb** der **vom Vermieter selbst bewohnten Wohnung** sind vom Kündigungsschutz bereits nach § 549 Abs. 2 Nr. 2 BGB (s. Abschnitt 2.5.4) ausgenommen, wenn der Wohnraum überwiegend **möbliert** ist und dem Mieter nicht zum dauernden Gebrauch mit seiner Familie oder mit Personen überlassen ist, mit denen er einen auf Dauer angelegten gemeinsamen Haushalt führt.

Der Regelungsbereich des § 573 a Abs. 2 BGB beschränkt sich daher auf Wohnraum **innerhalb** der **Wohnung des Vermieters**, der **leer** oder nicht überwiegend möbliert ist oder dem Mieter zum dauernden Gebrauch mit seiner **Familie** oder mit o.g. Personen überlassen ist.

> Es kommt nicht darauf an, wie viele Wohnungen das Wohngebäude hat, sodass das Sonderkündigungsrecht auch in einem Mehrfamilienhaus gilt (KG Berlin, RE v. 21.4.1981, NJW 1981, 2470; Weber/Marx, I/S. 65).

Getrennt zugängliche Räume im selben Haus, insbesondere Dachgeschoss- und Kellerzimmer, sog. Hobbyräume, liegen **nicht innerhalb** der Wohnung, wenn es sich um ein **Mehr**familienhaus handelt, bei dem mehrere Wohnungen abgeschlossen und getrennt sind, insbesondere keine Mitbenutzung von Anlagen wie Küche, Bad, Toilette erfolgt.

> Dagegen liegen im **Einfamilienhaus** auch getrennt zugängliche Räume innerhalb der Wohnung des Vermieters, da der Mieter regelmäßig in den Lebensbereich des Vermieters einbezogen ist (vgl. AG Hamburg, WuM 1996, 547; Palandt Rn. 16 zu § 564 b BGB a.F.).

Im Übrigen gelten die Ausführungen zu § 573 a Abs. 1 BGB entsprechend.

> Im **Kündigungsschreiben** muss angegeben werden, dass die Kündigung auf die Voraussetzungen des § 573 a Abs. 1 oder Abs. 2 gestützt wird (§ 573 a Abs. 3 BGB).

Bei Ausübung des erleichterten Kündigungsrechtes **verlängert** sich die jeweils geltende Kündigungsfrist (vgl. „Kündigungsfristen") um 3 Monate (§ 573 a Abs. 1 S. 2 BGB).

Liegen die Voraussetzungen des § 573 a BGB und **zusätzlich** ein **berechtigtes Interesse** (i.S.v. § 573 Abs. 1 und 2 BGB) vor, hat der Vermieter ein **Wahlrecht**, ob er unter Berufung auf berechtigte Interessen (mit normaler Kündigungsfrist) kündigt oder von seinem erleichterten Kündigungsrecht (mit verlängerter Frist) Gebrauch macht.

Die Kündigung kann auch in erster Linie auf § 573 a BGB und **hilfsweise** auf berechtigte Interessen nach § 573 Abs. 1 und 2 BGB, z.B. Eigenbedarf, gestützt werden (OLG Hamburg, RE v. 7.4.1982, NJW 1983, 182; Weber/Marx, II/S. 46).

Nicht zulässig ist es dagegen, die Kündigungsgründe nebeneinander so geltend zu machen, dass nicht erkennbar wird, ob und wie der Vermieter sein Wahlrecht ausgeübt hat (LG Köln, WuM, 1997, 221). Eine zusätzlich auf berechtigte Interessen (z.B. Eigenbedarf) gestützte Kündigung muss daher ausdrücklich **hilfsweise** erklärt werden.

Der Vermieter darf auch noch innerhalb der laufenden Kündigungsfrist von seinem erleichterten Kündigungsrecht Gebrauch machen, nachdem der Mieter einer auf berechtigte Interessen gestützten Kündigung widersprochen hat. Voraussetzung ist jedoch, dass in dem Kündigungsschreiben zweifelsfrei zum Ausdruck gebracht wird, dass die Kündigung nicht mehr auf berechtigte Interessen nach § 573 Abs. 1 BGB, sondern auf die Voraussetzungen des § 573 a Abs. 1 oder

Abs. 2 gestützt wird (vgl. OLG Karlsruhe, RE v. 27.10.1981, DWW 1982, 54; Weber/Marx, I/S. 69).

Auch bei einer Kündigung nach § 573 a BGB verbleibt es bei der **Obliegenheit des Vermieters**, den Mieter auf die Möglichkeit des **Widerspruchs** nach § 574 BGB sowie auf die Form und die Frist des Widerspruchs hinzuweisen (§ 568 Abs. 2 BGB) und bei dem **Recht des Mieters**, der Kündigung nach § 574 BGB zu widersprechen, wenn die vertragsgemäße Beendigung des Mietverhältnisses für den Mieter, seine Familie oder einen anderen Angehörigen seines Haushalts eine Härte bedeuten würde (s. Abschnitt 3).

Dementsprechend findet nach dem Rechtsentscheid des OLG Hamm vom 16.3.1992 (30 RE-Miet 6/91; DWW 1992, 208) die Vorschrift des § 574 Abs. 3 BGB auf die Kündigung des Vermieters nach § 573 a Abs. 1 BGB Anwendung. Dies bedeutet, dass im Rahmen der Interessenabwägung, die nach dem Widerspruch des Mieters zu erfolgen hat, nur die Interessen des Vermieters Berücksichtigung finden, die im Kündigungsschreiben benannt wurden.

Als Folge des bereits angesprochenen „doppelten Kündigungsschutzes" sollte der Vermieter daher selbst bei der erleichterten Kündigungsmöglichkeit im Zweifamilienhaus ein Interesse an der Beendigung des Mietverhältnisses vorbringen, obwohl dies für die Kündigung selbst nicht erforderlich ist. Nach Meinung des OLG Hamm ist dies dem Vermieter zumutbar, da dem Mieter durch diese Angaben des Vermieters „alsbald Gewissheit über die

Kündigungsschutz

Erfolgsaussichten seines Widerspruchs verschafft werden muss".

Eine Erleichterung der Kündigungsmöglichkeit im Zweifamilienhaus besteht jedoch weiterhin aufgrund der Tatsache, dass nicht nur berechtigte Interessen (i.S.d. § 573 Abs. 2 BGB), sondern auch sonstige Interessen des Vermieters gegenüber dem Härteeinwand des Mieters zu berücksichtigen sind, d.h. bei der Interessenabwägung auch schon solche Gründe von ausschlaggebender Bedeutung sein können, die nicht das Gewicht der in § 573 Abs. 2 BGB angeführten Interessen haben (OLG Hamm, a.a.O.). Dementsprechend sind die Anforderungen an die Darlegung der berechtigten Interessen des Vermieters geringer als die Darlegungslast bei den berechtigten Interessen i.S.v. § 573 Abs. 2 BGB (LG Kempten, WuM 1994, 254).

> Neben dem Hinweis, dass die Kündigung auf die Voraussetzungen des erleichterten Kündigungsrechts (§ 573 a Abs. 1 oder Abs. 2 BGB) gestützt wird, sollten im Kündigungsschreiben daher die vorliegenden berechtigten Interessen unter Bezugnahme auf die Vorschrift des § 574 BGB für den Fall des Widerspruchs des Mieters vorgetragen werden.

2.5.2 Teilkündigung von Nebenräumen (§ 573 b BGB)

Der Vermieter kann nicht zum Wohnen bestimmte **Nebenräume** (z.B. Keller-, Speicherabteile, Waschküchen, Trockenraum) oder **Teile eines Grundstücks** (z. B. den Garten) ohne ein berechtigtes Interesse i.S.v. § 573 BGB kündigen, wenn er die Kündigung auf diese Räume oder Grundstücksteile beschränkt und sie dazu verwenden will, Wohnraum zum Zweck der Vermietung zu schaffen oder den neu zu schaffenden und den vorhandenen Wohnraum mit Nebenräumen oder Grundstücksteilen auszustatten (§ 573 b Abs. 1 BGB).

Damit soll insbesondere der nachträgliche Ausbau von Souterrain- und Dachgeschossräumen zu Wohnräumen gefördert werden. Infolge des grundsätzlichen Verbots einer **Teilkündigung** (vgl. „Kündigung", Abschnitt 1.10) wäre es dem Vermieter ansonsten verwehrt, über diese **Neben**räume wieder zu verfügen, wenn sie zum Bestandteil des Mietverhältnisses geworden sind.

> Nach dem Wortlaut des Gesetzes besteht das berechtigte Interesse jedoch nur dann, wenn die Nebenräume zum Zweck des **Wohnens und** der **Vermietung** ausgebaut werden sollen. Daher verbleibt es grundsätzlich bei dem Verbot der Teilkündigung, wenn der Ausbau zu anderen als Wohnzwecken (z.B. gewerblichen, beruflichen Zwecken) oder zur Selbstnutzung erfolgen soll.

Will der Vermieter die Wohnung zwar nicht zum Zweck der Vermietung, sondern zur **Selbstnutzung** ausbauen, führt er aber seine derzeit bewohnte Wohnung dem Wohnungsmarkt zur Vermietung zu, kann die Kündigung von Nebenräumen auf eine **analoge** Anwendung des § 573 b BGB gestützt werden, die im Hinblick auf das wohnungspolitische Anliegen des Gesetzgebers, weiteren Wohnraum zu schaffen, zulässig ist

Kündigungsschutz

(BVerfG, Beschl. v. 11.3.1992, Az. 1 BvR 303/92; WuM 1992, 228).

Die Teilkündigung eines Nebenraumes ist nicht zulässig, wenn er nicht zu neuem Wohnraum ausgebaut werden soll, sondern seine Fläche ohne zwingenden Grund (z.b. durch behördliche Auflage) einem Aufzugsschacht weichen soll, der mit dem Ausbau einer Dachwohnung errichtet werden könnte (AG München, WuM 1995, 112).

Die Kündigung ist spätestens am 3. Werktag eines Kalendermonats zum Ablauf des übernächsten Monats zulässig (§ 573 b Abs. 2 BGB). Die **Kündigungsfrist** beträgt somit unabhängig von der Dauer des Mietverhältnisses **3 Monate**.

Die **Sozialklausel** (§§ 574 bis 574 c BGB; s. Abschnitt 3) findet Anwendung.

Bei **befristeten** Mietverhältnissen besteht **kein** Kündigungsrecht, was durch die systematische Stellung des § 573 b BGB im Unterabschnitt „Mietverhältnisse auf **unbestimmte** Zeit" zum Ausdruck kommt (vgl. Begründung des Gesetzentwurfes, abgedr. in NZM 2000, 448).

Das **Kündigungsschreiben** muss eine ausreichende **Begründung** enthalten, z.b. durch die Mitteilung der konkreten Ausbaupläne und der Zulässigkeit der geplanten Maßnahme. Die schlichte Wiedergabe des Gesetzeswortlautes genügt nicht (AG Hamburg, WuM 1994, 433).

Der Mieter kann als Ausgleich eine angemessene **Senkung der Miete** verlangen (§ 573 b Abs. 4 BGB). Dieser Formulierung ist zu entnehmen, dass die Kündigungserklärung ein entsprechendes Angebot nicht zu enthalten braucht und sich die Miete auch nicht automatisch reduziert, sondern erst nachdem der Mieter ein entsprechendes Verlangen gestellt hat (vgl. dazu Johann, NJW 1991, 1100).

Die Senkung der Miete ist im Einzelfall entsprechend den für die Mietminderung geltenden Grundsätzen nach dem Nutzungswertanteil der gekündigten Flächen zu bestimmen. Der Wert eines Abstellraumes im Speicher kann dabei mit ca. einem Drittel des Mietwertes der Wohnräume angesetzt werden (AG Hamburg, WuM 1993, 616). Eine Senkung kann in entsprechender Anwendung des § 536 Abs. 1 S. 2 BGB ausgeschlossen sein, wenn sich der Wegfall der Flächen auf das Mietverhältnis nicht oder nur unerheblich auswirkt, z.B. weil eine Nutzung auch bisher wegen der Größe, des Zuschnitts oder der Zugangsmöglichkeiten kaum möglich war.

Verzögert sich der Beginn der Bauarbeiten, kann der Mieter eine Verlängerung des Mietverhältnisses um einen entsprechenden Zeitraum verlangen (§ 573 b Abs. 3 BGB).

Wird durch **Umwandlung** eines Mietwohnhauses in eine Wohnungseigentumsanlage **Sonder**eigentum an einem Nebenraum (z.B. am Speicherabteil) begründet und dieser an einen anderen als den Eigentümer der vermieteten Wohnung verkauft, kann die Teilkündigung des Nebenraumes nur **gemeinschaftlich** durch dessen (neuen) Eigentümer und den (neuen) Eigentümer der Wohnung erfolgen, da eine **Mehrheit von Vermietern** entsteht, wenn Teile der Mietsache, die ursprünglich Gegenstand eines einheitlichen Mietvertrages (z.B. über Wohnung und Speicherabteil) waren, an verschiedene Erwerber veräußert werden (OLG Celle, Urt. v. 11.10.1995, WuM 1996, 222; vgl. auch BayObLG, WuM 1991, 78).

Die **Beschwer** bei der Teilkündigung eines Nebenraumes richtet sich nach dem 36-fachen des monatlichen Nutzungswertes des herausverlangten Nebenraumes (§§ 511a, 3, 8 ZPO) und nicht nach dem wirtschaftlichen Interesse an der Erlangung des Raumes. Die Gebührenprivilegierung des § 16 GKG kommt nicht zur Anwendung, da es um die Bemessung des Rechtsmittelstreitwertes geht und § 16 GKG den Gebührenstreitwert regelt (LG Hamburg, WuM 1992, 145). Dagegen bemisst sich der **Streitwert** der Klage auf Räumung eines Nebenraumes nach der anteiligen Jahresbruttomiete (AG Hamburg, WuM 1994, 433).

2.5.3 Kündigung von Wohnraum, der nur zum vorübergehenden Gebrauch vermietet ist (§ 549 Abs. 2 Nr. 1 BGB)

Ein „vorübergehender Gebrauch" im Sinne dieser Vorschrift liegt jedoch nicht schon bei einer vertraglichen Befristung der Gebrauchsüberlassung vor. Vielmehr muss nach dem Gebrauchszweck das Ende des Mietverhältnisses entweder zeitlich genau fixierbar oder von einer Bedingung abhängig sein, deren Eintritt in naher Zukunft gewiss ist.

Typische Fälle von vorübergehender Vermietung sind somit die Vermietung von Hotelzimmern, Ferienwohnungen, Unterkünfte für die Dauer einer Messe, Unterbringung eines auswärtigen Monteurs oder eines ausländischen Wissenschaftlers bis zur Erledigung des Arbeitszieles u.Ä. (Schmidt-Futterer/Blank, Rn. C 542).

Dagegen stellt bereits die Anmietung für die Dauer der Ausbildung schon keine vorübergehende Vermietung mehr dar, sodass dieser Tatbestand auch bei einer satzungsgemäßen Beschränkung der Überlassung auf in Ausbildung stehende Personen nicht zu erfüllen wäre (OLG Bremen, RE v. 7.11.1980, ZMR 1982, 239; Weber/Marx, I/S. 108; OLG Hamm, RE v. 31.10.1980, MDR 1981, 232; Weber/Marx, I/S. 58).

2.5.4 Kündigung von Wohnraum innerhalb der Vermieterwohnung (§ 549 Abs. 2 Nr. 2 BGB)

Die Kündigungsschutz-Vorschrift des § 573 BGB gilt ebenfalls nicht für Wohnraum, der **Teil der vom Vermieter selbst bewohnten Wohnung** ist und den der Vermieter überwiegend mit **Einrichtungsgegenständen** auszustatten hat, sofern der Wohnraum dem Mieter nicht zum dauernden Gebrauch mit seiner Familie oder Personen überlassen ist, mit denen er einen auf Dauer angelegten gemeinsamen Haushalt führt.

Die Wohnung ist **Teil** der vom Vermieter selbst bewohnten Wohnung, wenn ein **räumlicher oder funktionaler Zusammenhang** besteht, z.B. durch einen

Kündigungsschutz

gemeinsamen Eingang oder die Mitbenutzung von gemeinsamen Anlagen wie Küche, Bad oder Toilette.

> Getrennt zugängliche Räume im selben Haus, insbesondere Dachgeschoss- und Kellerzimmer, sog. Hobbyräume, liegen **nicht innerhalb** der Wohnung, wenn es sich um ein **Mehr**familienhaus handelt, bei dem mehrere Wohnungen abgeschlossen und getrennt sind, insbesondere keine Mitbenutzung von gemeinsamen Anlagen erfolgt.

Dagegen liegen im **Einfamilienhaus** auch getrennt zugängliche Räume innerhalb der Wohnung des Vermieters (Palandt Anm. 3 b zu § 564 b BGB a.F.), da der Mieter hier regelmäßig in den Lebensbereich des Vermieters einbezogen ist.

Das Entfallen des Kündigungsschutzes setzt weiter voraus, dass der Vermieter vertraglich verpflichtet ist, den Wohnraum überwiegend mit **Einrichtungsgegenständen** auszustatten. Insofern kommt es nicht auf das wertmäßige, sondern auf das funktionelle Übergewicht der zur Verfügung gestellten Einrichtungsgegenstände an. Entscheidend ist weiterhin, in welchem Umfang der Vermieter zur Stellung von Einrichtungsgegenständen verpflichtet war. Eine nachträgliche Beseitigung der Einrichtungsgegenstände des Vermieters durch den Mieter bzw. der Ersatz durch eigene Möbelstücke ändert nichts an der Rechtsnatur des Mietverhältnisses, es sei denn, die Parteien wollten einvernehmlich das Vertragsverhältnis ändern.

Neben dem Umstand, dass sich die zumindest überwiegend möblierten Räume innerhalb der Wohnung des Vermieters befinden, setzt ein Entfallen des Kündigungsschutzes weiter voraus, dass die Räume dem Mieter nicht zum dauernden Gebrauch mit seiner Familie oder mit Personen überlassen sind, mit denen er einen auf Dauer angelegten gemeinsamen Haushalt führt. Entscheidend sind auch hier die Umstände, die von den Parteien zum Inhalt des Vertrages gemacht wurden. Daher kann die **einseitige** Änderung der Verhältnisse durch den Mieter keine Änderung der Rechtsnatur des Mietverhältnisses herbeiführen. Vielmehr ist zu einer Änderung des Rechtsverhältnisses das Einverständnis des Vermieters erforderlich (Barthelmess, § 564 b a.F., Rn. 45).

2.5.5 Kündigung von Wohnraum zur Überlassung an Personen mit dringendem Wohnungsbedarf (§ 549 Abs. 2 Nr. 3 BGB)

Wohnraum, den eine **juristische Person** des öffentlichen Rechts oder ein anerkannter privater **Träger der Wohlfahrtspflege** angemietet hat, um ihn Personen mit dringendem Wohnungsbedarf zu überlassen, steht nicht unter Kündigungsschutz, wenn sie den Mieter bei Vertragsschluss auf die Zweckbestimmung des Wohnraums und die Ausnahme von den genannten Vorschriften hingewiesen hat. Diese Vorschrift ist insbesondere von Bedeutung, wenn Gemeinden Wohnungen anmieten, um sie z.B. an Aus- oder Übersiedler weiterzuvermieten.

2.5.6 Kündigung von Wohnraum in einem Studenten- oder Jugendwohnheim (§ 549 Abs. 3 BGB)

Ein „**Studenten**wohnheim" liegt nur vor, wenn das Gebäude vom Eigentümer dem studentischen Wohnen gewidmet und nach baulicher Anlage und Ausstattung auch geeignet ist, Studenten mit preisgünstigem Wohnraum zu versorgen. Ferner muss der Mietpreis – im Vergleich zur ortsüblichen Miete – günstig und die Vergabepraxis darauf ausgerichtet sein, eine Vielzahl von Studenten mit Wohnraum zu versorgen. Dagegen ist es nicht erforderlich, dass das Gebäude mit Gemeinschaftseinrichtungen ausgestattet ist, dass eine Heimverfassung und eine Heimleitung vorhanden sind und dass das Gebäude ausschließlich von Studenten genutzt wird, sofern die widmungsgemäße Nutzung durch Studenten klar überwiegt (LG Konstanz, WuM 1995, 539; vgl. auch AG München, WuM 1992, 133).

> Die Qualifizierung als **Jugend**wohnheim setzt voraus, dass es sich bei den Bewohnern um Jugendliche im Sinne der gesetzlichen Bestimmungen handelt, also um Personen zwischen dem 14. und 18. Lebensjahr (§ 1 Abs. 2 JGG).

Nachdem ein berechtigtes Interesse zwar nicht Wirksamkeitsvoraussetzung der Kündigung, die **Sozialklausel** des § 574 BGB (vgl. Abschnitt 3) aber gleichwohl **anwendbar** ist, ist in Anbetracht der Vorschrift des § 574 Abs. 3 BGB, wonach bei der Würdigung der berechtigten Interessen des Vermieters grundsätzlich nur die in dem Kündigungsschreiben angegebenen Gründe berücksichtigt werden, zu empfehlen, vorliegende berechtigte Interessen unter Bezugnahme auf die Vorschrift des § 574 BGB im Kündigungsschreiben vorzutragen.

2.6 Sonderregelungen auf dem Gebiet der ehemaligen DDR

Für **Nutzungs**verträge über Grundstücke, die zum Zweck der **kleingärtnerischen Nutzung, Erholung oder Freizeitgestaltung** (sog. „Datschen") oder zur Errichtung von **Garagen** oder anderen persönlichen, jedoch nicht Wohnzwecken dienenden Bauwerken überlassen worden sind, gelten die **Kündigungsschutzfristen** des § 23 Schuldrechtsanpassungsgesetz vom 21.9.1994 (SchuldRAnpG, BGBl. I S. 2538). Danach war die ordentliche Kündigung durch den Grundstückseigentümer **bis 31.12.1999 ausgeschlossen** (§ 23 Abs. 1 SchuldRAnpG).

Seit **1.1.2000** kann der Grundstückseigentümer den Vertrag nur unter der Voraussetzung **kündigen**, dass er das Grundstück

- zur Errichtung eines Ein- oder Zweifamilienhauses als Wohnung für sich, die zu seinem Hausstand gehörenden Personen oder seine Familienangehörigen benötigt und der Ausschluss des Kündigungsrechts dem Eigentümer angesichts seines Wohnbedarfs und seiner sonstigen berechtigten Interessen auch unter Würdigung der Interessen des Nutzers nicht zugemutet werden kann oder

Kündigungsschutz

- alsbald der im Bebauungsplan festgesetzten anderen Nutzung zuführen oder alsbald für diese Nutzung vorbereiten will (§ 23 Abs. 2 SchuldRAnpG).

Vom 1.1.2005 an kann der Grundstückseigentümer den Vertrag auch dann **kündigen**, wenn er das Grundstück

- zur Errichtung eines Ein- oder Zweifamilienhauses als Wohnung für sich, die zu seinem Hausstand gehörenden Personen oder seine Familienangehörigen benötigt oder
- selbst zu kleingärtnerischen Zwecken, zur Erholung oder Freizeitgestaltung benötigt und der Ausschluss des Kündigungsrechts dem Grundstückseigentümer angesichts seines Erholungsbedarfs und seiner sonstigen berechtigten Interessen auch unter Berücksichtigung der Interessen des Nutzers nicht zugemutet werden kann (§ 23 Abs. 3 SchuldRAnpG).

Vom **4.10.2015 an** kann der Grundstückseigentümer den Vertrag nach Maßgabe der allgemeinen Bestimmungen **kündigen** (§ 23 Abs. 4 SchuldRAnpG).

Hatte der Nutzer am 3.10.1990 das 60. Lebensjahr vollendet, ist eine Kündigung durch den Grundstückseigentümer zu Lebzeiten dieses Nutzers nicht zulässig (§ 23 Abs. 5 SchuldRAnpG).

Nach dem Beschluss des BVerfG vom 14 7.1999 (Az. 1 BvR 995/95, ZMR 2000, 145) verstößt § 23 SchuldRAnpG jedoch gegen Art. 14 Abs. 1 GG, da er dem Eigentümer für besonders große Erholungs- und Freizeitgrundstücke nicht

die **Möglichkeit einer Teilkündigung** eröffnet. Der Gesetzgeber wurde daher vom BVerfG aufgefordert, bis spätestens **30.6.2001** eine verfassungskonforme Regelung zu erlassen, wonach dem Eigentümer ein **Teilflächenkündigungsrecht** zustehen soll, wenn die Teilfläche abtrennbar und selbstständig nutzbar ist und die verbleibende Grundstücksfläche immer noch so groß ist, dass der Nutzer auf ihr die bisherige Nutzung ohne zumutbare Einbußen fortsetzen kann. Eine Neuregelung lag bei Redaktionsschluss (1.6.2001) jedoch noch nicht vor.

Für Verträge über Grundstücke, die der Nutzer nicht bis zum Ablauf des 16.6.1994 bebaut hatte, gilt der besondere Kündigungsschutz nach § 23 Abs. 1 und 2 SchuldRAnpG **nur bis zum 31.12.2002.** § 23 Abs. 5 SchuldRAnpG ist nicht anzuwenden, d.h. der besondere Kündigungsschutz endet insofern generell am 31.12.2002, auch wenn der Nutzer am 3.10.1990 bereits das 60. Lebensjahr vollendet hatte.

Danach gelten nur noch die allgemeinen Kündigungsvorschriften des Bürgerlichen Gesetzbuches. Ferner kann der Grundstückseigentümer auch dann kündigen, wenn er das Grundstück einem besonderen Investitionszweck (Schaffung und Erhaltung von Arbeitsplätzen und Wohnraum) zuführen will (§ 23 Abs. 6 SchuldRAnpG).

Unbeschadet dessen sind Nutzungsverhältnisse über **Datschengrundstücke** sowie unbebaute Grundstücke vom Eigentümer **sofort** kündbar, wenn eine **dauerhafte Nutzungsaufgabe** vorliegt, da der Nutzer dann keine schutzwürdige Rechtsposition mehr hat, die den Vorrang vor dem Rückerlangungsinteresse des Eigentümers verdient (BVerfG, a.a.O.). Von einer dauerhaften Nutzungsaufgabe wird auszugehen sein, wenn die Nutzung für **mindestens ein Jahr** aufgegeben wurde (vgl. § 29 Abs. 1 SachenRBerG).

Zur Kündigung von **Garagen**grundstücken s. „Garage".

§ 24 SchuldRAnpG enthält Sonderregelungen für den Fall, dass der Nutzer ein zum **dauernden Wohnen** geeignetes Wochenendhaus zu Wohnzwecken benutzt.

§ 25 SchuldRAnpG enthält ein **besonderes Kündigungsrecht** des Grundstückseigentümers für den Fall, dass der Nutzungsvertrag im Zusammenhang mit der Bestellung eines **dinglichen** Nutzungsrechts zur Errichtung eines Eigenheims abgeschlossen wurde und die genutzten Flächen die für den Eigenheimbau vorgesehene Regelgröße von **500 m² übersteigt**.

Wird der Vertrag hinsichtlich einer Teilfläche gekündigt, so wird er über die Restfläche fortgesetzt, wobei der Nutzer eine Anpassung des Nutzungsentgelts verlangen kann. Das angepasste Entgelt wird vom Beginn des Kalendermonats an geschuldet, in dem die Kündigung wirksam wird. Die Kündigung ist spätestens am 3. Werktag eines Kalendermonats für den Ablauf des auf die Kündigung folgenden 5. Monats zulässig, wenn sich nicht aus § 584 Abs. 1 BGB eine längere Frist ergibt. Der Nutzer kann der Kündigung widersprechen,

wenn die Beendigung des Vertrages für ihn zu einer unzumutbaren Härte im Sinne des § 26 Abs. 3 des Sachenrechtsbereinigungsgesetzes führen würde. Der Grundstückseigentümer kann in diesem Fall vom Nutzer den Ankauf des Grundstücks zum ungeteilten Bodenwert nach Maßgabe der Bestimmungen des Sachenrechtsbereinigungsgesetzes verlangen.

Zu den Sonderregelungen auf dem Gebiet der ehemaligen DDR vgl. auch die Ausführungen unter dem Abschnitt 2.3 sowie bei „Eigenbedarf", „Garage", „Geschäftsräume".

3 Die Sozialklausel (§ 556a BGB)

Der Mieter von **Wohn**raum ist bei einer Kündigung durch den Vermieter – abgesehen von wenigen Ausnahmefällen – in **doppelter** Hinsicht geschützt. Zum einen dadurch, dass der Vermieter grundsätzlich nur bei Vorliegen eines berechtigten Interesses an der Beendigung des Mietverhältnisses kündigen kann (§ 573 BGB; vgl. Abschnitt 2) und zum anderen durch die Sozialklausel des § 574 BGB, wonach der Mieter selbst dann, wenn der Vermieter ein berechtigtes Interesse an der Beendigung des Mietverhältnisses dargelegt und bewiesen hat, unter bestimmten Voraussetzungen die Fortsetzung des Mietverhältnisses verlangen kann.

Nach § 574 Abs. 1 BGB kann der Mieter der Kündigung eines Mietverhältnisses über Wohnraum durch den Vermieter widersprechen und von ihm die Fortsetzung des Mietverhältnisses verlangen, wenn die Beendigung des Mietverhältnisses für den Mieter, seine Familie oder einen Angehörigen seines Haushalts eine **Härte** bedeuten würde, die auch unter Würdigung der berechtigten Interessen des Vermieters nicht zu rechtfertigen ist. Eine Härte liegt auch vor, wenn angemessener Ersatzwohnraum zu zumutbaren Bedingungen nicht beschafft werden kann (§ 574 Abs. 2 BGB).

Eine Abwägung der beiderseitigen Interessen hat gem. dieser Regelung erst nach dem Widerspruch des Mieters stattzufinden und nicht bereits bei der Prüfung des berechtigten Interesses des Vermieters an der Beendigung des Mietverhältnisses, da § 573 BGB ausdrücklich auf die Interessen allein des Vermieters abstellt.

Wären die im Einzelfall vorliegenden besonderen Belange des Mieters bereits bei der Prüfung zu beachten, ob ein berechtigtes Interesse des Vermieters an der Kündigung anzunehmen ist, liefe dies darauf hinaus, dass der Vermieter zur Schlüssigkeit einer Räumungsklage die besonderen Interessenlage des Mieters schildern muss, die ihm nicht bekannt ist (BGH, RE v. 20.1.1988, DWW 1988, 78; Weber/Marx, VIII/S. 45).

Diese doppelte Absicherung des Wohnraummieters führt in der Praxis erfahrungsgemäß dazu, dass die Instanzgerichte bestrebt sind, durch verstärkte Anwendung der Sozialklausel einen Ausgleich zu schaffen, wenn die Obergerichte die Anforderungen an das Vorliegen eines berechtigten Interesses des Vermieters reduzieren (vgl. dazu auch Henschel, NJW 1989, 937).

Die Sozialklausel gilt auch bei der **außerordentlichen** Kündigung mit **gesetzlicher** Frist (vgl. „Kündigung", Abschnitt 3.2.2).

Dagegen ist die Sozialklausel nicht anwendbar, wenn ein Grund vorliegt, der den Vermieter zur außerordentlichen **fristlosen** Kündigung (vgl. „Kündigung", Abschnitt 3.2.1) berechtigt (§ 574 Abs. 1 S. 2 BGB).

Ebenso dann nicht, wenn die Kündigung des Mietverhältnisses durch den **Mieter** erfolgt ist (vgl. Begründung des Gesetzentwurfes, abgedr. in NZM 2000, 450).

Ausgenommen vom Anwendungsbereich der Sozialklausel sind gem. § 549 Abs. 2 Nr. 2 BGB auch folgende Mietverhältnisse:

- Wohnraum, der nur zu **vorübergehendem Gebrauch** vermietet ist. Die Vermietung eines Zimmers oder Appartements in einem Studentenwohnheim für länger als ein Semester stellt keine Vermietung zu „vorübergehendem Gebrauch" dar, unabhängig davon, ob das Zimmer bzw. Appartement möbliert ist (vgl. OLG Hamm, Beschl. v. 27.3.1986, NJW-RR 1986, 110 und 4.4.1986, MDR, 1986, 676). Studentenwohnheimplätze sind zwar vom Kündigungsschutz des § 573 BGB ausgenommen, die Härteklausel des § 574 BGB bleibt aber bestehen (zum Begriff des „vorübergehenden Gebrauchs" vgl. Abschnitt 2.5.3);

- Wohnraum, der Teil der **vom Vermieter selbst bewohnten Wohnung** ist und den der Vermieter überwiegend mit Einrichtungsgegenständen auszustatten hat, sofern der Wohnraum dem Mieter nicht zum dauernden Gebrauch mit seiner Familie oder mit Personen überlassen ist, mit denen er einen auf Dauer angelegten gemeinsamen Haushalt führt (vgl. Abschnitt 2.5.4);

- Wohnraum, den eine **juristische Person** des öffentlichen Rechts oder ein anerkannter privater **Träger der Wohlfahrtspflege** angemietet hat, um ihn Personen mit dringendem Wohnungsbedarf zu überlassen, wenn sie den Mieter bei Vertragsschluss auf die Zweckbestimmung des Wohnraums und die Ausnahme von den genannten Vorschriften hingewiesen hat (vgl. Abschnitt 2.5.5).

Voraussetzung für den Widerspruch des Mieters ist, dass die Beendigung des Mietverhältnisses für ihn, seine Familie oder einen anderen Angehörigen seines Haushalts eine **Härte** bedeuten würde.

> Bei einer **Personenmehrheit** auf der Mieterseite ist ausreichend, dass der Härtegrund bei **einer** Person vorliegt.

Zur Familie des Mieters gehören der Ehegatte (oder Lebenspartner) sowie haushaltszugehörige Verwandte und Verschwägerte. Angehörige des Haushalts des Mieters können z. B. der Lebensgefährte, dessen Kinder oder Pflegekinder sein (vgl. Begründung des Gesetzentwurfes, abgedr. in NZM 2000, 450).

Im Gesetz ist nur ein Härtegrund ausdrücklich genannt. Danach liegt eine Härte vor, wenn **angemessener Ersatzwohnraum** zu zumutbaren Bedingungen nicht beschafft werden kann. Ist dagegen dieser, wenn auch unter schwierigen Bedingungen, zu erlangen, ist das Mietverhältnis nicht aus Härtegründen fortzusetzen, sondern vom Gericht lediglich eine angemessene Räumungsfrist (§ 721 ZPO) zu gewähren (LG Hamburg, Urt. v. 25.10.1990, WuM 1991, 38). Der Ersatzwohnraum ist auch dann angemessen, wenn er mit dem Gekündigten nicht gleichwertig ist; jedoch muss der Mieter keine wesentliche Verschlechterung akzeptieren, wenn dadurch sein sozialer Status betroffen wird (LG Hamburg, WuM 1990, 118). Die Beurteilung hängt im Wesentlichen von den konkreten Umständen des Einzelfalles ab. So kann der Mieter zwar nicht grundsätzlich verlangen, dass die Ersatzwohnung in dem bisherigen Wohngebiet liegt (vgl. LG München I, WuM 1989, 296), jedoch kann eine solche Anforderung im Einzelfall trotzdem gestellt werden, wenn dies z.B. zur Pflege von alten oder kranken Menschen durch Personen in der Nachbarschaft erforderlich ist. Sie hat in Bezug auf Lage, Größe und Ausstattung bestimmten Anforderungen zu genügen, wobei auch den bisherigen Lebensgewohnheiten des Mieters (wie Trennung von Schlaf- und Wohnraum) und ggf. dem Bedürfnis zur Aufnahme einer Pflegeperson Rechnung zu tragen ist.

> Der Mieter ist grds. nicht verpflichtet, sich auf die Unterbringung in einem Alters- oder Pflegeheim verweisen zu lassen (OLG Karlsruhe, RE v.

3.7.1970, DWW 1970, 307; Weber/Marx, I/S. 47).

Eine **Ausnahme** kann bestehen, wenn der Wille des Mieters, in der Wohnung zu verbleiben, unrealistisch ist, z.B. wegen einer fortgeschrittenen Gebrechlichkeit und Pflegebedürftigkeit (BVerfG, Beschl. v. 27.1.1994, WuM 1994, 255). Die Beurteilung, welche Bedingungen dem Mieter zumutbar sind, hängt insbesondere von der **wirtschaftlichen Leistungsfähigkeit des Mieters** im Einzelfall ab, wobei die Möglichkeit des Bezugs von Wohngeld oder Sozialhilfe durch den Mieter zu berücksichtigen ist.

Der Mieter muss im Streitfall darlegen und beweisen, dass er alle zumutbaren Schritte zur Erlangung einer Ersatzwohnung unternommen hat (LG Bonn, WuM 1992, 16).

Diese Verpflichtung hat der Mieter z.B. nicht erfüllt, wenn er innerhalb eines Zeitraumes von 6 Monaten nur auf 3 Chiffre-Anzeigen in der Tageszeitung schriftlich geantwortet hat (LG Mannheim, DWW 1992, 87). Keinesfalls ausreichend ist es, wenn sich der Mieter nur auf die angespannte Situation auf dem Wohnungsmarkt beruft (LG Mannheim, DWW 1993, 140). Zur Erlangung einer Ersatzwohnung ist dem Mieter auch der Einsatz von Geldmitteln in einem bei der Suche nach einer Wohnung üblichen Umfang zumutbar, z.B. für Inserate oder Makler.

Der Mieter verletzt seine Ersatzraumbeschaffungspflicht, wenn er eine ihm vom Vermieter angebotene Ersatzwohnung lediglich deshalb ablehnt, weil zwischen den Parteien Spannungen bestehen und er deshalb mit dem Vermieter kein neues Mietverhältnis eingehen will. Bietet der Vermieter dem Mieter geeigneten Ersatzwohnraum an, kann der Mieter gegenüber dem Eigenbedarf des Vermieters den Härtegrund fehlenden Ersatzwohnraumes nicht geltend machen (LG Waldshut-Tiengen, WuM 1993, 349). Etwas anderes kann gelten, wenn der Mieter die Ersatzwohnung ablehnt, weil diese nicht den vom ihm berechtigterweise gestellten Anforderungen genügt (OLG Karlsruhe, a.a.O.).

Neben dem vom Gesetz genannten Härtegrund kann eine **Härte auch aus persönlichen, wirtschaftlichen oder sozialen Gründen** vorliegen. Dabei reichen allein die Unannehmlichkeiten und Aufwendungen, die jeder **Umzug** mit sich bringt, grundsätzlich nicht aus. Eine andere Beurteilung kann sich ergeben, wenn es sich lediglich um einen **Zwischenumzug** handelt. Dessen Zumutbarkeit hängt davon ab, ob dem Mieter Ersatzwohnraum zu einem bestimmten Termin in einem überschaubaren Zeitraum (z.B. beim beabsichtigten Neubau eines Eigenheimes) zur Verfügung steht (LG Wiesbaden, WuM 1988, 269).

Zumutbar wird ein Zwischenumzug jedenfalls dann sein, wenn der Ersatzwohnraum erst später als ein bis zwei Jahre nach Beendigung des Mietverhältnisses bezogen werden kann (vgl. AG Tübingen, ZMR 1986, 60).

Eine andere Beurteilung kann sich ergeben, wenn der Mieter wegen seines hohen Alters (hier: 88 Jahre) beabsichtigt, in ein Seniorenwohnheim umzuziehen, ein gewünschtes Appartement aber trotz eines bereits abgeschlossenen Anwartschaftsvertrages in absehbarer Zeit nicht zur Verfügung gestellt werden kann (LG Köln, WuM 1997, 46). Jedenfalls kann ein Zwischenumzug für einen Zeitraum von nur einem Dreivierteljahr bis zur Fertigstellung der eigenen Wohnung eine nicht zu rechtfertigende Härte (i.S.v. § 574 Abs. 1 BGB) bedeuten (LG Stuttgart, WuM 1991, 589).

Eine Härte kann nicht allein auf Schwierigkeiten bei der Ersatzwohnraumbeschaffung infolge der allgemein angespannten Wohnungslage gestützt werden (LG Karlsruhe, DWW 1992, 22). Insofern müssen zusätzliche Erschwernisse vorliegen, z.B. eine besondere berufliche oder familiäre Situation.

Eine Härte kann sich insbesondere auch aus einem **hohen Alter** oder einer **langen Mietdauer** ergeben, wobei einer dieser Gründe allein noch keinen Härtegrund darstellt (OLG Karlsruhe, a.a.O.; LG Oldenburg, DWW 1991, 240); u.U. aber das kumulative Vorliegen dieser Gründe (LG Köln, WuM 1992, 247) oder das Hinzutreten weiterer Gründe, z.B. Gebrechlichkeit, Krankheit oder die besondere Verwurzelung des alten Menschen mit seiner Umgebung, die einen Umzug als unzumutbar erscheinen lassen.

Behauptet der Mieter, dass mit dem Umzug erhebliche gesundheitliche Risiken verbunden sind, muss er diese substantiiert vortragen und im Bestreitensfall auch beweisen. Dabei kann von einem Mieter, der sein Krankheitsrisiko als Härte geltend macht, verlangt werden, dass er sich in zumutbarer Weise um die Verringerung seines Krankheitsrisikos bemüht (BVerfG, Beschl. v. 12.2.1993, WuM 1993, 172). Besonders gelagerte berufliche Verhältnisse (z.B. Prüfungsvorbereitungen) oder Ausbildungserschwernisse für die Kinder (z.B. umzugsbedingter Schulwechsel oder Erschwerungen beim Schulbesuch) können im Einzelfall ebenso einen Härtegrund darstellen wie auch eine Schwangerschaft (LG Dortmund, WuM 1966, 40) oder besonderer Kinderreichtum in Bezug auf die Schwierigkeiten bei der Ersatzwohnraumbeschaffung (LG Wuppertal, WuM 1968, 109).

Hat der Mieter mit dem ausdrücklichen oder stillschweigenden Einverständnis des Vermieters **wirtschaftliche Aufwendungen** für die Erhaltung und Verbesserung der Mietsache gemacht, zu denen er vertraglich nicht verpflichtet war, kann die vertragsmäßige Beendigung des Mietverhältnisses eine Härte bedeuten, wenn der Mieter besonderer Umstände wegen mit einer frühen Kündigung des Mietverhältnisses nicht zu rechnen hatte, die Aufwendungen erheblich sind, für einen erheblichen Teil davon beim Auszug kein Ersatz verlangt werden kann und die Aufwendungen durch die Mietzeit auch noch nicht abgewohnt sind, sodass es im Ergebnis zu einem wesentlichen Verlust des Mieters kommen würde (OLG Karlsruhe, RE v. 31.3.1971, DWW 1971, 264, Weber/Marx, I/S. 49).

Kündigungsschutz

Dabei kommt es grundsätzlich nicht darauf an, ob die Aufwendungen notwendig, nützlich oder überflüssig waren. Entscheidend ist der Vertrauenstatbestand, den der Vermieter durch sein Verhalten für den Mieter geschaffen hat (OLG Frankfurt, RE v. 23.6.1971, WuM 1971, 168; Weber/Marx, I/S. 50; vgl. dazu auch LG Kiel, Beschl. v. 18.10.1990, WuM 1992, 690).

Dagegen kann der Verlust besonderer Vorteile, die der Mieter aus der Nutzung der Wohnung gezogen hatte (z.B. Einkünfte aus Untervermietung), eine Härte grundsätzlich nicht begründen (BayObLG, RE v. 21.7.1970, DWW 1970, 309; Weber/Marx, I/S. 48). Ebenso nicht der Umstand, dass der Mieter mit Einverständnis des Vermieters ein Hobby in der Wohnung ungestört ausüben konnte, das er in den meisten anderen Wohnungen nicht betreiben kann (OLG Karlsruhe, RE v. 31.3.1971, a.a.O.).

Nicht als Härte wurde es angesehen, wenn der **Mietvertrag auf unbestimmte Zeit** geschlossen wurde, der Vermieter jedoch eine lange Mietzeit in Aussicht gestellt, dann aber seine Absicht, ohne dass der Mieter Anlass gegeben hätte, geändert und das Mietverhältnis gekündigt hat (OLG Karlsruhe, a.a.O.).

Die Möglichkeit, eine Räumungsfrist zu beanspruchen (§ 721 ZPO) bleibt bei der Frage, ob die Beendigung des Mietverhältnisses eine Härte bedeutet, unberücksichtigt (OLG Stuttgart, NJW 1969, 240; OLG Oldenburg, WuM 1970, 182).

Liegen Härtegründe vor, findet eine Abwägung der Interessen des Mieters am Bestand des Mietverhältnisses mit den Interessen des Vermieters an der Beendigung des Mietverhältnisses statt. Dabei ist es z.b. nicht zu beanstanden, wenn den existentiellen Belangen der vierköpfigen Familie des Vermieters mit zwei kleinen Kindern Vorrang vor den Interessen auch eines erheblich erkrankten Mieters eingeräumt wird (BVerfG, Beschl. v. 12.2.1993, WuM 1993, 172).

Jedoch werden bei Würdigung der berechtigten Interessen des Vermieters nur die **im Kündigungsschreiben** angegebenen Gründe berücksichtigt, außer wenn die Gründe nachträglich entstanden sind (§ 574 Abs. 3 BGB). Nachträglich entstanden sind nur solche Gründe, die vor Abgabe der Kündigung nicht vorgetragen werden konnten, weil sie erst danach entstanden sind. Die Gewichtung der Gründe hängt ausschließlich von den konkreten Umständen des Einzelfalles ab. Bei **Gleichwertigkeit** der Interessen muss die Abwägung zugunsten des Eigentümers ausfallen, da der verfassungsgemäß garantierte Schutz des Eigentums ausgehöhlt werden würde, wollte man der Sozialpflichtigkeit eine größere Bedeutung als dem Eigentumsrecht einräumen (LG Hannover, WuM 1992, 609). Einer Abwägung bedarf es nicht, wenn zugleich ein Grund vorliegt, der den Vermieter zur außerordentlichen fristlosen Kündigung berechtigt (§ 574 Abs. 1 S. 2 BGB).

Erfordert die Kündigung eines Mietverhältnisses über Wohnraum ausnahms-

Kündigungsschutz

weise kein berechtigtes Interesse des Vermieters, ist aber trotzdem die Sozialklausel des § 574 BGB anwendbar (z.b. bei der Kündigung im Zweifamilienhaus oder bei der Teilkündigung, §§ 573 a, b BGB), müssen die berechtigten Interessen des Vermieters im Sinne von § 574 BGB nicht das Gewicht der Kündigungsgründe im Sinne des § 573 Abs. 1 und 2 haben (Schmidt-Futterer/Blank, Rn. B 328).

Die Erklärung des Mieters, mit der er der Kündigung **widerspricht** und die Fortsetzung des Mietverhältnisses verlangt, bedarf der **schriftlichen** Form (§ 574 b Abs. 1 BGB). Die Erklärung muss von dem oder den Mietern oder einem bevollmächtigten Vertreter unterzeichnet sein.

Die Worte „Widerspruch" und „Fortsetzung" braucht die Erklärung nicht zu enthalten, jedoch muss der auf Fortsetzung des Mietverhältnisses gerichtete Wille des Mieters aus seiner Erklärung erkennbar hervorgehen.

Eine Begründung des Widerspruchs ist nicht zwingend vorgeschrieben, jedoch soll der Mieter auf Verlangen des Vermieters über die Gründe des Widerspruchs unverzüglich Auskunft erteilen.

Unterlässt dies der Mieter, können ihm im Räumungsprozess, falls die Klage des Vermieters wegen des Widerspruchs abgewiesen oder der Vermieter zur Fortsetzung des Mietverhältnisses verurteilt wird, die Prozesskosten ganz oder teilweise auferlegt werden (§ 93b ZPO).

Der Vermieter kann die Fortsetzung des Mietverhältnisses ohne Rücksicht auf die sachliche Begründetheit des Widerspruchs ablehnen, wenn der Mieter den Widerspruch nicht spätestens zwei Monate vor der Beendigung des Mietverhältnisses dem Vermieter gegenüber erklärt hat (§ 574 b Abs. 2 BGB). Dies gilt jedoch nur, wenn der Vermieter den Mieter auf die Form und Frist des Widerspruchs rechtzeitig hingewiesen hat. Der Hinweis des Vermieters ist rechtzeitig erteilt, wenn er dem Mieter zu einem Zeitpunkt zugeht, der ihn in die Lage versetzt, nach einer angemessenen Überlegungszeit den Widerspruch rechtzeitig abzufassen und dem Vermieter zuzuleiten (Palandt-Putzo Anm. 5g bb zu § 556a BGB a.F.).

Bei nicht rechtzeitigem Hinweis des Vermieters kann der Mieter den Widerspruch noch im ersten Termin des Räumungsrechtsstreites erklären.

Mit dem Widerspruch will der Mieter die **Fortsetzung** des Mietverhältnisses erreichen. Kommt hierüber eine Einigung mit dem Vermieter nicht zustande, muss das Gericht durch Urteil darüber entscheiden, ob das Mietverhältnis fortgesetzt wird. Wird auf Fortsetzung des Mietverhältnisses erkannt, trifft das Gericht sowohl über die Dauer der Fortsetzung des Mietverhältnisses als auch über die Bedingungen, nach denen es fortgesetzt wird, eine Entscheidung.

Das Gericht hat dabei den voraussichtlichen Zeitraum, in dem ein Härtegrund bestehen wird, abzuschätzen und seiner Entscheidung zugrunde zu legen (OLG

Kündigungsschutz

Stuttgart, NJW 1969, 1078). Schwierigkeiten bei der Schätzung können eine Fortsetzung auf unbestimmte Zeit nicht begründen. Nur wenn ungewiss ist, wann voraussichtlich die Umstände wegfallen, aufgrund derer die Beendigung des Mietverhältnisses eine Härte bedeutet, kann bestimmt werden, dass das Mietverhältnis auf unbestimmte Zeit fortgesetzt wird (§ 574 a Abs. 2 S. 2 BGB). Mit Recht steht die herrschende Meinung auf dem Standpunkt, dass die Fortsetzung des Mietverhältnisses auf **bestimmte** Zeit – sofern die Voraussetzungen überhaupt vorliegen – die **Regel**, die Fortsetzung auf **unbestimmte** Zeit die **Ausnahme** bildet (Palandt, Rn. 20 zu § 556a BGB a.F.; Schmidt-Futterer/ Blank, Rn. 223).

> Auf unbestimmte Zeit darf das Mietverhältnis nur verlängert werden, wenn sich aus der Art des Härtegrundes ergibt, dass er nicht nur vorübergehend ist, z. B. Gebrechlichkeit, schwere Erkrankung (LG Hamburg, WuM 1989, 238) und ein Umzug in absehbarer Zeit ausgeschlossen ist oder nicht festgestellt werden kann, ob und wann die maßgeblichen Härtegründe wegfallen werden (LG Freiburg, WuM 1992, 436).

Der Schutz des Mieters darf nicht enteignenden Charakter zulasten des Vermieters annehmen. Eine Verlängerung des Mietverhältnisses auf Lebenszeit des Mieters ist unzulässig (OLG Stuttgart, ZMR 1969, 242). Während der befristeten Dauer der Fortsetzung des Mietverhältnisses ist die Kündigung des Vermieters ausgeschlossen. Die außerordentliche Kündigung ist indessen immer möglich (a.A. Schmidt-Futterer/ Blank, Rn. B 227, wonach nur die fristlose Kündigung während der Fortsetzungsdauer zulässig sein soll).

Ist dem Vermieter nicht zuzumuten, das Mietverhältnis nach den bisher geltenden **Vertragsbedingungen** fortzusetzen, kann Fortsetzung nur unter einer **angemessenen Änderung** der Vertragsbedingungen verlangt werden (§ 574 a Abs. 1 S. 2 BGB). Einigen sich die Parteien nicht, ist auch hierüber durch Urteil zu entscheiden.

Eine Anpassung ist angebracht, wenn eine umfassende Abwägung der Parteiinteressen ergibt, dass die tatsächlichen und rechtlichen Nachteile einer Fortsetzung des Vertrages zu unveränderten Bedingungen den Vermieter unzumutbar belasten würden. Häufig wird sich der Vermieter darauf berufen, dass die bisherige Miete nicht mehr angemessen sei. Trifft das zu, kann das Gericht eine andere Miete festsetzen, ohne dass es der Formalien nach § 558 BGB (vgl. „Mieterhöhung") bedarf. Insoweit geht § 574 a Abs. 1 BGB als Spezialvorschrift vor (LG Mannheim, WuM 1975, 213; Palandt-Putzo Anm. 6c zu § 556a BGB a.F.), sodass auch die sog. Kappungsgrenze nicht eingreift (Emmerich-Sonnenschein, § 556a BGB a.F., Rn. 53). Eine Anhebung ist nur bis zur Höhe der ortsüblichen Miete möglich, kann vom Gericht jedoch rückwirkend auf den Zeitpunkt der Kündigung ausgesprochen werden (LG Heidelberg, WuM 1994, 682).

Strittig ist, ob im Zuge der Änderung der Vertragsbedingungen auch eine Änderung des Mietgegenstandes durch Gerichtsentscheid zulässig ist (z.b. Herausgabe bestimmter Räume). Überwiegend wird dies bejaht (vgl. LG Hamburg, WuM 1987, 233; Pergande, Wohnraum-Mietrecht § 556a BGB a.f., Anm. 126; Palandt-Putzo, Rn. 21 zu § 556a BGB a.F.; Schmidt-Futterer/ Blank, Rn. B 230). Zulässig sind jedenfalls Änderungen, die den Kern des Mietverhältnisses nicht berühren, z.b. Übernahme von Nebenpflichten, geringfügige Beschränkungen des Gebrauchs zur Vermeidung weiterer Spannungen; Duldung von Modernisierungsarbeiten durch den Mieter (vgl. LG Hamburg, a.a.O.). Im Einzelfall kann es daher bei Erhebung einer Räumungsklage empfehlenswert sein, für den Fall der Fortsetzung des Mietverhältnisses hilfsweise die Änderung der Vertragsbedingungen (Miete, Mietgegenstand) zu beantragen.

> Bei Fortsetzung des Mietverhältnisses auf **bestimmte** Zeit kann der Mieter eine **weitere** Fortsetzung aufgrund der Härteklausel nur verlangen, wenn dies durch eine wesentliche Änderung der Umstände gerechtfertigt ist oder wenn Umstände nicht eingetreten sind, deren vorgesehener Eintritt für die Zeitdauer der Fortsetzung bestimmend gewesen war (§ 574 c Abs. 1 BGB).

Bei der ersten Alternative müssen neue, nicht vorhergesehene Tatsachen vorliegen, wenn sie zu einer neuerlichen Abwägung der beiderseitigen Interessen führen sollen. Hierbei muss es sich um eine wesentliche Veränderung der Umstände handeln. Die zweite Alternative ist gegeben, wenn der Härtetatbestand entgegen den Erwartungen über den Verlängerungszeitraum hinaus fortbesteht (z.b. Ersatzwohnung ist ohne Verschulden des Mieters nicht termingerecht bezugsfertig geworden).

Eine weitere Verlängerung des Mietverhältnisses kommt nicht in Betracht, wenn der Mieter den Fortbestand der Härtegründe selbst zu vertreten hat (so z.b. wenn er sich nicht ernsthaft um Ersatzwohnraum bemüht hat; vgl. Schmidt-Futterer/Blank, Rn. B 246).

Für **Form und Frist** des erneuten **Fortsetzungsverlangens** gelten ebenfalls die Regelungen über den Widerspruch (§ 574 b BGB).

> Der Mieter muss somit seinen Anspruch auf erneute Fortsetzung des Mietverhältnisses spätestens 2 Monate vor der Beendigung des fortgesetzten Mietverhältnisses schriftlich gegenüber dem Vermieter geltend machen.

Durch die **unbefristete** Verlängerung eines Mietverhältnisses aufgrund des Widerspruchs bzw. des Fortsetzungsverlangens des Mieters ist das Recht des Vermieters zur ordentlichen Kündigung nicht schlechthin ausgeschlossen. Sie führt jedoch nur zum Ziel, wenn sich die Umstände, die für die Fortsetzung durch Gerichtsurteil bestimmend gewesen waren, verändert haben, wobei unerhebliche Veränderungen außer Betracht bleiben. Widerspricht der Mieter der Kündigung, was formlos ohne Einhal-

Kündigungsschutz

tung einer Frist und ohne Begründung zulässig ist, muss der Vermieter beweisen, dass sich die auf der Mieterseite liegenden Umstände, die zur Verlängerung des Mietverhältnisses auf unbestimmte Zeit geführt haben, verändert haben. Kann dieser Beweis geführt werden, findet eine erneute Interessenabwägung statt (vgl. § 574 c Abs. 2 BGB).

Durch die Neukonzeption des Zeitmietvertrages (§ 575 BGB) gilt die Sozialklausel nur noch für Mietverhältnisse auf **un**bestimmte Zeit. Der bisherige § 556 b BGB ist daher entfallen. Lediglich für die außerordentliche Kündigung mit gesetzlicher Frist eines noch laufenden Zeitmietvertrages ist die Sozialklausel mit der Maßgabe anwendbar, dass die Fortsetzung des Mietverhältnisses höchstens bis zum vertraglich bestimmten Zeitpunkt der Beendigung verlangt werden kann (§ 575 a Abs. 2 BGB; vgl. Begründung des Gesetzentwurfes, abgedr. in NZM 2000, 450).

Eine Vereinbarung, die zum **Nachteil** des Mieters von seinem Recht zum Widerspruch gegen eine Kündigung des Vermieters abweicht, ist **unwirksam** (§§ 574 Abs. 4, 574 a Abs. 3, 574 b Abs. 3, 574 c Abs. 3 BGB).

Kündigungssperrfrist → *„Eigenbedarf", „Kündigungsschutz", Abschnitt 2.3*

Lärm

Belästigungen durch Lärm führen häufig zu Auseinandersetzungen zwischen den Vertragsparteien oder einem Dritten, z.b. dem Betreiber einer Gaststätte, aber auch zwischen den Mietern selbst.

Grundsätzlich zählt es zum vertragsgemäßen Gebrauch der Wohnung durch den Mieter, Geräte, wie z.b. Fernseher, Radio, Kassettenrekorder oder Staubsauger, elektrische Küchengeräte u. Ä., zu betreiben, auch wenn damit eine Geräuschentwicklung verbunden ist. Ebenso ist der Mieter ohne weiteres berechtigt, Besuch zu empfangen und in der Wohnung zu feiern.

Diese Rechte finden jedoch ihre Grenze in dem Recht der anderen Hausbewohner auf ungestörten Gebrauch ihrer Wohnung.

Bei der Frage, wann eine **unzumutbare** Belästigung anderer und damit ein vertragswidriges Verhalten des Lärmerzeugers vorliegt, ist vorab zu prüfen, ob die Erzeugung des Lärms aus objektiver Sicht **vermeidbar** ist, wobei dies weitgehend von der Regulierbarkeit des erzeugten Lärms abhängt.

Gerade die Möglichkeit der **Regulierbarkeit** bildet den wesentlichen Unterschied zwischen der Lärmerzeugung durch Geräte mit Elektro- bzw. Verbrennungsmotor, wie z.b. Staubsauger, Bohrmaschinen, Rasenmäher, Haushaltsgeräte, und der Lärmerzeugung durch Tonwiedergabegeräte, wie z.B. Fernseher, Radio, Kassettenrekorder.

Während der Betreiber erstgenannter Geräte in der Regel keine oder nur eine geringe Möglichkeit hat, die Lärmerzeugung dieser Geräte zu drosseln, kann die Lautstärke jedes Tonwiedergabegerätes reguliert werden (s. hierzu auch „Musikausübung").

Unabhängig vom Bestehen bestimmter Ruhezeiten ist es dem Betreiber von Tonwiedergabegeräten daher zuzumuten, diese stets – auch außerhalb der Ruhezeiten – in **Zimmerlautstärke** zu betreiben (LG Berlin, DWW 1988, 83; LG Kleve, DWW 1992, 26).

Dies gilt umso mehr, als bei der überwiegenden Zahl der handelsüblichen Geräte ein Betrieb über Kopfhörer und Abschalten der Lautsprecher möglich ist. Der Begriff der „Zimmerlautstärke" ist zwar entgegen seinem Wortlaut nicht so eng zu verstehen, dass das Geräusch, z.B. die Musik, nur in der Wohnung des Verursachers wahrzunehmen sein darf, jedoch dürfen Geräusche in den angrenzenden Wohnungen nicht mehr als nur noch geringfügig zu hören sein (LG Kleve, DWW 1992, 26; LG Berlin, DWW 1988, 83). Geringfügigkeit liegt dann vor, wenn es sich um Geräusche handelt, die der Durchschnittsmensch kaum noch empfindet (BGH, Urt. v. 30.10.1981, NJW 1982, 441).

Lautstärken, die einen Wert von 40 db tagsüber bzw. 30 db nachts überschreiten, stellen grundsätzlich eine Überschreitung der Zimmerlautstärke dar. Dies kann jedoch auch für Geräusche unterhalb dieses Pegels gelten, wenn sie nach dem Empfinden eines Durchschnittsmenschen wegen ihrer physiologischen oder psychologischen Wirkung als störend empfunden werden (LG Kleve, a.a.O.).

Ein Überschreiten der Zimmerlautstärke kann nur in Ausnahmefällen als zulässig angesehen werden, z.b. bei Feiern anlässlich traditioneller Anlässe, wie Silvester, Hochzeit oder Geburtstag (weitergehend LG Frankfurt, WM 1989, 575, wonach es den Nachbarn zumutbar sein soll, Haus- und Gartenfeste im üblichen Umfang – etwa viermal im Sommer – bis 22 Uhr hinzunehmen).

Jedoch ist im Einzelfall auch dann dem Ruhebedürfnis bestimmter Mitbewohner, z.B. von alten oder kranken Menschen, durch Einhaltung bestimmter Zeiten Rechnung zu tragen und die Geräuschentwicklung auf ein Maß zu beschränken, das zwangsläufig mit dem Aufenthalt mehrerer Menschen in einer Wohnung verbunden ist. Entgegen einer oft zu vernehmenden Meinung gibt es keinen Rechtsanspruch des Mieters, turnusmäßig (z.B. einmal im Monat) Feste zu feiern und einen über die Zimmerlautstärke hinausgehenden Lärm zu erzeugen.

In einem vom Oberlandesgericht Düsseldorf entschiedenen Fall (Beschl. v. 15.1.1990, DWW 1990, 118) ging es um den Betrieb eines Kassettenrekorders bei geöffneter Balkontür und das Singen und Tanzen von 16 Gästen. Die Nachbarn konnten trotz geschlossener Fenster nicht einschlafen und wurden aus dem Schlaf geweckt. Der Verantwortliche konnte nicht mit Erfolg die Auffassung vertreten, er dürfe einmal im Monat auch nach 22 Uhr lautstark feiern und damit die Nachtruhe stören. Zwar garantiert das Grundgesetz die allgemeine Handlungsfreiheit, jedoch steht diese allgemeine Persönlichkeitsentfaltung unter dem Vorbehalt der verfassungsmäßigen Ordnung. Dies bedeutet, dass jeder sein Verhalten an den bestehenden Gesetzen auszurichten und auch Vorschriften des Landesimmissionsschutzgesetzes zu beachten hat. Der Verantwortliche war daher gehalten, wegen der vorrangigen schutzwürdigen Belange seiner Nachbarn den von den feiernden Gästen und von dem von ihm selbst abgespielten Kassettenrekorder ausgehenden Lärm durch geeignete Maßnahmen zu verhindern (OLG Düsseldorf, a.a.O.).

Entsprechendes gilt auch für Geräusche durch Herumtrampeln der Bewohner. Der Mieter muss sein Wohnverhalten der Hellhörigkeit des Gebäudes jedenfalls dann anpassen und kann keine Verbesserung der akustischen Verhältnisse verlangen, wenn das Gebäude dem Standard seiner Baualtersklasse entspricht (vgl. auch „Instandhaltung und Instandsetzung der Miettäume"). In einem hellhörigen Altbau ist es den Mietern und ihren Besuchern zumutbar, zur Reduzierung des Trittschalls in der Wohnung Hausschuhe zu tragen; die bloße Aufforderung an die Gäste, sich ruhig zu verhalten, reicht nicht aus (LG München I, Urt. v. 8.11.1990, DWW 1991, 111).

Eine Störung der „Nachtruhe" i.S.d. jeweiligen Immissionsschutzvorschriften (i.d.R. ab 22 Uhr) ist auch nicht ausnahmsweise zu gelegentlichen persönlichen, beruflichen oder familiären **Feiern** zulässig (OLG Düsseldorf, Beschl. v. 26.5.1995, DWW 1995, 255). Der Veranstalter einer solchen Feier ist für die Störung der Nachtruhe verantwortlich, auch wenn der Lärm nicht von ihm persönlich, sondern von seinen Gästen verursacht wird. Die Lärmbelästigung kann mit jedem zulässigen Beweismittel, insbesondere auch durch Vernehmung der betroffenen Anwohner bewiesen werden; eine Bezifferung der Intensität des Lärms (z.B. durch Angabe der dB) ist nicht erforderlich (OLG Düsseldorf, a.a.O.).

Im Gegensatz zu Tonwiedergabegeräten kann bei **Musikinstrumenten** die Lautstärke nur beschränkt reguliert werden. Vielmehr verhindert meist die erhebliche Resonanz des Klangkörpers das Einhalten von Zimmerlautstärke. Ein generelles Verbot der Überschreitung der Zimmerlautstärke käme daher insoweit einem Verbot der Musikausübung gleich und ist unzulässig (LG Wiesbaden, ZMR 1957, 53).

- **Ruhezeiten**

> Die überwiegende Rechtsprechung beschränkt daher lediglich die Ausübung des Musizierens auf bestimmte Zeiten (z.B. nur außerhalb der Ruhezeiten) und auf eine bestimmte Dauer.

Nach einem Beschluss des OLG Hamm vom 7.11.1985 (MDR 1986, 501) ist eine vertragliche Regelung, die das Musizieren auf 1 bis 2 Stunden in der Zeit von 8 bis 12 Uhr und 15 bis 19 Uhr, sonntags von 8 bis 12 Uhr beschränkt, rechtlich noch hinzunehmen.

Weiterhin kann der Mieter zur Durchführung von zumutbaren Maßnahmen zur Verminderung der Geräuschimmissionen verpflichtet werden, z. B. zum Anbringen eines schalldämpfenden Filzbelages (LG Berlin, WuM 1963, 153).

Nach dem Urteil des OLG Frankfurt vom 16.6.1987 (Az. 20 W 23/87) ist **Klavierspielen** auch nach dem Einbau schalldämmender Maßnahmen nur 1 1/2 Stunden täglich zulässig (so auch AG Frankfurt/M., WuM 1997, 430). Zum Klavierspielen vgl. auch LG Duisburg, Urt. v. 11.9.1987, Az. 4 S 79/87; AG Siegburg, DWW 1990, 180 sowie LG Düsseldorf, DWW 1990, 87, wonach Klavierspielen nur bis 20 Uhr zulässig ist.

Auch bei ruhestörenden **Haus- und Gartenarbeiten** kann der anfallende Lärm, z.B. durch Klopfen von Teppichen, Staubsaugen, Hämmern, Sägen, Bohren, den Betrieb von Bohrmaschinen, Rasenmähern oder Heckenscheren, meist nicht reguliert werden. Diese Arbeiten dürfen daher einerseits zu bestimmten Zeiten („Ruhezeiten") überhaupt nicht, aber andererseits in den erlaubten Zeiträumen selbst dann ausgeführt werden, wenn dadurch die Zimmerlautstärke überschritten bzw. andere unvermeidbar gestört werden.

Die Festlegung der **Ruhezeiten** erfolgt häufig durch **gemeindliche Verordnungen**, die aufgrund von Ermächtigungsnormen in den Landesimmissionsschutzgesetzen erlassen werden können (z.B. „Haus- und Musiklärm-Verordnung der Landeshauptstadt München", erlassen aufgrund des Art. 14 des Bayerischen Immissionsschutzgesetzes). Soweit für das Gebiet einer Gemeinde keine entsprechende Verordnung besteht, bestimmen sich die Ruhezeiten nach den Vorschriften des **Immissionsschutzgesetzes des jeweiligen Landes** sowie dem **Bundesimmissionsschutzgesetz**.

Außerdem gibt es für bestimmte Bereiche spezielle Vorschriften, z.B. wird der Betrieb von **Rasenmähern** durch die Rasenmählerlärm-Verordnung (8. BImSchV) vom 23.7.1987 (BGBl. I S. 1687) geregelt. Danach dürfen Rasenmäher außer solchen im land- und forstwirtschaftlichen Einsatz an Werktagen in der Zeit von 19 bis 7 Uhr sowie an Sonn- und Feiertagen nicht betrieben werden. Abweichend davon dürfen Rasenmäher an Werktagen in der Zeit zwischen 19 und 22 Uhr betrieben werden, wenn sie einen Schallleistungspegel von weniger als 88 db (A), bezogen auf ein Pikowatt, aufweisen und vor dem 1.8.1987 erstmals in den Verkehr gebracht wurden und mit einem Immissionswert von weniger als 60 db (A) gekennzeichnet sind (§ 6 Abs. 1 und 2 Rasenmählerlärm-Verordnung). Darüber hinaus werden dort Höchstwerte für die zulässigen Schallleistungspegel (§ 3) festgelegt und eine Kennzeichnungspflicht u.a. für den vom Hersteller gewährleisteten höchsten Schallpegel bestimmt (§ 5).

- **Ortsüblichkeit von Lärm**

Bei Prüfung der Zumutbarkeit von Lärmimmissionen sind neben der Frage der **Vermeidbarkeit** auch die **örtlichen Verhältnisse** zu berücksichtigen, da ortsübliche Beeinträchtigungen hingenommen werden müssen und keinen Grund zur Beanstandung darstellen.

> Die **Ortsüblichkeit** ist insbesondere nach der Lage (reines Wohngebiet, allgemeines Wohngebiet, Mischgebiet etc.) und der Größe des Anwesens (Einfamilienhaus, Mehrparteienhaus, größere Wohnanlage) zu beurteilen.

Bei einem Mehrparteienhaus wird daher **Kindergeschrei** im üblichen Umfang als ortsüblich anzusehen sein; auch dann, wenn der Lärm von einem Spielplatz ausgeht (LG München I, WuM 1987, 121; zu „Bolzplatz" vgl. OVG Münster, WuM 1987, 269); zum Lärm durch spielende Kinder in einer sog. Spielstraße vgl. OLG Düsseldorf, Urt. v. 11.10.1995, DWW 1996, 20). Mangels entgegenstehender konkreter Regelungen (z.B. in der Hausordnung) dürfen Kinder der Hausbewohner zusammen mit ihren Freunden auch auf gemeinschaftlichen Grundstücksflächen (z.B. Grünfläche, Garagenbereich) spielen, sodass dadurch entstehender Lärm im ortsüblichen Umfang nicht unterbunden werden kann (LG Heidelberg, WuM 1997, 38).

Entsprechendes gilt grundsätzlich auch für das **Duschen und Baden nach 22 Uhr**. In Anbetracht der veränderten Lebens- und Arbeitsbedingungen handelt es sich hierbei nach neuerer Auffassung in Rechtsprechung und Literatur um normale Wohngeräusche, die aus einer lediglich zweckentsprechenden Nutzung des Badezimmers resultieren. Der Mieter darf das Bad daher grundsätzlich zu jeder Tages- und Nachtzeit benutzen. Entgegenstehende Klauseln in Mietverträgen oder Hausordnungen sind unwirksam (LG Köln, WuM 1997, 323; vgl. auch Sternel, II 108, 151). Dies gilt selbst dann, wenn andere Hausbewohner dadurch in ihrer Nachtruhe gestört werden; allerdings darf das nächtliche Baden bzw. Duschen einschließlich Ein- und Auslaufen des Wassers nicht länger als 30 Minuten dauern (OLG Düsseldorf, WuM 1991, 288).

Bei **normalen Wohngeräuschen** hat der Mieter gegen einen anderen im Haus wohnenden Mieter auch keinen Anspruch auf lärmdämmende Maßnahmen (z.B. Verlegung von Teppichböden), wenn er sich wegen der Hellhörigkeit des Hauses durch dessen – normale – Wohngeräusche gestört fühlt (OLG Düsseldorf, WuM 1997, 221).

Als nicht ortsüblich wurde das von einem künstlich angelegten Teich ausgehende **Froschgequake** in einem Wohngebiet angesehen, welches auch nachts einen Schallpegel von 64 db (gegenüber einem Richtwert von 35 db) erzeugt (BGH, Urt. v. 20.11.1992, DWW 1993, 70). Auch solche Geräusche dürfen über eine Lärmpegelmessung nach den Richtwerten der VDI-Richtlinie 2058 Bl. 1 (o.ä. Richtlinien wie TA Lärm, LAE-Hinweise) beurteilt werden.

• **Antrag auf Ausnahmegenehmigung**

Berücksichtigt der Tatrichter sowohl den Richtliniencharakter als auch die Besonderheiten des zu beurteilenden Lärms, ist nicht zu beanstanden, dass er bei deutlicher Überschreitung der Richtlinienwerte eine wesentliche Lärmbeeinträchtigung annimmt. Auch wenn alle Erfolg versprechenden Maßnahmen zur Lärmverminderung durch quakende Frösche grundsätzlich nach dem Naturschutzrecht verboten sind, müssen die Zivilgerichte prüfen, ob eine **Ausnahmegenehmigung** (§ 31 Abs. 1 Nr. 1a Bundesnaturschutzgesetz) in Betracht kommt. Kann sie erteilt werden, ist eine Verurteilung des Nachbarn zur Lärmabwehr unter dem Vorbehalt einer behördlichen Ausnahmegenehmigung möglich. Daneben kommt eine Verurteilung des Nachbarn zur Stellung eines Befreiungsantrages in Betracht.

Ist eine Ausnahmegenehmigung dagegen nicht möglich, hat der Abwehranspruch keinen Erfolg. Der Nachbar hat dann wegen des Froschlärms auch keinen nachbarrechtlichen Ausgleichsanspruch (§ 906 Abs. 2 S. 2 BGB analog). Ähnlich wie die nachbarrechtlichen Sondervorschriften grenzen die naturschutzrechtlichen Bestimmungen den rechtmäßigen vom rechtswidrigen Gebrauch eines Grundstücks ab. Solange Erfolg versprechende Maßnahmen zur Verhinderung von Einwirkungen naturschutzrechtlich verboten sind, ist die Einwirkung auch nicht rechtswidrig (BGH, a.a.O.).

Die Zumutbarkeitsgrenze kann auch durch übermäßiges **Hundegebell** überschritten werden (VG Stade, Urt. v. 3.8.1989, DWW 1990, 249). Soweit ein Hund oft und ohne erkennbaren Anlass bellt (hier: bis zu 60 Mal am

Lärm

Tag), kann dem Hundehalter aufgegeben werden, den Hund von 19 Uhr bis 8 Uhr morgens und zwischen 12 und 15 Uhr nicht im Garten herumlaufen zu lassen. Unerheblich ist, ob der durch Hundegebell belästigte Nachbar sein Haus erst später als der Hundehalter bezogen hat, weil niemand bei Einzug in ein Wohnhaus mit übermäßigem, nach der vorhandenen Rechtsordnung nicht zulässigem Lärm rechnen oder diesen gar dulden muss. Die Wesentlichkeit einer Lärmstörung durch Hundegebell entfällt nicht deshalb, weil sich nur ein Nachbar bei der Behörde über die Lärmstörungen beklagt und der Tierhalter eine Unterschriftenliste weiterer Anlieger vorlegt, die sich nicht belästigt fühlen. Zum Beweis der Lärmstörungen durch Hundegebell sind Aufzeichnungen des belästigten Nachbarn ein zulässiges Beweismittel (VG Stade, Urt. v. 3.8.1989, DWW 1990, 249).

Auch ein Hund, der zur Bewachung von Gebäuden eingesetzt ist, muss so gehalten werden, dass durch sein Bellen die Anwohner nicht mehr als geringfügig gestört werden (OLG Düsseldorf, Beschl. v. 6.6.1990, DWW 1990, 270). Eine mehr als geringfügige Störung der Anwohner eines Wohngebiets liegt jedenfalls dann vor, wenn der Hund an verschiedenen Tagen mehrere Stunden ununterbrochen bzw. in 10- bis 15-minütigen Abständen mehrere Minuten bellt (OLG Düsseldorf, a.a.O.).

Bei der Abwägung der gegenläufigen Nachbarinteressen ist dem Recht auf Haustierhaltung der Anspruch auf Ruhe in den Abend- und Morgenstunden sowie der üblichen Mittagszeit gegenüberzustellen.

Daher muss ein Hundehalter auch in ländlicher Gegend sicherstellen, dass vor 7 Uhr, zwischen 13 und 15 Uhr und nach 22 Uhr keine Geräuschimmissionen durch **Hunde**gebell auf das Nachbargrundstück dringen (LG Mainz, DWW 1996, 50). Entsprechendes gilt auch für Geräusche, die von einem Rosenköpfchen**papagei** verursacht werden (vgl. LG Nürnberg-Fürth, DWW 1996, 50: Geräusche sind vom Nachbarn lediglich in der Zeit von 9 bis 12 und von 13 bis 16 Uhr zu dulden).

Lärm-Richtwerte

Einen groben Anhaltspunkt für das Maß des zulässigen ortsüblichen Lärms können die Richtwerte der technischen Anleitung zum Schutz gegen Lärm (**TA-Lärm**) bieten. Diese betragen für

Industriegebiete	70 dB (A)
Gewerbegebiete	65 dB (A), nachts 50 dB (A)
Mischgebiete, Kerngebiete und Dorfgebiete	60 dB (A), nachts 45 dB (A)
Allgemeine Wohngebiete	55 dB (A), nachts 40 dB (A)
Reine Wohngebiete	50 dB (A), nachts 35 dB (A)
Kurgebiete, Krankenhäuser und Pflegegebiete	45 dB (A), nachts 35 dB (A)

Lärm

Diese Werte sind jedoch auf den von einem Werksgelände ausgehenden **Gewerbelärm** abgestimmt und können daher **nicht** auf alle Arten von Lärm **generell** angewandt werden.

Entsprechendes gilt für die **VDI-Richtlinie 2058** (vgl. auch LG Aachen, DWW 1987, 162), zu der das BayObLG im Beschluss vom 2.5.1985 (WuM 1985, 234) ausführt, dass sie keineswegs starr und ohne Beachtung der Einzelfallbesonderheiten analog herangezogen werden kann. Eine technische Norm kann auch nicht als antizipiertes Sachverständigengutachten verwertet werden, wenn sie Anlass zu Zweifeln gibt, substantiierte Einwendungen vorgetragen werden oder die Norm durch neuere gesicherte Erkenntnisse überholt ist (OVG Koblenz v. 14.10.1986, NVwZ 1987, 149).

Entsprechend stellt das OLG Hamburg (DWW 1988, 19) fest, dass die von der TA-Lärm und der VDI-Richtlinie 2058 genannten Richtwerte **nicht schematisch** herangezogen werden dürfen, sondern nur einen ersten Anhalt bieten. Weiter wird in dieser Entscheidung ausgeführt, dass **Sportanlagen** aus keinem Rechtsgrund Vorrang vor dem Ruhebedürfnis der Anlieger haben, wobei der Abwehranspruch auch schon dann besteht, wenn der Sportlärm noch nicht den Grad einer schweren unerträglichen Störung erreicht hat; eine beträchtliche Lästigkeit für den Durchschnittsmenschen reicht aus. Die Störwirkung informations- und impulshaltiger Geräusche kann nicht durch rechnerischen Vergleich mit dem so genannten Beurteilungspegel erfasst werden. Auch in dieser Entscheidung kommt zutreffend zum Ausdruck, dass bei Geräuschen mit **hohem Informationsgehalt** eine erhebliche Störung auch dann vorliegen kann, wenn die technischen Pegelwerte noch nicht überschritten sind, da solche Geräusche laufend die Aufmerksamkeit des Hörers auf sich ziehen und dadurch umso störender wirken. Andererseits werden informations**lose** Geräusche (z.B. Prasseln des Regens, Meeresrauschen) regelmäßig erst bei Überschreiten erheblich höherer Pegelwerte als störend empfunden. Bei der Beurteilung von Lärmimmissionen kommt es nicht nur auf das messbare Ausmaß des Lärms, sondern auch auf dessen Art und die Umstände des Einzelfalles an. Dementsprechend wurde vom OVG Koblenz (Urt. v. 12.6.1992, DWW 1992, 314) entschieden, dass bei Ermittlung der Störwirkung eines **Tennisgeräusches** neben den physikalisch bezifferten Messwerten auch der persönliche Eindruck des Gerichts maßgeblich ist. Daher kann die Sportanlagen-Lärmschutzverordnung (18. BImSchV, BGBl. 1991, 1588), die bestimmte Grenzwerte festlegt, keinesfalls zu einer Verkürzung zivilrechtlicher Abwehransprüche führen. Diese Verordnung entfaltet keine zivilrechtlichen Wirkungen, sondern legt lediglich fest, was Anlagenbetreiber ihren Nachbarn zumuten dürfen (OVG Koblenz, a.a.O.; a.A. OLG Zweibrücken, DWW 1993, 173, wonach bei der Beurteilung von den Richtwerten der Verordnung auszugehen ist). Eine Störung im Sinne von § 906 BGB, die der Nachbar nicht dulden muss, liegt in einem allgemeinen Wohngebiet jedenfalls dann vor, wenn ein Wert von 55 dB (A) überschritten wird (OVG Koblenz, a.a.O.).

Lärm

Zum Schutz der Anlieger vor **Verkehrslärm** kann die zuständige Straßenverkehrsbehörde die Benutzung bestimmter Straßen einschränken (vgl. § 45 Abs. 1 S. 2 Nr. 3 StVO), wobei dem Ruhebedürfnis der Anwohner bei der Entscheidung ausreichend Rechnung zu tragen ist (OVG Münster, NJW 1981, 701).

Der Eigentümer eines Wohnhauses an einer **Fernstraße** hat Anspruch auf Errichtung und Unterhaltung von Schutzanlagen (z.B. Schutzzäune, Lärmschutzwände), wenn nicht vorhersehbare Wirkungen des Vorhabens oder der dem festgestellten Plan entsprechende Anlagen auf die benachbarten Grundstücke erst nach Unanfechtbarkeit des Plans auftreten (§ 17 Abs. 6 S. 2 Bundesfernstraßen-Gesetz). Sind solche Anlagen mit dem Vorhaben unvereinbar oder stehen ihre Kosten außer Verhältnis zu dem angestrebten Schutzzweck, gewährt § 17 Abs. 4 eine Entschädigung in Geld, z.B. für Schallschutzfenster, bzw. den Minderwert des Grundstücks, wenn Schutzeinrichtungen keine wirksame Hilfe versprechen oder unverhältnismäßige Aufwendungen erfordern und das Grundstück schwer und unerträglich betroffen ist.

Zum Schutz der Nachbarn von **Gaststätten können** dem Inhaber einer Gastwirtschaft nach Erteilung der Erlaubnis Auflagen gemacht werden (§ 5 Abs. 1 Nr. 3 Gaststättengesetz). Bei Vorliegen eines öffentlichen Bedürfnisses oder besonderer örtlicher Verhältnisse **kann** für einzelne Betriebe der Beginn der Sperrstunde bis 19 Uhr vorverlegt werden (§ 21 Gaststättenverordnung i. V. m. § 18 Gaststättengesetz). Das Ruhebedürfnis der Nachbarn hat dabei Vorrang vor den wirtschaftlichen Interessen des Gastwirtes (VGH Baden-Württemberg, DWW 1986, 297), sodass der Betreiber einer lärmverursachenden Gaststätte auch erhebliche Verluste (hier: in einem Monat 45.000 DM Einbuße) hinnehmen muss, da das Betreiben einer Gaststätte in seinen Risikobereich fällt (OVG Münster, Beschl. v. 25.1.1994, DWW 1994, 158). Auch insofern lässt sich die Belastung durch Lärm nur unvollkommen in einem Messwert erfassen. Dies gilt namentlich für Geräusche, welche Gaststättenbesucher beim Verlassen des Lokals verursachen (Parkplatzsuche, An- und Abfahren, Rangieren, Türenschlagen, Unterhaltungen der Besucher). Da solcher Gaststättenlärm kurzfristig und unerwartet auftritt, ist – wenn überhaupt Messwerte berücksichtigt werden – wesentlich auf den **Spitzenlärmpegel** abzustellen. Dem allgemeinen Geräuschpegel kommt daher weniger Bedeutung zu. Einer Gaststätte ist solcher Lärm auch zuzurechnen, wenn er auf öffentlichen Flächen im Zusammenhang mit dem Gaststättenbetrieb entsteht. In einem Gebiet, wo dem Wohnen besonderer Vorrang eingeräumt wird, dürfen lärmverursachende Anlagen (hier: Gaststätten) an den Grenzen ihres Grundstücks maximal einen äquivalenten Dauerschallpegel von 40 dB (A) erzeugen. Wird dieser Wert trotz Verteilens von Handzetteln und an die Gäste gerichteter Durchsagen mit der Bitte um ruhiges Verhalten ständig überschritten, so muss die Gaststätte um 21.30 Uhr geschlossen werden, da nur so der Schutz

Lärm

der Nachtruhe ab 22 Uhr gewährleistet ist (OVG Münster, a.a.O.).

Der Anwohner eines sog. Kommunikationszentrums braucht keine über 22 Uhr hinausgehenden Lärmstörungen hinzunehmen, die durch Diskothekenveranstaltungen und Rockkonzerte verursacht werden (OVG Münster, Beschl. v. 18.12.1990, DWW 1991, 118).

Nach einem Beschluss des OLG Düsseldorf vom 6.5.1991 (WuM 1991, 438) darf der Besitzer einer Garage diese zur Nachtzeit von 22 bis 6 Uhr nicht benutzen, wenn das **Garagentor** nur unter Verursachung von erheblichen, die Nachtruhe störenden Geräuschen zu schließen ist. Die Ursache für die Geräuschentwicklung ist unerheblich; insbesondere stellt ein etwaiger Defekt des Tores keinen Rechtfertigungs- oder Entschuldigungsgrund dar.

- **Bestimmung und Beweis der Lärmstörung**

Unabhängig von der Art der Lärmstörung erfordert ein erfolgreiches Vorgehen gegen die Störung insbesondere einen **substantiierten** Vortrag sowie dessen Beweisbarkeit. Soll z.B. gegen einen Mieter wegen laufender Lärmstörungen vorgegangen werden, ist weder für eine Abmahnung (s. „Abmahnung") noch für eine Kündigung (s. „Kündigung") oder eine Unterlassungsklage (s. „Unterlassungsklage") ausreichend, wenn lediglich von „laufenden Ruhestörungen" gesprochen wird.

Daher ist zu empfehlen, zumindest Ort, Datum und Uhrzeit sowie die Art der Störung schriftlich zu fixieren und dafür Beweise zu sammeln (z.B. durch sofortige schriftliche Bestätigung der Hausbewohner; vgl. auch LG Berlin, DWW 1988, 83).

Werden die Störungen nicht vom Mieter selbst verursacht, muss ferner bewiesen werden, dass die Störungen dem Mieter zuzurechnen sind. So kann dem Betreiber einer **Gaststätte oder Diskothek** zwar auch dann gekündigt werden, wenn nicht er (z.B. durch die Musikanlage), sondern seine Gäste übermäßigen Lärm verursachen, jedoch ist der Vermieter beweispflichtig dafür, dass es sich bei den Lärmverursachern um Gäste des Mieters und nicht um andere Personen handelt (OLG München, Urt. v. 9.2.1996, ZMR 1996, 487).

Praktische Schwierigkeiten bereitet häufig auch die Substantiierung des Vortrages über die **Intensität** des Lärms. Auch insoweit ist z.B. eine pauschale Behauptung, es wäre „sehr laut" gewesen, regelmäßig nicht ausreichend (vgl. BayVGH v. 16.7.1985, DWW 1986, 22).

Zur Bestimmung der Lautstärke ohne aufwendige Sachverständigengutachten empfiehlt Pfeifer in „Lärmstörungen – Gutachten und Lärm – Lexikon" (Haus und Grund Deutschland) einen Vergleich mit anderen in ihrer Lautstärke bestimmbaren Geräuschen:

Lärm

„Man kann z.b. sagen, der Partylärm aus dem Nachbargarten sei so laut gewesen, dass er beispielsweise das Geräusch in der eigenen Küche einlaufenden Wassers übertönt habe. Da man dieses Geräusch rekonstruieren kann, ergeben sich somit Anhalte, wie laut es war. Oder: Um abzugrenzen, wie laut die Musik aus der links neben dem Schlafzimmer gelegenen Nachbarwohnung herüberkommt, stellt man – falls die Baulichkeiten danach sind – in seinem rechts neben dem Schlafzimmer gelegenen Wohnzimmer sein eigenes Radio so laut, dass im mittleren Zimmer – dem Schlafzimmer – eigene und nachbarliche Musik **gleich laut** zu hören sind. Auch hier hat man einen Anhalt. Man kann nämlich sagen, dass die Lautstärke des eigenen Radios, ablesbar am Einstellknopf für die Lautstärke, der Lautstärke in der Nachbarwohnung vergleichbar war. Solche Vergleiche sind natürlich nur ein Behelf, stellen aber gleichwohl einen objektivierbaren Ansatz dar."

- **Abmahnung und Unterlassungsklage**

Können die Lärmstörungen hinreichend substantiiert vorgetragen und bewiesen werden, ist der störende Mieter im Wege der Abmahnung (vgl. „Abmahnung") zur Unterlassung weiterer Störungen aufzufordern, wobei dem Mieter Lärmstörungen durch seine Erfüllungsgehilfen (z.B. Haushaltsangehörige, Untermieter, Besucher, Lieferanten, Handwerker) zuzurechnen sind (vgl. z.B. OLG München, DWW 1986, 118).

Bei weiteren Störungen nach Abmahnung ist der Vermieter zur Erhebung der Unterlassungsklage (§ 541 BGB; „Unterlassungsklage") und im Fall einer erheblichen Verletzung der Rechte des Vermieters zur Kündigung berechtigt (§ 543 BGB, „Kündigung").

Der Streitwert der Unterlassungsklage bei Störung des Wohnbesitzes richtet sich nach dem wirtschaftlichen Interesse des Klägers an der Beseitigung der Störung. Dieses Interesse bewertet sich nach der Höhe des Jahresbetrages einer berechtigten Mietminderung (OLG Frankfurt, Beschl. v. 26.9.1985, WuM 1986, 19).

Gegen Störungen durch **Dritte** (z.B. durch eine Gaststätte; vgl. OLG Frankfurt, DWW 1985, 208) kann der Vermieter nach den §§ 903, 862, 869 BGB vorgehen. Die erforderlichen Maßnahmen zur Beseitigung der Störung hat der Dritte auf seine Kosten zu veranlassen. Von dem Beschwerdeführer können grundsätzlich keine Maßnahmen zur Beseitigung der Beeinträchtigung verlangt werden, z.B. laufend die Fenster und Türen geschlossen zu halten oder das Schlafzimmer in einen anderen Raum der Wohnung zu verlegen. In diesem Sinne wurde auch vom BGH (Urt. v. 30.1.1986, Az. III ZR 34/85) entschieden, dass für Flugzeuglärm die Messwerte bei offenen und nicht bei geschlossenen Fenstern maßgeblich sind. Dies hat auch für alle anderen Arten von Lärm zu gelten.

Lärm

Unabhängig davon, ob eine Lärmstörung von einem Hausbewohner oder einem Dritten verursacht wird, kann der Mieter zwar aus eigenem Recht (§§ 858ff. BGB) gegen den Störer vorgehen und daneben auch die zuständige Verwaltungsbehörde durch Anzeige zu einem Einschreiten veranlassen; der Mieter kann jedoch auch vom Vermieter verlangen, dass dieser seiner Verpflichtung zur Gewährung eines vertragsgemäßen Gebrauchs der Wohnung nachkommt und für die Beseitigung der Lärmstörung sorgt. Insofern kann der Vermieter sogar verpflichtet sein, das Mietverhältnis mit einer störenden Mietpartei zu kündigen, wenn anderweitige Maßnahmen (Abmahnung, Unterlassungsklage) nicht zum Erfolg geführt haben (LG Berlin, WuM 1999, 329).

Dieses Recht des Mieters besteht unabhängig von einem Verschulden des Vermieters an der Störung. Wird der Mieter aus dem Nebenhaus durch Klavierspiel gestört, kann den Vermieter die Pflicht treffen, hiergegen einzuschreiten (LG Offenburg, Beschl. v. 5.3.1990, DWW 1990, 273; vgl. auch LG Köln, WuM 1990, 385; LG Hamburg, WuM 1987, 218).

Der Klageantrag, mit dem der Mieter ein solches Tätigwerden des Vermieters erstrebt, muss die beanstandeten Immissionen genau bezeichnen sowie genau angeben, was vom Vermieter verlangt wird. Die Formulierung „... Lärm insoweit zu unterlassen bzw. zu unterbinden ..." reicht nicht aus (LG Offenburg, a.a.O.).

Daneben kann der Mieter – ebenfalls unabhängig von einem Verschulden des Vermieters – die Miete mindern, wenn die Lärmstörung zu einer erheblichen Beeinträchtigung des Wohnwertes führt.

Grundsätzlich kann der Vermieter den Schaden, der ihm durch die Minderung der Miete entsteht, vom Störer ersetzt verlangen (z.B. vom störenden Mieter aus positiver Vertragsverletzung).

Der Anspruch des Vermieters gegen den Störer ist jedoch nicht Voraussetzung des Minderungsrechts des Mieters. Nach dem Rechtsentscheid des BayObLG vom 4.2.1987 (ZMR 1987, 174; Weber/Marx, VII/S. 33) wird der Anspruch des Mieters von Wohnraum, wegen eines vom Nachbargrundstück ausgehenden **Bau**lärms die Miete zu mindern, nicht dadurch ausgeschlossen, dass der Vermieter als Eigentümer die Lärmbeeinträchtigung ohne Anspruch auf Ausgleichszahlung dulden muss. Jedoch besteht ein Minderungsrecht des Mieters nur bei **erheblichen** Beeinträchtigungen des Wohnwerts. So hat z.B. das AG Augsburg (ZMR 1988, 341) ein Minderungsrecht bei einem 18 m von der Wohnung entfernten Bauplatz zur Errichtung von 12 Reihenhäusern verneint (vgl. LG Göttingen, WuM 1986, 114; LG Bonn, WuM 1986, 115).

Der Vermieter kann von dem Bauherrn **Ersatz** des Mietausfalles nur insoweit verlangen, als die dadurch verursachte Ertragseinbuße das **zumutbare Maß** i. S. v. § 906 Abs. 2 S. 2 BGB überschreitet. Dies ist der Fall, soweit die Minderung die durchschnittliche Nettorendite bei der

Lasten des Grundstücks

Vermietung von Wohnraum in der jeweiligen Stadt übersteigt (vgl. LG Hamburg, Urt. v. 3.12.1998, MDR 1999, 154, wonach der Vermieter gegen den Bauherrn einen **nachbarrechtlichen Ausgleichsanspruch** nach § 906 Abs. 2 S. 2 BGB i. H. v. 14 % hat, wenn die berechtigte Mietminderung 20 % und die Nettorendite nur 6 % beträgt).

Eine umfangreiche **Abhandlung zu Lärmstörungen** sowie eine Übersicht über die einschlägige Rechtsprechung findet sich in der Broschüre „Lärmstörungen – Gutachten und Lärmlexikon", die von Haus und Grund Deutschland, Cecilienallee 45, 40474 Düsseldorf, herausgegeben wird (s. auch „Hausbesitzerverein").

Lasten des Grundstücks

Der Vermieter hat die auf der vermieteten Sache ruhenden öffentlichen und privaten Lasten zu tragen.

Öffentliche Lasten sind Leistungen, die kraft öffentlichen Rechts auf dem Grundstück ruhen oder aus dem Grundstück zu entrichten sind. Unerheblich ist, ob sie im Grundbuch eingetragen sind oder nicht, z.B. Grundsteuer, Gebäudesteuer, kommunale Abgaben, Erschließungskosten (BGH, NJW 1982, 1278), Straßenanliegerbeiträge und -baukosten, Kirchen- und Schulbaulast.

Nicht unter den Begriff der öffentlichen Lasten fallen z.B. die Grunderwerbsteuer, Müllabfuhrgebühren, Räum- und Streupflicht und Baubeschränkungen.

Der Verkäufer eines Grundstücks haftet nicht für die Freiheit des Grundstücks von öffentlichen Abgaben und von anderen öffentlichen Lasten, die zur Eintragung in das Grundbuch nicht geeignet sind (§ 436 BGB), soweit nichts anderes vereinbart ist.

Zu den **privaten** Lasten eines Grundstücks gehören insbesondere die Zinsen aus Grundpfandrechten.

Die Umlage von Lasten auf den Mieter kann nur erfolgen, soweit sie auch unter den Begriff der Betriebskosten im Sinne der Anlage 3 zu § 27 II. BV fallen, z.B. Grundsteuer, Kehrgebühren (vgl. „Betriebskosten").

Lebenspartnerschaft → „Eheähnliche Gemeinschaft; Tod des Mieters"

Leistungsvorbehalt

Wie schon der Begriff „Leistungsvorbehalt" sagt, handelt es sich um einen Vorbehalt, der sich allerdings, was aus der Wortfassung nicht hervorgeht, auf **künftige** Leistung bezieht. Das wesentliche Kriterium des Leistungsvorbehaltes besteht im Unterschied zur Wertsicherungsklausel darin, dass die künftige Leistung sich nicht automatisch an einer Bezugsgröße orientiert, also nicht entsprechend dem Preis eines anderen Wirtschaftsgutes oder einer Indexzahl geleitet, vielmehr die Änderung der Bezugs- oder Vergleichsgröße, etwa die Veränderung des Lebenshaltungsindexes, lediglich Voraussetzung für die Änderung der Leistung, hier der Miete, ist, die dann aber nach einem anderen Maßstab zu bestimmen ist.

Leistungsvorbehalte können nur in **gewerblichen** Mietverträgen, **nicht** aber bei Mietverhältnissen über **Wohn**raum vereinbart werden. Hier kommt nur die Vereinbarung einer Indexmiete in Betracht (s. im Einzelnen „Mieterhöhung").

Auch beim Leistungsvorbehalt kann festgelegt werden, dass sich die Miete ändert, sobald sich der Lebenshaltungskostenindex um eine bestimmte Punktzahl verändert hat. Die Indexänderung ist Voraussetzung für die Änderung der Miete. Die dann zu zahlende Miete darf sich jedoch nicht in gleicher Weise wie der genannte Index ändern, sondern muss auf **andere** Weise gefunden werden.

Für Leistungsvorbehalte in Mietverträgen bieten sich dazu zwei Wege an:

> Die Bestimmung der neuen Miete erfolgt durch einen **Dritten** als Schiedsgutachter, durch einen öffentlich bestellten und vereidigten Sachverständigen für Grundstücks- und Mietwerte oder nach **billigem Ermessen**.

Bei dieser Alternative hat die Bestimmung der neuen Miete, wenn nichts anderes vereinbart ist, der Vermieter zu treffen, weil er die Gegenleistung für die Überlassung des Mietgegenstandes zu fordern hat (§ 315 BGB).

> Ist darüber, wie die künftige Miete zu bemessen ist, nichts vereinbart, muss sie billigem Ermessen entsprechen (§ 315 Abs. 1 BGB).

Dieses Ermessen ist im Hinblick auf die Entwicklung der ortsüblichen Mietpreise zu konkretisieren, sodass die Mietanpassung der Höhe nach durch die Veränderung der ortsüblichen Miete beschränkt ist. Dies bedeutet, dass eine Mieterhöhung trotz einer Erhöhung des Indexes ausgeschlossen ist, wenn die **ortsübliche Miete** gleich geblieben oder sogar gesunken ist (OLG Hamm, Urt. v. 17.4.1996, NJWE 1996, 226).

Die vom Vermieter getroffene Bestimmung der neuen Miete ist für den Mieter nur verbindlich, wenn sie der **Billigkeit** entspricht (§ 315 Abs. 3 S. 1 BGB). Entspricht sie nicht der Billigkeit, wird die Bestimmung durch Urteil getroffen (§ 315 Abs. 3 S. 2 BGB). Dem Vermieter ist es in diesem Fall grundsätzlich verwehrt, seine Bestimmung zu widerrufen und das Bestimmungsrecht ein zweites Mal auszuüben. Etwas anderes würde nur dann gelten, wenn sich im Wege der Vertragsauslegung (§§ 133, 157 BGB) ein anderer Wille der Parteien ermitteln ließe (OLG Düsseldorf, Urt. v. 2.12.1993, DWW 1994, 150).

Klage auf Bestimmung der Leistung kann sowohl der Vermieter als auch der Mieter erheben. Auch kann der Vermieter auf Zahlung der von ihm bestimmten Miete klagen.

Bei Bestimmung der Leistung durch einen **Dritten** kann im Vertrag festgehalten werden, nach welchen Gesichtspunkten die Bestimmung zu treffen ist. Ist dies nicht geschehen, hat die Bestimmung durch den Dritten (Schiedsgutachter) gleichfalls **billigem Ermessen** zu entsprechen (§ 317 Abs. 1 BGB). Ist vereinbart, dass mehrere Dritte (z.B. ein vom Vermieter und ein vom Mieter benannter Gutachter) die künftige Leistung zu bestimmen haben, ist bei verschiedenen Ergebnissen der Durchschnittsbetrag maßgebend, sofern nichts anderes vereinbart ist (§ 317 Abs. 2 BGB).

Die durch den Dritten getroffene Bestimmung ist für die Vertragspartner nur dann nicht verbindlich, wenn sie offenbar unbillig ist (§ 319 Abs. 1 BGB). Darin liegt ein wesentlicher Unterschied zu dem Fall der Bestimmung der Mieterleistung durch den Vermieter. Die **Unbilligkeit** bei der Leistungsbestimmung durch einen Dritten muss nämlich „offenbar" sein. Das ist der Fall, wenn sich die Unbilligkeit jedem oder doch jedenfalls dem sachkundigen und unbefangenen Beobachter sofort aufdrängt (BGH, DB 1970, 827). Es genügt nicht, dass die getroffene Bestimmung nicht mehr im Rahmen des billigen Ermessens liegt, vielmehr müssen Treu und Glauben in grober Weise verletzt sein. Der Dritte (Gutachter) muss fachwidrig und offenbar gegen das Interesse eines Vertragspartners verstoßen oder auf offenbar ungenügender Grundlage vorgegangen sein. Dabei ist ein verbindliches Schiedsgutachten zur Miethöhe noch nicht deswegen offenbar unrichtig, weil das Gutachten den Zustand der Mietsache ohne Berücksichtigung werterhöhender Einrichtungen des Mieters zugrunde legt, wenn dem Sachverständigen die Zuordnung der Einrichtungen zum Mieter nicht mitgeteilt wurde (OLG Frankfurt/M., Urt. v. 10.6.1992, WuM 1992, 429; Palandt-Heinrichs, BGB, 51. A., § 319 Rn. 5). Ebenso ist ein Schiedsgutachten über die Höhe der Vergleichsmiete nicht deswegen offenbar unrichtig, weil es neben den individuellen Beschaffenheitsmerkmalen und Mietpreisen nur die Straßennamen, nicht aber die genaue Anschrift der Vergleichsobjekte enthält. Durch Mitteilung der **Straßennamen** wird jedenfalls die Lage der Vergleichsobjekte hinreichend gekennzeichnet, sodass eine weitergehende Bezeichnung der einzelnen Objekte nicht erforderlich ist (OLG Hamburg, WuM 1995, 650; BGH, Beschl. v. 21.6.1995, WuM 1995, 650; vgl. dazu auch BVerfG, NJW 1995, 40; NJW 1997, 311; NJW 1997, 1909).

Grundsätzlich muss ein auf die Bewertung von Vergleichsobjekten gerichtetes Schiedsgutachten die Vergleichsobjekte, ihre Wertmerkmale und die Vergleichspreise enthalten. Jedoch liegt keine offenbare Unrichtigkeit vor, wenn sich der Schiedsgutachter bei Ermittlung der Steigerungsrate an anderen Quellen (z.b. dem RDM-Mietpreisspiegel) orientiert und bei der Festlegung des konkreten Wertes seine allgemeinen Marktbeobachtungen und sein Erfahrungswissen maßgeblich mit einbringt. In diesem Fall muss er seine eigene Datensammlung nicht in der vorgeschriebenen Weise mitteilen (BGH, Urt. v. 1.10.1997, NZM 1998, 196).

Bei offenbarer Unbilligkeit kann die Leistung durch **Urteil** bestimmt werden. Das gilt, wenn der Dritte die Bestimmung nicht treffen kann oder will oder wenn er sie verzögert (§ 319 Abs. 1 BGB). Weil nur schwerwiegende Fehler bei der Leistungsbestimmung durch den Dritten einen Grund zur Beanstandung bieten, wird, wenn die Bestimmung getroffen ist, noch dazu durch einen Sachverständigen, eine Klage auf Bestimmung durch Urteil nur selten Erfolg haben.

Zu beachten ist ferner, dass das nach § 317 BGB zur Klärung der Miethöhe eingeholte Sachverständigengutachten zwischen den Vertragsparteien selbst dann eine **einstweilige** Bindungswirkung entfaltet, wenn es offenbar unbillig i. S. d. § 319 Abs. 1 BGB ist. Diese einstweilige vertragsgestaltende Bindungswirkung besteht grundsätzlich so lange, als das Schiedsgutachten des Sachverständigen nicht durch ein gerichtliches Bestimmungsurteil (§ 319 Abs. 1 S. 2 BGB) ersetzt ist (OLG Frankfurt/M., Urt. v. 3.12.1998, WuM 1999, 31). Die Bindungswirkung könnte allenfalls dann zu verneinen sein, wenn der Gutachter die im Mietvertrag eingeräumte Entscheidungskompetenz eindeutig überschritten hat, z.b. weil er anstatt der vertraglich vereinbarten Anpassung der Miete eine Neufestsetzung der Miete vorgenommen hat (OLG Frankfurt/M., a.a.O.).

Im Gegensatz zu einer **Wertsicherungsklausel** (vgl. „Wertsicherungsklausel") kann ein Leistungsvorbehalt auch bei Verträgen mit einer Laufzeit unter 10 Jahren vereinbart werden.

Der Nachteil gegenüber der Wertsicherungsklausel liegt darin, dass bei der letzteren nur die amtliche Statistik herangezogen zu werden braucht und daraus die neue Miete ohne weiteres und leicht erfassbar errechnet werden kann.

Wie die Praxis zeigt, führt der Leistungsvorbehalt immer wieder zu Unstimmigkeiten zwischen den Vertragsparteien. Trifft der Vermieter die Bestimmung, begegnet sie beim Mieter oftmals Zweifeln. Trifft die Bestimmung ein Dritter, ist meist ein Vertragsteil mit dem Ergebnis nicht zufrieden, kann jedoch trotzdem nur ausnahmsweise mit der Aussicht auf Erfolg dagegen vorgehen.

> Die Vereinbarung eines Leistungsvorbehalts kann deshalb nur bei Verträgen von weniger als 10-jähriger Dauer empfohlen werden. Ab 10-jähriger Vertragsdauer ist der Wertsicherungsklausel der Vorzug zu geben.

Als **Beispiel** für einen Leistungsvorbehalt sei angeführt:

Leistungsvorbehalt

„Sollte sich der vom Statistischen Bundesamt für das gesamte Bundesgebiet amtlich festgestellte Index für die Lebenshaltungskosten aller privaten Haushalte (Basis 1995 = 100) im Verhältnis zum Zeitpunkt des Vertragsschlusses um mehr als 5 Punkte verändern, tritt eine Änderung der Miete ein. Diese ist alsdann nach billigem Ermessen (durch einen von der zuständigen Industrie- und Handelskammer zu benennenden Schiedsgutachter) zu bestimmen und ab Beginn des auf die Überschreitung der 5-Punkte-Grenze folgenden Kalendermonats an zu bezahlen. Sofern aufgrund des vorstehenden Leistungsvorbehalts eine Änderung der Miete eingetreten ist, wird die Klausel gemäß den Bestimmungen des vorangehenden Satzes erneut anwendbar, sobald sich der für die Neufestsetzung laut Satz 1 maßgebliche Lebenshaltungskostenindex gegenüber seinem Stand im Zeitpunkt der vorangegangenen Anpassung erneut um mehr als 5 Punkte verändert hat".

Sieht eine Vertragsklausel im Fall der Veränderung eines bestimmten Kostenindexes Verhandlungen über eine **„Neufestsetzung"** der Miete vor, handelt es sich im Zweifel nicht um eine Mietanpassungsklausel, sondern um eine Mietneufestsetzungsklausel. Im Fall einer Mietneufestsetzungsklausel ist der Schiedsgutachter befugt, auch eine niedrigere als die ursprünglich vereinbarte Miete festzusetzen, da bei einer Neufestsetzung so zu verfahren ist, als ob die Vertragsparteien erstmals in Verhandlungen über die Miethöhe treten, während bei einer Anpassung nur die sog. Äquivalenzstörung (infolge einer Veränderung des Indexes) auszugleichen ist (OLG Frankfurt/M., a.a.O.; BGHZ 62, 314ff.). Die Neufestsetzung der Miete durch den Sachverständigen kann im Rahmen des § 319 BGB gerichtlich ütberprüft werden.

Zur Abgrenzung von Neufestsetzung/Anpassung der Miete durch Schiedsgutachten aufgrund einer von „Neufestsetzung" sprechenden Wertsicherungsklausel, vgl. auch OLG Schleswig, Urt. v. 9.6.1999, Az.: 4 U 103/95, NZM 2000, 338.

Lift → *„Aufzug"*

Mängel

Inhaltsübersicht   Seite

1   Fehlerbegriff .... M 1
2   Fehlen einer zugesicherten Eigenschaft .... M 7
3   Erheblichkeit, Höhe der Minderung .... M 8
4   Schadensersatz .... M 11
5   Selbstbeseitigungsrecht des Mieters und Aufwendungsersatz .. M 11
6   Ausnahmen .... M 12
6.1   Kenntnis des Mieters .... M 12
6.2   Unkenntnis des Mieters .... M 12
6.3   Haftungsausschluss des Vermieters .... M 13
7   **Während der Mietzeit auftretende Mängel; Mängelanzeige durch den Mieter** .... M 13
8   Erfüllungsanspruch .... M 14
9   Außerordentliche Kündigung .... M 16

Der Vermieter ist verpflichtet, die Mieträume in einem zum vertragsgemäßen Gebrauch geeigneten Zustand zu überlassen und sie während der Mietzeit darin zu erhalten. Sind die Räume mit Mängeln behaftet, kann der Mieter mindern, ggf. Schadenersatz beanspruchen und Verwendungsersatz bei Selbsthilfe verlangen.

Die mietrechtlichen Gewährleistungsregeln wegen eines Sachmangels sind grundsätzlich erst anwendbar, wenn die Mieträume übergeben worden sind. Dies gilt auch in Fällen anfänglicher objektiver Unmöglichkeit (BGH, Urt. v. 18.6.1997, Az. 12 ZR 192/95, WuM 1997, 617). Kommt es nicht zur Übergabe, sondern scheitern die Vertragsverhandlungen, können Ansprüche des Mieters aus Verschulden bei Vertragsschluss gegeben sein (s. „Mietvertrag", Abschnitt 1.3). Diese Schadensersatzansprüche des Mieters, die auf den Ersatz des Vertrauensschaden gehen, bestehen auch nach Übergabe neben den Gewährleistungsregelungen, wenn der Vermieter arglistig unrichtige Angaben über die Beschaffenheit der Mietsache macht (BGH, a.a.O.).

1 Fehlerbegriff

Mängelhaftung des Vermieters tritt ein, wenn die Mietsache zur Zeit der Überlassung an den Mieter mit einem **Fehler** behaftet ist, der ihre **Tauglichkeit zu dem vertragsmäßigen Gebrauch** aufhebt oder mindert oder wenn im Laufe der Mietzeit ein solcher Fehler entsteht. Abgestellt wird somit auf die Tauglichkeit zum vertraglich vereinbarten Mietgebrauch. Maßstab ist der Zustand der Sache, der erforderlich ist, um dem Mieter uneingeschränkt den ihm zustehenden vertragsgemäßen Gebrauch zu ermöglichen (OLG Celle, RE v. 19.7.1984, WuM 1985, 9 = Weber/Marx, IV/S. 32). Danach bildet jede negative Abweichung des tatsächlichen Zustandes der Sache von der durch die Erfordernisse des vertragsgemäßen Gebrauches definierten Sollbeschaffenheit, also jede Untauglichkeit der Sache zum Vertragszweck, bereits einen Fehler (sog. subjektiver Fehlerbegriff). Es spielt keine Rolle, ob der Tauglichkeitsmangel auf den Zustand der Sache oder auf andere Umstände tatsächlicher oder rechtlicher Art zurückzuführen ist.

So werden auch in gewissem Umfang Immissionen von außen oder Gefahrenquellen in der Umgebung, die den Mieter im vertragsmäßigen Gebrauch beeinträchtigen, als Mangel angesehen, sog. **Umweltfehler**, z.B. Drogenberatungsstelle im Nachbarhaus (OLG Hamm, NJW-E MietR 1996, 80). Das Gericht hat aufgrund der Begleiterscheinungen der Drogenszene eine Minderung von 50 % angenommen. Ein solcher Umweltmangel ist auch dann gegeben, wenn entgegen der vereinbarten attraktiven Geschäftslage im innerstädtischen Zentrum an einem bedeutenden Platz die vertragliche Gebrauchstauglichkeit des Geschäfts dadurch beeinträchtigt wird, dass der Platz über Jahre hinweg als Baugrube brach liegt (OLG Dresden, Urt. v. 18.12.1998, Az. 5 U 1774/98, WuM 1999, 158). Das Gericht führt aus, dass nur unmittelbare Beeinträchtigungen als Umweltmangel anzusehen sind, da andernfalls die Garantiehaftung des Vermieters für die Gebrauchstüchtigkeit der Mietsache überdehnt wird. Ob eine solche unmittelbare Beeinträchtigung vorliegt, bestimmt sich in erster Linie nach dem zum Vertragsinhalt erhobenen Verwendungszweck. Vorliegend war ein Laden für hochwertige Herrenmoden vermietet. Umstände, die die Eignung der Mietsache zum vertragsgemäßen Gebrauch nur mittelbar berühren, sind nicht als Mängel zu qualifizieren, z.B. Bestand von Parkplätzen in ausreichender Anzahl in der Nähe eines Einkaufszentrums, in dem ein Wäscheladen vermietet war (BGH, Urt. v. 16.2.2000, Az. XII ZR 279/97, WuM 2000, 593).

Das OLG Hamm hat in einer Entscheidung, in der der Erlass eines Rechtsentscheides abgelehnt wurde (WuM 1987, 248), ausgeführt, dass dieser **weite Fehlerbegriff** die Gefahr der Ausuferung birgt. Allerdings ist nach Ansicht des Gerichts eine Mietsache mit Beziehung zu einer Gefahrenquelle nicht erst dann mangelhaft, wenn der Mieter wirklich Schaden erleidet, sondern schon dann und deshalb, wenn und weil er sie nur in der Befürchtung der Gefahrenverwirklichung benutzen kann. Es muss sich um eine begründete Gefahrbesorgnis handeln. Eine Rolle kann z.B. die Dauer der Mietzeit spielen, ebenso können die Möglichkeit von Gegenmaß-

Mängel

nahmen und ihre Dauer von Bedeutung sein sowie die Personen des Mieters und seiner Familie (z.B. kleine Kinder).

Auch **Umweltgifte** können einen Mangel darstellen, z.b. Überschreitung des Grenzwertes für Formaldehyd-Konzentrationen in der Raumluft (AG Bad Säckingen, WuM 1996, 140) oder die Gefahr der Freisetzung von Asbestfasern (LG Dortmund, WuM 1996, 141), ohne dass der Mieter bereits gesundheitliche Schäden erleidet (OLG Hamm, a.a.O.). Dies darf aber nicht so weit führen, dass das allgemeine Lebensrisiko vom Mieter auf den Vermieter abgewälzt wird. Der Mieter kann daher nur dann die Entfernung des **Nachtstromspeicherofens** wegen der Asbestgefahr verlangen, wenn eine konkrete Gefahrenlage besteht. Insoweit muss der Mieter darlegen, dass die Asbestbelastung durch die Nachtstromspeicheröfen über der sonstigen Hintergrundbelastung mit Asbest liegt (zu Recht LG Berlin, Urt. v. 19.7.1996, WuM 1996, 761).

Dies gilt auch für den Fall, dass in der Wohnung baulich verarbeitete Materialien **Holzschutzmittel** enthalten. Hier muss der Mieter ebenso eine konkrete Gesundheitsgefährdung nachweisen (LG Tübingen, WuM 1996, 41). Die Überschreitung von Umweltschutznormen oder Richtwerten, die vor Gesundheitsgefahren schützen sollen, ist allein nicht ausreichend. Fraglich ist, auf welchen Zeitpunkt bei der Beurteilung, ob eine bestimmte Schadstoffbelastung ein Mangel ist, abzustellen ist. Die Frage spielt dann eine Rolle, wenn sich die wissenschaftlich-technischen Standards für die Beurteilung von Gesundheitsschäden ändern, d.h. nachträglich verschärft werden. Zum einen könnte man daran denken, die bei Abschluss des Mietvertrages geltenden Bestimmungen zugrunde zu legen, da der Vermieter die weitere Entwicklung nicht voraussehen kann. In der juristischen Literatur wird überwiegend die Gegenmeinung vertreten, nämlich dass es auf die im Zeitpunkt der gerichtlichen Entscheidung maßgeblichen Grenzwerte ankommt.

Mit Rechtsentscheid vom 4.8.1999 (Az. RE-Miet 6/98, WuM 1999, 568) hat das BayObLG zu dieser Rechtsfrage Stellung genommen. Nach Ansicht des Gerichts sind grundsätzlich diejenigen Standards maßgeblich, die in dem Zeitpunkt gegolten haben oder gelten, der für die jeweilige Rechtsfolge maßgeblich ist. Das Gericht weist darauf hin, dass Ausgangspunkt für die Bewertung der gesundheitlichen Unbedenklichkeit der Wohnung nur die bei Vertragsschluss geltenden Standards sein können, da der vom Vermieter geschuldete Leistungsstandard für ihn bestimmbar sein muss. Führen allerdings im Laufe des Mietverhältnisses neue Einsichten in die gesundheitsgefährdende Wirkung bestimmter Baustoffe zu verschärften wissenschaftlich-technischen Standards, bringen diese eine Änderung der vertraglichen Sollbeschaffenheit der Mietsache mit sich, sodass der Vermieter dann jeweils die Beschaffenheit der Mietsache herbeizuführen hat, die als Vorsorge gegen Gefahren für die Gesundheit der Bewohner nach dem aktuellen Standard erforderlich ist. Fehlerhaftigkeit tritt erst ein, wenn der Vermieter nach Bekanntwerden der entspre-

Mängel

chenden verschärften Standards gleichwohl nicht die Ursache der Gefährdung beseitigt. Dies bedeutet im konkreten Fall: Will der Mieter z.B. wegen Gesundheitsgefährdung fristlos kündigen, so kommt es auf die Standards zum Zeitpunkt des Zugangs der Kündigung an. Will er die Miete – auch rückwirkend – mindern, kommt es auf die Standards an, die für den geminderten Zeitraum gegolten haben. Das Gericht weist ferner darauf hin, dass nicht jede Schadstoffemission zu einem Gesundheitsschaden oder einer manifesten Gesundheitsgefährdung führt, andererseits schließt die Einhaltung der einschlägigen Grenz- bzw. Vorsorgerichtwerte diese Folge auch nicht aus. Dies wird immer im konkreten Einzelfall zu beurteilen sein. Für den Schall- und Wärmeschutz gilt Folgendes:

Grundsätzlich ist hier davon auszugehen, dass ein Mangel nicht vorliegt, wenn die öffentlich-rechtlichen Bestimmungen hinsichtlich der Schall- und Wärmeisolierung zum **Zeitpunkt der Errichtung** des Gebäudes eingehalten sind (so Kraemer, a.a.O.). Diese Rechtsansicht ist jedoch durchaus strittig. Das OLG Celle hat mit RE vom 19.7.1984 (WuM 1985, 9 = Weber/Marx, IV/S. 32) darauf abgestellt, dass die Tauglichkeit zum vertragsgemäßen Gebrauch von der Einhaltung der anerkannten Regeln der Technik zur Bauzeit unabhängig ist. Danach soll nur der **bei Mietbeginn** vorhandene Zustand maßgeblich für die Beurteilung sein, ob ein Fehler vorliegt.

Es stellt keinen Fehler dar, wenn sich bei einer Innenstadtwohnung das Wohnumfeld ändert, z.B. bei zunehmender Belästigung durch die Drogen- und Prostitutionsszene (AG Schöneberg, NJW-MietR 1997, 75). Ein Fehler liegt nämlich nur vor, wenn eine **unmittelbare** Beeinträchtigung der Tauglichkeit der Miträume durch die tatsächlichen Umstände und die rechtlichen Verhältnisse erfolgt (BGH, NJW 1981, 2405). So berechtigt die Einrichtung eines verkehrsberuhigten Innenstadtbereiches den Mieter einer Gaststätte nicht zu einer Minderung der Miete. Ein Fehler würde nur dann vorliegen, wenn die Möglichkeit, die Gaststätte beschwerdefrei, gefahrlos und bequem betreten zu können, nachhaltig beeinträchtigt wird (OLG Celle, Urt. v. 13.3.1996, Az. 2 U 53/95, nicht veröffentlicht). Allerdings wird dem Mieter wegen auf Dauer veränderter Umstände ein außerordentliches Kündigungsrecht einzuräumen sein (OLG Celle, a.a.O.).

Auch **Baulärm von einem Nachbargrundstück** kann zur Minderung führen. Das BayObLG hat in einem Rechtsentscheid entschieden, dass der Anspruch des Mieters von Wohnraum, wegen eines vom Nachbargrundstück ausgehenden Baulärms den Mietzins zu mindern, nicht dadurch ausgeschlossen wird, dass der Vermieter als Eigentümer die Lärmbeeinträchtigung ohne Anspruch auf Ausgleichszahlung dulden muss (WuM 1987, 112; Weber/Marx, VII/S. 33). Das Gericht hat selbst die Gefahr gesehen, dass der Vermieter ebenso in dem Minderungsprozess gegen den Mieter unterliegen kann wie in dem Verfahren gegen den Lärmverursacher. Dem kann der Vermieter dadurch begegnen, dass er im Verfahren gegen den Mieter durch **Streitverkündung** gegen den Störer (hier: den Nachbarn, § 72 ZPO) die Nebeninterventionswirkung (§§ 68, 74 Abs. 1 ZPO) herbeiführt. Die Nebenintervention bewirkt, dass Feststellungen in diesem Urteil für den Fall der Rechtskraft dann auch gegen den Störer wirken. Nicht in jedem Fall besteht jedoch ein Anspruch gegen den Lärmverursacher. Die tatbestandlichen Voraussetzungen für den nachbarrechtlichen Ausgleichsanspruch nach § 906 Abs. 2 S. 2 BGB setzen nämlich eine wesentliche Beeinträchtigung des Grundstücks voraus. Das LG Hamburg (Urt. v. 3.12.1998, Az. 327 S 97/98, MDR 1999, 154) hat entschieden, dass das zumutbare Maß der Ertragsverluste für den Grundstückseigentümer bei einer Mietminderung von etwa 6 % überschritten ist. Der durch Bauarbeiten entstandene Ertragsverlust kann also vom Veranlasser der Bauarbeiten als Ersatz verlangt werden, soweit die gerechtfertigte Minderung über 6 % hinaus geht.

Zu den **Fehlern** im Sinne des Gesetzes gehören nicht nur bauliche Mängel aller Art, sondern auch öffentlich-rechtliche Benutzungsbeschränkungen (z.B. Versagung der Zweckentfremdungsgenehmigung bei gewerblicher Vermietung eines Wohnraumes) oder Hindernisse, wenn sie auf der konkreten Beschaffenheit, dem Zustand oder der Lage der Mietsache beruhen (BGH, WuM 1992, 313, 314). Der Vermieter ist auch grundsätzlich verpflichtet, fehlende **behördliche Genehmigungen** beizubringen, die zur Aufnahme eines vertraglich vorgesehenen Gewerbebetriebes erforderlich sind (OLG Hamm, ZMR 1982, 207).

Das Fehlen dieser erforderlichen behördlichen Genehmigung ist ein Fehler im Sinne von § 536 Abs. 1 BGB. Der Mieter ist aber dann nicht zur Minderung der Miete berechtigt, solange die zuständige Behörde die unzulässige Nutzung duldet. Etwas anderes gilt, wenn dem Mieter durch eine mit einer Zwangsmittelandrohung verbundene Ordnungsverfügung die vertragsgemäße Nutzung untersagt wird und für ihn zumindest Ungewissheit über deren Zulassung besteht. In diesem Fall kann der Mieter auch gemäß § 542 BGB fristlos kündigen (OLG Köln, Beschl. v. 10.11.1997, Az. 19 W 48/97, WuM 1998, 152).

Allerdings darf der Fehlerbegriff nicht so weit ausgeweitet werden, dass dem Mieter das gesamte Verwendungsrisiko abgenommen wird. Ein Mangel kann daher nur angenommen werden, wenn die öffentlich-rechtliche Beschränkung ihre Ursache gerade in der Beschaffenheit der konkreten, vermieteten Sache und nicht in sonstigen, allgemein vorliegenden Umständen hat (so zu Recht Emmerich/Sonnenschein, Miete, § 537 Rn. 9). Auftretende **öffentlich-rechtliche Beschränkungen** sind daher nicht sämtlich als Mängel (§ 536 Abs. 1 BGB) anzusehen, etwa wenn sich die Versagung einer Genehmigung eher als betriebsbezogene – und nicht objektbezogene – Gebrauchs- oder Nutzungsbeschränkung ausgewirkt hat (BGH, WuM 1992, 313, 315). Im Allgemeinen ist nur ein rechtswirksames behördliches Verbot – z.B. ein als Baugrundstück ver-

Mängel

mietetes Grundstück zu bebauen – als Fehler anzusehen, sofern die behördliche Gebrauchsbeschränkung auf der Lage oder Beschaffenheit des Grundstücks beruht. Allerdings kann in einer auf Jahre hin zu erwartenden Ungewissheit über die vertragsgemäße Nutzbarkeit der Mietsache im Einzelfall ein Sachmangel gesehen werden (BGH, WuM 1971, 531f.). Ein Rückgriff auf die Grundsätze über den Wegfall der Geschäftsgrundlage nach Treu und Glauben (§ 242 BGB) kommt daneben grundsätzlich nicht in Betracht (BGH, WuM 1992, 313).

Auch **Störungen durch andere Mieter**, die über das zumutbare Maß hinausgehen (nächtliche Ruhestörungen etc.), können Mängel sein (LG Göttingen, NJW 1954, 1205; LG Köln, ZMR 1971, 241).

Ist die **Mietsache** vollständig **zerstört**, führt dies zwar nicht ohne weiteres zur Beendigung des Vertrages. Hat dies jedoch der Vermieter nicht zu vertreten, wird er von der Pflicht der Gebrauchsüberlassung frei (§ 275 BGB). Damit entfällt auch seine Verpflichtung zum Wiederaufbau (BGH, NJW 1976, 1506). Ein Fehler liegt hier nicht vor, da der Vermieter zur Schadensbeseitigung nicht mehr verpflichtet ist (BGH, WuM 1990, 546). Dies gilt auch bei einer teilweisen Zerstörung des Mietobjekts, wenn der Herstellungsaufwand die Opfergrenze übersteigt (BGH, a.a.O.). Dies ist der Fall, wenn die Reparaturkosten den Zeitwert des Mietobjekts erheblich übersteigen (OLG Karlsruhe, WuM 1995, 307).

Die Regeln der Unmöglichkeit finden jedoch keine Anwendung, wenn der Vermieter wegen eines **Rechtsmangels** (§ 536 Abs. 3 BGB) nicht in der Lage ist, dem Mieter den Gebrauch zu gewähren (BGH, ZMR 1991, 418).

Ein Rechtsmangel liegt dann vor, wenn Rechte Dritter auf die Miettäume in einer Weise geltend gemacht werden, dass der Mieter im vertragsgemäßen Gebrauch gestört wird. Unter Rechte Dritter sind dingliche Rechte zu verstehen, die zum Besitz berechtigen, wie zum Beispiel: Ein Mieter schließt einen Untermietvertrag. Der Eigentümer verlangt Herausgabe. Hier wird durch das Recht eines Dritten (des Eigentümers) dem Mieter (hier = Untermieter) sein Recht entzogen, sodass er gegenüber seinem Vermieter, dem Hauptmieter, die Ansprüche gemäß § 536 Abs. 3 BGB geltend machen kann. Eine Entziehung liegt erst dann vor, wenn der Mieter in seinem Mietgebrauch gestört wird, z.B. wenn der Eigentümer dem Hauptmieter kündigt und dem Untermieter die Räumung androht.

§ 536 Abs. 3 BGB greift auch ein, wenn ein Wohnungs- oder Teileigentümer Räume zu einer Nutzung vermietet, die nach der Teilungserklärung nicht zulässig ist und die anderen Eigentümer vom Mieter die Unterlassung dieser Nutzung verlangen (BGH, ZMR 1996, 147). Ferner greift § 536 Abs. 3 BGB ein im Fall der Doppelvermietung. In diesem Fall kann der Vermieter nur einem Mieter gegenüber seine vertraglichen Verpflichtungen erfüllen, der oder die anderen Mieter haben Ansprüche gemäß § 536 Abs. 3 BGB. Bei Haftung für

Mängel

einen Rechtsmangel gelten die Rechtsfolgen wie bei einem Sachmangel. Der Mieter kann also mindern, gegebenenfalls Schadensersatz wegen Nichterfüllung oder Aufwendungsersatz verlangen oder kündigen.

Kein Rechtsmangel liegt vor, wenn die Mieträume vom Vormieter trotz Beendigung des Mietverhältnisses nicht geräumt werden und der Nachmieter deshalb nicht rechtzeitig einziehen kann. Der Vermieter ist nur aus tatsächlichen, nicht aus rechtlichen Gründen an der Gebrauchsüberlassung gehindert. Die Leistung ist ihm subjektiv unmöglich. Die Rechtsprechung nimmt hier eine Garantiehaftung des Vermieters für anfängliches Unvermögen an (BGH, NJW 1983, 446). Er haftet daher ohne Rücksicht auf Verschulden dem Nachmieter auf Schadensersatz wegen Nichterfüllung. Anderer Ansicht sind das OLG München (ZMR 1996, 605) und das OLG Frankfurt a.M. (Urt. v. 23.4.1999, Az. 24 U 138/97, NZM 1999, 966). Danach haftet der Vermieter nur bei Verschulden. Er darf im Allgemeinen davon ausgehen, dass der Vormieter rechtzeitig räumt. Ferner entfällt sein Anspruch auf Zahlung des Mietzinses für die Dauer der Vorenthaltung gemäß § 323 BGB. Daneben kann der Mieter gemäß § 543 Abs. 2 Ziffer 1 BGB fristlos kündigen.

Auch bei einer Vermietung unter Verstoß gegen das **Zweckentfremdungsverbot** kommt es darauf an, inwieweit die konkrete Nutzung der Räumlichkeiten beeinträchtigt ist. Ist die Gefahr, dass für die Zukunft aufgrund des Einschreitens der zuständigen Behörde mit Beeinträchtigungen in Form einer Nutzungsuntersagung zu rechnen ist, bereits konkret, liegt ein Mangel vor (OLG Hamburg, NJW-RR 1996, 1356; s. auch „Zweckentfremdung", Abschnitt 6). Solange die Behörde eine unzulässige Nutzung der Mietsache duldet, kann sich der Mieter allerdings nicht auf den Mangel berufen (OLG Köln, ZMR 1998, 227).

2 Fehlen einer zugesicherten Eigenschaft

Der Mieter kann auch mindern, wenn eine **zugesicherte Eigenschaft** fehlt oder später wegfällt (§ 536 Abs. 2 BGB). Zusicherung ist mehr als die Beschreibung des normalen Zustandes einer Wohnung (vgl. „Wohnfläche"). Mit Rechtsentscheid v. 15.12.1997 (Az. 3 AR 0090/97, WuM 1998, 144) hat das OLG Dresden entschieden, dass allein die Angabe einer Wohnfläche im Mietvertrag nur eine bloße Beschaffenheitsangabe beinhaltet, nicht aber hierüber hinausgehend auch die Zusicherung einer Eigenschaft der Mietsache. Dies gilt aber dann nicht, wenn die Räume vor deren Errichtung oder ohne vorherige Besichtigung angemietet worden sind. Bei einem Mietvertrag über eine noch zu erbauende Lagerhalle wurde die Fläche mit „ca. 1000 m^2" angegeben, hatte aber nur 870 m^2. Das OLG Hamm (Urt. v. 1.10.1997, Az. 33 U 37/97, WuM 1998, 151) hat festgestellt, dass bei dieser Sachlage Angaben zu Lage, Größe etc. nicht nur der Beschreibung, sondern Festlegung dessen, was vom Vermieter vertraglich geschuldet wird, dienen. Die Angabe der Nutzfläche ist daher eine Eigenschaftszusicherung, wobei die Circa-Angabe lediglich einen gewissen Spielraum für geringfügige Abweichungen eröffnet, der jedenfalls bei einer Abweichung von 13 % deutlich überschritten ist. Nach der Rechtsprechung des BGH zum Werkvertragsrecht (BGH, WuM 1997, 625) liegt eine erhebliche Abweichung bei einer Differenz von mehr als 10 % vor. Aber auch dann, wenn die Parteien als Miete einen Quadratmeterpreis vereinbaren oder wenn die Fläche als Bemessungsgrundlage für die Miethöhe gedient hat, soll eine zugesicherte Eigenschaft vorliegen (LG München I, WuM 1987, 217). Nachdem die Miete in der Regel nach der Fläche kalkuliert wird, erscheint diese Rechtsprechung höchst zweifelhaft. Sie wird sich nach dem Rechtsentscheid des OLG Dresden (a.a.O.) kaum halten lassen. Das OLG Dresden weist zurecht darauf hin, dass für eine Zusicherung eine Erklärung erforderlich ist, für die Beschaffenheit auch ohne Verschulden einstehen und Schadensersatz bei ihrem Fehlen leisten zu wollen.

Wenn hingegen wie im Normalfall nach Besichtigung einer Wohnung im Mietvertrag eine Wohnungsgröße, sei es mit oder ohne Circa-Angabe angegeben wird, stellt dies weder eine Zusicherung noch einen Mangel dar, wie das OLG Dresden (a.a.O.) entschieden hat. Ein zur Minderung der Miete führender Mangel liegt nur dann vor, wenn die Flächendifferenz erheblich und die Gebrauchstauglichkeit der Wohnung gerade durch die geringere Wohnfläche beeinträchtigt ist. Diese Rechtsansicht ist allerdings umstritten. Das LG Hannover (Urt. v. 12.2.1998, Az. 3 S 243/97, WuM 1998, 344) hat entschieden, dass

dann, wenn die Wohnfläche einer Mietwohnung tatsächlich geringer ist als im Mietvertrag vereinbart, aufgrund der Abweichung des Ist-Zustandes vom Soll-Zustand eine Minderung der Miete grundsätzlich in Betracht kommt, ohne dass es auf die Frage des Fehlens einer zugesicherten Eigenschaft ankommt. Beträgt die Abweichung der tatsächlichen Wohnfläche von der vertraglich vereinbarten allerdings nur ca. 6 %, wird in der Regel nur eine unerhebliche Minderung der Tauglichkeit im Sinne des § 536 Abs. 1 S. 3 BGB vorliegen mit der Folge, dass eine Minderung der Miete ausscheidet. Es wird daher dringend empfohlen, wenn nicht besondere Umstände vorliegen, die Angaben von Wohn- und Nutzflächen im Mietvertrag zu **unterlassen**.

Die Zusicherung muss in vertragsgemäß bindender Weise (s. „Schriftform") abgegeben worden sein. Ihr Inhalt muss hinreichend genau bezeichnet sein.

Beispiel:
Die Zusicherung, dass eine Gaststätte nicht Bier einer bestimmten Brauerei abnehmen muss, sondern frei ist (RGZ 95, 175).

3 Erheblichkeit, Höhe der Minderung

Nach der Neufassung des § 536 Abs. 1 BGB ist der Mieter für die Zeit, in der die Tauglichkeit der Mieträume zum vertragsmäßigen Gebrauch aufgehoben ist, von der Entrichtung der Miete befreit. Für die Zeit, während der die Tauglichkeit gemindert ist, hat er nur eine angemessen herabgesetzte Miete zu

Mängel

entrichten. Eine unerhebliche Minderung der Tauglichkeit bleibt außer Betracht. Dies ist der Fall, wenn die Benutzung der Wohnung selbst nur unerheblich beeinträchtigt ist oder ein Mangel ohne Aufwand schnell beseitigt werden kann (defekte Glühbirne im Hausgang, AG Pinneberg, WuM 1980, 63). Die Beweislast dafür, dass nur eine unerhebliche Beeinträchtigung vorliegt, hat der Vermieter.

Das LG Hamburg (WuM 1991, 161) hat hierzu entschieden, dass eine gesundheitsgefährdende **Bleikonzentration im Trinkwasser** aufgrund der Wasserleitung einen Mangel darstellen kann. Liegt der Mangel in einem Gefährdungstatbestand, kann die Beeinträchtigung des Mietgebrauchs nur in denjenigen Umständen gesehen werden, die sich daraus ergeben, dass sich der Mieter einschränken oder gewisse Vorsorgemaßnahmen treffen muss, damit sich die befürchtete Gefahr nicht aktualisiert oder er sich ihr entzieht. Soweit derartige Maßnahmen zumutbar sind (hier Laufenlassen des Wassers 1 bis 2 Sekunden vor Gebrauch), wird nach Auffassung des Gerichts die Erheblichkeitsschwelle nicht überschritten.

Das Recht zur Mietminderung tritt **ohne Rücksicht auf Verschulden** des Vermieters ein.

> **Beispiel:**
> Ausfall der Zentralheizung wegen eines vom Vermieter nicht verschuldeten technischen Defektes

Das Recht auf Mietminderung ist kein „Anspruch", sondern eine kraft Gesetzes eintretende Änderung der Vertragspflicht. Sie besteht für die Dauer des Mangels. Die Minderung tritt also automatisch kraft Gesetzes ein. Trotzdem muss der Mieter den Mangel **anzeigen** (§ 536c BGB; s. „Anzeigepflicht"). Unterlässt der Mieter die Anzeige und konnte der Vermieter infolge dessen keine Abhilfe schaffen, ist der Mieter nicht zur Minderung berechtigt (§ 536c Abs. 2 BGB; s. hierzu Abschnitt 7). Unternimmt der Vermieter einen Reparaturversuch und behauptet der Mieter, dass der Mangel noch besteht, hat der Vermieter die Beweislast für den Erfolg der Reparatur. Der Mieter ist verpflichtet, das Weiterbestehen des Mangels nochmals anzuzeigen (BGH, NZM 2000, 549).

Schwierigkeiten ergeben sich stets, wenn es darum geht, ob ein Mangel so erheblich ist, dass er zur Mietminderung berechtigt und **wie hoch** diese ggf. sein darf. Allgemein gültige Regeln lassen sich nicht aufstellen. Das gerechtfertigte Ausmaß der Mietminderung kann nur von Fall zu Fall beurteilt werden. Jedenfalls darf die Mietminderung nicht größer sein als es dem Grad der Einschränkung der Nutzung des Mietobjekts entspricht. Wie schwierig es ist, das Ausmaß der Gebrauchsminderung etwa in einem Hundertsatz der Miete zu beziffern, veranschaulicht das Beispiel des Ausfalles der Zentralheizung. In den Übergangsmonaten mag die Tauglichkeit des Mietobjekts zum vertragsmäßigen Gebrauch lediglich begrenzt, ja vielleicht sogar nur unerheblich gemindert sein. Bei strengem Frost verschiebt sich das Bild. Die Tauglichkeit kann

Mängel

sich von Tag zu Tag vermindern. Auch der Verwendungszweck der Mieträume kann in diesem Zusammenhang eine Rolle spielen.

Der Versuch, Tauglichkeitsmängel kasuistisch (fallweise) in quotenmäßig ausgerichteten **Minderungstabellen** zu erfassen, hilft wenig, weil die Einzelfälle so unterschiedlich sind, dass eine Bezugnahme auf Tabellen der jeweiligen konkreten Sachlage nicht gerecht würde. Um wenigstens eine Grobeinschätzung zu ermöglichen, wurden unter „Minderung" einige häufige Fälle alphabetisch aufgeführt.

Für die Frage, ob die Miträume mangelhaft sind, ist die Höhe der Miete grundsätzlich nicht beachtlich (LG Essen, WuM 1983, 139). So beinhaltet auch der Einzug in ein älteres Haus mit geringer Miete keinen Verzicht des Mieters auf Mängelbeseitigung (LG Nürnberg-Fürth, WuM 1985, 20). Ausgehend vom subjektiven Fehlerbegriff spielt es aber durchaus eine Rolle, ob das Mietobjekt eine Altbauwohnung ist oder eine Neubauwohnung. Der vertragsgemäße Gebrauch einer Altbauwohnung beinhaltet, dass z.B. bezüglich nicht ganz dicht schließender Fenster, knarrender Dielen und nicht neuzeitlicher Wärmeisolierung kein Mangel vorliegt, solange der bei Altbauten übliche Standard nicht unterschritten wird (so zu Recht Kraemer in Bub/Treier III, Rn. 1338).

Dies ist auch bezüglich des Bauzustandes in den **neuen Bundesländern** zu beachten. Nach einem Urteil des KrsG Döbeln vom 21.8.1992 (WuM 1992, 535) schließt zwar die allgemein dürftige **Bauqualität** der in der DDR errichteten Wohngebäude das erstmalige Geltendmachen eines Wohnungsmangels nach Erhöhung der Grundmiete nicht aus. Auf die Höhe der Mietminderung ist eine verhältnismäßig geringe Grundmiete jedoch nicht ohne Einfluss, der Instandhaltungsanspruch richtet sich nicht nach westlichen Verkehrsanschauungen an die Bauqualität. Nach Treu und Glauben (§ 242 BGB) ist nämlich der Vermieter zur Gewährleistung des vertragsmäßigen Gebrauchs nur in dem Umfang verpflichtet, wie Treu und Glauben mit Rücksicht auf die Verkehrssitte dies erfordern, und nur in diesem Umfang können die Mieter die Instandhaltung der Mietsache fordern. Dieser Rechtsauffassung folgt auch das KrsG Erfurt (Urt. v. 5.1.1993, WuM 1993, 112), wonach der Mieter aufgrund eines Mietvertrags von 1984 in einem Gebäude dürftiger Bauqualität, die allgemein der Herstellung in der ehemaligen DDR entspricht, an die Instandhaltungspflicht des Vermieters nicht die Anforderungen stellen kann, die nach westlichen Verkehrsanschauungen an die Qualität eines Bauwerks und einzelner Bauelemente gestellt werden können. Vielmehr ist die Höhe einer nach Mieterhöhung vom Oktober 1991 erstmaligen Mietminderung danach zu bemessen, dass die Systemschäden des Bauwerks als vertragsgemäß vom Mieter hinzunehmen sind. Diesem Rechtsgedanken folgt auch das OLG Naumburg in den Gründen eines negativen Rechtsentscheids vom 28.7.1993 (RE-Miet 1/93), der allerdings keine Bindungswirkung hat.

Mängel

4 Schadensersatz

Neben dem Recht auf Mietminderung kann der Mieter unter gewissen Voraussetzungen Schadensersatz geltend machen (§ 536a Abs. 1 BGB). Das ist der Fall,

- wenn ein zur Minderung berechtigender Mangel schon **beim Vertragsschluss** vorhanden war,
- wenn er später infolge eines Umstandes entsteht, den der **Vermieter zu vertreten** hat (z.B. Vermieter lässt undichtes Dach trotz Kenntnis des Zustandes nicht reparieren; dadurch entstehen Schäden an den dem Mieter gehörenden Gegenständen),
- wenn der Vermieter mit der Beseitigung eines Mangels in **Verzug** gerät. Verzug setzt eine auf Mängelbeseitigung gerichtete Mahnung sowie Verschulden des Vermieters voraus. Verzug liegt z.B. nicht vor, wenn die Mängelbeseitigung zwar angemahnt ist, die Handwerker aber den Vermieter trotz Bemühen im Stich lassen.

Die Haftung des Vermieters für Mängel der Mietsache, die schon bei Vertragsschluss vorhanden sind, ist unabhängig vom Verschulden des Vermieters. Es handelt sich insoweit um eine **Garantiehaftung**, die auch dann eingreift, wenn die Auswirkungen des Mangels erst später eintreten. Wird ein Mietvertrag über eine erst herzustellende Sache (z.B. Mietvertrag über eine erst herzustellende Eigentumswohnung) abgeschlossen, bezieht sich die Garantie in analoger Anwendung des § 538 BGB auf den Zeitpunkt der Fertigstellung und der Übergabe.

Der Schadensersatzanspruch des Mieters (Nichterfüllungsschaden) umfasst **Körper- und Sachschäden** wie z.B. entgangener Gewinn, aber nur für die Zeit, in der der Vermieter zur Leistung verpflichtet ist und am Vertrag auch gegen seinen Willen festgehalten werden kann. Auch **Folgeschäden** sind zu ersetzen. Dies gilt ebenso für Schäden von Personen, die in den Schutzbereich des Mietvertrages mit einbezogen sind (z.B. Familienangehörige, Haushaltshilfen). Darüber hinaus sind, wenn die Voraussetzungen des § 536a Abs. 1 BGB vorliegen, bei Unbenutzbarkeit der Räume die Kosten von Ersatzwohnraum vom Vermieter zu übernehmen.

Ein **mitwirkendes Verschulden** des Mieters wirkt sich schadensmindernd aus (§ 254 BGB).

5 Selbstbeseitigungsrecht des Mieters und Aufwendungsersatz

Im Fall des **Verzugs des Vermieters** kann der Mieter den Mangel selbst beseitigen und Ersatz der erforderlichen Aufwendungen verlangen (§ 536a Abs. 2 Nr. 1 BGB). Der Mieter hat hier ein **Wahlrecht** zwischen Schadensersatz und Aufwendungsersatz. Verzug setzt eine auf Mängelbeseitigung gerichtete **Mahnung** voraus, Anzeige allein genügt nicht (§ 284 BGB). Mahnung ist die Aufforderung, die geschuldete Leistung zu erbringen. Sie muss bestimmt und eindeutig sein; eine **Fristsetzung** ist grundsätzlich nicht nötig (Palandt, § 284 Anm. 3 a), empfiehlt sich aber zur Klarstellung. Vor Durchführung der Arbeiten kann der Mieter vom Vermieter

Mängel

einen angemessenen **Vorschuss** in Höhe der Beseitigungskosten verlangen (BGH, NJW 1971, 1450 sowie KG Berlin, RE v. 29.2.1988, Weber/Marx, VIII/S. 35).

Aufgrund der Neuregelung des Mietrechts kann der Mieter nicht nur bei Verzug des Vermieters Ersatz der erforderlichen Aufwendungen verlangen, sondern auch dann, wenn die umgehende Beseitigung des Mangels zur Erhaltung oder Wiederherstellung des Bestandes der Mietsache notwendig ist (§ 536a Abs. 2 Nr. 2 BGB). Nach der bisherigen Rechtsprechung war dies nur der Fall, wenn für die Mietsache Gefahr in Verzug bestand und der Vermieter nicht oder nicht rechtzeitig erreichbar war. Auch bei der Neuregelung, die die bisherige Regelung des § 547 Abs. 1 S. 1 BGB a. F. enthält, geht es um bestimmte Notmaßnahmen des Mieters, die keinen Aufschub dulden und auch ohne vorherige Mahnung einen Aufwendungsersatzanspruch auslösen sollen. Der Ersatz von sonstigen, nicht notwendigen Aufwendungen des Mieters ist nunmehr in § 539 Abs. 1 BGB geregelt, s. „Verwendungen". Beseitigt der Mieter Mängel selbst, ohne dass dies notwendig ist, da z.b. der Vermieter erreichbar war oder die Arbeiten nicht ganz dringend und unaufschiebbar waren, ist der Vermieter jedenfalls nach § 536a Abs. 2 Nr. 2 BGB nicht zum Aufwendungsersatz verpflichtet. Ein Anspruch gem. § 539 Abs. 1 BGB auf Ersatz sonstiger Verwendungen dürfte in der Regel nicht vorliegen, da es insoweit am Fremdgeschäftsführungswillen des Mieters fehlen wird.

6 Ausnahmen

Die **Rechte des Mieters** auf Minderung, Schadensersatz oder Aufwendungsersatz können durch Gesetz oder Vertrag ausgeschlossen sein.

6.1 Kenntnis des Mieters

Kennt der Mieter beim Abschluss des Vertrages den Sach- oder Rechtsmangel, stehen ihm die Gewährleistungsrechte nicht zu (§ 536b S. 1 BGB). Diese Kenntnis muss sich auf einen bestimmten Mangel und dessen Art, Umfang und Auswirkungen beziehen und nicht nur auf allgemeine Umstände, die eine Beeinträchtigung verursachen können. **Nicht** ausreichend ist daher die bloße Kenntnis davon, dass sich im Haus ein Gewerbebetrieb befindet, die Wohnung in einem hochwassergefährdeten Gebiet liegt (LG Köln, WuM 1996, 334) oder in den Räumen frühere Tätigkeiten durchgeführt wurden, die zu einer Schadstoffbelastung führen können (LG Mannheim, WuM 1996, 338). Vgl. hierzu ausführlich „Kenntnis von Mängeln".

Einem Vertragsabschluss gleichgestellt werden die Vereinbarungen einer Vertragsverlängerung und die Ausübung einer Option.

6.2 Unkenntnis des Mieters

Ist dem Mieter ein Mangel bei Beginn des Mietverhältnisses infolge **grober Fahrlässigkeit** unbekannt geblieben (außer bei Zusicherung oder Arglist des Vermieters) oder nimmt er die Mieträume vorbehaltlos an, obwohl er den Mangel kennt, kann er sich ebenfalls

Mängel

nicht auf die Gewährleistungsrechte berufen (§ 536b S. 2 und 3 BGB). Im **Vorbehalt** müssen die Mängel genau bezeichnet werden. Bei einer Zusage des Vermieters, die Mängel zu beseitigen, liegt jedoch keine vorbehaltlose Annahme vor.

Die Rechte des Mieters können wieder aufleben, wenn durch eine Mieterhöhung das bisherige Leistungsgleichgewicht verändert wird (BGH, MDR 1965, 654).

6.3 Haftungsausschluss des Vermieters

Der vertragliche Ausschluss der Haftung ist nur eingeschränkt möglich (s. „Allgemeine Geschäftsbedingungen"). Auf eine Vereinbarung, durch die die Rechte des Mieters wegen eines Mangels der Mietsache ausgeschlossen oder beschränkt werden, kann sich der Vermieter nicht berufen, wenn er den Mangel arglistig verschwiegen hat (§ 536d BGB). Mit dieser Neuregelung soll zum Ausdruck kommen, dass die Unwirksamkeit der Ausschlussvereinbarung im Interesse des Mieters keinesfalls zur Unwirksamkeit des gesamten Mietvertrages führt, § 139 BGB also nicht anzuwenden ist. Dadurch sollen schwierige Auslegungsfragen zu den Auswirkungen der unwirksamen Ausschlussvereinbarung auf den übrigen Vertrag vermieden werden. Die Vorschrift gilt für Sach- und Rechtsmängel. Die Regelung ist ihrer Natur nach zwingend.

Die in **Formular-Mietverträgen** gelegentlich anzutreffende Klausel, wonach die Geltendmachung von Schadensersatzansprüchen durch den Mieter wegen Mängeln der Mietsache oder wegen Verzugs des Vermieters mit der Beseitigung eines Mangels ausgeschlossen ist, verstößt gegen § 11 Nr. 7 AGB-Gesetz und ist unwirksam, sofern der Ausschluss grobe Fahrlässigkeit des Vermieters oder Vorsatz des Vermieters und seiner Erfüllungsgehilfen umfasst (BayObLG, RE v. 17.12.1984, WuM 1985, 49; Weber/Marx VII/S. 169).

Zulässig ist es hingegen, in einem Formular-Mietvertrag die verschuldensunabhängige Haftung für schon bei Vertragsabschluss vorhandene Mängel (Garantiehaftung) auszuschließen (BGH, NJW-RR 1991, 74). Ob die Haftung für einfache Fahrlässigkeit formularmäßig ausgeschlossen werden kann, erscheint aufgrund von § 9 AGB-Gesetz zweifelhaft. Wenn jedoch der Vermieter einen Mangel arglistig verschweigt, ist ein Haftungsausschluss nichtig (§ 140 BGB). Das Recht zur Minderung gemäß § 536 Abs. 1 BGB kann bei einem Mietverhältnis über Wohnraum nicht ausgeschlossen werden (§ 536 Abs. 4 BGB).

7 Während der Mietzeit auftretende Mängel; Mängelanzeige durch den Mieter

Die Rechtsprechung ging bis zur Mietrechtsreform davon aus, dass ein Mieter, der einen Mangel erst nach Vertragsschluss erkennt und trotz Kenntnis des Mangels die Miete über einen längeren Zeitraum (ca. 6 Monate) hinweg vorbehaltlos in voller Höhe weiter zahlt, in entsprechender Anwendung der Regelung über anfängliche Mängel sein Recht zur Minderung verliert. Auf diese durchaus streitvermeidende Rechtsprechung kann sich der Vermieter nicht mehr berufen. Gem. § 536c Abs. 1 BGB hat der Mieter dem Vermieter unverzüglich anzuzeigen, wenn sich im Laufe der Mietzeit ein Mangel der Mietsache zeigt oder eine Maßnahme zum Schutz der Mietsache gegen eine nicht vorhergesehene Gefahr erforderlich wird. Das Gleiche gilt, wenn ein Dritter sich ein Recht an der Sache anmaßt. Gem. § 536c Abs. 2 BGB ist der Mieter dem Vermieter zum Schadensersatz verpflichtet, wenn er diese Anzeige unterlässt. Der Schadensersatzanspruch des Vermieters setzt bei der Verletzung der Anzeigepflicht ein Verschulden des Mieters voraus. In § 536c Abs. 2 S. 2 BGB ist als weitere Rechtsfolge Folgendes bestimmt: Soweit der Vermieter infolge der Unterlassung der Anzeige nicht Abhilfe schaffen konnte, ist der Mieter nicht berechtigt,

1) die in § 536 bestimmten Rechte geltend zu machen (Mietminderung bei Sach- und Rechtsmängeln)

2) nach § 536a Abs. 1 BGB Schadensersatz wegen Nichterfüllung zu verlangen oder

3) ohne Bestimmung einer angemessenen Frist zur Abhilfe nach § 543 Abs. 3 S. 1 BGB zu kündigen.

Entgegen der bisherigen Rechtsprechung entfallen also die Gewährleistungsrechte und Ansprüche des Mieters nur solange, als er seiner Anzeigepflicht nicht nachkommt.

Nur in ganz besonders gelagerten Fällen, in denen z.B. über einen sehr langen Zeitraum hinweg die volle Miete gezahlt worden war, kann der Vermieter dem Mieter die Einwendung der Verwirkung (s. „Verwirkung") entgegenhalten. Die amtliche Begründung verweist z.b. auf den vom BGH in NJW-RR 1992, 267 entschiedenen Fall und verweist ferner auf die allgemeine Vorschrift des § 814 BGB (Leistung in Kenntnis der Nichtschuld), die eine zusätzliche Handhabe bieten soll, um das Problem rechtlich befriedigend zu lösen. Eine solche Leistung kann nach dieser Bestimmung nicht zurückgefordert werden.

8 Erfüllungsanspruch

Unabhängig von den Minderungsansprüchen und von deren Ausschluss nicht betroffen hat der Mieter einen Erfüllungsanspruch (§ 535 Abs. 1 BGB). Der Mieter kann verlangen, dass der Vermieter die Mieträume in vertragsgemäßem Zustand hält, also auch Mängel beseitigt.

Dies gilt ebenso für den Mieter einer Eigentumswohnung, der die Beseitigung von Mängeln am Gemeinschaftseigentum, soweit die Mietwohnung davon betroffen ist, vom Vermieter auch verlangen kann, wenn ein zustimmender Beschluss der Wohnungseigentümerversammlung noch nicht vorliegt (KG, RE v. 25.6.1990, ZMR 1990, 336), oder wenn der Vermieter seinerseits gewerblicher Zwischenmieter ist (OLG Zweibrücken, RE v. 14.12.1994, WuM 1995, 144).

Zur Durchsetzung dieses Anspruches kann er ein **Zurückbehaltungsrecht** (§ 320 BGB) an künftigen Mietzahlungen geltend machen (vgl. BGH, NJW 1982, 2242). Die Höhe ist auf das 3- bis 5-fache der Kosten der Beseitigung

Mängel

beschränkt (Palandt, § 320 Anm. 2e). Der zurückbehaltene Betrag ist – im Gegensatz zur Minderung – nach Mängelbeseitigung nachzuzahlen. Nach Mängelbeseitigung kommt der Mieter erst nach einer Mahnung des Vermieters in Verzug (LG Berlin, GE 1995, 821).

Der Ausschluss der Gewährleistungsrechte (§§ 536 ff. BGB) findet auf den Erfüllungsanspruch des Mieters keine Anwendung (LG Hamburg, WuM 1991, 161 (163) sowie OLG Köln, WuM 1995, 35 m.w.N.). Dies hat findige Mieter dazu bewogen, sich gegenüber einer fristlosen Kündigung des Vermieters wegen Zahlungsverzuges auf dieses Zurückbehaltungsrecht wegen angeblicher Mängel zu berufen. Das BayObLG, dem die Rechtsfrage vorgelegt wurde, ob der Mieter trotz Verlustes seines Minderungsrechts dem Zahlungsanspruch des Vermieters im Hinblick auf den Mängelbeseitigungsanspruch gemäß § 535 Abs. 1 BGB die Einrede des nicht erfüllten Vertrages (§ 320 BGB) entgegenhalten kann, hat den Erlass eines Rechtsentscheids abgelehnt (Beschl. v. 10.5.1999, Az. RE-Miet 1/99, WuM 1999, 392). Das Gericht hat darauf hingewiesen, dass diese Rechtsfrage keinen speziellen wohnraummietrechtlichen Bezug hat. In den Gründen hat es hierzu ausgeführt, dass in Ausnahmefällen der Erfüllungsanspruch des Mieters auf Herstellung eines zum vertragsmäßigen Gebrauch geeigneten Zustands ausgeschlossen sei (BGH, NJW 1997, 2674 f.) oder die gemäß § 320 Abs. 2 BGB nach den Grundsätzen von Treu und Glauben vorzunehmende Abwägung unter Heranziehung des Rechtsgedankens des § 536b BGB zu einem Ausschluss der Einrede führen kann (BGH, NJW 1989, 3222, 3224). Ob diese Ausnahmen eingreifen, ist jedoch anhand der Umstände des Einzelfalls zu entscheiden und entzieht sich einer allgemeinen Beurteilung.

Wenn die Vertragsparteien jedoch in Kenntnis eines Mangels einen Mietvertrag abschließen, kann dies je nach den näheren Umständen so ausgelegt werden, dass der Mieter diesen Zustand der Mieträume als vertragsgemäßen angenommen hat, sodass ihm die Rechte aus den §§ 535 Abs. 1, 320 BGB (Erfüllung oder Zurückbehaltung) nicht zustehen (so Kraemer in Bub/Treier, III Rn. 1283, 1401). A.A. OLG Köln (a.a.O.), das dem Mieter auch bei einer Vertragsklausel, wonach die Räume in einem zu dem vertragsgemäßen Gebrauch geeigneten Zustand sind, einen auf Mängelbeseitigung gerichteten Erfüllungsanspruch (§ 535 Abs. 1 BGB) zuspricht.

Wie das OLG Frankfurt/Main entschieden hat, wird die Ausübung des Zurückbehaltungsrechts diesem Zweck nur so lange gerecht, wie es eine Verwirklichung des Erfüllungsanspruchs fördern kann. Ist dies durch Zeitablauf unmöglich geworden, kann das Zurückbehaltungsrecht nicht mehr durchgreifen, da es sonst seinen Rechtscharakter ändern würde. Dies hat zur Folge, dass sich das Zurückbehaltungsrecht nur für den jeweiligen Zahlungsmonat auswirkt. Über diesen Monat hinaus darf der Mieter die Miete nicht zurückbehalten (OLG Frankfurt, Urt. v. 23.4.1999, Az. 24 U 110/97, ZMR 1999, 628).

Der Erfüllungsanspruch des Mieters besteht unabhängig davon, ob der Mangel erheblich oder unerheblich ist. Er darf allerdings nicht wider Treu und Glauben oder schikanös (§ 226 BGB) ausgeübt werden (Kraemer in Bub/Treier, III Rn. 1352).

Das Zurückbehaltungsrecht des Mieters an der Miete wird auch nicht dadurch ausgeschlossen, dass der Mieter den Mangel nicht angezeigt hat, sodass das Bestehen dieser Einrede den Verzug mit der Mietzahlung ausschließt (LG Bremen, WuM 1993, 605). Die Berufung auf das Einrederecht aus § 320 BGB setzt eigene Vertragstreue des Einredenden voraus. Daran fehlt es z.b., wenn der Mieter zwar Mängel meldet, aber eine Besichtigung nicht gestattet (LG Bremen, a.a.O.).

Mängel der Wohnung berechtigen den Mieter aber nicht zur Zurückbehaltung der **Mietkaution** (LG Köln, WuM 1993, 605). Bei vollständiger Zerstörung der Mietsache hat der Mieter allerdings keinen Erfüllungsanspruch mehr (vgl. „Instandhaltung und Instandsetzung der Miträume").

9 Außerordentliche Kündigung

Neben den Rechten aus den §§ 536 ff. BGB hat der Mieter in zwei Fällen ein außerordentliches Kündigungsrecht ohne Einhaltung einer Frist, nämlich bei **Nichtgewährung des Gebrauchs** und bei **Gesundheitsgefährdung** (s. „Kündigung").

Mehrheit → *„Personenmehrheit"*

Mehrwertsteuer → *„Miete", Abschnitt 4*

Mietaufhebungsvertrag

Mietverträge können nicht nur einseitig durch Kündigung, sondern auch **einvernehmlich** durch einen Vertrag beendet werden. Dies geschieht durch einen sog. Aufhebungsvertrag. Der Vertrag bedarf nicht der schriftlichen Form (h.M.).

Allerdings hat das Amtsgericht Köln (WuM 1993, 119) die Rechtsansicht geäußert, dass für einen mündlich geschlossenen Mietaufhebungsvertrag über Wohnräume Nichtigkeit wegen Formmangel (§ 125 BGB) anzunehmen ist, da auch die Kündigung der schriftlichen Form bedarf (§ 568 Abs. 1 BGB). Sieht allerdings der Mietvertrag die Schriftform zu seiner Änderung vor, bedarf auch der Mietaufhebungsvertrag der **Schriftform**, wenn die Parteien nicht – stillschweigend oder ausdrücklich – zum Ausdruck gebracht haben, dass sie sich über die Änderung der

Mietaufhebungsvertrag

Schriftformklausel einig sind (LG Düsseldorf, WuM 1993, 341; a. A. LG Aachen, WuM 1993, 734 – Schriftform grundsätzlich nicht erforderlich).

> Aus Beweisgründen sollte die Schriftform aber eingehalten werden.

Vertragsinhalt ist, dass die Parteien zu einem bestimmten Zeitpunkt das Mietverhältnis beenden wollen. Es empfehlen sich eindeutige Formulierungen, wie z. B.:

> „Die Parteien sind sich darüber einig, dass das Mietverhältnis über ... zum ... endet. Der Mieter verpflichtet sich zur Räumung und Herausgabe der Wohnung/Geschäftsräume zu diesem Zeitpunkt. Eine – auch stillschweigende – Verlängerung darüber hinaus ist ausgeschlossen."

Ein Aufhebungsvertrag kann stillschweigend (auch durch schlüssiges Verhalten) abgeschlossen werden. Hier sind aber hohe Anforderungen zu stellen (vgl. LG Freiburg, WuM 1989, 7). Nicht in jedem Verhalten der Parteien sind übereinstimmende Willenserklärungen auf Vertragsbeendigung zu sehen. Insbesondere eine unwirksame Kündigung kann in der Regel nicht in das Angebot zum Abschluss eines Aufhebungsvertrages umgedeutet werden (BGH, WuM 1981, 57), selbst wenn der Mieter daraufhin auszieht.

Auch auf Mietaufhebungsverträge kann das Haustürwiderrufsgesetz angewendet werden (LG Heidelberg, WuM 1993, 397). Zu diesem Gesetz siehe ausführlich „Mietvertrag". Nach Ansicht des LG Heidelberg (a.a.O.) handelt ein Vermieter dann geschäftsmäßig mit der Folge, dass das HaustürWG anwendbar ist, wenn er gleichartige Mietaufhebungsverträge über Wohnungen in einem Mehrparteienhaus vereinbart, um eine Gesamtsanierung des Anwesens vorzubereiten.

Weiter ist das LG Heidelberg (a.a.O.) der Auffassung, dass ein Mietaufhebungsvertrag dann sittenwidrig ist, wenn die – nur – im Interesse des Vermieters getroffene Vereinbarung ein Berufen des Mieters auf **Räumungs- und Vollstreckungsschutz** ausschließt. Dies dürfte überzogen sein. Ein Verzicht des Mieters auf Vollstreckungsschutz (§ 765a ZPO) ist von vornherein unwirksam, ein Verzicht auf Räumungsschutz (§§ 721, 794a ZPO) nach allgemeiner Ansicht zulässig (Bub/Treier, a.a.O., VII A, Rn. 31).

Einigen sich die Parteien nur auf den Zeitpunkt der Kündigung des Mietverhältnisses, verbleibt es im Übrigen (Schönheitsreparaturen, Einbauten, Kaution etc.) bei den Bestimmungen des Mietvertrages bzw. der gesetzlichen Regelung. Auch Schadensersatzansprüche des Mieters sind nicht ausgeschlossen, wenn ein Aufhebungsvertrag nach Ausspruch einer unwirksamen Kündigung des Vermieters geschlossen wurde und der Mieter den Aufhebungsvertrag aufgrund unzutreffender Angaben des Vermieters über die Kündigungsgründe abschließt (OLG Karlsruhe, RE v. 7.10.1981, WuM 1982, 11; Weber/Marx, VII/S. 95).

Kein Mietaufhebungsvertrag liegt vor, wenn der Vermieter nach einer unwirksamen Kündigung durch den Mieter die Wohnung neu vermietet (LG München I, NJWE-MietR 1997, 25). Setzt der Mieter nach dem vereinbarten Endtermin den Gebrauch der Mieträume fort, ist strittig, ob es aufgrund von § 545 BGB zu einer Fortsetzung des Mietverhältnisses auf unbestimmte Zeit kommt.

> Zur Vermeidung von Problemen empfiehlt sich daher im Vertrag ein ausdrücklicher Ausschluss von § 545 BGB.

Miete

1 Allgemeines

Die Miete ist die Gegenleistung des Mieters für die Überlassung der Mietsache. Sie umfasst das gesamte Entgelt für die Leistung des Vermieters. Zur Miete gehören auch die **Betriebskosten** (s. „Betriebskosten"), falls sie im Mietvertrag gesondert ausgewiesen sind (§ 556 Abs. 1 BGB). Andernfalls sind sie in der vereinbarten Miete enthalten. Nachforderungen aus der jährlichen Nebenkostenabrechnung sind nicht Miete im Sinne des § 543 Abs. 2 Nr. 3 BGB. Kommt der Mieter mit der Begleichung dieser Forderung in Verzug, kann der Vermieter nicht fristlos kündigen (OLG Koblenz, RE v. 26.7.1984, WuM 1984, 269; Weber/Marx, VII/S. 80). Teil der Miete sind dagegen **Mietvorauszahlungen** (s. „Mietvorauszahlungen"), nicht aber Mieterdarlehen (s. „Mieterdarlehen"). Auch **verlorene Baukostenzuschüsse** werden überwiegend als Miete angesehen. Umstritten ist hingegen die Rechtsnatur sog. Abstandszahlungen (s. „Abstandszahlungen"), die dem Zweck dienen, den Vermieter zum Abschluss des Mietvertrages geneigt zu machen, etwa um dem Leistenden den Vorzug vor einem anderen Mietinteressenten zu geben. Leistungen dieser Art sind nach überwiegender Meinung nicht dem Begriff „Miete" zuzuordnen.

2 Miete als Schickschuld

Die Miete ist eine sog. **Schickschuld**. Der Mieter hat die Miete auf seine Gefahr und seine Kosten dem Vermieter an dessen Wohnsitz zu übermitteln (§ 270 BGB). Überwiegend wird im Mietvertrag festgelegt, auf welche Weise und wohin die Miete zu entrichten ist. Dies gilt auch für die Zahlungsweise.

Eine Einziehungs- oder Abbuchungsermächtigung muss der Mieter nur bei entsprechender vertraglicher Vereinbarung erteilen. Ein formularmäßig vereinbartes **Abbuchungsverfahren** ist unwirksam (LG Köln, WuM 1990, 380). Beim Abbuchungsverfahren hat nämlich der Zahlungspflichtige seiner Bank im Voraus einen Abbuchungsauftrag erteilt. Die Bank belastet dementsprechend das Konto, sodass die Kontobelastung nicht mehr rückgängig gemacht werden kann. Die Abbuchungsermächtigung muss daher zumindest eine Widerrufsmöglichkeit enthalten (vgl. LG Hamburg, WuM 1990, 115, 116). Hingegen kann ein **Einzugsermächtigungsverfahren** auch formularmäßig vereinbart werden (BGH, WuM 1996, 205). Hier ist der Zahlungspflichtige nämlich besser gestellt: Er erteilt nur dem Zahlungsempfänger (dem Vermieter) eine Einzugsermächtigung, während er gegenüber der Zahlstelle (seiner Bank) keine Erklärung über den Einzug der Forderung gegen ihn im Lastschriftverfahren abgibt. Der Zahlungspflichtige kann deshalb der Kontobelastung widersprechen und Wiedergutschrift des abgebuchten Betrages verlangen (BGH, a.a.O.). Dagegen kann der Vermieter auch ohne ausdrückliche Vereinbarung die Überweisung auf sein Konto verlangen. Die Überweisungskosten sind vom Mieter zu tragen.

3 Fälligkeit der Miete

Die Miete für Räume, egal ob Wohn- oder Geschäftsräume oder sonstige Räume, ist gem. §§ 556b Abs. 1, 579 Abs. 2 BGB zu Beginn, spätestens bis zum 3. Werktag der einzelnen Zeitabschnitte zu entrichten, nach denen sie bemessen ist. Die Regelung ist insgesamt nicht zwingend, sodass abweichende Vereinbarungen möglich bleiben (z.B. bei Hotels oder Ferienwohnungen). Für Mietverhältnisse über Grundstücke gilt § 579 Abs. 1 BGB, wonach die Miete am Ende der Mietzeit zu entrichten ist. Ist die Miete nach Zeitabschnitten bemessen, so ist sie nach Ablauf der einzelnen Zeitabschnitte zu entrichten. Die Miete für ein Grundstück ist, sofern sie nicht nach kürzeren Zeitabschnitten bemessen ist, jeweils nach Ablauf eines Kalendervierteljahres am 1. Werktag des folgenden Monats zu entrichten. Auch hier sind abweichende Vereinbarungen zulässig. Siehe hierzu im Übrigen „Fälligkeit".

4 Höhe der Miete

Die **Höhe der Miete** unterliegt grundsätzlich der freien Vereinbarung der Parteien (s. aber „Kostenmiete", „Mietpreisüberhöhung", „Mietwucher"). Haben die Parteien die Miete nicht weiter festgelegt, ist die ortsübliche Vergleichsmiete zu zahlen.

Bei Geschäftsräumen ist die **Mehrwertsteuer** nur dann zzgl. zur Miete zu bezahlen, wenn dies ausdrücklich vereinbart war. Eine formularmäßige Klausel, wonach Mehrwertsteuer zu bezahlen ist, ist bei individueller Vereinbarung einer Miete ohne Mehrwertsteuer unwirksam, da Letzteres vorgeht (BGH, WuM 1973, 677). Eine formularmäßige Klausel, wonach der Vermieter die Mehrwertsteuer nachträglich verlangen kann, wenn er für die Umsatzsteuer optiert (§ 9 UStG), dürfte nur wirksam sein, wenn der Mieter zum Vorsteuerabzug berechtigt ist (Bub in Bub/Treier, II Rn. 441). Hat der Vermieter vor Abschluss des Mietvertrages für die Mehrwertsteuer optiert und schuldet der **gewerbliche** Mieter vertraglich die auf die Miete entfallende Mehrwertsteuer, gilt dies im Wege ergänzender Vertragsauslegung auch für die Verpflichtung des Mieters zur Zahlung der abgerechneten Betriebskosten (OLG Düsseldorf, WuM 1996, 211).

5 Verzug

Wenn der Mieter mit mehreren Mietzahlungen in **Verzug** ist, und dann wieder leistet, kann er bestimmen, mit welcher der fälligen Mieten seine Zahlung verrechnet werden soll. Trifft er keine Bestimmung, ist die Zahlung auf die älteste Schuld anzurechnen (§ 366 Abs. 2 BGB). Eine Vereinbarung, wonach der Vermieter bestimmen kann, worauf Vorauszahlungen des Mieters anzurechnen sind (z.B. statt Miete Januar 1991 Heizkosten 1989/90), ist unwirksam (BGH, MDR 1985, 50).

6 Verpflichtung zur Mietzahlung

Der Mieter wird von der Entrichtung der Miete nicht dadurch **befreit**, dass er aus einem in seiner Person liegenden Grund an der Ausübung des ihm zustehenden Gebrauchsrechts verhindert wird (§ 537 Abs. 1 S. 1 BGB). Der Vermieter muss sich jedoch den Wert der ersparten Aufwendungen sowie diejenigen Vorteile anrechnen lassen, welche er aus einer anderweitigen Verwertung erlangt (§ 537 Abs. 1 S. 2 BGB). Solange der Vermieter infolge der Überlassung des Gebrauchs an einen Dritten außerstande ist, dem Mieter den Gebrauch zu gewähren, ist der Mieter zur Entrichtung der Miete nicht verpflichtet (§ 537 Abs. 2 BGB).

Diese bedeutsame Bestimmung greift vor allem ein, wenn der Mieter während der Laufzeit des Mietvertrages oder vor Ablauf der gesetzlichen oder vereinbarten Kündigungsfrist auszieht. Er bleibt grundsätzlich zur Mietzahlung bis zum Ende der Mietzeit verpflichtet ohne Rücksicht darauf, ob er den Gebrauch ausüben kann oder nicht.

Nach § 242 BGB (Grundsatz von Treu und Glauben) kann der Mieter aber unter bestimmten Umständen einen Anspruch auf **Entlassung aus dem Mietvertrag** haben (vgl. „Ersatzmieter"). Dagegen ist der Mieter zur Zahlung der Miete nicht mehr verpflichtet, wenn ihm der Gebrauch der Mietsache entzogen wird. Wenn also der Mieter vorzeitig auszieht und der Vermieter daraufhin umfassende Umbaumaßnahmen in den Räumen vornimmt, sodass der Mieter die Räume gar nicht mehr nutzen könnte, wird der Mieter von der Pflicht zur Zahlung frei. Dies gilt auch, wenn der Vermieter selbst einzieht. Die **Beweislast** für den Einzug des Vermieters hat hier der vorzeitig ausziehende Mieter (OLG Oldenburg, RE v. 10.11.1980, WuM 1981, 177; Weber/Marx, VII/S. 75).

Gleiches gilt grundsätzlich, wenn der Vermieter die Miträume einem Dritten überlässt, auch hier wird der vorzeitig ausgezogene Mieter von seiner Mietzahlungsverpflichtung frei (§ 557 Abs. 2 BGB). Dies würde aber dazu führen, dass der Vermieter bei vorzeitigem Auszug des Mieters die Räume leer stehen lassen müsste, wenn er nur einen **Nachmieter** findet, der weniger zahlt, da der Vermieter bei Überlassung frei werden würde. Diesem Ergebnis ist das OLG Hamm in seinem RE v. 13.3.1986 (WuM 1986, 201; Weber/Marx, VII/S. 78) entgegengetreten (vgl. auch ebenso BGH, DWW 1993, 168). Danach kann der Vermieter in diesem Fall die Mietdifferenz vom ausgezogenen Mieter verlangen, wenn er ihm mitteilt, dass er die Räume zu einer bestimmten Miete anderweitig vermieten will. Auch der Grundsatz der Schadensminderungspflicht spricht dafür, dass der Vermieter zur Weitervermietung auch zu einer geringeren Miete verpflichtet ist und nicht berechtigt ist, die Räume trotz eines Nachmieters leer stehen zu lassen. S. hierzu auch „Ersatzmieter", Abschnitt 3.

Mieterdarlehen

Darunter ist ein Darlehen zu verstehen, das dem Vermieter vom Mieter gewährt wird und das der Vermieter durch Verrechnung mit der Miete tilgt. Hier liegt auch der Unterschied zur Mietvorauszahlung (s. „Mietvorauszahlung"): Bei dieser wird die Miete auf einmal für die Zukunft durch Zahlung des Vorauszahlungsbetrages getilgt, beim Mieterdarlehen erst bei Fälligkeit durch die Verrechnung mit der Darlehensschuld.

Bei Beendigung des Mietvertrages vor Tilgung des Darlehens gelten die Vorschriften über die Mietvorauszahlung. Danach ist der noch nicht getilgte Betrag auf einmal zu bezahlen (s. „Mietvorauszahlung"). Eine hiervon abweichende Vereinbarung ist bei Wohnraum unwirksam (§ 547 Abs. 2 BGB analog).

Wird für die Rückzahlung des Mieterdarlehens eine schriftliche Verrechnungsabrede getroffen, nimmt die Rechtsprechung (LG Hannover, MDR 1969, 845), wenn andere Abreden im Vertrag fehlen, ein befristetes Mietverhältnis an, sodass bis zum Fristablauf weder vom Vermieter noch vom Mieter ordentlich gekündigt werden kann.

Bei **öffentlich geförderten** Wohnungen ist die Vereinbarung eines Mieterdarlehens nur dann zulässig, wenn die Annahme durch die Bewilligungsstelle ausdrücklich zugelassen ist. Wird das Mieterdarlehen zur Deckung der Kosten für eine Wertverbesserung gewährt, ist sie zulässig, wenn die Bewilligungsstelle der Wertverbesserung zugestimmt hat und die Mieterleistung das 4-fache der Jahresmiete nicht übersteigt.

Mieterhöhung bei Geschäftsräumen

Die Miete für Geschäftsräume (Gleiches gilt für gewerblich genutzte unbebaute Grundstücke) kann frei vereinbart werden. An die vereinbarte Miete sind beide Vertragsteile für die Vertragsdauer gebunden, sofern sie sich nicht über eine Änderung der Miete einigen. Insbesondere hat der Vermieter nicht die Mög-

lichkeit, die Miete während der Vertragsdauer einseitig zu erhöhen, sei es durch Zustimmungsverlangen, sei es durch rechtsgestaltende Erklärung.

Das gilt auch für **Betriebskostenerhöhungen**, die nur dann überwälzt werden können, wenn eine entsprechende Klausel im Mietvertrag es vorsieht. Der Weg zu einer Änderung der Miete führt bei Geschäftsräumen somit mangels besonderer Mietvereinbarungen nur über die vertragsgemäße Kündigung des Mietverhältnisses.

Nun werden Mietverträge über Geschäftsräume häufig für längere Zeit abgeschlossen. Hier werden dann i.d.R. Klauseln vereinbart, die eine Mietänderung innerhalb der Vertragszeit ermöglichen (s. „Leistungsvorbehalt", „Wertsicherungsklauseln"). Fehlt eine entsprechende Klausel, kann eine Änderung der Miete während der Laufzeit des Vertrages gegen den Willen des Vertragspartners nicht erreicht werden. Insbesondere bewirkt das Sinken der Kaufkraft des Geldes keinen Wegfall der Geschäftsgrundlage, gibt also dem Vermieter nicht das Recht, eine Mieterhöhung zu fordern.

Solche Klauseln sollten sorgfältig formuliert werden. In einem Mietvertrag war die Klausel aufgenommen, dass bei einer bestimmten Änderung des Indexes beide Vertragsteile berechtigt sind, die Aufnahme von Verhandlungen über eine Neufestsetzung der Miete zu verlangen. Ähnliche Klauseln werden auch für den Fall der Ausübung einer Option vereinbart. Das OLG Frankfurt/Main (Urt. v. 3.12.1998, Az. 3 U 257/97, WuM 1999, 31) hat entschieden, dass es sich bei dieser Klausel nicht um eine Mietanpassungsklausel, sondern um eine Mietneufestsetzungsklausel handelt. Während bei einer Anpassung Ausgangspunkt bzw. Bezugsgröße eine Äquivalenzstörung ist, gibt es eine derartige Bezugsgröße bei einer Neufestsetzung nicht, sondern es ist so zu verfahren, als ob die Vertragsparteien erstmals in Mietverhandlungen treten. Ein mit der Neufestsetzung beauftragter Schiedsgutachter ist daher auch berechtigt, eine niedrigere als die bisher vereinbarte Miete festzusetzen.

In den neuen Bundesländern galt für Mietverträge, die vor dem 3.10.1990 abgeschlossen wurden, ein eingeschränkter Kündigungsschutz bis zum Ablauf des 31.12.1995 (s. „Geschäftsräume", Abschnitt 6). Seitdem bestehen keine Besonderheiten mehr. Eine Mietvereinbarung über Geschäftsräume im Beitrittsgebiet, die vor dem 1.1.1991 unter Verstoß gegen die bis zum 31.12.1990 geltenden Mietpreisvorschriften getroffen wurde und insoweit nichtig war, erlangt mit Beendigung der Preisbindung nicht automatisch Wirksamkeit (so LG Hamburg, WuM 1992, 532).

Mieterhöhung bei Wohnraum

Inhaltsübersicht		Seite
1	Allgemeines	M 24
2	Mieterhöhung bis zur ortsüblichen Vergleichsmiete (§ 558 BGB)	M 25
2.1	Jahresfrist	M 25
2.2	Ortsübliche Vergleichsmiete	M 27
2.3	Kappungsgrenze	M 31
2.4	Ausschluss der Mieterhöhung	M 34
2.5	Form und Begründung der Mieterhöhung (§ 558a BGB)	M 36
2.5.1	Mietspiegel	M 37
2.5.2	Mietdatenbank	M 41
2.5.3	Sachverständigengutachten	M 42
2.5.4	Vergleichbare Wohnungen	M 44
2.6	Zustimmung und Klage	M 47
2.7	Gerichtliches Verfahren	M 51
2.8	Wirkung der Zustimmung	M 58
3	Mieterhöhung bei Modernisierung (§ 559 BGB)	M 59
3.1	Voraussetzung der Erhöhung	M 59
3.2	Ausmaß der Mieterhöhung	M 61
3.3	Duldung des Mieters	M 62
3.4	Instandsetzung	M 65
3.5	Geltendmachung der Mieterhöhung	M 65
3.6	Geltendmachung der Vergleichsmiete	M 67
4	Betriebskostenerhöhung (§ 560 BGB)	M 68
4.1	Begriff	M 68
4.2	Voraussetzungen, Ausschluss	M 68
4.3	Umlegungsmaßstab	M 69
4.4	Form und Inhalt	M 70
4.5	Zahlungspflicht des Mieters	M 70
4.6	Erhöhungsvorbehalt bei Inklusivmiete	M 71
5	Kapitalkostenerhöhung	M 72
6	Staffelmiete (§ 557a BGB)	M 73
7	Indexmiete (§ 557b BGB)	M 74

8	Auswirkungen auf das Kündigungsrecht (§ 561 BGB)	M 76
8.1	Sonderkündigungsrecht des Mieters (§ 561 Abs. 1 BGB)	M 76
8.2	Schonfrist bei Zahlungsverzug (§ 569 Abs. 3 Nr. 3 BGB)	M 77
9	Textform	M 77
10	Unabdingbarkeit	M 79
11	Mieterhöhung in den neuen Bundesländern	M 81

1 Allgemeines

Die Möglichkeiten einer Mieterhöhung bei Wohnraum sind in den §§ 557-561 BGB geregelt. **Ausgenommen** vom sachlichen Geltungsbereich dieser Vorschriften sind preisgebundener Wohnraum (s. „Kostenmiete"), Wohnraum, der zu nur vorübergehendem Gebrauch überlassen ist, Wohnraum, der Teil der vom Vermieter selbst bewohnten Wohnung ist und den der Vermieter ganz oder überwiegend mit Einrichtungsgegenständen auszustatten hat, sofern der Wohnraum nicht zum dauernden Gebrauch für eine Familie oder Personen überlassen ist, mit denen der Mieter einen auf Dauer angelegten gemeinsamen Haushalt führt, sowie Wohnraum, der Teil eines Studenten- oder Jugendwohnheims ist und Wohnraum, den eine juristische Person des öffentlichen Rechts oder ein anerkannter privater Träger der Wohlfahrtspflege angemietet hat, um ihn Personen mit dringendem Wohnungsbedarf zu überlassen, wenn sie den Mieter bei Vertragsschluss auf die Zweckbestimmung des Wohnraums und die Ausnahme von den genannten Vorschriften hingewiesen hat (§ 549 Abs. 2 Nr. 1-3, Abs. 3 BGB). Was unter diese Ausnahmen fällt, ist unter „Kündigungsschutz", Abschnitte 2.7.1 bis 2.7.3 erläutert. **Preisgebundener** Wohnraum unterliegt den Vorschriften des Wohnungsbindungsgesetzes. Die anderen, vom Geltungsbereich dieser Vorschriften ausgenommenen Wohnraumgruppen sind frei kündbar, sodass der Vermieter einer Regelung der Miethöhe nicht bedarf. Das Gesetz über den Widerruf von Haustürgeschäften und ähnlichen Geschäften (HaustürWG) ist auch bei Mieterhöhungen grundsätzlich anwendbar. Weitere Ausführungen hierzu finden sich unter „Mietvertrag" Abschnitt 2.10.

Während des Mietverhältnisses können die Vertragsparteien eine Erhöhung der Miete vereinbaren (§ 557 Abs. 1 BGB; vgl. Abschnitt 8.2). Die Vertragsparteien können auch künftige Änderungen der Miethöhe als Staffelmiete nach § 557a Abs. 1 BGB (s. Abschnitt 8.3) oder als Indexmiete nach § 557b BGB (s. Abschnitt 10) vereinbaren. Im Übrigen kann der Vermieter Mieterhöhungen nur nach Maßgabe der §§ 558 bis 560 BGB verlangen, die im Folgenden erläutert werden sollen.

2 Mieterhöhung bis zur ortsüblichen Vergleichsmiete (§ 558 BGB)

Das Gesetz sieht nicht etwa automatische Mieterhöhungen vor. Auch eine Kündigung zum Zweck der Mieterhöhung ist ausgeschlossen. Der Anspruch des Vermieters geht vielmehr dahin, dass der Mieter die **Zustimmung** zu einer Mieterhöhung erteilt. Der Anspruch ist somit auf Abgabe einer Willenserklärung gerichtet. Die Klage auf Zustimmung ist eine Leistungsklage. Unter **drei Voraussetzungen** kann der Vermieter vom Mieter die Zustimmung zu einer Mieterhöhung verlangen.

2.1 Jahresfrist

Der Vermieter kann gem. § 558 Abs. 1 S. 1 BGB die Zustimmung zu einer Erhöhung der Miete bis zur ortsüblichen Vergleichsmiete verlangen, wenn die Miete in dem Zeitpunkt, zu dem die Erhöhung eintreten soll, seit 15 Monaten unverändert ist. Das Mieterhöhungsverlangen kann frühestens ein Jahr nach der letzten Mieterhöhung geltend gemacht werden. Dies bedeutet gegenüber der bisherigen Rechtslage lediglich eine Klarstellung. Die Rechtsprechung ist bei der bislang formulierten Jahressperrfrist wegen der sich anschließenden Überlegungsfrist des Mieters ebenfalls von einem Mindestzeitraum von 15 Monaten zwischen letzter Mieterhöhung und wirksam werdender neuer Mieterhöhung ausgegangen (vgl. BGH, RE v. 16.6.1993, NJW 1993, 2109).

Hierzu ein **Beispiel:**
Letzte Mieterhöhung zum 1.6. eines Jahres. Das nächste Mieterhöhungsverlangen ist somit im Juni des Folgejahres möglich. Hierdurch wird wiederum eine Überlegungsfrist des Mieters von 2 Monaten ausgelöst, sodass das Erhöhungsverlangen zum 1.9. dieses Jahres wirkt, also 15 Monate nach dem ersten Erhöhungsverlangen.

Erhöhungen nach den §§ 559 BGB (Mieterhöhung bei Modernisierung) bis 560 BGB (Veränderung von Betriebskosten) werden beim Lauf der Jahresfrist nicht berücksichtigt. Hat der Vermieter also aufgrund dieser Bestimmungen innerhalb des letzten Jahres die Miete rechtsgestaltend erhöht, hindert ihn das nicht, ein Zustimmungsverlangen nach § 558 BGB zu stellen.

Dies gilt nur für rechtswirksame Erhöhungen gemäß diesen Bestimmungen. Haben die Parteien z.B. anlässlich einer Modernisierung eine einvernehmliche Mieterhöhung vereinbart, ist die Wartefrist zu beachten (Sternel III, Rn. 610, str.). Mit RE vom 15.3.1995 hat das OLG Hamm entschieden (WuM 1995, 263), dass der Vermieter von Wohnraum, der mit öffentlichen Mitteln gefördert war, für die Zeit nach dem Auslaufen der Preisbindung die Jahresfrist beachten muss, und zwar bezogen auf die letzte Erhöhung der Kostenmiete. Außer Betracht bleiben dabei Kostenmieterhöhungen, die auf den gleichen Gründen beruhen wie Mietrhöhungen nach den §§ 558, 559 BGB.

Mieterhöhung bei Wohnraum

Zu trennen hiervon ist die Frage, ob der Vermieter bei auslaufender Mietpreisbindung das Mieterhöhungsverlangen noch während der Preisbindung so frühzeitig stellen darf, dass die erhöhte Miete zum Ablauf der Preisbindung gilt oder ob der Vermieter das Erhöhungsverlangen erst nach Ablauf der Preisbindung stellen darf, auch wenn innerhalb der Jahresfrist keine Erhöhungen der Kostenmiete analog § 558 BGB erfolgt sind. Zu folgen ist der ersten Ansicht (vgl. RE des OLG Hamm v. 9.10.1980, WuM 1980, 262 und des KG v. 29.1.1982, WuM 1982, 102).

Die Jahresfrist **beginnt** mit dem Vertragsbeginn oder mit der letzten wirksamen Erhöhung der Miete. Das ist der Zeitpunkt, ab welchem der Mieter die erhöhte Miete geschuldet hat. Zu beachten ist, dass der Vermieter erst **nach Ablauf** der Jahresfrist eine Mieterhöhung **verlangen** kann.

Ein vor Ablauf der Jahresfrist dem Mieter zugegangenes Erhöhungsverlangen des Vermieters ist unwirksam. Entgegen der früheren Rechtsprechung (OLG Oldenburg, RE v. 4.12.1981, ZMR 1983, 242; OLG Hamm, RE v. 30.12.1986, WuM 1987, 114) hat der BGH (Beschl. v. 16.6.1993, Az. VIII ARZ 2/93, WuM 1993, 388) entschieden, dass die **Nichteinhaltung der Sperrfrist** die Unwirksamkeit des Erhöhungsverlangens zur Folge hat. Begründet wird dies mit der Schutzfunktion der Jahresfrist. Dies gilt auch für den Fall, dass ein vor Ablauf der Jahresfrist zugegangenes Erhöhungsverlangen sich auf einen Zeitpunkt nach Ablauf der Sperrfrist bezieht. Ein erneutes Erhöhungsverlangen kann daher frühestens im Monat nach der Sperrfrist den Mietern zugestellt werden.

> Ein unwirksames Erhöhungsverlangen setzt die Jahresfrist grundsätzlich nicht in Lauf. Der Vermieter kann also jederzeit ein neues, wirksames Erhöhungsverlangen stellen.

Auch ist der Vermieter berechtigt, bis zu einer (Teil-)Zustimmung des Mieters sein Erhöhungsverlangen jederzeit zurückzunehmen (LG Braunschweig, WuM 1981, 163, umstritten) mit der Folge, dass dann die Jahresfrist ebenfalls nicht zu laufen beginnt. Etwas anderes gilt, wenn der Mieter einem wirksamen Mieterhöhungsverlangen **teilweise zustimmt**. Hier muss der Vermieter innerhalb der Frist klagen, wenn er sein Verlangen voll durchsetzen will (vgl. Abschnitt 2.6). Dies ist nunmehr aufgrund der Neufassung des § 558b Abs. 1, 2 durch das Mietrechtsreformgesetz gesetzlich festgelegt. Ist sich der Vermieter nicht sicher, ob ein Erhöhungsverlangen wirksam ist, kann er also jederzeit ein neues Verlangen nachschieben. An das erste Verlangen ist er gebunden, entweder sofern es wirksam war, bis die Klagefrist ungenutzt abgelaufen ist oder bis das Gericht rechtskräftig die Unwirksamkeit feststellt.

Umstritten ist, ob im Fall der **Teilzustimmung** des Mieters zu einem **unwirksamen Mieterhöhungsverlangen** des Vermieters der Vermieter an dieses Verlangen gebunden ist mit der Folge, dass er erst nach Ablauf der Jahresfrist ein neues Erhöhungsverlangen stellen kann oder nicht. Dies kann erhebliche wirtschaftliche Auswirkungen haben, wie an einem **Beispiel** erläutert werden soll:

> Der Vermieter stellt ein unwirksames Mieterhöhungsverlangen von EUR 750 auf EUR 900, wobei die Ortsüblichkeit der neu verlangten Miete unterstellt wird. Der Mieter stimmt teilweise auf EUR 800 zu.

Nach richtiger Ansicht (LG Frankfurt, WuM 1990, 224, LG Mannheim, ZMR 1994, 516 und LG Berlin, WuM 1997, 51) gelten in diesem Fall die allgemeinen Bestimmungen des BGB, und zwar auch § 150 Abs. 2 BGB. Das unwirksame Erhöhungsverlangen ist rechtlich ein Antrag auf Abschluss eines Änderungsvertrages, die Teilzustimmung des Mieters eine Ablehnung, verbunden mit einem neuen Antrag, den der Vermieter seinerseits ablehnen kann mit der Folge, dass die Jahresfrist nicht zu laufen beginnt und der Weg zu einem neuen Mieterhöhungsverlangen frei ist. Ist zweifelhaft, ob das erste Erhöhungsverlangen formell wirksam ist, kann der Vermieter eine weitere Erhöhungserklärung abgeben und die Klage hilfsweise hierauf stützen (LG Mannheim, a.a.O.).

Anderer Ansicht ist allerdings das Landgericht Mainz (WuM 1992, 136). Danach soll § 150 Abs. 2 BGB insoweit nicht gelten. Die teilweise, außergerichtliche Zustimmung zu einem unwirksamen Mieterhöhungsverlangen löst daher die Jahressperrfrist für ein weiteres selbstständiges Zustimmungsverlangen zur Mieterhöhung aus, auch wenn der Vermieter mit dem zweiten Mieterhöhungsverlangen die Rücknahme des ersten Erhöhungsverlangens erklärt. Ein Rechtsentscheid zu dieser Frage ist bisher noch nicht ergangen. Eine nähere Begründung erfolgt nicht. Zu folgen ist daher der Rechtsansicht des LG Frankfurt (so auch Sternel, Mietrecht aktuell, 3. A., Rn. 572).

2.2 Ortsübliche Vergleichsmiete

Die verlangte Miete darf die üblichen Entgelte, die in der Gemeinde oder in vergleichbaren Gemeinden für Wohnraum vergleichbarer Art, Größe, Ausstattung, Beschaffenheit und Lage in den letzten 4 Jahren vereinbart oder, von Betriebskostenerhöhungen abgesehen, geändert worden sind, nicht übersteigen. Ausgenommen ist Wohnraum, bei dem die Miethöhe durch Gesetz oder im Zusammenhang mit einer Förderzusage festgelegt worden ist (§ 558 Abs. 2 BGB). Preisgebundener Wohnraum fließt daher nicht in die ortsübliche Vergleichsmiete ein. Hierzu ist nach der amtlichen Begründung neben dem klassischen 1. und 2. Förderweg auch sozialer Wohnungsbau des 3. Förderweges zu zählen, da hier die Miete üblicherweise im Rahmen einer Förderzusage unterhalb der Marktmiete festgelegt wird. Damit sind alle öffentlichen Fördertatbestände, die zur Festlegung der Miethöhe führen, bei der Ermittlung der ortsüblichen Vergleichsmiete ausgeschlossen.

Maßgeblicher Zeitpunkt für die Feststellung der ortsüblichen Vergleichsmiete ist nicht der des zeitlichen Wirksamwerdens der Erhöhung, sondern der des **Zugangs** des Erhöhungsverlangens beim Mieter (so BayObLG, RE v. 27.10.1992, WuM 1992, 677).

Verglichen werden müssen also zwei Werte, nämlich die Ausgangsmiete und die ortsübliche Vergleichsmiete. Ausgangsmiete ist die Miete, zu deren Zahlung sich der Mieter gegenüber dem Vermieter gem. § 535 Abs. 2 BGB verpflichtet hat. Nach § 556 Abs. 1 BGB umfasst die Miete die Grundmiete und den Betrag für Betriebskosten im Sinne des § 27 II. BV. Hiermit ist aber keine Beschränkung auf bestimmte Arten der Miete wie Netto-, Brutto- oder Teilinklusivmiete beinhaltet. Die Parteien können daher eine Miete vereinbaren, die die Betriebskosten (bis auf Heizung und Warmwasser, s. „Heizkostenverordnung") umfasst (Bruttokaltmiete), eine Miete, die einen Teil der Betriebskosten beinhaltet (Teilinklusivmiete) oder eine Miete, die die Betriebskosten nicht mit einschließt, sondern diese gesondert ausweist (Nettomiete).

Für eine Mieterhöhung gem. § 558 BGB ist an diese vertraglich vereinbarte Miete, auch wenn es z.B. eine Teilinklusivmiete ist, anzuknüpfen (OLG Hamm, RE v. 3.12.1992, DWW 1993, 39). Unter Miete, die gem. § 558 BGB erhöht werden kann, ist daher nicht nur die Nettomiete ohne Betriebskosten zu verstehen, sondern die im Einzelfall vereinbarte Miete (OLG Hamm, RE v. 4.4.1984, WuM 1984, 121).

Die Wirksamkeit eines Erhöhungsverlangens hängt deshalb **nicht** davon ab, dass im Fall einer Inklusiv-, Pauschal- oder Gesamtmiete oder einer Teilpauschalmiete der Vermieter den aus Grund- oder Nettomiete von allen Nebenkosten bereinigten Mietanteil rechnerisch ermittelt und sein auf § 558 BGB gerichtetes Erhöhungsverlangen auf den so errechneten Nettomietanteil ausrichtet und begrenzt.

Unzulässig mit der Folge der Unwirksamkeit des Mieterhöhungsverlangens insgesamt ist es dagegen, wenn der Vermieter im Mieterhöhungsverlangen die **Zusammensetzung der vereinbarten Miete** ändern will, also z.B. von einer Bruttokaltmiete inkl. Betriebskosten auf eine Nettomiete zuzüglich Betriebskostenvorauszahlung übergehen will (OLG Hamburg, RE v. 20.12.1982, WuM 1983, 49; Weber/Marx, VII/S. 135). Ein die Zustimmung des Mieters ersetzendes Urteil würde dann nämlich einen ändernden Eingriff in die Struktur des Mietvertragsverhältnisses bedeuten (LG München I, WuM 1995, 113).

Unter **ortsüblicher Vergleichsmiete** versteht man allgemein die für vergleichbare Wohnungen am Markt tatsächlich durchschnittlich gezahlte Miete.

Der Durchschnitt darf jedoch nur aus Mietentgelten, die in den letzten 4 Jahren vor dem Erhöhungsverlangen vereinbart worden sind, ermittelt werden.

Es kann sich hierbei, wie sich aus dem Gesetzeswortlaut ergibt, sowohl um Neuabschlüsse als auch um während des Bestehens eines Mietverhältnisses vereinbarte Entgelte handeln. Auch eine aufgrund eines Gerichtsurteils zu zahlende Miete kann Berücksichtigung finden. Nicht zu berücksichtigen sind Betriebkostenerhöhungen, wohl aber Erhöhungen wegen baulicher Änderungen.

Bei der Ermittlung der ortsüblichen Vergleichsmiete dürfen **preisgebundene Wohnungen nicht** berücksichtigt werden. Da die Wohnungen **gemeinnütziger Wohnungsunternehmen** nicht preisgebunden sind, sollen sie berücksichtigt werden können, obwohl deren Miete in der Regel erheblich unter der Marktmiete liegt (streitig).

Sonder- oder Teilmärkte zur Ermittlung der ortsüblichen Vergleichsmiete (z.B. für Wohngemeinschaften, Studenten, Stationierungskräfte) lehnt die Rechtsprechung ab (OLG Hamm, RE v. 28.12.1982, WuM 1983, 78; Weber/Marx, VII/S. 136).

Die ortsübliche Vergleichsmiete bildet sich aus **vergleichbarem Wohnraum**. Das erste Vergleichskriterium des Gesetzes ist die **Wohnraumart**. Hier kann unterschieden werden nach Bauweise und Wohnungsstruktur (Einfamilienhaus, Mehrfamilienhaus) sowie Altbau oder Neubau. Allerdings können Neubauwohnungen und umfassend modernisierte Altbauwohnungen miteinander verglichen werden (so LG Bochum, WuM 1982, 18).

Die **Wohnungsgröße** spielt insofern eine Rolle, als bei Wohnungen mit großer Grundfläche der auf den m² bezogene Mietpreis im Allgemeinen niedriger liegt als bei kleineren Wohnungen. **Appartements** z.B. weisen in der Regel die höchsten m²-Preise auf. Soweit es auf die Wohnungsgröße ankommt, spielt die Berechnung der Wohnungsfläche eine Rolle (s. „Wohnfläche"). Nach Meinung des BayObLG (RE v. 20.7.1983, WuM 1983, 254; Weber/Marx, VII/S. 139) soll die **Wohnfläche**, insbesondere was die Anrechenbarkeit von Balkonen und Terrassen betrifft, jeweils nach den besonderen Umständen des Einzelfalls ermittelt werden, ein Ergebnis, das zu großer Rechtsunsicherheit führt. Die Gerichte handhaben dies teilweise so, dass normale Balkone und Terrassen überhaupt nicht zur Wohnfläche gerechnet werden, größere **Balkone** und Terrassen, insbesondere mit Südlage, zu 1/4 angerechnet und nur in ganz besonderen Ausnahmefällen die Balkone und Terrassen **zur Hälfte** angerechnet werden.

Das Landgericht Düsseldorf hat entschieden (WM 1992, 695), dass ein im Kellergeschoss eines vermieteten Einfamilienhauses gelegener **Hobbyraum**, der Aufenthaltsraum im Sinne der Bauordnung ist, u.U. mit der vollen Fläche berücksichtigt werden kann.

Bei der Mieterhöhung darf nicht die im Mietvertrag vereinbarte Wohnfläche zugrunde gelegt werden, es ist von der **tatsächlichen Wohnungsgröße** auszugehen (so LG Köln, WuM 1986, 121). Dies gilt entgegen der Ansicht des LG Aachen (WuM 1991, 501) auch dann, wenn die tatsächliche Wohnfläche größer ist als die im Mietvertrag vereinbarte, da es auf die tatsächlichen Gegebenheiten der Wohnung ankommt (str., a.A. Sternel III, Rn. 586, der wegen der im Mietvertrag nicht berücksichtigten Wohnfläche einen Ausschluss nach § 557 Abs. 3 BGB annimmt).

Mieterhöhung bei Wohnraum

In diesem Zusammenhang ist darauf hinzuweisen, dass der Mieter einen Ersatzanspruch aus Verschulden bei Vertragsschluss hat, wenn der Vermieter im Mieterhöhungsschreiben schuldhaft eine falsche Wohnfläche angibt und die Parteien sich auf dieser Grundlage über eine erhöhte Miete verständigen (so LG Hamburg, WuM 1987, 354).

Die **Ausstattungsmerkmale** einer Wohnung spielen eine entscheidende Rolle. Bad, Zentralheizung, Lift und etwaige andere mietwertbildende Faktoren müssen im Wesentlichen übereinstimmen. Hierbei sind nur die vom Vermieter zur Verfügung gestellten Wohnungseinrichtungen zu berücksichtigen, nicht etwa jene, mit denen der Mieter die Mietsache versehen hat, es sei denn, der Vermieter hat die vom Mieter verauslagten Kosten erstattet (BayObLG, RE v. 24.6.1981, WuM 1981, 208; Weber/Marx, VII/S. 124). Die **Beschaffenheit** betrifft vor allem Zahl und Zuschnitt der Räume und das Verhältnis der Fläche der Haupträume zu den Nebenräumen. Nicht hierher gehört die Frage, ob die Wohnung Mängel aufweist, die zur Mietminderung berechtigen (so OLG Stuttgart, RE v. 7.7.1981, NJW 1981, 225). Etwas anderes gilt für unbehebbare Mängel, die den Mietwert ständig beeinflussen; sie sind durch Abschläge zu berücksichtigen. In Zeiten steigenden Umweltbewusstseins wird für die Ermittlung der Vergleichsmiete auch der energetische Zustand einer Wohnung, d.h. insbesondere die Art der Energieversorgung und die Qualität der Wärmedämmung, zunehmende Bedeutung erlangen. Dies wird bei den Wohnwertmerkmalen „Ausstattung" und „Beschaffenheit" berücksichtigt werden müssen (so die amtliche Begründung zum Mietrechtsreformgesetz).

Die **Lage** schließlich bezieht sich auf die Wohngegend.

Die Vergleichsobjekte müssen in der **Gemeinde** oder in vergleichbaren Gemeinden liegen. Nach einhelliger Auffassung sind zur Ermittlung der ortsüblichen Miete Wohnungen in der gleichen Gemeinde heranzuziehen. Nur dann kann auf vergleichbare Wohnungen in Nachbargemeinden abgestellt werden, wenn in derselben Gemeinde keine vergleichbaren Wohnungen zu finden sind und wenn die Wohnungsmärkte der beiden Gemeinden im Wesentlichen dieselben Merkmale aufweisen (OLG Stuttgart, RE v. 2.2.1982, WuM 1983, 108; Weber/Marx, VII/S. 127).

Behebbare **Mängel** der Wohnung bleiben bei der Ermittlung der ortsüblichen Vergleichsmiete außer Betracht. Der Mieter ist hier durch die Geltendmachung der Gewährleistungsansprüche (s. „Mängel", „Minderung") ausreichend geschützt. Zu beachten ist, dass bisher ausgeschlossene Minderungsansprüche des Mieters für den Fall der Mieterhöhung wieder aufleben, wenn der Mieter nunmehr erklärt, diese Mängel nicht mehr hinnehmen zu wollen, da durch das Erhöhungsverlangen des Vermieters das bisherige Leistungsgleichgewicht geändert wird (a.A. LG München I, Urt. v. 20.1.1999, Az. 31 S 10557/98; vgl. „Kenntnis von Mängeln"). Der Mieter kann allerdings nicht seine Zustimmung zur Mieterhöhung von der Beseitigung von Mängeln abhängig machen. Ein diesbezügliches Zurückbehaltungsrecht besteht nicht (LG Hamburg, WuM 1991, 593). Nach erteilter Zustimmung kann der Mieter, soweit die Voraussetzungen dafür gegeben sind, an der erhöhten Miete neben der Minderung gegebenenfalls auch ein Zurückbehaltungsrecht geltend machen (so LG Hamburg, a.a.O.).

2.3 Kappungsgrenze

Die Miete darf sich innerhalb eines Zeitraumes von **3 Jahren**, von Erhöhungen wegen Modernisierung oder Betriebskostenerhöhung abgesehen, nicht um mehr als **20 %** erhöhen (§ 558 Abs. 3 BGB). Die Senkung von 30 % auf 20 % wurde durch das Mietrechtsreformgesetz eingeführt. Sie gilt für Erhöhungsverlangen, die ab dem 1.9.2001 zugegangen sind. Diese Obergrenze gilt auch, wenn die Miete länger als drei Jahre nicht erhöht wurde. Daneben gilt die Beschränkung des § 558 Abs. 1 BGB, sodass eine Mieterhöhung immer nur bis zur Höhe der ortsüblichen Miete erfolgen kann.

Darüber hinaus wurde eine **Ausnahme** von der Anwendung der Kappungsgrenze getroffen (§ 558 Abs. 4 BGB): Eine Begrenzung tritt nicht ein, soweit die Miete nach dem Wegfall der öffentlichen Bindung erhöht werden soll und der Mieter bis zum Wegfall der Preisbindung zur Zahlung einer Fehlbelegungsabgabe verpflichtet war. In diesem Fall kann der Vermieter die Miete nach dem Wegfall der Bindung ohne Kappungsgrenze bis zur Höhe der bisher vom Mieter bezahlten Fehlbelegungsabgabe anheben, höchstens aber bis zur ortsüblichen Vergleichsmiete. Darüber hinaus hat der Mieter dem Vermieter auf dessen Verlangen, das frühestens vier Monate vor dem Wegfall der öffentlichen Bindung gestellt werden kann, innerhalb eines Monats über die Verpflichtung zur Ausgleichszahlung und über deren Höhe Auskunft zu erteilen.

Wurden innerhalb des für die Kappungsgrenze maßgeblichen Zeitraums von drei Jahren Mieterhöhungen wegen baulicher Verbesserungen oder gestiegener Betriebskosten vorgenommen, bleiben sie außer Betracht. Dies gilt auch für einvernehmliche Mieterhöhungen aufgrund von Modernisierungen oder Betriebskostenerhöhungen, auch wenn die dafür geltenden gesetzlichen Bestimmungen (§§ 559, 560 BGB) nicht eingehalten wurden (strittig, so wie hier Emmerich/Sonnenschein, Miete, 7. A. § 2 MHG, Rn. 30). Die Kappungsgrenze ist nach der vertraglich vereinbarten Miete zu berechnen. Ist eine Brutto- oder Inklusivmiete vereinbart, ist dies die Ausgangsmiete. Neben der Miete getrennt gezahlte Betriebskosten bleiben unberücksichtigt (LG München I, WuM 1985, 330 und LG Hamburg, WuM 1991, 593).

Hierzu ein **Beispiel:**

Der Vermieter verlangt die Zustimmung zur Mieterhöhung ab 1.2.2002. Die Miete am 1.2.1999 betrug 600 DM. Sie wurde ab 1.7.2000 wegen Einbau eines gefliesten Bades auf Kosten des Vermieters und gestiegener Betriebskosten durch einseitige Erklärung des Vermieters auf

680 DM erhöht. Die ortsübliche Vergleichsmiete für die Wohnung in ihrem jetzigen Zustand beträgt 900 DM.

Berechnung der am 1.2.2002 zu zahlenden Miete unter Berücksichtigung der Kappungsgrenze:

1. Schritt:

Ermittlung der Ausgangsmiete. Maßgeblicher Zeitpunkt, von dem ab zurückzurechnen ist, ist der Fälligkeitszeitpunkt der neu verlangten Miete, nicht etwa das Datum des Erhöhungsverlangens oder der Zeitpunkt der Zustellung (OLG Celle, RE v. 31.10.1995, WuM 1996, 86; Weber/Marx XV/S. 88), hier also der 1.2.2002. Drei Jahre zurück ergibt den 1.2.1999. Zu diesem Zeitpunkt betrug die Miete 600 DM.

2. Schritt:

Berechnung der Kappungsgrenze: 20 % von 600 DM = 720 DM.

3. Schritt:

Modernisierungsumlage und Betriebskostenerhöhung sind als durchlaufende Posten zu behandeln, die bei der Ermittlung der Kappungsgrenze nicht berücksichtigt werden. Der Betrag von 80 DM wird zu der errechneten Kappungsgrenze von 720 DM hinzugezählt. Die Obergrenze für ein Mieterhöhungsverlangen zum 1.2.2002 liegt daher bei 800 DM.

Etwas anderes würde gelten, wenn eine Modernisierungsumlage nicht im Drei-Jahres-Zeitraum, sondern schon vorher erfolgt wäre, in dem Beispiel also zum 1.7.1996. Hier würde dann die Ausgangsmiete zum 1.2.1999 680 DM betragen. Erhöhungen nach den §§ 559, 560 BGB, die länger als drei Jahre zurückliegen, sind nämlich bei der Berechnung der Kappungsgrenze aus der Ausgangsmiete nicht herauszurechnen (LG Berlin, WuM 1998, 231).

Wichtig: Im Erhöhungsverlangen selbst darf der Modernisierungszuschlag nicht getrennt in Ansatz gebracht werden, z.B. neue Miete ab 1.2.1991 720 DM zzgl. 80 DM Modernisierungszuschlag wie bisher. Nur zur Bestimmung der Kappungsgrenze wird der Modernisierungszuschlag getrennt als durchlaufender Posten behandelt. Er wird nämlich ab Fälligkeit Teil der Miete und ist deshalb bei späteren Mieterhöhungen nicht mehr getrennt von der Miete in Ansatz zu bringen. Andernfalls ist das Erhöhungsverlangen unwirksam (LG München I, WuM 1996, 43, a.A. LG Wiesbaden, WuM 1996, 419 – es handelt sich nur um einen materiellen Begründungsmangel, der nicht zur formellen Unwirksamkeit führt).

Eine andere Fallkonstellation hatte das OLG Hamm mit Rechtsentscheid vom 30.12.1992 (WuM 1993, 106) zu entscheiden: Der Vermieter hatte eine Modernisierungsmaßnahme (Einbau einer Gasetagenheizung) durchgeführt und dann eine Mieterhöhung auf die ortsübliche Vergleichsmiete nach dem verbesserten Standard für Wohnungen mit Sammelheizung verlangt. Ein Verfahren nach § 559 BGB (Modernisierungsumlage) hatte er nicht durchgeführt, sondern den errechneten Modernisierungszuschlag der Erhöhung hinzugerechnet. Dies ist nach Ansicht des Gerichts zulässig. Der Vermieter kann nämlich nach Durchführung von Modernisierungsmaßnahmen nebeneinander Mietanhebungen sowohl im Verfahren nach § 558 BGB als auch im Verfahren nach § 559 BGB verlangen, wobei für die Mietanhebung nach § 558 BGB auf die ortsübliche Vergleichsmiete für vergleichbaren, nicht modernisierten Wohnraum die Kappungsgrenze gilt, während diese Begrenzung der Mietanhebung im Verfahren nach § 559 BGB nicht eingreift (vgl. Abschnitt 3.6).

Nach Abschluss beider nebeneinander betriebenen Erhöhungsverfahren darf damit die insgesamt erhöhte Miete die Summe aus Miete vor der Anhebung plus 20 % Modernisierungszuschlag nicht überschreiten. Dies gilt nach Ansicht des Gerichts aber auch dann, wenn der Vermieter nach Modernisierung nur ein einheitliches Erhöhungsverfahren nach § 558 BGB durchführt. Nicht zulässig ist jedoch die Berechnung der Kappungsgrenze aus der um die Modernisierungskosten erhöhten Miete. Vielmehr darf die insgesamt erhöhte Miete die Summe aus Miete vor der Anhebung plus 20 % plus Modernisierungszuschlag nicht überschreiten. Hierfür genügt es, wenn die materiell-rechtlichen Umlagevoraussetzungen des § 559 BGB vorliegen.

Der Vermieter hat also bei Modernisierungsmaßnahmen die Wahl, ob er eine Mieterhöhung nach § 558 BGB oder § 559 BGB durchführt. Bei einer Mieterhöhung bei Modernisierung gem. § 559 BGB verringert sich der Erhöhungsbetrag, wenn der Vermieter Finanzierungsbeiträge vom Mieter oder von der öffentlichen Hand erhalten hat (§ 559 BGB). Um zu vermeiden, dass der Vermieter diese Kürzungen dadurch umgeht, dass er auf eine Mieterhöhung gem. § 558 BGB ausweicht, ist in § 558 Abs. 5 BGB bestimmt, dass diese Drittmittel im Sinne des § 559a BGB von dem Jahresbetrag, der sich bei einer Erhöhung auf die ortsübliche Vergleichsmiete ergibt, abzuziehen sind, im Fall des § 559a Abs. 1 BGB mit 11 von 100 des Zuschusses. Da kaum öffentliche Mittel zur Modernisierungsförderung vorhanden sind, ist die praktische Auswirkung dieser Vorschrift gering.

Ein **Verstoß gegen die Kappungsgrenze** hat nicht die Unwirksamkeit des Mieterhöhungsverlangens zur Folge, vielmehr reduziert sich das angestrebte Entgelt auf das zulässige Maß. Der Vermieter ist berechtigt, ein Erhöhungsverlangen vor Ablauf der Drei-Jahres-Frist mit Wirkung zum Fristablauf zu stellen (BayObLG, RE v. 10.3.1988, WuM 1988, 117). Die Kappungsgrenze greift, da der Gesetzestext Ausnahmen nicht vorsieht, auch dann ein, wenn bei einer mit öffentlichen Mitteln geförderten Wohnung die Preisbindung (wegen Tilgung des Darlehens) endet, von der dargestellten Ausnahme (Erhöhung bis zur Höhe der bisherigen Fehlbelegungsabgabe) abgesehen. Nach einem Rechtsentscheid des OLG Hamm vom 27.6.1990 (Weber/Marx, X/S. 75; WuM 1990, 333) sind bei der Berechnung der Ausgangsmiete für ein Mieterhöhungsverlangen nach § 558 BGB und die dort vorgesehene Kappungsgrenze die während der Preisbindung wegen Kapitalkostensteigerung vorgenommenen Mieterhöhungen nicht abzuziehen. War die Wohnung innerhalb der Drei-Jahres-Frist noch preisgebunden, ist die Kappungsgrenze aufgrund der zuletzt bezahlten Kostenmiete zu ermitteln (LG München I, WuM 1989, 634).

> Die Kappungsgrenze dient dem Schutz des Mieters vor zu großen Sprüngen in der Mietentwicklung. Sie ist daher **nicht anwendbar** bei freiwilligen Mieterhöhungsvereinbarungen, bei Staffelmietverträgen und im Fall einer Neuvermietung.

Im Erhöhungsverlangen muss der Vermieter die Voraussetzungen der Kappungsgrenze **nicht nachweisen.** In § 558a BGB wird dies nicht verlangt. Es handelt sich um konkrete Tatsachen, die dem Mieter in der Regel bekannt sind. In einer Klage auf Zustimmung zur Mieterhöhung hat der Vermieter die Einhaltung der Kappungsgrenze als Zulässigkeitsvoraussetzung des Mieterhöhungsverlangens darzulegen.

2.4 Ausschluss der Mieterhöhung

Dem Vermieter steht das Recht, die Zustimmung zu einer Erhöhung der Miete zu verlangen, nicht zu, soweit und solange eine Erhöhung durch Vereinbarung ausgeschlossen ist oder der Ausschluss sich aus den Umständen ergibt (§ 557 Abs. 3 BGB).

Die frühere gesetzliche Bestimmung vor Einführung des Mietrechtsreformgesetzes enthielt in § 1 S. 3 MHG den Ausschlusstatbestand eines Mietvertrages für eine bestimmte Zeit zu einer festen Miete (Zeitmietvertrag). Hieraus wurde gefolgert, dass eine Mieterhöhung dann nicht möglich war, wenn im Mietvertrag Mietzeit und Miete ohne einen so genannten Erhöhungsvorbehalt vereinbart wurden. Da diese Regelung nunmehr entfallen ist, kann die Neubestimmung dahin ausgelegt werden, dass künftig auch bei Zeitmietverträgen ohne Erhöhungsvorbehalt eine Mieterhöhung gem. § 558 BGB möglich ist. In der amtlichen Begründung wird allerdings darauf hingewiesen, dass mit der Neufassung keine inhaltliche Änderung verbunden sein soll. Nach wie vor wird es daher streitig sein, ob allein die Vereinbarung eines Zeitmietvertrages bereits zum Mieterhöhungsausschluss führt oder ob zusätzlich die ausdrückliche Vereinbarung einer festen Miete erforderlich ist. Die amtliche Begründung des Mietrechtsreformgesetzes verweist auf die Umstände des Einzelfalls, was nicht sehr hilfreich ist. Zu beachten ist demnach weiterhin der Rechtsentscheid des OLG Stuttgart vom 31.5.1994 (WuM 1994, 420). Nach Ansicht des Gerichts ist bei Vereinbarung eines Wohnraummietverhältnisses auf bestimmte Zeit der Mietvertrag mangels eines entsprechenden entgegenstehenden Hinweises nicht so auszulegen, dass sich bereits aus der festen Laufzeit des Mietverhältnisses sogleich ergibt, dass die vereinbarte Miete fest vereinbart wurde. Die Nennung einer bestimmten Miete gehört nämlich zu den wesentlichen Vertragsbestandteilen eines Mietvertrages und stellt somit nicht automatisch zugleich eine Vereinbarung einer festen, für die gesamte Mietdauer nicht änderbaren

Miete dar. Der Ausschluss einer Mieterhöhung während der festen Mietzeit bedarf einer ausdrücklichen Vereinbarung der Parteien. Fehlt eine solche Vereinbarung, wird hierdurch die Mieterhöhung nicht ausgeschlossen. Dieser Rechtsentscheid ist durch die Neufassung nicht überholt und daher weiterhin zu beachten.

Einfacher ist es natürlich, diesen Streit zu umgehen und eine Erhöhungsklausel im Mietvertrag zu vereinbaren, z.B.: „Die gesetzlichen Rechte des Vermieters, nämlich Verlangen der Zustimmung zu einer Mieterhöhung (§ 558 BGB), Mieterhöhung bei Modernisierung (§ 559 BGB) und wegen Veränderung von Betriebskosten (§ 560 BGB) bleiben auch dann bestehen, wenn der Mietvertrag auf bestimmte Zeit abgeschlossen ist."

Solche Erhöhungsklauseln können auch **formularmäßig** vereinbart werden. Zulässig sind bei Wohnraum aber nur Klauseln, die klarstellen, dass auch bei einem Mietvertrag auf feste Zeit eine Mieterhöhung **zulässig ist**.

A.A. ist das Landgericht Köln (WuM 1991, 353). Danach steht eine solche Formularklausel im Widerspruch zu der Individualabrede hinsichtlich der Festschreibung der Vertragsdauer und damit der Miete und hat demzufolge hinter diese zurückzutreten. Dies ist unrichtig, da es sich in § 557 Abs. 3 BGB um eine bloße Ausschlussvermutung handelt, die durch die Mietanpassungsklausel widerlegt wird (so Schultz in Bub/Treier III, Rn. 307, LG Kiel, WuM 1993, 623).

Die Individualvereinbarung bezieht sich zudem nur auf die Mietdauer, während die Vermutung des § 557 Abs. 3 BGB eine feste Mietzeit **und** eine feste Miete voraussetzt (so LG Kiel, a.a.O.). Verlängert sich der Mietvertrag nach Ablauf der Mietzeit auf unbestimmte Zeit, ist vom Ende der festen Mietzeit ab eine Erhöhung der Miete zulässig. Dies gilt auch, wenn sich der Mietvertrag nach Ablauf der festen Zeit um eine bestimmte Zeit verlängert (OLG Zweibrücken, RE v. 17.8.1981, WuM 1981, 273; Weber/Marx, VII/S. 120), oder wenn der Verlängerungszeitraum im Mietvertrag auf eine Zeit von mehr als einem Jahr festgesetzt ist (OLG Karlsruhe, RE v. 27.11.1995, WuM 1996, 18; Weber/Marx, XV/S. 80). Der Vermieter kann in diesem Fall das Erhöhungsverlangen bereits **während** der festen Laufzeit mit Wirkung zu deren Beendigung stellen.

Ist in einem Mietvertrag auf bestimmte Zeit eine **Gleitklausel** oder ein **Leistungsvorbehalt** enthalten, hat das, unabhängig von der Klausel, die Bedeutung, dass die Vertragsparteien eine Mieterhöhung nicht ausschließen wollen. In diesem Zusammenhang ist ein RE des OLG Koblenz von Bedeutung (RE v. 5.6.1981, WuM 1981, 207; Weber/Marx, VII/S. 160): Das Gericht hat entschieden, dass eine vor dem 1.1.1975 wirksam vereinbarte Wertsicherungsklausel auch insoweit unwirksam geworden ist (§ 557 Abs. 4 BGB), als sie den Mieter bei konkreter Betrachtungsweise hinsichtlich der verlangten Mieterhöhung günstiger stellt als bei einem auf § 558 BGB gestützten Erhöhungsverlangen. Etwas anderes gilt allerdings, wenn der Vereinbarung eindeutig entnommen werden kann, dass sie den Mieter begünstigen soll. Hier ist eine Mieterhöhung (§ 558 BGB) nur bis zur vertraglich vereinbarten Grenze möglich.

Eine solche **Obergrenze** zugunsten des Mieters hat das Landgericht Berlin (WuM 1992, 198) in folgender Vereinbarung gesehen: „Nach Ablauf des ersten Jahres werden 5 % und nach Ablauf des zweiten Jahres 10 % Mieterhöhung vereinbart" und das LG Bonn (WuM 1992, 199) in folgender Regelung: „Der Mietzins erhöht sich hiermit vereinbart mit Beginn des fünften Mietjahres um DM 28, mit Beginn des siebten Mietjahres um DM 19." Die Staffelmietvereinbarung ist zwar im vorliegenden Fall unwirksam, da die erhöhte Miete betragsmäßig ausgewiesen sein muss, trotzdem kann der Vermieter eine Erhöhung über die in der unwirksamen Staffel vereinbarten Beträge nach § 558 BGB nicht durchsetzen. Die Obergrenze bilden hier die vereinbarten Staffelmietbeträge.

Umstritten ist, ob bei Gewährung eines **Baukostenzuschusses** während des Anrechnungszeitraumes eine Mieterhöhung zulässig ist oder nicht. Falls während dieser Zeit die ordentliche Kündigung des Vermieters ausgeschlossen ist, neigt die Mehrheit der Rechtsprechung dazu, auch einen Ausschluss der Mieterhöhung (§ 557 Abs. 3 BGB) anzunehmen (s. auch „Mietvorauszahlung").

Während des Zeitraums einer **gestaffelten** Miete ist eine Mieterhöhung (§§ 558 bis 559b BGB) ausgeschlossen (§ 557a Abs. 2 BGB).

2.5 Form und Begründung der Mieterhöhung (§ 558a BGB)

Der Anspruch des Vermieters, gerichtet auf die Zustimmung zu einer Mieterhöhung, ist allen Mietern (zu Vollmachtsklauseln s. „Vollmacht") gegenüber in Textform geltend zu machen und zu **begründen**. Gemäß § 126b BGB muss die Erklärung einem anderen gegenüber so abgegeben werden, dass sie in Schriftzeichen lesbar, die Person des Erklärenden angegeben und der Abschluss der Erklärung in geeigneter Weise erkennbar gemacht ist (s. Abschnitt 9). Die Mieterhöhung muss ferner als Urkunde eine Einheit bilden. Dies gilt aber nur für das eigentliche Erhöhungsverlangen, nicht für die beigefügte Begründung, z.B. eine Vergleichsmietenliste (KG, RE v. 22.2.1984, WuM 1984, 101). Eine einheitliche Urkunde setzt eine feste Verbindung der Seiten z.B. durch Heftung mit Klammern voraus. Eine Ausnahme lässt das LG München I (WuM 1994, 335) zu, wenn der Zusammenhang der einzelnen Teile durch inhaltliche Bezugnahme im Text und gemeinsame Versendung in einem Briefumschlag hergestellt ist. Bei mehreren Mietern muss das Erhöhungsverlangen an alle gerichtet sein.

Haben mehrere Mieter gemeinsam gemietet und wird die Mieterhöhung nur gegenüber einem Mieter abgegeben und hat nur dieser allein zugestimmt, so verbleibt es für alle Mieter bei der ursprünglichen Miete, da die Erhöhungserklärung insgesamt unwirksam ist (LG Hamburg, ZMR 1978, 311). Die Mieterhöhung muss auch allen Mietern zugestellt werden (vgl. hierzu „Kündigung", Abschnitt 1.8), es sei denn, im Mietvertrag ist eine auch formularmäßig mögliche Empfangsbevollmächtigung der Mieter enthalten (vgl. „Vollmacht"). Aber auch in diesem Fall muss die Mieterhöhung an alle Mieter adressiert sein.

Der Vermieter muss sein Erhöhungsverlangen, soll es wirksam sein, **in Textform begründen**. Dadurch soll dem Mieter die Möglichkeit geschaffen werden, sich darüber schlüssig zu werden, dem Verlangen des Vermieters zuzustimmen oder es abzulehnen. Aus dem Mieterhöhungsverlangen muss sich ergeben, auf welchen Betrag die Miete erhöht werden soll. Dazu gehört nach allgemeiner Ansicht die Angabe der Wohnfläche der Wohnung in Quadratmeter und der neu verlangte Quadratmeterpreis. Die Wohnungsgröße muss den tatsächlichen Verhältnissen entsprechen (vgl. Abschnitt 2.2 und 2.6). Zu beachten ist, dass mit der Erhöhung keine Änderung der vertraglich vereinbarten Mietstruktur verbunden werden darf (z.B. Übergang von einer Bruttokalt- in eine Nettomiete). Folgende Begründungsmittel sind vom Gesetz zugelassen:

2.5.1 Mietspiegel

Hier hat das Mietrechtsreformgesetz erhebliche Änderungen gebracht. Es unterscheidet zwischen Mietspiegel (§ 558c BGB) und qualifiziertem Mietspiegel (§ 558d BGB). Ein Mietspiegel ist eine Übersicht über die ortsübliche Vergleichsmiete, soweit die Übersicht von der Gemeinde oder von Interessenvertretern der Vermieter und der Mieter gemeinsam erstellt oder anerkannt worden ist (§ 558c Abs. 1 BGB). In der amtlichen Begründung wird darauf hingewiesen, dass sich in den letzten Jahren bei der Vermietung die Vereinbarung von Nettomieten durchgesetzt hat. Deshalb soll im Mietspiegel generell die Nettomiete ausgewiesen werden.

Mietspiegel können für das Gebiet einer Gemeinde oder mehreren Gemeinden oder für Teile von Gemeinden erstellt werden (§ 558c Abs. 2 BGB). Neu ist die Möglichkeit von Mietspiegeln für Gemeindeteile. So können etwa Gemeinden oder Gemeindeteile, die stark im Einzugsgebiet einer größeren Gemeinde liegen und daher mit dieser zusammen einen einheitlichen Wohnungsmarkt bilden, in einen gemeinsamen Mietspiegel einbezogen werden (so die amtliche Begründung).

Nach § 558c Abs. 3 BGB sollen die Mietspiegel im Abstand von zwei Jahren aktualisiert werden. Eine Pflicht hierzu besteht jedoch nicht. Für die Fortschreibung sind keine bestimmten Methoden vorgeschrieben. Diese kann durch Stichproben unter Bezugnahme auf den Lebenshaltungskostenindex oder auf andere Indices erfolgen.

Die Gemeinden sollen Mietspiegel erstellen, wenn hierfür ein Bedürfnis besteht und dies mit einem vertretbaren Aufwand möglich ist. Die Mietspiegel und ihre Änderungen sollen veröffentlicht werden (§ 558c Abs. 4 BGB). Eine

Verpflichtung der Gemeinden besteht hierzu aber nicht.

Die Bundesregierung wird ermächtigt, durch Rechtsverordnung mit Zustimmung des Bundesrats Vorschriften über den näheren Inhalt und das Verfahren zur Aufstellung und Anpassung von Mietspiegeln zu erlassen (§ 558c Abs. 5 BGB). Eine solche Verordnung ist bisher nicht erlassen worden.

Ein **qualifizierter Mietspiegel** ist ein Mietspiegel, der nach anerkannten wissenschaftlichen Grundsätzen erstellt und von der Gemeinde oder von Interessenvertretern der Vermieter und der Mieter anerkannt worden ist (§ 558d Abs. 1 BGB). Dieser Mietspiegel unterscheidet sich gemäß der amtlichen Begründung vom einfachen Mietspiegel durch eine erhöhte Gewähr der Richtigkeit und Aktualität der Angaben zur ortsüblichen Vergleichsmiete. Deshalb können an ihn weitergehende Rechtsfolgen geknüpft werden, nämlich die Festlegung als zwingendes Begründungsmittel (§ 558a Abs. 3 BGB, hierzu unten) und die prozessuale Vermutungswirkung im gerichtlichen Mieterhöhungsrechtsstreit (§ 558d Abs. 3 BGB, hierzu Abschnitt 2.7). Dieser Mietspiegel muss nach anerkannten statistischen Methoden erstellt werden, die gewährleisten, dass er ein realistisches Abbild des Wohnungsmarktes liefert. Die gesetzliche Bestimmung verzichtet auf eine Entscheidung zugunsten einer bestimmten Erstellungsmethode. Nach der amtlichen Begründung handelt es sich sowohl bei der Tabellenmethode, also einer reinen Datensammlung, oder der Regressionsmethode, einer komplizierten statistischen Umrechnung weniger repräsentativer Daten, um anerkannte Methoden. Wegen der erheblichen Rechtsfolgen muss die Anwendung wissenschaftlich anerkannter statistischer Methoden dokumentiert und damit nachvollziehbar und überprüfbar sein.

Der qualifizierte Mietspiegel ist im Abstand von zwei Jahren der Marktentwicklung anzupassen. Dabei kann eine Stichprobe und die Entwicklung des vom Statistischen Bundesamtes ermittelten Preisindexes für die Lebenshaltung aller privaten Haushalte in Deutschland zugrunde gelegt werden. Nach vier Jahren ist der qualifizierte Mietspiegel neu zu erstellen (§ 558d Abs. 2 BGB). Hierdurch soll gewährleistet sein, dass der Mietspiegel die ortsübliche Vergleichsmiete auf dem Wohnungsmarkt zeitnah widerspiegelt.

Ist die Vorschrift des § 558d Abs. 2 BGB eingehalten, so wird vermutet, dass die im qualifizierten Mietspiegel bezeichneten Entgelte die ortsübliche Vergleichsmiete wiedergeben (§ 558d Abs. 3 BGB). Diesem qualifizierten Mietspiegel kommt somit eine Vermutungswirkung im Prozess zu. Es handelt sich um eine widerlegliche Vermutung, der Beweis des Gegenteils bleibt gem. § 292 ZPO deshalb für beide Prozessparteien zulässig (vgl. hierzu Abschnitt 2.7).

Die neue Bestimmung des § 558d BGB wird zu aufwendigen gerichtlichen Auseinandersetzungen führen, so zu Recht Börstinghaus (NZM 2000, 583, 592): So wird der Streit um die richtige Form der Datenauswertung entbrennen (Regression oder Tabelle), über die Repräsentativität der Datenerhebung, darüber, welche Wohnungsbestände in den Mietspiegel mit einbezogen werden können und in welchem Verhältnis die Neuvertragsmieten und die Bestandsmieten gewichtet werden sollen. Zu befürchten ist auch, dass einzelne Gemeinden mit dem Mietspiegel Politik machen und die Mieten aus politischen Gründen festlegen wollen (Börstinghaus, a.a.O.).

Neu durch das Mietrechtsreformgesetz eingeführt ist auch die Bestimmung des § 558a Abs. 3 BGB. Enthält ein qualifizierter Mietspiegel gem. § 558d Abs. 1 BGB, bei dem die Vorschrift des § 558d Abs. 2 BGB eingehalten ist, Angaben für die Wohnung, so hat der Vermieter in seinem Mieterhöhungsverlangen diese Angaben auch dann mitzuteilen, wenn er die Mieterhöhung auf ein anderes Begründungsmittel (Mietdatenbank, Sachverständigengutachten oder Vergleichsmieten) stützt. Dies bedeutet im Klartext, dass der Vermieter in der Mieterhöhung dem Mieter vorrechnen muss, wie hoch die Miete nach dem qualifizierten Mietspiegel ist, auch wenn er das Erhöhungsverlangen mit drei Vergleichsmieten begründet, die höher liegen. Nachdem kein Mieter einer solchen Mieterhöhung zustimmen wird, muss der Vermieter im anschließenden Prozess die Vermutungswirkung des qualifizierten Mietspiegels widerlegen, um eine höhere Miete zu erhalten. Nachdem ein solcher qualifizierter Mietspiegel die widerlegliche Vermutung hat, dass die in ihm angegebenen Werte die ortsübliche Vergleichsmiete wiedergeben (§ 558d Abs. 3 BGB), muss der Vermieter im Prozess den Beweis dafür erbringen, dass dieser Mietspiegel die ortsübliche Vergleichsmiete für die streitbefangene Wohnung tatsächlich nicht wiedergibt. Diese Bestimmung wird daher zu höchst aufwendigen und kostenträchtigen Gerichtsverfahren führen. Unterlässt der Vermieter diese Angaben, so ist das Erhöhungsverlangen unzulässig. Der qualifizierte Mietspiegel ist daher ein zwingendes Begründungsmittel.

§ 558a Abs. 4 S. 1 BGB übernimmt die bisherige Regelung des § 2 Abs. 2 S. 2 2. Halbsatz MHRG. Danach ist es ausreichend, wenn bei einem Mietspiegel mit Spannen die verlangte Miete innerhalb der Spanne liegt. In diesem Fall, so die amtliche Begründung, bedarf es unabhängig davon, ob der Mittelwert oder ein Wert am oberen oder unteren Rand gewählt wird, keiner besonderen Begründung.

In § 558a Abs. 4 S. 2 BGB ist geregelt, wie zu verfahren ist, wenn zum Zeitpunkt der Abgabe der Mieterhöhungserklärung kein Mietspiegel besteht, der gemäß § 558c Abs. 3 BGB im Abstand von zwei Jahren fortgeschrieben wurde oder kein qualifizierter Mietspiegel besteht, der im Abstand von zwei Jahren der Mietentwicklung angepasst wurde. In diesem Fall kann der Vermieter auch einen anderen, insbesondere einen veralteten Mietspiegel oder einen Mietspiegel einer vergleichbaren Gemeinde verwenden.

Der Mietspiegel einer anderen Gemeinde ist nur **vergleichbar**, wenn in den wesentlichen Faktoren Übereinstimmung besteht (LG München II, WuM 1986, 259). Großzügiger ist das OLG

Stuttgart: Danach kann ein Mieterhöhungsverlangen auf den Mietspiegel einer Nachbargemeinde gestützt werden, wenn die Behauptung, dies sei eine vergleichbare Gemeinde, nicht offensichtlich unbegründet ist (RE v. 2.2.1982, WuM 1982, 108; Weber/Marx/VII/ S. 127).

Dieser Rechtsansicht folgt auch das Landgericht Mönchengladbach (WuM 1993, 197): Danach reicht zur Wirksamkeit des Zustimmungsverlangens zur Mieterhöhung unter Bezugnahme auf den Mietspiegel einer vergleichbaren Gemeinde die Behauptung des Vermieters aus, die Gemeinden seien vergleichbar. Ob diese Behauptung tatsächlich zutrifft, ist nicht eine Frage der Zulässigkeit, sondern der Begründetheit des Mieterhöhungsverlangens.

Ein pauschaler Zuschlag auf alte oder veraltete Mietspiegel durch den Vermieter in seinem Erhöhungsverlangen ist allerdings unzulässig (OLG Stuttgart, RE v. 2.2.1981, WuM 1982, 108; Weber/Marx, VII/S. 127).

Ein **Zuschlag** ist aber dann gerechtfertigt, wenn die Mieten des Mietspiegels Verträge betreffen, nach denen der Mieter zur Durchführung der Schönheitsreparaturen verpflichtet ist, während im Vertrag, der dem Mieterhöhungsverlangen zugrunde liegt, der Vermieter diese Verpflichtung hat (OLG Koblenz, RE v. 8.11.1984, WuM 1985, 15; Weber/Marx, VII/ S. 145).

Gleiches gilt, wenn im Mietspiegel Nettomieten ausgewiesen sind, aber eine Erhöhung der Bruttomiete mit dem Mietspiegel begründet werden soll.

Dieser Zuschlag muss vom Vermieter nachvollziehbar begründet werden (OLG Stuttgart, RE v. 13.7.1983, WuM 1983, 285). Dies erfolgt dadurch, dass der Vermieter die auf die konkrete Wohnung entfallenden Betriebskosten konkret darlegt, indem er sämtliche Betriebskosten getrennt nach dem derzeitigen Stand aufführt.

Der umgekehrte Fall, dass der Mietspiegel Bruttomieten ausweist, während im Mietvertrag eine Nettomiete vereinbart ist, ist noch nicht höchstrichterlich entschieden. Das Kammergericht Berlin (Beschl. v. 25.9.1997, Az. 8 RE-Miet 6574/97, WuM 1997, 608) hat den Erlass eines Rechtsentscheides abgelehnt. Fraglich ist, ob von den Werten des Mietspiegels die konkret zu zahlenden Betriebskosten im Einzelfall oder die durchschnittlichen Betriebskosten, wie sie in dem jeweiligen Mietspiegel angegeben sind, abzuziehen sind. Das Kammergericht weist darauf hin, dass die Errechnung der Nettomiete aus einem Mietspiegel, der Bruttomieten ausweist, eine Tatsachenfeststellung ist. Notfalls muss sich das Gericht, um gesicherte Ergebnisse zu erhalten, eines Sachverständigen bedienen.

Begründet der Vermieter sein Erhöhungsverlangen mit Hilfe des Mietspiegels, muss er diesen seinem diesbezüglichen Schreiben **nicht beifügen,** weil er in aller Regel allgemein zugänglich ist (h.M., vgl. Barthelmess, 5. A., § 2 MHG, Rn. 90 m.w.N.; a.A. teilweise die Amtsgerichte, z.B. AG Nürnberg, WuM 1996, 95). Wo dies ausnahmsweise nicht der Fall ist, muss der Mietspiegel beigefügt werden. Immer aber muss der Vermieter angeben, unter welche Rubrik des Mietspiegels er die Wohnung des Mieters einreiht (z.B. Baualter, Größe, Ausstattung, Wohnlage). Nach dem Sinn und Zweck von § 2 Abs. 2 MHG soll dem Mieter die Möglichkeit der Information und der Nachprüfung gegeben werden, damit er sich anhand der ihm mitgeteilten Daten schlüssig werden kann, ob er zustimmen will oder nicht. Demgemäß muss der Vermieter bei einer Bezugnahme auf einen Mietspiegel dem Mieter die Bezugspunkte für die Einstufung im Mietspiegel nennen, die der Mieter braucht, um die Berechnung nachvollziehen zu können. Es reicht aus, dass im Erhöhungsverlangen die Koordinaten angegeben werden, aus denen sich das einschlägige **Rasterfeld** des Mietspiegels ermitteln lässt; das Mietspiegelfeld selbst muss nicht ausdrücklich gekennzeichnet werden (LG Nürnberg-Fürth, NJW-MietR 1997, 27).

Es ist nicht erforderlich, dass der Vermieter seine Berechnung nach dem Mietspiegel im Detail vorlegt (so zu Recht LG München I, WuM 1993, 67). Auch führen rechnerische Fehler bei der Berechnung der Vergleichsmiete nach dem Mietspiegel, die nicht ohne weiteres aus dem Erhöhungsverlangen selbst ersichtlich sind, grundsätzlich nicht zu einer Unwirksamkeit des Erhöhungsverlangens (LG München I, a.a.O.).

Da die Anforderungen der Gerichte jedoch unterschiedlich sind, empfehlen sich möglichst genaue Angaben (vgl. LG Nürnberg, WuM 1988, 279).

Die Übersichten, in welchen Gemeinden Mietspiegel aufgestellt wurden, sind bei den örtlichen Gemeindeverwaltungen, beim Spitzenverband der privaten Wohnungswirtschaft (= Zentralverband der deutschen Haus-, Wohnungs- und Grundeigentümer e.V., Cecilienallee 45, 40474 Düsseldorf) sowie bei der Verlagsgesellschaft des Deutschen Mieterbundes (Spichernstraße 61, 50672 Köln) erhältlich.

2.5.2 Mietdatenbank

Dieses Begründungsmittel wurde durch das Mietrechtsreformgesetz neu eingeführt. Es ist in § 558e BGB geregelt. Danach ist eine Mietdatenbank eine zur Ermittlung der ortsüblichen Vergleichsmiete fortlaufend geführte Sammlung von Mieten, die von der Gemeinde oder von Interessenvertretern der Vermieter und der Mieter gemeinsam geführt oder anerkannt wird und aus der Auskünfte gegeben werden, die für einzelne Wohnungen einen Schluss auf die ortsübliche Vergleichsmiete zulassen. Diese Sammlung muss also fortlaufend geführt werden. Nach der amtlichen Begründung besteht ihre Funktion darin, Angaben zu Mietvereinbarungen und Mietänderungen bereitzustellen, aus denen Erkenntnisse über ortsübliche Vergleichsmieten gewonnen werden können, diese fortlaufend zu sammeln, strukturiert aufzuarbeiten und sie auszuwerten. Damit auf die ortsübliche Vergleichsmiete geschlossen werden kann, sind bei der Auswahl von Mietdaten zur Ermittlung der Vergleichsmiete für eine bestimmte

Wohnung die gesetzlichen Vorgaben zur Ermittlung der ortsüblichen Vergleichsmiete gem. § 558 Abs. 2 BGB einzuhalten. Mit der Einführung der Mietdatenbank als Begründungsmittel soll der Entwicklung der Informationstechnik Rechnung getragen werden, die es ermöglicht, große Mengen an Daten zu speichern, zu verarbeiten und aufzubereiten. Der wesentliche Unterschied gegenüber einem Mietspiegel, der immer nur eine Momentaufnahme des Wohnungsmarktes bieten kann, liegt in der fortlaufenden Erfassung von Daten. Damit ermöglicht eine Datenbank grundsätzlich eine hohe Aktualität, weist aber geringere Repräsentativität auf.

Eine solche Datenbank existiert derzeit nur in Hannover. Die praktischen Auswirkungen sind also vorerst gering. Aus dem Gesetz ergibt sich insbesondere nicht, wie die Auskunft auszusehen hat und in welcher Form der Vermieter sie dem Mieter bekannt geben muss. Hier muss abgewartet werden, bis dieses Begründungsmittel ausreichend verbreitet ist und die ersten Urteile vorliegen.

2.5.3 Sachverständigengutachten

Will der Vermieter sein Erhöhungsverlangen auf ein Sachverständigengutachten stützen, muss er mit der Erstellung einen öffentlich bestellten und vereidigten Sachverständigen beauftragen. Das Mieterhöhungsverlangen kann aber auch wirksam auf das Gutachten eines Sachverständigen gestützt werden, welcher dem Vermieter durch die zuständige Handelskammer benannt worden ist, ohne von ihr öffentlich bestellt und/oder vereidigt zu sein (OLG Hamburg, RE v. 30.12.1984, WuM 1984, 45; Weber/Marx VII/S. 141).

Der Sachverständige muss nicht speziell für die Mietzinsbewertung bestellt sein, jedoch muss sein Tätigkeitsbereich diese umfassen. Das Gutachten eines Sachverständigen für Grundstücks- und Gebäudebewertung erfüllt diese Voraussetzungen (so BGH, RE v. 21.4.1982, NJW 1982, 1701; Weber/Marx, VII/S. 131), nicht das eines solchen für das Bauhandwerk (OLG Oldenburg, RE v. 22.12.1980, WuM 1981, 55; Weber/Marx, VII/S. 120). Das Sachverständigengutachten, auf das zur Begründung eines Mieterhöhungsverlangens verwiesen wird, muss **nicht** von einem Sachverständigen erstellt sein, der von derjenigen IHK öffentlich bestellt oder vereidigt ist, in deren Bezirk die Wohnung liegt, für die die Miete erhöht werden soll (BayObLG, RE v. 23.7.1987, WuM 1987, 312; Weber/Marx, VII/S. 50). Das Gutachten darf nicht älter als zwei Jahre sein; andernfalls ist das Erhöhungsverlangen unwirksam (LG Berlin, WuM 1998, 229).

Das Gutachten ist zu begründen. Es muss erkennen lassen, worauf das gewonnene Ergebnis beruht. Die Anforderungen an ein Sachverständigengutachten zur Begründung einer Mieterhöhung dürfen jedoch nicht überspannt werden. § 558a Abs. 2 BGB verlangt **nur Hinweise, nicht** aber den **Nachweis** der Richtigkeit der Angaben im Mieterhöhungsverlangen. Dies ist Sache der Begründetheit einer Klage auf Zustimmung zur Mieterhöhung. Es reicht daher, wenn der Sachverständige in einer für den Mieter verständlichen und nachvollziehbaren Weise dargetan hat, warum die neu verlangte Miete ortsüblich ist. Ausreichend ist, wenn das Gutachten eine Aussage über die tatsächliche ortsübliche Vergleichsmiete getroffen hat und die zu beurteilende Wohnung in das örtliche Mietpreisgefüge eingeordnet wird (so BVerfG, Urt. v. 14.5.1986, WuM 1986, 237; Weber/Marx, VIII/S. 113). Grundsätzlich empfiehlt es sich, dass der Sachverständige in seinem Gutachten von dem Mietbegriff ausgeht (z.B. Nettomiete, Teilinklusivmiete), der vorliegend gegeben ist (vgl. OLG Hamm, RE v. 3.12.1992, WuM 1993, 29). Bei einer Wohnanlage mit unterschiedlichen Mietstrukturen soll es jedoch zulässig sein, dass der Sachverständige seine Gutachten auf Grundlage von Nettokaltmieten aufbaut und der Vermieter für den konkreten Einzelfall die jeweiligen Betriebskostenanteile berechnet und dies gegenüber dem Mieter darlegt (Sternel III, Rn. 675). Nach bisheriger Ansicht ist der Gutachter auch nicht gehalten, seine Darlegungen durch Benennung konkreter Vergleichsobjekte zu untermauern (OLG Karlsruhe, RE v. 20.7.1982, WuM 1982, 269; Weber/Marx, VII/S. 132). Dies wird sich nach zwei Entscheidungen des BGH und des BVerfG nicht mehr halten lassen, vgl. unter Abschnitt 2.7. Hat die in Betracht kommende Gemeinde einen qualifizierten Mietspiegel gem. § 558d BGB aufgestellt, muss der Sachverständige gemäß § 558a Abs. 3 BGB die Miete nach diesem Mietspiegel berechnen und die Berechnung in sein Gutachten mit aufnehmen, auch wenn er zu anderen Egebnissen kommt. Eine Besichtigung der zu begutachtenden Wohnung ist jedenfalls dann entbehrlich, wenn die Beurteilung des Sachverständigen auf der Besichtigung einer genügenden Anzahl anderer gleichartiger Wohnungen innerhalb derselben Wohnanlage beruht (OLG Oldenburg, RE v. 2.1.1981, WuM 1981, 150; OLG Celle, RE v. 27.4.1982, WuM 1982, 180).

Das Gutachten muss der schriftlichen Mitteilung, die das Erhöhungsverlangen enthält, beigefügt werden, und zwar in vollem Wortlaut (OLG Braunschweig, RE v. 19.4.1982, WuM 1982, 272). Es genügt nicht, wenn der Vermieter den Mieter darauf verweist, das Gutachten bei ihm einzusehen. Der Mieter hat die Besichtigung der Wohnung durch den Sachverständigen zwecks Erstellung eines Gutachtens zu dulden. Hierbei sind auf die berechtigten Belange des Mieters Rücksicht zu nehmen. Bei schuldhafter Verweigerung der Besichtigung macht sich der Mieter gegenüber dem Vermieter u.U. schadensersatzpflichtig, wenn dem Vermieter bei einem berechtigten Erhöhungsverlangen ein Mietausfall wegen der verspäteten Geltendmachung entsteht (Sternel III, Rn. 674).

Im Prozess hat das Sachverständigengutachten lediglich die Bedeutung eines Parteigutachtens. Es ist Begründungsmittel, nicht Beweismittel. Die Prozesslage ist keine andere, als wenn der Vermieter sein Erhöhungsverlangen auf Vergleichswohnungen stützt.

Die Kosten des vorprozessualen Sachverständigengutachtens treffen den Vermieter. Dieser wird bei der Wahl eines

Sachverständigengutachtens als Begründungsmittel für sein Erhöhungsverlangen deshalb zweckmäßigerweise die zu erwartenden Mehreinnahmen an Miete zu den Gutachterkosten in Beziehung setzen. Freilich hat der Vermieter dann keine andere Wahl, wenn weder ein Mietspiegel vorhanden ist noch Vergleichsobjekte zu beschaffen sind.

2.5.4 Vergleichbare Wohnungen

Begründet der Vermieter seinen Anspruch durch Benennung von Vergleichsobjekten, so sind drei anzuführen. Die Vergleichsobjekte können anderen Vermietern oder dem Vermieter selbst gehören (§ 558 Abs. 2 Nr. 4 BGB).

Der Vermieter darf alle drei zu benennenden Vergleichswohnungen oder einen Teil davon seinem eigenen Wohnungsbestand entnehmen. Die Vergleichsobjekte können auch aus einem Haus (BVerfG, Beschl. v. 12.5.1993, WuM 1994, 139) und auch aus demselben Haus stammen, in dem der Mieter selbst wohnt.

Für das vorprozessuale Erhöhungsverlangen ist der Zeitpunkt des Zustandekommens der Mietvereinbarung der Vergleichswohnungen **ohne** Bedeutung, die Vergleichsmieten müssen also nicht innerhalb der letzten vier Jahre zustande gekommen oder abgeändert sein (so zu Recht Barthelmess, WKSchG, 5. Aufl., § 2 MHG, Rn. 111). Die Miete der Vergleichswohnungen muss aber mindestens so hoch sein, wie die neu verlangte Miete. Andernfalls ist das Mieterhöhungsverlangen nur teilweise wirksam, und zwar bis zur Höhe der dritthöchsten Vergleichsmiete (OLG Karlsruhe, RE v. 15.12.1983, WuM 1984, 21; Weber/Marx, VII/S. 141).

Beispiel:
Mieterhöhungsverlangen auf 12 DM /m^2, begründet mit drei Vergleichswohnungen in Höhe von 14 DM/m^2, 12,50 DM/m^2 und 11 DM/m^2. Das Erhöhungsverlangen ist also nur bis zu einer Miete von 11 DM/m^2 wirksam, nicht bis zum rechnerischen Durchschnitt der drei Vergleichswohnungen.

Die Vergleichsobjekte müssen so bezeichnet sein, dass sie der Mieter auffinden kann. Das ist möglich, wenn Straße, Hausnummer, Stockwerk und, sofern sich in einem Stockwerk mehrere Wohnungen befinden, die Lage innerhalb des Stockwerkes (rechts, links) angegeben sind. Die Angabe des Namens des Vermieters oder Mieters ist nicht erforderlich (BGH, RE v. 20.9.1982, WuM 1982, 324; Weber/Marx, VII/S. 133), aber zur eindeutigen Identifizierung der Wohnung manchmal durchaus sinnvoll. Nach dem Rechtsentscheid des BayObLG vom 1.4.1982 (WuM 1982, 154) ist die Angabe der Größe der Vergleichswohnung in einem Erhöhungsverlangen nur dann wesentliche Voraussetzung für die Zulässigkeit der Mieterhöhungsklage, wenn sich allein aus der Größenangabe in Verbindung mit dem Gesamtmietpreis der Quadratmeterpreis für die vom Vermieter bezeichneten Vergleichswohnungen errechnen lässt; Flächenabweichungen der Vergleichswohnungen mit der Wohnung des Mieters nach oben oder unten beeinträchtigen die verfahrensrechtliche Wirksamkeit der Mieterhöhungserklärung nicht (bestätigt vom OLG Schleswig, RE v. 3.10.1986, WuM 1987, 140). Dies soll nicht gelten bei Flächenabweichungen von mehr als 50 %, weil dies i.d.R. mit einer Änderung des Wohnungstyps verbunden ist (Barthelmess, WKSchG, 5. Aufl., § 2 MHG, Rn. 112). Abweichungen können sich bei 1-Zimmer-Wohnungen (Appartementzuschlag) ergeben. Sie weisen nämlich in der Regel einen höheren m^2-Preis auf als Mehrzimmerwohnungen, sodass beide Wohnungstypen im Allgemeinen nicht vergleichbar sind. Es empfiehlt sich daher, die Zimmerzahl der Vergleichswohnungen anzugeben. Die Rechtsprechung lässt die Begründung eines Mieterhöhungsverlangens mit Wohnungen aus einer anderen, vergleichbaren Gemeinde nicht oder nur dann zu, wenn in der Gemeinde, in welcher die vermietete Wohnung liegt, keine Vergleichswohnungen vorhanden sind (LG München II, WuM 1982, 131). Falls trotz Bemühungen Vergleichsmieten aus derselben Gemeinde nicht zur Verfügung stehen, obwohl es dort solche in genügender Anzahl gibt, wird zur Ermittlung der ortsüblichen Vergleichsmiete auf ein Sachverständigengutachten verwiesen (so z.B. LG München II, Urt. v. 21.1.1993, Az. 8 S 5849/92). Die dagegen eingelegte Verfassungsbeschwerde war erfolglos (BVerfG, Beschl. v. 14.12.1993, WuM 1994, 136). Zwar kann es nach Ansicht des BVerfG Bedenken begegnen, wenn die Rechtsprechung so zu verstehen wäre, dass der Vermieter ein Sachverständigengutachten vorlegen müsste, auch wenn er erfolglos alle ihm zumutbaren Anstrengungen unternommen hätte, Vergleichswohnungen in derselben Gemeinde zu ermitteln. Damit können die formellen Anforderungen an ein Mieterhöhungsverlangen überspannt werden. Ein gewisser Aufwand an Zeit und Mühe kann allerdings vom Vermieter bei der Ermittlung der Vergleichsmieten verlangt werden. Wann die Zumutbarkeitsschwelle überschritten wird, ist Frage des Einzelfalles.

Die Benennung von **drei Vergleichswohnungen** dient nur der Zulässigkeit des Erhöhungsverlangens. Bei der Benennung von Vergleichswohnungen im Rahmen einer Mieterhöhung dürften daher keine überhöhten Anforderungen an die Begründungspflicht des Vermieters gestellt werden (BVerfG, Urt. v. 14.7.1981, WuM 1982, 146; Weber/Marx, VIII/S. 106). So hält es das Bundesverfassungsgericht in seinem Beschluss vom 8.11.1988 (WuM 1989, 62) für ausreichend, dass der Mieter Informationen über Namen des Wohnungsinhabers, Adresse, Geschoss und Quadratmeterpreis erhält. In der Mitteilung dieser Daten liegt zugleich die stillschweigende Erklärung des Vermieters, dass er die benannten Wohnungen hinsichtlich sämtlicher vom Gesetz aufgeführter Merkmale (Art, Größe, Ausstattung, Beschaffenheit und Lage) für vergleichbar hält.

Etwas anderes gilt jedoch dann, wenn die fragliche Wohnung eine so ins Auge fallende Besonderheit aufweist, dass der Mieter an der Vergleichbarkeit der benannten Wohnungen füglich zweifeln und schriftlichen Aufschluss über das Vorhandensein dieses ganz speziellen wertbestimmenden Faktors erwarten kann, der über die Angabe von Lage und Quadratmeterpreis hinausgeht. (Im vorliegenden Fall wurde die Wohnung über einen einzigen Außenwandgasofen beheizt.) Dementsprechende inhaltliche Anforderungen an die Erhöhungserklärung sind nach Ansicht des Gerichts nicht unverhältnismäßig und verstoßen nicht gegen das Gebot zur grundrechtskonformen Auslegung und Anwendung der gesetzlichen Bestimmungen.

Nach wie vor stellen die Instanzgerichte jedoch teilweise höhere Anforderungen. Es sollte daher darauf geachtet werden, dass die wesentlichen Ausstattungsmerkmale der Vergleichswohnungen mit der Bezugswohnung übereinstimmen (vgl. Sternel III, Rn. 686). Im Allgemeinen unterscheidet man zwischen Einfachwohnungen (ohne Bad und Zentralheizung), mittleren Wohnungen (i.d.R. mit Bad aber ohne Zentralheizung) und Komfortwohnungen (mit Bad und Zentralheizung, evtl. Lift). Bezugswohnung und Vergleichswohnungen sollten auch aus derselben Baualtersklasse stammen, wobei ein Unterschied von circa 10 Jahren unschädlich ist (LG Düsseldorf DWW 1992, 284). Wenn der Ausstattungs- und Modernisierungszustand in etwa gleich ist, wird man aber auch bei verschiedenen Baualtersklassen noch von Vergleichbarkeit ausgehen können. Bestreitet der Mieter im Prozess die Vergleichbarkeit, wird teilweise gefordert, dass hierüber Beweis erhoben werden muss, bevor über die materielle Berechtigung der Mieterhöhung entschieden werden kann (so Sternel III, Rn. 696). Dem kann nicht zugestimmt werden. Nach Ansicht des BayObLG ist im Regelfall kein Beweis zu erheben (WuM 1985, 53). Etwas anderes kann sich nur ergeben, wenn vom Mieter das Vorhandensein der Wohnung überhaupt oder das Vorhandensein von Merkmalen bestritten wird, bei deren Wegfall eine Vergleichbarkeit zweifelsfrei nicht mehr gegeben ist (so Fischer in Bub/Treier VIII, Rn. 58). Es kommt auch nicht darauf an, ob die „Vergleichsmieter" die Besichtigung ihrer Wohnung gestatten oder Auskünfte erteilen (OLG Schleswig, RE v. 31.10.1983, WuM 1984, 23; Weber/Marx, VII/S. 140). Ausreichend ist auch, wenn dem Mieterhöhungsverlangen eine nicht unterschriebene Liste von Vergleichswohnungen beiliegt (KG Berlin, RE v. 22.2.1984, WuM 1984, 101; Weber/Marx, VII/S. 142).

Die Benennung von Vergleichswohnungen ist nicht auf eine bestimmte Höchstzahl beschränkt. Ein Erhöhungsverlangen ist also auch dann nicht unwirksam, wenn der Vermieter dem Mieter eine mittels elektronischer Datenverarbeitung angefertigte Aufstellung von 80 Vergleichswohnungen übermittelt (BayObLG, RE v. 25.9.1991, WuM 1992, 52).

Der Vermieter kann zur Begründung Vergleichswohnungen heranziehen, deren Mietstruktur von der zu erhöhenden Wohnung abweicht (BVerfG, Beschl. v. 8.9.1993, WuM 1994, 137, 138). Allerdings hat er durch einfache Rechenoperationen die Vergleichbarkeit herzustellen: Bei der Begründung eines Mieterhöhungsverlangens für eine Bruttokaltmiete (inkl. Betriebskosten) mit Nettomieten hat der Vermieter zu den Nettomieten die tatsächlich anfallenden Betriebskosten hinzuzurechnen (LG Karlsruhe, WuM 1985, 328) oder einfacher, den Betriebskostenanteil aus der bisherigen Miete herauszurechnen (so Sternel III, Rn. 641).

Im **umgekehrten Fall** (Erhöhung einer Nettomiete unter Hinweis auf Vergleichswohnungen mit Bruttomiete) sind entweder bei den Mieten der Vergleichswohnungen die Betriebskosten abzuziehen oder bei der Miete der zu erhöhenden Wohnung die dort anfallenden Betriebskosten hinzuzuzählen, damit Vergleichbarkeit hergestellt ist. Großzügiger ist das BVerfG (a.a.O.): Danach genügt die Angabe von Adresse, Geschoss, Stockwerkslage und Quadratmeterpreis. Die rechnerische Ermittlung einer geforderten Nettomiete ist nicht notwendig, solange dem Mieter mit den erhaltenen Angaben eine eigene Nachprüfung des Erhöhungsverlangens möglich ist. Wenn das Gericht diese Angaben nicht für ausreichend hält, muss es dem Vermieter Gelegenheit zur Ergänzung seines Sachvortrages geben.

Eine Änderung der vertraglich vereinbarten **Mietstruktur** im Erhöhungsverlangen darf der Vermieter nicht vornehmen; dies würde das Verlangen unwirksam machen.

Zu beachten ist, dass auch bei der Begründung mit Vergleichsmieten die mögliche Mieterhöhung nach dem qualifizierten Mietspiegel im Erhöhungsverlangen vorgerechnet werden muss (§ 558a Abs. 3 BGB).

2.6 Zustimmung und Klage

Dem Mieter ist eine **Überlegungsfrist** eingeräumt, innerhalb derer er sich darüber schlüssig werden kann, ob er dem Erhöhungsverlangen zustimmt. Sie beginnt mit dem Zugang des Erhöhungsverlangens und endet mit dem Ablauf des 2. Kalendermonats, der auf den Zugang folgt (§ 558b Abs. 2 BGB).

> **Beispiel:**
> Zugang 5.1. → Überlegungsfrist bis 31.3.

Diese Überlegungsfrist ist ebenso wie die daran anschließende Klagefrist einer Verlängerung durch Parteidisposition nicht zugänglich (LG München I, WuM 1994, 383).

Im vorliegenden Fall bat der Vermieter den Mieter mit Schreiben vom 16.2. um Zustimmung zur Mieterhöhung ab 1.6. und erhob, als die Zustimmung ausblieb, am 22.7. Klage. Da jedoch hier die Überlegungsfrist des Mieters am 30.4. und die Klagefrist nach den früheren Bestimmungen am 30. 6. endete, war die Klagefrist nicht gewahrt. Etwas anderes ergibt sich auch nicht daraus, dass dem Mieter im Erhöhungsverlangen eine längere als die gesetzliche Überlegungsfrist eingeräumt wurde. Hierdurch verlängert sich die Klagefrist nicht.

Die Zustimmung des Mieters zur Mieterhöhung ist eine einseitige empfangsbedürftige Willenserklärung, die an **keine Form** gebunden ist. Grundsätzlich ist die Zustimmung bei einer vertraglich vereinbarten Schriftformklausel schriftlich abzugeben. Die Parteien können sich aber über das Formerfordernis hinwegsetzen (vgl. „Schriftform", „Allgemeine Geschäftsbedingungen"). Die Schriftform aufgrund des § 550 BGB ist bei Zustimmung zu einer nicht unwesentlichen Mieterhöhung (über 5 %) bei Mietverträgen für längere Zeit als ein Jahr einzuhalten. In diesem Fall hat der Vermieter auch bei konkludenter Zustimmung durch Zahlung der erhöhten Miete (s. unten) einen Anspruch auf schriftliche Zustimmung (LG Wiesbaden, WuM 2000, 195).

Bereits in der einmaligen Zahlung des Mieters kann je nach den begleitenden Umständen die Annahme des Angebots des Vermieters, eine Erhöhungsvereinbarung abzuschließen, gesehen werden, wenn ein entsprechender rechtsgeschäftlicher Wille auf beiden Seiten festzustellen ist. Dabei ist darauf abzustellen, wie der Empfänger einer solchen Zahlung dies bei objektiver Betrachtungsweise auffassen konnte und durfte. So hat das Landgericht Kiel die durch die Änderung des Dauerauftrages und Zahlung der erhöhten Miete erkennbare Verhaltensänderung des Mieters als formlose Zustimmung angesehen (WuM 1993, 198).

Allgemein wird von der Rechtsprechung eine mehrmalige, vorbehaltlose Zahlung der erhöhten Mieten verlangt (BGH, NJW 1988, 445). Aber auch die Zahlung über einen längeren Zeitraum kann nach den Umständen des Einzelfalls nicht als Zustimmung zu werten sein, so z.B. wenn der Vermieter die erhöhte Miete ohne Einverständnis des Mieters auf dessen Konto abbucht (LG München I, WuM 1996, 44), oder wenn der Vermieter nicht die Zustimmung des Mieters zu einer Mieterhöhung verlangt, sondern die Miete einseitig neu festsetzt und der Mieter der irrigen Ansicht ist, zur Zahlung verpflichtet zu sein (AG Wesel, WuM 1993, 358). Zu den Fragen, die sich hierbei ergeben können, vgl. Abschnitt 2.8.

Keine Zustimmung liegt vor, wenn der Vermieter aufgrund einer zur bisherigen Miethöhe erteilten Abbuchungsermächtigung die erhöhte Miete monatelang einzieht, aber keine Zustimmungsklage erhebt (LG München I, WuM 1996, 44).

Verweigert der Mieter die Zustimmung oder gibt er keine Erklärung ab, was als Ablehnung zu werten ist, kann der Vermieter innerhalb dreier weiterer Monate ab dem Ende der Überlegungsfrist Klage auf Zustimmung erheben (§ 558b Abs. 2 BGB).

Im **Beispiel:** Ablauf der Klagefrist 30.6.

Die Klagefrist ist eine Ausschlussfrist. Eine nach Fristablauf erhobene Klage ist unzulässig. In diesem Fall muss ein neues Erhöhungsverlangen gestellt werden, wobei neue Überlegungs- und Klagefristen anlaufen.

Die Klagefrist wird durch rechtzeitige Einreichung der Klage bei Gericht gewahrt, wenn sie bald danach zugestellt wird (§§ 270 Abs. 3, 495 ZPO). Eine vor Ablauf der Überlegungsfrist des Mieters, im Beispiel vor dem 31. 3., erhobene Klage ist unzulässig. Eine **Ausnahme** besteht, wenn der Mieter die Zustimmung endgültig und bestimmt abgelehnt hat. Im Übrigen wird die verfrüht erhobene Klage zulässig, wenn die Überlegungsfrist des Mieters bis zur Zeit des letzten Verhandlungstermins abgelaufen war (KG Berlin, RE v. 12.1.1981, WuM 1981, 54; Weber/Marx, VII/S. 122).

Erteilt der Mieter nachträglich seine Zustimmung, was möglich ist, hat aber der Vermieter bereits Klage erhoben, treffen bei Erfüllung der Prozessvoraussetzungen die Kosten den Mieter. Umstritten ist dies allerdings, wenn das erledigende Ereignis, also die Zustimmung des Mieters, zwischen Einreichung und Zustellung der Klage erfolgt. Das sicherste für den Vermieter ist in diesem Fall, die Klage zurückzunehmen und die entstandenen Kosten in einem eigenen Verfahren einzuklagen. (Sehr umstritten, vgl. Zöller, ZPO, § 91 a Rn. 40.)

Der Mieter kann auch **teilweise**, d.h. bis zu einem Betrag, der unter der vom Vermieter verlangten Miete liegt, zustimmen. In diesem Fall hat der Vermieter die Wahl, sich damit zufrieden zu geben oder auf Zustimmung zu einer Erhöhung der Miete auf den vollen Betrag zu klagen. Die teilweise Zustimmung hat dann allenfalls Bedeutung für den Streitwert des Prozesses.

Eine Zustimmung unter **Bedingungen** oder **Vorbehalt** ist als neues Angebot des Mieters anzusehen, auf das der Vermieter nicht eingehen muss. Der Vermieter muss hier, wenn er damit nicht einverstanden ist, innerhalb der Frist klagen.

Der Mieter kann sich gegenüber dem Anspruch des Vermieters auf Zustimmung zur Mieterhöhung nach § 558 BGB nicht auf ein Zurückbehaltungsrecht gemäß § 273 BGB wegen eines Gegenanspruchs auf Mängelbeseitigung gemäß § 536 BGB berufen (OLG Frankfurt/Main, RE v. 29.7.1999, Az. 20 RE-Miet 1/96, WuM 1999, 629).

Dagegen kann der Mieter auch einem unwirksamen Mieterhöhungsverlangen ganz oder teilweise zustimmen. Die Teilzustimmung ist rechtlich als Angebot auf Zustimmung zur Vertragsänderung zu werten (LG Berlin, WuM 1997, 51). Nimmt der Vermieter an, läuft die Jahresfrist (vgl. Abschnitt 2.1).

Bei mehreren Mietern müssen alle zustimmen; die Wirksamkeit von Formularklauseln, wonach ein Mieter mit Wirkung für alle Mieter zustimmen kann, ist umstritten, wird aber von der Rechtsprechung überwiegend als AGB-widrig abgelehnt.

Auch eine Klage ist – trotz Bevollmächtigungsklausel – gegen **alle** Mieter zu richten (KG Berlin, RE v. 5.12.1985, WuM 1986, 106; Weber/Marx, VII/S. 1045).

Wird die Zustimmungsklage nicht fristgemäß erhoben, gilt das Erhöhungsverlangen als nicht gestellt. Ein neues Erhöhungsverlangen kann jedoch jederzeit gestellt werden. Bei Teilzustimmung ist die Jahresfrist zu beachten (vgl. Abschnitt 2.1).

Ist Klage erhoben worden, jedoch kein wirksames oder nur ein teilwirksames (vgl. BayObLG, RE v. 30.6.1989, WuM 1989, 484; Weber/Marx, IX/S. 48) Erhöhungsverlangen vorausgegangen, kann der Vermieter das Erhöhungsverlangen im Rechtsstreit nachholen oder die Mängel beheben (§ 558b Abs. 3 S. 1 BGB). Dem Mieter steht auch in diesem Fall die Zustimmungsfrist von zwei Monaten zu, die in diesem Fall erneut ausgelöst wird. Die überwiegende Meinung versteht unter „nachholen" kein Nachbessern einzelner Formmängel, z.B. Angabe einer weiteren Vergleichsmiete, wenn die dritte Vergleichsmiete nicht zu berücksichtigen war, sondern eine Neuvornahme des Mieterhöhungsverlangens insgesamt (vgl. Emmerich/Sonnenschein, Miete, 7. Aufl., § 2 MHG Rn. 77 ff.).

Das Mietrechtsreformgesetz hat hier für den Vermieter eine Erleichterung gebracht. Nach der früheren Rechtslage war die nachträgliche Heilung eines unwirksamen Erhöhungsverlangens unzulässig. Nunmehr ist dem Vermieter aber auch gestattet, einzelne Mängel des Erhöhungsverlangens während des Rechtsstreits nachzubessern, z.B. die Begründung zu ergänzen, eine fehlende Unterschrift vorzunehmen oder das nicht beigefügte Gutachten eines Sachverständigen nachzureichen, so die amtliche Begründung.

Die Auswirkungen zugunsten der Vermieter werden sich gleichwohl in Grenzen halten. Prozessual stellt ein neues Erhöhungsverlangen eine Klageänderung dar, die dem Sinn des Gesetzes nach als sachdienlich anzusehen ist (§§ 263, 267 ZPO). Das Gericht ist jedoch – jedenfalls nach bisheriger Rechtsprechung – nicht verpflichtet, den Rechtsstreit zu vertagen (§ 227 Abs. 1 S. 1 ZPO), bis die Überlegungsfrist für das neue oder nachgebesserte Erhöhungsverlangen abgelaufen ist. Entscheidet das Gericht vorher, kann es nach wie vor die Klage als unzulässig abweisen. Es bleibt abzuwarten, ob die Gerichte hier in Zukunft großzügiger verfahren werden (vgl. auch Abschnitt 2.7).

Bereits unter Abschnitt 2.2 (ortsübliche Vergleichsmiete) wurde darauf hingewiesen, dass dem Erhöhungsverlangen die tatsächliche **Wohnfläche** zugrunde zu legen ist. Gibt der Vermieter im Erhöhungsverlangen eine zu große Wohnfläche an, hat dies erhebliche Auswirkungen. Nach einer Entscheidung des LG München I ist nämlich der Zustimmungsanspruch des Vermieters bei unrichtigen Angaben im Mieterhöhungsschreiben über die Wohnfläche oder den verlangten Quadratmeterpreis auf die dort gemachten Angaben begrenzt, selbst wenn der verlangte Preis nach dem im Prozess erholten Gutachten auch ohne die unrichtigen Angaben noch ortsüblich ist und der gewollte Gesamtbetrag in der Mieterhöhung genannt war (LG München I, Urt. v. 4.2.1998, Az. 14 S 15028/97, WuM 1998, 230). Im dort entschiedenen Fall ging der Vermieter von einer Fläche von 160,7 m² und einer neu verlangten Miete von 14,18 DM aus, die tatsächliche Wohnungsgröße betrug 136,49 m² und somit die verlangte Miete 16,70 DM. Auch dieser Betrag war noch ortsüblich, der Vermieter konnte jedoch nicht mehr als DM 14,18 pro Quadratmeter aufgrund der fehlerhaften Angaben verlangen. Die Wohnfläche sollte daher immer sorgfältig ermittelt werden.

Das LG Hamburg (Urt. v. 13.10.2000, Az. 311 S 184/98, WuM 2001, 20) spricht dem Mieter sogar einen Rückzahlungsanspruch zu, wenn der Vermieter in der Erhöhung eine zu große Wohnfläche angibt, jedenfalls dann, wenn die Größenabweichung mehr als 10 % beträgt. Begründet wird der Anspruch mit „Fehlen der Geschäftsgrundlage". Da unrichtige Angaben im Erhöhungsverlangen keine Gewährleistungsfolgen auslösen (OLG Hamburg, RE v. 5.5.2000, NZM 2000, 654), ist die Entscheidung abzulehnen (vgl. „Wohnungsgröße").

Ein **Nachholen** ist auch in einem prozessualen Schriftsatz, z.b. einer Klagebegründung, möglich, wenn darin eindeutig zum Ausdruck gebracht wird, dass auch eine materiell-rechtliche Erklärung abgegeben wird. Bei Vertretung (z.B. durch Rechtsanwälte) ist dem Schriftsatz eine Vollmacht beizufügen; eine beglaubigte Abschrift ist nur ausreichend, wenn sie vom Prozessbevollmächtigten des Vermieters stammt, ansonsten ist die eigenhändige Unterschrift erforderlich. Dieses Nachschieben von Gründen setzt erneut die zweimonatige Überlegungsfrist in Lauf. Erteilt der Mieter daraufhin seine Zustimmung oder erkennt er den Klageanspruch sofort an, können die Kosten des Rechtsstreits dem Vermieter auferlegt werden.

2.7 Gerichtliches Verfahren

Der Richter hat den klagenden Vermieter auf etwaige Bedenken gegen die Wirksamkeit des Erhöhungsverlangens aufmerksam zu machen (§ 139 ZPO). Stellt der Kläger ein neues, formell wirksames Erhöhungsverlangen, erhebt sich die Frage, ob der Richter den Rechtsstreit zu vertagen hat, bis die zweimonatige Überlegungsfrist abgelaufen ist oder ob er sofort entscheiden kann, d.h. die Klage abweisen muss, weil sie wegen noch nicht abgelaufener Überlegungsfrist nach wirksamem Erhöhungsverlangen unzulässig ist.

Rechtlich ist ein solches zweites Erhöhungsverlangen als **Klageänderung** zu behandeln. Sie ist, wie das LG München I (WuM 1994, 337) unter Hinweis auf den RE des BayObLG v. 30.6.1989 (WuM 1989, 484) entschieden hat, sachdienlich und daher im Verfahren zu berücksichtigen. Aus Gründen der Prozessökonomie sollte das Gericht daher in diesen Fällen vertagen oder den Termin verlegen, bis die Überlegungsfrist des Mieters abgelaufen ist. Dies ergibt sich insbesondere aus der Absicht des Gesetzgebers, bei einem vorausgegangenen unwirksamen Erhöhungsverlangen ein neues, wirksames Erhöhungsverlangen bzw. die Behebung von Mängeln im Rechtsstreit zuzulassen, um einen weiteren Rechtsstreit in der gleichen Sache zu vermeiden (mit Recht Barthelmess WKSchG, 5. A., § 2 MHG, Rn. 168).

Die bisherige Rechtsprechung neigt jedoch dazu, aus Gründen der Verfahrensbeschleunigung nicht zu vertagen, was allerdings nach der Neufassung des § 558b Abs. 3 BGB durch das Mietrechtsreformgesetz der Absicht des Gesetzgebers widerspricht. In diesem Fall erreicht der Kläger jedoch ohne weiteres durch Berufungseinlegung

(Frist für die Berufungseinlegung ein Monat ab Zustellung des erstinstanzlichen Urteils, Frist für Berufungsbegründung ein weiterer Monat), dass die mündliche Verhandlung vor dem Berufungsgericht erst nach Ablauf der Überlegungsfrist stattfindet, sodass ein Vermieter, der sein zunächst unwirksames Erhöhungsverlangen im Prozess nachholt, nicht genötigt ist, zwei Prozesse zu führen.

Beruft sich der Mieter im Hinblick auf das nachgeschobene Mieterhöhungsverlangen nicht lediglich darauf, dass hierfür die Überlegungsfrist noch nicht abgelaufen ist, sondern lehnt er auch dieses Erhöhungsverlangen endgültig und bestimmt ab, kann das Gericht die Klage nicht mehr als unzulässig abweisen. Das Kammergericht (RE v. 12.1.1981, WuM 1981, 54) hat entschieden, dass die Klage nicht deswegen unzulässig ist, weil die Überlegungsfrist im Zeitpunkt der Klageerhebung noch nicht abgelaufen war. Dieser Rechtsauffassung folgt das OLG Celle (RE v. 23.10.1995, WuM 1996, 20), wo in den Gründen ausgeführt wird, dass dies gleichermaßen auf die endgültige Zurückweisung für ein erst im Laufe des Rechtsstreits erhobenes Mieterhöhungsverlangen während der laufenden Überlegungsfrist gelten dürfte.

Umstritten war bisher, welchen Zeitpunkt das Gericht bei der Feststellung der ortsüblichen Vergleichsmiete zugrunde zu legen hatte. Das BayObLG (RE v. 27.10.1992, WuM 1992, 677) hat entschieden, dass maßgeblicher Zeitpunkt für die Feststellung der ortsüblichen Vergleichsmiete nicht der des zeitlichen Wirksamwerdens der Erhöhung ist, sondern der Zugang des Erhöhungsverlangens beim Mieter.

Bestreitet der Mieter die Übereinstimmung des Begehrens des Vermieters mit der ortsüblichen Vergleichsmiete, hat der Vermieter für seine Behauptung Beweis anzutreten. Ihm stehen dafür die in der Zivilprozessordnung aufgezählten Beweismittel zur Verfügung, wobei im Allgemeinen ein Mietspiegel oder ein Sachverständigengutachten in Betracht kommt. Erhebt das Gericht Beweis durch Einholen eines **Sachverständigengutachtens**, musste der Sachverständige bisher unter Hinweis auf seine Verschwiegenheitspflicht **keine konkreten Vergleichsmieten** benennen. Das OLG Karlsruhe (RE v. 20.7.1982, WuM 1982, 269) hat es für ausreichend gehalten, wenn im Sachverständigengutachten keine Vergleichsobjekte angegeben sind, sondern lediglich ausgeführt wird, dem Sachverständigen seien aufgrund seiner beruflichen Tätigkeit vergleichbare Wohnungen in ausreichender Zahl aus dem maßgeblichen örtlichen Bereich bekannt.

Diese Rechtsmeinung wird sich nach zwei Entscheidungen des BGH und des Bundesverfassungsgerichts nicht mehr halten lassen. Mit Urteil vom 15.4.1994 (NJW 1994, 2899) hat der Bundesgerichtshof entschieden, dass das Gericht einem Sachverständigengutachten nicht folgen darf, das im Rahmen der Ertragswertmethode zur Verkehrswertschätzung von Grundstücken auf Vergleichsmieten (Rohertrag) abstellt, ohne die Vergleichsobjekte und Vergleichspreise zu nennen, weil sich der Gutachter insoweit für schweigepflichtig hält. Dies ist nach Ansicht des Gerichts unerheblich, da es für die Parteien des Rechtsstreits, insbesondere für die Partei, die das Gutachten benachteiligt, unumgänglich ist, dass sie die **tatsächlichen Grundlagen** kennen, an die das Gutachten anknüpft, weil sonst eine sachgerechte Stellungnahme nicht möglich ist. Insoweit hat der Anspruch der Verfahrensbeteiligten auf rechtliches Gehör Vorrang vor dem Interesse Dritter auf Geheimhaltung der sie betreffenden Daten.

Mit Beschluss v. 11.10.1994 (Az. 1 BvR 1398/93, WuM 1994, 661) hat das Bundesverfassungsgericht entschieden, dass es gegen Art. 2 Abs. 1 GG i.V.m. dem Rechtsstaatsprinzip verstoßen kann, wenn ein Gutachten über die ortsübliche Vergleichsmiete zur Grundlage eines Urteils gemacht wird, obwohl weder das Gericht noch die Prozessparteien die Möglichkeit hatten, die vom Sachverständigen zugrunde gelegten Befundtatsachen zu überprüfen. Das Gericht führt hierzu aus, dass den Parteien des Rechtsstreits die Möglichkeit gegeben werden muss, an dieser Prüfung mitzuwirken und dass ihnen dazu die konkreten **Befundtatsachen**, die das Gericht durch Übernahme des Sachverständigengutachtens verwerten will, **zugänglich sein müssen**. Eine dem Rechtsstaatsprinzip genügende Urteilsgrundlage fehlt jedoch, wenn der Richter einem Sachverständigengutachten, dessen Befundtatsachen bestritten sind, ohne nähere Prüfung dieser Tatsachen folgt und sich ohne weiteres darauf verlässt, dass die vom Sachverständigen zugrunde gelegten und nicht im Einzelnen konkretisierten tatsächlichen Feststellungen richtig sind. Deshalb kann – nicht muss – die Kenntnis der einzelnen tatsächlichen Umstände, die der Sachverständige selbst erhoben und seinem Gutachten zugrunde gelegt hat, unentbehrlich sein. In einem solchen Fall ist die Offenlegung dieser Tatsachen aus rechtsstaatlichen Gründen regelmäßig geboten. Ist der Sachverständige dazu nicht bereit, darf sein Gutachten nicht verwertet werden.

Allerdings lässt sich **nicht generell** entscheiden, ob und inwieweit das Gericht und die Verfahrensbeteiligten die Kenntnis von Tatsachen, die ein Sachverständiger seinem Gutachten zugrunde gelegt hat, für ihre kritische Würdigung des Gutachtens tatsächlich benötigen. Die Frage muss vom Gericht unter Berücksichtigung der Umstände des Einzelfalles entschieden werden. Anhaltspunkte hierfür sind, ob der Sachverständige das Gutachten auf einzelnen konkreten Befundtatsachen aufbaut oder auf statistisch erfasstem oder allgemein zugänglichem Tatsachenmaterial bzw. aus seinem Erfahrungswissen als Sachverständiger.

Auf eine **Offenlegung von Mietpreis und Adressen** der Vergleichswohnungen oder sonstigen Angaben über deren Beschaffenheit kann danach in aller Regel nicht verzichtet werden, soweit deren Kenntnis für eine Überprüfung des Gutachtens praktisch unentbehrlich ist. Soweit eine – vollständige – Offenlegung von Tatsachen aus anerkennenswerten Gründen unterbleibt und auf eine Verwertung des Gutachtens aus überwiegenden Interessen der beweispflichtigen Partei dennoch nicht verzichtet werden kann, muss das Gericht versuchen, sich – etwa durch **Befragung** des Sachverständigen – Gewissheit zu verschaffen, in welcher Weise dieser seine Daten erhoben hat. Dies mag nach Ansicht des Gerichts im einzelnen Fall für die richterliche Überzeugungsbildung ausreichen.

Die Sachverständigen werden unter Hinweis auf ihre **Verschwiegenheitspflicht** in der Regel nicht bereit sein, ihre Daten offen zu legen. Die Gerichte werden daher in jedem Einzelfall zu prüfen haben, ob solche Gutachten noch ausreichend sind. So kann z.b. die Offenlegung der Vergleichsmieten in anonymisierter Form erfolgen, um eine Nachprüfung zu ermöglichen.

Nachdem die Entscheidungen, die eine vollständige Offenlegung der Befundtatsachen, die eine Identifizierung der Vergleichsobjekte ermöglicht, insbesondere von Sachverständigen unter Hinweis auf den Datenschutz kritisiert wurden, ist der BGH (Beschl. v. 21.6.1995, WuM 1995, 651) hiervon wieder abgerückt. Die Vergleichsobjekte sind dann hinreichend genau angegeben, wenn sie nach Anschrift (jeweilige Straßenbezeichnung), individuellen Beschaffenheitsmerkmalen und Mietpreisen ohne weitergehende Individualisierung offen gelegt sind. So lässt das LG München I (WuM 1996, 280) für die Verwertbarkeit eines im Mieterhöhungsprozess eingeholten Beweisgutachtens für die Vergleichsobjekte die Angabe des Stadtteils und der weiteren Ortsangabe „Nähe ...straße" genügen.

Auch das Bundesverfassungsgericht (Beschl. v. 16.10.1996) hat entschieden, dass seinem Beschluss vom 11.10.1994 (a.a.O.) nicht zu entnehmen ist, dass der Sachverständige stets die Vergleichswohnungen offen legen muss, damit sein Gutachten verwertbar ist (WuM 1996, 749).

Mit weiterem Beschluss v. 7.4.1997 (Az. 1 BvR 587/95, WuM 1997, 318) hat das BVerfG die Anforderungen an ein Gutachten weiter präzisiert. Danach kann das Gericht die Aussagen eines Gutachtens nicht ungeprüft übernehmen. Zur Nachprüfung kann die Kenntnis der einzelnen tatsächlichen Umstände, die der Sachverständige selbst erhoben und seinem Gutachten zugrunde gelegt hat, unentbehrlich sein. Dann ist die Offenlegung regelmäßig geboten. Die Forderung nach Offenlegung der Befundtatsachen ist umso berechtigter, je weniger das Gutachten auf dem Erfahrungswissen des Sachverständigen und je mehr auf einzelnen konkreten Befundtatsachen (Vergleichsmieten) aufbaut. Wenn allerdings ein Beteiligter seine Zweifel am Gutachten nicht hinreichend substantiiert oder wenn das Schweigen des Sachverständigen auf anerkennenswerten Gründen beruht und die Nichtverwertung des Gutachtens zum materiellen Rechtsverlust eines Beteiligten führen würde, können Abstriche an dem Offenlegungsanspruch der Parteien gerechtfertigt sein. Unterbleibt eine vollständige Offenlegung aus anerkennenswerten Gründen und kann auf eine Verwertung des Gutachtens aus überwiegendem Interesse der beweispflichtigen Partei dennoch nicht verzichtet werden, so muss das Gericht immerhin versuchen, sich Gewissheit zu verschaffen, in welcher Weise der Sachverständige seine Daten erhoben hat.

In einem weiteren Beschluss vom 16.7.1997 (Az. 1 BvR 860/97, WuM 1998, 13) hat das BVerfG die Anforderungen an die Offenlegung nochmals weiter präzisiert. Demnach ist es verfassungsrechtlich unbedenklich, dass der Sachverständige eine genaue Beschreibung der Vergleichswohnungen in Bezug auf Ausstattung und Lage vornimmt, jedoch die Namen und Anschriften der Mieter deshalb nicht angibt, weil er deren Zustimmung dazu nicht erreichen konnte. Dass er die Lage der einzelnen Vergleichswohnungen nicht weitergehend, etwa durch Angabe der Straße, erläutert hat, ist von Verfassungs wegen nicht zu beanstanden, weil ansonsten in einer Kleinstadt die Identifizierung der Vergleichswohnungen unschwer möglich gewesen wäre.

Zu beachten ist, dass das Gericht die oft erheblichen weiteren Kosten, die dadurch entstehen, der Partei auferlegen kann, die eine erfolglose Überprüfung beantragt hat (§ 96 ZPO).

> Die Rechtsprechung war bereits bisher überwiegend der Ansicht, dass sich das Gericht über die Beweisangebote des Vermieters hinwegsetzen und seine Entscheidung nur auf einen Mietspiegel stützen kann, auch wenn der Vermieter Beweis für die Ortsüblichkeit des verlangten Mietzinses durch Sachverständigengutachten anbietet.

Die im Nachfolgenden referierte Rechtsprechung ist für den einfachen Mietspiegel gem. § 558c BGB nach wie vor zu beachten. Durch das Mietrechtsreformgesetz wurde darüber hinaus der sog. qualifizierte Mietspiegel gem. § 558d BGB eingeführt. Sind die Bestimmungen dieser Vorschrift eingehalten (s. Abschnitt 2.5), gilt gem. § 558d Abs. 3 BGB die Vermutung, dass die im qualifizierten Mietspiegel bezeichneten Entgelte die ortsübliche Vergleichsmiete wiedergeben. Hierin ist eine prozessuale Vermutungswirkung im gerichtlichen Mieterhöhungsstreit zu sehen, die nur unter den Voraussetzungen des § 292 ZPO widerlegt werden kann. Die Partei, die mit den Feststellungen des qualifizierten Mietspiegels nicht einverstanden ist, muss also die Unwahrheit der vermuteten Tatsache, also der Werte des qualifizierten Mietspiegels, beweisen. Hier muss also die sachliche, rechnerische oder statistische Unrichtigkeit des Mietspiegels voll bewiesen werden. Zu überprüfen ist insbesondere, ob die Datenermittlung den Anforderungen entspricht und die tatsächlichen Mieten wiedergibt. Es muss durch Tatsachen belegt werden, dass die Datenermittlung etc. in unzutreffender Weise erfolgt ist oder die Wohnung besondere wertbildende Eigenschaften besitzt, denen der Mietspiegel nicht Rechnung trägt. Höchst umstritten ist in diesem Zusammenhang, ob ein nach der sog. Regressionsmethode erstellter Mietspiegel hinreichende statistische Aussagekraft besitzt (bejahend LG Frankfurt/Main, WuM 1992, 694; verneinend Voelskow in WuM 1993, 21; vgl. hierzu auch LG München I WuM 1993, 451). Eine obergerichtliche Entscheidung hierzu steht noch aus. Auch hat die Bundesregierung von ihrer Ermächtigung gem. § 558c Abs. 5 BGB, durch Rechtsverordnung mit Zustimmung des Bundesrates Vorschriften über den näheren Inhalt und das Verfahren zur Aufstellung und Anpassung von Mietspiegeln zu erlassen, noch keinen Gebrauch gemacht. Es bleibt abzuwarten, wie viele Gemeinden sich zur Aufstellung des auch kostenintensiven qualifizierten Mietspiegels entschließen und wie die Gerichte hierüber urteilen.

Wie ausgeführt, haben die Gerichte allerdings bereits bisher bestehende Mietspiegel, auch solche nach § 558c BGB, als Erkenntnismittel zur Ermittlung der ortsüblichen Vergleichsmiete verwendet.

Begründet wird dies mit dem aufgrund größeren Datenmaterials höheren Erkenntniswert des Mietspiegels (LG Köln, WuM 1982, 77, LG Bonn, WuM 1944, 692). Das Gericht soll in diesem Fall auch nicht an ein Beweisangebot des Vermieters durch Einholung eines Sachverständigengutachtens gebunden sein (LG Hamburg, WuM 1978, 134). Das Bundesverfassungsgericht (Beschl. v. 20.3.1991, WuM 1991, 523) hat entschieden, dass der Standpunkt des LG, der Berliner Mietspiegel für Altbauwohnungen von 1987 habe ausreichende Beweiskraft für die ortsübliche Vergleichsmiete, sodass die Einholung eines Sachverständigengutachtens nicht erforderlich sei, eine Verletzung der verfassungsrechtlichen Eigentumsgarantien nicht erkennen lässt.

Auch die unterlassene Einholung des beantragten Sachverständigengutachtens stellt keine Verletzung des Anspruchs auf rechtliches Gehör dar, da dieses Verfahrensgrundrecht keinen Schutz davor bietet, dass Beweismittel aus Gründen des formellen oder materiellen Rechts unberücksichtigt bleiben. Das Bundesverfassungsgericht hat in diesem Nichtannahmebeschluss jedoch nur über die verfassungsrechtliche Problematik entschieden.

In einer weiteren Entscheidung hat sich das Bundesverfassungsgericht mit der Verwendung von Mietspiegeln zur Ermittlung der ortsüblichen Miete beschäftigt. Das Gericht führt aus, dass es dem Willen des Gesetzgebers entspricht, wenn die herrschende Rechtspraxis die Ortsüblichkeit des geforderten Mietzinses nach Möglichkeit unter Verwendung ordnungsgemäß aufgestellter Mietspiegel ermittelt. Das Eigentumsrecht des Vermieters wird hierdurch nicht verletzt. Zwar sind Mietspiegel nicht in der ZPO als Beweismittel vorgesehen. Die Verwendung von Mietspiegeln im gerichtlichen Erkenntnisverfahren liegt jedoch nach Ansicht des BVerfG auch im Interesse des Vermieters. Sie garantieren eine rasche Entscheidung und erleichtern dem Vermieter zugleich in ganz erheblichem Maße die ihm obliegende prozessuale Darlegungslast. Der Vorzug besteht vor allem darin, dass ordnungsgemäß aufgestellte Mietspiegel i.d.R. auf einer erheblich breiteren Tatsachenbasis beruhen, als sie ein gerichtlich bestellter Sachverständiger mit einem Kosten- und Zeitaufwand ermitteln könnte, der zum Streitwert des gerichtlichen Verfahrens in einem angemessenen Verhältnis stünde. Eine Verletzung des Eigentumsrechts des Vermieters bei Verwendung ordnungsgemäß aufgestellter Mietspiegel liegt daher nicht vor.

Etwas anderes ergibt sich auch nicht daraus, dass Mietspiegel zu einem ganz bestimmten Datum aufgestellt werden, welches nicht mit dem Zeitpunkt der Fälligkeit der geforderten Mieterhöhung übereinstimmt. Nachdem die Mietspiegel lediglich alle zwei Jahre der Marktentwicklung angepasst werden sollen, kann dies dazu führen, dass die Ortsüblichkeit des geforderten Mietzinses vom Gericht mit Hilfe eines veralteten Mietspiegels nachgeprüft wird. Nach Ansicht des BVerfG soll jedoch deshalb nicht die Verwendung des Mietspiegels unterbleiben, denn darin liege keine unverhältnismäßige Verkürzung des Anspruchs, für die Wohnung eine marktorientierte Miete zu erlangen. Die Möglichkeit, ohne jede Verzögerung sofort und in voller Höhe die Marktmiete zu erhalten, ist durch Art. 14 Abs. 1 S. 1 GG nicht garantiert. Der Vermieter hat danach keinen Anspruch darauf, die Mieten zu verlangen, die der Markt hergibt, eine gewisse Bremswirkung durch Mietspiegel sei vom Gesetzgeber durchaus gewollt. Der Vermieter hat daher auch keinen Anspruch darauf, dass ein später, d.h. nach Wirksamkeit des Erhöhungsverlangens erstellter Mietspiegel, auch wenn er zeitnäher zum Erhöhungsverlangen liegt, zurückgerechnet wird (BVerfG, Beschluss v. 3.4.1990, Az. 1 BvR 268/90, 1 BvR 269/90, 1 BvR 270/90; WuM 1992, 48).

Das Kammergericht Berlin hat in seinem Beschluss vom 6.6.1991 (WuM 1991, 425) den Erlass eines Rechtsentscheides abgelehnt, als folgende Frage vorgelegt wurde: Kann der Berliner Mietspiegel für Altbauwohnungen auch zur Beurteilung der Begründetheit einer Klage auf Zustimmung zur Mieterhöhung herangezogen werden?

Das Gericht führt hierzu aus, dass ein Mietspiegel eine andere Funktion als die eines formellen Begründungsmittels für ein Mieterhöhungsverlangen des Vermieters nach dem Gesetz nicht hat. Die Vorlagefrage betrifft die richterliche Überzeugungsbildung und kann daher nicht Gegenstand eines Rechtsentscheides sein. Der Mietspiegel ist nach Ansicht des KG kein Beweismittel im Sinne der Zivilprozessordnung. Das KG weist weiter darauf hin, dass das Gesetz keine Vermutung im Sinne von § 292 ZPO aufstellt, insbesondere auch nicht in § 2 MHG, dass ein Mietspiegel die ortsübliche Vergleichsmiete im Sinne von § 2 Abs. 1 S. 1 Nr. 2 MHG tatsächlich wiedergibt. Das KG führt aus, dass es allein Sache des Tatrichters ist, ob und in welcher Weise er das allgemeinkundige, im Mietspiegel enthaltene Zahlenmaterial bei seiner Überzeugungsbildung im Rahmen der ihm durch § 2 Abs. 1 MHG aufgegebenen vergleichenden Bewertung als Hilfsmittel mit heranzieht. Das KG weist darauf hin, dass es ein Teil der Tatsachenfeststellung ist, ob ein Mietspiegel etwa hinsichtlich der Datengewinnung und -verarbeitung, der Wahl der Spannbreiten, der Gewichtung des Baualters als wohnwertbestimmendes Merkmal der

Beschaffenheit u. Ä. richtig erstellt ist und deshalb jeweils die Preisspanne aufweist, innerhalb derer sich die ortsüblichen Vergleichsmieten für eine Wohnungskategorie bewegen.

Ebenfalls höchst umstritten ist, ob das Gericht bei der Anwendung eines Mietspiegels zur Bestimmung der ortsüblichen Vergleichsmiete einen sog. **Alterungszuschlag** vornehmen kann (bejahend LG München I, WuM 1992, 25; verneinend LG Hamburg, WuM 1982, 146; LG Frankfurt/Main, WuM 1992, 629 sowie LG Köln, WuM 1995, 114, das sogar einen vom Sachverständigen aufgrund statistischer Erhebungen auf Landesebene ermittelten Zuschlag auf den Mietspiegel nicht berücksichtigt hat). Dieser Streit ist nunmehr zugunsten der Vermieter durch einen Rechtsentscheid des OLG Stuttgart entschieden worden. Danach kann das Gericht in einem Mieterhöhungsrechtsstreit wegen der Steigerung der ortsüblichen Vergleichsmiete, die in der Zeit zwischen der Datenerhebung zum Mietspiegel und dem Zugang des Mieterhöhungsverlangens eingetreten ist, einen Zuschlag zu dem für die Wohnung zutreffenden Mietspiegelwert machen. Dabei kann es sich aber nicht um einen pauschalen Zuschlag handeln, z.B. im Wege der Schätzung aufgrund eines allgemeinen Preisindexes für die Lebenshaltungskosten oder eines undifferenzierten Wohnungsmietenindexes. Vielmehr ist die Steigerung der ortsüblichen Vergleichsmiete zu ermitteln, die bei vergleichbaren Wohnungen in der Gemeinde eingetreten ist. Hierzu kann sich das Gericht eines Sachverständigengutachtens und/oder der Mieten einer genügenden Zahl von Vergleichswohnungen bedienen (RE v. 15.12.1993; DWW 1994, 47; WuM 1994, 58; bestätigt vom OLG Hamm mit RE v. 30.8.1996, WuM 1996, 610 auch für den Fall, wenn das Mieterhöhungsverlangen auf den Mietspiegel gestützt worden ist). Aus dem Wort „kann" liest das LG Hamburg (WuM 1996, 45) heraus, dass das Gericht nicht dazu verpflichtet ist, einen gesonderten Zeitzuschlag auszuweisen. Vielmehr stellt der RE des OLG Stuttgart nur eine Ermächtigung im Rahmen des § 286 ZPO im Sinne eines Dürfens dar, jedoch keine weitergehende Bindung des Gerichts. Nach Ansicht des LG Hamburg kommt ein Zeitzuschlag erst dann in Betracht, wenn der Mietspiegel ein oder zwei Jahre alt ist, zurückgerechnet vom Zeitpunkt des Erhöhungsverlangens.

2.8 Wirkung der Zustimmung

Ist die Zustimmung erteilt, sei es durch (freiwillige) Erklärung des Mieters, sei es durch rechtskräftige Verurteilung zur Zustimmung (nach § 894 ZPO gilt in diesem Fall die Zustimmungserklärung als abgegeben), schuldet der Mieter die erhöhte Miete vom Beginn des 3. Kalendermonats ab, der auf den Zugang des Erhöhungsverlangens folgt.

Beispiel:
Zustimmungsverlangen ging am 5.1. zu, erhöhter Mietzins ist ab 1.4. geschuldet. Beim Zugang am 5.1. ist somit auseinander zu halten: Überlegungsfrist des Mieters bis 31.3., Kla-

gefrist vom 1.4. bis 30.6., Zahlungspflicht bei Verurteilung ab 1.4.

Gibt der Mieter keine ausdrückliche Erklärung ab, zahlt er aber die geforderte Miete ab dem 3. Monat nach Zugang des Erhöhungsverlangens, ist umstritten, ob darin die stillschweigende Zustimmung gesehen werden kann (dafür LG Braunschweig, WuM 1986, 142; dagegen AG Dortmund, WuM 1985, 29). Der Vermieter steht vor einem Dilemma: Entweder lässt er die Klagefrist verstreichen oder er klagt mit der Gefahr, dass ihm mangels Rechtsschutzbedürfnisses die Kosten auferlegt werden.

Es empfiehlt sich daher, den Mieter unter Fristsetzung aufzufordern, mitzuteilen, ob aufgrund der Zahlung der erhöhten Miete dem Mieterhöhungsverlangen zugestimmt wird. Nach fruchtlosem Fristablauf sollte geklagt werden.

3 Mieterhöhung bei Modernisierung (§ 559 BGB)

Hat der Vermieter bauliche Änderungen durchgeführt, die den Gebrauchswert der Mietsache nachhaltig erhöhen oder die allgemeinen Wohnverhältnisse auf Dauer verbessern oder nachhaltige Einsparungen von Energie oder Wasser bewirken, oder hat er bauliche Änderungen aufgrund von Umständen, die er nicht zu vertreten hat, durchgeführt, kann er eine Erhöhung der Miete verlangen.

Im Gegensatz zu einer Mieterhöhung nach § 558 BGB ist eine Zustimmung des Mieters nicht erforderlich. Wenn die Erklärung des Vermieters den gesetzlichen Voraussetzungen entspricht, hat sie unmittelbare vertragsändernde Wirkung. Der Vermieter muss hier im Streitfall also nicht wie bei § 558 BGB auf Abgabe einer Willenserklärung klagen, sondern direkt auf Leistung (Zahlung des nicht bezahlten Erhöhungsbetrages).

3.1 Voraussetzung der Erhöhung

Der Vermieter muss bauliche Maßnahmen in der Wohnung des Mieters oder in dem vom Mieter bewohnten Anwesen durchgeführt haben. Diese **Maßnahmen** berechtigen zur Erhöhung:

3.1.1 Solche, die den **Gebrauchswert** der Mietsache nachhaltig erhöhen (z.B. Einbau eines Bades, einer Zentralheizung, eines neuen Balkones, so LG München, WuM 1989, 27). Grundsätzlich fällt hierunter auch der Einbau von Isolierglasfenstern statt Einfachverglasung (OLG Celle, RE v. 16.3.1981, WuM 1981, 151; Weber/Marx, VII/ S. 148). Wenn allerdings der Mieter aufgrund der isolierverglasten Fenster soviel lüften muss, dass es zu keiner Energieeinsparung kommt, soll keine Modernisierung vorliegen (so AG Hamburg, WuM 1986, 245).

3.1.2 Solche, die die allgemeinen **Wohnverhältnisse** auf Dauer verbessern (z.B. Einbau eines Liftes, einer Gegensprechanlage, eines elektrischen Türöffners). Vgl. auch „Kabelfernsehen".

3.1.3 Solche baulichen Änderungen, die der **Vermieter** aufgrund von Umständen durchführt, die er **nicht zu vertreten** hat, die er also von sich aus gar nicht durchführen wollte, jedoch durchführen musste. Hierunter fallen Maßnahmen aufgrund **gesetzlicher Gebote** oder **behördlicher Anordnungen**, wobei Letztere freilich gesetzmäßig sein müssen. Dazu gehören beispielsweise der Anschluss an die gemeindliche Entwässerungseinrichtung oder Sicherungseinrichtung für einen Öltank. Auch die Umstellung von Stadtgas auf Erdgas ist eine nicht zu vertretende bauliche Änderung. Eine solche braucht, um das Recht des Vermieters zu einer Erhöhung des Mietzinses auszulösen, nicht den Gebrauchswert der Mietsache zu erhöhen oder die allgemeinen Wohnverhältnisse auf Dauer zu verbessern. Die bauliche Änderung, der sich der Vermieter nicht entziehen kann, ist somit unabhängig von der Wohnwertverbesserung. Nicht um vom Vermieter durchgeführte, nicht zu vertretende bauliche Änderungen handelt es sich, wenn er als Grundstückseigentümer nach Abschluss des Mietvertrages aufgrund öffentlich-rechtlicher Vorschriften zur Entrichtung von Beiträgen zum gemeindlichen Erschließungsaufwand herangezogen wird (OLG Hamm, RE v. 30.5.1983, WuM 1983, 287; Weber/Marx VII/S. 151).

3.1.4 Solche, durch die eine nachhaltige **Einsparung von Energie** bewirkt worden ist. Eine gesetzliche Definition findet sich im inzwischen aufgehobenen § 4 Abs. 3 ModEnG:

Hierunter fallen insbesondere Maßnahmen zur wesentlichen Verbesserung der Wärmedämmung von Fenstern, Außentüren, Außenwänden, Dächern, Kellerdecken und obersten Geschossdecken, zur wesentlichen Verminderung des Energieverlustes und des Energieverbrauches der zentralen Heizungs- und Warmwasseranlagen, die Änderung von Zentralheizungs- und Warmwasseranlagen innerhalb des Gebäudes für den Anschluss an die Fernwärmeversorgung, die überwiegend aus Anlagen der Kraft-Wärme-Koppelung zur Verbrennung von Müll oder zur Verwertung von Abwärme gespeist wird, die Rückgewinnung von Wärme, die Nutzung von Energie durch Wärmepumpen- und Solaranlagen. Eine Erhöhungsmöglichkeit besteht nicht nur bei der Einsparung von Heizenergie, sondern von jeder Art von Energie, also auch Maßnahmen zur Einsparung von Strom (z.B. drehzahlgeregelte Umwälzpumpen, Ventilatoren und Aufzugsmotoren sowie Energiesparlampen, so die amtliche Begründung zum Mietrechtsreformgesetz). Allerdings muss auch hier aus Mietersicht das Gebot der Wirtschaftlichkeit berücksichtigt und das Verhältnis zwischen einzusparenden Heizkosten und Mieterhöhungen geprüft werden. Die Zumutbarkeitsgrenze für den Mieter ist nach dem OLG Karlsruhe (RE v. 20.9.1984, WuM 1985, 17; Weber/Marx, VII/S. 152) überschritten, wenn die Energieeinsparung 35 % ausmacht, die Mieterhöhung aber mehr als 200 % des eingesparten Betrages ergibt.

Wenn also der monatliche Erhöhungsbetrag mehr als doppelt so hoch liegt, als die monatliche Energieeinsparung, sollen nach Ansicht des Landgerichts Hamburg (ZMR 1991, 302) die Kosten oberhalb dieser Grenze gekappt werden. Dass bei einem Verstoß gegen die Wirtschaftlichkeit eine Modernisierung nicht oder nur bis zu einer bestimmten Grenze umgelegt werden kann, findet im Gesetzeswortlaut keine Stütze. Entscheidend ist der auch im öffentlichen Interesse liegende Aspekt der Einsparung von Heizenergie. Ob die Maßnahme für den einzelnen Mieter rentabel ist oder nicht, kann hier nicht entscheidend sein. Auch das Landgericht Freiburg hat freilich (WuM 1985, 340) eine die Heizkosteneinsparung um das Doppelte übersteigende Mieterhöhung als gerade noch akzeptabel angesehen.

3.2 Ausmaß der Mieterhöhung

Die Mieterhöhung beträgt für das Jahr 11 % der für die Wohnung aufgewendeten Kosten, § 559 Abs. 1 BGB.

> **Beispiel:**
> Bisherige Miete jährlich 2.400 EUR oder monatlich 200 EUR. Aufgewendete Modernisierungskosten 3.000 EUR. Erhöhung der monatlichen Miete somit 11 % von 3.000 EUR geteilt durch 12 = 27,50 EUR; neue monatliche Miete 227,50 EUR.

Unter „Jährlicher Miete" in § 559 BGB ist der zwölffache Betrag der aktuell im letzten Monat vor der Modernisierung bezahlten Miete zu verstehen (h. M.).
Nicht zu den Baukosten gehören die Finanzierungskosten des Vermieters (OLG Hamburg, RE v. 14.5.1981, WuM 1981, 152; Weber/Marx, VII/ S. 149).
Sind die baulichen Änderungen für **mehrere Wohnungen** durchgeführt worden (z.B. Einbau einer Zentralheizung), so sind die dafür aufgewendeten Kosten vom Vermieter angemessen auf die einzelnen Wohnungen aufzuteilen. Nach den Grundsätzen der §§ 315, 316 BGB hat die **Aufteilung billigem Ermessen** zu entsprechen. Unter der Voraussetzung, dass die bauliche Änderung allen Mietern in gleicher Weise zugute kommt (z.B. Einbau einer Zentralheizung), wird die Verteilung nach den m²-Wohnflächen am ehesten der Billigkeit entsprechen. Ist der Nutzen für einzelne Bewohner des Hauses unterschiedlich (z.B. Lifteinbau), kann ein anderer Aufteilungsschlüssel geboten sein (z.B. Gewichtung nach Stockwerklage).
Werden die Kosten für die baulichen Änderungen ganz oder teilweise durch zinsverbilligte oder zinslose Darlehen aus öffentlichen Haushalten gedeckt, so vermindert sich der Erhöhungsbetrag um den Jahresbetrag der Zinsermäßigung, der sich für den Ursprungsbetrag des Darlehens aus dem Unterschied im Zinssatz gegenüber dem marktüblichen Zinssatz für erststellige Hypotheken zum Zeitpunkt der Beendigung der Maßnahme ergibt (§ 559a BGB).

> **Beispiel:**
> Modernisierung von 4 gleich großen Wohnungen: Kosten 12.000 EUR; zinsverbilligtes Darlehen 6.000 EUR zu einem Zinsfuß von 4 %; Jahreszins somit 240 EUR; marktüblicher Zinssatz 7 % entspricht einem Jahreszinsbetrag von 420 EUR; Zinsersparnis somit 180 EUR; 11 % aus 12.000 EUR = 1.320 EUR; hiervon ist die Ersparnis abzuziehen mit 180 EUR, sodass 1.140 EUR verbleiben als jährliche Mieterhöhungen für die 4 Wohnungen. Erhöhungsbetrag je Wohnung

somit jährlich 285 EUR oder monatlich 23,75 EUR statt 27,50 EUR.

Werden Zuschüsse oder Darlehen zur Deckung von laufenden Aufwendungen (Zinsen) gewährt, so verringert sich der Erhöhungsbetrag um den Jahresbetrag des Zuschusses oder des Darlehens. Ein Mieterdarlehen, eine Mietvorauszahlung oder eine von einem Dritten für den Mieter erbrachte Leistung für bauliche Änderungen steht einem Darlehen aus öffentlichen Haushalten gleich. Kann nicht festgestellt werden, in welcher Höhe Zuschüsse oder Darlehen für einzelne Wohnungen gewährt worden sind, sind sie nach dem **Verhältnis** der für die **einzelnen Wohnungen** aufgewendeten Kosten aufzuteilen. Kosten, die der Mieter selbst für die Modernisierung seiner Wohnung aufgebracht oder die ein Dritter für ihn übernommen hat oder die mit Zuschüssen aus öffentlichen Haushalten gedeckt werden, sind nicht umlagefähig (§ 559a Abs. 1 BGB).

Die Mieterhöhung um 11 % der aufgewendeten Kosten für bauliche Änderungen ist auch dann zulässig, wenn der dadurch sich ergebende Mietzins höher liegt als die ortsübliche Vergleichsmiete. Eine Kappungsgrenze besteht nicht.

Mieterhöhungen nach § 559 BGB sind aber nur in dem durch § 5 WirtschaftsstrafG gezogenen Rahmen zulässig (vgl. „Mietpreisüberhöhung"; OLG Karlsruhe, RE v. 19.8.1983, WuM 1983, 314; Weber/Marx, VII/S. 151).

3.3 Duldung des Mieters

Die Mieterhöhung hängt nicht davon ab, ob der Mieter der baulichen Änderung zugestimmt hat (OLG Hamburg, RE v. 22.4.1981, WuM 1981, 127; Weber/Marx VII, S. 148). Soweit Arbeiten in seiner Wohnung durchzuführen sind, bedarf es freilich seiner Duldung. Ob der Mieter hierzu verpflichtet ist, richtet sich nach § 554 BGB (vgl. „Modernisierung"). Ist der Mieter mit den Modernisierungsmaßnahmen nicht einverstanden, hat ihn der Vermieter auf Duldung zu verklagen.

Die Ankündigung der Modernisierung gemäß § 554 Abs. 3 BGB ist jedoch nicht Voraussetzung für eine Mieterhöhung gemäß § 559 BGB, wie früher teilweise in der Rechtsprechung angenommen wurde (KG Berlin, RE v. 1.9.1988, WuM 1988, 389). Dies ergab sich aus § 3 Abs. 4 S. 2 MHG, der durch das 4. Mietrechtsänderungsgesetz (BGBl. 1993 I S. 1257 ff.) geändert wurde. Diese Regelung wurde auch im Mietrechtsreformgesetz in § 559b Abs. 2 S. 2 BGB beibehalten. Danach verlängert sich nämlich die Frist, ab der die erhöhte Miete zu zahlen ist, um 6 Monate, wenn der Vermieter die zu erwartende Erhöhung der Miete nicht nach § 554 Abs. 3 S. 1 BGB mitgeteilt hat oder wenn die tatsächliche Erhöhung gegenüber dieser Mitteilung um mehr als 10 % nach oben abweicht. Hieraus folgt, dass die Ankündigungspflicht des Vermieters keine Voraussetzung für den Anspruch auf Mieterhöhung nach § 559 BGB ist, sondern dass bei Verletzung dieser Pflicht die Erhöhung nur später wirksam wird. Klargestellt ist also damit, dass die

Ankündigung gemäß § 554 Abs. 3 S. 1 BGB weder Anspruchs- noch Fälligkeitsvoraussetzung einer Erhöhung gemäß § 559 BGB ist. In der amtlichen Begründung zum Mietrechtsreformgesetz ist dies ausdrücklich bestätigt. Dort wird weiter ausgeführt, dass es für die anschließende Mieterhöhung ohne Bedeutung ist, wenn die Modernisierungsmitteilung aus anderen Gründen nicht den Anforderungen des § 554 Abs. 3 BGB entsprochen hat. Danach kommt es ebenso wenig auch darauf an, ob der Mieter wegen Vorliegens von Härtegründen im Sinne des § 554 Abs. 2 S. 2 BGB nicht zur Duldung der Durchführung der Maßnahmen verpflichtet gewesen wäre, wenn er die Durchführung der Maßnahme tatsächlich geduldet hat. Nur wenn der Mieter die Maßnahme tatsächlich nicht geduldet hat, kann die Frage, ob Härtegründe vorliegen, später auch bei der Mieterhöhung eine Rolle spielen.

Nach wie vor geht jedoch die herrschende Meinung davon aus, dass das Bestehen einer Duldungspflicht gemäß § 554 Abs. 3 S. 1 BGB Voraussetzung für eine Mieterhöhung nach § 559 BGB ist (vgl. Barthelmess WKSchG, 5. Auflage, § 3 Rn. 4). Daraus soll sich ergeben, dass auch eine formell richtige Vorankündigung gemäß § 554 Abs. 3 S. 1 BGB zu den Voraussetzungen der Mieterhöhungen gehört, da erst diese ordnungsgemäße Mitteilung den Duldungsanspruch auslösen soll. Dem kann aus den oben dargelegten Gründen nicht gefolgt werden. Zudem würde sich dadurch die Absicht des Gesetzgebers, Modernisierungen zu erleichtern, in ihr Gegenteil umkehren. Aufgrund der hohen formellen Anforderungen der Rechtsprechung an eine solche Modernisierungsankündigung wäre ein solcher Anspruch nur schwer durchzusetzen. Um diesen Schwierigkeiten aus dem Weg zu gehen, ist dem Vermieter folgende Vorgehensweise zu empfehlen: Zuerst soll er versuchen, die schriftliche Zustimmung bzw. Duldung der Baumaßnahmen durch die Mieter zu erreichen. Hierin ist allerdings noch kein Einverständnis des Mieters mit der Mieterhöhung zu sehen. Hat der Mieter der Baumaßnahme zugestimmt oder diese geduldet, so kann er sich nachträglich bei der Mieterhöhung nicht darauf berufen, er sei hierzu aus formellen Gründen nicht verpflichtet gewesen, sodass er zur Zahlung einer Mieterhöhung nicht verpflichtet sei, da sich der Mieter hier zu seinem eigenen Verhalten in Widerspruch setzt.

Auch in der rein tatsächlichen Gestattung der Durchführung der Modernisierungsmaßnahmen in der Wohnung des Mieters ist eine Duldung zu sehen. In diesem Fall kann sich der Mieter gemäß Treu und Glauben nicht auf das Fehlen der Ankündigung gem. § 554 Abs. 3 S. 1 BGB berufen (OLG Stuttgart, RE v. 26.4.1991, WuM 1991, 332 sowie OLG Frankfurt, RE v. 5.9.1991, WuM 1991, 527). Gestattet der Mieter den Zutritt nicht, so ist der Vermieter gezwungen, seinen Duldungsanspruch gem. § 554 BGB unter Einhaltung aller formellen Bestimmungen gerichtlich durchzusetzen. Bei einer Modernisierung in der Wohnung des Mieters ist die Rechtslage daher derzeit relativ einfach: Entweder der Mieter lässt die Handwerker rein = Duldung oder er verweigert den Zutritt, dann Modernisierungsankündigung.

Problematischer ist die Rechtslage für den Fall der Außenmodernisierung. Auch hierzu liegt eine obergerichtliche Entscheidung vor:

Das Kammergericht Berlin hat sich mit Beschluss vom 16.7.1992 (WuM 1992, 514) mit dem Problem befasst, ob ein Vermieter berechtigt ist, vom Mieter eine Mieterhöhung nach § 559 BGB zu verlangen, ohne dem Mieter vorher die Modernisierungsmaßnahme in einer den Anforderungen des § 554 Abs. 3 S. 1 BGB entsprechenden Art und Weise angekündigt zu haben, wenn der Mieter die Durchführung der Maßnahme, und zwar hier außerhalb der Mieträume, bewusst geduldet hat.

Das Kammergericht hat den Erlass eines Rechtsentscheids abgelehnt, da nach seiner Ansicht die Rechtsfrage im Verfahren nicht entscheidungserheblich war. Im vorliegenden Fall wurde ein Lift eingebaut, den der Mieter benutzt hat. Nach den Grundsätzen der ungerechtfertigten Bereicherung hat der Vermieter deshalb einen Bereicherungsanspruch in Höhe des üblichen Entgelts.

Dieser Ansicht wird allerdings in Rechtsprechung und Literatur widersprochen (Börstinghaus, NZM 1999, 889 m.w.N.). Auch bei Außenmodernisierung ist daher das Bestehen eines Duldungsanspruches des Vermieters hinsichtlich der Modernisierungsmaßnahme Voraussetzung für eine Mieterhöhung gemäß § 559 BGB. Dieser Anspruch muss jedoch – wie bei der Modernisierung in den Räumen des Mieters – dann nicht formell wirksam geltend gemacht werden, wenn der Mieter die Arbeiten duldet. Hierzu führt das KG (a.a.O.) aus, dass die Duldung nicht notwendigerweise immer in einer Mitwirkungshandlung des Mieters bestehen muss, sondern dass es ausreicht, wenn sich der Mieter in Kenntnis der Absicht des Vermieters passiv verhält. Eine Duldung ist daher auch noch möglich, wenn der Mieter erst nach Beginn der Maßnahme vom Vorhaben des Vermieters unterrichtet wird.

Es liegt also beim Mieter, bei Kenntnis einer Außenmodernisierung sein Nichteinverständnis zu erklären, z.B. dadurch, dass er der Modernisierungsmaßnahme mündlich oder schriftlich widerspricht. Der Mieter ist hingegen nicht verpflichtet, selbst aktiv zu werden und z.B. im Wege der einstweiligen Verfügung eine Unterlassung der Modernisierungsmaßnahme bei Gericht zu erreichen. Allerdings hat das LG München I (Urt. v. 14.1.1998, Az. 14 S 8271/97, WuM 1998, 109) entschieden, dass die tatsächliche Duldung der Baumaßnahme (hier Liftbauarbeiten außerhalb der Wohnung außen am Gebäude) die Duldungspflicht für die Baumaßnahme nicht ersetzt. Die Duldungspflicht setzt nach Ansicht des Gerichts ihrerseits eine Mitteilung des Vermieters nach § 554 Abs. 3 S. 1 BGB voraus. Auch das LG Düsseldorf (Urt. v. 12.11.1998, Az. 21 S 433/98, WuM 1999, 113) folgt dieser Ansicht. In dem dort entschiedenen Fall ging es um die Wärmedämmung der Hausaußenfassade. Auch hier forderte das Gericht eine schriftliche Ankündigung gem. § 554 Abs. 3 S. 1 BGB und lässt es nicht genügen, dass der Mieter in Kenntnis der Arbeiten diesen nicht widersprochen hat. Nach Ansicht des Gerichts kann die passive Verhaltensweise des Mieters eine solche Ankündigung nicht ersetzen. Im Fall der Außenrenovierung darf der Mieter nach Ansicht des Gerichts grundsätzlich davon ausgehen, dass der Vermieter mit seinem Eigentum machen kann was er will, sofern er nicht in die Rechte des Mieters eingreift. Der Mieter kann nicht auf den bloßen Verdacht hin, dass die Arbeiten eine Mieterhöhung nach sich ziehen könnten, verpflichtet sein, den Baumaßnahmen zu widersprechen oder andere Maßnahmen zu ergreifen, um etwaige Modernisierungsarbeiten zu unterbinden. Vielmehr obliegt dem Vermieter grundsätzlich die Ankündigungspflicht. Es empfiehlt sich also nach wie vor, auch aufgrund der neuen Rechtslage, dem Mieter die Modernisierung gemäß § 554 Abs. 3 S. 1 BGB anzukündigen.

3.4 Instandsetzung

Nicht den baulichen Änderungen zuzurechnen sind Instandsetzungen. Für sie kann **kein Mietzuschlag** gefordert werden, weil hier nicht der Gebrauchswert der Wohnung erhöht, sondern der bestimmungsmäßige Gebrauch wieder hergestellt und damit einer gesetzlichen Pflicht genügt wird (§ 535 Abs. 1 BGB). Zur oft schwierigen Abgrenzung vgl. „Modernisierung". Dies gilt auch für Erneuerungen, soweit damit keine Modernisierung verbunden ist.

Häufig werden im Zuge der Modernisierung auch Instandsetzungen vorgenommen. In diesem Fall sind die Kosten in umlagefähige und nicht umlagefähige Kosten aufzuspalten.

Waren zum Zeitpunkt der Modernisierung Instandsetzungen fällig, sind die Kosten, die hierdurch dem Vermieter erwachsen wären, von den Modernisierungskosten abzuziehen. Hingegen dürfen nicht vorab fiktive Kosten abgezogen werden, die der Vermieter ohne die Modernisierung in Zukunft für Instandsetzung oder Instandhaltung voraussichtlich hätte aufwenden müssen (OLG Celle, RE v. 16.3.1981, WuM 1981, 151; Weber/Marx, VII/S. 148). In ihrer praktischen Auswirkung kann diese Rechtsprechung dazu führen, dass ein Vermieter veraltete, aber als solche taugliche Ausstattungen durch moderne ersetzt, bevor sich irgendein Mangel zeigt, um damit dem Abzug der Kosten für eine spätere, etwa erforderliche Instandsetzung zu entgehen. Dies ist nicht gerade eine ökonomische Folge der obergerichtlichen Spruchpraxis.

Werden als Folge der Modernisierungsmaßnahmen Reparaturen erforderlich, so sind deren Kosten dem Modernisierungsaufwand zuzurechnen. So gehören z.B. die Kosten für das Zumauern im Zuge einer Zentralheizungsinstallation aufgestemmten Mauerwerkes ebenso zu den Modernisierungsaufwendungen wie die sich anschließenden Kosten für den erforderlichen Neuanstrich.

3.5 Geltendmachung der Mieterhöhung

Die Mieterhöhung ist dem Mieter in Textform (s. hierzu Abschnitt 9) zu erklären (§ 559b Abs. 1 S. 1 BGB). Sie ist erst nach Abschluss der Arbeiten zulässig. Eine vorher abgegebene Erklärung ist unwirksam, kann aber nach Beendigung der Maßnahmen jederzeit nochmals ausgesprochen werden (OLG Hamburg, RE v. 6.10.1982, WuM 1983, 13, 14). Dann sollte aber mit der Abgabe der Erklärung nicht allzu lange gewartet werden, da sonst der Anspruch verwirkt sein kann, vgl. AG Hamburg WuM 1985, 366: ein Jahr nach Beendigung der Arbeiten sowie LG Hamburg WuM 1989, 308: Nach vier Jahren ist der Anspruch verwirkt. Sie ist nur wirksam, wenn in ihr die Erhöhung aufgrund der entstandenen Kosten **berechnet** und entsprechend den Voraussetzungen der §§ 559 und 559a **erläutert** wird. Die Anforderungen der Gerichte an die Darlegungspflicht des Vermieters sind hier sehr hoch. Begründet wird dies damit, dass die Erläuterung die Wirksamkeitsvoraussetzung für das Erhöhungsverlangen ist. Dies soll es dem Mieter ermöglichen, nachzuvollziehen, wofür und in welchem Umfang er die Mieterhöhung zahlen soll (so LG Kassel, WuM 1992, 444).

Es ist nicht ausreichend, die einzelnen Maßnahmen mit den dazu gehörigen Beträgen aus den Handwerkerrechnungen zu übernehmen. Vielmehr muss aus der Kostenaufstellung für jede Maßnahme getrennt Folgendes hervorgehen: der Gesamtaufwand, die jeweiligen Einzelposten und die darauf entfallenden Beträge, der auf die Wohnung entfallende Teilbetrag und der Verteilungsschlüssel.

Es ist daher nicht ausreichend, lediglich die einzelnen Handwerkerrechnungen mitzuteilen. Auch die Trennung zwischen Instandhaltungs- und Modernisierungsmaßnahmen ist im Einzelnen durchzuführen, pauschale Abzüge sind unzulässig. Die einzelnen Positionen sind zu erläutern. Die Wohnwertverbesserungen sind darzulegen. Auch ist anzugeben, worin die Modernisierung besteht. So muss z.B. bei Wärmedämmmaßnahmen die dadurch erreichte Energieeinsparung konkret dargelegt werden. Erforderlich ist also eine Wärmebedarfsberechnung, aus der sich die Verringerung des Verbrauchs an Heizenergie ergibt (KG, RE v. 17.8.2000, Az. 8 RE-Miet 6159/00, WuM 2000, 535). Schließlich hat der Mieter auch ein Einsichtsrecht in die Unterlagen (KG, a.a.O.).

> Der Mieter schuldet die erhöhte Miete mit Beginn des dritten Monats nach dem Zugang der Erklärung (§ 559b Abs. 2 S. 1 BGB).

Die Frist verlängert sich um sechs Monate, wenn der Vermieter dem Mieter die zu erwartende Erhöhung nicht nach § 554 Abs. 3 S. 1 BGB mitgeteilt hat oder wenn die tatsächliche Mieterhöhung mehr als 10 % höher ist als die mitgeteilte (§ 559b Abs. 2 S. 2 BGB).

Durch das Mietrechtsreformgesetz hat sich also die Frist, ab der die erhöhte Miete zu zahlen ist, um einen Monat verlängert. Wie bisher verlängert sich diese Frist bei fehlendem Ankündigungsschreiben um sechs Monate. Gemäß § 554 Abs. 3 S. 1 BGB hat nämlich der Vermieter dem Mieter zwei Monate vor Beginn der Maßnahme deren Art, Umfang, Beginn und voraussichtliche

Dauer sowie die zu erwartende Erhöhung der Miete in Textform mitzuteilen. Nähere Ausführungen hierzu finden sich unter „Modernisierung". Wie unter Abschnitt 3.3 bereits dargelegt, bedeutet aber ein Unterlassen dieser Erklärung nicht, dass der Vermieter keine Mieterhöhung mehr geltend machen kann, sondern nur, dass sich die Frist verschiebt.

Wie das Kammergericht entschieden hat, kann auch ein Erwerber, der durch Veräußerungen in das Mietverhältnis eingetreten ist, die Miete nach durchgeführter Modernisierung gem. § 559 BGB erhöhen, auch wenn die Modernisierungsarbeiten vom Veräußerer und ehemaligen Vermieter veranlasst worden sind, wenn mit ihrer Ausführung vor Eigentumswechsel begonnen worden ist und die Arbeiten vor Eintritt des Erwerbers in das Mietverhältnis abgeschlossen worden sind (KG, RE v. 17.7.2000, Az. 8 RE-Miet 4110/00, WuM 2000, 482). Das gleiche Recht steht dem Erwerber auch dann zu, wenn die Modernisierungsarbeiten vom Veräußerer und ehemaligen Vermieter veranlasst worden sind, mit ihrer Ausführung vor Eigentumswechsel begonnen worden ist und diese nach Eintritt des Erwerbers in das Mietverhältnis abgeschlossen worden sind (KG, RE v. 8.5.2000, Az. 8 RE-Miet 2505/00, WuM 2000, 300). Abzustellen ist darauf, dass derjenige Vermieter zur Geltendmachung der Modernisierungsarbeiten berechtigt ist, der zum Zeitpunkt der Fertigstellung der Arbeiten als Eigentümer im Grundbuch eingetragen ist.

3.6 Geltendmachung der Vergleichsmiete

Der Vermieter kann statt des Mieterhöhungsverfahrens nach §§ 559 ff. BGB, also statt der Ausweisung der Modernisierungskosten und Berechnung des Erhöhungsbetrags, auch den Weg über die Zustimmung zu einer Erhöhung der Miete auf den Betrag der ortsüblichen Vergleichsmiete wählen. Sinnvoll ist das freilich nur, wenn letztere höher liegt als die aufgrund der Modernisierungskosten errechnete erhöhte Miete.

Nicht zulässig ist es, nach Durchführung baulicher Änderungen erst auf die ortsübliche Vergleichsmiete für die modernisierte Wohnung zu gehen und anschließend die Mieterhöhung mit 11 % der aufgewendeten Baukosten durchzuführen. Dies folgt daraus, dass die Erhöhung um 11 % dieser Kosten nach § 559 BGB der Miete, die vor Durchführung der Maßnahmen galt, zuzuschlagen ist.

Hingegen kann der Vermieter die vereinbarte Miete der nicht modernisierten Wohnung, falls sie unter der ortsüblichen Vergleichsmiete liegt, über das Zustimmungsverlangen gem. § 558 BGB auf die Vergleichsmiete der nicht modernisierten Wohnung anheben und anschließend die Miete um den Modernisierungszuschlag nach §§ 559 ff. BGB erhöhen (OLG Hamm, RE v. 30.10.1982, WuM 1983, 17; Weber/Marx, VII/S. 150).

Der Vermieter kann aber auch den Kostenaufwand für die Modernisierung einer preisfreien Mietwohnung dergestalt in ein Mieterhöhungsverfahren nach § 558 BGB einbeziehen, dass er die Anhebung der Miete auf die Vergleichsmiete nach dem Standard der durch die Modernisierung verbesserten Wohnung verlangt (so OLG Hamm, RE v. 30.12.1992, WuM 1993, 106). Wie zu verfahren ist, ist im Abschnitt 2.3 erläutert.

4 Betriebskostenerhöhung (§ 560 BGB)

4.1 Begriff

Betriebskosten sind die Kosten, die dem Eigentümer oder dem Erbbauberechtigten durch das Eigentum bzw. durch das Erbbaurecht oder durch bestimmungsmäßigen Gebrauch des Gebäudes oder der Wirtschaftseinheit, der Nebengebäude, Anlagen, Einrichtungen des Grundstücks laufend entstehen (§ 27 Abs. 1 II. BV). Die Betriebskosten sind in Anlage 3 zu § 27 der II. BV aufgezählt. Eine ausführliche Darstellung findet sich unter „Betriebskosten". Andere Kosten, z.B. Verwaltungskosten, dürfen nicht auf den Mieter umgelegt werden, auch wenn sie sich erhöhen (OLG Koblenz, RE v. 7.1.1986, WuM 1986, 50; Weber/Marx, VII/S. 155).

4.2 Voraussetzungen, Ausschluss

Welche Vertragspartei die Betriebskosten zu tragen hat, ergibt sich aus dem Mietvertrag. Üblicherweise wird eine Nettomiete mit einer Vorauszahlung auf die Betriebskosten vereinbart. Über die Betriebskosten wird dann jährlich abgerechnet (s. „Abrechnung der Betriebskosten"). Ist über die Betriebskosten keine vertragliche Vereinbarung getroffen worden, sind sie in der Miete enthalten (Bruttomiete) und grundsätzlich mit ihr abgegolten. Nur bei einem am 1.9.2001 bestehenden Mietverhältnis, bei dem die Betriebskosten ganz oder teilweise in der Miete enthalten sind, besteht bei einem vertraglichen Erhöhungsvorbehalt eine Ausnahme (vgl. Abschnitt 4.6).

Nach der bis zum 1.9.2001 geltenden gesetzlichen Regelung (§ 4 Abs. 2 S. 1 MHG) war der Vermieter berechtigt, Erhöhungen der Betriebskosten umzulegen. Diese Erhöhungsmöglichkeit ist aufgrund des Mietrechtsreformgesetzes ausdrücklich auf Mietverträge mit einer vereinbarten Betriebskostenpauschale beschränkt (§ 560 Abs. 1 BGB). Bei einer Bruttomiete oder einer Teilinklusivmiete besteht diese Erhöhungsmöglichkeit bis auf die Ausnahmeregelung, s. o., nicht mehr. Da gem. § 560 Abs. 5 BGB zum Nachteil des Mieters abweichende Vereinbarungen unwirksam sind, kann sich der Vermieter aufgrund der neuen Rechtslage bei Verträgen, die nach dem 1.9.2001 abgeschlossen wurden, auch nicht auf einen Erhöhungsvorbehalt im Mietvertrag berufen. Nach der amtlichen Begründung zum Mietrechtsreformgesetz ist die Beschränkung der Erhöhungsmöglichkeit auf Verträge mit Betriebskostenpauschalen sachgerecht, da wegen der gesonderten Ausweisung der Betriebskosten für den Mieter insoweit immerhin ein Kostenelement erkennbar ist. Anders als bei der Bruttomiete kann er damit zumindest ungefähr abschätzen, welchen Kostenanteil die Betriebskosten im Verhältnis zur Grundmiete ausmachen. Bei der

Mieterhöhung bei Wohnraum

Bruttomiete, bei der die Betriebskosten nicht gesondert ausgewiesen sind, hat er für eine entsprechende Kostenkalkulation keinerlei Anhaltspunkte. Will der Vermieter hier wie auch bei einer Teilinklusivmiete eine Erhöhung durchführen, muss er nach der Regelung des § 558 BGB (Mieterhöhung bis zur ortsüblichen Vergleichsmiete, vgl. hierzu Abschnitt 2) vorgehen. Dies kann dazu führen, dass der Vermieter eine Erhöhung der Betriebskosten nicht weitergeben kann, wenn die Voraussetzungen für eine Mieterhöhung nach § 558 BGB nicht vorliegen. Empfohlen wird daher die Vereinbarung einer Nettomiete zzgl. Betriebskostenvorauszahlungen.

Durch die Neufassung des § 560 Abs. 1 S. 1 2. Halbsatz BGB („soweit dies im Mietvertrag **vereinbart** ist") ist nunmehr klargestellt, dass im Mietvertrag eine Erhöhungsmöglichkeit für diese Betriebskostenpauschale ausdrücklich vereinbart sein muss. Dies entspricht der bisherigen Rechtsprechung zu § 4 Abs. 2 MHG. In den Mietvertrag muss daher ein Erhöhungsvorbehalt aufgenommen werden, wie z.B.: „Der Vermieter ist berechtigt, Erhöhungen der Betriebskosten im Fall der Vereinbarung einer Grundmiete mit Betriebskostenpauschale anteilig durch schriftliche Erklärung auf den Mieter umzulegen."

Voraussetzung ist ferner, dass sich die Gesamtbelastung des Vermieters erhöht. In die Erklärung des Vermieters (s. Abschnitt 4.4) sind daher sämtliche Betriebskostenarten aufzunehmen, die sich nach oben oder unten verändert haben. Erst wenn die Saldierung eine Mehrbelastung ergibt, kann eine Betriebskostenumlage erfolgen. Dies wird in der Praxis zu erheblichen Problemen führen. Denn Sinn einer Pauschale ist es gerade, dass nicht abgerechnet werden muss. Der Vermieter wird bei Abschluss eines Mietvertrages diese Pauschale daher eher großzügig kalkulieren. Will er die Betriebskosten erhöhen, muss er dies dem Mieter im Einzelnen vorrechnen und nachweisen, s. o. Ergibt sich nun, dass die Pauschale höher ist als die tatsächlich auf die Mietsache entfallenden Betriebskosten einschließlich der Erhöhung, erscheint zweifelhaft, ob der Vermieter eine Erhöhung der Pauschale verlangen kann.

Allerdings kann der Vermieter durch einseitige Erklärung in Textform eine verbrauchsabhängige Abrechnung aller verbrauchs- und verursachungsabhängig erfassten Betriebskosten gem. § 556a Abs. 2 BGB einführen (vgl. „Abrechnung der Betriebskosten", Abschnitt 2). Diese Vorschrift findet auch dann Anwendung, wenn die Parteien bislang gar keine oder nur eine teilweise gesonderte Umlage der Betriebskosten vereinbart hatten, so z.B. bei einer Brutto- oder Teilinklusivmiete oder bei einer Betriebskostenpauschale (so die amtliche Begründung). Ob sich der Aufwand lohnt, sollte im Einzelfall genau geprüft werden.

4.3 Umlegungsmaßstab

Beim Abrechnungsmaßstab ist die Neuregelung in § 556a Abs. 1 BGB zu beachten. Haben danach die Vertragsparteien nichts anderes vereinbart, so sind die Betriebskosten vorbehaltlich anderweitiger Vorschriften nach dem

Mieterhöhung bei Wohnraum

Anteil der Wohnfläche umzulegen. Betriebskosten, die von einem erfassten Verbrauch oder einer erfassten Verursachung durch die Mieter abhängen, sind nach einem Maßstab umzulegen, der dem unterschiedlichen Verbrauch oder der unterschiedlichen Verursachung Rechnung trägt. Haben die Vertragsparteien einen anderen Abrechnungsmaßstab vereinbart, muss dieser billigem Ermessen entsprechen. Es besteht allerdings kein zivilrechtlicher Anspruch des Mieters auf Einbau von Geräten zur Verbrauchserfassung (z.b. Kaltwasseruhren).

4.4 Form und Inhalt

Erforderlich ist eine **Erklärung** des Vermieters in Textform (s. hierzu Abschnitt 9). Eine Zustimmung des Mieters ist wie auch bei § 559 BGB nicht erforderlich. Die Erklärung des Vermieters ist nur wirksam, wenn in ihr der Grund für die Umlage bezeichnet und erläutert sowie der Verteilerschlüssel und die Art der Berechnung mitgeteilt wird sowie auch der Betrag, um den sich die Miete erhöht (§ 560 Abs. 1 BGB). Zur Bezeichnung genügt z.B. die Angabe „Grundsteuererhöhung" sowie das Verlangen eines bestimmbaren, nachprüfbar auf den einzelnen Mieter entfallenden Geldbetrages mit Angabe des Verteilungsschlüssels. Hierbei sollen die bisherigen und die neu anfallenden Betriebskosten gegenübergestellt werden, da für den Mieter der Differenzbetrag nachprüfbar und berechenbar sein muss (LG Berlin, MDR 1981, 849).

Als Erläuterung genügt der Hinweis auf das Datum des Bescheides oder der Rechnung unter Bezeichnung der Behörde oder der Stelle, aufgrund derer eine Betriebskostenerhöhung eintritt. Auf Verlangen ist dem Mieter Einsicht in die Belege zu gewähren. Bei mehreren Mietern ist die Erklärung an **alle** zu richten, sofern nicht Bevollmächtigung eines Mieters zur Empfangnahme von Willenserklärungen des Vermieters gegeben ist.

Gemäß § 560 Abs. 5 BGB ist bei Veränderungen von Betriebskosten der Grundsatz der Wirtschaftlichkeit zu beachten. Der Vermieter ist angehalten, im Rahmen eines gewissen Ermessensspielraums möglichst wirtschaftlich, d.h. mit Blick auf ein angemessenes Kosten-Nutzen-Verhältnis, vorzugehen.

4.5 Zahlungspflicht des Mieters

Der Mieter schuldet den auf ihn entfallenden Teil der Umlage mit Beginn des auf die Erklärung folgenden übernächsten Monats (§ 560 Abs. 2 S. 1 BGB). Entscheidend ist der Zugang der Erklärung beim Mieter.

Häufig erhält der Vermieter von einer Betriebskostenerhöhung oder von ihrem Ausmaß erst Kenntnis, nachdem die Erhöhung schon eingetreten ist. Für diesen Fall lässt das Gesetz eine rückwirkende Umlegung zu (§ 560 Abs. 2 S. 2 BGB). Macht der Vermieter von seinem Umlagerecht Gebrauch, so kann er den anteiligen Mehrbetrag ab dem Zeitpunkt des Eintritts der Betriebskostenerhöhung, höchstens aber ab Beginn des der Erklärung vorausgehenden Kalenderjahres fordern. Voraussetzung ist, dass der Vermieter die Erklärung innerhalb von 3 Monaten nach Kenntnis von der Erhöhung abgibt.

Beispiel:
Gemeinde erhöht Grundsteuer ab 1.1.2000; Grundsteuerbescheid für 2000 geht dem Vermieter am 20.2.2001 zu; bis spätestens 20.5.2001 kann der Vermieter den Erhöhungsbetrag bis zum 1.1.2000 zurück umlegen.

Eine Rückforderung für einen weiter zurückliegenden Zeitraum kann der Vermieter nicht geltend machen. Ob in solchen Fällen z.B. bei Grundsteuernachzahlungen aufgrund geänderter Messbeträge ein Erlass gem. § 227 AO infrage kommt, ist umstritten, aber wohl zu verneinen. Formularklauseln, die die Umlage von Mehrbelastungen oder neu eingeführten Betriebskosten rückwirkend ab dem Zeitpunkt der Entstehung der Kosten zulassen, sind unwirksam, da hierin ein Verstoß gegen den in § 560 Abs. 2 S. 2 BGB bestimmten Zeitpunkt zu sehen ist (OLG Celle, WuM 1990, 103, 108).

Ermäßigen sich die Betriebskosten, so ist die Miete vom Zeitpunkt der Ermäßigung ab entsprechend herabzusetzen (§ 560 Abs. 3 BGB). Hierbei ist entscheidend, ob sich die Betriebskosten insgesamt ermäßigt haben. Hat z.B. die Gemeinde den Grundsteuerhebesatz gesenkt, sodass eine Ermäßigung der Grundsteuer eintritt, sind aber gleichzeitig Hausmeisterkosten erhöht worden, so kommt eine Herabsetzung der Betriebskostenumlagen nur dann in Betracht, wenn die Erhöhung der Hausmeisterkosten geringer ist als die Senkung der Grundsteuer. Gegebenenfalls ist die Ermäßigung dem Mieter unverzüglich mitzuteilen. Fraglich ist, ob der Anspruch auf Ermäßigung der Pauschale nur dann besteht, wenn der Vermieter die Pauschale vorher erhöht hat. Hierfür spricht die gesetzliche Regelung, da in § 560 Abs. 1 und 2 BGB die Erhöhungsmöglichkeit und anschließend in Abs. 3 die Ermäßigung geregelt ist.

4.6 Erhöhungsvorbehalt bei Inklusivmiete

Aufgrund der bis zum 1.9.2001 geltenden Regelung in § 4 Abs. 2 MHG war der Vermieter berechtigt, Erhöhungen der Betriebskosten durch schriftliche Erklärung anteilig auf den Mieter umzulegen. Diese Erhöhungsmöglichkeit besteht für Mietverträge, die nach dem 1.9.2001 abgeschlossen werden, nicht mehr, auch wenn dies im Mietvertrag ausdrücklich vereinbart wird. Dies ergibt sich aus § 560 Abs. 5 BGB, wonach eine zum Nachteil des Mieters abweichende Vereinbarung bzgl. Veränderungen von Betriebskosten unwirksam ist.

Allerdings hat der Gesetzgeber eine wichtige Ausnahme zugelassen: Auf ein am 1.9.2001 bestehendes Mietverhältnis, bei dem die Betriebskosten ganz oder teilweise in der Miete enthalten sind, ist wegen der Erhöhung der Betriebskosten § 560 Abs. 1, 2, 5 und 6 BGB in der ab 1.9.2001 geltenden Fassung anzuwenden, soweit im Mietvertrag vereinbart ist, dass der Mieter Erhöhungen der Betriebskosten zu tragen hat; bei Ermäßigungen der Betriebskosten gilt § 560 Abs. 3 BGB entsprechend (Art. 229 § 3 Abs. 4 EGBGB). Voraussetzung ist also, dass im Mietvertrag eine Erhöhungsklausel vereinbart ist (z.B. „Der Vermieter ist berechtigt, Erhöhungen der Betriebskosten anteilig auf die Mieter umzulegen.").

Haben sich daher bei einer Inklusiv- oder Teilinklusivmiete die Betriebskosten erhöht, kann der Vermieter die Erhöhung gem. § 560 Abs. 1 BGB analog auf die Mieter umlegen. In der Erklärung ist der Grund der Umlage zu bezeichnen und zu erläutern (vgl. Abschnitt 4.4). Gemäß § 560 Abs. 2 BGB analog schuldet der Mieter den auf ihn entfallenden Teil der Umlage mit Beginn des auf die Erklärung folgenden übernächsten Monats. Auch hier ist eine rückwirkende Umlage möglich (vgl. Abschnitt 4.5). Bei der Umlage ist der Grundsatz der Wirtschaftlichkeit zu beachten (§ 560 Abs. 5 BGB). Ermäßigen sich die Betriebskosten, nachdem der Vermieter vorher eine Erhöhung vorgenommen hat, so ist die Miete vom Zeitpunkt der Ermäßigung ab entsprechend herabzusetzen (§ 560 Abs. 3 BGB analog). Auch hier ist entscheidend, ob sich die Betriebskosten insgesamt ermäßigt haben.

Zu beachten ist, dass nur der Unterschiedsbetrag der mit der bisherigen Miete abgegoltenen Betriebskosten und der inzwischen eingetretenen Kostenerhöhung umgelegt werden darf. Auszugehen ist also vom Stand der Betriebskosten bei Beginn des Mietverhältnisses, wenn bisher keine Mieterhöhung durchgeführt wurde bzw. dem Stand der Betriebskosten seit der letzten Mieterhöhung, da durch die im Laufe des Mietverhältnisses durchgeführten Erhöhungen auch die Steigerungen der Betriebskosten ausgeglichen wurden (KG Berlin, RE v. 5.8.1997, Az. 8 RE-Miet 8850/96, WuM 1997, 540). Dies wird damit begründet, dass bei einer Bruttokaltmiete durch die auf Verlangen des Vermieters nach § 558 BGB mit Zustimmung des Mieters zustande gekommene Erhöhung alle bis zu dem Wirkungszeitpunkt der Erhöhung eingetretenen Steigerungen der Betriebskosten abgegolten sind. Es sind daher nur noch diejenigen Betriebskostensteigerungen zu berücksichtigen, die im Zeitraum nach dem Wirksamwerden der letzten Mieterhöhung nach § 558 BGB eingetreten sind. Zu empfehlen ist daher, Mieterhöhungen nach § 560 Abs. 1 BGB analog zeitlich immer von einer Mieterhöhung nach § 558 BGB vorzunehmen.

5 Kapitalkostenerhöhung

Bisher konnte der Vermieter Erhöhungen von Kapitalkosten, die infolge einer Erhöhung des Zinssatzes aus einem dinglich gesicherten Darlehen fällig werden, gem. § 5 MHG auf den Mieter umlegen. Durch das Mietrechtsreformgesetz ist diese Erhöhungsmöglichkeit ab 1.9.2001 entfallen. Begründet wird dies damit, dass diese Regelung zu kompliziert gewesen sei und wegen ihrer Orientierung an Kostengesichtspunkten nicht mehr in das dem Vergleichsmietensystem zugrunde liegende Bild der am Markt orientierten Miete passt.

6 Staffelmiete (§ 557a BGB)

Gemäß § 557a Abs. 1 BGB kann die Miete für bestimmte Zeiträume in unterschiedlicher Höhe schriftlich vereinbart werden; in der Vereinbarung ist die jeweilige Miete oder die jeweilige Erhöhung in einem Geldbetrag auszuweisen. Im Gegensatz zur bisherigen Regelung ist die Vereinbarung einer Staffelmiete nicht mehr auf höchstens 10 Jahre begrenzt. Ob eine Bindung über einen längeren Zeitraum für den Vermieter sinnvoll ist, erscheint fraglich. Der Mieter hat ein Sonderkündigungsrecht (s. unten), kann sich also aus der Vereinbarung lösen, der Vermieter bleibt hingegen daran gebunden und handelt sich womöglich, wenn er die Staffeln allzu hoch ansetzt, ein Verfahren wegen Mietpreisüberhöhung ein.

Während der Laufzeit einer Staffelmiete ist eine Erhöhung nach den §§ 558 bis 559b BGB (Mieterhöhung bis zur ortsüblichen Vergleichsmiete und bei Modernisierung) ausgeschlossen (§ 557a Abs. 2 S. 2 BGB).

Die Miete muss jeweils mindestens ein Jahr unverändert bleiben. Eine Staffelmietvereinbarung ist bei einem Verstoß hiergegen auch dann vollständig und nicht nur teilweise unwirksam, wenn nur bei einer von mehreren Zeitspannen die gesetzliche Jahresfrist nicht eingehalten ist (LG Nürnberg-Fürth, WuM 1997, 438). Ferner muss die Miete oder die jeweilige Erhöhung betragsmäßig ausgewiesen sein.

Nach Ansicht des OLG Braunschweig ist die Miete nicht betragsmäßig ausgewiesen, wenn nur der monatliche Anfangszins und die (jährlichen) Erhöhungsbeträge angegeben sind (RE v. 29.3.1985, WuM 1985, 213; Weber/Marx, VII/S. 161). Auch die Angabe von Prozentsätzen oder der Miete pro m² (LG Görlitz, WuM 1997, 662) reicht nicht aus. Anzugeben ist also immer die jeweils geschuldete Miete.

Die Zulässigkeit von Staffelmieten umfasst sämtliche Mietverhältnisse über **nicht preisgebundenen Wohnraum**, gleichgültig, wann sie begründet worden sind und wann der Wohnraum errichtet worden ist. Zur Wirksamkeit der Staffelmiete ist eine Vereinbarung der Vertragsparteien erforderlich. Sie kann nicht von einem Teil einseitig erzwungen werden. Es besteht daher kein Anspruch des Vermieters auf Abschluss einer neuen Staffelmietvereinbarung bei Auslaufen der Staffelmietvereinbarung. Eine Mieterhöhung kann dann nur über § 558 BGB erfolgen (LG München I, WuM 1996, 557).

Die Vereinbarung der Staffelmiete wird in erster Linie, aber nicht notwendigerweise bei Mietverhältnissen, die auf eine bestimmte Dauer mit oder ohne Verlängerungsklausel geschlossen werden, in Betracht kommen.

Das Kündigungsrecht des Mieters kann für höchstens vier Jahre seit Abschluss der Staffelmietvereinbarung ausgeschlossen werden. Die Kündigung ist frühestens zum Ablauf dieses Zeitraums zulässig (§ 557a Abs. 3 BGB). Für den Beginn dieser Vier-Jahresfrist kommt es daher nicht auf den Abschluss des Mietvertrages, sondern auf den Abschluss der Staffelmietvereinbarung an. Klargestellt ist durch das Mietrechtsreformgesetz, dass der Mieter nicht vier Jahre mit der Kündigung warten muss, sondern bereits zum Ablauf der Vier-Jahresfrist kündigen kann.

Es wurde bereits darauf hingewiesen, dass die Höhe der gestaffelten Miete ihre Begrenzung in den Vorschriften des WiStG und über den Mietwucher findet. Künftige Änderungen der Miethöhe können die Vertragsparteien nur als Staffelmiete nach § 557a BGB oder als Indexmiete nach § 557b BGB (s. Abschnitt 7) vereinbaren (§ 557 Abs. 2 BGB). Andere Vereinbarungen wie Währungsklauseln aller Art, Leistungsvorbehalte oder Spannungsklauseln sind unwirksam (§ 557 Abs. 4 BGB).

Die unwirksame, weil nicht den Formvorschriften entsprechende Vereinbarung einer Staffelmiete wird auch durch Zahlung der vereinbarten Staffel nicht wirksam (so LG Braunschweig, WuM 1990, 159). Vielmehr kann der Mieter in diesem Fall sogar Rückforderungsansprüche nach Bereicherungsrecht (§ 812 BGB) haben (LG Düsseldorf, DWW 1990, 308). Zwar kann der Vermieter in diesem Fall dann wenigstens eine Erhöhung nach § 558 BGB auf die ortsübliche Vergleichsmiete durchführen (Emmerich/Sonnenschein, Miete, 7. Aufl., § 10 MHG Rn. 28; a.A. LG Görlitz, WuM 1997, 682). Nach oben ist eine solche Erhöhung dann aber durch die unwirksame Staffel zugunsten des Mieters beschränkt (LG Berlin, WuM 1992, 198 und LG Bonn, WuM 1992, 199; a.A. – keine Beschränkung – LG Berlin, NZM 1998, 859 sowie Börstinghaus, NZM 1998, 882).

Bei preisgebundenem Wohnraum ist die Vereinbarung einer Staffelmiete nach Ansicht des OLG Hamm (RE v. 29.1.1993, WuM 1993, 108) jedenfalls dann unbedenklich, wenn die höchste Staffel die bei Vertragsschluss maßgebliche Kostenmiete nicht übersteigt. Nicht entschieden hat das Gericht die Fallkonstellation, wonach die Staffelmietvereinbarung zum Zeitpunkt der Beendigung der Preisbindung mit einem Betrag über der Kostenmiete, und zwar in der Höhe der ortsüblichen Vergleichsmiete, vereinbart wird. Die h.M. hält eine solche Vereinbarung für unwirksam (LG Hamburg, WuM 1997, 331).

7 Indexmiete (§ 557b BGB)

Unter den Voraussetzungen des § 557b BGB können die Parteien eine Indexmiete vereinbaren. Eine Mindestlaufzeit hierfür gibt es nicht mehr. Gemäß § 557b Abs. 1 BGB ist als Index nur noch der Preisindex für die Lebenshaltungskosten aller privaten Haushalte in Deutschland zugelassen. Dieser Index wird ab dem Basisjahr 2000 nur noch für Deutschland ohne Trennung für alte oder neue Bundesländer ausgewiesen.

Während die Geltung einer Indexmiete muss die Miete, von Erhöhungen nach §§ 559 bis 560 BGB (Mieterhöhung bei Modernisierung, Veränderungen von Betriebskosten) abgesehen, jeweils mindestens ein Jahr unverändert bleiben. Eine Erhöhung nach § 559 BGB kann nur verlangt werden, soweit der Vermieter bauliche Maßnahmen aufgrund von Umständen durchgeführt hat, die er nicht zu vertreten hat. Eine Erhöhung

Mieterhöhung bei Wohnraum

nach § 558 BGB (auf die ortsübliche Vergleichsmiete) ist ausgeschlossen. Die Erhöhung tritt nicht automatisch ein. Gemäß § 557b Abs. 3 BGB muss die Änderung der Miete durch Erklärung in Textform (s. hierzu Abschnitt 9) geltend gemacht werden. Dabei sind die eingetretenen Änderungen des Preisindexes sowie die jeweilige Miete oder die Erhöhung in einem Geldbetrag anzugeben. Die geänderte Miete ist mit Beginn des übernächsten Monats nach dem Zugang der Erklärung zu entrichten. Anders als bei § 558 BGB ist ein Antrag auf Änderung vor Ablauf der Jahresfrist zulässig, wenn für die Mietänderung selbst die Jahresfrist eingehalten wird (strittig).

Hierzu ein **Beispiel:**

Zugang der Erklärung am 10. 1. eines Jahres, Wirksamkeit der neuen Miete ab 1. 3. des Jahres.

Hierbei kommt es nicht darauf an, wann im Januar die Erklärung zugegangen ist. Die nächste Erhöhung ist dann zum 1. März des Folgejahres möglich, wenn die entsprechende Erklärung spätestens im Januar des Folgejahres zugegangen ist. In der Erklärung muss der Zeitpunkt des Wirksamwerdens nicht genannt werden. Zur Klarstellung wird dies aber empfohlen.

Im Erhöhungsverlangen ist die Indexänderung darzustellen, also der bisherige und der neue Indexstand nach Punkten sowie die Änderung in Punkten und die daraus errechnete Änderung in Prozenten. Die Berechnung erfolgt nach dem Schema:

Neuer Indexstand minus alter Indexstand : alten Indexstand x 100 = %

Zur Klarstellung empfiehlt sich die Berechnung der erhöhten Miete z.b. wie folgt: „Hierdurch erhöht sich Ihre monatliche Miete von EUR ... um EUR ... auf EUR ...". Es ist nicht erforderlich, dass die Berechnungsgrundlagen, also die monatlich erscheinenden statistischen Berichte des Statistischen Bundes- oder Landesamtes, beigefügt werden. Zur Vermeidung von Rückfragen empfiehlt sich dies jedoch durchaus. Die Berichte und die Indexstände können bei den jeweiligen Statistischen Landesämtern erfragt werden.

Die Erklärung muss von allen Vermietern unterzeichnet werden und bei einer Mehrheit von Mietern an alle Mieter gerichtet sein.

Zu beachten ist, dass die Vorschrift auch bei Mietsenkungen anwendbar ist. Die Regelungen gelten insoweit sinngemäß. Entgegenstehende Vereinbarungen, z.B. die Vereinbarung eines anderen Indexes, sind unwirksam.

Als **Muster** einer Mietanpassungsvereinbarung wird folgende Formulierung vorgeschlagen:

„Steigt oder fällt ab Vertragsbeginn der Preisindex für die Lebenshaltung aller privaten Haushalte in Deutschland (1991 = 100), kann jeder Vertragsteil eine der prozentualen Indexänderung entsprechende Anpassung der Miete verlangen. Die Miete muss jedoch, von Erhöhungen nach den §§ 559 bis 560 BGB abgesehen, mindestens ein Jahr

unverändert bleiben. Das Gleiche gilt, wenn und sooft nach einer Erhöhung oder Ermäßigung der Miete der Index wiederum steigt oder fällt.

Die Änderung der Miete muss durch schriftliche Erklärung geltend gemacht werden. Dabei ist die jeweils eingetretene Änderung des vereinbarten Indexes anzugeben. Die geänderte Miete ist mit Beginn des übernächsten Monats nach dem Zugang der Erklärung zu zahlen.

Während der Geltungsdauer dieser Vereinbarung kann eine Erhöhung der Miete nach § 559 BGB nur verlangt werden, soweit der Vermieter bauliche Änderungen aufgrund von Umständen durchgeführt hat, die er nicht zu vertreten hat. Eine Erhöhung der Miete nach § 558 BGB ist ausgeschlossen."

8 Auswirkungen auf das Kündigungsrecht (§ 561 BGB)

8.1 Sonderkündigungsrecht des Mieters (§ 561 Abs. 1 BGB)

Macht der Vermieter eine Mieterhöhung nach den §§ 558 BGB (bis zur ortsüblichen Vergleichsmiete) oder 559 BGB (bei Modernisierung) geltend, so kann der Mieter bis zum Ablauf des 2. Monats nach dem Zugang der Erklärung des Vermieters das Mietverhältnis außerordentlich zum Ablauf des übernächsten Monats kündigen.

Beispiel:
Zustimmungsverlangen geht dem Mieter am 20. 2. zu. Kündigungsmöglichkeit für den Mieter bis 30. 4. Kündigt der Mieter, endet das Mietverhältnis mit dem Ablauf des 30. 6.

Dieser Endtermin gilt auch dann, wenn der Mieter im Beispiel die Kündigung schon im März ausspricht. Das Mietverhältnis endet nämlich mit Ablauf des 2. Monats ab Ende der Frist, bis zu der spätestens die Kündigung erklärt werden kann, nicht zwei Monate ab Kündigungserklärung.

Für das Kündigungsrecht genügt es, dass dem Mieter ein schriftliches Erhöhungsverlangen zugeht. Ob es formell wirksam oder materiell gerechtfertigt ist, spielt keine Rolle. Hat der Mieter die Zustimmung zur Mieterhöhung erteilt, ist die Ausübung des Sonderkündigungsrechts nicht mehr möglich. Erteilt der Mieter nur teilweise seine Zustimmung und hält der Vermieter sein darüber hinausgehendes Erhöhungsverlangen aufrecht, so steht dem Mieter das Sonderkündigungsrecht zu. Dieses Recht besteht auch, wenn der Vermieter dem Mieter den Abschluss eines neuen Mietvertrages mit einer höheren Miete vorschlägt (LG Gießen, WuM 2000, 423). Eine Ausnahme besteht nur, wenn der Mieter nachweisbar weiß, dass das Erhöhungsverlangen unwirksam ist (LG Gießen, a.a.O.). Die Beweislast hierfür trägt der Vermieter.

Macht der Mieter von seinem Sonderkündigungsrecht Gebrauch, so tritt die Mieterhöhung nicht ein (§ 561 Abs. 1 S. 2 BGB). Es kann somit bei Kündigung durch den Mieter weder die ortsübliche Vergleichsmiete, noch die wegen baulicher Änderungen erhöhte Miete verlangt werden. Erhöht der Vermieter die Betriebskostenpauschale gemäß § 560 Abs. 1 BGB, besteht kein Sonderkündigungsrecht des Mieters.

8.2 Schonfrist bei Zahlungsverzug (§ 569 Abs. 3 Nr. 3 BGB)

Ist der Mieter rechtskräftig zur Zahlung einer erhöhten Miete nach den §§ 558 bis 560 BGB (auf die ortsübliche Vergleichsmiete, wegen Modernisierung oder Betriebskostenerhöhung) verurteilt worden, so kann der Vermieter das Mietverhältnis wegen des Zahlungsverzuges des Mieters nicht vor Ablauf von zwei Monaten nach der rechtskräftigen Verurteilung kündigen, wenn nicht das Recht zur fristlosen Kündigung schon wegen der bisher geschuldeten Miete gegeben ist. Nach dem Gesetzeswortlaut bedarf es also auch bei einer Verurteilung zur Zustimmung nach § 558 BGB zusätzlich noch einer Zahlungsklage, bevor gekündigt werden kann. Ob es sich hier lediglich um ein Redaktionsversehen des Gesetzgebers handelt oder ob tatsächlich nach einer Zustimmungsklage noch eine Zahlungsklage erforderlich ist, wird die Rechtsprechung klären müssen. § 569 Abs. 3 Nr. 3 BGB gilt daher bei vereinbarten Mieterhöhungen nicht, wie das OLG Hamm entschieden hat: Die Regelung des § 569 Abs. 3 Nr. 3 BGB, wonach, trotz der erfüllten Voraussetzungen für eine fristlose Kündigung wegen angelaufener Mieterhöhungsrückstände aus der Zeit vor Rechtskraft des Urteils, eine Kündigung nicht vor Ablauf von zwei Monaten nach rechtskräftiger Verurteilung möglich ist, stellt eine Ausnahmeregelung zum Schutz des Mieters dar. Diese Ausnahmeregelung gilt nicht, d.h. § 569 Abs. 3 Nr. 3 BGB ist nicht entsprechend anwendbar, wenn Mieter und Vermieter sich in einem Prozessvergleich auf eine höhere Miete geeinigt haben (so OLG Hamm, RE v. 27.12.1991, WuM 1992, 54). Das Gericht begründet dies damit, dass der Mieter den Prozessvergleich freiwillig abschließt. Ferner hat der Mieter auch in diesem Fall den Schutz des § 569 Abs. 3 Nr. 2 BGB, wonach eine fristlose Kündigung wegen Zahlungsverzuges bis zum Ablauf von zwei Monaten nach Eintritt der Rechtshängigkeit des Räumungsanspruches durch nachgeholte Zahlung des Mieters unwirksam wird.

Die Möglichkeit, eine nach Ablauf der Frist des § 569 Abs. 3 Nr. 3 BGB ausgesprochene fristlose Kündigung des Vermieters innerhalb der weiteren Frist des § 569 Abs. 3 Nr. 2 BGB unwirksam machen zu können, bleibt dem Mieter erhalten.

9 Textform

Durch das Gesetz zur Anpassung der Formvorschriften des Privatrechts und anderer Vorschriften an den modernen Rechtsgeschäftsverkehr ist § 126 b BGB in das BGB neu eingefügt worden. Damit wird die Textform als „verkehrsfähige" Form in den Allgemeinen Teil des BGB eingestellt, was zu einer weiteren Erleichterung des Rechtsverkehrs führen soll. In § 126b BGB ist Folgendes bestimmt: Ist durch Gesetz Textform vorgeschrieben, so muss die Erklärung einem anderen gegenüber so abgegeben werden, dass sie in Schriftzeichen lesbar, die Person des Erklärenden angegeben und der Abschluss der Erklärung in geeigneter Weise erkennbar gemacht ist. Im Mietrecht ist die Textform anstelle der bisherigen schriftlichen Form an zahlreichen Stellen eingeführt worden, so bei § 554 Abs. 3 BGB (Duldung von Erhaltungs- und Modernisierungsmaßnahmen), § 556a Abs. 2 BGB (Abrechnungsmaßstab für Betriebskosten), § 557b Abs. 3 BGB (Änderung der Indexmiete), § 558a Abs. 1 BGB (Form und Begründung der Mieterhöhung), § 559b Abs. 1 BGB (Geltendmachung der Mieterhöhung bei Modernisierung), § 560 Abs. 1 BGB (Veränderung von Betriebskosten).

Im Unterschied zur Schriftform ist bei der Textform keine eigenhändige Unterschrift erforderlich. Ferner ist das Urkundenerfordernis und damit die Bindung an Papier entfallen. Die Erklärung muss in lesbaren Schriftzeichen abgegeben werden. Die Voraussetzung der Lesbarkeit in Schriftzeichen erfasst zunächst das traditionell beschriebene Stück Papier. Durch den Verzicht auf die eigenhändige Unterschrift kann dieses Papier formwahrend auch in Kopie oder als Fax übermittelt werden, sodass die bislang bestehende Unsicherheit im Umgang mit dem Fax als Übertragungsmedium beseitigt wird. Die Form kann also auch durch ein in Schriftzeichen lesbares Dokument erfüllt werden, ohne dass es auf Papier ausgedruckt werden muss. Dieser Anforderung ist auch dann genügt, wenn die Schriftzeichen auf einem Bildschirm gelesen werden können. Im Fall einer nicht papiergebundenen telekommunikativen Übermittlung der in Textform vorliegenden Erklärung muss aber wie bei einem Papierdokument sichergestellt sein, dass der Empfänger die Möglichkeit zum Lesen der Erklärung hat. Beim Empfänger lesbar sind Schriftzeichen, wenn sie nach der Übermittlung, bei der sie in elektronische oder analoge Signale umgewandelt worden sind, wieder ohne weiteres rückumwandelbar sind. Unter Schriftzeichen werden dabei im weiteren Sinne alle die Erklärung umfassenden grafischen Zeichen verstanden, insbesondere Buchstaben und Ziffern. Nicht formwahrend sind hingegen alle die Übermittlungsmedien, bei denen die Erklärung als gesprochene Mitteilung – unter Umständen auch digitalisiert – beim Empfänger ankommt und erst bei ihm aus der Hörbarkeit in Sichtbarkeit umgesetzt wird. Davon sind jene Fälle zu unterscheiden, in denen die Erklärung in lesbarer Form vorliegt, der Empfänger sich jedoch einer Lesehilfe bedient (z.B. bei e-mail eines sog. mailcall-Dienstes).

Die erforderliche Angabe des Absenders soll sicherstellen, dass der Empfänger zuordnen kann, von wem er das Dokument erhalten hat. Genaue Vorgaben, was der Absender im Einzelnen anzugeben hat, sind nicht erforderlich, da dies nach den jeweiligen Beziehungen im Einzelfall verschieden sein kann. Zur Vermeidung von Unklarheiten sollten Name, Vorname und Adresse angegeben werden.

Da die eigenhändige Unterschrift auch die Funktion des räumlichen Abschlusses eines Textes hat, muss für die Textform wegen der entbehrlichen Unterschrift in anderer Weise das Erklärungsende und damit die Ernstlichkeit des Textes deutlich gemacht werden. Dem Erklärenden wird die dafür geeignete

Kenntlichmachung überlassen. Dies wird üblicherweise durch Namensnennung, einen Zusatz wie „diese Erklärung ist nicht unterschrieben", durch ein Faksimile, eine eingescannte Unterschrift oder ähnliche, den Abschluss kennzeichnende Weise geschehen. Dadurch wird zum Ausdruck gebracht, dass die Erklärung abgeschlossen ist.

Die papierunabhängige Übermittlung wird erhebliche Zugangsprobleme aufwerfen. Der Zugang der Willenserklärung richtet sich auch hier nach § 130 Abs. 1 BGB. Sowohl bei schriftlichen Erklärungen als auch bei Erklärungen in elektronischer Form ist eine Willenserklärung zugegangen, sobald sie derart in den Machtbereich des Empfängers gelangt, dass bei Annahme gewöhnlicher Verhältnisse damit zu rechnen ist, er könne von ihr Kenntnis erlangen (BGHZ 67, 271, 275).

Was bei der elektronischen Übermittlung die gewöhnlichen Verhältnisse für die Möglichkeit der Kenntnisnahme sind, entscheidet sich hier ebenso wie bei der Übermittlung schriftlicher Willenserklärungen nach den Gepflogenheiten des Rechtsverkehrs sowie den gewöhnlichen oder ausdrücklichen Gebrauch der Vertragsparteien im Einzelfall. Die bloße Existenz einer e-mail-Adresse bedeutet noch nicht, dass mit der Zusendung eines elektronischen rechtsgeschäftlichen Dokuments an diese Adresse nach den gewöhnlichen Umständen zu einem bestimmten Zeitpunkt mit der Kenntnisnahme gerechnet werden darf. Der Zugang kann also nicht automatisch unterstellt werden. Hier wird es darauf ankommen, wie und ob der Inhaber der e-mail-Adresse gegenüber seinem Vertragspartner im Rechtsverkehr aufgetreten ist. Der Absender der Erklärung trägt nach allgemeinen Regeln die Beweislast für den wirksamen Zugang beim Empfänger.

Zur Vermeidung von Zugangsproblemen kann jederzeit auf die Schriftform als höherwertige Form zurückgegriffen werden. Die Schriftform erfüllt die Tatbestandsmerkmale der Textform. Bei der Schriftform ist die Erklärung eigenhändig zu unterschreiben. Die Zustellung kann in problematischen Fällen durch den Gerichtsvollzieher oder durch einen Boten erfolgen.

10 Unabdingbarkeit

Vor dem In-Kraft-Treten des Mietrechtsreformgesetzes galt für Mieterhöhungen bei Wohnraum das Gesetz zur Regelung zur Miethöhe. Dort war in § 10 bestimmt, dass Vereinbarungen, die zum Nachteil des Mieters von den Vorschriften der §§ 1 bis 9 abweichen, unwirksam sind. Hierbei ist es geblieben. Da die Vorschriften des MHG aber nunmehr in das BGB überführt worden sind, war es erforderlich, bei jeder einzelnen Bestimmung, die Mieterhöhungen regelt, einen entsprechenden Absatz anzuhängen. Diese Unabdingbarkeitsklausel gilt daher bei allen in den vorstehenden Abschnitten dargelegten Mieterhöhungsmöglichkeiten, und zwar auch für die Formvorschriften. Die Parteien können daher z.B. in einem Mietvertrag nicht vereinbaren, dass für die Mieterhöhung bis zur ortsüblichen Vergleichsmiete gem. § 558 BGB z.B.

die Benennung einer Vergleichsmiete genügt.

Dies gilt auch dann, wenn z.B. eine gem. § 557b Abs. 4 BGB unwirksame Wertsicherungsklausel den Mieter im konkreten Einzelfall günstiger stellen würde als ein Mieterhöhungsverlangen nach § 558 BGB (OLG Koblenz, RE v. 5.6.1981, WuM 1981, 207; Weber/Marx, VII/S. 160). Entscheidend ist nach Ansicht des Gerichts eine verallgemeinernde Betrachtungsweise. Wenn die Parteien aber von vornherein eine Klausel vereinbaren, die den Mieter günstiger stellen soll, z.B. dass die Miete nur bis zu einem bestimmten Prozentsatz an die ortsübliche Vergleichsmiete angepasst werden darf, ist eine solche Klausel wirksam. Zum Vorteil des Mieters können abweichende Vereinbarungen getroffen werden. So können z.B. auch Mieterhöhungen für einen längeren Zeitraum ausgeschlossen werden. Die Unwirksamkeit von für den Mieter nachteiligen Vereinbarungen betrifft sowohl den materiellen Gehalt als auch die Verfahrensvorschriften. So kann auch nicht wirksam vereinbart werden, dass der Vermieter sein Verlangen auf Zustimmung zu einer Mieterhöhung nicht zu begründen braucht. Verstößt eine Vereinbarung gegen die gesetzlichen Bestimmungen, ist sie nichtig. Die Nichtigkeit einer Mietanpassungsklausel erfasst diese insgesamt. Der Rest des Vertrages bleibt indessen wirksam (§ 139 BGB).

Wirksam ist hingegen eine Vereinbarung, wenn der Mieter während des Bestehens des Mietverhältnisses einer Mieterhöhung um einen bestimmten Betrag zugestimmt hat (§ 557 Abs. 1 BGB). In diesem Fall braucht der Vermieter die formellen und materiellen Voraussetzungen einer Mieterhöhung nicht einzuhalten; § 5 WiStG (Mietpreisüberhöhung) und § 302a StGB (Mietwucher) gelten hier aber auch.

Die Zustimmung ist außer im Fall des § 566 BGB (Mietvertrag über längere Zeit als ein Jahr) und im Fall der vertraglichen Formbedürftigkeit **formfrei**; aus Beweisgründen wird aber dringend zur Schriftform geraten. Die Beweislast hat nämlich der Vermieter.

Eine Vereinbarung löst die Wartefrist des § 558 Abs. 1 BGB aus. Kommt eine Vereinbarung nicht zustande, beginnt die Klagefrist des § 558b Abs. 2 BGB nicht zu laufen, da der Vermieter kein formelles Mieterhöhungsverlangen gem. § 558 BGB gestellt hat. Der Vermieter ist daher jederzeit frei, beim Scheitern der Verhandlungen über eine einvernehmliche Änderung der Miete ein solches formelles Erhöhungsverlangen zu stellen.

Zu beachten ist, dass auch für solche Vereinbarungen das Haustürwiderrufsgesetz gilt. Wenn der Vermieter den Mieter in der Wohnung aufsucht, um dort mit ihm über eine Mieterhöhung zu verhandeln, muss er seinen Vorschlag mit einer schriftlichen Widerrufsbelehrung versehen, da sonst der Mieter seine Zustimmung gem. § 2 Abs. 1 S. 2, 3 HaustürWG widerrufen kann. Dies soll auch gelten, wenn die Verhandlungen in der Wohnung des Vermieters stattfinden oder sogar dann, wenn der Vermieter in einer öffentlichen Gaststätte unverabredet mit dem Mieter eine solche Änderung vereinbart (LG Wiesbaden, WuM 1996, 698). Zum Haustürwiderrufsgesetz s. auch „Mietvertrag", Abschnitt 2.10.

11 Mieterhöhung in den neuen Bundesländern

Für die neuen Bundesländer gelten keine Besonderheiten mehr. Die früheren Bestimmungen (1. und 2. Grundmietenverordnung, §§ 12 bis 17 MHG) sind sämtlich aufgehoben. Hingewiesen werden soll nur noch auf die folgenden Punkte:

> In den neuen Bundesländern sind Eheleute nach § 100 Abs. 3 Satz 1 ZGB auch dann gemeinschaftlich Mieter geworden, wenn der Mietvertrag nur von einem Ehegatten abgeschlossen ist. Ein Erhöhungsverlangen ist daher immer an **beide Ehegatten** zu richten.

Das Recht, bei der Vereinbarung einer **Inklusiv- oder Bruttomiete** im Wege der Vertragsänderung vom Mieter die Umlage der Betriebskosten zu verlangen, endete für den Vermieter zum 31.12.1997 (§ 14 MHG). Hat der Vermieter eine entsprechende einseitige schriftliche Erklärung abgegeben, gilt die **Betriebskostenumlage** auch nach dem 31.12.1997 als vertragliche Vereinbarung fort (§ 14 Abs. 1 S. 2 MHG).

Mietpreisbindung → *„Kostenmiete", „Sozialer Wohnungsbau"*

Mietpreisüberhöhung

Die Mietpreisüberhöhung (§ 5 WiStG) unterfällt dem Recht der Ordnungswidrigkeit. Danach handelt ordnungswidrig, wer vorsätzlich oder leichtfertig für die Vermietung von Räumen zum Wohnen oder damit verbundene Nebenleistungen unangemessen hohe Entgelte fordert, sich versprechen lässt oder annimmt.

Abzustellen ist darauf, ob die Räume zu Wohnzwecken überlassen werden; auf die bauordnungsrechtliche Zulässigkeit der Nutzung kommt es nicht an (z.B. Keller- oder Hobbyräume). Eine Vermietung zu **Wohnzwecken** liegt daher nicht vor, wenn ein Hauseigentümer mit einem gewerblichen Zwischenvermieter einen Mietvertrag über Räume abschließt, die dieser vereinbarungsgemäß an Endmieter zu Wohnzwecken weitervermietet. Das Merkmal „Vermietung von Räumen zum Wohnen" ist nicht erfüllt, da Vertragszweck die Weitervermietung an einen Dritten, den Endmieter ist (OLG Celle, WuM 1996, 562; a.A. OLG Frankfurt, NJW 1993, 673).

1 Tätigwerden des Vermieters

Allein schon das Fordern eines unangemessen hohen Entgelts erfüllt, wenn die sonstigen Voraussetzungen vorliegen, den Tatbestand des § 5 WiStG. Dafür reicht das ernst gemeinte Verlangen aus, ein bestimmtes oder bestimmbares Entgelt erzielen zu wollen.

Ein **Fordern** kann somit u.U. auch in einem Zeitungsinserat oder in einem Maklerangebot erblickt werden. Gleiches gilt für das an den Mieter gerichtete Verlangen des Vermieters auf Zustimmung zu einer höheren Miete (freilich immer unter der Prämisse, dass die sonstigen Voraussetzungen, die das ordnungswidrige Handeln kennzeichnen, erfüllt sind) oder bei einer einvernehmlichen Einigung auf eine neue Miete (§ 557 Abs. 1 BGB; so LG Hamburg, ZMR 1980, 86). Darunter kann auch eine Mieterhöhung nach einer Modernisierung nach § 559 BGB fallen (OLG Karlsruhe, RE v. 19.8.1983, WuM 1983, 314; Weber/Marx, VII/ S. 151) oder die Vereinbarung einer Staffelmiete gemäß § 557a BGB. Hierbei kommt es nicht darauf an, ob der Vermieter die künftige Entwicklung der Mieten bei Vertragsschluss richtig oder falsch eingeschätzt hat, sondern nur darauf, ob die jeweils gültige Staffelmiete die ortsübliche Vergleichsmiete überschreitet oder nicht (LG Frankfurt, WuM 1996, 425; vgl. dazu auch Abschnitt 9).

Ein bestimmtes Mietentgelt ist versprochen mit dem Abschluss des Mietvertrages, wobei es auf die zivilrechtliche Wirksamkeit des **Versprechens** nicht ankommt. Die Annahme eines überhöhten Entgelts ist deshalb im Gesetz als Tatbestandsmerkmal aufgeführt, weil auch ohne Anforderung durch den Vermieter und ohne vertragliche Grundlage ein Entgelt entgegengenommen werden kann.

2 Unangemessen hohes Entgelt

Unangemessen hoch sind Entgelte, die infolge der Ausnutzung eines geringen Angebots an vergleichbaren Räumen die ortsübliche Vergleichsmiete (Begriff wie in § 558 Abs. 1 BGB, vgl. „Mieterhöhung bei Wohnraum", Abschnitt 2.2) um **mehr als 20 %** übersteigen (sog. Wesentlichkeitsgrenze). Zur Ermittlung der ortsüblichen Vergleichsmiete siehe Abschnitt 8.

Durch das Vierte Mietrechtsänderungsgesetz (BGBl. 1993 I S. 1257ff.) ist diese Grenze, die bereits von der Rechtsprechung (OLG Stuttgart, RE v. 7.7.1981, WuM 1981, 225) auf 20 % festgesetzt war, auch im Gesetzeswortlaut so festgeschrieben worden (§ 5 Abs. 2 S. 1 WiStG).

Durch das Mietrechtsreformgesetz haben sich hierbei keine Änderungen ergeben. Vielmehr wurde die mit dem Vierten Mietrechtsänderungsgesetz eingeführte Beschränkung des Grundsatzes der Kostendeckung wieder rückgängig gemacht, sodass es hierbei zu keiner Differenzierung zwischen Alt- und Neubauten mehr kommt (s. Abschnitt 4).

3 Geringes Angebot

Mit der Hereinnahme des Begriffs „Geringes Angebot an vergleichbaren Räumen" als Tatbestandsmerkmal wird auf die Lage auf dem Wohnungsmarkt abgestellt, nach dem Verhältnis von Angebot und Nachfrage. Hierbei sind die jeweiligen **örtlichen** Gegebenheiten zu beachten. Von einem geringen Angebot ist auszugehen, wenn das örtliche Wohnungsangebot die bestehende Nachfrage nicht wenigstens spürbar übersteigt (so Sternel III, Rn. 59). In Großstädten kommt es auf die Verhältnisse in den einzelnen Stadtteilen für bestimmte Mietergruppen an (LG Hamburg, WuM 1989, 522).

Indiz für ein geringes Angebot ist z.B. der Umfang der **Warteliste** beim Wohnungsamt für eine Sozialwohnung, Aufnahme in die Verordnung über die Gebiete mit gefährdeter Wohnversorgung oder Geltung der Zweckentfremdungsverordnung. Häufig wird von den Gerichten für bestimmte Teilmärkte ein geringes Angebot einfach unterstellt. Da sich der Wohnungsmarkt derzeit ändert, sollte dies jedoch ohne weitere Überprüfung nicht hingenommen werden.

Der Mieter, der in einem Zivilprozess seiner Ansicht nach überzahlte Miete gemäß § 812 BGB zurückfordert, ist für die Anspruchsvoraussetzungen darlegungs- und beweispflichtig. Beweiserleichterungen kommen nicht in Betracht (so zu Recht LG Berlin, Urt. v. 5.3.1998, Az. 62 S 316/97, WuM 1998, 357). Auch die so genannten Indizien, die auf ein geringes Angebot hinweisen, führen nicht zu einem Beweis des ersten Anscheins oder zu einer Beweislastumkehr. Das Gericht führt hierzu aus, dass Zweckentfremdungsverbote bzw. die Ausweisung als Gebiet mit erhöhtem Wohnbedarf keinen ausreichenden Bezug zum Einzelfall und nicht einmal einen Bezug zu bestimmten Wohnraumteilmärkten haben. Es handelt sich darüber hinaus um Instrumente mit anderer Zielrichtung. Auch ein Nachfrageüberhang an Sozialwohnungen ist wenig aussagekräftig, da hier nur ein ganz bestimmter Teilmarkt angesprochen ist. Auch eine hohe Zahl von Wohnungsnotfällen hat keine Indizwirkung zu § 5 WiStG. Hier handelt es sich nicht um einen Fall geringen Angebots, sondern um die schlechte finanzielle Situation bestimmter Bevölkerungskreise.

Für die substantiierte Darlegung sämtlicher Anspruchsvoraussetzungen des § 5 WiStG gehört auch ein Sachvortrag, dass der Vermieter dieses geringe Angebot ausgenutzt hat. Dem Vermieter muss bewusst sein, oder er muss mindestens damit rechnen, dass er im Fall eines ausgeglichenen Wohnungsmarktes nur eine geringere Miete erzielt hätte. Der Mieter hat daher vorzutragen, welche Bemühungen er vor Anmietung der Wohnung unternommen hat, eine adäquate Wohnung zu finden und dass es ihm nicht möglich war, auf ein anderes annehmbares Mietobjekt auszuweichen (LG München I, Urt. v. 28.4.1998, Az. 32 S 13403/97, WuM 1998, 360).

„Ausnutzen" liegt auch nicht vor, wenn der Mieter eine Wohnung anmietet, die zu einem Sondermarkt gehört und zu keinem Segment des allgemeinen Mietwohnungsmarktes (LG Frankfurt/Main,

Urt. v. 12.5.1998, Az. 2/11 S 425/97, WuM 1998, 359). Im vorliegenden Fall sollte die Wohnung sieben Sondermerkmale ausweisen. Für den Teilmarkt der Luxuswohnungen wird i. d. R. eine Mangellage nicht vorliegen, sodass von einem Unterangebot nicht ohne besonderen Vortrag der Mieterseite ausgegangen werden kann (LG Berlin, NZM 1998, 572). Andere Landgerichte gehen allerdings nach wie vor wohl zu Unrecht davon aus, dass das „Ausnutzen eines geringen Angebots an vergleichbaren Räumen" vorliegt, wenn die Gemeinde dem Zweckentfremdungsgebot unterliegt und dem Sozialklauselgesetz unterstellt worden ist (LG Mannheim, Urt. v. 28.4.1999, Az. 4 S 129/97, WuM 1999, 467 sowie LG Bochum, Urt. v. 23.2.1999, Az. 9 S 207/98, WuM 1999, 468).

Ein **geringes Angebot** an vergleichbarem Wohnraum, unter dessen Ausnutzung der Vermieter einer Wohnung ein unangemessen hohes Entgelt für die Vermietung gefordert und/oder genommen haben muss, liegt nicht nur dann vor, wenn generell, also für jedermann, ein Engpass auf dem Wohnungsmarkt für solche Wohnungen besteht (OLG Hamm, WuM 1995, 323). Vielmehr wird ein geringes Angebot auch schon dann bejaht, wenn für bestimmte, nach allgemeinen Merkmalen abgrenzbare Mietergruppen infolge mangelnder Vertragsbereitschaft der Vermieter in ihrer Gesamtheit der Marktzugang verengt ist.

Bei der Berechnung der angemessenen Vergleichsmiete (§ 5 Abs. 2 S. 1 WiStG) ist nach Ansicht des Gerichts dann aber wieder auf den allgemeinen **Marktpreis**, wie er für jedermann gilt, abzustellen und nicht etwa auf von vornherein überhöhte Mieten aus dem ohnehin verknappten Wohnungsangebot für die genannten benachteiligten Mietergruppen. Insoweit, also in preismäßiger Beziehung, kann ein Teilmarkt für solche Mietergruppen mit erschwertem Marktzugang nicht anerkannt werden (RE v. 13.3.1986, WuM 1986, 206; Weber/Marx, VII/S. 184). Darüber hinaus dürfen z.B. auch bei Ausländern oder Wohngemeinschaften **keine pauschalen Zuschläge** gemacht werden.

4 Laufende Aufwendungen des Vermieters

Ist die Wesentlichkeitsgrenze von 20 % überschritten, liegt eine Mietpreiserhöhung gleichwohl nicht vor, wenn die Entgelte zur Deckung der laufenden Aufwendungen des Vermieters erforderlich sind. Der Begriff der laufenden Aufwendungen ist in § 5 WiStG nicht bestimmt. Heranzuziehen sind daher die für den sozialen Wohnungsbau entwickelten Vorschriften der II. Berechnungsverordnung, insbesondere die §§ 18 bis 20 II. BV. Hierunter fallen somit Eigen- und Fremdkapitalkosten, Betriebskosten, Kosten der Instandhaltung und -setzung, Verwaltungskosten, Abschreibung und Mietausfallwagnis (OLG Stuttgart, RE v. 30.9.1988, WuM 1988, 395 f.). Zu den einzelnen Positionen ist Folgendes auszuführen:

- **Eigenkapitalkosten**: Diese sind nicht nach dem Verkehrswert des Grundstücks und Gebäudes zum Zeitpunkt des Abschlusses des Mietvertrages,

Mietpreisüberhöhung

sondern im Fall der Herstellung des Wohnraumes durch den Vermieter nach den Herstellungskosten und im Fall des entgeltlichen Erwerbs des Wohnraums durch den Vermieter nach den Erwerbskosten zu berechnen (BGH, RE v. 5.4.1995, WuM 1995, 428). Diese Kosten sind anzusetzen in Höhe der marktüblichen Zinsen für erste Hypotheken (OLG Stuttgart, RE v. 30.9.1988, WuM 1988, 395). Stichtag ist der Beginn des Mietverhältnisses (OLG Stuttgart, RE v. 8.11.1989, WM 1990, 11).

- **Fremdkapitalkosten:** Hierfür sind die tatsächlich zu zahlenden Zinsen, nicht aber die Tilgung anzusetzen.

- **Abschreibung:** 1 % der Baukosten.

- **Verwaltungs- und Instandhaltungskosten** sowie Mietausfallwagnis siehe „Kostenmiete", Abschnitte 1.2.2, 1.2.4, 1.2.5.

Beispiel:
Der Kaufpreis für eine 70 m² große Wohnung i. H. v. 200.000 EUR wurde zur Hälfte aus Fremdmitteln und zur Hälfte aus Eigenmitteln bestritten. Bei Zugrundelegung eines Zinssatzes i. H. v. 9,75 % für die Fremdmittel errechnet sich eine Zinsbelastung von 11,60 EUR pro m² pro Monat (9,75 % aus 100.000 EUR geteilt durch 70 m², geteilt durch 12 Monate). Daneben sind für das aufgewendete Eigenkapital i. H. v. ebenfalls 100.000 EUR die fiktiven Eigenkapitalkosten mit dem Zinssatz für erste Hypotheken anzusetzen. Ausgehend von einem Zinssatz i. H. v. 9,25 % errechnen sich Eigenkapitalkosten i. H. v. 11,01 EUR pro m² und Monat (9,25 % aus 100.000 EUR geteilt durch 70 m², geteilt durch 12 Monate). Zusammen mit den Zinsen für die Fremdmittel errechnet sich für die laufenden Aufwendungen des Vermieters – ohne Ansatz der Bewirtschaftungskosten – bereits ein Betrag i. H. v. 22,61 EUR pro m² und Monat. Der Vermieter kann sich jedoch nicht unbeschränkt auf die laufenden Aufwendungen berufen.

Durch das Vierte Mietrechtsänderungsgesetz (BGBl. 1993 I S. 1257ff.) ergeben sich hier mit Wirkung ab 1.9.1993 Einschränkungen. Nach § 5 Abs. 2 S. 2 WiStG darf die vom Vermieter geforderte Miete nicht in einem auffälligen Missverhältnis zur ortsüblichen Vergleichsmiete stehen. Von einem auffälligen Missverhältnis ist auszugehen, wenn die Wuchergrenze erreicht ist, also 50 % über der ortsüblichen Vergleichsmiete (vgl. Sternel III, Rn. 67 m.w.N.). Auf die Höhe der laufenden Aufwendungen kommt es in diesem Fall nicht mehr an.

Aber auch bei Altbauten ist die Kostenmiete zu ermitteln. Nach bisheriger Ansicht war für die Berechnung der fiktiven Eigenkapitalkosten der Verkehrswert der Wohnung bei Beginn des Mietverhältnisses maßgebend. Dem ist der BGH mit dem RE v. 5.4.1995 (WuM 1995, 428) entgegengetreten. Danach kommt es auch bei Altbauten auf die Herstellungskosten an, wenn der streitgegenständliche Wohnraum vom Vermieter hergestellt wurde, auch wenn dies mit Schwierigkeiten verbunden sein sollte. Nach Ansicht des Gerichts wird sich im Übrigen eine Feststellung der Herstellungskosten bei Altbauten aus der Vorkriegszeit regelmäßig erübrigen, da davon ausgegangen werden kann, dass sich unter Heranziehung der für den öffentlich geförderten Wohnungsbau geltenden Bestimmungen laufende Aufwendungen ergeben, die erheblich unter der Vergleichsmiete liegen. In Zukunft wird sich der Vermieter also in diesen Fällen und in Fällen des kostenfreien Erwerbs (z.B. Erbschaft oder Schenkung) nicht mehr auf die laufenden Aufwendungen berufen können.

Das OLG Stuttgart hat mit Rechtsentscheid vom 18.1.1990 (WuM 1990, 102) entschieden, dass die vom gewerblichen Zwischenmieter, von dem im vorliegenden Fall die Endmieter einen Teil der Miete wegen Überhöhung zurückforderten, dem Eigentümer geschuldeten Mieten laufende Aufwendungen des Vermieters im Sinne von § 5 Abs. 1 S. 3 WiStG sind, aber nur bis zur Höhe der laufenden Aufwendungen des Eigentümers. Die Zwischenvermietung soll nämlich nicht zu einer höheren Mietverpflichtung des Endmieters führen als bei der Miete direkt vom Eigentümer.

Umstritten ist, ob ein Vermieter, der eine modernisierungsbedürftige Wohnung erworben und die Modernisierung auf eigene Kosten durchgeführt hat, die hierfür entstehenden fiktiven Eigenkapitalkosten sowie eine um den Wert der Modernisierung erhöhte Abschreibung und ein erhöhtes Umlagenausfallwagnis bei der Berechnung der laufenden Aufwendungen berücksichtigen kann. Der II. Strafsenat des KG Berlin (Beschl. v. 28.10.1991, WuM 1992, 140) hat dies abgelehnt. In einem Zivilrechtsstreit ist dem KG Berlin diese Rechtsfrage zur Entscheidung vorgelegt worden. In diesem Fall hat das KG Berlin entschieden, dass laufende Aufwendungen des Vermieters im Sinne von § 5 WiStG auch solche sind, die sich auf die Kosten einer Modernisierung beziehen, jedenfalls, wenn diese Arbeiten vor dem 31.8.1993 (Datum des In-Kraft-Tretens der Neufassung von § 5 WiStG) abgeschlossen waren (KG Berlin, RE v. 22.1.1998, Az. 8 RE-Miet 5543/97, WuM 1998, 208). Diese Rechtsauffassung ist für die Zivilgerichte bindend.

Die ortsübliche Vergleichsmiete darf um nicht mehr als 50 % überschritten werden, auch wenn die laufenden Aufwendungen höher sind, da dann ein Verstoß gegen § 302a Abs. 1 Nr. 1 StGB vorliegt (OLG Karlsruhe, RE v. 26.5.1994, DWW 1944, 283).

5 Verschulden des Vermieters

Eine Ordnungswidrigkeit liegt dann vor, wenn der Betroffene vorsätzlich oder leichtfertig gehandelt hat. **Vorsatz** ist anzunehmen, wenn dem Vermieter alle jene Merkmale bekannt sind, die den Begriff „Unangemessen hohes Entgelt" ausmachen, **leichtfertig**, wenn er die ihm nach seinen persönlichen Kenntnissen und Fähigkeiten zuzumutende Sorgfalt bei der ihm obliegenden Feststellung des angemessenen Mietentgelts und des örtlichen Wohnungsangebotes gröblich verletzt. Die Gerichte gehen davon aus, dass der Vermieter die Pflicht hat, sich über die ortsübliche

Miete zu erkundigen. Die Nachfrage bei ortsansässigen Nachbarn oder Maklern reicht hierfür nicht aus. Der Vermieter muss sich vielmehr bei einer **zuständigen Stelle** über die Angemessenheit der Miete informiert haben (OLG Frankfurt, WuM 1996, 160).

Für den zivilrechtlichen Rückforderungsanspruch des Mieters (vgl. Abschnitt 9) kommt es auf das Verschulden des Vermieters nicht an; hierfür ist ausreichend, wenn der objektive Tatbestand der Mietpreisüberhöhung erfüllt ist.

6 Ahndung

Die Ordnungswidrigkeit kann mit **Geldbuße** bis zu derzeit 51.129,19 EUR (100.000 DM) geahndet und dem Vermieter auferlegt werden, den Mehrerlös an das Land oder auf Antrag des Mieters an diesen abzuführen.

7 Verfahren

Die Verfolgung von Mietpreisüberhöhungen ist Sache der zuständigen Verwaltungsbehörde. Sie erlässt, wenn sie den Tatbestand als gegeben ansieht, einen **Bußgeldbescheid**, gegen den binnen einer Woche nach Zustellung schriftlich oder zur Niederschrift der Verwaltungsbehörde **Einspruch** eingelegt werden kann. Über den Einspruch entscheidet das Amtsgericht.

Im Bußgeldverfahren ist die ortsübliche Vergleichsmiete nicht allein anhand des Mietspiegels zu ermitteln. Dieser stellt nämlich nach Ansicht des KG (WuM 1992, 140) keine allseits verbindlichen Miettabellen dar, aus dem im gerichtlichen Verfahren die jeweils ortsübliche Vergleichsmiete exakt errechnet werden könnte. Eine andere Funktion als die eines formellen Begründungsmittels hat ein einfacher Mietspiegel nicht. Dem qualifizierten Mietspiegel gemäß § 558d BGB kommt allerdings die Vermutungswirkung zu, dass er die ortsübliche Vergleichsmiete wiedergibt (§ 558d Abs. 3 BGB). Im Bußgeldverfahren ist es daher ausgeschlossen, die Vergleichsmiete allein anhand eines Mietspiegels zu ermitteln. Vielmehr muss die Vergleichsmiete unter Berücksichtigung aller Umstände des Einzelfalles festgestellt werden (so auch OLG Frankfurt/M., WuM 1994, 436). Im Regelfall ist die Einholung eines **Sachverständigengutachtens** erforderlich.

In zivilrechtlichen Streitigkeiten um Rückzahlung überhöhter Miete soll hingegen der Mietspiegel Anwendung finden, so z.B. das LG Berlin (Urt. v. 7.12.1995, WuM 1996, 102), wonach die Berliner Mietspiegel 1992 und 1994 grundsätzlich dem prozessualen Sachverständigengutachten überlegene Erkenntnisquellen für die Ermittlung der ortsüblichen Vergleichsmiete nicht nur bei Klagen auf Zustimmung zur Mieterhöhung, sondern auch für Klagen auf Rückzahlung überhöhten Mietzinses wegen Mietpreisüberhöhung sind (ebenso LG Dortmund, WuM 1997, 332 und LG Hamburg, WuM 1998, 490). Das LG Hanau geht noch weiter. Wenn die Kosten eines Gutachtens für die Feststellung einer behaupteten Mietpreisüberhöhung außer Verhältnis zum Streitgegenstand stehen, soll das Gericht selbst zur Schätzung des ortsüblichen

Mietzinses (§ 287 Abs. 2 ZPO) berechtigt sein (NJWE-MietR 1997, 56).

Zurückhaltender ist zu Recht eine andere Zivilkammer des LG Berlin (NJWE-MietR 1996, 98). Danach kann der Berliner Mietspiegel nicht zugrunde gelegt werden, da sein Grobraster den Anforderungen der Norm wegen eines Strafcharakters nicht gerecht wird, sodass ein Sachverständigengutachten einzuholen ist.

Dem Betroffenen und der Staatsanwaltschaft steht gegen dieses Urteil die **Rechtsbeschwerde** zu, wenn die Wertgrenzen (Buße von mehr als derzeit 102,26 EUR (200 DM), bei Freispruch vorher Bußgeld von mehr als derzeit 255,65 EUR (500 DM) durch die Verwaltungsbehörde) überschritten sind. Sie muss binnen einer Woche nach Urteilsverkündung oder Urteilszustellung (nach schriftlichem Verfahren, das unter gewissen Voraussetzungen zulässig ist) schriftlich zu Protokoll beim Amtsgericht eingelegt werden. Über die Beschwerde entscheidet das OLG, in Bayern das BayObLG.

8 Zivilrechtliche Folgen

Soweit der vereinbarte Mietpreis die Wesentlichkeitsgrenze von 120 % der ortsüblichen Vergleichsmiete überschreitet, ist die Vereinbarung nichtig (§ 134 BGB). Im Zivilprozess hat der Mieter die Beweislast für seinen Rückforderungsanspruch, somit also auch für die Überschreitung der ortsüblichen Miete und für das geringe Angebot an vergleichbaren Räumen (vgl. hierzu Abschnitt 3).

Die Nichtigkeit umfasst jedoch nur die unzulässige Preisvereinbarung. Im Übrigen bleibt die Wirksamkeit des Mietvertrages unberührt (BGH, RE v. 11.1.1984, Az. VIII ARZ 13/83, WuM 1984, 68). Ob der Mieter nach der Reduzierung der Miete auf die zulässige Höhe gleichwohl gemäß § 543 BGB fristlos kündigen kann, ist Frage des Einzelfalls, aber wohl eher zu verneinen (LG Berlin, NZM 1999, 306). Demnach hat der Mieter einen **Rückforderungsanspruch** in Höhe der geleisteten Überzahlungen. Die Streitfrage, bis zu welcher Grenze die Reduzierung der überhöhten Miete vorzunehmen ist, wurde durch RE des BGH geklärt. Danach kann nur derjenige Teil der Miete zurückgefordert werden, der die **Wesentlichkeitsgrenze** (ortsübliche Vergleichsmiete zuzüglich 20 %) übersteigt (BGH, a.a.O.; Weber/Marx, VII/S. 183). Veränderungen in der Höhe der ortsüblichen Vergleichsmiete sind dabei zu berücksichtigen (OLG Frankfurt, RE v. 4.4.1985, WuM 1985, 139; Weber/Marx, VII/S. 184, bestätigt durch RE des KG v. 20.4.1995, WuM 1995, 384). Die ortsübliche Vergleichsmiete ist daher **jährlich neu zu ermitteln** (OLG Hamm, RE v. 3.3.1983, WuM 1983, 108). Steigt sie, verringert sich der Betrag, der die vereinbarte Miete um 20 % übersteigt (so auch OLG Frankfurt, a.a.O.; Veränderungen der ortsüblichen Vergleichsmiete sind daher jeweils bis zur Wesentlichkeitsgrenze zu berücksichtigen; a.A. LG Hamburg, WuM 1999, 634, wonach kein Zuschlag von 20 % hinzuzusetzen ist, sowie LG Hamburg, WuM 1997, 209: Keine jährliche Aktualisierung, wenn Mietspiegel in nicht zu langen Zeiträumen aktualisiert werden). Für die Beurteilung des Tatbestandsmerkmales des Ausnutzens einer Mangellage kommt es auf den Zeitpunkt des Vertragsabschlusses an. Dies gilt auch für eine Staffelmietvereinbarung. Hingegen ist bei einer solchen Vereinbarung für die Frage, wann eine wesentliche Überschreitung der ortsüblichen Miete vorliegt, auf den Zeitpunkt des jeweiligen Wirksamwerdens der einzelnen Staffeln abzustellen. Eine solche Staffelmietvereinbarung hatte das OLG Hamburg zu überprüfen.

Es hatte über einen Fall zu entscheiden, in dem eine Staffelmiete vereinbart war und der ab August 1992 vereinbarte Staffelbeitrag überhöht war, da er mehr als 20 % über der ortsüblichen Miete lag. Bei der letzten Staffel ab August 1996 war fraglich, ob zu diesem Zeitpunkt noch eine Mangellage vorlag. Der Mieter verlangte über den gesamten Zeitraum 1992 bis Dezember 1996 die überzahlten Mieten zurück. Das OLG Hamburg (Beschl. v. 3.3.1999, Az. 4 RE-Miet U 131/98, WuM 1999, 209) gab ihm Recht: Ist danach in einem Wohnraum-Mietvertrag infolge der Ausnutzung eines geringen Angebots an vergleichbaren Räumen eine ortsüblichen Entgelte um mehr als 20 % übersteigende und deshalb teilweise nichtige Mietvereinbarung getroffen worden, so endet die Teilnichtigkeit hinsichtlich künftiger Mietansprüche nicht deshalb, weil nach Vertragsabschluss der Tatbestand des geringen Angebots an vergleichbaren Räumen entfällt. Begründet wird dies damit, dass dann, wenn einmal eine Nichtigkeitsfolge eingetreten ist, das nachträgliche Entfallen der Mangellage diese nicht beseitigen kann, da die Kausalität des bei Bestehen der Mangellage getätigten Vertragsabschlusses fortwirkt (so auch OLG Frankfurt, RE v. 15.8.2000, Az. 20 RE-Miet 1/99, WuM 2000, 535). Das OLG Hamburg sieht keinen Widerspruch zu den zitierten Rechtsentscheiden des OLG Hamm vom 3.3.1983 und des OLG Frankfurt/Main vom 4.4.1985 sowie des KG Berlin vom 20.4.1995. Zwar betreffen diese Rechtsentscheide eine der Vorlagefrage ähnliche Fragestellung, nämlich inwieweit nachträgliche Erhöhungen der ortsüblichen Vergleichsmiete bei der Anwendung des § 5 WiStG zu berücksichtigen sind. Es meint aber, dass die zugrunde liegenden Fallgestaltungen unterschiedlich sind, was durchaus zweifelhaft ist. Dies wird in der praktischen Anwendung zu höchst unterschiedlichen Ergebnissen führen. Es wäre sinnvoll gewesen, die Rechtsfrage dem BGH vorzulegen.

Das KG Berlin hatte über den Fall zu entscheiden, dass eine bei Abschluss des Mietvertrages nicht wesentlich überhöhte Miete aufgrund einer allgemein so nicht erwarteten Entspannung auf dem Wohnungsmarkt und der damit verbundenen erheblichen Senkung des allgemeinen Mietniveaus über der Wesentlichkeitsgrenze lag. Das Gericht hat dazu ausgeführt, dass ein nachträgliches Absinken der ortsüblichen Vergleichsmiete nicht zur Unwirksamkeit einer späteren Mietstaffel nach § 134 BGB i. V. m. § 5 WiStG führt, wenn die vereinbarte Miete zu einem früheren Zeitpunkt der Höhe nach zulässig war (KG Berlin,

RE v. 1.2.2001, Az. 8 RE-Miet 10411/00, NZM 2001, 283).

Die Rückforderungsansprüche **verjähren** in 4 Jahren (OLG Hamburg, RE v. 30.1.1989, WuM 1989, 126).

Bei einer Überschreitung der ortsüblichen Vergleichsmiete um mehr als 50 % aufgrund laufender Aufwendungen des Vermieters (§ 5 Abs. 2 S. 2 WiStG) bleibt die Mietvereinbarung bis zu einer Höhe von 150 % der ortsüblichen Vergleichsmiete wirksam (OLG Hamburg, RE v. 5.8.1992, WuM 1992, 527).

Mietprozess → *„Gerichtliches Verfahren in Mietsachen"*

Mietrückstände → *„Zahlungsverzug"*, *„Kündigung"*

Mietspiegel → *„Mieterhöhung"*, Abschnitte 2.5.1 und 2.6

Mietvertrag

1 Allgemeines

Hierdurch wird das Rechtsverhältnis zwischen Vermieter und Mieter begründet. Durch den Mietvertrag wird der Vermieter verpflichtet, dem Mieter den Gebrauch der Mietsache während der Mietzeit zu gewähren. Der Vermieter hat die Mietsache dem Mieter in einem zum vertragsmäßigen Gebrauch geeigneten Zustand zu überlassen und sie während der Mietzeit in diesem Zustand zu erhalten. Er hat auf der Mietsache ruhende Lasten zu tragen (§ 535 Abs. 1 BGB).

Der Mieter ist verpflichtet, dem Vermieter die vereinbarte Miete zu entrichten (§ 535 Abs. 2 BGB).

1.1 Angebot und Annahme

Lediglich um eine Aufforderung zur Abgabe eines **Vertragsantrages** handelt es sich bei der Aufgabe von Zeitungsinseraten oder dem Versand von Exposés (Bub in Bub/Treier, II Rn. 336). Die Übersendung eines unterzeichneten Mietvertrages ist dagegen ein verbindlicher Antrag (BGH, NJW 1962, 1388). Ist für die Annahme dieses Antrages keine Frist bestimmt (§ 148 BGB), kann der Antrag nur bis zu dem Zeitpunkt angenommen werden, in welchem der Antragende den Eingang der Antwort unter regelmäßigen Umständen erwarten darf (§ 147 Abs. 2 BGB). Diese Annahmefrist setzt sich zusammen aus der Zeit für die Übermittlung des Antrages an den Empfänger, dessen Bearbeitungs- und Überlegungszeit sowie aus der Zeit für die Übermittlung der Antwort an den Antragenden (BGH, NJW 1996, 921). Das Kammergericht Berlin hat für jeden dieser Schritte eine Frist von 2 bis 3 Arbeitstagen für ausreichend gehalten (KG, Urt. v. 22.3.1999, Az. 23 U 8203/98, WuM 1999, 323). Um diese rechtliche Unsicherheit zu umgehen, empfiehlt es sich, im Fall der Übersendung eines unterschriebenen Mietvertrag-

Mietvertrag

exemplares eine ausdrückliche Frist für die Annahme zu setzen.

War der Mietvertrag nicht unterzeichnet, kommt es auf die Begleitumstände an. War, wie i.d.R., Schriftform vereinbart, liegt kein verbindliches Angebot vor (Bub, a.a.O., Rn. 337).

1.2 Wirksamer Vertragsschluss

Oft streiten die Parteien darüber, ob ein **Mietvertrag zustande gekommen** ist oder nicht, insbesondere, wenn der Mieter schon Aufwendungen auf die Mietsache gemacht hat (z.B. eine Einbauküche gekauft hat) oder der Vermieter andere Bewerber im Vertrauen auf die Zusage abgelehnt hat. Die Beweislast für das Zustandekommen eines Vertrages hat der, der sich darauf beruft.

Soll der Mietvertrag über eine längere Zeit als ein Jahr geschlossen werden, bedarf er gemäß § 550 Abs. 1 BGB der **Schriftform** (s. „Schriftform"). Wird die schriftliche Form nicht eingehalten, so gilt der Vertrag als für unbestimmte Zeit geschlossen. Bei Wohnraum ist die Kündigung jedoch frühestens zum Ablauf eines Jahres nach Überlassung des Wohnraums zulässig (§ 550 Abs. 1 S. 2 BGB). Aufgrund der Verweisungsnorm des § 578 Abs. 1 BGB gilt diese Vorschrift auch für Mietverhältnisse über Grundstücke, aufgrund der Verweisung in § 578 Abs. 2 BGB auch für Mietverhältnisse über Räume, die keine Wohnräume sind (Geschäftsräume, Garagen, etc.). Der Vertrag kommt dann zustande, wenn die Parteien bei gleichzeitiger Anwesenheit eine der Schriftform entsprechende Vertragsurkunde unterzeichnen. Wird der Vertrag unter Abwesenden geschlossen, muss jede Vertragspartei der anderen Seite eine unterschriebene Urkunde zustellen (§ 130 BGB). Hat nur eine Vertragspartei eine gegengezeichnete Ausfertigung des Vertrages in Händen, die andere jedoch nicht, ist kein schriftlicher Vertrag zustande gekommen. Dies kann erhebliche Auswirkungen auf die Vertragszeit und die Möglichkeit der Kündigung haben. Wie das OLG Dresden (Urt. v. 24.9.1998, Az. 7 U 937/98, ZMR 1999, 104) entschieden hat, muss die Vertragspartei, die sich auf einen schriftlichen Vertrag beruft, dies auch beweisen. Hierzu gehört, dass sie auch den Zugang eines unterschriebenen Vertragsexemplars bei der Gegenseite beweisen muss.

1.3 Schadensersatzansprüche

Aber auch dann, wenn ein Vertrag nicht zustande gekommen ist, können **gegenseitige Ansprüche** entstanden sein. Im Gesetz findet sich hierzu keine Regelung, doch hat die Rechtsprechung den Begriff des Verschuldens bei Vertragsverhandlungen (in der Fachsprache: culpa in contrahendo, c.i.c.) entwickelt. Nehmen wir an, um das Beispiel von oben aufzugreifen, der Mieter hat sich im Vertrauen auf das Zustandekommen des Vertrages eine Einbauküche für 7.500 EUR gekauft, der Vertrag kommt jedoch nicht zustande. Grundsätzlich ist jeder Vertragsteil berechtigt, ohne weitere Begründung jederzeit die Vertragsverhandlungen abzubrechen. Nur dann, wenn ein Teil bei seinem Vertragspartner durch sein Verhalten das berechtigte Vertrauen erweckt, dass es mit Sicherheit zum Vertragsschluss kommt, wird er ersatzpflichtig, wenn er ohne triftigen Grund den Vertragsabschluss vereitelt (Reinstorf in Bub/Treier, II Rn. 197). Macht der Vermieter wider besseres Wissen bei den Vertragsverhandlungen unrichtige Angaben über die Beschaffenheit der Mietsache und kommt es deshalb zum Abschluss eines wirksamen, aber für den Vertragspartner nachteiligen Vertrages, so verpflichtet dieses Verhalten regelmäßig zum Schadensersatz nach den Grundsätzen des Verschuldens bei Vertragsverhandlungen, auch wenn es zum Abschluss des Mietvertrages und zur Übergabe der Mietsache kommt. Dies gilt jedoch nur, wenn der Vermieter **arglistig** gehandelt hat (BGH, Urt. v. 18.6.1997, Az. 12 ZR 192/95, WuM 1997, 617).

> Der Schadensersatz umfasst die Aufwendungen, die im Hinblick auf den nicht zustande gekommenen Mietvertrag gemacht wurden, nicht jedoch die weiteren Kosten nach Abbruch der Vertragsverhandlungen, z.B. für die Anmietung eines Ersatzobjekts (LG Mannheim, ZMR 1976, 243).

Im Gegensatz zu den Gewährleistungsansprüchen ist hier der so genannte Vertrauensschaden (das negative Interesse) zu ersetzen, der nach ständiger Rechtsprechung des BGH auch nutzlose Aufwendungen des Vertragspartners umfasst. Der Schaden ist also nicht durch das Erfüllungsinteresse begrenzt (BGH, a.a.O.). Dieser Schaden umfasst auch den Anspruch auf die Rückgängigmachung des Vertrages. Der Geschädigte kann gemäß § 249 BGB verlangen, so gestellt zu werden, wie er ohne das schädigende Verhalten des anderen Teils gestanden hätte (BGH, NJW 1981, 1673).

2 Vertragszweck

Ob ein Mietvertrag über Räume (der Mietvertrag über bewegliche Sachen soll außer Acht gelassen werden) oder ein ähnlicher Vertrag vorliegt, richtet sich nach der Vereinbarung der Parteien. Es kommt auf den Vertragszweck sowie darauf an, was die Parteien wirklich gewollt haben. Daran ändert auch eine falsche Vertragsbezeichnung nichts.

2.1 Untermietvertrag

Untermiete liegt vor, wenn der Mieter den Gebrauch der gemieteten Sache ganz oder teilweise einem Dritten gegen Entgelt überlässt. Unentgeltliche Gebrauchsüberlassung ist nicht Untermiete, weil es an einem wesentlichen Kriterium des Mietbegriffes, nämlich an der Verpflichtung zur Zahlung eines Entgelts für die Überlassung fehlt. Vermietet der Eigentümer einer Sache, z.B. einer Wohnung, diese ganz oder teilweise, so kann das nicht Untermiete sein, auch dann nicht, wenn der Eigentümer den Überlassungsvertrag als „Untermietvertrag" bezeichnet.

> Entscheidend ist der Inhalt des Vertrages, nicht seine Bezeichnung.

Der Untermietvertrag hat immer einen sog. Hauptmietvertrag zur Voraussetzung. Die Kette setzt sich zusammen aus Vermieter (i.d.R. der Eigentümer oder ein sonstiger dinglicher Berechtigter, z.B. der Nießbraucher), Hauptmieter (= Untervermieter) und Untermieter.

2.2 Mietvorvertrag

Der Mietvorvertrag ist ein formloser Vertrag, durch den sich die Vertragsparteien zum künftigen Abschluss eines Mietvertrages verpflichten. Darin, nämlich in der Verpflichtung zum Abschluss eines Hauptmietvertrages, liegt der Unterschied zu bloßen Vertragsverhandlungen. Ob nicht doch schon ein (Haupt-)Mietvertrag geschlossen wurde, ist manchmal schwer zu entscheiden. Entscheidend ist, dass die Parteien schon jetzt eine Rechtsverpflichtung zum Abschluss eines Hauptmietvertrages eingehen wollen, diesem Hauptmietvertrag aber noch rechtliche oder tatsächliche Hindernisse (z.B. Räumung durch den Vormieter) entgegenstehen, so BGH, ZMR 1957, 82. Näheres hierzu unter „Mietvorvertrag".

2.3 Anmietrecht

Das Anmietrecht besteht darin, dass der Verpflichtete dem Berechtigten die Sache zur Miete anbieten muss, bevor er sie an einen anderen vermietet, wobei die näheren Bestimmungen der Miete von den Beteiligten erst dann getroffen werden, wenn der Hauptmietvertrag geschlossen wird. Der Unterschied zwischen Mietvorvertrag und Anmietrecht lässt sich am besten an einem Beispiel verdeutlichen. V hat ein Ladenlokal an M vermietet. V verpflichtet sich gegenüber A, die Mietsache bei Beendigung des Mietverhältnisses mit M unter den jetzt schon in den Grundzügen festgelegten Bedingungen zu vermieten (Mietvorvertrag). V verpflichtet sich gegenüber A, die Mietsache bei Beendigung des Mietverhältnisses mit M zunächst unter noch nicht festgelegten Bedingungen dem A anzubieten (Anmietrecht).

2.4 Vormietrecht

Vormietrecht ist das analog dem Vorkaufsrecht ausgestaltete Recht eines Dritten, durch Abgabe einer entsprechenden Willenserklärung dem Verpflichteten gegenüber ein Mietverhältnis mit dem Inhalt zu begründen, wie es der Verpflichtete mit einem Dritten abgeschlossen hat (Reinstorf in Bub/Treier, II Rn. 160). Der Vermieter ist frei in der Normierung der Bedingungen des Vertrages, er muss unverzüglich dem Vormietberechtigten Abschluss und Inhalt des Vertrages mitteilen. Der Vormietberechtigte kann an dem Inhalt des Mietvertrages nichts ändern, sondern nur erklären, dass er eintritt oder nicht eintritt. Näheres hierzu unter „Vormietrecht".

2.5 Optionsrecht

Optionsrecht, auch Verlängerungsrecht genannt, bedeutet, dass der Mieter bei Ablauf der vereinbarten Mietzeit durch einseitige Erklärung die Verlängerung der Mietzeit um einen weiteren bestimmten Zeitraum herbeiführen kann. Der bisherige Mietvertrag bleibt in vollem Umfang bestehen. Änderungen sind nur einvernehmlich oder dann möglich, wenn sie für die Ausübung der Option vereinbart waren. Näheres hierzu unter „Option".

2.6 Pachtvertrag

Vom Pachtvertrag unterscheidet sich der **Mietvertrag** einmal dadurch, dass nur Sachen vermietet werden können, während sich die Pacht auch auf Rechte beziehen kann. Vor allem aber ist der Verpächter verpflichtet, dem Pächter neben dem Gebrauch des verpachteten Gegenstandes auch den Genuss der Früchte, soweit sie nach den Regeln einer ordnungsgemäßen Wirtschaft als Ertrag anzusehen sind, zu gewähren. Die Grenze zwischen Miete und Pacht lässt sich nicht immer scharf ziehen.

> Werden Grundstücke oder Räume für einen gewerblichen oder für einen freiberuflichen Betrieb überlassen, so liegt nach der Rechtsprechung Pacht nur dann vor, wenn der Pachtgegenstand nicht nur baulich für den Betrieb geeignet, sondern auch so eingerichtet und ausgestattet ist, dass er alsbald für den Betrieb mit Gewinn benutzt werden kann.

So ist z.B. der Vertrag über die entgeltliche Überlassung einer eingerichteten Gaststätte mit Wohnung Pacht, während die Überlassung von Räumen zum Betrieb einer Anwaltskanzlei, aber auch die Überlassung eines Ladenlokals, das nicht schon für einen speziellen Geschäftszweig eingerichtet ist, Miete ist. Siehe hierzu im Übrigen „Pachtvertrag".

2.7 Leihe

Leihe ist die unentgeltliche Überlassung einer Sache zum Gebrauch. Wird eine Wohnung unentgeltlich zur Verfügung gestellt, gelten die Vorschriften über die Miete nicht.

Die Vorschriften über die Leihe weichen in wesentlichen Punkten von denen über die Miete ab. So haftet der Verleiher wegen Mängel der verliehenen Sache nur, wenn er den Mangel arglistig verschwiegen hat. Die Kosten der Erhaltung der verliehenen Sache hat der Entleiher zu tragen, wobei er freilich Veränderungen oder Verschlechterungen der Sache, die durch den vertragsgemäßen Gebrauch herbeigeführt werden, nicht zu vertreten hat (§ 601 BGB). Überlassung der entliehenen Sache an einen Dritten ist ohne Erlaubnis des Verleihers schlechthin ausgeschlossen. Auch die Bestimmungen über die Beendigung des Leihverhältnisses, insbesondere, wenn der Verleiher sie wünscht, sind einfacher als bei der Miete (§ 605 BGB). Ist die Dauer der Leihe weder bestimmt noch dem Zweck zu entnehmen, kann der Verleiher die Sache jederzeit zurückfordern. Selbst bei vereinbarter Leihzeit hat der Verleiher ein Kündigungsrecht, wenn er infolge eines nicht vorgesehenen Umstandes der verliehenen Sache bedarf, wenn der Entleiher einen vertragswidrigen Gebrauch von der Sache macht, insbesondere unbefugt den Gebrauch einem Dritten überlässt und wenn der Entleiher stirbt. In diesem Fall kann sich somit der Erbe nicht auf die vereinbarte Leihzeit berufen.

Da **wesentliches Kriterium** der Leihe die Unentgeltlichkeit der Überlassung ist, hat die Vereinbarung eines Entgelts selbst weit unter dem Marktpreis (Gefälligkeitsmiete) zur Folge, dass die Vorschriften über die Miete Anwendung finden (BGH, MDR 1970, 1004). Dies gilt z.b. auch dann, wenn der Mieter nur die Betriebs- oder nur die Heizkosten bezahlt. Entscheidend ist, ob darin eine Gegenleistung zur Raumüberlassung gesehen werden kann oder nicht. Diese Gegenleistung des Mieters muss nicht in periodisch wiederkehrenden Geldleistungen bestehen; Gegenleistung kann auch die Gebrauchsüberlassung eines Grundstücks sein (BGH, WuM 1994, 460). Auch steht es der Annahme eines Mietvertrages nicht entgegen, wenn das Entgelt für die Gebrauchsüberlassung in einem einzigen Betrag bezahlt wird (BGHZ 137, 106).

2.8 Schuldrecht

Der Mietvertrag gehört dem **Recht der Schuldverhältnisse** an. Dingliche Rechte, die zur Raumnutzung berechtigen, fallen daher nicht unter den Begriff „Miete". Das gilt insbesondere für das dingliche Wohnungsrecht nach § 1093 BGB, das als beschränkte persönliche Dienstbarkeit bestellt werden kann (vgl. „Dingliches Wohnungsrecht").

2.9 Gemischter Vertrag

Beim gemischten Vertrag sind mehrere Vertragstypen in einem einheitlichen Vertragswerk miteinander verbunden, z.B. Beherbergungs- oder Altenheimvertrag. Für jede Leistung sind i.d.R. die für den entsprechenden Vertragstyp geltenden Vorschriften anzuwenden; soweit sie sich widersprechen, geht es nach dem rechtlichen oder wirtschaftlichen Schwerpunkt (BGH, NJW 1981, 341 f.).

2.10 Haustürwiderrufsrecht

Am 1.5.1986 ist das Gesetz über den Widerruf von Haustürgeschäften und ähnlichen Geschäften (Haustürwiderrufsgesetz, abgekürzt HausTWG) in Kraft getreten. Das Gesetz soll den Verbraucher vor der Gefahr schützen, in bestimmten dafür typischen Situationen bei der Anbahnung und dem Abschluss von Geschäften unter Beeinträchtigung seiner rechtsgeschäftlichen Entscheidungsfreiheit überrumpelt oder sonst auf unzulässige Weise zu unüberlegten Geschäftsabschlüssen gedrängt zu werden (BGH, NJW 1992, 1889f.). Nach nunmehr vorherrschender Meinung ist dieses Gesetz auf den Abschluss von Mietverträgen oder Änderungsverträgen anwendbar (Bub in Bub/Treier, 3. Aufl., II 334). Dies gilt auch für Mieterhöhungen. Das OLG Koblenz hat entschieden, dass bei Bestehen eines Mietverhältnisses über Wohnraum ein Vertrag, der anlässlich eines Hausbesuches des Vermieters beim Mieter geschlossen wird und der die Vereinbarung einer Mieterhöhung und Staffelmietzahlung zum Gegenstand hat, in den sachlichen Anwendungsbereich des HausTWG fällt (OLG Koblenz, RE v. 9.2.1994; DWW 1994, 115).

Mit Beschluss vom 13.4.1993 (DWW 1993, 196) hat sich das BayObLG mit dem persönlichen Anwendungsbereich des HausTWG beschäftigt. In § 6 HausTWG ist bestimmt, dass das Gesetz keine Anwendung findet, wenn die andere Vertragspartei, hier also der Vermieter, nicht geschäftsmäßig handelt. Das BayObLG hat entschieden, dass ein Hauseigentümer, der lediglich 2

Mietvertrag

Wohnungen längerfristig vermietet, beim Abschluss von Verträgen im Rahmen dieser Mietverhältnisse nicht geschäftsmäßig im Sinne des HausTWG handelt. Zur Begründung weist es darauf hin, dass in diesem Fall der Abschluss von Verträgen nur in größeren zeitlichen Abständen, keinesfalls aber regelmäßig, in Betracht kommt. Die auf Dauer angelegte Vermietung einzelner weniger Wohnungen im Rahmen der Vermögensverwaltung führt daher nicht zu einem geschäftsmäßigen Handeln im Sinne dieser Vorschrift. Wo nun die Grenze zum **geschäftsmäßigen Handeln** liegt, muss in jedem Einzelfall unter Berücksichtigung aller Umstände entschieden werden. Unproblematisch zu bejahen ist dies bei **Hausverwaltungen** und **Großvermietern**.

Nicht beantwortet hat das BayObLG allerdings die Vorlagefrage des LG, ob die Vorschriften des HausTWG auf den Neuabschluss eines Mietvertrages über Wohnraum anwendbar sind, wenn der Neuabschluss wesentliche Änderungen im Verhältnis zum bereits bestehenden Mietvertrag enthält. Nach dem RE des OLG Koblenz dürfte die Frage allerdings zu bejahen sein. Dies gilt auch für Mietaufhebungsvereinbarungen, z. B. aus Anlass einer Gebäudesanierung (LG Heidelberg, WuM 1993, 397).

Ist nun das HausTWG sachlich und persönlich anwendbar, hat dies einschneidende Folgen: Begibt sich der Vermieter zu Vertragsverhandlungen in die Wohnung des Mieters und kommt dort eine Vereinbarung zustande, wird diese erst wirksam, wenn der Mieter sie nicht binnen einer **Frist** von **zwei Wochen** schriftlich widerruft (§ 1 Abs. 1 HausTWG). Voraussetzung hierfür ist die **Belehrung** des Mieters über sein Widerrufsrecht (§ 2 HausTWG). Danach muss dem Mieter eine drucktechnisch deutlich gestaltete schriftliche Belehrung über sein Recht zum Widerruf einschließlich Namen und Anschrift des Vermieters sowie des Hinweises auf die Wochenfrist ausgehändigt werden.

Bei einem schriftlichen Vertrag muss sich die Belehrung deutlich vom übrigen Vertragstext abheben (z.B. durch Fettdruck). Sie muss den Hinweis enthalten, dass zur Wahrung der Frist die rechtzeitige Absendung des Widerrufs genügt. Die Belehrung darf keine anderen Erklärungen enthalten und ist vom Kunden (Mieter) zu unterschreiben (§ 2 Abs. 1 S. 2 und 3 HausTWG).

Unterbleibt diese Belehrung, erlischt das Widerrufsrecht erst einen Monat nach beiderseits vollständiger Erbringung der Leistung (§ 2 Abs. 1 S. 4 HausTWG), bei Mietverhältnissen als Dauerschuldverhältnissen also bis zu einem Monat nach Beendigung (LG Konstanz, Urt. v. 24.9.1999, Az. 1 S 109/99, NZM 1999, 633). Im Fall des Widerrufs ist gemäß § 3 Abs. 1 S. 1 HausTWG die empfangene Leistung zurückzugewähren. Der Mieter könnte also, wenn die Voraussetzungen des HausTWG vorliegen, bei Beendigung des Mietverhältnisses den Erhöhungsbetrag einer Mieterhöhung, der er während der Mietzeit zugestimmt hat, zurückfordern. Jedoch kann das Widerrufsrecht verwirkt sein, wenn nach Vertragsschluss oder Abgabe der Zustimmungserklärung ein Jahr verstrichen ist und die bisherige Vertragslaufzeit dem Widerrufsberechtigten die von ihm eingegangene Verpflichtung hinreichend deutlich vor Augen geführt hat. Dies ist z.B. der Fall bei einer sofortigen einmaligen Mieterhöhung (OLG Braunschweig, RE v. 15.9.1999, Az. 1 RE-Miet 2/99, WuM 1999, 631).

Ob dies auch bei der Vereinbarung einer Staffelmiete gilt, hat das Gericht offen gelassen. Wird bei jährlicher Mieterhöhung gemäß Staffelvereinbarung während einer Zeit von 4 Jahren die jeweils erhöhte Miete bezahlt, ist von Verwirkung auszugehen.

3 Zustandekommen

Ein Mietvertrag kommt zustande, wenn die Vertragspartner sich über alle wesentlichen Punkte geeinigt haben, nämlich über Mietgegenstand, -zeit und -preis sowie über die Gebrauchsüberlassung und über solche Nebenabreden, die nach ihrem Willen regelungsbedürftig sind (BGH, ZMR 1963, 83).

Zum Abschluss eines Mietvertrages gehört nicht unbedingt eine Einigung über eine Miete in bestimmter Höhe. Vielmehr genügt es, wenn die Parteien sich auf eine **bestimmbare Miete** einigen, wobei die Vereinbarung einer „angemessenen" oder „ortsüblichen" Miete als Einigung über eine bestimmbare Leistungspflicht des Mieters anzusehen ist. Selbst ohne jegliche Vereinbarung über die Miete kann ein Mietvertrag zustande kommen, sofern die Parteien sich bindend über eine entgeltliche Überlassung des Gebrauchs der Mietsache einigen. In diesem Fall gilt eine angemessene oder ortsübliche Miete als vereinbart, sei es im Wege ergänzender Vertragsauslegung, sei es entsprechend §§ 612 Abs. 2, 632 Abs. 2 BGB (so BGH, Urt. v. 2.10.1991, WuM 1992, 312).

Ein Mietvertrag kann jederzeit **formfrei**, also auch mündlich geschlossen werden, wenn sich die Parteien über die aufgeführten Punkte geeinigt haben. Wollen die Parteien einen Vertrag für längere Zeit als ein Jahr abschließen, müssen sie die Schriftform einhalten (s. Abschnitt 1.2 sowie „Allgemeine Geschäftsbedingungen", „Schriftform"). Auch bei Mietverträgen über Räume auf unbestimmte Zeit hat sich allgemein die Schriftform eingebürgert. Der schriftliche Mietvertrag über Räume wird allgemein bevorzugt, weil er, soweit nicht unabdingbare gesetzliche Regelungen entgegenstehen, die Rechte und Pflichten der Parteien regelt und Beweis für die einzelnen Regelungen durch Vorlage der Vertragsurkunde geführt werden kann. Wie ausgeführt ist jedoch auch ein mündlicher Mietvertrag wirksam. Für die Rechte und Pflichten der Parteien gelten dann die gesetzlichen Vorschriften.

Auch durch **konkludente (schlüssige) Handlungen** ist der Abschluss eines Mietvertrages denkbar. Dies ist z.B. der Fall, wenn der Mieter in die Räume einzieht, regelmäßig Miete bezahlt und der Vermieter die Miete vorbehaltslos entgegennimmt (OLG Düsseldorf, ZMR 1988, 54). Es liegt am Vermieter, hier durch entsprechende Willensäußerungen klare Verhältnisse zu schaffen.

Mietvertrag

Ein in der Praxis immer wieder auftretender Fall sei als Beispiel genannt:

> Der Mieter vermietet mit Genehmigung des Vermieters unter, zieht aus, der Untermieter nutzt die gesamte Wohnung und zahlt die gesamte Miete direkt an den Vermieter, der diese ohne weitere Äußerung mehrere Monate entgegennimmt.

Hier ist ein Mietvertrag zu den bisherigen Bedingungen zustande gekommen. Um dies zu vermeiden, hätte der Vermieter dem Untermieter bei Auszug des Mieters mitteilen müssen, dass er mit ihm kein Mietverhältnis begründen wolle und Zahlungen nur als Nutzungsentschädigung entgegennehme, ferner nach Ablauf einer Räumungsfrist auf Räumung klagen werde.

Schweigen auf das Angebot zum Abschluss eines Mietvertrages ist keine Annahme. Etwas anderes gilt nur im kaufmännischen Geschäftsverkehr bei Schweigen auf ein kaufmännisches Bestätigungsschreiben.

> Ein immer wieder vorkommender Fall sei noch kurz erläutert: Die **Übersendung** eines fertig ausgefüllten und **unterschriebenen Mietvertrages** durch den Vermieter ist ein verbindlicher Antrag auf Abschluss eines Mietvertrages (BGH, NJW 1962, 1388).

Ist nicht nur deklaratorische Schriftform vereinbart, genügt eine mündliche oder konkludente (durch Einzug und Mietzahlung) Annahme durch den Mieter nicht, der Vermieter kann auf Unterschrift und Rückleitung des Vertrages bestehen und andernfalls Räumungsklage erheben. Etwas anderes gilt, wenn der Vermieter längere Zeit ohne weitere Willensäußerung die Miete entgegengenommen hat. Dann ist durch stillschweigende Hinwegsetzung über das Schriftformerfordernis ein Mietvertrag zustande gekommen. Umstritten ist, ob in diesem Fall der Mietvertrag gemäß dem schriftlichen Angebot zustande gekommen ist (dafür Bub in Bub/Treier, II Rn. 343) oder zu den gesetzlichen Bedingungen gem. den §§ 535ff. BGB (so Sternel I Rn. 214), in welchem Fall der Vermieter i.d.R. wesentlich schlechter gestellt ist. Da sich die Annahme nur auf das gemachte Angebot beziehen kann, ist der ersten Meinung zuzustimmen, außer wenn der Mieter die Vertragsunterzeichnung bei seinem als Annahme zu wertenden Verhalten ausdrücklich verweigert (LG Mannheim, WuM 1969, 38). Zur Vermeidung dieser Probleme empfiehlt sich daher für den Vermieter, erst dann die Schlüssel zu übergeben, wenn der Mietvertrag von beiden Vertragsparteien unterzeichnet ist.

Mietvorauszahlung

Die Mietvorauszahlung ist eine Geldleistung des Mieters an den Vermieter, die auf die künftig fällig werdenden Raten der Miete angerechnet wird, wobei der Verrechnungsmodus im Einzelnen von den Vertragsparteien in freier Übereinkunft festgelegt werden kann. Der Mieter wird danach mit der Leistung der Mietvorauszahlung von der Zahlung der Miete für eine bestimmte Zeit ganz oder teilweise befreit. Sie ist im Gegensatz zum Baukostenzuschuss (s. dort) kein Finanzierungsbeitrag, sondern ein reines Überlassungsentgelt (so Palandt vor § 535 Anm. 11 b, cc). Zur Abgrenzung vom Mieterdarlehen siehe dort. Falls keine gegenteiligen vertraglichen Vereinbarungen getroffen wurden, liegt bis zum Ablauf der Tilgungszeit ein Mietvertrag auf bestimmte Zeit vor mit der Folge, dass während dieser Zeit die ordentliche Kündigung sowohl vom Vermieter als auch vom Mieter ausgeschlossen ist.

Dies soll dann auch grundsätzlich für eine Mieterhöhung gelten (strittig). Ob allerdings ein solcher Ausschluss vom Parteiwillen mit umfasst ist, erscheint zweifelhaft. Falls nicht konkrete Abreden im Mietvertrag entgegenstehen, ist vielmehr davon auszugehen, dass die Parteien einen so weitreichenden Ausschluss nicht mitregeln wollten (so Schultz in Bub/Treier, III Rn. 309).

Ist die Miete für eine Zeit nach der Beendigung des Mietverhältnisses im Voraus entrichtet, so hat der Vermieter den noch nicht abgewohnten Teil der Mietvorauszahlung zurückzuerstatten.

> Der Umfang der Rückzahlungspflicht hängt davon ab, ob die Beendigung des Mietverhältnisses auf einen vom Vermieter zu vertretenden Umstand zurückzuführen ist oder aber auf anderen Gründen (Verschulden des Mieters, gütliche Einigung) beruht.

Hat der Vermieter den zur Beendigung des Mietverhältnisses führenden Umstand zu vertreten (z.B. Kündigung durch den Mieter wegen Nichtgewährung des vertragsmäßigen Gebrauchs), ist der zurückzuzahlende Betrag rückwirkend vom Zeitpunkt des Empfangs an **zu verzinsen** (§ 547 Abs. 1 S. 1 BGB). In allen anderen Fällen richtet sich der Umfang der Rückzahlungspflicht danach, inwieweit der Vermieter bei Beendigung des Mietverhältnisses noch bereichert ist. Hier ist der zurückzuzahlende Betrag nicht zu verzinsen, es sei denn, der Vermieter gerät mit der Rückzahlung in Verzug (dann Verzugszinsen). Abweichende Vereinbarungen zum Nachteil des Mieters sind bei Wohnraummietverhältnissen unwirksam (§ 547 Abs. 2 BGB).

Bei **öffentlich geförderten** Wohnungen ist die Vereinbarung einer Mietvorauszahlung nur unter den gleichen Voraussetzungen zulässig wie das Mieterdarlehen (s. „Mieterdarlehen").

Mietvorvertrag

1 Allgemeines

Der Mietvorvertrag ist ein **formloser** Vertrag, durch den sich die Vertragsparteien zum künftigen Abschluss eines Mietvertrages verpflichten. Die Modalitäten des künftigen Mietvertrages müssen im Vorvertrag in den Grundzügen, aber noch nicht abschließend geregelt sein. Die endgültige Vertragsgestaltung ist dem Mietvertrag vorbehalten. Die Parteien müssen sich aber schon soweit geeinigt haben, dass Mietgegenstand, -höhe und -zeit wenigstens **bestimmbar** sind. Fehlen Abreden über Höhe und Zeit, soll die ortsübliche Miete und ein Mietvertrag auf unbestimmte Zeit vereinbart sein. Es genügt also, wenn der Vorvertrag ein solches Maß an Bestimmtheit oder Bestimmbarkeit und Vollständigkeit enthält, dass im Streitfall der Inhalt des Vertrages richterlich festgestellt werden kann, notfalls durch eine richterliche Vertragsergänzung (so BGH, Urt. v. 20.9.1989, NJW 1990, 1234).

Wichtig:

Wenn die Vertragsparteien sich rechtlich binden wollen, ist im Zweifel anzunehmen, dass sie einen (Haupt-)Mietvertrag abschließen wollen.

Ist ein solcher Vertrag mangels rechtlichen **Bindungswillen** nicht zustande gekommen, wird es auch in der Regel an der für den Vorvertrag erforderlichen Bindung fehlen. Es müssen daher besondere Gründe vorliegen, wenn die Parteien, ohne einen Hauptvertrag schließen zu wollen, sich bereits jetzt auf den Abschluss eines solchen Vertrages festlegen wollen. Dies ist z.B. der Fall, wenn im Augenblick dem Abschluss eines Hauptvertrages noch Gründe entgegenstehen, z.B. das Bauvorhaben noch nicht beendet oder ein Vormieter noch nicht ausgezogen ist. Zur Klarstellung sollten die Parteien im Vorvertrag hierauf Bezug nehmen.

Die **Kündigung** eines Vorvertrages ist zu dem Termin zulässig, zu dem der Hauptvertrag kündbar gewesen wäre, sofern er anstelle des Vorvertrages abgeschlossen worden wäre (Sternel, Mietrecht, 3. A., I, Rn. 224).

2 Formzwang

Nach herrschender Rechtsprechung unterliegt der Mietvorvertrag nicht dem für den Hauptvertrag gesetzlich vorgeschriebenen Formzwang. Das ist bedeutsam für Verträge von mehr als einjähriger Dauer, die nach §§ 550 Abs. 1, 578 Abs. 1 und 2 BGB der Schriftform bedürfen. Daraus folgt: Ist in einem nur mündlich zustande gekommenen Mietvorvertrag der Abschluss eines Mietvertrages mit mehr als einjähriger Laufzeit vorgesehen, kann jeder Teil auf Abschluss eines schriftlichen Mietvertrages klagen (BGH, ZMR 1955, 292).

Die auf einen Vorvertrag gestützte **Klage** auf Abschluss eines Mietvertrages ist auf die Verurteilung zur Abgabe einer Willenserklärung gerichtet, wobei der Inhalt dieser Willenserklärung und damit der Inhalt des abzuschließenden Hauptvertrages im Klageantrag zu bezeichnen sind. Ergibt sich, dass der Beklagte nur zum Abschluss eines Hauptvertrages mit einem vom Klageantrag abweichenden Inhalt (z.b. kürzere Laufzeit des Vertrages) verpflichtet ist, kann das Gericht ihn wegen der Bindung an die Sachanträge der Parteien hierzu nur dann verurteilen, wenn der Kläger einen entsprechenden Hilfsantrag gestellt hat. Unterlässt er dies trotz Hinweises des Gerichts, muss die Klage abgewiesen werden (so OLG Köln, Urt. v. 3.7.1991, DWW 1992, 210).

3 Hauptpflicht

Hauptpflicht der Parteien aus dem Vorvertrag ist der Abschluss eines entsprechenden Hauptmietvertrages. Offene Punkte haben die Parteien einvernehmlich zu regeln. Die Verpflichtung zum Abschluss eines Hauptvertrages kann gerichtlich im Wege einer Leistungsklage – Klage auf Annahme des im Antrag vollständig vorgetragenen Hauptvertrages – (so BGHZ 97, 147) durchgesetzt werden.

> Der Mietvorvertrag gibt dem Mietinteressenten nicht das Recht, die in Aussicht genommene Mietsache in Besitz zu nehmen.

Dem auf das Fehlen eines Mietvertrages gestützten Räumungsverlangen des Eigentümers der Mietsache steht der Einwand der unzulässigen Rechtsausübung entgegen, wenn der Eigentümer aufgrund eines mit dem Besitzer abgeschlossenen Vorvertrages zum Abschluss eines zum Besitz berechtigenden Hauptvertrages (Mietvertrages) verpflichtet ist. Auch in diesem Fall kann der Eigentümer die Räumung und Herausgabe verlangen, wenn der Besitzer einen Grund dafür gesetzt hat, dass ein bereits abgeschlossener Mietvertrag gekündigt werden könnte, z.B. Verzug mit der Nutzungsentschädigung für zwei Monate (so OLG Köln, Urt. v. 8.4.1992, WuM 1992, 361).

Mietwucher

Der Mietwucher ist eine Straftat (§ 291 StGB). Sie begeht, wer die Zwangslage, die Unerfahrenheit, den Mangel an Urteilsvermögen oder die erhebliche Willensschwäche eines anderen dadurch ausbeutet, dass er sich oder einem Dritten für die Vermietung von Räumen zum Wohnen oder damit verbundene Nebenleistungen einen Vermögensvorteil versprechen oder gewähren lässt, der in einem auffälligen Missverhältnis zu seiner Leistung steht. Ob Wohnräume vorliegen, richtet sich nach der tatsächlichen Verwendung, nicht nach den objektiven Gegebenheiten.

Als **Täter** kommen in Betracht der Vermieter, aber auch der Vermittler oder der Verwalter, soweit diese über den Abschluss von Mietverträgen selbstständige Entscheidungsbefugnis haben.

Mietwucher

Als **Vermögensvorteil** kommen in Betracht in erster Linie die Miete, aber auch sonstige, im Zusammenhang mit der Vermietung stehende Leistungen (Baukostenzuschüsse, zinslose Darlehen, Sach- oder Dienstleistungen). Der Vermögensvorteil muss dem Vermieter versprochen oder gewährt werden. Das Fordern einer Leistung genügt nicht.

Das Missverhältnis muss **auffällig** sein.

> Diese Voraussetzung wird i.d.R. erfüllt sein bei einem Überschreiten der ortsüblichen Vergleichsmiete um **mehr als 50 %**.

Bei **Wohnraum** wird durch die Bestimmung der ortsüblichen Vergleichsmiete (s. „ortsübliche Vergleichsmiete") festgestellt, ob eine Wuchermiete vorliegt. Bei **Geschäftsraummietverhältnissen** und bei Pachtverträgen war umstritten, nach welcher Berechnungsmethode festgestellt werden konnte, ob die Leistung und die Gegenleistung in einem besonders groben Missverhältnis stehen. Verschiedentlich wurde die Berechnung nach der so genannten **EOP-Methode** vorgenommen. Dies ist die so genannte ertragswertorientierte Pachtwertberechnung. Die Pacht oder Miete wird danach berechnet, was ein Pächter oder Mieter mit durchschnittlichen Fähigkeiten bei durchschnittlichen Anstrengungen unter normalen Umständen im konkreten Objekt erwirtschaften kann. Gegen diese Methode wird zurecht eingewandt, dass sie im Widerspruch zur gesetzlichen Risikoverteilung bei Miet- und Pachtverträgen steht. Nunmehr hat der BGH (Urt. v. 28.4.1999, Az. 12 ZR 150/97, WuM 1999, 527) entschieden, dass diese Methode nicht geeignet ist zur Bewertung einer Gaststättenpacht, wie sie für die Bestimmung eines auffälligen Missverhältnisses zwischen Leistung und Gegenleistung im Sinn von § 138 Abs. 1 BGB erforderlich ist. Die Rechtsausführungen des BGH sind auch zu beachten bei der Frage, ob die Voraussetzungen von § 138 Abs. 2 BGB oder § 291 StGB vorliegen. Nach Ansicht des BGH ist bei der Ermittlung des Leistungsmissverhältnisses grundsätzlich der objektive Wert (Verkehrswert) der verglichenen Leistungen zugrunde zu legen. Bei Mietverhältnissen ist der Verkehrswert und damit die ortsübliche Marktmiete in der Regel als Vergleichsmiete, d.h. durch Vergleich mit den erzielten Mieten für andere vergleichbare Mietobjekte, festzustellen. Dem wird die EOP-Methode nicht gerecht. Sie kann daher in diesen Fällen keine Anwendung finden.

Bei gewerblichen Miet- und Nutzungsverhältnissen kann aus den objektiven Umständen (bei einer Überschreitung um 100 %) auf eine verwerfliche Gesinnung des Begünstigten geschlossen werden (BGH, a.a.O.).

Der Täter kann sich nicht darauf berufen, dass die Miete nur in Höhe seiner eigenen laufenden Aufwendungen verlangt werde, er also gar keinen Gewinn mache (BGH, NJW 1982, 164).

Der Vermögensvorteil kann nur dann zu einer Bestrafung führen, wenn er unter Ausbeutung einer Zwangslage, der Unerfahrenheit oder dem Mangel an Urteilsvermögen oder der erheblichen Willensschwäche eines anderen erzielt wird.

Eine **Zwangslage** wird im Allgemeinen schon dann angenommen, wenn jemand dringend eine Wohnung benötigt und aus persönlichen und wirtschaftlichen Gründen sowie aufgrund des örtlichen Mietmarktes keine andere Wohnung anmieten konnte. **Unerfahrenheit** kann sowohl allgemein ein Mangel an Lebenserfahrung sein oder sich speziell auf den Wohnungssektor beziehen. Ein Mangel des Urteilsvermögens liegt auch bei Unkenntnis der Verhältnisse des örtlichen Wohnungsmarktes vor.

Der Vermieter muss die bedrängte Lage des Mieters oder seine Eigenschaften **bewusst** ausnützen. Es muss der Nachweis erbracht werden, dass der Vermieter nicht mehr die Vorteile einer bestehenden Wohnungsknappheit, sondern vor allem die speziellen Verhältnisse des Mieters ausnützen wollte. Vorsätzliches Handeln ist in jedem Fall erforderlich.

Der Täter kann mit Freiheitsstrafen bis zu 3 Jahren oder mit Geldstrafe, nicht jedoch mit beiden Strafen nebeneinander belegt werden. In besonders schweren Fällen ist eine Freiheitsstrafe bis zu 10 Jahren vorgesehen. Ein besonders schwerer Fall liegt i.d.R. vor, wenn der Täter entweder durch die Tat einen anderen in wirtschaftliche Not bringt oder die Tat gewerbsmäßig begeht.

Zivilrechtliche **Folge** ist nicht die Nichtigkeit des gesamten Mietvertrages, sondern nur die der Mietvereinbarung, soweit sie unzulässig ist (§ 138 Abs. 2 BGB). Der Mietvertrag ist mit einer angemessenen Miete aufrecht zu erhalten (Palandt, § 138, Rn. 75). Anders als bei der Mietpreisüberhöhung nach § 5 WiStG (s. „Mietpreisüberhöhung", Abschnitte 4 und 9) hat der Mieter also einen Rückforderungsanspruch, der sich auf den gesamten, die ortsübliche Miete übersteigenden Betrag richtet (so Sternel III, Rn. 53f.). Anders als bei Wohnraummietverhältnissen soll bei Geschäftsraummietverhältnissen im Fall eines Verstoßes gegen § 138 BGB der Vertrag nicht zu der höchst zulässigen Miete aufrecht erhalten bleiben, sondern vielmehr insgesamt unwirksam sein (OLG München, Urt. v. 25.9.1998, Az. 23 U 2624/98, ZMR 1999, 109).

Mietzins → *„Miete"*

Minderung der Miete

1 Allgemeines

Ist die vermietete Sache zur Zeit der Überlassung an den Mieter mit einem **Fehler** behaftet, der ihre Tauglichkeit zum vertragsmäßigen Gebrauch aufhebt oder mindert, oder entsteht im Laufe der Mietzeit ein solcher Fehler, ist der Mieter zur Mietminderung berechtigt (§ 536 Abs. 1 BGB). Das Gleiche gilt, wenn eine **zugesicherte Eigenschaft** fehlt oder wegfällt (§ 536 Abs. 2 BGB) oder wenn dem Mieter der vertragsmäßige Gebrauch der Mietsache durch das Recht eines Dritten ganz oder zum Teil entzogen wird (Rechtsmangel; § 536 Abs. 3 BGB). Das Ausmaß der Minderung richtet sich nach dem Maß der Tauglichkeit der Mietsache zum **vertragsmäßigen Gebrauch**. Ist die Tauglichkeit gänzlich aufgehoben, entfällt die Pflicht zur Mietzahlung. Eine **unerhebliche** Minderung der Tauglichkeit bleibt jedoch außer Betracht (§ 536 Abs. 1 S. 3 BGB). Die Mietminderung tritt ohne Rücksicht auf Verschulden des Vermieters ein. So kann z.B. der Mieter die Miete kürzen, wenn wegen eines nicht vorhersebaren technischen Defektes die Zentralheizung ausfällt.

Die Mietminderung ist kein Anspruch, sondern eine kraft Gesetzes eintretende Änderung der Vertragspflicht. Sie besteht für die Dauer des Mangels. Zum Nachteil des Mieters abweichende Vereinbarungen sind bei Wohnraummietverhältnissen unwirksam (§ 536 Abs. 4 BGB). Die Miete ist, wenn ein erheblicher Mangel der Mietsache vorliegt, in dem Umfang geringer, um den der objektive Gebrauchswert der Miete gemindert ist.

2 Ausschluss der Minderung

Das Recht des Mieters zur Minderung kann **ausgeschlossen** sein, vgl. hierzu „Mängel", Abschnitt 6 und „Kenntnis von Mängeln".

Vertraglich kann die Minderung bei Wohnraum nicht ausgeschlossen oder eingeschränkt werden (§ 536 Abs. 4 BGB). Unwirksam sind daher auch Klauseln, wonach die Minderung angezeigt oder von der Einhaltung von Fristen abhängig gemacht wird. Zur Einschränkung des Minderungsrechts bei Geschäftsräumen s. „Allgemeine Geschäftsbedingungen".

Für die **neuen Bundesländer** gelten grundsätzlich keine Besonderheiten. Auch die allgemein dürftige Bauqualität der in der ehemaligen DDR errichteten Wohngebäude schließt eine Minderung nach Erhöhung der Grundmiete nicht aus (so KrsG Döbeln, WuM 1992, 535). Allerdings ist auf die Höhe der Minderung die verhältnismäßig geringe Grundmiete nicht ohne Einfluss. Der Instandhaltungsanspruch richtet sich auch nicht nach westlichen Verkehrsanschauungen an die Bauwerksqualität (so KrsG Döbeln, a.a.O.).

Minderung der Miete

Im entschiedenen Fall hatten die Mieter eine Minderung von 55 % der Grundmiete vorgenommen, die sie wie folgt aufschlüsselten: feuchte Schlafzimmeraußenwand mit Schimmelbildung 25 %, blinde Doppelfenster 10 %, undichte Fenster 10 %, wilde Tauben im Dach der Wohnung 10 %.

Aus den oben angeführten Gründen ist das Gericht der Ansicht, dass aufgrund der dürftigen Bauqualität und der sehr geringen Grundmiete eine entsprechend höhere Toleranz in Ansehung der auftretenden Mängel geboten sei und hat die Minderung dann auf 5 % beschränkt.

Auch das KrsG Erfurt ist der Ansicht, dass der Mieter im Gebiet der ehemaligen DDR an die Instandhaltungspflicht des Vermieters nicht die Anforderungen stellen kann, die nach westlichen Verkehrsanschauungen an die Qualität eines Bauwerks und einzelner Bauelemente gestellt werden können. Die Höhe einer nach der Mieterhöhung erstmaligen Mietminderung ist danach zu bemessen, dass diese Systemschäden des Bauwerks als vertragsgemäß vom Mieter hinzunehmen sind (WuM 1993, 112).

In diesem Fall wurde Mietminderung für undichte, verschmutzte Fenster von 10 % für Feuchtigkeitsschäden von 15 % und für die überdimensionierte Heizung von 10 % vom Mieter vorgenommen. Das Gericht hat die Minderung im Wege der freien Schadensschätzung auf 10 % festgesetzt. Es bleibt zu hoffen, dass die Rechtsprechung weiterhin dieser Linie folgt.

Zur Berechnung der **Höhe** der Minderung sind **Bewertungsmuster** entwickelt worden, die jedoch für den Einzelfall nicht allzu praktikabel sind. So unterscheidet Sternel (II, Rn. 547ff.) nach dem Funktionswert, der eine Aussage über die Gebrauchs- und Betriebsfähigkeit trifft, und dem Geltungswert, der sich auf die subjektiven Merkmale wie räumlich-optischer Eindruck, Farbe etc. bezieht. Zudem werden die einzelnen Teile der Miträume verschieden gewertet und zueinander in Beziehung gesetzt. So ist es einleuchtend, dass eine feuchte Wand in einem Kellerraum nicht zur selben Minderung berechtigt wie eine feuchte Wand im Wohnzimmer. Entscheidend ist aber auch hier die Bewertung des konkreten Einzelfalles. Die in Abschnitt 3 aufgeführten Urteile sollen nur eine **Orientierungshilfe** bieten.

Umstritten ist, ob die Minderung von der **Brutto- oder der Nettomiete** berechnet wird. Das OLG Frankfurt geht von der Bruttowarmmiete einschließlich Heizkostenvorauszahlungen aus (WuM 1986, 19), das LG Hamburg (WuM 1990, 148; WuM 1991, 90) von der Bruttokaltmiete einschließlich Betriebskosten bis auf die für Heizung und Warmwasser. Hiergegen bestehen Bedenken, da z.B. zwischen Betriebskosten für Müllabfuhr oder Grundsteuer und einer feuchten Wand im Wohnzimmer kein wie auch immer gearteter Zusammenhang besteht. Auch führt eine Minderung von Betriebskostenvorauszahlungen bei der anschließenden Abrechnung der Betriebskosten zu erheblichen Problemen. Richtiger und auch praktikabler ist es daher, bei der Berechnung der Minderung nur von der **Nettomiete** auszugehen und die Minderung auf

Minderung der Miete

Betriebskosten nur zu erstrecken, wenn diese vom Mangel betroffen sind, z.B. die Heizung nicht ordnungsgemäß arbeitet (so Palandt, § 537 Anm. 4c; Kraemer in Bub/Treier, III, Rn. 1365).

Mindert der Mieter über einen längeren Zeitraum, ohne dass der Vermieter etwas unternimmt, können die Ansprüche des Vermieters **verwirkt** sein wie in dem vom LG Hamburg (WuM 1990, 203) entschiedenen Fall, als der Vermieter erst 1 ½ Jahre nach Mietende den Minderungsbetrag beanspruchte. Nach Ansicht des LG Hamburg gilt dies auch bei andauerndem Mietverhältnis, wenn sich der Vermieter über 2 Jahre (WuM 1990, 498) oder fast 3 Jahre (WuM 1991, 38) nicht gerührt hat. Zu prüfen ist hier allerdings immer, ob neben dem Zeitmoment auch das Umstandsmoment als Voraussetzung für die Verwirkung vorliegt (s. „Verwirkung").

Macht der Vermieter den Zahlungsanspruch gerichtlich geltend und beruft sich der Mieter auf einen Mangel der Mietsache und leitet hieraus eine Minderung der Miete her, so hat der Mieter für das Vorliegen der Mängel die **Beweislast**. Nach Ansicht des BGH (WuM 1991, 544) genügt es, wenn der Mieter nur konkrete Sachmängel darlegt, die die Tauglichkeit der Mietsache zum vertragsgemäßen Gebrauch beeinträchtigen. Hingegen fällt das **Maß der Gebrauchsbeeinträchtigung** durch den Mangel nicht in die Darlegungslast des Mieters, da die Mietminderung automatisch in dem Umfang eintritt, in dem die Gebrauchstauglichkeit herabgesetzt ist. Liegt der behauptete Mangel vor, hat das Gericht den Umfang der Gebrauchsbeeinträchtigung zu klären, woraus dann ohne weiteres das Maß der Mietminderung folgt.

3 Einzelfälle

Obwohl die Einzelfälle so unterschiedlich sind (s. auch „Mängel"), dass **Mietminderungstabellen** keine allzu große Aussagekraft haben, sollen **als erster Anhaltspunkt einige Entscheidungen** neuerer Zeit in alphabetischer Reihenfolge aufgeführt werden:

- Asylbewerber in der Nachbarschaft: Keine Minderung, wenn keine konkrete Störung vorliegt; ein baurechtlicher Milieuschutz besteht nicht (AG Gronau WuM 1991, 161).
- Badewanne unbenutzbar: 18% (AG Goslar, WuM 1974, 53).
- Baulärm siehe Lärm.
- Baumängel: Wenn die Normen, insbesondere die DIN-Normen, die zur Zeit der Erbauung des Hauses gegolten haben, nicht eingehalten sind, liegt ein Fehler vor (LG Berlin, WuM 1980, 255). Nach anderer Ansicht soll es auf die Normen zum heutigen Zeitpunkt ankommen (OLG Celle, RE, WuM 1985, 9; AG Hannover, WuM 1982, 186). Siehe hierzu „Mängel", Abschnitt 1.
- Blei-Trinkwasserleitungen: 15 % bei Büro- und Lagerräumen (OLG Köln, NJW 1992, 51). Ein Mangel liegt allerdings nicht vor, wenn nicht festgestellt werden kann, dass der Bleigehalt im Trinkwasser den in der Trinkwasserverordnung festgelegten

M 106

Minderung der Miete

Grenzwert regelmäßig übersteigt. Eine gelegentliche Überschreitung ist ungefährlich und stellt keinen Mangel dar (so jedenfalls LG Frankfurt, ZMR 1990, 17).

- Briefkasten, fehlender: 3 % (AG Hamburg, WuM 1976, 53).
- Dach undicht mit Folge der Feuchtigkeit in der Wohnung: 20 % (AG Hamburg, WuM 1979, 103).
- Doppelfenster unklar und undicht: 6 % (AG Köln, WuM 1981, 283); 10 % (LG Darmstadt, WuM 1985, 22).
- Dusche funktioniert nicht: 17 % (AG Köln, WuM 1987, 271).
- Fenster luftdurchlässig und schlecht zu schließen: 5 % im Sommer; 10 % im Winter (AG Münster, WuM 1982, 254).
- Fenster alle undicht, Küche durch Feuchtigkeit schwarz: 20 % (LG Hannover, ZMR 1979, 47); 50 % (AG Leverkusen, WuM 1991, 49).
- Fernsehempfang unzulänglich: 10 % (AG Berlin-Schöneberg, GE 1988, 361).
- Feuchtigkeit: 5 %, wenn der Kellerraum nach Regenfällen feucht ist (AG Düren, WuM 1983, 30); 10 % wegen Feuchtigkeit im Keller (AG Bad Bramstedt, WuM 1990, 71); 10 % wegen kleiner Feuchtigkeitsflecken und Risse in einer Neubauwohnung (LG Hamburg, WuM 1976, 205); 20 %, wenn sie sich auf den Funktionswert aller Räume auswirken (LG Hamburg, WuM 1988, 353); 50 % bei erheblicher Feuchtigkeit und Nässe, Tropfwasser an der Decke und Durchfeuchtung des Teppichbodens (AG Leverkusen, WuM 1980, 163); 80 %, wenn der Aufenthalt in Küche, Wohn- und Schlafzimmer wegen ständiger Durchfeuchtung nahezu unmöglich ist (LG Berlin, GE 1991, 625). Zur Feuchtigkeit allgemein siehe „Feuchtigkeit in der Wohnung".
- Fliesen, andersfarbige im Bad: 5 % (LG Kleve, WuM 1991, 261).
- Formaldehyd in der Wohnung: 56 % (AG Köln, WuM 1987, 120). Siehe auch „Mängel", Abschnitt 1.
- Gegensprechanlage defekt: 6 % (AG Aachen, WuM 1989, 509).
- Hausmusik: Keine Minderung bei persönlicher Überempfindlichkeit (AG Münster WuM 1991, 545).
- Heizung: 30 % bei nur 15°C in der ganzen Wohnung (LG Düsseldorf, WuM 1973, 187); 30 % bei nur 15 bis 18°C in der Wohnung (LG München, nicht veröffentlicht); 50 % mindestens bei Heizungsausfall in den Wintermonaten (LG Bonn, WuM 1982, 170); 100 % bei Heizungsausfall von September bis Februar (LG Hamburg, WuM 1976, 10).
- Küchenherd defekt: 5 % (LG Berlin, GE 1981, 673).
- Lärm: Normale Lebensäußerungen von **Kindern** sind hinzunehmen und berechtigen nicht zur Mietminderung. Dies gilt nicht bei übermäßigem Lärm (Getobe, Getrampel, insbesondere in den Ruhezeiten): hier 10 % Minderung (LG Köln, WuM 1971, 96). Bei

Minderung der Miete

erheblichem nächtlichen Lärm durch Wohngemeinschaft im selben Haus: 50 % (AG Braunschweig, WuM 1990, 147). Bei erheblichen Störungen durch Baulärm und Bauarbeiten im Haus: 22 % (LG Hannover, WuM 1986, 311); 60% bei besonders starkem Lärm durch Dachgeschossausbau (AG Hamburg, WuM 1987, 272). Bei sehr erheblichen Störungen durch **Baulärm** in der unmittelbaren Nachbarschaft: 20 % (LG Göttingen, WuM 1986, 114). Bei sehr häufigen lautstarken **Feiern** an den Wochenenden, auch bis spät in die Nacht: 20 % (LG Dortmund, WuM 1988, 348). Bei erheblichem Gaststättenlärm bis 1 Uhr nachts im selben Haus: 37 % (AG Rheine, WuM 1985, 260). Bei Störungen der Nachtruhe durch **Klopfgeräusche** in der Zentralheizung: 17 % (LG Darmstadt, WuM 1980, 52). Bei erheblichem **Fluglärm** und dem Fehlen von Isolierungen: 10 % (LG Kiel, WuM 1979, 128). Bei Lärmbelästigung in einer unter der Mietwohnung gelegenen **Kinderarztpraxis**: 10 % (AG Bad Schwartau, WuM 1976, 259). Bei Lärm durch angrenzenden **Kindergarten:** 15 bis 20 % (AG Hamburg, WuM 1975, 209). Lärm durch **Billard-Café** im Nachbarhaus: 20 % auch dann, wenn der Mieter dem Lärm ab 22 Uhr nur bei geöffnetem Fenster ausgesetzt ist (AG Köln, WuM 1991, 545).

- Lift unbenutzbar: 10 % (AG Berlin-Charlottenburg, GE 1990, 423).
- Mäuse und Kakerlaken in der Wohnung: 10 % (AG Bonn, WuM 1986, 113).
- Nitratgehalt des Trinkwassers, gesundheitsgefährdend und überhöht: 10 % (AG Osnabrück, WuM 1989, 12).
- Perchloräthylen – 1 bis 2 mmg pro cbm Raumluft – aus einer chemischen Reinigung in der Wohnung: 50 % (LG Hannover, WuM 1990, 337).
- Reinigung der Hausanlage mangelhaft, ungepflegter Zustand: 5 % (AG Kiel, WuM 1991, 343).
- Rost im Leitungswasser: 10 % (AG Köln, WuM 1982, 226).
- Schallisolierung mangelhaft: 10 % (AG Lüdinghausen, WuM 1980, 52). Bauliche Mindestanforderungen bei Schallschutz nicht erfüllt: 20 % (AG Gelsenkirchen, WuM 1978, 66). Trittschall, der in der unteren Wohnung übermäßig stark zu hören ist: 10 bis 15 % (LG Karlsruhe, DWW 1981, 234).

- Wärmeisolierung, mangelhafte mit der Folge von extrem hohem Heizölverbrauch: Ein Mangel liegt auch dann vor, wenn die Bauausführung den Regeln der Technik entsprach, die Wärmedämmung mit wirtschaftlich vernünftigem Aufwand jedoch ohne Schwierigkeiten verbessert werden kann (LG Waldshut-Tiengen, WM 1991, 479).

- Warmwasserversorgung fehlt: 10 % (LG Berlin, WuM 1955, 134). Heutzutage würde sicher ein höherer Minderungsbetrag angesetzt werden. Ein Mangel liegt dagegen nicht vor, wenn das Wasser nicht mehr als 40 oder 43°C warm wird (LG Hamburg, WuM 1978, 242).

- Zugluft, starke: 20 % (LG Kassel, WuM 1988, 108).

Mischräume

1 Allgemeines

Werden **Wohnräume und Geschäftsräume zugleich** vermietet, spricht man von Mischräumen bzw. von einem Mischmietverhältnis. Dabei bezieht sich das Wort „zugleich" nicht auf den Zeitpunkt des Mietvertragsabschlusses, sondern auf den Zustand der gleichzeitigen Vermietung. Ein Mischmietverhältnis kann in verschiedener Form gegeben sein, z.B. Vermietung eines Ladens mit dazu gehöriger Wohnung, einer Gastwirtschaft mit anschließender Wirtswohnung, einer abgeschlossenen Wohnung, die sowohl dem Wohnen als auch der Berufsausübung dient. Ein Mischmietverhältnis liegt aber auch vor, wenn in einem einheitlichen Vertrag Wohn- und Geschäftsräume, die voneinander getrennt sind, sei es im gleichen Haus, sei es in verschiedenen Häusern, vermietet sind.

2 Wohn-/Geschäftsraum

Da das Mischmietverhältnis weder getzlich definiert noch besonderen gesetzlichen Regelungen unterworfen ist, muss es **entweder** als Wohnraum- **oder** als Geschäftsraummietverhältnis behandelt werden.

Entscheidend ist grundsätzlich der **Parteiwille**, wie er regelmäßig im Mietvertrag zum Ausdruck kommt (BGH, ZMR 1986, 278).

Hierbei ist allerdings zu beachten, dass die im Mietvertrag zum Ausdruck kommende Erklärung der Mischräume als Geschäftsräume unwirksam sein kann, wenn dadurch zum Nachteil des Mieters die Anwendbarkeit der Schutzvorschriften ausgeschlossen werden soll. Entscheidend ist der wahre Vertragszweck. Schließen die Parteien zur Umge-

Mischräume

hung der Zweckentfremdungsbestimmungen oder der Wohnraumschutzgesetze einen gewerblichen Mietvertrag ab, obwohl Wohnräume vermietet werden, ist Wohnraummietrecht anzuwenden (AG und LG München, WuM 1991, 20).

So hat auch das Landgericht Frankfurt/Main (WuM 1992, 112) entschieden, dass dann, wenn der Vertrag nur zum Schein als Gewerberaummietvertrag abgeschlossen wird, Wohnraummietrecht als verdecktes Rechtsgeschäft gilt.

> Fehlt eine Vereinbarung, so kommt es darauf an, welches der **Hauptzweck des Vertrages** ist.

Liegt er im Wohngebrauch, unterliegt das Mischmietverhältnis einheitlich den Wohnraumvorschriften, liegt er im Geschäftsgebrauch, unterliegt es den Vorschriften über Geschäftsraummietverhältnisse.

> Entscheidend ist, welcher Zweck **überwiegt** (sog. Übergewichtstheorie; BGH, ZMR 1986, 278).

So wird i.d.R. dann, wenn der Mieter aus der Nutzung der Räume seinen Lebensunterhalt erwirtschaftet, ein Geschäftsraummietverhältnis vorliegen (z.B. Gaststätte mit Wirtswohnung). In einem ähnlichen Fall (Einzelhandelsgeschäft zum Erwerb des Lebensunterhalts zusammen mit Wohnräumen) hat das Landgericht Hamburg (WuM 1993, 36) entschieden, dass dann, wenn bei einem gemischt genutzten Mietobjekt die gewerbliche Nutzung zum Erwerb des Lebensunterhalts im Vordergrund steht, auch bei Überwiegen der zu Wohnzwecken genutzten Fläche ein einheitliches Geschäftsraummietverhältnis anzunehmen ist. Weitere Indizien sind die einzelnen Flächenanteile und die darauf entfallende Miete. So hat das OLG Schleswig mit RE vom 18.6.1982 entschieden, dass der gewerbliche Teil in einem Mischraummietverhältnis jedenfalls dann überwiegt, wenn die Fläche der vermieteten Gewerberäume und die auf sie entfallende Miete ein Vielfaches der entsprechenden Größen der Wohnräume darstellen und sich eine hiervon abweichende rechtliche Einordnung des Vertrages aus vertraglichen Erklärungen der Partei nicht ergibt. Der Umstand allein, dass die Wohnung den Lebensmittelpunkt des Mieters bildet, führt nicht dazu, dass auf den Wohnraumteil die Bestimmung des § 573 BGB (Kündigung des Vermieters nur bei berechtigtem Interesse möglich) anzuwenden ist (WuM 1982, 266; Weber/Marx, VII/S. 100). Das Problem der Gleichwertigkeit beider Anteile ist so zu lösen, dass entweder gemäß der Vereinbarung der Parteien, die auch hier möglich ist, Wohn- oder Geschäftsraummiete gilt, oder, wenn eine solche Vereinbarung nicht besteht, doch nach Übergewichtstheorie zu entscheiden ist. In solchen Fällen grundsätzlich Wohnraummietrecht ohne weitere Anhaltspunkte anwenden zu wollen, erscheint rechtlich bedenklich, so aber LG Frankfurt/Main (WuM 1992, 112).

3 Anwendbares Recht

Die Anwendung von **Wohnraummietrecht** für die Wohnung, **Geschäftsraummietrecht** für den gewerblich genutzten Teil kommt nur infrage, wenn die Parteien dies ausdrücklich vereinbart haben. Wenn aber, wie i.d.R., ein rechtlich einheitlicher Mietvertrag vereinbart ist, erlaubt es die nur wirtschaftliche Teilbarkeit des Mietobjekts in Gewerberäume und Wohnräume nach Ansicht des OLG Schleswig (a.a.O.) nicht, auf den Wohnraumteil die Kündigungsschutzvorschriften anzuwenden.

4 Rechtsfolgen

Ob Wohnraum- **oder** Geschäftsraummietrecht anzuwenden ist, hat erhebliche Auswirkungen. Ist das Recht für Wohnraum anzuwenden, bedarf die ordentliche Kündigung der Darlegung eines berechtigten Interesses (s. „Kündigungsschutz"). Für Mieterhöhungen gelten die §§ 557 ff. BGB. Abzustellen ist also auf die ortsübliche Vergleichsmiete für gemischt genutzte Mieträume. Ist für den Wohn- und Gewerberaumanteil eine **einheitliche Miete** vereinbart, kann zu Zwecken der Vergleichsmietenermittlung eine rechnerische Trennung vorgenommen werden. Die Anteile für Wohnung und Gewerbe müssen dann wieder addiert werden, sodass ein einheitliches Erhöhungsverlangen gestellt wird, da eine Änderung der Mietstruktur nicht möglich ist.

Kann die anteilige Miete für den gewerblichen Teil nicht oder nur unter Schwierigkeiten ermittelt werden, ist ein werterhöhender **Zuschlag** zur Wohnungsmiete für den auf die gewerbliche Nutzung fallenden Teil möglich (so Sternel III, Rn. 605b). Die Obergrenze soll in Anlehnung an § 26 Abs. 2 NMV bei 50 % liegen (Sternel, a.a.O.).

Sind die **Mietanteile getrennt** ausgewiesen, ist die Ortsüblichkeit der neu verlangten Miete für beide Anteile zu begründen, wobei deren Wertverhältnis zueinander gewahrt werden muss (Sternel III, Rn. 605c).

Überwiegt der **Gewerbeanteil**, ergeben sich bei der Mieterhöhung (s. „Mieterhöhung bei Geschäftsräumen") und Kündigung (s. „Kündigung") keine Besonerheiten. Wird zusammen mit der Wohnung eine **Garage** vermietet, handelt es sich ebenfalls um ein Mischmietverhältnis, bei dem Wohnraum überwiegt (vgl. „Garage").

Auch bei der Bestimmung des **zuständigen Gerichts** kommt es darauf an, ob Wohn- oder Gewerberaummietrecht anzuwenden ist. Das LG Darmstadt (DWW 1993, 20) ist zwar der Ansicht, dass für Streitigkeiten aus Mischmietverträgen ausschließlich das AG zuständig ist. Es kommt nicht darauf an, ob der Wohnraum- oder Gewerberaumanteil überwiegt. Begründet wird dies damit, dass für die Anwendung verfahrensrechtlicher Vorschriften die Übergewichtstheorie unanwendbar sein soll. Die Anknüpfung an schwer bestimmbare Merkmale, wie „überwiegender Charakter" oder „Schwerpunkt", ist nämlich mit der klare Verhältnisse verlangenden Zuständigkeitsordnung unvereinbar.

Aufgrund des Gesetzes zur Entlastung der Rechtspflege vom 11.1.1993 (BGBl. I S. 50) wird sich diese Rechtsmeinung nicht mehr halten lassen. Bei Mietverträgen über Geschäftsräume ist nämlich das AG sachlich nur noch zuständig (§ 23 Nr. 1 GVG), wenn der Streitwert

10.000 DM nicht übersteigt (vgl. „Gerichtliches Verfahren in Mietsachen"). Wenn Geschäftsraummietrecht anzuwenden ist, soll, wenn die Rückgabe teilbar ist, für den Wohnraumteil die Gewährung einer Räumungsfrist (§ 721 ZPO) infrage kommen (strittig – so jedenfalls Thomas-Putzo, ZPO § 721 Anm. 1 a sowie LG Hamburg, WuM 1993, 36).

Möblierter Wohnraum

Für möblierten Wohnraum gelten eine Reihe von Vorschriften, die vom sonstigen Recht der Wohnraummiete abweichen. Von möbliertem Wohnraum spricht man, wenn der Vermieter den Mietraum ganz oder überwiegend mit Einrichtungsgegenständen auszustatten hat. Dabei ist entscheidend, ob der Vermieter nach dem Mietvertrag zur Möblierung verpflichtet ist. Auf die tatsächliche Möblierung kommt es nicht an. Wohnraum ist auch dann als „möblierter Wohnraum" zu behandeln, wenn der Mieter ohne Kenntnis oder gar gegen den Willen des Vermieters von diesem vertragsgemäß zur Verfügung gestellte Einrichtungsgegenstände entfernt und durch eigene ersetzt. Bei der Frage der überwiegenden Ausstattung mit Einrichtungsgegenständen ist auf die Zahl und die Bedeutung der zu einer gewöhnlichen, nicht überfüllten Einrichtung gehörenden Gegenstände abzustellen.

Gemäß § 549 Abs. 2 Nr. 2 BGB gelten die Vorschriften über die Mieterhöhung, über den Mieterschutz bei Beendigung des Mietverhältnisses sowie bei der Begründung von Wohnungseigentum nicht für Mietverhältnisse über Wohnraum, der Teil der vom Vermieter selbst bewohnten Wohnung ist und den der Vermieter überwiegend mit Einrichtungsgegenständen auszustatten hat, sofern der Wohnraum dem Mieter nicht zum dauernden Gebrauch mit seiner Familie oder mit Personen überlassen ist, mit denen er einen auf Dauer angelegten gemeinsamen Haushalt führt.

Der Begriff der **Familie** ist im Gesetz nicht definiert. Manche verstehen darunter die Gesamtheit der durch Ehe oder Verwandtschaft verbundenen Personen. Danach fällt unter den Begriff „Familie" nicht nur das Ehepaar mit Kind, sondern auch das kinderlose Ehepaar, ferner eine allein stehende Person mit Kind, auch wenn es nichtehelich ist, ferner Verschwägerte sowie Eltern und Geschwister des Mieters.

Durch das Mietrechtsreformgesetz ist die Fallgruppe, für die der Ausschluss von den Schutzvorschriften nicht gilt, um den auf Dauer angelegten gemeinsamen Haushalt erweitert worden. Darunter ist nach der amtlichen Begründung eine **Lebensgemeinschaft** zu verstehen, die auf Dauer angelegt ist, keine weiteren Bindungen gleicher Art zulässt und sich durch innere Bindungen auszeichnet, die ein gegenseitiges füreinander Einstehen begründen, die über eine reine Wohn- und Wirtschaftsgemeinschaft hinaus gehen. Dieser Begriff entspricht den Kriterien der bisherigen Rechtsprechung zur „eheähnlichen Gemeinschaft". Nach dieser erweiterten Fassung kann sowohl die hetero- oder homosexuelle Partnerschaft wie auch das dauerhafte Zusammenleben alter Menschen als Alternative zum Alters- oder Pflegeheim, die ihr gegenseitiges füreinander Einstehen z.B. durch gegenseitige Vollmachten dokumentieren, diese Kriterien erfüllen. Eingetragene Lebenspartner im Sinne des zukünftigen Lebenspartnerschaftsgesetzes sind hiervon in jedem Fall umfasst.

Der Regelfall ist die Vermietung möblierter Räume an Einzelpersonen. Handelt es sich um eine Vermietung in diesem Sinne, gelten folgende, vom allgemeinen Wohnraummietrecht abweichende Regelungen:

Auch bei den **Kündigungsfristen** hat das Mietrechtsreformgesetz für möblierten Wohnraum eine Änderung gebracht. Gemäß § 573c Abs. 3 BGB ist eine Kündigung spätestens am 15. eines Monats zum Ablauf dieses Monats zulässig. Eine zum Nachteil des Mieters hiervon abweichende Vereinbarung ist unwirksam (§ 573c Abs. 4 BGB).

Das Mietverhältnis über möblierten Wohnraum unterliegt nicht dem Kündigungsschutz.

Das Widerspruchsrecht des Mieters gegen die Kündigung ist hier ausgeschlossen; die Regelungen über die Miethöhe gem. §§ 557ff. BGB finden keine Anwendung. Der Vermieter kann somit nicht vom Mieter die Zustimmung zu einer Mieterhöhung verlangen, er muss vielmehr, will er eine Änderung der Miete herbeiführen, mangels Zustimmung des Mieters das Mietverhältnis kündigen.

Räumungsfrist kann dem zur Räumung verurteilten Mieter eines nicht geschützten Mietverhältnisses hingegen gewährt werden.

Modernisierung

Inhaltsübersicht   Seite

1	Allgemeines	M 114
2	Duldung von Modernisierungsmaßnahmen	M 115
3	Einschränkungen	M 118
3.1	Alter und Gesundheit	M 118
3.2	Bauliche Folgen	M 118
3.3	Verwendungen	M 118
3.4	Mieterhöhung	M 118
4	Ankündigung	M 120
5	Aufwendungsersatz	M 123
6	Mieterschutz	M 123
7	Geschäftsraum	M 124

1 Allgemeines

Häufig will der Vermieter während des Bestehens eines Mietverhältnisses **bauliche Änderungen** in den Mieträumen durchführen, insbesondere die Mieträume modernisieren. Nicht selten drohen die Absichten des Vermieters am Widerstand des Mieters zu scheitern. Hier ist der Vermieter darauf angewiesen, seine Absicht mit Hilfe des Gerichts durchzusetzen.

Der Mieter von Räumen hat Einwirkungen auf die Mietsache uneingeschränkt zu dulden, wenn sie zur Erhaltung der Mietsache erforderlich sind (§ 554 Abs. 1 BGB; vgl. „Instandhaltung").

Maßnahmen zur **Verbesserung** der Mietsache oder zur Einsparung von Energie und Wasser oder zur Schaffung neuen Wohnraums hat der Mieter zu dulden, es sei denn, dass die Maßnahme, insbesondere unter Berücksichtigung der vorzunehmenden Arbeiten, der baulichen Folgen, vorausgegangener Verwendungen des Mieters oder der zu erwartenden Erhöhung der Miete für den Mieter oder einen anderen Angehörigen seines Haushalts eine Härte bedeuten würde, die auch unter Würdigung der berechtigten Interessen des Vermieters oder anderer Mieter in dem Gebäude nicht zu rechtfertigen ist (§ 544 Abs. 2 BGB).

Die frühere gesetzliche Bestimmung in § 541b BGB bezog sich auf Maßnahmen zur Verbesserung der gemieteten Räume oder sonstiger Teile des Gebäudes. Diese Formulierung wurde durch das Mietrechtsreformgesetz durch die Formulierung „Maßnahmen zur Verbesserung der Mietsache" ersetzt. Nach der amtlichen Begründung wird damit die bisherige Formulierung mit umfasst. Es bleibt abzuwarten, ob einzelne Gerichte bei Maßnahmen, die eine allgemeine Wohnwertverbesserung darstellen, nicht anderer Ansicht sind. Ob die Anlage und der Ausbau von nicht öffentlichen Gemeinschaftsanlagen noch unter dem Begriff „Mietsache" subsumiert werden kann, darüber wird sich trefflich streiten lassen.

Im **öffentlich geförderten sozialen** Wohnungsbau darf eine Modernisierung nur berücksichtigt werden, wenn die Bewilligungsstelle ihr zugestimmt hat (§ 11 Abs. 7 II. BV).

Im Übrigen gilt auch im öffentlich geförderten Wohnungsbau für die Duldungspflicht des Mieters die Vorschrift des § 544 Abs. 2 BGB (BayObLG, RE v. 24.10.1996, WuM 1996, 749).

> **Erhaltungsmaßnahmen** hat der Mieter also stets zu dulden, Modernisierungsmaßnahmen nur unter den Voraussetzungen des § 554 Abs. 2, 3 BGB.

Die Abgrenzung kann im Einzelfall schwierig sein. Im aufgehobenen § 3 Abs. 4 ModEnG findet sich eine Legaldefinition: Danach ist **Instandsetzung** die Behebung von baulichen Mängeln, insbesondere von Mängeln, die infolge Abnutzung, Alterung, Witterungseinflüssen oder Einwirkungen Dritter entstanden sind, durch Maßnahmen, die in den Wohnungen den zum bestimmungsgemäßen Gebrauch geeigneten Zustand wieder herstellen. Manche Maßnahmen dienen sowohl der Erhaltung als auch der Verbesserung (Austausch alter Holzfenster mit morschem Rahmen gegen neue Fenster mit höherem Schallschutz und besserer Isolierung). Die Duldungspflicht des Mieters richtet sich hier allein nach § 554 Abs. 2, 3 BGB.

2 Duldung von Modernisierungsmaßnahmen

Unter folgenden Voraussetzungen ist der Mieter zur Duldung einer Modernisierung verpflichtet: Die Maßnahmen müssen zu einer Verbesserung führen. Hierbei ist ein objektiver Maßstab anzulegen, auf die persönliche Meinung des Mieters kommt es nicht an. Im aufgehobenen § 4 Abs. 1 ModEnG findet sich eine Aufzählung:

Danach sind **bauliche Maßnahmen**, die den Gebrauchswert der Wohnung erhöhen, insbesondere Maßnahmen zur Verbesserung

4) des Zuschnittes der Wohnung,

5) der Belichtung und Belüftung,

6) des Schallschutzes,

7) der Energieversorgung, der Wasserversorgung und der Entwässerung,

8) der sanitären Einrichtungen,

9) der Beheizung und der Kochmöglichkeiten,

Modernisierung

10) der Funktionsabläufe in Wohnungen,

11) der Sicherheit vor Diebstahl und Gewalt.

Folgende **Beispiele** aus der Rechtsprechung seien aufgeführt:

Einbau eines elektrischen Türöffners (AG Schöneberg, NJW 1986, 2059; LG München I, WuM 1989, 27), Badverfliesung (LG Hamburg, WuM 1984, 217), Umstellung von Einzelöfen auf Zentralheizung (LG Hamburg, WuM 1990, 18), Einbau eines Liftes (LG München I, WuM 1989, 27), eines Balkons (LG München I, WuM 1989, 27), Anschluss an das Breitbandkabelnetz (KG Berlin, RE v. 27.6.1985, WuM 1985, 248; Weber/Marx, VII/S. 71, vgl. hierzu „Kabelfernsehen"), das Anbringen einer Gemeinschaftsantenne (BGH, WuM 1991, 381), die räumliche Trennung von Bad und WC (LG Berlin, GE 1992, 39), Austausch einer Wohnungseingangstür durch eine einbruchhemmende Wohnungseingangstür (LG Köln, WuM 1983, 608). Der Austausch von Wasserleitungen aus Blei gegen Kupferleitungen ist nur dann eine Modernisierung, wenn er vorbeugend erfolgt, um einer potenziellen oder auch nur zukünftig mit zunehmendem Alter wahrscheinlich werdenden Belastung vorzubeugen (LG Berlin, ZMR 1992, 546). Der Einbau von **Isolierglasfenstern** stellt dagegen nicht immer eine Modernisierung dar. Nach Ansicht des LG Berlin (WuM 1987, 384) braucht der Mieter von Wohnraum in seiner Wohnung den Austausch von Holzkastendoppelfenstern gegen isolierverglaste Kunststofffenster nicht zu dulden, da es sich hierbei nicht um eine Modernisierung, sondern um eine Veränderung handeln soll. In einer anderen Entscheidung (LG Berlin, WuM 1986, 245) ist das Gericht vorsichtiger. Ob der Einbau eines Isolierglasfensters zu einer Gebrauchswertverbesserung führt, soll im Einzelfall entschieden werden. Die verbesserte Isolierung kann nämlich durchaus von dem erhöhten Lüftungsbedarf wieder wettgemacht werden.

Keine Modernisierung stellen Maßnahmen dar, die zur Aufteilung des Gebäudes in Wohnungseigentum erforderlich sind (LG Stuttgart, WuM 1992, 13). Dies gilt auch für die bloße Umstellung einer Etagenheizung auf eine Zentralheizung (AG Köln, WuM 1987, 385) oder von Nachtspeicheröfen auf Fernwärme (AG Hamburg, WuM 1993, 684) oder von Nachtstromöfen auf Gaszentralheizung (LG Hamburg, WuM 1990, 18).

Bauliche Maßnahmen, die die allgemeinen Wohnverhältnisse verbessern, sind nach dem aufgehobenen § 4 Abs. 2 ModEnG insbesondere die Anlage und der Ausbau von nicht öffentlichen **Gemeinschaftsanlagen**, wie Kinderspielplätze, Grünanlagen, Stellplätze und andere Verkehrsanlagen. Darunter fällt z.B. der Einbau eines Fahrradständers im Hof, die Anlage einer Hofbefestigung (LG Hildesheim, WuM 1985, 340), die Installierung einer notwendigen neuen Müllbox (LG Hannover, WuM 1982, 83).

Zu dulden sind nunmehr auch Maßnahmen, die zur Einsparung von **Wasser** führen. Hierunter fällt jede Maßnahme, die den Wasserverbrauch mindert, insbesondere der Einbau von Wasserzählern. Zu dulden sind ferner Maßnahmen zur **Schaffung neuen Wohnraums**, wozu der Mieter bisher nicht verpflichtet war. Die Rechtsprechung ist davon ausgegangen, dass erhebliche Umgestaltungen der Wohnung oder des Gebäudes in der Regel keine Verbesserung darstellen, da hierfür Voraussetzung ist, dass das Mietobjekt in seinem ursprünglichen Zuschnitt erhalten bleibt (LG Köln, WuM 1993, 40). Nach dieser Entscheidung musste der Mieter eine Vergrößerung der Wohnfläche um mehr als 10 % nicht dulden. Nach der Gesetzesänderung wird sich dieses Urteil nicht mehr halten lassen.

Eine Duldungspflicht kann sich in eng beschränkten Ausnahmefällen, wenn die Voraussetzungen des § 554 Abs. 2 BGB nicht vorliegen, höchstens aus Treu und Glauben (§ 242 BGB) ergeben, wenn der Verzicht auf den Umbau für den Vermieter unzumutbar wäre (z.B., wenn Modernisierungen in anderen Wohnungen nicht weitergeführt werden können) und der Mieter sich treuwidrig verhält (BGH, NJW 1972, 723).

Eine Duldungspflicht für Maßnahmen aufgrund von Umständen, die der Vermieter nicht zu vertreten hat, ist in § 554 Abs. 2 BGB nicht aufgenommen worden. Dies deshalb, so die amtliche Begründung, um zu vermeiden, dass der Mieter der Durchführung solcher Maßnahmen bei Vorliegen von Härtegründen widersprechen kann, obwohl der Vermieter nach öffentlich rechtlichen Vorschriften hierzu verpflichtet ist. Ein solches Ergebnis erscheint nicht sachgerecht. Die Duldungspflicht ergibt sich in diesem Fall aus § 242 BGB.

Durch das Mietrechtsänderungsgesetz wurde die Duldungspflicht erweitert auf Maßnahmen zur Einsparung aller Arten von Energie statt bisher nur Heizenergie. Damit fallen z.B. auch Maßnahmen zur Einsparung von Strom (z.B. drehzahlgeregelte Umwälzpumpen, Ventilatoren und Aufzugsmotoren sowie Energiesparlampen) darunter.

Im Unterschied zu § 559 BGB muss es sich nicht um eine nachhaltige Einsparung handeln. Der Unterschied wird sich in der Praxis aber nicht allzu sehr auswirken. Es kann daher bei der Einsparung von Heizenergie auf § 4 Abs. 3 ModEnG verwiesen werden, auch wenn diese Bestimmung aufgehoben wurde:

Hierunter fallen wesentliche Verbesserungen der Wärmedämmung von Fenstern, Außentüren, Außenwänden, Dächern, Kellerdecken und obersten Geschossdecken, wesentliche Verminderung des Energieverlustes und des Energieverbrauches der zentralen Heizungs- und Warmwasseranlagen, Änderung von zentralen Heizungs- und Warmwasseranlagen innerhalb des Gebäudes für den Anschluss an die Fernwärmeversorgung, die überwiegend aus Anlagen der Kraft-Wärme-Kopplung zur Verbrennung von Müll oder zur Verwertung von Abwär-

Modernisierung

me gespeist wird, Rückgewinnung von Wärme, Nutzung von Energiewärmepumpen- und Solaranlagen.

> Aus der Rechtsprechung seien folgende **Beispiele** genannt: Gasetagenheizung statt Einzelöfen (LG Berlin, WuM 1984, 219), Austausch alter Heizkörperventile gegen Thermostatventile (LG Berlin, ZMR 1986, 444), Anschluss an die Fernwärmeversorgung, Wärmeisolierung des Dachbodens (LG Berlin, ZMR 1986, 444), Anbringung von Wärmemesszählern.

Maßnahmen zur Einsparung von Heizenergie müssen auch aus der Sicht des Mieters objektiv wirtschaftlich vertretbar sein (vgl. „Mieterhöhung bei Wohnraum", Abschnitt 3.1.4). Wenn es sich bereits im Prozess auf Duldung der Modernisierungsmaßnahme erweist, dass der Einbau von Schallschutz-/Isolierglasfenstern eine Mietsteigerung ergibt, welche nahezu 400 % höher ist als die damit verbundene Heizkostenersparnis, ist der Mieter zur Duldung dieser Modernisierungsmaßnahmen nicht verpflichtet (LG Berlin, WuM 1996, 93).

3 Einschränkungen

Die **Duldungspflicht** ist aber eingeschränkt. Bei Vorliegen von Härtegründen hat eine **Zumutbarkeitsabwägung** stattzufinden. Dies bedeutet aber nicht, dass beim Vorliegen von Härtegründen eine Modernisierung bereits ausgeschlossen ist (vgl. LG Frankfurt, WuM 1986, 312). Vielmehr ist beim Vorliegen von Härtegründen abzuwägen, ob die Durchführung der Maßnahme für den Mieter eine Härte bedeuten würde, die auch unter Würdigung der berechtigten Interessen des Vermieters und anderer Mieter im Gebäude nicht zu rechtfertigen ist. Das Gesetz nennt nicht abschließend folgende **Härtegründe:**

3.1 Alter und Gesundheit

Die vorzunehmenden Arbeiten, also deren Umfang und Intensität unter Berücksichtigung von Alter und Gesundheitszustand des Mieters (z.b. Einbau neuer Fenster im Winter, AG Köln, WuM 1975, 225).

3.2 Bauliche Folgen

Die baulichen Folgen, z.B. einschneidende Grundrissänderungen, wesentlicher Verlust an Licht und Sonne (AG Köln, WuM 1979, 242).

3.3 Verwendungen

Vorausgegangene Verwendungen des Mieters, z.B. Einbau einer Etagenheizung durch den Mieter, nunmehr Einbau einer Zentralheizung im gesamten Haus durch den Vermieter. Abzustellen ist darauf, ob der Vermieter dem Einbau zugestimmt hat und ob die Mieterinvestitionen abgewohnt sind, wobei das LG Hamburg (ZMR 1984, 60) als Richtlinie angibt, dass ein Investitionsbetrag in Höhe einer Jahresmiete in 4 Jahren abgewohnt ist.

3.4 Mieterhöhung

Erhöhung der Miete; diese ist nicht zu berücksichtigen, wenn die gemieteten oder sonstigen Teile des Gebäudes lediglich in einen Zustand gesetzt werden, wie er **allgemein üblich** ist. Die Mieterhöhung richtet sich bei Wohnraum nach § 559 BGB (s. „Mieterhöhung", Abschnitt 3), bei Geschäftsraum nach den vertraglichen Vereinbarungen bzw. der Möglichkeit einer Änderungskündigung.

Der BGH hat mit Beschluss vom 19.2.1992 (WuM 1992, 181) entschieden, dass die gemieteten Räume in den allgemein üblichen Zustand dann versetzt werden, wenn dieser Zustand bei der überwiegenden Mehrzahl von Miet-räumen – mindestens 2/3 – in Gebäuden gleichen Alters innerhalb der Region angetroffen wird. Der BGH stellt also auf den tatsächlichen Ist-Zustand von Mietwohnungen und -gebäuden in vergleichbarem Alter und innerhalb der gleichen Region ab. Als jeweils maßgebliche Region ist das Bundesland anzusehen, in dem sich die Mietwohnung befindet. Hierfür sind, jedenfalls in den alten Bundesländern, in der Regel ausreichende Statistiken über die Ausstattung der Wohnungen vorhanden. Ausdrücklich offen lässt der BGH, ob die in diesem Beschluss dargelegten Auslegungsgrundsätze auch dann gelten, wenn es um die Duldungspflicht von Mietern in den neuen Bundesländern geht. Nur bei Maßnahmen, die über diesen üblichen Zustand hinausgehen, ist also zu prüfen, ob die Mieterhöhung zu einer Härte führt.

Wo die Grenze liegt, ist eine Frage des Einzelfalles (LG Hamburg, WuM 1986, 245: 45 % des Nettoeinkommens für die Miete sind zuviel). Teilweise wird die Grenze bei 30 % des Nettoeinkommens gesetzt, z.B. LG Berlin, WuM 1990, 206. Der Vermieter hat aber die Möglichkeit, durch einen zumindest teilweisen Verzicht auf die volle Mieterhöhung diesen Härtegrund entfallen zu lassen, LG Köln, WuM 1992, 431. Der Erlass muss bereits im Ankündigungsschreiben enthalten sein. Der Mieter muss sich ihm zustehende Wohngeldansprüche anrechnen lassen (KG, RE vom 28.5.1982, WuM 1982, 293; Weber/Marx, VII/S. 70).

Hierzu hat das Landgericht Köln (WuM 1992, 431) entschieden, dass die Zumutbarkeit der Maßnahme wegen der zu erwartenden Erhöhung der Miete nicht verneint werden kann, wenn nach der Modernisierung der Wohnung die zu erwartende Monatsmiete innerhalb des Bereichs vollständiger Förderungsfähigkeit im Sinne des Wohngeldgesetzes bleibt.

Das LG Berlin hat sich mit dem Rechtsentscheid des Bundesgerichtshofs vom 19.2.1992, s.o., in einem ausführlichen Urteil auseinander gesetzt (WuM 1993, 186). Danach richtet sich der allgemein übliche Zustand einer in Westberlin gelegenen Wohnung nach den in Berlin (West) nach früherer Zuordnung befindlichen Wohnungen. Dort ist eine Ausstattung mit Bad allgemein üblich, nicht jedoch die Ausstattung mit Zentralheizung. Das Gericht setzt die Grenze der Belastbarkeit eines Mieters mit Miete und Nebenkosten relativ nieder an. Wenn die Modernisierung der Wohnung über den allgemein üblichen Zustand hinaus zu einer Mietbelastung von 25–30 % des Nettoeinkommens einschließlich des Wohngeldes führt, kann der Mieter eine der Duldungspflicht entgegenstehende Härte geltend machen. Nicht im Rahmen der Duldungspflicht zu prüfen ist nach Ansicht des Gerichts der Einwand des Mieters, die zu erwartende neue Miete stelle einen Verstoß gegen § 5 WiStG dar. Zwar unterliegen auch Modernisierungszuschläge den Beschränkungen der Bestimmungen über Mietpreisüberhöhungen, dies ist jedoch erst bei Überprüfung der Miethöhe nach § 559 BGB zu berücksichtigen.

4 Ankündigung

Gemäß § 554 Abs. 3 BGB hat der Vermieter dem Mieter **3 Monate vor** dem Beginn der Maßnahme deren Art sowie voraussichtlichen Umfang und Beginn und voraussichtliche Dauer und die zu erwartende Erhöhung der Miete **in Textform** (s. hierzu „Mieterhöhung bei Wohnraum", Abschnitt 9) **mitzuteilen**. Ein Verstoß gegen diese Vorschrift berechtigt den Mieter ohne die Prüfung der weiteren Voraussetzungen der Modernisierung zur Verweigerung seines Einverständnisses, da die Ankündigungspflicht Fälligkeitsvoraussetzung für das Entstehen der Duldungspflicht ist (nicht aber Tatbestandsvoraussetzung, Sternel, Mietrecht aktuell, 2. Aufl., Rn. 133f.). Die Mitteilung muss so konkret wie möglich sein, allgemeine Angaben reichen nicht aus.

Das Mietrechtsreformgesetz hat hier zwei Änderungen gebracht. Zum einen ist die Ankündigungsfrist von bisher 2 Monaten auf 3 Monate verlängert worden. Zum anderen sollen die Anforderungen an den Inhalt der Modernisierungsmitteilung des Vermieters vor dem Hintergrund der äußerst strenge Maßstäbe anlegenden Rechtsprechung durch die Verwendung des Wortes „voraussichtlich" gesenkt werden. Nach der amtlichen Begründung bezieht sich das Merkmal „voraussichtlich" damit auf Umfang, Beginn und Dauer. Damit soll insbesondere auch dem Umstand Rechnung getragen werden, dass der Vermieter zu dem vom Gesetz vorgeschriebenen Mitteilungszeitpunkt zu präziseren Angaben häufig noch gar nicht in der Lage sein wird. Dies gilt umso mehr, als die Mitteilungsfrist auf 3 Monate verlängert wird. Ob die Rechtsprechung die Anforderungen an die Modernisierungsmitteilung, die teilweise so hoch geschraubt wurden, dass sie einem Modernisierungsverbot gleichkommen, senken wird, bleibt abzuwarten.

Das BayObLG (Beschl. v. 13.11.2000, Az. RE-Miet 1/00, NZM 2001, 89) hat darauf hingewiesen, dass im Hinblick auf die sich aus der unvollständigen Mitteilung ergebenden Folgen schon aus verfassungsrechtlichen Gründen an den Inhalt des Ankündigungsschreibens keine übertriebenen Anforderungen gestellt werden dürfen. Eine extensive Interpretation der Mitteilungspflicht als verfahrensrechtliche Voraussetzung für die Durchführung der Modernisierungsmaßnahme darf nicht den grundgesetzlich geschützten Anspruch des Vermieters auf gerichtliche Durchsetzung der gesetzlich zulässigen Maßnahme verkürzen; der Rechtsschutz darf nicht von einer unzumutbar strengen Handha-

Modernisierung

bung der Verfahrensvorschriften abhängig gemacht werden.

Gleichwohl wird nach wie vor empfohlen, dass sich der Vermieter vor Beginn der geplanten Modernisierungsmaßnahmen vom Mieter eine schriftliche **Zustimmungserklärung** unterschreiben lässt.

Die Anforderungen der Gerichte sind sehr hoch. So verlangt das Landgericht Hamburg (WuM 1992, 121), dass die beabsichtigte Modernisierungsmaßnahme im Ankündigungsschreiben ins Einzelne beschrieben wird, um dem Mieter eine genaue Vorstellung von der Neugestaltung der Wohnung zu vermitteln. Vorliegend ging es um den Einbau einer Zentralheizung. Nach Ansicht des LG hätte das Ankündigungsschreiben des Vermieters die Anzahl, Bauart und den Ort der Aufstellung der Heizkörper bzw. den Verlauf der Rohrleitungen benennen müssen. Auch wird teilweise verlangt, dass der Vermieter die Kosten der Baumaßnahme angeben muss, sowie bei Baumaßnahmen in mehreren Wohnungen den Verteilerschlüssel, damit der Mieter den mitgeteilten Erhöhungsbetrag rechnerisch nachprüfen kann (LG Berlin, WuM 1991, 164).

Nach Ansicht des LG Fulda (WuM 1992, 243) würden damit die gesetzlichen Anforderungen überspannt. Nach § 554 Abs. 3 BGB ist der Vermieter lediglich verpflichtet, die zu erwartende Mieterhöhung schriftlich mitzuteilen. Hierfür genügt ein bezifferter Betrag. Nähere Erläuterungen sind nicht erforderlich, sondern erst bei Geltendmachung der Mieterhöhung nach § 559 BGB zu machen.

Voraussichtlicher Beginn und voraussichtliche Dauer sind möglichst konkret anzugeben (Kalenderwoche oder Datum).

Hat der Mieter allerdings die Durchführung einer Modernisierungsmaßnahme durch **Gestattung des Zutritts** zu den Mieträumen geduldet, so ist eine Mieterhöhung nach § 559 BGB nicht davon abhängig, dass der Vermieter zuvor eine dem § 554 Abs. 3 BGB genügende Anzeige gemacht hat (OLG Stuttgart, RE, WuM 1991, 332). Der Fälligkeitszeitpunkt der Mieterhöhung verschiebt sich dann aber um 6 Monate (§ 559b Abs. 2 S. 2 BGB; s. hierzu „Mieterhöhung bei Wohnraum", Abschnitte 3.3 und 3.5).

Die **Mitteilungspflicht** besteht auch dann, wenn der Vermieter für den Fall der Duldung auf eine Mieterhöhung verzichtet. Teilt der Vermieter dem Mieter in einem Ankündigungsschreiben über beabsichtigte Modernisierungsmaßnahmen mit, dass infolge dieser Maßnahmen keine Erhöhung der Miete erfolgt, muss der Vermieter zusätzlich keine Angaben über eine theoretisch mögliche Mieterhöhung machen (BayObLG, RE v. 13.11.2000, NZM 2001, 89). Der Vermieter ist an diese Erklärung gebunden. Er kann also nicht nachträglich gem. § 559 BGB eine Mieterhöhung durchführen.

Auch wenn die Räume des Mieters von der Maßnahme nicht betroffen sind,

Modernisierung

besteht eine Mitteilungspflicht, wenn es zu einer nicht unerheblichen Mieterhöhung kommt (z.B. Fassadenisolierung, Isolierung des Dachbodens). Teilt der Mieter mit, dass er diese Maßnahmen nicht dulden werde oder beantragt er gar den Erlass einer einstweiligen Verfügung, muss der Vermieter die Duldungspflicht des Mieters in einem entsprechenden gerichtlichen Verfahren klären lassen (LG Berlin, WuM 1986, 138). Beginnt nämlich der Vermieter die Modernisierungsarbeiten in der Mietwohnung ohne Duldung des Mieters, so liegt verbotene Eigenmacht vor (§ 858 BGB). Der Mieter kann sich hiergegen mit einer einstweiligen Verfügung auf Wiederherstellung des früheren Zustandes wehren und die Einstellung der Arbeiten so lange verlangen, als seine Duldungspflicht nicht in einem ordentlichen Verfahren auf Duldungsklage des Vermieters hin rechtskräftig festgestellt ist. Wenn der Mieter allerdings die Durchführung der Arbeiten durch die Verweigerung des Zutritts zur Wohnung verhindern kann, wird es im Allgemeinen an einem Verfügungsgrund fehlen. Dies wird auch bei Modernisierungen außerhalb der Mieträume gelten. Ausreichend ist, wenn der Mieter seinen Widerspruch gegen die Modernisierung dem Vermieter mitteilt. Dies gilt insbesondere dann, wenn er als Härtegrund nur die zu erwartende Mieterhöhung geltend macht, da er diesen Einwand noch im späteren Mieterhöhungsverfahren nach § 559 BGB geltend machen kann (LG Berlin, WuM 1996, 407). Andere Gerichte sind nicht so großzügig und sprechen dem Mieter auch bei Außenmodernisierung das Recht zu, eine einstweilige Verfügung zu beantragen. Dies gilt insbesondere dann, wenn die Maßnahmen nicht ordnungsgemäß angekündigt wurden (so LG Berlin, WM 1986, 138) oder wenn der Mieter durch die Außenmodernisierung nicht unerheblich in seinem Mietgebrauch gestört ist (OLG München, WuM 1991, 481).

Wichtig in diesem Zusammenhang ist der Rechtsentscheid des Kammergerichts Berlins vom 16.7.1992 (WuM 1992, 514). Dulden bedeutet nach Ansicht des KG im Rahmen des § 554 Abs. 2 BGB lediglich, dass der Mieter sich in Kenntnis der Modernisierungsabsicht des Vermieters passiv verhält. Eine **Duldung** ist auch noch möglich, wenn der Mieter erst nach Beginn der Maßnahme vom Vorhaben des Vermieters (Außenmodernisierung, hier Lifteinbau) unterrichtet wird. Die Duldung muss bei der Außenmodernisierung nicht in einer Mitwirkungshandlung des Mieters bestehen. Kenntnis vom Modernisierungsvorhaben hat der Mieter, wenn er über die Art und den Umfang wenigstens in groben Zügen unterrichtet worden ist. Passiv verhält er sich dann, wenn er weder dem Vermieter gegenüber der ihm bekannten Modernisierungsabsicht widerspricht, noch diesen an der Durchführung der Verbesserungsmaßnahme hindert (bei einer Außenmodernisierung durch gerichtliche Untersagungsverfügung).

Wenn der Mieter also gegen die Bauarbeiten nichts unternimmt und nach deren Abschluss den Lift auch noch benützt, ohne hierzu berechtigt zu sein, ist er auch in sonstiger Weise bereichert und insoweit zur Zahlung verpflichtet. Statt eines Erhöhungsanspruches nach §§ 559ff. BGB spricht das KG dem Vermieter hier also einen Bereicherungsanspruch nach § 812 BGB zu, und zwar in Höhe der Mieterhöhung nach § 559 BGB.

Nicht entschieden ist jetzt nur noch die Fallkonstellation, dass der Vermieter keine oder keine ausreichende Mitteilung nach § 554 Abs. 2 BGB macht und der Mieter von der Modernisierungsmaßnahme keine Kenntnis hat (z.B. wegen Urlaubs).

Eine Mitteilungspflicht des Vermieters besteht nicht bei Maßnahmen, die mit keiner oder nur mit unerheblicher Einwirkung auf die vermieteten Räume verbunden sind und zu keiner oder nur zu einer unerheblichen Erhöhung der Miete führen. Nach Ansicht des Landgerichts Berlin (ZMR 1986, 444) ist eine Erhöhung bis zu 5 % noch unerheblich, nach Ansicht des Landgerichts Detmold (WuM 1990, 121) eine solche von 7,5 % nicht mehr.

Der **Mieter** ist berechtigt, bis zum Ablauf des Monats, der auf den Zugang der Mitteilung folgt, für den Ablauf des nächsten Monats zu **kündigen** (§ 554 Abs. 3 S. 2 BGB). Hat der Mieter gekündigt, ist die Maßnahme bis zum Ablauf der Mietzeit zu unterlassen.

5 Aufwendungsersatz

Der Vermieter hat dem Mieter Aufwendungen, die dieser infolge der Maßnahme machen musste, in einem den Umständen nach angemessenen Umfang zu ersetzen (§ 554 Abs. 4 BGB); auf Verlangen hat der Vermieter Vorschuss zu leisten. Schönheitsreparaturen, die als Folge von Modernisierungsmaßnahmen notwendig werden, sind dem Modernisierungsaufwand zuzurechnen, in diesem Fall also vom Vermieter zu tragen. Zu den Aufwendungen können auch Kosten einer anderweitigen Unterkunft bei Unbenutzbarkeit der Räume zählen, ebenso Reinigungskosten.

6 Mieterschutz

Bei einem Mietverhältnis über Wohnraum ist eine zum **Nachteil** des Mieters abweichende **Vereinbarung unwirksam** (§ 554 Abs. 5 BGB).

Dies gilt für sämtliche Voraussetzungen und Rechtsfolgen des § 554 Abs. 2 bis 4 BGB. Hierdurch ist aber nicht ausgeschlossen, dass der Mieter im Einzelfall einer konkreten Maßnahme des Vermieters zustimmen kann, auch wenn die formellen Voraussetzungen des § 554a Abs. 2 bis 4 BGB nicht eingehalten sind (höchst strittig). Insbesondere ist fraglich, ob auch bei Erteilung einer solchen Zustimmung der Mieter mit der auch noch nachträglichen Geltendmachung von Härtegründen gem. § 554 Abs. 2 BGB ausgeschlossen ist.

> Es wird dringend empfohlen, in solchen Fällen den Mieter umfassend zu informieren, insbesondere über den Umfang und den Beginn der Arbeiten sowie die zu erwartende Mieterhöhung.

Andernfalls steht zu befürchten, dass der Mieter bei ungenügender Information seine im Einzelfall erteilte Zustimmung nach § 119 Abs. 2 BGB anficht (Kraemer in Bub/Treier III Rn. 1124). Formularvertragliche Klauseln, wonach sich der Mieter mit der späteren Einrichtung einer Gemeinschaftsantenne oder eines Kabelanschlusses einverstanden erklärt, sind unwirksam (BGH, WuM 1991, 381, 385).

7 Geschäftsraum

§ 554 Abs. 1 bis 4 BGB gilt gem. § 578 Abs. 2 BGB auch bei Mietverhältnissen über Räume, die keine Wohnräume sind. Die Vorschriften über die Duldung von Erhaltungs- und Modernisierungsmaßnahmen gelten daher auch bei Mietverhältnissen über Geschäftsräume, sind aber – in Grenzen – abdingbar. § 559 BGB, der die Möglichkeit beinhaltet, die Kosten der Modernisierung auf den Mieter umzulegen, gilt hingegen bei **Geschäftsraum**mietverhältnissen nicht. Plant der Vermieter hier also Modernisierungen, bedarf es, wenn er eine höhere Miete fordern will, einer ausdrücklichen Vereinbarung. Eine formularmäßige Vereinbarung, wonach der Mieter Modernisierungsmaßnahmen jederzeit zu dulden hat, ist nach § 9 AGB-Gesetz unwirksam. Aber auch von § 554 BGB abweichende individuelle Vereinbarungen sind nur bis zur Grenze der §§ 138, 242 BGB zulässig. Vertragsklauseln, die den Mieter zur Duldung zwingen und ihm sämtliche Rechte abschneiden, sind daher unwirksam.

Musikausübung

Grundsätzlich darf der Mieter in seiner Mietwohnung musizieren. Einer besonderen Erlaubnis hierzu bedarf es nicht. Der Mieter hat jedoch auf die übrigen Hausbewohner Rücksicht zu nehmen. Während des Musizierens sind die Fenster geschlossen zu halten. Zur Zeit der üblichen Ruhestunden ist das Musizieren einzustellen. Das gilt in jedem Fall für die Zeit von 22 bis 8 Uhr und i.d.R. auch für die Zeit zwischen 13 bis 15 Uhr.

Die Musikausübung kann im Mietvertrag (Hausordnung) näher geregelt werden. Ein formularvertraglicher Ausschluss des Musizierens ist unwirksam, zulässig ist hingegen eine formularmäßige zeitliche Einschränkung auf bis zu 2 Stunden (OLG Hamm, NJW-RR 1986, 500). Aber auch ein individuell ausgehandeltes uneingeschränktes Musizierverbot ist unwirksam, da es den Mieter bezüglich des Rechts auf freie Entfaltung der Persönlichkeit zu sehr einschränkt. Im Übrigen kommt es auch hier, wie soooft, auf den Einzelfall an. Entscheidend ist die Art des Instrumentes (keine Pauken und Trompeten), die Intensität der Ausübung und der vorhandene Schallschutz (s. hierzu auch „Lärm").

Auch außerhalb der Ruhezeiten gilt der Grundsatz der gegenseitigen **Rücksichtnahme**.

So kann die stundenlange Wiederholung desselben Stückes durchaus eine Belästigung darstellen. Das OLG Frankfurt (WM 1984, 303) hat daher angenommen, dass sich die täglich zulässige Klavierspielzeit für einen Wohnungseigentümer dadurch reduzieren kann (hier auf eine Stunde), dass mehrere Familienangehörige musizieren und die Hausordnung einen zeitlichen Rahmen von 2 Stunden festgelegt hat. Dieses im Bereich des WohnungseigentumsG gefällte Urteil kann durchaus auch zur mietrechtlichen Beurteilung von Musikausübung herangezogen werden. Auch die Entscheidung in einem Nachbarstreit zweier Doppelhauswohnungseigentümer über die Zulässigkeit von **Klavierspielen** kann analog herangezogen werden: Das BayObLG hat die zeitliche Begrenzung auf 3 Stunden täglich außerhalb der allgemeinen Ruhezeiten als einen vertretbaren Interessenausgleich gebilligt, nicht jedoch das vollständige Verbot des Klavierspielens an Sonn- und Feiertagen. Es sei auch nicht Voraussetzung für die Untersagung, dass das Klavierspielen in der Wohnung des gestörten Nachbarn deutlich zu hören sei. Es müsse aber doch einwandfrei wahrnehmbar sein, da ganz unerhebliche Beeinträchtigungen außer Betracht bleiben (BayObLG, Beschl. v. 12.10.1995, Az. 2 Z BR 55/95).

Auf eine mietvertragliche Regelung besonders zu achten ist bei **Berufsmusikern**. Wer in Kenntnis des Berufes an einen solchen vermietet, kann das Üben nicht ausschließen. Andererseits können lang dauernde Gesangs- oder Instrumentalübungen von Berufsmusikern zu einer erheblichen Störung der übrigen Hausbewohner führen und deren vertragsmäßigen Gebrauch beeinträchtigen. Entsprechende Maßnahmen, wie Schalldämpfung, Zeiteinteilung, sind deshalb vorzusehen.

Im Übrigen dürfen auch **Radiogeräte, Plattenspieler** etc. grundsätzlich nur in Zimmerlautstärke betrieben werden, wobei allerdings die Ruhezeiten nicht beachtet werden müssen (s. „Lärm").

Nachmieter → „*Ersatzmieter*"

Nachrüstpflicht, Nachbesserung → „*Instandhaltung und Instandsetzung der Mieträume*"

Nebenkosten → „*Betriebskosten*"

Nichteheliche Lebensgemeinschaft → „*Eheähnliche Gemeinschaft*"

Nießbrauch → „*Eigentümerwechsel*"

Nutzungsentschädigung

Von Nutzungsentschädigung spricht man, wenn jemand ein Grundstück oder Räume nutzt, ohne Mieter oder Pächter zu sein, und für die Nutzung ein Entgelt zu leisten hat, sei es aufgrund eines dinglichen Titels (z. B. Nutzungsentschädigung für eine Dienstbarkeit), sei es aufgrund ungerechtfertigter Bereicherung.

Kommt der Mieter seiner Rückgabepflicht bei Beendigung des Mietverhältnisses nicht nach, nutzt er also den bisherigen Mietgegenstand ohne vertragliche Grundlage weiter, hat er für die Dauer der Vorenthaltung Nutzungsentschädigung zu leisten. Unterste Grenze derselben ist die Höhe der bisherigen Miete.

Vorenthalten sind die Räume dann, wenn sie der Mieter nicht zurückgibt und das Unterlassen der Herausgabe dem Willen des Vermieters widerspricht. Der BGH hatte den Fall zu entscheiden, dass ein Zwischenmieter trotz beendeten **Zwischenmietverhältnisses** die Mieträume nicht zurückgeben konnte, da sich der Endmieter zu Recht auf den Kündigungsschutz berief. Der Vermieter nahm den Zwischenvermieter auf Zahlung der Nutzungsentschädigung erfolglos in Anspruch, da der BGH davon ausging, dass die Weitervermietung im Interesse und mit dem Willen des Eigentümers erfolgt sei und daher eine Vorenthaltung nicht gegeben sei (BGH, WuM 1996, 413).

In letzter Zeit hatte sich die Rechtsprechung öfters mit dem Fall zu befassen, dass der Mieter vor Beendigung des Vertrages auszieht, der Vermieter zu einer geringeren Miete weitervermietete und den ursprünglichen Mieter auf die Differenz in Anspruch nahm. Hier hatte sich die Rechtsprechung mit dem Einwand des Mieters auseinander zu setzen, dass ihm nunmehr die Nutzung der Mieträume aufgrund der Weitervermietung nicht mehr möglich sei (§ 537 Abs. 2 BGB). Die Berufung hierauf ist jedoch in der Regel treuwidrig, vgl. hierzu „Ersatzmieter".

Zu der Frage, inwieweit der Vermieter bei **vorzeitiger Beendigung** des Mietvertrages vom Mieter noch Nutzungsentschädigung in Höhe der bisherigen Miete verlangen kann, siehe „Rückgabe der Mietsache", Abschnitt 7.

Nutzungsentschädigung

Bei einem Mietverhältnis über Räume kann der bisherige Vermieter stattdessen Entschädigung in Höhe der ortsüblichen Vergleichsmiete fordern.

Nähere Ausführungen hierzu unter „Rückgabe der Mietsache".

Nutzungsverträge → *„Kündigungsschutz", Abschnitt 2.8*

Obdachlosenunterbringung

Obdachlose können von der Behörde nicht gegen den Willen des Vermieters in leer stehende Wohnungen eingewiesen werden (Straßberger in Bub/Treier, II Rn. 959 m.w.N.). Anders liegt der Fall, wenn der bisherige Mieter durch die Zwangsräumung obdachlos werden würde. Dann ist als letztes Mittel eine **Wohnungsbeschlagnahme** zur Beseitigung akuter Obdachlosigkeit so lange zulässig, wie die Beschaffung eines Obdaches auf Kosten der Allgemeinheit objektiv unmöglich bleibt, wobei finanzielle Erwägungen unerheblich sind (VG Köln, DWW 1990, 90). Soweit keine behördlichen Obdachlosenunterkünfte zur Verfügung stehen, hat die Behörde vor einer Beschlagnahme entsprechende Räume in einem Hotel, in einer Pension oder auf dem freien Wohnungsmarkt anzumieten (VG Köln, a.a.O.).

Die Beschlagnahme und die Wiedereinweisung des bisherigen Mieters darf nur für eine **begrenzte** Zeit erfolgen (höchstens 6 Monate, so VG Köln, a.a.O.; VGH Baden-Württemberg, DWW 1990, 215).

Während der Einweisung hat der Eigentümer einen **Entschädigungsanspruch** gegen die Behörde (z.B. Mietausfall, Beseitigung von Schäden etc.). Der Anspruch auf Nutzungsentschädigung gegenüber der Gemeinde besteht auch für die Zeit, in der der Eingewiesene nach Ende der Beschlagnahme noch in der Wohnung verblieben ist (BGH, WuM 1995, 720).

Nach Ablauf der Beschlagnahmefrist ist die Behörde verpflichtet, die Wohnung an den Eigentümer herauszugeben. Diese Pflicht ist unabhängig davon, ob der Eigentümer über einen Räumungstitel verfügt (VGH Baden-Württemberg, DWW 1990, 122 sowie BGH WuM 1995, 720 m.w.N.). Kommt die Einweisungsbehörde dieser Pflicht nicht nach und bewirkt der Eigentümer die Räumung mit Hilfe eines privatrechtlichen Titels, kann er **Schadensersatzansprüche** (§ 839 BGB, Art. 34 GG) gegen die Behörde geltend machen (BGH, a.a.O.). Anderer Ansicht ist das OLG Köln. Danach sollen die Räumungskosten deshalb nicht erstattet werden, da sie ohnehin angefallen wären (OLG Köln, NJW 1994, 1012). Erfolgt die Beschlagnahme durch die Obdachlosenbehörde, ohne dass es zu einer vorherigen Räumung durch den Gläubiger gekommen ist, so kann der Gläubiger nach Beendigung der Beschlagnahme aus seinem Vollstreckungstitel die Räumung betreiben, da der Titel noch nicht verbraucht ist (AG Villingen, DGVZ 1989, 77).

Obhutspflicht des Mieters

Dem Mieter obliegt eine allgemeine Obhutspflicht. Er muss die Mietsache während der Mietzeit pfleglich behandeln und Schäden von ihr fernhalten, soweit es ihm möglich ist. Die Obhutspflicht beginnt mit der Überlassung. Bei **fortbestehendem** Mietverhältnis trifft den Mieter die Obhutspflicht auch dann, wenn er den Gebrauch der Mietsache bereits aufgegeben hat (OLG Düsseldorf, WuM 1994, 461).

Sie umfasst nicht nur die Mieträume, sondern alle Räume des Anwesens, die dem Mieter zugänglich sind. Ein wichtiger Fall der Obhutspflicht ist die **Anzeigepflicht** bei Schäden (s. „Anzeigepflicht").

Die **Obhutspflicht** hat der Mieter auch dann, wenn er die Räume längere Zeit nicht benutzt, z. B. verreist ist. Er hat dafür zu sorgen, dass auch in dieser Zeit die Wohnung beaufsichtigt wird. Eine **Gebrauchspflicht** des Mieters gibt es dagegen grundsätzlich nicht. Etwas anderes kann sich höchstens bei einer ausdrücklichen vertraglichen Vereinbarung, z. B. bei der Vermietung von Ladengeschäften in Einkaufszentren, ergeben.

Die Obhutspflicht umfasst auch die Verpflichtung des Mieters, die Räume regelmäßig zu säubern und zu lüften sowie ausreichend zu beheizen sowie bei Regen die Fenster zu schließen. Eine Verpflichtung zur Überprüfung besteht allerdings nicht.

Zwar hat der Mieter Veränderungen und Verschlechterungen, die durch den vertragsmäßigen Gebrauch herbeigeführt werden, nicht zu vertreten (§ 538 BGB), jedoch haftet er für Veränderungen oder Verschlechterungen, die auf sein oder seiner **Erfüllungsgehilfen** Verschulden zurückzuführen sind. Erfüllungsgehilfen des Mieters i. d. Sinne sind Familienangehörige und Gäste sowie Personen, die fortlaufend Dienst- oder Arbeitsleistungen in den Mieträumen erbringen (Sekretärin, Sprechstundenhilfe, Kindermädchen etc.).

Erhöhte Sorgfalts- und Überwachungspflichten gelten beim Betrieb von Spül- und Waschmaschinen in den Mieträumen. Insbesondere darf der Mieter beim Betrieb dieser Geräte die Räume nicht längere Zeit verlassen (OLG Hamm, WuM 1985, 253). Dies ist allerdings nicht unumstritten. Teilweise nimmt die Rechtsprechung an, dass der Mieter **moderne Haushaltsgeräte** durchaus unbeaufsichtigt betreiben darf (AG Hadamar, NJW E-MietR 1997, 75), wonach der Mieter bei einer neu angeschafften Waschmaschine seine Verkehrssicherungspflicht nicht verletzt, wenn er bei Abwesenheit die Wasserzufuhr nicht abstellt, da bei dem heutigen Stand der Technik, so jedenfalls das Gericht, die Wahrscheinlichkeit eines Wasseraustritts als äußerst gering einzuschätzen sei. Hier kann man durchaus anderer Meinung sein (LG München I, ZMR 1994, 478), für den Fall einer gesteigerten Kontrollpflicht dann, wenn der Mieter eine Waschmaschine installiert hat, die keinen Bodenablauf für das Wasser hat. Jedenfalls bei der ersten Inbetriebnahme einer neuen Waschmaschine hat der Mieter den Waschvorgang ständig zu überwachen (LG Mannheim, ZMR 1991, 441). Auch dem Benutzer eines Fernsehgerätes kann nicht zugemutet werden, das Gerät unabhängig davon, ob es eingeschaltet ist oder nicht, ständig zu beobachten. Kommt es daher zu einer Implosion der Fernsehröhre, haftet der Mieter nur, wenn sein **Fernsehgerät** durch unsachgemäße Bedienung defekt geworden ist (LG Stendal, WuM 1993, 597). Die Beweislast dafür hat der Vermieter. Anders ist jedoch von der Rechtsprechung der Fall beurteilt worden, wenn die Mieter ihr fünfjähriges Kind allein in der Wohnung lassen und es bei Fehlen sonstiger technischer Defekte zu einem Brand kommt. Hier ist von einer Aufsichtspflichtverletzung der Mieter auszugehen und den Mietern obliegt es darzulegen, dass sie sich pflichtgemäß verhalten haben (AG Mannheim, DWW 1994, 253). Vor Antritt einer längeren Urlaubsreise hat sich der Mieter zu vergewissern, dass das Absperrventil der Kaltwasserleitung des **Geschirrspülers** verschlossen ist; andernfalls handelt er grob fahrlässig (OLG Düsseldorf, MDR 1989, 645).

Die Verteilung der **Beweislast** ist unter „Verschlechterung der Mietsache", Abschnitt 2, behandelt. Eine erhebliche Verletzung der Obhutspflicht, die zu einer Gefährdung der Mietsache führt, kann den Vermieter nach Abmahnung zur fristlosen Kündigung berechtigen (§ 543 Abs. 2 Nr. 2 BGB; s. „Kündigung", Abschnitt 3.2.1.1) oder zur ordentlichen Kündigung (§ 573 Abs. 2 Nr. 1 BGB; s. „Kündigungsschutz", Abschnitt 2.1). So kann gekündigt werden, wenn der Mieter mehrmals Wasserschäden verursacht (AG Aachen, DWW 1974, 234).

Siehe hierzu auch „Feuchtigkeit in der Wohnung", „Reinigungspflicht des Mieters", „Verschlechterung der Mietsache".

Optionsrecht

Optionsrecht, auch **Verlängerungsrecht** genannt, bedeutet, dass der Mieter bei Ablauf der Mietzeit durch einseitige Erklärung die Verlängerung der Mietzeit um einen weiteren bestimmten Zeitraum herbeiführen kann. Die Option muss vertraglich vereinbart werden; soll die **Optionszeit** mehr als ein Jahr betragen, ist die Schriftform (s. „Schriftform") erforderlich.

Macht der Mieter von seinem Recht, das als Gestaltungsrecht anzusehen ist, Gebrauch, bleibt das bisherige Mietverhältnis in vollem Umfang bestehen, lediglich mit der Änderung, dass die Mietzeit nunmehr die durch die Option herbeigeführte Zeitdauer erreicht.

Bei der Verlängerung des Mietvertrages kann keine der beiden Vertragsparteien

Optionsrecht

ohne Übereinkunft mit dem anderen Teil eine Änderung der Vertragsbedingungen, insbesondere hinsichtlich der Höhe der Miete durchsetzen, es sei denn, dass eine Änderung für den Fall der Option ausdrücklich vorbehalten ist. So war jedenfalls bisher die Meinung in der Rechtsprechung. Gestützt auf die Entscheidung des BGH vom 2.10.1991 (NJW 1992, 517) kommt das OLG Düsseldorf zu der Ansicht, dass dies nicht immer gilt (Urt. v. 28.10.1999, WuM 2000, 77). Die ergänzende Vertragsauslegung kann nämlich ergeben, dass der Mieter die Räume nur zu einer angemessenen (d.h. erhöhten) Miete weiter anmieten kann.

In einem vom OLG Hamburg (NJW-RR 1997, 458) entschiedenen Fall hatten die Parteien im Mietvertrag vereinbart, dass die Miete nach Ablauf von 5 Jahren (bei Ausübung der Option) neu vereinbart werden soll. Nach Ausübung der Option machte der Vermieter dem Mieter einen Vorschlag über eine neue Miete, die der Mieter nicht annahm. Im Fall einer nicht erreichten Einigung steht dem Vermieter sodann ein **Leistungsbestimmungsrecht** (§§ 315, 316 BGB) zu, ohne dass es einer Zustimmung des Mieters bedurfte. Der Vermieter war daher berechtigt, die Miete nach billigem Ermessen festzusetzen. Bei dieser Festsetzung ist die ortsübliche Vergleichsmiete zu beachten.

Die Option muss vom Mieter **ausdrücklich erklärt** werden und dem Vermieter vor Ablauf der Mietzeit zugehen. Verlängert sich das Mietverhältnis durch die Ausübung um mehr als ein Jahr, muss für die Option die Schriftform eingehalten werden. Die **Frist** für die Ausübung der Option ist regelmäßig im Mietvertrag festgelegt. Ist das nicht der Fall, muss dem sonstigen Vertragsinhalt die Erklärungsfrist durch Auslegung entnommen werden. Bei einem Mietvertrag auf feste Zeit ohne Kündigungsmöglichkeit für die Vertragsdauer kann bis zum Vertragsende optiert werden (OLG Düsseldorf, MDR 1981, 847). Diesen Grundsatz hat das OLG Düsseldorf mit seiner Entscheidung vom 11.7.1991 (DWW 1992, 79) eingeschränkt. Danach ist bei interessengerechter Auslegung einer mietvertraglichen Optionsregelung in der Regel eine Ausübungsfrist vereinbart, wenn die Parteien nicht ausdrücklich von der Vereinbarung einer solchen Frist abgesehen haben. Hat nur der Optionsberechtigte eine Kündigungsfrist, muss die Option innerhalb dieser Frist ausüben (streitig, so wie hier Reinstorf in Bub/Treier, II Rn. 216). Allgemein gilt, dass bei interessengerechter Vertragsauslegung diejenigen Frist- und Formerfordernisse, die die Parteien ansonsten für die Beendigung oder die Fortsetzung des Mietverhältnisses aufgestellt haben, auch für die Ausübung des vereinbarten Optionsrechts gelten, wenn hierüber weder eine Frist noch eine Form vereinbart ist (so OLG Düsseldorf, DWW 1992, 80).

Eine weitere Fallgestaltung soll an einem **Beispiel** erläutert werden: Vertrag über Geschäftsräume auf 5 Jahre mit der Vereinbarung, dass er sich um jeweils ein Jahr verlängert,

Optionsrecht

> wenn er nicht mit einer Frist von 6 Monaten gekündigt wird; zusätzlich hat der Mieter eine Option für weitere 5 Jahre, ohne dass zur Ausübung eine Frist vereinbart wurde. Hier muss der Optionsberechtigte, also der Mieter, spätestens 6 Monate vor Vertragsende optieren. Kündigt ihm der Vermieter jedoch zum letztmöglichen Termin, kann der Mieter, wenn er unverzüglich optiert, die 5-jährige Verlängerung auch dann erreichen, wenn er die 6-Monats-Frist nicht mehr eingehalten hat (so Reinstorf, a.a.O.).

Ist die Mietzeit abgelaufen, ist die Ausübung des Optionsrechts nicht mehr möglich. Dies gilt auch dann, wenn im Mietvertrag eine Option „nach Ablauf des Vertrages" vereinbart wurde (BGH, NJW 1982, 2770).

> Wie ist zu verfahren, wenn die Option erst während der Verlängerungszeit ausgeübt wird? Auch hierzu ein **Beispiel**: Der Mieter hat nach Ablauf der ersten fünf Jahre seine Option nicht ausgeübt, sodass sich das Mietverhältnis jeweils um ein Jahr verlängert hat. Nach drei Jahren kündigt der Vermieter. Kann der Mieter jetzt noch sein Optionsrecht um weitere fünf Jahre ausüben? Dazu hat der BGH entschieden (Urt. v. 14.7.1982, NJW 1982, 2770), dass durch Ausübung des Optionsrechts die von den Parteien vereinbarte Höchstdauer der vertraglichen Bindung nicht überschritten werden darf. Das Optionsrecht erlischt daher spätestens mit Ablauf der um die Optionszeit verlängerten ursprünglichen Vertragszeit. Es sind also von der Optionszeit von fünf Jahren die bereits verstrichenen drei Jahre abzuziehen. Der Mieter kann also noch eine Option für zwei Jahre ausüben, sodass die ursprüngliche Höchstdauer von 10 Jahren erreicht ist. Eine vom BGH abweichende Rechtsansicht vertritt das OLG Frankfurt a.M.: Danach kann bei einem befristeten Mietvertrag, auch wenn er sich nach Ablauf der festen Zeit um jeweils ein Jahr verlängert, wenn er nicht gekündigt wird, die Option nach Ablauf der Frist nicht mehr ausgeübt werden (Urt. v. 20.5.1998, Az. 23 U 121/97, NZM 1998, 1006).

Dies gilt auch dann, wenn sich das ursprüngliche Mietverhältnis nicht aufgrund einer Verlängerungsklausel, sondern stillschweigend durch widerspruchslose Fortsetzung verlängert hat (str.). Dieser Ansicht folgt das OLG Köln (ZMR 1996, 433). Danach lebt ein im Mietvertrag vereinbartes und nicht fristgerecht ausgeübtes Optionsrecht weder durch eine Verlängerungsvereinbarung nach Ende des Mietvertrages noch durch stillschweigende Verlängerung (§ 568 BGB) wieder auf.

Ortsübliche Vergleichsmiete

Die ortsübliche Vergleichsmiete spielt vor allem bei nicht preisgebundenem Wohnraum eine bedeutende Rolle, bildet sie doch Ausgangspunkt und Maß für eine vom Vermieter angestrebte Erhöhung der Miete. Sie spielt ferner eine wesentliche Rolle bei der Beurteilung von Mietpreisüberschreitungen nach dem Wirtschaftsstrafrecht und beim Mietwucher nach dem Strafgesetz. Schließlich bildet die ortsübliche Vergleichsmiete die Grundlage für die Nutzungsentschädigung, wenn der Mieter die Mietsache nach Beendigung der Mietzeit nicht zurückgibt.

> Die ortsübliche Vergleichsmiete für Wohnraum wird gebildet aus den üblichen Entgelten, die in der Gemeinde oder in vergleichbaren Gemeinden für Wohnraum vergleichbarer Art und Größe, Ausstattung und Lage in den letzten vier Jahren vereinbart oder, von Betriebskostenerhöhungen abgesehen, geändert worden sind.
> Ausgenommen ist Wohnraum, bei dem die Miethöhe durch Gesetz oder im Zusammenhang mit einer Förderzusage festgelegt worden ist (§ 558 Abs. 2 BGB). Mieten aus dem sozialen Wohnungsbau, auch solche des dritten Förderwegs, die durch eine Förderzusage unterhalb der Marktmiete festgelegt werden, werden also nicht berücksichtigt.

Geänderte Altmieten und neu vereinbarte Mieten sind in etwa bei der Ermittlung der ortsüblichen Vergleichsmiete zu gleichen Teilen zu berücksichtigen, nicht nach der statistischen Häufigkeit, da dies sonst u.U. zu einem vom Gesetzgeber nicht vorgesehenen Mietstopp führen würde. Die ortsübliche Vergleichsmiete und die aktuell zu erzielende Marktmiete bei Neuvermietung sollten daher nicht mehr als 20 % auseinander liegen (so zu Recht Schultz in Bub/Treier, III Rn. 486 ff.).

Bei der Wohnraumart spielt vor allem die Wohnungsstruktur eine Rolle (Ein-, Zwei- oder Mehrfamilienhaus). Die **Wohnungsgröße** spielt insofern eine Rolle, als bei Wohnungen mit großer Grundfläche der auf den Quadratmeter bezogene Mietpreis im Allgemeinen niedriger liegt als bei kleineren Wohnungen, die in den sonstigen Vergleichsmerkmalen übereinstimmen. Appartements weisen die relativ höchsten Quadratmeterpreise auf. Bei den Ausstattungsmerkmalen ist insbesondere auf das Vorhandensein oder Nichtvorhandensein von Bad oder Dusche, Zentralheizung oder Warmwasser, Lift und WC innerhalb der Wohnung abzustellen.

Einrichtungen des Mieters, die den Wohnwert der Mietsache erhöht haben, sind bei der Ermittlung der ortsüblichen Vergleichsmiete nicht zu berücksichtigen, es sei denn, dass

a) Mieter oder Vermieter etwas anderes vereinbart haben oder
b) der Vermieter die vom Mieter verauslagten Kosten erstattet hat

(BayObLG, RE v. 24.6.1981, WuM 1981, 208; Weber/Marx, VII/S. 124).

Behebbare **Mängel** der Wohnung im Sinne des § 536 BGB werden dagegen bei der Ermittlung der ortsüblichen Vergleichsmiete nicht berücksichtigt. Die Beschaffenheit betrifft vor allem Zahl und Zuschnitt der Räume und das Verhältnis der Fläche der Haupträume zu den Nebenräumen.

Die **Lage** bezieht sich auf die Wohngegend. Die ortsübliche Vergleichsmiete stellt somit auf den objektiven Nutzungswert ab. Subjektive Momente bleiben unberücksichtigt.

Entscheidend sind daher nicht statistische Durchschnittswerte, sondern die im Gesetz genannten Wohnwertmerkmale, aus denen sich die marktorientierte Vergleichsmiete bildet (strittig, so wie hier Schultz in Bub/Treier, III Rn. 477 ff.).

Pachtvertrag

1 Allgemeines

Der Pachtvertrag ist im BGB in den §§ 581 ff. geregelt. Die Pacht unterscheidet sich von der Miete wie folgt: Vermietet werden können nur Sachen, verpachtet werden aber auch Rechte, z. B. die Jagdpacht.

> Der Mieter hat nur ein Recht zum Gebrauch der Mietsache, der Pächter hat das Recht, aus der Pachtsache einen **Ertrag** zu ziehen.

Werden Räume leer überlassen, liegt unabhängig von der Bezeichnung, die die Parteien gewählt haben, Miete vor, werden sie mit einer Einrichtung oder Ausstattung überlassen, die als unmittelbare Quelle für Erträge dient (BGH, NJW 1981, 825), handelt es sich um Pacht.

2 Voraussetzungen

Auf die Pacht finden, sofern sich aus den §§ 582 ff. BGB nichts anderes ergibt, die Vorschriften über Miete entsprechende Anwendung (§ 581 Abs. 2 BGB). Folgende Sonderregelungen sollen kurz erwähnt werden:

- Die Erhaltung des Inventars obliegt dem Pächter (§ 582 Abs. 1 BGB).
- Wenn die Pachtzeit im Vertrag nicht bestimmt ist, ist die Kündigung nur für den Schluss eines Pachtjahres zulässig; sie hat spätestens am 3. Werktag des halben Jahres zu erfolgen, mit dessen Ablauf die Pacht enden soll (§ 584 Abs. 1 BGB).
- Bei verspäteter Rückgabe der Pachtsache hat der Verpächter einen Anspruch auf Nutzungsvergütung (§ 584b BGB).
- Für Ansprüche des Verpächters auf Herausgabe und Ersatz von fehlendem Inventar gilt die 6-monatige Verjährung (§§ 581 Abs. 2, 548 BGB).

3 Sonderregelungen

Sonderregelungen gelten für die Verpachtung von land- und forstwirtschaftlichen Grundstücken (§§ 558 bis 597 BGB), für die Pacht von Kleingärten (BundeskleingartenG) und für Apothekenpacht (§§ 9, 26, 27 ApothekenG).

Personenmehrheit auf Mieterseite

Haben mehrere Personen gemeinschaftlich gemietet, können die Mieter untereinander eine Gemeinschaft (§ 741 BGB) oder eine Gesellschaft (§§ 705ff. BGB) bilden. Bei der Wohnraummiete wird eine Gemeinschaft vorliegen. Bei Geschäftsraummiete und u.U. bei Wohngemeinschaften kann eine Gesellschaft vorliegen, wenn die Voraussetzung des § 705 BGB erfüllt wird (Zusammenhang zwischen Geschäftszweck und Anmietung; so Palandt § 535 Anm. 1 BGB).

Eine solche Außengesellschaft bürgerlichen Rechts besitzt Rechtsfähigkeit, soweit sie durch Teilnahme am Rechtsverkehr eigene Rechte und Pflichten begründet; sie ist in diesem Rahmen zugleich im Zivilprozess aktiv und passiv parteifähig (BGH, Urt. v. 29.1.2001, Az. II ZR 331/00, WuM 2001, 134). Wegen der **persönlichen Gesellschafterhaftung** ist aber dringend zu empfehlen, neben der Gesellschaft auch die Gesellschafter persönlich zu verklagen.

> Für ihre Verpflichtungen aus dem Mietvertrag, insbesondere für die Zahlung der Miete, haften mehrere Mieter als **Gesamtschuldner**. Der Vermieter kann die volle Miete von jedem der Mieter, aber nur einmal, verlangen.

Rechtswirksame Erklärungen (z. B. Kündigungen) müssen von sämtlichen Mietern abgegeben werden. Bei einer nichtehelichen Lebensgemeinschaft, die sich auflöst, kann daher der weichende Partner das Mietverhältnis nicht, auch nicht für sich alleine, kündigen, vielmehr bleibt er Mieter – allerdings kann er von dem in der Wohnung verbleibenden Partner die Zustimmung zur Kündigung des Mietvertrages verlangen (LG Hamburg, WuM 1993, 343). Der Vermieter ist nicht verpflichtet, den ausgezogenen Mieter aus dem Mietverhältnis zu entlassen.

> Eine Vertragsänderung dahin, dass das Mietverhältnis nur noch mit dem in der Wohnung verbleibenden Mieter fortgesetzt wird, ist nur wirksam, wenn sie von **allen** Beteiligten getroffen wird. Aus Beweisgründen wird Schriftform empfohlen.

Auch vermieterseits sind solche Erklärungen an sämtliche Mieter zu richten. Dies führt in der Praxis immer wieder zu Schwierigkeiten, insbesondere bei Kündigungen und Mieterhöhungserklärungen. Häufig ist z.B. der Fall, dass ein Mieter schon vor Jahren ausgezogen ist. Hat er dies dem Vermieter unter Angabe seiner neuen Anschrift mitgeteilt, sind ihm alle rechtsgestaltenden Erklärungen des Vermieters zuzustellen, da sie sonst unwirksam sind (vgl. etwa LG Köln, WuM 1996, 266: Verlassen Mitmieter die Wohnung, führt das ohne entsprechende Erklärung der Vertragsparteien auch dann nicht zur Beendigung des Mietverhältnisses mit diesen Mietern, wenn der Auszug endgültig ist. Im vorliegenden Fall war eine Klage auf Zustimmung zur Mieterhöhung abgewiesen worden, da das Erhöhungsverlangen den ausgezogenen Mietern nicht zugestellt wurde). Zu beachten ist auch, dass Kündigungserklärungen gegenüber mehreren Mietern, die verschiedene Adressen haben, in einem engen **zeitlichen Zusammenhang** ausgesprochen werden müssen (OLG Düsseldorf, NJW-RR 1987, 1369).

Etwas anderes gilt nur in eng begrenzten Ausnahmefällen. Das OLG Frankfurt (WuM 1991, 67) hatte den Fall zu beurteilen, dass nur dem in der Wohnung verbliebenen Ehegatten gekündigt wurde. Nach Ansicht des OLG kann nur bei Vorliegen besonderer Umstände eine solche Kündigung wirksam sein. Der Umstand, dass ein Ehepartner die Wohnung seit Jahren endgültig verlassen und aufgegeben hat, ohne dem Vermieter dies anzuzeigen und seine neue Anschrift mitzuteilen, kann im Einzelfall einen solchen besonderen Umstand darstellen, da es überspitzt formalistisch erscheint, auch hier an dem Erfordernis der Erklärung und des Zugangs der Kündigung gegenüber beiden Eheleuten festzuhalten. Einige Instanzgerichte sind dieser praxisgerechten Rechtsprechung inzwischen gefolgt (so LG Frankfurt, WuM 1992, 128; LG Limburg, WuM 1993, 47; LG Berlin, ZMR 1993, Seite II Nr. 8). Sind allerdings zwischen der einen Vertragspartei und nach Auszug eines Partners auf der gegenüberstehenden Seite Vereinbarungen über das Mietverhältnis ausschließlich mit dem verbleibenden Partner getroffen worden, ergibt sich hieraus, dass zwar der ausgezogene Partner nicht aus dem Mietverhältnis ausgeschieden ist, die verbleibenden Parteien aber dennoch das Mietverhältnis auf eine selbstständige, von der Mitwirkung des ausgezogenen Partners unabhängige Grundlage gestellt haben. Dies verleiht dem verbleibenden Partner eine vom ausgezogenen Partner unabhängige Rechtsposition, verwehrt es ihm aber auch andererseits, sich in späteren Rechtsstreitigkeiten darauf zu berufen, auch der ausgezogene Partner sei noch Partei des Mietverhältnisses, weswegen nur an den verbleibenden Partner gerichtete Willenserklärungen unwirksam seien (§ 242 BGB; so LG München I, Urt. v. 16.9.1992, Az. 14 S 7279/91).

> Grundsätzlich haben die Vertragsparteien die Pflicht dafür zu sorgen, dass ihnen rechtsgeschäftliche Erklärungen zugestellt werden können.

Der ausziehende Mieter ist also verpflichtet, dem Vermieter seine neue Adresse mitzuteilen. Unterlässt er dies und kann ihm deswegen eine Erklärung nicht zugestellt werden, ist der Vermieter aufgrund seines Schadensersatzanspruches wegen der Obliegenheitsverletzung des Mieters so zu stellen, als wäre die Erklärung rechtzeitig zugegangen (Sternel IV, Rn. 47).

Um diese Schwierigkeiten zu vermeiden, sind in Mietverträgen oft **Klauseln über den Empfang oder den Zugang von Willenserklärungen** enthalten.

Diese Klauseln sind allerdings auf ihre Wirksamkeit anhand des AGB-Gesetzes zu überprüfen (vgl. „Allgemeine Geschäftsbedingungen"). Klauseln, nach denen sich mehrere Mieter gegenseitig zur Empfangnahme von Willenserklärungen des Vermieters bevollmächtigen, sind wirksam. Die Erklärung des Vermieters, die an alle Mieter gerichtet sein muss, wird hier auch dann wirksam, wenn sie nur einem Mieter zugegangen ist. Diese **Empfangsvollmacht gilt** auch für den Zugang einer Kündigung.

Eine **Widerrufs**möglichkeit muss (entgegen OLG Celle, WuM 1990, 103) nach BGH (WuM 1997, 599) in der Vollmachtsklausel nicht enthalten sein. Der BGH geht davon aus, dass trotz des Fehlens einer solchen Klausel gleichwohl jeder von mehreren Mietern jederzeit seine Vollmacht widerrufen kann (vgl. „Vollmacht").

Klauseln, in denen sich mehrere Mieter gegenseitig zur Abgabe von Willenserklärungen ohne weitere Einschränkung ermächtigen, werden von der Rechtsprechung für unwirksam gehalten, da hierdurch auch der Bestand des Mietverhältnisses (Kündigung oder Aufhebungsvertrag) betroffen ist oder Auswirkungen auf die Leistungspflicht der Vertragsparteien vorliegen (Mieterhöhung). Der Umfang der Vollmacht muss also hinreichend konkret bestimmt und eingegrenzt sein. Umstritten ist, ob solche Klauseln in **Geschäftsraum**mietverträgen mit Kaufleuten wirksam sind (dafür: Wolf/Eckert, Rn. 43; dagegen Grapentin in Bub/Treier IV 32).

Von diesen Klauseln zu unterscheiden sind solche Klauseln, wonach es für die Wirksamkeit oder den Zugang einer Erklärung des Vermieters genügen soll, wenn sie gegenüber einem der Mieter abgegeben wird oder einem der Mieter zugegangen ist (Erklärungsfiktion bzw. Zugangsfiktion). Hier soll z.B. eine Mieterhöhungserklärung des Vermieters gegenüber den Mietern A und B auch dann wirksam sein, wenn sie nur an den Mieter A gerichtet und nur diesem zugegangen ist. Diese Klauseln sind unwirksam (§ 10 Nr. 6 AGB-Gesetz). Vgl. hierzu noch „Ehegatten als Mieter"; „Kündigung", Abschnitt 1.4, sowie „Vollmacht".

> Zur Vermeidung erheblicher formeller Probleme sollte daher der Grundsatz beachtet werden: **Von allen an alle.**

Auch für die **Rückgabe** haften mehrere Mieter als Gesamtschuldner. Die Haftung besteht bei Auszug fort (vgl. „Rückgabe der Mietsache", Abschnitt 4).

Personenmehrheit auf Vermieterseite

Auf der Vermieterseite treten Personenmehrheiten entweder als Bruchteilsgemeinschaften oder als Gesamthandsgemeinschaft auf.

Die **Bruchteilsgemeinschaft** ist eine Interessengemeinschaft ohne Zweckgemeinschaft. Das bedeutet: Die Interessen der Teilhaber laufen infolge der Mitberechtigung am selben Gegenstand bis zu einem bestimmten Grad gleich. Ihre Zwecke können verschieden sein. Häufigster Anwendungsfall ist das Miteigentum nach Bruchteilen an Grundstücken. Der Entstehungsgrund kann verschieden sein. Entscheidend ist die Tatsache vorhandener gemeinschaftlicher Rechtszuständigkeit.

> **Beispiel** für das Zustandekommen einer Bruchteilsgemeinschaft: V verkauft je einen ideellen Hälfteanteil seines Hausgrundstücks an A und B. Diese sind Miteigentümer nach Bruchteilen. Sie bilden eine Gemeinschaft (§§ 741 ff. BGB).

Eine **Gesamthandsgemeinschaft** liegt vor, wenn das Vermögen der Gemeinschaft Sondervermögen ist, das der Gemeinschaft zur gesamten Hand zusteht. Gesamthandsgemeinschaften sind die Gesellschaften (Gesellschaft des Bürgerlichen Rechts wie auch Personalgesellschaften des Handelsrechts, die Offene Handelsgesellschaft und die Kommanditgesellschaft, §§ 705ff. BGB, §§ 105, 161 HGB), der nicht rechtsfähige Verein (§ 54 BGB), die eheliche und die fortgesetzte Gütergemeinschaft (§§ 411 ff. und 1485 ff. BGB) und die Erbengemeinschaft (§§ 2032 ff. BGB).

Für die Personengesellschaft des Handelsrechts gelten hinsichtlich der Vertretung der Gesellschafter die Sonderregelungen des Handelsgesetzbuches.

Für die übrigen Gemeinschaften (Bruchteils- und Gesamthandsgemeinschaften) gilt:

Stehen die Vermieter in Bruchteils- oder Gesamthandsgemeinschaft, kann das Mietverhältnis nur gegenüber allen gekündigt werden. Ist ein Vertreter bestellt, kann diesem gegenüber die Kündigung erklärt werden. Für die Vermieterkündigung stellt sich die Frage, ob die mehreren Vermieter nur gemeinschaftlich kündigen können oder ob es genügt, wenn die Mehrheit im Namen aller Vermieter kündigt. Mietvertragsabschluss und -kündigungen sind Verwaltungshandlungen, sodass hierüber durch Mehrheitsbeschluss zu entscheiden ist (§§ 745, 2038 BGB).

Nach der in Rechtsprechung und Literatur vorherrschenden Meinung hat der Mehrheitsbeschluss der Gemeinschafter auch Außenwirkung, d.h., die Mehrheit vertritt bei Verwaltungshandlungen (nicht Verfügungen) die Minderheit, sodass die Mehrheit bei Abschluss eines Mietvertrages oder bei Ausspruch einer Kündigung nicht zuvor gegen die Minderheit auf Mitwirkung bei diesen Rechtshandlungen klagen muss (BGHZ 56, 47 ff.).

Die Gegenmeinung hält daran fest, dass bei einer Vermietergemeinschaft die Kündigung eines Mietvertrages nur von allen Gemeinschaften ausgesprochen werden kann. Das würde bedeuten, dass vorab die Mehrheit die Minderheit auf Zustimmung zur Kündigung zu verklagen hätte und die fehlende Willenserklärung der Minderheit durch Urteil ersetzt würde.

Für die Mietforderung der Vermietergemeinschaft gilt: Weil die Mietforderung als rechtlich unteilbare Leistung angesehen wird, kann jeder der Vermieter Zahlung der Miete an alle Vermieter fordern. Der Mieter kann nur an alle gemeinschaftlich leisten (etwa auf das Hauskonto, § 432 BGB). Der einzelne Teilhaber kann nicht einen seiner Beteiligung entsprechenden Teil der Miete verlangen (BGH, NJW 1969, 839).

Soweit der Vermietergemeinschaft die Schuldnerrolle zufällt (z. B. hinsichtlich der Instandsetzungspflicht nach § 535 BGB), sind die einzelnen Teilhaber Gesamtschuldner nach §§ 420, 427 BGB.

Hat ein Erblasser Testamentsvollstreckung angeordnet und gehört zum Nachlass ein Mietgrundstück, so ist nicht der Erbe (auch nicht eine Mehrheit von Erben) Vermieter, sondern der Testamentsvollstrecker. Alle das Mietverhältnis betreffenden Rechtshandlungen (z. B. Vertragsabschluss, Kündigung) sind von ihm vorzunehmen. Im Prozess ist der Testamentsvollstrecker Partei kraft Amtes.

Personenwechsel auf Mieterseite

Ein Personenwechsel auf Mieterseite kann aufgrund eines gesetzlichen Tatbestandes eintreten oder auf rechtsgeschäftlicher Übereinkunft beruhen. Ersteres ist beim **Tod des Mieters** gegeben (s. „Tod des Mieters"). Im Fall einer **Ehescheidung** (s. „Ehescheidung") kann der Richter rechtsgestaltend eingreifen und bestimmen, dass der Mietvertrag von einem Ehegatten allein fortgesetzt wird oder, wenn nur ein Ehegatte gemietet hat, dass an dessen Stelle der andere Ehegatte in den Mietvertrag eintritt. Durch rechtsgeschäftliche Vereinbarung können die Mieterrechte unter bestimmten Voraussetzungen auf einen Dritten übertragen werden (s. „Ersatzmieter").

Die **Außengesellschaft bürgerlichen Rechts** besitzt Rechtsfähigkeit, soweit sie durch Teilnahme am Rechtsverkehr eigene Rechte und Pflichten begründet (BGH, Urt. v. 29.1.2001, Az. II ZR 331/00, WuM 2001, 134). Rechtsfolge davon ist, dass danach ein Wechsel im Mitgliederbestand keinen Einfluss auf den Fortbestand der mit der Gesellschaft bestehenden Rechtsverhältnisse hat (BGH, a.a.O.). Entscheidend ist also, ob und wie die Gesellschaft nach außen auftritt, z B. unter einem eigenen Namen. Ist für den Vermieter nicht erkennbar, dass die Mieter eine nach außen hin tätige BGB-Gesellschaft bilden, verbleibt es dabei, dass nur die einzelnen Gesellschafter Mieter sind. In diesem Fall hat auch ein Wechsel des Gesellschafterbestandes (Eintritt oder Austritt von Gesellschaftern) auf das Mietverhältnis keine Einwirkungen. Vielmehr bleiben die Gesellschafter, die den Mietvertrag abgeschlossen haben, auch bei späteren Änderungen die alleinigen Mieter. Der ausscheidende Gesellschafter kann aber gegen die anderen Gesellschafter einen Anspruch auf Kündigung des Mietverhältnisses haben (OLG München, ZMR 1994, 217). Etwas anderes gilt nach der Rechtsprechung allerdings dann, wenn der Vermieter an eine Wohngemeinschaft vermietet (s. „Wohngemeinschaft"). Auch die Partner einer **nichtehelichen Lebensgemeinschaft** bilden in der Regel eine BGB-Gesellschaft. Beim Auszug eines Partners besteht das Mietverhältnis nach wie vor mit beiden Mietern. Der Vermieter muss nicht mit dem Mieter, der in der Wohnung bleibt, einen neuen Mietvertrag als alleiniger Mieter zu gleichen Bedingungen abschließen.

Personenwechsel auf Vermieterseite

Dies kommt in Betracht beim Tod des Vermieters oder bei der Veräußerung des Grundstücks sowie in der Zwangsversteigerung.

Beim **Tod des Vermieters** tritt an seine Stelle der Erbe (oder eine Mehrzahl) in das Mietverhältnis ein.

> Der Erbe als Gesamtrechtsnachfolger übernimmt alle Rechte und Pflichten des Erblassers aus dem Mietvertrag.

Eine Umschreibung des Mietvertrages auf den Erben ist also nicht erforderlich; ein Rechtsanspruch hierauf oder auf den Abschluss eines neuen Mietvertrages besteht nicht.

Ist eine **Erbengemeinschaft** Vermieter geworden, müssen neue Mietverträge von allen Miterben gemeinsam abgeschlossen und sämtliche Willenserklärungen (z. B. Kündigungen, Mieterhöhungen) von allen Miterben gemeinsam abgegeben werden, soweit sie sich nicht gegenseitig bevollmächtigt haben.

Vermietet eine aus 2 Personen bestehende **Gesellschaft bürgerlichen Rechts** und überträgt ein Gesellschafter seinen Anteil, so führt dies zu einem Eigentümer- und Vermieterwechsel (BGH, Urt. v. 18.2.1998, Az. XII Z R 39/96, WuM 1998, 341).

Nach der neuen Rechtsprechung des BGH, wonach eine **Außengesellschaft bürgerlichen Rechts** Rechtsfähigkeit besitzt, soweit sie durch Teilnahme am Rechtsverkehr eigene Rechte und Pflichten begründet (vgl. „Personenmehrheit auf Mieterseite", „Personenwechsel auf Mieterseite"), wird dies bei einer solchen nach außen tätigen Gesellschaft, die als Vermieter tätig ist, nicht mehr gelten. Vielmehr hat in diesem Fall ein Wechsel im Mitgliederbestand keinen Einfluss auf den Fortbestand der mit der Gesellschaft bestehenden Rechtsverhältnisse, sodass dann auch kein Eigentümer- und Vermieterwechsel eintritt. Dies gilt allerdings nur, wenn die BGB-Gesellschaft im Mietvertrag erkennbar als Vermieter auftritt.

Vgl. hierzu auch „Eigentümerwechsel".

Pfandrecht des Vermieters

1 Allgemeines

Der Vermieter hat an den eingebrachten und pfändbaren Sachen des Mieters ein **gesetzliches Pfandrecht** für seine Forderungen aus dem Mietverhältnis (§ 562 BGB). Die praktische Bedeutung ist relativ gering.

Folgende Voraussetzungen müssen erfüllt sein:
Die Sachen müssen eingebracht, d.h. nicht nur vorübergehend in den Mieträumen abgestellt sein. Eingebracht ist auch ein Kfz, das in der vermieteten Garage abgestellt wird.

> Sie müssen im Eigentum des Mieters stehen. Dem Pfandrecht sind also Sachen der Ehefrau des Mieters nicht unterworfen, wenn diese den Mietvertrag nicht unterzeichnet hat. Dies gilt auch für Sachen des Untermieters (OLG Düsseldorf, DWW 1987, 330).

Ist der Mieter z. B. beim Kauf unter Eigentumsvorbehalt nicht Eigentümer, kann nur die Anwartschaft des Mieters gepfändet werden. Einer nach Einbringung der Sachen begründeten Sicherungsübereignung geht aber das Vermieterpfandrecht vor.

Dies gilt auch für den Fall, dass der Mieter während der Mietzeit durch einen Raumsicherungsübereignungsvertrag zugunsten eines Kreditgebers über gegenwärtiges und künftiges Eigentum an einer in einem bestimmten Mietraum eingebrachten Sachgesamtheit verfügt. Das Vermieterpfandrecht erstreckt sich auch auf solche Einzelteile des Warenlagers, die erst nach der Sicherungsübereignung dem Warenbestand zugeführt werden (so BGH, Urt. v. 12.2.1992, DWW 1992, 176).

Unpfändbare Sachen unterliegen dem Pfandrecht nicht (§ 562 Abs. 1 S. 2 BGB). Darunter fallen Sachen, die dem persönlichen Gebrauch oder dem Haushalt dienen, soweit sie zu einer bescheidenen Lebens- und Haushaltsführung nötig sind; darunter fallen heutzutage auch Kühlschrank, Waschmaschine und Fernsehgerät.

2 Sicherung von Forderungen

Das Pfandrecht sichert nur **Forderungen aus** dem **Mietvertrag**. Für künftige Entschädigungsforderungen und für die Miete für eine spätere Zeit als das laufende und folgende Mietjahr kann das Pfandrecht nicht geltend gemacht werden (§ 562 Abs. 2 BGB).

3 Erlöschen des Pfandrechts

Nach § 562a BGB **erlischt** das Pfandrecht des Vermieters mit der Entfernung der Sachen von dem Grundstück, es sei denn, dass die Entfernung ohne Wissen oder unter Widerspruch des Vermieters erfolgt. Der Vermieter kann der Entfernung nicht widersprechen, wenn sie den gewöhnlichen Lebensverhältnissen entsprechend erfolgt oder wenn die zurückbleibenden Sachen zur Sicherung des Vermieters offenbar ausreichen (§ 562a S. 2 BGB).

Durch das Mietrechtsreformgesetz befinden sich die Vorschriften über das Vermietpfandrecht im Abschnitt über Wohnraummietverhältnisse. Die frühere Fassung in § 560 BGB enthielt den Satzteil „im regelmäßigen Betrieb des Geschäfts des Mieters", der nur auf Gewerbemiete bezogen ist. Dieser Satzteil wurde gestrichen, ohne dass damit eine inhaltliche Änderung verbunden ist. Bei der Gewerbemiete, für die die Vorschrift durch den Verweis in § 578 BGB anwendbar ist, ist dieser Gesichtspunkt nach wie vor im Rahmen der „gewöhnlichen Lebensverhältnisse" zu berücksichtigen, so die amtliche Begründung zum Mietrechtsreformgesetz.

4 Verwertung

Der Vermieter hat ein Recht zur Verwertung der Sache und kann daher vom Mieter die Herausgabe zur Versteigerung verlangen (§§ 1257, 1228 Abs. 2 BGB), und zwar auch schon vor einem Auszug des Mieters (Palandt, § 559 BGB, Rn. 19). Der Vermieter darf die Entfernung der Sachen, die seinem Pfandrecht unterliegen, auch ohne Anrufen des Gerichts verhindern, soweit er berechtigt ist, der Entfernung zu widersprechen (also nicht bei der Entfernung von Sachen Dritter, von unpfändbaren Sachen oder wenn die Entfernung den gewöhnlichen Lebensverhältnissen entspricht, § 562b Abs. 1 S. 1 BGB). Der gesetzlichen Bestimmung ist nicht zu entnehmen, wie weit das Selbsthilferecht geht („verhindern"). In der Regel wird sich daher der Vermieter darauf beschränken müssen, der Entfernung zu widersprechen. Wird mit der Entfernung fortgefahren, soll der Vermieter berechtigt sein, die weitere Entfernung durch Verschließen der Türen oder ähnlichen Maßnahmen zu hindern (LG Regensburg, WuM 1992, 1678). Bleibt auch dies erfolglos, kann der Vermieter dem Mieter die Sachen abnehmen (OLG München, WuM 1989, 128, 132).

Wenn der Mieter auszieht, darf der Vermieter diese Sachen in seinen Besitz nehmen (§ 562b Abs. 1 S. 2 BGB). Das **Selbsthilferecht** geht hier also weiter. Auch hier ist allerdings die Abstufung im Tätigwerden des Vermieters wie bei dem Entfernen einzelner Gegenstände zu beachten.

Pfandrecht des Vermieters

> Es ist also immer das schonendste Mittel zu wählen, die Anwendung von Gewalt kommt nur in eng begrenzten Ausnahmefällen infrage. Es kann sich daher empfehlen, eine **einstweilige Verfügung beim AG** zu beantragen mit dem Inhalt, dem Mieter die Entfernung bestimmter Sachen zu untersagen, wenn der Mieter seinen Auszug angekündigt hat.

Sind die Sachen ohne Wissen oder unter Widerspruch des Vermieters entfernt worden, kann er die Herausgabe zum Zweck der Zurückschaffung in das Grundstück und, wenn der Mieter ausgezogen ist, die Überlassung des Besitzes verlangen (§ 562b Abs. 2 S. 1 BGB). Das Pfandrecht **erlischt** mit dem Ablauf eines Monats, nachdem der Vermieter von der Entfernung der Sache Kenntnis erlangt hat, wenn nicht der Vermieter diesen Anspruch vorher gerichtlich geltend gemacht hat (§ 562b Abs. 2 S. 2 BGB).

Der Mieter kann die Geltendmachung des Pfandrechts des Vermieters durch **Sicherheitsleistung** abwenden; er kann jede einzelne Sache dadurch von dem Pfandrecht befreien, dass er in Höhe ihres Wertes Sicherheit leistet (§ 562c BGB).

Trifft mit dem Vermieterpfandrecht ein nachträglich begründetes Pfändungspfandrecht zusammen, hat der Vermieter auch hier das Recht **auf vorzugsweise Befriedigung** aus dem Erlös (§ 805 ZPO). Bei der Geltendmachung von Mietzinsrückständen ist dieses Recht jedoch zeitlich beschränkt (§ 562d BGB). Das Vermieterpfandrecht kann hier nur für das letzte Jahr vor der Pfändung geltend gemacht werden. Zeitlich noch früher liegende Mietrückstände werden nicht erfasst.

5 Pfandverkauf

Das Vermieterpfandrecht gewinnt eventuell Bedeutung, wenn der Mieter unter Hinterlassung von **Mietrückständen** auszieht. Aus den Gegenständen, die der Vermieter zurückbehält, kann er sich im Wege des Pfandverkaufes befriedigen. Der **Pfandverkauf** ist dem Schuldner vorher anzudrohen.

Dabei ist der geschuldete Betrag zu bezeichnen. Der Verkauf darf nicht vor Ablauf eines Monats nach der Androhung durchgeführt werden. Der Verkauf des Pfandes ist in der Regel im Wege der öffentlichen Versteigerung durch den Gerichtsvollzieher zu bewirken. Die gesetzlichen Bestimmungen hierüber finden sich den §§ 1233 bis 1247 BGB.

Plakatieren → „Kündigung" (vertragswidriger Gebrauch)

Preisgebundener Wohnraum → „Sozialwohnung"

Prozesskosten

Die Kosten des Mietprozesses umfassen die Gerichtskosten und, soweit die Parteien durch Rechtsanwälte vertreten werden, deren Gebühren und Auslagen. Für die Höhe der Kosten ist maßgebend einmal der Streitwert, zum anderen der Umfang der Tätigkeit. Einzelheiten sind geregelt im Gerichtskostengesetz und in der Bundesrechtsanwaltsgebührenordnung.

1 Allgemeines

Mit der Erhebung der Klage fällt ein Gebührenbetrag in Höhe von 3 Gebühren an. Ihre Zahlung ist Voraussetzung dafür, dass das Verfahren in Gang kommt. Endet der Rechtsstreit durch Endurteil (also nicht durch Vergleich), bleibt es bei diesen Gebühren. Im Berufungsverfahren erhöhen sich die Gebühren auf das 1 1/2-fache.

2 Anwaltskosten

Anwaltskosten entstehen, wenn der Rechtsstreit beim LG oder einer noch höheren Instanz anhängig ist, da dort Anwaltszwang herrscht. Beim AG können sich die Parteien selbst vertreten oder durch einen Rechtsanwalt vertreten lassen.

3 Kosten des Rechtsstreits

Regelmäßig hat die unterliegende Partei die gesamten Kosten des Rechtsstreits zu tragen bzw. zu erstatten (§ 91 ZPO). Hat die Klage teilweise Erfolg, sind die Kosten entsprechend zu quoteln. Besonderheiten gelten beim Räumungsprozess (s. „Räumungsklage").

4 Einzelheiten

Wird eine Partei durch einen Rechtsanwalt vertreten, fällt in jedem Fall die Prozessgebühr an. Verhandelt der Rechtsanwalt zur Sache oder erläutert er die Sache im Termin, entsteht eine weitere Gebühr (Verhandlungsgebühr oder Erörterungsgebühr). Wird Beweiserhebung angeordnet, entsteht eine weitere volle Gebühr (Beweisgebühr). Endet der Rechtsstreit durch Vergleich, hat der Rechtsanwalt Anspruch auf eine Vergleichsgebühr.

Wird der Rechtsanwalt in derselben Angelegenheit für mehrere Auftraggeber tätig, erhöht sich die Prozessgebühr für jeden weiteren Auftraggeber um 3/10 des jeweils für diesen maßgeblichen Gebührensatzes, höchstens jedoch um das Doppelte davon. Im Berufungsverfahren erhöhen sich die anwaltlichen Gebühren um je 3/10.

5 Kosten eines Mietprozesses

An zwei Beispielen sollen die **Kosten eines Mietprozesses** erläutert werden:

Prozesskosten

Beispiel 1:
Klage des Vermieters V gegen den Mieter M auf **Zustimmung zu einer Mieterhöhung** von monatlich 50 DM. Streitwert nach § 16 Abs. 5 GKG 600 DM (12-facher Unterschiedsbetrag zwischen der alten und der neuen Miete).

Gerichtskosten:
Prozessgebühr 50 DM + Gebühr für Endurteil (mit Begründung) 100 DM = 150 DM zzgl. Kosten eines Sachverständigen (ca. 2.500 bis 4.000 DM), wenn er im Beweiserhebungsverfahren mit der Erstellung eines Gutachtens über die Höhe der ortsüblichen Vergleichsmiete beauftragt wurde, zzgl. gerichtlicher Schreibgebühren und Postgebühren.

Werden V und M durch einen Rechtsanwalt vertreten, so fallen auf jeder Seite folgende weitere Kosten an:

Prozessgebühr 50 DM + Verhandlungsgebühr 50 DM + Beweisgebühr 50 DM + Postgebühren (zulässiger Pauschalansatz) 22,50 DM = 172,50 DM zzgl. etwaiger Fotokopierkosten (je Seite DM 1,00) sowie 16 % MwSt.

Teuer werden Mieterhöhungsverfahren also in der Regel durch Einschaltung von Sachverständigen.

Beispiel 2:
Klage auf **Räumung** und Forderung des Vermieters V gegen die Mieterehegatten M1 und M2 wegen **rückständiger Mieten** in Höhe von zwei Monatsmieten zu je 600 DM.

Streitwert:
Räumung (Jahresmiete ohne Heiz- und Warmwasserkosten) 7.200 DM + Forderung 1.200 DM = 8.400 DM

Gerichtskosten:
Prozessgebühr 220 DM + Urteilsgebühr (mit Begründung) 440 DM = 660 DM zzgl. Schreibgebühren und Postgebühren.

Anwaltskosten:
Kläger (V) Prozessgebühr 540 DM + Verhandlungsgebühr 540 DM + Postgebühr, pauschal 40 DM = 1.120 DM zzgl. Fotokopierkosten und 16 % MwSt.

Beklagte (M1 und M2)
Prozessgebühr (+ 3/10 für einen weiteren Auftraggeber) 702 DM + Verhandlungsgebühr 540 DM + Postgebühr, pauschal 40 DM = 1.282 DM zzgl. Fotokopierkosten und 16 % MwSt.

Gesamtkosten ca. 3.550 DM.

Billig ist ein Räumungsprozess für den, der ihn verliert, nicht. Bei Miethausbesitz ist daher durchaus der Abschluss einer Rechtsschutzversicherung (s. dazu HuG, Gruppe 16) zu erwägen.

Räumungsfrist

1 Bei Wohnraummietverhältnis

Über die Sozialklausel der §§ 574 ff. BGB hinaus kann dem Wohnraummieter zusätzlicher Schutz durch Gewährung eines befristeten Räumungsaufschubes zuteil werden. Diese in §§ 721, 794a ZPO geregelten Schutzmaßnahmen gelten teilweise auch für jene Mietverhältnisse, bei denen das Widerspruchsrecht gegen die Kündigung des Vermieters ausgeschlossen ist (§ 549 Abs. 2 Nr. 1 u. Nr. 2 BGB; vgl. „Kündigungsschutz", Abschnitt 2.7).

Räumungsfrist kann daher beantragt werden bei **Wohnraum**, der nur zum vorübergehenden Gebrauch vermietet ist und bei Wohnraum, der Teil der vom Vermieter selbst bewohnten Wohnung ist und den der Vermieter überwiegend mit Einrichtungsgegenständen auszustatten hat, sofern der Wohnraum dem Mieter nicht zum dauernden Gebrauch mit seiner Familie oder mit Personen überlassen ist, mit denen er einen auf Dauer angelegten gemeinsamen Haushalt führt. Dagegen gilt die Möglichkeit, Räumungsfrist zu beantragen, nicht bei Wohnraum, den eine juristische Person des öffentlichen Rechts oder ein anerkannter privater Träger der Wohlfahrtspflege angemietet hat, um ihn Personen mit dringendem Wohnungsbedarf zu überlassen, wenn sie den Mieter bei Vertragsschluss auf die Zweckbestimmung des Wohnraums und die Ausnahme von den genannten Vorschriften hingewiesen hat (§ 549 Abs. 2 Nr. 3 BGB i. V. m. § 721 Abs. 7 ZPO).

Auch im Fall eines **Zeitmietvertrages** gem. § 575 BGB kann eine Räumungsfrist nicht beantragt werden (§ 721 Abs. 7 ZPO). Endet ein Mietverhältnis über bestimmte Zeit im Sinne des § 575 BGB durch außerordentliche Kündigung, kann eine Räumungsfrist höchstens bis zum vertraglich bestimmten Zeitpunkt der Beendigung gewährt werden.

> Bei allen übrigen Mietverhältnissen über Wohnraum kann daher Räumungsfrist beantragt werden.

Die Räumungsfristschutzvorschriften sind auch anwendbar, wenn der Mieter gekündigt hat, oder auch, wenn das Räumungsurteil nicht auf mietrechtlichen, sondern auf anderen Bestimmungen beruht, so etwa auf dem Herausgabeanspruch des Eigentümers gegen den nicht berechtigten Besitzer nach § 985 BGB, weil beispielsweise kein gültiger Mietvertrag zustande gekommen ist. Schließlich kann Räumungsfrist eingeräumt oder Vollstreckungsschutz gewährt werden, wenn der Vermieter nach Beendigung des Hauptmietverhältnisses gegen den verbliebenen Untermieter Räumungsurteil nach § 546 Abs. 2 BGB erwirkt hat.

Auch bei einem **Mischmietverhältnis** kann eine Räumungsfrist für den Wohnteil gewährt werden, und zwar auch dann, wenn der gewerbliche Mietanteil überwiegt, sofern eine getrennte Herausgabe beider Teile möglich ist. Das ist dann der Fall, wenn der gewerblich genutzte und der zu Wohnzwecken genutzte Teil baulich und funktional selbstständig sind (so LG Hamburg, WuM 1993, 203).

2 Voraussetzungen für Bewilligung

In einem auf Räumung von Wohnraum lautenden Urteil kann vom Gericht **auf Antrag** oder **von Amts wegen** dem Räumungspflichtigen eine den Umständen nach angemessene **Räumungsfrist** gewährt werden. Der Antrag kann nur bis zum Schluss der mündlichen Verhandlung gestellt werden. Hat ihn das Gericht im Urteil übergangen, kann der Antragsteller Ergänzung des Urteils verlangen. Einstweilige Einstellung der Zwangsvollstreckung bis zur Entscheidung über die Gewährung einer Räumungsfrist ist möglich.

Ist auf künftige Räumung erkannt und über eine Räumungsfrist noch nicht entschieden, kann dem Räumungsschuldner Räumungsfrist gewährt werden, wenn er spätestens 2 Wochen vor dem Tag, an dem nach dem Urteil zu räumen ist, einen Antrag stellt.

Wurde ein **Räumungsvergleich** geschlossen, kann der Räumungspflichtige Antrag auf Bewilligung einer Räumungsfrist bis spätestens 2 Wochen vor dem Tag, an dem nach dem Vergleich zu räumen ist, stellen. Die Räumungsfrist kann auch auf Antrag verlängert oder verkürzt werden, wobei der Antrag spätestens 2 Wochen vor Ablauf der Räumungsfrist bei Gericht eingegangen sein muss. Ein Antrag auf Verkürzung einer zwischen den Parteien direkt im Räumungsvergleich vereinbarten Frist ist jedoch nicht zulässig (strittig).

Die Räumungsfrist darf insgesamt nicht mehr als **ein Jahr** betragen. Die Jahresfrist ist zu rechnen: im Urteilsverfahren ab Rechtskraft des Urteils oder, wenn nach einem Urteil auf künftige Räumung an einem späteren Tag zu räumen ist, von diesem Tag an, bei Verfahrensbeendigung durch Vergleich ab dem Tag, an dem nach dem Vergleich zu räumen ist.

Ob eine Räumungsfrist gem. § 721 ZPO auch bei der Vollstreckung aus anderen Räumungstiteln anzuwenden ist, ist strittig, aber wohl zu verneinen (vgl. Thomas-Putzo, § 721 ZPO, Rn. 2).

Ob eine Räumungsfrist bewilligt, verlängert oder verkürzt wird, liegt im Ermessen des Gerichts. Das Gleiche gilt für das Ausmaß der Räumungsfrist. Es kommt immer auf die Lage des Einzelfalles an. Die beiderseitigen Interessen sind gegeneinander abzuwägen. Zugunsten des Räumungsgläubigers (Eigentümers/Vermieters) sind zu berücksichtigen sein Interesse am Freiwerden der Räume sowie das vertragsgemäße oder nicht vertragsgemäße Verhalten des Räumungsschuldners (Mieters). Zugunsten des Räumungspflichtigen (Mieters) sind die Umstände zu berücksichtigen, die auch geeignet sind, die Fortsetzung eines Mietverhältnisses mit Erfolg zu verlangen.

Bei **Räumungsvergleichen** sind die Voraussetzungen für die Bewilligung einer Räumungsfrist strenger zu beurteilen als bei der Verurteilung zur Räumung.

> Nur neue wesentliche Ereignisse, die nach Vergleichsabschluss eingetreten sind, können die Gewährung einer Räumungsfrist nach § 794 a ZPO rechtfertigen. Dann kann allerdings das Gericht eine Räumungsfrist gewähren, deren Lauf nach Ablauf der im gerichtlichen Räumungsvergleich vereinbarten Frist mit der Höchstdauer eines Jahres beginnt, wenn neue Tatsachen nach Abschluss des Räumungsvergleichs den Schutz des Schuldners rechtfertigen (so LG Kiel, WuM 1992, 492).

Auf die Räumungsfrist kann der Schuldner wirksam **verzichten**. Der Verzicht hindert ihre Gewährung.

3 Nutzungsentschädigung

Rechtlich handelt es sich bei der Gewährung einer Räumungsfrist um die Stundung der bestehenden Räumungsverpflichtung. Der Mieter kann daher die Mieträume vor Ablauf der Räumungsfrist zurückgeben mit der Folge, dass seine Zahlungspflicht bereits mit diesem Zeitpunkt und nicht erst mit dem späteren Ablauf der Räumungsfrist endet (§ 546a BGB), da er die Nutzungsentschädigung nur für die Zeit der tatsächlichen Vorenthaltung des Besitzes schuldet (so LG Mönchengladbach, DWW 1992, 215). Allerdings hat der Mieter die nachvertragliche Pflicht, dem Vermieter unverzüglich und so rechtzeitig den vorzeitigen Auszug mitzuteilen, dass diesem eine Neuvermietung der Wohnung noch vor Ablauf der Räumungsfrist ab dem nächstmöglichen Zeitpunkt möglich ist. Verletzt der Mieter diese Pflicht, haftet er dem Vermieter aus dem Gesichtspunkt der positiven Forderungsverletzung auf Nutzungsentschädigung (so LG Mönchengladbach, a.a.O.).

4 Rechtsmittel

Entscheidungen, welche die Gewährung, Versagung oder Bemessung einer Räumungsfrist betreffen, sind mit **sofortiger Beschwerde** anfechtbar. Die Frist beträgt 2 Wochen ab Zustellung. Eine weitere sofortige Beschwerde zum OLG ist nicht möglich (§ 567 Abs. 3 S. 1 ZPO).

Räumungsklage

Grundsätzliches ist hierzu unter „Gerichtliches Verfahren in Mietsachen" ausgeführt. Folgende Besonderheiten sollen noch erwähnt werden: Eine Klage auf künftige Räumung ist zulässig, wenn den Umständen nach die Besorgnis gerechtfertigt ist, dass der Schuldner (= Mieter) sich der rechtzeitigen Leistung entziehen werde (§ 259 ZPO). Das ist z. B. der Fall, wenn der Mieter der Kündigung widersprochen hat mit der Begründung, der vom Vermieter angegebene Kündigungsgrund liege nicht vor (OLG Karlsruhe, RE v.

10.6.1983, WuM 1983, 253; Weber/Marx, VII/S. 103). Gleiches gilt, wenn der Mieter die Kündigung für unwirksam hält und dies dem Vermieter mitteilt. Grundsätzlich ist zu beachten, dass ein Schuldner vor Fälligkeit seine Leistungsbereitschaft auch bei einer entsprechenden Anfrage des Gläubigers nicht bekunden muss, um bei einem späteren sofortigen Anerkenntnis der Kostenfolge des § 91 ZPO zu entgehen. Etwas anderes kann allerdings gelten, wenn bei einem Geschäftsraummietverhältnis das Mietverhältnis ordentlich gekündigt wurde, die Wirksamkeit dieser Kündigung außer Streit steht und der Mieter sich auf eine vor Ablauf der Kündigungsfrist erfolgte Anfrage des Vermieters zu seinen Räumungsabsichten nicht äußert. Hat in diesem Fall der Vermieter Räumungsklage vor Ablauf des Mitverhältnisses erhoben und erkennt der Mieter im ersten Verhandlungstermin den Räumungsanspruch an, hat gleichwohl der Mieter die Kosten des Rechtsstreits zu tragen (OLG Stuttgart, Beschl. v. 7.5.1999, Az. 5 W 16/99, WuM 1999, 414). Diese Grundsätze gelten allerdings nicht bei einem Wohnraummietverhältnis (Sternel, Mietrecht, 3. Aufl., V Rn. 34).

Die **Kosten** werden auch bei einem Räumungsprozess nach Obsiegen und Unterliegen verteilt. Ausnahmen hiervon finden sich in § 93b ZPO. In Abs. 1 ist Folgendes bestimmt: Wird einer Klage auf Räumung von Wohnraum mit Rücksicht darauf stattgegeben, dass ein Verlangen des Beklagten auf Fortsetzung des Mietverhältnisses aufgrund der §§ 574 bis 574b BGB wegen der berechtigten Interessen des Klägers nicht gerechtfertigt ist, kann das Gericht die Kosten ganz oder teilweise dem Kläger auferlegen, wenn der Beklagte die Fortsetzung des Mietverhältnisses unter Angabe von Gründen verlangt hatte und der Kläger aus Gründen obsiegt, die erst nachträglich entstanden sind (§ 574 Abs. 3 BGB). Dies gilt in einem Rechtsstreit wegen Fortsetzung des Mietverhältnisses bei Abweisung der Klage entsprechend.

Gemäß § 93b Abs. 2 ZPO gilt Folgendes: Wird eine Klage auf Räumung von Wohnraum mit Rücksicht darauf abgewiesen, dass auf Verlangen des Beklagten die Fortsetzung des Mietverhältnisses aufgrund der §§ 574 bis 574b BGB bestimmt wird, kann das Gericht die Kosten ganz oder teilweise dem Beklagten auferlegen, wenn er auf Verlangen des Klägers nicht unverzüglich über die Gründe des Widerspruchs Auskunft erteilt hat. Dies gilt in einem Rechtsstreit wegen Fortsetzung des Mietverhältnisses entsprechend, wenn der Klage stattgegeben wird. Die praktischen Auswirkungen dieser Bestimmungen sind gering. Am ehesten findet noch § 93b Abs. 3 ZPO Anwendung.

Danach kann dann, wenn der Beklagte den Anspruch auf Räumung von Wohnraum sofort anerkennt, ihm jedoch eine Räumungsfrist bewilligt wird, das Gericht die Kosten ganz oder teilweise dem Kläger auferlegen, wenn der Beklagte bereits vor Erhebung der Klage unter Angabe von Gründen die Fortsetzung des Mietverhältnisses oder eine den Umständen nach angemessene Räumungsfrist vom Kläger vergeblich begehrt hatte. Nähere Einzelheiten hierzu s. „Gerichtliches Verfahren in Mietsachen".

Im **Klageantrag** ist der Mietgegenstand so genau zu bezeichnen, dass er vom Gerichtsvollzieher eindeutig festgestellt werden kann. Die Räumungsklage ist gegen alle Personen zu richten, die vollstreckungsrechtlichen Gewahrsam an den Miträumen haben (vgl. Sternel VI, Rn. 17 und 30). Mieter und Untermieter haften als Gesamtschuldner, können also gemeinsam auf Räumung verklagt werden. Aus einem Titel nur gegen den Mieter kann der Gerichtsvollzieher nicht gegen den Untermieter räumen.

Umstritten ist, ob aus einem Räumungstitel gegen den Mieter auch gegen dessen **Familienangehörige** vollstreckt werden kann. Sicherer ist es, die Klage gegen den Mieter und den Ehe- oder Lebenspartner zu erheben, der nicht Mieter ist. Einer solchen Räumungsklage gegen den nicht mietenden Ehegatten fehlt nicht das Rechtsschutzinteresse (so OLG Schleswig, RE v. 17.11.1992, WuM 1992, 674). Dies gilt auch für den Lebenspartner des Mieters, der den Mietvertrag nicht unterschrieben hat. Die überwiegende Meinung geht inzwischen dahin, dass es **zwingend** eines Räumungstitels gegen den nicht mietenden Ehegatten bedarf (vgl. Sternel, Mietrecht aktuell, 3. Aufl., Rn. 1430 m.w.N.).

Nach dem Rechtsentscheid des BGH vom 22.11.1995 (DWW 1996, 250) ist der vertragliche Herausgabe- und Räumungsanspruch (§ 546 Abs. 1 BGB) nach Beendigung des mit mehreren Mietern begründeten Wohnraummietverhältnisses auch gegen denjenigen von ihnen begründet, der im Gegensatz zu den anderen den Besitz an der Wohnung endgültig aufgegeben hat. Auch ausgezogene Mieter können daher neben den noch in der Wohnung befindlichen als Gesamtschuldner auf Räumung verklagt werden.

Räumungsschutz → *„Vollstreckungsschutz"*

Rechtsentscheid

*Im Haufe Verlag erscheint jährlich eine von den Rechtsanwälten Weber und Marx herausgegebene **Rechtsentscheidsammlung zum Wohnraummietrecht**, die HuG-Abonnenten zum Vorzugspreis erwerben können. Ferner wurde der Sammelband „**Rechtsentscheide zum Wohnraummietrecht**" herausgegeben, der die Jahre 1968 – 1991 umfasst und unter der **Bestell-Nr. 07408** erhältlich ist.*

Rechtsentscheide in Wohnraummietsachen sind allgemein durch Gesetzesänderung vom 1.7.1980 eingeführt worden. Danach hat das LG als Berufungsgericht unter bestimmten Voraussetzungen eine Rechtsfrage vorab dem im Rechtszug übergeordneten OLG, in Bayern dem BayObLG, vorzulegen.

Rechtsentscheid

Diese Verpflichtung ist gegeben, wenn das LG bei der Entscheidung einer Rechtsfrage, die sich aus einem Mietverhältnis über Wohnraum ergibt oder den Bestand eines solchen Mietverhältnisses betrifft, von einer Entscheidung des BGH oder eines OLG abweichen will. Das Gleiche gilt, wenn eine Rechtsfrage von grundsätzlicher Bedeutung bisher durch Rechtsentscheid noch nicht entschieden ist. Will das OLG von einer Entscheidung des BGH oder eines anderen OLG abweichen, hat es die Rechtsfrage dem BGH vorzulegen. Die Entscheidung ist für das LG bindend.

Ob eine noch nicht durch Rechtsentscheid beantwortete Rechtsfrage von grundsätzlicher Bedeutung ist, unterliegt allein der Beurteilung des damit befassten LG. Die Prozessparteien haben somit keine Möglichkeit, die Vorlage an das OLG zu erzwingen. Durch die unterbliebene Vorlage werden Wirksamkeit und Rechtskraft des landgerichtlichen Urteils nicht beeinflusst. Wenn aber ein LG oder OLG seine Vorlagepflicht willkürlich verletzt, kann Verfassungsbeschwerde eingelegt werden, wie das BVerfG entschieden hat (WuM 1987, 207).

Im Beschluss vom 3.11.1992 (DWW 1993, 38) hat sich das BVerfG wiederum mit dieser Frage befasst. Nach Ansicht des Gerichts reicht für die Annahme eines Verstoßes gegen Art. 101 Abs. 1 S. 2 GG nicht jede irrtümliche Überschreitung der den Fachgerichten gezogenen Grenze aus. Ein Verstoß kann nur angenommen werden, wenn sich aus dem Urteil oder aus dem Verfahrensverlauf Anhaltspunkte dafür ergeben, dass sich dem Landgericht die Notwendigkeit einer Vorlage aufdrängen musste. Dies wäre etwa dann der Fall, wenn eine der Parteien auf einen einschlägigen Rechtsentscheid hingewiesen hätte und sich das Gericht in seiner Entscheidung darüber hinweggesetzt hätte.

Zwar sind Amtsgerichte an Rechtsentscheide nicht gebunden. Aufgrund des neu eingeführten § 511a Abs. 2 ZPO kann jedoch gegen abweichende Urteile der Amtsgerichte in Streitigkeiten über Ansprüche aus einem Mietverhältnis über Wohnraum oder über den Bestand eines solchen Mietverhältnisses unabhängig von der Berufungssumme Berufung eingelegt werden.

> Voraussetzung ist jedoch stets, dass das Amtsgericht in einer Rechtsfrage von einer Entscheidung eines Oberlandesgerichts oder des Bundesgerichtshofes abgewichen ist und die Entscheidung auf der Abweichung beruht.

Rechtsmängel → *„Mängel"*

Rechtsnachfolger des Mieters → *„Ersatzmieter", „Personenwechsel auf Mieterseite"*

Rechtsnachfolger des Vermieters → *„Personenwechsel auf Vermieterseite"*

Reinigungspflicht des Mieters

Ohne ausdrückliche vertragliche Vereinbarung im Mietvertrag oder in der Hausordnung ist der Mieter nicht verpflichtet, die gemeinschaftlich benutzten Teile des Hauses zu reinigen. Die Reinigungspflicht ist gleichmäßig unter den Mietern zu verteilen. Ausnahmen können sich jedoch z. B. bei besonders starker Nutzung der gemeinsam genutzten Teile des Hauses durch einen Geschäftsbetrieb oder eine Praxis oder sonstige starke Nutzung ergeben.

Teilweise wird die Ansicht vertreten, dass der **Erdgeschossmieter** den Hauseingang zu reinigen sowie von Eis und Schnee freizuhalten hat, ferner noch die Kellertreppe zu reinigen hat und dass alle Mieter gemeinsam die Reinigung des gemeinschaftlich genutzten Dachbodens und Kellergangs sowie des Mülltonnenplatzes und des Hofes einschließlich der Zufahrten und Zugänge in angemessenem Wechsel untereinander vorzunehmen haben (so Schmidt-Futterer/Blank, Miete von A–Z, „Reinigungspflicht" I 2). Wenn jedoch nur die Reinigungspflicht ohne weitere Zusätze auf die Mieter übertragen wird, bestehen Bedenken, ob diese Verpflichtung so weit geht. Insbesondere die Überbürdung der Pflichten auf den Erdgeschossmieter dürfte sich ohne weitere Vereinbarungen nicht durchsetzen lassen.

> Wenn nichts anderes vereinbart ist, hat im Übrigen jeder Mieter die Treppen zu reinigen, die vom darunter liegenden Stockwerk zu seiner Wohnung führen.

Darüber hinaus verbleibt auch im Fall der Überbürdung der Reinigungspflicht auf den Mieter beim Vermieter die **Aufsichtspflicht** (vgl. „Verkehrssicherungspflicht").

> Ist der Mieter, sei es wegen Krankheit oder Urlaub, verhindert, seiner Reinigungspflicht nachzukommen, hat er einen Ersatz zu stellen.

Umstritten ist, ob dies auch dann gilt, wenn der Mieter, sei es aus Alters-, sei es aus Gesundheitsgründen, überhaupt nicht mehr in der Lage ist, seine Verpflichtungen zu erfüllen. Da der Mieter in der Lage ist, eine Ersatzperson zu beauftragen, wird man auch in diesen Fällen von einem Weiterbestehen der Verpflichtung ausgehen können (LG Düsseldorf, WuM 1988, 400).

Wenn sich der Mieter entgegen seiner vertraglichen Verpflichtung weigert, seine Reinigungspflicht zu erfüllen, kann ihn der Vermieter darauf verklagen und aus dem Urteil bei weiterer Nichterfüllung vollstrecken (§ 887 ZPO). In dieser Vorschrift ist bestimmt, dass der Gläubiger, also der Vermieter, vom Gericht ermächtigt wird, die geschuldete Leistung auf Kosten des Schuldners (des Mieters) vornehmen zu lassen. Ferner kann der Gläubiger beantragen, den Schuldner zur Vorauszahlung der Kosten zu verurteilen, die dadurch entstehen. Ob einem beharrlich die Reinigungspflicht verweigernden Mieter nach Abmahnung fristlos oder ordentlich gekündigt werden kann, ist umstritten. Es wird, wie so oft, auf den Einzelfall ankommen (z. B. Weigerung trotz eines rechtskräftigen Endurteils).

Reklameschilder → *„Außenwerbung"*

Renovierung → *„Schönheitsreparaturen"*

Reparaturen → *„Instandhaltung und Instandsetzung der Mieträume", „Kleinreparaturen"*

Rückgabe der Mietsache

Inhaltsübersicht		Seite
1	Wann?	8
2	Wie?	9
3	Haben Mieter Zurückbehaltungsrechte?	11
4	Wer haftet wie?	11
5	Überlassung an Dritten	11
6	Verspätete Rückgabe	13
7	Vorzeitige Rückgabe	16

1 Wann?

Nach **Beendigung des Mietverhältnisses** hat der Mieter die Mietsache zurückzugeben (§ 546 Abs. 1 BGB). Das Mietverhältnis muss also beendet sein (s. „Beendigung des Mietverhältnisses"). Nach dem Wortlaut des Gesetzes hat der Mieter **nach** Beendigung zu räumen. Die Mieträume müssen also nicht am letzten Tag der Mietzeit zurückgegeben werden, sondern am nächstfolgenden Tag (§ 188 BGB). Fällt dieser Tag auf einen Samstag, Sonntag oder Feiertag, müssen die Räume erst am nächsten Werktag zurückgegeben werden (§ 193 BGB; OLG Hamm, WuM 1981, 40). Bei nicht rechtzeitiger Rückgabe kommt der Mieter ohne Mahnung in Verzug (§ 284 Abs. 2 BGB).

Da der Mieter keine Gebrauchspflicht hat, kann er die Räume schon vor der Beendigung des Mietverhältnisses zurückgeben. Er ist allerdings bis zur Beendigung zur Zahlung der Miete verpflichtet (§ 537 Abs. 1 BGB). Hiervon gibt es **Ausnahmen**. So kann der Mieter berechtigt sein, einen Ersatzmieter (s. „Ersatzmieter") zu stellen. Liegen die Voraussetzungen hierfür vor, wird der Mieter auch vor Beendigung des Mietverhältnisses zu dem Zeitpunkt von der Mietzahlungspflicht frei, zu dem der

Rückgabe der Mietsache

Vermieter zumutbarerweise zum Abschluss des Mietvertrages mit dem Ersatzmieter verpflichtet gewesen wäre.

Auch wenn der Vermieter vorzeitig weitervermietet oder Arbeiten in den Miträumen vornimmt, sodass der Mieter sie gar nicht mehr nutzen könnte, entfällt die Mietzahlungspflicht (LG Saarbrücken, WuM 1979, 140 und LG Köln, WuM 1978, 84). Darauf kann sich der Mieter allerdings nicht berufen, d.h. er muss die Miete weiterzahlen, wenn er die Räume dem Nachmieter selbst zur Durchführung von Renovierungsarbeiten zur Verfügung stellt oder wenn der Vermieter dem Nachmieter die Räume hierzu auch im Interesse des Mieters unentgeltlich überlässt, wenn dadurch die Neuvermietung noch vor der vertragsgemäßen Beendigung des Mietverhältnisses möglich ist (so Sternel, Mietrecht aktuell, 3. A., Rn. 508).

Nach Ansicht des Landgerichts Frankfurt/M. (WuM 1989, 494) soll der Mietanspruch ferner entfallen, wenn der Mieter vor Beendigung des Mietverhältnisses auszieht, weil der Vermieter, ohne gekündigt zu haben, dringlichen Eigenbedarf geltend macht. Zur Rückgabe vor Ablauf der Räumungsfrist siehe „Räumungsfrist", Abschnitt 3. Zur verspäteten Rückgabe siehe Abschnitt 6, zur vorzeitigen Rückgabe, Abschnitt 7.

2 Wie?

Bei Räumen wird die Räumungspflicht durch **Fortschaffen der eingebrachten Sachen** des Mieters und **Aushändigung der Schlüssel** (s. „Schlüssel") erfüllt.

> Darunter fallen auch selbst angefertigte Schlüssel des Mieters, wenn der Vermieter dem Mieter diese Kosten ersetzt. Andernfalls muss der Mieter diese Schlüssel, tunlichst vor Zeugen, unbrauchbar machen.

Gibt der Mieter nicht alle Schlüssel zurück, enthält er dem Vermieter die Miträume vor und gibt sie nicht vollständig zurück (OLG Düsseldorf, NJW-RR 1996, 209). Der Vermieter ist nicht verpflichtet, zur Entlastung des Mieters die Schlösser auszutauschen (OLG Düsseldorf, a.a.O.). Fraglich ist, ob sich dieses zu einem Geschäftsraummietverhältnis ergangene Urteil auch auf Wohnraummietverhältnisse anwenden lässt.

Ist ein **unbebautes** Grundstück vermietet, hat der Mieter etwaige darauf errichtete Bauwerke zu beseitigen (BGH, ZMR 1966, 238). Die **Räume** müssen ordnungsgemäß, d.h. **besenrein** zurückgegeben werden. Zu mehr als zur Beseitigung von grobem Schmutz und Umzugsresten ist der Mieter mangels anderer Vereinbarungen nicht verpflichtet.

> Der nicht vertragsgemäße, insbesondere auch verwahrloste oder schadhafte Zustand der Miträume berechtigt den Vermieter nicht, die Rücknahme der Mietsache abzulehnen (BGHZ 104, 285, 289).

Er gerät vielmehr in Annahmeverzug. Der Mieter kann nach Androhung den Besitz aufgeben (§ 303 BGB). Nimmt der Vermieter die Räume in nicht vertragsgemäßem Zustand zurück, verliert er seine Ansprüche nicht; ein entsprechender Vorbehalt (z. B. im Übergabeprotokoll) empfiehlt sich aber, um die Beweislastumkehr (§ 363 BGB) zu vermeiden.

Ob der Mieter zu mehr, insbesondere zur Durchführung von **Schönheitsreparaturen** (s. „Schönheitsreparaturen") verpflichtet ist, richtet sich danach, ob eine wirksame vertragliche Vereinbarung besteht.

Grundsätzlich hat der Mieter bauliche Änderungen und **Einrichtungen** ohne Rücksicht auf die Kosten zu beseitigen und den früheren Zustand wieder herzustellen. Dies gilt auch dann, wenn der Mieter Einrichtungen vom Vormieter übernommen hat (LG Berlin, MDR 1987, 234; OLG Hamburg, ZMR 1990, 341).

> Hat der Vermieter dem Mieter während der Mietzeit eine entsprechende Genehmigung erteilt, kann daraus nicht grundsätzlich gefolgert werden, dass der Mieter bei Beendigung des Mietverhältnisses zur Wiederherstellung des früheren Zustandes nicht verpflichtet ist.

Dies ergibt sich daraus, dass die Zustimmung des Vermieters nur während der Mietzeit gilt, um dem Mieter eine dessen Vorstellung entsprechende Nutzung zu ermöglichen (so Scheuer in Bub/Treier, V Rn. 16). Da allerdings in der Rechtsprechung teilweise andere Ansichten vertreten werden, empfiehlt es sich für den Vermieter, mit der Zustimmung zu baulichen Änderungen zugleich auf die Beseitigungspflicht hinzuweisen bzw. eine entsprechende Zusatzvereinbarung zum Mietvertrag abzuschließen.

> Eine Beseitigungspflicht des Mieters entfällt allerdings dann, wenn er gegenüber dem Vermieter vertraglich zur Durchführung von baulichen Änderungen oder zum Einbau von Einrichtungen verpflichtet war.

Ebenso, wenn die Arbeiten erforderlich waren, um die Räume überhaupt vertragsgemäß nutzen zu können (LG Bochum, NJW 1967, 2015).

Bei der Pflicht des Mieters zur Beseitigung von Einrichtungen etc. handelt es sich um eine Nebenpflicht, bei deren Verletzung der Vermieter ohne weiteres einen Schadensersatzanspruch hat. Um eine Hauptleistungspflicht mit der Folge, dass der Vermieter dem Mieter nach § 326 BGB nach Beendigung des Mietverhältnisses eine Frist zur Beseitigung mit Ablehnungsandrohung (vgl. „Schönheitsreparaturen") setzen muss, handelt es sich, wenn die Wiederherstellung des früheren Zustandes einen erheblichen (mehr als die Miete für 4 Monate) Betrag erfordert (BGH, NJW 1977, 36, und NJW 1988, 1778) oder in einer ausdrücklichen Vereinbarung geregelt ist (LG Berlin, MDR 1986, 589). Siehe hierzu auch „Bauliche Veränderungen durch den Mieter" und „Einrichtungen".

Seiner Rechtspflicht hat der Mieter nur dann genügt, wenn er vollständig räumt; Teilleistungen sind unzulässig und brauchen vom Vermieter nicht angenommen zu werden (§ 266 BGB).

So ist nicht vollständig geräumt, wenn der Mieter noch Möbel in den Räumen zurücklässt oder Keller oder Speicher nicht leer macht. Entscheidend ist der Aufwand, der zur Beseitigung erforderlich ist. Sind die Kosten erheblich, hat der Mieter seine Räumungspflicht nicht erfüllt und der Vermieter kann auf Räumung klagen (vgl. BGH, NJW 1988, 2665; OLG Köln, DWW 1996, 185; OLG Düsseldorf, NZM 1999, 1142).

Bei Zurücklassen von wenigem Gerümpel kann der Vermieter die Rücknahme aber nicht verweigern, da er sonst in Annahmeverzug gerät (BGHZ 104, 285, 289 – s. auch „Verzug"). Dies gilt auch, wenn der Vermieter die Rücknahme wegen des schlechten Zustandes der Räume verweigert, da dies keine Vorenthaltung darstellt. Der Vermieter ist in diesem Fall auf seine sonstigen Ansprüche (Schadensersatz) angewiesen.

> Erfüllt der Mieter seine Rückgabepflicht nicht, kann er auf Räumung und Herausgabe verklagt werden. Gewaltsame Besitzergreifung durch den Vermieter ist nicht zulässig.

3 Haben Mieter Zurückbehaltungsrechte?

Wegen etwaiger Ansprüche gegen den Vermieter steht dem Mieter ein **Zurückbehaltungsrecht** an den Mieträumen **nicht** zu (§ 570 BGB), ausgenommen der Anspruch des Mieters beruht auf einer vorsätzlichen unerlaubten Handlung des Vermieters. Der Ausschluss des Zurückbehaltungsrechts bezieht sich auf den Rückgabeanspruch des Vermieters aus dem Mietvertrag. Die Regelung des § 570 BGB gilt nicht, wenn der Herausgabeanspruch auf andere gesetzliche Tatbestände gestützt wird, etwa auf Eigentum. Ist z.B. ein Mietvertrag wegen Anfechtung nichtig, kann dem auf Eigentum gestützten Herausgabeanspruch ein Zurückbehaltungsrecht wegen Verwendungen des nicht berechtigten Besitzers auf die Sache entgegengesetzt werden.

4 Wer haftet wie?

Mehrere Mieter haften für die Rückgabe als **Gesamtschuldner**. Grundsätzlich kommt es also nicht darauf an, ob einer von mehreren Mietern ausgezogen ist oder nicht. Der BGH hat nämlich mit RE vom 22.11.1995 (WuM 1996, 83; Weber/Marx, XV/S. 58) entschieden, dass der vertragliche Herausgabe- und Räumungsanspruch (§ 546 Abs. 1 BGB) nach Beendigung des mit mehreren Mietern begründeten Wohnraummietverhältnisses auch gegen denjenigen von ihnen begründet ist, der im Gegensatz zu den anderen Mietern den Besitz an der Wohnung endgültig aufgegeben hat.

Auch ein **Ehegatte**, der nicht Mieter geworden ist, kann bei Beendigung des Mietverhältnisses vom Vermieter auf Räumung in Anspruch genommen werden (OLG Schleswig, RE v. 17.11.1992, WuM 1993, 674). Vgl. hierzu auch „Räumungsklage".

5 Überlassung an Dritten

Hat der Mieter den Gebrauch der Mietsache einem **Dritten** (z. B. Untermieter) überlassen, kann der Vermieter die Sache unmittelbar von dem Dritten zurückfordern (§ 546 Abs. 2 BGB). Es handelt sich insoweit um ein gesetzliches Schuldverhältnis, um eine Art gesetzlicher Erweiterung des Vertragsanspruchs des Vermieters. Das Recht besteht neben dem Anspruch gegen den Mieter (Hauptmieter) auf Herausgabe. Nicht entscheidend ist, ob der Hauptmieter nach Beendigung des Mietverhältnisses ausgezogen ist. Es kommt vielmehr auf die rechtliche Beendigung des Mietverhältnisses (Hauptmietverhältnis) an. So wenig wie der Mieter hat auch der Untermieter (oder der Dritte) ein Zurückbehaltungsrecht.

> Der Anspruch des Vermieters setzt voraus, dass er den Dritten (Untermieter) vorher zur Räumung aufgefordert hat.

Hauptmieter und Dritter haften als Gesamtschuldner, können also gemeinsam auf Räumung verklagt werden (LG Hamburg, MDR 1958, 431). Der Dritte kann sich gegen den Vermieter nicht auf die Kündigungsschutzbestimmungen berufen. Etwas anderes gilt nur, wenn Vermieter und Mieter arglistig zulasten des Dritten zusammenwirken oder wenn der Dritte, hier also der Untermieter, bei Abschluss des Vertrages nicht wusste, dass sein Vermieter, der Hauptmieter, nicht Wohnungseigentümer war, vgl. hierzu „Herausgabeanspruch gegen Dritte". Dieser Schutz des Untermieters ist vom BGH (Beschl. v. 20.3.1991, DWW 1991, 211) noch erweitert worden. Danach kann sich der auf Räumung in Anspruch genommene Untermieter auch dann auf den Einwand des Rechtsmissbrauchs berufen, wenn ihm zwar bei Abschluss des Untermietvertrages bekannt war, dass sein Vermieter nicht Eigentümer der Mietsache ist, er aber nicht wusste, dass er gegenüber dem Eigentümer keinen Wohnraumkündigungsschutz genießt.

Das BVerfG hat die Rechte des Endmieters, der von einem gewerblichen Zwischenmieter gemietet hat, weiter gestärkt (Beschl. v. 11.6.1991, DWW 1991, 279). Hier hat der Mieter denselben Kündigungsschutz wie derjenige, der direkt vom Eigentümer mietet, vgl. hierzu „Herausgabeanspruch gegen Dritte".

Umstritten ist, in welchen Fällen der Weitervermietung dem Endmieter ein Kündigungsschutz zustehen soll (vgl. Derleder, WuM 1991, 641 ff.). Für den Fall des Vereins, der in Erfüllung seines Vereinszwecks Wohnraum anmietet, den er bestimmungsgemäß an Dritte zu Wohnzwecken weitervermietet, kann sich der Endmieter jedenfalls dann nicht auf den Kündigungsschutz des sozialen Mietrechts berufen, wenn der Hauptmietvertrag vom Vermieter aus wichtigem Grund fristlos gekündigt worden ist (so OLG Hamburg, RE v. 16.4.1993, WuM 1993, 249). Das Gericht führt hierzu aus, dass vergleichbare Regelungssachverhalte, die das BVerfG veranlasst habe, die Situation des Mieters eines im Interesse des Eigentümers eingeschalteten gewerblichen Zwischenvermieters mit der eines unmittelbar vom Eigentümer mietenden Mieters gleichzusetzen, im vom Gericht entschiedenen Fall nicht gegeben sind. Somit verbleibt es bei der Anwendbarkeit des § 546 Abs. 2 BGB. Entscheidend ist also, ob der Hauptmieter im Interesse des Vermieters tätig wird oder ob er mit der Untervermietung eigenen Interessen folgt (vgl. „Untermiete", Abschnitt 5).

6 Verspätete Rückgabe

Ist das Mietverhältnis durch Zeitablauf oder wirksame Kündigung beendet, ist der Mieter zur Rückgabe verpflichtet. Die verspätete Rückgabe der Mietsache hat weitreichende Folgen. Zum einen kann der Vermieter für die Dauer der Vorenthaltung eine Nutzungsentschädigung in Höhe der vereinbarten Miete verlangen (§ 546a Abs. 1 BGB). Zwischen den Parteien muss also ein Mietverhältnis bestanden haben, das beendet ist. Eine **Vorenthaltung** liegt vor,

- wenn der Mieter die Räume nicht zurückgibt, obwohl er könnte, und dies dem Willen des Vermieters widerspricht, d.h., dass dieser auf der Rückgabe besteht (BGH, NJW 1984, 1527). Von einem solchen Rücknahmewillen ist auch dann auszugehen, wenn dem Mieter vom Vermieter oder vom Gericht eine Räumungsfrist bewilligt wird (BGH, NJW 1983, 112), auch dann, wenn der Vermieter im gerichtlichen Räumungsfristverlängerungsverfahren der Gewährung einer Räumungsfrist nicht entgegengetreten ist (Bub/Treier, V Rn. 69),
- wenn der Mieter die Räume nicht zurückgeben kann, weil er sie untervermietet hat, nicht aber bei gewerblicher Zwischenvermietung (BGH, WuM 1996, 413, 415),
- wenn die Mietsache teilweise nicht zurückgegeben wird (BGH, NJW 1988, 2665),
- wenn die Räume ohne Schlüssel zurückgegeben werden (str., so LG Düsseldorf, WuM 1992, 191; anders Sternel, Mietrecht aktuell, 3. Aufl., Rn. 1315 f., der bei Zurücklassen von Einrichtungsgegenständen oder unterbliebener Rückgabe aller Schlüssel darauf abstellt, ob daraus noch ein Besitzwillen des Mieters indiziert werden kann).

Auf ein Verschulden des Mieters kommt es hierbei nicht an. Eine Vorenthaltung liegt daher auch vor, wenn dem Mieter die Rückgabe subjektiv unmöglich ist (z. B. Untervermietung, s. oben). Keine Vorenthaltung ist dagegen bei objektiver Unmöglichkeit gegeben (völlige Zerstörung der Räume z. B. durch Brand), aber gegebenenfalls Schadensersatzansprüche.

Ferner ist die Mietsache **nicht** vorenthalten, wenn sie in mangelhaftem Zustand zurückgegeben wird, etwa ohne pflichtgemäß ausgeführte Schönheitsreparaturen. Hier hat der Vermieter gesonderte Ansprüche.

Gemäß § 546a Abs. 1 BGB kann der Vermieter bei Vorenthaltung statt der Entschädigung in Höhe der bisherigen Miete eine solche in Höhe der Miete verlangen, die für vergleichbare Räume ortsüblich ist. Der Vermieter kann also wählen zwischen der bisher vereinbarten Miete und der ortsüblichen Miete. Für diese Ersetzungsbefugnis sind die Regelungen über die Miethöhe gem. §§ 557 ff. BGB nicht anwendbar (LG Stuttgart, ZMR 1987, 153). Das Schreiben, in dem der Vermieter eine Nutzungsentschädigung in Höhe der ortsüblichen Vergleichsmiete fordert, muss also nicht weiter begründet werden. Auch die Kappungsgrenze ist nicht anwendbar. Falls der Mieter die erhöhte Nutzungsentschädigung nicht bezahlt und der Vermieter Klage auf Zahlung erhebt, ist er allerdings in einem Forderungsprozess für die von ihm behauptete Ortsüblichkeit beweispflichtig.

Bisher ist die Rechtsprechung davon ausgegangen, dass die Geltendmachung einer höheren Nutzungsentschädigung durch einseitige, empfangsbedürftige Willenserklärung erfolgt, die rechtsgestaltende Wirkung hat und nur für die Zukunft wirkt, der Vermieter also nicht nachträglich eine erhöhte Nutzungsentschädigung verlangen kann (z. B. LG Berlin, WuM 1993, 351). Nun hat der BGH (Urt. v. 14.7.1999, Az. XII ZR 215/97, NZM 1999, 803) gegenteilig entschieden. Wenn der Mieter nach Beendigung des Mietverhältnisses die Mieträume nicht zurückgibt, so entsteht nach Ansicht des BGH der Anspruch des Vermieters auf Zahlung einer Nutzungsentschädigung in Höhe der ortsüblichen Miete für die Zeit der Vorenthaltung nicht erst durch eine rechtsgestaltende Willenserklärung des Vermieters. Der Vermieter hat vielmehr von vornherein einen Anspruch auf Zahlung einer Nutzungsentschädigung mindestens in Höhe der vereinbarten Miete, oder, wenn die ortsübliche Miete höher ist, in Höhe der ortsüblichen Miete. Zahlt der Mieter die vereinbarte Miete weiter und ist die ortsübliche Miete höher, so tritt nur eine Teilerfüllung des Anspruchs des Vermieters auf Zahlung einer Nutzungsentschädigung ein. Der Vermieter kann also auch noch nachträglich, ohne dass er eine entsprechende Erklärung abgegeben hat, für die Zeit der Vorenthaltung seinen Anspruch geltend machen.

Diese Rechtsauffassung des BGH wird durch die Neuformulierung des § 546a Abs. 1 BGB im Mietrechtsreformgesetz gestützt. Danach kann der Vermieter für die Dauer der Vorenthaltung die vereinbarte Miete oder die Miete verlangen, die für vergleichbare Sachen ortsüblich ist. Durch diese Umformulierung kommt der Anspruch des Vermieters, auch ohne vorherige Ankündigung rückwirkend eine höhere ortsübliche Vergleichsmiete für die Zeit seit Wirksamwerden der Kündigung verlangen zu können, klar zum Ausdruck, so die amtliche Begründung. Die Regelung gilt für alle Arten von Mietverhältnissen.

Darüber hinaus kann der Vermieter gem. § 546a Abs. 2 BGB einen weiteren Schaden geltend machen, wenn die Vorenthaltung **schuldhaft** ist. Fehlender Ersatzraum entschuldigt die verspätete Räumung nicht. Denkbar ist ein solcher Schaden z.B., wenn der Vermieter in der Lage wäre, zu einer höheren Miete zu vermieten, durch die Nichtfreimachung hieran jedoch gehindert ist. Der Schaden errechnet sich in diesem Fall aus der Differenz zwischen bisheriger Miete und jener, die bei rechtzeitiger Räumung erzielt worden wäre.

Ist Wohnraum zurückzugeben, ist der Schadensersatzanspruch des Vermieters wegen Vorenthaltung wesentlich eingeschränkt. Er kann nur geltend gemacht werden, wenn die Rückgabe infolge von

Umständen unterblieben ist, die der Mieter zu vertreten hat (§ 571 Abs. 1 BGB).

Unverschuldete Vorenthaltung ist anzunehmen, wenn der Ersatzraumbeschaffung vorübergehende, übermäßige, nicht zumutbare Schwierigkeiten entgegenstehen. Der Mieter hat alles ihm Zumutbare zu unternehmen, um seine Rückgabepflicht erfüllen zu können.

Hat der Mieter einen Teil des Mietobjekts, sei es auch mit Erlaubnis des Vermieters, untervermietet, hat der Mieter sein Unvermögen zur Rückgabe, etwa weil der Untermieter nicht geräumt hat, zu vertreten. Die Unterlassung der Räumungsklage gegen den Untermieter nach Beendigung des Hauptmietverhältnisses durch den Vermieter kann freilich als mitwirkendes Verschulden gewertet werden. Nach Beendigung des **Untermietverhältnisses** steht dem Hauptmieter kein Anspruch auf Nutzungsentschädigung gem. § 546a Abs. 1 BGB gegen den Untermieter zu, wenn auch das Hauptmietverhältnis bereits beendet ist (BGH, WuM 1996, 32).

Hat der Mieter die nicht rechtzeitige Rückgabe der Mietsache zu vertreten, ist dennoch der Schaden nur insoweit zu ersetzen, als die Billigkeit eine Schadloshaltung erfordert (§ 571 Abs. 1 S. 2 BGB), wobei wiederum alle Umstände des Einzelfalles zu berücksichtigen sind.

> Eine volle Schadloshaltung kommt jedenfalls dann in Betracht, wenn der Mieter mit von vorneherein auch ihm erkennbar aussichtslosen Argumenten sich gegen die Kündigung oder die Räumungsklage zur Wehr gesetzt oder eine Räumungsfrist beantragt hat oder wenn er aus Schikanegründen nicht zurückgibt.

Die **beschränkte** Schadensersatzpflicht entfällt zugunsten der vollen Schadloshaltung, wenn der Mieter seinerseits das Mietverhältnis gekündigt hat (§ 571 Abs. 1 S. 3 BGB). Zum Ersatz eines über das Nutzungsentgelt hinausgehenden Schadens ist der Mieter für die Zeitdauer einer ihm gewährten Räumungsfrist nicht verpflichtet (§ 571 Abs. 2 BGB). Eine Vereinbarung zum Nachteil des Wohnraummieters ist unwirksam (§ 571 Abs. 3 BGB).

Ein in der Praxis gar nicht so seltener Fall soll zum Schluss noch behandelt werden. Was ist, wenn der Mieter die Räume nicht zum Ende des Monats, sondern **im Laufe des Monats** zurückgibt. So hat das LG Düsseldorf (WuM 1992, 191) entschieden, dass eine Rückgabe erst am 3. eines Monats eine Vorenthaltung hinsichtlich des gesamten Monats darstellt, ohne dass es darauf ankommt, ab wann das Mietobjekt neu vermietet werden sollte. Die Nutzungsentschädigung ist daher für den vollen Monat zu zahlen.

Die Gegenmeinung wird von Sternel (Mietrecht aktuell, 3. A., Rn. 1326) vertreten. Danach schuldet der Mieter die Nutzungsentschädigung nur bis zum Zeitpunkt der Rückgabe. Falls der Vermieter aber schlüssig vortragen und beweisen kann, dass er deshalb erst zum nächsten Monatsersten neu vermieten konnte und deshalb einen Mietausfall hat, kann er einen Schadensersatzanspruch geltend machen.

7 Vorzeitige Rückgabe

In Zeiten des Überangebots an Wohnungen und gewerblichen Räumen wollen sich Mieter vorzeitig aus Verträgen lösen, um anderweitig billiger zu mieten. Hier stellt sich das Problem, ob und wie lange der Vermieter einen Anspruch auf Zahlung von Nutzungsentschädigung in Höhe der bisherigen Miete hat. Kündigt der Vermieter zu Recht fristlos, weil der ausgezogene Mieter die Miete für zwei Monate nicht bezahlt hat, kann der Vermieter den Mietausfall als Kündigungsfolgeschaden geltend machen. Der Schadensersatz kann bis zur Neuvermietung verlangt werden, sofern das Mietverhältnis nicht vorher durch Zeitablauf oder die Möglichkeit einer ordentlichen Kündigung hätte beendet werden können. Der Vermieter seinerseits ist verpflichtet, sich nachhaltig um eine alsbaldige anderweitige Vermietung zu bemühen. Andernfalls trifft ihn ein **Mitverschulden** (§ 254 Abs. 2 BGB; OLG Düsseldorf, ZMR 1996, 324).

Der Mieter hat allerdings die **Beweislast** dafür, dass der Vermieter entsprechende Bemühungen unterlassen hat. Kündigt der Vermieter nicht fristlos, kann er seinen Erfüllungsanspruch bis zum regulären Vertragsablauf (durch Zeitablauf oder die Möglichkeit einer ordentlichen Kündigung) geltend machen. Der Vermieter kann allerdings verpflichtet sein, einen Ersatzmieter (s. „Ersatzmieter") zu akzeptieren. Vermietet der Vermieter zu einer geringeren Miete weiter, hat der Mieter die Mietdifferenz zu zahlen, wenn sich der Vermieter redlich bemüht hat, durch die Weitervermietung aus der vom Mieter vertragswidrig geschaffenen Situation in beiderseitigem Interesse das Beste zu machen (BGH, WuM 1993, 346). Zu weiteren Einzelheiten siehe „Ersatzmieter".

Rücktritt vom Mietvertrag

Von einem wirksam zustande gekommenen Mietvertrag kann eine Partei nur bis zur Überlassung der Mietsache und nur dann zurücktreten, wenn entweder der Rücktritt **vertraglich** vorbehalten ist oder ein gesetzlicher **Rücktrittsgrund** vorliegt (§§ 325, 327 BGB). Der letztere Fall ist z. B. gegeben, wenn der Vermieter dem Mieter den Gebrauch nicht rechtzeitig verschafft und eine ihm vom Mieter gesetzte Nachfrist mit Ablehnungsandrohung fruchtlos verstreichen lässt, siehe hierzu „Verzug", oder die Voraussetzung einer Anfechtung (s. „Anfechtung") vorliegt.

Nach Überlassung der Mietsache kann das Mietverhältnis nur durch Kündigung beendet werden. Ein vereinbartes Rücktrittsrecht ist in ein Recht zur Ausübung der fristlosen Kündigung umzudeuten. Bei einem Mietverhältnis über Wohnraum kann sich der Vermieter auf eine Vereinbarung, nach der er berechtigt sein soll, nach Überlassung des Wohnraums an den Mieter vom Vertrag zurückzutreten, nicht berufen (§ 572 Abs. 1 BGB). Diese Neufassung des früheren § 570a BGB durch das Mietrechtsreformgesetz stellt klar, dass der Vertrag im Übrigen wirksam ist. Damit soll vermieden werden, dass der Vermieter durch Vereinbarung eines Rücktrittsrechts den Kündigungsschutz des Mieters umgeht. Will der Vermieter das Mietverhältnis einseitig beenden, kann er das nur, wenn die Kündigungsvoraussetzungen vorliegen.

Ruhestörung → *„Störung des Hausfriedens"*

Sammelheizung → *„Zentralheizung"*

Schadensersatz

Schadensersatzansprüche können sowohl dem Vermieter als auch dem Mieter zustehen. Schadensersatzansprüche **des Mieters** sehen die mietrechtlichen Vorschriften des BGB in § 536a vor (s. „Mängel"). Ansprüche des Mieters können sich auch aus der Verletzung allgemeiner schuldrechtlicher Vorschriften ergeben, z. B. aus der Verletzung der Verkehrssicherungspflicht des Vermieters. Dies kann auch der Fall sein bei schuldhafter Verschlechterung der Mietsache oder Verletzung der Obhutspflicht (s. „Verschlechterung der Mietsache", „Obhutspflicht des Mieters").

Schadensersatzansprüche können sich ferner aus einer unbegründeten Kündigung oder aus vorgetäuschtem Eigenbedarf ergeben (s. „Eigenbedarf").

Schadensersatzansprüche **des Vermieters** sind im mietrechtlichen Teil des BGB nicht ausdrücklich geregelt. Lediglich in § 546a Abs. 2 BGB ist bei verspäteter Rückgabe die Geltendmachung eines weiteren Schadens nicht ausgeschlossen.

Folgende Hauptfälle sollen kurz aufgezählt werden:

- Schadensersatzansprüche wegen unterlassener **Schönheitsreparaturen** (s. „Schönheitsreparaturen").
- Schadensersatzansprüche wegen **Beschädigung** und Verschlechterung der Mietsache (s. „Verschlechterung").
- Schadensersatzansprüche wegen Verletzung der **Anzeigepflicht** des Mieters (s. „Anzeigepflicht").
- Schadensersatzansprüche bei falschem **Wohnverhalten** (s. „Feuchtigkeit", „Obhutspflicht").
- Haftung bei **Gebrauchsüberlassung an Dritte**: Überlässt der Mieter den Gebrauch einem Dritten, sei es mit oder ohne Erlaubnis des Vermieters, hat der Mieter ein dem Dritten bei dem Gebrauch zur Last fallendes Verschulden zu vertreten (§ 540 Abs. 2 BGB). Diese Haftung gilt auch bei vorsätzlichen Handlungen des Dritten (Untermieters), z. B. Zerstörung der Mietsache oder Unterschlagungen.
- Schadensersatzanspruch bei berechtigter **fristloser Kündigung** des Vermieters: Hier haftet der Mieter in erster Linie auf Ersatz des Mietausfalles (BGH, ZMR 1984, 345, 347). Von diesem Anspruch werden ersparte Aufwendungen sowie diejenigen Vorteile abgezogen, welche durch eine anderweitige Verwertung (Neuvermietung) erlangt werden (§ 537 Abs. 1 S. 2 BGB). Hier hat der Vermieter auch eine Schadensminderungspflicht.
- Entschädigungsanspruch wegen verspäteter **Rückgabe** des Mietobjekts (s. „Rückgabe").

Schadensersatzansprüche sowohl des Vermieters als auch des Mieters unterliegen der **Verjährung** (s. „Verjährung"). Ansprüche können auch verwirkt werden (s. „**Verwirkung**"). Literaturhinweis zu den Schadensersatzansprüchen: Eine Übersicht über die Schadensersatzansprüche des Vermieters mit Rechtsprechungsnachweisen hat Gather in DWW 1990, 322 ff. gegeben.

Schimmel → „Feuchtigkeit"

Schlüssel

Zur ordnungsgemäßen Gebrauchsgewährung als Hauptpflicht des Vermieters gehört auch die Überlassung der Schlüssel für die Haus- und Wohnungstür, sonstige verschließbare Räume und die Nebenräume, z.B. Keller.

Der Vermieter ist ohne Einverständnis des Mieters nicht berechtigt, einen **Zweitschlüssel** für die vermieteten Räume zurückzubehalten oder anzufertigen.

In der Regel werden für die Haus- und Wohnungstür mindestens zwei Schlüssel überlassen. Benötigt der Mieter, etwa wegen der Größe seiner Familie, zusätzliche Schlüssel, darf er sie auf seine Kosten anfertigen lassen. Bei der Räumung des Mietobjekts ist der Mieter verpflichtet, sämtliche Schlüssel zurückzugeben, auch etwaige zusätzlich angefertigte. Hierfür kann der Mieter allerdings Ersatz verlangen oder, falls der Vermieter hierfür nicht zahlen will, diese Schlüssel im Beisein des Vermieters oder eines Zeugen unbrauchbar machen. Fehlende Schlüssel hat der Mieter auf seine Kosten dem Vermieter zu ersetzen.

Zieht der Mieter aus, ohne die Schlüssel zurückzugeben, ist umstritten, ob der Vermieter ein neues Schloss einbauen lassen und die Kosten dafür und für die dazu gehörigen Schlüssel vom Mieter ersetzt verlangen kann. Insbesondere bei einer **zentralen Schließanlage** kann dies sehr teuer kommen. Das LG Mannheim (WuM 1977, 121) stellt darauf ab, ob eine missbräuchliche Verwendung der verlorenen Schlüssel zu befürchten ist oder nicht. In dem vom Gericht entschiedenen Fall waren die Schlüssel bei einer Bootsfahrt in einen Fluss gefallen, sodass der Vermieter keinen Anspruch auf ein neues Schloss hatte. Das LG Göttingen (ZMR 1990, 145) führt hierzu aus, dass der Vermieter beim **Verlust** eines Schlüssels grundsätzlich die Kosten für den Einbau eines neuen Schlosses verlangen kann. Ergeben die Umstände des Einzelfalles, dass ein Missbrauch ausgeschlossen ist oder nur als ganz entfernte, eher theoretische Möglichkeit in Betracht kommt, kann der Vermieter nur die Kosten für die Anfertigung eines **Ersatzschlüssels** fordern. Der Mieter hat bezüglich dieser Umstände die Darlegungs- und Beweislast. Hierfür soll genügen, wenn der

S 2

Mieter erklärt, der Schlüssel sei von ihm nicht mit einem Hinweis auf die Wohnung oder den Wohnungsinhaber versehen und auch nicht in unmittelbarer Nähe der betreffenden Türe verloren gegangen. Strengere Anforderungen sind allerdings zu stellen, wenn der betreffende Schlüssel auch den Zutritt zu den Räumlichkeiten anderer Mieter ermöglicht, da dann auch deren Sicherheitsinteresse gewahrt werden muss. Eine Formularklausel in einem Wohnraummietvertrag, wonach bei Verlust eines Schlüssels der Vermieter auf Kosten des Mieters ein Austauschschloss einbauen und die erforderlichen Schlüssel anfertigen kann, ist unwirksam (§ 9 Abs. 2 AGB-Gesetz), da der Mieter verschuldensunabhängig haften würde (LG Hamburg, WuM 1999, 327).

Wenn hingegen der Mieter nachweislich Zweitschlüssel gefertigt hat und diese nicht zurückgibt, obwohl er sie noch hat, kann der Vermieter auf Kosten des Mieters ein neues Schloss einbauen. Siehe hierzu auch „Rückgabe der Mietsache".

Schönheitsreparaturen

Inhaltsübersicht	Seite
1 **Allgemeines**	S 4
2 **Umfang der Schönheitsreparaturen**	S 6
2.1 Tapete, Wand- und Deckenanstrich	S 6
2.2 Fußboden, Parkett- und Teppichboden	S 7
2.3 Fenster	S 8
2.4 Kellerräume und Balkon	S 8
2.5 Gesetzliche Definition in § 28 Abs. 4 II. BV	S 8
2.6 Vorarbeiten	S 9
2.7 Verschuldete Schäden	S 9
3 **Fälligkeit der Schönheitsreparaturen**	S 10
3.1 Fristenplan	S 12
3.2 Bedarfsregelung	S 15
3.3 Zusammentreffen von Fristenplan und Bedarfsregelung	S 16
4 **Beteiligung des Mieters an den Kosten der Schönheitsreparaturen**	S 17
5 **Verzug des Mieters mit Schönheitsreparaturen während der Mietzeit**	S 19
6 **Verzug des Mieters mit Schönheitsreparaturen bei Mietende**	S 21
7 **Umbau der Mieträume nach Mietende**	S 25
8 **Sonstiges**	S 26

1 Allgemeines

Nach der Bestimmung des § 535 S. 2 BGB ist der **Vermieter** verpflichtet, die Mietsache in einem zum vertragsgemäßen Gebrauch geeigneten Zustand zu erhalten (vgl. „Instandhaltung und Instandsetzung der Mieträume"). Abnutzungen, die lediglich durch den vertragsgemäßen Gebrauch der Mietsache eingetreten sind, hat der Mieter nicht zu vertreten (§ 538 BGB).

Von dieser **gesetzlichen** Regelung wird jedoch üblicherweise **vertraglich** abgewichen und der Mieter zur Durchführung von bestimmten Renovierungsmaßnahmen verpflichtet. Der Umfang sowie der Zeitpunkt der Fälligkeit dieser Verpflichtung (bei Einzug, während der Mietzeit, bei Auszug) bestimmen sich ausschließlich nach den vertraglichen Vereinbarungen, da entsprechende gesetzliche Vorschriften über eine Verpflichtung des **Mieters** nicht existieren. Auch eine Verkehrssitte, aus der sich die Verpflichtung des Mieters auch ohne Vereinbarung ergeben würde, wurde von der Rechtsprechung nicht anerkannt.

> In **einzelvertraglicher** Form durch individuelles Aushandeln (vgl. „Allgemeine Geschäftsbedingungen") können die Parteien Vereinbarungen bis zur Grenze der Sittenwidrigkeit (§ 138 BGB) bzw. des Verstoßes gegen Treu und Glauben (§ 242 BGB) treffen.

Insoweit sind die Parteien daher grds. weder in der Vereinbarung des Umfangs der Arbeiten (z. B. auch Abschleifen und Versiegelung des Parkettfußbodens) noch des Turnuses (z. B. alle 2 Jahre), noch der Fälligkeit (z. B. bei Auszug) beschränkt.

Anders verhält es sich, wenn die Vereinbarung als **„Allgemeine Geschäftsbedingung"** im Sinne des AGB-Gesetzes zu qualifizieren ist (vgl. „Allgemeine Geschäftsbedingungen"). Dann tritt die Unwirksamkeit bereits dann ein, wenn die Regelung zu weit zulasten des Mieters von der gesetzlichen Regelung des § 535 S. 2 BGB abweicht, z. B. den Umfang der Arbeiten zu weit fasst, den Renovierungsturnus zu kurz festlegt oder eine grundsätzliche Verpflichtung zur Renovierung bei Auszug bestimmt.

Zur Frage der Wirksamkeit von **formularmäßigen** Klauseln, die den Mieter zur Durchführung von bestimmten Renovierungsmaßnahmen verpflichten, hat sich eine umfangreiche Rechtsprechung entwickelt. Nachdem jedoch Gegenstand der Verfahren regelmäßig nur eine bestimmte vorformulierte Klausel war, deren Vereinbarkeit mit dem AGB-Gesetz geprüft wurde, gibt es keine allgemeinverbindliche Formulierung für eine entsprechende Vereinbarung. Vielmehr ist anhand der Rechtsprechung **in jedem Einzelfall** die Vereinbarkeit der **konkreten** Klausel mit dem AGB-Gesetz zu prüfen.

Von den Instandhaltungsmaßnahmen können dem Mieter durch **Formularvertrag** alle Maßnahmen überbürdet werden, die unter den Begriff der **„Schönheitsreparaturen"** i.S.v. § 28 Abs. 4 S. 5 II. BV fallen (BGH, RE v. 1.7.1987, NJW 1987, 2575; Weber/Marx, VII/S. 53; BGH, RE v. 30.10.1984, DWW 1985, 50; Weber/Marx, IV/S. 47; OLG Karlsruhe, RE v. 1.7.1981, NJW 1981, 2823; Weber/Marx, I/S. 112; BGH, Urt. v. 30.5.1990, NJW 1990, 2376).

Zur Übertragung der Schönheitsreparaturen auf den Mieter ist in jedem Fall eine klare und eindeutige Vereinbarung erforderlich. Ausreichend ist aber bereits die vielfach verwendete Formulierung „Schönheitsreparaturen werden vom Mieter getragen", da sie eindeutig im Sinne einer Abwälzung der Renovierungspflicht auf dem Mieter zu verstehen ist (OLG Karlsruhe, RE v. 16.4.1992, WuM 1992, 349).

Mit diesem verbindlichen Rechtsentscheid hat das OLG Karlsruhe ausdrücklich einer in Literatur (vgl. Sternel, Mietrecht, 3. Aufl., II Rn. 361, 380) und Rechtsprechung (vgl. LG Düsseldorf, WuM 1986, 359) vertretenen Auffassung widersprochen, wonach diese Klausel eine bloße Freizeichnung des Vermieters von seiner Verpflichtung gemäß § 535 S. 2 BGB beinhalte, den Mieter aber nicht zur Durchführung der Schönheitsreparaturen verpflichte.

Trotz dieser Rechtsprechung ist es empfehlenswert, eine entsprechende Vereinbarung möglichst detailliert abzufassen und insbesondere auch Regelungen über den Umfang (s. Abschnitt 2) und die Fälligkeit der Schönheitsreparaturen (s. Abschnitt 3) sowie über eine Verpflichtung des Mieters zur Kostenbeteiligung (s. Abschnitt 4) aufzunehmen.

2 Umfang der Schönheitsreparaturen

> Die „Schönheitsreparaturen" umfassen nach § 28 Abs. 4 S. 5 II. BV das Tapezieren, Anstreichen oder Kalken der Wände und Decken, das Streichen der Fußböden, Heizkörper einschließlich Heizrohre, der Innentüren sowie der Fenster und Außentüren von innen.

Die Verpflichtung zum Tapezieren, Anstreichen oder Kalken der Wände und Decken bestimmt sich im Zweifel nach der **bestehenden** Ausführung der Wände und Decken, z. B. muss eine nur mit waschfester Farbe gestrichene Wand wieder mit einer solchen Farbe gestrichen, nicht aber tapeziert werden.

> Schönheitsreparaturen sind in mittlerer Art und Güte (§ 243 BGB) auszuführen (BGH, RE v. 6.7.1988, NJW 1988, 2790; Weber/Marx VIII/S. 28).

Der Mieter kann daher zur **fachmännischen** Durchführung der Schönheitsreparaturen verpflichtet werden. Dies schließt jedoch eine Ausführung in Eigenarbeit durch den Mieter bzw. durch von ihm beauftragte Hilfskräfte nicht aus. Eine Vereinbarung, die eine Ausführung **durch Fachhandwerker** bestimmt und dem Mieter kostensparende – fachmännische – Eigenleistungen untersagt, stellt nach den Grundsätzen des vorbezeichneten Rechtsentscheids des BGH vom 6.7.1988 eine unangemessene Benachteiligung des Mieters dar und ist deshalb – zumindest formularvertraglich – **unwirksam** (OLG Stuttgart, RE v. 19.8.1993, Weber/Marx, XIII/S. 136 = DWW 1993, 328). Auch eine **individuelle** Vereinbarung kann in Einzelfällen nichtig sein (§ 138 Abs. 1 BGB), wenn sie die Ausführung der Schönheitsreparaturen auf Kosten des Mieters durch einen **bestimmten Fachbetrieb** vorschreibt; insbesondere dann, wenn dieser in besonderer Beziehung zum Vermieter steht (vgl. LG Koblenz, WuM 1992, 431). Die Unwirksamkeit einer solchen Vereinbarung führt jedoch nicht zur Unwirksamkeit der gesamten Vertragsklausel, sodass der Mieter gleichwohl zur vertragsgemäßen Durchführung der Schönheitsreparaturen verpflichtet bleibt (OLG Stuttgart, a.a.O.).

2.1 Tapete, Wand- und Deckenanstrich

Das Überstreichen einer Tapete ist nur bei einer Raufasertapete und nur dann ordnungsgemäß, solange diese noch keine Beschädigung (z.B. durch Ablösung) aufweist (LG Mannheim, ZMR 1977, 153). Der Mieter kann auch nicht einwenden, dass zur ordnungsgemäßen

Schönheitsreparaturen

Vornahme der Schönheitsreparaturen das Entfernen von alten Tapeten und das Anbringen und Streichen von neuen Rauhfasertapeten erforderlich ist, da dies allein in seinem von ihm bei Vertragsschluss überschaubaren Risikobereich liegt (LG Mannheim, a.a.O.). Das Überstreichen von nicht dafür vorgesehenen Tapeten (z. B. bedruckten Tapeten) ist keine ordnungsgemäße Leistung (KG Berlin, GE 1981, 1065).

Bei **Wand- und Deckenanstrichen** erfordert die Ausführung in mittlerer Art und Güte zumindest die Verwendung einer wischfesten Farbe.

Fehlerhaft sind Schönheitsreparaturen, z.B. wenn Anstriche ungleichmäßig oder wolkig erscheinen, durch übermäßig stark aufgetragene Dispersionsfarbe die Struktur der Raufasertapete verschlämmt wird oder sich diese an mehreren Stellen von der Wand löst (LG Düsseldorf, DWW 1996, 280).

Die Verpflichtung zur Vornahme von Schönheitsreparaturen bezieht sich auch auf die **Türen von Wand- und Einbauschränken,** wenn diese die Funktion einer Wandverkleidung haben (LG Marburg, ZMR 1980, 180).

2.2 Fußboden, Parkett- und Teppichboden

Das Streichen von Fußböden fällt in modernen Wohnungen kaum noch an. Strittig ist daher, ob darunter nunmehr das Abschleifen und Versiegeln des **Parkettbodens** bzw. das Reinigen oder Erneuern des **Teppichbodens** zu verstehen ist. Die überwiegende Meinung in Rechtsprechung und Literatur zählt sowohl das Abschleifen und Versiegeln des Parkettbodens als auch die Reinigung bzw. Erneuerung des Teppichbodens **nicht** zu den Schönheitsreparaturen (vgl. KG Berlin, a.a.O.; LG Lüneburg, WuM 1976, 6; Münchener Kommentar/Voelskow, 1988, Rn. 114 zu §§ 535, 536 BGB a. F. sowie LG Berlin, NJWE 1996, 266 zu Maßnahmen am Parkettboden; vgl. auch LG Köln, WuM 1989, 70, 506; AG Braunschweig, WuM 1986, 310 sowie LG Stuttgart, NJW-RR 1989, 1170 zur Reinigung von Teppichböden). Danach zählt die **Reinigung** von Teppichböden zwar nicht zu den Schönheitsreparaturen, jedoch hat das OLG Stuttgart im RE vom 19.8.1993 (a.a.O.) eine Formularklausel, die den Mieter nicht nur zur Übernahme von Schönheitsreparaturen, sondern daneben auch ausdrücklich zur Reinigung der Teppichböden bei Auszug verpflichtet, nicht beanstandet.

Auch die **Erneuerung** eines verschlissenen Teppichbodens zählt nicht zu den Schönheitsreparaturen (OLG Hamm, RE v. 22.3.1991, Weber/Marx, Sammelband, S. 493 = DWW 1991, 145). Zur Begründung führt das OLG Hamm u.a. aus, dass die Erneuerung eines verschlissenen Teppichbodens nicht dem Streichen anstrichfähiger Fußböden gleichzusetzen ist; vielmehr sei der Teppichboden wie auch das Parkett oder der PVC-Fußbodenbelag Teil des eigentlichen Fußbodens. Weiterhin handelt es sich bei der Erneuerung des Teppichbodens nicht um eine für Schönheitsreparaturen charakteristische malerische Ausgestaltung der Wohnräume.

Anders könnte die Rechtslage bei **gewerblichen** Mietverhältnissen zu beurteilen sein, da sich die Bindungswirkung des vorbezeichneten Rechtsentscheids nur auf Mietverhältnisse über **Wohnräume** bezieht und das OLG Düsseldorf für gewerbliche Mietverhältnisse entschieden hat, dass hier die Erneuerung des Teppichbodens zu den Schönheitsreparaturen zählt (OLG Düsseldorf, Urt. v. 9.2.1989, NJW-RR 1989, 663). Da es sich bei dieser Entscheidung jedoch um ein Urteil und nicht um einen für die Gerichte bindenden Rechtsentscheid (s. „Rechtsentscheid") handelt, können sich die Instanzgerichte auch bei gewerblichen Mietverhältnissen der Begründung des OLG Hamm anschließen und die Erneuerung des Teppichbodens von dem Begriff der Schönheitsreparaturen ausnehmen (so z. B. OLG Celle, NZM 1998, 158).

Unbeschadet dessen hat der Mieter **verschuldete Schäden** an den Fußbodenbelägen (z. B. Löcher, Schleifspuren von Möbeln im Parkett, Brandflecken im Teppichboden) im Wege des Schadensersatzes zu beseitigen bzw. Wertersatz zu leisten.

2.3 Fenster

Bei den Fenstern zählt nur das Streichen der Innenseiten zu den Schönheitsreparaturen, sodass bei Doppelfenstern der innere Flügel von beiden Seiten und der äußere nur von innen gestrichen werden muss. Ebenso ist auch die **Wohnungseingangstüre** nur von innen zu streichen.

Bei **Naturholzfenstern** ist darunter auch das Lasieren mit Holzschutzfarbe zu verstehen, während Innentüren aus Naturholz meist mit Klarlack behandelt sind und keiner malermäßigen Behandlung bedürfen.

2.4 Kellerräume und Balkon

Zur Durchführung von Schönheitsreparaturen in **Kellerräumen** ist der Mieter nur bei Bestehen einer eindeutigen Regelung verpflichtet (Sternel, II Rn. 408; AG Langen, WuM 1997, 40). Gleiches gilt für das Streichen des Balkons bzw. des **Balkongeländers** (Sternel, a.a.O.).

2.5 Gesetzliche Definition in § 28 Abs. 4 II. BV

Bestimmt der Mietvertrag **ohne Benennung konkreter Maßnahmen** lediglich die Pflicht des Mieters zur Durchführung der „Schönheitsreparaturen", ist der Umfang der Verpflichtung mittels analoger Anwendung des § 28 Abs. 4 S. 5 II. BV zu ermitteln und erstreckt sich danach nur auf die in dieser Vorschrift genannten Maßnahmen (OLG Hamburg, DWW 1984, 167; BGH, Beschl. v. 30.10.1984, a.a.O.).

Bei **preisgebundenem** Wohnraum verstößt die Erweiterung des Umfangs der Schönheitsreparaturen über die Definition in § 28 Abs. 4 S. 5 II. BV hinaus gegen § 8 Abs. 1 WoBindG. Im **frei finanzierten** Wohnungsbau ist diese Vorschrift zwar nicht anwendbar, jedoch bestehen hier gegen eine **formularmäßige Erweiterung** Bedenken im Hinblick auf § 9 AGB-Gesetz. In den Gründen des RE vom 1.7.1987 (a.a.O.) hat der BGH ausgeführt, dass es keine unangemessene Benachteiligung darstellt (§ 9 AGB-Gesetz), solange der Mieter mit Renovierungsmaßnahmen im „üblichen und angemessenen Umfang" belastet wird, wobei der BGH ausdrücklich darauf hinweist, dass jedenfalls bei der **Wohnraum**miete die Vorschrift des § 28 Abs. 4 S. 5 II. BV „gewisse Anhaltspunkte liefert" und „es nicht ausgeschlossen ist, dass der Mieter durch ein Übermaß ihm auferlegter Renovierungspflichten unangemessen benachteiligt sein kann". Eine Erstreckung der Schönheitsreparaturen auf bestimmte Einzelteile (z. B. Streichen der Fenster von außen) oder eine Anpassung an geänderte Verhältnisse (z. B. **Schamponieren von Teppichböden** statt Streichen von Fußböden) wird jedoch als zulässig angesehen (vgl. Sternel, II Rn. 408).

Zu weitgehende und von der obergerichtlichen Rechtsprechung noch nicht abgesegnete Erweiterungen des Kataloges (§ 28 Abs. 4 S. 5 II. BV) bergen aber die Gefahr der Unwirksamkeit der **gesamten** Klausel, da eine geltungserhaltende Reduktion auf einen zulässigen Inhalt von der Rechtsprechung bisher abgelehnt wird (vgl. „Allgemeine Geschäftsbedingungen").

2.6 Vorarbeiten

> Die Verpflichtung zur Durchführung von Schönheitsreparaturen erfasst auch notwendige **Vorarbeiten,** insbesondere Schleif- und Spachtelarbeiten; so sind z. B. auch die üblichen, durch Alterung entstandenen Risse mit zu beseitigen (KG Berlin, Urt. v. 8.1.1981, a.a.O.).

Dagegen erstreckt sich die Verpflichtung nicht auf die Behebung sog. „Untergrundschäden" an Holz, Putz oder Mauerwerk und somit nicht auf Maßnahmen, die über die gewöhnlichen Malerarbeiten hinausgehen (vgl. BGH v. 6.7.1988, a.a.O.; LG Berlin, WuM 1987, 147), z.B. Ausbessern großflächiger Putzschäden oder Beseitigung größerer, unüblicher Risse im Mauerwerk.

2.7 Verschuldete Schäden

Der Begriff der Schönheitsreparaturen ist weiter **einschränkend** nur auf solche Maßnahmen zu beziehen, die aufgrund **normaler** Abnutzung anfallen. Die Pflicht zur Durchführung laufender Schönheitsreparaturen bezieht sich daher grundsätzlich **nicht** auf Behebung von Dekorationsschäden aufgrund von **Dritteinwirkungen** (z. B. Wassereintritt durch Baumängel oder aus der Nachbarwohnung, Brandschäden, vgl. BGH, ZMR 1987, 257; bauliche Maßnahmen durch den Vermieter; OLG Nürnberg, WuM 1993, 121).

Waren die Schönheitsreparaturen im Zeitpunkt der Dritteinwirkung jedoch bereits **fällig**, muss der Mieter die Dekorationsschäden im Zuge der ihm obliegenden Schönheitsreparaturen auf eigene Kosten beseitigen (LG Aachen, Urt. v. 16.1.1991, WuM 1991, 341). Die Verpflichtung des Mieters, Schönheitsreparaturen durchzuführen, wird durch **Umbaumaßnahmen** des Vermieters nicht aufgehoben. Nachdem Schönheitsreparaturen nach der Rechtsprechung des BGH ein Teil der Mietzahlungspflicht sind, würde der Mieter insoweit einen ungerechtfertigten Vorteil erlangen, wenn er bei Umbaumaßnahmen von seiner Verpflichtung zur Durchführung fälliger Schönheitsreparaturen befreit würde (LG Aachen, a.a.O.; BGH, WuM 1985, 46; Palandt/Putzo Anm. 4c aa) zu § 536 BGB a. F.).

Umgekehrt hat der Mieter **verschuldete** Schäden an der Mietsache (z. B. abgestoßene Ecken an Türen oder Türstöcken, beklebte Türblätter) auch dann zu beheben, wenn er vertraglich nicht zur Durchführung von Schönheitsreparaturen verpflichtet ist oder die Maßnahme nicht unter den Begriff der Schönheitsreparaturen fällt (z. B. Reinigung des Teppichbodens infolge übermäßiger Verschmutzung). Gleiches gilt für die Kosten der Erneuerung der **Verfliesung**, wenn der Mieter diese beschädigt, z.B. mit Farbe überstrichen hat und nicht nachweisen kann, dass die Farbe von den Fliesen hätte entfernt werden können. Insofern ist von den Kosten der Neuverfliesung jedoch ein Abzug „neu für alt" vorzunehmen (hier 50 % bei 30 Jahren alten Fliesen; vgl. LG Köln, WuM 1997, 41).

Hat der Mieter durch **farbliche Gestaltung** das äußere Erscheinungsbild der Wohnung wesentlich verändert (z. B. durch ungewöhnliche Farbanstriche oder durch Streichen der mit Klarlack behandelten Naturholzrahmen von Fenstern oder Türen mit farbigem Lack), ist er zur Tragung der Kosten für die Beseitigung der Anstriche und Herstellung des ursprünglichen Zustandes verpflichtet (LG Aachen, WuM 1998, 596; vgl. auch LG Aachen, DWW 1988, 217).

Dies gilt auch dann, wenn Schönheitsreparaturen vertraglich nicht vereinbart sind oder wegen des Zustandes der Anstriche noch nicht notwendig wären (s. hierzu LG Hamburg, DWW 1999, 152).

3 Fälligkeit der Schönheitsreparaturen

Neben der Frage des Umfanges der auszuführenden Arbeiten richtet sich auch deren Fälligkeit ausschließlich nach den vertraglichen Vereinbarungen.

Zu unterscheiden ist grundsätzlich zwischen der Verpflichtung zur **Anfangsrenovierung** bei Beginn des Mietverhältnisses, der Verpflichtung zur Durchführung von **laufenden Schönheitsreparaturen** während der Dauer des Mietverhältnisses und der Verpflichtung zur **Endrenovierung** bei Beendigung des Mietverhältnisses.

Enthält der Mietvertrag keine entsprechende Bestimmung über die Fälligkeit der Arbeiten, z. B. lediglich die Formulierung „Die Schönheitsreparaturen werden vom Mieter getragen", sind im Wege der ergänzenden Vertragsauslegung (§§ 133, 157 BGB) die Fristen des Mustermietvertrages des Bundesministeriums der Justiz maßgeblich (BGH, Beschl. v. 30.10.1984; OLG Karlsruhe, RE v. 16.4.1992, a.a.O.). Danach betragen bei **Wohnraum** die **Renovierungsfristen**

- für Küchen, Bäder und Duschräume 3 Jahre,
- für Wohn- und Schlafräume, Flure, Dielen und Toiletten 5 Jahre und
- für andere Nebenräume 7 Jahre.

Diese Klausel verpflichtet den Mieter jedoch nur zur Durchführung der **laufenden** Schönheitsreparaturen in den genannten Zeitabständen, nicht aber zu einer Anfangs- oder Endrenovierung.

Eine **End**renovierung schuldet der Mieter jedoch, wenn er sich während der Mietzeit an die Renovierungsfristen gemäß dem Fristenplan vertragswidrig nicht gehalten hat, d. h. bei Beendigung des Mietverhältnisses die Fristen seit Übergabe der Mietsache bzw. seit den letzten durchgeführten Schönheitsreparaturen verstrichen sind (BGH, RE v. 1.7.1987, a.a.O.; Urt. v. 3.6.1998, NJW 1998, 3114).

> Behauptet der Mieter, die Fristen seit Durchführung der letzten Schönheitsreparaturen seien noch nicht verstrichen, trifft ihn als Schuldner nach § 362 BGB die Beweislast für diese Behauptung (BGH, Urt. v. 3.6.1998, a.a.O.).

Daher muss der Mieter im Einzelnen vortragen und beweisen, welche Schönheitsreparaturen wann, in welchen Räumen und in welcher Art und Weise ausgeführt worden sind (vgl. LG Berlin, Urt. v. 30.5.2000, Az. 64 S 20/00, NZM 2000, 862).

Eine Formularklausel, die den Mieter unabhängig vom Ablauf bestimmter Fristen zur Endrenovierung der Räume verpflichtet, ist wegen Verstoßes gegen § 9 AGB-Gesetz unwirksam (OLG Hamm, RE v. 27.2.1981, DWW 1981, 149, Weber/Marx I/S. 110; OLG Frankfurt, RE v. 22.9.1981, DWW 1981, 293; vgl. auch „Allgemeine Geschäftsbedingungen"). Unwirksam ist ferner eine **formularmäßige** Vereinbarung, wonach der Mieter beim Auszug zum Entfernen der Tapeten und des Klebers an Wänden und Böden verpflichtet ist (LG Saarbrücken, Az. 13 B S 65/00, NZM 2000, 1179).

Gleiches gilt für eine Verpflichtung des Mieters zur **Anfangs**renovierung, z. B. durch die Klausel: „Die erstmaligen Renovierungsarbeiten sind innerhalb von 3 Monaten nach Vertragsbeginn durchzuführen" (OLG Hamburg, RE v. 13.9.1991, DWW 1991, 333). Diese Formularklausel benachteiligt den Mieter unangemessen, weil sie ihn entgegen den Grundsätzen der BGH-Rechtsprechung (RE v. 1.7.1987 und 6.7.1988, a.a.O.) mit Abnutzungen durch den Vormieter der Wohnung belastet (vgl. auch BGH, NJW 1993, 532).

> Daher kann bei Mietverhältnissen über **Wohn**raum eine generelle Verpflichtung zur **Anfangs- oder Endrenovierung nur einzelvertraglich** durch individuelles Aushandeln wirksam vereinbart werden (vgl. „Allgemeine Geschäftsbedingungen").

Dagegen kann bei Vermietung von **Gewerbe**raum (auch formularmäßig) vereinbart werden, dass der Mieter die Mieträume in bezugsfertigem Zustand zurückgeben muss. Dies bedeutet zwar nicht, dass der Mieter die Räume bei Auszug immer vollständig zu renovieren hat, jedoch muss der Vermieter in die Lage versetzt werden, dem neuen Mieter die Räume in einem bezugsgeeigneten Zustand zu überlassen (Sternel, Mietrecht aktuell, 3. A., Rn. 866). Befinden sich die Räume (auch aufgrund natürlichen Verschleißes) in einem zur Weitervermietung ungeeigneten Zustand, ist der Mieter zur Durchführung der Schönheitsreparaturen verpflichtet, unabhängig davon, wann er zuletzt renoviert hat (BGH, NJW 1991, 2416).

Dementsprechend ist bei **gewerblichen** Mietverhältnissen nach Auffassung des KG Berlin (Urt. v. 3.7.1995, GE 1995, 1011) eine Formularklausel nicht zu beanstanden, die den Mieter nicht nur zur Anfangsrenovierung, sondern auch zu laufenden Schönheitsreparaturen während der Mietzeit und zur Rückgabe der Mietsache in renoviertem Zustand verpflichtet (a. A. LG Hamburg, WuM 1994, 675). Gleiches gilt für die Klausel: „Der Mieter verpflichtet sich bei Auszug zur Renovierung des Gebäudes" (OLG Frankfurt/M., Urt. v. 19.9.1996, ZMR 1997, 522; so auch OLG Düsseldorf, Urt. v. 10.12.1998, Az. 10 U 57/98, NZM 1999, 970, wonach die **formularvertragliche** Überbürdung der Verpflichtung zur **Schlussrenovierung** auf den Pächter in der Regel nicht zu beanstanden ist – vgl. auch BGH, NZM 1998, 710).

Hat der Mieter aufgrund einer **unwirksamen** Klausel Schönheitsreparaturen durchführen lassen (z. B. Endrenovierung bei Auszug), kann er vom Vermieter die Erstattung des Wertes seiner Renovierungsleistung aus dem Rechtsgrund der **ungerechtfertigten Bereicherung** (§§ 812 ff. BGB) verlangen; es sei denn, dem Mieter war bekannt, dass die Klausel unwirksam und er nicht zur Renovierung verpflichtet ist (§ 814 BGB; AG Bergisch Gladbach, WuM 1995, 479; vgl. auch AG/LG Stuttgart, WuM 1986, 369).

Hat der Mieter vertraglich keine ausdrückliche Auszugsrenovierung, sondern lediglich die regelmäßige Vornahme der Schönheitsreparaturen übernommen und sich verpflichtet, bei Beendigung der Mietzeit die Räume in **bezugsgeeignetem** Zustand zu übergeben, bedeutet das zwar nicht, dass bei Auszug stets eine vollständige Renovierung zu erfolgen hat; ob und inwieweit die Räume aber einem Nachmieter bezugsfertig übergeben werden können, ist anhand der konkreten Umstände des Einzelfalles zu beurteilen. Die Verpflichtung zur Rückgabe in „bezugsgeeignetem" Zustand kann dabei **auch die Vornahme wesentlicher** Renovierungsarbeiten umfassen, wenn der Mieter z.B. im Übermaß Dübel angebracht hat (OLG Düsseldorf, WuM 1994, 323; vgl. auch BGH, NJW 1971, 1839).

3.1 Fristenplan

> Die **laufenden** Schönheitsreparaturen können auf den Mieter **formularmäßig** nach Maßgabe eines Fristenplanes selbst dann abgewälzt werden, wenn die Wohnung bei Vertragsbeginn **nicht renoviert** oder sogar renovierungsbedürftig war (BGH, RE v. 1.7.1987, a.a.O.).

Die Renovierungsfristen dürfen dabei jedoch erst mit dem Anfang des Mietverhältnisses zu laufen beginnen, sodass der Mieter nur die auf **seine** Mietzeit entfallenden Renovierungsleistungen zu erbringen hat und nicht mit Abnutzungen seines Vorgängers belastet wird. Unwirksam kann eine Klausel daher sein, wenn sie den Mieter nicht nur zu einer turnusmäßigen Renovierung, sondern auch zu einer **Anfangs**renovierung verpflichtet. Dies gilt selbst dann, wenn sich die Verpflichtung zur turnusmäßigen Renovierung aus einer – für sich allein wirksamen – Formularklausel und die Verpflichtung zur Anfangsrenovierung aus einer – für sich allein ebenfalls wirksamen – **Individual**vereinbarung ergibt, weil der Mieter dann durch den Summierungseffekt beider Klauseln unangemessen benachteiligt wird (BGH, Beschl. v. 2.12.1992, NJW 1993, 532). Die zusätzliche Individualvereinbarung kann hier die Unwirksamkeit der Formularklausel bewirken. Gleiches gilt bei einer zusätzlichen (individuellen) **End**renovierungsklausel (LG Kiel, WuM 1998, 215; LG Berlin, NZM 1998, 403; WuM 1998, 554; ZMR 1999, 557; LG Hamburg, Az. 311 S 205/99, WuM 2000, 544; LG Frankfurt/M., Az. II/17 S 340/99, WuM 2000, 545). Dementsprechend ist auch eine **formular**vertragliche Zusatzvereinbarung unwirksam, wonach der Mieter (neben den laufenden Schönheitsreparaturen) beim **Auszug** zum Entfernen der **Tapeten** und des Klebers an Wand und Boden verpflichtet ist (LG Saarbrücken, Urt. v. 21.7.2000, Az. 13 B 65/00, NJW-RR 2001, 82).

> Es muss daher grds. davon abgeraten werden, in einen Mietvertrag über **Wohn**raum zusätzlich zu einer Formularklausel über die laufenden Schönheitsreparaturen eine Endrenovierungsverpflichtung des Mieters aufzunehmen.

Anders wird die Rechtslage nur bei vor dem 1.4.1977 abgeschlossenen Verträgen beurteilt werden können, da § 9 AGB-Gesetz insofern nur eingeschränkt anwendbar ist und ein Summierungseffekt daher nicht zur Unwirksamkeit aller zusammentreffenden Klauseln, sondern nur dazu führt, dass sich der Verwender nicht auf alle Klauseln gleichzeitig berufen darf (OLG Hamburg, Beschl. v. 31.8.1995, NJWE 1996, 5).

Ferner bestehen bei Mietverhältnissen über **Geschäfts**räume grundsätzlich keine durchgreifenden Bedenken gegen eine zusätzliche Anfangs- bzw. Endrenovierungsverpflichtung des Mieters (OLG Celle, ZMR 1999, 470).

Mangels gegenteiliger Anhaltspunkte knüpfen die in einer Formularklausel festgelegten Fristen jedoch an den Beginn des Mietverhältnisses an (§ 5 AGB-Gesetz) und belasten den Mieter damit nicht mit Abnutzungen seines Vorgängers (BGH, RE v. 6.7.1988, a.a.O.). Die Fristen müssen sich im üblichen und angemessenen Rahmen bewegen, sodass angesichts der meist unterschiedlichen Abnutzung der Räume auch unterschiedliche Mindestfristen festzulegen sind.

> Als üblich und angemessen kann dabei ein Zeitraum
> - von 3 Jahren für Küchen, Bäder und Duschräume,
> - von 5 Jahren für Wohn- und Schlafräume sowie für Flure, Dielen und Toiletten,
> - von 7 Jahren für die sonstigen Räume
>
> gelten.

Schönheitsreparaturen

Eine formularmäßige **Verlängerung der Fristen** erscheint unbedenklich, wogegen eine **Verkürzung** zur Unwirksamkeit der gesamten Klausel führen kann. Eine sog. „geltungserhaltende Reduktion", d.h. Rückführung der Klausel auf einen zulässigen Inhalt durch Verlängerung von zu kurz bemessenen Fristen (s. „Allgemeine Geschäftsbedingungen") wird von der Rechtsprechung abgelehnt, sodass der Mieter bei Unwirksamkeit der Klausel zu keinerlei Schönheitsreparaturen verpflichtet ist (LG Berlin, WuM 1996, 758).

> Eine **Klausel,** die den Mieter zur **Renovierung** nach Maßgabe eines angemessenen Fristenplanes verpflichtet, ist unabhängig von dem Zustand der Räume bei Vertragsbeginn wirksam.

Der RE des OLG Stuttgart vom 6.3.1986 (DWW 1986, 96), wonach bei Vermietung einer nicht renovierten Wohnung die formularvertragliche Abwälzung laufender Schönheitsreparaturen auf den Mieter unwirksam ist, ist insoweit überholt.

Dies würde – so der BGH – zu dem unwirtschaftlichen Ergebnis führen, dass der Vermieter eine noch bewohnbare Wohnung bei jeder Neuvermietung renovieren lassen müsste, um den Mieter mit den später fälligen Schönheitsreparaturen belasten zu können. Weiterhin stellt die vom Mieter übernommene Renovierungsverpflichtung rechtlich und wirtschaftlich einen Teil des von ihm für die Gebrauchsüberlassung der Räume zu leistenden Entgelts dar, das

der Vermieter andernfalls zwangsläufig über eine entsprechend höher kalkulierte Miete hereinholen müsste.

> Daher stellt auch der im Einzelfall eintretende Umstand, dass sich die Wohnung bei turnusmäßiger Durchführung der Schönheitsreparaturen beim Auszug in einem besseren Zustand befindet als beim Einzug, keine unangemessene Benachteiligung des Mieters dar.

Weiterhin bedeutet die Pflicht des Mieters, eine **unrenoviert übernommene Wohnung** nach Maßgabe eines Fristenplanes zu renovieren, nicht, dass der Mieter die Wohnung **bei Beginn** des Mietverhältnisses renovieren müsse. Renoviert der Mieter gleichwohl bei Vertragsbeginn, erbringt er damit eine freiwillige Leistung, die er einer bei Vertragsende fälligen Renovierungsverpflichtung nicht entgegenhalten kann, wenn die im Fristenplan vorgesehenen Fristen seit den letzten Schönheitsreparaturen abgelaufen sind (BGH v. 1.7.1987, a.a.O.).

> Vor Ablauf der entsprechenden Fristen schuldet der Mieter keine Renovierungsleistungen. Bei Beendigung des Mietverhältnisses vor Ablauf der Frist muss der Mieter daher weder die Arbeiten durchführen noch sich an den Kosten beteiligen, sofern eine Kostenbeteiligung nicht ausdrücklich vereinbart wurde (vgl. Abschnitt 4).

Bei **gewerblichen** Mietverhältnissen können je nach der zu erwartenden Abnutzung der Räume auch wesentlich kürzere Renovierungsfristen vereinbart werden. So hat z. B. der BGH eine Klausel in einem Pachtvertrag über eine Gaststätte für zulässig gehalten, die den Pächter verpflichtet, das Pachtobjekt jeweils nach Ablauf von 12 Monaten durch einen autorisierten Meisterbetrieb vollständig renovieren zu lassen (BGH, Urt. v. 10.11.1982, NJW 1983, 446).

Schließen die Parteien während eines Mietverhältnisses einen **neuen Mietvertrag** mit neuen Fristen, beginnen im Zweifel die Fristen mit Abschluss des Mietvertrages neu zu laufen (LG Stade, Urt. v. 6.1.2000, Az. 4 S 59/99, NZM 2000, 1176).

In den neuen Mietvertrag sollte daher die ausdrückliche Bestimmung aufgenommen werden, dass die Fristen des alten Mietvertrages unverändert weiterlaufen.

3.2 Bedarfsregelung

Eine **formularmäßige** Klausel, die eine **Renovierungspflicht** des Mieters nicht bei Ablauf bestimmter Fristen, sondern **bei Bedarf** bestimmt, stellt ebenfalls keine unangemessene Benachteiligung des Mieters im Sinne von § 9 AGB-Gesetz dar; z. B. verstößt die Bestimmung, dass der Mieter „notwendig werdende Schönheitsreparaturen" durchzuführen hat, nicht gegen § 9 AGB-Gesetz (BayObLG, RE v. 12.5.1997, RE-Miet 1/96, WuM 1997, 362; so bereits OLG München, DWW 1986, 16). Die Klausel ist dahin zu verstehen, dass der Mieter die Schönheitsreparaturen in den Zeitabständen vorzunehmen hat, innerhalb derer nach allgemeiner Erfahrung die vermieteten Räume durch vertragsmäßigen Gebrauch renovierungsbedürftig werden. Insoweit kann auf die Fristen des Mustermietvertrages 1976 des Bundesjustizministeriums zurückgegriffen werden (BayObLG, a.a.O.; s. Abschnitt 3). Ferner besteht eine Vermutung für die **Notwendigkeit** der Schönheitsreparaturen, wenn die üblichen Fristen abgelaufen sind (LG Berlin, Urt. v. 28.11.1995, Az. 64 S 220/95).

Wirksam ist auch eine Formularklausel, wonach der Mieter Schönheitsreparaturen „je nach dem Grad der Abnutzung oder Beschädigung" durchzuführen hat (OLG Celle, Beschl. v. 30.1.1996, ZMR 1996, 260; s. dazu auch LG Duisburg, Az. 23 S 59/98, NZM 1999, 955).

Eine Bedarfsregelung wäre nach dem RE des OLG Stuttgart vom 17.2.1989 (WuM 1989, 121) nur dann unwirksam, wenn sie den Mieter zur Durchführung einer Anfangsrenovierung verpflichten würde. Kann der Klausel eine solche Verpflichtung nicht entnommen werden, stellt die Bedarfsregelung keinen Verstoß gegen das AGB-Gesetz dar (vgl. OLG Hamm, Beschl. v. 4.1.1994, WuM 1994, 188).

Bei einem zum Zeitpunkt der Geltung des ZGB geschlossenen Mietvertrag über eine im **ehemaligen Ostberlin** gelegene Wohnung ist der Mieter bei Beendigung des Mietverhältnisses **nicht** zur Durchführung von Schönheitsreparaturen verpflichtet, wenn der Mietvertrag **folgende Klausel** enthält: „Für die malermäßige Instandhaltung während der Dauer des Mietverhältnisses ist der Mieter verantwortlich".

Hat der Mieter **während** der Mietzeit – entgegen seiner Verpflichtung – keine oder nur unzureichende Instandhaltungsarbeiten durchgeführt, so ist er bei Beendigung des Mietverhältnisses zum **Schadensersatz** verpflichtet, wenn und soweit hierdurch Mängel an der Substanz des Wohnraums verursacht wurden oder ein erhöhter Aufwand an Arbeit, Anstrich und Kosten bei der Renovierung erforderlich wird. Der Ersatzanspruch des Vermieters erstreckt sich jedoch nur auf die insoweit notwendigen **Mehr**kosten (KG Berlin, RE v. 16.10.2000, Az. 8 RE-Miet 7674/00, ZMR 2001, 27).

3.3 Zusammentreffen von Fristenplan und Bedarfsregelung

Während die **formularvertragliche** Abwälzung der Schönheitsreparaturen auf den Mieter sowohl nach Maßgabe eines Fristenplanes als auch im Wege einer Bedarfsregelung zulässig ist, kann eine **Kumulation** dieser beiden Möglichkeiten eine unangemessene Benachteiligung des Mieters darstellen (§ 9 AGB-Gesetz).

Nach dem OLG Stuttgart (RE v. 17.2.1989, DWW 1989, 80; Weber/ Marx, IX/S. 61) ist eine Bestimmung, die den Mieter zur Durchführung der Schönheitsreparaturen bei **Bedarf** verpflichtet, wobei ein Bedarf mindestens dann als gegeben fingiert wird, wenn die in einem Fristenplan festgelegten **Zeiträume** verstrichen sind, unwirksam, wenn die gemietete Wohnung bei Beginn des Mietverhältnisses nicht renoviert und der Vermieter dazu auch nicht verpflichtet war. Nach Auffassung des OLG Stuttgart stellt diese „verschärfte" Bedarfsregelung eine unangemessene Benachteiligung des Mieters dar, weil sie **nicht** dahin verstanden werden kann, dass eigentlich nur eine **ab Beginn laufende Fristenregelung** gewollt war. Jedoch stellt der BGH (Beschl. v. 11.7.1990, DWW 1990, 329) nach Vorlage durch das OLG Frankfurt (Beschl. v. 16.2.1990, DWW 1990, 116) fest, dass die Klausel jedenfalls dann dahingehend auszulegen ist, dass mit ihr eine erst **ab Mietbeginn laufende** Fristenregelung getroffen ist, wenn die Vertragsparteien sich beim Vertragsschluss darüber einig waren, dass eine Einzugsrenovierung im Ermessen des Mieters lag und dem Vermieter jedenfalls ein Anspruch auf Anfangsrenovierung unter Berücksichtigung eines vom Vormieter verursachten Renovierungsbedarfs i.S.d. RE des OLG Stuttgart vom 17.2.1989 nicht zustehen sollte.

Besteht daher die Möglichkeit einer solchen Auslegung der Klausel, ist diese nach den Grundsätzen des RE des BGH vom 6.7.1988 auch dann als wirksam anzusehen, wenn die Wohnung unrenoviert oder renovierungsbedürftig überlassen wurde. Gleiches gilt, wenn die Klausel in einem vor In-Kraft-Treten des AGB-Gesetzes (1.4.1977) abgeschlossenen Mietvertrag enthalten ist, da eine solche Klauselkombination nach dem damals geltenden Recht anders beurteilt worden ist als nach dem AGB-Gesetz (OLG Hamburg, Beschl. v. 31.8.1995, GE 1995, 1275).

4 Beteiligung des Mieters an den Kosten der Schönheitsreparaturen

Eine **Kostenbeteiligung** des Mieters kann auch formularmäßig **in Ergänzung** der Verpflichtung zur Durchführung der Schönheitsreparaturen bestimmt werden (BGH, RE v. 6.7.1988, a.a.O.). Sinn dieser Regelung ist es, dem Vermieter, der von dem ausziehenden Mieter mangels Fälligkeit der Schönheitsreparaturen nach dem Fristenplan keine Endrenovierung verlangen kann, wenigstens einen prozentualen Anteil an den Renovierungskosten für den Abnutzungszeitraum seit den letzten Schönheitsreparaturen während der Mietzeit bzw. dem Beginn des Mietverhältnisses zu sichern.

> Eine solche Klausel trägt damit den Rechtsentscheiden des OLG Hamm vom 27.2.1981 (DWW 1981, 149, Weber/Marx, I/ S. 110) und des OLG Frankfurt vom 22.9.1981 (DWW 1981, 293) Rechnung, wonach die **formularmäßige** Verpflichtung des Mieters, die Räume **bei Ende** des Mietverhältnisses frisch renoviert zurückzugeben, wegen Verstoßes gegen § 9 AGB-Gesetz unwirksam ist.

Der Mieter zahlt mit dem Ausgleichsbetrag bei Vertragsende letztlich nur das, was er bei Tragung der Schönheitsreparaturen durch den Vermieter für den gleichen Zeitraum über eine entsprechend höhere Miete hätte zahlen müssen (BGH v. 6.7.1988, a.a.O.).

Die für die Abgeltung maßgeblichen **Fristen und Prozentsätze** sind dabei am Verhältnis zu den üblichen Renovierungsfristen auszurichten, sodass sich der prozentuale Anteil an den Renovierungskosten nach dem Verhältnis des Zeitraumes seit Durchführung der letzten Schönheitsreparaturen während der Mietzeit zum vollen Renovierungsturnus bemessen kann.

> **Beispiele:**
> Liegen beim Bestehen einer entsprechenden Vereinbarung bei Beendigung des Mietverhältnisses die letzten Schönheitsreparaturen in den Wohn- oder Schlafräumen länger als ein Jahr zurück, zahlt der Mieter 20 % der Renovierungskosten; liegen sie länger als zwei Jahre zurück 40 %, länger als drei Jahre 60 %, länger als vier Jahre 80 %. Liegen die Schönheitsreparaturen dagegen länger als fünf Jahre zurück, ist der Mieter bereits gemäß der Klausel über die **Durchführung** der laufenden Schönheitsreparaturen zur Durchführung verpflichtet (BGH v. 1.7.1987, a.a.O.). Für diesen Fall kann der Mieter **nicht** wirksam zur **Zahlung** verpflichtet werden, da dies eine Umgehung des § 326 BGB (Verpflichtung zur Nachfristsetzung) wäre (LG Berlin, Urt. v. 31.10.2000, Az. 63 S 41/00, NZM 2001, 231).

Zur **Ermittlung der Renovierungskosten** ist die Bestimmung zulässig, dass dies aufgrund des Kostenvoranschlages eines vom Vermieter auszuwählenden Malerfachgeschäftes erfolgen soll. Der **Kostenvoranschlag** darf jedoch nicht ausdrücklich für verbindlich erklärt werden und kann daher nur als Berechnungsgrundlage dienen, deren Richtigkeit oder Angemessenheit der Mieter bestreiten kann. Weiterhin darf es dem Mieter nicht verwehrt sein, seiner anteiligen Zahlungsverpflichtung durch Ausführung der an sich noch nicht fälligen Schönheitsreparaturen in kostensparender **Eigenleistung** bis zu dem – regelmäßig einige Zeit vorher abzusehenden – Ende der Mietzeit zuvorzukommen.

Auf die Möglichkeit, seine Zahlungsverpflichtung durch **Eigenleistung** abzuwenden, muss der Mieter im Mietvertrag jedoch **nicht hingewiesen** werden (LG Berlin, Urt. v. 4.9.1998, ZMR 1998, 777). Auch wenn die Abgeltungsklausel den Mieter verpflichtet, einen Anteil an den Renovierungskosten zu „zahlen", täuscht sie ihn nicht über sein Recht, die Schönheitsreparaturen in Eigenarbeit zu erbringen und hindert ihn auch nicht, dadurch seine Zahlungspflicht abzuwenden (LG Waldshut/Tiengen, Urt. v. 25.3.1999, WuM 2000, 240). Ferner muss der Mieter auch **nicht** darauf hingewiesen werden, dass der vom Vermieter eingeholte **Kostenvoranschlag** nicht verbindlich ist. Der Kostenvoranschlag darf nur nicht ausdrücklich als verbindlich bezeichnet werden. Eine Bestimmung, wonach die Kosten „aufgrund des Kostenvoranschlages eines vom Vermieter auszuwählenden Malerfachbetriebes" ermittelt werden, ist daher zulässig, da diese Formulierung den Kostenvoranschlag nicht ausdrücklich für verbindlich erklärt (so bereits BGH, NJW 1988, 2790; LG Berlin, a.a.O.).

Eine ordnungsgemäße Erfüllung liegt aber nur dann vor, wenn die Schönheitsreparaturen fachgemäß und zumindest **in mittlerer Art und Güte** (§ 243 BGB; BGH v. 6.7.1988, a.a.O.; LG Berlin, Urt. v. 23.6.2000, Az. 65 S 504/99, GE 2000, 1255) **durchgeführt wurden**.

Dies ist nach Auffassung des LG Berlin (a.a.O.) **nicht** der Fall, wenn die Arbeiten z. B. folgende **Mängel** aufweisen:

- **Fenster:** ungleichmäßiger Farbauftrag, Walzenstrukturen, Lackläufer, Tropfenbildung
- **Türen:** unterschiedlicher Oberflächenanstrich (z. T. seidenmatt, z. T. glänzend)
- **Heizkörper:** nicht deckend, unterschiedlicher Glanzgrad, eingeschlossene Sand- und Staubpartikel, sandpapierähnliche Rauigkeit, fehlender Anstrich unterhalb der Rippen
- **Wände, Decken mit Raufaser:** Streifen und Fehlstellen der Beschichtung, Tapetenablösungen, Risse, Rückstände von Pinselhaaren, wolkiger und nicht deckender Anstrich.

Die **unfachmännische** Renovierung der Wohnung durch den Mieter stellt eine positive Vertragsverletzung dar, die einen **Schadensersatzanspruch** des Vermieters in Höhe der Renovierungskosten begründet (LG Berlin, Urt. v. 24.5.1994, ZMR 1994, XIII; LG Hamburg, WuM 1986, 311). Als Schadensersatz kann insofern auch der Mietausfall wegen der Zeit verlangt werden, in der die Wohnung nicht weitervermietet wurde (LG Berlin, a.a.O.; vgl. dazu auch BGH, NJW 1995, 252).

Die Wirksamkeit einer entsprechenden **formularmäßigen Abgeltungsklausel** hat das OLG Stuttgart bereits durch RE vom 10.3.1982 (NJW 1982, 1294; Weber/Marx, II/S. 96) bejaht. Der BGH hat dann mit RE vom 6.7.1988 entschieden, dass eine derartige Klausel auch bei Vermietung einer **unrenoviert** oder sogar **renovierungsbedürftig** überlassenen Wohnung wirksam ist; jedenfalls dann, wenn die für die Durchführung wie für die anteilige Abgeltung der Schönheitsreparaturen maßgeblichen Fristen nicht vor dem Anfang des Mietverhältnisses zu laufen beginnen.

Renoviert der Mieter bei Vertragsbeginn die unrenoviert übernommene Wohnung, ohne dass er hierzu vertraglich ausdrücklich verpflichtet gewesen ist, erbringt er mit der Renovierung eine freiwillige Leistung, die er bei Vertragsende dem Vermieter nicht entgegenhalten kann (BGH, RE v. 1.7.1987, a.a.O.; LG Wiesbaden, WuM 1996, 700).

Die festgelegten Fristen knüpfen mangels gegenteiliger Anhaltspunkte (§ 5 AGB-Gesetz) an den Beginn des Mietverhältnisses an (BGH v. 6.7.1988, a.a.O.), sodass sich auch die **Abgeltungsverpflichtung** nicht auf einen über die Mietzeit hinausgehenden Zeitraum erstreckt und der Mieter daher auch dann nicht unangemessen benachteiligt wird, wenn die Wohnung bei Überlassung nicht renoviert war.

Die für die Berechnung der Kostenbeteiligung des Mieters maßgebenden Fristen müssen sich jedoch an den für die Schönheitsreparaturen üblichen Fristen orientieren (s. Abschnitt 3). Zu **kurz** bemessene Fristen führen zur vollständigen Unwirksamkeit der Klausel und damit zum Entfallen einer Kostenbeteiligungspflicht des Mieters (LG Berlin, WuM 1996, 758).

Vor Geltendmachung des Zahlungsanspruches muss der Vermieter den Mieter **nicht** zur Durchführung der Schönheitsreparaturen aufgefordert haben. § 326 BGB ist nicht anwendbar, da es sich bei dem Zahlungsanspruch des Vermieters nicht um einen Schadensersatzanspruch, sondern um einen primären **Erfüllungsanspruch** handelt (LG Köln, Beschl. v. 4.4.2000, Az. 10 T 75/00, WuM 2000, 545; BGH, NJW 1988, 2790).

Die formularmäßige Abgeltungsklausel verpflichtet den Mieter auch dann zur Kostentragung, wenn der Vermieter die Wohnung nach Beendigung des Mietverhältnisses **umbauen** will (LG Düsseldorf, WuM 1992, 431; vgl. Abschnitt 7).

5 Verzug des Mieters mit Schönheitsreparaturen während der Mietzeit

Kommt der Mieter während der Dauer des Mietverhältnisses seinen vertraglichen Verpflichtungen zur Durchführung der Schönheitsreparaturen nicht nach, wobei der Vermieter zur Feststellung des Zustandes der Räume das Recht zur Besichtigung in angemessenen Zeitabständen hat (s. „Betreten und Besichtigen der Mieträume"), kann der Vermieter **Klage** auf Durchführung der Schönheitsreparaturen erheben.

> Der Vermieter ist bei **Verzug des Mieters** mit der Durchführung der Schönheitsreparaturen auch berechtigt, vom Mieter die Zahlung eines **Vorschusses** in Höhe der erforderlichen Renovierungskosten zu fordern, ohne zuvor ein Leistungsurteil erstreiten und damit die Voraussetzungen für eine Ersatzvornahme im Wege der Zwangsvollstreckung (§ 887 ZPO) schaffen zu müssen (BGH, Urt. v. 30.5.1990, NJW 1990, 2376).

Der Vermieter wird dadurch so gestellt, als sei eine **Ersatzvornahme** vertraglich vereinbart worden, aus der sich der Vorschussanspruch ergibt. Der Vorschussanspruch ist nach den Gründen dieses Urteils der Ausgleich dafür, dass trotz des Verzugs des Mieters mit den Schönheitsreparaturen bei einem fortbestehenden Mietverhältnis § 326 BGB nicht anwendbar ist, weil die Umwandlung des Erfüllungsanspruches in einen auf Geldzahlung gerichteten Schadensersatzanspruch, in dessen Verwendung der Vermieter frei wäre, nicht dem Sinn und Zweck der Abwälzung der Schönheitsreparaturen auf den Mieter gerecht werden würde, der bei einem **fortbestehenden** Mietverhältnis ausschließlich in der tatsächlichen Erbringung der geschuldeten Leistung liegt. Es entspricht daher der Billigkeit, dem Vermieter durch Gewährung eines Vorschussanspruchs die Ausführung der Schönheitsreparaturen, auf die der Anspruch in erster Linie gerichtet ist, zu erleichtern, wenn er schon auf das ihm eigentlich zustehende Recht, nach § 326 BGB vorzugehen, verzichten muss (BGH v. 30.5.1990, a.a.O.). Dagegen kann der Vermieter auch schon **vor** Beendigung des Mietverhältnisses nach § 326 BGB vorgehen, wenn der Mieter das Mietverhältnis gekündigt, die Wohnung daraufhin zurückgegeben hat und beide Parteien bereit waren, das Mietverhältnis schnellstmöglich abzuwickeln. In diesem Fall liegt die Durchführung der Schönheitsreparaturen zumindest auch im unmittelbaren Interesse des Vermieters, der die Wohnung bald weitervermieten möchte, sodass die Gewährung eines Schadensersatzbetrages, in dessen Verwendung der Vermieter frei ist, bei einem unstreitig endenden Mietverhältnis keinen Bedenken begegnet (LG Berlin, Urt. v. 2.11.1995, WuM 1996, 91).

Die **Unterlassung der Schönheitsreparaturen** kann nur ausnahmsweise einen **Kündigungsgrund** wegen schuldhafter Vertragsverletzung darstellen (§ 573 Abs. 2 Nr. 1 BGB), wenn der Mieter sich beharrlich und unberechtigt weigert, die erforderlichen Schönheitsreparaturen auszuführen und die Kündigung mit der Folge der Räumung der Wohnung das allein angemessene Mittel ist, um das Interesse des Vermieters zu schützen (LG Hamburg, Urt. v. 2.3.1982, ZMR 1984, 90). Entsprechend den Grundsätzen von Treu und Glauben ist zu prüfen, ob dem Vermieter andere, weniger einschneidende Maßnahmen zugemutet werden können, um seine Belange zu wahren. Nach Ansicht des

LG Münster (Urt. v. 30.10.1990, WuM 1991, 33) rechtfertigt die in der Unterlassung fälliger Schönheitsreparaturen liegende Vertragsverletzung keine Kündigung des Mietverhältnisses, solange die Mietsache nicht gefährdet wird.

Ein Grund zur **fristlosen** Kündigung (§ 543 BGB) ist nur gegeben, wenn das Mietobjekt infolge der Vertragsverletzung des Mieters wesentlich gefährdet wird (LG Hamburg, a.a.O.).

6 Verzug des Mieters mit Schönheitsreparaturen bei Mietende

Unterlässt der Mieter die Durchführung von **fälligen** Schönheitsreparaturen bei Beendigung des Mietverhältnisses, kommt er zwar automatisch, d.h. ohne Mahnung durch den Vermieter, in Verzug (BGH, ZMR 1989, 57). Da es sich bei der Verpflichtung des Mieters zur Durchführung der Schönheitsreparaturen jedoch um eine Hauptpflicht handelt (BGH, NJW 1977, 36; WuM 1996, 91), steht dem Vermieter ein Schadensersatzanspruch nur unter den Voraussetzungen des § 326 BGB zu.

Der Schadensersatzanspruch (§ 326 BGB) setzt voraus, dass dem Mieter zur Durchführung der Schönheitsreparaturen eine angemessene **Frist** bestimmt wurde, verbunden mit der Erklärung, dass nach Fristablauf die Annahme seiner Leistung abgelehnt wird.

Zwar ist die Wiederholung des Gesetzeswortlauts (§ 326 BGB) nicht erforderlich, wegen der strengen Anforderungen der Rechtsprechung jedoch ratsam.

Jedenfalls muss aus der **Erklärung** unzweifelhaft hervorgehen, dass der Vermieter nach Fristablauf die Erfüllung nicht mehr annehmen werde (BGH, NJW 1977, 36). Daher ist die bloße Ankündigung, dass nach Fristablauf ein Dritter mit der Renovierung beauftragt wird, nicht ausreichend (LG Wiesbaden, WuM 1997, 487). Die Angabe des Rechtsbehelfs nach Fristablauf (Forderung von Schadensersatz wegen Nichterfüllung) ist dagegen nicht erforderlich, jedoch zur Verdeutlichung der Folgen durchaus zu empfehlen.

Nicht ausreichend ist die Aufforderung an den Mieter, er möge sich über seine Bereitschaft zur Renovierung erklären (OLG München, ZMR 1997, 178).

Entgegen der Rechtsprechung des BGH (vgl. BGH, NJW-RR 1988, 310), wonach für § 326 Abs. 1 BGB das Verlangen, die vertragliche Leistung binnen der bestimmten Frist zu bewirken, ausreichend und die genaue Bezeichnung der Mängel daher nicht erforderlich ist, wird von den Instanzgerichten häufig gefordert, die verlangten Arbeiten genau zu bezeichnen (LG Itzehoe, WuM 1997, 175; LG Karlsruhe, WuM 1991, 88 sowie LG Berlin, ZMR 1988, 177, wonach die bloße Aufforderung, die „notwendigen Schönheitsreparaturen durchzuführen", nicht ausreichend sein soll). Zur Vermeidung eines zusätzlichen Prozessrisikos sollte die Erklärung daher zumindest enthalten, welche

Arbeiten in welchen Räumen durchzuführen sind.

Angemessen ist die Frist, wenn die Durchführung der verlangten Arbeiten innerhalb dieses Zeitraums unter normalen Umständen möglich ist. Eine zu kurz bemessene Frist macht die Aufforderung grundsätzlich nicht unwirksam, sondern setzt eine angemessene Frist in Lauf.

Erfolgt die Fristsetzung durch einen Bevollmächtigten (Hausverwaltung, Rechtsanwalt, Haus- und Grundbesitzerverein), ist der Erklärung eine schriftliche **Vollmacht** im Original beizufügen. Weiterhin sollte die Zustellung aus Beweisgründen mit Zustellungsnachweis erfolgen (z.B. durch Einschreiben mit Rückschein; durch Boten; durch Gerichtsvollzieher).

Zwar ist die Vorschrift des § 326 BGB dispositiv, sodass das Erfordernis der Fristsetzung ausdrücklich oder konkludent abbedungen werden könnte, jedoch ist eine **formularmäßige Freistellung** des Vermieters von der Pflicht zur **Nachfristsetzung** wegen Verstoßes gegen § 11 Nr. 4 AGB-Gesetz (vgl. „Allgemeine Geschäftsbedingungen") und bei vor dem 1.4.1977 abgeschlossenen Verträgen nach § 9 AGB-Gesetz unwirksam (OLG Karlsruhe, NJW 1982, 2829).

Die **Fristsetzung mit Ablehnungsandrohung** ist nur dann entbehrlich, wenn der Mieter die Durchführung der Schönheitsreparaturen **ernsthaft und endgültig** verweigert hat (§ 326 Abs. 2 BGB).

Die obergerichtliche Rechtsprechung sieht dies bereits als gegeben, wenn der Vermieter vor Ende des Mietverhältnisses eine Renovierung verlangt und der **Mieter auszieht**, ohne die ihm obliegenden Schönheitsreparaturen durchzuführen und die Räume in reparaturbedürftigem Zustand zurücklässt (OLG München, Urt. v. 15.9.1995, ZMR 1995, 591; BGHZ 49, 56; NJW 1971, 1839; OLG Frankfurt, ZMR 1997, 522; OLG München, DWW 1986, 16).

Dagegen stellen die Amts- und Landgerichte erfahrungsgemäß erheblich strengere Anforderungen an eine endgültige Erfüllungsverweigerung durch den Mieter und lassen hierfür meist nur entsprechende ausdrückliche und eindeutige Willensäußerungen durch den Mieter gelten (vgl. z.B. LG Wuppertal, WuM 1996, 614, wonach grundsätzlich selbst dann keine endgültige Erfüllungsverweigerung angenommen werden kann, wenn der Mieter bei der Wohnungsrückgabe die Unterzeichnung des Abnahmeprotokolls verweigert und eine Erklärung abgibt, welche Arbeiten er noch durchführen werde und welche nicht). Gleiches gilt, wenn der Mieter nur ausweichend reagiert oder rechtliche Zweifel an seiner Verpflichtung äußert (LG Berlin, Urt. v. 2.5.2000, Az. 64 S 590/99, NZM 2000, 1178). Andererseits nimmt das LG Düsseldorf (NJWE 1996, 29) eine ernsthafte und endgültige Erfüllungsverweigerung bereits dann an, wenn der Mieter nach langjähriger Mietzeit (hier: 6 Jahre) auszieht und keine Schönheitsreparaturen vornimmt, obwohl die Mieträume dringend instandsetzungsbedürftig sind.

Im Streitfall obliegt der Beweis der ernsthaften und endgültigen Erfüllungsverweigerung dem Vermieter, sodass zu einem Absehen von den Formerfordernissen nur bei Vorliegen von eindeutigen schriftlichen Erklärungen des Mieters geraten werden kann und im Zweifel eine Nachfristsetzung mit Ablehnungsandrohung erfolgen sollte.

Die **Höhe** des Schadensersatzanspruches ist in der Regel durch Erstellung eines Kostenvoranschlages durch ein Malerfachgeschäft zu ermitteln, wobei der besichtigende Fachmann im Streitfall als Zeuge für den vorgefundenen Zustand benannt werden kann.

Die Kosten eines vom Vermieter mit der Besichtigung der Wohnung und der Feststellung der Notwendigkeit von Schönheitsreparaturen beauftragten **Privatgutachters** können jedenfalls insoweit vom Mieter verlangt werden, als sich die Schadensersatzansprüche des Vermieters als begründet erweisen (LG Berlin, Urt. v. 28.11.1995, Az. 64 S 220/95); es sei denn, die erforderlichen Feststellungen hätten auch von einem Laien getroffen werden können (vgl. OLG Hamburg, WuM 1990, 75).

Ein Antrag auf **gerichtliche Beweissicherung** durch ein selbständiges Beweisverfahren bei dem zuständigen Amtsgericht (vgl. „Beweissicherung") ist sinnvoll, wenn eine Weitervermietung die sofortige Beseitigung der Mängel erfordert (vgl. zu den Kosten des Verfahrens auch LG Hannover, WuM 1980, 221).

In der Verwendung des Geldbetrages, den der Mieter im Wege des Schadensersatzes zu bezahlen hat, ist der Vermieter frei und muss ihn nicht zur Renovierung der Räume verwenden (OLG Köln, WuM 1988, 108; BGH, NJW 1990, 2376).

Daher kann der Vermieter auch dann auf **Basis des Gutachtens** abrechnen, wenn die tatsächlichen Renovierungskosten niedriger sind (OLG Köln, ZMR 1987, 375).

Der Schadensersatzanspruch umfasst neben dem reinen Reparaturaufwand auch die hierauf entfallende **Umsatzsteuer** (KG, GE 1995, 109).

Schadensersatzansprüche des Vermieters wegen Nichtausführung der Schönheitsreparaturen sind auch nicht ausgeschlossen, wenn ein Mieter von Wohnraum durch Formularmietvertrag Schönheitsreparaturen übernimmt und formularmäßig weiterhin bestimmt ist, dass der Vermieter für den Fall, dass der Mieter dieser Verpflichtung trotz schriftlicher Mahnung nicht nachkommt, die erforderlichen Nacharbeiten auf Kosten des Mieters vornehmen darf (OLG Hamm, RE v. 3.2.1983, DWW 1983, 147).

Weiterhin entfällt der Schadensersatzanspruch des Vermieters weder nach den Grundsätzen der Vorteilsausgleichung, noch unter dem Gesichtspunkt einer zwischen dem Vor- und Nachmieter bestehenden, eine Ausgleichspflicht nach sich ziehenden Gesamtschuldnerschaft, wenn der **Nachmieter** die vom Vormieter vertragswidrig unterlassenen Schönheitsreparaturen auf eigene Kosten durchführt (OLG Hamburg, DWW 1984, 167; BGH, NJW 1968, 491).

Der Mieter haftet auf Schadensersatz nicht nur bei unterlassenen, sondern auch bei nicht ordnungsgemäß ausgeführten Schönheitsreparaturen. Zwar kann der Mieter formularvertraglich nicht verpflichtet werden, die Arbeiten von einem Fachmann durchführen zu lassen (vgl. LG Köln, WuM 1991, 87), jedoch müssen die Arbeiten **fachmännisch** und mindestens in mittlerer Art und Güte (§ 243 BGB; vgl. auch BGH vom 6.7.1988, a.a.O., LG Kassel, WuM 1989, 135) ausgeführt werden.

Ist dies nicht der Fall, haftet der Mieter auf Schadensersatz wegen positiver Vertragsverletzung selbst dann, wenn er zur Durchführung der Schönheitsreparaturen gar nicht verpflichtet gewesen wäre (LG Düsseldorf, DWW 1996, 280; LG Hamburg, WuM 1986, 311; LG Düsseldorf, DWW 1989, 392; Sternel, Mietrecht, 3. A., II Rn. 643). Bei Geltendmachung des Schadensersatzanspruches muss der Vermieter durch eine sog. **Differenzberechnung** die Höhe der Mehraufwendungen darlegen, die ihm infolge der unfachmännischen Arbeiten des Mieters entstanden sind (LG Frankfurt/M., Urt. v. 30.6.2000, Az. 2/17 S 340/99, WuM 2000, 545).

Der Mieter kann sich auch nicht darauf berufen, dass der bearbeitete Untergrund schlecht war (LG Berlin, Urt. v. 28.11.1995, Az. 64 S 220/95).

Der Schadensersatzanspruch umfasst neben den Renovierungskosten auch einen **Mietausfall**, der infolge einer verzögerten Weitervermietung entstanden ist (vgl. dazu LG Berlin, Urt. v. 12.5.2000, Az. 64 S 581/99, NZM 2000, 1178, wonach für die Renovierung in der Regel ein Zeitraum von 2 Monaten angemessen ist).

Zur Begründung des Anspruchs muss der Vermieter auch nicht darlegen, dass ein bestimmter Mietinteressent zu bestimmten Vertragsbedingungen abschlussbereit war. Vielmehr kann grundsätzlich von einer sofortigen Weitervermietbarkeit ausgegangen werden, da es sich bei einer Wohnung um ein marktgängiges Wirtschaftsobjekt handelt (LG Frankfurt/M., Urt. v. 1.8.2000, Az. 2/11 S 71/2000, ZMR 2000, 763; vgl. auch OLG Frankfurt, DWW 1992, 336 und ZMR 1997, 522; a.A. Bub/Treier/Scheuer, VA Rn. 180; vgl. auch OLG Hamburg, WuM 1990, 77).

Nach dem Urteil des OLG Hamburg (a.a.O.) kann der Vermieter die gesamte Miete für den bereits begonnenen Folgemonat verlangen, wenn der Mieter die Mietsache erst am 11. Tag des Folgemonats zurückgibt. Jedoch gebietet die Schadensminderungspflicht des Vermieters, die Renovierung möglichst umgehend auszuführen (LG Frankfurt, WuM 1977, 95; BGH, WuM 1982, 297).

Eine Klage des Vermieters auf Schadensersatz wegen unterlassener Schönheitsreparaturen ist mangels Rechtsschutzbedürfnisses unzulässig, wenn bereits ein rechtskräftiges Urteil über die Verpflichtung des Mieters zur Durchführung der Schönheitsreparaturen vorliegt, aus dem der Vermieter die Vollstreckung gegen den Mieter betreiben kann (§ 887 ZPO; LG Bonn, WuM 1992, 32).

Verweigert der Mieter trotz **rechtskräftiger Verurteilung** die Durchführung der Schönheitsreparaturen bzw. die Zahlung des dem Vermieter zugesprochenen Kostenvorschusses, kann der Vermieter das Mietverhältnis gemäß § 573 Abs. 2 Nr. 1 BGB (erhebliche Vertragsverletzung) **kündigen** (LG Berlin, Urt. v. 13.7.1999, Az. 64 S 82/99, GE 1999, 1052). Strittig ist allerdings, ob die Kündigung erst dann begründet ist, wenn eine Substanzgefährdung der Mietsache vorliegt (so z. B. LG Hamburg, WuM 1984, 85).

Unterlässt der Mieter **bei Beendigung des Mietverhältnisses** die Durchführung der vertraglich vereinbarten Schönheitsreparaturen und führt der Vermieter die Schönheitsreparaturen daraufhin selbst durch – ohne die Formalien (Nachfristsetzung mit Ablehnungsandrohung) zu beachten – hat der Vermieter nach st. Rspr. **keinen** Anspruch auf **Schadensersatz**.

Strittig ist aber, ob der Vermieter in diesem Fall **anderweitige** Ansprüche gegen den Mieter hat: Während die Amts- und Landgerichte dies überwiegend verneinen und dem Vermieter jeglichen Anspruch versagen, wird von den höheren Gerichten die Auffassung vertreten, dass dem Vermieter ein **bereicherungsrechtlicher** Anspruch aus Geschäftsführung ohne Auftrag (§§ 677, 684 BGB) zusteht, da sich der Mieter auf Kosten des Vermieters eigene Aufwendungen, zu denen er verpflichtet gewesen wäre, erspart und daher eine ungerechtfertigte Vermögensverschiebung stattgefunden hat.

Der **Umfang** der Ersatzpflicht des Mieters richtet sich insofern nach der Höhe der Aufwendungen, die **objektiv erforderlich** waren, um die Renovierungsverpflichtung des Mieters zu erfüllen (§ 818 Abs. 2 BGB; OLG Koblenz, Urt. v. 29.7.1999, Az. 5 U 1787/98, WuM 2000, 22 unter Verweis auf BGH, MDR 1990, 903; 1958, 686 sowie Palandt, 57. Aufl., § 812 Rn. 24).

Zum Schadensersatzanspruch des Vermieters wegen unterlassener Schönheitsreparaturen bei Vertragsende vgl. Gather in DWW 1996, 114.

7 Umbau der Mieträume nach Mietende

Werden die Mieträume nach Beendigung des Mietverhältnisses **umgebaut**, sodass vorgenommene Schönheitsreparaturen wieder zerstört werden müssten, entfällt zwar die Pflicht zur Durchführung von Schönheitsreparaturen, jedoch wird der Mieter nicht ersatzlos befreit. Eine ergänzende, dem typischen Willen und dem Interesse des Vertragspartners entsprechende Auslegung des Mietvertrages ergibt, dass der Vermieter anstelle des fälligen Erfüllungsanspruches eine **Geldzahlung** erhalten soll (OLG Oldenburg, WuM 1992, 229; OLG Schleswig, DWW 1983, 124; BGH, RE v. 30.10.1984, a.a.O.). Dementsprechend kann auch die erfolgreiche Durchsetzung eines Schadensersatzanspruchs wegen unterlassener Schönheitsreparaturen gegen die Mieter nicht daran scheitern, dass die Mieträume nach ihrer Rückgabe vollständig umgebaut worden sind (OLG Düsseldorf, WuM 1994, 323).

Dies soll nach Auffassung des LG Hamburg (WuM 1998, 663) allerdings nicht bei einem Mietverhältnis gelten, das gerade wegen umfangreicher Umbauarbeiten auf bestimmte Zeit befristet war.

Sobald der Vermieter dem Mieter die **Absicht des Umbaus** der Räume mitgeteilt hat, ist der Mieter zur Durchführung der Schönheitsreparaturen nicht mehr berechtigt und kann den Anspruch des Vermieters auf Zahlung eines Ausgleichs in Geld nicht dadurch abwenden, dass er die Durchführung der Schönheitsreparaturen in den umgebauten Räumen anbietet. Dieser Zahlungsanspruch des Vermieters besteht selbst dann, wenn der Mieter die Schönheitsreparaturen trotzdem durchführt (OLG Oldenburg, Urt. v. 14.1.2000, Az. 13 U 66/99, ZMR 2000, 528).

Die **Höhe des Anspruchs** soll sich nach der Rechtsprechung danach bestimmen, ob der Mieter die Schönheitsreparaturen durch einen Fachhandwerker oder in Eigenleistung ausgeführt hätte. Bei Ausführung durch einen Fachhandwerker ist die Höhe dieser Kosten anzusetzen. Wendet der Mieter jedoch ein, er hätte die Arbeiten wesentlich kostengünstiger in **Eigenleistung** ausgeführt, muss er neben den Kosten des notwendigen Materials nur den Betrag entrichten, den er für seine bzw. die Arbeitsleistung von Bekannten oder Verwandten hätte aufwenden müssen. Das Gericht kann den Wert der Eigenleistung des Mieters durch Schätzung ermitteln (OLG Düsseldorf, ZMR 1988, 96).

Dies erscheint unrichtig, da die Höhe des Anspruchs somit weitgehend vom Sachvortrag des Mieters abhängt und der Mieter darüber hinaus ohne sachlichen Grund von dem Risiko entlastet wird, dass die in Eigenleistung durchgeführten Schönheitsreparaturen oftmals unsachgemäß ausfallen und entsprechende Schadensersatzansprüche des Vermieters auslösen.

Eine formularmäßige Abgeltungsklausel (vgl. Abschnitt 4) verpflichtet den Mieter auch im Fall des Umbaus zur Kostentragung entsprechend dem Inhalt der Klausel (LG Düsseldorf, WuM 1992, 431).

Sofern von dem beabsichtigten Umbau nur **einzelne Räume** der Wohnung betroffen sind und die anderen Räume durch den Umbau auch nicht wesentlich verschmutzt werden, kann eine Abgeltung nur für die betroffenen Räume verlangt werden. Bezüglich der übrigen Räume bleibt eine vertragliche Verpflichtung des Mieters zur Durchführung der Schönheitsreparaturen unberührt (LG Hannover, WuM 1994, 428).

8 Sonstiges

Ist der Mieter vertraglich nicht ausdrücklich zur Durchführung von „Schönheitsreparaturen", sondern z. B. zur „Renovierung" verpflichtet, kann der Umfang der durchzuführenden Arbeiten streitig sein, da es sich bei dem

Begriff der Renovierung – im Gegensatz zum Begriff der Schönheitsreparaturen – nicht um einen gesetzlich definierten Begriff handelt. Nach einem Urteil des LG Nürnberg-Fürth vom 5.3.1992 (WuM 1993, 121), bestätigt vom OLG Nürnberg (WuM 1993, 121), umfasst die Verpflichtung zur Renovierung auch die Durchführung von Malerarbeiten, da andernfalls lediglich von einem „gebrauchsfähigen" oder „ordentlichen" Zustand zu sprechen wäre.

Ein **Verzicht des Vermieters** auf bestehende Schadensersatzansprüche kann sich schlüssig ergeben, wenn er bei der Wohnungsübergabe erklärt, die Räume befinden sich in ordnungsgemäßem Zustand und die Schlüssel **vorbehaltlos** annimmt (vgl. auch LG Mannheim, WuM 1975, 118). Dagegen liegt **keine** vorbehaltlose Abnahme vor, wenn der Vermieter die Wohnung nur entgegennimmt, ohne deren Zustand zu billigen und ohne sich eine Nachbesichtigung vorzubehalten (LG Berlin, Urt. v. 12.5.2000, Az. 64 S 581/99, NZM 2000, 1178).

Ferner kann allein in der Rückgabe der Kaution kein schlüssiger Verzicht gesehen werden, da von der Rückgabe der Sicherheit nicht auf einen Verzicht auf die gesicherte Forderung geschlossen werden kann (so aber LG Stuttgart, WuM 1977, 29).

Abgesehen davon, dass bei bestehenden Ansprüchen des Vermieters kein Anlass zur **Rückzahlung der Kaution** besteht (s. „Kaution"), sollte jede Handlung, aus der ein Verzicht hergeleitet werden könnte (z. B. auch die Annahme der Schlüssel), nur unter dem **ausdrücklichen Vorbehalt** aller Ansprüche erfolgen.

Ebenso kann in dem vorbehaltlosen Abschluss eines **Mietaufhebungsvertrages**, in dem sich der Mieter als Gegenleistung für den Auszug zur Zahlung einer bestimmten Abstandssumme verpflichtet, eine abschließende Regelung der Ansprüche gesehen werden, mit der Folge, dass Ansprüche des Vermieters wegen unterlassener Schönheitsreparaturen ausgeschlossen sind (LG Stuttgart, WuM 1995, 392; LG Nürnberg-Fürth, WuM 1981, 159).

Den Parteien steht es frei, sich anlässlich der Wohnungsübergabe abweichend von den Bestimmungen des Mietvertrages über den **Umfang der Ansprüche** (z.B. Renovierung in einem bestimmten Umfang oder Zahlung eines bestimmten Betrages) zu einigen, wobei dies aus Beweisgründen unbedingt schriftlich erfolgen sollte.

Bei **preisgebundenem** Wohnraum ist jedoch die **preisrechtliche Grenze** des § 9 Abs. 1 WoBindG zu beachten, sodass nur solche Vereinbarungen wirksam sind, die den Mieter nicht schlechter stellen als bei bloßer Übertragung der laufenden Schönheitsreparaturen und der Abwicklung dieser Verpflichtung nach dem Gesetz (BGH, NJW 1978, 1053).

Allein durch Unterzeichnung eines Abnahmeprotokolles kommt eine entsprechende Vereinbarung nicht zustande, da das **Abnahmeprotokoll** nur den Zustand der Räume dokumentiert, jedoch nichts über das Bestehen von Ansprüchen aussagt.

Die **Einigung der Parteien** stellt grundsätzlich ein deklaratorisches Schuldanerkenntnis dar, mit der Folge, dass die Parteien mit allen Ansprüchen ausgeschlossen sind, die sie bei Abschluss der Vereinbarung kannten oder mit denen sie rechnen konnten. Nach Ansicht des LG Mannheim (MDR 1970, 239) sind grundsätzlich alle Ansprüche aus später entdeckten Mängeln ausgeschlossen.

Dementsprechend kann der Vermieter gegenüber dem Mieter **keine** Ansprüche mehr wegen schlecht durchgeführter Schönheitsreparaturen geltend machen, wenn er dies in einem bei Rückgabe der Wohnung gefertigten **Abnahmeprotokoll** nicht beanstandet hat (LG Hamburg, Urt. v. 15.10.1998, Az. 327 S 79/98, NZM 1999, 838).

Umgekehrt kann aber auch der Mieter nachträglich nicht mehr einwenden, die Schönheitsreparaturen seien nicht erforderlich gewesen, wenn er deren Notwendigkeit in einem Abnahmeprotokoll **anerkannt** hat. Dies gilt auch bei einem kurzfristigen Mietverhältnis von einem Jahr (LG Berlin, Beschl. v. 20.4.1999, Az. 64 S 408/98, ZMR 1999, 638).

Ansprüche des Vermieters auf Durchführung von Schönheitsreparaturen sowie auf Schadensersatz wegen nicht durchgeführter Schönheitsreparaturen **verjähren** bereits nach 6 Monaten (§ 548 BGB). Zur Frage, wann die Verjährungsfrist zu laufen beginnt, siehe KG Berlin, RE v. 2.12.1996, WuM 1997, 32 sowie „Verjährung".

Bei **Sozialwohnungen** können in der Wirtschaftlichkeitsberechnung die Kosten der Schönheitsreparaturen angesetzt werden, wenn sie – abweichend von der üblichen Vertragsgestaltung – der **Vermieter** trägt.

Sie dürfen höchstens mit 12 DM je m^2 Wohnfläche im Jahr angesetzt werden (§ 28 Abs. 4 II. BV). Dieser Satz verringert sich für überwiegend nicht tapezierte Wohnungen um 1,20 DM, der Satz erhöht sich für Wohnungen mit Heizkörpern um 0,95 DM und für überwiegend mit Doppelfenstern oder Verbundfenstern ausgestattete Wohnungen um 1 DM.

Schriftform

Inhaltsübersicht

		Seite
1	Grundsatz	S 29
2	Schriftformerfordernis	S 29
3	Formverstoß	S 32
4	Vereinbarung der Schriftform	S 33
5	Nebenabreden	S 35
6	Einseitige Erklärung	S 35
7	Elektronische Form	S 35

1 Grundsatz

Der Mietvertrag bedarf **keiner besonderen Form**, er kann sogar durch konkludente Handlung zustande kommen (s. „Mietvertrag", Abschnitt 3). Entscheidend dafür ist die Überlassung einer Sache und die Entgegennahme des Entgelts für die Überlassung, ferner eine Einigung über den Zeitpunkt des Beginns. Haben die Parteien selbst keine weitere Regelung getroffen, gelten im Übrigen die gesetzlichen Vorschriften über das Mietrecht.

2 Schriftformerfordernis

Wird ein Mietvertrag über Wohnraum für längere Zeit als ein Jahr nicht in schriftlicher Form geschlossen, gilt er für unbestimmte Zeit (§ 550 Abs. 1 S. 1 BGB). Die Neufassung durch das Mietrechtsreformgesetz entspricht im Wesentlichen unverändert der bisherigen Bestimmung des § 566 BGB. Durch die Verweisung in § 578 Abs. 1 und 2 BGB ist die Anwendbarkeit auf die Miete von Grundstücken und anderen Räumen sichergestellt. Zwar ist nunmehr die Schriftform für Mietverträge über mehr als ein Jahr nicht mehr zwingend vorgeschrieben. Nach der amtlichen Begründung zum Mietrechtsreformgesetz war dies entbehrlich, weil schon nach bisherigem Recht die Nichtbeachtung der vorgeschriebenen Form nicht die sonst übliche Rechtsfolge der Nichtigkeit des Rechtsgeschäfts (§ 125 BGB) auslöste, sondern nur dazu führte, dass das Mietverhältnis als auf unbestimmte Zeit geschlossen galt. Insofern ist in § 550 Abs. 1 S. 1 BGB nur der rechtlich erhebliche Tatbestand (Mietvertrag für länger als ein Jahr ohne Beachtung der Schriftform) formuliert, an den wie bisher die besondere Rechtsfolge (Geltung für unbestimmte Zeit) geknüpft ist.

Diese Vorschrift ist ihrer Natur nach nicht abdingbar (LG Berlin, WuM 1991, 498).

Schriftform

Die Einhaltung der Formvorschrift ist zwingend und kann nicht von den Parteien ausgeschlossen werden. Die Frist wird vom Beginn des Mietverhältnisses ab gerechnet, nicht vom Zeitpunkt des Vertragsschlusses. Eine längere Zeit als ein Jahr ist gegeben, wenn erst nach Ablauf eines Jahres gekündigt werden kann, oder wenn der Mieter durch eine einseitige Erklärung, z. B. Ausübung einer Option, das Mietverhältnis von sich aus über ein Jahr hinaus verlängern kann. Der Schriftform bedarf auch ein Vertrag auf Lebenszeit des Mieters.

> Unter den Begriff Mietvertrag im Sinne des § 550 BGB fallen auch Untermietverträge (BGH, WuM 1982, 431). Sie bedürfen daher, falls sie auf längere Zeit als ein Jahr abgeschlossen werden, ebenfalls der Schriftform.

Nicht der Schriftform bedarf nach ständiger Rechtsprechung schon des Reichsgerichts der Mietvorvertrag, auch wenn der eigentliche Mietvertrag auf längere Zeit als ein Jahr abgeschlossen werden soll.

Oft übersehen wird, dass auch nachträgliche **Ergänzungen und Zusätze** dem Schriftformerfordernis unterliegen, wenn der Vertrag unter § 550 BGB fällt. Dies gilt insbesondere für Verlängerungsverträge, die eine längere Vertragszeit als ein Jahr vorsehen (vgl. BGH, WuM 1963, 172).

Die Anforderungen an die gesetzliche Schriftform sind in § 126 BGB geregelt. Bei einem Vertrag muss die **Unterzeichnung** der Parteien auf derselben Urkunde erfolgen.

Bei einer **Personenmehrheit** auf einer Vertragsseite müssen daher alle der im Vertrag als Vermieter oder Mieter angeführten Personen unterschreiben. Andernfalls ist, wenn die Vollmacht des Unterzeichners nicht aus objektiven, außerhalb der Urkunde liegenden Umständen hervorgeht, die Schriftform nicht eingehalten (OLG Rostock, Urt. v. 25.9.2000, Az. 3 U 75/99, ZMR 2001, 29).

Werden über den Vertrag mehrere gleichlautende Urkunden aufgenommen, genügt es, wenn jede Partei die für die andere Partei bestimmte Urkunde unterzeichnet. Voraussetzung ist allerdings, dass die Ausfertigungen der Urkunden dem jeweils anderen Teil zugegangen sind. Ob ein Vertragspartner seinen Vertrag später verliert, spielt allerdings keine Rolle; der Vertrag ist trotzdem wirksam. An der eigenhändigen Unterschrift soll es bei Zugang einer der Schriftform unterliegenden Erklärung durch **Telefax** fehlen (OLG Celle, ZMR 1996, 26), sodass das Formerfordernis des § 550 BGB nicht eingehalten ist.

> Der Schriftform unterliegen sämtliche Vereinbarungen der Parteien, die nach den Vorstellungen der Vertragschließenden zum Mietvertrag gehören sollen.

Dies hat erhebliche Auswirkungen, wenn sich eine Vertragspartei später auf ihre günstige mündliche Nebenabreden beruft. Allerdings ist die Rechtsprechung der Ansicht, dass selbstständige Nebenabreden mündlich möglich sind, die nicht direkt zum Mietvertrag gehören (z. B. Mietvertrag über Geschäftsräume auf 10 Jahre, mündliche Nebenabrede über den Verkauf des Inventars).

Auch Nebenpunkte, die den Vertragstext lediglich erläutern oder veranschaulichen, unterliegen nicht der Schriftform (s. unten). **Nebenabreden**, die für höchstens ein Jahr gelten sollen, können formfrei getroffen werden, z. B. Minderung für einen Zeitraum unter einem Jahr (BGH, ZMR 1969, 338, 340). Auch Einzelfallentscheidungen unterliegen nicht der Schriftform, z. B. Haltung eines bestimmten Tieres, Gestattung einer baulichen Änderung, Untervermietung an einen bestimmten Mieter. Zu entscheiden ist also immer zwischen genereller Regelung und Einzelfallentscheidung (Bub/Treier, II Rn. 764).

Da die **Unterzeichnung** auf derselben Urkunde erfolgen muss, ist eine Bezugnahme auf andere Schriftstücke grundsätzlich nicht zulässig. Dem Formerfordernis ist grundsätzlich nur Genüge getan, wenn die Anlagen beigefügt und mit dem Vertrag fest verbunden werden. Dies gilt auch für Zusätze und spätere Nebenabreden. Aus praktischen Gründen ist die Rechtsprechung hier aber großzügig.

Die so genannte **Auflockerungsrechtsprechung** des BGH umfasst drei Fallgruppen, die im Folgenden näher dargestellt werden sollen. Auf diese Rechtsprechung kommt es immer dann an, wenn sich eine Vertragspartei aus einem längerfristigen Mietvertrag lösen will mit dem Argument, dass das Schriftformerfordernis nicht eingehalten sei. Die erste Fallkonstellation, über die der BGH entschieden hat, betrifft einen Mietvertrag ohne Anhang oder Zusätze, bestehend aus 26 Paragraphen, die sich auf drei einzelnen Blättern befanden. Die Blätter waren durchnummeriert. Der Vertrag war auf dem letzten Blatt unterschrieben. Der BGH führt aus, dass die Zusammengehörigkeit einer aus mehreren Blättern bestehenden Urkunde entweder durch körperliche Verbindung **oder aber** sonst in geeigneter Weise erkennbar gemacht werden muss. Hierzu genügt es, wenn sich die Einheit aus fortlaufender Paginierung, fortlaufender Nummerierung der einzelnen Bestimmungen, einheitlicher grafischer Gestaltung, inhaltlichem Zusammenhang des Textes oder vergleichbaren Merkmalen zweifelsfrei ergibt (BGH, Urt. v. 24.9.1997, Az. 12 ZR 234/95, WuM 1997, 667).

Die zweite Fallkonstellation betrifft Mietverträge mit Anlagen. In einer älteren Entscheidung (WuM 1964, 69) hatte der BGH darüber zu befinden, ob die Schriftform gewahrt ist, wenn im Mietvertrag auf nicht unterzeichnete Urkunden Bezug genommen wird. In diesem Fall hat der BGH die bloß gedankliche Verbindung nicht für ausreichend erachtet, sondern auch eine äußerliche Verbindung durch Heften, Klammern oder Anleimen gefordert. Im Urteil vom 30.6.1999 (Az. 12 ZR 55/97, WuM 1999, 516) hatte sich der BGH mit einem Mietvertrag zu befassen, dessen eine Anlage von den Parteien nicht unterschrieben und auch nicht mit dem Vertrag fest verbunden war; darüber hinaus fehlte im Mietvertrag die Bezugnahme auf die als weitere Anlage beigefügte Hausordnung. Der BGH

Schriftform

führt aus, dass die Schriftform erfüllt ist, wenn sich die wesentlichen Vertragsbedingungen – insbesondere Mietgegenstand, Mietzins sowie Dauer und Parteien des Mietverhältnisses – aus der Vertragsurkunde ergeben. Nur wenn die Parteien wesentliche Bestimmungen des Mietvertrages nicht in diesen selbst aufnehmen, sondern teilweise in andere Schriftstücke auslagern, sodass sich der Gesamtinhalt der mietvertraglichen Vereinbarung erst aus dem Zusammenspiel dieser verstreuten Bestimmungen ergibt, müssen sie zur Wahrung der Urkundeneinheit die Zusammengehörigkeit dieser Schriftstücke in geeigneter Weise zweifelsfrei kenntlich machen. Im vorliegenden Fall handelt es sich jedoch nur um solche Abreden, die von nur nebensächlicher Bedeutung sind, sodass eine den Schriftformerfordernissen entsprechende Verbindung nicht notwendig war.

Mit Urteil vom 21.1.1999 (Az. 7 ZR 93/97, WuM 1999, 286) war der Fall zu entscheiden, dass Vertrag und Anlage körperlich nicht fest verbunden waren, jedoch alle Blätter des Mietvertrages sowie der Anlage von beiden Vertragsparteien unterschrieben waren. Ferner war im Mietvertrag auf die Anlage verwiesen. In diesem Fall ist das Schriftformerfordernis gewahrt. Aus der Verweisung sowie der Unterschrift auf jedem Blatt ergibt sich die Einheit von Urkunde und Anlage. Nicht entschieden ist der Fall, dass in einer nicht unterschriebenen Anlage wesentliche Bestandteile des Mietvertrages geregelt werden.

Die dritte Fallkonstellation betrifft Mietverträge mit Nachtragsvereinbarungen. Hier ist die Rechtsprechung großzügig. In mehreren Entscheidungen hat der BGH klargestellt, dass es einer körperlich festen Verbindung zwischen Mietvertrag und Nachtrag nicht bedarf, wenn der Nachtrag in seinem Text auf den ursprünglichen Betrag Bezug nimmt und im Nachtrag zum Ausdruck gebracht wird, es solle unter der Einbeziehung des Nachtrages bei dem verbleiben, was bereits früher formgültig niedergelegt worden sei (BGH, WuM 1988, 50; WuM 1990, 140; NJW-RR 1992, 654). Voraussetzung hierfür ist allerdings, dass auch der Nachtrag von beiden Parteien unterzeichnet wird (BGH, WuM 1992, 316). Dies gilt auch dann, wenn im Nachtrag nicht nur Nebenpunkte, sondern auch wesentliche Vereinbarungen getroffen werden (BGH, WuM 1988, 50).

So begrüßenswert grundsätzlich die Tendenz der Rechtsprechung ist, geschlossene Verträge zu erhalten, stellt sich doch die Frage, ob hier noch Sinn und Zweck des § 126 BGB eingehalten ist. Zu Recht weist Sternel (Mietrecht aktuell, 2. Auflage, Rn. 20) auf die Gefahr der Manipulation hin.

3 Formverstoß

Wird die Schriftform nicht eingehalten, so ist der Vertrag nicht unwirksam, sondern gilt als **für unbestimmte Zeit geschlossen**; die Kündigung ist jedoch frühestens zum Ablauf eines Jahres nach Überlassung des Wohnraums zulässig (§ 550 Abs. 1 BGB). Aufgrund der Verweisung in § 578 Abs. 1 und 2 BGB gilt diese Bestimmung auch für Mietverhältnisse über Grundstücke und für

Mietverhältnisse über Räume, die keine Wohnräume sind. Zwar ist aufgrund der Neufassung des Mietrechtsreformgesetzes anders als bisher die Schriftform für Mietverträge über mehr als ein Jahr nicht mehr zwingend vorgeschrieben. Dies ist jedoch entbehrlich, weil schon nach bisherigem Recht die Nichtbeachtung der vorgeschriebenen Form nicht die sonst übliche Rechtsfolge der Nichtigkeit des Rechtsgeschäftes (§ 125 BGB) auslöste, sondern nur dazu führte, dass das Mietverhältnis als auf unbestimmte Zeit geschlossen galt. In der Neufassung ist in § 550 Abs. 1 S. 1 BGB nur der rechtlich erhebliche Tatbestand (Mietvertrag für länger als ein Jahr ohne Beachtung der Schriftform) formuliert, an den wie bisher die besondere Rechtsfolge (Geltung für unbestimmte Zeit) geknüpft ist. § 550 Abs. 1 S. 2 BGB stellt gegenüber der früheren Rechtslage klar, dass der Mietvertrag frühestens zum Ablauf eines Jahres nach dem (vertraglich bestimmten) Zeitpunkt der Übergabe gekündigt werden kann. Auf den Zeitpunkt des Vertragsschlusses kommt es dagegen nicht an. Dies war bislang streitig. Bei einem Wohnraummietvertrag kann der Vermieter allerdings nur unter der weiteren Voraussetzung des § 573 BGB (berechtigtes Interesse) kündigen.

Der Mietvertrag ist also nur hinsichtlich der Laufzeit unwirksam (**Teilnichtigkeit**). Die übrigen Vertragsbestimmungen gelten weiter. An die Stelle der vertraglichen Kündigungsfristen treten die gesetzlichen Kündigungsfristen, bei Wohnraum § 573c BGB, bei Mietverhältnissen über Grundstücke § 580a Abs. 1 BGB, bei Mietverhältnissen über Geschäftsräume § 580a Abs. 2 BGB. Dies gilt jedenfalls dann, wenn die vertraglich vereinbarten Kündigungsfristen länger sind als die gesetzlichen Kündigungsfristen (BGH, Urt. v. 29.3.2000, Az. XII ZR 316/97, WuM 2000, 607).

Auch hat der BGH bei reinen Ergänzungsverträgen, die den Inhalt des ursprünglichen Vertrages nicht ändern, die Folgen des Formverstoßes nicht auf den ursprünglichen – formgültigen – Vertrag ausgedehnt, sondern auf die jeweilige Ergänzung beschränkt (BGH, WuM 1976, 26 zu einer Verlängerungsvereinbarung).

In besonderen Ausnahmefällen kann die Berufung auf die Formunwirksamkeit treuwidrig sein. Die Rechtsprechung nimmt dieses an, wenn die Unwirksamkeit des Vertrages zu einem schlechthin untragbaren Ergebnis führen würde, z. B. bei arglistiger Täuschung über das Formerfordernis von einer Vertragsseite. Treuwidrig ist die Berufung auf den Formmangel auch, wenn die Parteien die Einhaltung der Schriftform vereinbart, dies jedoch unterlassen haben. Hier hat jede Vertragspartei einen Anspruch auf Abschluss eines schriftlichen Vertrages, der auch gerichtlich geltend gemacht werden kann.

4 Vereinbarung der Schriftform

Die Parteien können auch unabhängig vom Geltungsbereich des § 550 BGB vereinbaren, dass für den Vertrag die **Schriftform gelten soll**. Diese Vereinbarung der Parteien braucht selbst nicht schriftlich zu erfolgen. Zweifelhaft ist, ob eine Schriftformklausel für Nebenabreden und Vertragsänderungen in einem vorgedruckten Formularvertrag wirksam getroffen werden kann. Gem. § 4 AGB-Gesetz haben in diesem Fall anders lautende, auch mündliche Individualvereinbarungen zu jeder Zeit Vorrang. Soweit Schriftformklauseln beinhalten, dass Nebenabreden und Vertragsänderungen nur bei Einhaltung der schriftlichen Form wirksam sind, verstoßen sie gegen § 4 AGB-Gesetz und sind unwirksam (OLG München, WuM 1989, 128).

Anderer Ansicht ist das KG Berlin. Mit Urteil vom 4.5.2000 (Az. 8 U 1641/99, MDR 2000, 1241) hat es entschieden, dass die Klausel „Änderungen dieses Vertrages einschließlich Vertragsanlagen, die Bestandteile dieses Richtvertrages sind, bedürfen schriftlicher Vereinbarung" nicht nach § 9 Abs. 2 Nr. 1 AGB-Gesetz unwirksam ist. Das KG beruft sich auf die Entscheidung des BGH (NJW 1991, 2559), wonach Schriftformklauseln nicht schlechthin unzulässig sind, vielmehr kommt es auf die Ausgestaltung der Klausel im konkreten Fall an. In dem entschiedenen Fall hatten beide Parteien ein Interesse daran, dass nachträgliche Änderungen des Vertrages schriftlich vereinbart würden, weil andernfalls der Mietvertrag insgesamt nicht mehr der Schriftform genügen würde, mit der Folge, dass er mit den gesetzlichen Fristen kündbar wäre. Ob sich diese Rechtsprechung durchsetzen wird, bleibt abzuwarten. Nach der bisherigen Rechtsprechung des BGH sind wegen des Vorrangs der Individualabsprache die Klauseln, wonach Änderungen des Vertrages und Zusatzvereinbarungen der Schriftform bedürfen, unwirksam (Wolf/Eckert, 8. Aufl., Rn. 142). Hinzuweisen ist ferner noch darauf, dass nach der Rechtsprechung des BGH die nachträgliche formlose Einigung der Parteien geeignet ist, frühere Abmachungen einschließlich der Schriftformklausel zu überholen (a.a.O., Rn. 143).

Durch Auslegung im Einzelfall muss ermittelt werden, welche **Bedeutung die Vereinbarung der Schriftform** haben soll. Die Parteien können damit bezwecken, dass durch die schriftliche Niederlegung der Vertrag zu Beweiszwecken festgehalten wird (**deklaratorische Schriftform**). In diesem Fall wird bei Nichteinhaltung der Schriftform die Gültigkeit des Vertrages insgesamt nicht berührt, gem. § 550 Abs. 1 S. 1 BGB kommt ein Mietvertrag auf unbestimmte Zeit zustande.

Anders liegt der Fall, wenn die Parteien vereinbaren, dass der Vertrag erst bei Einhaltung der Schriftform gültig wird (**konstitutive Schriftform**). Solange diese Form nicht eingehalten ist, ist kein Vertrag zustande gekommen.

Die Rechtsfolgen unterscheiden sich also beträchtlich. Während teilweise angenommen wird, bei Mietverträgen habe die Formvereinbarung grundsätzlich nur deklaratorische Bedeutung (so Emmerich/Sonnenschein, Miete § 566 Rn. 17), ist die überwiegende Mehrheit anderer Ansicht. Hieraus folgt, dass in einem Fall der wirksamen Vereinbarung einer

Schriftform

Schriftform die Partei, die sich darauf beruft, dass es sich lediglich um eine deklaratorische Vereinbarung handelt, dies auch beweisen muss (so Heile in Bub/Treier, II Rn. 743 mit weiteren Nachweisen).

5 Nebenabreden

Oft ist in einem Formularvertrag vereinbart, dass keine mündlichen **Nebenabreden** bestehen oder dass Nebenabreden oder Zusätze schriftlich vereinbart werden müssen. Die Parteien können sich jedoch jederzeit hierüber hinwegsetzen, wenn sie übereinstimmend der Ansicht sind, dass die mündliche Vereinbarung gelten soll (so BGHZ 1986, 30, 35). Soweit diese Klauseln in einem Formular enthalten sind, sind sie unwirksam (vgl. Abschnitt 4 und „Allgemeine Geschäftsbedingungen").

6 Einseitige Erklärung

Auch außerhalb des Vertragsabschlusses kann die Schriftform erforderlich sein. Das Gesetz schreibt verschiedentlich für **einseitige Erklärungen**, teils rechtsgestaltender Art, Schriftform vor.

So bedarf die Kündigung eines Mietverhältnisses über Wohnraum, und zwar sowohl die des Vermieters wie auch die des Mieters, der Schriftform (§ 568 Abs. 1 BGB). Dabei macht es keinen Unterschied, ob es sich um eine ordentliche oder um eine außerordentliche Kündigung handelt. Die Nichtbeachtung der Form hat die Unwirksamkeit der Kündigung zur Folge. Dies gilt für alle Mietverhältnisse über Wohnraum, also auch solche gem. § 549 Abs. 2 BGB. Eine schriftliche Kündigung ist daher auch bei Wohnraum, der nur zum vorübergehenden Gebrauch vermietet ist, oder Wohnraum, der Teil der vom Vermieter selbst bewohnten Wohnung ist, oder Wohnraum, den eine juristische Person des öffentlichen Rechts oder ein anerkannter privater Träger der Wohlfahrtspflege angemietet hat, um ihn Personen mit dringendem Wohnbedarf zu überlassen, erforderlich.

Bei zahlreichen mietrechtlichen Erklärungen, insbesondere Mieterhöhungen, wurde die Schriftform durch die neu eingeführte **Textform** ersetzt (s. hierzu „Mieterhöhung bei Wohnraum", Abschnitt 9).

7 Elektronische Form

Durch das Gesetz zur Anpassung der Formvorschriften des Privatrechts und anderer Vorschriften an den modernen Rechtsgeschäftsverkehr wurde bei § 126 BGB ein neuer Absatz 3 wie folgt eingefügt: „Die schriftliche Form kann durch die elektronische Form ersetzt werden, wenn sich nicht aus dem Gesetz ein anderes ergibt." Da sich aus § 550 BGB nichts anderes ergibt, kann also auch ein Mietvertrag für längere Zeit als ein Jahr in elektronischer Form geschlossen werden. Was darunter zu verstehen ist, ist in dem ebenfalls neu eingeführten § 126a BGB bestimmt. Soll die gesetzlich vorgeschriebene schriftliche Form durch die **elektronische Form** ersetzt werden, muss der Aussteller der Erklärung dieser seinen Namen hinzufügen und das elektronische Dokument mit einer qualifizierten elektronischen Signatur nach dem Signaturgesetz versehen (so § 126a Abs. 1 BGB). In Absatz 2 ist bestimmt, dass bei einem Vertrag die Parteien jeweils ein gleich lautendes Dokument in der in Absatz 1 bezeichneten Weise elektronisch signieren müssen. Voraussetzung ist also, dass die elektronische Signatur auf einem qualifizierten Zertifikat eines Diensteanbieters beruht und von einer sicheren Signaturerstellungseinheit erstellt wird (vgl. Art. 5 Abs. 1 der Richtlinie über gemeinschaftliche Rahmenbedingungen für elektronische Signaturen).

Nicht erfüllt ist das Erfordernis des § 126a Abs. 2 BGB, wenn jeder Vertragspartner nur seine eigene Angebots- oder Annahmeerklärung elektronisch signiert. Vielmehr müssen die Parteien zumindest ein gleich lautendes Dokument elektronisch signieren. Bei der elektronischen Form ist dem Vertragspartner das gesamte Vertragsdokument sowie die elektronische Signierung dieses Vertragsdokumentes zuzusenden. Die gesetzlich angeordnete Schriftform kann auch dadurch erfüllt werden, dass der eine Partner das Dokument nach § 126a Abs. 1 BGB in elektronischer Form signiert und der andere ein gleich lautendes Dokument in Schriftform nach § 126 Abs. 1 BGB unterzeichnet.

Selbstauskunft des Mieters

Es gibt Vermieter, die sich von Mietinteressenten eine Selbstauskunft erteilen lassen, etwa durch Ausfüllung eines Fragebogens über die persönlichen und wirtschaftlichen Verhältnisse des Mieters. Vor allem Hausverwaltungen, die mit der Vermietung von Wohnungen beauftragt sind, wollen sich auf diese Weise gegenüber ihren Auftraggebern absichern.

Eine **Verpflichtung** zum Ausfüllen von Fragebögen **besteht nicht**. Auf der anderen Seite besteht aber auch keine Verpflichtung zur Vermietung. Deshalb werden abverlangte Selbstauskünfte meistens erteilt, jedoch nicht immer richtig und wahrheitsgemäß. Das führt zu der Frage, welche Folgen die unrichtige Beantwortung gestellter Fragen hat, ob etwa der Vermieter den Mietvertrag anfechten oder außerordentlich kündigen kann.

Eine einheitliche Antwort kann hierzu nicht gegeben werden; es kommt in aller Regel auf den Einzelfall an. Dass einem Einmietbetrüger fristlos gekündigt werden kann, ist kaum zweifelhaft. Gibt z. B. eine Dame ihr Geburtsdatum nicht richtig an, dürfte ihr das allerdings kaum zum Nachteil gereichen. Zulässig sind Fragen, die berechtigte, billigenswerte und schutzwürdige Interessen des Vermieters betreffen (so Schmidt-Futterer/Blank, Mietrecht von A–Z, Stichwort „Selbstauskunft" in Anlehnung an die Rechtsprechung des Bundesarbeitsgerichts zu Einstellungsfragebögen der Arbeitgeber).

Zulässig ist die Frage nach dem Arbeitgeber oder dem Einkommen (LG Köln, DWW 1984, 75) oder dem Familienstand (LG Landau, WuM 1986, 133). Nicht zulässig ist die Frage, ob der Mieter die eidesstattliche Versicherung nach § 807 ZPO abgegeben hat, zumindest wenn sie ohne zeitliche Beschränkung erfolgt, da die Eintragung in das Schuldnerverzeichnis nach 3 Jahren gelöscht wird (§ 915a Abs. 1 ZPO), so KG Berlin (Urt. v. 11.11.1998, Az. KartU 387/99, MDR 1999, 923).

Nicht jede falsche Auskunft berechtigt im Übrigen zur Anfechtung bzw. zur fristlosen Kündigung des Vertrages.

> Ein solches Recht wird nur bestehen, wenn sich durch die falsche Beantwortung der Frage wesentliche Auswirkungen für den Fortbestand des Mietverhältnisses ergeben. Hierbei zieht das BVerfG die Grenzen zugunsten des Mieters recht weit: Im Beschluss vom 11.6.1991 (WuM 1991, 463) führt es aus: Das Recht auf informationelle Selbstbestimmung entfaltet seinen Rechtsgehalt auch im Privatrecht. Offenbart der wegen Geistesschwäche Entmündigte dem Vermieter nicht seine Beschränkung in der Geschäftsfähigkeit, rechtfertigt allein dieses nicht die Kündigung des Mietvertrages durch den Vermieter.
>
> Das Landgericht Regensburg hatte den Mieter zur Räumung verurteilt, da der Vermieter ein schutzwürdiges Interesse an der Offenlegung der Entmündigung gehabt habe. Das BVerfG ist dagegen der Meinung, dass bei der Abwägung der betroffenen Belange die des Mieters vorgehen. Die Offenbarung der Entmündigung berge nämlich die Gefahr der sozialen Abstempelung und mache es dem Mietinteressenten nahezu unmöglich, Wohnraum anzumieten.

Grundsätzlich geht die Rechtsprechung allerdings davon aus, dass bewusst wahrheitswidrige Angaben über die Vermögensverhältnisse, die berechtigte Frage des Vermieters zur Solvenz des Mietinteressenten betreffen, zur fristlosen Kündigung oder Anfechtung des Mietvertrages führen können. Die fristlose Kündigung setzt jedoch dabei voraus, dass die Fortsetzung des Mietvertrages für den Vermieter im Einzelfall unzumutbar ist (LG Wuppertal, Urt. v. 17.11.1998, Az. 16 S 149/98, WuM 1999, 39). In dem vom Gericht entschiedenen Fall wurde zwar die Selbstauskunft vom Mieter bewusst wahrheitswidrig abgegeben. Diese Falschauskünfte haben sich nach der Ansicht des Gerichts jedoch nicht dahingehend ausgewirkt, dass die berechtigten Interessen des Vermieters an regelmäßigen Zahlungseingängen beeinträchtigt worden wären oder in Zukunft beeinträchtigt sein könnten, da die Miete über einen Zeitraum von ca. 2 Jahren vertragsgemäß entrichtet wurde. Wenn aber der Mieter seinen vertraglichen Verpflichtungen regelmäßig nachkommt, soll kein Grund zur Anfechtung oder fristlosen Kündigung bestehen (so Sternel I Rn. 261).

Fraglich ist, ob der Mieter von sich aus verpflichtet ist, auf seine mangelnde Leistungsfähigkeit hinzuweisen. Das AG Hagen (WuM 1984, 296) hat dies bejaht und dem Vermieter ein Anfechtungsrecht nach § 119 Abs. 2 BGB zugesprochen, dessen Mieter ihm bei Abschluss des Vertrages verschwiegen hatte, dass er bereits die eidesstattliche Versicherung abgegeben hat.

Entscheidend sind die Umstände des Einzelfalls. Kommt der Mieter seinen Verpflichtungen regelmäßig nach, besteht kein Grund zur Anfechtung (so Sternel, I Rn. 261). Nicht verpflichtet ist der Mieter, über seine Aufenthaltsberechtigung in Deutschland unaufgefordert oder auf Nachfrage Auskunft zu geben (so AG Wiesbaden, WuM 1992, 597). Auch Fragen nach dem früheren Mietverhältnis sollen nicht zulässig sein (LG Braunschweig, WuM 1984, 297). Oft bringt aber gerade eine Rückfrage beim früheren Vermieter nähere Aufschlüsse, wenn der nicht gerade seinen Mieter „wegloben" will. Auch eine solche Rückfrage soll – aus Datenschutzgründen – nur zulässig sein, wenn der Mietbewerber ausdrücklich damit einverstanden ist (vgl. Weichert, WuM 1993, 723 f.).

Auch soll der Mieter nach Ansicht des AG Hamburg nicht verpflichtet sein, gegen ihn anhängige staatsanwaltschaftliche Ermittlungsverfahren zu offenbaren oder dahin zielende Nachfragen des Vermieters wahrheitsgetreu zu beantworten (WuM 1992, 598). Zwar ist die Zulässigkeit von Fragen nach dem persönlichen Status des Mieters zurückhaltend zu beurteilen. So sollen Fragen nach dem Beruf, Vorstrafen, Anlass für die Beendigung des letzten Mietverhältnisses unzulässig sein (Sternel, I Rn. 262). Im vorliegenden Fall hat der Vermieter aber vorgetragen, dass gegen den Mietinteressenten fünf Ermittlungsverfahren, davon zwei wegen Körperverletzung, eines wegen Hausfriedensbruch und eines wegen Bedrohung anhängig gewesen seien. Dies als richtig unterstellt, kann dem Urteil des Amtsgerichts Hamburg nicht gefolgt werden. Gerade bei der Art der Straftaten sind Auswirkungen auf den Fortbestand des Mietverhältnisses durchaus denkbar.

Wer sicher gehen will, sollte sich von den Mietinteressenten eine Selbstauskunft der „Schutzgemeinschaft für das Kreditwesen", **SCHUFA**, vorlegen lassen. Der Vermieter erhält von der SCHUFA selbst keine Auskunft, der Mieter kann aber über sich selbst jederzeit bei der regional zuständigen SCHUFA eine solche Auskunft einholen.

Siehe hierzu auch „Anfechtung des Mietvertrages".

Selbstständiges Beweisverfahren → „Beweissicherung"

Selbsthilferecht des Mieters

Als Selbsthilferecht bezeichnet man die Befugnis des Mieters, einen Mangel der Mietsache selbst zu beseitigen und Ersatz seiner Aufwendungen zu verlangen. Dieses Recht ist dem Mieter eingeräumt, wenn der Vermieter mit der Beseitigung eines Mangels in Verzug gerät oder die umgehende Beseitigung des Mangels zur Erhaltung oder Wiederherstellung des Bestands der Mietsache notwendig ist (§ 536a Abs. 2 BGB).

Der Mieter hat den Mangel zunächst anzuzeigen (§ 536c Abs. 1 BGB). Die Mängelanzeige ist noch keine Inverzugsetzung. Kommt der Vermieter nach Empfang der Mängelanzeige seiner Instandsetzungsverpflichtung nicht nach, kann der Mieter die Mängelbeseitigung unter Fristsetzung anmahnen. Nach fruchtlosem Ablauf der Frist ist das Selbstbeseitigungsrecht gegeben. Die Kosten, die hierbei entstehen, kann der Mieter vom Vermieter ersetzt verlangen oder gegen die Miete aufrechnen. Darüber hinaus hat der Mieter gegen den Vermieter einen Anspruch auf Zahlung eines Vorschusses in Höhe der voraussichtlich zur Mängelbeseitigung erforderlichen Kosten, wie das KG Berlin entschieden hat (RE v. 29.2.1988, Weber/Marx, VIII/S. 35). Siehe hierzu auch „Mängel", Abschnitt 5.

Sozialklausel

Inhaltsübersicht		Seite
1	Geltungsbereich	S 40
2	Widerspruch des Mieters	S 41
3	Härtegründe	S 41
4	Prozessverfahren	S 41
5	Zeitmietvertrag	S 41
6	Fortsetzung des Mietverhältnisses	S 42
7	Verlängerung auf unbestimmte Zeit	S 42
8	Unabdingbarkeit	S 42

Darunter versteht man das Recht des Wohnraummieters, der ordentlichen Kündigung des Vermieters zu widersprechen und die Fortsetzung des Mietverhältnisses zu verlangen, wenn die vertragsmäßige Beendigung des Mietverhältnisses über Wohnraum für den Mieter, seine Familie oder einen anderen Angehörigen seines Hausstandes eine Härte bedeuten würde, die auch unter Berücksichtigung der berechtigten Interessen des Vermieters nicht zu rechtfertigen ist (§ 574 Abs. 1 BGB).

1 Geltungsbereich

Die Sozialklausel gilt nicht für Mietverhältnisse über

1) Wohnraum, der nur zum vorübergehenden Gebrauch vermietet ist,

2) Wohnraum, der Teil der vom Vermieter selbst bewohnten Wohnung ist und den der Vermieter überwiegend mit Einrichtungsgegenständen auszustatten hat, sofern der Wohnraum dem Mieter nicht zum dauernden Gebrauch mit seiner Familie oder mit Personen überlassen ist, mit denen er einen auf Dauer angelegten gemeinsamen Haushalt führt,

3) Wohnraum, den eine juristische Person des öffentlichen Rechts oder ein anerkannter privater Träger der Wohlfahrtspflege angemietet hat, um ihn Personen mit dringendem Wohnungsbedarf zu überlassen, wenn sie den Mieter bei Vertragsschluss auf die Zweckbestimmung des Wohnraums und die Ausnahme von den genannten Vorschriften hingewiesen hat (§ 549 Abs. 2 BGB).

Bei **Werkswohnungen** ist das Widerspruchsrecht des Mieters eingeschränkt.

2 Widerspruch des Mieters

Die Erklärung des Mieters, mit der er der Kündigung widerspricht und die Fortsetzung verlangt, bedarf der **Schriftform** (§ 574b Abs. 1 S. 1 BGB). Eine Begründung ist nicht vorgeschrieben, auf Verlangen des Vermieters soll der Mieter jedoch über die Gründe des Widerspruchs unverzüglich Auskunft erteilen (§ 574b Abs. 1 S. 2 BGB).

> Der Vermieter soll dem Mieter, wenn er den Mietvertrag kündigt, auf die Möglichkeit des Widerspruches sowie auf Form und Frist desselben hinweisen.

Ist das geschehen, so muss der Widerspruch spätestens 2 Monate vor Beendigung des Mietverhältnisses erklärt sein. Hat der Vermieter diese Belehrung unterlassen, kann der Mieter den Widerspruch noch im Räumungsprozess, und zwar im ersten Termin des Rechtsstreits erheben (§ 574b Abs. 2 BGB). Siehe hierzu auch „Widerspruch gegen Kündigung".

3 Härtegründe

Härtegründe kann es vielerlei geben. Das Gesetz nennt nur einen Fall. Danach liegt eine Härte vor, wenn angemessener Ersatzraum zu zumutbaren Bedingungen nicht beschafft werden kann. Im Übrigen kommt es auf die jeweiligen Verhältnisse des Einzelfalles an. Die vom Mieter vorgebrachten Härtegründe sind gegenüber den vom Vermieter vorgebrachten Kündigungsgründen abzuwägen (s. hierzu ausführlich „Kündigungsschutz", Abschnitt 3).

4 Prozessverfahren

Wird in Anwendung der Sozialklausel im Prozess vor **Gericht** auf Fortsetzung des Mietverhältnisses erkannt, so entscheidet das Gericht sowohl über die Dauer der Fortsetzung als auch über die Bedingungen, nach denen es fortgesetzt wird. Ist der Wegfall der Härtegründe ungewiss, kann auch eine Fortsetzung des Mietverhältnisses auf unbestimmte Zeit infrage kommen (§ 574a Abs. 2 BGB).

5 Zeitmietvertrag

Bei Zeitmietverträgen gem. § 575 BGB ist die Anwendung der Sozialklausel stark eingeschränkt. Grundsätzlich gilt sie aufgrund ihrer Stellung im Untergliederungspunkt „Mietverhältnisse auf unbestimmte Zeit" nicht bei Zeitmietverträgen. Eine **Ausnahme** ergibt sich nur für den Fall, dass ein Mietverhältnis, das bestimmte Zeit eingegangen ist, außerordentlich mit der gesetzlichen Frist vom Vermieter gekündigt wird (z. B. beim Eintrittsrecht bei Tod des Mieters, wenn in der Person des Eingetretenen ein wichtiger Grund zur Kündigung vorliegt). In diesem Fall, also bei einer außerordentlichen Kündigung mit gesetzlicher Frist, gelten die Bestimmungen der Sozialklausel entsprechend mit der Maßgabe, dass die Fortsetzung des Mietverhältnisses höchstens bis zum vertraglich bestimmten Zeitpunkt der Beendigung verlangt werden kann (§ 575a Abs. 2 BGB). Ein Anspruch auf Fortsetzung darüber hinaus hat der Mieter in diesem Fall nicht, da er sonst besser gestellt wäre als ein Mieter bei „normaler" Beendigung des Mietverhältnisses durch Zeitablauf, der sich nicht auf die Sozialklausel berufen kann.

Sozialklausel

6 Fortsetzung des Mietverhältnisses

Bei Fortsetzung des Mietverhältnisses auf bestimmte Zeit kann der Mieter eine weitere Fortsetzung aufgrund der Härteklausel nur verlangen, wenn dies durch eine wesentliche Änderung der Umstände gerechtfertigt ist oder Umstände nicht eingetreten sind, deren vorgesehener Eintritt für die Zeitdauer der Fortsetzung bestimmend war (§ 574c Abs. 1 BGB).

7 Verlängerung auf unbestimmte Zeit

Das Widerspruchsrecht des Mieters kann unter Umständen mehrfach nacheinander zur Anwendung gelangen. Kündigt der Vermieter ein Mietverhältnis, dessen Fortsetzung auf unbestimmte Zeit durch Urteil bestimmt worden ist, kann der Mieter der Kündigung widersprechen und vom Vermieter verlangen, das Mietverhältnis auf unbestimmte Zeit fortzusetzen. Haben sich die Umstände verändert, die für die Fortsetzung bestimmend gewesen waren, kann der Mieter eine Fortsetzung des Mietverhältnisses nur nach § 574 BGB verlangen; unerhebliche Veränderungen bleiben außer Betracht (§ 574c Abs. 2 BGB).

8 Unabdingbarkeit

Das Widerspruchsrecht des Mieters kann **nicht** durch Vertrag **eingeschränkt** oder ausgeschlossen werden. Vgl. „Kündigung, Kündigungsschutz".

Sozialwohnung

Inhaltsübersicht		Seite
1	Beginn und Ende der Eigenschaft „öffentlich gefördert"	S 43
2	Vorzeitige Rückzahlung	S 44
3	Überlassung an Wohnberechtigte	S 46
4	Durchsetzung	S 47
5	Leerstand ohne Genehmigung	S 47
6	Eigennutzung	S 47
7	Freistellung	S 47
8	Umwandlung	S 48
9	Kündigung	S 49
10	Miete	S 49
11	Fehlbelegungsabgabe	S 49

Öffentlich geförderte Wohnungen (Sozialwohnungen), die nach dem 20.6.1948 bezugsfertig geworden sind, unterliegen einer Belegungs- und Preisbindung. Öffentlich gefördert sind Wohnungen, deren Bau mit öffentlichen Mitteln finanziert ist. Diese können als Darlehen oder in Form von Zuschüssen, insbesondere von Zinszuschüssen und von laufenden befristeten Aufwendungszuschüssen gewährt worden sein. Die für öffentlich geförderte Wohnungen geltenden Besonderheiten sind u.a. im Wohnungsbindungsgesetz geregelt.

1 Beginn und Ende der Eigenschaft „öffentlich gefördert"

Eine Wohnung, für die die öffentlichen Mittel vor der Bezugsfertigkeit bewilligt worden sind, gilt von dem Zeitpunkt an als öffentlich gefördert, an dem der **Bewilligungsbescheid** dem Bauherrn zugegangen ist. Sind die öffentlichen Mittel erstmalig nach der Bezugsfertigkeit der Wohnung bewilligt worden, gilt die Wohnung, wenn der Bauherr die Bewilligung der öffentlichen Mittel vor der Bezugsfertigkeit beantragt hat, von der Bezugsfertigkeit an als öffentlich gefördert, im Übrigen vom Zugang des Bewilligungsbescheides an (§ 13 Abs. 1 WoBindG).

Bei **Widerruf** der Bewilligung gilt die Wohnung als von Anfang an nicht öffentlich gefördert. Beim Umbau von Zubehörräumen einer öffentlich geförderten Wohnung zu Wohnräumen oder Wohnungen gelten auch diese als öffentlich gefördert. Das Gleiche gilt, wenn eine öffentlich geförderte Wohnung durch weitere Wohnungen vergrößert wird (§ 14 WoBindG).

Das Ende der Eigenschaft „öffentlich gefördert" tritt regelmäßig mit Ablauf des Kalenderjahres, in dem die öffentlichen Mittel nach Maßgabe der Tilgungsbedingungen vollständig zurückgezahlt werden, ein. Sind neben dem Darlehen Zuschüsse zur Deckung der laufenden Aufwendungen oder als Zinszuschüsse bewilligt worden, so gilt die Wohnung mindestens bis zum Ablauf des Kalenderjahres als öffentlich gefördert, in dem der Zeitraum endet, für den sich die laufenden Aufwendungen durch Gewährung der Zuschüsse vermindern. Bei Kündigung des Darlehens wegen Verstoßes des Darlehensnehmers gegen die einschlägigen Bestimmungen gilt die Wohnung als öffentlich gefördert bis zum Ablauf des Kalenderjahres, in dem das Darlehen nach Maßgabe der Tilgungsbedingungen vollständig zurückgezahlt worden wäre, längstens jedoch bis zum Ablauf des zwölften Kalenderjahres nach dem Jahr der Rückzahlung (§ 15 Abs. 1 WoBindG).

Wurden öffentliche Mittel lediglich als Zuschüsse zur Deckung der laufenden Aufwendungen oder als Zinszuschüsse bewilligt, gilt die Wohnung als öffentlich gefördert bis zum Ablauf des dritten Kalenderjahres nach dem Ende des Förderungszeitraumes. Sind die öffentlichen Mittel für eine Wohnung lediglich als **Zuschuss** der für den Bau der Wohnung entstandenen Gesamtkosten bewilligt worden, gilt die Wohnung als öffentlich gefördert bis zum Ablauf des **zehnten Kalenderjahres** nach der Bezugsfertigkeit. Regelmäßig werden öffentliche Mittel für mehrere Wohnungen eines Gebäudes bewilligt. Das Ende der Eigenschaft „öffentlich gefördert" tritt in diesem Fall erst ein, wenn das für sämtliche Wohnungen gewährte öffentliche Darlehen restlos zurückgezahlt ist oder wenn die Aufwendungs- oder Zinszuschüsse nicht mehr gezahlt werden.

2 Vorzeitige Rückzahlung

Bei vorzeitiger vollständiger Rückzahlung der öffentlichen Mittel endet die Eigenschaft „öffentlich gefördert" mit dem Ablauf des achten Kalenderjahres, in dem die öffentlichen Mittel zurückgezahlt worden sind, spätestens jedoch mit dem Ablauf der normalen Tilgungszeit (§ 16 Abs. 1 WoBindG). Sind die öffentlichen Mittel erst nach dem Ablauf des 31.12.1989 vollständig abgelöst worden, endet die Eigenschaft „öffentlich gefördert" erst mit Ablauf des zehnten Kalenderjahres nach dem Jahr der Rückzahlung. Eine Wohnung, für deren Bau ein Darlehen aus öffentlichen Mitteln von nicht mehr als 3.000 DM bewilligt worden ist, gilt als öffentlich gefördert bis zum Zeitpunkt der Rückzahlung. Ist eine Wohnung im Zeitpunkt der Rückzahlung nicht vermietet, gilt sie ohne Rücksicht auf die Darlehenshöhe bis zu diesem Zeitpunkt als öffentlich gefördert (§ 16 Abs. 3 Nr. 1 WoBindG a.F.). Dies gilt nicht, wenn die Rückzahlung nach dem 31.12.1989 erfolgt ist. In diesem Fall verbleibt es bei der 10-Jahres-Frist.

Sind die für ein Eigenheim, eine Eigensiedlung oder eigengenutzte Eigentumswohnung als Darlehen bewilligten öffentlichen Mittel ohne rechtliche Verpflichtung vorzeitig zurückgezahlt oder abgelöst, gilt die Wohnung bis zum Zeitpunkt der Rückzahlung oder Ablösung, bei Rückzahlung oder Ablösung vor dem 17.6.1985 längstens bis zum 16.6.1985 als öffentlich gefördert. Eine Eigentumswohnung, die durch Umwandlung einer öffentlich geförderten Mietwohnung entstanden ist, gilt als eigengenutzt, wenn sie vom Eigentümer oder seinen Angehörigen als Berechtigte im Sinne des WoBindG selbst genutzt wird. Beginnt die Eigennutzung nach Rückzahlung oder Ablösung des öffentlichen Darlehens, gilt die Wohnung vom Beginn der Eigennutzung an nicht mehr als öffentlich gefördert (§ 16 Abs. 5 WoBindG).

Bei **fehlbelegten Wohnungen** gilt Folgendes: Eine Sozialwohnung ist fehlbelegt, wenn das Jahreseinkommen des Mieters und der zur Familie rechnenden Angehörigen (Gesamteinkommen) die in § 25 II. WoBauG festgelegten Grenzen übersteigt.

Zahlt der Vermieter einer fehlbelegten Wohnung das öffentliche Darlehen vorzeitig zurück, hat er den Mieter unter dem Hinweis auf die Folgen aufzufordern, innerhalb von vier Monaten der zuständigen Stelle seine Wohnberechtigung nachzuweisen. Wird der Nachweis fristgerecht gebracht, endet die Sozialbindung mit Beendigung des Mietverhältnisses, spätestens mit dem Ablauf der zehnjährigen Nachwirkungsfrist.

Weist der Mieter trotz der Aufforderung des Vermieters die Fortdauer der Wohnungsberechtigung nicht fristgemäß nach, endet die Eigenschaft „öffentlich gefördert" mit dem von der zuständigen Stelle zu bestimmenden Zeitpunkt. Dieser ist nach Feststellung des Vorliegens der Voraussetzungen für das Ende des sechsten Monats zu treffen, in dem die Aufforderung dem Mieter zugegangen ist. Die Wohnberechtigung bleibt jedoch erhalten, wenn das Einkommen des Mieters und seiner Angehörigen die Einkommensgrenze des § 25 II. WoBauG um nicht mehr als 25 % übersteigt. Auch hier gilt dies jedoch nur bei Rückzahlung vor dem 31.12.1989. Aufgrund des WoBindÄndG vom 17.5.1990 gilt bei Rückzahlung nach diesem Termin die 10-Jahres-Frist.

Die Landesregierungen sind ermächtigt, für Gebiete mit erhöhtem Wohnungsbedarf die oben erläuterten Aufforderungsregelungen bei vorzeitiger Zurückzahlung sowie Fehlbelegung auch bei Rückzahlung vor dem 31.12.1989 außer Kraft zu setzen (§ 16 Abs. 4 WoBindG a.F.). Betroffen hiervon sind Miet- und Genossenschaftswohnungen und solche Eigentumswohnungen, die durch Umwandlung öffentlich geförderter Mietwohnungen entstanden sind, es sei denn, dass sie von dem von der Umwandlung betroffenen Mieter selbst erworben worden sind. In diesen Gebieten verbleibt es grundsätzlich bei der achtjährigen Nachwirkungsfrist bezüglich der Preis- und Belegungsbindung. Folgende Länder haben entsprechende Verordnungen erlassen: Baden-Württemberg, Bayern, Bremen, Hessen sowie NRW.

3 Überlassung an Wohnberechtigte

Die Überlassung an Wohnberechtigte ist in § 4 WoBindG geregelt. Der Verfügungsberechtigte darf die Wohnung einem Wohnungssuchenden nur zum Gebrauch überlassen, wenn dieser ihm vor der Überlassung eine **Wohnberechtigungsbescheinigung** übergibt und wenn die in der Bescheinigung angegebene Wohnungsgröße nicht überschritten wird (§ 4 Abs. 2 WoBindG). Die Wohnung, für die öffentliche Mittel erstmalig vor dem 1.1.1966 bewilligt worden sind, darf einem Wohnungssuchenden nur überlassen werden, wenn sich aus der Bescheinigung auch ergibt, dass er für die Wohnungen dieser Art bezugsberechtigt ist. Ist die Wohnung für Angehörige eines bestimmten Personenkreises vorbehalten worden, darf der Berechtigte sie auf Dauer des Vorbehalts nur an einen Wohnberechtigten überlassen, der diesem Personenkreis angehört, was sich aus der Bescheinigung ergeben muss (§ 4 Abs. 3 WoBindG).

Die Wohnberechtigungsbescheinigung wird von der zuständigen Stelle erteilt. Sie ist zu erteilen, wenn die in § 25 II. WoBauG bezogenen Einkommensgrenzen nicht überschritten sind. In der Bescheinigung ist die für den Wohnberechtigten angemessene Wohnungsgröße anzugeben.

Innerhalb des berechtigten Personenkreises ist der Verfügungsberechtigte in der Mieterwahl grundsätzlich frei.

Ausnahmen ergeben sich aus einem Wohnungsbesetzungsrecht für eine Gemeinde oder für Angehörige des öffentlichen Dienstes (§ 4 Abs. 4 und 5 WoBindG).

Eine **Sonderregelung** gilt für Gebiete mit erhöhtem Wohnbedarf. Hier kann durch Verordnung der Landesregierung bestimmt werden, dass die Wohnung nur einem von der zuständigen Stelle benannten Bewerber überlassen werden darf (§ 5a Abs. 1 WoBindG). Diese Stelle hat mindestens 3 Bewerber zu benennen. Wenn keiner der Benannten die Wohnung nimmt, ist die Überlassung an andere Wohnberechtigte zu genehmigen. Der Vermieter hat grundsätzlich einen von der zuständigen Stelle benannten Bewerber zu akzeptieren. Nur unter ganz engen Voraussetzungen kann er einen Bewerber ablehnen, nämlich dann, wenn konkrete Anhaltspunkte dafür bestehen, dass der Bewerber nicht mietfähig ist (BayVGH, Urt. v. 23.9.1987, DWW 1988, 55).

Die **Mietfähigkeit** ist nicht gegeben, wenn der Bewerber zahlungsunfähig ist oder wenn Anhaltspunkte dafür bestehen, dass er seinen mietvertraglichen Verpflichtungen nicht nachkommt, z.B., wenn gegen ihn bereits vor nicht allzu langer Zeit ein Räumungsurteil wegen schwerer Störungen des Hausfriedens ergangen ist. Den Nachweis muss allerdings der Vermieter in jedem Einzelfall eines abgelehnten Bewerbers führen, was in der Praxis oft nicht möglich sein wird. Allerdings gilt auch im öffentlichen Recht der Grundsatz von Treu und Glauben. Mit diesem Grundsatz ist es nicht zu vereinbaren, wenn die zuständige Behörde einen Wohnungssuchenden benennt, der unzumutbar ist, weil er etwa nicht willens oder in der Lage ist, seine mietvertraglichen Pflichten zu erfüllen (BayVGH, a.a.O.).

Nach § 4 Abs. 6 WoBindG hat der Vermieter nach Überlassung der Wohnung eine Mitteilungspflicht.

4 Durchsetzung

Die **Einhaltung der Bestimmungen** des WoBindG kann mit Strafzinsen, Darlehenskündigungen und Bußgeldern durchgesetzt werden.

5 Leerstand ohne Genehmigung

Ohne Genehmigung der zuständigen Stelle darf der Vermieter eine Wohnung nicht leer stehen lassen, wenn eine Vermietung möglich wäre (§ 6 Abs. 5 WoBindG). Vielmehr hat er sie auf Verlangen der zuständigen Stelle einem Wohnungssuchenden zum Gebrauch zu überlassen. Die zuständige Stelle kann diese notfalls durch Bußgelder etc. (s. Abschnitt 4) durchsetzen. Dies gilt auch dann, wenn die Wohnungsbindung nur noch einen kurzen Zeitraum beträgt.

6 Eigennutzung

Auch zur Eigennutzung bedarf der Verfügungsberechtigte grundsätzlich der Genehmigung durch die zuständige Stelle (§ 6 Abs. 1 WoBindG). Dies gilt nicht bei einem Eigenheim, einer Eigensiedlung oder einer eigengenutzten Eigentumswohnung. Die Selbstnutzung der zweiten Wohnung in einem Familienheim mit nur zwei Wohnungen richtet sich nach § 6 Abs. 3 WoBindG.

7 Freistellung

Die Freistellung von Belegungsbindungen richtet sich nach § 7 WoBindG. Grundsätzlich kann eine Wohnung nur freigestellt werden, wenn nach den wohnungswirtschaftlichen Verhältnissen ein öffentliches Interesse an der Belegungsbindung nicht mehr besteht. Nur dann kann eine Wohnung an nicht wohnberechtigte Personen überlassen werden.

§ 7 WoBindG ist durch das Gesetz zur Förderung des Wohnungsbaues vom 6.6.1994 (BGBl. I S. 1184 ff.) neu gefasst und erweitert worden. Danach ist eine Freistellung auch möglich, soweit ein überwiegendes öffentliches Interesse oder ein überwiegendes berechtigtes Interesse des Verfügungsberechtigten oder eines Dritten an der Freistellung besteht, auch insoweit die Freistellung der Verhinderung oder Beseitigung einseitiger Strukturen in der Wohnungsbelegung dient oder Wohnungen mit Rücksicht auf das Bestehen von Dienstverhältnissen oder im Rahmen von genossenschaftlichen Mitgliedschaftsverhältnissen zum Gebrauch überlassen werden sollen oder der Verfügungsberechtigte der zuständigen Stelle das Besetzungsrecht für eine gleichwertige bezugsfertige oder freie Wohnung, die nicht dem WoBindG unterliegt und nicht nach dem II. WoBauG gefördert wurde, für die Dauer der Freistellung vertraglich einräumt und dieser nach den örtlichen wohnungswirtschaftlichen Verhältnissen kein überwiegendes öffentliches Interesse an den Bindungen entgegensteht.

Sozialwohnung

Die Freistellung kann bedingt, befristet und unter Auflagen, insbesondere auch verbunden mit der Verpflichtung zu Ausgleichszahlungen in angemessener Höhe, erteilt werden.

8 Umwandlung

Die Umwandlung von Mietwohnungen in Eigentumswohnungen ist in den §§ 2 a und b WoBindG geregelt. Wird eine öffentlich geförderte Mietwohnung in eine Eigentumswohnung umgewandelt, hat der Verfügungsberechtigte der zuständigen Stelle die Umwandlung unter Angabe des Namens des betroffenen Mieters unverzüglich mitzuteilen und eine Abschrift der auf die Begründung von Wohnungseigentum gerichteten Erklärung zu übersenden. Beabsichtigt der Verfügungsberechtigte, eine öffentlich geförderte Mietwohnung, die in eine Eigentumswohnung umgewandelt worden ist oder umgewandelt werden soll, zu veräußern, so hat er der zuständigen Stelle mindestens einen Monat vor Vertragsbeurkundung Namen und Anschrift des vorgesehenen Erwerbers mitzuteilen. Die zuständige Stelle ist ihrerseits gehalten, im Fall der Umwandlung den Mieter, bei Veräußerung den vorgesehenen Erwerber über die Rechtsfolgen zu belehren.

> Die **Kündigung** eines Mietverhältnisses über eine Sozialwohnung, die nach Überlassung an den Mieter in eine Eigentumswohnung umgewandelt worden ist, wegen Eigenbedarfs des Erwerbers ist während der Dauer der Sozialbindung ausgeschlossen (§ 6 Abs. 7 WoBindG).

Das bedeutet, dass der Erwerber bei vorzeitiger Rückzahlung des öffentlichen Baudarlehens grundsätzlich die achtjährige bzw. nunmehr zehnjährige Nachwirkungsfrist abwarten muss, bevor er kündigen kann. Diese Frist läuft parallel zur allgemeinen Kündigungssperrfrist gem. § 577a BGB; zugunsten des Mieters gilt die jeweils längere Frist. Wurde eine umgewandelte Wohnung mit nicht mehr als 3.000 DM gefördert, gilt für die Eigenbedarfskündigung nur die 3-Jahres-Frist des § 577a Abs. 1 BGB, da hier die Eigenschaft „öffentlich gefördert" zum Zeitpunkt der Rückzahlung endet (§ 16 Abs. 2 WoBindG). Diese Frist kann sich unter den Voraussetzungen des § 577a Abs. 2 BGB auf bis zu zehn Jahren verlängern, vgl. „Umwandlung" und „Eigenbedarf", Abschnitt 16.

Wird eine öffentlich geförderte Mietwohnung als Eigentumswohnung an einen Dritten verkauft, so steht dem von der Umwandlung betroffenen Mieter das Vorkaufsrecht zu (§ 2b Abs. 1 S. 1 WoBindG). Es kann bis zum Ablauf von 6 Monaten seit der Mitteilung des Verfügungsberechtigten über den Inhalt des abgeschlossenen Kaufvertrages ausgeübt werden.

Das dem Mieter bei Umwandlung eingeräumte Vorkaufsrecht entsteht mit dem Abschluss eines Kaufvertrags zwischen dem verfügungsberechtigten Vermieter und einem Dritten über die Mietwohnung als durch Umwandlung entstandenes oder noch zu begründendes Wohnungseigentum, nicht jedoch beim Gesamtverkauf des Grundstücks, es sei denn, die vom vorkaufsberechtigten

Mieter bewohnte Wohnung ist als Teilobjekt des Veräußerungsvertrags so hinreichend bestimmt, dass sie in Verbindung mit einem Miteigentumsanteil an dem Grundstück der rechtlich selbstständige Gegenstand eines rechtsgültigen Kaufvertrags sein kann (BayObLG, RE v. 16.4.1992, WuM 1992, 315).

9 Kündigung

Für die Kündigung von Mietverhältnissen über preisgebundenen Wohnraum gelten die allgemeinen Vorschriften über die Kündigung von Wohnraummietverhältnissen (s. „Kündigung"). Kündigt der Vermieter wegen Eigenbedarf, muss er die entsprechende Wohnberechtigung für die Wohnung haben.

10 Miete

Die Miete für öffentlich geförderten Wohnraum ist bis ins Kleinste reglementiert. Näheres findet sich unter „Kostenmiete".

11 Fehlbelegungsabgabe

Überschreitet der Mieter einer Sozialwohnung während der Mietzeit mit seinem Einkommen die in § 25 II. WoBauG gezogenen Grenzen, kann er aufgrund des Gesetzes zum Abbau der Fehlsubventionierung und der Mietverzerrung im Wohnungswesen (AFWoG) zu einer Ausgleichszahlung herangezogen werden. Voraussetzung hierfür ist, dass die Wohnung in einer Gemeinde liegt, die durch landesrechtliche Vorschriften als Gebiet bestimmt wird, in dem eine Ausgleichszahlung zu leisten ist und dass das Einkommen einen bestimmten Prozentsatz über der Einkommensgrenze liegt.

Nach § 1 Abs. 1 Nr. 2 AFWoG muss eine Überschreitung der Einkommensgrenze von mehr als 20 % vorliegen. Die **Ausgleichszahlungen** betragen sodann gemäß § 1 Abs. 3 AFWoG monatlich pro m² Wohnfläche 0,50 DM, wenn die Einkommensgrenze um mehr als 20 %, jedoch nicht mehr als 35 % überschritten wird, 1,25 DM, wenn die Einkommensgrenze um mehr als 35 %, jedoch nicht mehr als 50 % überschritten wird, 2 DM, wenn die Einkommensgrenze um mehr als 50 % überschritten wird. Die Bundesländer sind berechtigt, hierüber eigene gesetzliche Bestimmungen zu erlassen. In diesen Gesetzen sind sowohl die Prozentsätze der Einkommensüberschreitung als auch die Ausgleichszahlung anders geregelt.

Landesgesetze bestehen in **Baden-Württemberg** (Gesetz über den Abbau der Fehlsubventionierung im Wohnungswesen für Baden-Württemberg vom 23.3.1993, GBl 229), **Bayern** (Gesetz über den Abbau der Fehlsubventionierung im Wohnungswesen in Bayern vom 21.11.1985, BayGVBl 678 in der Neufassung vom 29.12.1991, BayGVBl 1992, 2, zuzüglich der Verordnung zur Durchführung dieses Gesetzes vom 29.11.1991, BayGVBl 398), **Berlin** (Gesetz über den Abbau der Fehlsubventionierung im Berliner Wohnungswesen vom 26.3.1992, GVBl S. 82), **Bremen** (Bremisches Gesetz über den Abbau der Fehlsubventionierung im Wohnungswesen vom 19.11.1985, BremGBl 211, geändert durch Gesetz vom 27.10.1992, BremGBl 623), **Hamburg** (Gesetz über den Abbau der Fehlsubventionierung im Wohnungswesen in Hamburg vom 15.1.1993, HamGVBl 1), **Hessen** (Hessisches Gesetz zum Abbau der Fehlsubventionierung im Wohnungswesen vom 25.2.1992, GVBl S. 87), **Niedersachsen** (Niedersächsisches Gesetz über den Abbau der Fehlsubventionierung im Wohnungswesen vom 2.3.1993, GVBl 59), **Nordrhein-Westfalen** (Gesetz über den Abbau der Fehlsubventionierung im Wohnungswesen für das Land Nordrhein-Westfalen vom 31.10.1989, GVBl NW 530, geändert durch Gesetz vom 14.7.1992, GVBl NW 315), **Rheinland-Pfalz** (Landesgesetz zur Ausführung des Gesetzes über den Abbau der Fehlsubventionierung im Wohnungswesen vom 7.12.1990, GVBl 325), **Schleswig-Holstein** (Schleswig-Holsteinisches Gesetz über den Abbau der Fehlsubventionierung im Wohnungswesen vom 19.3.1992, GVOBl 185).

Gemäß § 2 AFWoG ist eine Ausgleichszahlung nicht zu leisten,

- wenn es sich um eine Wohnung in einem Eigenheim, eine Wohnung in einer Eigensiedlung oder eine Eigentumswohnung handelt, die vom Eigentümer selbst genutzt wird;
- ein Wohnungsinhaber Wohngeld erhält;
- ein Wohnungsinhaber laufende Leistungen zum Lebensunterhalt nach dem Bundessozialhilfegesetz oder ergänzende Hilfe zum Lebensunterhalt nach § 27a des Bundesversorgungsgesetzes oder Arbeitslosenhilfe nach § 134 des Arbeitsförderungsgesetzes erhält;
- ein Wohnungsinhaber die Wohnung erst 2 Jahre, und in Fällen, in denen er eine andere Sozialwohnung freigemacht hat, erst 3 Jahre nutzt oder wenn nach § 7 WoBindG eine Freistellung ausgesprochen worden ist.

Die Leistungspflicht beginnt am ersten Tag des auf die Erteilung des Leistungsbescheides folgenden zweiten Kalendermonats (§ 4 Abs. 2 AFWoG).

Auf Aufforderung der zuständigen Behörde sind Einkommensnachweise zu erbringen, andernfalls vermutet wird, dass die Einkommensgrenzen um über 50 % überschritten sind (§ 5 AFWoG).

Abschließend werden noch die **Einkommensgrenzen** gemäß § 25 des II. WoBauG angegeben, damit eine erste Orientierung möglich ist: Ein-Personen-Haushalt 23.000 DM; Zwei-Personen-Haushalt 33.400 DM zuzüglich für jeden weiteren zur Familie rechnenden Angehörigen 8.000 DM.

Bei jungen Ehepaaren im Sinne des § 26 Abs. 2 S. 2 II. WoBauG (beide Ehegatten unter 40 Jahren) erhöht sich die Einkommensgrenze bis zum Ablauf des 5. Kalenderjahres nach dem Jahr der Eheschließung um 8.400 DM.

Für Schwerbehinderte sieht das Gesetz ebenfalls Zuschläge vor.

Eine ausführliche Information über die Fehlbelegungsabgabe erfolgt in HuG, Gruppe 17, S. 141 am Beispiel von Nordrhein-Westfalen.

Spannungsklauseln

Von einer Spannungsklausel spricht man, wenn eine Verbindlichkeit in Beziehung gesetzt wird zu dem Preis oder dem Wert von Gütern oder Leistungen, die mit der vom Gläubiger zu erbringenden Leistung gleichartig sind. Spannungsklauseln spielen vor allem eine Rolle bei Ruhegeldvereinbarungen u.Ä. Ihre Bedeutung für Mietvereinbarung ist gering. Zulässig sind sie nur bei Geschäftsraummietverhältnissen, nicht bei Wohnraummietverhältnissen. Hier könnte von einer Spannungsklausel allenfalls gesprochen werden, wenn eine zwischen den Parteien vereinbarte Miete sich jeweils der vergleichbaren Miete für Objekte gleicher Art und Lage anpassen soll. Dabei darf jedoch nicht ein Index als Vergleichsgröße gewählt werden. Wer aber soll die vergleichbare Miete für gleichartige und gleichwertige Objekte bestimmen? In aller Regel müsste dies ein Dritter (Gutachter) sein. Damit aber hätte man es mit einem Leistungsvorbehalt zu tun. Für die Praxis der Geschäftsraummiete kommen daher wohl nur echte und damit genehmigungspflichtige Wertsicherungsklauseln oder genehmigungsfreie Leistungsvorbehalte in Betracht (s. „Wertsicherungsklauseln"; „Leistungsvorbehalt").

Staffelmiete

Von Staffelmiete spricht man, wenn die Miete für bestimmte Zeiträume in unterschiedlicher Höhe vereinbart wird. Bei Geschäftsraummietverhältnissen sind die Parteien in ihrer Vereinbarung frei. Es kann sowohl die Steigerung um einen bestimmten Prozentsatz oder um einen bestimmten Betrag vereinbart werden. Die Miete ist zu dem vertraglich vereinbarten Termin ohne weitere Zahlungsaufforderung des Vermieters fällig.

> Bei Wohnraum gilt § 557a BGB. Die Vereinbarung bedarf zu ihrer Wirksamkeit der **Schriftform**.

Die Miete muss jeweils mindestens ein Jahr unverändert bleiben und betragsmäßig ausgewiesen sein. Es kann somit nicht etwa eine prozentuale Mieterhöhung oder eine Erhöhung nach anderen Kriterien (z. B. Angemessenheit) wirksam vereinbart werden. Ferner war bisher nicht ausreichend, wenn nur die monatliche Anfangsmiete und die jährlichen Erhöhungsbeträge angegeben sind (OLG Braunschweig, RE v. 29.3.1985, WuM 1985, 213; Weber/Marx, VII/S. 161; ebenso OLG Karlsruhe, RE v. 13.11.1989, WuM 1990, 9; Weber/Marx, IX/S. 59).

Staffelmiete

Durch das Vierte Mietrechtsänderungsgesetz, beibehalten durch das Mietrechtsreformgesetz, wurde die Bestimmung dahin geändert, dass in der Vereinbarung die jeweilige Miete oder die jeweilige Erhöhung in einem Geldbetrag auszuweisen ist (§ 557a Abs. 1, 2. Halbsatz BGB).

> Nach wie vor wird aber empfohlen, zur Vermeidung von Auslegungsproblemen und Rechtsunsicherheiten klare Vereinbarungen zu treffen.

Während der Zeit, für die eine Staffelmiete vereinbart ist, kann nicht die Zustimmung zu einer Erhöhung der Miete auf die ortsübliche Vergleichsmiete verlangt werden. Auch wegen baulicher Änderung ist eine Mieterhöhung ausgeschlossen. Lediglich erhöhte Betriebskosten darf der Vermieter umlegen, sofern die sonstigen Voraussetzungen hierfür vorliegen (s. „Mieterhöhung bei Wohnraum", Abschnitt 4). Die Zulässigkeit von Staffelmieten umfasst sämtliche Mietverhältnisse über nicht preisgebundenen Wohnraum, gleichgültig, wann sie begründet worden sind und wann der Wohnraum errichtet worden ist. Immer aber bedarf die Staffelmiete einer Übereinkunft beider Vertragsteilnehmer. Sie kann nicht von einem Teil einseitig erzwungen werden.

> Ist die Staffelmiete bei einem Mietvertrag auf Zeit vereinbart, kann das Kündigungsrecht des Mieters höchstens für 4 Jahre seit Abschluss der Staffelmietvereinbarung ausgeschlossen werden.

Der Mieter soll die Möglichkeit haben, sich von einem längerfristigen Vertrag zu lösen, falls die vereinbarte Staffelmiete nicht mehr in Einklang zu bringen ist mit der allgemeinen wirtschaftlichen Entwicklung. Dabei ist nach einem RE des OLG Hamm vom 11.8.1989 (WuM 1989, 485; Weber/Marx, IX/S. 55) die Kündigung unter Einhaltung der gesetzlichen Kündigungsfrist bereits zum Ablauf der 4-Jahres- Frist möglich.

Durch das Mietrechtsreformgesetz ist dies nunmehr auch ausdrücklich in § 557a Abs. 3 S. 2 BGB bestimmt. Eine **zeitliche Beschränkung** (bisher zehn Jahre) besteht **nicht** mehr.

> Um das Risiko von Fehlkalkulationen zu vermeiden, sollten keine allzu langen Laufzeiten vereinbart werden, noch dazu, da der Mieter durch die Kündigungsmöglichkeit geschützt ist.

Ihre Obergrenze findet die Staffelmiete in den Vorschriften des Wirtschaftsstrafgesetzes und über den Mietwucher.

Auch bei **preisgebundenem** Wohnraum ist die Vereinbarung einer Staffelmiete jedenfalls dann unbedenklich, wenn die höchste Staffel die bei Vertragsschluss maßgebliche Kostenmiete nicht übersteigt (so OLG Hamm, RE v. 29.1.1993, WuM 1993, 108).

Aus der Vereinbarung einer Staffelmiete für einen bestimmten Zeitraum ergibt sich nicht, dass hierin auch ein schlüssig vereinbarter Kündigungsausschluss liegen soll. Dies folgt daraus, dass es sich bei der Staffelmiete um eine Vereinbarung über die Miete handelt, die von einer

Vereinbarung über die Mietzeit zu unterscheiden ist. Dies hat der BGH mit Urteil vom 28.1.1976 (WuM 1978, 82) für den Fall eines Geschäftsraummietverhältnisses entschieden, in dem die Parteien vereinbart hatten, dass die Miete drei Jahre verbindlich bleiben soll. Vgl. hierzu auch „Mieterhöhung bei Wohnraum", Abschnitt 8.3.

Stillschweigende Verlängerung des Mietverhältnisses

Wenn nach dem Ablauf der Mietzeit der Gebrauch der Mietsache von dem Mieter fortgesetzt wird, so verlängert sich das Mietverhältnis auf unbestimmte Zeit, sofern nicht der Vermieter oder der Mieter seinen entgegenstehenden Willen binnen einer Frist von 2 Wochen dem anderen Teil gegenüber erklärt (§ 545 BGB). Die **Frist** beginnt für den Mieter mit der Fortsetzung des Gebrauchs, für den Vermieter mit dem Zeitpunkt, in welchem er von der Fortsetzung Kenntnis erlangt. Kraft gesetzlicher Fiktion kann also eine stillschweigende Verlängerung des Mietverhältnisses eintreten. § 545 BGB ist auch im Fall einer fristlosen Kündigung anwendbar.

Die Vorschrift hat in der Praxis erhebliche Auswirkungen. Das hat seine Ursache darin, dass der entgegenstehende Wille erklärt werden, dem anderen Teil also eine einseitige Willenserklärung des Vertragspartners zugehen muss und das innerhalb verhältnismäßig kurzer Frist.

Erklärung des entgegenstehenden Willens des Vermieters ist das auf Räumung gerichtete Verlangen des Vermieters.

Es kommt am deutlichsten in einer Räumungsklage zum Ausdruck, wobei allerdings in diesem Fall die Einreichung der Klage die Frist nicht wahrt. Erforderlich ist, dass die Klage innerhalb der 14-tägigen Frist **zugestellt wird**. § 270 Abs. 3 ZPO, wonach die Frist bereits mit Einreichung der Klage unterbrochen ist, ist hier nicht anwendbar, wie das OLG Stuttgart in einem Rechtsentscheid vom 9.3.1987 (WuM 1987, 114; Weber/Marx, VII/S. 114) entschieden hat.

Auch schon vor Beendigung des Mietverhältnisses kann eine der Vertragsparteien wirksam die Erklärung abgeben, dass sie einer Fortsetzung des Mietverhältnisses widerspricht. Insbesondere kann dies bereits in dem Schreiben erklärt werden, mit welchem die fristlose Kündigung ausgesprochen wird, wie das OLG Hamburg in einem Rechtsentscheid vom 27.7.1981 (WuM 1981, 205; Weber/Marx, VII/S. 112) entschieden hat. Ob diese Erklärung allerdings bereits in einer ordentlichen Kündigung abgegeben werden kann, erscheint fraglich. Der zeitliche Abstand zur Beendigung des Mietverhältnisses ist hier größer. Das

Stillschweigende Verlängerung des Mietverhältnisses

BayObLG hat hierzu entschieden, dass der Vermieter von Wohnraum grundsätzlich bereits vor dem Ende der Mietzeit – also auch vor Ablauf der Kündigungsfrist – seinen eindeutigen und endgültigen Willen, das Vertragsverhältnis in keinem Fall fortzusetzen, gegenüber dem Mieter zum Ausdruck bringen kann. In diesem Fall ist eine Wiederholung der Erklärung innerhalb der 2-Wochen-Frist des § 545 BGB, das Mietverhältnis nicht fortsetzen zu wollen, entbehrlich; es muss jedoch stets ein nicht nur loser zeitlicher Zusammenhang zwischen Widerspruchserklärung und Ende der Mietzeit (Ende der Kündigungsfrist) bestehen (BayObLG, RE v. 1.9.1981, WuM 1981, 253; Weber/Marx, VII/S. 112 – s. aber etwas einschränkend auch OLG Hamburg, RE v. 27.7.1981, NJW 1981, 2258; WuM 1981, 205).

Im Übrigen ist die Rechtsprechung großzügig. Der Wortlaut des Gesetzes muss nicht verwandt werden. So ist das OLG Schleswig der Meinung, dass dann, wenn der Vermieter gleichzeitig mit der fristlosen Kündigung eine Räumungsfrist gewährt, er damit einen objektiv der Fortsetzung des Mietverhältnisses entgegenstehenden Willen zum Ausdruck bringt (RE v. 23.11.1981, WuM 1982, 65; Weber/Marx, VII/ S. 113). Gleiches soll gelten, wenn der Vermieter Zahlungen des Mieters ausdrücklich als Nutzungsentschädigung entgegennimmt. Auch in der Kündigung selbst kann u. U. schlüssig ein Widerspruch enthalten sein (BGH, NJW-RR 1988, 76). Eine konkludente Widerspruchserklärung muss allerdings den Willen des Vermieters, die Fortsetzung des Vertrages abzulehnen, eindeutig ergeben. Ob das zuständige AG aber immer so wohlwollend ist, erscheint zweifelhaft. Es empfiehlt sich daher eine ausdrückliche schriftliche Äußerung. § 545 BGB ist abdingbar, d. h., seine Rechtsfolgen können durch Vertrag ausgeschlossen werden, und zwar auch durch **Formularvertrag**, wie das OLG Hamm in einem RE entschieden hat (RE v. 9.12.1982, WuM 1983, 48; Weber/Marx, VII/S. 113).

Allerdings wird diese Verlängerungsfiktion (§ 545 BGB) in einem Formular-Wohnungsmietvertrag durch folgende **Klausel** nicht wirksam abbedungen: „Wird nach Ablauf der Mietzeit der Gebrauch der Sache vom Mieter fortgesetzt, so findet § 545 BGB keine Anwendung." Hier fehlt es nämlich an einer wirksamen Einbeziehung (§ 2 Abs. 2 Nr. 2 AGB-Gesetz), wie das OLG Schleswig mit RE v. 27.3.1995 (WuM 1996, 85; Weber/Marx, VI/S. 76) entschieden hat. Begründet wird dies damit, dass die Klausel nur eine Verweisung auf eine nicht abgedruckte gesetzliche Bestimmung enthält, ohne den Text dieser gesetzlichen Bestimmung anzuführen. Die Klausel muss auch die gewollte Rechtsfolge, dass sich nämlich das Mietverhältnis abweichend von § 545 BGB nicht stillschweigend verlängert, mit aufnehmen.

Setzen die Parteien allerdings das Mietverhältnis trotzdem fort, kann sich der Vermieter nicht 1 1/2 Jahre später auf die Formularklausel berufen. In solchen Fällen ist davon auszugehen, dass die Parteien durch konkludentes Verhalten einen Mietvertrag mit dem Inhalt des bisherigen Mietvertrages abgeschlossen haben (so AG Regensburg, WuM 1990, 514).

> Die Nichtbeachtung des § 545 BGB hat einschneidende **Folgen:** Das Mietverhältnis gilt als auf unbestimmte Zeit verlängert, gleichgültig, ob der Mietvertrag auf bestimmte oder unbestimmte Zeit geschlossen war. An den bisherigen mietvertraglichen Bedingungen ändert sich nichts mit der Maßgabe, dass das Mietverhältnis den gesetzlichen Kündigungsmöglichkeiten und -fristen unterliegt.

Störung des Hausfriedens

Jede Vertragspartei kann das Mietverhältnis aus wichtigem Grund außerordentlich fristlos kündigen (§ 543 Abs. 1 BGB). Ein **wichtiger Grund** liegt vor, wenn dem Kündigenden unter Berücksichtigung aller Umstände des Einzelfalls, insbesondere eines Verschuldens der Vertragsparteien, und unter Abwägung der beiderseitigen Interessen die Fortsetzung des Mietverhältnisses bis zum Ablauf der Kündigungsfrist oder bis zur sonstigen Beendigung des Mietverhältnisses nicht zugemutet werden kann.

Für Wohnraummietverhältnisse gilt ergänzend § 569 Abs. 2 BGB. Danach liegt ein wichtiger Grund i. S. v. § 543 Abs. 1 BGB vor, wenn eine Vertragspartei den Hausfrieden nachhaltig stört, sodass dem Kündigenden unter Berücksichtigung aller Umstände des Einzelfalls, insbesondere eines Verschuldens der Vertragsparteien, und unter Abwägung der beiderseitigen Interessen die Fortsetzung des Mietverhältnisses bis zum Ablauf der Kündigungsfrist oder bis zur sonstigen Beendigung des Mietverhältnisses nicht zugemutet werden kann.

Ein Verstoß gegen mietvertragliche Verpflichtungen liegt zunächst vor bei **Belästigungen jeder Art**. Sie müssen freilich erheblich sein. Dazu sind zu rechnen Beleidigungen, Tätlichkeiten, falsche Anschuldigungen, fortgesetzte Streitsucht. Begeht ein Teil eine Straftat, so ist das an sich noch keine mietvertragliche Pflichtverletzung. Sie wird es aber, wenn sich die Straftat gegen Personen oder Eigentum des Vertragspartners richtet.

Die Störung des Hausfriedens hebt das Gesetz als besonderen Kündigungstatbe-

Störung des Hausfriedens

stand hervor. Sie ist gegeben bei fortgesetztem Lärmen, aber u.U. auch bei vertragswidriger Nutzung des Mietobjekts. Für die Beurteilung der Vertragswidrigkeit liegt das Schwergewicht in Stärke und Dauer der Störung. Bagatellangelegenheiten rechtfertigen nicht die fristlose Kündigung.

Grundsätzlich muss der Störende schuldhaft gehandelt haben. Dabei hat jeder Vertragspartner für seine **Erfüllungsgehilfen** einzustehen. Erfüllungsgehilfen des Mieters in dessen Verhältnis zum Vermieter sind Familienangehörige und Gäste sowie Personen, die fortlaufend Dienste oder Arbeitsleistungen in den Mieträumen erbringen. Hierbei kann sich der Mieter nicht darauf berufen, dass er auf das Verhalten dieser Personen keinen Einfluss habe (so LG Köln, ZMR 1977, 332). Dies war bisher praktisch einhellige Meinung in Literatur und Rechtsprechung. Das KG Berlin (Beschl. v. 15.7.2000, Az. 16 RE-Miet 10611/99, WuM 2000, 481) hat zur ordentlichen Kündigung gem. § 573 Abs. 2 Nr. 1 BGB (schuldhafte, nicht unerhebliche Verletzung der vertraglichen Pflichten des Mieters) eine andere Auffassung vertreten. Danach erfordert diese Bestimmung ein eigenes Verschulden des Mieters und schließt damit die Zurechnung des Verschuldens von Erfüllungsgehilfen nach § 278 BGB aus. Das Gericht führt zur Begründung aus, dass die Vorschrift ein eigenes Verschulden des Mieters voraussetzt. Eine (Gefährdungs-)Haftung des Mieters für Erfüllungsgehilfen entspricht nicht dem Tatbestandsmerkmal des Verschuldens. Das Gericht führt weiter aus, dass der Vermieter durch diese Rechtsmeinung nicht unzumutbar belastet wird, denn wiederholtes und damit für den Mieter erkennbares und von ihm zu unterbindendes etwaiges künftiges Fehlverhalten seines Erfüllungsgehilfen kann zur Bejahung eines eigenen Verschuldens des Mieters führen. Die Entscheidung ist praxisfremd und vermag nicht zu überzeugen. Sie ist jedoch aufgrund der Bindungswirkung von den Landgerichten zu beachten. In Zukunft wird also der Vermieter nicht nur die Störungen des Hausfriedens durch den Erfüllungsgehilfen darlegen müssen, sondern auch, dass der Mieter dieses Fehlverhalten erkannt und nicht unterbunden hat.

Die Pflichtverletzung und Störung muss für den anderen Vertragsteil unzumutbar sein. Das ist in der Regel nicht der Fall, wenn der Kündigende durch sein eigenes Verhalten die Reaktion des anderen Teils veranlasst hat.

> Das Kündigungsrecht schlägt somit nicht durch, wenn das provozierende Verhalten eines Vertragsteils Ursache für das Verhalten des anderen ist.

In **Ausnahme**fällen hat die Rechtsprechung schon bisher bei nicht verschuldetem Verhalten, das zu einer schweren Störung des Hausfriedens führt (z.B. Taten eines Geisteskranken), die fristlose Kündigung aus wichtigem Grund zugelassen (LG Mannheim, NJW 1976, 1407). Hierfür besteht nunmehr eine ausdrückliche Rechtsgrundlage. Entscheidend ist, ob die Fortsetzung des Mietverhältnisses für die andere Ver-

Störung des Hausfriedens

tragspartei noch **zumutbar** ist. Das Verschulden ist hier aber insoweit von Relevanz, als die Anforderungen an die Unzumutbarkeit bei nicht schuldhaftem Verhalten des Störers höher sein werden als bei einer schuldhaften Störung des Hausfriedens. Eine Unzumutbarkeit der Fortsetzung des Mietverhältnisses kann mithin im Einzelfall auch bei einer nicht schuldhaften nachhaltigen Störung des Hausfriedens gegeben sein (§§ 543 Abs. 1 S. 2, 569 Abs. 2 BGB).

> Das außerordentliche Kündigungsrecht steht gleichermaßen sowohl dem Vermieter als auch dem Mieter zu.

Schon bisher ging die Rechtsprechung davon aus, dass bei Störungen des Hausfriedens in der Regel eine Abmahnung erfolgen musste, bevor fristlos gekündigt werden konnte. Eine Ausnahme galt nur für besonders massive und schwerwiegende Vertragsverletzungen. Dies ist nun in § 543 Abs. 3 BGB ausdrücklich geregelt. Besteht der wichtige Grund in der Verletzung einer Pflicht aus dem Mietvertrag, so ist die Kündigung erst nach erfolglosem Ablauf einer zur Abhilfe bestimmten angemessenen Frist oder nach erfolgloser Abmahnung zulässig. Dies gilt nicht, wenn

- eine Frist oder Abmahnung offensichtlich keinen Erfolg verspricht oder
- die sofortige Kündigung aus besonderen Gründen unter Abwägung der beiderseitigen Interessen gerechtfertigt ist.

Über das Vorliegen dieser Ausnahmetatbestände kann man sich vor Gericht lange streiten.

> Es empfiehlt sich daher in der Regel, bei Störungen des Hausfriedens abzumahnen, bevor eine Kündigung ausgesprochen wird. Dies gilt insbesondere bei Störungen des Hausfriedens durch Lärmen, Störungen der Nachtruhe etc., die sich über einen längeren Zeitraum hinziehen.

Die Unzumutbarkeit wird sich hier in der Regel erst ergeben, wenn der Gestörte den anderen Vertragsteil zur Einstellung dieses Verhaltens auffordert und für den Fall der Nichteinhaltung die fristlose Kündigung androht.

Straßenreinigung → *„Verkehrssicherungspflicht"*

Streitwert → *„Gerichtliches Verfahren in Mietsachen"*

Studentenwohnheim → *„Heimverträge", „Kündigungsschutz", Abschnitt 2.5.6*

Tagesmutter → *„Gewerbliche Nutzung von Wohnräumen"*
Tankreinigung → *„Betriebskosten", Abschnitt 2.4*

Teilkündigung

1 Zulässigkeit

Eine Teilkündigung ist **grundsätzlich unzulässig**. Dies gilt auch dann, wenn Wohn- und Geschäftsräume oder eine Wohnung zusammen mit einer **Garage** vermietet werden. Nach der sehr weitgehenden Ansicht des OLG Karlsruhe gilt Folgendes:

> „Vermietet der Vermieter einer Wohnung seinem Mieter später auch eine auf dem Hausgrundstück gelegene Garage, liegt darin selbst dann, wenn dies erst nach Jahren geschieht und eine ausdrückliche Einbeziehung in den bisherigen Mietvertrag nicht erfolgt, i.d.R. nur eine Ergänzung des bisherigen Vertrages. Eine selbstständige Vereinbarung kommt nur zustande, sofern ein entsprechender Parteiwille hinreichend deutlich erkennbar geworden ist." (WuM 1983, 166; Weber/Marx, VII/S. 69).

Nach Ansicht des AG Frankfurt a.M. (WuM 1986, 254) verstößt eine Formularklausel in einem Garagenmietvertrag, wonach kein rechtlicher und wirtschaftlicher Zusammenhang mit einem auch abgeschlossenen Wohnraummietvertrag besteht, nicht gegen die §§ 3, 9 AGB-Gesetz. Ein Indiz für die rechtliche Selbstständigkeit eines Garagenmietvertrages kann die Vereinbarung von Kündigungsfristen sein, die vom Hauptmietvertrag abweichen, ferner, wenn die Wohnung und die Garage auf verschiedenen Grundstücken liegen und seit Beginn des Wohnraummietverhältnisses längere Zeit verstrichen ist (BayObLG, RE, WuM 1991, 78).

Siehe hierzu weiter „Garage".

In einem Sonderfall hat das OLG Karlsruhe allerdings eine Teilkündigung zugelassen. Mit RE vom 3.3.1997 (WuM 1997, 202) hat es entschieden, dass zwar dann, wenn der Vermieter von Wohnraum lediglich **Bedarf an einem Teil der Räume** hat, das Mietverhältnis nicht insgesamt wegen Eigenbedarf gekündigt werden kann. Beeinträchtigt im Einzelfall die den Belangen des kündigenden Vermieters entsprechende Teilkündigung die Interessen des Mieters nicht oder jedenfalls nicht unzumutbar, ist eine Teilkündigung des Wohnraummietverhältnisses möglich. Ein solcher Sachverhalt kann gegeben sein, wenn sich der Wohnraumbedarf des Mieters z.B. durch Auszug der Kinder deutlich eingeschränkt hat und der vom Vermieter beanspruchte Teil der überlassenen Mieträume so von dem, dem Mieter verbleibenden Teil abgetrennt ist oder abgetrennt werden kann, dass der Mieter dort ohne Einschränkungen weiterhin wohnen kann.

Teilkündigung

2 Voraussetzungen

Teilkündigungen sind unter folgenden Voraussetzungen möglich (§ 573b BGB):

Als ein **berechtigtes Interesse** des Vermieters an der Beendigung des Mietverhältnisses ist es danach auch anzusehen, wenn der Vermieter nicht zum Wohnen bestimmte Nebenräume oder Teile eines Grundstücks dazu verwenden will,

   a) Wohnraum zum Zweck der Vermietung zu schaffen oder
   b) den neu zu schaffenden und den vorhandenen Wohnraum mit Nebenräumen und Grundstücksteilen auszustatten,

ferner, wenn der Vermieter die Kündigung auf diese Räume oder Grundstücksteile beschränkt. Unabhängig von der Vertragsdauer ist die Kündigung spätestens am 3. Werktag eines Kalendermonates für den Ablauf des übernächsten Monats zulässig. Der Mieter kann eine angemessene Senkung der Miete verlangen. Verzögert sich der Beginn der Bauarbeiten, kann der Mieter eine Verlängerung des Mietverhältnisses um einen entsprechenden Zeitraum verlangen. Eine zum Nachteil des Mieters abweichende Vereinbarung ist unwirksam. Bei befristeten Mietverhältnissen gilt § 573b BGB nicht; eine Teilkündigung ist hier also nicht möglich. Im Fall der Kündigung kann sich der Mieter auf die Sozialklausel („Sozialklausel") berufen.

Diese durch das **Wohnungsbau-Erleichterungsgesetz** vom 17.5.1990 in das BGB eingefügte und durch das Vierte Mietrechtsänderungsgesetz erweiterte Bestimmung soll einen Anreiz geben, innerhalb des Gebäudebestandes zusätzlichen Wohnraum zu schaffen. Mit ihr ist erstmals eine Teilkündigung ausdrücklich zugelassen.

Beispiel hierfür ist die Kündigung eines zusammen mit einer Wohnung vermieteten Abstellraumes im Dach- oder Speichergeschoss.

Besonderes Augenmerk muss darauf gerichtet werden, dass **alle** Vermieter eine solche Teilkündigung aussprechen.

Hierzu ein **Beispiel:**

Ein Mieter mietet eine Wohnung mit Speicher. Nach Überlassung an den Mieter ist Wohnungseigentum begründet worden, die Wohnung wurde an Herrn A, der Speicher zum Zwecke des späteren Ausbaus an Herrn B verkauft. Eine nur von B ausgesprochene Teilkündigung des Speichers ist unwirksam, wie das OLG Celle (Urt. v. 11.10.1995, WuM 1996, 222) entschieden hat.

Vielmehr ist der Erwerber des durch Umwandlung des Mietwohnhauses in eine Wohnungseigentumsanlage begründeten Sondereigentums am Dachgeschoss gegenüber denjenigen Mietern der Eigentumswohnungen, welchen ein mietvertragliches Nutzungsrecht am Dachboden zusteht, nur gemeinschaftlich mit den Eigentümern/Vermietern der jeweiligen Eigentumswohnung zur Teilkündigung berechtigt.

Das BVerfG hat mit Beschluss vom 11.3.1992 (WuM 1992, 228) den Anwendungsbereich dieser Vorschrift erweitert: Auch wenn der Vermieter die Wohnung nicht zum Zweck der Vermietung, sondern zur Selbstnutzung ausbauen will, dafür aber die derzeit von ihm selbst bewohnte Wohnung dem Wohnungsmarkt zuführt, kann ein berechtigtes Interesse an der Kündigung von Nebenräumen auf eine entsprechende Anwendung des § 573b BGB gestützt werden. Vgl. hierzu im Übrigen „Kündigungsschutz", Abschnitt 2.4.

Teppichboden

Wird eine Wohnung mit Teppichboden vermietet, hat der Vermieter auch insoweit eine Unterhaltspflicht. Ist der Teppichboden abgenutzt, muss der **Vermieter** ihn erneuern. Etwas anderes gilt, wenn der Teppichboden vom Mieter schuldhaft beschädigt wurde. Bei einem Schadensersatzanspruch des Vermieters in solchen Fällen kommt i.d.R. ein Abzug neu für alt in Betracht, der sich nach dem Alter des Teppichbodens und der durchschnittlichen Lebensdauer (je nach Qualität ca. 10 Jahre) berechnet. Der Mieter kann einen Teppichboden auch ohne Genehmigung verlegen, da es sich hierbei nicht um eine bauliche Änderung handelt. Allerdings muss er, wenn der Vermieter darauf besteht, den Teppichboden bei Beendigung des Mietverhältnisses entfernen und den früheren Zustand wieder herstellen. Hierzu gehört auch die Beseitigung von Schäden am Untergrund, die durch das Verkleben entstanden sind (LG Mannheim, WuM 1976, 205). Dies gilt auch dann, wenn der Vermieter mit der Verlegung des Teppichbodens einverstanden war (umstritten).

Zur Absicherung sollte der Vermieter daher im Mietvertrag oder in einer Zusatzvereinbarung den Mieter verpflichten, bei Beendigung des Mietverhältnisses auf eigene Kosten den früheren Zustand wieder herzustellen.

Aus der Übernahme der Schönheitsreparaturen folgt für den Mieter von Wohnraum keine Verpflichtung, auch den infolge **vertragsgemäßen Gebrauchs** verschlissenen Teppichboden zu erneuern (OLG Hamm, RE, DWW 1991, 145).

Eine **formularmäßige** Vereinbarung, wonach der Mieter bei Vertragsende den Teppichboden durch eine Fachfirma reinigen lassen muss, ist unwirksam (LG Stuttgart, NJW-RR 1989, 1170).

Ist in einem **Geschäftsraum**mietvertrag vereinbart, dass der Mieter die Schönheitsreparaturen durchführt und bei Auszug den Zustand wie bei Einzug wiederherstellt, ist streitig, ob er einen bei Einzug neuen Teppichboden, der durch vertragsgemäße Abnutzung verschlissen ist, im Rahmen der Schönheitsreparaturen erneuern muss (dafür: OLG Düsseldorf, WuM 1989, 508; a.A.

unter Hinweis auf das OLG Hamm, a.a.O., OLG Stuttgart, NJW-RR 1995, 1101 sowie OLG Celle, NZM 1998, 158). Dies gilt allerdings nur, wenn der Vermieter den Teppichboden bezahlt hat. Einen von ihm selbst bezahlten Teppichboden muss der Mieter trotz Renovierungsklausel nicht erneuern (OLG Düsseldorf, NJW RR 1990, 1162).

Es empfiehlt sich daher, in Geschäftsraummietverträge entsprechende Vereinbarungen aufzunehmen.

Textform → *„Mieterhöhung bei Wohnraum"*, Abschnitt 9

Thermostatventile → *„Modernisierung"*, *„Mieterhöhung"*, *„HeizungsanlagenV"*

Tierhaltung

Hier wird viel gestritten und die Meinungen in Literatur und Rechtsprechung gehen weit auseinander. Folgende Fallgruppen sind zu unterscheiden:

Die Haltung von **Kleintieren** (Zierfischen, Wellensittichen etc.) kann dem Mieter nicht untersagt werden.

Bei der Haltung von **Haustieren** wie Hunden und Katzen ist wie folgt zu differenzieren:

1 Im Mietvertrag ist über Tierhaltung nichts vereinbart

Teilweise wird angenommen, dass die Haltung von Hunden und Katzen zum vertragsgemäßen Gebrauch der Mietsache gehört, solange es nicht zu Belästigungen für die übrigen Mieter kommt (so z.B. LG München, WuM 1958, 5; LG Mannheim, MDR 1962, 89 und für einen kleinen Hund LG Düsseldorf, WuM 1993, 604). Der Mieter braucht nach dieser Rechtsmeinung den Vermieter also nicht zu fragen. Die Gegenmeinung sieht in der nicht genehmigten Haltung eines Haustieres eine Beeinträchtigung des Eigentums des Vermieters, gegen die dieser sich nach Abmahnung durch das Verlangen auf Beseitigung und Unterlassung zur Wehr setzen kann (§ 541 BGB; so Kraemer in Bub/Treier, III Rn. 1038).

2 Erlaubnis des Vermieters zur Tierhaltung

Hier geht der Streit darum, ob die Erteilung der Erlaubnis im freien Ermessen des Vermieters liegt oder nicht. Der ersteren Ansicht folgt das OLG Hamm (RE v. 13.1.1981, WuM 1981, 53; Weber/Marx, VII/S. 67): „Ist in einem Mietvertrag über eine Wohnung in einem Mehrfamilienhaus vereinbart, dass eine Tierhaltung des Mieters der schriftlichen Zustimmung des Vermieters bedarf, und ergeben sich aus dem gesamten Verhalten der Parteien vor, bei und nach Vertragsschluss keine Anhaltspunkte für einen anderweitigen

T 4

Tierhaltung

Vertragswillen, unterliegt die Entscheidung, ob der Vermieter die Zustimmung zur Haltung eines Hundes in der Mietwohnung erteilen oder versagen will, seinem Ermessen schlechthin. Der Vermieter eines Mehrfamilienhauses kann in einem solchen Fall die Entfernung eines ohne seine Zustimmung gehaltenen Hundes aus dem Mietobjekt verlangen, sofern diesem Begehren nicht der Einwand des Rechtsmissbrauchs entgegensteht."

Ein **Rechtsmissbrauch** liegt vor, wenn bei anderen Mietern nicht auf dem Verbot der Tierhaltung bestanden wird und dies auf eine bloße Animosität des Vermieters gegen den Tierhalter schließen lässt (vgl. LG Hamburg, MDR 1982, 146). Nach Ansicht des LG München I (Urt. v. 30.6.1992, Az. 32 S 6568/92 – nicht veröffentlicht) gehört auch die Haltung einer **Katze** nicht zum allgemeinen Wohngebrauch in Mietwohnungen in Mehrfamilienhäusern.

Die Gegenmeinung geht davon aus, dass der Mieter, da die Tierhaltung zum vertragsgemäßen Gebrauch der Mietsache gehört, grundsätzlich einen Anspruch auf Erteilung der Erlaubnis hat. Der Vermieter muss für die Verweigerung stichhaltige Gründe haben (so z.B. Schmidt-Futterer/Blank, Mietrecht von A–Z „Tierhaltung" m.w.N.). Diese stichhaltigen Gründe hat der Vermieter nicht, wenn er bereits anderen Mietparteien die Haltung von Hunden oder Katzen gestattet hat.

Übereinstimmung besteht darin, dass der **Widerruf** einer einmal erteilten Erlaubnis nur aus wichtigem Grund erfolgen darf.

Ein **wichtiger Grund** liegt vor, wenn konkrete Belästigungen durch das Tier ausgehen, oder wenn wegen der besonderen Gefährlichkeit der Tierrasse Bedenken gegen eine Tierhaltung bestehen. Die Erlaubnis kann auch verweigert werden, wenn eine artgerechte Tierhaltung wegen der beengten Raumverhältnisse nicht möglich ist (AG Kassel, WuM 1987, 144).

3 Im Mietvertrag ist Tierhaltung verboten

Das uneingeschränkte Verbot jeglicher Tierhaltung durch Formularvertrag ist unwirksam (§ 9 AGB-Gesetz), da dies auch die Kleintierhaltung umfassen würde (BGH, Urt. v. 20.1.1993, DWW 1993, 74).

Nach Ansicht des Landgerichts Hamburg (WuM 1993, 120) ist hingegen die Formularklausel: „Tiere dürfen nicht gehalten werden mit Ausnahme von Kleintieren, z.B. Zierfische, Wellensittich, Hamster." wirksam. Eine solche Klausel enthält nach Ansicht des Gerichts auch keinen Genehmigungsvorbehalt, welche dem Vermieter nur ein gebundenes Ermessen einräumt.

Eine **Individualvereinbarung**, die die Haltung von Hunden und Katzen ausschließt, ist dagegen wirksam (LG Lüneburg, WuM 1995, 704).

Eine Zustimmung zur Tierhaltung trotz absoluten Tierhaltungsverbotes kann nur verlangt werden, wenn der Mieter auf

Tierhaltung

das Tier **angewiesen** ist (z. B. Blindenhund), darüber hinaus zum Schutz des Mieters nur unter besonders engen Voraussetzungen (LG Lüneburg, a.a.O.). Weiter ist nach Ansicht des LG Hamburg (WuM 1956, 532) das vertraglich festgelegte Verbot der Tierhaltung dann rechtsmissbräuchlich, wenn eine Rechtsgüterabwägung ergibt, dass das Interesse an der Aufrechterhaltung des Verbots deutlich hinter den davon betroffenen Interessen des Mieters zurückbleibt, was voraussetzt, dass der Mieter auf das Halten eines Tieres angewiesen ist. An einem Angewiesensein aus gesundheitlich-psychischen Gründen fehlt es jedoch dann, wenn das Halten eines Tieres nicht die einzige zumutbare Möglichkeit zur Überwindung einer depressiven Störung ist.

Unabhängig von der Vertragsgestaltung kann der Vermieter die Haltung eines **Kampfhundes** in der Mietwohnung eines Mehrparteienhauses untersagen, wenn der Halter (= Mieter) keine Eignung hat, den Hund seiner Rasse entsprechend zu führen. Der Mieter muss zu seiner Eignung Konkretes vortragen (LG Krefeld, WuM 1996, 533). Strenger ist das LG München I (WuM 1993, 699). Danach kann der Vermieter in einer Wohnanlage die Haltung von Kampfhunden in der Wohnung unabhängig von einer Eignung des Mieters untersagen.

Der Vermieter hat in diesem Fall bei Zuwiderhandlungen einen Anspruch auf Beseitigung und Unterlassung. Ob der formularmäßige Ausschluss der Haltung von Hunden und Katzen erlaubt ist, ist dagegen wieder umstritten. Das BVerfG sah in dieser Klausel keinen Verstoß gegen Art. 2 Abs. 1 Grundgesetz (WuM 1981, 77).

Die Rechtslage ist also alles andere als klar. Bei den Amtsgerichten besteht eher eine Tendenz zur großzügigen Handhabung zugunsten des Mieters. Aufgrund des niedrigen Streitwertes sind die Verfahren oft nicht berufungsfähig (vgl. z.B. LG Hamburg, WuM 1993, 469: Danach ist der Rechtsstreit um die Zulässigkeit der Tierhaltung (Katze in der Mietwohnung) grundsätzlich nicht berufungsfähig, da der Wert nach § 3 ZPO auf 1.000 DM/... EUR festgesetzt wurde; sowie LG Hamburg, WuM 1993, 477 m.w.N.).

Empfohlen werden daher klare Individualvereinbarungen.

Unabhängig von der vertraglichen Gestaltung ist ein Widerruf der Tierhaltungsgestattung stets aus wichtigem Grund möglich. Dieser Anspruch ergibt sich aus allgemeinen Rechtsgrundsätzen. Er besteht insbesondere bei einer Unzumutbarkeit weiterer Tierhaltung aufgrund aufgetretener nicht unerheblicher Störungen (LG Hamburg, WuM 1999, 453). Wo diese Grenze liegt, ist Sache des Einzelfalls. Das Amtsgericht Hamburg war der Meinung, dass die Zumutbarkeitsgrenze erst überschritten ist, wenn es bei Begegnungen mit dem Hund zu wütendem Geknurre bzw. Angstbeißen kommt. Diese Grenze war dem Landgericht zu weit gezogen. Die Mitbewohner müssen nicht erst gebissen werden. Vorliegend handelte es sich um einen Dobermann, vor dem die übrigen Bewohner des Hauses richtiggehend Angst hatten und der auch zu verschiedenen Tag- und Nachtzeiten laut bellte. Auch war der Hund im Treppenhaus nicht stets angeleint.

4 Verwirkung des Unterlassungsanspruchs

Der Unterlassungsanspruch des Vermieters (§ 541 BGB) unterliegt der **Verwirkung**. Ist dem Vermieter also mehrere Jahre bekannt, dass der Mieter ein Tier trotz einer entgegenstehenden – wirksamen – mietvertraglichen Vereinbarung hält, und unternimmt er dagegen nichts, kann er Unterlassung nicht mehr verlangen (vgl. AG Aachen, WuM 1992, 601). Die Kenntnis des Hausmeisters oder eine über die Jahre gelegentliche beiläufige Notiznahme vom Tier durch den Prokuristen des Vermieters soll aber nicht ausreichen, um eine Gestattung der Tierhaltung oder einen Vertrauenstatbestand beim Mieter anzunehmen (AG Westerburg, WuM 1992, 600). Wird die unberechtigte Tierhaltung vom Vermieter abgemahnt, muss er seinen Unterlassungsanspruch zur Vermeidung der Verwirkung alsbald durchsetzen (LG Düsseldorf, WuM 1993, 604). Mit jedem Tag, so das Gericht, wird nämlich die Bindung des Mieters an das Tier enger und die Trennung schwerer.

Tod des Mieters

Inhaltsübersicht Seite

1 Mietverhältnis über Geschäftsräume oder Grundstücke............ T 7
2 Mietverhältnis über Wohnräume... T 8
2.1 Eintrittsrecht bei Tod des Mieters.. T 8
2.2 Fortsetzung mit überlebenden Mietern .... T 10
2.3 Haftung bei Eintritt oder Fortsetzung .... T 11
2.4 Fortsetzung des Mietverhältnisses mit dem Erben; außerordentliche Kündigung .... T 11
3 Nachlasspflegschaft .... T 12

1 Mietverhältnis über Geschäftsräume oder Grundstücke

Stirbt der Mieter, tritt im Zuge der Gesamtrechtsnachfolge der **Erbe** in die sich aus dem Mietvertrag ergebenden Rechte und Pflichten ein. In diesem Fall ist sowohl der Erbe als auch der Vermieter gem. § 580 BGB berechtigt, das Mietverhältnis innerhalb eines Monats, nachdem sie Kenntnis vom Tod des Mieter erlangt haben, außerordentlich mit gesetzlicher Frist zu kündigen. Im Gegensatz zur früheren Regelung wird durch das Mietrechtsreformgesetz sowohl dem Erben als auch dem Vermieter eine 1-monatige **Überlegungsfrist** für die Kündigung eingeräumt.

Die Kündigung des Erben ist möglich, wenn er von seiner Erbeneigenschaft Kenntnis und die Erbschaft angenommen hat. Der Vermieter kann erst dann kündigen, wenn er nicht nur vom Tod des Mieters, sondern auch davon Kenntnis erlangt hat, wer Erbe des verstorbenen Mieters geworden ist.

Hat der Mieter **Testamentsvollstreckung** angeordnet, so ist Kündigungsberechtigter und richtiger Kündigungsempfänger der Testamentsvollstrecker.

Die Fristen, die für die Kündigung einzuhalten sind, sind in § 580a Abs. 4 BGB bestimmt. Die außerordentliche Kündigungsfrist beträgt bei einem Mietverhältnis über Grundstücke und über Räume, die keine Geschäftsräume sind, drei Monate (§ 580a Abs. 1 BGB). Bei Geschäftsräumen ist eine solche Kündigung spätestens am 3. Werktag eines Kalendervierteljahres zum Ablauf des nächsten Kalendervierteljahres zulässig (§ 580a Abs. 2 BGB).

2 Mietverhältnis über Wohnräume

Auch hier gilt das Prinzip der Gesamtrechtsnachfolge, wonach das Mietverhältnis auf den oder die Erben des Mieters übergeht. Bei Wohnraum gelten allerdings besondere Regelungen, die von diesem Prinzip abweichen. So kommt es unter bestimmten Voraussetzungen zu einer **Sonderrechtsnachfolge** für bestimmte Personen in das Mietverhältnis. Findet eine Sonderrechtsnachfolge nicht statt, bleibt es bei dem allgemeinen erbrechtlichen Prinzip. Treten also eine oder mehrere der nach § 563 BGB eintrittsberechtigten Personen in das Mietverhältnis ein, schließt das die gesetzliche Erbfolge aus.

2.1 Eintrittsrecht bei Tod des Mieters

Gemäß § 563 Abs. 1 BGB tritt der **Ehegatte**, der mit dem Mieter einen gemeinsamen Haushalt führt, mit dem Tod des Mieters in das Mietverhältnis ein. Dasselbe gilt für den **Lebenspartner** (§ 563 Abs. 1 S. 2 BGB). Damit sind eingetragene Lebenspartner im Sinne des Gesetzes zur Beendigung der Diskriminierung gleichgeschlechtlicher Gemeinschaften: Lebenspartnerschaften vom 16.2.2001 (BGBl. I S. 266) gemeint. Gemäß § 563 Abs. 2 S. 1 BGB treten **Kinder**, die mit dem Mieter einen gemeinsamen Haushalt führen, mit dem Tod des Mieters in das Mietverhältnis ein, wenn nicht der Ehegatte eintritt.

Gemäß § 563 Abs. 2 S. 2 BGB bleibt der Eintritt des Lebenspartners vom Eintritt der Kinder des Mieters unberührt. Die gesetzliche Regelung ist wie folgt zu verstehen: Das Eintrittsrecht der Kinder entfällt, wenn der überlebende Ehegatte des Mieters eintritt (Ehegattenprivileg). Der Eintritt des Lebenspartners bleibt aber vom Eintritt der Kinder unberührt. Haben also die Kinder des Mieters und dessen Lebenspartner gemeinsam in dem Haushalt gelebt, treten sie gemeinsam in das Mietverhältnis ein. Anders als der Ehegatte wird der Lebenspartner gegenüber den Kindern des Mieters nicht privilegiert.

In § 563 Abs. 2 S. 3 BGB ist bestimmt, dass **andere Familienangehörige**, die mit dem Mieter einen gemeinsamen Haushalt führen, mit dem Tod des Mieters in das Mietverhältnis eintreten, wenn nicht der Ehegatte oder der Lebenspartner eintritt. In dieser Bestimmung wird also das Eintrittsrecht anderer Familienangehöriger als der Kinder geregelt, die mit dem Mieter bislang in der Wohnung einen gemeinsamen Haushalt geführt haben. Diese treten in das Mietverhältnis ein, wenn nicht der Ehegatte oder der Lebenspartner eintritt. In diesen Fällen wird der Lebenspartner also anders als gegenüber den Kindern ebenso wie der Ehegatte durch die Einräumung eines vorrangigen Eintrittsrechts privilegiert. Gemäß § 563 Abs. 2 S. 4 BGB gilt dasselbe (d. h. das Eintrittsrecht) für Personen, die mit dem Mieter einen auf Dauer angelegten gemeinsamen Haushalt führen. Auch gegenüber diesen Personen hat der Ehegatte oder der Lebenspartner ein vorrangiges Eintrittsrecht.

Umstritten ist, wie weit der Begriff des „Familienangehörigen" zu fassen ist. Eine Definition findet sich im Gesetz nicht. Entsprechend dem Sinn der Bestimmung wird der Begriff sehr weit definiert. Darunter fallen alle Verwandten und Verschwägerten, ohne dass es auf den Grad der Verwandtschaft oder Schwägerschaft ankommt. Darüber hinaus werden auch die **Pflegekinder** zu den Familienangehörigen gezählt (Emmerich/Sonnenschein, Miete, 7. Aufl., § 569a Rn. 14).

> Dazu ein **Beispiel**: Eine Wohnung wird bewohnt von einem Ehepaar mit zwei Kindern. Mieter ist der Ehemann allein. Dieser stirbt. Die überlebende Ehefrau erklärt, dass sie das Mietverhältnis nicht fortsetzen will. Mieter sind nunmehr die beiden Kinder, auch wenn sie noch minderjährig sind. Das Gesetz ordnet nämlich automatisch den Eintritt in das Mietverhältnis an; einer besonderen rechtsgestaltenden Erklärung bedarf es nur für den Fall, dass der Eintritt nicht erfolgen soll (Ablehnungsrecht, s. unten).

Fraglich ist, was unter einem auf Dauer angelegten gemeinsamen Haushalt zu verstehen ist. Bloße Haushalts- oder Wohngemeinschaften gehören nicht hierzu. Da das Bestehen einer solchen engen Lebensgemeinschaft anders als Ehe und Familie nicht durch Urkunden oder andere Nachweise dokumentiert werden kann, kommt es zur Vermeidung von Rechtsmissbrauch im Interesse von Mietern und Vermietern auf objektive und nachprüfbare Kriterien an. Der BGH hat solche Kriterien zum Begriff der „nichtehelichen Lebensgemeinschaft" aufgestellt (NJW 1993, 999), die eine sachgerechte und nachprüfbare Abgrenzung zu anderen Formen des Zusammenlebens ermöglichen. Diese gelten daher sinngemäß auch für den Begriff des „auf Dauer angelegten gemeinsamen Haushalts". Das bedeutet, dass ein **„auf Dauer angelegter gemeinsamer Haushalt"** gegeben ist, wenn zwischen den Partnern eine Lebensgemeinschaft besteht,

Tod des Mieters

- die auf Dauer angelegt ist,
- keine weiteren Bindungen gleicher Art zulässt und
- sich durch innere Bindungen auszeichnet, die ein gegenseitiges füreinander Einstehen begründen, die über eine reine Wohn- und Wirtschaftsgemeinschaft hinausgehen.

Sowohl die hetero- als auch die homosexuelle Partnerschaft wie auch das dauerhafte Zusammenleben alter Menschen als Alternative zum Alters- oder Pflegeheim, die ihr gegenseitiges füreinander Einstehen z. B. durch gegenseitige Vollmachten dokumentieren, können daher grundsätzlich diese Kriterien erfüllen.

Denjenigen, der sich auf sein Eintrittsrecht beruft, trifft die Darlegungs- und Beweislast für dessen Voraussetzungen. Er muss daher die zur Feststellung eines „auf Dauer angelegten gemeinsamen Haushalts" erforderlichen Informationen erteilen.

In § 563 Abs. 3 BGB ist das **Ablehnungsrecht** der eintrittsberechtigten Personen geregelt. Erklären diese innerhalb eines Monats, nachdem sie vom Tod des Mieters Kenntnis erlangt haben, dem Vermieter, dass sie das Mietverhältnis nicht fortsetzen wollen, gilt der Eintritt als nicht erfolgt. Sind mehrere Personen in das Mietverhältnis eingetreten, kann jeder die Erklärung abgeben. Für geschäftsunfähige oder in der Geschäftsfähigkeit beschränkte Personen gilt § 206 BGB entsprechend. Durch diese Verweisung wird der Fristablauf bei solchen Personen gehemmt, und zwar bis sie entweder unbeschränkt geschäftsfähig werden oder der Mangel der Vertretung aufhört.

Gemäß § 563 Abs. 4 BGB kann der Vermieter das Mietverhältnis innerhalb eines Monats, nachdem er von dem endgültigen Eintritt in das Mietverhältnis Kenntnis erlangt hat, außerordentlich mit gesetzlicher Frist kündigen, wenn in der Person des Eingetretenen ein wichtiger Grund vorliegt. Der Vermieter hat also eine Überlegungsfrist von einem Monat. Die Frist beginnt, nachdem der Vermieter Kenntnis vom Tod des Mieters und davon erlangt hat, dass der Eintritt endgültig ist (also spätestens mit Ablauf der Frist nach § 563 Abs. 3 BGB).

2.2 Fortsetzung mit überlebenden Mietern

§ 563a BGB regelt den Fall, dass neben dem verstorbenen Mieter noch weitere Personen Mieter des Mietvertrages waren. Da sie bereits bisher Mietvertragsparteien waren, ist die Fortsetzung des Mietverhältnisses mit ihnen rechtlich selbstverständlich, denn der Tod des Mieters lässt ihre Vertragsbeziehungen zum Vermieter unberührt. Diese Sonderrechtsnachfolge verdrängt die allgemeine Erbfolge. Haben also mehrere Personen gemeinsam eine Wohnung gemietet und stirbt einer von ihnen, setzen die überlebenden Mitmieter das Mietverhältnis ohne den Erben fort (§ 563a Abs. 1 BGB). Gemäß § 563a Abs. 2 BGB hat der überlebende Mitmieter das Recht zur außerordentlichen Kündigung mit gesetzlicher Frist (drei Monate).

Tod des Mieters

Dieses Kündigungsrecht können die Mitmieter nur gemeinsam ausüben, wie dies nach allgemeinen schuldrechtlichen Grundsätzen auch schon zu Lebzeiten des verstorbenen Mieters der Fall war. Durch den Tod eines Mitmieters tritt insofern keine Änderung ein. Die überlebenden Mieter können das Mietverhältnis innerhalb eines Monats, nachdem sie vom Tod des Mieters Kenntnis erlangt haben, außerordentlich mit gesetzlicher Frist kündigen.

2.3 Haftung bei Eintritt oder Fortsetzung

In § 563b BGB sind einzelne Rechtsfolgen im Fall eines Eintritts nach § 563 BGB oder einer Fortsetzung nach § 563a BGB geregelt. Gemäß § 563b Abs. 1 BGB haften diese Personen neben den Erben für die bis zum Tod des Mieters entstandenen Verbindlichkeiten als Gesamtschuldner. Im Verhältnis zu diesen Personen haftet der Erbe allein, soweit nichts anderes bestimmt ist. Der verstorbene Mieter kann z.B. zu Lebzeiten entsprechende Vereinbarungen mit den eintritts- oder fortsetzungsberechtigten Personen oder den Erben getroffen haben.

In § 563b Abs. 2 BGB ist bestimmt, dass dann, wenn der Mieter die Miete für einen nach seinem Tod liegenden Zeitraum im Voraus entrichtet hat, die Personen, die gem. § 563 BGB in das Mietverhältnis eingetreten sind oder mit denen es gem. § 563a BGB fortgesetzt wird, verpflichtet sind, dem Erben dasjenige herauszugeben, was sie infolge der Vorausentrichtung der Miete ersparen oder erlangen.

Gemäß § 563b Abs. 3 BGB kann der Vermieter, falls der verstorbene Mieter keine Sicherheit (**Kaution**) geleistet hat, von den Personen, die gem. § 563 BGB in das Mietverhältnis eingetreten sind oder mit denen es gem. § 563a BGB fortgesetzt wird, nach Maßgabe des § 551 BGB eine Sicherheit verlangen.

2.4 Fortsetzung des Mietverhältnisses mit dem Erben; außerordentliche Kündigung

Treten beim Tod des Mieters keine Personen i.S.d. § 563 BGB in das Mietverhältnis ein oder wird es nicht mit ihnen nach § 563a BGB fortgesetzt, wird es mit den Erben fortgesetzt. In diesem Fall ist sowohl der Erbe als auch der Vermieter berechtigt, das Mietverhältnis innerhalb eines Monats außerordentlich mit der gesetzlichen Frist zu kündigen (drei Monate), nachdem sie vom Tod des Mieters und davon Kenntnis erlangt haben, dass ein Eintritt in das Mietverhältnis oder dessen Fortsetzung nicht erfolgt sind (§ 564 BGB). Bisher bedurfte es für die außerordentliche Kündigung des Vermieters zusätzlich eines berechtigten Interesses an der Beendigung des Mietverhältnisses nach § 573 BGB. Dieses Erfordernis entfällt zukünftig, wie §§ 573d Abs. 1, 575a Abs. 1 BGB ausdrücklich bestimmen. Diese Neuregelung durch das Mietrechtsreformgesetz ist sachgerecht: Hiermit wird dem Umstand Rechnung getragen, dass die Erben, die in der Wohnung nicht ihren Lebensmittelpunkt haben, keines mietrechtlichen Schutzes bedürfen. Sowohl dem Erben als auch dem Vermieter steht eine Überlegungsfrist von einem Monat für die Ausübung des Kündigungsrechts zu.

Zu beachten ist, dass sämtliche Regelungen über das Eintrittsrecht bei Tod des Mieters oder die Fortsetzung mit überlebenden Mietern unabdingbar zugunsten der Mieter bzw. der eintrittsberechtigten Personen sind. Abweichende Vereinbarungen zum Nachteil solcher Personen sind daher unwirksam.

3 Nachlasspflegschaft

Ein heute nicht seltener **Fall** soll abschließend noch besprochen werden: Der allein stehende Mieter stirbt, ohne dass Erben bekannt sind oder die Erben schlagen die Erbschaft aus. Wie kann der Vermieter hier seine vertraglichen Ansprüche, z.B. auf die Durchführung von Schönheitsreparaturen, durchsetzen und das Mietverhältnis beenden?

Die einzige – legale – Möglichkeit besteht darin, beim zuständigen Nachlassgericht die **Anordnung einer Nachlasspflegschaft** zu beantragen. Ein Nachlasspfleger wird vom Gericht (Amtsgericht, in dessen Bezirk der verstorbene Mieter seinen Wohnsitz hatte) eingesetzt werden, wenn der Erbe unbekannt ist und ein Bedürfnis oder Fürsorge für den Nachlass besteht. Gemäß § 1961 BGB kann der Vermieter die Bestellung eines Nachlasspflegers verlangen, wenn er gerichtliche Ansprüche gegen den Nachlass geltend machen will, z. B. auf Zahlung der Miete. Ist der Nachlasspfleger bestellt, kann der Vermieter ihm gegenüber kündigen oder einvernehmlich die Beendigung des Mietverhältnisses herbeiführen oder die Ansprüche auf Durchführung von Schönheitsreparaturen geltend machen.

Tod des Vermieters

Stirbt der Vermieter, wird das Mietverhältnis mit den Erben fortgesetzt. Der oder die Erben als Gesamtrechtsnachfolger übernehmen alle Rechte des Erblassers aus dem Mietvertrag; sie treten in alle Pflichten ein, die der Mietvertrag dem Vermieter auferlegt. Ein Rechtsanspruch auf den Abschluss eines neuen Mietvertrages besteht daher nicht. Siehe auch „Eigentümerwechsel".

Trittschall → „Instandhaltung und Instandsetzung der Mieträume"

Überbelegung

Eine Wohnung ist überbelegt, wenn die Zahl der Bewohner deutlich über den durch den Vertragszweck und die Größe bestimmten Rahmen der vertragsgerechten Nutzung hinausgeht (so Grapentin in Bub/Treier, IV Rn. 219). Anhaltspunkte finden sich hierzu in den gesetzlichen Bestimmungen der Länder. So ist im Bay. WohnungsaufsichtsG in Art. 6 Abs. 1 ausgeführt, dass Wohnungen nur überlassen und benutzt werden dürfen, wenn für jede mindestens 6 Jahre alte Person eine Wohnfläche von mindestens 10 m², für jede noch nicht 6 Jahre alte Person eine Wohnfläche von mindestens 6 m² vorhanden ist.

Überbelegung kann ein Grund zur fristlosen Kündigung sein, wenn sie trotz Abmahnung weiterhin vorliegt. Eine fristlose Kündigung nach § 543 BGB wegen **Überbelegung** der Wohnung setzt neben der Abmahnung eine **erhebliche**, durch die Überbelegung verursachte **Verletzung der Vermieterrechte** voraus. Diese ergibt sich entgegen der Auffassung des OLG Karlsruhe (RE v. 16.3.1987, DWW 1987, 192; Weber/Marx VII/S. 39) jedoch **nicht** zwingend allein aus der Überbelegung. Obwohl die Gefahr einer übermäßigen Abnutzung oder Beschädigung der Wohnung mit dem Ausmaß der Überbelegung zunehmen wird, ist es nach dem Bundesgerichtshof (Beschl. v. 14.7.1993, WuM 1993, 529) nicht möglich, einen bestimmten Grad der Überbelegung zu definieren, von dem ab die Annahme zwingend ist, die Abnutzung führe ohne weiteres zu einer erheblichen Beeinträchtigung der Vermieterinteressen und erfordere die sofortige Auflösung des Mietverhältnisses. Insoweit können Ausstattung und Zuschnitt der bewohnten Räume, vertragliche Regelungen über die Durchführung von Schönheitsreparaturen, Alter und Lebensgewohnheiten der Bewohner ebenso von Bedeutung sein wie die Zusammensetzung der übrigen Hausbewohnerschaft. Daher ist grundsätzlich anhand der **besonderen Umstände des Einzelfalles** aufgrund einer Abwägung der Interessen beider Parteien zu beurteilen, ob die Rechte des Vermieters in erheblichem Maße verletzt sind. Dieser Auffassung folgt auch das BVerfG. Im Beschluss vom 18.10.1993 (WuM 1994, 119) wird für eine fristlose Kündigung des Vermieters wegen Überbelegung neben dem vertragswidrigen Gebrauch (durch Überbelegung) weiter vorausgesetzt, dass die Vermieterrechte erheblich verletzt worden sind. Ob dies der Fall ist, ist durch Abwägung der konkreten Auswirkungen der Überbelegung auf die berechtigten Interessen des Vermieters mit den Belangen des Mieters vom Fachgericht festzustellen.

In einer Kündigung wegen Überbelegung sollten daher nicht nur die Umstände vorgetragen werden, aus denen sich die Überbelegung ergibt, sondern auch die Auswirkungen der Überbelegung auf die Vermieterrechte (z. B. Gefährdung der Wohnsubstanz).

Auch das OLG Hamm ist zurückhaltender. Es ist in einem Rechtsentscheid der Meinung, dass sich das Recht des Vermieters zu einer ordentlichen – nicht fristlosen! – Kündigung nach den jeweils umfassend zu würdigenden Umständen des Einzelfalles im Fall der Überbelegung richtet (WuM 1982, 323; Weber/Marx, VII/S. 102).

(Vgl. auch Kündigung, Abschnitt 3.2.1.1).

Umlage von Betriebskosten → *„Betriebskosten"*

Umwandlung

1 Abgeschlossenheit, Vermieterstellung

Von Umwandlung spricht man, wenn an Mietwohnungen nachträglich Wohnungseigentum gem. den §§ 3, 8 WEG gebildet wird. Voraussetzung hierfür ist eine sog. **Abgeschlossenheitsbescheinigung.** Hierin bestätigt die zuständige Verwaltungsbehörde, dass die einzelnen Wohnungen in sich abgeschlossen sind.

Jahrelang war umstritten, ob der Begriff „abgeschlossen" im bauordnungsrechtlichen Sinn zu verstehen ist. Danach sind nur abgeschlossen solche Wohnungen oder sonstige Räume, die durch feste Wände und Decken, die den bauordnungsrechtlichen Anforderungen an Trennwände und Trenndecken – insbesondere hinsichtlich des Brand-, Schall- und Wärmeschutzes – entsprechen, baulich vollkommen von fremden Wohnungen und Räumen getrennt sind. Diese Abgeschlossenheit im bauordnungsrechtlichen Sinn soll nach dieser Auffassung durch die Bescheinigung der Baubehörde nach § 7 Abs. 4 S. 1 Nr. 2 WEG bestätigt werden (so BVerwG, NJW 1990, 848).

Der BGH hatte hingegen die Auffassung vertreten, dass es allein auf die räumliche Abgrenzung der Wohnungen ankommt und die Rechtsfrage dem Gemeinsamen Senat der obersten Gerichtshöfe des Bundes vorgelegt. Dieser hat mit Beschluss vom 30.6.1992 (WuM 1992, 671) entschieden, dass Wohnungen und sonstige Räume in bestehenden Gebäuden auch dann i. S. v. § 3 Abs. 2 S. 1 WEG in sich abgeschlossen sein können, wenn die Trennwände und Trenndecken nicht den Anforderungen entsprechen, die das Bauordnungsrecht des jeweiligen Bundeslandes aufstellt. Der Gemeinsame Senat hat in den Gründen darauf hingewiesen, dass Fragen des Mieterschutzes sich nach geltendem Recht nicht auf dem Umweg über das sachenrechtlich konzipierte und nach sachenrechtlichen Grundsätzen auszulegende WEG erfüllen lassen. Lange Zeit umstritten in der Rechtsprechung war die Frage, wer Vermieter geworden ist, wenn die Wohnung nach Überlassung an den Mieter in Wohnungseigentum umgewandelt worden ist und zusammen mit der Wohnung ein Kellerraum oder ein Tiefgaragenstellplatz

Umwandlung

vermietet ist, der nach der Teilungserklärung im Gemeinschaftseigentum aller Wohnungseigentümer steht. Der BGH (Beschl. v. 28.4.1999, Az. 8 ARZ 1/98, WuM 1999, 390) hat entschieden, dass in solchen Fällen der Erwerber alleiniger Vermieter geworden ist. Dies führt zu einer erheblichen Erleichterung für den Fall einer Mieterhöhung oder Kündigung, da nicht sämtliche Eigentümer Mitmieter geworden sind und entsprechende Erklärungen daher auch nicht mit unterschreiben müssen.

2 Kündigungssperrfrist

Ist an den vermieteten Wohnräumen nach Überlassung an den Mieter Wohnungseigentum begründet und das Wohnungseigentum veräußert worden, kann sich der Erwerber auf berechtigte Interessen gemäß § 573 Abs. 2 und 3 BGB (Eigenbedarf und Verhinderung der angemessenen wirtschaftlichen Verwertung) nicht vor Ablauf von drei Jahren seit der Veräußerung berufen (§ 577a Abs. 1 BGB). Gemeint ist die erste Veräußerung nach Umwandlung. Dem Erwerber, der kündigen will, wird die in der Person seines Rechtsvorgängers abgelaufene Wartefrist angerechnet. Wann eine Veräußerung vorliegt, ist unter „Veräußerung" und „Eigenbedarf", Abschnitt 16, dargestellt.

> Aufgrund des Mietrechtsreformgesetzes beträgt diese Frist für **Gebiete**, in denen die ausreichende Versorgung der Bevölkerung mit Mietwohnungen zu angemessenen Bedingungen besonders gefährdet ist bis zu zehn Jahre (§ 577a Abs. 2 S. 1 BGB).

Die bisher geltende Regelung des Sozialklauselgesetzes ist durch das Mietrechtsreformgesetz in einigen Punkten geändert worden. Im Folgenden wird hierzu die Begründung zum Gesetzesentwurf zitiert. § 577a Abs. 2 S. 1 BGB übernimmt aus dem Sozialklauselgesetz die Obergrenze einer 10-jährigen Kündigungssperrfrist. Unverändert beibehalten wird die Beschränkung auf Gebiete mit besonders gefährdeter Wohnungsversorgung. Anders als bisher ergibt sich aber die konkrete Dauer der Kündigungssperrfrist nicht mehr unmittelbar aus der Ermächtigungsgrundlage. § 577a Abs. 2 S. 1 BGB spricht lediglich von einer Dauer bis zu zehn Jahren. Damit sind die Landesregierungen nicht mehr an eine 5- bzw. 10-jährige Kündigungssperrfrist gebunden, sondern können nach § 577a Abs. 2 S. 2 BGB entsprechend einer von ihnen vorzunehmenden Prognose hinsichtlich der voraussichtlichen Dauer der besonderen Gefährdung eine Sperrfrist von bis zu zehn Jahren festlegen. Die Geltungsdauer der Verordnung ist auf zehn Jahre beschränkt.

Die nach früherem Recht entstandene **Sperrfrist** läuft weiter. Durch das Gesetz über eine Sozialklausel in Gebieten mit gefährdeter Wohnraumversorgung vom 22.4.1993, in Kraft getreten am 1.5.1993 (BGBl. 1993 I S. 466 ff.) wurden die Landesregierungen ermächtigt, durch Rechtsverordnungen Gebiete zu bestimmen, in denen die ausreichende Versorgung der Bevölkerung mit Mietwohnungen zu angemessenen Bedingungen in einer Gemeinde oder in einem Teil einer Gemeinde besonders gefährdet ist. Hier gilt im Fall der Umwandlung und Veräußerung eine Sperrfrist von zehn Jahren, beginnend ab der Veräußerung, in der eine Kündigung wegen Eigenbedarfs oder Verhinderung der angemessenen wirtschaftlichen Verwertung nicht möglich war.

Streitig war lange Zeit, ob dieses Gesetz rückwirkend galt oder nicht. Das OLG Stuttgart (WuM 1995, 262) war der Meinung, dass dieses Gesetz nicht anwendbar ist auf Fälle, in denen das Wohnungseigentum vor dem 1.5.1993 veräußert worden ist. Der BGH ist dem nicht gefolgt. Mit RE vom 15.11.2000 (Az. VIII ARZ 2/00, NZM 2001, 188) hat er entschieden, dass das Sozialklauselgesetz auf Fälle anwendbar ist, bei denen an vermieteten Wohnräumen nach der Überlassung an den Mieter Wohnungseigentum begründet und das Wohnungseigentum erstmals zwischen dem 1.8.1990 und dem 1.5.1993 veräußert worden ist.

> **Beispiel:**
> Beginn des Mietverhältnisses am 1.1.1980. Umwandlung im Jahr 1988, Veräußerung am 1.10.1992. Sperrfrist für eine Kündigung wegen Eigenbedarfs läuft somit bis zum 1.10.2002.

Neu eingeführt durch das Vierte Mietrechtsänderungsgesetz (BGBl. 1993 I S. 1257 ff.) und durch das Mietrechtsreformgesetz beibehalten ist ein **Vorkaufsrecht** des Mieters auch bei frei finanziertem Wohnungsbau (§ 577 BGB), siehe „Vorkaufsrecht des Mieters".

3 Umwandlung von Sozialwohnungen

Sondervorschriften gelten bei der Umwandlung von **Sozialwohnungen**: Zum einen gelten besondere Mitteilungspflichten. Der Verfügungsberechtigte ist verpflichtet, die Umwandlung unter Angabe des Namens der betroffenen Mieter unverzüglich mitzuteilen (§ 2a Abs. 1 WoBindG). Will er die umgewandelte oder umzuwandelnde Wohnung verkaufen, hat er der zuständigen Stelle mindestens einen Monat vor Vertragsbeurkundung Name und Anschrift des vorgesehenen Erwerbers mitzuteilen. Diese Stelle ist ihrerseits gehalten, den Mieter und den Erwerber über die Rechtsfolgen, insbesondere das Vorkaufsrecht des Mieters, zu belehren (§ 2a Abs. 2 WoBindG). Dieses Vorkaufsrecht des Mieters (§ 2b WoBindG) entsteht mit dem Abschluss eines Kaufvertrages zwischen dem verfügungsberechtigten Vermieter und einem Dritten über die Mietwohnung als durch Umwandlung entstandenes oder noch zu begründendes Wohnungseigentum. Beim **Gesamtverkauf** eines öffentlich geförderten, mit Mietwohnungen bebauten Grundstücks entsteht das Recht zur Ausübung des Vorkaufsrechts nicht, es sei denn, die vom vorkaufsberechtigten Mieter bewohnte Wohnung ist als Teilobjekt des Veräußerungsvertrages so hinreichend bestimmt, dass sie in Verbindung mit einem Miteigentumsanteil an dem Grundstück der rechtlich selbstständige Gegenstand eines rechtsgültigen Kaufvertrages sein kann (so BayObLG, RE v. 16.4.1992, WuM 1992, 351). Zum anderen hat der Mieter einer solchen Wohnung einen verstärkten Kündigungsschutz.

Umwandlung

> Die **Kündigung** eines Mietverhältnisses über eine Sozialwohnung, die in eine Eigentumswohnung umgewandelt worden ist, wegen Eigenbedarfs des Erwerbers, ist während der Dauer der Sozialbindung ausgeschlossen (§ 6 Abs. 7 WoBindG).

Das bedeutet, dass der Erwerber bei vorzeitiger Rückzahlung des öffentlichen Baudarlehens grundsätzlich die achtjährige Nachwirkungsfrist abwarten muss, bevor er kündigen kann. Ausnahmen von dieser achtjährigen Nachwirkungsfrist gelten bei sog. **Kleindarlehen** unter 3.000 DM. Diese Wohnungen gelten als öffentlich gefördert bis zum Zeitpunkt der Rückzahlung. Weitere Kündigungsbeschränkungen ergeben sich aus § 577c BGB.

Komplizierter ist die Rechtslage in den Fällen, bei denen es sich nicht um ein Kleindarlehen handelt. Liegt die Wohnung in einem Gebiet mit erhöhtem Wohnbedarf (diese werden durch Verordnung der Landesregierungen bzw. der von diesen ermächtigten Stellen bestimmt), bleibt es bei der achtjährigen Nachwirkungsfrist und somit bei einer achtjährigen **Kündigungssperre** für Eigenbedarfskündigungen. Außerhalb dieser Gebiete liegende, zur Zeit der Rückzahlung nicht vermietete Wohnungen werden zu diesem Zeitpunkt frei (§ 16 Abs. 3 Nr. 1 WoBindG). Ansonsten kommt es darauf an, ob die Wohnung fehlbelegt ist, d.h. wenn das Jahreseinkommen des Mieters und der zur Familie rechnenden Angehörigen die in § 25 II. WoBauG festgelegte Grenze übersteigt.

Dies ist die Rechtslage, wenn die als Darlehen bewilligten öffentlichen Mittel vor dem 31.12.1989 vorzeitig zurückgezahlt wurden. Aufgrund des Wohnungsbindungsänderungsgesetzes vom 17.5.1990 gelten folgende Bestimmungen, wenn die als Darlehen bewilligten öffentlichen Mittel **nach dem 31.12.1989** vorzeitig zurückgezahlt wurden oder wenn auf die weitere Auszahlung bewilligter Zuschüsse zur Deckung der laufenden Aufwendungen oder bewilligter Zinszuschüsse aus öffentlichen Mitteln verzichtet wurde:

Werden die für eine Wohnung als Darlehen bewilligten öffentlichen Mittel ohne rechtliche Verpflichtung vorzeitig vollständig zurückgezahlt, gilt die Wohnung als öffentlich gefördert bis zum Ablauf des 10. Kalenderjahrs nach dem Jahr der Rückzahlung, längstens jedoch bis zum Ablauf des Kalenderjahres, in dem die Darlehen nach Maßgabe der Tilgungsbedingungen vollständig zurückgezahlt wären (§ 16 Abs. 1 WoBindG).

§ 16 Abs. 3 WoBindG ist weggefallen. Die Wohnung behält daher die Eigenschaft „öffentlich gefördert" bei freiwilliger **vorzeitiger Rückzahlung** auch dann, wenn die Wohnung zur Zeit der Rückzahlung nicht vermietet war oder der Mieter seine Wohnberechtigung entgegen einer Aufforderung nicht nachgewiesen hatte.

Unverändert geblieben ist nur die Regelung in § 16 Abs. 2 (Kleindarlehen unter 3.000 DM pro Wohnung) und § 16 Abs. 5 WoBindG (selbstgenutztes Eigenheim oder Eigentumswohnung). Hier verbleibt es bei der früheren Rechtslage, d.h. Wegfall der öffentlichen Bindung zum Zeitpunkt der Rückzahlung.

Unbefugte Gebrauchsüberlassung → *„Vertragswidriger Gebrauch"*

Unpünktliche Mietzahlung → *„Kündigung", Abschnitt 3.2.1*

Untermiete

Inhaltsübersicht Seite

1	**Voraussetzung**	U 6
2	**Erlaubnispflicht**	U 6
3	**Wohnraum-Mietverhältnis**	U 10
3.1	Berechtigtes Interesse	U 11
3.2	Zeitpunkt des Vorliegens der Gründe	U 12
3.3	Anspruch auf Genehmigung	U 12
3.4	Verweigerung der Genehmigung	U 13
3.5	Mieterhöhung	U 14
4	**Rechtsverhältnis Mieter – Untermieter**	U 14
5	**Rechtsverhältnis Vermieter – Untermieter**	U 15

1 Voraussetzung

Untermiete liegt vor, wenn der Mieter den Gebrauch der gemieteten Sache einem Dritten gegen Entgelt überlässt. Vermietet der Eigentümer einer Sache, z. B. einer Wohnung, diese ganz oder teilweise, so ist das nicht Untermiete, der Untermietvertrag hat vielmehr einen sog. **Hauptmietvertrag** zur Voraussetzung. Die Kette setzt sich zusammen aus Vermieter (i. d. R. der Eigentümer), Hauptmieter (Untervermieter) und Untermieter. Für den Untermietvertrag, der keiner besonderen Form bedarf, gelten die allgemeinen Regelungen über die Miete. Das Gleiche gilt für das Verhältnis zwischen Vermieter und Mieter (Hauptmieter).

2 Erlaubnispflicht

Grundsätzlich ist der Mieter nicht berechtigt, **ohne Erlaubnis des Vermieters** den Gebrauch der gemieteten Sache einem Dritten zu überlassen, insbesondere die Sache weiterzuvermieten. Verweigert der Vermieter die Erlaubnis, ist der Mieter zur außerordentlichen Kündigung des Mietverhältnisses unter Einhaltung der gesetzlichen Frist (bei Wohnraum 3 Monate gem. § 573d Abs. 2 BGB, bei Geschäftsraum spätestens am dritten Werktag eines Kalendervierteljahres zum Ablauf des nächsten Kalendervierteljahres, § 580a Abs. 2, 4 BGB) berechtigt, sofern die Verweigerung nicht darauf beruht, dass in der Person des Dritten ein wichtiger Grund vorliegt (§ 540 Abs. 1 BGB).

Erklärt der Vermieter auf Anfrage des Mieters, dass er eine in Aussicht genommene Untervermietung auf jeden Fall ablehnt, entsteht das **Sonderkündigungsrecht** des Mieters (§ 540 Abs. 1 S. 2 BGB), ohne dass der Mieter noch einen konkreten Untermietinteressenten benennen muss (KG, RE v. 16.9.1996, WuM 1996, 696). Ebenso entsteht das Sonderkündigungsrecht, wenn der Mieter einen konkreten Untermieter mit Namen und Anschrift benannt hat, und der Vermieter innerhalb der vom Mieter gesetzten angemessenen Frist – im entschiedenen Fall 20 Tage – keine Erklärung abgibt. Dann ist das Schweigen als Verweigerung der Zustimmung zu werten (OLG Köln, Urt. v. 1.9.2000, Az. 19 U 53/00, WuM 2000, 597). Zum Sonderkündigungsrecht bei Wohnraummietverhältnissen s. Abschnitt 3.

Die früher vertretene Ansicht, dass sich § 540 Abs. 1 BGB nur auf die Überlassung zum selbstständigen Gebrauch bezieht, wurde vom OLG Hamm (RE v. 17.8.1982, WuM 1982, 318; Weber/Marx, VII/S. 73) dahin korrigiert, dass diese Gesetzesbestimmung auch dann anzuwenden ist, wenn der Mieter einen Dritten zum Mitgebrauch der Wohnung für dauernd in den Haushalt aufnimmt. Hiervon kann folglich nicht gesprochen werden, wenn der Mieter **Besuch** empfängt (auch für längere Zeit).

Der Mieter darf daher grundsätzlich Dritte nur mit Erlaubnis des Vermieters auf Dauer in die gemietete Wohnung aufnehmen, unabhängig davon, ob er ihnen einen Teil der Wohnung zum selbstständigen Gebrauch überlässt oder ob er ihnen lediglich den unselbstständigen Mitgebrauch gestattet. Nächste Familienangehörige, zum Haushalt gehörende Bedienstete oder Personen, die der Mieter zu seiner Pflege benötigt, sind jedoch keine Dritte i. S. d. § 540 Abs. 1 S. 2 BGB. Die Aufnahme solcher Personen gehört zum Mietgebrauch, eine Erlaubnis des Vermieters ist nicht erforderlich.

Umstritten ist allerdings, wo für Familienangehörige im Einzelnen die Grenze zu ziehen ist. Zum privilegierten Personenkreis gehören die Ehegatten ebenso wie die gemeinsamen Kinder. In der Regel werden hierzu auch die Stiefkinder des Mieters oder seines Ehepartners gezählt (OLG Hamm, WuM 1997, 364), ebenso die Enkel (LG Wuppertal, MDR 1971, 49). Demgegenüber hat das BayObLG (RE v. 29.11.1983, WuM 1984, 13) entschieden, dass es sich bei der Aufnahme des Bruders stets um eine erlaubnispflichtige Drittüberlassung handelt. Dies wird auch für den Schwager des Mieters gelten. In diesen Fällen ist also bei Wohnraum zu prüfen, ob die

Untermiete

Voraussetzungen des § 553 Abs. 1 BGB vorliegen (s. dazu Abschnitt 3).

Mit RE vom 6.10.1997 (Az. RE-Miet 2/96, NZM 1998, 29) hat sich das BayObLG mit der Frage auseinander gesetzt, ob die Aufnahme der Eltern des Mieters keiner Genehmigung des Vermieters bedarf, da es sich nicht um Dritte im Sinne des § 540 Abs. 1 S. 1 BGB handelt. Das Gericht führt aus, dass diese Frage einer generellen Beantwortung nicht zugänglich ist. Nach den heutigen tatsächlichen Verhältnissen wird zwar eine Wohnung in der Regel nur für die Nutzung durch eine so genannte Kleinfamilie angemietet. Im vorliegenden Fall handelte es sich allerdings um ein Einfamilienhaus mit ausgebautem Dachgeschoss. Wenn konkrete mietvertragliche Vereinbarungen fehlen, kommt es daher insbesondere auf die Art und den Zuschnitt der Wohnung sowie darauf an, ob die Zahl der Personen überschritten wird, mit deren Aufnahme in die Wohnung der Vermieter bei Abschluss des Mietvertrages rechnen musste.

Der **wichtige Grund** für die Verweigerung der Erlaubnis der Gebrauchsüberlassung kann nicht beliebiger Art sein, sondern muss in der Person des Dritten liegen. Ein Grund in der Person des Dritten liegt nicht vor, wenn die aufzunehmende Person, gleich welchen Geschlechts, mit dem Mieter eine Wohngemeinschaft oder Lebensgemeinschaft begründen will.

Als Verweigerungsgründe kommen in Betracht:

- persönliche Feindschaft des Dritten mit dem Vermieter oder anderen Mietern,
- nicht vertragsgemäßer Gebrauch der zu überlassenden Sache,
- Änderung des Vertragszwecks,
- Wettbewerb des Dritten mit dem Vermieter oder anderen Mietern,
- Überbelegung des untervermieteten Raumes.

So steht dem Mieter ein außerordentliches Kündigungsrecht nicht zu, wenn mit der Absicht der Untervermietung eine nicht unwesentliche Änderung des Vertragszwecks, insbesondere eine einseitige Änderung der vertraglich vereinbarten Nutzungsart verbunden ist, z. B. Kleintierarztpraxis anstelle einer Zahnarztpraxis (OLG Köln, NJW-RR 1997, 204).

Ob der Dritte oder Untermieter in der Lage ist, die Miete zu zahlen, spielt keine Rolle, weil nicht er, sondern der Mieter die Miete an den Vermieter zu zahlen und für seine **Zahlungspflicht** ohne Rücksicht darauf einzustehen hat, ob der Untermieter zahlt oder nicht.

Die Erlaubnis der Gebrauchsüberlassung kann sowohl (oft schon im Voraus) generell oder für den Einzelfall erteilt werden. Die erteilte Erlaubnis kann der Vermieter aus wichtigem Grund **widerrufen**. Hier dürften im Wesentlichen die gleichen Gründe in Betracht kommen, die für die Erlaubnisverweigerung gelten. Die Klausel in einem Formular-Mietvertrag, wonach der Vermieter seine Erlaubnis zur Untervermietung jederzeit widerrufen kann, verstößt nach der Rechtsprechung des BGH (ZMR 1987, 295) gegen § 9 AGB-Gesetz und ist daher wegen unangemessener Benachteiligung des Mieters unwirksam. Das Gericht stellt heraus, dass durch die Erlaubnis zur Untervermietung der Rahmen des vertragsgemäßen Gebrauchs der Mietsache erweitert wird. Diese Erweiterung der Nutzungsmöglichkeiten für den Mieter sei i. d. R. dazu bestimmt, eine rechtliche und wirtschaftlich geeignete Grundlage für seine Dispositionen als Untervermieter zu schaffen.

Der Vorschrift des § 540 Abs. 1 BGB kommt besondere Bedeutung bei langfristigen Verträgen zu, wenn der Mieter vorzeitig aus dem Vertrag aussteigen will, etwa wegen mangelnder Rentabilität des Geschäftsbetriebes. Ein vertraglicher Ausschluss durch Individualvereinbarung dieses Kündigungsrechts ist, abgesehen von Wohnraummietverhältnissen, grundsätzlich möglich.

> Ein **formularmäßiger Ausschluss** dieses außerordentlichen Kündigungsrechts für den Fall der Verweigerung der Untervermietungserlaubnis, ohne dass ein wichtiger Grund in der Person des Untermieters vorliegt, ist nach der überwiegenden Meinung aufgrund eines Verstoßes gegen § 9 AGB-Gesetz jedenfalls bei Wohnraum unwirksam (LG Hamburg, WuM 1992, 689).

Umstritten ist, ob eine solche Formularklausel bei **gewerblichen** Mietverhältnissen zulässig ist (so Wolf-Eckert, Rn. 959) oder nicht (Sternel, II Rn. 252; IV, Rn. 487). Der BGH hat in einem Urteil zum Finanzierungsleasing (BB 1990, 1296) darauf verwiesen, dass das Interesse des Vermieters von Gewerberaum nicht als unbillig anzusehen sei, die Mietsache nur dem ihm bekannten Vertragspartner zur Nutzung zu überlassen und insoweit auf Erhaltung der vertraglichen Bindung zu bestehen. Nunmehr hat allerdings der BGH (Urt. v. 24.5.1995, WuM 1995, 481) entschieden, dass der formularmäßige Ausschluss des Sonderkündigungsrechts des Mieters von Geschäftsräumen bei Verweigerung der Erlaubnis zur Untervermietung (§ 9 AGB-Gesetz) unwirksam ist, wenn eine Untervermietung nach der Vertragsgestaltung nicht ausgeschlossen ist, aber der Vermieter die erforderliche Erlaubnis nach Belieben verweigern kann.

Im Mietvertrag befand sich hierzu folgende Klausel: „Untervermietung oder sonstige Gebrauchsüberlassung an Dritte darf nur mit schriftlicher Einwilligung des Vermieters erfolgen. Diese Einwilligung kann widerrufen werden. Die Anwendung des § 540 Abs. 1 S. 2 BGB ist ausgeschlossen."

Der BGH führt aus, dass bereits der erste Satz der Klausel im Hinblick auf das Erfordernis, die Einwilligung schriftlich zu erteilen, und der zweite Satz im Hinblick auf die freie Widerrufbarkeit der Untermieterlaubnis einer Inhaltskontrolle nach § 9 AGB-Gesetz nicht standhält mit der Folge, dass an deren Stelle die gesetzliche Regelung tritt. Die Möglichkeit der Untervermietung ist hier daher mit Erlaubnis des Vermieters gegeben (§ 540 Abs. 1 S. 1 BGB).

Es bleibt offen, ob eine Untervermietung durch Formularvertrag mit einer anderen Formulierung wirksam ganz ausgeschlossen werden kann. Im vorliegenden Fall hatte der BGH lediglich die Fallgestaltung zu beurteilen, dass eine Untervermietung nicht ausgeschlossen ist und damit eine entsprechende Erweiterung des vertragsgemäßen Gebrauchs in Betracht kommt, dass aber durch die Formularklausel letztlich in das Belieben des Vermieters gestellt wird, ob er die erforderliche Erlaubnis erteilt. Möglich dürfte aber wohl eine Individualvereinbarung sein, die zum einen die Untervermietung generell und zum anderen ebenso das Sonderkündigungsrecht (§ 540 Abs. 1 S. 2 BGB) ausschließt.

Bei unberechtigter Untervermietung hat der Vermieter keinen gesetzlichen Anspruch auf Zahlung eines **Untermietzuschlages** oder Herausgabe des von dem Mieter durch die Untervermietung erzielten Mehrerlöses (BGH, Urt. v. 13.12.1995, WuM 1996, 216).

Eine Klausel in einem Mietvertrag, wonach der Mieter im Fall der Untervermietung die Untermiete an den Vermieter zur Sicherheit abtritt, ist mangels Bestimmtheit unwirksam, wie das OLG Hamburg (Urt. v. 10.12.1997, Az. 4 U 98/97, WuM 1999, 278) entschieden hat. Das Gericht führt aus, dass auch künftige Forderungen abgetreten werden können, wobei aber klar sein muss, welche Forderungen auf den Vermieter übergehen sollen. Bei der vorliegenden vertraglichen Bestimmung war aber völlig unklar, zu welchem Zeitpunkt und in welcher Höhe der Hauptvermieter den Anspruch auf die Untermiete erwerben sollte.

3 Wohnraum-Mietverhältnis

Für **Wohnraum** gilt § 553 BGB: Wenn für den Mieter von Wohnraum nach Abschluss des Mietvertrages ein berechtigtes Interesse besteht, einen Teil des Wohnraumes einem Dritten zum Gebrauch zu überlassen, kann er vom Vermieter die Erlaubnis hierzu verlangen. Dies gilt nicht, wenn in der Person des Dritten ein wichtiger Grund vorliegt, der Wohnraum übermäßig belegt würde oder sonst dem Vermieter die Überlassung nicht zugemutet werden kann. Eine zum Nachteil des Mieters hiervon abweichende Vereinbarung ist unwirksam.

Der Mieter von Wohnraum hat keinen Anspruch auf Erteilung einer **generellen**, nicht personenbezogenen Untervermieterlaubnis (KG Berlin, RE v. 11.6.1992, WuM 1992, 350). Das Gericht begründet dies zum einen aus dem Wortlaut des § 553 Abs. 1 BGB, zum anderen damit, dass nur dann der Anspruch des Mieters auf Erteilung der Erlaubnis geprüft werden kann, wenn dem Vermieter die Person des Dritten, der Untermieter werden soll, genannt wird. Der Anspruch ist also immer nur auf einen bestimmten Untermieter bezogen.

Hiervon abweichend können natürlich die Parteien im Einzelfall andere vertragliche Vereinbarungen treffen, insbe-

Untermiete

sondere kann der Vermieter generell die Untervermietung gestatten.

Um sich aus einem langfristigen Mietverhältnis zu lösen oder eine längere Kündigungsfrist zu umgehen, bitten die Mieter den Vermieter um Genehmigung zur Untervermietung, ohne einen konkreten Untermieter zu benennen. Lehnt der Vermieter dies generell ab, soll das Sonderkündigungsrecht gem. § 540 Abs. 1 S. 2 BGB eröffnet sein (LG Nürnberg-Fürth, WuM 1995, 587; LG Hamburg, NZM 1998, 1003; LG Köln, WuM 1998, 154). Schweigt der Vermieter auf die Anfrage, ist dies nicht als generelle Verweigerung der Erlaubnis zur Untervermietung anzusehen (OLG Koblenz, RE v. 30.4.2001, Az. 4 W-RE 525/00, WuM 2001, 272). Ein Sonderkündigungsrecht besteht daher nicht.

Dieser Ansicht ist auch das LG Gießen (WuM 1999, 458): Erklärt der Vermieter auf eine generelle Anfrage, er werde die beabsichtigte Untervermietung ablehnen, hat der Mieter ein Sonderkündigungsrecht, ebenso, wenn der Mieter den in Aussicht genommenen Untermieter konkret benennt, der Vermieter aber hierauf schweigt. Kein Sonderkündigungsrecht steht dem Mieter hingegen zu, wenn der Vermieter auf eine generelle Anfrage hin schweigt. Dies folgt daraus, dass das Gesetz dem Mieter kein generelles, die Person des Untermieters ganz in sein Belieben stellendes Recht zur Untervermietung zugesteht. Ein Mieter, der dies vom Vermieter gleichwohl verlangt, darf daher dessen Schweigen nicht dahin verstehen, dass damit die Untervermietung in jedem Fall abgelehnt wird. Der Vermieter muss sich nämlich nur mit einem solchen Zustimmungsverlangen auseinander setzen, das den gesetzlichen Anforderungen genügt.

3.1 Berechtigtes Interesse

Bei der Annahme eines **berechtigten Interesses** ist die Rechtsprechung sehr großzügig, das OLG Hamm hat in einem Rechtsentscheid die Grenzen weit abgesteckt.

Danach hat der Mieter – unbeschadet etwaiger Einwendungen des Vermieters aus dem Gesichtspunkt der Unzumutbarkeit – bereits dann ein berechtigtes Interesse an der Aufnahme Dritter, wenn er im Rahmen seiner Lebensgestaltung aus persönlichen oder wirtschaftlichen Gründen mit dem Dritten eine **auf Dauer angelegte Wohngemeinschaft** begründen will, gleichviel, ob es sich bei dem Dritten um eine Person gleichen oder anderen Geschlechts handelt (WuM 1982, 318; Weber/Marx, VII/S. 73).

Eine gewisse Konkretisierung ist durch einen Rechtsentscheid des BGH erfolgt. Danach hängt es von der Darlegung der **tatsächlichen Gründe** im Einzelfall ab, ob der Wunsch des Mieters, im Rahmen seiner Lebensgestaltung aus persönlichen Gründen mit dritten Personen gleichen oder anderen Geschlechts eine auf Dauer angelegte Wohngemeinschaft zu bilden, ein berechtigtes Interesse darstellt (§ 553 Abs. 1 BGB; WuM 1985, 7; Weber/Marx, VII/S. 75). Der bloße Wunsch des Mieters begründet also noch kein berechtigtes Interesse. Die Darlegung tatsächlicher Gründe ist deshalb erforderlich, damit der Vermieter überhaupt nachprüfen kann, ob die gesetzlichen Voraussetzungen gegeben sind. Auch aus wirtschaftlichen Gründen kann sich ein berechtigtes Interesse zur Untervermietung ergeben, so z. B. bei Auszug eines Mitmieters (s. „Wohngemeinschaft"). Umstritten ist, ob der Mieter auch bei Abwesenheit einen Anspruch auf Gestattung der Untervermietung eines Teils der Wohnung hat. Das LG Berlin (Beschl. v. 14.2.1994, NJW-RR 1994, 1289) hat im Fall einer **berufsbedingten Abwesenheit** ein berechtigtes Interesse des Mieters bejaht. Dies gilt allerdings nur dann, wenn der Untermieter die Wohnung nicht insgesamt zum selbstständigen Gebrauch erhalten soll, sie also z. B. möbliert anmietet. Der bloße Wunsch, wirtschaftliche Vorteile aus der Untervermietung zu ziehen, reicht für den Anspruch auf Erteilung der Untervermietungserlaubnis alleine nicht aus. Ein berechtigtes Interesse, während eines längeren Urlaubs einen Teil der Wohnung unterzuvermieten, besteht daher nicht (LG Berlin, WuM 1996, 762).

3.2 Zeitpunkt des Vorliegens der Gründe

Diese tatsächlichen **Gründe** dürfen erst **nach** Abschluss des Mietvertrages entstanden sein. Insoweit hat der Mieter eine Darlegungspflicht.

3.3 Anspruch auf Genehmigung

Liegen diese Voraussetzungen vor, hat der Mieter einen einklagbaren **Anspruch auf Erteilung** der Genehmigung.

Zwei in der Praxis immer wieder auftauchende Fälle sollen noch kurz behandelt werden:

Ein Mieter mietet die Wohnung an, und eine Zeit später wohnt auch noch der **Freund oder die Freundin** dort, ohne dass dem Vermieter hiervon Mitteilung gemacht wurde. Der Vermieter mahnt, nachdem er dies entdeckt hat, die unbefugte Gebrauchsüberlassung unter Fristsetzung ab (vgl. „Vertragswidriger Gebrauch") und kündigt nach fruchtlosem Fristablauf fristlos. Im nachfolgenden Räumungsprozess trägt der Mieter einredeweise vor, dass er nach der höchstrichterlichen Rechtsprechung einen Anspruch auf Genehmigung der Untervermietung habe und die Kündigung deshalb unwirksam sei. Zwar hat das OLG Frankfurt a.M. in einem Rechtsentscheid entschieden, dass dann, wenn der Mieter einem Dritten den ihm unbefugt überlassenen Gebrauch der Mietsache ungeachtet einer Abmahnung des Vermieters belässt, dieser zur fristlosen Kündigung berechtigt ist, ohne dass es der Feststellung erheblicher Beeinträchtigung seiner Rechte bedarf (WuM 1989, 395; Weber/Marx, VIII/ S. 42). Dies bedeutet aber nach Ansicht des OLG Frankfurt nicht, dass schon die unbefugte Gebrauchsüberlassung allein die fristlose Kündigung begründet, ob nun ein Recht dazu bestand oder nicht. In den Gründen führt das Gericht nämlich aus:

> „Die Rechtsprechung lässt zu, eine unbefugte Gebrauchsüberlassung nur

> dann zu bejahen, wenn der Mieter keinen Anspruch auf die Erlaubnis zur Gebrauchsüberlassung hat."

Der Mieter kann also dem Räumungsanspruch des Vermieters den Einwand unzulässiger Rechtsausübung entgegenhalten, wenn die Voraussetzungen zur Erteilung der Untermieterlaubnis vorlagen, auch wenn er die Erlaubnis nicht eingeholt hat.

In dieser Richtung hat auch das BayObLG (RE v. 26.10.1990, WuM 1991, 18) entschieden. Danach kann die vom Vermieter wegen der unerlaubten Gebrauchsüberlassung erklärte Kündigung unwirksam sein, wenn der Mieter im Zeitpunkt der Kündigung einen Anspruch auf Erteilung der Erlaubnis hat. Anders hat das BayObLG (RE v. 26.4.1995, WuM 1995, 378) im Fall einer ordentlichen Kündigung entschieden: Der Mieter verletzt seine vertraglichen Pflichten, wenn er ohne Erlaubnis des Vermieters untervermietet, und zwar auch dann, wenn ihm ein Anspruch auf Erteilung der Erlaubnis zusteht. Diese Pflichtverletzung kann ein berechtigtes Interesse des Vermieters an der Beendigung des Mietverhältnisses durch ordentliche Kündigung begründen. Das Bestehen eines solchen Anspruchs ist im Rahmen der Prüfung zu würdigen, ob im Einzelfall eine nicht unerhebliche Pflichtverletzung vorliegt und ob der Mieter schuldhaft gehandelt hat.

Der zweite Fall, der in Zeiten knappen Wohnraums immer häufiger wird, ist folgender: Der Mieter einer billigen Altbauwohnung zieht aus, behält aber **pro forma ein Zimmer** und überlässt die Wohnung Freunden oder Verwandten. Nach dem eindeutigen Wortlaut von § 553 Abs. 1 BGB kann der Mieter von Wohnraum die Erlaubnis zur Untervermietung nur für einen Teil der Wohnung verlangen.

> Die Beweislast dafür, dass der Mieter die gesamte Wohnung Dritten überlassen hat, liegt beim Vermieter, wenn der Mieter einwendet, einen Teil der Wohnung noch selbst zu nutzen.

Zwar hat das LG Berlin entschieden, dass der Rest der Wohnung für den Mieter als dessen Lebensmittelpunkt verbleiben muss (WuM 1982, 58). Das LG Heidelberg ist jedoch der Ansicht, dass zeitweilige Abwesenheit nicht schadet (WuM 1987, 316). Der Nachweis der Überlassung der gesamten Wohnung stößt daher oft auf Schwierigkeiten.

3.4 Verweigerung der Genehmigung

Auch bei Wohnraum kann der Vermieter diese Genehmigung verweigern, wenn in der Person des Dritten ein **wichtiger Grund** vorliegt, der Wohnraum übermäßig belegt würde oder dem Vermieter die Überlassung nicht zugemutet werden kann. Die Tatsache, dass der Untermieter Ausländer ist, genügt zur Ablehnung nicht (vgl. LG Köln, WuM 1978, 50).

Ein wichtiger Grund liegt dann vor, wenn konkrete, beweisbare Tatsachen dafür vorliegen, dass der Dritte den

Hausfrieden stören oder das Mietobjekt übermäßig abnutzen oder schädigen wird (vgl. Sternel, II Rn. 255). Eine Kirchengemeinde oder eine sonstige kirchliche Institution kann als Vermieterin die Erlaubnis zur Aufnahme eines Lebensgefährten nicht allein deshalb als unzumutbar ablehnen, weil die nichteheliche Lebensgemeinschaft im Widerspruch zu Glauben und Lehre der Kirche steht (OLG Hamm, RE v. 23.10.1991, WuM 1991, 668).

3.5 Mieterhöhung

Der Vermieter kann die Erlaubnis davon abhängig machen, dass der **Mieter** sich mit einer Mieterhöhung **einverstanden** erklärt, wenn dem Vermieter die Überlassung nur bei einer angemessenen Erhöhung zuzumuten ist (§ 553 Abs. 2 BGB). In welcher Höhe dieser Zuschlag zu zahlen ist, regelt das Gesetz nicht. Abgegolten werden darf dadurch aber nur die zusätzliche Abnutzung der Wohnung. In der Praxis hat die Bestimmung geringe Auswirkung. Teilweise wird die Ansicht vertreten, dass der Vermieter keinen Anspruch auf einen Zuschlag hat, wenn erst mit der Untervermietung ein der Größe der Wohnung entsprechender Gebrauch eintritt. Umstritten sind die Rechtsfolgen, wenn der Mieter sich weigert, den Untermieterzuschlag zu zahlen. Der Vermieter muss entweder auf Leistung (Zahlung) oder auf Feststellung klagen, dass er zur Genehmigung der Untervermietung nur bei Zahlung eines entsprechenden Zuschlages durch den Mieter verpflichtet ist. Einen Anspruch auf Herausgabe der vom Mieter eingenommenen Untermiete hat der Vermieter nicht.

Bei **preisgebundenem** Wohnraum kann ein **Zuschlag** erhoben werden, und zwar von 5 DM monatlich bei einem Untermieter und von 10 DM monatlich bei zwei und mehr Untermietern (§ 26 Abs. 3 NMV).

4 Rechtsverhältnis Mieter – Untermieter

Die **Rechtsverhältnisse** zwischen Mieter und Untermieter bestimmen sich nach dem abgeschlossenen Vertrag und den gesetzlichen Bestimmungen des Mietrechts. So gelten auch hier bei Wohnraum die Kündigungsschutzvorschriften und die Bestimmungen über Mieterhöhungen des BGB.

Enthält der Hauptmietvertrag keine Regelung über die Zulässigkeit einer Untervermietung und schließt der Hauptmieter einen Untermietvertrag ab, ohne zuvor die erforderliche Erlaubnis des Hauptvermieters einzuholen, beeinträchtigt das die Wirksamkeit des Untermietvertrages nicht. Erteilt der Hauptvermieter die Erlaubnis nicht und kündigt wegen unberechtigter Untervermietung den Hauptmietvertrag, muss der Untervermieter für den dann entstehenden Rechtsmangel eintreten (Palandt, BGB, § 549 Rn. 21; s. auch „Mängel").

Will der Untervermieter dieses **Haftungsrisiko** vermeiden, empfiehlt es sich, den Untermietvertrag unter dem Vorbehalt bzw. der aufschiebenden Bedingung (§ 158 Abs. 1 BGB) der

Erlaubnis des Hauptvermieters abzuschließen.

5 Rechtsverhältnis Vermieter – Untermieter

Zwischen Vermieter und Untermieter bestehen keine vertraglichen Beziehungen. Der Untermieter ist daher auch nicht in den Schutzbereich des Hauptmietvertrages einbezogen. Endet das Hauptmietverhältnis zwischen Vermieter und Mieter, hat der Vermieter einen direkten **Herausgabeanspruch** gegen den Untermieter (§ 546 Abs. 2 BGB). Macht der Vermieter diesen Anspruch gegen den Untermieter geltend, entfällt der Mietanspruch des Untervermieters gegen den Untermieter, wie das OLG Hamm in einem Rechtsentscheid entschieden hat, egal, ob das Untermietverhältnis noch andauert oder nicht (WuM 1987, 346; Weber/Marx, VII/S. 36). Gegen den Herausgabeanspruch des Vermieters kann sich der Untermieter nicht auf die Kündigungsschutzvorschriften berufen. Eine **Räumungsfrist** wird ihm aber zuzubilligen sein. Voraussetzung des Herausgabeanspruches ist, dass der Untermieter vom Vermieter zur Rückgabe aufgefordert wird.

Räumt der Untermieter nach Beendigung des Hauptmietverhältnisses nicht fristgerecht, kann der Hauptvermieter von ihm im Wege des Schadensersatzanspruchs eine **Nutzungsentschädigung** in Höhe des Mietausfalls für die gesamte Wohnung verlangen (§ 990 Abs. 2 BGB; LG Kiel, WuM 1995, 540). Der Anspruch geht auch dann auf die gesamte Miete, wenn der Untermieter nur einen Teil der Wohnung nutzt (OLG Hamburg, ZMR 1958, 298), weil es dem Vermieter nicht zumutbar ist, die Wohnung in Teilen zurückzunehmen bzw. zum Teil zu vermieten. Eine abgeschlossene Wohnung kann nur als Einheit zurückgegeben werden. Dies gilt auch bei gewerblichen Mietverhältnissen. Das OLG Hamburg hat entschieden, dass im Fall einer unerlaubten Unterverpachtung der Eigentümer den Unterpächter auf Zahlung einer Nutzungsentschädigung in Anspruch nehmen kann, wenn das Pachtverhältnis beendet ist und der Unterpächter die Sache nicht zurückgibt (OLG Hamburg, Urt. v. 19.8.1998, Az. 4 U 28/97, ZMR 1999, 481). Diese Entscheidung gilt auch für Mietverhältnisse. Die Anspruchsgrundlage des Vermieters ergibt sich nicht aus § 546a Abs. 1 BGB (Zahlung einer Nutzungsentschädigung), da zwischen Hauptvermieter und Untermieter keine mietvertraglichen Beziehungen bestehen. Vielmehr wird die Zahlung der Nutzungsentschädigung gemäß den §§ 987, 990, 991 BGB geschuldet. Diese Vorschriften regeln das Verhältnis zwischen Eigentümer und Besitzer und sind hier neben den mietrechtlichen Vorschriften anwendbar.

Anders ist die Rechtslage, wenn der Mieter, also der Untervermieter, ein **gewerblicher Zwischenmieter** ist (vgl. „Herausgabeanspruch gegen Dritte"). Der Vermieter tritt im Fall der gewerblichen Zwischenvermietung bei der Beendigung des Mietverhältnisses Zwischenmieter – Endmieter in die Rechte und Pflichten aus dem Mietverhältnis zwischen diesen ein (§ 565 BGB, eingeführt durch das Vierte Mietrechtsänderungsgesetz). Schließt der Vermieter erneut einen Mietvertrag zum Zweck der gewerblichen Weitervermietung ab, tritt der Mieter anstelle des bisherigen Vertragspartners in die Rechte und Pflichten aus dem Mietverhältnis mit dem Dritten ein. Die §§ 566a bis 566e BGB gelten entsprechend, eine zum Nachteil des Endmieters abweichende Vereinbarung ist unwirksam. Damit hat der Gesetzgeber die Vorlagen einer Entscheidung des BVerfG (WuM 1991, 422) erfüllt, wonach es gegen Art. 3 Abs. 1 GG verstößt, einem Mieter, der in Kenntnis der Eigentumsverhältnisse Wohnraum von einem gewerblichen Zwischenmieter und nicht unmittelbar vom Eigentümer gemietet hat, den Kündigungsschutz des sozialen Mietrechts zu versagen.

Anders sind die Fälle zu behandeln, in denen der Hauptmieter **eigene Interessen** verfolgt, z. B. Anmietung zur Weitervermietung an Angestellte, zur Erfüllung satzungsmäßiger Bestimmungen etc. In diese Richtung geht auch der Rechtsentscheid des OLG Hamburg vom 16.4.1993 (WuM 1993, 249). Danach kann sich ein Mieter, der von einem nicht erwerbswirtschaftlich tätigen Verein Räume zu Wohnzwecken gemietet hat und gegenüber seinem Vermieter Kündigungsschutz genießen würde, gegenüber dem Herausgabeanspruch des Hauptvermieters nach beendigtem Hauptmietverhältnis nicht auf den Kündigungsschutz berufen, wenn der Eigentümer das Mietobjekt an den Verein zur Instandsetzung und Verwaltung sowie zur alleinigen und ausschließlichen Nutzung zur Vermietung überlassen hat und der Zweck sowohl des Hauptmietvertrages zwischen Eigentümer und Verein als auch der Mietverträge zwischen Verein und Endmieter die Förderung selbstbestimmten Wohnens auf gewaltfreier Basis war und der Hauptmietvertrag vor dem Hintergrund des nicht erreichten gemeinsamen Zwecks aus wichtigem Grund fristlos gekündigt worden ist. Die Frage, ob § 565 BGB direkt oder analog auch auf andere Fälle anwendbar ist, hat seitdem die Gerichte mehrmals beschäftigt. Bei der Vermietung einer Wohnung an einen gemeinnützigen Verein, der die Wohnung an eine von ihm betreute Person weitervermietet, kann sich letztere gegenüber dem Räumungsverlangen des Eigentümers nicht auf den Kündigungsschutz des Sozialmietrechts berufen, § 565 BGB findet weder unmittelbar noch entsprechend Anwendung (BGH, Urt. v. 3.7.1996, WuM 1996, 537; ebenso BayObLG, RE v. 28.7.1995, WuM 1995, 638; sowie RE v. 30.8.1995, WuM 1995, 642). Anders ist die Sachlage aber, wenn sich der vermietende Eigentümer ein **Mitspracherecht** bei der Auswahl des Endmieters vorbehalten hat und wenn der Arbeitgeber als Zwischenmieter bei der Weitervermietung keine in wesentlichen Punkten von den Interessen seines Vermieters abweichenden Interessen verfolgt und der Vermieter nach dem Hauptmietvertrag wesentlichen Einfluss auf die Gestaltung des Endmietverhältnisses und die Auswahl des Endmieters nehmen kann. Hier kann sich der Endmieter gegenüber dem Herausgabeanspruch des Eigentümers auf die Kündigungsschutzvorschriften des Wohnraummietrechts berufen

(BayObLG, RE v. 30.8.1994, WuM 1995, 645). Siehe auch „Herausgabeanspruch gegen Dritte".

Wenn durch die Konstruktion eines Haupt- und Untermietverhältnisses lediglich der Kündigungsschutz des Wohnraummieters umgangen werden soll, kann dem Herausgabeanspruch des Vermieters der Einwand der Rechtsmissbräuchlichkeit entgegengesetzt werden. Das Gleiche gilt bei arglistigem Zusammenwirken von Hauptvermieter und Untervermieter.

Ein Herausgabeanspruch gegen den Untermieter besteht auch dann nicht, wenn der Vermieter und Eigentümer ein Gebäude insgesamt unter Verstoß gegen das **Zweckentfremdungsverbot** gewerblich vermietet, obwohl eine Nutzung zu Wohnzwecken erfolgen müsste und der Hauptmieter seinerseits gewerblich untervermietet, der Untermieter die Räume aber als Wohnung nutzt. Dieser genießt vielmehr Mieterschutz gegenüber dem Eigentümer (BVerfG, Beschl. v. 6.8.1993, WuM 1994, 123).

Mieter und Untermieter haften als **Gesamtschuldner** für die Rückgabe und können gemeinsam auf Räumung verklagt werden.

Veräußerung des Mietgrundstücks

Inhaltsübersicht	Seite
1 Veräußerung nach der Überlassung	V 1
2 Veräußerung vor der Überlassung	V 3
3 Rechtsfolgen der Veräußerung	V 3
4 Sicherheitsleistung	V 4
5 Vorausverfügungen des Vermieters	V 5
6 Kündigungsgründe vor Eigentumsübergang	V 5

1 Veräußerung nach der Überlassung

Im Fall der **Veräußerung** des Grundstücks **nach der Überlassung** an den Mieter tritt der Erwerber an die Stelle des Vermieters in die sich aus dem Mietverhältnis während seines Eigentums ergebenden Rechte und Pflichten gemäß dem Grundsatz: **Kauf bricht nicht Miete** (§ 566 BGB).

Als Veräußerungsgeschäft i. S. d. Bestimmung kommen in Betracht: Kauf, Tausch, Schenkung, Vermächtnis, Einbringen in eine Gesellschaft. Erfüllt der Erwerber die Verpflichtungen nicht, so haftet der Vermieter für den vom Erwerber zu ersetzenden Schaden wie ein Bürge (§ 566 Abs. 2 BGB).

Veräußert ist das Grundstück, wenn der **Erwerber Eigentümer** geworden ist. Voraussetzung hierfür ist die Auflassung und die Eintragung des Erwerbers als Eigentümer im Grundbuch. Das obligatorische Verpflichtungsgeschäft, etwa der Kaufvertrag, führt einen Eigentumsübergang noch nicht herbei. Deshalb führt die in einem Grundstückskaufvertrag aufgenommene Bestimmung, wonach Besitz, Nutzen und Lasten an einem bestimmten Tag auf den Käufer übergehen, noch nicht zu einem Wechsel auf der Vermieterseite. Gleiches gilt für die Eintragung lediglich einer Auflassungsvormerkung. In diesen Fällen kann also der Käufer weder kündigen noch eine Mieterhöhung durchführen. Er muss abwarten, bis er als Eigentümer im Grundbuch eingetragen ist.

§ 566 BGB, der den Personenwechsel auf der Vermieterseite bei Grundstücksveräußerung regelt, greift nur ein, wenn der Vermieter zugleich Eigentümer und Veräußerer des Grundstücks ist. Somit ist die Identität zwischen Veräußerer, Vermieter und Eigentümer erforderlich. Diese Identität fehlt z. B., wenn bei Miteigentum an einem Grundstück nur einer der Miteigentümer den Mietvertrag geschlossen hat, das Grundstück sodann aber von allen Miteigentümern veräußert wird, außer wenn der andere Miteigentümer der Vermietung zugestimmt hat. Hier ist § 566 BGB anwendbar (OLG Karlsruhe, RE v. 10.2.1981, WuM 1981, 179).

Für den umgekehrten Fall hat das Landgericht Waldshut-Tiengen (WuM 1993, 56) entschieden, dass in den von Eheleuten als Vermieter vereinbarten Mietvertrag der Sohn als Erwerber des Grundstücks auch dann vollständig eintritt, wenn allein die Mutter Grundstückseigentümerin gewesen war. Zur Begründung führt das Gericht aus, dass der hier vorliegende Fall, dass eine Wohnung von mehreren Personen vermietet, aber nur eine im Grundbuch als Eigentümer eingetragen ist, vom Gesetz nicht geregelt und daher eine entsprechende Anwendung des § 566 BGB geboten ist.

Dagegen liegt eine Veräußerung mit der Folge der Anwendung von § 566 BGB vor, wenn die Miteigentümer eines Grundstücks, die auch Vermieter sind, Wohnungseigentum nach § 8 WEG bilden und ein früherer Miteigentümer von der Gemeinschaft durch Auflassung und Eintragung eine Wohnung erwirbt. Er tritt dann als Alleinvermieter in den Mietvertrag ein (vgl. BayObLG, RE v. 24.11.1981, WuM 1982, 46).

Der Zuschlag von Wohnungseigentum im Wege der Zwangsversteigerung ist als Veräußerung i. S. d. § 577a BGB anzusehen. Die in dieser Vorschrift enthaltene Einschränkung des Rechts zur Kündigung wegen Eigenbedarfs ist auch dann zu beachten, wenn das Mietverhältnis gemäß § 57a ZVG unter Einhaltung der gesetzlichen Frist gekündigt wird (RE des BayObLG v. 10.6.1992, WuM 1992, 424). Auch in diesen Fällen gilt also die Wartefrist, während deren Lauf nicht wegen Eigenbedarfs gekündigt werden kann.

Nach Auffassung des KG Berlin (RE v. 26.3.1987, WuM 1987, 138), bestätigt vom BGH (RE v. 6.7.1994, WuM 1994, 452) stellt die Begründung von Wohnungseigentum durch Vermieter gemäß § 3 oder § 8 WEG noch keine Veräußerung dar. § 566 BGB ist nur anwendbar bei Veräußerung an einen Erwerber, der bis zum Erwerb noch nicht Vermieter war (BGH, a.a.O.). Auch die Übertragung von Geschäftsanteilen einer Gesellschaft bürgerlichen Rechts ist eine Veräußerung i. S. v. § 566 BGB (BGH, Urt. v. 18.2.1998, Az. XII ZR 39/96, WuM 1998, 341). Der Gesellschafterwechsel führt daher zu einem Eigentümer- und Vermieterwechsel (s. „Eigentümerwechsel", Abschnitt 6).

Ob eine Veräußerung mit der Rechtsfolge des § 566 BGB vorliegt oder nicht, hat auf das Kündigungsrecht des Erwerbers erhebliche Auswirkungen: Gemäß § 577a Abs. 1 BGB kann sich nämlich der Erwerber auf berechtigte Interessen i. S. d. § 573 Abs. 2 Nr. 2 oder 3 BGB (Eigenbedarf oder Verhinderung der angemessenen wirtschaftlichen Verwertung) nicht vor Ablauf von 3 Jahren seit der Veräußerung berufen. In durch Rechtsverordnung festgelegten Gebieten mit erhöhtem Wohnbedarf kann sich diese Frist auf bis zu zehn Jahre verlängern (§ 577a Abs. 2 BGB), vgl. ausführlich „Eigenbedarf" und „Umwandlung".

Wie ausgeführt, bleibt der Veräußerer Vermieter, solange der Eigentumsübergang nicht vollzogen ist. Nur er ist in diesem Stadium zur Kündigung des Mietvertrages oder zu einer Mieterhöhung berechtigt. Die Mietforderung als solche kann allerdings schon vor dem Eigentumsübergang abgetreten werden. Ob das auch für Gestaltungsrechte wie die Kündigung gilt, ist umstritten. Die h. M. geht dahin, dass dies nicht möglich ist, da Vermieterrechte und -pflichten nur zusammen auf den Erwerber übergehen können.

Weitere Voraussetzung für den Eintritt des Erwerbers in den Mietvertrag ist die Überlassung an den Mieter, bevor der Eigentumsübergang eintritt. Der Tatbestand der Überlassung ist gegeben, wenn die Sache durch Verschaffung des unmittelbaren Besitzes an den Mieter übergeben ist, nach h. M. aber auch dann, wenn dem Mieter der Zugang zur vermieteten Sache in der Weise ermöglicht wird, dass er von ihr Gebrauch machen kann.

2 Veräußerung vor der Überlassung

Bei **Veräußerung vor Überlassung** des Grundstücks an den Mieter gilt § 567a BGB. In diesem Fall tritt der Erwerber im Regelfall in den Mietvertrag nicht ein. Er ist nicht verpflichtet, dem Mieter den Gebrauch der Mietsache zu überlassen, hat aber andererseits auch keinen Anspruch auf die Miete. Etwas anderes gilt nur, wenn der Erwerber dem Vermieter gegenüber die Erfüllung der sich aus dem Mietvertrag ergebenden Verpflichtung übernommen hat. Dann tritt der Erwerber auch in die Rechte aus dem Mietvertrag ein.

3 Rechtsfolgen der Veräußerung

Weder der Erwerber noch der Mieter kann verlangen, dass nach Eigentumsübergang ein **neuer Mietvertrag** geschlossen wird. Insbesondere können bisherige Vertragsbestimmungen nicht einseitig geändert werden. Das folgt aus dem gesetzlichen Übergang des Vertrages vom bisherigen zum neuen Eigentümer.

Rechtsfolge der Veräußerung ist also, dass der Erwerber in alle durch den Mietvertrag begründeten Rechte und Pflichten eintritt. Dies führt dazu, dass der Erwerber auch z. B. Kündigungsbeschränkungen miterwirbt und daran gebunden ist, wie das OLG Karlsruhe entschieden hat (RE v. 21.1.1985, WuM 1985, 77; Weber/Marx II/S. 118).

Auch **Mängelbeseitigungsansprüche** kann der Mieter gegen den Erwerber geltend machen. Schadensersatzansprüche aufgrund eines bereits abgeschlossenen Sachverhalts gehen jedoch nicht auf den Erwerber über.

Umstritten ist, ob der Erwerber auch für den **Ersatz von Verwendungen** des Mieters haftet, die vor dem Eigentumsübergang vorgenommen wurden. Der BGH (WuM 1988, 16) hat auf den Zeitpunkt der Fälligkeit der Ansprüche abgestellt: Grundsätzlich entstehen diese Ansprüche des Mieters bei Durchführung der Maßnahmen. Liegt der Zeitpunkt vor dem Eigentumsübergang, ist der Anspruch an den früheren Eigentümer zu richten. Oft vereinbaren die Parteien aber, dass erst bei Beendigung des Mietverhältnisses für die Verwendungen eine Ablöse zu zahlen ist. Falls zwischenzeitlich eine Veräußerung stattgefunden hat, richtet sich hier der Anspruch gegen den Erwerber.

So ist auch das Problem zu lösen, wer für Entschädigungsansprüche des Mieters von Wohnraum gem. § 552 BGB einzustehen hat: Diese Ansprüche des Mieters entstehen, wenn er Einrichtungen aus den Mieträumen entfernen will und der Vermieter dies ablehnt. In diesem Fall hat der Vermieter eine angemessene Entschädigung zu zahlen. Da der Anspruch des Mieters erst fällig wird, wenn er die Wegnahme verlangt, ist derjenige zur Zahlung der Entschädigung verpflichtet, der zu diesem Zeitpunkt Eigentümer ist.

4 Sicherheitsleistung

Hat der Mieter dem Vermieter für die Miete und für die Erfüllung seiner sonstigen Verpflichtungen Sicherheit geleistet (eine **Kaution** gezahlt), so tritt der Erwerber in die dadurch begründeten Rechte ein (§ 566a S. 1 BGB). Zur Rückgewähr ist der Erwerber nur verpflichtet, wenn die Sicherheit ihm ausgehändigt wird oder wenn er dem Vermieter gegenüber die Verpflichtung zur Rückgewähr übernimmt. Hat der Mieter eine Barkaution geleistet, umfasst die Verpflichtung zur Rückgewähr auch die angefallenen Zinsen.

Der Erwerber kann vom Veräußerer die Aushändigung der Sicherheit verlangen. Letzterer kann sie zurückhalten, soweit er noch Ansprüche gegen den Mieter hat, für welche die Sicherheit haftet.

Die Veräußerung des Grundstücks und der damit verbundene Wechsel in der Vermieterstellung gibt dem Mieter kein Recht, die Sicherheit zurückzufordern. Wohl aber kann er verlangen, dass der Veräußerer sie dem Erwerber aushändigt.

Neu eingeführt durch das Mietrechtsreformgesetz wurde § 566a S. 3 BGB. Wurde dem Erwerber die Kaution ausgehändigt oder hat er dem Vermieter gegenüber die Pflicht zur Rückgewähr übernommen, ist der Vermieter weiterhin zur Rückgewähr verpflichtet, wenn der Mieter in diesem Fall die Kaution vom Erwerber nicht erlangen kann. Damit ist der Fall erfasst, dass der Erwerber die Kaution deshalb nicht zurückzahlen kann, weil er etwa zwischenzeitlich in Vermögensverfall geraten ist. In einem solchen Fall bleibt also der frühere Vermieter dem Mieter gegenüber weiterhin zur Rückerstattung verpflichtet, wie der BGH bereits entschieden hat (NJW 1999, 1857).

> Es liegt also am früheren Vermieter, durch entsprechende Vertragsgestaltung das **Insolvenzrisiko** des Erwerbers auszuschalten (z. B. durch Vereinbarung einer Bankbürgschaft zu seinen Gunsten).

Die Forthaftung des früheren Vermieters ist subsidiär. Der Mieter muss also zunächst versuchen, den Erwerber auf Rückzahlung in Anspruch zu nehmen,

Veräußerung des Mietgrundstücks

solange dies nicht von vornherein aussichtslos erscheint. Erst dann haftet der frühere Vermieter.

5 Vorausverfügungen des Vermieters

Die **Folgen** von Vorausverfügungen des Vermieters vor Veräußerung sind in § 566b BGB geregelt. Von Bedeutung ist diese Vorschrift dann, wenn der Vermieter Mietansprüche abgetreten oder verpfändet hat. Solche Verfügungen über die Miete, die auf die Zeit der Berechtigung des Erwerbers entfallen, sind insoweit wirksam, als sie sich auf die Miete für den zur Zeit des Übergangs laufenden Monat beziehen; geht das Eigentum nach dem 15. eines Monats über, so ist die Verfügung auch insoweit wirksam, als sie sich auf die Miete für den folgenden Monat bezieht.

> Eine Verfügung über die Miete für einen späteren Zeitpunkt muss der Erwerber nur dann gegen sich gelten lassen, wenn er sie zur Zeit des Übergangs des Eigentums kennt.

In § 566c BGB ist geregelt, wann ein Rechtsgeschäft zwischen Mieter und Vermieter über die Miete gegenüber dem Erwerber wirksam ist. Von Bedeutung war diese Vorschrift beim Wiederaufbau kriegszerstörter Häuser unter Mitfinanzierung durch die Mieter (Mieterdarlehen, Baukostenzuschuss). Solche Rechtsgeschäfte sind dem Erwerber gegenüber wirksam, soweit sie sich nicht auf die Miete für eine spätere Zeit als den Kalendermonat beziehen, in welchem der Mieter von dem Übergang des Eigentums Kenntnis erlangt. Erlangt der Mieter die Kenntnis nach dem 15. eines Monats, so ist das Rechtsgeschäft auch insoweit wirksam, als es sich auf die Miete für den folgenden Monat bezieht.

> Eine solche Vereinbarung, die nach dem Eigentumsübergang vorgenommen wurde, ist jedoch unwirksam, wenn der Mieter bei der Vereinbarung bereits von dem Übergang des Eigentums Kenntnis hatte.

Diese Bestimmungen gelten aufgrund der Verweisung in § 578 BGB auch für Mietverhältnisse über Grundstücke und sonstige Räume, die keine Wohnräume sind.

6 Kündigungsgründe vor Eigentumsübergang

Ein in der Praxis immer wieder auftauchendes, in der Rechtsprechung unterschiedlich beurteiltes Problem soll hier noch kurz behandelt werden: Kann sich der Erwerber auf **Kündigungsgründe** berufen, die **vor dem Eigentumsübergang entstanden** sind? Abzustellen ist auf den Zeitpunkt des Wirksamwerdens der Kündigung. Kündigt der Veräußerer wegen Eigenbedarfs oder wegen Verhinderung der angemessenen wirtschaftlichen Verwertung und veräußert er die Mietsache zwischenzeitlich, kann sich der Erwerber auf diese Kündigungsgründe nicht berufen.

> Anders ist der Fall zu beurteilen, wenn der Mieter bereits vom Veräußerer z. B. wegen Ruhestörung oder

verspäteter Zahlung abgemahnt wurde und sich diese Vertragsverletzungen nach Eigentumsübergang fortsetzen. Hier kann der Erwerber die Kündigung auch auf die früheren Vertragsverstöße des Mieters stützen, da es sich um objektive, nicht an die Person des Vermieters gebundene Verstöße handelt.

Die Rechtsprechung zu dieser Frage ist allerdings äußerst uneinheitlich. Den sichersten Weg geht der Erwerber und neue Vermieter, der abwartet, bis die Voraussetzungen einer Kündigung nach Eigentumsübergang entstanden sind.

Siehe auch „Eigentümerwechsel".

Verjährung

Inhaltsübersicht Seite

1 Allgemeine Verjährungsfrist.. V 6

2 Verjährungsfristen im Mietrecht..................................... V 6

3 Verjährung von Ersatzansprüchen................................... V 8

4 Verjährung von Verwendungsersatz................................ V 10

5 Verjährung von Kautionsansprüchen............................... V 11

6 Hemmung durch Verhandeln... V 11

7 Beweislast.. V 12

8 Selbstständiges Beweisverfahren..................................... V 12

9 Klageerhebung... V 13

1 Allgemeine Verjährungsfrist

Ansprüche unterliegen der Verjährung. Darunter versteht man das Recht des Verpflichteten (Schuldners), die Leistung zu verweigern (§§ 195, 222 BGB). Dieses Recht kann er als Einrede geltend machen.

Die allgemeine **Verjährungsfrist** beträgt 30 Jahre. Im Mietrecht gelten folgende Besonderheiten:

2 Verjährungsfristen im Mietrecht

Der **Anspruch** des Vermieters auf Zahlung der Miete verjährt in vier Jahren (§ 197 BGB). Die Verjährung beginnt mit dem Ende des Jahres zu laufen, in dem die einzelnen Mietzinsraten fällig geworden sind (§ 201 BGB). Die Verjährung beginnt also erst ab Fälligkeit eines Anspruches zu laufen.

Auch der Anspruch des Vermieters auf

Verjährung

Zahlung der Nutzungsentschädigung nach Beendigung des Mietverhältnisses gem. § 546a BGB verjährt in vier Jahren (BGH, ZMR 1978, 16). Verlangt der Vermieter Schadensersatz wegen Mietausfall, so ist zu unterscheiden: Hat der Vermieter wegen Zahlungsverzuges fristlos gekündigt und kann er die Mieträume nicht weitervermieten, verjährt dieser Schadensersatzanspruch wegen Mietausfalls (Kündigungsfolgeschaden) in vier Jahren (BGH, DWW 1968, 253). Wird hingegen wegen unterlassener Schönheitsreparaturen Ersatz eines darauf beruhenden Mietausfalls verlangt, gilt die kurze Verjährungsfrist von sechs Monaten (BGH, WuM 1991, 550; s. hierzu Abschnitt 3).

Für **Nachzahlungs**ansprüche des Vermieters aufgrund von **Betriebskostenabrechnungen** hat das Mietrechtsreformgesetz eine einschneidende Änderung gebracht: Gemäß § 556 Abs. 3 S. 1 BGB ist über die Vorauszahlung für Betriebskosten **jährlich** abzurechnen. Die Abrechnung muss der Vermieter dem Mieter spätestens 12 Monate nach dem Ende der Abrechnungsperiode mitteilen (§ 556 Abs. 3 S. 2 BGB). Rechnet der Vermieter nicht fristgerecht ab, kann der Mieter auf Rechnungslegung klagen.

Neu ist die **Ausschlussfrist** in § 556 Abs. 3 S. 3 BGB für Nachzahlungsansprüche des Vermieters. Nach Ablauf der 12-Monatsfrist ist nämlich die Geltendmachung einer Nachforderung durch den Vermieter ausgeschlossen, es sei denn, dass der Vermieter die verspätete Geltendmachung nicht zu vertreten hat. Da es auf die Mitteilung der Abrechnung ankommt, genügt zur Fristwahrung nicht die rechtzeitige Absendung der Abrechnung. Vielmehr muss sie dem Mieter noch innerhalb der Frist zugegangen sein, wobei es nicht darauf ankommt, ob der Mieter von ihr auch tatsächlich Kenntnis genommen hat. Nach Fristablauf kann der Vermieter eine Nachzahlung nur dann noch verlangen, wenn er die Verspätung nicht zu vertreten hat, z. B. dass ein Versorgungsunternehmen die Abrechnung erst lange nach Ablauf der Abrechnungsperiode erstellt hat, sodass deshalb die Frist nicht mehr eingehalten werden kann.

Diese Ausschlussfrist gilt **nicht** für **Rückzahlungs**ansprüche des Mieters gegen den Vermieter wegen überzahlter Nebenkosten. Die Rechte des Mieters richten sich in diesem Fall wie bisher nach den allgemeinen Vorschriften.

So verjähren Ansprüche des Mieters auf Ersatz zuviel bezahlter **Heizkosten** nicht in der allgemeinen Frist von 30 Jahren, sondern in vier Jahren (§ 197 BGB; OLG Hamburg, RE v. 19.1.1988, WuM 1988, 83; Weber/Marx, VIII/S. 25). Diese Frist von vier Jahren gilt für Ansprüche des Mieters auf Rückerstattung von Nebenkosten ganz allgemein (OLG Düsseldorf, WuM 1993, 411). Sie gilt auch dann, wenn der Mieter vertraglich zur Zahlung von Betriebskostenvorauszahlungen nicht verpflichtet war, diese gleichwohl geleistet hat und nunmehr Rückzahlung verlangt (OLG Hamm, WuM 1996, 330).

Die Frist von vier Jahren gilt auch für Ansprüche des Mieters auf Rückzahlung

Verjährung

der wegen Mietpreisüberhöhung (§ 5 WiStG) ungerechtfertigt erlangten Miete (OLG Hamburg, WuM 1989, 126).

3 Verjährung von Ersatzansprüchen

Ersatzansprüche des **Vermieters** wegen **Veränderung oder Verschlechterung** der Mietsache verjähren in sechs Monaten ab Rückgabe (§ 548 Abs. 1 BGB). Der gleichen Verjährungsfrist unterfällt auch der auf einer entsprechenden Vereinbarung im Mietvertrag beruhende Anspruch des Vermieters auf Wiederherstellung des ursprünglichen Zustandes der Mietsache (BGH, NJW 1980, 389).

Der Sinn dieser kurzen Frist ist die schnelle abschließende Regelung aller gegenseitigen Ansprüche aus dem Mietverhältnis. Die Rechtsprechung legt daher den Geltungsbereich dieser Vorschrift weit aus. Sie gilt nicht nur für den Beseitigungsanspruch bezüglich Mietereinbauten, Schadensersatzansprüchen z. B. wegen Unterlassung einer Schönheitsreparatur, sondern auch für Ansprüche aus Verschulden bei Vertragsschluss, auch wenn es gar nicht zum Abschluss eines Mietvertrages kommt, oder für Ansprüche aus positiver Vertragsverletzung oder konkurrierende gesetzliche Ansprüche.

Auch für **Sachschäden**, die nicht an der Mietsache selbst, sondern an anderen Sachen des Vermieters (z B. bei einem Wasserschaden in anderen Wohnungen) entstanden sind, gilt die kurze Frist. Entscheidend ist hierfür der Zusammenhang mit der Nutzung der Mietsache. Der Schaden muss aber einen hinreichenden Bezug zur Mietsache haben. Daran fehlt es, wenn die Schäden weder an der Mietsache selbst noch an anderen Sachen des Vermieters entstanden sind. Hier gilt die kurze Verjährung nicht (BGH, WuM 1994, 20).

Die Verjährung beginnt mit der **Rückgabe der Mietsache** zu laufen, unabhängig davon, ob das Mietverhältnis beendet ist oder nicht. § 548 BGB findet grundsätzlich auch bei fortbestehendem Mietverhältnis entsprechende Anwendung (OLG Düsseldorf, WuM 1993, 272). Entscheidend ist die Rückgabe der Mietsache, sofern der Vermieter durch Inbesitznahme des Mietobjekts in die Lage versetzt wird, sich ungestört ein umfassendes Bild von Beschädigungen am Mietobjekt zu machen. Es brauchen deshalb noch nicht alle Schlüssel zurückgegeben oder sämtliche Einrichtungsgegenstände entfernt zu sein, um die Frist anlaufen zu lassen. Wenn allerdings insbesondere größere Möbel in der Wohnung stehen, kann von einem „Zurückerhalten" noch nicht ausgegangen werden.

Die Rückgabe der Mietsache setzt grundsätzlich eine Veränderung der Besitzverhältnisse zugunsten des Vermieters voraus (BGH, WuM 1991, 550), der durch Ausübung der unmittelbaren Sachherrschaft in die Lage versetzt wird, sich ungestört ein umfassendes Bild von den Veränderungen und Verschlechterungen der Mietsache zu machen. Diese Voraussetzung ist nicht erfüllt, wenn der Vermieter nicht die Möglichkeit hat, das Mietobjekt seinerseits in Besitz zu nehmen, sondern nur

Verjährung

während des Besitzes des Mieters einen von diesem gestatteten – damit aber gerade nicht „freien" – Zutritt erhält, um sich in den Mieträumen umzusehen.

Etwas anderes soll dann gelten, wenn ein **Vergleichsverfahren** bei bestehendem Mietverhältnis läuft: Hier genügt für den Beginn der Verjährungsfrist das Angebot des Vergleichsverwalters zur Mängeluntersuchung (BGH, NJW 1994, 1858/1861). Begründet wird dies damit, dass die Vergleichsforderungen möglichst schnell nach Umfang und Höhe geltend gemacht werden sollen. Scheidet mit Einverständnis des Vermieters der bisherige Mieter aus dem Vertrag aus und tritt ein neuer Mieter ein, ohne dass der Vermieter die Mieträume zurückerhält, beginnt der Lauf der Verjährungsfrist mit dem Eintritt des neuen Mieters (§ 548 Abs. 1 BGB; OLG Karlsruhe, WuM 1994, 281).

Geht ein Erfüllungsanspruch, z. B. auf Beseitigung von Einbauten oder auf die Durchführung von Schönheitsreparaturen, aufgrund einer Nachfristsetzung mit Ablehnungsandrohung in eine Schadensersatzforderung über (§ 326 BGB), gilt auch für diese Forderung die Verjährungsfrist von sechs Monaten. Voraussetzung für die Anwendung des § 326 BGB ist im Übrigen, dass es sich um eine Hauptpflicht des Mieters handelt (vgl. „Schönheitsreparaturen"). Der Lauf der Verjährung der Schadensersatzforderung beginnt nach bisheriger Rechtsprechung erst mit der Entstehung des Anspruches, d.h. mit dem Ende der Nachfrist (§ 326 BGB). Eine Anrechnung der für den Erfüllungsanspruch verstrichenen Verjährungsfrist findet nicht statt (BGH, NJW 1989, 1854 sowie KG Berlin, RE v. 2.12.1996, WuM 1997, 32).

Fraglich ist, ob diese Rechtsprechung nach der Umformulierung von § 548 Abs. 1 BGB durch das Mietrechtsreformgesetz weiter gelten wird. Nach der Begründung des Gesetzentwurfs (NZM 2000, 813) soll auch die Verjährung des Schadensersatzanspruches bereits mit der Rückgabe der Mietsache beginnen, was allerdings dem Gesetzestext nicht entnehmen ist. Hier werden erst weitere Urteile eine Klärung bringen. Die Vermieter sollten sich allerdings nicht mehr auf die bisherige Rechtsprechung verlassen.

Wichtig: Zum Zeitpunkt des Überganges des Erfüllungsanspruches in eine Schadensersatzforderung darf die sechsmonatige Verjährungsfrist für den Erfüllungsanspruch noch nicht abgelaufen sein.

Hierzu ein **Beispiel:** Nach dem Mietvertrag war der Mieter verpflichtet, bei Beendigung des Mietverhältnisses eine von ihm eingebaute Hebebühne sowie mehrere Öltanks zu entfernen. Die Rückgabe war am 30. 6. 01. Am 13. 11. 01 setzte der Vermieter dem Mieter eine Nachfrist mit Ablehnungsandrohung bis zum 30. 11. 01. Zu diesem Zeitpunkt ging der Erfüllungsanspruch in den Schadensersatzanspruch über und die Verjährung für diesen Anspruch begann. Sie trat am 31. 5. 02 ein. War vorher Klage erhoben und alsbald zugestellt worden, war der Schadensersatzanspruch nicht verjährt.

Verjährung

> Endet hingegen die Nachfrist **nach** dem Eintritt der Verjährung (im Beispiel = Nachfrist bis 31.1.02), so kommt ein Schadensersatzanspruch nicht zur Entstehung; dem Verzug mit der Durchführung der Arbeiten steht bereits die Einrede der Verjährung entgegen (OLG Hamburg, WuM 1998, 17).

Kommt der Mieter mit der vertraglichen Verpflichtung in Verzug, die Mietsache zum Ende des Mietverhältnisses instand zu setzen, ist der Anspruch des Vermieters auf Ersatz eines Mietausfallschadens (§ 286 Abs. 1 BGB) auf eine abhängige **Nebenleistung** im Sinne des § 224 BGB gerichtet. Soweit der Anspruch auf die abhängige Nebenleistung vor der Verjährung des Hauptanspruchs eingeklagt worden ist, findet § 224 BGB keine Anwendung.

Der Entscheidung lag folgender Sachverhalt zugrunde: Der Kläger vermietete sein Haus an eine Stadt X zur Unterbringung von Asylsuchenden. Nach der Rückgabe führte die Stadt nicht die vertraglich geschuldeten Instandsetzungen durch. Der Vermieter klagte innerhalb der sechsmonatigen Verjährungsfrist, aber nicht auf Durchführung der Instandsetzungen und setzte auch keine Nachfrist mit Ablehnungsandrohung, sondern klagte lediglich innerhalb der Sechsmonatsfrist den Mietausfall ein. Dieser Anspruch war nicht verjährt, auch wenn der Hauptanspruch verjährt war (BGH, WuM 1995, 149). Bei Beendigung eines **Zwischenmietverhältnisses** beginnt die Verjährungsfrist gemäß § 548 Abs. 1 BGB hinsichtlich der Ersatzansprüche des Vermieters gegen den Zwischenmieter mit dem Zeitpunkt, in dem der Vermieter nach § 565 Abs. 1 BGB in den Mietvertrag mit dem Endmieter eintritt (LG Hamburg, Urt. v. 12.12.1996, Az. 334 S 76/96, WuM 1997, 372).

4 Verjährung von Verwendungsersatz

Auch **Ansprüche des Mieters** auf Ersatz von Aufwendungen (s. „Verwendungen") oder auf Gestattung der Wegnahme einer Einrichtung verjähren in sechs Monaten (§ 548 Abs. 2 BGB). Die Frist beginnt mit der rechtlichen Beendigung des Mietverhältnisses, unabhängig vom Zeitpunkt der tatsächlichen Rückgabe. Das ist im Fall einer fristlosen Kündigung des Vermieters, vorausgesetzt diese ist wirksam, der Zeitpunkt der Zustellung der Kündigung (OLG Hamm, WuM 1996, 474). Dies gilt entsprechend für die ordentliche Kündigung oder für den Zeitpunkt, zu dem das Mietverhältnis vertragsgemäß endet. Zum Beginn der Verjährung dieser Ansprüche bei Eigentümerwechsel, s. „Eigentümerwechsel". Auch hier ist im Interesse eines baldigen Rechtsfriedens eine weite Auslegung geboten. Darunter fallen daher auch Ansprüche des Mieters auf Ersatz solcher Aufwendungen, die nicht aufgrund mietvertraglicher Vereinbarungen, sondern z. B. aufgrund eines Auftrags vorgenommen wurden. Auch Schadensersatzansprüche, die daraus entstehen, dass der Vermieter dem Mieter unberechtigterweise die Wegnahme von Einbauten verweigert hat, verjähren in sechs Monaten. Die Verjährung beginnt auch hier erst mit der Fälligkeit des Schadensersatzanspruches zu laufen (vgl. OLG Hamm, WuM 1986, 281).

Ebenfalls verjähren in sechs Monaten Ansprüche des Mieters auf Ersatz der erforderlichen Aufwendungen (§ 536a Abs. 2 BGB), wenn der Vermieter durch die Beseitigung eines Mangels in Verzug gekommen ist und der Mieter den Mangel selbst beseitigt hat.

Schadensersatzansprüche des Mieters (§ 536a Abs. 1 BGB; s. „Mängel", Abschnitt 4) verjähren dagegen in 30 Jahren (§ 195 BGB). Ebenso nach 30 Jahren verjähren Rückzahlungsansprüche vorausbezahlter Miete (§ 547 BGB) und der Rückzahlungsanspruch bezüglich der Kaution sowie Schadensersatzansprüche im Anschluss an eine unberechtigte fristlose Kündigung (BGH, WuM 1994, 203, 204) oder ordentliche Kündigung, z.b. vorgetäuschter Eigenbedarf.

Hingegen verjähren bereicherungsrechtliche Ansprüche des Mieters bei überzahlter Miete in vier Jahren (OLG Köln, Urt. v. 8.6.1998, Az. 16 U 92/97, WuM 1999, 282).

5 Verjährung von Kautionsansprüchen

Der BGH hatte den gar nicht so seltenen Fall zu entscheiden, dass der Mieter nach Auszug **sechs Monate abgewartet** hatte und **dann seine Kaution zurückverlangte**. Dieser Anspruch des Mieters verjährt in 30 Jahren. Der Vermieter seinerseits wollte mit seinen verjährten Forderungen dagegen aufrechnen, obwohl er noch keine Kautionsabrechnung erstellt hatte. Der BGH ließ dies zu unter der Voraussetzung, dass die Schadensersatzansprüche des Vermieters innerhalb der Frist von sechs Monaten fällig geworden waren (BGH, RE, WuM 1987, 310; Weber/Marx, VII/S. 88).

Nach § 390 S. 2 BGB ist nämlich auch die **Aufrechnung** mit einer verjährten Forderung statthaft. Ein stillschweigender Ausschluss dieser Aufrechnungsmöglichkeit ergibt sich nicht aus der Kautionsabrede. Aufgerechnet werden kann daher, wenn die Voraussetzung des § 390 S. 2 BGB vorliegt. Voraussetzung ist, dass der Anspruch, mit dem aufgerechnet werden soll, vor Eintritt der Verjährung dem Anspruch des Mieters auf Kautionsrückzahlung fällig gegenüberstand. Dies gilt allerdings nicht, wenn im Vertrag vereinbart ist, dass die Kaution in Form einer Bürgschaft zu leisten ist. Hier sind sowohl der Bürge als auch der Mieter nicht gehindert, sich auf die Verjährung der durch die Bürgschaft gesicherten Ansprüche zu berufen. Dass der Vermieter gegenüber dem Anspruch auf Rückzahlung einer Barkaution auch mit verjährten Forderungen hätte aufrechnen können, rechtfertigt keine analoge Anwendung des § 390 S. 2 BGB (BGH, Urt. v. 28.1.1998, Az. XII ZR 63/96, WuM 1998, 224).

6 Hemmung durch Verhandeln

Oft verhandeln die Mietvertragsparteien nach Beendigung des Mietvertrages über die **gegenseitigen Ansprüche**. Nach Ansicht des BGH (WuM 1987, 154) ist während des Verhandelns der Lauf der Verjährung nach § 548 BGB gehemmt. Dies bedeutet, dass während der Zeit der Hemmung die Verjährungsfrist nicht läuft und erst nach Beendigung der Hemmung weiterläuft (§ 205 BGB). Der BGH folgert dies aus § 852 Abs. 2 BGB, einer Vorschrift aus dem Recht der unerlaubten Handlung. Danach ist dann, wenn zwischen dem Ersatzpflichtigen und dem Ersatzberechtigten Verhandlungen über den zu leistenden Schadensersatz schweben, die Verjährung so lange gehemmt, bis der eine oder andere Teil die Fortsetzung der Verhandlungen verweigert. „Verhandeln" ist weit auszulegen. Darunter fällt jeder Meinungsaustausch über den Schaden, wenn nicht sofort erkennbar eine Ersatzpflicht abgelehnt wird. Die Verhandlungen sind beendet, wenn sie von einer Partei abgebrochen werden. Hierzu genügt es nicht, wenn die in Anspruch genommene Partei ihre Ersatzpflicht verneint. Vielmehr muss sie zugleich klar und eindeutig den Abbruch der Verhandlungen zum Ausdruck bringen (BGH, Urt. v. 30.6.1998, Az. 6 ZR 260/97, NJW 1998, 2819).

Trotzdem ist hier Vorsicht geboten. Die Instanzgerichte sind teilweise nicht so großzügig wie der BGH. Auch liegt die Beweislast für das Verhandeln bei dem, der sich auf die Hemmung beruft. Es wird daher dringend empfohlen, den Anspruch vor Eintritt der Verjährung gerichtlich geltend zu machen. Verhandeln kann man dann immer noch. Siehe auch „Verwirkung".

7 Beweislast

Derjenige, der sich auf den Eintritt der Verjährung beruft, hat dafür die Beweislast. Er muss also die tatsächlichen Voraussetzungen der Verjährung vortragen und unter Beweis stellen.

Die Parteien können vereinbaren, dass auf die Einrede der Verjährung verzichtet wird. Nach § 225 BGB ist diese Vereinbarung nur wirksam, wenn sie nach Eintritt der Verjährung getroffen wird. Ein vor Eintritt der Verjährung abgegebener Verzicht auf diese Einrede hat aber nach Treu und Glauben (§ 242 BGB) die Wirkung, dass die Verjährungseinrede bis zum Ablauf der vereinbarten Frist oder bis zum Scheitern der Verhandlung zzgl. einer kurzen Überlegungsfrist unzulässig ist (Palandt, § 225, Rn. 2).

8 Selbstständiges Beweisverfahren

Neu eingeführt durch das Mietrechtsreformgesetz wurde § 548 Abs. 3 BGB: Anders als bisher unterbricht der Antrag des Vermieters oder des Mieters auf Durchführung des selbstständigen Beweisverfahrens gemäß §§ 485 ff. ZPO die Verjährung. Die **Unterbrechung** dauert bis zur Beendigung des selbstständigen Beweisverfahrens fort. Das ist der Fall, wenn ein Sachverständiger mündlich sein Gutachten erstattet oder erläutert oder dann, wenn kein Termin stattfindet oder nicht mündlich verhandelt wird, mit Zugang des schriftlichen Gutachtens an die Parteien (BGH 53, 43). Mit Abschluss des Verfahrens beginnt die Verjährungsfrist erneut zu laufen (§ 217 BGB). Innerhalb dieser Frist (sechs Monate) muss daher die Klage erhoben werden (§ 209 BGB). Die Unterbrechung bezieht sich nur auf die Ansprüche, welche vom Beweisverfahren erfasst werden und welche das Gutachten des Sachverständigen betrifft (BGH, NJW 93, 851).

Bei einer Rücknahme des Antrags oder bei Zurückweisung durch das Gericht als unzulässig entfällt die Unterbrechungswirkung (§§ 548 Abs. 3 S. 2, 477 Abs. 2 S. 3, 212 Abs. 1 BGB). Hingegen unterbricht ein unzulässiger Antrag dann die Verjährung, wenn ihm das Gericht stattgibt (BGH, NJW 83, 1901).

Wichtig: Wird bei Rücknahme oder Zurückweisung innerhalb von sechs Monaten ein neuer Antrag gestellt oder Klage erhoben, gilt die Verjährung als durch die Stellung des ersten Antrags unterbrochen (§§ 548 Abs. 3 S. 2, 477 Abs. 2 S. 3, 212 Abs. 2 S. 1 BGB). Siehe hierzu auch „Beweissicherung".

9 Klageerhebung
Durch die Klage wird die Verjährung unterbrochen (§ 209 Abs. 1 BGB). **Vorsicht**: Die Unterbrechung gilt nur für den nach prozessualen Grundsätzen zu ermittelnden Streitgegenstand der Klage, d. h. z. B. für die konkret eingeklagten Monate eines Anspruches wegen Mietausfall. Gilt für diesen Anspruch die kurze Verjährung von sechs Monaten, da er Rechnungsposten in einem Anspruch auf Schadensersatz wegen Nichterfüllung ist (s. Abschnitt 2), muss der Vermieter daher, will er die Verjährung auch für die künftigen zeitlich noch nicht überschaubaren Mietausfälle unterbrechen, insoweit gesonderte Feststellungsklage erheben (BGH, Urt. v. 19.11.1997, Az. XII ZR 281/95, NZM 1998, 147).

Verkehrssicherungspflicht

Die **allgemeine Rechtspflicht**, im Verkehr Rücksicht auf die Gefährdung anderer zu nehmen, beruht auf dem Gedanken, dass jeder, der Gefahrenquellen schafft, die notwendigen Vorkehrungen zum Schutz Dritter zu treffen hat. Wer ein Gebäude dem Verkehr zugänglich macht, hat gegenüber denjenigen, die ein- und ausgehen, die Pflicht, vorhersehbare Gefahren und Schäden durch die erforderlichen und zumutbaren Sicherheitsmaßnahmen abzuwenden. Neben dieser allgemeinen Verkehrssicherungspflicht besteht noch eine besondere **Pflicht des Vermieters** gegenüber dem Mieter aus dem Mietvertrag, Schäden an Leib und Leben des Mieters, die durch einen mangelhaften Zustand der Mietsache entstehen können, abzuwenden. Diese Pflicht gilt nach § 823 BGB auch gegenüber den Personen, die berechtigterweise das Grundstück betreten (Postbote, Besucher etc.).

Welche **Vorkehrungen** im Einzelnen zu treffen sind, richtet sich danach, was nach den Maßstäben eines ordnungsgemäßen Verkehrs erforderlich und den Umständen nach zumutbar ist.

Hierbei wird hoch veranschlagt die Sorgfaltspflicht des Vermieters in Bezug auf jene Gebäudeteile, die besondere

Verkehrssicherungspflicht

Gefahrenquellen darstellen. Dazu gehören vor allem die Zugänge zum Haus und die Treppenhäuser. Ungenügende Beleuchtung, defekte Lichtschalter mit losen Drähten, Glätte, stark abgenützte Treppen sind Beispiele für solche Gefahrenquellen.

> Was die Sicherung gegen **Dachlawinen** betrifft, kommt es zunächst darauf an, ob Ortsvorschriften Schneefanggitter vorschreiben. Wo das der Fall ist, bedeutet die Nichtbeachtung eine Verletzung der Verkehrssicherungspflicht.

Ansonsten trifft den Hauseigentümer grundsätzlich nicht die Pflicht, Dritte vor Dachlawinen durch spezielle Maßnahmen zu schützen. Sofern jedoch besondere Umstände vorliegen, muss der Hauseigentümer je nach Notwendigkeit einerseits und Zumutbarkeit andererseits Maßnahmen zur Verhinderung der Schneelawinen ergreifen. Als besondere Umstände sind dabei von der Rechtsprechung die allgemeine Schneelage des Ortes, die allgemeine Beschaffenheit des Gebäudes, die allgemein ortsüblichen Sicherheitsvorkehrungen, die allgemeinen örtlichen Verkehrsverhältnisse, die konkreten Schneeverhältnisse und Witterungslage sowie die konkrete Verkehrseröffnung anerkannt (OLG Dresden, Urt. v. 17.7.1996, Az. 8 U 696/96, WuM 1997, 377). Sind Schneefanggitter vorhanden, darf der Verkehrssicherungspflichtige im Allgemeinen darauf vertrauen, dass der Schnee auf dem Hausdach normal abtaut. Ist jedoch erkennbar, dass der Schnee abzustürzen droht, kann sich der Grundstückseigentümer durch Aufstellen von Warntafeln oder Warnstangen entlasten.

Es ist **umstritten**, ob eine **formularvertragliche Überwälzung** der Verkehrssicherungspflicht, insbesondere der **Räum- und Streupflicht** auf den Mieter wirksam ist. Ist die Verpflichtung des Mieters im Mietvertrag selbst enthalten oder ist die Hausordnung Bestandteil des Mietvertrages, ist eine solche Formularvereinbarung wirksam (OLG Frankfurt, WuM 1988, 399; zweifelnd OLG Dresden, WuM 1996, 553, 555).

Wird hingegen im Mietvertrag nur auf die Hausordnung verwiesen, wird sie dem Vertrag nur als loser Bestandteil beigefügt oder ist sie auf der Rückseite des Vertrages abgedruckt, ohne dass sie unterschrieben wird, soll es sich bei dieser Verpflichtung um eine überraschende Klausel im Sinne von § 3 AGB-Gesetz handeln, die unwirksam ist (OLG Frankfurt, a.a.O.). Dies dürfte jedenfalls für die **Treppenreinigungspflicht** in einem Mehrfamilienhaus nicht zutreffen, da es sich hierbei um eine typische Verpflichtung des Mieters handelt, die für diesen keineswegs überraschend ist. Siehe auch „Reinigungspflicht des Mieters".

> Sicherer ist es allerdings, solche Fragen **individuell** in einem **Zusatz** zum Mietvertrag zu regeln.

Auch im Fall der **Übertragung der Verkehrssicherungspflicht** auf dritte Personen bleibt diese als eigene Verpflichtung des Grundstückseigentümers, nämlich als Kontroll- und Überwachungspflicht, bestehen. Er muss die Aufsicht darüber führen, dass der Beauftragte die Sicherung ordnungsgemäß durchführt. In diesem Fall muss der Vermieter als streupflichtiger Anlieger substantiiert darlegen und beweisen, wie er dies geregelt und dass er die Erfüllung dieser Verpflichtung auch überwacht hat (OLG Köln, Urt. v. 17.11.1995, WuM 1996, 226).

Das gilt auch, wenn ein Mieter diese übernommen hat. An die Überwachung der Verkehrssicherungspflicht wird von der Rechtsprechung ein strenger Maßstab angelegt. Es genügt also nicht, z. B. einen Mieter im Mietvertrag zur Übernahme der Räum- und Streupflicht zu verpflichten. Der Vermieter muss sich vielmehr in regelmäßigen Abständen überzeugen, ob der Mieter seiner Verpflichtung auch nachkommt.

Die schuldhafte Verletzung der Verkehrssicherungspflicht führt zu Schadensersatzansprüchen. Ein mitwirkendes Verschulden des Verletzten ist zu berücksichtigen. Dieses kann darin bestehen, dass der Verkehrsteilnehmer die Gefahr erkannt hat, oder hätte erkennen müssen, sein Verhalten jedoch nicht darauf eingerichtet hat. So muss z. B. bei automatischer Treppenhausbeleuchtung der Treppenhausbenutzer mit dem Erlöschen des Lichtes rechnen und entsprechend vorsichtig sein. Der Vermieter hat aber dafür zu sorgen, dass es einer gesunden erwachsenen Person nach Betreten des Hauses und Betätigen des Lichtschalters möglich ist, bei durchschnittlicher Gehgeschwindigkeit zwei Geschosse im Hellen zu überwinden (OLG Koblenz, WuM 1997, 50).

Leuchtet die Treppenhausbeleuchtung jedoch nur 20 Sekunden, verletzt der Hauseigentümer (Vermieter) seine Verkehrssicherungspflicht (OLG Koblenz, a.a.O.). Es muss nämlich nicht damit gerechnet werden, dass das Licht beim Durchlaufen eines Treppenhauses stets von Etage zu Etage von neuem eingeschaltet werden muss.

Bei Beschädigung von Kfz durch **Dachlawinen** trifft regelmäßig den Fahrzeugführer eine Mitschuld. Er darf bei starkem Schneefall oder Tauwetter sein Kfz nicht im Gefahrenbereich abstellen.

In den neuen Bundesländern wird man bei der Erfüllung der Verkehrssicherungspflicht keine so strengen Maßstäbe anlegen können. Hier muss insbesondere der schlechte Zustand der Wege und Straßen berücksichtigt werden (LG Halle, DtZ 1996, 60).

Der **Umfang** der **Räum- und Streupflicht** wird von den Gerichten unterschiedlich beurteilt. Voraussetzung ist, dass diese Verpflichtung von den Gemeinden, die zunächst zuständig sind, wirksam auf die Anlieger übertragen wurde (durch Satzung oder Verordnung gemäß den Ländergesetzen). Als übliche Zeit, während der, wenn nötig auch mehrmals, zu räumen und zu streuen ist, kann die Zeit von 7 Uhr morgens bis 21 Uhr abends angesehen werden, in der ein ausreichend breiter Streifen auf dem Gehsteig freizuhalten ist. Eine Zusammenstellung einzelner Urteile zu diesem Problemkreis ist zwei Aufsätzen von Gather in DWW 1978, 281 und DWW

1996, 350 zu entnehmen. Vgl. ferner die Darstellung in HuG, Gruppe 3 „Verkehrssicherungspflichten". Kommt es zu einem Schaden, muss der Geschädigte beweisen, dass die von ihm gerügte Verletzung der Verkehrssicherungspflicht für den Schaden ursächlich war. Nach einem Urteil des BGH (WuM 1994, 218) kann er sich auf den **Beweis des ersten Anscheins berufen,** was zu einer wesentlich einfacheren Durchsetzung der Ansprüche führt. In dem vom BGH entschiedenen Fall war ein Mieter auf der Treppe gestürzt und hatte sich verletzt. Er trug vor, die Treppe sei zur Zeit des Unfalls durch Behandlung mit Reinigungs- und Pflegemitteln extrem glatt gewesen. Kann er dies beweisen, dann wird nach den Regeln des Anscheinsbeweises vermutet, dass die auf der Verletzung der Verkehrssicherungspflicht beruhende Glätte eine Bedingung für das Ausgleiten war. Dieser Beweis des ersten Anscheins kann nur durch feststehende Tatsachen entkräftet werden, die die Möglichkeit eines anderen Geschehensablaufes ernsthaft in Betracht kommen lassen.

Die Anwendung des Anscheinsbeweises wurde vom BGH auch dann bejaht, wenn der Verletzte an nicht gestreuter Stelle innerhalb der zeitlichen Grenzen der Streupflicht zu Fall gekommen war (BGH, VersR 1984, 40, 41). Herrschte überall Schnee- und Eisglätte, rechtfertigt die Aussage des gestürzten Fußgängers, er sei „normal" gegangen, ohne nähere Feststellung nicht den Vorwurf, ihn treffe ein hälftiges Mitverschulden. Vielmehr bleibt es aufgrund des Beweises des ersten Anscheins bei der Haftung des Hauseigentümers (OLG Köln, a.a.O.).

Verschlechterung der Mietsache

1 Haftung des Mieters

Soweit der Mieter die Miträume normal abnutzt und sie vertragsgemäß gebraucht, bringt ihm das keinerlei Nachteile. Er hat nämlich solche Veränderungen oder Verschlechterungen der Mietsache nicht zu vertreten (§ 538 BGB). Vielmehr hat der Vermieter die durch vertragsgemäßen Gebrauch verursachten Verschlechterungen auf seine Kosten zu beseitigen (§ 535 BGB).

Dagegen ist der Mieter schadensersatzpflichtig, wenn Schäden eintreten, die nicht auf normale Abnutzung zurückzuführen sind, sondern auf einer vorsätzlichen oder fahrlässigen Verletzung seiner **Obhutspflicht** beruhen. In der mietvertraglichen Verpflichtung des Wohnungsmieters, die anteiligen Kosten der Feuerversicherung zu zahlen, liegt die stillschweigende Beschränkung seiner Haftung für die Verursachung von Brandschäden auf Vorsatz und grobe Fahrlässigkeit (BGH, Urt. v. 13.2.1995, WuM 1996, 212).

Die Pflicht, mit der Mietsache pfleglich umzugehen, beschränkt sich nicht auf die Wohnung, sondern erstreckt sich auch auf die anderen Teile des Hauses wie Hauseingang, Treppenhaus, Keller usw. Besondere Sorgfalt hat der Mieter auf die Vermeidung von **Frostschäden** zu verwenden. Neben der Schadensersatzpflicht, die bei schuldhafter Verschlechterung der Mietsache besteht, kann der Mieter auch gegenüber einem Mitmieter haftbar werden, wenn dieser infolge schuldhaften Verhaltens einen Schaden erleidet, so etwa, wenn der Mieter ein Waschbecken in seiner Wohnung überlaufen lässt, dadurch Wasser in die darunter liegende Wohnung dringt und dort Gegenstände des anderen Mieters beschädigt. Er haftet nicht nur für eigenes Verschulden, sondern auch für das seiner **Erfüllungsgehilfen**, z. B. von Gästen, Familienangehörigen oder Lieferanten.

2 Beweislast

Bei der gerichtlichen Geltendmachung von Schäden aufgrund von Verschlechterungen ist häufig die **Beweislast** für den Ausgang des Verfahrens entscheidend. Grundsätzlich muss der **Vermieter** beweisen, dass der Schaden bei Beginn des Mietverhältnisses nicht vorhanden war.

> Hier zeigt sich, dass **Übergabeprotokolle** bei Beginn des Mietverhältnisses wirklich sorgfältig ausgefüllt werden sollten. Hierdurch ändert sich die Beweislast zum Nachteil des Mieters (so Sternel, IV Rn. 613).

Wer beweisen muss, ob eine nachträgliche Verschlechterung auf normaler Abnutzung oder einer Verletzung der Obhutspflicht des Mieters beruht, ist strittig. Das OLG Karlsruhe hat in einem Rechtsentscheid eine Beweislastverteilung nach **Gefahrenkreisen** vorgenommen (RE v. 9.8.1984, WuM 1984, 267; Weber/Marx, VII/S. 73):

> Der Vermieter muss beweisen, dass die Schadensursache in dem Bereich gesetzt worden ist, der der unmittelbaren Obhut des Mieters unterliegt und nicht in seinem eigenen oder dem Verantwortungsbereich eines anderen Mieters des Hauses. Ist dieser Beweis erbracht, muss sich der Mieter seinerseits sowohl hinsichtlich der Verursachung als auch des Verschuldens entlasten.

Diese Beweislastverteilung gilt auch im Fall eines Brandes (so OLG Hamm, ZMR 1988, 300). Kann, wie so oft, nicht aufgeklärt werden, ob ein Schaden durch den Mietgebrauch des Mieters oder durch andere, außerhalb des Obhutsbereiches des Mieters liegende Umstände verursacht worden ist, trägt der Vermieter die Folgen dieser Unaufklärbarkeit; er ist insoweit beweisbelastet (BGH, WuM 1994, 466). Ist andererseits der Brand durch den Gebrauch der Mietsache entstanden und hat der Vermieter die Ursachen, die in seinen Obhuts- und Verantwortungsbereich fallen, ausräumen können, so trägt der Mieter die Beweislast dafür, dass er den Schadenseintritt nicht zu vertreten hat (BGH, Urt. v. 26.11.1997, Az. XII ZR 28/96, WuM 1998, 96).

3 Abgrenzung zur Abnutzung

Die Abgrenzung zwischen normaler Abnutzung als Folge vertragsgemäßen

Verschlechterung der Mietsache

Gebrauchs und schuldhafter Verschlechterung der Mietsache ist im Einzelnen schwierig. Zur Frage der Abwälzung auf den Mieter durch vertragliche Vereinbarung, siehe „Instandhaltung und Instandsetzung der Mieträume". Auch der Verschleiß von **Armaturen**, Wasserbereitern oder Gasthermen fällt unter den vertragsgemäßen Gebrauch. Dies gilt nicht bei der Emailabsplitterung einer **Badewanne** (AG Köln, WuM 1986, 85). Anders entschieden hat allerdings das LG Köln (WuM 1985, 258) bei einer älteren Badewanne. Hier soll die Absplitterung noch unter vertragsgemäßen Gebrauch fallen. Auch bei baulichen Änderungen durch den Mieter ist im Einzelnen umstritten, was zum vertragsgemäßen Gebrauch gehört und was nicht. So wird der Mieter z. B. **Dübel** in der Wohnung anbringen dürfen, soweit die Grenzen der Angemessenheit und Erforderlichkeit beachtet werden. Dies ist der Fall, wenn nur die üblichen Installationsgeräte oder sonstigen Vorrichtungen wie Gardinenstangen und Lampenhalter angebracht werden (LG Göttingen, WuM 1990, 199). Da es sich hier nicht um eine Verschlechterung handelt, kann der Vermieter auch nicht Ersatz bzw. Beseitigung verlangen (LG Mannheim, WuM 1975, 50).

Fraglich ist, ob dies auch für das Anbohren von **Kacheln** oder **Fliesen** gelten soll, da hier oft eine Neuverfliesung erforderlich ist, weil die bisherigen Fliesen nicht mehr lieferbar sind. Das LG Göttingen hat entschieden, dass der Mieter jedenfalls dann zum Schadensersatz verpflichtet ist, wenn er Fliesen über das erforderliche und übliche Maß hinaus anbohrt. Der Vermieter kann in diesem Fall die Kosten für eine Neuverfliesung verlangen, wenn Ersatzfliesen nicht mehr beschafft werden können. Er ist nicht gehalten, eine große Zahl von solchen Fliesen vorzuhalten (ZMR 1990, 145 f.). Wenn allerdings z. B. im Bad vermieterseits die üblichen Einrichtungsgegenstände wie Spiegel, Handtuchhalter, Hängeschrank nicht angebracht sind, wird man dem Mieter das Recht zugestehen müssen, zum Anbringen dieser Gegenstände die notwendigen Löcher zu bohren. Der Mieter seinerseits wird aber darauf zu achten haben, wenn möglich nicht die Fliesen anzubohren, sondern die Verfugungen zu benutzen (Kraemer in Bub/Treier, III Rn. 948). Hat der Wohnungsmieter die Wandfliesen mit Farbe überstrichen, kann der Vermieter nach Vertragsbeendigung die Verfliesung erneuern und die Kosten als Schadensersatz verlangen, sofern der Mieter nicht nachweisen kann, dass die Farbe von den Fliesen hätte entfernt werden können. Bei der Erneuerung von 30 Jahre alter Verfliesung ist ein Abzug „neu für alt" in Höhe von 50 % der Kosten der Neuverfliesung angemessen (LG Köln, Urt. v. 26.3.1996, WuM 1997, 41).

Dagegen muss der Mieter Schadensersatz leisten, wenn durch einen von ihm verlegten selbstklebenden **Teppichboden** bei der Entfernung der darunter liegende Bodenbelag beschädigt wird (LG Mannheim, DWW 1975, 43). Ersatz muss er, wenn z. B. bei der Entfernung von selbstklebenden Teppichfliesen mit Hilfe eines Lösungsmittels der darunter liegende PVC-Bodenbelag beschädigt wurde, in Höhe der Neuverlegung leisten, sofern die Schäden anderweitig nicht zu beheben sind. Jedoch ist auch hier ein Abzug „neu für alt" zu machen (LG Mannheim, WuM 1976, 205).

Schleift der Mieter bei der Verlegung von Teppichböden die **Zimmertüren** unten ab, kann der Vermieter beim Auszug die Verlängerung der Türblätter verlangen, soweit dies möglich ist und der frühere Zustand in etwa wiederhergestellt wird (LG Mannheim, DWW 1977, 20). Ist dies nicht mehr möglich, besteht u.U. ein weitergehender Schadensersatzanspruch auf neue Türen, allerdings mit dem entsprechenden Abzug „neu für alt".

Infolge vertragsgemäßen Gebrauchs verschlissene **Teppichböden** muss der Mieter nicht erneuern, auch wenn er ansonsten zur Durchführung von Schönheitsreparaturen verpflichtet ist (OLG Hamm, RE, DWW 1991, 145); es sei denn, der Mieter verursacht Brandlöcher oder Verfärbungen auf einem noch nicht abgewohnten Teppichboden. Bei der Höhe des Anspruchs ist ein Abzug neu für alt zu machen, wobei die durchschnittliche Lebensdauer eines Teppichbodens ca. 10 Jahre beträgt, eines **PVC-Bodens** ca. 10 bis 15 Jahre (LG Wiesbaden, WuM 1991, 540) und ein **Parkettboden** nach ca. 15 Jahren neu zu versiegeln ist (LG Wiesbaden, a.a.O.).

Umstritten ist, ob Abdrücke von Pfennigabsätzen im **Parkett** noch unter den vertragsgemäßen Gebrauch der Mietsache fallen. Zumindest bei Wohnraum sind solche Schäden vermeidbar, sodass eine Haftung des Mieters anzunehmen ist (LG Mannheim, MDR 1974, 314, sowie Kraemer in Bub/Treier, III Rn. 946). Bei einem gewerblichen Mietverhältnis hält sich dagegen das Begehen eines Parkettfußbodens mit Pfennigabsätzen noch im Rahmen des vertragsgemäßen Gebrauchs (OLG Karlsruhe, WuM 1997, 211). Schäden, die mit einer solchen Nutzung verbunden sind, begründen daher keine Schadensersatzpflicht des Mieters.

4 Schadensersatzanspruch des Vermieters

Diese Ansprüche des Vermieters unterliegen der **Verjährung** (s. „Verjährung"). Die Verpflichtung, die Mietsache bei Vertragsbeendigung in ordnungsgemäßem Zustand zurückzugeben, stellt als Ausfluss der Rückgabepflicht (§ 546 BGB) dann eine Hauptleistungspflicht (i.S.v. § 326 BGB) dar, wenn zur Wiederherstellung des früheren Zustands erhebliche Kosten aufgewendet werden müssen. In diesen Fällen ist also als Voraussetzung für den Schadensersatzanspruch eine Nachfrist mit Ablehnungsandrohung zu setzen (s. „Schönheitsreparaturen", Abschnitt 6). Trägt der Vermieter hingegen vor, dass die Schäden aufgrund vertragswidrigen Gebrauchs der Mietsache, insbesondere aufgrund der Verletzung der Sorgfalts- und Obhutspflicht durch den Mieter entstanden sind, stehen dem Vermieter Ersatzansprüche auch ohne vorherige Nachfristsetzung zu (Wolf/Eckert, 7. A., Rn. 1190, sowie Kraemer in Bub/Treier, 2. A., III Rn. 958a). Fällig ist dieser Schadensersatzanspruch grundsätzlich mit der Schadensentstehung. Auch bei kleinen Schäden braucht sich der Vermieter nicht auf die Beendigung des Mietverhältnisses verweisen lassen (so zu Recht Kraemer, a.a.O.). Vgl. auch „Feuchtigkeit", „Obhutspflicht" und „Teppichboden".

Verstopfung

In Mietverträgen sind oft Klauseln vereinbart, wonach alle Mieter bei einer Rohrverstopfung anteilig haften, wenn der Schadensverursacher nicht festgestellt werden kann. Diese Vertragsbestimmungen sind unwirksam (OLG Hamm, RE, WuM 1982, 201). Auch hier gelten die allgemeinen Anspruchsvoraussetzungen für einen Schadensersatzanspruch (s. „Verschlechterung der Mietsache").

Vertragsstrafe

Die Vertragsstrafe ist eine zwischen Gläubiger und Schuldner vereinbarte Leistung, meist Geldleistung, die zu erbringen ist, wenn der Schuldner seine Verbindlichkeit nicht oder nicht in gehöriger Weise erfüllt.

Eine Vereinbarung, durch die sich der Vermieter von Wohnraum eine Vertragsstrafe versprechen lässt, ist unwirksam (§ 555 BGB). Wirksam ist allerdings die Vereinbarung in einem **Mietaufhebungsvertrag**, wonach der Mieter für die vorzeitige Entlassung aus dem Mietverhältnis eine Pauschale in Höhe einer Monatsmiete zu zahlen hat (LG Lübeck, WuM 1985, 114). Hier handelt es sich um einen pauschalierten Schadensersatz.

Auch die in einem auf Wunsch des Mieters abgeschlossenen Mietaufhebungsvertrag über Wohnraum enthaltene Formularklausel, wonach für den erhöhten Verwaltungs- und Vermietungsaufwand eine Pauschalabgeltung in Höhe einer Nettomiete ohne besonderen Nachweis des Vermieters zu zahlen ist, ist wirksam (so OLG Hamburg, RE v. 17.4.1990, WuM 1990, 244). Auch hier handelt es sich nicht um eine Vertragsstrafe, die dadurch gekennzeichnet ist, dass sie die Erfüllung der Hauptforderung durch einen möglichst wirksamen Druck auf den Vertragsgegner absichern soll, sondern um eine **Aufwendungsersatzpauschale**. Hiermit wird dem Mieter allerdings nicht der Nachweis abgeschnitten, dass dem Vermieter nur ein niedrigerer Aufwand als der pauschalierte entstanden ist.

Bei Mietverträgen, die **nicht** Wohnraum betreffen, kann die Vertragsstrafe für die Leistung eines jeden Vertragsteils wirksam vereinbart werden, so z.B. für den Fall nicht pünktlicher Mietzahlung oder für den Fall der Nichteinhaltung eines Wettbewerbsverbotes durch den Vermieter.

Die Vertragsstrafe ist **verwirkt**, sobald der Verpflichtete in Verzug kommt. Besteht die geschuldete Leistung in einem Unterlassen, tritt die Verwirkung mit der Zuwiderhandlung ein. Bestritten der Schuldner die Verwirkung, weil er seine Verbindlichkeit erfüllt habe, hat er die Erfüllung zu beweisen. Besteht die Leistung aus einem Unterlassen, hat der Gläubiger Zuwiderhandlung zu beweisen. Ist die verwirkte Strafe unverhältnismäßig hoch, kann das Gericht sie angemessen herabsetzen.

Vertragswidriger Gebrauch

Der Mieter darf die Mietsache nur zu dem vertraglich vereinbarten Zweck benutzen. Der Umfang des vertragsgemäßen Gebrauchs wird also durch den **Vertragszweck** sowie durch die Verkehrsanschauung bestimmt. Bei **Geschäftsraum**mietverhältnissen ist daher die Bestimmung des Vertragszwecks im Vertrag entscheidend.

> Je allgemeiner der Vertrag gehalten ist, desto freier ist der Mieter. Es ist zu empfehlen, den Vertragszweck eindeutig festzulegen.

Ist z. B. ein Ladenlokal vermietet, darf der Mieter dort nicht eine Gaststätte oder einen Stehimbiss betreiben (OLG Düsseldorf, NJW-RR 1993, 587). Auch im Fall einer Geschäftserweiterung ist eine Interessenabwägung erforderlich (s. „Geschäftsräume").

Bei vertragswidrigem Gebrauch kann der Vermieter unter bestimmten Voraussetzungen auf Unterlassung klagen oder fristlos kündigen (§§ 541, 543 BGB).

Erste Voraussetzung ist die **Abmahnung des Mieters**. Ohne sie ist die Kündigung unwirksam. Sie muss die Vertragswidrigkeit bezeichnen. Eine allgemeine Abmahnung (z. B. „Sie haben wiederholt die Nachtruhe im Hause gestört") genügt nicht (vgl. „Abmahnung"). Weiter muss die **Vertragswidrigkeit** fortgesetzt werden.

Der vertragswidrige Gebrauch muss die Rechte des Vermieters **in erheblichem Maße** verletzen. Die Frage nach der Erheblichkeit lässt sich nur von Fall zu Fall beantworten.

> **Beispiele** sind:
> die Nutzung der Mietsache zu anderen als im Vertrag vorgesehenen Zwecken (gewerbliche Nutzung bei Wohnraumvermietung, Nutzung zu Wohnzwecken bei Geschäftsraummiete; a. A. bei Teilnutzung zu Wohnzwecken: OLG Köln, WuM 1996, 270), nicht genehmigte bauliche Veränderungen, fortgesetzte Störungen durch überlautes Musizieren bei Nacht u.a.

So hat das LG Berlin (WuM 1993, 39) entschieden, dass der Mieter eine ihm zum Wohnen vermietete Wohnung nicht mehr vertragsgemäß nutzt, wenn er dort im Rahmen einer sog. Großpflegestelle werktäglich fünf Kinder gegen Entgelt betreut. Das LG Hamburg (NJW 1992, 2387) hat in einem ähnlichen Fall auf die Wohnungsgröße und die Zahl der zu betreuenden Kinder abgestellt.

Nicht jede **gewerbliche Tätigkeit** in der Wohnung ist im Übrigen vertragswidrig.

Wie das LG Berlin (a.a.O.) ausführt, sind auch noch solche Tätigkeiten vom Wohnzweck gedeckt, die zwar einen beruflichen Einschlag haben, nach sozialtypischer Betrachtungsweise aber ihrer Art oder ihrem Umfang nach gegenüber der Nutzung der Mieträume als Wohnung nicht ins Gewicht fallen, z.B. ein Schriftsteller, der in der Wohnung schreibt, ein Lehrer, der in der Wohnung ein Arbeitszimmer hat oder ein Student, der Nachhilfeunterricht erteilt.

Überschritten ist die vertragsgemäße Grenze des Wohngebrauchs jedoch bei regelmäßiger kommerzieller Tätigkeit, wobei wichtige Kriterien für die Einordnung nach Ansicht des LG Berlin (a.a.O.) die nach außen in Erscheinung tretenden Auswirkungen der Tätigkeit, wie etwa Publikums- und Lieferantenverkehr, sind, nicht zuletzt aber auch die Höhe des mit der Tätigkeit erzielten Gewinns.

Ein **Sonderfall** des vertragswidrigen Gebrauchs liegt vor, wenn der Mieter die vermietete Sache ganz oder teilweise unbefugt einem Dritten überlässt und ihm trotz Abmahnung den Gebrauch belässt. Vgl. „Untermiete" und „Kündigung".

Verwaltungskosten

Im **frei finanzierten Wohnungsbau** sind Verwaltungskosten nicht auf den Mieter umlegbar. Das OLG Koblenz hat in einem Rechtsentscheid vom 7.1.1986 (WuM 1986, 50; Weber/Marx, VII/S. 155) entschieden, dass eine solche Vereinbarung unwirksam ist.

Die Vereinbarung eines festen Betrages für Verwaltungskosten ist dagegen möglich.

Das LG Braunschweig hat allerdings entschieden (WuM 1996, 283), dass eine formularvertragliche Verpflichtung des Mieters, neben der Grundmiete und den Betriebskostenvorauszahlungen einen festen monatlichen Betrag für Verwaltungskosten zu zahlen, unwirksam ist.

Es empfiehlt sich daher, diese Kosten von vornherein in die Grundmiete mit einzukalkulieren.

Bei **Sozialwohnungen** können die Verwaltungskosten in der Wirtschaftlichkeitsberechnung angesetzt werden. Dies sind derzeit jährlich pro Wohnung 420 DM, für Garagen und Einstellplätze 55 DM (§ 26 II. BV).

Verwendungen

1 Begriff

Verwendungen sind Maßnahmen des Mieters, die nach seinem Willen darauf gerichtet sind, den Bestand oder die Benutzung der Mieträume zu erhalten, wieder herzustellen oder zu verbessern. Durch das Mietrechtsreformgesetz wurde der bisherige Begriff „Verwendungen" durch „**Aufwendungen**" ersetzt, ohne dass dadurch eine inhaltliche Änderung eingetreten ist. Aufwendungen, die der Mieter im eigenen Interesse oder aufgrund einer vertraglichen Verpflichtung durchführt, fallen nicht darunter. Auch laufende Unterhaltskosten wie die für Wasser, Strom, Heizung und Reinigung fallen nicht unter den Verwendungsbegriff (so Scheuer in Bub/Treier, III Rn. 383).

2 Aufwendungsersatz gem. § 536a Abs. 2 BGB

Nach dieser Bestimmung kann der Vermieter einen Mangel selbst beseitigen und Ersatz der erforderlichen Aufwendungen verlangen, wenn

- der Vermieter mit der Beseitigung des Mangels in Verzug ist oder

- die umgehende Beseitigung des Mangels zur Erhaltung oder Wiederherstellung des Bestandes der Mietsache notwendig ist.

Weitere Erläuterungen hierzu finden sich unter „Mängel", Abschnitt 5. Aufgrund dieser Neuregelung durch das Mietrechtsreformgesetz sind die Abgrenzungsschwierigkeiten zum bisherigen § 547 Abs. 1 S. 1 BGB (Ersatz notwendiger Verwendungen) entfallen. Ein Anspruch des Mieters besteht also nur, wenn der Vermieter unter Fristsetzung zur Mangelbeseitigung aufgefordert wurde und nichts unternimmt oder wenn es um Notmaßnahmen des Mieters geht, die keinen Aufschub dulden.

> **Beispiel:**
> Dies ist der Fall bei einem Wasserrohrbruch oder beim Ausfall von Versorgungsanlagen im Winter (Heizung, Wasser, Strom).

Grundsätzlich wird der Mieter hierbei auf Sicherungsmaßnahmen beschränkt sein (vgl. Scheuer in Bub/Treier, V Rn. 388). Der neuen Gesetzesbestimmung und der Begründung zum Gesetzentwurf ist nicht zu entnehmen, ob der Mieter auch bei Notfällen den Versuch unternehmen muss, den Vermieter zu verständigen, bevor er tätig wird. Im Einklang mit der bisherigen Rechtsprechung ist davon auszugehen (Scheuer, a.a.O.).

3 Sonstige Aufwendungen

Die Verpflichtung des Vermieters zum Ersatz **sonstiger** Aufwendungen bestimmt sich nach den Vorschriften über die Geschäftsführung ohne Auftrag (§ 539 Abs. 1 BGB). Hierunter fallen vor allem die sog. **nützlichen** Aufwendungen. Der Ersatzanspruch des Mieters setzt voraus, dass er den Willen hatte, mit der Aufwendung ein Geschäft des Vermieters zu führen, ferner dass die Aufwendung dem Interesse und dem tatsächlichen oder mutmaßlichen Willen des Vermieters entsprach (§§ 677, 683 BGB). An das Vorliegen dieser Voraussetzung sind strenge Anforderungen zu stellen (BGH, WuM 1994, 201). Die bloße Duldung von Maßnahmen, zu deren Untersagung der Vermieter berechtigt wäre, genügt nicht (BGH, Urt. v. 16.9.1998, Az. XII ZR 136/96, NZM 1999, 19).

Ein solcher Fremdgeschäftsführerwille wird sich schwer nachweisen lassen, da der Mieter in der Regel nützliche Aufwendungen in den Mieträumen auch im eigenen Interesse vornehmen wird. Vgl. z. B. OLG Köln, WuM 1996, 269: An- oder Umbauten sind i. d. R. sonstige Aufwendungen; der aus- oder umbauende Mieter führt i. d. R. kein fremdes Geschäft (§ 677 BGB). In diesen Fällen ist der Mieter zur Durchsetzung seiner Ansprüche auf Bereicherungsansprüche verwiesen (§ 684 S. 1 i.V.m. §§ 812 ff. BGB). Hierfür ist Voraussetzung, dass durch die Aufwendungen eine Wertsteigerung der Mietsache eingetreten ist. Ein weiterer Bereicherungsanspruch kann sich aus der vorzeitigen Beendigung des Mietverhältnisses ergeben. Er bemisst sich nicht nach den Kosten der Aufwendungen, sondern nach den Vorteilen, die der Vermieter aus dem erhöhten Ertragswert der Mietsache erzielen kann (z. B. höhere Miete des Nachmieters; BGH, a.a.O.).

Diesen Bereicherungsanspruch kann der Vermieter dadurch abwenden, dass er den Mieter auffordert, die Aufwendungen wieder zu beseitigen. Weigert er sich, verliert er seinen Anspruch, da sich der Vermieter eine solche Bereicherung nicht aufdrängen lassen muss und daher auch nicht herauszugeben braucht (mit Recht Sternel, II Rn. 616; vgl. hierzu „Einrichtungen"). Die Aufwendungsansprüche unterliegen der Verjährung (s. „Verjährung").

4 Geschäftsraummietverhältnis

Hat sich ein Mieter von Geschäftsräumen zu bestimmten Ausbaumaßnahmen vertraglich verpflichtet, hat er nach Beendigung des Mietverhältnisses hinsichtlich der geschaffenen Einrichtungen weder ein Wegnahmerecht (§ 539 Abs. 2 BGB) noch hat er einen Anspruch auf den Ersatz von Aufwendungen (§ 539 Abs. 1 BGB), unabhängig davon, ob es sich um notwendige oder nützliche Aufwendungen handelt. In diesen Fällen sind nämlich die Leistungen des Mieters im Zweifel Teil des Überlassungsentgelts (BGH, ZMR 1996, 122).

Wird allerdings ein solches Vertragsverhältnis vorzeitig beendet, kann nach gefestigter Rechtsprechung des BGH ein Bereicherungsanspruch des Mieters gegen den Vermieter gegeben sein, der darauf beruht, dass der Vermieter vorzeitig in den Genuss des durch die Mieterleistungen geschaffenen erhöhten Ertragswertes des Mietobjekts gelangt. Dieser Anspruch bemisst sich danach (§ 818 Abs. 2 BGB), inwieweit der Vermieter durch die Investitionen in die Lage versetzt wurde, bei einer anderweitigen Vermietung eine höhere Miete zu erzielen oder die fraglichen Leistungen gewinnbringend zu nutzen, etwa auch durch Erlangung eines Baukostenzuschusses von dem Nachmieter (BGH, a.a.O.).

Der generelle **Ausschluss von Aufwendungsersatzansprüchen** für den Fall der vorzeitigen Vertragsbeendigung kann in einer Individualvereinbarung bei Geschäftsräumen wirksam vereinbart werden (Scheuer in Bub/Treier, V Rn. 411). Der unbeschränkte Ausschluss von Aufwendungsersatzansprüchen durch **Formular**verträge ist wegen Verstoßes gegen § 9 AGB-Gesetz unwirksam (Scheuer, a.a.O., Rn. 412).

Hat der Mieter die vorzeitige Vertragsbeendigung zu vertreten, kann eine ergänzende Vertragsauslegung zu dem Ergebnis führen, dass der Vermieter dafür nicht nach Bereicherungsgrundsätzen haftet (Scheuer, a.a.O., Rn. 412a).

Verwirkung

Die Verwirkung ist eine Konkretisierung des § 242 BGB, wonach eine Leistung nur so zu bewirken ist, wie es Treu und Glauben erfordern.

Ein Anspruch oder ein Gestaltungsrecht ist verwirkt, wenn seit der Möglichkeit der Geltendmachung längere Zeit vergangen ist und besondere Umstände hinzu kommen, aufgrund derer der zur Leistung Verpflichtete nicht mehr mit der verspäteten Inanspruchnahme zu rechnen braucht. Die Verwirkung setzt also ein Umstands- und ein Zeitmoment voraus.

Hierzu können keine **bestimmten Fristen** angegeben werden, da es auf die Umstände des Einzelfalles ankommt.

Einige Fälle aus der Rechtsprechung sind nachfolgend aufgeführt:

Die bisherige Rechtsprechung über die Verwirkung des Anspruchs des Vermieters gegen den Mieter auf Nachzahlung von Nebenkosten aus Umlageabrechnung ist durch § 556 Abs. 3 BGB, der durch das Mietrechtsreformgesetz eingeführt wurde, überholt. Danach ist über die Vorauszahlung für Betriebskosten jährlich abzurechnen. Die Abrechnung ist dem Mieter spätestens bis zum Ablauf des 12. Monats nach Ende des Abrechnungszeitraums mitzuteilen.

Nach Ablauf dieser Frist ist die Geltendmachung einer Nachforderung durch den Vermieter ausgeschlossen, es sei denn, der Vermieter hat die verspätete Geltendmachung nicht zu vertreten. Es handelt sich hierbei also um eine **Ausschlussfrist**. Auf den Gesichtspunkt der Verwirkung kommt es nicht mehr an. Auch der Mieter hat Einwendungen gegen die Abrechnung dem Vermieter spätestens zum Ablauf des 12. Monats nach Zugang der Abrechnung mitzuteilen. Nach Ablauf dieser Frist kann der Mieter Einwendungen nicht mehr geltend machen, es sei denn, der Mieter hat die verspätete Geltendmachung nicht zu vertreten (§ 556 Abs. 3 S. 5 und 6 BGB). Eine zum Nachteil des Mieters hiervon abweichende Vereinbarung ist unwirksam (§ 556 Abs. 4 BGB). Vgl. hierzu auch „Abrechnung der Betriebskosten".

Nach Ansicht des OLG Hamm (RE, WuM 1981, 257; Weber/Marx, VII/ S. 81) kann die Vollstreckung eines **Räumungsurteils**, das der Vermieter aufgrund der Kündigung des Mietverhältnisses wegen Zahlungsverzuges erwirkt hat, unzulässig sein, wenn der Vermieter mehrere Jahre aus dem Urteil nicht vollstreckt, sondern von dem Mieter, der auch nach Rechtskraft des Räumungsurteils weiterhin mit erhebli-

Verwirkung

chen Mietbeiträgen in Rückstand geraten ist, die Zahlung von Nutzungsentschädigungen verlangt und Zahlungen entgegengenommen hat, obwohl mehrfach die Vollstreckung des Räumungsurteils für den Fall der Nichtzahlung der rückständigen Miete angedroht worden ist.

Ob dies jedoch der Fall ist, richtet sich nach Ansicht des OLG Hamm nach den jeweils umfassend zu würdigenden Umständen des Einzelfalles.

Eine etwas abweichende Ansicht vertritt hierzu das LG Mönchengladbach (DWW 1990, 237): Es ist der Meinung, dass auch 4 $3/4$ Jahre nach Ergehen eines Räumungsurteils und zwischenzeitlich mehrmaliger Rücknahme bereits eingeleiteter Zwangsvollstreckungsmaßnahmen der Vermieter berechtigt ist, die Räumung im Wege der Zwangsvollstreckung zu betreiben. Das Gericht begründet dies damit, dass der Vorwurf, der Vermieter verhalte sich insoweit rechtsmissbräuchlich, sonst dazu führen würde, dass der rücksichtsvolle Vermieter, der trotz Räumungstitel zugunsten des erneut zahlungssäumigen Schuldners nach erneutem Ausgleich der Rückstände auf die endgültige Durchführung der Zwangsvollstreckung verzichtet, gezwungen wird, künftig diese Rücksicht nicht mehr walten zu lassen und seine Rechte aus einem Räumungsurteil unnachsichtig sofort durchzusetzen, um nicht erstrittener Rechte verlustig zu gehen.

Auch das **Kündigungsrecht** des Vermieters und des Mieters unterliegt der Verwirkung. Dies gilt sowohl für die ordentliche als auch für die außerordentliche und fristlose Kündigung. Eine fristlose Kündigung ist daher nach allgemeiner Ansicht alsbald nach Kenntnis vom Kündigungsgrund auszusprechen. Hierbei ist eine angemessene Überlegungsfrist zuzubilligen. Eine einheitliche feste Ausschlussfrist in Anlehnung an § 626 Abs. 2 BGB besteht nicht. Vielmehr sind die Umstände des Einzelfalls entscheidend. Will der Mieter wegen Mängel der Mietsache, die der Vermieter trotz Fristsetzung nicht beseitigt hat, fristlos kündigen, muss er diese Kündigung etwa einen Monat nach Ablauf der dem Vermieter gesetzten Frist zur Mängelbeseitigung aussprechen, da sonst das Kündigungsrecht verwirkt ist (Saarländisches OLG, Urt. v. 23.9.1998, Az. 1 U 969/97–185, MDR 1999, 86).

Das OLG Frankfurt (WuM 1991, 475) wendet bei einer auf Vertragsverletzungen des Mieters gestützten Kündigung die Frist des § 626 Abs. 2 BGB entsprechend an. Diese beträgt zwei Wochen ab Kenntnis des Kündigungsgrundes. Ob diese in jedem Fall ausreichend ist, erscheint zweifelhaft.

Der Verwirkung unterliegen auch die Ansprüche auf **Mietzahlung.** So hat das LG Berlin (Urt. v. 2.4.1998, Az. 67 S 442/97, NZM 1999, 170) entschieden, dass ein Vermieter seinen Anspruch auf Mietzahlung dann verwirkt, wenn er die vom Mieter mit Mängeln begründete Einbehaltung eines Teils der Miete über einen längeren Zeitraum (hier drei Jahre) hinnimmt. Durch das Mietrechtsreformgesetz neu geregelt ist das Recht des Mieters zur **Minderung** bei vorbehaltloser Zahlung der Miete. Bisher ging

Verwirkung

die Rechtsprechung in analoger Anwendung des § 536b BGB davon aus, dass der Minderungsanspruch bei längerer Zahlung verwirkt. Nunmehr ist in § 536c Abs. 2 S. 2 BGB geregelt, dass dann, soweit der Vermieter infolge der Unterlassung der Anzeige des Mangels nicht Abhilfe schaffen konnte, der Mieter nicht berechtigt ist, die Miete zu mindern. Zeigt er den Mangel an, lebt das Minderungsrecht wieder auf. Nur wenn der Mieter über einen sehr langen Zeitraum hinweg die volle Miete bezahlt, kann sich der Vermieter auf Verwirkung berufen. Siehe hierzu auch „Kenntnis von Mängeln".

Im Gegensatz zur Verjährung, auf die sich der in Anspruch Genommene ausdrücklich berufen muss, ist die Verwirkung **von Amts wegen** zu berücksichtigen (BGH, NJW 1966, 345).

> Auch Ansprüche des Mieters auf Ersatz von **Aufwendungen** können verwirkt werden, ebenso Ansprüche des Vermieters auf Zahlung der vollen Miete, wenn der Mieter mindert und neben dem Zeit- auch das Umstandsmoment erfüllt ist. Das OLG Hamburg hat hierzu ausgeführt, dass der Vermieter seine Nachzahlungsansprüche nach längerer widerspruchsloser Hinnahme einer Mietminderung entsprechend den gleichen Grundgedanken, die für den Verlust von Gewährleistungsrechten des Mieters nach längerer vorbehaltloser Mietzahlung maßgeblich sind, verliert (OLG Hamburg, Urt. v. 9.12.1998, Az. 4 U 32/97, WuM 1999, 281). Längere Zeit ist nach Ansicht der Instanzgerichte eineinhalb Jahre nach Mietende (LG Hamburg, WuM 1990, 203), über zwei Jahre bei andauerndem Mietverhältnis (LG Hamburg, WuM 1990, 498) oder fast drei Jahre bei andauerndem Mietverhältnis (LG Hamburg, WuM 1991, 38). Siehe hierzu auch „Kenntnis von Mängeln".

Der Anspruch auf volle **Zahlung** kann daher verwirkt sein, wenn ihn der Vermieter erstmals nach Vertragsbeendigung im Wege der Widerklage gegen den Kautionsrückzahlungsanspruch des Mieters geltend macht (LG Hamburg, WuM 1994, 608).

Verzug

Sowohl der Gläubiger als auch der Schuldner einer Leistung können in Verzug kommen.

1 Schuldnerverzug

Er liegt vor, wenn der Schuldner auf eine **Mahnung** des Gläubigers hin, die nach Eintritt der Fälligkeit erfolgt, nicht leistet (§ 284 Abs. 1 BGB). Ist für die Leistung eine Zeit nach dem Kalender bestimmt, kommt der Schuldner ohne Mahnung in Verzug, wenn er nicht zu der bestimmten Zeit leistet (§ 284 Abs. 2 S. 1 BGB).

Durch das Gesetz zur Beschleunigung fälliger Zahlungen vom 30.3.2000 (BGBl. I S. 330) wurde dem § 284 BGB folgender Absatz 3 angefügt: „*Abweichend von den Absätzen 1 und 2 kommt der Schuldner einer Geldforderung 30 Tage nach Fälligkeit und Zugang einer Rechnung oder einer gleichwertigen Zahlungsaufforderung in Verzug. Bei Schuldverhältnissen, die wiederkehrende Geldleistungen zum Gegenstand haben, bleibt Abs. 2 unberührt.*" Der Verzug bei Geldforderungen erfordert daher keine Mahnung mehr. Die Auswirkungen auf das Mietrecht sind gering. Gemäß § 284 Abs. 3 S. 2 BGB bleibt die Regelung von § 284 Abs. 2 BGB unberührt. Für die laufenden **Mietzahlungen** ändert sich deshalb am Verzugseintritt gegenüber der früheren Rechtslage nichts, da es sich hierbei um wiederkehrende Geldleistungen handelt. Lediglich bei **Betriebskostenabrechnungen**, die eine Nachzahlungspflicht des Mieters ergeben, ist § 284 Abs. 3 S. 1 BGB anwendbar. Der Zugang einer solchen Abrechnung löst deshalb den Lauf der 30-Tages-Frist aus.

Darüber hinaus muss er die Verzögerung zu vertreten haben (§ 285 BGB).

1.1 Rechtsfolgen

Die Rechtsfolgen des Verzugs sind in den §§ 286 bis 290, 326 BGB geregelt. Danach hat der Schuldner dem Gläubiger den **Verzugsschaden** zu ersetzen (§ 286 BGB). Bei Geldschulden stehen dem Gläubiger **Verzugszinsen** zu (§ 288 BGB). Durch das Gesetz zur Beschleunigung fälliger Zahlungen ist § 288 Abs. 1 S. 1 BGB wie folgt gefasst worden: „*Eine Geldschuld ist während des Verzugs für das Jahr mit 5 Prozentpunkten über dem Basiszinssatz nach § 1 des Diskontsatz-Überleitungs-Gesetzes vom 9. Juni 1988 (BGBl. I S. 1242) zu verzinsen.*" Die Verzugszinsen betragen daher nicht mehr 4 %. Der maßgebliche **Basiszinssatz** ändert sich jeweils mit Beginn des 1. Januar, 1. Mai und 1. September eines jeden Jahres. Die Deutsche Bundesbank gibt den Basiszinssatz im Bundesanzeiger bekannt.

Hat die Leistung infolge des Verzuges für den Gläuber kein Interesse mehr, kann er unter Ablehnung der Leistung Schadensersatz wegen Nichterfüllung verlangen (§ 286 Abs. 2 BGB). Beim gegenseitigen Vertrag, worunter der Mietvertrag fällt, kann der Gläubiger dem Schuldner nach Verzugseintritt zur Bewirkung der Leistung eine angemessene Frist mit der Erklärung setzen, dass er die Annahme der Leistung nach Ablauf der Frist ablehne (§ 326 BGB). Danach kann er vom Vertrag zurücktreten oder Schadensersatz wegen Nichterfüllung fordern.

1.2 Besonderheiten

Diese allgemeinen Bestimmungen sind im Mietrecht durch folgende Besonderheiten ergänzt:

1.2.1 Fristlose Kündigung

Bei **Zahlungsverzug des Mieters** ist der Vermieter zur fristlosen Kündigung berechtigt (§ 543 Abs. 2 Nr. 3 BGB). Sie ist zulässig, wenn der Mieter entweder für zwei aufeinander folgende Termine mit der Entrichtung der Miete oder eines nicht unerheblichen Teils davon in Verzug ist oder in einem Zeitraum, der sich über mehr als zwei Termine erstreckt, mit der Entrichtung der Miete in Höhe eines Betrags in Verzug gekommen ist, der die Miete für zwei Monate erreicht.

Die Kündigung ist **ausgeschlossen**, wenn der Vermieter vor ihrem Zugang befriedigt wird (d. h. der Mieter zahlt). Sie wird unwirksam, wenn der Mieter sich von seiner Schuld durch Aufrechnung befreien konnte und unverzüglich nach der Kündigung die Aufrechnung erklärt.

Das Kündigungsrecht des Vermieters wegen Verzugs des Mieters mit der Mietzahlung ist bei Wohnraummietverhältnissen eingeschränkt.

Der rückständige Teil der Miete ist nur dann als nicht unerheblich anzusehen, wenn er die Miete für einen Monat übersteigt; dies gilt jedoch nicht, wenn der Wohnraum nur zu vorübergehendem Gebrauch vermietet ist (§ 569 Abs. 3 Nr. 1 BGB).

Ferner wird die Kündigung eines Wohnraummietverhältnisses unwirksam, wenn der Vermieter nach Erhebung einer Räumungsklage binnen zweier Monate nach Eintritt der Rechtshängigkeit (Klagezustellung) hinsichtlich der fälligen Miete und der fälligen Nutzungsentschädigung befriedigt wird oder eine öffentliche Stelle (Sozialamt) sich zur Befriedigung verpflichtet. Das gilt jedoch nicht, wenn wegen der Zahlung innerhalb der Schonfrist eine Kündigung des Vermieters unwirksam geworden ist und er innerhalb eines Zeitraumes von zwei Jahren erneut wegen Zahlungsverzug kündigt (§ 569 Abs. 3 Nr. 2 BGB). Bei Wohnraum ist eine von diesen Bestimmungen abweichende Vereinbarung unwirksam. Siehe hierzu auch „Fälligkeit des Mietzinses" und „Kündigung", Abschnitt 3.2.1.2.

1.2.2 Verzug des Vermieters mit Mängelbeseitigung

Auch der Verzug des Vermieters mit der Mängelbeseitigung hat erhebliche Folgen: Der Mieter kann Schadensersatz geltend machen, wenn der Vermieter mit der Beseitigung eines Mangels in Verzug gerät (§ 536a Abs. 1 BGB). Verzug setzt eine auf Mängelbeseitigung gerichtete Mahnung des Mieters sowie Verschulden des Vermieters voraus. Verzug ist z. B. dann nicht gegeben, wenn die Mängelbeseitigung zwar angemahnt ist, die Handwerker den Vermieter jedoch trotz aller Bemühungen im Stich lassen. Darüber hinaus kann der Mieter in diesem Fall den Mangel selbst beseitigen und Ersatz der erforderlichen Aufwendungen vom Vermieter verlangen (§ 536a Abs. 2 BGB). Siehe auch „Mängel".

1.2.3 Verspätete Rückgabe der Mietsache

Bei verspäteter Rückgabe kann der Vermieter vom Mieter Nutzungsentschädigung und ggf. Schadensersatz verlangen (§ 546a BGB). Siehe „Rückgabe".

2 Gläubigerverzug

Der Gläubiger kommt in Verzug, wenn er die angebotene Leistung des Schuldners nicht annimmt (§ 293 BGB).

2.1 Voraussetzungen

Folgende Voraussetzungen müssen erfüllt sein (§§ 293 bis 299 BGB): Der Schuldner muss zur Leistung berechtigt, bereit und im Stande sein. Er muss dem Gläubiger die Leistung anbieten. Weiterhin muss der Gläubiger die Leistung nicht annehmen.

2.2 Rechtsfolgen

Rechtsfolgen ergeben sich aus den §§ 300 bis 304 BGB. Sie sollen am wichtigsten Fall des Annahmeverzuges kurz erläutert werden:

Die Parteien vereinbaren einen bestimmten Termin für den Beginn des Mietverhältnisses, zu dem die Räume übergeben werden. Der Mieter erscheint nicht. Da es eine Rechtspflicht des Mieters zur Abnahme, anders als z. B. im Kaufrecht, nicht gibt, der Mieter die Abnahme also nicht schuldet, kommt er nicht in Schuldnerverzug, sondern nur in Gläubigerverzug (= Abnahmeverzug). Der Vermieter kann also keinen Verzugsschaden ersetzt verlangen. Er hat nur einen Anspruch auf Ersatz der erforderlichen Mehraufwendungen (§ 303 BGB). Darunter fällt aber nicht der persönliche Zeit- und Arbeitsaufwand. Zur Zahlung der Miete ab dem vereinbarten Beginn ist der Mieter allerdings auch in diesem Fall verpflichtet (§ 537 BGB).

Wenn der Mieter die Erfüllung des Mietvertrages jedoch ernsthaft und endgültig verweigert, kann der Vermieter wegen dieser Vertragsverletzung vom Vertrag zurücktreten.

Da der BGH (WuM 1968, 161) der Ansicht ist, dass Rücktritt dann ausgeschlossen ist, wenn ein wichtiger Grund zur fristlosen Kündigung vorliegt, empfiehlt es sich in diesen Fällen, sowohl zurückzutreten als auch fristlos zu kündigen.

Siehe „Rücktritt".

Vollmacht

Vollmacht ist eine durch Rechtsgeschäft (die sog. Bevollmächtigung) erteilte Vertretungsmacht (§ 166 Abs. 2 BGB). Eine Willenserklärung, die jemand innerhalb der ihm zustehenden Vertretungsmacht im Namen des Vertretenen abgibt, wirkt unmittelbar für und gegen den, den er vertritt (Vertretenen; § 164 Abs. 1 BGB).

Die **Übertragung** der Vollmacht ist grundsätzlich **formfrei**. Allerdings ist § 174 BGB zu beachten: Danach ist ein einseitiges Rechtsgeschäft, das ein **Bevollmächtigter** einem anderen gegenüber vornimmt, unwirksam, wenn der Bevollmächtigte eine **Vollmachtsurkunde nicht vorlegt** und der andere das Rechtsgeschäft aus diesem Grund **unverzüglich** zurückweist. Die Zurückweisung ist ausgeschlossen, wenn der Vollmachtgeber den anderen von der Bevollmächtigung in Kenntnis gesetzt hatte.

Dies gilt nicht nur für den Ausspruch von Kündigungen, sondern auch für Mieterhöhungsverlangen. So hat das OLG Hamm entschieden, dass das von einem Bevollmächtigten des Vermieters schriftlich vorgebrachte Mieterhöhungsverlangen unwirksam ist, wenn der Bevollmächtigte eine Vollmachtsurkunde nicht vorlegt und der Mieter aus diesem Grund das Erhöhungsbegehren unverzüglich zurückweist (RE v. 28.5.1982, WuM 1982, 205; Weber/Marx, VII/S. 132). Wie das OLG München (ZMR 1996, 557) entschieden hat, kann die Kündigung eines Mietvertrages durch einen Rechtsanwalt nicht wirksam zurückgewiesen werden (§ 174 BGB), wenn dieser den Kündigenden in mehreren Mietstreitigkeiten vertritt. Die Prozessvollmacht beinhaltet nämlich auch die Befugnis zur Abgabe solcher sachlich-rechtlichen Willenserklärungen, die im Zusammenhang mit der Prozessführung abzugeben sind. Hierher gehört auch die Kündigung.

Oft wird übersehen, dass die **Vollmachtsurkunde im Original** vorgelegt werden muss (§ 172 Abs. 1 BGB); die Vorlage einer beglaubigten Abschrift genügt nicht (BGH, NJW 1981, 1210).

„Unverzüglich" heißt ohne schuldhaftes Zögern (§ 121 Abs. 1 BGB). Eine angemessene Überlegungsfrist ist zuzubilligen.

> Ein Zeitraum von drei Wochen ist nach Ansicht des LG München nicht mehr angemessen (unveröffentlichtes Urt. v. 17.10.1984, Az. 14 S 13444/83). Die Zurückweisung des Rechtsgeschäfts ist nach Ansicht dieses Gerichts nur dann als unverzüglich anzusehen, wenn dies binnen weniger Tage erfolgt, da die Feststellung, dass eine Urkunde fehlt, ohne Schwierigkeiten zu treffen ist.

Wird der Vermieter bei Abschluss des Mietvertrages von einem **Hausverwalter** vertreten und ist dies auch entsprechend zum Ausdruck gebracht (z. B. Herr A, vertreten durch die Hausverwaltung B), kann die Hausverwaltung die zu ihrem Geschäftsbereich gehörenden Willenserklärungen abgeben, ohne hierzu jeweils eine Vollmachtsurkunde vorlegen zu müssen. Hierzu gehören Mieterhöhungen, nicht aber Kündigungen. Nach der Ansicht des Kammergerichts (WuM 1984, 254) soll auch dann, wenn ein Hausverwalter einen Mietvertrag abschließt, ohne den Vermieter namentlich zu benennen, der Hauseigentümer direkt verpflichtet werden, also Vermieter werden. Anders ist der Fall, wenn der Hausverwalter im Mietvertrag nicht zum Ausdruck bringt, dass er für einen anderen handelt, also sich selbst ohne weiteren Zusatz als Vermieter bezeichnet. Hier wird der Hausverwalter selbst Vermieter (§ 164 Abs. 2 BGB).

Wird der **Vertreter** tätig, **ohne dass er bevollmächtigt ist**, ist das entsprechende Rechtsgeschäft zunächst schwebend unwirksam (§ 177 BGB). Es kommt nun auf den Vertretenen an, was aus dem Rechtsgeschäft wird: Genehmigt er es, wird es rückwirkend wirksam (§ 184 Abs. 2 BGB). Genehmigt er es nicht, hat der Gegner die Wahl, ob er vom vollmachtlosen Vertreter Schadensersatz oder Erfüllung verlangt (§ 179 BGB). Hat ein Vertreter ohne Vollmacht einen Mietvertrag abgeschlossen, bleibt es beim Schadensersatz, da ihm eine Durchführung des Mietvertrages subjektiv unmöglich ist.

Oft ist in einem Mietvertrag vereinbart, dass sich die Mieter **gegenseitig zur Entgegennahme** rechtsgeschäftlicher Erklärungen bevollmächtigen. Hierzu hat das OLG Schleswig in einem Rechtsentscheid vom 22.3.1983 (WuM 1983, 130; Weber/Marx, VII/S. 138) entschieden, dass ein Mieterhöhungsverlangen gegenüber allen Mitmietern rechtswirksam geltend gemacht ist, wenn das schriftliche Erhöhungsverlangen für alle Mieter bestimmt ist, aber nur einem Mieter zugegangen ist, der zur Empfangnahme von Willenserklärungen des Vermieters bevollmächtigt ist. Das Erhöhungsverlangen muss also an **alle** Mieter gerichtet sein, andernfalls ist es trotz Bevollmächtigungsklausel unwirksam (LG Darmstadt, WuM 1996, 708).

> Eine derartige **Empfangsvollmacht** ist in der Vertragsklausel: *„Für die Wirksamkeit einer Erklärung des Vermieters genügt es, wenn sie gegenüber einem der Mieter abgegeben wird"* enthalten.

Nach Ansicht des Gerichts ist auch eine in einem Formular-Mietvertrag enthaltene Klausel gleichen Inhalts wirksam. Teilweise wurde in der Rechtsprechung (OLG Celle, WuM 1990, 103) angenommen, diese Klauseln müssten eine Widerrufsmöglichkeit gegenüber dem Vermieter enthalten. Dem ist der BGH (Beschl. v. 10.9.1997, Az. 8 ARZ 1/97, WuM 1997, 599) entgegengetreten. Eine ausdrückliche Regelung des Widerrufs muss in der Klausel nicht enthalten sein. Trotz des Fehlens einer solchen Klausel kann gleichwohl jeder von mehreren Mietern jederzeit seine Vollmacht widerrufen. Eine solche Klausel ist auch für die Entgegennahme von Kündigungen wirksam. Im Endergebnis hat der BGH eine **Klausel** folgenden Inhalts für zulässig erachtet:

„Erklärungen, deren Wirkung die Mieter berührt, müssen von oder gegenüber allen Mietern abgegeben werden. Die Mieter bevollmächtigen sich jedoch gegenseitig zur Entgegennahme solcher Erklärungen. Diese Vollmacht gilt auch für die Entgegennahme von Kündigungen, jedoch nicht für Mietaufhebungsverträge".

In den Gründen hat der BGH allerdings darauf hingewiesen, dass ein Schreiben eines ausgezogenen Mieters, in dem er seine neue Anschrift mitteilt, als stillschweigend erklärter Widerruf der erteilten Vollmacht gewertet werden kann. Die Mitteilung der neuen Anschrift kann daher als Aufforderung verstanden werden, der Vermieter möge Erklärungen, die das Mietverhältnis betreffen, nunmehr an die neue Adresse senden, weil mit einer Empfangsvollmacht für die übrig gebliebenen Mitmieter kein Einverständnis mehr besteht. Dies ist in solchen Fällen zu beachten.

Sehr viel strenger werden von der Rechtsprechung Klauseln beurteilt, in denen sich die Mieter gegenseitig zur Abgabe von Willenserklärungen ermächtigen (vgl. hierzu „Personenmehrheit auf Mieterseite", „Allgemeine Geschäftsbedingungen" sowie „Kündigung", Abschnitt 1.2).

Soweit solche Klauseln **formularmäßig** vereinbart werden, werden sie überwiegend als unwirksam angesehen (OLG Frankfurt, NJW-RR 1992, 396, 400).

Vollstreckungsschutz

Auf **Antrag des Schuldners** kann das Gericht eine Maßnahme der Zwangsvollstreckung, also auch die Zwangsräumung, ganz oder teilweise aufheben, untersagen oder einstweilen einstellen, wenn die Maßnahme unter voller Würdigung des Schutzbedürfnisses des Gläubigers wegen ganz besonderer Umstände eine Härte bedeutet, die mit den guten Sitten nicht vereinbar ist (§ 765a ZPO). Schon die Gesetzesfassung weist darauf hin, dass die Vollstreckungsschutzbestimmung nur in ganz besonderen **Ausnahmefällen** Platz greifen kann.

Insbesondere bei der Vollstreckung von Räumungsurteilen spielt diese Vorschrift eine erhebliche Rolle. Der Schuldner versucht, mit einem Vollstreckungsschutzantrag (§ 765a ZPO) den bereits anberaumten Zwangsräumungstermin durch den Gerichtsvollzieher hinauszuschieben. Zwei Hauptfälle haben sich in der Praxis herausgebildet:

1 Räumungsunfähigkeit wegen Krankheit

Hier wird der Schuldner in seinem Antrag zumindest ein ärztliches Attest vorlegen müssen. Ggf. wird eine amtsärztliche Untersuchung notwendig sein.

Vollstreckungsschutz

Dies gilt auch, wenn der Schuldner vorträgt, durch die Zwangsräumung schwere gesundheitliche Nachteile befürchten zu müssen.

2 Umzug in Ersatzwohnung

Ferner kann Vollstreckungsschutz gewährt werden, wenn der Schuldner unter Vorlage eines Mietvertrages nachweisen kann, dass er demnächst in eine **Ersatzwohnung** umziehen wird, da ein doppelter Umzug innerhalb kurzer Zeit dem Schuldner nicht zuzumuten ist.

Da diese Anträge oft im letzten Augenblick gestellt werden, kommt den **einstweiligen Anordnungen** auf die vorläufige Einstellung der Zwangsvollstreckung (Zwangsräumung) erhebliche Bedeutung zu.

Diese einstweiligen Anordnungen sind in Analogie zu den §§ 766 Abs. 1 S. 2, 732 Abs. 2 ZPO zulässig. Zu beachten ist, dass das Gericht auf Antrag jeder Partei diese einstweiligen Anordnungen bis zur Endentscheidung bei Veränderungen des Sachverhalts aufheben oder abändern kann. Mit der sofortigen Beschwerde sind diese einstweiligen Anordnungen nur sehr beschränkt anfechtbar, nämlich nur dann, wenn die gesetzlichen Voraussetzungen für den Erlass eines solchen Beschlusses zu Unrecht bejaht oder verneint werden.

Die **Kosten des Verfahrens** fallen dem Schuldner zur Last (§ 788 ZPO).

Für die Anwendung des Vollstreckungsschutzes ist es gleichgültig, aus welchem Schuldtitel die Vollstreckung betrieben wird, jedoch kann Vollstreckungsschutz immer nur in besonderen Ausnahmefällen gewährt werden. Bei der Prüfung der Voraussetzungen für die Gewährung von Vollstreckungsschutz ist ein strenger Maßstab anzulegen. Die Belange des Räumungsgläubigers sind voll zu würdigen.

Allerdings ist auch die Einwirkung der Grundrechte, nämlich Art. 2 GG, auf das Vollstreckungsschutzverfahren zu beachten. Mit Beschluss vom 3.10.1979 (WuM 1980, 27) hat das BVerfG auf den verfassungsrechtlichen Grundsatz der **Verhältnismäßigkeit** hingewiesen. Dies kann in besonders gelagerten Einzelfällen dazu führen, dass zur Vermeidung unzulässiger Grundrechtsbeeinträchtigungen eines Schuldners die Vollstreckung aus einem rechtskräftigen Titel für einen längeren Zeitraum einzustellen ist. Die Vollstreckungsgerichte haben daher insbesondere dem Vorbringen des Schuldners, ihm würde bei der Zwangsräumung eine ernsthafte Gesundheitsgefährdung bis hin zum Selbstmord drohen, sorgfältig nachzugehen, insbesondere durch Einholung amtsärztlicher Gutachten. Dies kann soweit gehen, wie das BVerfG mit Beschluss vom 15.1.1992 (WuM 1993, 239) entschieden hat, dass Vollstreckungsschutz in einem sehr engen Kreis von Ausnahmefällen ohne zeitliche Begrenzung zu gewähren ist.

Diesem sehr weitgehenden Schuldnerschutz in der Zwangsvollstreckung, der zu einer erheblichen Beeinträchtigung der Gläubigerinteressen führen kann, ist das OLG Köln (NJW-RR 1990, 590) entgegengetreten. Danach ist die Einstellung einer Räumungsvollstreckung wegen einer mit den guten Sitten nicht zu vereinbarenden Härte aus Gründen einer Gesundheitsgefährdung nur möglich, wenn eine konkrete Gesundheitsgefahr festgestellt ist, deren Eintritt mit hinreichender Wahrscheinlichkeit anhand objektiver, feststellbarer Merkmale nachgewiesen werden muss. An die Konkretisierung der behaupteten Lebens- oder Gesundheitsgefahr sind strenge Anforderungen zu stellen. Dem Gericht muss also in einem ärztlichen Attest dargelegt werden, aufgrund welcher Umstände welche konkreten körperlichen Folgen mit welchem Grad an Wahrscheinlichkeit zu erwarten sind. Entsprechendes gilt für die Feststellung einer Suizidgefahr. Allgemein gehaltene ärztliche Atteste, in denen lediglich festgestellt wird, dass dem Schuldner die Räumung aus Gesundheitsgründen nicht zugemutet werden kann oder dass ein Aufschub aus Gesundheitsgründen erfolgen muss, sind daher nicht ausreichend.

Zuständig für die Gewährung von Vollstreckungsschutz ist das Vollstreckungsgericht, gegen dessen Entscheidung binnen zwei Wochen nach Zugang Erinnerung eingelegt werden kann. Wird nicht abgeholfen, ist die **Erinnerung** als sofortige Beschwerde dem LG vorzulegen.

Auf den Vollstreckungsschutz kann nicht wirksam verzichtet werden.

Vorkaufsrecht des Mieters

Ein gesetzliches Vorkaufsrecht des Mieters von Wohnraum gibt es in zwei Fällen:

Dem von der **Umwandlung** betroffenen Mieter steht das Vorkaufsrecht zu, wenn eine öffentlich geförderte Mietwohnung, die in eine Eigentumswohnung umgewandelt worden ist oder werden soll, an einen Dritten verkauft wird (§ 2b WoBindG). Der Mieter kann das Vorkaufsrecht bis zum Ablauf von sechs Monaten seit Mitteilung des Verfügungsberechtigten über den Inhalt des mit dem Dritten geschlossenen Vertrages ausüben. Das Vorkaufsrecht ist nicht übertragbar. Stirbt der Mieter, geht es auf denjenigen über, der nach den §§ 563, 563a BGB oder als Erbe in das Mietverhältnis eintritt oder es fortsetzt. Im Übrigen gelten die Vorschriften über das schuldrechtliche Vorkaufsrecht des BGB (nämlich die §§ 504 bis 509, 510 Abs. 1, 511 bis 513 BGB).

Bei Gesamtverkauf eines **öffentlich geförderten**, mit Mietwohnungen bebauten Grundstücks entsteht das Recht zur Ausübung des Vorkaufsrechts nicht, es sei denn, die vom vorkaufsberechtigten Mieter bewohnte Wohnung ist als Teilobjekt des Veräußerungsvertrages so hinreichend bestimmt, dass sie in Verbindung mit einem Miteigentumsanteil an dem Grundstück der rechtlich selbständige Gegenstand eines rechtsgültigen

Kaufvertrages sein kann (so BayObLG, RE v. 16.4.1992, WuM 1992, 351).

Durch das Vierte Mietrechtsänderungsgesetz (BGBl. 1993 I S. 1257 ff.) wurde auch im **frei finanzierten** Wohnungsbau ein Vorkaufsrecht des Mieters eingeführt, welches durch das Mietrechtsreformgesetz beibehalten wurde (§ 577 BGB). Der Mieter ist dann zum Vorkauf berechtigt, wenn die vermieteten Wohnräume, an denen nach der Überlassung an die Mieter **Wohnungseigentum** begründet worden ist oder begründet werden soll, an einen Dritten verkauft werden. Dies gilt nicht, wenn der Vermieter die Wohnräume an einen Angehörigen seines Haushalts oder an einen Familienangehörigen verkauft. Auf das Vorkaufsrecht finden die für das vertragliche Vorkaufsrecht geltenden Bestimmungen (§§ 504 ff. BGB) Anwendung. Kein Verkauf liegt vor, wenn mehrere Miteigentümer ein Grundstück in Wohnungseigentum aufteilen und das Sondereigentum einzelnen Miteigentümern übertragen.

Die Mitteilung des Verkäufers oder des Dritten über den Inhalt des Kaufvertrages ist mit einer Unterrichtung des Mieters über sein Vorkaufsrecht zu verbinden (§ 577 Abs. 2 BGB). Das Vorkaufsrecht geht auf diejenigen über, die in das Mietverhältnis nach § 563 Abs. 1 oder 2 BGB eintreten, wenn der Mieter stirbt (§ 577 Abs. 4 BGB). Eine zum Nachteil des Mieters abweichende Vereinbarung ist unwirksam (§ 577 Abs. 5 BGB).

Auch für diese gesetzlichen Vorkaufsrechte gelten die Bestimmungen des schuldrechtlichen Vorkaufsrechts (§§ 504ff. BGB), soweit nichts anderes bestimmt ist. Danach gilt Folgendes: Das Vorkaufsrecht kann ausgeübt werden, sobald der Verpflichtete mit einem Dritten einen Kaufvertrag geschlossen hat (§ 504 BGB).

Gemäß § 512 BGB ist das Vorkaufsrecht ausgeschlossen, wenn der Verkauf im Wege der Zwangsvollstreckung oder durch den Konkurs- bzw. Insolvenzverwalter oder im Wege der Zwangsversteigerung erfolgt. Das Vorkaufsrecht besteht nur für die erste rechtsgeschäftliche Veräußerung. Nach Ansicht des BGH (Urt. v. 14.4.1999, Az. 8 ZR 384/97, GE 1999, 768) besteht daher in Fällen, in denen die erste Veräußerung im Wege der Zwangsversteigerung erfolgt, für die nachfolgende rechtsgeschäftliche Veräußerung kein Vorkaufsrecht des Mieters.

Das Vorkaufsrecht wird durch Erklärung gegenüber dem Verpflichteten, also dem Verkäufer ausgeübt (§ 505 Abs. 1 BGB). Gemäß § 577 Abs. 3 BGB ist hierzu eine schriftliche Erklärung erforderlich. Mit der Ausübung des Vorkaufsrechts kommt der Kauf zwischen dem Berechtigten und dem Verpflichteten unter den Bestimmungen zustande, welche der Verpflichtete mit dem Dritten vereinbart hat. Der Verpflichtete, also der Verkäufer, hat dem Vorkaufsberechtigten, hier dem Mieter, den Inhalt des mit dem Dritten geschlossenen Vertrages unverzüglich mitzuteilen (§ 510 Abs. 1 BGB). Die Mitteilung des Verpflichteten kann durch die Mitteilung des Dritten ersetzt werden. Die Frist zur Ausübung beträgt im Fall des

§ 570b BGB **zwei Monate** ab Empfang der vollständigen und richtigen Mitteilung (§ 510 Abs. 1 und Abs. 2 BGB).

Die Ausübung dieses Rechts unterliegt nicht dem Formgebot des § 313 BGB (OLG Düsseldorf, Urt. v. 29.6.1998, Az. 9 U 267/97, WuM 1998, 668). Die Erklärung bedarf daher nicht der notariellen Form, wohl aber der **Schriftform** (§ 577 Abs. 3 BGB). Preisvergünstigungen beim Paketverkauf mehrerer Wohnungen gelten auch für Mieter, die ihr Vorkaufsrecht nur bezüglich einer Wohnung ausüben (OLG Düsseldorf, a.a.O.)

Vormietrecht

1 Begriff

Vormietrecht ist das analog dem Vorkaufsrecht ausgestaltete Recht eines Dritten, durch Abgabe einer entsprechenden Willenserklärung dem Verpflichteten gegenüber ein Mietverhältnis mit dem Inhalt zu begründen, wie es der Verpflichtete mit einem Dritten abgeschlossen hat (so Reinstorf in Bub/Treier, II Rn. 160).

2 Mietvorvertrag

Beim Vormietrecht ist der **Vermieter** also **nicht gebunden**. Er ist frei, ob er einen Mietvertrag abschließen will. Entschließt er sich dazu, kommt der Mietvertrag, wenn der Berechtigte sein Vormietrecht ausübt, dann aber mit diesem zustande. Im Gegensatz dazu begründet ein **Mietvorvertrag** (s. „Mietvorvertrag") die einklagbare Verpflichtung der Parteien zum Abschluss eines Mietvertrages. Bei der Option (s. „Optionsrecht") hat es dagegen der Begünstigte in der Hand, ob es durch Ausübung der Option zu einer Verlängerung des Mietverhältnisses kommt.

3 Voraussetzungen

Voraussetzung für die Ausübung des Vormietrechts ist, dass mit einem Dritten ein Mietvertrag abgeschlossen wird. Auf die Bestimmungen dieses Vertrages hat der Vormietberechtigte keinen Einfluss; er kann nur entweder sein Vormietrecht ausüben oder nicht. Etwas anderes gilt nur, wenn der Vormietverpflichtete und der Dritte arglistig zusammenwirken, um den Vormietberechtigten von der Ausübung seines Rechts abzuhalten (z. B. durch Vereinbarung einer unrealistisch hohen Miete).

4 Schadensersatzpflicht

Der **Verpflichtete,** i. d. R. der Vermieter, muss sich im Vertrag mit dem Dritten für den Fall der Ausübung des Vormietrechts absichern, da er sonst diesem gegenüber schadensersatzpflichtig ist. Dies erfolgt i. d. R. durch einen ausdrücklichen Hinweis auf das Vormietrecht, zusammen mit einem Rücktrittsrecht oder der Vereinbarung einer auflösenden Bedingung.

Vormietrecht

5 Schriftform

Sowohl die Vereinbarung eines Vormietrechts als auch die Ausübung dieses Rechts sind **formlos gültig** (strittig). Für den Mietvertrag gilt aber § 550 Abs. 1 BGB (Schriftform, s. „Schriftform"), wenn die Vertragszeit mehr als ein Jahr beträgt.

Die Frist zur Ausübung des Vormietrechts beginnt mit der Mitteilung des Verpflichteten, dass der Vormietfall eingetreten ist, sowie mit der Mitteilung des Inhalts des abgeschlossenen Mietvertrages; sie endet zwei Monate nach der Mitteilung (§ 510 BGB entsprechend).

Wartungskosten

Ob dem Mieter formularmäßig Wartungsarbeiten an einzelnen Einrichtungen überbürdet werden können, ist umstritten. Solange die Kosten überschaubar und angemessen sind und die Einrichtungen einzeln aufgeführt werden, hält das LG Hannover solche Klauseln für zulässig (WuM 1988, 259). Keinesfalls mit umfasst sind jedoch **Reparaturen**. Auch soll der Mieter zum Abschluss von Wartungsverträgen formularmäßig verpflichtet werden können, solange ihm die Wartungsfirma nicht vorgeschrieben wird (Wolf-Eckert, Rn. 135 – vgl. auch „Kleinreparaturen"). Bei Wohnraum ist allerdings die Rechtsprechung des BGH zu Kleinreparaturen (s. „Kleinreparaturen") zu beachten. **Vornahmeklauseln** (Beispiel: „Der Mieter ist verpflichtet, einmal jährlich die Gastherme zu warten".) sind unwirksam (BGH, NJW 1991, 1750); **Kostenklauseln** sind auch ohne Höchstbegrenzung zulässig (streitig, so Sternel, Mietrecht aktuell, 3. A., Rn. 140), da es sich um Betriebskosten handelt (s. „Betriebskosten"), die auf den Mieter umgelegt werden können, aber nur insoweit, als sie in der Anlage 3 zu § 27 II. BV ausdrücklich aufgeführt sind (vgl. Anlage 3 Nr. 4a, d, Nr. 5c und Nr. 7).

Wäschewaschen in der Mietwohnung

Sofern im Mietvertrag nichts anderes vereinbart ist, darf der Mieter sog. **Kleinwäsche**, nicht aber Großwäsche, in der Wohnung waschen und trocknen. Trockenautomaten dürfen nur bei ordnungsgemäßer Ablüftungsvorrichtung aufgestellt werden (vgl. AG Mühlheim, WuM 1981, 12). Zuwiderhandlungen stellen einen vertragswidrigen Gebrauch der Mietsache dar. Der Vermieter kann nach fruchtloser Abmahnung auf Unterlassung klagen. Bei fortgesetzter Zuwiderhandlung kann der Vermieter das Mietverhältnis fristlos kündigen.

> Keinen vertragswidrigen Gebrauch der Mietsache stellt die Benutzung einer **Waschmaschine** in der Wohnung dar, wenn sie in der Küche oder im Bad des Mieters aufgestellt wird.

Der Mieter kann auch dann eine eigene Waschmaschine in der Wohnung installieren, wenn sich im Keller des Anwesens eine Waschanlage befindet (vgl. LG Karlsruhe, WuM 1968, 107). Das AG Solingen (WuM 1982, 142) ist dagegen der Meinung, dass der Mieter bei einer ausdrücklichen vertraglichen Vereinbarung seine Waschmaschine nur in der Waschküche installieren darf.

Für Schäden, die durch die Benutzung einer Waschmaschine in der Mietwohnung entstehen, haftet der Mieter. Hierbei sind erhöhte Sorgfaltspflichten zu beachten (vgl. „Obhutspflichten").

Weitervermietung → *„Herausgabeanspruch gegen Dritte"*

Werkswohnungen

Inhaltsübersicht　　　　　　　　　　　　　　Seite
1　Begriff .... W 2
2　Werksmietwohnung .... W 2
3　Sonderkündigungsrecht des Vermieters .... W 2
4　Kündigung einer nicht funktionsgebundenen Werkswohnung. W 3
5　Kündigung von funktionsgebundenem Wohnraum .... W 4
6　Widerspruchsrecht des Mieters .... W 4
7　Werksdienstwohnung .... W 5

1 Begriff

Unter einer Werkswohnung wird Wohnraum verstanden, der im Hinblick auf ein Arbeitsverhältnis einem Arbeitnehmer überlassen ist. Das BGB unterscheidet zwischen Wohnraum, der mit Rücksicht auf das Bestehen eines Dienstverhältnisses vermietet ist, und Wohnraum, der im Rahmen eines Dienstverhältnisses überlassen ist. In der juristischen Literatur wird allgemein die erste Gruppe als **Werksmiet**wohnung, die zweite als **Werksdienst**wohnung bezeichnet.

2 Werksmietwohnung

Das **wesentliche Kriterium** einer Werksmietwohnung besteht darin, dass neben dem Arbeitsvertrag ein selbstständiger Mietvertrag geschlossen ist. Hierbei kann Arbeitgeber sowohl der Vermieter als auch ein Dritter sein. Letzteres ist insbesondere bei den sog. **werkgeförderten Wohnungen** der Fall. Ein Arbeitgeber schließt mit dem Verfügungsberechtigten einen i. d. R. mit einem Finanzierungsbeitrag verbundenen Vertrag, wonach dem Arbeitgeber ein Belegungsrecht an den Wohnungen des Verfügungsberechtigten sowie ein Bestimmungsrecht für die Mietbedingungen zusteht. Dieser **Werkförderungsvertrag** ist kein Mietvertrag, sondern ein Darlehensvertrag mit werkvertraglichen Elementen. Der Verfügungsberechtigte vermietet zu den vereinbarten Bedingungen an den Betriebsangehörigen.

3 Sonderkündigungsrecht des Vermieters

Ist Wohnraum mit Rücksicht auf das Bestehen eines Arbeitsverhältnisses vermietet, hat der Vermieter ein **Sonderkündigungsrecht**. Voraussetzung ist allerdings, dass das Mietverhältnis auf unbestimmte Zeit eingegangen ist oder als auf unbestimmte Zeit verlängert gilt. Das Sonderkündigungsrecht besteht nicht, wenn der Mietvertrag auf bestimmte Zeit geschlossen ist und eine Verlängerung nicht oder nur auf bestimmte Zeit eintritt.

> In diesen Fällen ist es möglich und auch empfehlenswert, einen **Zeitmietvertrag** (§ 575 Abs. 1 Nr. 3 BGB) abzuschließen (s. „Zeitmietvertrag").

Arbeitsvertrag und Mietvertrag müssen nicht gleichzeitig geschlossen sein. Wohl aber muss der geschlossene oder zu schließende Arbeitsvertrag Beweggrund, wenn auch nicht der einzige Grund, für den Abschluss des Mietvertrages sein. Das Sonderkündigungsrecht gilt nach Beendigung des Arbeitsverhältnisses. Solange es besteht, kommt nur eine ordentliche Kündigung nach den allgemeinen für Wohnraummietverhältnisse gültigen Vorschriften in Betracht. Teilweise wird sogar angenommen, dass während der Laufzeit des Arbeitsverhältnisses eine ordentliche Kündigung überhaupt ausgeschlossen ist.

Der Mietvertrag muss **gesondert** gekündigt werden, nicht zusammen mit der Kündigung des Arbeitsvertrages. Die Kündigung des Mietvertrages muss nach der Kündigung des Arbeitsvertrages zugehen, kann aber noch während dessen Laufzeit ausgesprochen werden.

4 Kündigung einer nicht funktionsgebundenen Werkswohnung

Bei **nicht funktionsgebundenen** Werkswohnungen ist die Kündigung des Vermieters spätestens am 3. Werktag eines Kalendermonates für den Ablauf des übernächsten Monats zulässig, wenn der Wohnraum weniger als zehn Jahre überlassen war und für einen anderen zur Dienstleistung Verpflichteten benötigt wird (§ 576 Abs. 1 Nr. 1 BGB). Nichts geändert hat sich an der Regelung, dass dann, wenn der Wohnraum mehr als zehn Jahre überlassen war, ein Sonderkündigungsrecht nicht mehr besteht. Es gelten dann die allgemeinen Vorschriften (Kündigung nur aus berechtigtem Interesse).

Die Sonderkündigung setzt weiter einen **Betriebsbedarf** voraus. Dafür reicht es aus, dass ein anderer Arbeitnehmer in der herauszugebenden Wohnung untergebracht werden soll, der nicht Nachfolger des Auszuscheidenden zu sein braucht. Die Kündigung ist zu begründen. Hierbei genügt lediglich der Hinweis, dass die Wohnung dringend für die Unterbringung eines aktiv Bediensteten benötigt wird, nicht (OLG Stuttgart, RE v. 22.11.1985, ZMR 1986, 236; Weber/Marx, VII/ S. 112). Die näheren Umstände sind daher darzulegen. Bezüglich der Darlegungspflicht in der Kündigung kommt die Rechtsprechung allerdings dem Vermieter entgegen: Führt der Vermieter eine Bewerberliste seiner Mitarbeiter, die eine neue Wohnung suchen, braucht ein konkreter Mitarbeiter im Kündigungsschreiben nicht genannt werden (LG München I, WuM 1990, 153).

Die in § 75 Abs. 2 Nr. 2 BPersVG und in § 87 Abs. 1 Nr. 9 BetrVG geforderte **Zustimmung** des Personal- und Betriebsrats zur Kündigung von Wohnräumen ist Wirksamkeitsvoraussetzung für die Kündigung nur bis zur rechtswirksamen Auflösung des Dienst- oder Arbeitsverhältnisses (OLG Frankfurt, RE v. 14.8.1992; WuM 1992, 525).

Das Sonderkündigungsrecht muss nicht zum ersten zulässigen Termin ausgeübt werden, weil die Voraussetzungen auch noch später eintreten können. Allerdings kann dann Verwirkung eingewandt werden, wenn längere Zeit zugewartet wurde (so LG Aachen, WuM 1985, 149). In der Regel wird also zu fordern sein, dass zwischen der Beendigung des Arbeitsverhältnisses und dem Ausspruch der Kündigung der Werkswohnung ein enger zeitlicher Zusammenhang bestehen muss (Sternel, Mietrecht aktuell, 2. Aufl., Rn. 496 sowie LG Bochum, WuM 1992, 438).

5 Kündigung von funktionsgebundenem Wohnraum

Von **funktionsgebundenem Wohnraum** spricht man, wenn das Arbeitsverhältnis seiner Art nach die Überlassung des Wohnraumes, der in unmittelbarer Beziehung oder Nähe zur Stätte der Arbeitsleistung steht, erfordert hat. Hierunter fallen u. a. Wohnungen für Hausmeister, Hausverwalter, Wachpersonen. Hier ist die Kündigung des Vermieters spätestens am 3. Werktag eines Kalendermonats für den Ablauf dieses Monats zulässig (§ 576 Abs. 1 Nr. 2 BGB). Voraussetzung ist, dass der Wohnraum für einen anderen zur Dienstleistung Verpflichteten benötigt wird. Meist wird dies der Nachfolger des Ausgeschiedenen sein.

Das **Sonderkündigungsrecht** bei funktionsgebundenen Wohnungen hängt nicht von der Dauer der Überlassungszeit ab.

Die **kurze Kündigungsfrist** bei funktionsgebundenen Wohnungen hat der Gesetzgeber aus wohl erwogenen Gründen eingeführt. So soll z. B. ein Hausmeister nicht seine Arbeit niederlegen, die Wohnung aber blockieren können, wenn sie der Vermieter einem neuen Hausmeister zur Verfügung stellen will. Auch hier muss in den Kündigungsgründen ein konkreter betrieblicher Bedarf vorgetragen werden (vgl. LG Itzehoe, WuM 1985, 152). Auch hier dürfen jedoch die Anforderungen nicht überspannt werden. In der Kündigung muss der neue Hausmeister nicht namentlich genannt werden (LG Berlin, ZMR 1992, 346). Dies ist praxisgerecht, da in der Regel ein neuer Hausmeister erst zur Verfügung steht, wenn konkret absehbar ist, wann er auch die Hausmeisterwohnung beziehen kann.

6 Widerspruchsrecht des Mieters

Das Widerspruchsrecht des Mieters gegen die Kündigung mit abgekürzter Frist ist eingeschränkt.

Bei nicht funktionsgebundenen Werkswohnungen ist der Widerspruch an sich zulässig, jedoch sind bei der Interessenabwägung auch die Belange des Dienstberechtigten zu berücksichtigen (§ 576a Abs. 1 BGB). Das ist vor allem von Bedeutung, wenn Vermieter und Arbeitgeber nicht personengleich sind. Hier ist das betriebliche Interesse des Arbeitgebers von besonderem Gewicht.

Hat der Vermieter den Mieter nicht rechtzeitig vor Ablauf der Widerspruchsfrist über sein Recht belehrt, kann der Mieter den Widerspruch noch im ersten Termin des Räumungsrechtsstreits erklären.

Schlechthin ausgeschlossen ist das Widerspruchsrecht des Mieters bei funktionsgebundenen Werkswohnungen (§ 576a Abs. 2 Nr. 1 BGB). Es entfällt ferner, wenn der Mieter das Arbeitsverhältnis gelöst hat, ohne dass ihm vom Arbeitgeber gesetzlich begründeter Anlass gegeben war, oder der Mieter durch sein Verhalten dem Arbeitgeber gesetzlich begründeten Anlass zur Auflösung des Arbeitsverhältnisses gegeben hat, z. B. bei erheblicher Störung des Betriebsfriedens (§ 576a Abs. 2 Nr. 2 BGB).

7 Werksdienstwohnung

Im Unterschied zu Werksmietwohnungen besteht bei Werksdienstwohnungen neben dem Arbeitsvertrag **kein gesonderter Mietvertrag**. In aller Regel ist die Wohnraumüberlassung ein Teil der Vergütung für die Arbeitsleistung. Es handelt sich um einen gemischten Vertrag, auf den je nach Sachlage die arbeitsrechtlichen oder die mietrechtlichen Vorschriften Anwendung finden (Sternel, IV Rn. 268; a. A. BAG, Urt. v. 15.12.1992, WuM 1993, 353). Das BAG hat entschieden, dass auch bei Vorliegen einer gesonderten Vertragsvereinbarung ein selbstständiges Mietverhältnis durch die Überlassung einer Werksdienstwohnung als Bestandteil arbeitsvertraglicher Vereinbarung ausgeschlossen ist. Die Bestimmungen über Mieterhöhungen (§§ 557 ff. BGB) finden keine entsprechende Anwendung. Dem Arbeitgeber vorbehaltene einseitige Vertragsänderungen unterliegen mindestens einer Überprüfung der Einhaltung der Grundsätze billigen Ermessens. Das Nutzungsentgelt wird daher nicht nach den Bestimmungen des BGB neu festgesetzt. Im Anschluss an die Beendigung des Arbeitsverhältnisses sind die Interessen des Arbeitnehmers als Wohnungsnehmer weiter gewahrt, von wo ab die Bestimmungen des BGB anwendbar sind. Für die Dauer des Arbeitsverhältnisses kann die Wohnung nicht gekündigt werden (LG Frankfurt/Main, ZMR 1967, 201).

Endet das Arbeitsverhältnis, gelten hinsichtlich des an sich weiter laufenden Mietverhältnisses die Vorschriften über Mietverhältnisse, also z. B. auch über funktionsgebundene Werksmietwohnungen entsprechend, sofern der zur Dienstleistung Verpflichtete den Wohnraum überwiegend mit Einrichtungsgegenständen ausgestattet hat oder in dem Wohnraum mit seiner Familie oder Personen lebt, mit denen er einen auf Dauer angelegten gemeinsamen Haushalt führt (§ 576b Abs. 1 BGB). Gilt Wohnraummietrecht nicht, etwa weil der Vermieter die Werksdienstwohnung möbliert und an eine Einzelperson überlassen hat, ist die Wohnraumüberlassung vom Bestehen des Arbeitsverhältnisses abhängig. Mit seiner Beendigung verliert er das Recht zur Wohnungsnutzung.

Höchst umstritten ist, welches Gericht für Klagen, die Wohnungsnutzung betreffen, zuständig ist. Teilweise wird angenommen, dass während der Dauer des Arbeitsverhältnisses auch für Klagen, die die Wohnungsnutzung betreffen, die **Arbeitsgerichte** zuständig sind, für die Zeit danach die **Amtsgerichte**; teilweise wird angenommen, dass sowohl während des Bestehens als auch nach Beendigung des Arbeitsverhältnisses für die Wohnraumnutzung die Amtsgerichte zuständig sind.

Wertsicherungsklauseln

Inhaltsübersicht   Seite

1	Mietanpassung bei Geschäftsraummietverhältnis	W 6
2	Arten der Wertsicherung	W 7
2.1	Gleitklausel	W 7
2.2	Genehmigung von Währungsklauseln	W 8
2.3	Voraussetzungen der Gleitklausel	W 8
2.4	Verwirkung des Erhöhungsanspruchs	W 9
2.5	Unwirksamkeit der Klausel	W 9

1 Mietanpassung bei Geschäftsraummietverhältnis

Die **Miete** für Geschäftsräume kann frei vereinbart werden. An die vereinbarte Miete sind jedoch dann beide Vertragsteile für die Vertragsdauer gebunden, sofern sie sich nicht über eine Änderung der Miete einigen. Insbesondere hat der Vermieter bei Geschäftsräumen nicht die Möglichkeit, die Miete während der Vertragsdauer einseitig zu erhöhen. Dies gilt auch bei langjährigen Verträgen. Der Vermieter trägt in diesen Fällen das Risiko der Geldentwertung.

Eine Anpassung an die veränderten Verhältnisse hat die Rechtsprechung nur in eng begrenzten **Ausnahmefällen** zugelassen, und zwar nach den Grundsätzen über den Wegfall der Geschäftsgrundlage. Selbst wenn ein in 15 Jahren eingetretener Kaufkraftschwund der DM um 2/3 eingetreten ist, berechtigt dies den Vermieter nicht zur Anpassung der Miete (Wolf/Eckert, 8. Aufl., Rn. 474). Ausnahmsweise eine Anpassung hat die Rechtsprechung zugelassen, wenn das Festhalten am Vertrag mit Recht und Gerechtigkeit unvereinbar wäre, sowie dann, wenn die Mietverträge aus einem langfristigen Vertrag nachgewiesenermaßen der Versorgung des Vermieters dienen sollen (BGHZ 61, 31). Wann ein solches, nicht hinzunehmendes Missverhältnis besteht, ist zweifelhaft. Wolf/Eckert (a.a.O.) weisen auf die

Rechtsprechung des BGH zum Erbbaurecht hin, die bei einer Steigerung des Lebenshaltungskostenindexes in der Zeit von 1939 bis 1975 um 222,12 % und einer Steigerung des Bruttoverdienstes der Arbeiter um 875 % oder einem Kaufkraftschwund von mehr als 60 % davon ausgegangen ist, dass das bei Vertragsschluss zugrunde gelegte Verhältnis von Leistung und Gegenleistung so stark gestört ist, dass ein Rechtsanspruch auf eine Anpassung auch ohne Vereinbarung einer Wertsicherungsklausel besteht.

Das gilt auch für **Betriebskosten**erhöhungen, die nur dann überwälzt werden können, wenn eine entsprechende Klausel im Mietvertrag dies vorsieht. Der Weg zu einer Änderung der Miete führt bei Geschäftsräumen somit mangels besonderer Vereinbarungen nur über die vertragsgemäße Kündigung. Insbesondere bei Mietverträgen über längere Zeit haben die Vertragsparteien ein Interesse daran, Klauseln zu vereinbaren, die eine Mietänderung innerhalb der Vertragszeit ermöglichen.

2 Arten der Wertsicherung

Die zuverlässigste und am wenigsten zu Streit Anlass gebende Art der Sicherung einer angemessenen Miete bei langfristigen Verträgen ist die Aufnahme einer Wertsicherungsklausel in den Mietvertrag. Hierunter sind Vereinbarungen zu verstehen, die die Höhe einer Geldschuld (hier: Miete oder Pacht) von dem Preis oder der Menge anderer Güter oder Leistungen abhängig machen (Palandt § 245, Rn. 4a). Es ist zu unterscheiden zwischen genehmigungsbedürftigen **Gleitklauseln** und genehmigungsfreien **Leistungsvorbehalten** (z. B. BGH, NJW 1967, 830). Der Unterschied zwischen den beiden Arten von Wertsicherungsklauseln besteht darin, dass bei den Gleitklauseln die Höhe der geschuldeten Geldleistung unmittelbar von den Änderungen der Bezugsgröße abhängt und jede Veränderung der vorgesehenen Bezugsgröße zugleich und unbedingt (automatisch) auch zu einer entsprechenden Änderung der gesicherten Geldschuld führen muss, während bei dem Leistungsvorbehalt die Klausel nur dahin wirkt, dass die Höhe der Gegenleistung zunächst unbestimmt jedoch bestimmbar bleibt. Im Folgenden wird nur die automatisch wirkende Gleitklausel behandelt. Die übrigen Wertsicherungsklauseln finden sich unter „Leistungsvorbehalt" und „Spannungsklauseln".

2.1 Gleitklausel

§ 3 S. 2 WährG, der für Gleitklauseln ein Verbot mit Erlaubnisvorbehalt enthielt, wurde durch das am 1.1.1999 in Kraft getretene EURO-Einführungsgesetz (BGBl. 1998 I S. 1242) aufgehoben. Die Genehmigungspflicht von Indexklauseln wurde – in abgewandelter Form – in das Preisangabengesetz übernommen, das gemäß Art. 9 § 4 EURO-EG nunmehr als „Preisangaben- und Preisklauselgesetz" (PaPkG) bezeichnet wird. Danach darf der Betrag von Geldschulden nicht unmittelbar und selbsttätig durch den Preis oder Wert von anderen Gütern oder Leistungen bestimmt werden, die mit den vereinbarten Gütern oder Leistungen nicht vergleichbar sind.

Gemäß § 2 Abs. 2 PaPkG kann die Bundesregierung durch Verordnung Ausnahmen vom Indizierungsverbot zulassen. Eine solche Verordnung, die Preisklauselverordnung (PrKV), ist zum 1.1.1999 in Kraft getreten. In § 4 der Verordnung ist geregelt, unter welchen Voraussetzungen Gleitklauseln für Geschäftsraummietverträge zulässig sind. Für **Wohnraum**mietverträge gilt ausschließlich § 557b BGB (s. „Mieterhöhung", Abschnitt 7).

2.2 Genehmigung von Währungsklauseln

Die Verordnung hält sich weitgehend an die bisher geltenden Grundsätze der Deutschen Bundesbank zur Genehmigung von Währungsklauseln. Neu ist die Regelung in § 4 Abs. 1 PrKV, dass Gleitklauseln als genehmigt gelten, wenn sie folgende Voraussetzungen einhalten:

1) Der Vermieter muss für mindestens zehn Jahre auf das Recht zur ordentlichen Kündigung verzichten oder der Mieter muss das Recht haben, die Vertragsdauer auf mindestens zehn Jahre zu verlängern.

2) Der Mietvertrag muss wahlweise eine von drei zulässigen Bezugsgrößen verwenden: entweder den vom Statistischen Bundesamt oder einem Statistischen Landesamt ermittelten Preisindex für die Gesamtlebenshaltungskosten oder eines vom Statistischen Amt der Europäischen Gemeinschaft ermittelten Verbraucherindexes (§ 4 Abs. 1 Nr. 1a PrKV); oder die Änderung der künftigen Einzel- oder Durchschnittsentwicklung der Preise oder Werte für Güter oder Leistungen, die der Schuldner in seinem Betrieb erzeugt, veräußert oder erbringt (§ 4 Abs. 1 Nr. 1b PrKV); oder die künftige Einzel- oder Durchschnittsentwicklung des Preises oder des Wertes von Grundstücken, wenn sich das Miet- oder Pachtverhältnis auf die land- und forstwirtschaftliche Nutzung beschränkt (§ 4 Abs. 1 Nr. 1c PrKV).

Die Verwendung anderer Klauseln unterliegt der Genehmigungspflicht (§ 3 Abs. 5 PrKV). Die Erteilung der Genehmigung richtet sich nach § 2 Abs. 1 S. 2 PaPkG. Danach sind Indexvereinbarungen zulässig, wenn Zahlungen langfristig zu erbringen sind oder besondere Gründe des Wettbewerbs eine Wertsicherung rechtfertigen und die Preisklausel nicht eine der Vertragsparteien unangemessen benachteiligt.

Zuständig für die Genehmigungen ist nunmehr das **Bundesamt für Wirtschaft**, Frankfurter Straße 29–31, 65760 Eschborn.

> Es empfiehlt sich aber, zur Vermeidung überflüssigen Verwaltungsaufwandes eine Gleitklausel zu verwenden, die gemäß den Grundsätzen des § 4 Abs. 1 PrKV als genehmigt gilt.

Bisher erteilte Genehmigungen gelten weiterhin (§ 8 PrKV).

2.3 Voraussetzungen der Gleitklausel

Eine Gleitklausel liegt vor, wenn die Klausel ohne jedes weitere Zutun der Vertragspartner selbsttätig zu einer

Anpassung an alle Veränderungen der Vergleichs- oder Bezugsgröße, d h. des Wertmessers führt. Das Entscheidende liegt in der Automatik. Eine Zahlungsaufforderung des Vermieters ist nicht nötig. Für die Miete bedeutet das: Sie ändert sich im gleichen Verhältnis wie die Bezugsgröße.

Manchmal übersehen beide Vertragsparteien, dass sich die Miete aufgrund einer Indexänderung bereits erhöht hat. Der Anspruch des Vermieters auf Zahlung ist hier jedoch, wenn nicht noch weitere Umstandsmomente hinzutreten, in der Regel nicht verwirkt, da beide Vertragsparteien sich über die Entwicklung des Indexes auf dem laufenden halten können und der Mieter dadurch in die Lage versetzt ist, geeignete Rücklagen zu bilden. Eine Ausnahme gilt nur bei Klauseln, die vertraglich so ausgestaltet sind, dass die Erhöhung erst nach einer besonderen Erklärung des Vermieters fällig ist. Diese Erklärung ist dann eine materielle Anspruchsvoraussetzung, d. h., erst nach Zugang dieser Erklärung hat der Vermieter einen Anspruch auf die erhöhte Miete (BGH, MDR 1979, 930).

In dem vom BGH entschiedenen Fall hatten die Parteien zur Gleitklausel zusätzlich vereinbart: „Eine besondere Aufforderung des Vermieters oder des Mieters, eine veränderte Miete zu zahlen, ist erforderlich." Der Vermieter verlangte die Mieterhöhung auch für eine Zeit, die vor Abgabe des Erhöhungsverlangens lag, da die Voraussetzungen nach der Klausel erfüllt waren. Dies hat der BGH abgelehnt. Solche zusätzlichen Voraussetzungen sollten daher nicht in Gleitklauseln aufgenommen werden.

2.4 Verwirkung des Erhöhungsanspruchs

In bestimmten Ausnahmefällen kann der Anspruch auf die Erhöhung verwirkt sein. In einem Fall, den das OLG Düsseldorf zu entscheiden hatte (Urt. v. 23.10.1997, MDR 1998, 89), hatte der Vermieter die Mieterhöhungen immer umgehend bei Eintritt der Indexänderung geltend gemacht, war dann aber bei der letzten Änderung mehr als ein Jahr untätig geblieben. Hier konnte der Mieter nach Ansicht des Gerichts darauf vertrauen, dass der Vermieter sich auch zukünftig so verhält, sodass sowohl das Zeit- als auch das Umstandsmoment (s. „Verwirkung") erfüllt waren.

Auch bei der Anwendung des PaPkG und der PrKV ist die bisherige höchstrichterliche Rechtsprechung zu beachten.

2.5 Unwirksamkeit der Klausel

Solange die Genehmigung noch nicht erteilt ist, ist die Gleitklausel **schwebend** unwirksam. Die Genehmigung heilt die Unwirksamkeit rückwirkend. Die Genehmigung kann auch noch nach Beendigung eines Miet- oder Pachtverhältnisses beantragt und erteilt werden (BGH, WuM 1979, 784).

Haben die Parteien eine nicht genehmigungsfähige Klausel vereinbart, sind sie verpflichtet, rückwirkend eine genehmigungsfähige oder, wenn das nicht möglich ist, eine genehmigungsfreie Klausel zu vereinbaren (BGH, NJW 1967, 830).

Die Rechtsprechung des BGH ist bemüht, die Unwirksamkeitsfolge bei genehmigungsbedürftigen, aber nicht genehmigungsfähigen Klauseln möglichst zu vermeiden, um zu verhindern, dass aus Anlass einer nicht genehmigungsfähigen Gleitklausel der ganze Vertrag „gekippt" wird, obwohl hierfür oft andere Gründe maßgeblich sind (so Wolf/Eckert, Rn. 165). Oft wird es daher möglich sein, im Wege der ergänzenden Vertragsauslegung die unwirksame Klausel durch eine ihr in der Wirkung gleichkommende genehmigungsbedürftige oder auch genehmigungsfreie Klausel zu ersetzen, die die gegenseitigen Belange wahrt und wirksam ist (so BGH, NJW 1979, 2250; NJW 1975, 44). Diese Klausel gilt dann als von Anfang an vereinbart.

Auszugehen ist davon, wie die Parteien den Vertrag gestaltet hätten, wäre ihnen die von ihnen nicht in Rechnung gestellte Unwirksamkeit der vereinbarten Klausel bewusst gewesen. Unter Berücksichtigung des objektiven Vertragszweckes kann dann davon ausgegangen werden, dass die Parteien eine andere, wirksame Klausel gewählt hätten, die die beiderseitigen Belange wahrt. Selbst in einem Fall, in dem der Vermieter erklärt hat, er hätte die Räume lieber nicht vermietet, wenn er gewusst hätte, dass die vereinbarte Klausel genehmigungsbedürftig, aber nicht genehmigungsfähig sei, hat der BGH entschieden (WuM 1983, 364), dass der Vermieter nach Treu und Glauben verpflichtet sei, sich auf eine wirksame Klausel einzulassen und sich nicht auf die Unwirksamkeit des gesamten Vertrages berufen könne.

Beispiel für eine Gleitklausel:

„Falls und sobald der Preisindex für die Gesamtlebenshaltung aller privaten Haushalte in Deutschland (1995 = 100) ab Vertragsbeginn um mindestens 5 % steigt oder fällt, so steigt oder fällt der Mietzins im gleichen Verhältnis.

Das Gleiche gilt, wenn, sobald und sooft nach einer Erhöhung oder Ermäßigung des Mietzinses der Index wiederum um mindestens 5 % steigt oder fällt."

Bei Wohnraum sind solche Klauseln eingeschränkt möglich (vgl. „Mieterhöhung" 7, Indexmiete). Siehe hierzu auch „Leistungsvorbehalt".

Wettbewerbsschutz

1 Allgemeines

Bei Vermietung von Geschäftsräumen spielt die Frage, ob und inwieweit der Vermieter verpflichtet ist, **Wettbewerb** von seinem Geschäftsraummieter fern zu halten, eine bedeutende Rolle. Wenn auch ein grundsätzliches Recht auf Fernhaltung jeglichen Wettbewerbs dem Mieter im Allgemeinen nicht zugestanden wird, ist der Vermieter, sofern im Mietvertrag der geschäftliche Gebrauchszweck hervorgehoben ist, dennoch verpflichtet, die Vermietung anderer Räume in demselben Gebäude an Wettbewerbsunternehmen zu unterlassen. Das gilt auch dann, wenn im Mietvertrag eine Konkurrenzklausel nicht vereinbart ist.

> Die Pflicht, Wettbewerb fernzuhalten, setzt freilich die genaue Bezeichnung des gewerblichen Zweckes der Anmietung voraus.

2 Haupt- und Nebenartikel

Der Wettbewerbsschutz beschränkt sich auf den **Vertrieb von Hauptartikeln;** Überschneidungen in Nebenartikeln müssen in Kauf genommen werden. Dabei werden als Hauptartikel diejenigen Waren bezeichnet, die den Zweck des Geschäfts bestimmen und ihm das eigentümliche Gepräge geben. Angesichts der Vielfältigkeit unseres Geschäftslebens lässt sich eine scharfe Grenzlinie nicht ziehen, zumal die Führung von zusätzlichen Artikeln in den letzten Jahren immer mehr um sich gegriffen hat.

> **Beispiele:**
> Verkauf von Semmeln in einer Metzgerei = Nebenartikel; Apotheke und Drogerie, Café und Eisdiele = stets Überschneidung in Hauptartikeln.

Allerdings kann die Auslegung einer vertraglichen **Konkurrenzschutzklausel** durchaus ergeben, dass sich der Konkurrenzschutz auch auf Nebenartikel beziehen soll (BGH, MDR 1986, 46). Hierzu können formularvertragliche Vereinbarungen getroffen werden. Die Formularklausel: „Der Mieter verpflichtet sich, keine Waren zu führen, die bereits in einem anderen Geschäftslokal des Hauses geführt werden. Auch darf der Mieter kein bereits im Haus befindliches Gewerbe ausüben" verstößt nicht gegen § 9 AGB-Gesetz (OLG Celle, WuM 1992, 538). Dies gelte selbst bei einer Ausdehnung auf sich überschneidende Nebenartikel.

Eine derart umfassende Regelung, die in gleicher Weise Haupt- und Nebenartikel betrifft, ist bei Vermietungen innerhalb eines Einkaufszentrums, in dem sich leicht Angebotsüberschneidungen ergeben können, sachgerecht. Dies hat zur Folge, dass ein Supermarkt nicht berechtigt ist, das Angebot eines im selben Einkaufszentrum befindlichen Fachgeschäfts ganz oder zu einem erheblichen Teil mit abzudecken, auch wenn diese Artikel für den Supermarkt nur 1 % des Umsatzes umfassen. Für das Fachgeschäft tritt nämlich eine Konkurrenzsituation ein, die durch Konkurrenzschutzklauseln gerade vermieden werden sollen. Im Sinne einer sachgerechten Auslegung der Konkurrenzschutzklausel ist daher nicht auf das breit gefächerte Warenangebot des Supermarkts, sondern auf Überschneidungen der dort geführten Artikel mit denen des Einzelhandelsgeschäftes abzustellen.

3 Freie Berufe

Für freie Berufe gilt der Konkurrenzschutz ebenfalls. Eine Besonderheit besteht für große **Geschäftshäuser,** die von vornherein zur Unterbringung gleichartiger Berufszweige vorgesehen sind (z. B. Ärztehaus; mehrere Anwaltspraxen). Hier ist davon auszugehen, dass der Mieter in Kenntnis einer bestehenden Wettbewerbssituation anmietet und daher keinen Konkurrenzschutz beanspruchen kann (BGH, ZMR 1977, 23).

Der Konkurrenzschutz muss ferner gewährt werden bei einer Praxis in einem reinen Wohnhaus (LG Düsseldorf, NJW 1963, 1678) oder wenn die Praxis auch von sog. Laufkundschaft lebt. Zwischen Gewerbetreibenden und Freiberuflern besteht kein wesentlicher Unterschied, daher stellt die Vermietung an eine gleichartige Arztpraxis für den Erstmieter eine vertragswidrige Gebrauchsbehinderung dar (BGH, NJW 1978, 585).

> Regeln Sie bei der Vertragsgestaltung den Konkurrenzschutz ausführlich und zweifelsfrei.

4 Formularklausel

Eine **formularmäßige Klausel**, wonach Konkurrenzschutz nicht gewährt wird, ist zulässig, z. B. bei der Anmietung einer Zahnarztpraxis (kein Verstoß gegen § 9 AGB-Gesetz; OLG Hamburg, ZMR 1987, 94). Wenn der Wettbewerber ein völlig gleiches Warensortiment anbietet, soll im formularmäßigen Ausschluss des Konkurrenzschutzes eine unangemessene Benachteiligung des Mieters liegen (OLG Düsseldorf, DWW 1992, 368). Hier wird zu differenzieren sein: In einem Einkaufszentrum sind in der Regel mehrere Betriebe der gleichen Fachrichtung, z. B. Textilgeschäfte oder Restaurants. Anders kann die Rechtslage in einem Ärztehaus sein, in dem verschiedene Fachärzte praktizieren.

5 Rechtsfolgen

Der Erstmieter, dessen Rechte verletzt sind, kann vom Vermieter die Beseitigung der Störung durch den Konkurrenten verlangen, auch im Wege der einstweiligen Verfügung gegen den Vermieter, dem konkurrierenden Mieter die Aufnahme des Geschäftsbetriebes zu untersagen (OLG Hamm, NJW-RR 1991, 1483). Ob der Vermieter hierzu rechtlich in der Lage ist oder nicht, steht dem Anspruch nicht entgegen (vgl. BGH, WuM 1975, 163). Zur Durchsetzung des Anspruches hat er ein Zurückbehaltungsrecht (§ 320 BGB). Nach erfolglosem Abhilfeverlangen kann der Erstmieter fristlos kündigen (§ 543 Abs. 2 Nr. 1 BGB).

Darüber hinaus stellt die vertragswidrige Vermietung an einen Wettbewerber einen Mangel der Mietsache dar, sodass der Mieter den Mietzins mindern und ggf. Schadensersatz verlangen kann (§§ 536, 536a BGB).

Widerspruch des Mieters gegen die Kündigung

1 Voraussetzungen

Das **Widerspruchsrecht** des Mieters gegen die ordentliche Kündigung des Vermieters wurde durch das Gesetz über den Abbau der Wohnungszwangswirtschaft und über ein soziales Miet- und Wohnrecht vom 23.6.1960 (BGBl. I S. 389) als § 556a in das BGB eingefügt. Die Bestimmung ist inhaltlich unverändert als § 574 BGB in das Mietrechtsreformgesetz übernommen worden. Danach kann der Mieter der Kündigung eines Mietverhältnisses über Wohnraum widersprechen und vom Vermieter die Fortsetzung des Mietverhältnisses verlangen, wenn die vertragsmäßige Beendigung des Mietverhältnisses für den Mieter, seine Familie oder einen anderen Angehörigen seines Haushalts (z. B. Lebenspartner, Pflegekinder oder Kinder des Lebenspartners) eine Härte bedeuten würde, die auch unter Würdigung der berechtigten Interessen des Vermieters nicht zu rechtfertigen ist.

Das Widerspruchsrecht besteht auch dann, wenn die Kündigung des Vermieters wegen dessen berechtigten Interesses wirksam ist. Die vom Mieter geltend gemachten **Härtegründe** und die **berechtigten Interessen** des Vermieters sind gegeneinander abzuwägen. Es ist deshalb durchaus möglich, dass ein Vermieter trotz nachgewiesenen berechtigten Interesses an der Beendigung des Mietverhältnisses das Mietobjekt nicht zurückerhält (s. hierzu ausführlich „Sozialklausel").

2 Ausschluss

Das **Widerspruchsrecht** des Mieters kann von Gesetzes wegen **ausgeschlossen** sein. Das ist der Fall bei Wohnraum, der nur zu vorübergehendem Gebrauch überlassen ist (§ 549 Abs. 2 Nr. 1 BGB). Gleiches gilt für möblierten Wohnraum, der Teil der vom Vermieter selbst bewohnten Wohnung ist und den der Vermieter überwiegend mit Einrichtungsgegenständen auszustatten hat, sofern der Wohnraum dem Mieter nicht zum dauernden Gebrauch mit seiner Familie oder mit Personen überlassen ist, mit denen er einen auf Dauer angelegten gemeinsamen Haushalt führt (§ 549 Abs. 2 Nr. 2 BGB) sowie bei Wohnraum, den eine juristische Person des öffentlichen Rechts oder ein anerkannter privater Träger der Wohlfahrtspflege angemietet hat, um ihn Personen mit dringendem Wohnbedarf zu überlassen, wenn sie den Vermieter bei Vertragsschluss auf die Zweckbestimmung des Wohnraums und die Ausnahme von den genannten Vorschriften hingewiesen hat (§ 549 Abs. 2 Nr. 3 BGB).

Der Anwendungsbereich der Vorschrift ist auf Mietverhältnisse auf unbestimmte Zeit beschränkt. Bei **Zeitmietverträgen** besteht grundsätzlich kein Widerspruchsrecht. Lediglich für die außerordentliche Kündigung mit gesetzlicher Frist eines noch laufenden Zeitmietvertrages findet das Widerspruchsrecht eingeschränkt Anwendung (§ 575a Abs. 2 BGB). Der Mieter kann hier Fortsetzung des Mietverhältnisses höchstens bis zum vertraglich bestimmten Zeitpunkt der Beendigung verlangen. Das Widerspruchsrecht besteht auch bei der außerordentlichen Kündigung mit gesetzlicher Frist (BGH, NJW 1982, 1696).

Die Fortsetzung des Mietverhältnisses kann der Mieter nicht verlangen, wenn er selbst das Mietverhältnis gekündigt hat.

Das Widerspruchsrecht ist ferner ausgeschlossen, wenn ein Grund vorliegt, aus dem der Vermieter zur außerordentlichen, fristlosen Kündigung berechtigt ist.

Bei Werkswohnungen unterliegt das Widerspruchsrecht gewissen Einschränkungen (s. „Werkswohnungen").

3 Die Erklärung

Die Erklärung des Mieters, mit der er der Kündigung widerspricht und die Fortsetzung des Mietverhältnisses verlangt, bedarf der **schriftlichen Form** (§ 574b Abs. 1 S. 1 BGB). Die Erklärung muss von dem oder den Mietern oder einem bevollmächtigten Vertreter unterzeichnet sein. Nach Ansicht des OLG Karlsruhe ist ein telegraphisch eingelegter Widerspruch unwirksam (DWW 1983, 278).

Die Worte „Widerspruch" und „Fortsetzung" braucht die Erklärung nicht zu enthalten, jedoch muss der auf Fortsetzung des Mietverhältnisses gerichtete Wille des Mieters aus seiner Erklärung erkennbar hervorgehen.

Die **Begründung** des Widerspruches ist nicht zwingend vorgeschrieben. Jedoch soll der Mieter auf Verlangen über die Gründe des Widerspruchs unverzüglich Auskunft erteilen (§ 574b Abs. 1 S. 2 BGB). Unterlässt er dies, können ihm im Räumungsprozess, falls die Klage des Vermieters wegen des Widerspruchs abgewiesen oder der Vermieter zur Fortsetzung des Mietverhältnisses verurteilt wird, die Prozesskosten ganz oder teilweise auferlegt werden (§ 93b ZPO).

4 Ablehnungsrecht des Vermieters

Der Vermieter kann die **Fortsetzung des Mietverhältnisses** ohne Rücksicht auf die sachliche Begründetheit des Widerspruchs ablehnen, wenn der Mieter den Widerspruch nicht spätestens zwei Monate vor der Beendigung des Mietverhältnisses dem Vermieter gegenüber erklärt hat (§ 574b Abs. 2 S. 1 BGB). Das gilt **jedoch** nur, wenn der Vermieter in seinem Kündigungsschreiben den Mieter auf die Form und Frist des Widerspruchs rechtzeitig hingewiesen hat. Es reicht aus, wenn im Kündigungsschreiben der Wortlaut der §§ 574 bis 574b BGB vollständig wiedergegeben wird (so LG Rottweil, MDR 1980, 671).

Der Hinweis ist rechtzeitig erteilt, wenn er beim Mieter so eingeht, dass dieser noch in der Lage ist, nach einer angemessenen Überlegungszeit den Widerspruch rechtzeitig abzufassen und dem Vermieter zuzuleiten.

Wurde der Mieter über dieses Recht nicht belehrt, kann er den Widerspruch noch im ersten Termin des Räumungsrechtsstreites erklären (§ 574b Abs. 2 S. 2 BGB). Ausführliche Erläuterungen, wann eine unzumutbare Härte vorliegt, finden sich in „Kündigungsschutz", Abschnitt 3 und „Sozialklausel".

Wirtschaftlichkeitsberechnung → „Kostenmiete"

Wohnfläche

1 Öffentlich geförderter Wohnraum

Bei öffentlich geförderten Wohnungen und solchen, die steuerbegünstigt sind oder dem Gemeinnützigkeitsrecht unterliegen (§ 82 II. WoBauG), wird die Wohnfläche nach der II. BV (§§ 42 bis 44) ermittelt. Dies gilt auch für die Berechnung der Wohnfläche, nach der sich bestimmt, ob bei der Ermittlung der für die Höhe des Nutzungswertes der Wohnung im eigenen Haus (§ 21 Abs. 2 EStG) maßgeblichen Rohmiete die Marktmiete oder –wegen Überschreitens der 350 m²-Grenze – die Kostenmiete anzusetzen ist. Danach sind Hobby- und Fitnessräume im Kellergeschoss mit ihrer vollen Grundfläche anzusetzen, wenn sie offensichtlich als Wohnräume ausgebaut sind, andernfalls nur mit der hälftigen Grundfläche. Balkone, Loggien, Dachgärten oder gedeckte Freisitze sind stets mit der Hälfte ihrer Grundfläche zu berücksichtigen (BFH, Urt. v. 9.9.1997, Az. IX R 52/94, NZM 1998, 281).

2 Frei finanzierter Wohnraum

Für frei finanzierte Wohnungen gibt es keine gesetzliche Bestimmung zur Ermittlung der Wohnfläche. Herangezogen werden können die Vorschriften der II. BV oder der Bestimmungen der DIN-Norm 283. Diese ist nicht mehr gültig, ihre Anwendung kann aber vereinbart werden. Danach sind die Grundflächen bei jedem Raum einzeln aus den Fertigmaßen zu ermitteln.

Für **Schrägen** gilt: Grundflächen von Räumen oder Raumteilen mit einer lichten Höhe von mindestens 2 m sind voll, solche mit einer Höhe von 1 bis 2 m zur Hälfte und solche unter 1 m gar nicht anzurechnen. **Balkone** sind nach dieser Bestimmung zur Hälfte anzurechnen. Dies gilt jedoch nicht für die Flächenermittlung im Rahmen einer Mieterhöhung nach § 558 BGB (BayObLG, WuM 1983, 254). Hier ist der Wohnwert des Balkons entscheidend. Eine Anrechnung kann gar nicht, in guten Lagen bis zu ¼ und als Höchstmaß in Ausnahmefällen bis zur Hälfte erfolgen. Großzügiger ist das LG Kiel (WuM 1995, 307): Danach können Balkonflächen grds. mit der Hälfte ihrer Quadratmeterzahl in Ansatz gebracht werden, wenn und soweit der Wohnwert des Balkons berücksichtigt und in die Quadratmetermiete eingeflossen ist. Im Einzelnen ist hier vieles streitig. Eine Übersicht über die Bewertung von Balkonen, Dachgärten, Freisitzen, Loggien, Veranden und Wintergärten aus der Sicht eines Sachverständigen bei der Ermittlung der Wohnfläche in Zusammenhang mit einem Mieterhöhungsverlangen nach § 558 BGB gibt Isenmann in DWW 1994, 178.

So hat z. B. das AG Neuss (Urt. v. 16.4.1992, Az. 37 C 494/91, DWW 1994, 186) entschieden, dass die Fläche eines von 3 Seiten aus völlig einsehbaren Freisitzes im Rahmen einer Mietanhebung nicht in die Wohnfläche einzubeziehen ist. Hingegen kann die Fläche eines im Kellergeschoss gelegenen Hobbyraumes bei der Wohnfläche voll angerechnet werden (LG Düsseldorf, WM 1992, 695).

3 Zusicherung

Ist die Wohnfläche im Mietvertrag vereinbart, gilt diese bis zum Nachweis der Unrichtigkeit. Bei einer Mieterhöhung oder bei der Abrechnung von Betriebskosten ist die tatsächliche Wohnfläche maßgebend (LG Köln, WuM 1986, 121).

Die Vereinbarung einer Wohnfläche stellt aber nicht die **Zusicherung** einer Eigenschaft dar, sodass bei einer Abweichung der Mieter keine Gewährleistungsansprüche geltend machen kann (so zu Recht LG Düsseldorf, WuM 1990, 69). Die Angabe der Wohnfläche im Mietvertrag ist nicht schon deshalb als Eigenschaftszusicherung des Vermieters zu werten, weil sie der Berechnung der Miete zugrunde gelegt wurde (LG Gießen, NJWE-MietR 1996, 50). Eine solche Zusicherung kann nur dann angenommen werden, wenn der Vermieter – ausdrücklich oder konkludent – erklärt, für die angegebene Größe und die Folgen einer nachteiligen Abweichung garantiemäßig einstehen zu wollen. In der Regel hat daher die Angabe der Wohnungsgröße im Mietvertrag nur beschreibenden Charakter. Dies hat das OLG Dresden (RE v. 15.12.1997, Az. 3 AR 0090/97, NZM 1998, 184) bestätigt.

Ist die tatsächliche Wohnfläche einer Mietwohnung geringer als im Mietvertrag angegeben, kann ein zur Minderung der Miete führender Mangel der Mietsache nur dann vorliegen, wenn die Flächendifferenz erheblich und die Gebrauchstauglichkeit der Wohnung gerade durch die geringere Wohnfläche beeinträchtigt ist. Das Gericht führt weiter aus, dass allein die Angabe einer Wohnfläche im Mietvertrag nur eine bloße Beschaffenheitsangabe beinhaltet, nicht aber hierüber hinausgehend auch die Zusicherung einer Eigenschaft der Mietsache.

Anders liegt der Fall, wenn die Mieträume nicht nach einer Besichtigung, sondern vor deren Errichtung angemietet werden. Bei dieser Sachlage dienen die Angaben zur Lage, Größe etc. nicht nur der Beschreibung, sondern der Festlegung dessen, was vom Vermieter vertraglich geschuldet wird. Das OLG Hamm (Urt. v. 1.10.1997, Az. 33 U 37/97, NZM 1998, 77) hat in einem solchen Fall die Angabe im Mietvertrag „ca. 1.000 m^2 Nutzfläche" als Eigenschaftszusicherung verstanden. Hierbei steht die Circa-Angabe der Annahme einer Zusicherung nicht entgegen. Dadurch ist lediglich ein gewisser Spielraum für geringfügige Abweichungen eröffnet. Im vorliegenden Fall betrug die Abweichung 13 %. Dies stellt einen Fehler der Mietsache dar. Der Mieter war daher berechtigt, vom Vertrag zurückzutreten.

Allerdings hat der Mieter einen Ersatzanspruch aus Verschulden bei Vertragsschluss, wenn der Vermieter im Mieterhöhungsschreiben schuldhaft eine falsche Wohnfläche angibt und die Parteien sich auf dieser Grundlage über eine erhöhte Miete verständigen (LG Hamburg, WuM 1987, 354). Im vorliegenden Fall hat der Vermieter darauf hingewiesen, dass Gegenstand der Einigung der Parteien letztlich die monatliche Gesamtmiete gewesen sei. Nach Ansicht des Gerichts kommt es hierauf nicht an, entscheidend ist der Preis pro Quadratmeter. Dies ist nur insoweit richtig, als bei einem Erhöhungsverlangen (§ 558 BGB) die Miete pro Quadratmeter angegeben werden muss, damit der Mieter die Ortsüblichkeit überprüfen kann. Dies ändert aber nichts daran, dass der Vermieter letztlich eine bestimmte Gesamtmiete – unabhängig von der Wohnungsgröße – verlangt.

Wohngemeinschaft

Von Wohngemeinschaft spricht man, wenn sich mehrere Personen zusammentun, um eine Wohnung gemeinsam zu mieten. Alle Mitglieder der Gemeinschaft sind dann Mieter. Diese sind untereinander als Mitglieder einer BGB-Gesellschaft regelmäßig verbunden. Den Mitgliedern steht ein Kündigungsrecht (§ 723 BGB) untereinander zu; bei wirksamer Kündigung kann ein Gesellschafter die Zustimmung zur Kündigung des Mietverhältnisses gegenüber dem Vermieter verlangen (KG, Beschl. v. 30.3.1992, WuM 1992, 323). Keine Wohngemeinschaft besteht, wenn nur eine Person als Hauptmieter anmietet und dann untervermieten will (s. „Untermiete").

Hauptstreitpunkt bei der Vermietung an eine Wohngemeinschaft ist der **Wechsel von Mietern**. Dies kann dazu führen, dass nach einiger Zeit die ursprünglichen Mieter verschwunden sind und der Vermieter zu seiner Überraschung völlig andere Personen vorfindet.

Unproblematisch ist es, wenn im Mietvertrag ausdrücklich eine **Nachfolgeklausel** vereinbart ist. Wenn jedoch eine solche Vereinbarung fehlt, sind die Ansichten in der Rechtsprechung geteilt.

Dem Vertragszweck bei der Vermietung an eine Wohngemeinschaft entspricht es, dass aus der Wohngemeinschaft ausscheidende Mieter die Vertragsentlassung verlangen und die verbleibenden Mieter den Eintritt neuer Mitmieter vom Vermieter fordern können. So führt das LG Hamburg (WuM 1995, 697) aus, dass bei der Vermietung an eine Wohngemeinschaft auf Mieterseite auch ohne eine ausdrückliche Regelung im Mietvertrag das Recht besteht, dass ein Mitglied ausscheidet und ein neues Mitglied in den Vertrag eintritt, wobei der Vermieter berechtigt ist, dem Eintritt eines neuen Mieters zu widersprechen, wenn dieser für ihn nicht zumutbar ist. Eine solche Auslegung ist aus verfassungsrechtlicher Sicht nicht zu beanstanden (BVerfG, WuM 1993, 104). Das LG

Hamburg (WuM 1985, 82) macht in einer früheren Entscheidung einen Mieterwechsel von der vorherigen Zustimmung des Vermieters abhängig, und zwar auch dann, wenn gegen die Mietnachfolger keine begründeten Einwendungen erhoben werden können. Allerdings gesteht das Gericht für den Fall der Verweigerung der Zustimmung den Mietern einen Anspruch auf Genehmigung der Untervermietung (§ 553 BGB) zu. Der Vermieter muss sich aber nicht damit abfinden, wenn ein Mieterwechsel stattfindet, ohne dass er gefragt wird. Vielmehr besteht für die Mieter eine Anzeigepflicht (LG München I, WuM 1982, 189). Der Einzug eines Nachfolgers vor Zustimmung zerstört die Vertrauensgrundlage, sodass der Vermieter von dem neu eingezogenen Bewohner Räumung verlangen kann (§ 985 BGB; LG Göttingen, WuM 1993, 341).

Auch das LG Lübeck (WuM 1985, 83) besteht auf dem einverständlichen Mitwirken des Vermieters beim Wechsel von Hauptmietern. Dieser Ansicht ist auch im Fall einer Wohngemeinschaft zu folgen, da andernfalls die Vertragsfreiheit des Vermieters unzumutbar eingeschränkt wird. Wie das LG Köln (WuM 1991, 483) zu Recht ausführt, besteht über die in § 565 BGB und §§ 563 ff. BGB geregelten Fälle hinaus für den Vermieter kein Kontrahierungszwang, sodass er nicht verpflichtet ist, für den Fall, dass einer von mehreren Mietern ausgewechselt werden soll, seine Zustimmung zu erteilen. Rechtlich gesehen stellt dieses Auswechseln eine Schuldübernahme im Sinne der §§ 414, 415 BGB dar. Das setzt voraus, dass der Vermieter entweder Vertragspartner des Übernahmevertrages sein muss oder wenigstens in die Übernahme als Vertrag zwischen dem alten und dem neuen Schuldner einwilligt. Dazu kann jedoch der Vermieter (so LG Köln, a.a.O.), nicht gezwungen werden. Die Belange der verbleibenden Mieter sind dadurch ausreichend geschützt, dass sie bei Auszug eines Mitglieds der Wohngemeinschaft zur Untervermietung an Dritte berechtigt sind. Ein berechtigtes Interesse hierzu ist auch dann anzunehmen, wenn nur an zwei Personen vermietet wurde, damit der verbleibende Mitmieter weiterhin in einer Wohngemeinschaft leben kann (LG Hamburg, WuM 1992, 432).

Kündigen können nur alle Mieter gemeinsam, so wie auch nur allen Mietern gegenüber gekündigt oder eine Mieterhöhung ausgesprochen werden kann (s. auch „Personenmehrheit auf Mieterseite").

Wohnrecht → *„Dingliches Wohnrecht"*

Wohnungsabnahmeprotokoll

Bei Beendigung des Mietverhältnisses vereinbaren die Parteien oft die gemeinsame Besichtigung der Wohnung und erstellen hierüber ein Protokoll. Eine gesetzliche Verpflichtung hierzu gibt es jedoch nicht. Es genügt, wenn der Mieter dem Vermieter die Schlüssel übergibt und der Vermieter sich anschließend vom Zustand der Wohnung ein Bild macht.

Ein vom Vermieter und vom Mieter unterschriebenes Abnahmeprotokoll kann weitreichende Wirkungen haben. Wird dem Mieter ausdrücklich bescheinigt, dass er die Wohnung mangelfrei zurückgegeben hat, ist darin ein deklaratorisches Schuldanerkenntnis zu sehen. Entdeckt der Vermieter später doch noch Schäden, kann er sie nicht mehr geltend machen.

Umgekehrt kann sich der Mieter in einem solchen Abnahmeprotokoll verpflichten, unabhängig von dem, was er nach dem Mietvertrag leisten müsste, bestimmte Schäden zu beseitigen oder Renovierungsmaßnahmen durchzuführen. Durch ein solches konstitutives Schuldanerkenntnis wird eine vom Mietvertrag rechtlich selbstständige Leistungspflicht des Mieters begründet. Die Rechtsprechung ist aber bei der Annahme solcher selbstständiger Leistungsverpflichtungen zurückhaltend. Falls im Abnahmeprotokoll nur der Zustand der Wohnung festgehalten wird, bedeutet dies seitens des Mieters kein Anerkenntnis einer Leistungsverpflichtung (LG Aachen, WuM 1981, 163).

Andererseits soll der Vermieter in einem solchen Fall weitere Schäden anmelden können, wenn der Mieter diese unstreitig verschuldet hat (AG Köln, WuM 1986, 85). Ob allerdings alle AG dieser Rechtsprechung folgen, erscheint zweifelhaft. Vielmehr besteht eher die Tendenz, zulasten des Vermieters das Abnahmeprotokoll als abschließend anzusehen. Vor Unterzeichnung eines solchen ist daher Vorsicht und sorgfältige Prüfung geboten.

Wohnungsbeschlagnahme → „Obdachlosenunterbringung"

Wohnungsbrand → „Verschlechterung der Mietsache"

Wuchermiete → „Mietwucher"

Zahlungsverzug des Mieters

Die **Miete** besteht aus wiederkehrenden Leistungen des Mieters. Für sie ist eine bestimmte Zeit nach dem Kalender maßgebend. Aufgrund des Mietrechtsreformgesetzes ist die Miete bei **Wohnraum** zu Beginn, spätestens bis zum 3. Werktag der einzelnen Zeitabschnitte zu entrichten, nach denen sie bemessen ist (§ 556b Abs. 1 BGB). Da die Miete üblicherweise monatsweise bezahlt wird, ist sie am 3. Werktag eines Monats im Voraus fällig. Diese Bestimmung gilt für Mietverhältnisse über **sonstige Räume** aufgrund der Verweisungsnorm in § 579 Abs. 2 BGB entsprechend.

Für Mietverhältnisse über **Grundstücke** gilt § 579 Abs. 1 BGB. Danach ist die Miete am Ende der Mietzeit zu entrichten. Ist die Miete nach Zeitabschnitten bemessen, ist sie nach Ablauf der einzelnen Zeitabschnitte zu entrichten. Die Miete für ein Grundstück ist, sofern sie nicht nach kürzeren Zeitabschnitten bemessen ist, jeweils nach Ablauf eines Kalendervierteljahres am 1. Werktag des folgenden Monats zu entrichten. Diese Vorschrift ist, wie auch die Bestimmung des § 556b Abs. 1 BGB, abdingbar. Auch bei Grundstücken kann also vereinbart werden, dass die Miete im Voraus bezahlt werden muss.

Wichtig: Aufgrund der Übergangsvorschriften im Mietrechtsreformgesetz ist auf ein am 1.9.2001 bestehendes Mietverhältnis hinsichtlich der Fälligkeit § 551 BGB in der bis zum 1.9.2001 geltenden Fassung anzuwenden (Art. 229 § 3 Abs. 1 Nr. 7 EGBGB).

Nach § 551 Abs. 1 BGB a.F. ist die Miete am Ende der Mietzeit bzw., wenn die Miete nach Zeitabschnitten bemessen ist, nach dem Ablauf der einzelnen Zeitabschnitte zu entrichten, bei monatsweiser Zahlung also jeweils am Ende des Monats. In Mietverträgen zum bisherigen Recht war jedoch zulässigerweise formularvertraglich eine andere Fälligkeit (in der Regel am 3. Werktag eines Monats im Voraus) vereinbart. Bei Wohnraummietverträgen kann eine solche Abänderung der Fälligkeit nach bisherigem Recht dann unwirksam sein, wenn in weiteren Klauseln ein Aufrechnungsverbot enthalten ist (BGH, RE v. 26.10.1994, NJW 1995, 254). Bei der Prüfung der Frage, ob ein Zahlungsverzug des Mieters besteht, ist also bei Verträgen, die vor dem 1.9.2001 abgeschlossen wurden, weiterhin zu prüfen, ob eine Vorfälligkeitsklausel wirksam vereinbart wurde, s. hierzu „Fälligkeit der Miete".

Der Mieter kommt, wenn er nicht termingerecht zahlt, ohne Mahnung in Verzug (§ 284 Abs. 2 BGB). Bei verspäteter Zahlung gerät der Mieter freilich nur dann in Verzug, wenn er diesen Umstand zu vertreten hat. Das ist z. B. nicht der Fall bei ungebührlich verzögerter Bankgutschrift.

Der Mieter verletzt keine Verpflichtung zur pünktlichen Mietzahlung auch dann

Zahlungsverzug des Mieters

nicht schuldhaft i. S. v. § 543 BGB, wenn und soweit er zur Bezahlung der Kosten der Unterkunft auf Sozialhilfe angewiesen ist und Zahlungen allein aufgrund eines Verschuldens des Sozialamts nicht fristgerecht beim Vermieter eingehen (KG Berlin, RE v. 11.12.1997, Az. 8 RE-Miet 1354/96, WuM 1998, 85).

Seine Zahlungsfähigkeit hat jedoch der Mieter immer zu vertreten. Für die Zeit des Verzuges kann der Vermieter Verzugszinsen verlangen. Die Geltendmachung eines weitergehenden Schadens ist nicht ausgeschlossen.

Da es sich bei der Miete um eine Schickschuld handelt, reicht für die Rechtzeitigkeit der Zahlung der **Abgang** (die Absendung) vom Erfüllungsort, also vom Wohnsitz des Mieters aus (§ 269 BGB). Allerdings sind hier vom Gesetz abweichende Vereinbarungen möglich. I. d. R. wird vereinbart, dass der Mietzins am Fälligkeitstag beim Vermieter eingegangen bzw. seinem Konto gutgeschrieben sein muss.

In Rechtsprechung und Literatur sind die Meinungen geteilt, ob bei Zahlungsverzug in Formularverträgen pauschalierte **Mahnkosten** verlangt werden können (dafür, wenn nicht mehr als 5 DM angesetzt werden: von Brunn in Bub/Treier, III Rn. 122; dagegen, wenn mehr als 10 DM pro Mahnung gezahlt werden sollen: AG Darmstadt, WuM 1988, 109).

Die schwerwiegendste **Folge des Verzuges** mit der Mietzahlung ist die fristlose Kündigung des Mietverhältnisses (§ 543 Abs. 2 Nr. 3 BGB). Sie ist zulässig, wenn der Mieter entweder für zwei aufeinander folgende Termine mit der Entrichtung der Miete oder eines nicht unerheblichen Teils davon in Verzug ist oder in einem Zeitraum, der sich über mehr als zwei Termine erstreckt, mit der Entrichtung der Miete in Höhe eines Betrages in Verzug gekommen ist, der die Miete für zwei Monate erreicht.

Die Kündigung ist **ausgeschlossen**, wenn der Vermieter vor ihrem Zugang befriedigt wird. Sie wird unwirksam, wenn sich der Mieter von seiner Schuld durch Aufrechnung befreien konnte und unverzüglich nach der Kündigung die Aufrechnung erklärt.

Das Kündigungsrecht des Vermieters wegen Verzugs des Mieters mit der Mietzahlung ist bei Wohnraummietverhältnissen eingeschränkt. Der rückständige Teil der Miete ist nur dann als nicht unerheblich anzusehen, wenn er die **Miete für einen Monat übersteigt**; dies gilt jedoch nicht, wenn Wohnraum nur zu vorübergehendem Gebrauch vermietet ist (§ 569 Abs. 3 Nr. 1 BGB).

Ferner wird die Kündigung eines Wohnraummietverhältnisses unwirksam, wenn der Vermieter nach Erhebung der Räumungsklage binnen zweier Monate nach Eintritt der Rechtshängigkeit (Klagezustellung) hinsichtlich der fälligen Miete und der fälligen Nutzungsentschädigung befriedigt wird oder eine öffentliche Stelle (Sozialamt) sich zur **Befriedigung** verpflichtet (§ 569 Abs. 3 Nr. 2 BGB). Entscheidend ist der Zugang beim Vermieter. Es genügt nicht, dass die Erklärung innerhalb der Frist abgegeben wird oder sie dem Mieter oder dem mit dem Räumungsrechtsstreit befassten Gericht zugeht (BayObLG, RE v. 7.9.1994, NJW 1995, 338).

Dies gilt jedoch nicht, wenn wegen Zahlung innerhalb der Schonfrist eine Kündigung des Vermieters unwirksam geworden ist und dem Mieter innerhalb eines Zeitraumes von zwei Jahren erneut wegen Zahlungsverzuges gekündigt wird. Kündigt der Vermieter in einem solchen Fall nicht fristlos, sondern ordentlich (§ 573 Abs. 2 Nr. 1 BGB), soll der Mieter diese Kündigung durch nachträgliche Zahlung innerhalb der Schonfrist nicht unwirksam machen können (OLG Stuttgart, RE v. 28.8.1991, WuM 1991, 256 sowie OLG Karlsruhe, RE v. 19.8.1992, WuM 1992, 517). Auch eine analoge Anwendung der Vorschrift des § 569 Abs. 3 Nr. 2 BGB scheidet aus; der Mieter ist dadurch ausreichend geschützt, dass § 573 Abs. 2 Nr. 1 BGB eine schuldhafte erhebliche Vertragsverletzung voraussetzt, deren Vorliegen in jedem Einzelfall geprüft werden muss.

Bei Wohnraummietverhältnissen ist eine zum Nachteil des Mieters von der gesetzlichen Regelung der Verzugsfolgen abweichende Vereinbarung unwirksam. Gemäß § 569 Abs. 4 BGB ist der zur Kündigung führende wichtige Grund in dem Kündigungsschreiben anzugeben. Der Begründungszwang wurde durch das Mietrechtsreformgesetz eingeführt mit der Begründung, dass schon eine ordentliche Kündigung vom Vermieter begründet werden muss. Dies soll umso mehr bei einer fristlosen Kündigung gelten. An diese **Begründung** dürfen jedoch keine zu hohen oder übertrieben formalistische Anforderungen gestellt werden. Hierdurch soll lediglich sichergestellt werden, dass der Mieter erkennen kann, welcher Umstand zur fristlosen Kündigung geführt hat.

Auch ständige unpünktliche Zahlungen des Mieters können zur fristlosen Kündigung berechtigen. Entscheidend ist, ob dem Vermieter die Fortsetzung des Mietverhältnisses zuzumuten ist (§ 543 Abs. 1 BGB). Hierbei kommt es auf das Ausmaß und den Grund der Unpünktlichkeit an, vgl. ausführlich „Kündigung", Abschnitt 3.2.1.

Voraussetzung ist allerdings, dass der Vermieter diese unpünktliche Zahlungsweise abmahnt, so jedenfalls bei der fristlosen Kündigung. Bei einer ordentlichen Kündigung wegen **Zahlungsunpünktlichkeit** ist es eine Frage des Einzelfalls, ob eine Abmahnung erforderlich ist (so OLG Oldenburg, RE v. 18.7.1991, WuM 1991, 467; s. „Abmahnung"). Die **Abmahnung** muss eine Kündigungsandrohung für den Fall weiterer unpünktlicher Zahlung enthalten (LG Hamburg, WuM 1991, 345). Zahlt nun der Mieter nach der Abmahnung weiterhin in einem zusammenhängenden Zeitraum die Miete mit erheblicher Verspätung, ist eine fristlose Kündigung (§ 543 Abs. 1 BGB) möglich.

Das LG München I (WuM 1991, 346) sieht Verspätungen von mehr als einer Woche als erheblich an. Wie oft sich der Vermieter eine solche erheblich verspätete Zahlung gefallen lassen muss, bevor er fristlos kündigen kann, ist durch Rechtsentscheid noch nicht entschieden. Das LG München I geht davon aus, dass nach sechsmaliger, erheblich verspäteter Zahlung nach Abmahnung der Vermieter zur fristlosen Kündigung berechtigt ist (§ 543 BGB). Andere Landgerichte stellen teilweise erheblich höhere Anforderungen (LG Köln, WuM 1991, 485). Vgl. ferner „Fälligkeit", „Kündigung", Abschnitte 3.2.1.2 und 3.2.1.3, „Vertragsstrafe", „Verzug".

Zeitmietvertrag

Inhaltsübersicht   Seite

1   Allgemeines .... Z 4
2   **Zeitmietvertrag nach neuem Recht** .... Z 5
3   **Einfacher Zeitmietvertrag nach altem Recht** .... Z 8
3.1   Fortsetzungsverlangen .... Z 8
4   **Qualifizierter Zeitmietvertrag nach altem Recht** .... Z 10
4.1   Werksmietwohnung .... Z 11

1 Allgemeines

Mietverträge können auf **unbestimmte oder bestimmte Zeit** abgeschlossen werden. Letzteres liegt vor, wenn der Tag der Beendigung kalendermäßig bestimmt oder bestimmbar ist. Ein Mietverhältnis, das auf bestimmte Zeit eingegangen ist, endet mit dem Ablauf dieser Zeit, sofern es nicht

- in den gesetzlich zugelassenen Fällen außerordentlich gekündigt oder
- verlängert wird (§ 542 Abs. 2 BGB).

Eine außerordentliche (befristete oder fristlose) Kündigung ist dagegen möglich. Ein auf bestimmte Zeit abgeschlossenes Mietverhältnis mit Verlängerungsklausel endet nur dann, wenn eine der Vertragsparteien eine entsprechende Erklärung abgibt.

Einer **Kündigung** bedarf es daher nicht. Eine ordentliche Kündigung ist – im Gegensatz zur fristlosen – während der Laufzeit des Vertrages ausgeschlossen.

Ändern die Parteien während der Laufzeit des Vertrages seinen Endtermin, liegt ebenfalls ein Zeitmietvertrag vor wie bei befristeter Verlängerung des Mietvertrages durch richterlichen Gestaltungsakt. Hat der Mieter ein **Optionsrecht** (s. „Option"), d. h., kann er Verlängerung des Vertrages auf eine bestimmte Zeit verlangen, handelt es sich ebenfalls um einen Zeitmietvertrag. Sieht der Mietvertrag eine bestimmte Mietzeit vor mit der Maßgabe, dass sich das Mietverhältnis mangels Kündigung verlängert, ohne dass ein Endtermin nach der Verlängerung genannt ist, handelt es sich nicht um einen befristeten Mietvertrag. Eine Kündigung ist frühestens zum Ende der bestimmten Zeit möglich. Ist in einem Mietverhältnis über gewerbliche Räume hinsichtlich der Mietzeit eine ausdrückliche Regelung nicht enthalten, bezüglich der Miete aber vereinbart, dass diese für einen bestimmten Zeitraum verbindlich bleiben soll, liegt gleichwohl kein Zeitmietvertrag vor (BGH, WuM 1978, 82).

Diese Rechtslage gilt nach wie vor bei Mietverhältnissen über Geschäftsräume und Grundstücke. Bei Mietverhältnissen über **Wohnraum** hat das Mietrechtsreformgesetz einschneidende Änderungen gebracht, die im Folgenden dargestellt werden. Dieses neue Recht gilt aber nur für Mietverhältnisse, die ab dem 1.9.2001 abgeschlossen wurden. Für ein am 1.9.2001 bereits bestehendes Mietverhältnis auf bestimmte Zeit sind § 564c i.V.m. § 564b sowie die §§ 556a bis 556c, 556a Abs. 1 und § 570 BGB in der bis zu diesem Zeitpunkt geltenden Fassung anzuwenden (Art. 229 § 3 Abs. 3 EGBGB). Im Anschluss an die Darstellung des neuen Rechts wird daher nochmals auf die bisherige Rechtslage eingegangen.

Sowohl der Vermieter als auch der Mieter von Wohnraum können ein Interesse daran haben, dass das Mietverhältnis bestimmte Zeit andauert. Der Vermieter will sich nicht in kurzer Zeit wieder einen neuen Mieter suchen müssen, der Mieter will eine Sicherheit, dass er für eine gewisse Zeit nicht mit einer Eigenbedarfskündigung zu rechnen braucht. Ab dem 1.9.2001 ist ein einfacher Zeitmietvertrag jedoch nicht mehr möglich (s. Abschnitt 3). Das Interesse an einer längerfristigen Bindung kann jedoch dadurch erreicht werden, dass die Parteien einen unbefristeten Mietvertrag schließen und für einen vertraglich festgelegten Zeitraum das ordentliche Kündigungsrecht beiderseits ausschließen. Fraglich ist aber, ob dieser Verzicht des Rechts auf die ordentliche Kündigung von der Rechtsprechung als wirksam angesehen werden wird, da in § 575 Abs. 4 BGB bestimmt ist, dass eine zum Nachteil des Mieters abweichende Vereinbarung unwirksam ist. Hierüber werden die Gerichte noch zu entscheiden haben.

2 Zeitmietvertrag nach neuem Recht

Der bisherige einfache Zeitmietvertrag des § 564c Abs. 1 BGB a.F. mit Verlängerungsoption und Geltung der Sozialklausel entfällt zukünftig. Ein Zeitmietvertrag kann daher ab 1.9.2001 grundsätzlich nur unter bestimmten Voraussetzungen, d. h. nur bei Vorliegen eines der im Gesetz genannten Befristungsgründe, in zulässiger Weise abgeschlossen werden. Die bisherige Befristung auf nicht mehr als fünf Jahre ist weggefallen. Die Zeitmietverträge können daher im Gegensatz zur bisherigen Regelung für jede beliebige Zeitdauer abgeschlossen werden. Schließen die Parteien einen Mietvertrag auf bestimmte Zeit ab, ohne dass einer der in

§ 575 BGB genannten Befristungsgründe vorliegt, gilt das Mietverhältnis als auf unbestimmte Zeit abgeschlossen (§ 575 Abs. 1 Nr. 3 S. 2 BGB). Folgende **Befristungsgründe** sind vom Gesetz zugelassen: wenn der Vermieter nach Ablauf der Mietzeit die Räume als Wohnung für sich, seine Familienangehörigen oder Angehörige seines Haushalts nutzen will (§ 575 Abs. 1 Nr. 1 BGB). Diese Bestimmung entspricht inhaltlich der früheren Bestimmung in § 564c Abs. 2 Nr. 2a BGB. Der Personenkreis bleibt mit dem bisherigen identisch. Wer darunter zu verstehen ist, ist in „Eigenbedarf", Abschnitt 2 eingehend geschildert. Wie konkret die Personen bezeichnet werden müssen, ist unter Abschnitt 4.2 erörtert.

Der zweite zulässige Befristungsgrund liegt vor, wenn der Vermieter nach Ablauf der Mietzeit in zulässiger Weise die **Räume beseitigen** oder so wesentlich **verändern** oder **instand setzen** will, dass die Maßnahmen durch eine Fortsetzung des Mietverhältnisses erheblich erschwert würden (§ 575 Abs. 1 Nr. 2 BGB). Diese Vorschrift entspricht der alten Fassung in § 564c Abs. 2 Nr. 2b BGB. Es kann daher ebenfalls auf die Ausführungen in Abschnitt 4.2 verwiesen werden.

Der dritte und letzte Befristungsgrund liegt vor, wenn der Vermieter nach Ablauf der Mietzeit die Räume an einen zur Dienstleistung Verpflichteten vermieten will (§ 575 Abs. 1 Nr. 3 BGB). Diese Bestimmung entspricht § 564c Abs. 2 S. 1 Nr. 2c BGB a.F. mit der Änderung, dass die **Werkwohnung** auch an einen nicht Werkangehörigen dann befristet vermietet werden kann, wenn sie jedenfalls nach Fristablauf wieder an einen Werkangehörigen vermietet werden soll. So können Räume, die an sich Werkwohnungen sind, zur Vermeidung von unnötigen Leerständen zwischenzeitlich anderweitig vermietet werden, wenn zurzeit kein Interesse eines zur Dienstleistung Verpflichteten besteht.

Dem Mieter müssen bei Vertragsschluss die Gründe für die Befristung **schriftlich** mitgeteilt werden (§ 575 Abs. 1 S. 1 2. Halbs. BGB). Dies war auch schon nach der alten Fassung Voraussetzung für einen qualifizierten Zeitvertrag. Der Mieter soll wissen, aus welchem Grund der Mietvertrag zu dem vereinbarten Zeitpunkt enden soll. Hierfür genügt es nicht, dass der Vermieter lediglich auf den Gesetzeswortlaut Bezug nimmt oder ihn bloß formelhaft wiederholt. Vielmehr muss der Vermieter einen konkreten Lebenssachverhalt darlegen, der eine Unterscheidung von anderen Interessen und eine spätere Überprüfung ermöglicht.

Gemäß § 575 Abs. 2 BGB kann der Mieter vom Vermieter frühestens 4 Monate vor Ablauf der Befristung verlangen, dass dieser ihm binnen eines Monats **mitteilt**, ob der Befristungsgrund noch besteht. Erfolgt die Mitteilung später, kann der Mieter eine Verlängerung des Mietverhältnisses um den Zeitraum der Verspätung verlangen. Der Mieter hat also einen Auskunftsanspruch, den er frühestens 4 Monate vor Ablauf der Mietzeit geltend machen kann, gerichtet darauf, ob der Befristungsgrund noch besteht. Eine Mittei-

Zeitmietvertrag

lungspflicht des Vermieters nach § 564c Abs. 2 S. 2 BGB a.F. besteht daher nicht mehr. Begründet wird dies damit, dass der Mieter nur dann, wenn er überhaupt ein Interesse hat, über das vereinbarte Mietende hinaus in der Wohnung zu verbleiben, wird wissen wollen, ob der Vermieter an der Befristung festhalten möchte oder nicht. In diesem Fall ist es ihm auch zuzumuten, sich in seinem Interesse an den Vermieter zu wenden. Äußert sich der Vermieter bis zum Mietende gar nicht, kann der Mieter in der Wohnung bleiben. Es gilt dann die allgemeine Regelung des § 545 BGB zur stillschweigenden Verlängerung eines Mietverhältnisses.

Tritt der Grund der Befristung erst später ein, kann der Mieter eine Verlängerung des Mietverhältnisses um einen entsprechenden Zeitraum verlangen. Entfällt der Grund, kann der Mieter eine Verlängerung auf unbestimmte Zeit verlangen. Die **Beweislast** für den Eintritt des Befristungsgrundes und die Dauer der Verzögerung trifft den Vermieter (§ 575 Abs. 3 BGB). Der Vermieter hat also die Beweislast für den Eintritt des Befristungsgrundes und die Dauer der Verzögerung.

Ein **Wechsel** des Befristungsgrundes ist nicht zulässig. Ausgeschlossen ist allerdings nicht die Veränderung des Sachverhalts bei ansonsten gleich bleibendem Befristungsgrund. Es stellt nämlich keinen Wechsel des Befristungsgrundes dar, wenn der gleich bleibende Befristungsgrund lediglich durch einen geänderten Sachverhalt erfüllt wird, z. B. weil anstelle der Tochter nun der Sohn des Vermieters die Wohnung nutzen

will oder der Vermieter statt dem bisher geplanten wesentlichen Umbau eine allerdings ebenfalls wesentliche Instandsetzung durchführen will (so die amtliche Begründung zur Mietrechtsreform). Von den die Zulässigkeit des Abschlusses eines Zeitmietvertrages einschränkenden Voraussetzungen des § 575 BGB sind solche Mietverhältnisse **ausgenommen**, die ohnehin keinen Bestandsschutz genießen. Dies ist in § 549 Abs. 2 und 3 BGB klargestellt. Für die darin genannten Mietverhältnisse (vgl. die ausführliche Darstellung in „Kündigungsschutz", Abschnitt 2.7) gilt § 575 BGB nicht. In diesen Fällen bleibt es wie bisher dabei, dass Zeitmietverträge uneingeschränkt zulässig sind.

Auch Zeitmietverträge können **außerordentlich** mit der gesetzlichen Frist **gekündigt werden** (§ 575a Abs. 1 BGB). Eine solche außerordentliche Kündigung mit gesetzlicher Frist ist an einigen Stellen im Gesetz zugelassen (vgl. z. B. §§ 541 Abs. 1 S. 2, 544, 563 Abs. 4, 563a Abs. 2, 564 BGB). Der Vermieter kann auch bei der außerordentlichen Kündigung mit gesetzlicher Frist grundsätzlich nur dann kündigen, wenn er ein **berechtigtes Interesse** an der Kündigung hat, es sei denn, es handelt sich um ein Mietverhältnis über eine Wohnung in einem vom Vermieter selbst bewohnten Zweifamilienhaus (§ 573a BGB).

Von diesem Grundsatz ist die Kündigung des Vermieters gegenüber dem **Erben** nach § 564 S. 2 BGB ausgenommen. Hat der Erbe seinen Lebensmittelpunkt nicht in der Wohnung des verstorbenen Mieters, ist er in Bezug auf einen Wohnungsverlust nicht schutzbedürftig.

Die **Sozialklausel** der §§ 574 bis 574c BGB (s. „Sozialklausel") gilt entsprechend mit der Maßgabe, dass die Fortsetzung des Mietverhältnisses höchstens bis zum vertraglich bestimmten Zeitpunkt der Beendigung verlangt werden kann (§ 575a Abs. 2 BGB). Gleiches gilt auch für die Möglichkeit gerichtlichen Räumungsschutzes (§§ 721 Abs. 7, 794a Abs. 5 ZPO). Dies ergibt sich daraus, dass der Mieter nur für den vertraglich bestimmten Zeitraum Bestandsschutz genießt, aber nicht darüber hinaus.

Die Kündigung ist spätestens am 3. Werktag eines Kalendermonats zum Ablauf des übernächsten Monats zulässig, bei Wohnraum nach § 549 Abs. 2 Nr. 2 BGB spätestens am 15. des Monats zum Ablauf dieses Monats (§ 575a Abs. 3 BGB).

3 Einfacher Zeitmietvertrag nach altem Recht

Beachte: Die hier genannten Paragraphen sind solche der bis 1.9.2001 geltenden Fassung.

3.1 Fortsetzungsverlangen

Ist ein Mietverhältnis über Wohnraum auf **bestimmte Zeit** eingegangen, kann der Mieter spätestens zwei Monate vor Beendigung des Mietverhältnisses durch schriftliche Erklärung gegenüber dem Vermieter die Fortsetzung des Mietverhältnisses auf unbestimmte Zeit verlangen. Die Erklärung muss schriftlich abgegeben werden. Es handelt sich um eine Ausschlussfrist. Ist sie versäumt, kann sich der Mieter auf diese Vorschrift nicht mehr berufen. Der Vermieter muss den Mieter auf diese Frist nicht hinweisen. Eine Begründung braucht der Mieter für seinen **Verlängerungsantrag** nicht zu geben.

Diesem Verlängerungsantrag kann der Vermieter seinerseits nur widersprechen, wenn er ein berechtigtes Interesse an der Beendigung des Mietverhältnisses hat (§ 564c Abs. 1 BGB). Es muss also einer der Kündigungsgründe des § 564b BGB vorliegen (vgl. „Kündigung").

Die schriftliche Erklärung des Vermieters muss dem Mieter spätestens am letzten Tag des Mietvertrages zugehen (allgemeine Meinung, vgl. Münchner Kommentar, § 564c, Rn. 14 mit weiteren Nachweisen). Die Erklärung muss in Form und Inhalt einer ordentlichen Kündigung entsprechen, d. h., ebenso wie diese begründet werden (LG Hamburg, WuM 1992, 252).

Legt der Vermieter sein berechtigtes Interesse dar, kann der Mieter dennoch die Fortsetzung des Mietverhältnisses verlangen, wenn die Beendigung des Mietverhältnisses für ihn oder seine Familie eine **Härte** bedeuten würde, die auch unter Würdigung der berechtigten Vermieterinteressen nicht zu rechtfertigen ist (§ 556b BGB). Im Gegensatz zu der Möglichkeit des Fortsetzungsverlangens nach § 564c Abs. 1 BGB besteht eine Hinweispflicht des Vermieters auf die Möglichkeit eines Fortsetzungsverlangens nach § 556b Abs. 1 BGB. Das OLG Hamm (RE v. 26.7.1991, DWW 1991, 368) hat entschieden, dass der Mieter eines befristeten Wohnungsmietverhältnisses (Zeitmietvertrag mit Bestandsschutz) die Fortsetzung des durch

Zeitmietvertrag

Zeitablauf beendeten Mietverhältnisses (§ 556a Abs. 2 und 3 BGB) noch im ersten Termin des Räumungsrechtsstreites verlangen kann (§ 556a Abs. 6 S. 2 BGB), wenn der Vermieter dem Mieter nicht vor Ablauf der 2-Monats-Frist (§ 556 Abs. 6 S. 1 BGB) den in § 564a Abs. 2 BGB bezeichneten Hinweis auf die Möglichkeit, die Form und die Frist des Widerspruchs bzw. Fortsetzungsverlangens nach § 556a BGB (sog. Sozialklausel) erteilt hat.

Näheres hierzu findet sich unter „Sozialklausel". Gibt der Vermieter keine Erklärung auf das Fortsetzungsverlangen des Mieters hin ab, wird teilweise angenommen, dass sich das Mietverhältnis auf **unbestimmte Zeit** verlängert. Dies ist nur richtig, wenn die Voraussetzungen des § 568 BGB vorliegen (s. „Stillschweigende Verlängerung des Mietverhältnisses"), was i. d. R. der Fall sein wird. Andernfalls muss der Mieter Leistungsklage gegen den Vermieter erheben (Klage auf Abgabe einer Willenserklärung, nämlich dem Vertragsangebot des Mieters auf Verlängerung des Mietvertrages zuzustimmen).

Das Recht, die **Fortsetzung** eines befristeten Mietverhältnisses zu verlangen, hat der Mieter einer Wohnung auch bei Vorliegen von Härtegründen nicht, wenn

- Wohnraum nur zu vorübergehendem Gebrauch vermietet ist;
- der Wohnraum Teil der vom Vermieter selbst bewohnten Wohnung ist und der Vermieter den vermieteten Wohnraum ganz oder überwiegend mit Einrichtungsgegenständen auszustatten hat und der Wohnraum nicht zum dauernden Gebrauch für eine Familie überlassen ist;
- es sich um Wohnraum handelt, der Teil eines Studenten- oder Jugendwohnheimes ist;
- Wohnraum in Ferienhäusern und Ferienwohnungen in Ferienhausgebieten vor dem 1.6.1995 dem Mieter überlassen worden sind, und wenn der Vermieter den Mieter bei Vertragsschluss auf die Zweckbestimmung des Wohnraums und die Ausnahme vom Kündigungsschutz hingewiesen hat;
- es sich um Wohnraum handelt, den eine juristische Person des öffentlichen Rechts im Rahmen der ihr durch Gesetz zugewiesenen Aufgaben angemietet hat, um ihn Personen mit dringendem Wohnungsbedarf oder in Ausbildung befindlichen Personen zu überlassen, wenn sie den Wohnraum dem Mieter vor dem 1.6.1995 überlassen und ihm bei Vertragsschluss auf die Zweckbestimmung des Wohnraums und die Ausnahme vom Kündigungsschutz hingewiesen hat.

Dies ergibt sich aufgrund der Verweisung in § 564c Abs. 1 S. 2 BGB auf § 564b BGB, der damit in vollem Umfang entsprechend anwendbar ist und in dessen Absatz 7 die vorstehend aufgeführten Mietverhältnisse vom Kündigungsschutz ausgenommen sind. Welche Mietverhältnisse nun genau unter diese Ausnahmen fallen, ist unter „Kündigungsschutz", Abschnitte 2.7.1 bis 2.7.5 erläutert.

Im Gesetz nicht ausdrücklich geregelt ist der Fall der befristeten Vermietung einer Wohnung in einem 1- oder 2- Familienhaus, in dem der Vermieter selbst wohnt, was zu der Frage führt, ob der Mieter Fortsetzung des Mietverhältnisses nach § 564c Abs. 1 BGB verlangen kann, nachdem der Vermieter bei einem Mietverhältnis auf unbestimmte Zeit ohne das Vorliegen eines berechtigten Interesses kündigen kann. Man wird analog dem Grundgedanken des § 564b Abs. 4 BGB dem Vermieter das Recht zubilligen, das Fortsetzungsverlangen nach § 564c Abs. 1 BGB ablehnen zu können. Allerdings wird der Vermieter aus Gründen der Klarstellung sich dem Mieter gegenüber in der Ablehnung des Fortsetzungsverlangens darauf berufen müssen, dass er diesem Verlangen nicht wegen des Vorliegens eines berechtigten Interesses, sondern deswegen widerspricht, weil es sich um ein Mietverhältnis über eine Wohnung in einem vom Vermieter selbst bewohnten Wohngebäude mit nicht mehr als zwei Wohnungen handelt.

4 Qualifizierter Zeitmietvertrag nach altem Recht

Darüber hinaus wurde mit dem Gesetz zur Erhöhung des Angebots an Mietwohnungen vom 20.12.1982 der sog. **qualifizierte Zeitmietvertrag** neu eingeführt. Die gesetzliche Regelung findet sich in § 564c Abs. 2 BGB. Hier kann der Mieter auch bei Vorliegen von Härtegründen eine Fortsetzung des Mietverhältnisses nicht verlangen.

Der qualifizierte Zeitmietvertrag ist an diese **Voraussetzungen** gebunden:

Die Laufzeit des Mietvertrages darf **nicht mehr als 5 Jahre** betragen. Entscheidend für die Berechnung der 5-Jahres-Frist ist der Anfang und das Ende des Mietverhältnisses, wie es vertraglich vereinbart wurde. Nach einem Rechtsentscheid des BayObLG vom 12.10.1989 (WuM 1989, 612) ist es möglich, ein Mietverhältnis auf unbestimmte Dauer dahin abzuändern, dass künftig ein qualifizierter Zeitmietvertrag vereinbart wird. Ausreichend ist es nach Ansicht des Gerichts, wenn allein der Abänderungsvertrag für eine (Rest-)Dauer von nicht mehr als 5 Jahren eingegangen wird.

Weitere Voraussetzung ist, dass der Vermieter die Räume als Wohnung für **sich**, die **zu seinem Hausstand gehörenden Personen** oder seine Familienangehörigen (zum Begriff s. „Eigenbedarf") nutzen will oder in zulässiger Weise die Räume beseitigen oder so wesentlich verändern oder instand setzen will, dass die Maßnahmen durch eine Fortsetzung des Mietverhältnisses erheblich erschwert würden.

Strittig ist im Einzelnen, wie konkret die Person, der die Wohnung überlassen werden soll, bezeichnet werden muss. Bei Familienangehörigen genügt die Bezeichnung „meinem Sohn", „einem meiner Kinder" wohl nicht, da ähnlich wie beim Eigenbedarf der konkrete Lebenssachverhalt so vorzutragen ist, dass dem Mieter eine Nachprüfung möglich ist (vgl. Sternel, MDR 1983, 265, 272).

> Es empfiehlt sich daher, Name und Verwandtschaftsverhältnis anzugeben.

Etwas anderes wird bei erst noch einzustellenden Haushaltangehörigen und

Zeitmietvertrag

Pflegekräften gelten. Der Name braucht nicht angegeben zu werden, wohl aber die Funktion und die Tätigkeit. Teilweise wird angenommen, dass die Benennung einer **Personengruppe**, bei der die spätere Nutzungsperson offen bleibt, zulässig ist, so z. B. Barthelmess WKschG, 5. Aufl., § 564c Rn. 78. Dies soll zumindest für Personengruppen gleicher verwandtschaftlicher Nähe, z. B. Kinder, Enkel, Eltern etc. gelten. Da obergerichtliche Entscheidungen hierzu fehlen und die Ansprüche der Amtsgerichte höchst unterschiedlich sind, raten wir zur Vorsicht und möglichst genauer Konkretisierung. Zulässig ist aber die Angabe mehrerer Bedarfspersonen, z. B. „für meinen Sohn Anton oder meine Tochter Bertha". Dies gilt auch für Personen, die nicht aus der gleichen Personengruppe stammen, also z. B. „für meinen Sohn Anton oder für meine Eltern Karl und Elisabeth N." In der Schlussmitteilung (s. Abschnitt 4.4) muss aber die Konkretisierung auf eine bestimmte Person erfolgen. Dann ist auch ein Wechsel auf eine vom Vermieter ursprünglich nicht genannte Verwendungsabsicht bzw. Bedarfsperson nicht möglich.

Bezüglich der Angaben über den Umfang der **baulichen Änderungen** gilt: Der Sachvortrag muss so **konkret** sein, dass der Mieter nachprüfen kann, ob die tatbestandsmäßigen Voraussetzungen gegeben sind. Ob der Mieter gemäß den §§ 541a, 541b BGB zur Duldung der Maßnahmen verpflichtet wäre, ist nicht entscheidend. Bei einer geplanten Veränderung oder Instandsetzung müssen die Baumaßnahmen so genau bezeichnet werden, dass das Ausmaß der vorzunehmenden Arbeiten hinsichtlich Art und Dauer der Störung für den Mieter beurteilt werden kann (so Barthelmess, WKschG, 5. Aufl., § 564c Rn. 87). Nicht ausreichend ist daher die abstrakte Angabe einer Verwendungsabsicht, z. B. „grundlegender Umbau der Wohnung". Es kommt lediglich darauf an, ob die Durchführung der Maßnahmen ohne Mieter wesentlich erleichtert sein würde.

Will der Vermieter Wohnraum beseitigen (**Abbruch**), wesentlich verändern oder instand setzen, müssen die beabsichtigten Maßnahmen baurechtlich zulässig sein. Etwa erforderliche baurechtliche Genehmigungen müssen spätestens bei Beendigung des Mietverhältnisses vorliegen.

Zulässig ist die Kombination einer Bauabsicht mit der Eigennutzungsabsicht, wenn die Voraussetzungen konkret genug angegeben werden, z. B. „Abbruch der Wohnung oder, wenn dies nicht zulässig ist, Einzug meines Sohnes Anton". Auch hier muss dann in der Schlussmitteilung die endgültige Konkretisierung erfolgen.

4.1 Werksmietwohnung

Durch das 4. Mietrechtsänderungsgesetz ist die Möglichkeit für den Abschluss eines qualifizierten Zeitmietvertrages erweitert worden (§ 564c Abs. 2 Nr. 2c BGB). Danach kann der Mieter auch dann keine Fortsetzung des Mietverhältnisses verlangen, wenn der Vermieter nach Ablauf der Mietzeit mit Rücksicht auf das Bestehen eines Dienstverhältnisses vermietete Räume an einen anderen zur Dienstleistung Verpflichteten vermieten will und der Vermieter dem Mieter diese Absicht bei Vertragsschluss schriftlich mitgeteilt hat. Auch hier darf das Mietverhältnis für nicht mehr als 5 Jahre geschlossen werden. Es muss sich also um eine **Werksmietwohnung** handeln (vgl. „Werkswohnungen"). Neben dem Arbeitsvertrag muss ein selbstständiger Mietvertrag abgeschlossen werden. Mit Rücksicht auf das Arbeitsverhältnis ist die Wohnung dann überlassen, wenn das Arbeitsverhältnis die Geschäftsgrundlage für die Wohnungsüberlassung bildet (Sternel, IV Rn. 252).

> Es empfiehlt sich zur Klarstellung daher auf alle Fälle schon jetzt eine entsprechende Vereinbarung im Mietvertrag.

Der Vermieter muss dem Mieter die unter Abschnitt 4.2 dargestellte Absicht bei Vertragsschluss **schriftlich** mitteilen.

> Es ist nicht erforderlich, dass dies im Mietvertrag erfolgt; aus Gründen der Beweislast empfiehlt sich dies jedoch sehr.

Ferner muss der Vermieter dem Mieter 3 Monate vor Ablauf der Mietzeit schriftlich mitteilen, dass die dargelegte **Verwendungsabsicht noch besteht.** Eine Bezugnahme auf den bereits mitgeteilten Sachverhalt genügt nur, wenn dieser hinreichend umfassend und eindeutig ist (Sternel, IV Rn. 315). Ein Auswechseln der Gründe ist allerdings nicht möglich.

Umstritten ist, wie lange vorher der Vermieter diese Schlussanzeige abgeben darf. Grundsätzlich ist die Wertung des Gesetzgebers zu beachten, dass die Schlussanzeige drei Monate vor Beendigung des Mietverhältnisses zugehen muss, sodass teilweise nur eine Vorfristigkeit von maximal drei Wochen zugelassen wird (so Sternel, IV Rn. 314). Dies wird damit begründet, dass dem Mieter die Möglichkeit gegeben werden muss, zu beurteilen, ob der Vermieter seine angegebene Verwendungsabsicht auch verwirklicht. Ob der Vermieter oder die angegebene Bedarfsperson tatsächlich einzieht, wird der Mieter immer, allerdings erst nach Auszug, feststellen können. Auch liegt es durchaus im Interesse des Mieters, nochmal daran erinnert zu werden, sich um Ersatzwohnraum zu kümmern.

Zu folgen ist daher einer großzügigeren Auffassung, die die Schlussanzeige bis zu sechs Monate vor Beendigung des Mietverhältnisses zulässt (Bub/Treier, IV Rn. 273).

Verzögert sich die beabsichtigte Verwendung ohne Verschulden des Vermieters, so hat er dies dem Mieter mitzuteilen. Dieser kann dann die Verlängerung des Mietverhältnisses um den entsprechenden Zeitraum verlangen.

Durch das 4. Mietrechtsänderungsgesetz (BGBl. 1993 I S. 1257 ff.) hat sich hier eine für den Vermieter günstigere Rechtslage ergeben: Während nach der früheren Rechtslage der Mieter die Fortsetzung des Mietverhältnisses auf unbestimmte Zeit verlangen konnte, wenn der Vermieter die Schlussmitteilung 3 Monate vor Beendigung vergessen hatte oder wenn durch die Verzögerung der geplanten Verwendungsabsicht das Mietverhältnis länger als 5 Jahre gedauert hatte, gilt nunmehr gemäß § 564c Abs. 2 S. 2 BGB Folgendes:

Verzögert sich die vom Vermieter beabsichtigte Verwendung der Räume ohne sein Verschulden oder teilt der Vermieter dem Mieter nicht 3 Monate vor Ablauf der Mietzeit schriftlich mit, dass seine Verwendungsabsicht noch besteht, so kann der Mieter eine Verlängerung des Mietverhältnisses um einen entsprechenden Zeitraum verlangen, also nicht mehr auf unbestimmte Zeit. Gibt der Vermieter selbst den Zeitraum für die Verzögerung an, ist hiervon auszugehen. Andernfalls müssen sich die Parteien auf einen Zeitraum einigen oder das Gericht bestimmen lassen. Dies gilt auch, wenn durch die unverschuldete Verzögerung der Zeitraum von 5 Jahren überschritten wird.

Die Verzögerungsmitteilung ist ebenso wie die Schlussmitteilung spätestens 3 Monate vor Beendigung des Mietverhältnisses abzugeben. Erfährt der Vermieter von dem Grund der Verzögerung erst später, so ist er nach Treu und Glauben verpflichtet, unverzüglich nach Kenntnis dem Mieter Mitteilung zu machen. Letzter Termin hierfür ist der letzte Tag des Mietverhältnisses. Wird vom Vermieter weder eine Schlussmitteilung noch eine Verzögerungsmitteilung abgegeben, fehlt es an einer Voraussetzung für einen besonderen Zeitmietvertrag gemäß § 564c Abs. 2 BGB. In diesem Fall besteht somit zwischen den Parteien ein gewöhnlicher Zeitmietvertrag gemäß § 564c Abs. 1 BGB. In diesem Fall hat also der Mieter die Möglichkeit, form- und fristgerecht Fortsetzung des Mietverhältnisses auf unbestimmte Zeit zu verlangen.

Kann der Mieter die Fortsetzung des Mietverhältnisses nicht verlangen, da die Voraussetzungen eines qualifizierten Zeitmietvertrages gegeben sind, ist er zum Auszug verpflichtet. Er kann sich auch nicht nur auf die Sozialklausel des § 556b BGB berufen oder eine gerichtliche Räumungsfrist beantragen. Lediglich die Möglichkeit des Vollstreckungsschutzes nach der vollstreckungsrechtlichen Härteklausel (§ 765a ZPO) bleibt unberührt.

Entfällt allerdings die Verwendungsabsicht des Vermieters im Laufe des Mietverhältnisses vor Auszug des Mieters, hat der Vermieter eine Mitteilungspflicht. Andernfalls macht er sich schadensersatzpflichtig.

Zentralheizung

Befindet sich im Anwesen eine Zentralheizung, ist der Vermieter verpflichtet, sie während der üblichen Heizperiode in Betrieb zu nehmen. Der Mieter seinerseits ist verpflichtet, die Heizleistung des Vermieters anzunehmen. Um welche Zeiten es sich hierbei handelt, ist gesetzlich nicht geregelt. Finden sich im Mietvertrag keine Vereinbarungen hierüber, wird als Heizperiode die Zeit vom

Zentralheizung

1. Oktober bis zum 30. April angesehen, teilweise auch schon vom 15. September bis zum 15. Mai.

Ob und unter welchen Voraussetzungen der Vermieter außerhalb dieser Zeit zur Inbetriebnahme der Heizung verpflichtet ist, ist im Einzelnen umstritten. Entscheidend sind die Dauer der **Kälteperiode** und der **Aufwand der Inbetriebnahme** der Heizung. Fallen die Heizkosten nur bei den Mietern an, die eine Beheizung wünschen, und ist diese ohne großen Aufwand möglich, muss geheizt werden.

Schwieriger ist es, wenn ein Teil der Mieter die Beheizung verlangt, ein anderer Teil sie ablehnt und die Kosten teils nach Verbrauch, teils nach Wohnfläche ermittelt werden. Das AG Hamburg hält es für zulässig, wenn der Vermieter sich an die Mehrheitsentscheidung hält (ZMR 1981, 330), das AG Köln stellt auf die objektiven Gegebenheiten ab (WuM 1986, 136). Danach soll eine Heizpflicht bestehen, wenn die Raumtemperatur einen Tag unter 20° C bleibt und mit einer Besserung in den nächsten 1 bis 2 Tagen nicht zu rechnen ist.

Dem ist insbesondere im Hinblick auf sparsamen Umgang mit Heizenergie nicht zuzustimmen. Eine Heizpflicht ist erst bei dreitägiger Unterschreitung der Raumtemperatur von 20° C anzunehmen (Sternel, II Rn. 64). Eine Heizpflicht des Vermieters wird ferner dann angenommen, wenn die Innentemperatur bei geschlossenen Fenstern ohne Zusatzheizung auf unter 17° C abfällt und mit einer Erwärmung für die nächsten Stunden nicht zu rechnen ist (Kraemer in Bub-Treier, III Rn. 1307). Im Temperaturbereich zwischen 17° C und 20° C ist dem Mieter zuzumuten, für kurze Zeit eine elektrische Zusatzheizung zu benutzen (Kraemer, a.a.O.).

In der Rechtsprechung finden sich verschiedene Ansichten darüber, welche **Mindesttemperatur** erreicht werden muss. Im Allgemeinen wird eine Temperatur von 20° C von 7 Uhr morgens bis 23 Uhr abends für ausreichend gehalten (OLG München, WuM 1959, 74; LG Köln, WuM 1980, 17; LG Hamburg, WuM 1980, 126). Dies gilt auch für Büroräume (OLG München, NZM 2001, 382). Teilweise wird je nach Zimmer differenziert, z. B. Wohn- und Schlafzimmer sowie Küche 20° C, Bäder und Duschen 22° C, Flur 17° C (Kraemer in Bub-Treier, III Rn. 1306). Hiervon geht auch die DIN-Norm 4701 aus. Eine **Absenkung** in der Nachtzeit auf 17° C wird allgemein für zulässig gehalten. Es bestehen erhebliche Bedenken, ob in einem Mietvertrag eine geringere Temperatur wirksam vereinbart werden kann.

Siehe auch „Betriebskosten", „Heizkosten-Verordnung", „Minderung".

Zerstörung des Gebäudes → *„Instandhaltung und Instandsetzung der Miträume"*

Zuschuss → *„Baukostenzuschuss"*

Zuständigkeit → *„Gerichtliches Verfahren in Mietsachen"*

Zwangsräumung

1 Parteien

Die Zwangsräumung kommt in Betracht, wenn sich der Mieter entweder in einem Prozessvergleich oder einem Vergleich vor einer von der Landesjustizverwaltung eingerichteten oder anerkannten Gütestelle zur Räumung des Mietobjekts verpflichtet (§ 794 Abs. 1 Nr. 1 ZPO) oder das Gericht den Mieter zur Räumung verurteilt hat und der Mieter seiner Räumungspflicht nicht nachkommt. Bei **Geschäftsraum**mietverhältnissen kann die Zwangsräumung aus einer Urkunde, die von einem deutschen Gericht oder von einem deutschen Notar innerhalb der Grenzen seiner Amtsbefugnisse in der vorgeschriebenen Form aufgenommen ist, betrieben werden (§ 794 Abs. 1 Nr. 5 ZPO).

Sind beide **Ehegatten** Mieter und wohnen noch gemeinsam in der Wohnung, muss der Räumungstitel gegen beide vorliegen (OLG Oldenburg, ZMR 1991, 268). Auch gegen einen **anderen Mitbesitzer**, der nicht Mieter ist, kann der Vermieter grundsätzlich aus einem Räumungstitel nicht vollstrecken, sondern benötigt hierfür einen besonderen Räumungstitel. Auf eine solche Rechtsposition kann sich aber derjenige Besitzer nicht berufen, der ohne oder gegen den Willen des Vermieters seinen Mitbesitz begründet und wider Treu und Glauben über einen erheblichen Zeitraum gegenüber dem Vermieter verheimlicht hat (OLG Hamburg, WuM 1992, 548).

Ein **eigener Räumungstitel** ist auch gegen den Ehegatten des Mieters erforderlich, der den Mietvertrag nicht unterschrieben hat (LG Hamburg, WuM 1992, 549, a.A. OLG Karlsruhe, WuM 1992, 493).

Zuständig für die Durchführung der Zwangsräumung ist ausschließlich der **Gerichtsvollzieher**. Er wird tätig, wenn er unter Vorlage des Vollstreckungstitels (Urteil, Prozessvergleich) vom Räumungsgläubiger einen Auftrag erhält. Der Gerichtsvollzieher droht dem räumungspflichtigen Mieter die Zwangsräumung an und führt sie, regelmäßig nach Eingang des beim Räumungsgläubiger angeforderten Kostenvorschusses, durch.

Die **Vollstreckung** geschieht in der Weise, dass der Gerichtsvollzieher den Räumungspflichtigen aus dem Besitz setzt und den Gläubiger in den Besitz einweist. Hierbei hat der Gerichtsvollzieher die dem Räumungspflichtigen gehörigen beweglichen Sachen aus dem zu räumenden Objekt wegzuschaffen und sie dem Räumungspflichtigen zu übergeben. Bei Abwesenheit des Räumungspflichtigen oder eines Vertreters werden die beweglichen Sachen in Verwahrung gegeben. Sie können, falls der Räumungspflichtige sie trotz Aufforderung nicht abholt, versteigert oder aber bei Wertlosigkeit nach vorheriger Zustimmung des Vollstreckungsgerichts vernichtet werden.

Leistet der Räumungspflichtige **Widerstand** gegen die Zwangsräumung, darf der Gerichtsvollzieher Gewalt anwenden und zu diesem Zweck polizeiliche Unterstützung anfordern. Von sich aus aufschieben darf der Gerichtsvollzieher im Allgemeinen nicht. Nur in ganz besonderen Fällen können die Voraussetzungen für einen – zulässigen – **Aufschub** erfüllt sein, etwa wenn die Zwangsräumung das Leben des oder der zur Räumung Verpflichteten unmittelbar gefährden würde.

2 Kosten

Die Kosten der Zwangsräumung fallen, soweit sie **notwendig** waren, dem **Schuldner** zur Last (§ 788 ZPO). Dies sind zum einen die Kosten der unmittelbaren Zwangsräumung, zum anderen die Kosten der Verwahrung und des Transports des Räumungsgutes. Allerdings haftet der Gläubiger neben dem Schuldner für diese gesamten Kosten, auch für die Einlagerungs- und Vernichtungskosten.

Die dem Gläubiger entstandenen Kosten sind zusammen mit der Vollstreckung beizutreiben. Der Gerichtsvollzieher berechnet die Kosten und prüft ihre Notwendigkeit. Die Kosten können auch nach Beendigung der Räumung beigetrieben werden. Eine besondere Kostenfestsetzung ist nicht erforderlich, kann jedoch erfolgen. Dann ist der **Kostenfestsetzungsbeschluss** der Vollstreckungstitel.

Siehe hierzu auch „Räumungsklage", „Rückgabe der Mietsache" und „Verwirkung" (für den Fall, dass längere Zeit aus dem Titel nicht vollstreckt wurde).

Zwangsversteigerung

Wird das Mietgrundstück zwangsversteigert, tritt mit der Erteilung des Zuschlages der Ersteher in die Rechte und Pflichten aus dem Mietvertrag ein. Der **Ersteher** des Grundstücks ist, sofern nicht Wohnräume Gegenstand des Mietvertrages sind, berechtigt, das Mietverhältnis unter Einhaltung der gesetzlichen Frist zu kündigen, wobei die Kündigung jedoch nur für den erst möglichen Termin zulässig ist. Das **Kündigungsrecht** des Erstehers ist eingeschränkt, wenn zur Schaffung des Mietraumes Finanzierungsbeiträge geleistet worden sind. Ist Wohnraum Gegenstand des Mietvertrages, kann nach überwiegender Meinung der Ersteher das Mietverhältnis, wenn es dem Kündigungsschutz unterliegt, nur bei Vorliegen eines berechtigten Interesses (§ 573 BGB) kündigen.

Der **Zuschlag** ist als Veräußerung anzusehen, Kündigungssperrfristen sind daher auch dann zu beachten, wenn das Mietverhältnis unter Einhaltung der gesetzlichen Frist gekündigt wird (§ 57a ZVG; BayObLG, RE v. 10.6.1992, WuM 1992, 424). Vgl. auch „Kündigung", Abschnitt 3.2.2.2, „Eigenbedarf".

Zwangsverwaltung

Der Zwangsverwalter wird vom Gericht eingesetzt. Dies ist der Fall, wenn Gläubiger des Vermieters die Mieteinnahmen zur Befriedigung von Forderungen beschlagnahmen lassen. Für die Dauer der **Beschlagnahme** tritt der Zwangsverwalter in die Mietverträge ein (§ 152 ZVG). Dies hat zur Folge, dass ihm alle Rechte aus dem Mietvertrag zustehen und auch der Mieter etwaige Ansprüche gegen den Zwangsverwalter richten muss.

Zweckentfremdung

Inhaltsübersicht   Seite

1   Geltungsbereich... Z 17

2   Voraussetzungen... Z 18

3   **Begriff**.. Z 18
3.1   Vermietbarkeit „zu angemessenen Bedingungen"............. Z 18
3.2   Nutzungsänderung von Wohnraum .... Z 19
3.3   Umwandlung von Wohnraum .... Z 19

4   **Anspruch auf Erlaubnis** .... Z 20
4.1   Erteilung der Erlaubnis... Z 20
4.2   Befristung, Bedingung, Auflagen..................................... Z 22
4.2.1 Befristung.. Z 22
4.2.2 Bedingung... Z 22
4.2.3 Auflage .... Z 22

5   Zuständigkeit.. Z 23

6   **Ordnungswidrigkeit** .... Z 23

7   **Kündigungsrecht** .... Z 23

1 Geltungsbereich

Sozialwohnungen dürfen ohne Genehmigung der Wohnungsbehörde nicht zu anderen als Wohnzwecken verwendet werden (§ 12 WoBindG).

Bei frei **finanzierten Wohnungen** gilt Art. 6 § 1 Abs. 1 des Gesetzes zur Verbesserung des Mietrechts vom 4.11.1971 (BGBl. I S. 1754). Darin wurden die Landesregierungen ermächtigt, für Gemeinden, in denen die Versorgung der Bevölkerung mit ausreichendem Wohnraum zu angemessenen Bedingungen besonders gefährdet ist, durch Rechtsverordnung zu bestimmen, dass Wohnraum anderen als Wohnzwecken nur mit Genehmigung der von der Landesregierung bestimmten Stelle zugeführt werden darf. Von der Ermächtigung haben die meisten **Bundesländer** Gebrauch gemacht.

Nicht unter das Verbot fallen Wohnungen, die zu einer Zeit vor In-Kraft-Treten der entsprechenden Verordnung ununterbrochen zu anderen als Wohnzwecken genutzt wurden. Die materielle Beweislast hierfür trägt der Vermieter. Der Nachweis kann geführt werden durch Vorlage der Mietverträge, Bestätigungen von Mietern o. Ä.

2 Voraussetzungen

Der Ermächtigungsnorm des Art. 6 des Gesetzes zur Verbesserung des Mietrechts vom 4.11.1971 kann nicht entnommen werden, welche Voraussetzungen im Einzelnen vorliegen müssen, um von einer **Gefährdung der Wohnraumversorgung** im Sinne des Gesetzes ausgehen zu können. Sie müssen daher durch Auslegung gefunden werden.

Das BVerfG hat in seinem Urteil vom 4.2.1975 (NJW 1975, 727) folgenden Grundsatz herausgestellt: „**Ausreichende Versorgung**" bedeutet ein annehmbares Gleichgewicht von Angebot und Nachfrage, nicht aber ein preisdrückendes Überangebot; sie bedeutet ferner nicht ein Angebot von Wohnungen besonders gehobener oder besonders einfacher Größe und Ausstattung, sondern von Wohnungen, wie sie dem allgemeinen, für Wohnungen der entsprechenden Gegend und Lage anzutreffenden Standard entsprechen. „**Angemessene Bedingungen**" bedeutet nicht außergewöhnlich niedrige Mieten, sondern Mieten, die für Wohnungen der entsprechenden Art von einem durchschnittlich verdienenden Arbeitnehmerhaushalt allgemein tatsächlich aufgebracht werden.

3 Begriff

Zweckentfremdung liegt vor, wenn Wohnraum anderen als Wohnzwecken zugeführt wird. Der Wohnraum muss subjektiv bestimmt und objektiv geeignet sein, auf Dauer bewohnt zu werden (BVerwG, NJW 1977, 2280). Räume sind nämlich nicht (mehr) Wohnräume im Sinne des Zweckentfremdungsverbotes, wenn sie etwa aus bebauungs- oder bauordnungsrechtlichen Gründen nicht mehr bewohnt werden dürfen, wenn sie wegen vorhandener Mängel oder Missstände zumutbar nicht mehr bewohnt werden können oder wenn sie sich aus anderen Gründen zu angemessenen Bedingungen als Wohnraum nicht (mehr) vermieten lassen (BayObLG, DWW 1995, 110).

3.1 Vermietbarkeit „zu angemessenen Bedingungen"

Eine Vermietbarkeit „zu **angemessenen Bedingungen**" ist nicht bereits dann zu verneinen, wenn für eine Wohnung besonderer Größe (im entschiedenen Fall 190 m^2) oder besonderen Zuschnitts die Miete auf dem Markt deutlich stärker abgesunken ist, als für „Normalwohnungen". Die Grenze zur **Unvermietbarkeit** wird jedoch unterschritten,

Zweckentfremdung

wenn eine Vermietung nur noch zu einer Miete möglich wäre, die außerhalb jeder Wirtschaftlichkeit läge (OVG NW, DWW 1995, 20). Nach Ansicht des Gerichts bleibt die Möglichkeit der Aufteilung einer Großwohnung in zwei oder mehrere kleinere Wohnungen bei der Beurteilung der Vermietbarkeit außer Betracht. Auch die Möglichkeit einer Vermietung an eine Wohngemeinschaft ist grundsätzlich keine Vermietbarkeit zu angemessenen Bedingungen. Diese sind grundsätzlich dann gegeben, wenn die vereinbarte oder in Betracht zu ziehende Miete der ortsüblichen Vergleichsmiete entspricht.

3.2 Nutzungsänderung von Wohnraum

Auch ist die **Nutzungsänderung** von Wohnraum, der dem allgemeinen Wohnungsmarkt nicht zur Verfügung steht, keine Zweckentfremdung (VG Köln, WuM 1994, 488). Im entschiedenen Fall handelte es sich um eine nur von einem Betriebsleiter oder -eigentümer zu nutzende Betriebswohnung in einem Gewerbegebiet. **Abbruchreifer** Wohnraum fällt daher nicht unter das Zweckentfremdungsverbot. Etwas anderes gilt allerdings dann, wenn der Verfügungsberechtigte diesen Zustand absichtlich herbeiführt, eine Wohnung also absichtlich unbewohnbar macht. Hierin liegt eine Zweckentfremdung (OVG Berlin, WuM 1983, 172).

Im Übrigen kann sich der Verfügungsberechtigte auf den schlechten Zustand des Wohnraums dann nicht berufen, wenn dieser mit einem vertretbaren und objektiv zumutbaren Modernisierungs- und Renovierungsaufwand wieder hergestellt werden kann (BVerwG, ZMR 1985, 423). Ein **zumutbarer Aufwand** liegt nicht mehr vor, wenn die aufzuwendenden finanziellen Mittel (einschließlich der Nebenkosten) nicht innerhalb eines Zeitraums von zehn Jahren durch entsprechende Erträge ausgeglichen werden können oder die Kosten des Abbruchs zuzüglich der Neuerrichtung eines vergleichbaren Gebäudes erreichen (BVerwG, ZMR 1987, 70).

Als Aufgabe des Wohnzweckes ist es nach dem Gesetz auch anzusehen, wenn Wohnraum zum Zweck einer dauernden **Fremdenbeherbergung**, insbesondere einer gewerblichen Zimmervermietung oder der Errichtung von Schlafstellen verwendet werden soll.

3.3 Umwandlung von Wohnraum

Keine Zweckentfremdung im Sinne des Gesetzes ist:

- die Umwandlung eines Wohnraumes in einen Nebenraum, insbesondere einen Baderaum;
- wenn Wohnraum, der nach dem 31.5.1990 unter wesentlichem Bauaufwand aus anderen als Wohnzwecken dienenden Räumen geschaffen wurde, zu anderen als Wohnzwecken vermietet wird.

Den klassischen Fall der Zweckentfremdung bildet die Umwandlung von **Wohnraum in Geschäftsraum**. Hier wird der Wohnraum anderen als Wohnzwecken zugeführt. Werden bauliche Veränderungen vorgenommen, durch die der bisherige Wohngebrauch ausgeschlossen wird, ist das noch keine „Zuführung" zu anderen als Wohnzwecken. Noch weniger kann von einem „Zuführen" gesprochen werden, wenn der Verfügungsberechtigte Wohnraum leer stehen lässt.

Während das BayObLG mit überzeugender Begründung das **Leerstehenlassen** von Wohnraum nicht der Zweckentfremdung zuordnet und darin keine Zuwiderhandlung gegen das Verbot erblickt (DWW 1975, 67) und der BayVerwGH den **Abbruch** eines Gebäudes gleichfalls nicht als Zweckentfremdung ansieht (BayVBl 1976, 400), nehmen das BVerfG (NJW 1975, 727) und das BVerwG (BayVBl 1977, 607) den entgegengesetzten Standpunkt ein. Für Verwaltungsstreitverfahren, die Genehmigungen der Zweckentfremdung von Wohnraum betreffen, muss deshalb davon ausgegangen werden, dass der Abbruch und das dauernde Leerstehenlassen von Wohnraum dem Zweckentfremdungsverbot unterliegen. Erforderlich ist, dass der Wohnraum auf Dauer einer vorhandenen Nachfrage entzogen werden soll; dies ist nicht der Fall, wenn der Verfügungsberechtigte trotz objektiven Leerstandes beabsichtigt, den Wohnraum selbst zu nutzen (potenzieller Eigenbedarf; OLG Karlsruhe, WuM 1996, 565).

Das Zweckentfremdungsverbot greift nur dann ein, wenn Wohnraum **ausschließlich** zu anderen als Wohnzwecken verwendet oder überlassen wird. Darauf, ob beim Zusammentreffen mehrerer Arten der Benutzung eines Raumes die eine oder die andere überwiegt, kommt es nicht an. Bloßes gelegentliches Übernachten in zu gewerblichen Zwecken ausgestatteten Räumen stellt jedoch keine Nutzung zu Wohnzwecken mehr dar (BayObLG, DWW 1994, 252).

Für den **Abbruch** eines Gebäudes bedeutet das, dass neben der baulichen Abbruchgenehmigung zusätzlich eine Zweckentfremdungsgenehmigung erforderlich ist. Das **Zusammenlegen von Wohnräumen** innerhalb eines Hauses, auch von zwei Wohnungen in eine gemeinsame Wohnung, stellt keine Zweckentfremdung dar (BVerfG, Beschl. v. 7.4.1992, WuM 1992, 416).

4 Anspruch auf Erlaubnis

Die aufgrund des Art. 6 erlassenen Verordnungen beinhalten ein Verbot mit Erlaubnisvorbehalt. Somit ist von dem Grundsatz auszugehen, dass in den in Betracht kommenden Gemeinden der Bestand an Wohnraum erhalten werden soll.

4.1 Erteilung der Erlaubnis

Die Erteilung der Erlaubnis der Zweckentfremdung richtet sich im Übrigen nach den allgemeinen verwaltungsrechtlichen Grundsätzen. Die Erlaubnis ist dann zu erteilen, wenn dem öffentlichen Interesse an der Erhaltung des Wohnungsbestandes überwiegend anderweitige Interessen gegenüberstehen, was unter Beachtung des Verhältnismäßigkeitsgebotes und des Übermaßverbotes zu messen ist. Sowohl vorrangige öffentliche Belange als auch schutzwürdige Interessen des Verfügungsberechtigten können die Erlaubnis rechtfertigen. Ein überwiegendes **öffentliches Interesse** an der Zweckentfremdung

Zweckentfremdung

kann gegeben sein, wenn andere nicht durchführbare städtebauliche Maßnahmen erforderlich sind, oder wenn sonstige, im öffentlichen Interesse stehende Einrichtungen errichtet werden sollen.

Die Genehmigung ist auch dann zu erteilen, wenn ein überwiegendes berechtigtes Interesse des Verfügungsberechtigten oder eines Dritten an der Zweckentfremdung besteht. Dies kann der Fall sein bei **Existenzgefährdung**, wenn die Zweckentfremdung nicht genehmigt wird. Hier legt die Rechtsprechung einen strengen Maßstab an: Für eine Existenzgefährdung als Folge des Zweckentfremdungsverbotes muss aufgrund einer umfassenden Würdigung der Verhältnisse des Einzelfalles eine so überwiegende Wahrscheinlichkeit bestehen, dass ernstliche Zweifel an einem solchen Kausalverlauf auszuschließen sind (BVerwG, Urt. v. 22.4.1994, WuM 1994, 615). Ist der Betroffene finanziell in der Lage, Ersatzwohnraum zu schaffen, kann er keine Ausnahme vom Zweckentfremdungsverbot wegen Existenzgefährdung verlangen, denn auf diese Weise kann er einen Anspruch auf die uneingeschränkte Erteilung der Zweckentfremdungsgenehmigung begründen (BVerwG, a.a.O.).

Eine Existenzgefährdung liegt nicht vor bei **Spekulationsgeschäften** oder wenn durch die Zweckentfremdung die Existenz erst gegründet werden soll.

Ein überwiegendes berechtigtes Interesse kann auch dann begründet sein, wenn **Ersatzwohnraum** angeboten wird. Nach einem Urteil des BVerwG (NJW 1982, 2269) müssen hierfür sechs Voraussetzungen erfüllt sein:

- Der Ersatzraum muss erstens im Gebiet der Gemeinde geschaffen werden, wo die Zweckentfremdung vorgenommen werden soll.
- Der Ersatzraum muss zweitens in zeitlichem Zusammenhang mit der Zweckentfremdung geschaffen werden oder geschaffen worden sein, da sonst die Gefahr besteht, dass mit dem Neubau von Wohnungen generell und auf Vorrat Ansprüche auf die Genehmigung von Zweckentfremdungen begründet werden könnten.
- In der Verfügungsberechtigung muss drittens über den Wohnraum, der zweckentfremdet werden soll, und über den Ersatzraum Übereinstimmung bestehen.
- Der neu geschaffene Raum darf viertens nicht kleiner sein als der zweckentfremdete Raum und muss ihm auch im Standard in etwa entsprechen.
- Der bisherige Standard darf aber fünftens durch den angebotenen Ersatzbau nicht über ein bestimmtes, im Einzelfall festzulegendes Maß hinaus überschritten werden.
- Der Ersatzraum muss sechstens dem allgemeinen Wohnungsmarkt so zur Verfügung stehen, wie vorher der zweckentfremdete Wohnraum zur Verfügung stand.

Aus dieser Bedingung haben die Genehmigungsbehörden das Recht abgeleitet, zu verlangen, dass der Ersatzwohnraum zu derselben Miete vermietet werden muss, wie der abgebrochene Wohnraum. Dem ist das BVerwG entgegengetreten (BVerwG, Urt. v. 17.10.1997, Az. 8 C

18/96, NZM 1998, 45). Es hat entschieden, dass einer Zweckentfremdungsgenehmigung für den **Abbruch veralteten Wohnraums**, an dessen Stelle neuer gleichwertiger Ersatzwohnraum errichtet werden soll, nicht die Auflage beigefügt werden darf, der Mietpreis für den neu zu schaffenden Ersatzwohnraum dürfe die ortsübliche Vergleichsmiete nicht übersteigen. Das BVerwG führt weiter aus, dass dem Erfordernis neu geschaffenen gleichwertigen Ersatzwohnraums auch dann genügt ist, wenn der vom Zweckentfremdungsverbot belastete Eigentümer den Abriss seines Wohngebäudes mit veralteten Mietwohnungen durch einen Neubau mit **Eigentumswohnungen** ausgleicht. Hierbei ist es unerheblich, ob er diese Eigentumswohnungen verkaufen will und die Käufer diese Wohnungen vermieten oder selbst beziehen wollen. Dass der Eigentümer dem Markt statt der durch Abriss beseitigten Mietwohnungen nunmehr Eigentumswohnungen anbietet, stellt die Gleichwertigkeit nicht infrage.

Einzelheiten hierzu finden sich in den Ausführungsbestimmungen der Länder (vgl. etwa für Bayern Simon, BayBauO, Art. 46 Rn. 29; für Nordrhein-Westfalen vgl. Erl. v. 30.7.1981, MBl NW 1981, 1588).

4.2 Befristung, Bedingung, Auflagen

4.2.1 Befristung

Die Genehmigung kann **befristet**, bedingt oder unter Auflagen erteilt werden.

4.2.2 Bedingung

Als Bedingung wird häufig die **Beschaffung angemessenen Ersatzwohnraums** zu zumutbaren Bedingungen festgelegt, sofern die Zweckentfremdung die Aufgabe der Wohnung durch die bisherigen Mieter notwendig macht. Nach Ansicht des BVerwG (WuM 1994, 615) darf die Genehmigung jedoch nicht mit einer Nebenbestimmung des Inhalts versehen werden, dass der betroffene Mieter vom Verfügungsberechtigten zuvor anderweitig angemessen untergebracht wird. Die Aufnahme einer solchen „**Mieterschutzklausel**" in eine Zweckentfremdungsgenehmigung ist unzulässig. Die Bestimmungen über die Zweckentfremdung dienen nicht dem Mieterschutz.

4.2.3 Auflage

Als Auflage kann die Zahlung eines **Ausgleichsbetrages** verlangt werden. Die Zahlung soll den eingetretenen Nachteil für die Wohnraumversorgung ausgleichen; sie kann bei Neuschaffung gleichwertigen Ersatzwohnraums nicht verlangt werden (BVerfG, DWW 1981, 45; BVerwG, NZM 1998, 45, 46). Hierzu führt das BVerwG aus, dass es im pflichtgemäßen Ermessen der Behörde steht, eine Genehmigung, die sie nach der gegebenen Sachlage rechtsfehlerfrei versagen dürfte, stattdessen unter Beifügung von Nebenbestimmungen zu erteilen. Für eine Auflage ist aber dann kein Raum, wenn und soweit es an einem Grund zur Versagung der uneingeschränkten Genehmigung fehlt. Berührt eine Zweckentfremdung von Wohnraum die durch ihr generelles Verbot geschützte allgemeine Wohnversorgung nicht, muss eine uneingeschränkte Genehmigung erteilt werden. Dies gilt auch im Fall eines Abbruches eines veralteten Wohngebäudes, wenn der durch den Abriss eintretende Wohnraumverlust durch neu geschaffenen gleichwertigen Ersatzwohnraum ausgeglichen wird. In diesem Fall darf der Zweckentfremdungsgenehmigung keine diese einschränkende Nebenbestimmung hinzugefügt werden (BVerwG, a.a.O.).

Auch wenn die Genehmigung und die Auflage aufgrund einer einheitlichen Ermessensentscheidung ergangen sind, ist die **Auflage** selbstständig anfechtbar (BVerwGE 65, 139, 140 ff.).

Die Rechtmäßigkeit einer solchen Auflage setzt aber voraus, dass die Genehmigung der Zweckentfremdung von Wohnraum nach der objektiven Rechtslage überhaupt ergehen konnte und durfte (OVG NW, Urt. v. 11.3.1993; DWW 1995, 20). Dies ist nicht der Fall, wenn ein Genehmigungserfordernis nicht besteht, z. B. weil es sich bei der streitigen Wohnung nicht mehr um Wohnraum i. S. d. Zweckentfremdungsverordnung handelt.

Für den Fall, dass die Auflage aufgehoben wird, ist jedoch die Behörde grundsätzlich zum **Widerruf** der gewährten Begünstigung berechtigt (§ 49 Abs. 2 Nr. 2 VwVfG; Hess. VGH, Urt. v. 28.8.1991; DWW 1992, 88), aber nur dann, wenn überhaupt ein Genehmigungserfordernis bestand. Selbst dann ist aber die Hinzufügung einer Zahlungsauflage rechtswidrig, wenn auf dem Teilwohnungsmarkt (z. B. für Großwohnungen) keine Nachfrage oder ein Überangebot besteht und deshalb die Zweckentfremdung einer solchen Wohnung die Versorgung der Bevölkerung von Wohnraum zu angemessenen Bedingungen nicht zu beeinträchtigen vermag (OVG NW, a.a.O.).

5 Zuständigkeit

Über die Zweckentfremdungsgenehmigung entscheidet die **Kreisverwaltungsbehörde** (kreisfreie Städte, Landkreise). Die Versagung der Erlaubnis kann mit den Rechtsmitteln der Verwaltungsgerichtsordnung angefochten werden.

Wird der Abbruch eines Gebäudes beantragt, ist zweigleisig zu verfahren. Der Antragsteller bedarf sowohl der bauaufsichtlichen Abbruchgenehmigung als auch der Zweckentfremdungsgenehmigung. Beide Verfahren sind selbstständig und voneinander grundsätzlich getrennt abzuwickeln; sie sind durch selbstständig anfechtbare Bescheide abzuschließen.

6 Ordnungswidrigkeit

Ordnungswidrig handelt, wer ohne die erforderliche Genehmigung Wohnraum für andere als Wohnzwecke verwendet oder überlässt. Die Ordnungswidrigkeit kann mit einer **Geldbuße** bis 100.000 DM geahndet werden.

7 Kündigungsrecht

Zum Kündigungsrecht des Vermieters von Wohnraum im Zusammenhang mit Problemen der Zweckentfremdung ist Folgendes auszuführen:

Eine Kündigung ist dann möglich (§ 573 Abs. 2 Nr. 3 BGB), wenn der Vermieter durch die Fortsetzung des Mietverhält-

Zweckentfremdung

nisses an einer **angemessenen wirtschaftlichen Verwertung** des Grundstücks gehindert ist und dadurch erhebliche Nachteile erleiden würde (s. auch „Kündigung"). Dies kann z. B. gegeben sein, wenn ein altes, baufälliges Haus abgebrochen werden soll, um einem größeren Neubau Platz zu machen. Zu beachten ist hier, dass nach einem Rechtsentscheid des OLG Hamburg v. 25.3.1981 (NJW 1981, 2308; Weber/Marx, VII/S. 94) zur Wirksamkeit der Kündigung erforderlich ist, dass eine Zweckentfremdungsgenehmigung zur Zeit des Ausspruchs der Kündigung vorliegt und der Vermieter im Kündigungsschreiben vorträgt, dass die Genehmigung erteilt ist.

> Eine **nachträglich** erteilte Zweckentfremdungsgenehmigung heilt die vorher ausgesprochene Kündigung nicht.

Mit Beschluss vom 10.11.1993 (DWW 1994, 246) hat der BGH entschieden, dass das **Zweckentfremdungsverbot kein Verbotsgesetz** (i. S. v. § 134 BGB) ist, das zur Nichtigkeit von Mietverträgen führt, die ohne Genehmigung abgeschlossen worden sind. Vermietet also der Vermieter Wohnraum zu gewerblichen Zwecken ohne die erforderliche Genehmigung, ist der Mietvertrag trotzdem wirksam. Begründet wird dies damit, dass das Zweckentfremdungsverbot sich nur gegen die faktische Beseitigung oder Vereitelung von Wohngebrauch richtet, nicht aber gegen die privatrechtliche Vertragsfreiheit. Allerdings kann ein Mangel der Mietsache vorliegen (s. „Mängel", Abschnitt 1). Solange die Behörde die Nutzung der Räume duldet, kann sich der Mieter nicht auf den Mangel berufen (OLG Köln, WuM 1998, 152). Erst bei konkreten Anordnungen besteht ein Minderungsrecht, da die rechtliche Ungewissheit die Interessen des Mieters beeinträchtigt (BGH, NJW 1971, 555).

Im Fall der Untersagung der Nutzung wird der Mieter allerdings Schadensersatzansprüche wegen Nichterfüllung (§§ 536, 536a BGB) haben (vgl. LG Mannheim, MDR 1978, 406).

Zwischenablesung → *„Heizkosten-Verordnung"*

Zwischenmieter → *„Herausgabeanspruch gegen Dritte"*

Zwischenumzug → *„Kündigungsschutz", Abschnitt 3*

Anhang: Übergangsvorschriften

Inhaltsübersicht   Anhang

1	Betriebskosten	2
2	Beweissicherung	2
3	Fälligkeit der Miete	2
4	Kaution	2
5	Kündigung	2
6	Kündigungsfristen	3
7	Kündigungssperrfrist	3
8	Kündigungsschutz	3
9	Mieterhöhung	3
10	Mietspiegel	3
11	Modernisierungsankündigung	3
12	Tod des Mieters	4
13	Zeitmietvertrag	4

Ab In-Kraft-Treten des Mietrechtsreformgesetzes am **1.9.2001** gilt grundsätzlich das neue Recht. Dies bedeutet, dass die neuen Bestimmungen auch auf Miet- und Pachtverträge Anwendung finden, die bereits vor In-Kraft-Treten abgeschlossen worden sind.

Da einzelne Mietverhältnisse als Dauerschuldverhältnisse jedoch zum Teil schon lange vor dem In-Kraft-Treten des neuen Rechts bestanden haben, Mieter und Vermieter sich auf die bis zu diesem Zeitpunkt geltende alte Rechtslage eingestellt und den Vertrag dementsprechend ausgestaltet oder auch andere Rechtshandlungen, z. B. eine Kündigung oder eine Mieterhöhungserklärung auf der Grundlage des alten Rechts vorgenommen haben, sind aus Gründen des Vertrauensschutzes und der Rechtssicherheit Übergangsvorschriften für **Mietverhältnisse** erforderlich, die am 1.9.2001 **bereits bestanden** haben (vgl. Begründung des Gesetzentwurfs v. 9.11.2000, BTDrucks. 14/4553). Danach sind für nachfolgend genannte Sachverhalte einzelne Bestimmungen des alten Rechts weiter anzuwenden.

Anhang: Übergangsvorschriften

1 Betriebskosten

Für **Betriebskostenerhöhungen**, die **vor** dem 1.9.2001 dem Mieter zugestellt wurden, gilt das bisherige Recht, nämlich § 4 Abs. 2 MHG. Ab dem 1.9.2001 ist auf ein am 1.9.2001 bestehendes Mietverhältnis, bei dem die Betriebskosten ganz oder teilweise in der Miete enthalten sind, wegen der **Erhöhungen** der Betriebskosten § 560 Abs. 1, 2, 5 und 6 BGB in der ab 1.9.2001 geltenden Fassung anzuwenden, **soweit im Mietvertrag vereinbart** ist, dass der Mieter Erhöhungen der Betriebskosten zu tragen hat; bei Ermäßigungen der Betriebskosten gilt § 560 Abs. 3 BGB entsprechend (Art. 229 § 3 Abs. 4 EGBGB). Wie hier zu verfahren ist, ist in „Mieterhöhung bei Wohnraum", Abschnitt 4 dargestellt.

Ferner bleibt bei einer Erklärung, die vor dem 1.9.2001 zugeht, § 4 Abs. 5 S. 1 Nr. 2 MHG (**Direktabrechnung** mit dem Leistungserbringer) anwendbar (s. „Abrechnung der Betriebskosten"). Gleiches gilt für die Betriebskosten in Mietverhältnissen im Beitrittsgebiet (§ 14 MHG, Art. 229 § 3 Abs. 1 Nr. 4 EGBGB).

Auf **Abrechnungszeiträume**, die vor dem 1.9.2001 beendet waren, finden die Abrechnungs- und Ausschlussfristen für Mieter und Vermieter (§ 556 Abs. 3 S. 2 bis 6 BGB) sowie der Wohnflächenmaßstab (§ 556a Abs. 1 BGB) **keine** Anwendung (Art. 229 § 3 Abs. 9 EGBGB; s. „Abrechnung der Betriebskosten").

2 Beweissicherung

Eine Unterbrechung der Verjährung (§ 548 Abs. 3 BGB) findet nicht statt, wenn das selbstständige Beweisverfahren vor dem 1.9.2001 beantragt worden ist (Art. 229 § 3 Abs. 7 EGBGB).

3 Fälligkeit der Miete

Hinsichtlich der Fälligkeit der Miete ist bei bestehenden Mietverhältnissen § 551 BGB a.F. (Zahlung nach Ablauf des Monats) weiter anzuwenden. Zu den Problemen siehe „Fälligkeit der Miete" und „Zahlungsverzug".

4 Kaution

Die Verzinsungspflicht für Kautionen nach § 551 Abs. 3 S. 1 BGB gilt nicht, wenn die Verzinsung vor dem 1.1.1983 durch Vertrag ausgeschlossen worden ist (Art. 229 § 3 Abs. 8 EGBGB; s. auch „Kaution").

5 Kündigung

Im Fall einer vor dem 1.9.2001 zugegangenen Kündigung sind folgende bis 31.8.2001 geltende Vorschriften anzuwenden:

- § 554 Abs. 2 Nr. 2 BGB a.F. (Heilungsfrist von nur einem Monat; s. „Kündigung", Abschnitt 3.2.1.2)
- § 565 BGB a.F. (Kündigungsfristen; s. Vorauflage „Kündigungsfristen")
- § 565c S. 1 Nr. 1b BGB a.F. (Kündigungsfristen für Werkmietwohnungen)
- § 565d Abs. 2 BGB a.F. (Sozialklausel bei Werkmietwohnungen)
- § 570 BGB a.F. (Kündigungsrecht des Mieters bei Versetzung; s. „Kündigung", Abschnitt 2.2.2.3)
- § 9 Abs. 1 MHG a.F. (Kündigungsrecht bei Mieterhöhung; s. „Kündigung", Abschnitt 2.2.2.4).

6 Kündigungsfristen

Das Verbot der Vereinbarung von abweichenden Kündigungsfristen zum Nachteil des Mieters (§ 573c Abs. 4 BGB) gilt nicht, wenn die Kündigungsfrist vor dem 1.9.2001 durch Vertrag vereinbart worden ist (s. im Einzelnen „Kündigungsfristen").

7 Kündigungssperrfrist

Siehe unter „Eigenbedarf".

8 Kündigungsschutz

- § 564b Abs. 4 Nr. 2 BGB a.F. (Kündigungsrecht des Vermieters im Dreifamilienhaus) bleibt noch bis **31.8.2006** anwendbar (s. im Einzelnen „Kündigungsschutz", Abschnitt 2.5.1).
- § 564b Abs. 7 Nr. 4 BGB a.F. (Kündigung von Wohnraum in Ferienhäusern und Ferienwohnungen in Ferienhausgebieten) bleibt ebenfalls noch bis zum **31.8.2006** anwendbar (s. „Ferienwohnung").

9 Mieterhöhung

Für Mieterhöhungen oder Modernisierungsumlagen, die vor dem 1.9.2001 dem Mieter zugestellt wurden, gilt das bisherige Recht, nämlich die Bestimmungen des Miethöhegesetzes (vgl. hierzu die früheren Auflagen).

10 Mietspiegel

Auf einen Mietspiegel, der vor dem 1.9.2001 unter den Voraussetzungen erstellt worden ist, die § 558d Abs. 1 und 2 BGB n.F. entsprechen, sind die Vorschriften über den **qualifizierten** Mietspiegel anzuwenden, wenn die Gemeinde ihn nach dem 1.9.2001 als solchen veröffentlicht hat. War der Mietspiegel vor diesem Zeitpunkt bereits veröffentlicht, ist es ausreichend, wenn die Gemeinde ihn später öffentlich als qualifizierten Mietspiegel bezeichnet.

In jedem Fall sind § 558a Abs. 3 n.F. und § 558d Abs. 3 n.F. BGB nicht anzuwenden auf Mieterhöhungsverlangen, die dem Mieter vor dieser Veröffentlichung zugegangen sind (Art. 229 § 3 Abs. 5 EGBGB). Der Vermieter muss also bei Mieterhöhungen, die dem Mieter vor Veröffentlichung einer entsprechenden Erklärung der Gemeinde zugegangen sind, eine Berechnung nach dem qualifizierten Mietspiegel nicht beifügen. Auch gilt in diesem Fall die Vermutungswirkung, dass die im qualifizierten Mietspiegel bezeichneten Entgelte die ortsübliche Vergleichsmiete wiedergeben, nicht.

11 Modernisierungsankündigung

Im Falle einer vor dem 1.9.2001 zugegangenen Mitteilung über die Durchführung von Modernisierungsmaßnahmen ist § 541b BGB a.F. anzuwenden.

12 Tod des Mieters

Auch im Fall des Todes des Mieters oder Pächters sind die bisherigen Bestimmungen (§§ 569 bis 569b, 570b Abs. 1 und § 594d Abs. 1 BGB) in der bis zum 1.9.2001 geltenden Fassung anzuwenden, wenn der Mieter oder Pächter vor diesem Zeitpunkt verstorben

Anhang: Übergangsvorschriften

ist; im Fall der Vermieterkündigung eines Mietverhältnisses über Wohnraum gegenüber dem Erben jedoch nur, wenn auch die Kündigungserklärung dem Erben vor diesem Zeitpunkt zugegangen ist (Art. 229 § 3 Abs. 1 Nr. 5 EGBGB).

Im Klartext bedeutet dies: Stirbt der Mieter vor dem 1.9.2001 und treten weder Ehegatten, Lebenspartner oder Familienangehörige in das Mietverhältnis ein, kann der Vermieter nach bisherigem Recht dem **Erben**, der nicht in der Wohnung wohnt, nur kündigen, wenn er ein **berechtigtes Interesse** an der Kündigung hat.

Nach neuem Recht (§ 564 BGB) ist ein solches berechtigtes Interesse nicht mehr erforderlich. Die Kündigung ist allerdings in diesem Fall innerhalb eines Monats auszusprechen, nachdem der Vermieter vom Tod des Mieters und davon Kenntnis erlangt hat, dass ein Eintritt in das Mietverhältnis oder dessen Fortsetzung nicht erfolgt sind. Sind diese Voraussetzungen erfüllt, sollte die Kündigung also erst nach dem 1.9.2001 gegenüber dem Erben ausgesprochen werden.

13 Zeitmietvertrag

Auf ein am 1.9.2001 bestehendes Mietverhältnis auf bestimmte Zeit sind § 564c i. V. m. § 564b sowie die §§ 556a bis 556c, 565a Abs. 1 und § 570 BGB in der bis zu diesem Zeitpunkt geltenden Fassung anzuwenden (Art. 229 § 3 Abs. 3 EGBGB). Dies bedeutet, dass Zeitmietverträge nach altem Recht noch geraume Zeit weiter gelten werden. Die hierbei entstehenden Probleme sind unter „Zeitmietvertrag" dargestellt.

Mietrechtsreform 2001:
Das neue Mietrecht ab 1.9.2001 auf einen Blick!

Die Mietrechtsreform gestaltet das Mietrecht komplett um. Mit dieser topaktuellen Neuerscheinung erkennen Sie auf einen Blick alle Änderungen.

Praxishinweise, Checklisten und Muster helfen, die Neuregelungen in der täglichen Arbeit umzusetzen.

Das Buch bietet Ihnen:

- **Synopse:**
  Gegenüberstellung der neuen und alten Regelungen

- **Kommentierung:**
  Gesetzesänderungen von A – Z

- **Arbeitshilfen:**
  Checklisten, Musterschreiben und Musterverträge nach neuem Recht

- **Reformtext:**
  Die neuen Vorschriften im Wortlaut (§§ 535-584b)

Die Autoren Johann-Christian Weber und Hans-Dieter Marx sind seit mehr als 25 Jahren mit dem Schwerpunkt Mietrecht/Haus- und Grundbesitz als Rechtsanwälte tätig.

Wichtig für Immobilienprofis, Juristen, Verwalter, Vermieter

Weber/Marx
Mietrechtsreform 2001
Neuerscheinung
ca. Ende April 2001.
328 Seiten, Broschur.
Bestell-Nr. 04668-0001
€ 24,95 / **DM 48,80**
ISBN 3-448-04363-x

Erhältlich auch in Ihrer Buchhandlung.

Jetzt bestellen! Telefon: 07 61/89 88 111

Weitere Bestellmöglichkeiten:

Fax:
07 61/89 88 222

e-Mail:
bestellung@haufe.de

Post:
Haufe Service Center GmbH
Bismarckallee 11-13, 79098 Freiburg

Richter am Landgericht Hubert Blank,
Mannheim

Schuldrechtsreformgesetz 2002

Auswirkungen des Gesetzes auf die Wohnungs-
und Geschäftsraummiete

© 2001 Haufe Mediengruppe
Postanschrift: Rudolf Haufe Verlag GmbH & Co. KG, Postfach 740, 79007 Freiburg,
Hausanschrift: Hindenburgstraße 64, 79102 Freiburg, Telefon (0761) 36 83-0.
Dieser Beitrag ist urheberrechtlich geschützt. Jede Verwertung, die nicht ausdrücklich vom
Urheberrechtsgesetz zugelassen ist, bedarf der vorherigen Zustimmung des Verlags.
Das gilt insbesondere für Vervielfältigungen, Bearbeitungen, Übersetzungen,
Mikroverfilmungen und die Einspeicherung und Verarbeitung in elektronischen Systemen.

Schuldrechtsmodernisierung

Der Bundesrat hat am 9.11.2001 das Gesetz zur Modernisierung des Schuldrechts verabschiedet. der voraussichtlich Anfang des Jahres 2001 in Kraft treten wird. Das Gesetz tritt am 1.1.2002 in Kraft und dient zum einen der Umsetzung von EG-Recht in nationales Recht (Verbrauchsgüterkaufrichtlinie 1999/44/EG vom 25.5.1999; Zahlungsverzugsrichtlinie 2000/35/EG vom 29.6.2000; E-Commerce-Richtlinie 2000/31/EG vom 8.6.2000) und zum anderen der Modernisierung des Rechts der Verjährung, des allgemeinen Schuldrechts, sowie des Kauf- und Werkvertragsrechts. Die nachfolgende Übersicht zeigt auf, welche Auswirkungen das Gesetz auf die Wohnungs- und Geschäftsraummiete haben wird.

1. Verjährung:

a) **Verjährungsfristen.** Die Verjährungsfristen werden neu geregelt. Die regelmäßige Verjährungsfrist beträgt nach § 195 BGB 3 Jahre (bisher: 30 Jahre). Kürzere Fristen gelten für Schadensersatzansprüche der Mietvertragsparteien; längere Fristen für den Herausgabeanspruch des Vermieters:

Anspruch	Verjährungsfrist	Beginn der Verjährung
Mietforderungen (Grundmiete; Betriebskostenvorauszahlungen; Betriebskostenpauschale)	3 Jahre; § 195 BGB	Schluss des Jahres, in dem der Anspruch entsteht, § 199 Abs.1 Nr.1 BGB
Schadensersatzansprüche wegen Beschädigung der Mietsache	6 Monate; § 548 BGB	Rückgabe der Mietsache durch den Mieter; § 548 BGB

Schuldrechtsmodernisierung

Anspruch	Verjährungsfrist	Beginn der Verjährung
Schadensersatzansprüche wegen unterlassener Schönheitsreparaturen	6 Monate; § 548 BGB	Rückgabe der Mietsache durch den Mieter; § 548 BGB
Rückgabe der Mietsache	30 Jahre; § 197 Abs.1 Nr.1 BGB	Ende des Mietverhältnisses
Rückzahlung der Kaution	3 Jahre; § 195 BGB	Schluss des Jahres, in dem das Mietverhältnis endet; § 199 BGB
Schadensersatzansprüche des Mieters (Vermögensschäden)	10 Jahre; § 199 Abs.3 BGB	Entstehung des Anspruchs
Aufwendungsersatzansprüche des Mieters	6 Monate; § 548	Rechtliches Ende des Mietverhältnisses
Ansprüche des Mieters auf Gestattung der Wegnahme einer Einrichtung	6 Monate; § 548 BGB	Rechtliches Ende des Mietverhältnisses

b) Hemmung der Verjährung. Das gegenwärtige Recht unterscheidet zwischen der Unterbrechung und der Hemmung der Verjährung. Im Falle der Unterbrechung (wichtigste Fälle bei der Miete: Klagerhebung, Zustellung eines Mahnbescheids, Zustellung eines Antrags auf Durchführung eines selbständigen Beweisverfahrens; Anerkenntnis durch Abschlagszahlung und dergleichen) bleibt die Zeit bis zur Unterbrechung unberücksichtigt; die Verjährung beginnt erst nach Beendigung der Unterbrechung. Bei der Hemmung (wichtigste Fälle bei der Miete: Stundung; Verhandlungen über den Anspruch) wird der Zeitraum während dessen die Verjährung gehemmt ist, nicht in die Verjährungsfrist eingerechnet. Nach gegenwärtigem Recht steht die Unterbrechung im Vordergrund; nach künftigem Recht tritt an die Stelle der Unterbrechung in den meisten Fällen die Hemmung.

Die wichtigsten Fälle sind:

Verhandlungen zwischen den Parteien über den Anspruch: die Verjährung ist solange gehemmt, bis der andere Teil die Fortsetzung der Verhandlungen verweigert. Nach dem Abbruch der Verhandlungen tritt die Verjährung frühestens 3 Monate nach dem Ende der Hemmung ein (§ 203 BGB).

Beispiel: Die Ersatzansprüche des Vermieters wegen einer Beschädigung der Mietsache verjähren in 6 Monaten ab der Rückgabe. Erfolgt die Rückgabe am 15. März, so endet die reguläre Verjährungsfrist mit dem Ablauf des 15. September. Verhandeln die Parteien in der Zeit vom 15. März bis zum 15. Juni über den Ersatzanspruch, so verlängert sich die Verjährungsfrist um 3 Monate; die Verjährung tritt am 15. Dezember ein.

Klagerhebung, Zustellung eines Mahnbescheids, Zustellung eines Antrags auf Durchführung eines selbständigen Beweisverfahrens; Bekanntgabe eines Antrags auf Gewährung von Prozesskostenhilfe, etc: für die Dauer des Verfahrens ist die Verjährung gehemmt. Die Hemmung endet 6 Monate nach der Rechtskraft der Entscheidung oder anderweitigen Erledigung des Verfahrens (§ 204 BGB).

Beispiel: Der Vermieter erhält die Mietsache am 15. März zurück. Am 1. April stellt er einen Antrag auf Durchführung eines selbständigen Beweisverfahrens. Dieser Antrag wird dem Mieter am 15. April zugestellt. Das Beweissicherungsverfahren endet mit der Zustellung des Sachverständigengutachtens an den Vermieter am 15. Oktober. ---Die reguläre Verjährungsfrist beträgt 6 Monate. Die Zeit vom 15.April bis 15. Oktober wird in die Verjährung nicht eingerechnet. Die sechsmonatige Verjährungsfrist würde am 15. März des Folgejahres enden. Nach § 204 endet die Verjährung allerdings erst 6 Monate nach der Beendigung des Verfahrens, also am 15. April des Folgejahres. ---Wird eine Klage mit einem obsiegenden Urteil abgeschlossen, so verjährt der titulierte Anspruch in 30 Jahren (§ 197 Abs.1 Nr.3 BGB)

2. Allgemeines Schuldrecht:

a) Pflicht zur Rücksichtnahme. Die Vorschrift des § 241 BGB wird um einen Absatz 2 ergänzt:

„Das Schuldverhältnis kann nach seinem Inhalt jeden Teil zur Rücksicht auf die Rechte, Rechtsgüter und Interessen des anderen Teils verpflichten"

Bei der Miete können sich hieraus insbesondere Informations- und Aufklärungspflichten ergeben.

b) Verzugszinsen. Nach § 288 BGB in der gegenwärtigen Fassung ist eine Geldschuld während des Verzugs für das Jahr mit fünf Prozentpunkten über dem Basiszinssatz nach § 1 des Diskontsatz-Überleitungs-Gesetzes vom 9. Juni 1998 (BGBl. I S. 1242) zu verzinsen. Diese Regelung bleibt erhalten (§ 288 Abs.1 BGB des Entwurfs). In § 288 Abs.2 des Entwurfs wird ergänzend bestimmt, dass der Zinssatz für Entgeltforderungen acht Prozentpunkte über dem Basiszinssatz beträgt, wenn an dem Rechtsgeschäft kein Verbraucher beteiligt ist. Außerdem wird in § 247 BGB des Entwurfs nunmehr auch die Höhe des Basiszinssatzes und dessen Fortschreibung geregelt. Diese Vorschrift hat folgenden Wortlaut:

§ 247 Basiszinssatz

(1) Der Basiszinssatz beträgt 3,62 % Prozent. Er verändert sich zum 1. Januar und 1. Juli eines jeden Jahres um die Prozentpunkte, um welche die Bezugsgröße seit der letzten Veränderung des Basiszinssatzes gestiegen oder gefallen ist. Bezugsgröße ist der Zinssatz für die jüngste Hauptrefinanzierungsoperation der Europäischen Zentralbank vor dem ersten Kalendertag des betreffenden Halbjahres.

(2) Die Deutsche Bundesbank gibt den geltenden Basiszinssatz unverzüglich nach den in Absatz 1 Satz 2 genannten Zeitpunkten im Bundesanzeiger bekannt.

c) Recht der Leistungsstörung. Das Recht der Leistungsstörung wird neu geregelt. Die für die Miete wichtigsten Vorschriften finden sich in den §§ 280 und 281 BGB. Die Regelung des § 280 BGB gibt dem jeweils Geschädigten einen Anspruch auf Schadensersatz, wenn der andere Teil eine mietvertragliche Pflicht schuldhaft verletzt. Die

Vorschrift des § 281 BGB ist einschlägig, wenn Schönheitsreparaturen oder andere Leistungspflichten nicht erfüllt werden. Wie bereits bisher gilt, dass der Vermieter dem Mieter grundsätzlich eine angemessene Frist zur Leistung oder Nacherfüllung einräumen muss. Die derzeit bestehenden Ausnahmen (endgültige Erfüllungsverweigerung, besonderes Interesse an der sofortigen Geltendmachung des Schadensersatzanspruchs) gelten fort.

d) AGB-Gesetz, Gesetz über den Widerruf von Haustürgeschäften. Die bisherigen Sondergesetze werden überarbeitet und ins BGB eingefügt. Von besonderer Bedeutung für die Gestaltung und Auslegung von Formularmietverträgen ist die Regelung des § 307 Satz 2 BGB: „Eine unangemessene Benachteiligung kann sich auch daraus ergeben, dass die Bestimmung nicht klar und verständlich ist". Die Haftung einer Vertragspartei für die fahrlässig verursachte Verletzung von Leben, Körper und Gesundheit kann nicht mehr formularmäßig ausgeschlossen werden.

e) Kündigung. § 314 BGB regelt die Kündigung von Dauerschuldverhältnissen aus wichtigem Grund. Die Regelung ist dem für die Miete geltenden § 543 Abs.1 BGB nachgebildet. Darüber hinaus werden in § 314 Abs.3 und 4 BGB zwei schon bisher anerkannte Grundsätze kodifiziert:

aa) Abs.3 : *„Der Berechtigte kann nur innerhalb einer angemessenen Frist kündigen, nachdem er von dem Kündigungsgrund Kenntnis erlangt hat".*

Diese Vorschrift ist auch bei der Miete zu beachten: Liegt zwischen der Vertragsverletzung und dem Ausspruch der Kündigung ein längerer Zeitraum, so kann dies u.U. als Indiz für die Zumutbarkeit der Vertragsfortsetzung gewertet werden (vgl.BGH WPM 1983,660; NJW-RR 1988,77; OLG Düsseldorf DWW 1997,435,438 für zweijähriges Zuwarten ; LG Berlin WuM 1986,251 für dreijähriges Zuwarten, LG Essen WuM 1986,117 für fünfjähriges Zuwarten bei Tierhaltung; LG Koblenz WuM 1976,98 für einjähriges Zuwarten; AG Dortmund WuM 1978,85 = ZMR 1978,207 für sechsmonatiges Zuwarten; LG Berlin MM 1991,100, AG Delmenhorst WuM 1980,163 für einmonatiges Zuwarten [zweifelhaft]; Sternel, Rdn.IV, 507; Roquette, § 554a BGB, Rdn. 28. Etwas anderes gilt, wenn der

Kündigungsberechtigte einen hinreichenden Grund für das Zuwarten geltend machen kann. So ist es unschädlich, wenn ein Mieter mit der Kündigung wartet, bis er eine Ersatzwohnung gefunden hat. Dem Vermieter kann es nicht zum Nachteil gereichen, wenn er nach einer Vertragsverletzung nicht sofort kündigt, sondern zunächst die weitere Entwicklung abwartet Maßgebend sind die Umstände des Einzelfalls. Eine feste, für alle Fälle maßgebliche Frist besteht nicht.

bb) Abs.4 : „Die Berechtigung, Schadensersatz zu verlangen, wird durch die Kündigung nicht ausgeschlossen."

Die Vorschrift regelt das Recht zur Realisierung des sog. „Kündigungsfolgeschadens": Hat der Vermieter wegen einer Vertragsverletzung des Mieters gekündigt, so hat er Anspruch auf Ersatz des durch die Kündigung kausal entstandenen Schadens (BGHZ 82,121,129 f = NJW 1982,870,872; NJW 1984,2687; NJW 1991,221,223; OLG Frankfurt ZMR 1993,65; WuM 1998,24). Grundsätzlich ist der geschädigte Vermieter so zu stellen, wie er stünde, wenn die Vertragsverletzung nicht erfolgt und es somit nicht zur fristlosen Kündigung gekommen, sondern der Vertrag fortgeführt worden wäre. Zu den erstattungsfähigen Schäden gehören insbesondere Rechtsanwaltskosten, ein Mietausfall, Renovierungskosten, Insertionskosten, Maklerkosten und dergleichen.

Auch der Mieter kann Anspruch auf Ersatz des Kündigungsfolgeschadens haben, wenn der Vermieter seine vertraglichen Verpflichtungen verletzt und der Mieter deshalb das Mietverhältnis kündigt (BGH GE 2000,736). Erstattungsfähig sind Aufwendungen für die Ersatzräume, Umzugskosten, Mehrkosten für die neue Wohnung, insbesondere ein höherer Mietzins.

Blank

Mein Wohnungseigentum:

Der umfassende Rechtsratgeber für alle, die Wohnungseigentum erwerben wollen, bereits besitzen oder verwalten!

Unentbehrliches Wissen für Sie: Mit diesem Buch schützen Sie sich vor bösen Überraschungen. Denn Regeln, die Sie beim Kauf nicht bedenken, können Jahre später zu unerwünschten Folgen führen.

Auf einen Blick:

- Das komplette rechtliche Grundwissen, das Sie zur Vermeidung oder Klärung von Konflikten und zur Wahrung Ihrer Interessen benötigen
- Zahlreiche Praxishilfen sowie Muster mit einführenden Erläuterungen und Anmerkungen
- Die 7. Auflage berücksichtigt die neuesten Entwicklungen (von A = Abrechnung bis Z = Zitterbeschluss) im Wohnungseigentumsrecht

mit speziellen Musterverträgen und Praxishilfen

Deckert/Drasdo
Mein Wohnungseigentum
7. Auflage 2001.
309 Seiten, Broschur.
Bestell-Nr. 07113-0002
€ 24,95 / **DM 48,80**
ISBN 3-448-04345-1

Erhältlich auch in Ihrer Buchhandlung.

www.haufe.de

Haufe Mediengruppe

Jetzt bestellen! Telefon: 07 61/89 88 111

Weitere Bestellmöglichkeiten:

 Fax:
07 61/89 88 222

 **e-Mail:**
bestellung@haufe.de

 Post:
Haufe Service Center GmbH
Bismarckallee 11-13, 79098 Freiburg